Michael Bachner (Hrsg.)

BetrVG
für den Betriebsrat

Kommentar zum Betriebsverfassungsgesetz

Autorinnen und Autoren:
Bachner / Gerhardt / Köhler / Mertens / Merzhäuser /
Metz / Rohs / Warczinski

6., aktualisierte Auflage

BUND
VERLAG

Bibliografische Information der Deutschen Nationalbibliothek
Die Deutsche Nationalbibliothek verzeichnet diese Publikation in der Deutschen Nationalbibliografie; detaillierte bibliografische Daten sind im Internet über *http://dnb.d-nb.de* abrufbar.

6., überarbeitete und aktualisierte Auflage 2026

Umschlag: felixschramm Visuelle Kommunikation, Großostheim
Satz: Dörlemann Satz, Lemförde
Druck: CPI books GmbH, Birkstraße 10, 25917 Leck

ISBN 978-3-7663-7491-2

kontakt@bund-verlag.de
www.bund-verlag.de

Vorwort

Das Betriebsverfassungsgesetz (BetrVG) ist die wesentliche gesetzliche Handlungsgrundlage für den Betriebsrat. In dem jetzt in der 6. Print-Auflage erschienenen Kommentar zum BetrVG aus der Reihe »Auf den Punkt« wird das gesamte BetrVG kommentiert. Dabei konzentriert sich der Kommentar auf die Grundlagen des BetrVG und auf Fragestellungen, die sich dem Betriebsrat »im Tagesgeschäft« stellen. Der Kommentar erhebt nicht den Anspruch auf wissenschaftliche Auseinandersetzung. Die Kommentierung der Kernthemen des BetrVG beruht im Wesentlichen auf der Rechtsprechung des Bundesarbeitsgerichts und der Landesarbeitsgerichte. Dort, wo eine feste Rechtsprechung nicht existiert, werden Lösungsmöglichkeiten aufgezeigt. Die Kommentierung basiert auf dem Rechtsstand Oktober 2025.
Auch diese Neuauflage enthält zahlreiche Praxisbeispiele, um das Verständnis für die Bestimmungen des BetrVG zu vertiefen. Besonderer Dank gilt hier Thomas Gorsboth (IG Metall Bildungszentrum Lohr – Bad Orb), Referent für unternehmens- und konzernbezogene Betriebsrätequalifizierung, für seine zahlreichen Hinweise und Anregungen.
Die Autoren sind Praktiker des BetrVG und Rechtsanwälte in der bundesweit tätigen Arbeitsrechtskanzlei schwegler rechtsanwälte (www.schwegler-rae.de). Sie stehen bei Rückfragen zur Verfügung und nehmen Verbesserungsvorschläge gerne entgegen.

Michael Bachner
bachner@schwegler-rae.de
Herausgeber

Hinweise:
Gesetzliche Bestimmungen, die nicht näher bezeichnet sind, sind solche des Betriebsverfassungsgesetzes.

Vorwort

Die Verwendung der männlichen Form dient ausschließlich der besseren Lesbarkeit. Mit dieser Formulierung soll in keiner Weise eine Diskriminierung von Geschlechtern verbunden sein.

Inhaltsverzeichnis

Literaturverzeichnis

Bachner/Köhler/Rohs, EXTRA zur Betriebsratsvergütung, 2. Aufl. 2024

Bauer/Krieger/Günther, Allgemeines Gleichbehandlungsgesetz und Entgelttransparenzgesetz, 5. Aufl. 2018, *zit.* Bauer/Krieger/Günther

Däubler/Deinert (Hrsg.), KSchR – Kündigungsschutzrecht, Kommentar für die Praxis, 12. Aufl. 2024, *zit.* Däubler/Deinert/Zwanziger-*Bearbeiter*

Däubler, Gläserne Belegschaften. Das Handbuch zum Beschäftigtendatenschutz, 10. Aufl. 2025, *zit.* Däubler, Gläserne Belegschaften

Däubler/Klebe/Wedde (Hrsg.), BetrVG: Betriebsverfassungsgesetz mit Wahlordnung und EBR-Gesetz, 19. Aufl. 2024, *zit.* DKW

Däubler/Klebe/Wedde (Hrsg.), Arbeitshilfen für den Betriebsrat mit Wahlunterlagen und EBR-Gesetz (Formularbuch), 5. Aufl. 2021, *zit.* DKWF

Fitting/Trebinger/Linsenmaier/Schelz/Schmidt, Betriebsverfassungsgesetz mit Wahlordnung – Handkommentar, 32. Aufl. 2024, *zit.* Fitting

Müller-Glöge/Preis/Gallner/Schmidt (Hrsg.), Erfurter Kommentar zum Arbeitsrecht, 25. Aufl. 2025, *zit.* ErfK-Bearbeiter

Richardi, Betriebsverfassungsgsetz mit Wahlordnung, 17. Aufl. 2022, *zit.* Richardi

Wiese/Kreutz/Oetker/Raab/Weber/Franzen/Gutzeit/Jacobs, Gemeinschaftskommentar zum Betriebsverfassungsgesetz: GK-BetrVG in 2 Bänden, 12. Aufl. 2022, *zit.* GK-*Bearbeiter*

Abkürzungsverzeichnis

a. A.	andere Auffassung
ABM	Arbeitsbeschaffungsmaßnahme
Abs.	Absatz
a. E.	am Ende
AG	Arbeitgeber; Aktiengesellschaft
AGG	Allgemeines Gleichbehandlungsgesetz
AiB	Arbeitsrecht im Betrieb (Zeitschrift)
AIFM-UmsG	Gesetz zur Umsetzung der Richtlinie 2011/61/EU über die Verwalter alternativer Investmentfonds
AktG	Aktiengesetz; Aktiengesellschaft
AN	Arbeitnehmer, Arbeitnehmerin
ArbG	Arbeitsgericht
ArbGG	Arbeitsgerichtsgesetz
ArbnErfG	Arbeitnehmererfindungsgesetz
ArbSchG	Arbeitsschutzgesetz
ArbZG	Arbeitszeitgesetz
Art.	Artikel
ASiG	Arbeitssicherheitsgesetz
AÜG	Arbeitnehmerüberlassungsgesetz
Az	Aktenzeichen
BaFin	Bundesanstalt für Finanzdienstleistungsaufsicht
BAG	Bundesarbeitsgericht
BayObLG	Bayerisches Oberstes Landesgericht
BbiG	Berufsbildungsgesetz
BDSG	Bundesdatenschutzgesetz
BEEG	Bundeselterngeld- und Elternzeitgesetz
BEM	Betriebliches Eingliederungsmanagement
betr.	Betreffend
BetrVG	Betriebsverfassungsgesetz
BGB	Bürgerliches Gesetzbuch

BGBl.	Bundesgesetzblatt
BGH	Bundesgerichtshof
BR	Betriebsrat
BseuchG	Bundesseuchengesetz
BT	Bundestag
BT-Drs.	Bundestag-Drucksache
BTHG	Bundesteilhabegesetz
BurlG	Bundesurlaubsgesetz
BV	Betriebsvereinbarung
BverfG	Bundesverfassungsgericht
BverwG	Bundesverwaltungsgericht
bzgl.	bezüglich
bzw.	beziehungsweise
ca.	circa
CAD	Computer Aided Design
CAM	Computer-aided manufacturing
CNC	Computerized Numerical Control
DB	Der Betrieb (Zeitschrift)
d. h.	das heißt
DKW	Däubler/Klebe/Wedde
DKWF	Däubler/Klebe/Wedde, Formularbuch zum BetrVG
DrittelbG	Drittelbeteiligungsgesetz
Drucks.	Drucksache
DSGVO	Datenschutz-Grundverordnung
EBRG	Europäisches Betriebsräte-Gesetz
EDV	Elektronische Datenverarbeitung
EFZG	Entgeltfortzahlungsgesetz
EG	Europäische Gemeinschaft
engl.	Englisch
EntgTranspG	Entgelttransparenzgesetz
EntgTranspG-E	Entwurf des Entgelttransparenzgesetzes
ErfK	Erfurter Kommentar
EStG	Einkommensteuergesetz
etc.	et cetera
EuGH	Europäischer Gerichtshof
evtl.	eventuell

F&E	Forschung & Entwicklung
f./ff.	folgende/fortfolgende
GBR	Gesamtbetriebsrat
GbR	Gesellschaft bürgerlichen Rechts
GBV	Gesamtbetriebsvereinbarung
gem.	gemäß
Gesamt-JAV	Gesamt-Jugend- und Auszubildendenvertretung
GeschGehG	Geschäftsgeheimnisgesetz
GewO	Gewerbeordnung
GG	Grundgesetz
ggf.	gegebenenfalls
GK-BetrVG	Gemeinschaftskommentar zum Betriebsverfassungsgesetz
GmbH	Gesellschaft mit beschränkter Haftung
HAG	Heimarbeitsgesetz
HGB	Handelsgesetzbuch
HinSchG	Hinweisgeberschutzgesetz
h. M.	herrschende Meinung
Hs.	Halbsatz
HwO	Handwerksordnung
i. d. R.	in der Regel
insg.	insgesamt
InsO	Insolvenzordnung
i. S.	im Sinne
i. S. d.	im Sinne des/r
i. S. v.	im Sinne von
IuK	Information und Kommunikation
i. V. m.	in Verbindung mit
JArbSchG	Jugendarbeitsschutzgesetz
JAV	Jugend- und Auszubildendenvertretung
KBR	Konzernbetriebsrat
KBV	Konzernbetriebsvereinbarung
KG	Kommanditgesellschaft
KG a. A.	Kommanditgesellschaft auf Aktien
KI	Künstliche Intelligenz
KiTa	Kindertagesstätte

Konzern-JAV	Konzern-Jugend- und Auszubildendenvertretung
KredReorgG	Gesetz zur Reorganisation von Kreditinstituten
KSchG	Kündigungsschutzgesetz
KWG	Gesetz für Kreditwesen
LAG	Landesarbeitsgericht
LG	Landgericht
LKW	Lastkraftwagen
LkSG	Lieferkettensorgfaltspflichtengesetz
MitbestG	Mitbestimmungsgesetz
MitbestGErgG	Mitbestimmungs-Ergänzungsgesetz
MMVO	Marktmissbrauchsverordnung
MuSchG	Mutterschutzgesetz
m. w. N.	mit weiteren Nachweisen
NC	Numerical Control
Nr.	Nummer
NZA	Neue Zeitschrift für Arbeitsrecht
OHG	Offene Handelsgesellschaft
OWiG	Ordnungswidrigkeitengesetz
PC	Personalcomputer
PflegeArbbV	Pflegearbeitsbedingungenverordnung
PpSG	Pflegepersonal-Stärkungsgesetz
QES	qualifizierte elektronische Signatur
red.	redaktionell
ReformG	Reformgesetz
RegE	Regierungsentwurf
RL	Richtlinie
Rn.	Randnummer(n)
S.	Seite; Satz
s.	siehe
SGB III	Drittes Buch Sozialgesetzbuch – Arbeitsförderung
SGB IV	Viertes Buch Sozialgesetzbuch – Gemeinsame Vorschriften für die Sozialversicherung

SGB V	Fünftes Buch Sozialgesetzbuch – Gesetzliche Krankenversicherung
SGB VII	Siebentes Buch Sozialgesetzbuch – Gesetzliche Unfallversicherung
SGB IX	Neuntes Buch Sozialgesetzbuch – Rehabilitation und Teilhabe behinderter Menschen
sog.	sogenannte
SprAuG	Sprecherausschussgesetz
StGB	Strafgesetzbuch
StVZO	Straßenverkehrs-Zulassungs-Ordnung
TÜV	Technischer Überwachungsverein
TV	Tarifvertrag
TVG	Tarifvertragsgesetz
TzBfG	Teilzeit- und Befristungsgesetz
u.	und
u. a.	unter anderem; und andere
UmwG	Umwandlungsgesetz
usw.	und so weiter
u. U.	unter Umständen
v.	vom
VDA	Vertrauensdienstanbieter
VermBG	Vermögensbildungsgesetz
vgl.	vergleiche
WO	Wahlordnung
WpHG	Wertpapierhandelsgesetz
WpÜG	Wertpapiererwerbs- und Übernahmegesetz
WRV	Weimarer Reichsverfassung
z. B.	zum Beispiel
Ziff.	Ziffer(n)
ZPO	Zivilprozessordnung

Bearbeiterverzeichnis

Michael Bachner, Dr. jur., Fachanwalt für Arbeitsrecht, Partner der Kanzlei schwegler rechtsanwälte, Frankfurt/Main

Peter Gerhardt, Fachanwalt für Arbeitsrecht, Partner der Kanzlei schwegler rechtsanwälte, Frankfurt/Main

Hajo A. Köhler, Fachanwalt für Arbeitsrecht, Partner der Kanzlei schwegler rechtsanwälte, Oldenburg

Christian Mertens, Rechtsanwalt, schwegler rechtsanwälte, Düsseldorf

Michael Merzhäuser, Rechtsanwalt, Partner der Kanzlei schwegler rechtsanwälte, Berlin

Alexander Metz, Dr. jur., Rechtsanwalt, Partner der Kanzlei schwegler rechtsanwälte, Düsseldorf

Simone Rohs, Fachanwältin für Arbeitsrecht, schwegler rechtsanwälte, Düsseldorf

Katharina Warczinski, Fachanwältin für Arbeitsrecht, schwegler rechtsanwälte, Berlin

Zitiervorschlag:
Bachner-*Bearbeiter,* § XY Rn. XY

Betriebsverfassungsgesetz

Gesetz vom 25.9.2001 (BGBl. I S. 2518), zuletzt geändert durch Art. 1 des Gesetzes vom 19.7.2024 (BGBl. 2024 I Nr. 248).

Erster Teil Allgemeine Vorschriften

§ 1 Errichtung von Betriebsräten

(1) [1]In Betrieben mit in der Regel mindestens fünf ständigen wahlberechtigten Arbeitnehmern, von denen drei wählbar sind, werden Betriebsräte gewählt. [2]Dies gilt auch für gemeinsame Betriebe mehrerer Unternehmen.

(2) Ein gemeinsamer Betrieb mehrerer Unternehmen wird vermutet, wenn

1. **zur Verfolgung arbeitstechnischer Zwecke die Betriebsmittel sowie die Arbeitnehmer von den Unternehmen gemeinsam eingesetzt werden oder**
2. **die Spaltung eines Unternehmens zur Folge hat, dass von einem Betrieb ein oder mehrere Betriebsteile einem an der Spaltung beteiligten anderen Unternehmen zugeordnet werden, ohne dass sich dabei die Organisation des betroffenen Betriebs wesentlich ändert.**

Inhaltsübersicht Rn.

I. Zweck der Regelung

1 Die Errichtung von BR verfolgt den Zweck, das strukturelle und wirtschaftliche Kräfteungleichgewicht zwischen AG und AN auszugleichen. Die AN werden an der Gestaltung ihres Arbeitsumfelds im Betrieb und Unternehmen beteiligt. Dadurch wird die Alleinentscheidungsbefugnis des AG begrenzt. AN sind regelmäßig persönlich und wirtschaftlich von ihren AG abhängig, daher bedürfen sie eines besonderen Schutzes durch Arbeitnehmervertretungen.

II. Betriebsbegriff

2 Das Betriebsverfassungsgesetz enthält keine Definition des Betriebsbegriffs. Nach der ständigen Rechtsprechung des BAG ist ein Betrieb i. S. d. Betriebsverfassungsgesetzes eine organisatorische Einheit, innerhalb derer ein AG allein oder mit seinen AN mit Hilfe von technischen und immateriellen Mitteln bestimmte arbeitstechnische Zwecke fortgesetzt verfolgt (BAG 9. 12. 2009 – 7 ABR 38/08). Dazu müssen die an der Betriebsstelle vorhandenen materiellen oder immateriellen Betriebsmittel für den oder die verfolgten arbeitstechnischen Zwecke zusammengefasst, geordnet und gezielt eingesetzt und die menschliche Arbeitskraft von einem einheitlichen Leitungsapparat gesteuert werden (BAG 17. 5. 2017 – 7 ABR 21/15). Fehlt es an einem einheitlichen Leitungsapparat, kommt allenfalls ein Betriebsteil i. S. d. § 4 in Betracht. Zudem führt die Zunahme von mobilen Arbeitsformen, Crowdworking und Matrixstrukturen dazu, dass der klassische Betriebsbegriff immer weniger greifbar und abgrenzbar wird.

III. Mindestanzahl AN

3 Gemäß § 1 Abs. 1 Satz 1 müssen in der Regel mehr als fünf wahlberechtigte AN beschäftigt sein, von denen drei wählbar sind. Zum Arbeitnehmerbegriff siehe § 5, zur Wahlberechtigung und Wählbarkeit der AN siehe §§ 7 und 8.

IV. Gemeinsamer Betrieb mehrerer Unternehmen (Abs. 1 Satz 2)

4 Ein BR wird auch in Betrieben gewählt, die durch mehrere **rechtlich selbstständige Unternehmen** (GmbH, Aktiengesellschaft usw.) gemeinsam betrieben werden. In diesem Fall wählen AN unterschiedlicher AG (Unternehmen) einen gemeinsamen BR.

1. Vorliegen eines gemeinsamen Betriebs

5 Von einem gemeinsamen Betrieb **mehrerer Unternehmen** ist auszugehen, wenn die in einer Betriebsstätte vorhandenen materiellen und immateriellen Betriebsmittel von mehreren Unternehmen für einen **einheitlichen arbeitstechnischen Zweck** zusammengefasst, geordnet und gezielt eingesetzt werden und der Einsatz der menschlichen Arbeitskraft von einem **einheitlichen Leitungsapparat** gesteuert wird (BAG 20.2.2018 – 1 ABR 53/16). Dazu müssen sich die beteiligten Unternehmen zumindest stillschweigend zu einer gemeinsamen Führung rechtlich verbunden haben. Diese einheitliche Leitung muss sich auf die wesentlichen Funktionen eines AG in sozialen und personellen Angelegenheiten erstrecken. Eine lediglich unternehmerische Zusammenarbeit genügt nicht; vielmehr müssen die Funktionen des AG in den sozialen (§ 87) und personellen (§§ 99 ff.) Angelegenheiten des BetrVG institutionell einheitlich für die beteiligten Unternehmen wahrgenommen werden. Für die Frage, ob der Kern der Arbeitgeberfunktionen in sozialen und personellen Angelegenheiten von derselben institutionalisierten Leitung ausgeübt wird, ist vor allem entscheidend, ob ein arbeitgeberübergreifender – also unternehmensübergreifender – Personaleinsatz praktiziert wird, der charakteristisch für den normalen Betriebsablauf ist (BAG 23.11.2016 – 7 ABR 3/15; LAG Baden-Württemberg 6.2.2018 – 19 TaBV 3/17). Der bloße Abschluss einer Führungsvereinbarung genügt nicht (BAG 20.2.2018 – 1 ABR 53/16). Die Führungsvereinbarung muss auch »gelebt« werden.

2. Vermutungsregel (Abs. 2)

6 Abs. 2 enthält widerlegbare Vermutungstatbestände, die den Nachweis einer Führungsvereinbarung entbehrlich machen. Vermutet wird nach dieser Regel nicht das Bestehen eines gemeinsamen Betriebs, sondern das Vorliegen eines einheitlichen Leitungsapparates (BAG 23.11.2016 – 7 ABR 3/15). Hieraus wird dann auf das Bestehen eines gemeinsamen Betriebs geschlossen.

a. Gemeinsames Einsetzen der Betriebsmittel (Abs. 2 Nr. 1)

7 In Betracht kommt sowohl der gemeinsame Einsatz von Betriebsmitteln als auch der gemeinsame Einsatz von AN. Der gemeinsame Einsatz von AN ist anzunehmen, wenn diese unternehmensübergreifend tätig werden. Werden AN beider Unternehmen räumlich gemeinsam unter-

gebracht, kann auch dies ein Indiz für das Vorhandensein eines gemeinsamen Leitungsapparates sein.
Weitere Indizien können gemeinsame Arbeitszeiten sein, eine gemeinsame Betriebsordnung, die personelle und technische Vermischung der Arbeitsabläufe, gemeinsam genutzte Sozialräume, eine gemeinsame Buchhaltung, ein gemeinsamer Urlaubs- und Dienstplan usw.

b. Die Spaltung eines Unternehmens (Abs. 2 Nr. 2)

8 Kommt es zu einer gesellschaftsrechtlichen Spaltung eines Unternehmens, bleibt aber der Betrieb in seiner Einheit erhalten, weil sich die betrieblichen Führungsstrukturen nicht verändern, entsteht ebenfalls ein gemeinsamer Betrieb mehrerer Unternehmen. In diesem Fall lässt die Tatsache, dass die Spaltung des Unternehmens nicht zu einer Änderung der Betriebsorganisation führt, vermuten, dass der Betrieb von den nach der Unternehmensspaltung entstehenden Rechtsträgern (gemeint sind Unternehmen) gemeinsam geführt wird, um weiterhin die arbeitstechnischen Vorteile eines eingespielten Betriebs zu nutzen (BT-Drs. 14/5741 S. 33).

§ 2 Stellung der Gewerkschaften und Vereinigungen der Arbeitgeber

(1) Arbeitgeber und Betriebsrat arbeiten unter Beachtung der geltenden Tarifverträge vertrauensvoll und im Zusammenwirken mit den im Betrieb vertretenen Gewerkschaften und Arbeitgebervereinigungen zum Wohl der Arbeitnehmer und des Betriebs zusammen.
(2) Zur Wahrnehmung der in diesem Gesetz genannten Aufgaben und Befugnisse der im Betrieb vertretenen Gewerkschaften ist deren Beauftragten nach Unterrichtung des Arbeitgebers oder seines Vertreters Zugang zum Betrieb zu gewähren, soweit dem nicht unumgängliche Notwendigkeiten des Betriebsablaufs, zwingende Sicherheitsvorschriften oder der Schutz von Betriebsgeheimnissen entgegenstehen.
(3) Die Aufgaben der Gewerkschaften und der Vereinigungen der Arbeitgeber, insbesondere die Wahrnehmung der Interessen ihrer Mitglieder, werden durch dieses Gesetz nicht berührt.

Inhaltsübersicht Rn.

I. Zweck der Regelung

Die Vorschrift regelt die Zusammenarbeit zwischen dem AG und den Arbeitnehmervertretungen und enthält insbesondere das Gebot der vertrauensvollen Zusammenarbeit. Dadurch soll gewährleistet werden, dass der BR, der in erster Linie Arbeitnehmervertretung ist, auch die Interessen des Betriebs berücksichtigt, insoweit also insgesamt im Interesse des Betriebswohls handelt, wie auch umgekehrt der AG die Interessen der AN im Blick haben muss. Das ändert nichts daran, dass für den BR als gewählter Arbeitnehmervertretung die Interessen seiner Wähler – also der AN – im Vordergrund stehen. 1

II. Gebot der vertrauensvollen Zusammenarbeit (Abs. 1)

Das Gebot der vertrauensvollen Zusammenarbeit betrifft als Verhaltenspflicht das Rechtsverhältnis zwischen AG und allen betriebsverfassungsrechtlichen Gremien wie z. B. BR, GBR, KBR, Schwerbehindertenvertretung usw. Auch die Ausschüsse dieser Gremien werden von § 2 Abs. 1 erfasst. Erfasst werden auch Gewerkschaften und Arbeitgeberverbände, wenn sie betriebsverfassungsrechtliche Aufgaben und Befugnisse wahrnehmen. Im Verhältnis zwischen einzelnen AN und dem AG gilt § 2 Abs. 1 nicht. 2

Das Gebot der vertrauensvollen Zusammenarbeit ist Maßstab dafür, wie die Betriebsparteien ihre gegenseitigen Rechte und Pflichten auszuüben haben (BAG 19.11.2019 – 7 ABR 52/17). Für den AG folgt daraus die Pflicht, den BR in betriebliche Entscheidungsprozesse einzubeziehen. Für den BR dagegen ergibt sich aus § 2 Abs. 1, dass er bei der Durchsetzung seiner Rechte nicht mutwillig oder rechtsmissbräuchlich handeln darf (BAG 3.10.1978 – 6 ABR 102/76). Ein Mitbestimmungsrecht kann aus § 2 nicht hergeleitet werden. § 2 Abs. 1 fordert vielmehr einen ehrlichen und offenen Umgang als unbedingte Voraussetzung für eine vertrauensvolle Zusammenarbeit (BAG 22.5.1959 – 1 ABR 2/59; LAG 3

Düsseldorf 9.1.2013 – 12 TaBV 93/12), bei der ein Mindestmaß an gegenseitiger Rücksichtnahme und der respektvolle Umgang miteinander gewahrt sein müssen (LAG Berlin-Brandenburg 8.9.2016 – 5 TaBV 780/15).

4 An der vertrauensvollen Zusammenarbeit fehlt es, wenn sachlich falsche oder abwertende Behauptungen in der Weise aufgestellt werden, dass sie geeignet sind, die jeweils andere Betriebspartei vor der Belegschaft herabzuwürdigen. Das gilt ebenso, wenn der AG vollendete Tatsachen schafft, so dass die Wahrnehmung von Mitbestimmungsrechten erschwert oder vollständig verhindert wird, was z.B. bei der Durchführung von Betriebsänderungen (§ 111) Bedeutung erlangt.

5 Grobe Verstöße gegen das Gebot der vertrauensvollen Zusammenarbeit können Verfahren nach § 23 und strafrechtliche Sanktionen gem. §§ 119 ff. nach sich ziehen.

III. Recht der Gewerkschaft auf Zugang zum Betrieb (Abs. 2)

1. Voraussetzungen

6 Die **im Betrieb vertretenen** Gewerkschaften haben »**zur Wahrnehmung der in diesem Gesetz genannten Aufgaben und Befugnisse**« ein Zugangsrecht zum Betrieb, wenn sie im Betrieb vertreten sind. Eine Gewerkschaft ist im Betrieb vertreten, wenn ihr mindestens ein AN des Betriebs angehört. Dazu ist nicht erforderlich, dass die Gewerkschaft für den Betrieb oder das Unternehmen tarifzuständig ist (BAG 10.11.2004 – 7 ABR 19/04). Das Vertretensein im Betrieb setzt auch nicht voraus, dass das Mitglied der Gewerkschaft im Betrieb aktiv wahlberechtigt ist (LAG Hessen 15.5.2014 – 9 TaBV 194/13). Die betreffende Angelegenheit muss in einem inneren Zusammenhang mit einer betriebsverfassungsrechtlichen Aufgabe stehen (LAG Köln 8.1.2013 – 11 TaBVGa 9/12). Betriebsverfassungsrechtliche Aufgaben der Gewerkschaften sind beispielsweise:

- Einreichen von Wahlvorschlägen für die Betriebsratswahl, § 14 Abs. 5
- Einberufung einer Betriebsversammlung zur Bestellung eines Wahlvorstands oder Antrag auf Bestellung eines Wahlvorstands beim Arbeitsgericht, § 17 Abs. 2 und 3
- Anfechtung der Betriebsratswahl, § 19 Abs. 2
- Antrag beim Arbeitsgericht gegen den AG, § 23 Abs. 3
- Antrag auf Auflösung des BR, § 23 Abs. 1

Daneben kann das Zugangsrecht aus der in **Art. 9 Abs. 3 GG** garantierten Koalitionsbetätigung hergeleitet werden, um etwa während der Pausenzeiten Mitgliederwerbung zu machen (BAG 22.6.2010 – 1 AZR 179/09; LAG Köln 16.9.2016 – 10 Sa 328/16).

Wird die Gewerkschaft vom Wahlvorstand als Berater zur Begleitung und Unterstützung der Betriebsratswahl hinzugezogen, folgt daraus ein eigenes Zugangsrecht zum Betrieb i.S.d. § 2 Abs. 2. Dieses Zugangsrecht kann nicht dadurch vereitelt werden, dass der AG dem Wahlvorstand und der Gewerkschaft Räume für die Sitzungen des Wahlvorstands außerhalb des Betriebs anbietet (LAG Mecklenburg-Vorpommern 11.11.2013 – 5 TaBVGa 2/13). 7

Aus formaler Sicht hat die Gewerkschaft den AG vor ihrem Besuch zu unterrichten. Dem AG soll hierdurch die Möglichkeit gegeben werden, Zutrittsverweigerungsgründe zu prüfen bzw. sich auf den Besuch der Gewerkschaft einzustellen. Die Unterrichtung des AG muss daher rechtzeitig erfolgen. 8

Eine Begrenzung des Zugangsrechts auf lediglich eine von mehreren im Betrieb vertretenen Gewerkschaften in einem Tarifvertrag nach § 117 ist nicht möglich (LAG Berlin-Brandenburg 19.9.17 – 7 TaBV 91/17). 9

2. Zutrittsverweigerung durch den AG

Das Zutrittsrecht kann der Gewerkschaft nur unter den Voraussetzungen des § 2 Abs. 2 verweigert werden. Das ist der Fall, wenn dem Zutrittsrecht der Gewerkschaft 10

- unumgängliche Notwendigkeiten des Betriebsablaufs,
- zwingende Sicherheitsvorschriften oder
- der Schutz von Betriebsgeheimnissen

entgegenstehen. Für das Vorliegen dieser Verweigerungsgründe ist der AG beweispflichtig. Die Anforderungen sind hoch, da es um die Grundrechtsausübung der Gewerkschaft nach Art. 9 Abs. 3 GG geht.

IV. Koalitionsrecht der Gewerkschaften und Arbeitgeberverbände (Abs. 3)

Die Aufgaben der Gewerkschaften und der Vereinigungen der AG, vor allem die Wahrnehmung der Interessen ihrer Mitglieder, werden durch das Betriebsverfassungsgesetz nicht berührt, § 2 Abs. 3. Hiermit wird gewährleistet, dass koalitionsrechtliche Befugnisse durch betriebsverfassungsrechtliche Befugnisse nicht beeinträchtigt werden (BAG 20.3.2018 – 1 ABR 70/16). Koalitionsrechtliche Befugnisse und Auf- 11 gaben der Gewerkschaften und Arbeitgebervereinigungen ergeben sich vor allem aus Art. 9 Abs. 3 GG und aus dem Tarifvertragsrecht. Dazu zählen insbesondere der Abschluss von Tarifverträgen und die Überwachung ihrer Einhaltung, die Durchführung von Arbeitskämpfen, die Mitgliederwerbung und -beratung sowie deren Prozessvertretung. Die aus Art. 9 Abs. 3 GG folgende Koalitionsbetätigungsfreiheit unterfällt nicht der Regelungsmacht des AG, sodass auch kein Raum für ein Mitbestimmungsrecht des BR nach § 87 Abs. 1 Nr. 1 BetrVG – z. B. über die Art und Weise der Mitgliederwerbung – besteht (BAG 28.7.2020 – 1 ABR 41/18).

V. Streitigkeiten

12 Bei Streitigkeiten über die Rechte und Pflichten aus den Abs. 1 und 2 entscheidet das ArbG gem. §§ 2a, 80 ArbGG im **Beschlussverfahren**. BR und Gewerkschaften sind antragsbefugt, wenn sie eigene Rechte oder Ansprüche geltend machen. Verfahren, die isoliert die Einhaltung des Gebots der vertrauensvollen Zusammenarbeit betreffen, sind die Ausnahme. Meist wird die Frage der vertrauensvollen Zusammenarbeit im Rahmen von Streitigkeiten über weitergehende Beteiligungsrechte erörtert.

§ 3 Abweichende Regelungen

(1) Durch Tarifvertrag können bestimmt werden:

1. für Unternehmen mit mehreren Betrieben
   a) die Bildung eines unternehmenseinheitlichen Betriebsrats oder
   b) die Zusammenfassung von Betrieben,
   wenn diese die Bildung von Betriebsräten erleichtert oder einer sachgerechten Wahrnehmung der Interessen der Arbeitnehmer dient;

2. für Unternehmen und Konzerne, soweit sie nach produkt- oder projektbezogenen Geschäftsbereichen (Sparten) organisiert sind und die Leitung der Sparte auch Entscheidungen in beteiligungspflichtigen Angelegenheiten trifft, die Bildung von Betriebsräten in den Sparten (Spartenbetriebsräte), wenn dies der sachgerechten Wahrnehmung der Aufgaben des Betriebsrats dient;

3. andere Arbeitnehmervertretungsstrukturen, soweit dies insbesondere aufgrund der Betriebs-, Unternehmens- oder Konzernorganisation oder aufgrund anderer Formen der Zusammen-

arbeit von Unternehmen einer wirksamen und zweckmäßigen Interessenvertretung der Arbeitnehmer dient;

4. zusätzliche betriebsverfassungsrechtliche Gremien (Arbeitsgemeinschaften), die der unternehmensübergreifenden Zusammenarbeit von Arbeitnehmervertretungen dienen;
5. zusätzliche betriebsverfassungsrechtliche Vertretungen der Arbeitnehmer, die die Zusammenarbeit zwischen Betriebsrat und Arbeitnehmern erleichtern.

(2) Besteht in den Fällen des Absatzes 1 Nr. 1, 2, 4 oder 5 keine tarifliche Regelung und gilt auch kein anderer Tarifvertrag, kann die Regelung durch Betriebsvereinbarung getroffen werden.

(3) [1]Besteht im Fall des Absatzes 1 Nr. 1 Buchstabe a keine tarifliche Regelung und besteht in dem Unternehmen kein Betriebsrat, können die Arbeitnehmer mit Stimmenmehrheit die Wahl eines unternehmenseinheitlichen Betriebsrats beschließen. [2]Die Abstimmung kann von mindestens drei wahlberechtigten Arbeitnehmern des Unternehmens oder einer im Unternehmen vertretenen Gewerkschaft veranlasst werden.

(4) [1]Sofern der Tarifvertrag oder die Betriebsvereinbarung nichts anderes bestimmt, sind Regelungen nach Absatz 1 Nr. 1 bis 3 erstmals bei der nächsten regelmäßigen Betriebsratswahl anzuwenden, es sei denn, es besteht kein Betriebsrat oder es ist aus anderen Gründen eine Neuwahl des Betriebsrats erforderlich. [2]Sieht der Tarifvertrag oder die Betriebsvereinbarung einen anderen Wahlzeitpunkt vor, endet die Amtszeit bestehender Betriebsräte, die durch die Regelungen nach Absatz 1 Nr. 1 bis 3 entfallen, mit Bekanntgabe des Wahlergebnisses.

(5) [1]Die aufgrund eines Tarifvertrages oder einer Betriebsvereinbarung nach Absatz 1 Nr. 1 bis 3 gebildeten betriebsverfassungsrechtlichen Organisationseinheiten gelten als Betriebe im Sinne dieses Gesetzes. [2]Auf die in ihnen gebildeten Arbeitnehmervertretungen finden die Vorschriften über die Rechte und Pflichten des Betriebsrats und die Rechtsstellung seiner Mitglieder Anwendung.

Inhaltsübersicht Rn.

I. Zweck der Regelung

1 § 3 eröffnet den Tarifparteien die Möglichkeit, durch Tarifvertrag neue Betriebsratsstrukturen zu schaffen, um so auf den stetigen Strukturwandel in Unternehmen reagieren zu können. Durch die Bestimmung sollen die Tarifparteien in die Lage versetzt werden, die Arbeitnehmervertretungsstrukturen auf die jeweiligen Bedingungen im Unternehmen / Konzern zuzuschneiden, um so die Voraussetzungen für die Arbeitnehmervertretung zu verbessern. Wenngleich im Ausnahmefall auch eine Regelung durch BV möglich ist, sollte angesichts der Komplexität der Materie und den hohen Anforderungen, die das BAG an die Wirksamkeit einer Regelung zur Betriebsratsstruktur stellt, immer die Gewerkschaft eingebunden werden.

II. Regelungsmöglichkeiten durch Tarifvertrag (Abs. 1)

2 § 3 Abs. 1 erlaubt unter den dort genannten Voraussetzungen die Schaffung von Betriebsratsstrukturen, die von gesetzlichen Vorgaben abweichen. Hierdurch soll die Arbeitnehmervertretung die Möglichkeit erhalten, auf nicht absehbare und zu erwartende Änderungen der Unternehmensstrukturen zu reagieren (BT-Drs. 14/5741 S. 33). Im Gegensatz zu der früher geltenden Rechtslage fällt das Erfordernis einer staatlichen Zustimmung zu abweichenden Regelungen weg. Begründet wird dies damit, dass angesichts der Vielgestaltigkeit der zu regelnden Sachverhalte die Tarifvertragsparteien vor Ort die Sachgerechtigkeit von unternehmensspezifischen Arbeitnehmervertretungsstrukturen besser beurteilen können als staatliche Stellen. Außerdem können die Tarifparteien auf Umstrukturierungen im Unternehmen und Konzern sehr viel schneller reagieren, als dies bei einem mitunter zeitaufwendigen behördlichen Zustimmungsverfahren möglich wäre (BT-Drs. 14/5741 S. 33).

3 Voraussetzung ist zunächst, dass der Betrieb von dem Geltungsbereich des Tarifvertrags erfasst wird. In den Grenzen der Vorgaben des § 3 Abs. 1 steht den Tarifvertragsparteien bei der inhaltlichen Gestaltung des Tarifvertrags ein weiter Beurteilungsspielraum zu. Geht der Inhalt

des Tarifvertrags über die Vorgaben des § 3 Abs. 1 hinaus, kann dies aber zur teilweisen oder vollständigen Nichtigkeit des Tarifvertrags führen, was wiederum die Anfechtbarkeit einer auf den Tarifvertrag gestützten Betriebsratswahl zur Folge hätte. Das gilt auch, wenn der Tarifvertrag gegen das Bestimmtheitsgebot verstößt, was leider in der Praxis häufig Fragen aufwirft. Wichtig ist, dass – kurz gesagt – die tarifliche Regelung immer »**besser**« sein muss **als die Vertretungsstruktur, die sich bei Anwendung des BetrVG ergibt**. Deshalb muss die betriebliche Interessenvertretung immer dort »angedockt« sein, wo auch die unternehmerische Entscheidung getroffen wird.

1. Unternehmen mit mehreren Betrieben (Abs. 1 Nr. 1)

a. Unternehmenseinheitlicher BR (Abs. 1 Nr. 1 a)

Besteht ein Unternehmen aus mehreren Betrieben kann durch Tarif- 4
vertrag bestimmt werden, dass für diese ein unternehmenseinheitlicher BR gewählt wird. Hierdurch wird die übliche Struktur, in der in jedem Betrieb ein eigener BR gewählt und anschließend ein GBR gebildet wird, ersetzt. Im Ergebnis wird der BR nicht auf Betriebs-, sondern auf Unternehmensebene gewählt. Die Wahl eines GBR entfällt.
Zweck dieser Regelung ist, vor allem in kleineren Betrieben bessere Voraussetzungen für die Wahl von BR zu schaffen (BT-Drs. 14/5471 S. 34). Zu beachten ist in jedem Fall, dass die nach § 3 Abs. 1 Nr. 1–3 gebildeten betriebsverfassungsrechtlichen Organisationseinheiten ausdrücklich als Betriebe im Sinne des Betriebsverfassungsgesetzes gelten (§ 3 Abs. 5 Satz 1). Demgegenüber bleibt im Bereich des Kündigungsschutzgesetzes der allgemeine kündigungsschutzrechtliche Betriebsbegriff maßgeblich (BAG 24.10.2019 – 2 AZR 85/19).

b. Zusammenfassung von Betrieben (Abs. 1 Nr. 1 b)

Gem. § 3 Abs. 1 Nr. 1b können mehrere Betriebe eines Unternehmens 5
durch Tarifvertrag zu einem Betrieb zusammengefasst werden. Die zusammengelegten Betriebe gelten gem. § 3 Abs. 4 als ein Betrieb i.S.d. Betriebsverfassungsgesetzes. Bestehende **BV** aus den Ursprungsbetrieben und Vollstreckungstitel **gelten** im zusammengefassten Einheitsbetrieb beschränkt auf ihren bisherigen Wirkungsbereich **weiter** (BAG 18.3.2008 – 1 ABR 3/07).
Nicht gefordert wird, dass sämtliche Betriebe des Unternehmens zusammengefasst werden. Bezieht sich die Zusammenfassung nicht auf

alle Betriebe, wird mit den nicht zusammengefassten Betrieben ein GBR nach § 47 gebildet.

2. Spartenbetriebe (Abs. 1 Nr. 2)

6 Gemäß § 3 Abs. 1 Nr. 2 besteht die Möglichkeit, durch Tarifvertrag sogenannte Spartenbetriebsräte zu bilden. Voraussetzung ist, dass das Unternehmen oder der Konzern in produkt- oder projektbezogenen Geschäftsbereichen (Sparten) organisiert ist und die Leitung der Sparte auch Entscheidungen in beteiligungspflichtigen Angelegenheiten trifft. Des Weiteren muss die Bildung eines Spartenbetriebsrats der sachgerechten Wahrnehmung der Aufgaben des BR dienen. Die Bildung von Spartenbetriebsräten hat zur Folge, dass ein einheitlicher Betrieb, in dem mindestens zwei Sparten vorhanden sind, in die jeweiligen Sparten aufgegliedert wird. Gemäß § 3 Abs. 5 Satz 1 entsteht dann aus jeder Sparte ein Betrieb i.S.d. Betriebsverfassungsgesetzes. Für jeden dieser sogenannten Spartenbetriebe ist ein eigener BR zu wählen.

7 Dem so gebildeten Spartenbetriebsrat steht auf Arbeitgeberseite die Spartenleitung gegenüber. Dabei ist ausreichend, dass die Spartenleitung Entscheidungen treffen kann, die beteiligungspflichtige Angelegenheiten betreffen. Nicht notwendig ist, dass die Spartenleitung für alle beteiligungspflichtigen Angelegenheiten zuständig ist.

Die Zuständigkeit des Spartenbetriebsrats erstreckt sich auf AN, die in der jeweiligen Sparte beschäftigt sind.

3. Andere Arbeitnehmervertretungsstrukturen (Abs. 1 Nr. 3)

8 Gemäß § 3 Abs. 1 Nr. 3 können durch Tarifvertrag andere Vertretungsstrukturen bestimmt werden, soweit dies vor allem aufgrund

- der Betriebs-, Unternehmens- oder Konzernorganisation oder
- aufgrund anderer Formen der Zusammenarbeit von Unternehmen

einer wirksamen und zweckmäßigen Interessenvertretung der AN dient. Die mit § 3 Abs. 1 Nr. 3 eröffnete Möglichkeit, durch Tarifvertrag vom Gesetz abweichende Arbeitnehmervertretungsstrukturen zu bestimmen, setzt einen Zusammenhang zwischen vornehmlich organisatorischen oder kooperativen Rahmenbedingungen auf Arbeitgeberseite und der wirksamen sowie zweckmäßigen Interessenvertretung auf Arbeitnehmerseite voraus. Fehlt es hieran, ist der Tarifvertrag unwirksam (BAG 13.3.2013 – 7 ABR 70/11). Soll ein **unternehmensübergreifender Tarifvertrag** geschlossen werden, ist Voraussetzung, dass dieser von allen betroffenen Unternehmen geschlossen wird (BAG 25.2.2020 – 1 ABR 40/18).

Die Regelung dient dem Zweck, auf **künftige neue Veränderungen in den Unternehmensstrukturen** seitens der Tarifvertragsparteien schnell und angemessen reagieren zu können, ohne dabei auf ein Tätigwerden des Gesetzgebers angewiesen zu sein (DKW, § 3 BetrVG Rn. 92; BT-Drucks. 14/5741, S. 34). Mit ihr soll verhindert werden, dass die Bildung der Interessenvertretung aufgrund **möglicher Sonderformen** der Betriebs-, Unternehmens- oder Konzernorganisation erschwert wird. Beispielsweise kann sich die Interessenvertretung durch den üblichen BR bei kontinuierlichem Personalwechsel oder bei ständig wechselnder Betriebstätte als nicht wirksam erweisen. Als Besonderheit in der betrieblichen Organisation kommt beispielsweise in Betracht:

- Das Vorliegen von Profitcenter-Strukturen, die zu einer Art **Unternehmen im Unternehmen** führen, ohne dass zugleich eine Spartenbildung stattfindet,
- Wenn einer relativ **kleinen Zahl an Stammarbeitnehmern** eine große Anzahl von kurzzeitig oder nicht ständig Beschäftigten gegenübersteht, wie etwa in Qualifizierungsgesellschaften oder reinen Ausbildungsbetrieben (DKW, § 3 BetrVG Rn. 102).

Umstrukturierungen wie Zusammenlegungen, Spaltungen oder Zer- 9
schlagungen von Betrieben können auch bei nach § 3 Abs. 1 gewillkürten Vertretungsstrukturen durchgeführt werden. Durch solche Strukturveränderungen kann jedoch das Substrat für die durch einen Tarifvertrag nach § 3 Abs. 1 errichtete betriebsverfassungsrechtliche Organisationseinheit entfallen mit der Folge, dass die tarifliche Regelung insoweit ihre Wirkung verliert (BAG 21.6.2023 – 7 ABR 19/22). Tarifparteien sollten darauf achten, bereits bei Abschluss eines Tarifvertrags i. S. d. § 3 Abs. 1 mögliche Umstrukturierungen mitzubedenken bzw. im Falle von Strukturänderungen den Tarifvertrag anzupassen. Anderenfalls droht die Unwirksamkeit von Betriebsratswahlen, die auf Grundlage des unwirksamen Tarifvertrags durchgeführt wurden (BAG 21.6.2023 – 7 ABR 19/22).

4. Zusätzliche Gremien und Vertretungen (Abs. 1 Nr. 4 und Nr. 5)

§ 3 Abs. 1 Nr. 4 und Nr. 5 eröffnen die Möglichkeit, neben dem BR zu- 10
sätzliche Vertretungsstrukturen zur Ergänzung des BR zu schaffen.

Arbeitsgemeinschaften i. S. d. § 3 Abs. 1 Nr. 4 stellen im Gegensatz zu den 11
zusätzlichen Vertretungen nach § 3 Abs. 1 Nr. 5 keine Arbeitnehmer-

vertretung dar. Vielmehr sollen sie der **unternehmensübergreifenden Zusammenarbeit** von Arbeitnehmervertretungen dienen. Das ist etwa dann denkbar, wenn eine Unternehmensspaltung zugleich zu einer Betriebsspaltung führt und die BR der beiden neuen Betriebe gemeinsame Positionen zu Mitbestimmungsangelegenheiten erarbeiten möchten.

12 § 3 Abs. 1 Nr. 5 ermöglicht Regelungen zur Bildung zusätzlicher betriebsverfassungsrechtlicher Vertretungen der AN, die die Zusammenarbeit zwischen dem BR und den AN erleichtern (BAG 29.4.2015 – 7 ABR 102/12). Die Vertretungen selbst sind keine Mitbestimmungsorgane, so dass sie nicht anstelle des BR Vertretungsaufgaben gegenüber dem AG wahrnehmen dürfen. Ebenso dürfen sie keine Beteiligungsrechte des BR ausüben oder Vereinbarungen mit dem AG schließen, es sei denn, der BR hat der zusätzlichen Vertretung gem. **§ 28a Aufgaben übertragen**.

III. Regelungsmöglichkeiten durch BV (Abs. 2)

13 Gemäß § 3 Abs. 2 kann die Schaffung von anderen (**vom Gesetz abweichenden**) **Arbeitnehmervertretungsstrukturen** i.S.d. § 3 Abs. 1 Nr. 3 nicht durch BV bestimmt werden. In den Fällen des § 3 Abs. 1 Nr. 1, 2, 4 oder 5 kann dagegen eine Regelung durch BV getroffen werden, wenn es

- **keine tarifliche Regelung i.S.d. § 3 Abs. 1** gibt und
- **auch sonst kein Tarifvertrag** für das Unternehmen gilt.

IV. Unternehmen ohne Tarif und ohne BR (Abs. 3)

14 § 3 Abs. 3 eröffnet AN die Möglichkeit, **einen unternehmenseinheitlichen BR zu wählen**, wenn im gesamten Unternehmen kein BR existiert und eine tarifliche Regelung i.S.d. § 3 Abs. 1 Nr. 1a fehlt. Der Beschluss hierzu erfolgt durch **Stimmenmehrheit der unternehmenszugehörigen AN**, wobei **absolute Mehrheit** nicht erforderlich ist (LAG Düsseldorf 16.10.2008 – 11 TaBV 105/08). Auf eine Wahlberechtigung i.S.d. §§ 7, 8 kommt es nicht an. Die Abstimmung kann von mindestens drei wahlberechtigten AN des Unternehmens oder einer im Unternehmen vertretenen Gewerkschaft veranlasst werden, § 3 Abs. 3 Satz 2. Zur Wahlberechtigung siehe §§ 7 und 8. Die Bildung eines unternehmenseinheitlichen BR hat grundsätzlich dauerhafte Wirkung. Die Dauerwirkung wird lediglich durch relevante Strukturänderungen, die zum Wegfall der Identität des Betriebs führen bzw. sich nicht in dem von § 3 Abs. 3 vorgegebenen Rahmen halten oder durch eine gegenteilige

Beschlussfassung der AN aufgehoben werden (BAG 24.3.2021 – 7 ABR 16/20), berührt. Das erhebliche Anwachsen der Beschäftigtenzahl, eine Abspaltung oder die Eingliederung von Betriebsteilen in die bestehende Organisation führen nicht zum Verlust der Betriebsidentität (LAG Hessen 10.2.2020 – 16 TaBV 32/19). Entsteht im Zuge von Umstrukturierungen ein gemeinsamer Betrieb mit einem anderen Unternehmen, verliert der Belegschaftsbeschluss seine Wirkung, weil dies die Grenze der nach § 3 Abs. 3 zulässigen Gestaltung überschreitet (BAG 24.3.2021 – 7 ABR 16/20).

V. Streitigkeiten

Die ArbG entscheiden im Beschlussverfahren bei Streitigkeiten über **15**
die Wirksamkeit oder Auslegung eines von der gesetzlichen Regelung abweichenden Tarifvertrags bzw. einer abweichenden BV.

§ 4 Betriebsteile, Kleinstbetriebe

(1) [1]Betriebsteile gelten als selbständige Betriebe, wenn sie die Voraussetzungen des § 1 Abs. 1 Satz 1 erfüllen und

1. räumlich weit vom Hauptbetrieb entfernt oder
2. durch Aufgabenbereich und Organisation eigenständig sind.

[2]Die Arbeitnehmer eines Betriebsteils, in dem kein eigener Betriebsrat besteht, können mit Stimmenmehrheit formlos beschließen, an der Wahl des Betriebsrats im Hauptbetrieb teilzunehmen; § 3 Abs. 3 Satz 2 gilt entsprechend. [3]Die Abstimmung kann auch vom Betriebsrat des Hauptbetriebs veranlasst werden. [4]Der Beschluss ist dem Betriebsrat des Hauptbetriebs spätestens 10 Wochen vor Ablauf seiner Amtszeit mitzuteilen. [5]Für den Widerruf des Beschlusses gelten die Sätze 2 bis 4 entsprechend.

(2) Betriebe, die die Voraussetzungen des § 1 Abs. 1 Satz 1 nicht erfüllen, sind dem Hauptbetrieb zuzuordnen.

Inhaltsübersicht Rn.

I. Zweck der Regelung

1 § 4 will alle AN einer unternehmenszugehörigen Organisationseinheit in die Betriebsverfassung und damit in die Interessenvertretung durch den BR einbeziehen. Diese Zielsetzung kommt insbesondere durch Abs. 2 zum Ausdruck, der für Kleinstbetriebe, die ansonsten vertretungslos bleiben würden, anordnet, dass sie dem Hauptbetrieb zuzuordnen sind.

II. Begriff Betriebsteil (Abs. 1 Satz 1)

2 Nach der Rechtsprechung des BAG ist ein Betriebsteil **auf den Zweck des Hauptbetriebs** ausgerichtet und in dessen Organisation eingegliedert, ihm gegenüber aber organisatorisch abgrenzbar und relativ verselbständigt (BAG 17.5.2017 – 7 ABR 21/15). Hauptbetrieb ist dabei der Betrieb, in dem grundsätzlich die Leitungsfunktionen des AG für den Betriebsteil wahrgenommen werden. Das entspricht dem Grundsatz, dass Mitbestimmung dort ausgeübt werden soll, wo die mitbestimmungsrelevanten unternehmerischen Entscheidungen getroffen werden (BAG 7.5.2008 – 7 ABR 15/07; LAG Düsseldorf 2.5.2018 – 12 TaBVGa 3/18). Ein Betriebsteil liegt demgegenüber vor, wenn in der organisatorischen Teileinheit ein **Mindestmaß an organisatorischer Selbstständigkeit** gegenüber dem Hauptbetrieb erfüllt ist. Dazu reicht es aus, dass in der organisatorischen Einheit überhaupt eine den Einsatz der AN bestimmende Leitung institutionalisiert ist, die Weisungsrechte des AG ausübt (BAG 21.6.2023 – 7 ABR 19/22). Das ist der Fall, wenn z. B. ein Filialleiter in der organisatorischen Teileinheit für die Regelung der Arbeitszeit der AN zuständig ist.

Der **Betriebsteil** ist betriebsverfassungsrechtlich als **eigenständiger Betrieb** zu behandeln, wenn dort mindestens fünf ständig wahlberechtigte AN beschäftigt und zusätzlich entweder die Voraussetzungen der Ziff. 1 oder der Ziff. 2 erfüllt sind (s. Rn. 3 und 4).

III. Entfernung vom Hauptbetrieb (Abs. 1 Satz 1 Nr. 1)

3 Betriebsteile i.S.d. Abs. 1 Satz 1 sind vom »Hauptbetrieb« räumlich weit entfernt, wenn wegen dieser Entfernung eine sachgerechte Betreuung und Vertretung der AN des Betriebsteils durch den BR des Betriebs nicht mehr gewährleistet ist (BAG 17.5.2017 – 7 ABR 21/15). Maßgeblich ist die Entfernung vom Hauptbetrieb und nicht die Entfernung vom Betriebsratsbüro, wobei eine Bestimmung allein anhand

der Entfernungskilometer nicht sachgerecht ist (BAG 7.5.2008 – 7 ABR 15/07). Von besonderer Bedeutung sind vielmehr die tatsächlichen Anbindungsmöglichkeiten (Verkehr, öffentliche Verkehrsmittel, Fahrzeit usw.). Die persönliche Kontaktaufnahme zwischen BR und AN muss jederzeit möglich sein und darf nicht durch lange Wegezeiten erschwert werden (LAG Rheinland-Pfalz 22.11.2018 – 5 TaBV 10/18). Unerheblich für die Beurteilung der Frage, ob Standorte weit vom Hauptbetrieb entfernt sind, ist die Erreichbarkeit des im Hauptbetrieb bestehenden BR per Post oder Telefon oder mithilfe moderner Kommunikationsmittel (LAG Baden-Württemberg 22.10.2020 – 17 TaBV 3/19; a.A. LAG Hessen 2.8.2021 – 16 TaBV 7/21). Entscheidend ist die Möglichkeit zum unmittelbaren persönlichen Gespräch. Ebenso kommt es nicht darauf an, ob für die in den Betriebsteilen beschäftigten AN bei Teilbelegschafts- und Belegschaftsversammlungen die Möglichkeit der Kontaktaufnahme mit dem BR besteht (BAG 17.5.2017 – 7 ABR 21/15). Befindet sich der Hauptbetrieb nicht im Geltungsbereich des BetrVG, ist auf die ordnungsgemäße Betreuung eines insoweit fiktiven BR am Hauptbetrieb abzustellen (LAG Berlin-Brandenburg 22.2.2023 – 4 TaBVGa 1301/22).

IV. Eigenständigkeit (Abs. 1 Satz 1 Nr. 2)

Gemäß § 4 Abs. 1 Satz 1 Nr. 2 liegt ein selbstständiger Betriebsteil – trotz räumlicher Nähe zum Hauptbetrieb – vor, wenn er durch Aufgabenbereich **und** Organisation eigenständig ist. Beide Voraussetzungen müssen kumulativ (gemeinsam) vorliegen. 4

Ein Betriebsteil gilt auch dann als betriebsratsfähiger Betrieb, wenn er nicht nur hinsichtlich seiner Funktion eine gewisse Eigenständigkeit hat, sondern auch hinsichtlich der betrieblichen Organisation. 5

Die dortigen Vertreter des AG müssen in der Lage sein, die Arbeitgeberfunktion in grundlegenden Bereichen der betrieblichen Mitbestimmung wahrnehmen zu können (BAG 14.1.2004 – 7 ABR 26/03, AiB 2005, 759). Insoweit genügt ein Mindestmaß an organisatorischer Selbständigkeit gegenüber dem Hauptbetrieb. Dazu reicht es aus, dass in der organisatorischen Einheit überhaupt eine den Einsatz der AN bestimmende Leitung institutionalisiert ist, die Weisungsrechte des AG ausübt (BAG 21.6.2023 – 7 ABR 19/22).

V. Kleinstbetriebe (Abs. 2)

6 Abs. 2 ordnet die Zuordnung eigenständiger Organisationseinheiten, die selbst nicht betriebsratsfähig sind (Kleinstbetriebe), zu einem Hauptbetrieb an. Gemäß § 1 setzt die Betriebsratsfähigkeit voraus, dass mindestens fünf ständig wahlberechtigte AN, von denen drei wählbar sein müssen, vorhanden sind. AN in Kleinstbetrieben, die diese Voraussetzungen nicht erfüllen, könnten demnach niemals von einem BR vertreten werden. Um diese Vertretungslücke zu schließen, erfolgt gemäß § 4 Abs. 2 eine Zuordnung des Kleinstbetriebs zu dem Hauptbetrieb des Unternehmens. Der BR des Hauptbetriebs ist daher auch für die AN des Kleinstbetriebs zuständig.

VI. Streitigkeiten

7 Stellt sich die Streitfrage, ob es sich um einen eigenständigen Betrieb oder um einen Betriebsteil handelt, entscheidet das ArbG im Beschlussverfahren nach §§ 2a, 80 ff. ArbGG.

§ 5 Arbeitnehmer

(1) [1]Arbeitnehmer (Arbeitnehmerinnen und Arbeitnehmer) im Sinne dieses Gesetzes sind Arbeiter und Angestellte einschließlich der zu ihrer Berufsausbildung Beschäftigten, unabhängig davon, ob sie im Betrieb, im Außendienst oder mit Telearbeit beschäftigt werden. [2]Als Arbeitnehmer gelten auch die in Heimarbeit Beschäftigten, die in der Hauptsache für den Betrieb arbeiten. [3]Als Arbeitnehmer gelten ferner Beamte (Beamtinnen und Beamte), Soldaten (Soldatinnen und Soldaten) sowie Arbeitnehmer des öffentlichen Dienstes einschließlich der zu ihrer Berufsausbildung Beschäftigten, die in Betrieben privatrechtlich organisierter Unternehmen tätig sind.

(2) Als Arbeitnehmer im Sinne dieses Gesetzes gelten nicht

1. **in Betrieben einer juristischen Person die Mitglieder des Organs, das zur gesetzlichen Vertretung der juristischen Person berufen ist;**
2. **die Gesellschafter einer offenen Handelsgesellschaft oder die Mitglieder einer anderen Personengesamtheit, soweit sie durch Gesetz, Satzung oder Gesellschaftsvertrag zur Vertretung der Personengesamtheit oder zur Geschäftsführung berufen sind, in deren Betrieben;**

3. Personen, deren Beschäftigung nicht in erster Linie ihrem Erwerb dient, sondern vorwiegend durch Beweggründe karitativer oder religiöser Art bestimmt ist;
4. Personen, deren Beschäftigung nicht in erster Linie ihrem Erwerb dient und die vorwiegend zu ihrer Heilung, Wiedereingewöhnung, sittlichen Besserung oder Erziehung beschäftigt werden;
5. der Ehegatte, der Lebenspartner, Verwandte und Verschwägerte ersten Grades, die in häuslicher Gemeinschaft mit dem Arbeitgeber leben.

(3) [1]Dieses Gesetz findet, soweit in ihm nicht ausdrücklich etwas anderes bestimmt ist, keine Anwendung auf leitende Angestellte. [2]Leitender Angestellter ist, wer nach Arbeitsvertrag und Stellung im Unternehmen oder im Betrieb

1. zur selbständigen Einstellung und Entlassung von im Betrieb oder in der Betriebsabteilung beschäftigten Arbeitnehmern berechtigt ist oder
2. Generalvollmacht oder Prokura hat und die Prokura auch im Verhältnis zum Arbeitgeber nicht unbedeutend ist oder
3. regelmäßig sonstige Aufgaben wahrnimmt, die für den Bestand und die Entwicklung des Unternehmens oder eines Betriebs von Bedeutung sind und deren Erfüllung besondere Erfahrungen und Kenntnisse voraussetzt, wenn er dabei entweder die Entscheidungen im Wesentlichen frei von Weisungen trifft oder sie maßgeblich beeinflusst; dies kann auch bei Vorgaben insbesondere aufgrund von Rechtsvorschriften, Plänen oder Richtlinien sowie bei Zusammenarbeit mit anderen leitenden Angestellten gegeben sein.

[3]Für die in Abs. 1 Satz 3 genannten Beamten und Soldaten gelten die Sätze 1 und 2 entsprechend.

(4) Leitender Angestellter nach Abs. 3 Nr. 3 ist im Zweifel, wer

1. aus Anlass der letzten Wahl des Betriebsrats, des Sprecherausschusses oder von Aufsichtsratsmitgliedern der Arbeitnehmer oder durch rechtskräftige gerichtliche Entscheidung den leitenden Angestellten zugeordnet worden ist oder
2. einer Leitungsebene angehört, auf der in dem Unternehmen überwiegend leitende Angestellte vertreten sind, oder
3. ein regelmäßiges Jahresarbeitsentgelt erhält, das für leitende Angestellte in dem Unternehmen üblich ist, oder
4. falls auch bei der Anwendung der Nummer 3 noch Zweifel bleiben, ein regelmäßiges Jahresarbeitsentgelt erhält, das das Dreifache der Bezugsgröße nach § 18 des Vierten Buches Sozialgesetzbuch überschreitet.

Inhaltsübersicht Rn.

I. Zweck der Regelung

1 Die Regelung bestimmt den Kreis derjenigen Personen, die als AN im Sinne des Betriebsverfassungsgesetzes gelten und vom BR repräsentiert werden. In den Abs. 2 und 3 werden hingegen Personengruppen genannt, deren Interessen durch den BR nicht vertreten werden.

II. AN i. S. d. Betriebsverfassungsgesetzes (Abs. 1)

2 Der betriebsverfassungsrechtliche Arbeitnehmerbegriff ist vom klassischen Arbeitnehmerbegriff zu unterscheiden. AN ist nach allgemeinen Grundsätzen, wer aufgrund eines privatrechtlichen Vertrags im Dienst des AG zur Leistung fremdbestimmter Arbeit in persönlicher Abhängigkeit verpflichtet ist (§ 611a BGB). Betriebsverfassungsrechtlich aber ist das Bestehen oder Nicht-Bestehen eines Arbeitsvertrags für die Klassifizierung als AN unbedeutend (BAG 24. 8. 2016 – 7 ABR 2/15). Leitende Angestellte etwa haben einen Arbeitsvertrag und sind AN im vertragsrechtlichen, nicht jedoch im betriebsverfassungsrechtlichen Sinne.

1. AN im betriebsverfassungsrechtlichen Sinne

3 Die soziale Schutzfunktion des Betriebsverfassungsgesetzes führt dazu, dass auf das Bestehen eines Arbeitsvertrags nicht abgestellt wird (DKW, § 5 BetrVG Rn. 10). Betriebsverfassungsrechtlich sind AN Personen, bei denen eine **Eingliederung in die Betriebsorganisation** besteht (BAG

13.12.2016 – 1 ABR 59/14; BAG 13.3.2013 – 7 ABR 69/11, AiB 2013, 659–661) und die in persönlicher Abhängigkeit für den Betriebsinhaber Arbeit leisten. Entscheidend ist daher die **Betriebsangehörigkeit** (BAG 5.12.2012 – 7 ABR 17/11). Betriebsangehörig sind – da es auf ein individualrechtliches Beschäftigungsverhältnis zum Inhaber oder Träger des Einsatzbetriebs nicht ankommt – **alle Beschäftigten**, die **in die Betriebsorganisation eingegliedert** sind. Eingegliedert ist, wer eine ihrer Art nach weisungsgebundene Tätigkeit verrichtet, die der AG organisiert. Der Beschäftigte muss so in die betriebliche Arbeitsorganisation **integriert** sein, dass der AG das **für ein Arbeitsverhältnis typische Weisungsrecht** innehat und die **Entscheidung über den Arbeitseinsatz nach Zeit und Ort trifft** (BAG 13.12.2016 – 1 ABR 59/14). Der Betriebsinhaber muss diese Arbeitgeberfunktion wenigstens im Sinn einer aufgespaltenen Arbeitgeberstellung teilweise ausüben. Es kommt darauf an, inwieweit dem Inhaber oder Träger des Einsatzbetriebs Weisungsbefugnisse zustehen und er in diesem Sinne eine betriebsverfassungsrechtlich relevante (und sei es auch nur partielle) Arbeitgeberstellung einnimmt (BAG 5.12.2012 – 7 ABR 17/11, AiB 2013, 656–657). Das gilt z.B. für Inhaber des Einsatzbetriebs gegenüber Leiharbeitnehmern. Die Unterstellung eines in einem Betrieb tätigen AN unter das fachliche Weisungsrecht eines in einem anderen Betrieb ansässigen Vorgesetzen führt grds. nicht zur Eingliederung des AN in den Beschäftigungsbetrieb des Vorgesetzten und Ausgliederung aus seinem bisherigen Beschäftigungsbetrieb (BAG 26.5.2021 – 7 ABR 17/20).

2. Zur Berufsausbildung Beschäftigte

Auch die Arbeitnehmereigenschaft eines zur Berufsausbildung Beschäftigten i.S.v. § 5 Abs. 1 Satz 1 setzt neben dem **Abschluss eines auf die Ausbildung gerichteten privatrechtlichen Vertrags** voraus, dass der Auszubildende in einen Betrieb des Ausbildenden **eingegliedert** ist. Es kommt nicht darauf an, ob der »zu seiner Berufsausbildung Beschäftigte« eine Geldleistung erhält (BAG 6.11.2013 – 7 ABR 76/11). 4

Eine Eingliederung in diesem Sinne liegt vor, wenn sich die berufspraktische Ausbildung im Rahmen des arbeitstechnischen Zwecks des Betriebs vollzieht, zu dessen Erreichung die AN des Betriebs zusammenwirken. Die **betrieblich-praktische Ausbildung** muss überwiegen oder der schulischen Ausbildung zumindest gleichwertig sein (BAG 6.11.2013 – 7 ABR 76/11). Bei einer rein schulischen Unterweisung, bei der der Auszubildende nicht beruflich aktiv tätig wird, findet eine **betriebliche Eingliederung** (siehe hierzu Rn. 3) nicht statt.

3. In Heimarbeit Beschäftigte und Telearbeit

5 Auch in Heimarbeit Beschäftigte sind regelmäßig wegen ihrer wirtschaftlichen Abhängigkeit vom Auftraggeber arbeitnehmerähnliche Personen (BAG 20.1.2004 – 9 AZR 291/02).
Gemäß § 2 Heimarbeitergesetz (HAG) ist Heimarbeiter, wer in **selbstgewählter Arbeitsstätte** (eigener Wohnung oder selbstgewählter Betriebsstätte) **allein oder mit seinen Familienangehörigen** im Auftrag von Gewerbetreibenden oder Zwischenmeistern **erwerbsmäßig arbeitet**, jedoch die **Verwertung der Arbeitsergebnisse** dem unmittelbar oder mittelbar Auftrag gebenden **Gewerbetreibenden überlässt**. Erforderlich für die Einordnung als AN i.S.d. § 5 Abs. 1 ist zudem, dass die Leistung von Heimarbeit für den Betrieb die Leistung für andere Auftraggeber überwiegt.

6 Telearbeiter ist, wer seine Arbeitsleistung außerhalb des Betriebsgebäudes (meistens in der eigenen Wohnung) erbringt, hierbei aber mittels der heute gängigen Kommunikationsmittel mit dem Unternehmen verbunden ist.

III. Keine AN (Abs. 2)

7 Nach § 5 Abs. 2 werden die dort genannten Personen von den AN im betriebsverfassungsrechtlichen Sinne ausgeklammert. Dies trifft selbst dann zu, wenn die betreffenden Personen in einem Arbeitsverhältnis zum Unternehmen stehen. Sie können also AN im arbeitsvertragsrechtlichen Sinne sein, obgleich sie betriebsverfassungsrechtlich nicht zu den AN zählen. Für diese Personen ist der BR nicht zuständig.
Grund hierfür ist, dass die in § 5 Abs. 2 genannten Personen entweder nicht dem Normaltypus eines AN entsprechen (so etwa § 5 Abs. 2 Nr. 3 und 4), oder weil die gesamten Lebensumstände vermuten lassen, dass sie in sehr enger Beziehung zum AG stehen (DKW, § 5 BetrVG Rn. 153).

IV. Leitende Angestellte (Abs. 3 und Abs. 4)

8 Leitende Angestellte sind grds. AN i.S.d. BetrVG. Gemäß § 5 Abs. 3 Satz 1 findet das BetrVG auf sie jedoch nur dann Anwendung, wenn das Gesetz dies ausdrücklich bestimmt (s. § 105). Damit werden leitende Angestellte ähnlich wie Personen nach § 5 Abs. 2 aus der Vertretungszuständigkeit des BR herausgenommen. Die Herausnahme der leitenden Angestellten aus dem Betriebsverfassungsrecht beruht auf

dem Interessengegensatz: Die leitenden Angestellten haben kraft ihrer Funktion Unternehmerinteressen wahrzunehmen und sollen daher nicht gleichzeitig in der Betriebsverfassung Arbeitnehmerinteressen vertreten (BAG 14.1.2014 – 1 ABR 54/12).

Die **Zuordnung eines AN zu den leitenden Angestellten** erfolgt anhand der Definition in § 5 Abs. 3. Hierzu sind die dort genannten Tatbestände (§ 5 Abs. 3 Nr. 1 bis 3) **alternativ zu prüfen**. Sie müssen nicht alle zugleich vorliegen. Eine **eindeutige Zuordnung** erweist sich meist als äußerst **schwierig**. Gelingt eine solche Zuordnung anhand des § 5 Abs. 3 nicht, ist auf die »Zweifelsregelung« des § 5 Abs. 4 abzustellen. Dieser kann aber nur Zweifel hinsichtlich der Voraussetzungen des § 5 Abs. 3 Nr. 3 beheben. 9

Bei der Zuordnung ist zu beachten, dass auf den **Arbeitsvertrag und die tatsächliche Stellung im Unternehmen oder im Betrieb abzustellen ist**, § 5 Abs. 3 Satz 2. Die Frage, ob ein AN leitender Angestellter ist, ist zudem unternehmensbezogen zu beurteilen und nicht konzernbezogen (BAG 20.4.2005 – 7 ABR 20/04; LAG Düsseldorf 10.2.2016 – 7 TaBV 63/15).

1. Selbstständige Entlassung und Einstellung (Abs. 3 Nr. 1)

Es muss die Berechtigung zur **selbstständigen Einstellung und Entlassung** vorliegen. Hierzu ist erforderlich, dass der Angestellte 10

- zur Einstellung oder Entlassung gegenüber dem AN die notwendigen Vollmachten hat (sogenanntes Außenverhältnis) und
- gegenüber dem AG selbstständig über die Einstellung und Entlassung entscheiden darf.

Unzureichend ist es daher beispielsweise, wenn der Personalleiter zwar vertraglich zur selbstständigen Einstellung und Entlassung berechtigt ist, im tatsächlichen Arbeitsleben aber durch einen dem Personalleiter Vorgesetzten eine rechtserhebliche Beschränkung gegeben ist (BAG 10.12.2013 – 7 TaBV 80/13). § 5 Abs. 3 Nr. 1 setzt eine Personalverantwortung voraus, die von erheblicher unternehmerischer Bedeutung ist. Diese kann sich aus der Zahl der betreffenden AN (LAG Hessen 9.12.2024 – 16 TaBV 93/24) oder aus der Bedeutung von deren Tätigkeit für das Unternehmen ergeben (LAG Hamm 14.2.2018 – 2 Sa 1499/16). Erstreckt sich die Personalkompetenz nur auf eine geringe Anzahl von AN, müssen diese entweder hochqulifizierte Tätigkeiten mit entsprechenden Entscheidungsspielräumen ausüben oder einen für das Unternehmen herausgehobenen Geschäftsbereich betreuen (BAG 4.5.2022 – 7 ABR 14/21). Selbst wenn die Einstellungs- und Entlassungsbefugnis sämtliche AN des Betriebs umfasst, kann die Zuordnung zu den leitenden Angestellten zu verneinen sein, wenn die Anzahl der von der Personalkompetenz erfassten AN im Betrieb, im Verhältnis zur Gesamtbelegschaft des Unternehmens, nur einen geringen Teil ausmacht (LAG Hessen 9.12.2024 – 16 TaBV 93/24).

2. Generalvollmacht oder Prokura (Abs. 3 Nr. 2)

11 Nach § 5 Abs. 3 Nr. 2 führen Generalvollmacht und Prokura zu der Einordnung als leitender Angestellter. Voraussetzung ist allerdings, dass die Prokura **»auch im Verhältnis zum AG nicht unbedeutend«** ist. Nach dem BAG darf dafür das der Prokura zugrunde liegende **Aufgabengebiet nicht unbedeutend** sein. Ausschlaggebend sind daher nicht nur die formellen und umfassenden Vertretungsbefugnisse im Außenverhältnis, sondern auch die damit verbundenen **unternehmerischen Aufgaben**, um derentwillen dem AN die Prokura verliehen wurde (BAG 29.6.2011 – 7 ABR 5/10).

Diese unternehmerischen Aufgaben dürfen nach Sinn und Zweck des § 5 Abs. 3 Satz 2 Nr. 2 **nicht von einer untergeordneten Bedeutung** sein, weil es sonst an dem vom Gesetzgeber für den Personenkreis der leitenden Angestellten angenommenen **Interessengegensatz zum BR** fehlen würde. Als leitender Angestellter muss ein Prokurist **unternehmerische Führungsaufgaben** wahrnehmen (BAG 29.6.2011 – 7 ABR 5/10).

3. Regelmäßige sonstige Aufgaben (Abs. 3 Nr. 3)

12 § 5 Abs. 3 Nr. 3 enthält einen sogenannten **Auffangtatbestand** gegenüber § 5 Abs. 3 Nr. 1 und 2 und ist daher stets im Lichte der § 5 Abs. 3 Nr. 1 und 2 zu sehen. Für die Zuordnung zum leitenden Angestellten muss es sich um einen **AN mit unternehmerischen Führungsaufgaben** handeln (BAG 22.2.1994 – 7 ABR 32/93). Von einer solchen **Schlüsselposition** kann gesprochen werden, wenn dem AN rechtlich und tatsächlich ein **eigener, erheblicher Entscheidungsspielraum** zur Verfügung steht.

Das bedeutet, er muss mit **weitgehender Weisungsfreiheit oder Selbstbestimmung** im Rahmen seines Tätigkeitsbereichs versehen sein und **kraft seiner leitenden Funktion maßgeblichen Einfluss auf die Unternehmensführung** haben (LAG Baden-Württemberg 20.12.2018 – 17 Sa 11/18). Dieser Einfluss kann darin liegen, dass der leitende Angestellte die Entscheidungen selbst trifft oder aber **Voraussetzungen** schafft,

an denen die Unternehmensleitung schlechterdings **nicht vorbeigehen kann** (BAG 5.6.2014 – 2 AZR 615/13; LAG Berlin Brandenburg 27.8.2014 – 10 Sa 467/14).
Ein Angestellter, der zwar nicht selbst Unternehmerentscheidungen trifft, aber durch eine über die gesamte Breite des Unternehmensführungsbereichs wirkende Tätigkeit die Grundlagen für solche Entscheidungen eigenverantwortlich erarbeitet (Unternehmensplanung), ist regelmäßig leitender Angestellter. Eine Vorgesetzteneigenschaft ist dabei nicht erforderlich (BAG 17.12.1974 – 1 ABR 105/73).

4. Zweifelsregelung (Abs. 4)

Auf die Zweifelsregelung nach § 5 Abs. 4 kann nur dann zurückgegriffen werden, wenn ein Grenzfall vorliegt, bei dem sowohl eine Einordnung des Angestellten als AN i.S.d § 5 Abs. 1 als auch eine Einordnung als leitender Angestellter i.S.d. § 5 Abs. 3 Nr. 3 vertretbar erscheint. Bestehen keine Zweifel, kommt § 5 Abs. 4 nicht zum Zuge (BAG 22.2.1994 – 7 ABR 32/93; LAG Baden-Württemberg 20.12.2018 – 17 Sa 11/18). 13

a. Leitender Angestellter durch Zuordnung (Abs. 4 Nr. 1)

Nach § 5 Abs. 4 Nr. 1 ist im Zweifel leitender Angestellter, wer früher bereits den leitenden Angestellten zugeordnet worden war (hierzu Näheres in § 18a). Ist also anlässlich der letzten Betriebsratswahl (§ 18a) ein AN den leitenden Angestellten nicht zugeordnet worden, ist er im Zweifel auch jetzt nicht leitender Angestellter. 14
Dennoch sollte dies in jedem Einzelfall geprüft werden, da sich die Verhältnisse seit der ursprünglichen Zuordnung im Rahmen des § 18a geändert haben können. Eine von der ursprünglichen Entscheidung zur Zuordnung abweichende Entscheidung ist also stets möglich.

b. Angehörigkeit zu einer Leitungsebene (Abs. 4 Nr. 2)

Gehört der AN einer Leitungsebene an, auf der im Unternehmen überwiegend leitende Angestellte vertreten sind, soll es sich nach § 5 Abs. 4 Nr. 2 im Zweifel um einen leitenden Angestellten handeln. Überwiegend bedeutet dabei, dass mehr als die Hälfte der auf der betreffenden Leitungsebene angestellten AN leitende Angestellte sein müssen. 15

c. Regelmäßiges Jahresarbeitsentgelt (Abs. 4 Nr. 3)

16 Leitender Angestellter ist nach § 5 Abs. 4 Nr. 3 im Zweifel, wer ein regelmäßiges Jahresarbeitsentgelt erhält, das für leitende Angestellte in dem Unternehmen üblich ist. Um den Gehaltsvergleich anzustellen, müssen zunächst die leitenden Angestellten des Unternehmens, welche die Voraussetzungen des § 5 Abs. 3 erfüllen, ermittelt werden.

d. Dreifache Bezugsgröße (Abs. 4 Nr. 4)

17 § 5 Abs. 4 Nr. 4 kommt erst dann zum Zuge, wenn auch nach der Zweifelsregelung des § 5 Abs. 4 Nr. 3 Zweifel bestehen bleiben. D.h. dass die Erzielung eines höheren Einkommens als das Dreifache der monatlichen Bezugsgröße nach § 18 SGB IV nicht zwingend dazu führt, dass die betreffende Person leitender Angestellter ist. Nur wenn Zweifel bleiben, kann die Erzielung eines entsprechenden Einkommens den Ausschlag geben.

18 In der Rechtsprechung existieren zahlreiche Entscheidungen zum Status als leitende Angestellte. Zu beachten ist jedoch, dass die Entscheidungen stark auf den Einzelfall bezogen sind, sodass eine generelle Übertragbarkeit nicht möglich ist.

Als leitende Angestellte wurden anerkannt:

- **Leiter der Abteilung »Technische Kontrolle«** eines Luftfahrtunternehmens (BAG 8.2.1977 – 1 ABR 22/76)
- **Leiter der Abteilung »Organisation und Unternehmensplanung«**, der durch seine Entscheidungen maßgeblichen Einfluss auf die Unternehmensleitung ausübt
- Alleinmeister in einem Baubetrieb (BAG 10.4.1991 – 4 AZR 479/90)
- **Chefpilot**, der u.a. über disziplinarische Befugnisse gegenüber 225 Piloten, Co-Piloten und Bordingenieuren verfügt (BAG 25.10.1989 – 7 ABR 60/88)
- **Betriebsleiter** mit Einstellungs- und Entlassungsbefugnis u.a. gegenüber ihm unterstellten leitenden Angestellten (BAG 27.9.2001 – 2 AZR 176/00)

Nicht als leitende Angestellte wurden anerkannt:

- **Piloten und Co-Piloten** (BAG 16.3.1994 – 5 AZR 447/92)
- **Abteilungsleiter eines Maschinenbau-Unternehmens**, da die Wahrnehmung unternehmerischer Teilaufgaben sich nur in geringem Maß auf das Gesamt-Unternehmen auswirkt (BAG 17.12.1974 – 1 ABR 131/74)

- **Betriebsleiter eines Verbrauchermarktes**, der in personellen und kaufmännischen Angelegenheiten keinen nennenswerten Entscheidungsspielraum hat (BAG 19.8.1975 – 1 AZR 613/74)
- **Chefarzt eines Krankenhauses,** dessen ärztliche Entscheidungen nicht in erster Linie die unternehmerische Disposition betreffen, sondern an der Heilbehandlung ausgerichtet sind (BAG 5.5.2010 – 7 ABR 97/08).

V. Streitigkeiten

Streitigkeiten über die Frage, ob eine betriebsangehörige Person AN i.S.d. § 5 Abs. 1 ist oder gem. § 5 Abs. 2 nicht AN ist, entscheidet das ArbG im Beschlussverfahren, §§ 2a, 80ff. ArbGG. Das gleiche gilt für Streitigkeiten hinsichtlich der Zuordnung eines AN zu leitenden Angestellten. 19

§6 Arbeiter und Angestellte

(weggefallen)

Zweiter Teil
Betriebsrat, Betriebsversammlung, Gesamt- und Konzernbetriebsrat

Erster Abschnitt
Zusammensetzung und Wahl des Betriebsrats

§ 7 Wahlberechtigung

[1]Wahlberechtigt sind alle Arbeitnehmer des Betriebs, die das 16. Lebensjahr vollendet haben. [2]Werden Arbeitnehmer eines anderen Arbeitgebers zur Arbeitsleistung überlassen, so sind diese wahlberechtigt, wenn sie länger als drei Monate im Betrieb eingesetzt werden.

Inhaltsübersicht Rn.

I. Zweck der Regelung

1 § 7 behandelt das sogenannte aktive Wahlrecht, das heißt das Recht, den BR zu wählen. Wahlberechtigt sind betriebsangehörige AN nach § 5 (zum Begriff des AN im betriebsverfassungsrechtlichen Sinne siehe § 5 Rn. 2 f.). § 8 dagegen bestimmt das Recht, sich wählen zu lassen (passives Wahlrecht). Für die Ausübung des aktiven Wahlrechts muss der AN

- das 16. Lebensjahr vollendet haben,
- dem Betrieb angehören, dessen BR gewählt werden soll und
- – in formeller Hinsicht – in der Wählerliste gem. § 2 Abs. 3 WO eingetragen sein.

2 Da die Arbeitnehmereigenschaft im betriebsverfassungsrechtlichen Sinne unabhängig vom Bestehen eines Arbeitsvertrags zum AG bestehen kann, kommt es für das aktive Wahlrecht nicht auf das Bestehen eines Arbeitsvertrags an.

Voraussetzung ist vielmehr, dass die Person dem Betrieb angehört, also in ihn eingegliedert ist (vgl. hierzu § 5 Rn. 3). Anders als bei der passiven

Wahlberechtigung kommt es hier (mit Ausnahme der Leiharbeitnehmer) auf die Dauer der Betriebszugehörigkeit nicht an.
Das Wahlalter wurde durch das Betriebsrätemodernisierungsgesetz von 18 auf 16 Jahre herabgesetzt. Es ist nicht mehr zeitgemäß, jugendliche AN von der Betriebsratswahl auszuschließen. Sie nehmen ebenso wie ihre volljährigen Kollegen am Erwerbsleben teil und sollen daher auch in die Betriebsratswahl einbezogen werden (BT-Drs. 19/29819, S. 16).

Ein AN, der mehreren Betrieben des Unternehmens angehört, hat bei 2a
der BR-Wahl in sämtlichen dieser Betriebe das aktive Wahlrecht. Dies gilt auch für Führungskräfte in Unternehmen mit einer betriebsübergreifenden unternehmensinternen Matrix-Struktur, wenn sie AN in mehreren Betrieben führen. Die Wahlberechtigung knüpft an die die Zugehörigkeit des AN zum Betrieb an, welche durch die Eingliederung in die Betriebsorganisation begründet wird. Der Umstand, dass ein AN bereits in einem Betrieb eingegliedert und damit in diesem wahlberechtigt ist, steht seiner Wahlberechtigung in einem weiteren Betrieb nicht entgegen (BAG 22.5.2025 – 7 ABR 28/24).

II. Wahlberechtigte Personengruppen

Als in den Betrieb eingegliedert und damit als wahlberechtigte AN gel- 3
ten folgende Personengruppen:

1. Personengruppen mit Arbeitsvertrag

- **AN mit Arbeitsvertrag**, wenn die Arbeit vor der Wahl bereits auf- 4
  genommen wurde (§ 4 Abs. 3 WO)
- **AN mit befristetem Arbeitsvertrag**
- **zu ihrer Berufsausbildung Beschäftigte**, wenn ihre Beschäftigung sich nicht in der Ausbildung erschöpft, sondern der Auszubildende auch zum Erreichen der arbeitstechnischen Zwecke des Betriebs eingesetzt wird und insoweit in die betriebliche Organisation eingegliedert ist
- **Beschäftigte in Teilzeit**, ohne dass es auf den Umfang der Arbeit ankommt
- **Geringfügig Beschäftigte** (auch das sind Teilzeitbeschäftigte) i.S.d. § 8 Abs. 1 Nr. 1 SGB IV
- **AN mit flexibler Arbeitszeit**
- **AN, die auf Abruf oder kapazitätsorientiert arbeiten**, auch wenn ihre Arbeitszeiten unregelmäßig sind

- **AN, die in Jobsharing** (Arbeitsplatzteilung) arbeiten
- **Beschäftigte, deren Tätigkeit als Arbeitsbeschaffungsmaßnahme gefördert wird**, wenn ihre Tätigkeit über eine lediglich berufspraktische Ausbildung hinausgeht und der Betriebszweck verfolgt wird (BAG 13.10.2004 – 7 ABR 6/04, AiB 2009, 586 und AiB 2009, 723)
- **Aushilfskräfte**, wenn sie am Wahltag in einem Arbeitsverhältnis stehen (BAG 29.1.1992 – 7 ABR 27/91)
- **abwesende AN** (z.B. erkrankte, beurlaubte, freigestellte), in Heimarbeit Beschäftigte, Wehrdienstleistende, AN in Mutterschutz nach § 3 Abs. 1 Satz 1, § 3 Abs. 2 MuSchG, AN in Elternzeit (§ 15 BEEG)
- **AN in Altersteilzeit im Blockmodell**, aber nur für die Zeit der Aktivphase. Ab Eintritt in die Freistellungsphase entfällt das Wahlrecht. Zu diesem Zeitpunkt besteht zwar noch ein Arbeitsverhältnis mit dem AG, allerdings gehört der AN in der Freistellungsphase nicht mehr dem Betrieb an, weil er nicht mehr in die Betriebsorganisation eingegliedert ist (BAG 16.11.2005 – 7 ABR 9/05, AiB 2006, 447–449). Da nach dem Ablauf der Freistellungsphase ein unmittelbarer Übergang in den Ruhestand vorgesehen und damit eine Rückkehr in den Betrieb ausgeschlossen ist, kann davon ausgegangen werden, dass der AN mit Beendigung der Aktivphase endgültig aus dem Betrieb ausscheidet (BAG 16.4.2003 – 7 ABR 53/02, AiB 2004, 113). Er wird damit auch kein schützenswertes Interesse mehr an der Bildung des BR nachweisen können. Vor diesem Hintergrund sind auch AN, die einen **Aufhebungsvertrag** abgeschlossen haben und unwiderruflich freigestellt worden sind, nicht mehr wahlberechtigt. **Bei Kurzarbeit Null** bleibt für alle wahlberechtigten AN das Wahlrecht bestehen. Das gilt nicht, wenn der AN in eine Transfergesellschaft wechselt.
- **ordentlich gekündigte AN**:
  - Das Wahlrecht bleibt bis zum Ablauf der Kündigungsfrist bestehen; auch dann, wenn der AN freigestellt wird (LAG Düsseldorf 12.10.2018 – 6 TaBVGa 7/18).
  - Im Falle einer Kündigungsschutzklage bleibt das Wahlrecht bestehen, wenn der AN während des Kündigungsschutzverfahrens weiter beschäftigt wird.
  - Nach Ablauf der Kündigungsfrist und ohne Weiterbeschäftigung entfällt das aktive Wahlrecht.
- **außerordentlich gekündigte AN:** Die Wahlberechtigung geht mit Zugang der Kündigung verloren, soweit eine Weiterbeschäftigung unterbleibt (BAG 14.5.1997 – 7 ABR 26/96, AiB 1997, 658–659).

- **außerordentliche Kündigung eines Betriebsratsmitglieds:** Die Wahlberechtigung bleibt bestehen, bis der BR seine Zustimmung zur Kündigung erteilt oder das ArbG die Zustimmung ersetzt.
- **AN des öffentlichen Dienstes**, die in Betrieben privatrechtlich organisierter Unternehmen nicht nur vorübergehend tätig sind (BAG 25.10.2017 – 7 ABR 2/16).

2. Personen ohne Arbeitsvertrag

Werden AN eines anderen AG zur Arbeitsleistung überlassen, sind diese 5
wahlberechtigt, wenn sie länger als drei Monate im Betrieb eingesetzt **werden** (§ 7 Satz 2).
Zur Arbeitsleistung überlassen ist ein AN, wenn er in die betriebliche Organisation des Einsatzbetriebs derart eingegliedert ist, dass er dem Weisungsrecht des Betriebsarbeitgebers unterliegt (§ 1 Abs. 1 Satz 2 AÜG). Damit gehört der AN dem Betrieb an, obwohl er keinen Arbeitsvertrag mit diesem hat (BAG 5.12.2012 – 7 ABR 48/11). Klassischer Fall sind Leiharbeitnehmer nach dem Arbeitnehmerüberlassungsgesetz (AÜG).
Wird ein Leiharbeitnehmer heute eingesetzt und findet die Betriebsrats- 6
wahl schon vor Ablauf von drei Monaten statt, ist der Leiharbeitnehmer bereits aktiv wahlberechtigt, obwohl er noch keine drei Monate im Betrieb beschäftigt worden ist. Insoweit kommt es allein darauf an, **ob er voraussichtlich für die Dauer von mehr als drei Monaten eingesetzt werden wird** (LAG Hamm 18.9.2015 – 13 TaBV 20/15). Bei der Einstellung von Leiharbeitnehmern hat der BR also genau zu ermitteln, wie lange **die geplante Einsatzdauer** des Leiharbeitnehmers ist. Das **passive Wahlrecht steht dem Leiharbeitnehmer nicht zu**.

III. Streitigkeiten

Zunächst entscheidet der Wahlvorstand über die Wahlberechtigung 7
eines AN. Streitigkeiten über die Entscheidung des Wahlvorstands werden im arbeitsgerichtlichen Beschlussverfahren entschieden, §§ 2a, 80 ff. ArbGG.

§ 8 Wählbarkeit

(1) [1]Wählbar sind alle Wahlberechtigten, die das 18. Lebensjahr vollendet haben und sechs Monate dem Betrieb angehören oder als in Heimarbeit Beschäftigte in der Hauptsache für den Betrieb gearbeitet haben. [2]Auf diese sechsmonatige Betriebszugehörigkeit werden Zeiten angerechnet, in denen der Arbeitnehmer unmittelbar vorher einem anderen Betrieb desselben Unternehmens oder Konzerns (§ 18 Abs. 1 des Aktiengesetzes) angehört hat. [3]Nicht wählbar ist, wer infolge strafgerichtlicher Verurteilung die Fähigkeit, Rechte aus öffentlichen Wahlen zu erlangen, nicht besitzt.

(2) Besteht der Betrieb weniger als sechs Monate, so sind abweichend von der Vorschrift in Absatz 1 über die sechsmonatige Betriebszugehörigkeit diejenigen Arbeitnehmer wählbar, die bei der Einleitung der Betriebsratswahl im Betrieb beschäftigt sind und die übrigen Voraussetzungen für die Wählbarkeit erfüllen.

Inhaltsübersicht Rn.

I. Zweck der Regelung

1 Während § 7 das Recht zum Wählen, also das aktive Wahlrecht regelt, bestimmt § 8 die Voraussetzungen für das passive Wahlrecht, also die Wählbarkeit. Für die Wählbarkeit zur JAV siehe § 61 Abs. 2.

II. Wahlberechtigung

2 Die Voraussetzungen für das passive Wahlrecht sind folgende:

1. Vorliegen des aktiven Wahlrechts i. S. d. § 7 Satz 1 BetrVG

Wählbar sind nur AN, die volljährig und auch wahlberechtigt sind. Wahlberechtigt i. S. d. § 7 Satz 1 sind grundsätzlich AN, die in einem Arbeitsverhältnis zum Betriebsinhaber stehen, **in die Betriebsorgani-**

sation des AG eingegliedert sind (BAG 12.9.2012 – 7 ABR 37/11) und das 16. Lebensjahr vollendet haben. Anders als das aktive Wahlrecht (§ 7), knüpft das passive Wahlrecht weiterhin an die Vollendung des **18. Lebensjahrs** an. Auch Leiharbeitnehmern im Sinne des Arbeitnehmerüberlassungsgesetzes steht im Einsatzbetrieb ein aktives Wahlrecht zu (zu den Einzelheiten vgl. § 7 Rn. 5), obgleich es an einem Arbeitsverhältnis zum Betriebsinhaber des Einsatzbetriebs fehlt. Gemäß § 14 Abs. 2 Satz 1 AÜG haben gewerbsmäßig überlassene Leiharbeitnehmer im Einsatzbetrieb allerdings kein passives Wahlrecht.

2. 6-monatige Betriebszugehörigkeit zum Zeitpunkt der Betriebsratswahl

Neben der Wahlberechtigung muss der AN **dem Betrieb mindestens sechs Monate angehören**. Findet die Betriebsratswahl an mehreren Tagen statt, ist auf den letzten Wahltag abzustellen. **2a**

Zeiten, in denen der AN unmittelbar vorher einem anderen Betrieb des Unternehmens oder Konzerns angehört hat, werden angerechnet. Der Übergang muss nicht nahtlos sein; ein zeitlicher Zusammenhang genügt. Ein gekündigter Mitarbeiter gilt solange als betriebsangehörig, bis rechtskräftig festgestellt ist, dass die Kündigung wirksam war.

Beschäftigungszeiten als Leiharbeitnehmer im entleihenden Betrieb sind auf die vorausgesetzte 6-monatige Dauer der Betriebszugehörigkeit anzurechnen, wenn der AN im unmittelbaren Anschluss an die Überlassung ein Arbeitsverhältnis mit dem Entleiher begründet (BAG 10.10.2012 – 7 ABR 53/11, AiB 2013, 596).

3. Doppelte Wählbarkeit

AN können, wie z.B. so genannte Matrix-Führungskräfte (siehe § 7 Rn. 2a), in mehrere Betriebe eingegliedert und deshalb auch in mehreren Betrieben wahlberechtigt sein. Das BAG (11.4.1958 – 1 ABR 2/57) hat lediglich einmal in einer älteren Entscheidung über die Frage entschieden, ob solche AN auch in beiden Betrieben wählbar sind, und in dieser Entscheidung das passive Wahlrecht für alle Betriebe bejaht. Diese Entscheidung ist nach wie vor richtig. Da die Wählbarkeit zum BR ausschließlich der Wahlberechtigung folgt, kann der AN nach richtiger Auffassung grundsätzlich auch in mehreren Betrieben als BR kandidieren, sofern die weiteren Voraussetzungen für die Wählbarkeit (Alter, Betriebszugehörigkeit) erfüllt sind (s. auch Fitting, § 8 Rn. 30). **2b**

4. Formelle Voraussetzung

2c Als formelle Voraussetzung ist noch zu beachten: **Der AN muss in der Wählerliste eingetragen sein.**

III. Wählbare Personengruppen

3
- **AN mit Arbeitsverhältnis** zum Betriebsinhaber (nicht jedoch in der Freistellungsphase im Block-Altersteilzeitmodell und bei unwiderruflicher Freistellung im Falle eines Aufhebungsvertrags)
  Sind die AN in mehreren Betrieben des AG tätig, steht ihnen das passive und aktive Wahlrecht in jedem dieser Betriebe zu.
- **Konzern-Leiharbeitnehmer**, die vom Konzern überlassen werden, dem das Unternehmen bzw. der Betrieb angehört. Diese fallen nicht unter die Leiharbeit nach dem Arbeitnehmerüberlassungsgesetz (DKW, § 8 BetrVG Rn. 20; a. A. BAG 10.3.2004 – 7 ABR 49/03).
  Leiharbeitnehmer, die über **gewerbsmäßige Arbeitnehmerüberlassung**, also nach dem AÜG überlassen werden, haben dagegen **kein passives Wahlrecht**. Das aktive Wahlrecht steht ihnen jedoch unter den Voraussetzungen des § 7 zu (dazu § 7 Rn. 5).
- **AN in Elternzeit**
- **Wehrdienstleistende**
- **Auszubildende**, die das 18. Lebensjahr vollendet haben
- **Im Ausland tätige AN**, wenn die Beschäftigung dort nur vorübergehender Natur ist
- Ein **gekündigter AN** ist ebenfalls wählbar, wenn
  - **die Kündigungsfrist** vor dem Wahltag noch nicht abgelaufen ist,
  - die Kündigungsfrist zwar abgelaufen ist, der AN aber **Kündigungsschutzklage** eingereicht hat (LAG Schleswig-Holstein 9.1.2017 – 3 TabVGa 3/16).
  - Wird der gekündigte AN gewählt, gilt er bis zur rechtskräftigen Entscheidung im Kündigungsschutzprozess als »**verhindert**«. Für diesen Zeitraum rückt für ihn ein Ersatzmitglied (§ 25) in den BR nach. Stellt sich nach der Wahl die Unwirksamkeit der Kündigung heraus, entfällt der Verhinderungsgrund. Das gewählte Betriebsratsmitglied kann sein Betriebsratsamt wieder ausüben (BAG 10.11.2004 – 7 ABR 12/04).
- AN, die nach **§ 23 Abs. 1 aus dem BR ausgeschlossen** wurden (LAG Rheinland-Pfalz 11.12.2017 – 3 TaBV 29/17)

- **AN des öffentlichen Dienstes**, die in Betrieben privatrechtlich organisierter Unternehmen nicht nur vorübergehend tätig sind (BAG 25.10.2017 – 7 ABR 2/16).
- **AN mit befristeten Arbeitsverträgen** sind ebenfalls wählbar. Wird ein AN mit befristetem Arbeitsvertrag zum BR gewählt, kann dies unter Umständen zu einer Entfristung des Arbeitsvertrags führen. Dies gilt allerdings nur, wenn dem Betriebsratsmitglied aufgrund seiner Betriebsratstätigkeit ein unbefristeter Folgevertrag verweigert wird (BAG 25.6.2014 – 7 AZR 847/12).

IV. Streitigkeiten

Der Wahlvorstand entscheidet über die Wählbarkeit eines AN. Streitigkeiten über die Entscheidung des Wahlvorstands entscheidet das ArbG im Beschlussverfahren, §§ 2a, 80 ff. ArbGG. 4

§ 9 Zahl der Betriebsratsmitglieder

[1]Der Betriebsrat besteht in Betrieben mit in der Regel
5 bis 20 wahlberechtigten Arbeitnehmern aus einer Person,
21 bis 50 wahlberechtigten Arbeitnehmern aus 3 Mitgliedern,
51 wahlberechtigten Arbeitnehmern bis 100 Arbeitnehmern aus 5 Mitgliedern,
101 bis 200 Arbeitnehmern aus 7 Mitgliedern,
201 bis 400 Arbeitnehmern aus 9 Mitgliedern,
401 bis 700 Arbeitnehmern aus 11 Mitgliedern,
701 bis 1000 Arbeitnehmern aus 13 Mitgliedern,
1001 bis 1500 Arbeitnehmern aus 15 Mitgliedern,
1501 bis 2000 Arbeitnehmern aus 17 Mitgliedern,
2001 bis 2500 Arbeitnehmern aus 19 Mitgliedern,
2501 bis 3000 Arbeitnehmern aus 21 Mitgliedern,
3001 bis 3500 Arbeitnehmern aus 23 Mitgliedern,
3501 bis 4000 Arbeitnehmern aus 25 Mitgliedern,
4001 bis 4500 Arbeitnehmern aus 27 Mitgliedern,
4501 bis 5000 Arbeitnehmern aus 29 Mitgliedern,
5001 bis 6000 Arbeitnehmern aus 31 Mitgliedern,
6001 bis 7000 Arbeitnehmern aus 33 Mitgliedern,
7001 bis 9000 Arbeitnehmern aus 35 Mitgliedern.
[2]In Betrieben mit mehr als 9000 Arbeitnehmern erhöht sich die Zahl der Mitglieder des Betriebsrats für je angefangene weitere 3000 Arbeitnehmer um 2 Mitglieder.

Inhaltsübersicht Rn.

I. Zweck der Regelung

1 Der **Wahlvorstand** stellt die **Größe des BR** und damit die Anzahl der **»in der Regel« im Betrieb beschäftigten AN** fest (siehe hierzu auch § 3 Abs. 2 WO). Abzustellen ist auf den Zeitpunkt des Erlasses des Wahlausschreibens. Zu erwartende Änderungen der Personalstärke (zu einem Zeitpunkt nach der Betriebsratswahl) können zur Feststellung der Betriebsratsgröße bereits einberechnet werden (BAG 31.1.1991 – 2 AZR 356/90). Das gilt z. B. dann, wenn ein Personalaufbau oder wenn Entlassungen geplant sind und die Planung greifbare Formen erreicht hat.

§ 9 macht die Größe des BR stufenweise abhängig von der Anzahl der »in der Regel« beschäftigten AN. Die Vorgaben des § 9 stehen nicht zur Disposition, so dass die Betriebsparteien auch nicht durch gegenseitiges Einverständnis von ihnen abweichen können. Eine Ausnahme sieht lediglich § 11 vor.

In den ersten beiden Stufen (1- bzw. 3-köpfiger BR) wird ausschließlich auf wahlberechtigte AN abgestellt. In der dritten Stufe (5-köpfiger BR) fordert § 9 lediglich 51 wahlberechtigte AN, so dass die übrigen AN auch nicht wahlberechtigte AN sein können (BAG 13.3.2013 – 7 ABR 69/11 zur Berücksichtigung von Leih-AN bei Betriebsratsgröße; DKW, § 9 BetrVG Rn. 2). Ab der vierten Stufe (7-köpfiger BR) kommt es auf die Wahlberechtigung der AN gar nicht mehr an, so dass auch nicht wahlberechtigte AN zur Ermittlung der Betriebsratsgröße herangezogen werden können (BAG 18.1.1989 – 7 ABR 21/88; DKW, § 9 BetrVG Rn. 2). Zur Wahlberechtigung siehe § 7.

II. In der Regel beschäftigte AN

2 Nach § 9 Satz 1 hängt die Zahl der zu wählenden BR-Mitglieder und damit die Größe des Betriebsratsgremiums von der Zahl der »in der Regel« wahlberechtigten AN des Betriebs ab (§ 7 Satz 1). Es kommt hinsichtlich der Zahl der zu wählenden BR-Mitglieder danach auf die beschäftigten, betriebsangehörigen AN im Sinne der §§ 7 Satz 1, 5 Abs. 1 und hierbei auf die durchschnittliche Belegschaftsstärke (»in der Regel«) an. Das ist diejenige Belegschaftsstärke, die für den Betrieb im Allgemeinen als Normalstand kennzeichnend ist (BAG 18.1.2017 – 7 ABR 60/15).

Dies erfordert zum hierbei maßgeblichen Zeitpunkt des Erlasses des Wahlausschreibens deshalb regelmäßig einen Rückblick auf die Belegschaftsstärke in der Vergangenheit und gleichzeitig eine Prognose der zu erwartenden Beschäftigtensituation in der Zukunft, soweit hieraus indiziell die übliche Belegschaftsstärke ermittelt werden kann. Dabei hat der Wahlvorstand vor allem bei schwankender Beschäftigtenzahl und im Grenzbereich der Staffeln des § 9 Satz 1 einen Beurteilungsspielraum (LAG Berlin-Brandenburg 13.8.2015 – 5 TaBv 218/15).

Bei Vorliegen der genannten Voraussetzungen sind mitzuzählen 3
(beispielhafte Aufzählung):

- **Aushilfsarbeitnehmer**, wenn diese normalerweise während des größten Teils eines Jahres beschäftigt werden (BAG 5.7.2008 – 7 ABR 17/07, AiB 2009, 726–728).
- **Teilzeitbeschäftigte**, ohne dass ihr Arbeitsvolumen auf eine volle Stelle umzurechnen wäre.
- **AN in Altersteilzeit** sind **nach Beginn der Freistellungsphase nicht mehr** zu berücksichtigen, da sie ab diesem Zeitpunkt dem Betrieb nicht mehr angehören (BAG 16.4.2003 – 7 ABR 53/02, AiB 2004, 113). Vor Beginn der Freistellungsphase sind sie zu berücksichtigen.
- **Leiharbeitnehmer nach dem Arbeitnehmerüberlassungsgesetz** sind dem Einsatzbetrieb zugehörig und sind mitzuzählen, wenn sie regelmäßig beschäftigt werden (BAG 18.1.2017 – 7 ABR 60/15; BAG 13.3.2013 – 7 ABR 69/11, AiB 2013, 659–661; DKW, § 9 BetrVG Rn. 14).
- **Konzernarbeitnehmer**, die im Wege der Konzernleihe überlassen werden.
- **Beamte, Soldaten und AN des öffentlichen Diensts**, die im Wege der **Abordnung, Überlassung oder Zuweisung** im Betrieb eingegliedert werden.
- **Beschäftigte im Rahmen von Arbeitsbeschaffungsmaßnahmen**, wenn sie im Rahmen des Betriebszwecks arbeiten.
- **Fremdfirmenarbeitnehmer**, wenn sie im Rahmen ihres Werkauftrags vorübergehend in die betrieblichen Arbeitsabläufe integriert werden, wie andere AN dem Betriebszweck dienen und dem Weisungsrecht des Beschäftigungsarbeitgebers unterliegen (DKW, § 9 BetrVG Rn. 17). In diesem Fall handelt es sich um verdeckte Arbeitnehmerüberlassung. Allerdings sind die Anforderungen, die die Rechtsprechung für das Vorliegen dieser Voraussetzungen festgelegt hat, sehr hoch.

§ 9 regelt die Anzahl der zu wählenden BR-Mitglieder zwingend. AG 4
und BR oder Wahlvorstand können daher nicht vereinbaren, dass un-

abhängig von den Voraussetzungen des § 9 eine bestimmte Anzahl von AN »in der Regel« im Betrieb beschäftigt ist und damit eine andere als die gesetzlich vorgegebene Anzahl von BR-Mitgliedern gewählt wird (LAG Rheinland-Pfalz 8.10.2015 – 5 TaBV 13/15).
Auch bei der Bildung eines unternehmenseinheitlichen BR nach § 3 Abs. 1 Nr. 1a sind die Betriebsparteien nicht befugt, die Anzahl der Betriebsratsmitglieder abweichend von § 9 zu bestimmen (LAG Nürnberg 26.1.2023 – 1 TaBV 22/22, nicht rechtskräftig, Rechtsbeschwerde eingelegt unter 7 ABR 2/23).

III. Streitigkeiten

5 Streitigkeiten über die Entscheidung des Wahlvorstands entscheidet das ArbG im Beschlussverfahren, §§ 2a, 80 ff. ArbGG.

§ 10 Vertretung der Minderheitengruppen

(weggefallen)

§ 11 Ermäßigte Zahl der Betriebsratsmitglieder

Hat ein Betrieb nicht die ausreichende Zahl von wählbaren Arbeitnehmern, so ist die Zahl der Betriebsratsmitglieder der nächstniedrigeren Betriebsgröße zugrunde zu legen.

Inhaltsübersicht Rn.

I. Zweck der Regelung

1 § 11 ermöglicht in Ausnahmefällen eine von den Vorgaben des § 9 abweichende Betriebsratsgröße. Das ist erforderlich, damit auch in Betrieben, in denen die erforderliche Anzahl an Wahlbewerbern oder wählbaren AN nicht erreicht wird, eine Betriebsratswahl stattfinden kann.
Sind nicht genügend wählbare AN oder – in der Praxis der häufigere Fall – nicht genügend Wahlbewerber vorhanden, ist – in ggf. mehrfacher Anwendung des § 11 – auf die Zahl der BR-Mitglieder der (jeweils) nächstniedrigeren Stufe des § 9 abzustellen (BAG 24.4.2024 – 7 ABR

26/23), bis die sich daraus ergebende Zahl der BR-Mitglieder nach § 9 vollständig besetzt werden kann.
Die Festlegung einer Anzahl von BR-Mitgliedern, die oberhalb der Staffelung des § 9 liegt, ist nicht zulässig.
Die Anzahl der BR-Mitglieder muss immer ungerade sein.

II. Voraussetzungen und Beispiele

Maßgebend ist der **Zeitpunkt** des Erlasses des Wahlausschreibens: 2

- **Nicht-Erreichen der erforderlichen Anzahl** der wählbaren AN i. S. d. § 8

oder

- **Erforderliche Anzahl wählbarer AN erreicht**, aber nicht ausreichend Wahlbewerber vorhanden

Beispiele:

- Ein Betrieb hat 60 wahlberechtigte AN, so dass das Betriebsratsgremium gem. § 9 aus 5 Mitgliedern bestehen müsste. Es gibt aber nur 4 wählbare AN i. S. d. § 8. In der Staffelung des § 9 ist um eine Stufe, auf die nächstniedrige Betriebsgröße zurück zu gehen: Es ist ein Betriebsratsgremium mit 3 Mitgliedern zu wählen ist. Falsch wäre es, einen BR mit 4 Mitgliedern zu wählen. 3
- Ein Betrieb hat 60 wahlberechtigte AN, von denen 7 wählbar i. S. d. § 8 sind. Nach § 9 müsste der BR folglich aus 5 Mitgliedern bestehen. Von den 7 wählbaren AN stellen sich aber nur 4 zur Wahl. Auch in diesem Fall wäre in § 9 um eine Stufe zurückzugehen. Es müsste ein BR mit 3 Mitgliedern gewählt werden. Auch hier wäre es falsch, einen BR mit 4 Mitgliedern zu wählen, da diese Größe und eine gerade Anzahl an BR-Mitgliedern in § 9 nicht vorgesehen ist.
- Es gibt genügend wählbare AN und diese stellen sich auch zur Wahl. Allerdings nehmen einige der Wahlwerber die Wahl nicht an, so dass die nach § 9 erforderliche Anzahl der BR-Mitglieder nicht erreicht werden kann. Auch in diesem Fall greift § 11 ein, so dass um eine Stufe zurückgegangen werden muss (LAG Sachsen 17. 3. 2017 – 2 TaBV 33/16).

III. Streitigkeiten

Bei Streitigkeiten über die Größe des BR nach § 11 i. V. m. § 9 entscheidet das ArbG im Beschlussverfahren, §§ 2a, 80 ff. ArbGG. 4

§ 12 Abweichende Verteilung der Betriebsratssitze

(*weggefallen*)

§ 13 Zeitpunkt der Betriebsratswahlen

(1) [1]Die regelmäßigen Betriebsratswahlen finden alle vier Jahre in der Zeit vom 1. März bis 31. Mai statt. [2]Sie sind zeitgleich mit den regelmäßigen Wahlen nach § 5 Abs. 1 des Sprecherausschussgesetzes einzuleiten.

(2) Außerhalb dieser Zeit ist der Betriebsrat zu wählen, wenn

1. **mit Ablauf von 24 Monaten, vom Tage der Wahl an gerechnet, die Zahl der regelmäßig beschäftigten Arbeitnehmer um die Hälfte, mindestens aber um fünfzig, gestiegen oder gesunken ist,**
2. **die Gesamtzahl der Betriebsratsmitglieder nach Eintreten sämtlicher Ersatzmitglieder unter die vorgeschriebene Zahl der Betriebsratsmitglieder gesunken ist,**
3. **der Betriebsrat mit der Mehrheit seiner Mitglieder seinen Rücktritt beschlossen hat,**
4. **die Betriebsratswahl mit Erfolg angefochten worden ist,**
5. **der Betriebsrat durch eine gerichtliche Entscheidung aufgelöst ist oder**
6. **im Betrieb ein Betriebsrat nicht besteht.**

(3) [1]Hat außerhalb des für die regelmäßigen Betriebsratswahlen festgelegten Zeitraums eine Betriebsratswahl stattgefunden, so ist der Betriebsrat in dem auf die Wahl folgenden nächsten Zeitraum der regelmäßigen Betriebsratswahlen neu zu wählen. [2]Hat die Amtszeit des Betriebsrats zu Beginn des für die regelmäßigen Betriebsratswahlen festgelegten Zeitraums noch nicht ein Jahr betragen, so ist der Betriebsrat in dem übernächsten Zeitraum der regelmäßigen Betriebsratswahlen neu zu wählen.

Inhaltsübersicht Rn.

I. Zweck der Regelung

Die Vorschrift regelt den Zeitpunkt sowohl der regelmäßigen als auch der außerordentlichen Betriebsratswahlen. Die Regelmäßigkeit der Wahlen erleichtert auch den Gewerkschaften die organisatorische Vorbereitung der Wahlen in den Betrieben, für die sie zuständig sind. Sie erhalten dadurch die Möglichkeit, rechtzeitig ihre Mitglieder für eine ordnungsgemäße Durchführung der Wahl zu schulen und das Risiko einer möglichen Wahlanfechtung nach § 19 zu senken. 1

II. Regelmäßige Wahlen (Abs. 1)

§ 13 Abs. 1 schreibt vor, dass die Betriebsratswahlen alle vier Jahre in der Zeit vom 01.03. bis 31.05. des Kalenderjahres stattfinden. Die letzten Betriebsratswahlen fanden 2022 statt, so dass die nächsten in den Jahren 2026, 2030 usw. stattfinden werden. 2

III. Wahlen außerhalb des regelmäßigen Wahlzeitraums (Abs. 2)

In den in § 13 Abs. 2 beschriebenen Fällen ist der BR außerhalb des in § 13 Abs. 1 genannten rhythmischen Zeitraums zu wählen (**außerordentliche Betriebsratswahl**). Bei § 13 Abs. 2 Nr. 1 bis 3 handelt es sich um Fälle, bei denen besondere Umstände bzw. Veränderungen eingetreten sind, die eine Neuwahl erforderlich machen. § 13 Abs. 2 Nr. 4 bis 6 dagegen betrifft Fälle, in denen es einen BR nicht (§ 13 Abs. 2 Nr. 6) oder nicht mehr gibt (§ 13 Abs. 2 Nr. 4 und 5). 3

Die Aufzählung der Fälle in § 13 Abs. 2, in denen eine Neuwahl des BR in Betracht kommt, ist abschließend. Findet eine Betriebsratswahl ohne das Vorliegen eines Falles aus § 13 Abs. 2 außerhalb des in § 13 Abs. 1 vorgegebenen Wahlzeitraums statt, ist sie nichtig (LAG Berlin-Brandenburg 25.7.2017 – 11 TaBV 826/17).

Wichtig ist, dass der Wahlvorstand für die Wahl bzw. Neuwahl ordnungsgemäß bestellt wird. 4

- Im Falle des § 13 **Abs. 2 Nr. 1 bis 3** erfolgt die Bestellung durch den geschäftsführenden BR (§ 22);
- Im Falle des § 13 **Abs. 2 Nr. 4** erfolgt die Bestellung nach § 17: Bestellung des Wahlvorstands in Betrieben ohne BR (Näheres siehe dort);
- Im Falle des § 13 **Abs. 2 Nr. 5** erfolgt die Bestellung durch das ArbG (§ 23 Abs. 3);
- Im Übrigen gilt § 16. Dabei ist zu beachten, dass die in § 16 genannten Fristen an den Ablauf der regulären Amtszeit anknüpfen und

damit auf die regelmäßigen Betriebsratswahlen zugeschnitten sind. In Fällen des § 13 Abs. 2 Nr. 1–3 soll die Betriebsratswahl jedoch unverzüglich stattfinden. Die in § 16 genannten Fristen finden daher in diesen Fällen keine Anwendung (BAG 23.11.2016 – 7 ABR 13/15). Der geschäftsführende BR handelt rechtsmissbräuchlich, wenn er im Fall des § 13 Abs. 2 Nr. 2 die Bestellung des Wahlvorstands, bewusst und gewollt, ohne sachlichen Grund erheblich hinauszögert (LAG Niedersachsen 24.3.2025 – 8 TaBV 85/24).

5 Auf den ersten Blick nicht selbsterklärend ist die Wahl des BR im Falle von § 13 Abs. 2 Nr. 1: Ist die Zahl der im Betrieb regelmäßig Beschäftigten nach Ablauf von 24 Monaten nach der Wahl (Stichtag) um die Hälfte, mindestens aber um 50 regelmäßig Beschäftigte gestiegen oder gesunken, muss der amtierende BR gem. § 16 Abs. 1 unverzüglich einen Wahlvorstand bestellen. Der Stichtag für die Feststellung der Belegschaftsstärke ist der Tag 24 Monate nach der letzten Betriebsratswahl – es kommt auf den (letzten) Tag der Stimmabgabe an. Für die Fristberechnung gelten die §§ 187 Abs. 1, 188 Abs. 2 BGB.

Beispiel:
Hat die Wahl z. B. am 15.4.2022 stattgefunden, läuft die Frist (24 Monate) am 15.4.2024 um 24 Uhr ab. Stichtag ist der 16.4.2022. Nur wenn die geforderte Veränderung der Belegschaftsstärke an diesem Tag vorliegt, ist die Einleitung von Neuwahlen erforderlich.

Veränderungen bis zum Stichtag oder danach sind unerheblich.

IV. Anschluss an den regelmäßigen Wahlzeitraum (Abs. 3)

6 § 13 Abs. 3 regelt die »Wiedereingliederung« außerordentlich gewählter BR in den regelmäßigen Wahlrhythmus. Dies kann dazu führen, dass die Amtszeit des BR, der außerhalb des in § 13 Abs. 1 vorgegebenen Wahlzeitraumes gewählt wurde, zwischen einem und fünf Jahren variiert (siehe auch § 21 Rn. 2 ff.). Grundsätzlich soll der BR bereits im nächsten regelmäßigen Wahlzeitraum neu gewählt und dadurch in den regelmäßigen Wahlrhythmus eingegliedert werden. Dies gilt nicht, wenn der BR zu Beginn des nächsten regelmäßigen Wahlzeitraums noch kein Jahr im Amt war.

Beispiel 1:
Der BR wird am 15.4.2025 gewählt. Zu Beginn des nächsten regelmäßigen Wahlzeitraums (1.3.2026 – 31.5.2026) war er noch kein Jahr im Amt. Der BR ist daher erst im übernächsten Wahlzeitraum (2030) neu zu wählen. Die Amtszeit dauert längstens bis zum 31.5.2030.

Beispiel 2:
Der BR wird am 13.2.2025 gewählt. Zu Beginn des nächsten regelmäßigen Wahlzeitraums (1.3.2026 – 31.5.2026) ist er bereits länger als ein Jahr im Amt. Der BR muss daher im Wahlzeitraum 2026 neu gewählt werden. Die Amtszeit dauert längstens bis zum 31.5.2026.

V. Streitigkeiten

Bei Streitigkeiten über die Zulässigkeit einer Betriebsratswahl nach § 13 Abs. 2 entscheidet das ArbG im Beschlussverfahren, §§ 2a, 80 ff. ArbGG. Gleiches gilt für Streitigkeiten über den Zeitpunkt der Wahl. 7

§ 14 Wahlvorschriften

(1) Der Betriebsrat wird in geheimer und unmittelbarer Wahl gewählt.

(2) [1]Die Wahl erfolgt nach den Grundsätzen der Verhältniswahl. [2]Sie erfolgt nach den Grundsätzen der Mehrheitswahl, wenn nur ein Wahlvorschlag eingereicht wird oder wenn der Betriebsrat im vereinfachten Wahlverfahren nach § 14a zu wählen ist.

(3) Zur Wahl des Betriebsrats können die wahlberechtigten Arbeitnehmer und die im Betrieb vertretenen Gewerkschaften Wahlvorschläge machen.

(4) [1]In Betrieben mit in der Regel bis zu 20 wahlberechtigten Arbeitnehmern bedarf es keiner Unterzeichnung von Wahlvorschlägen. [2]Wahlvorschläge sind in Betrieben mit in der Regel 21 bis 100 wahlberechtigten Arbeitnehmern von mindestens zwei wahlberechtigten Arbeitnehmern und in Betrieben mit in der Regel mehr als 100 wahlberechtigten Arbeitnehmern von mindestens einem Zwanzigstel der wahlberechtigten Arbeitnehmer zu unterzeichnen. [3]In jedem Fall genügt die Unterzeichnung durch 50 wahlberechtigte Arbeitnehmer.

(5) Jeder Wahlvorschlag einer Gewerkschaft muss von zwei Beauftragten unterzeichnet sein.

Inhaltsübersicht

I. Zweck der Regelung

1 § 14 bestimmt die **Grundsätze der Betriebsratswahl**, wobei zu beachten ist, dass diese durch die **Wahlordnung** (WO) ergänzt werden. Die in § 14 bestimmten Grundsätze gelten auch für die Wahl der JAV. Eine Anwendung für GBR oder KBR kommt dagegen nicht in Betracht, denn diese Gremien werden nicht unmittelbar durch die AN gewählt. Vielmehr wird der GBR durch die BR im Unternehmen und der KBR durch die (Gesamt-)BR im Konzern errichtet.

Die **Wahl findet während der Arbeitszeit statt**. Dennoch erfolgt **keine Minderung des Arbeitsentgelts** (vgl. § 20 Abs. 3).

II. Grundsatz der geheimen und unmittelbaren Wahl (Abs. 1)

2 Unerheblich, ob eine Verhältnis- oder Mehrheitswahl stattfindet: Der BR wird in geheimer und unmittelbarer Wahl gewählt.

1. Geheimhaltung

3 Nach dem **Grundsatz der geheimen Wahl** darf die Stimmabgabe des Wählers keinem anderen bekannt werden. Dies dient dem Zweck, den Wähler vor jeglichem sozialen Druck zu schützen und sicherzustellen, dass jeder AN seine Wahl nach seiner freien Überzeugung treffen kann (BAG 20.1.2021 – 7 ABR 3/20). Gewählt wird daher durch Ankreuzen auf **vorgedruckten Stimmzetteln**, wobei gewährleistet sein muss, dass der Wähler bei der Abgabe seiner Stimme unbeobachtet ist (LAG München 10.1.2019 – 4 TaBV 63/18). Der Abstimmende darf sich bei der Abgabe seiner Stimme daher **nicht von einem Dritten helfen lassen**. Eine **Ausnahme** erlaubt lediglich § 12 Abs. 4 WO für **Wahlberechtigte mit Behinderung**, wenn diese aufgrund der Behinderung bei der Stimmabgabe beeinträchtigt sind.

Die organisatorische Vorbereitung hierfür hat der Wahlvorstand zu treffen. Näheres regelt die Wahlordnung. Verstöße gegen das Wahlgeheimnis berechtigen zur Anfechtung der Wahl nach § 19. Der Wähler kann auf die Wahrung seines Wahlgeheimnisses nicht wirksam verzichten, denn der Grundsatz der geheimen Wahl ist nicht nur ein subjektives Recht. Er dient auch dem Schutz der Wahlfreiheit und gewährleistet damit die Legitimation der gewählten BR-Mitglieder (BAG 21.3.2018 – 7 ABR 29/16).

2. Unmittelbare Wahl

Dieser Grundsatz verbietet die Zwischenschaltung von Wahlmännern, **3a** so dass der Wähler sich bei der Abgabe seiner Stimme nicht vertreten lassen darf. Daher ist bei der schriftlichen Stimmabgabe ausdrücklich zu versichern, dass der Stimmzettel persönlich gekennzeichnet wurde (vgl. zum Erfordernis der persönlichen Stimmabgabe § 24 Abs. 1 WO). Dies erfolgt in der Regel durch Unterzeichnen einer entsprechenden Erklärung.

III. Mehrheitswahl und Verhältniswahl (Abs. 2)

Die Betriebsratswahl erfolgt grundsätzlich nach den Grundsätzen der **4** Verhältniswahl (Listenwahl), § 14 Abs. 2 Satz 1. Nach den Grundsätzen der Mehrheitswahl (Personenwahl) wird nur gewählt, wenn nur ein Wahlvorschlag (eine Vorschlagsliste) eingereicht wurde, § 14 Abs. 2 Satz 2, oder wenn der BR im vereinfachten Wahlverfahren nach § 14a zu wählen ist.

1. Mehrheitswahl

Der Abstimmende kann bei der Mehrheitswahl auf dem Stimmzettel **5** so viele Wahlbewerber ankreuzen, wie Mitglieder in den BR zu wählen sind.

> **Beispiel:**
> Es soll ein 3-köpfiger BR gewählt werden. Auf dem Stimmzettel befinden sich sieben Wahlbewerber. In diesem Fall kann der Abstimmende bis zu drei Wahlbewerber ankreuzen.

Die Wahlbewerber mit den höchsten Stimmen erhalten die entspre- **5a** chenden Sitze im BR, es sei denn, dass das Wahlergebnis wegen der

Berücksichtigung des sogenannten Geschlechts in der Minderheit korrigiert werden muss (§ 15 Abs. 2). Die Reihenfolge der Ersatzmitglieder entspricht ebenfalls der Anzahl der erhaltenen Stimmen.

2. Verhältniswahl

6 Die Verhältniswahl (Listenwahl) ist anzuwenden, wenn:

- **nicht das vereinfachte Wahlverfahren** Anwendung findet **und**
- der BR aus **drei oder mehr Mitgliedern** besteht **und**
- **zwei oder mehr gültige Vorschlagslisten** eingereicht wurden.

In diesem Fall hat der Wähler nur eine Stimme, wobei mit dieser nicht ein Kandidat in Person, sonder nur **eine der eingereichten Listen** gewählt wird. Je mehr Stimmen auf eine Liste entfallen, desto mehr Wahlbewerber von dieser Liste werden in den BR gewählt. Der Einzug in den BR hängt dabei von der Reihenfolge ab, in der die Wahlbewerber in der Liste angeführt sind (siehe hierzu Beispiel unter Rn. 8).

7 Die Festlegung der Anzahl der BR-Mitglieder, die aus einer Liste in den BR einrücken, erfolgt nach dem d'Hondt'schen System (Höchstzahlenverfahren). Das Verfahren ist mit höherrangigem Recht vereinbar (BAG 22.11.2017 – 7 ABR 35/16). Dabei wird die Anzahl der Stimmen, die die jeweiligen Listen erhalten haben, nacheinander durch die Zahlen 1, 2, 3, 4 etc. geteilt. Diejenigen Bewerber, denen die sich daraus ergebenden höchsten Zahlen (Höchstzahlen) zugeordnet sind, sind in den BR gewählt. Die Liste mit den meisten Höchstzahlen entsendet die meisten BR-Mitglieder in den BR.

Beispiel:
Eine Vorschlagsliste hat 210 Stimmen erhalten:
Der erste Wahlbewerber erhält alle auf die Liste entfallenden Stimmen 1 zu 1 übertragen, also die Höchstzahl 210.
Der zweite Wahlbewerber erhält die Stimmen hälftig übertragen (210 geteilt durch 2), also die Höchstzahl 105.
Der dritte Wahlbewerber erhält die Stimmen zu einem Drittel (210 geteilt durch 3) übertragen. Die ihm zugeordnete Höchstzahl ist 70.
Der vierte Wahlbewerber erhält die Stimmen zu einem Viertel (210 geteilt durch 4) mit der Höchstzahl 52,5 übertagen.
Die Höchstzahl des fünften Wahlbewerbers ist 42 (210 geteilt durch 5).

Entsprechend diesem Rechenmodell werden die Höchstzahlen aller Listen bestimmt. Anschließend werden in einer Gesamtbetrachtung aller Listen die Wahlbewerber mit den höchsten Stimmen (Höchstzahlen) herausgesucht, bis die vorhandenen Sitze im BR besetzt sind. Gegebenenfalls erfolgt eine Korrektur des Wahlergebnisses nach § 15 Abs. 2 (Minderheitengeschlecht).

Die Wahlbewerber mit den nächsthöheren Stimmen stellen die Ersatzmitglieder. 7a

Beispiel:

Betrieb mit 500 AN. Gemäß § 9 Abs. 1 wird ein 11-köpfiger BR gewählt. 8

Liste 1 mit 210 Stimmen	**Liste 2 mit 120 Stimmen**	**Liste 3 mit 41 Stimmen**
1. Werner (210:1=210) Erster	1. Marina (120:1=120) Zweite	1. Manfred (41:1=41) Achter
2. Knut (210:2=105) Dritter	2. Frauke (120:2=60) Fünfte	2. Daria (41:2=20,5) Dreizehnte
3. Gisela (210:3=70) Vierte	3. Jürgen (120:3=40) Neunter	3. Peter (41:3=13,66) Vierzehnter
4. Anna (210:4=52,5) Sechste	4. Dieter (120:4=30) Elfter	4. Sue (41:4=10,25) Fünfzehnte
5. Turan (210:5=42) Siebter	5. Moni (120:5=24) Zwölfte	5. Felix (41:5=8,2) Sechzehnter
6. Toni (210:6=35) Zehnter		

Die ersten elf Sitze gehen damit an die Wahlbewerber:

1. Werner aus der Liste 1 mit der Höchstzahl 210
2. Marina aus der Liste 2 mit der Höchstzahl 120
3. Knut aus der Liste 1 mit der Höchstzahl 105
4. Gisela aus der Liste 1 mit der Höchstzahl 70
5. Frauke aus der Liste 2 mit der Höchstzahl 60
6. Anna aus der Liste 1 mit der Höchstzahl 52,5
7. Turan aus der Liste 1 mit der Höchstzahl 42
8. Manfred aus der Liste 3 mit der Höchstzahl 41
9. Jürgen aus der Liste 2 mit der Höchstzahl 40
10. Toni aus der Liste 1 mit der Höchstzahl 35
11. Dieter aus der Liste 2 mit der Höchstzahl 30

Damit stehen die Namen für den gewählten BR fest. Auf dieselbe Weise werden sodann die Ersatzmitglieder bestimmt.

12. Moni aus der Liste 2 mit der Höchstzahl 24 wird **erstes Ersatzmitglied**
13. Daria aus der Liste 3 mit der Höchstzahl 20,5 wird **zweites Ersatzmitglied**

14. Peter aus der Liste 3 mit der Höchstzahl 13,66 wird **drittes Ersatzmitglied**
15. Sue aus der Liste 3 mit der Höchstzahl 10,25 wird **viertes Ersatzmitglied**
16. Felix aus der Liste 3 mit der Höchstzahl 8,2 wird **fünftes Ersatzmitglied**

Zu beachten ist allerdings, dass sich die Reihenfolge und damit die Sitzverteilung im BR ändern kann, wenn die Minderheitenquote i. S. d. § 15 Abs. 2 nicht erreicht wird. Dazu siehe Kommentierung unter § 15.

IV. Wahlvorschläge (Abs. 3–5)

9 Gemäß § 14 Abs. 2 können die wahlberechtigten AN und die im Betrieb vertretenen Gewerkschaften Wahlvorschläge machen. Wenn kein Wahlvorschlag eingeht, kann eine Betriebsratswahl nicht stattfinden. § 14 Abs. 4 regelt das Erfordernis der Unterzeichnung der Wahlvorschläge durch »wahlberechtigte AN«. Auch Wahlbewerber können daher den Wahlvorschlag, auf dem sie selbst als Kandidaten benannt sind, im Sinne von § 14 Abs. 4 unterzeichnen und damit stützen (BAG 6. 11. 2013 – 7 ABR 65/11).

10 Die Wahlvorschläge haben die einzelnen Wahlbewerber in erkennbarer Reihenfolge unter fortlaufender Nummer, unter Angabe von Vor- und Zuname, Geburtsdatum und Tätigkeit zu enthalten. Es ist zulässig, die Vorschlagslisten zu kopieren und auf mehreren Vorschlagslisten Stützunterschriften zu sammeln, sofern diese Listen sämtliche Bewerber inhaltlich übereinstimmend aufführen (Hessisches LAG 25. 4. 2018 – 16 TaBVGa 83/18).

11 § 14 Abs. 4 wurde im Jahr 2021 durch das Betriebsrätemodernisierungsgesetz mit dem Ziel neu gefasst, die Gründung von BR in kleinen und mittleren Betrieben zu erleichtern und zu fördern. Aus diesem Grund wurde die Zahl der erforderlichen Stützunterschriften reduziert oder in Gänze aufgehoben. In Betrieben mit in der Regel bis zu 20 wahlberechtigten AN entfällt nunmehr das Erfordernis, Wahlvorschläge zu unterzeichnen. In Betrieben mit in der Regel 21 bis 100 wahlberechtigten AN sind nur noch zwei Stützunterschriften erforderlich. In Betrieben mit in der Regel mehr als 100 AN sind die Wählerlisten nach wie vor von mindestens einem Zwanzigstel der wahlberechtigten AN zu unterzeichnen, wobei die Unterzeichnung durch 50 wahlberechtigte AN genügt.

12 Gemäß § 6 Abs. 2 Satz 1 WO sind Wahlvorschläge innerhalb von zwei Wochen nach Erlass des Wahlausschreibens einzureichen (für die Berechnung der Frist siehe § 187 Abs. 1 BGB). Der Wahlvorstand kann die Möglichkeit zur Einreichung von Wahlvorschlägen am letzten Tag

der Frist auf das Ende der Arbeitszeit im Betrieb oder auf das Ende der Dienststunden des Wahlvorstandes begrenzen, wenn dieser Zeitpunkt nicht vor dem Ende der Arbeitszeit der Mehrheit der AN liegt (BAG 16.1.2018 – 7 ABR 11/16).

Im Betrieb vertretene Gewerkschaften benötigen für das Einreichen von Wahlvorschlägen keine Stützunterschriften. Hier reicht die Unterzeichnung durch zwei Beauftrage der Gewerkschaft, § 14 Abs. 5. Die Gewerkschaft kann frei darüber entscheiden, wen sie als Beauftragte bestimmt. Sie ist zur Beauftragung nicht auf das Einverständnis der Wahlbewerber angewiesen (LAG Schleswig-Holstein 9.1.2017 – 3 TaBVGa 3/16). Die Gewerkschaft gilt bereits dann als im Betrieb vertreten, wenn sie mindestens ein Mitglied im Betrieb hat. Dabei ist nicht erforderlich, dass das Gewerkschaftsmitglied aktiv wahlberechtigt ist (DKW, § 14 BetrVG Rn. 35). 13

V. Streitigkeiten

Über Streitigkeiten, ob Verstöße gegen Wahlvorschriften vorliegen, entscheidet das ArbG im Beschlussverfahren, §§ 2a, 80 ff. ArbGG. 14

§ 14a Vereinfachtes Wahlverfahren für Kleinbetriebe

(1) [1]In Betrieben mit in der Regel fünf bis 100 wahlberechtigten Arbeitnehmern wird der Betriebsrat in einem zweistufigen Verfahren gewählt. [2]Auf einer ersten Wahlversammlung wird der Wahlvorstand nach § 17a Nr. 3 gewählt. [3]Auf einer zweiten Wahlversammlung wird der Betriebsrat in geheimer und unmittelbarer Wahl gewählt. [4]Diese Wahlversammlung findet eine Woche nach der Wahlversammlung zur Wahl des Wahlvorstands statt.

(2) Wahlvorschläge können bis zum Ende der Wahlversammlung zur Wahl des Wahlvorstands nach § 17a Nr. 3 gemacht werden; für Wahlvorschläge der Arbeitnehmer gilt § 14 Abs. 4 mit der Maßgabe, dass für Wahlvorschläge, die erst auf dieser Wahlversammlung gemacht werden, keine Schriftform erforderlich ist.

(3) [1]Ist der Wahlvorstand in Betrieben mit in der Regel fünf bis 100 wahlberechtigten Arbeitnehmern nach § 17a Nr. 1 in Verbindung mit § 16 vom Betriebsrat, Gesamtbetriebsrat oder Konzernbetriebsrat oder nach § 17a Nr. 4 vom Arbeitsgericht bestellt, wird der Betriebsrat abweichend von Absatz 1 Satz 1 und 2 auf nur einer Wahlversammlung in geheimer und unmittelbarer Wahl gewählt. [2]Wahlvor-

schläge können bis eine Woche vor der Wahlversammlung zur Wahl des Betriebsrats gemacht werden; § 14 Abs. 4 gilt unverändert.

(4) Wahlberechtigten Arbeitnehmern, die an der Wahlversammlung zur Wahl des Betriebsrats nicht teilnehmen können, ist Gelegenheit zur schriftlichen Stimmabgabe zu geben.

(5) In Betrieben mit in der Regel 101 bis 200 wahlberechtigten Arbeitnehmern können der Wahlvorstand und der Arbeitgeber die Anwendung des vereinfachten Wahlverfahrens vereinbaren.

Inhaltsübersicht Rn.

I. Zweck der Regelung

1 In Betrieben mit in der Regel fünf bis 100 AN findet das 2-stufige vereinfachte Wahlverfahren statt (§ 14a Abs. 1), wenn nicht ein Wahlvorstand durch den BR, den GBR oder den KBR bestellt worden ist (§ 14a Abs. 3). Ist ein Wahlvorstand bestellt, findet das 1-stufige Wahlverfahren statt. Eine Listenwahl ist weder bei der 1- noch bei der 2-stufigen vereinfachten Wahl vorgesehen. Es findet daher immer Mehrheitswahl (Personenwahl) statt (zu Einzelheiten der Wahl selbst siehe vor allem §§ 28 f. Wahlordnung (WO)). § 14a findet auf die Wahl der JAV entsprechend Anwendung (vgl. § 63 Abs. 4 und 5).

2 Das vereinfachte Wahlverfahren wurde durch das Betriebsrätemodernisierungsgesetz 2021 verpflichtend auf größere Betriebe mit bis zu 100 AN ausgeweitet. Begründet wurde dies mit dem Ziel, die Gründung von BR zu erleichtern und zu beschleunigen. Zudem soll durch die kurzen Fristen des vereinfachten Wahlverfahrens die Behinderung der Betriebsratswahlen in kleineren Betrieben reduziert werden (Gesetzentwurf, BT-Drs. 19/28899, S. 13). Auch für größere Betriebe mit 101 bis 200 wahlberechtigten AN kann nunmehr das vereinfachte Wahlverfahren gem § 14a Abs. 5 vereinbart werden.

II. Vereinfachtes Wahlverfahren in zwei Stufen (Abs. 1 und Abs. 2)

1. Erste Stufe / Einladung zur Wahlversammlung

Im **2-stufigen Wahlverfahren** (meist in betriebsratslosen Betrieben, in denen erstmalig ein BR gewählt wird) findet in der ersten Stufe eine Wahlversammlung statt, in der der Wahlvorstand von der Mehrheit der anwesenden AN **gewählt** wird. Zur Wahlversammlung werden die AN **durch die Einladungsberechtigten eingeladen**. Einladungsberechtigt sind: 3
a) drei wahlberechtigte AN des Betriebs (siehe hierzu § 7)
b) eine im Betrieb vertretene Gewerkschaft (siehe § 2 Rn. 6).
Die **Einladung muss schriftlich erfolgen** und ist gem. § 28 Abs. 1 Satz 3 WO durch Aushang an geeigneter Stelle im Betrieb bekannt zu machen. Hierbei muss der AG den **Aushang dulden**. Verhindert er die Einladung zur Wahlversammlung, kann darin eine **strafbare Wahlbehinderung** gem. § 119 zu sehen sein.

2. Zweite Stufe

In der zweiten Stufe wird die zweite Wahlversammlung durchgeführt, die eine Woche nach der Wahl des Wahlvorstands stattfindet (§ 14a Abs. 1 Satz 4). Hier wird der BR in geheimer und unmittelbarer Wahl durch die AN gewählt (zur geheimen und unmittelbaren Wahl siehe § 14 Rn. 2 und 3). 4

III. Vereinfachtes Wahlverfahren in einer Stufe (Abs. 3)

Die Wahl eines Wahlvorstands ist entbehrlich, wenn ein Wahlvorstand bereits bestellt ist. Ein solcher Fall kommt beispielsweise in Betracht, wenn: 5
- der Wahlvorstand von einem bereits bestehenden BR, GBR oder KBR bestellt wird;
- der im Betrieb bestehende BR untätig bleibt, der Wahlvorstand aber auf Antrag von wenigstens drei wahlberechtigten AN oder einer im Betrieb vertretenen Gewerkschaft durch das ArbG bestellt wird.

In diesen Fällen wird der BR auf nur einer Wahlversammlung (deshalb »1-stufig«) in geheimer und unmittelbarer Wahl gewählt.
Im einstufigen, vereinfachten Wahlverfahren gilt § 14 Abs. 2 S. 2 entsprechend. Somit sind in Betrieben mit in der Regel 21–100 wahlberech- 5a

tigten AN, Wahlvorschläge von mindestens zwei wahlberechtigten AN zu unterzeichnen. Unter Wahlvorschlag ist die Benennung einer oder mehrerer Personen, die für die Wahl zum BR vorgeschlagen werden, gegenüber dem Wahlvorstand zu verstehen. Die erforderliche Anzahl von Stützunterschriften bezieht sich auf den gesamten Wahlvorschlag, unabhängig von der Anzahl der im Wahlvorschlag aufgeführten Personen (BAG 27.11.2024 – 7 ABR 32/23).

IV. Gelegenheit der schriftlichen Stimmabgabe (Abs. 4)

6 Kann ein Wahlberechtigter an der Wahlversammlung zur Wahl des BR nicht teilnehmen, ist ihm Gelegenheit zur sogenannten Briefwahl zu geben. Hierbei kommt es nicht darauf an, ob das 1- oder ob das 2-stufige Wahlverfahren zur Anwendung kommt.

V. Vereinfachtes Wahlverfahren durch Vereinbarung (Abs. 5)

7 Sind in dem Betrieb mehr als 100, aber weniger als 201 wahlberechtigte AN beschäftigt, können Wahlvorstand und AG die Anwendung des vereinfachten Wahlverfahrens freiwillig vereinbaren. Hierzu ist die Zustimmung beider Seiten erforderlich, wobei eine mündliche Vereinbarung genügt (Sächsisches LAG 17.3.2017 – 2 TaBV 33/16). Es ist jedoch dringend eine schriftliche Vereinbarung zu empfehlen, um insbesondere in einem möglichen Wahlanfechtungsverfahren entsprechende Beweise führen zu können.

VI. Streitigkeiten

8 Streitigkeiten über die Einhaltung von Wahlvorschriften entscheidet das ArbG im Beschlussverfahren, §§ 2a, 80 ff. ArbGG. Verstöße gegen Wahlvorschriften können die Anfechtbarkeit einer Wahl nach § 19 auslösen.

§ 15 Zusammensetzung nach Beschäftigungsarten und Geschlechter

(1) Der Betriebsrat soll sich möglichst aus Arbeitnehmern der einzelnen Organisationsbereiche und der verschiedenen Beschäftigungsarten der im Betrieb tätigen Arbeitnehmer zusammensetzen.
(2) Das Geschlecht, das in der Belegschaft in der Minderheit ist, muss mindestens entsprechend seinem zahlenmäßigen Verhältnis

im Betriebsrat vertreten sein, wenn dieser aus mindestens drei Mitgliedern besteht.

Inhaltsübersicht Rn.

I. Zweck der Regelung

Der BR vertritt alle AN des Betriebs. Ziel des § 15 ist es, zu gewährleisten, dass das Gremium die Belegschaft widerspiegelt. Daher sollen nach § 15 Abs. 1 möglichst Mitarbeiter aus allen Bereichen des Betriebs im BR vertreten sein. In jedem Fall muss sich nach § 15 Abs. 2 das Minderheitengeschlecht in entsprechender Relation im BR wiederfinden. **1**
Das BVerfG hat betont, dass das allgemeine Persönlichkeitsrecht auch die geschlechtliche Identität schützt (BVerfG 10.10.2017 – 1 BvR 2019/16). Dieser Schutz ist nicht auf das männliche und das weibliche Geschlecht beschränkt, sondern steht auch solchen Personen zu, die dauerhaft weder dem männlichen noch dem weiblichen Geschlecht zuzuordnen sind (**drittes Geschlecht** bzw. diverse AN).

II. Berücksichtigung der Beschäftigungsarten (Abs. 1)

Organisationsbereich i. S. d. § 15 Abs. 1 meint die Untergliederungen innerhalb eines Betriebs, wozu beispielsweise auch einzelne Abteilungen eines Betriebs gehören. **2**
Beschäftigungsart i. S. d. § 15 Abs. 1 meint verschiedene Berufsgruppen und Tätigkeitsbereiche. In einem Speditionsbetrieb etwa wären die Beschäftigungsarten i. S. d. § 15 Abs. 1 berücksichtigt, wenn im BR sowohl die angestellten Bürokräfte als auch die Kraftfahrer und die Mitarbeiter im Lager im BR vertreten wären.

Zu beachten ist, dass § 15 Abs. 1 (anders als § 15 Abs. 2) **nicht zwingend** ist. Sind also nicht alle Organisationsbereiche und Beschäftigungsarten im BR repräsentiert, bleibt die Wirksamkeit der Betriebsratswahl hiervon unberührt. **3**

III. Berücksichtigung der Geschlechter (Abs. 2)

4 § 15 Abs. 2 ist eine **zwingende Vorschrift**, mit welcher das Gesetz die Minderheit im BR schützt, ohne deren Überrepräsentanz auszuschließen (BAG 13.3.2013 – 7 ABR 67/11). Verstöße gegen § 15 Abs. 2 können die Anfechtbarkeit einer Betriebsratswahl auslösen. Die dem Minderheitengeschlecht zustehende Mindestzahl von Sitzen ist im Wahlausschreiben bekannt zu geben. Eine unzutreffende Angabe im Wahlausschreiben hinsichtlich der auf das Geschlecht in der Minderheit entfallenden Mindestsitze ist geeignet, die Anfechtung der Wahl nach § 19 zu rechtfertigen (BAG 13.3.2013 – 7 ABR 67/11).

Die Regelung des § 15 Abs. 2 ist nur dann anzuwenden, wenn **sowohl Männer als auch Frauen** im Betrieb beschäftigt werden. Des Weiteren muss hinzukommen, dass ein aus mindestens **drei Mitgliedern** bestehender BR gewählt wird.

IV. Feststellung der Mindestsitze

5 Die Sitzverteilung erfolgt nach dem d'Hondtschen Höchstzahlenverfahren (§ 14 Rn. 7, 8). Stellt man sich vor, dass die im Betrieb vertretenen Frauen und Männer je eine Liste darstellen, kann man auf diese beiden Listen die zur Listenwahl gezeigte Rechnungsmethode (d'Hondtsches Höchstzahlenverfahren) anwenden.

6 **Beispiel:**

In einem Betrieb mit 68 Beschäftigten arbeiten 23 Männer und 45 Frauen. Gemäß **§ 9** ist somit ein 5-köpfiger BR zu wählen. Die Männer sind das Geschlecht in der Minderheit. Die Anzahl der auf das Minderheitengeschlecht mindestens entfallenden Sitze im BR wird wie folgt berechnet:

Frauen = 45	Männer = 23
45: 1 = **45** (Erster Sitz)	23: 1 = **23** (Zweiter Sitz)
45: 2 = **22,5** (Dritter Sitz)	23: 2 = **11,5** (Fünfter Sitz)
45: 3 = **15** (Vierter Sitz)	23: 3 = 7,6
45: 4 = 11,25	23: 4 = 5,75

In dem Beispiel sind zwei der fünf Höchstzahlen den Männern zuzuordnen, so dass ihnen **mindestens** zwei Sitze zustehen. Bei der Feststellung der gewählten BR-Mitglieder ist also sicherzustellen, dass hierunter **mindestens** zwei Männer sind. Entfallen auf die Männer mehr als zwei Sitze, werden entsprechend mehr Männer Mitglieder des BR. Eine Überrepräsentanz des Minderheitengeschlechts im BR schließt die Bestimmung nicht aus.

1. Ermittlung der Minderheitensitze bei der Mehrheitswahl (§ 22 WO)

Gemäß § 22 Abs. 1 WO werden in einem ersten Schritt die **dem Geschlecht in der Minderheit zustehenden Mindestsitze verteilt**. Dazu werden die dem Geschlecht in der Minderheit zustehenden Mindestsitze mit Angehörigen dieses Geschlechts in der Reihenfolge der **jeweils höchsten auf sie entfallenden Stimmenzahlen** besetzt. Haben beispielsweise unter den Männern Uwe zwölf, Karl sechs und Kurt vier Stimmen, werden entsprechend obiger Tabelle zunächst die ersten zwei Sitze auf Uwe und Karl verteilt. Kurt wird über die Minderheitenquote nicht mehr berücksichtigt. 7
Gemäß § 22 Abs. 2 WO werden in einem zweiten Schritt die weiteren Sitze mit Bewerberinnen und Bewerbern, **unabhängig von ihrem Geschlecht**, in der Reihenfolge der jeweils höchsten auf sie entfallenden Stimmenzahlen besetzt. In diesem zweiten Schritt aber bleiben diejenigen, die bereits im ersten Schritt ein Mandat erhalten haben, unberücksichtigt.

2. Ermittlung der Minderheitensitze bei der Verhältniswahl (Listenwahl)

Befindet sich unter den auf die Vorschlagslisten entfallenden Höchstzahlen (vgl. § 14 Rn. 8) nicht die erforderliche Mindestzahl von Angehörigen des Geschlechts in der Minderheit (vgl. Rn. 4, 5) oder stellt sich nach Auszählung der abgegebenen Stimmen heraus, dass das Minderheitengeschlecht nicht die ihr zustehenden Mindestsitze erreicht, ist nach § 15 Abs. 5 WO vorzugehen. Der Wahlvorstand muss zunächst die Person ermitteln, die mit der niedrigsten Höchstzahl einen Sitz im BR erhalten hat und nicht dem Geschlecht in der Minderheit angehört (Person X). An die Stelle dieser Person X tritt die Person des Minderheitengeschlechts, welche nach ihr in der gleichen Vorschlagsliste genannt ist. Ist in dieser Vorschlagsliste keine weitere Person des Minderheitengeschlechts enthalten, wird in den anderen Vorschlagslisten nach geeigneten Personen des Minderheitengeschlechts gesucht. Hierzu ermittelt der Wahlvorstand, auf welcher Liste ein Bewerber des Minderheitengeschlechts mit der nächstfolgenden, noch nicht berücksichtigten Höchstzahl vertreten ist. Der Betriebsratssitz von Person X geht auf diese Person des Minderheitengeschlechts über. Nach dieser Methode wird so lange verfahren, bis das Minderheitengeschlecht die vorgesehene Anzahl von Betriebsratssitzen erhalten hat. Verfügen alle 8

Vorschlagslisten insgesamt nicht über die erforderliche Anzahl von Berwerbern des Minderheitengeschlechts, verbleiben die auf das Minderheitengeschlecht zu verteilenden Betriebsratssitze bei dem Mehrheitsgeschlecht.

§ 16 Bestellung des Wahlvorstands

(1) [1]Spätestens zehn Wochen vor Ablauf seiner Amtszeit bestellt der Betriebsrat einen aus drei Wahlberechtigten bestehenden Wahlvorstand und einen von ihnen als Vorsitzenden. [2]Der Betriebsrat kann die Zahl der Wahlvorstandsmitglieder erhöhen, wenn dies zur ordnungsgemäßen Durchführung der Wahl erforderlich ist. [3]Der Wahlvorstand muss in jedem Fall aus einer ungeraden Zahl von Mitgliedern bestehen. [4]Für jedes Mitglied des Wahlvorstands kann für den Fall seiner Verhinderung ein Ersatzmitglied bestellt werden. [5]In Betrieben mit weiblichen und männlichen Arbeitnehmern sollen dem Wahlvorstand Frauen und Männer angehören. [6]Jede im Betrieb vertretene Gewerkschaft kann zusätzlich einen dem Betrieb angehörenden Beauftragten als nicht stimmberechtigtes Mitglied in den Wahlvorstand entsenden, sofern ihr nicht ein stimmberechtigtes Wahlvorstandsmitglied angehört.

(2) [1]Besteht acht Wochen vor Ablauf der Amtszeit des Betriebsrats kein Wahlvorstand, so bestellt ihn das Arbeitsgericht auf Antrag von mindestens drei Wahlberechtigten oder einer im Betrieb vertretenen Gewerkschaft; Absatz 1 gilt entsprechend. [2]In dem Antrag können Vorschläge für die Zusammensetzung des Wahlvorstands gemacht werden. [3]Das Arbeitsgericht kann für Betriebe mit in der Regel mehr als zwanzig wahlberechtigten Arbeitnehmern auch Mitglieder einer im Betrieb vertretenen Gewerkschaft, die nicht Arbeitnehmer des Betriebs sind, zu Mitgliedern des Wahlvorstands bestellen, wenn dies zur ordnungsgemäßen Durchführung der Wahl erforderlich ist.

(3) [1]Besteht acht Wochen vor Ablauf der Amtszeit des Betriebsrats kein Wahlvorstand, kann auch der Gesamtbetriebsrat oder, falls ein solcher nicht besteht, der Konzernbetriebsrat den Wahlvorstand bestellen. [2]Absatz 1 gilt entsprechend.

Inhaltsübersicht Rn.

I. Zweck der Regelung

§ 16 regelt die Bestellung des Wahlvorstands in Betrieben mit BR. Die Norm verfolgt den Zweck, die Kontinuität der Betriebsratstätigkeit sicherzustellen. Dabei regelt § 16 Abs. 1 die Bestellung durch den BR und § 16 Abs. 2 die Einsetzung des Wahlvorstands durch das ArbG. Ein solches arbeitsgerichtliches Bestellungsverfahren kommt in Betracht, wenn der BR untätig geblieben ist und den Wahlvorstand nicht entsprechend Abs. 1 bestellt hat. § 16 Abs. 3 regelt die Möglichkeit der Bestellung des Wahlvorstands durch den GBR bzw. KBR. 1

II. Bestellung durch den BR (Abs. 1)

Der amtierende BR hat den Wahlvorstand spätestens zehn Wochen vor Ablauf seiner Amtszeit (§ 21) zu bestellen. Eine Bestellung zu einem früheren Zeitpunkt ist zulässig und je nach Betrieb und erforderlicher Organisation der Wahl auch ratsam. Da § 16 Abs. 1 Satz 1 nur regelt, bis wann spätestens ein Wahlvorstand zu bestellen ist, nicht aber, ab wann er frühestens bestellt werden kann, liegt in einer »unnötig« frühen Bestellung kein Rechtsmissbrauch, solange nicht der Zeitpunkt der Bestellung sachlich gänzlich unangemessen ist (BAG 19.4.2012 – 2 AZR 299/11). Eine spätere Bestellung ist ebenfalls zulässig, allerdings ist hiervon abzuraten. Hintergrund ist, dass der Wahlvorstand gem. § 3 Abs. 1 WO verpflichtet ist, das Wahlausschreiben spätestens sechs Wochen vor der Wahl zu erlassen. Bei einer zu späten Bestellung bliebe ihm dann kaum noch Zeit, ein Wahlausschreiben rechtzeitig auf den Weg zu bringen, um eine betriebsratslose Zeit zu verhindern. 2

Eine Bestellung durch den BR ist nicht mehr möglich, wenn nach Eintritt des 10-Wochen-Zeitraums der Wahlvorstand bereits durch das ArbG oder den GBR oder KBR bestellt wurde.

Der Wahlvorstand ist gem. § 16 Abs. 1 Satz 2 berechtigt, die Anzahl der Wahlvorstandsmitglieder zu erhöhen, soweit dies für die ordnungsgemäße Durchführung der Wahl erforderlich ist. Bei der Beurteilung der Erforderlichkeit sind v. a. die betrieblichen Verhältnisse, wie Größe des Betriebs, Schichtsysteme und die Anzahl der Wahllokale zu berücksichtigen (LAG Niedersachsen 11.9.2019 – 13 TaBV 85/18). 3

III. Bestellung durch das Arbeitsgericht (Abs. 2)

Durch § 16 Abs. 2 wird bei untätigem BR die Möglichkeit eröffnet, beim ArbG die Bestellung eines Wahlvorstands zu beantragen. Dies erfolgt 4

durch Antrag von mindestens drei Wahlberechtigten oder einer im Betrieb vertretenen Gewerkschaft. Zulässig ist der Antrag erst, wenn acht Wochen vor Ablauf der Amtszeit des amtierenden BR kein Wahlvorstand besteht (§ 16 Abs. 2 Satz 1).
Bis zur Rechtskraft des arbeitsgerichtlichen Beschlusses kann der BR die Bestellung des Wahlvorstands nachholen. Tut er dies, entfallen gleichzeitig die gesetzlichen Voraussetzungen für die gerichtliche Bestellung eines Wahlvorstands (LAG Hamm 23.9.1954 – 3 BVTa 87/54).

5 Die Antragsberechtigten können mit dem Antrag Vorschläge für die Zusammensetzung des Wahlvorstands einreichen. Hieran ist das ArbG nicht gebunden. In dem Bestellungsverfahren entscheidet das ArbG zugleich über die Anzahl der Mitglieder des Wahlvorstands. Es hat zudem zu berücksichtigen, dass in Betrieben mit Frauen und Männern beide Geschlechter im Wahlvorstand vertreten sind (vgl. § 16 Abs. 1 Satz 5).

6 In Betrieben mit in der Regel mehr als 20 wahlberechtigten AN kann das ArbG auch Mitglieder einer im Betrieb vertretenen Gewerkschaft in den Wahlvorstand bestellen, wenn dies zur ordnungsgemäßen Ausführung der Wahl erforderlich erscheint – beispielsweise dann, wenn nicht genügend AN zum Eintritt in den Wahlvorstand bereit sind.

IV. Bestellung durch den GBR oder KBR (Abs. 3)

7 Bestellt der BR bis zum Zeitpunkt von acht Wochen vor Ablauf seiner Amtszeit keinen Wahlvorstand, kann der Wahlvorstand durch den GBR bestellt werden; besteht kein GBR, kann der Wahlvorstand durch den KBR bestellt werden. Diese Regelung gilt auch für Fälle des § 13 Abs. 2 Nr. 2. Die Bestellung des Wahlvorstands durch den Gesamt- oder KBR kann ohne Antrag erfolgen.

8 Auch hier ist zu beachten, dass die Bestellung durch den GBR oder KBR auch noch nach der Einleitung eines gerichtlichen Bestellungsverfahrens und vor dessen rechtskräftiger Entscheidung möglich ist (Prioritätsprinzip).

V. Streitigkeiten

9 Verstöße gegen die Regelungen zur Bestellung des Wahlvorstands können die Anfechtbarkeit der Wahl nach § 19 auslösen. Zudem kann ein – im Rahmen eines einstweiligen Verfügungsverfahrens durchzusetzender – Anspruch auf Abbruch der Betriebsratswahl bestehen, wenn der Wahlvorstand nicht oder nicht richtig gewählt wurde und damit rechtlich als nicht existent zu behandeln ist (LAG Berlin-Brandenburg

19.10.2022 – 23 TaBVGa 1094/22). Streitigkeiten über die ordnungsgemäße Bestellung und Besetzung des Wahlvorstands entscheidet das ArbG im Beschlussverfahren, §§ 2a, 80 ff. ArbGG.

§ 17 Bestellung des Wahlvorstands in Betrieben ohne Betriebsrat

(1) [1]Besteht in einem Betrieb, der die Voraussetzungen des § 1 Abs. 1 Satz 1 erfüllt, kein Betriebsrat, so bestellt der Gesamtbetriebsrat oder, falls ein solcher nicht besteht, der Konzernbetriebsrat einen Wahlvorstand. [2]§ 16 Abs. 1 gilt entsprechend.

(2) [1]Besteht weder ein Gesamtbetriebsrat noch ein Konzernbetriebsrat, so wird in einer Betriebsversammlung von der Mehrheit der anwesenden Arbeitnehmer ein Wahlvorstand gewählt; § 16 Abs. 1 gilt entsprechend. [2]Gleiches gilt, wenn der Gesamtbetriebsrat oder Konzernbetriebsrat die Bestellung des Wahlvorstands nach Absatz 1 unterlässt.

(3) Zu dieser Betriebsversammlung können drei wahlberechtigte Arbeitnehmer des Betriebs oder eine im Betrieb vertretene Gewerkschaft einladen und Vorschläge für die Zusammensetzung des Wahlvorstands machen.

(4) [1]Findet trotz Einladung keine Betriebsversammlung statt oder wählt die Betriebsversammlung keinen Wahlvorstand, so bestellt ihn das Arbeitsgericht auf Antrag von mindestens drei wahlberechtigten Arbeitnehmern oder einer im Betrieb vertretenen Gewerkschaft. [2]§ 16 Abs. 2 gilt entsprechend.

Inhaltsübersicht

§ 17 Bestellung des Wahlvorstands in Betrieben ohne Betriebsrat

I. Zweck der Regelung

1 § 17 ergänzt die bis 2001 geltende Regelung, nach der in betriebsratslosen Betrieben die Bestellung des Wahlvorstands grundsätzlich im Rahmen einer Betriebsversammlung zu erfolgen hatte. Nunmehr ist geregelt, dass in diesen Betrieben primär der GBR bzw. KBR für die Bestellung des Wahlvorstands zuständig ist. Damit soll die Bestellung von Wahlvorständen erleichtert und die Durchführung zeit- und kostenintensiver Betriebsversammlungen vermieden werden.

II. Bestellung durch den GBR oder KBR (Abs. 1)

2 Ist ein Betrieb betriebsratsfähig i. S. d. § 1, existiert in diesem aber kein BR, kann die Bestellung des Wahlvorstands durch den GBR oder KBR erfolgen.

3 Die Bestellung durch das jeweils berechtigte Gremium nach § 17 Abs. 1 ist **nicht an zeitliche Vorgaben gebunden** und kann jederzeit auf **eigene Initiative** erfolgen. Zur Prüfung, ob die Voraussetzungen gegeben sind, steht den Gremien ein **Auskunftsanspruch** gem. § 80 Abs. 2 (i. V. m. § 51 Abs. 5 für den GBR und i. V. m. § 59 Abs. 1 für den KBR) zu. Wird der Wahlvorstand durch den GBR oder KBR errichtet, geht der Auskunftsanspruch auf den eingesetzten Wahlvorstand über (BAG 15.10.2014 – 7 ABR 53/12).

Unterlassen GBR oder KBR die Bestellung, kann der Wahlvorstand mithilfe einer Betriebsversammlung i. S. d. § 17 Abs. 2 bestellt werden. Holt der KBR oder GBR die Bestellung bis zum Zeitpunkt der Betriebsversammlung nach, fällt diese aus. Nach einer Bestellung des Wahlvorstands durch die Betriebsversammlung, können GBR und KBR den Wahlvorstand nicht mehr bestellen.

III. Wahl durch die Mehrheit der AN in einer Betriebsversammlung (Abs. 2 und Abs. 3)

4 Sind GBR und KBR untätig geblieben oder existieren nicht, kann nach § 17 Abs. 2 und 3 eine **Betriebsversammlung** einberufen werden. In dieser wird der Wahlvorstand von der Mehrheit der anwesenden AN gewählt (§ 17 Abs. 1 Satz 1).

1. Einladung zur Betriebsversammlung

Die **Einberufung der Betriebsversammlung** erfolgt durch Einladung. Einladungsberechtigt sind drei wahlberechtigte AN des Betriebs oder eine im Betrieb vertretene Gewerkschaft. Diese können auch Vorschläge für die **Zusammensetzung des Wahlvorstands** machen. 5

Der AG ist nicht einladungsberechtigt. Eine durch Einladungsberechtigte einberufene Betriebsversammlung muss der AG **dulden**. Versucht er sie zu behindern oder nimmt er **Einfluss auf AN**, um diese an der Teilnahme zu hindern, ist eine **Behinderung der Wahl** i. S. d. § 20 naheliegend. Gegebenenfalls ist an ein **Strafverfahren nach § 119** Abs. 1 Nr. 1 zu denken. 6

Die Einladung zur Betriebsversammlung ist an keine Formvorschriften gebunden. Folgendes sollte aber beachtet werden: 7

- Es besteht zwar kein Formerfordernis. Mit der Einladung sollten aber möglichst alle Wahlberechtigten erreicht werden. Die Einladung kann daher beispielsweise durch Aushang oder Faltblätter erfolgen. Auch Rundschreiben sind möglich. Möglich ist auch die zusätzliche Nutzung der IT-Kommunikation.
- Die Einladung sollte in jedem Fall Ort, Zeit und Zweck der Betriebsversammlung enthalten.
- Nicht erforderlich ist, dass der Aushang unterzeichnet ist (LAG Hamm 29. 11. 1973 – 3 Sa 663/73, AiB 2001, 721).
- Jeder AN muss Gelegenheit zur Kenntnisnahme der Einladung haben.
- Eine Übersetzung der Einladung ist nicht erforderlich (LAG Düsseldorf 12. 10. 2018 – 6 TaBVGa 7/18), aber sinnvoll.
- Sind die Einladungsberechtigten auf die Mithilfe des AG angewiesen, ist dieser verpflichtet, die entsprechenden Maßnahmen zur ordnungsgemäßen Zustellung der Einladung vorzunehmen (BAG 26. 2. 1992 – 7 ABR 37/91, AiB 1993, 232–233).

Hinweis:
Zu empfehlen ist die Wahl von mehr als drei Wahlvorstandsmitgliedern. Scheidet nämlich ein Wahlvorstandsmitglied aus, wäre eine Nachwahl in einer erneut durchzuführenden Betriebsversammlung notwendig.
Legen alle in einer Betriebsversammlung gewählten Wahlvorstandsmitglieder ihr Amt nieder, liegt die Bestellungsbefugnis erneut bei einer Betriebsversammlung nach § 17 Abs. 2, 3.
§ 17 Abs. 4 Satz 1 – also die arbeitsgerichtliche Bestellung – findet keine entsprechende Anwendung (LAG Rheinland-Pfalz 18. 1. 2019 – 1 TaBV 11/18).

8 An der Betriebsversammlung teilnahmeberechtigt sind alle im Betrieb beschäftigten, also auch die **nicht wahlberechtigten** AN. Selbst der Ausspruch einer fristlosen Kündigung steht dem Teilnahmerecht an einer Betriebsversammlung nicht entgegen, wenn Kündigungsschutzklage eingereicht wurde und dadurch die rechtswirksame Beendigung des Arbeitsverhältnisses noch ungeklärt ist (LAG Mecklenburg-Vorpommern 30.1.2017 – 3 TabVGa 1/17). AG und leitende Angestellte sind von der Teilnahme ausgeschlossen (zu leitenden Angestellten siehe § 5). Auf diese Weise soll eine mögliche Beeinflussung der Betriebsversammlung verhindert werden.

2. Ausführung der Betriebsversammlung

a. Ort der Betriebsversammlung

9 Die Betriebsversammlung zur Wahl eines Wahlvorstands in Betrieben ohne BR sollte, sofern ein **geeigneter Raum** vorhanden ist, **im Betrieb** stattzufinden (LAG Hamm 12.4.2013 – 13 TaBV 64/12). Eine gesetzliche Regelung, die dies zwingend anordnet, existiert jedoch nicht (LAG Düsseldorf 12.10.2018 – 6 TaBVGa 7/18). Ist ein geeigneter Raum nicht vorhanden, kann die Betriebsversammlung ausnahmsweise außerhalb des Betriebs stattfinden.

b. Zeit der Betriebsversammlung / Vergütung der Teilnahmezeit

10 Gemäß § 44 Abs. 1 Satz 1 hat die Betriebsversammlung während der Arbeitszeit stattzufinden. Eine Ausnahme hiervon ist nur zulässig, wenn die Eigenart des Betriebs eine andere Regelung zwingend erfordert. Die Zeit der Teilnahme an der Betriebsversammlung einschließlich der zusätzlichen Wegezeiten (wenn die Betriebsversammlung außerhalb der persönlichen Arbeitszeit oder außerhalb des Betriebs stattfindet) ist den AN wie Arbeitszeit zu vergüten, § 44 Abs. 1 Satz 2.

c. Ausführung der Wahl

11 Die Teilnahme einer bestimmten Anzahl an AN ist nicht erforderlich. Die Wahl erfolgt mit der **Mehrheit der anwesenden AN**, gleich, wie viele AN erscheinen. **Stimmberechtigt** sind alle anwesenden und **teilnahmeberechtigten** AN. Die Wahl kann durch Handzeichen erfolgen.

Eine geheime Wahl ist nicht erforderlich. Über jeden einzelnen Kandidaten zum Wahlvorstand wird **getrennt** abgestimmt.

IV. Bestellung durch das Arbeitsgericht (Abs. 4)

Findet **trotz Einladung keine Betriebsversammlung** statt oder wählt die Betriebsversammlung keinen Wahlvorstand, bestellt ihn das **ArbG auf Antrag** von mindestens **drei wahlberechtigten AN** oder einer im Betrieb **vertretenen Gewerkschaft**. Dies gilt auch, wenn die Teilnehmer der ordnungsgemäß einberufenen Wahlversammlung mehrheitlich eine Verlegung dieser Versammlung mit der Folge beschließen, dass kein erster Wahlgang zustande kommt (LAG Kiel 22.2.2020 – 3 TaBV 23/19). 12
Voraussetzung ist demnach, dass zunächst die **Einberufung** einer Betriebsversammlung **zumindest versucht** worden sein muss (so auch LAG Hamm 2.10.2009 – 10 TaBV 27/09). Von diesem Versuch kann nicht schon dann abgesehen werden, wenn sich der AG weigert, eine ihm obliegende, zur Bewirkung der Einladung notwendige Mitwirkungshandlung vorzunehmen (BAG 26.2.1992 – 7 ABR 37/91, AiB 1993, 232–233). Kann eine Betriebsversammlung pandemiebedingt auf unabsehbare Zeit nicht durchgeführt werden, ist ausnahmsweise die Bestellung durch das ArbG auch ohne vorherige Einladung zu einer Betriebsversammlung zulässig (LAG Rheinland-Pfalz 30.11.2021 – 8 TaBV 20/21).

Die Bestellung des Wahlvorstands durch die Betriebsversammlung bleibt so lange möglich, bis das angerufene Gericht rechtskräftig über die Bestellung entschieden hat. 13

V. Besonderer Kündigungsschutz (§ 15 Abs. 3a, b KSchG)

Gemäß § 15 Abs. 3a KSchG ist die ordentliche Kündigung eines AN, der zu einer Betriebsversammlung nach § 17 Abs. 3 einlädt oder die Bestellung eines Wahlvorstands nach § 17 Abs. 4 beantragt, vom Zeitpunkt der Einladung oder Antragstellung an bis zur Bekanntgabe des Wahlergebnisses unzulässig. Der Kündigungsschutz gilt für die ersten sechs in der Einladung oder die ersten drei in der Antragstellung aufgeführten AN. Die Erhöhung des Kündigungsschutzes von drei auf sechs durch das Betriebsrätemodernisierungsgesetz soll ermöglichen, dass mehr AN sich offen für die Betriebsratswahl engagieren. Bewerber für das Amt des Wahlvorstands zur Durchführung einer Betriebsratswahl dagegen genießen allein aufgrund ihrer Kandidatur keinen besonderen Kündi- 14 gungsschutz nach § 15 Abs. 3 KSchG, § 103. Sie sind keine »Wahlbewerber« im Sinne dieser Bestimmungen (BAG 31.7.2014 – 2 AZR 505/13). Üblicherweise stellen jedoch die Einladenden auch den späteren Wahlvorstand, sodass Kündigungsschutz gem. § 15 Abs. 3a besteht.

15 Gemäß § 15 Abs. 3b KSchG ist die ordentliche verhaltens- oder personenbedingte Kündigung eines AN, der Vorbereitungshandlungen zur Errichtung eines BR unternimmt unwirksam, wenn er eine beglaubigte Erklärung abgegeben hat, wonach er die Absicht hat, einen BR zu errichten. Die Regelung wurde durch das Betriebsrätemodernisierungsgesetz 2021 ergänzt. Ziel ist es sog. Vorfeld-Initiatoren, die bereits vor der Einladung zur Wahlversammlung Vorbereitungshandlungen zur Gründung eines BR unternehmen, vor Behinderungsmaßnahmen durch den AG oder Dritte zu schützen. Der Kündigungsschutz greift bereits ab Abgabe der vorgenannten Erklärung bis zum Zeitpunkt der Einladung zu einer Betriebs- bzw. Wahlversammlung, jedoch längsten für drei Monate. Die Kündigung aus wichtigem Grund i. S. d. § 626 BGB bleibt weiterhin möglich.

16 Die öffentlich beglaubigte Erklärung nach § 129 BGB soll folgende Angaben enthalten: Name, Geburtsdatum und Adresse des AN, die möglichst konkrete Bezeichnung des Unternehmens und des Betriebs, in dem die Gründung des BR angestrebt wird, sowie die inhaltliche Erklärung, dass die Absicht besteht, einen BR zu errichten (Gesetzentwurf, BT-Drs. 19/28899, S. 25). Gleiches gilt für die Gründung einer Bordvertretung.

17 Zu Vorbereitungshandlungen i. S. d. Regelung zählen alle Verhaltensweisen, die – für Dritte erkennbar – zur Vorbereitung einer Betriebsratswahl geeignet sind. Beispielsweise die Kontaktaufnahme zur Gewerkschaft, die Planung und Vorbereitung der Betriebsversammlung oder die Kontaktaufnahme zu anderen Beschäftigten mit dem Ziel, die Unterstützung für eine Betriebsratsgründung zu ermitteln (Gesetzentwurf, BT-Drs. 19/28899, S. 24).

VI. Streitigkeiten

18 Verstöße gegen § 17 können die Anfechtbarkeit der Betriebsratswahl nach § 19 auslösen. Streitigkeiten über die Einhaltung der Vorschrift entscheidet das ArbG im Beschlussverfahren, §§ 2a, 80 ff. ArbGG.

§ 17a Bestellung des Wahlvorstands im vereinfachten Wahlverfahren

Im Fall des § 14a finden die §§ 16 und 17 mit folgender Maßgabe Anwendung:

1. **Die Frist des § 16 Abs. 1 Satz 1 wird auf vier Wochen und die des § 16 Abs. 2 Satz 1, Abs. 3 Satz 1 auf drei Wochen verkürzt.**
2. **§ 16 Abs. 1 Satz 2 und 3 findet keine Anwendung.**
3. **In den Fällen des § 17 Abs. 2 wird der Wahlvorstand in einer Wahlversammlung von der Mehrheit der anwesenden Arbeitnehmer gewählt. Für die Einladung zu der Wahlversammlung gilt § 17 Abs. 3 entsprechend.**
4. **§ 17 Abs. 4 gilt entsprechend, wenn trotz Einladung keine Wahlversammlung stattfindet oder auf der Wahlversammlung kein Wahlvorstand gewählt wird.**

Inhaltsübersicht Rn.

I. Zweck der Regelung

Um die Bestellung des Wahlvorstands im vereinfachten Wahlverfahren zu beschleunigen, passt § 17a die Regelungen zur Bestellung des Wahlvorstands (§§ 16, 17) an die Regelungen des vereinfachten Wahlverfahrens in § 14a an. 1

II. Anwendung im Einzelnen

Angepasst werden folgende Regelungen: 2

1. **§ 17a Nr. 1**: Die Verkürzung der **10-Wochen**-Frist aus § 16 Abs. 1 Satz 1 **auf vier Wochen**.
2. **§ 17a Nr. 1**: Die Verkürzung der **8-Wochen**-Frist aus § 16 Abs. 2 Satz 1 und 16 Abs. 3 Satz 1 **auf drei Wochen**.
3. **§ 17a Nr. 2**: Ausschluss des § 16 Abs. 1 Satz 2 und 3. Damit ist **keine Erhöhung der Anzahl der Wahlvorstandsmitglieder** möglich. Der **Wahlvorstand besteht immer aus drei Personen**. Eine Erhöhung ist nicht zulässig, allerdings ist die Bestellung vor Ersatzmitgliedern sinnvoll.
4. **§ 17a Nr. 3**: Vorrangig soll der Wahlvorstand **durch den GBR oder den KBR bestellt** werden. Besteht kein GBR oder KBR oder bleiben

beide Gremien untätig, kann der Wahlvorstand in einer **Wahlversammlung** von der Mehrheit der anwesenden AN gewählt werden.

5. **§ 17a Nr. 4:** Bestellung durch das **ArbG nach § 17 Abs. 4**, wenn trotz Einladung eine Wahlversammlung nicht zustande kommt oder durch sie kein Wahlvorstand gewählt wird.

§ 18 Vorbereitung und Durchführung der Wahl

(1) [1]Der Wahlvorstand hat die Wahl unverzüglich einzuleiten, sie durchzuführen und das Wahlergebnis festzustellen. [2]Kommt der Wahlvorstand dieser Verpflichtung nicht nach, so ersetzt ihn das Arbeitsgericht auf Antrag des Betriebsrats, von mindestens drei wahlberechtigten Arbeitnehmern oder einer im Betrieb vertretenen Gewerkschaft. [3]§ 16 Abs. 2 gilt entsprechend.

(2) Ist zweifelhaft, ob eine betriebsratsfähige Organisationseinheit vorliegt, so können der Arbeitgeber, jeder beteiligte Betriebsrat, jeder beteiligte Wahlvorstand oder eine im Betrieb vertretene Gewerkschaft eine Entscheidung des Arbeitsgerichts beantragen.

(3) [1]Unverzüglich nach Abschluss der Wahl nimmt der Wahlvorstand öffentlich die Auszählung der Stimmen vor, stellt deren Ergebnis in einer Niederschrift fest und gibt es den Arbeitnehmern des Betriebs bekannt. [2]Dem Arbeitgeber und den im Betrieb vertretenen Gewerkschaften ist eine Abschrift der Wahlniederschrift zu übersenden.

Inhaltsübersicht Rn.

I. Zweck der Regelung

1 Gemäß § 1 Abs. 1 WO obliegt die **Leitung der Wahl** dem Wahlvorstand. Er hat die Wahl einzuleiten und durchzuführen sowie das Wahlergebnis festzustellen. Hieraus ergibt sich auch das Recht des Wahlvorstands, **Hindernisse und Störungen**, die der **ordnungsgemäßen Durchführung** der Wahl entgegenstehen, zu **beseitigen** (ArbG Regensburg 6.6.2002 – 6 BVGa 6/02, AiB 2003, 554). Aus diesem Grund kann der AG z.B. das Zugangsrecht der Gewerkschaft zu den Betriebsräumen nicht dadurch abwehren, dass er dem Wahlvorstand und der Gewerkschaft anbietet, die Sitzungen außerhalb des Betriebsgeländes abzuhalten, denn der Wahlvorstand kann seinen Aufgaben regelmäßig nur dann ordnungs-

gemäß nachkommen, wenn er seine Sitzungen im Betrieb abhält (LAG Mecklenburg-Vorpommern 11.11.2013 – 5 TaBVGa 2/13). Ein pflichtwidrig handelnder Wahlvorstand kann gem. § 18 Abs. 1 Satz 2 durch das Arbeitsgericht zwangsweise seines Amtes enthoben und ersetzt werden (LAG Rheinland-Pfalz 18.1.2019 – 1 TaBV 11/18).

II. Aufgaben des Wahlvorstands

Die Wahl ist unverzüglich, also ohne schuldhaftes Zögern, einzuleiten. 2
Allerdings steht dem Wahlvorstand insoweit ein Ermessensspielraum zu. Die Einzelheiten zu den Aufgaben des Wahlvorstands sind in der Wahlordnung zur Betriebsratswahl geregelt.

Gemäß § 2 Abs. 2 WO hat der Wahlvorstand eine Liste der Wahlberech- 3
tigten (Wählerliste) zu erstellen (für Näheres hierzu siehe § 2 Abs. 1 WO; für die Pflichten des AG siehe § 2 Abs. 2 WO). Daneben hat der Wahlvorstand **vor allem** folgende Aufgaben zu erfüllen:

1. Ermittlung der Betriebsratsgröße nach § 9
2. Ermittlung der Minderheitenquote im BR nach § 15 Abs. 2
3. Einleitung der Betriebsratswahl mit Erlass des Wahlausschreibens, § 3 Abs. 1 Satz 2 WO (spätestens sechs Wochen vor dem ersten Tag der Stimmabgabe)
   Der Mindestinhalt des Wahlausschreibens ist in § 3 Abs. 2 WO festgeschrieben.
4. Bei Einsprüchen gegen die Wählerliste sind die Einsprüche unverzüglich zu prüfen, § 4 Abs. 1 und 2 WO
5. Unverzügliche Prüfung der eingereichten Vorschlagslisten, § 7 Abs. 2 Satz 2 WO
6. Bekanntmachung der Vorschlagslisten, § 10 Abs. 1 und 2 WO
7. Durchführung der eigentlichen Wahl am Wahltag
8. Bekanntmachung der gewählten BR-Mitglieder, § 18 WO

Mit Bekanntgabe des Wahlergebnisses endet die Betriebsratswahl. Das 4
Amt des Wahlvorstands **erlischt** mit der Einberufung des BR zur **konstituierenden Sitzung** nach § 29 Abs. 1 oder spätestens mit der Wahl des Wahlleiters für die Wahl des Betriebsratsvorsitzenden in der konstituierenden Sitzung des BR (BAG 24.10.18 – 7 ABR 1/17).

III. Öffentlichkeit der Auszählung

Gem. § 18 Abs. 3 hat der Wahlvorstand unverzüglich nach Abschluss 5
der Stimmabgabe durch öffentliche Auszählung das Wahlergebnis festzustellen und dieses der Belegschaft mitzuteilen. Das Wahlergebnis steht

aber nicht schon mit der Auszählung, sondern erst mit der Annahme der Wahl durch die Gewählten fest.
Ein Verstoß gegen den **Grundsatz der öffentlichen Auszählung** kann zur Unwirksamkeit bzw. Anfechtbarkeit der Wahl nach § 19 führen. Das gilt etwa dann, wenn der Wahlvorstand entgegen des im Wahlausschreiben gem. § 3 Abs. 2 Nr. 13 WO angegebenen Beginns der öffentlichen Stimmauszählung schon vorher die Stimmen ausgezählt und damit gegen die Wahlbestimmungen des § 18 Abs. 3 Satz 1 und § 13 WO verstoßen hat (BAG 15.11.2000 – 7 ABR 53/99; LAG Hamm 30.1.2015 – 13 TaBV 46/14).

§ 18a Zuordnung der leitenden Angestellten bei Wahlen

(1) [1]Sind die Wahlen nach § 13 Abs. 1 und nach § 5 Abs. 1 des Sprecherausschussgesetzes zeitgleich einzuleiten, so haben sich die Wahlvorstände unverzüglich nach Aufstellung der Wählerlisten, spätestens jedoch zwei Wochen vor Einleitung der Wahlen, gegenseitig darüber zu unterrichten, welche Angestellten sie den leitenden Angestellten zugeordnet haben; dies gilt auch, wenn die Wahlen ohne Bestehen einer gesetzlichen Verpflichtung zeitgleich eingeleitet werden. [2]Soweit zwischen den Wahlvorständen kein Einvernehmen über die Zuordnung besteht, haben sie in gemeinsamer Sitzung eine Einigung zu versuchen. [3]Soweit eine Einigung zustande kommt, sind die Angestellten entsprechend ihrer Zuordnung in die jeweilige Wählerliste einzutragen.
(2) [1]Soweit eine Einigung nicht zustande kommt, hat ein Vermittler spätestens eine Woche vor Einleitung der Wahlen erneut eine Verständigung der Wahlvorstände über die Zuordnung zu versuchen. [2]Der Arbeitgeber hat den Vermittler auf dessen Verlangen zu unterstützen, insbesondere die erforderlichen Auskünfte zu erteilen und die erforderlichen Unterlagen zur Verfügung zu stellen. [3]Bleibt der Verständigungsversuch erfolglos, so entscheidet der Vermittler nach Beratung mit dem Arbeitgeber. [4]Abs. 1 Satz 3 gilt entsprechend.
(3) [1]Auf die Person des Vermittlers müssen sich die Wahlvorstände einigen. [2]Zum Vermittler kann nur ein Beschäftigter des Betriebs oder eines anderen Betriebs des Unternehmens oder Konzerns oder der Arbeitgeber bestellt werden. [3]Kommt eine Einigung nicht zustande, so schlagen die Wahlvorstände je eine Person als Vermittler vor; durch Los wird entschieden, wer als Vermittler tätig wird.
(4) [1]Wird mit der Wahl nach § 13 Abs. 1 oder 2 nicht zeitgleich eine Wahl nach dem Sprecherausschussgesetz eingeleitet, so hat der Wahl-

vorstand den Sprecherausschuss entsprechend Abs. 1 Satz 1 erster Halbsatz zu unterrichten. [2]Soweit kein Einvernehmen über die Zuordnung besteht, hat der Sprecherausschuss Mitglieder zu benennen, die an Stelle des Wahlvorstands an dem Zuordnungsverfahren teilnehmen. [3]Wird mit der Wahl nach § 5 Abs. 1 oder 2 des Sprecherausschussgesetzes nicht zeitgleich eine Wahl nach diesem Gesetz eingeleitet, so gelten die Sätze 1 und 2 für den Betriebsrat entsprechend.

(5) [1]Durch die Zuordnung wird der Rechtsweg nicht ausgeschlossen. [2]Die Anfechtung der Betriebsratswahl oder der Wahl nach dem Sprecherausschussgesetz ist ausgeschlossen, soweit sie darauf gestützt wird, die Zuordnung sei fehlerhaft erfolgt. [3]Satz 2 gilt nicht, soweit die Zuordnung offensichtlich fehlerhaft ist.

1 Gemäß § 1 Abs. 1 SprAuG werden in Betrieben mit in der Regel mindestens zehn leitenden Angestellten Sprecherausschüsse gebildet. Der Sprecherausschuss ist (ähnlich wie der BR) eine Arbeitnehmervertretung. Er vertritt die Interessen der leitenden Angestellten. Mitbestimmungsrechte stehen dem Sprecherausschuss jedoch nicht zu. Gemäß § 13 Abs. 1 Satz 2 und § 5 Abs. 1 SprAuG sind die Wahlen beider Arbeitnehmervertretungen zeitgleich einzuleiten.

2 Damit eine Doppelvertretung eines Angestellten durch beide Vertretungsorgane ausgeschlossen wird, ist es erforderlich, die zur jeweiligen Arbeitnehmervertretung wahlberechtigten und wählbaren Angestellten voneinander abzugrenzen (DKW, § 18a BetrVG Rn. 1). Nach einer solchen Abgrenzung hat die Aufnahme der AN in die jeweils richtige Wählerliste zu erfolgen. Die den leitenden Angestellten zugeordneten AN werden in die Wählerliste für die Wahl des Sprecherausschusses, die übrigen in die Wählerliste für die Wahl des BR aufgenommen. Würde man eine solche Abgrenzung nicht vornehmen, könnte der Fall eintreten, dass ein Mitarbeiter in beiden Wählerlisten auftaucht und somit bei beiden Wahlen wählen und ggf. sogar gewählt werden könnte. Somit wird neben der Doppelvertretung eines Mitarbeiters auch eine Doppelmitgliedschaft verhindert.

Die Anfechtung der Betriebsratswahl ist gem. § 18a Abs. 5 Satz 2 ausgeschlossen, soweit sie auf die fehlerhafte Zuordnung gestützt wird. Dies gilt nicht, wenn die Zuordnung offensichtlich fehlerhaft ist, sich die Fehlerhaftigkeit also geradezu aufdrängt (LAG Baden-Württemberg 29.4.2011 – 7 TaBV 7/10).

§ 19 Wahlanfechtung

(1) Die Wahl kann beim Arbeitsgericht angefochten werden, wenn gegen wesentliche Vorschriften über das Wahlrecht, die Wählbarkeit oder das Wahlverfahren verstoßen worden ist und eine Berichtigung nicht erfolgt ist, es sein denn, dass durch den Verstoß das Wahlergebnis nicht geändert oder beeinflusst werden konnte.

(2) [1]Zur Anfechtung berechtigt sind mindestens drei Wahlberechtigte, eine im Betrieb vertretene Gewerkschaft oder der Arbeitgeber. [2]Die Wahlanfechtung ist nur binnen einer Frist von zwei Wochen, vom Tage der Bekanntgabe des Wahlergebnisses an gerechnet, zulässig.

(3) [1]Die Anfechtung durch die Wahlberechtigten ist ausgeschlossen, soweit sie darauf gestützt wird, dass die Wählerliste unrichtig ist, wenn nicht zuvor aus demselben Grund ordnungsgemäß Einspruch gegen die Richtigkeit der Wählerliste eingelegt wurde. [2]Dies gilt nicht, wenn die anfechtenden Wahlberechtigten an der Einlegung eines Einspruchs gehindert waren. [3]Die Anfechtung durch den Arbeitgeber ist ausgeschlossen, soweit sie darauf gestützt wird, dass die Wählerliste unrichtig ist und wenn diese Unrichtigkeit auf seinen Angaben beruht.

Inhaltsübersicht Rn.

I. Zweck der Regelung

1 § 19 ermöglicht die Anfechtung der Betriebsratswahl und damit die gerichtliche Prüfung, ob das Gremium wirksam gewählt wurde.

II. Nichtigkeit der Wahl und ihre Geltendmachung

Über ihren gesetzlichen Wortlaut hinaus ist die Norm auch im Falle von **Nichtigkeitsgründen** anwendbar. Die Nichtigkeit der Wahl ist hierbei nur in besonderen **Ausnahmefällen** anzunehmen und liegt vor, wenn in einem derart hohen Maße gegen **wesentliche Grundsätze** des Wahlrechts verstoßen worden ist, dass nicht einmal der Anschein einer dem Gesetz entsprechenden Wahl vorliegt (BAG 13.3.2013 – 7 ABR 70/11; LAG Düsseldorf 2.5.2018 – 12 TaBVGa 3/18; LAG Thüringen 24.6.2020 – 4 TaBV 12/19). Erforderlich ist hierfür ein **besonders grober und offensichtlicher Verstoß gegen wesentliche gesetzliche Wahlvorschriften.** Die Betriebsratswahl muss »den Stempel der Nichtigkeit auf der Stirn tragen« (BAG 23.7.2014 – 7 ABR 23/12). 2

Die gerichtliche Feststellung der Nichtigkeit besitzt rückwirkende Kraft. Der BR ist damit rechtlich so zu stellen, als hätte er von Anfang an (**ex-tunc**) nicht bestanden. Im Gegensatz zur Wahlanfechtung kann die Nichtigkeit grundsätzlich von **jedermann**, zu jeder Zeit – also **ohne die Frist des § 19 Abs. 2** einhalten zu müssen – und in **jeder Form** geltend gemacht werden. Voraussetzung hierfür ist jedoch, dass derjenige, der die Feststellung der Nichtigkeit begehrt, ein **(rechtliches) Interesse** hat.

III. Voraussetzungen für die Wahlanfechtung

1. Verstoß gegen wesentliche Vorschriften

Aus § 19 Abs. 1 Satz 1 ergibt sich, dass nicht jeder Verstoß, sondern nur 3
ein **Verstoß gegen eine wesentliche Vorschrift** über das Wahlrecht, die Wählbarkeit oder das Wahlverfahren zur Wahlanfechtung berechtigt. Als wesentlich sind Vorschriften dann anzusehen, wenn sie **tragende Grundprinzipien** des Betriebsratswahlrechts enthalten. Hierzu zählen vor allem zwingende Vorschriften (sog. »Mussvorschriften«), nicht jedoch bloße Ordnungs- oder sogenannte »Sollvorschriften«.

a. Wahlrechtsvorschriften

Mit den **Vorschriften über das Wahlrecht** sind Bestimmungen über die 4
Wahlberechtigung i.S.v. § 7 gemeint. Wahlberechtigt können durch das Betriebsverfassungs-Reformgesetz auch AN eines anderen AG im Einsatzbetrieb sein sowie Leiharbeitnehmer i.S.d. Arbeitnehmerüberlassungsgesetzes, solange sie länger als drei Monate im Entleihbetrieb

eingesetzt werden (§ 7 Satz 2). Zudem sind nunmehr auch AN, die das 16. Lebensjahr vollendet haben, wahlberechtigt (siehe § 7 Rn. 2). **Verstöße gegen wesentliche Vorschriften** über die Wahlberechtigung können z. B. vorliegen, wenn Nichtwahlberechtigte – z. B. leitende Angestellte – zur Wahl zugelassen werden.

b. Vorschriften über die Wählbarkeit

5 Vorschriften über die **Wählbarkeit** ergeben sich aus **§ 8**. Ein Beispiel für die Anfechtbarkeit wegen eines Mangels der Wählbarkeit ist die Zulassung von **AN unter 18** Jahren oder von AN, die nicht zum Wahlbetrieb gehören.

c. Vorschriften über das Wahlverfahren

6 Die Vorschriften über das **Wahlverfahren** befinden sich in den **§§ 9 bis 18** und werden durch die Wahlordnung konkretisiert. Eine Anfechtbarkeit kommt nur bei Verstößen gegen Vorschriften in Betracht, die von wesentlicher **Bedeutung** sind. Vorschriften, die lediglich förmliche Bedeutung haben, berechtigen im Falle eines Verstoßes allein nicht zur Anfechtung.

7 **Beispiele, die eine Wahlanfechtung rechtfertigen:**

- Wahl bzw. Festlegung einer unrichtigen Anzahl von BR-Mitgliedern (LAG Nürnberg 26.1.2023 – 1 TaBV 22/22, nicht rechtskräftig, Rechtsbeschwerde eingelegt unter 7 ABR 2/23; Hessisches LAG 24.2.2020 – 16 TaBV 20/19)
- Verstoß gegen § 15 Abs. 2 bei nicht erfolgter oder fehlerhafter Ermittlung der Mindestsitze des Geschlechts in der Minderheit
- Verstoß gegen § 3 Abs. 2 Nr. 5 WO bei unzutreffender Angabe der Mindestsitze des Geschlechtes in der Minderheit im Wahlausschreiben (BAG 13.3.2013 – 7 ABR 67/11, AiB 2013, 720)
- Verstoß im Zusammenhang mit dem vereinfachten Wahlverfahren nach § 14a, wenn irrtümlich weniger als 50 AN angenommen werden
- Fehlen einer Wählerliste
- Fehlen eines gültigen Wahlvorschlags, weil dieser einem Mitglied des Wahlvorstands außerhalb der Betriebsadresse übergeben wurde und damit dem Wahlvorstand nicht zugegangen ist (LAG Nürnberg 12.10.23 – 3 TaBV 3/23, nicht rechtskräftig, Rechtsbeschwerde eingelegt unter 7 ABN 47/23)

- Fehlerhafter Aushang der Wählerliste, weil diese lediglich in einer Nebenstelle und nicht im Hauptstandort ausgehängt wurde (LAG Schleswig-Holstein 5.7.2023 – 3 TaBV 4/23)
- fehlerhafte Zusammensetzung des Wahlvorstands (BAG 4.5.2022 – 7 ABR 14/21; LAG Berlin-Brandenburg 19.10.2022 – 23 TaBVGa 1094/22)
- Verstöße gegen allgemeine Grundsätze der freien und geheimen Wahl (§ 12 Abs. 1 WO, vgl. auch LAG Düsseldorf 13.12.2016 – 9 TabV 85/16)
- Ergänzung der Wählerliste am Wahltag um bislang nicht aufgeführte wahlberechtigte AN, wenn diese AN an der Wahl teilnehmen und hierdurch das Wahlergebnis beeinflusst werden konnte (BAG 21.3.2017 – 7 ABR 19/15)
- Verkennung des Betriebsbegriffs (BAG 21.6.2023 – 7 ABR 19/22; BAG 22.11.2017 – 7 ABR 40/16)
- Angebot einer Online-Stimmabgabe (LAG Hamburg 15.2.2018 – 8 TaBV 5/17)
- Betriebsratswahl während noch bestehender Amtszeit des BR, mit dem Ziel, den amtierenden BR abzuwählen (LAG Berlin-Brandenburg 25.7.2017 – 11 TaBV 826/17)
- Verstoß des Wahlvorstands gegen seine Neutralitätspflicht (LAG Baden-Württemberg 27.11.2019 – 4 TaBV 2/19), in dem er z.B. für eine Liste oder einen Kandidaten Partei ergreift
- Verstoß gegen § 24 Abs. 3 WO bei genereller Anordnung der schriftlichen Stimmabgabe für Betriebsteile und Kleinstbetriebe, auch wenn diese nicht weit vom Hauptbetrieb entfernt sind (BAG 16.3.2022 – 7 ABR 29/20; 22.1.2025 – 7 ABR 23/23)
- Verstoß gegen § 8 Abs. 2 WO durch Bestimmung einer abweichenden Frist (BAG 20.11.2021 – 7 ABR 36/20)
- Nichtzulassung einer Vorschlagsliste wegen Verkennung der Wählbarkeit eines darin aufgeführten Listenbewerbers (LAG Rheinland-Pfalz 12.10.2023 – 5 TaBV 5/23, nicht rechtskräftig, Rechtsbeschwerde eingelegt unter 7 ABR 3/24)
- Verstoß des Wahlvorstandes gegen die Pflicht zur Prüfung eingereichter Wahlvorschläge aus § 7 Abs. 2 S. 2 WO (LAG Hessen 16.9.2024 – 16 TaBV 37/24)

Die Anfechtung wegen eines Verstoßes gegen wesentliche Wahlvorschriften ist jedoch **ausgeschlossen**, wenn dieser im Laufe des Wahlverfahrens noch **rechtzeitig berichtigt** werden kann. 8

2. Anderes Wahlergebnis

Nach § 19 Abs. 1 ist die Anfechtbarkeit ausgeschlossen, wenn das Wahlergebnis trotz des Verstoßes **nicht geändert oder beeinflusst** wurde. Eine verfahrensfehlerhafte Betriebsratswahl muss aber nur dann nicht 9 wiederholt werden, wenn sich konkret feststellen lässt, dass auch bei Einhaltung der Wahlvorschriften kein anderes Wahlergebnis erzielt worden wäre. Kann diese Feststellung nicht getroffen werden, bleibt es bei der Unwirksamkeit der Wahl (BAG 2. 8. 2017 – 7 ABR 42/15).

IV. Anfechtungsberechtigung

10 Anfechtungsberechtigt sind – unabhängig von der Betriebsgröße (es gibt kein Quorum wie z. B. ein Prozent der AN im Betrieb) – **mindestens drei wahlberechtigte AN**, zu denen auch die in § 7 Satz 2 genannten AN und somit **auch Leiharbeitnehmer** zählen. Die Wahlberechtigung des die Wahl anfechtenden AN muss grundsätzlich nur zum Zeitpunkt der Wahl gegeben sein. Ein Wegfall der Wahlberechtigung durch Ausscheiden aus dem Betrieb nimmt dem AN die Anfechtungsbefugnis nicht (LAG Baden-Württemberg 22. 10. 2020 – 17 TaBV 3/19). Nur wenn sämtliche die Wahl anfechtenden AN nach erfolgter Anfechtung aus dem Betrieb ausscheiden, führt dies zur Unzulässigkeit des gerichtlichen Antrags, da für die Fortführung des Wahlanfechtungsverfahrens in diesem Fall kein Rechtsschutzbedürfnis mehr besteht (BAG 20. 2. 2019 – 7 ABR 40/17). Eine **Gewerkschaft** ist anfechtungsberechtigt, soweit sie im Betrieb vertreten ist. Letztlich ist **auch der AG** anfechtungsberechtigt. Eine ausschließlich für seine Arbeitnehmerschaft durchgeführte Betriebsratswahl kann ein AG auch dann alleine anfechten, wenn er behauptet, dass ein einheitlicher BR für einen mit einem anderen Unternehmen geführten Gemeinschaftsbetrieb hätte durchgeführt werden müssen. Die Betriebsratswahl muss in einem solchen Fall nicht von allen an dem behaupteten Gemeinschaftsbetrieb beteiligten AG gemeinsam angefochten werden (BAG 16. 1. 2018 – 7 ABR 21/16).

V. Anfechtungsfrist

11 Die Betriebsratswahl kann innerhalb einer Frist von zwei Wochen nach Bekanntgabe des Wahlergebnisses (§ 18 Satz 1 WO) angefochten werden. Es handelt sich um eine **sogenannte Ausschlussfrist**. Mit ihrem Ablauf erlischt das Anfechtungsrecht und die **Wahl wird unanfechtbar**. Die Frist beginnt mit dem Tag zu laufen, welcher auf den Tag der Ergebnisbekanntgabe folgt (§ 187 Abs. 1 BGB). Die Frist endet nach § 188 Abs. 2 BGB zwei Wochen später, also mit Ablauf des Wochentages, welcher dem Tag entspricht, an dem das Wahlergebnis ausgehängt worden ist. Ist der letzte Tag der Frist ein Samstag, Sonntag oder Feiertag, tritt an dessen Stelle der nächste Werktag, § 193 BGB.

Wird hingegen die Bekanntgabe des Wahlergebnisses unterlassen, verzögert oder erfolgt sie nicht ordnungsgemäß, fängt die Frist nicht an zu laufen. Wird der Aushang des Wahlergebnisses vorzeitig – also vor Ablauf der zwei Wochen – abgenommen, hat dies die **Unterbrechung** der Anfechtungsfrist zur Folge, weil insofern den Anfechtungsberechtigten die Möglichkeit der Einsichtnahme erschwert wird und somit die Bekanntgabe des Wahlergebnisses nicht ordnungsgemäß erfolgt. 12

VI. Ausschluss der Anfechtung

Der durch das Betriebsrätemodernisierungsgesetz 2021 neu eingefügte Abs. 3 schränkt die Anfechtungsmöglichkeit wegen Fehlern der Wählerliste ein. Danach ist die Anfechtung durch die Wahlberechtigten ausgeschlossen, wenn sie auf die Unrichtigkeit der Wählerliste gestützt wird und ein ordnungsgemäßer Einspruch gegen die Wählerliste aus diesem Grund zuvor nicht eingelegt wurde. Nach früherer Rechtsprechung war der Einspruch gegen die Richtigkeit der Wählerliste nach § 4 Abs. 1 WO nicht Voraussetzung dafür, in einem späteren Wahlanfechtungsverfahren die Richtigkeit der Wählerliste rügen zu können (BAG 2.8.2017 – 7 ABR 42/15). Nunmehr soll das Anfechtungsrecht jedoch zugunsten der Funktionsfähigkeit der Betriebsverfassung eingeschränkt werden, wenn die rechtlich vorgesehene Möglichkeit zur Klärung eines möglichen Wahlfehlers (§ 4 Abs. 1 WO) nicht genutzt wurde (Gesetzentwurf, BT-Drs. 19/28899, S. 19). Der Ausschluss der Anfechtungsmöglichkeit gilt nicht, wenn die anfechtenden Wahlberechtigten an der Einlegung des Einspruchs (z. B. wegen anhaltender Arbeitsunfähigkeit) gehindert waren, was sie darlegen und beweisen müssen. 13

Des Weiteren ist nunmehr auch die Anfechtung durch den AG ausgeschlossen, wenn sie darauf gestützt wird, dass die Wählerliste unrichtig ist, die Unrichtigkeit jedoch auf den Angaben des AG beruht. Der AG ist nach § 2 Abs. 2 Satz 1 WO verpflichtet, dem Wahlvorstand alle für die Anfertigung der Wählerliste erforderlichen Auskünfte zu erteilen und die erforderlichen Unterlagen zur Verfügung zu stellen. Unrichtige Angaben fallen in seinen Verantwortungsbereich und gehen daher zu seinen Lasten. 14

VII. Verfahren und Folgen des Verfahrens

Die Anfechtung erfolgt im arbeitsrechtlichen Beschlussverfahren. Die Einleitung des Verfahrens erfolgt durch Antrag bei dem zuständigen Arbeitsgericht, §§ 81, 82 ArbGG. Der Antragsschriftsatz hat den **Anfech-** 15

tungsgegner zu bezeichnen. Bei Anfechtung der gesamten Wahl ist dies der BR. Erfolgt die Anfechtung hingegen nur gegen ein einzelnes oder gegen mehrere einzelne BR-Mitglieder, sind nur diese als Anfechtungsgegner zu bezeichnen.

16 Die Folge einer erfolgreichen Wahlanfechtung ist die **Neuwahl**, für welche die Bestellung eines **neuen Wahlvorstands** erforderlich ist. Der neue Wahlvorstand kann jedoch nicht von dem BR, dessen Betriebsratswahl angefochten wurde, bestellt werden. Ist die Wahl eines einzelnen BR-Mitglieds angefochten worden und erklärt das Arbeitsgericht die Anfechtung der Wahl für begründet, ist das betreffende BR-Mitglied **nicht wirksam gewählt** und deshalb kein BR-Mitglied mehr. An seine Stelle tritt dann ein Ersatzmitglied (siehe hierzu § 25).

Die isolierte Anfechtung einer für einen Teil eines Gemeinschaftsbetriebs durchgeführten Betriebsratswahl führt nicht dazu, dass die von diesem BR repräsentierte Belegschaft für die restliche Dauer der Wahlperiode betriebsratslos bleibt. Nach Rechtskraft der erfolgreichen Wahlanfechtung ist analog § 21a Abs. 2 für eine sechsmonatige Übergangszeit der größte der für die anderen Betriebsteile bestandskräftig gewählten BR für diejenigen AN zuständig, die in Folge der Wahlanfechtung nicht mehr durch einen BR repräsentiert sind. Der zuständige BR hat in dieser Zeit eine der zutreffenden Betriebsstruktur entsprechende Wahl eines einheitlichen BR für den Gemeinschaftsbetrieb einzuleiten (BAG 22.11.2017 – 7 ABR 40/16).

17 Im Gegensatz zur Feststellung der Nichtigkeit entfaltet die Anfechtung keine rückwirkende Kraft, sondern **wirkt für die Zukunft** (BAG 27.2.2011 – 7 ABR 61/10). Entsprechend bleiben Maßnahmen des BR, die er vor Eintritt der Rechtskraft getroffen hat, wie z. B. die Zustimmung zu personellen Einzelmaßnahmen, wirksam. Ebenso bleiben ggf. zuvor verhandelte BV bestehen.

§ 20 Wahlschutz und Wahlkosten

(1) [1]Niemand darf die Wahl des Betriebsrats behindern. [2]Insbesondere darf kein Arbeitnehmer in der Ausübung des aktiven und passiven Wahlrechts beschränkt werden.

(2) Niemand darf die Wahl des Betriebsrats durch Zufügung oder Androhung von Nachteilen oder durch Gewährung oder Versprechen von Vorteilen beeinflussen.

(3) [1]Die Kosten der Wahl trägt der Arbeitgeber. [2]Versäumnis von Arbeitszeit, die zur Ausübung des Wahlrechts, zur Betätigung im Wahlvorstand oder zur Tätigkeit als Vermittler (§ 18 a) erforderlich

ist, berechtigt den Arbeitgeber nicht zur Minderung des Arbeitsentgelts.

Inhaltsübersicht Rn.

I. Zweck der Regelung

Die Vorschrift stellt sicher, dass die Wahl den gesetzlichen Vorschriften 1 entsprechend durchgeführt wird. Sie schützt die Integrität der Wahl. Insbesondere schützt sie den einzelnen AN bei der Wahrnehmung seines aktiven und passiven Wahlrechts. Zugleich gewährleistet die Norm, dass faire Wahlen stattfinden, indem sie jede Art der Beeinflussung der Wahl verbietet. Der AG unterliegt einem **Neutralitätsgebot**, so dass er sich jeglichen Einflusses auf die Zusammensetzung des BR zu enthalten hat. Hiergegen verstößt er z. B. in zur Wahlanfechtung berechtigender Art und Weise, wenn er in Mitarbeiterversammlungen die AN in Verbindung mit deutlicher Kritik am Verhalten des BR zur Aufstellung alternativer Listen auffordert und äußert, wer die Betriebsratsvorsitzende bzw. den BR wiederwähle, begehe Verrat am Unternehmen (LAG Hessen 12.11.2015 – 9 TaBV 44/15). Andererseits ist der AG nicht verpflichtet, im Hinblick auf eine zukünftige Wahl jede kritische Äußerung über den bestehenden BR oder einzelne seiner Mitglieder zu unterlassen (BAG 25.10.2017 – 7 ABR 10/16). Der Schutzbereich des § 20 Abs. 1 umfasst auch die Wahlwerbung (BAG 23.10.2024 – 7 ABR 34/23).

II. Strafrechtlicher Schutz vor Wahlbehinderung

Die Behinderung der Wahl ist in § 119 Abs. 1 Nr. 1 unter Strafe gestellt 2 und erfordert das Stellen eines Strafantrags (§ 119 Abs. 2). Von diesem Schutz erfasst sind alle die Wahl vorbereitenden und unterstützenden Handlungen und Maßnahmen. Das Verbot der Wahlbehinderung oder Wahlbeeinflussung richtet sich nicht nur gegen den AG oder gegen die AN des Betriebs, sondern auch gegen Außenstehende. Das Verbot richtet sich somit gegen jedermann.

III. Wahlkosten

3 Die zur ordnungsgemäßen Durchführung der Wahl erforderlichen Kosten sind vom AG zu tragen (LAG Berlin-Brandenburg 20.4.2018 – 15 TaBVGa 483/18). Hierbei steht dem Wahlvorstand ein Beurteilungsspielraum hinsichtlich der Frage zu, ob die jeweils entstehenden oder entstandenen Kosten erforderlich sind. Als Kosten der Wahl sind **alle Kosten** zu verstehen, **welche bei der Vorbereitung und Ausführung der Wahl entstehen**. Solche Kosten können beispielsweise auch notwendige außergerichtliche Kosten durch die Beauftragung eines Rechtsanwalts sein, sofern die Beauftragung vorher mit dem AG abgestimmt war (BAG 11.11.2009 – 7 ABR 26/08), sowie übliche Sachkosten, wie z.B. Kosten für die Beschaffung von Wählerlisten, Wahlurnen, Stimmzetteln, Vordrucken oder Portokosten bei Briefwahlen, aber auch ggf. Schreibutensilien, Fachliteratur oder Telefonkosten (ArbG Halberstadt 14.9.1993 – 6 BV 4/93).

IV. Versäumnis der Arbeitszeit

4 Das Arbeitsentgelt ist vom AG weiterzuzahlen, wenn die ausfallende Arbeitszeit zur Ausübung des Wahlrechts, zur Betätigung im Wahlvorstand oder zur Tätigkeit als Vermittler (§ 18 a) erforderlich ist. Das ist dann der Fall, wenn der AN bei vernünftiger Überlegung dies für erforderlich halten durfte. Das Arbeitsentgelt ist auch dann fortzuzahlen, wenn Arbeitszeit infolge einer notwendigen und angemessenen Schulung zum Zweck einer ordnungsgemäßen Vorbereitung und Ausführung der Wahl versäumt wird (Hessisches LAG 20.8.2018 – 16 TaBVGa 159/18). Führen Mitglieder des Wahlvorstands aus betriebsbedingten Gründen Aufgaben ihres Amts außerhalb der Arbeitszeit durch, steht ihnen gem. § 37 Abs. 3 Anspruch auf Freizeitausgleich oder Mehrarbeitsvergütung zu (BAG 26.4.1995 – 7 AZR 874/94, AiB 1996, 40). Gleiches gilt entsprechend § 37 Abs. 6 auch für eine außerhalb der Arbeitszeit liegende Schulungsteilnahme.

V. Streitigkeiten

5 Bei Streitigkeiten über das Vorliegen von Wahlbehinderung oder unzulässiger Wahlbeeinflussung entscheidet das ArbG im Beschlussverfahren, §§ 2a, 80 ff. ArbGG.

Zweiter Abschnitt
Amtszeit des Betriebsrats

§ 21 Amtszeit

[1]Die regelmäßige Amtszeit des Betriebsrats beträgt vier Jahre. [2]Die Amtszeit beginnt mit der Bekanntgabe des Wahlergebnisses oder, wenn zu diesem Zeitpunkt noch ein Betriebsrat besteht, mit Ablauf von dessen Amtszeit. [3]Die Amtszeit endet spätestens am 31. Mai des Jahres, in dem nach § 13 Abs. 1 die regelmäßigen Betriebsratswahlen stattfinden. [4]In dem Fall des § 13 Abs. 3 Satz 2 endet die Amtszeit spätestens am 31. Mai des Jahres, in dem der Betriebsrat neu zu wählen ist. [5]In den Fällen des § 13 Abs. 2 Nr. 1 und Nr. 2 endet die Amtszeit mit der Bekanntgabe des Wahlergebnisses des neu gewählten Betriebsrats.

Inhaltsübersicht Rn.

I. Zweck der Regelung

Geregelt wird Beginn, Dauer und Ende der Amtszeit des Betriebsrats- 1
gremiums. Es geht nicht um die Amtszeit der einzelnen Mitglieder. Da die Vorschrift zwingend ist, kann eine abweichende Regelung zur Amtszeit weder durch Tarifvertrag noch durch BV getroffen werden. Sie steht nicht zur Disposition der Betriebs- oder der Tarifparteien (BAG 8.6.2016 – 7 AZR 467/14). Die Amtszeit hat Einfluss auf die Ausübung der Beteiligungsrechte des BR und auf die persönliche Rechtsstellung seiner Mitglieder.

II. Beginn und Dauer der Amtszeit

Hinsichtlich des Beginns der Amtszeit ist zum einen danach zu diffe- 2
renzieren, ob zum Zeitpunkt der Bekanntgabe des Wahlergebnisses ein BR besteht oder nicht. Sofern ein BR besteht, wird zum anderen danach differenziert, ob zum Zeitpunkt der Bekanntgabe des Wahlergebnisses seine regelmäßige Amtszeit noch andauert.

3 **Besteht zum Zeitpunkt** der Bekanntgabe des Wahlergebnisses **kein BR**, beginnt die Amtszeit des neuen BR mit der **Bekanntgabe des Wahlergebnisses**. Gleiches gilt, wenn aufgrund eines Tatbestands des § 13 Abs. 2 Nr. 1 bis 3 ein BR vorzeitig neu zu wählen ist.

4 **Besteht bereits ein BR** und ist zum Zeitpunkt der Bekanntgabe des Wahlergebnisses die normale, also **regelmäßige, Amtszeit von vier Jahren noch nicht abgelaufen** und endet sie auch nicht zu diesem Zeitpunkt, beginnt die Amtszeit des neuen BR **am Tage nach dem Ablauf der Amtszeit des bisherigen BR**.

5 Die regelmäßige Amtszeit beträgt vier Jahre. Abweichend hiervon kann die Amtszeit bei Wahlen außerhalb des regelmäßigen Wahlzeitraums wegen § 13 Abs. 3 zwischen einem und fünf Jahren variieren (siehe § 13 Rn. 5).

III. Ende der Amtszeit

6 Im Regelfall endet die Amtszeit mit Ablauf von vier Jahren seit ihrem Beginn. Die Amtszeit des BR endet unabhängig davon, ob im Zeitpunkt ihres Ablaufs bereits ein neuer BR gewählt ist. Eine Verlängerung der Amtszeit bis zum 31. Mai des Jahres, in dem die regelmäßigen Betriebsratswahlen stattfinden, ist nicht zulässig (LAG Rheinland-Pfalz 15.1.2020 – 7 Sa 179/19). Diese Regelung gilt jedoch nur für Fälle, in denen sowohl der alte als auch der neu zu wählende BR innerhalb der regelmäßigen Wahlzeiträume gewählt wurde oder wird (zum Ende der Amtszeit bei Wahlen außerhalb des regelmäßigen Wahlzeitraums siehe Rn. 7).

Ein Betriebsübergang nach § 613a BGB **lässt** den **Fortbestand des BR** des zu übernehmenden Betriebs **bestehen**, so dass die Betriebsübernahme allein nicht zu einer Beendigung der Amtszeit führt. Etwas anderes gilt, wenn der Betrieb vollständig in einen anderen Betrieb (nicht nur in ein anderes Unternehmen) eingegliedert wird. Dann endet die Amtszeit des BR im eingegliederten Betrieb (zu den näheren Einzelheiten siehe die Kommentierung zu § 21a).

Wird ein Tarifvertrag über abweichende Arbeitnehmervertretungsstrukturen nach § 3 Abs. 1 Nr. 3 gekündigt, endet die Amtszeit des auf dieser Grundlage gewählten BR mit Beendigung der normativen Geltung des Tarifvertrags. Zur Vermeidung vertretungsloser Zeiten kommt dem BR analog § 21a ein Übergangsmandat zu (LAG Düsseldorf 20.12.2022 – 3 TaBV 31/22, nicht rechtskräftig, Rechtsbeschwerde eingelegt unter 7 ABR 14/23).

IV. Ende der Amtszeit in Sonderfällen

Außerhalb dieses regelmäßigen Wahlzeitraums kann die Dauer der Amtszeit abweichen. Die Amtszeit ist **kürzer**, wenn der zwischenzeitlich gewählte BR am 01.03. des nächstfolgenden Wahljahres **mehr als ein Jahr im Amt gewesen ist** und deshalb gemäß § 13 Abs. 3 Satz 1 i. V. m. Abs. 3 Satz 2 bereits bei der nächsten regelmäßigen Wahl neu zu wählen ist. Entsprechend ist die Amtszeit **länger**, wenn der zwischenzeitlich gewählte BR am 01.03. des nächstfolgenden Wahljahres **weniger als ein Jahr im Amt gewesen**. Dann nämlich ist er gemäß § 13 Abs. 3 Satz 2 spätestens am 31.05. des übernächsten regelmäßigen Wahljahres zu wählen. Solche Sonderfälle sind vor allem in § 13 Abs. 2 aufgeführt. Die **in der Praxis relevantesten Fälle** sind: 7

- **Veränderung der Belegschaftsstärke** (§ 13 Abs. 2 Nr. 1) sowie
- das **Absinken der Mitgliederzahl des BR unter die maßgebende Größe** (§ 13 Abs. 2 Nr. 2)

In diesen Fällen ist außerhalb des Wahlzeitraums ein neuer BR zu wählen. **Die Amtszeit des alten BR endet mit der Bekanntgabe des neuen BR.** Hat der BR hingegen mit seiner Stimmenmehrheit den **Rücktritt** beschlossen, bleibt er bis zur Bekanntgabe des neu gewählten BR **geschäftsführend im Amt**. Bei vorzeitigen Neuwahlen aus Gründen des § 13 Abs. 2 Nr. 1 bis 3 bleibt der bestehende BR allerdings nicht über die bestehende Amtszeit hinaus in seinem Amt. Dies gilt selbst dann, wenn das Wahlergebnis für den neuen BR erst nach Ablauf der regulären Amtszeit des bestehenden BR bekanntgegeben wird und dadurch ein vertretungsloser Zustand ohne BR entsteht. 8

V. Streitigkeiten

Streitigkeiten über Beginn und Ende der Amtszeit entscheidet das ArbG im Beschlussverfahren, §§ 2a, 80 ff. ArbGG. 9

§ 21a Übergangsmandat

(1) [1]Wird ein Betrieb gespalten, so bleibt dessen Betriebsrat im Amt und führt die Geschäfte für die ihm bislang zugeordneten Betriebsteile weiter, soweit sie die Voraussetzungen des § 1 Abs. 1 Satz 1 erfüllen und nicht in einen Betrieb eingegliedert werden, in dem ein Betriebsrat besteht (Übergangsmandat). [2]Der Betriebsrat hat insbesondere unverzüglich Wahlvorstände zu bestellen. [3]Das Übergangsmandat endet, sobald in den Betriebsteilen ein neuer Betriebs-

rat gewählt und das Wahlergebnis bekannt gegeben ist, spätestens jedoch sechs Monate nach Wirksamwerden der Spaltung. [4]Durch Tarifvertrag oder Betriebsvereinbarung kann das Übergangsmandat um weitere sechs Monate verlängert werden.

(2) [1]Werden Betriebe oder Betriebsteile zu einem Betrieb zusammengefasst, so nimmt der Betriebsrat des nach der Zahl der Wahlberechtigten Arbeitnehmer größten Betriebs oder Betriebsteils das Übergangsmandat wahr. [2]Absatz 1 gilt entsprechend.

(3) Die Absätze 1 und 2 gelten auch, wenn die Spaltung oder Zusammenlegung von Betrieben und Betriebsteilen im Zusammenhang mit einer Betriebsveräußerung oder einer Umwandlung nach dem Umwandlungsgesetz erfolgt.

Inhaltsübersicht Rn.

I. Zweck der Regelung

1 Das Betriebsverfassungsgesetz beruht auf der Annahme einer in erster Linie betriebsbezogenen Interessenvertretung durch die gewählten Repräsentanten der betriebsangehörigen AN. Dazu knüpft es die Zuständigkeit eines BR an die Identität desjenigen Betriebs, für den er gewählt worden ist (BAG 23.11.1988 – 7 AZR 121/88). Solange die Identität des Betriebs fortbesteht, behält der BR das ihm durch Wahl übertragene Mandat zur Vertretung von Belegschaftsinteressen und zur Wahrnehmung betriebsverfassungsrechtlicher Aufgaben (BAG 24.9.2015 – 2 AZR 562/14; BAG 28.9.1988 – 1 ABR 37/87, AiB 2012, 755).

2 Betriebliche Umstrukturierungen können dazu führen, dass die Betriebsidentität und damit auch das Betriebsratsmandat entfallen. Eine Änderung der bisherigen Betriebsidentität hat zur Folge, dass das Amt des BR endet oder der BR für einen Teil oder alle der bisher von ihm vertretenen AN die Zuständigkeit verliert (BAG 31.5.2000 – 7 ABR

78/98; *Bachner*, Das Übergangsmandat des BR bei Unternehmensumstrukturierungen, DB 1995, 2068). Soweit die von der Betriebsumstrukturierung betroffenen AN nicht wieder in einen betriebsratsfähigen Betrieb eingegliedert werden, für den auch ein BR gebildet ist, werden sie bis zur Neuwahl eines BR betriebsverfassungsrechtlich nicht mehr repräsentiert. Sie verlieren bis zur Konstituierung eines neuen BR den kollektiven Schutz des Betriebsverfassungsgesetzes (BAG 31.5.2000 – 7 ABR 78/98).

Hier setzt die Vorschrift des § 21a an. Der Gesetzgeber hat mit § 21a 3
eine Ausnahme von dem Grundsatz geschaffen, dass bei Wegfall der betrieblichen Identität die hiervon betroffenen AN automatisch nicht mehr vom BR vertreten werden. Zweck des Übergangsmandats ist es, auch in Zeiten betrieblicher Umorganisationen, die zum Verlust der Betriebsidentität führen, eine betriebsratslose Zeit zu verhindern. Das Übergangsmandat soll die Kontinuität sichern und zu einer normalen Betriebsratswahl überleiten (DKW, § 21a BetrVG Rn. 36).
Die Regelungen des § 21a sind zwingend. Sie können nicht durch Tarifvertrag oder BV abbedungen werden. Die Umsetzung von § 21a ist unverzichtbare Amtspflicht der einzelnen BR-Mitglieder (DKW, § 21a BetrVG Rn. 2).

II. Entstehung des Übergangsmandats

Nach § 21a Abs. 1 und Abs. 2 können Übergangsmandate bei Betriebs- 4
spaltung und bei Zusammenfassung von Betrieben oder Betriebsteilen entstehen. Die Vorschrift stellt auf betriebliche Veränderungen ab; eine Spaltung des Untenehmens oder die Verschmelzung mehrerer Unternehmen allein führt daher nicht zur Entstehung eines Übergangsmandats. Die Ursache der Betriebsspaltung oder Zusammenfassung ist unerheblich. Die Vorschrift gilt auch, wenn die Spaltung oder Zusammenfassung von Betrieben oder Betriebsteilen im Zusammenhang mit einer Betriebsveräußerung oder einer Umwandlung nach dem Umwandlungsgesetz erfolgt (vgl. § 21a Abs. 3). Darüber hinaus ist in bestimmten Fallkonstellationen auch eine analoge Anwendung der Regelung möglich, z.B. zur Vermeidung einer betriebsratslosen Zeit und zur Bestellung eines Wahlvorstands nach Rechtskraft der Anfechtung einer Betriebsratswahl (BAG 22.11.2017 – 7 ABR 40/16; LAG Hessen 14.9.2020 – 16 TaBVGa 127/20). Eine analoge Anwendung kommt zudem in Betracht, wenn ein Zuordnungstarifvertrag i.S.d. § 3 Abs. 1 aufgrund einer Kündigung wegfällt und das vorzeitige Amtszeitende des auf dieser Grundlage gewählten BR zu einem betriebsratslosen Zu-

stand führen würde (LAG Düsseldorf 20. 12. 2022 – 3 TaBV 31/22, nicht rechtskräftig, Rechtsbeschwerde eingelegt unter 7 ABR 14/23).

1. Betriebsspaltung

5 Es werden zwei Formen der Betriebsspaltung unterschieden:
Bei der Aufspaltung wird ein Betrieb in mehrere eigenständige Organisationseinheiten aufgeteilt, mit der Folge, dass der Ursprungsbetrieb untergeht. Mit der Aufspaltung entstehen mindestens zwei neue Betriebe. Diese können auch in andere, bereits bestehende Betriebe eingegliedert werden. Es kommt also zur Änderung der Betriebsidentität. In diesen Fällen handelt es sich zugleich um Betriebsänderungen nach § 111 Nr. 3 mit den in den §§ 111, 112 geregelten Beteiligungsrechten des BR (vgl. auch Kommentierung zu § 111 und §§ 112, 112a; § 111 Rn. 39 ff.). Der bisherige BR verliert wegen des Untergangs des Betriebs sein Mandat, hat aber grundsätzlich – solange es nicht zur Eingliederung der aus der Spaltung hervorgehenden Betriebsteile in andere Betriebe kommt – ein Übergangsmandat für die abgespaltenen Betriebsteile (zu den weiteren Voraussetzungen vgl. Rn. 8 ff.). Bezogen auf den untergegangenen Ursprungsbetrieb (vor Spaltung) steht ihm gem. § 21b ein Restmandat zu (BAG 24. 5. 2012 – 2 AZR 62/11). Wird ein Gemeinschaftsbetrieb durch Abspaltung eines Betriebsteils gespalten, führt dies nicht zum Untergang des Ursprungsbetriebs und damit zu einem Übergangsmandat gem. § 21a (BAG 8. 3. 2022 – 1 ABR 19/21). Der BR im Gemeinschaftsbetrieb bleibt dann für die AN in den verbleibenden Betriebsteilen zuständig.

> **Beispiel:**
> Der Betrieb A verfügt über zwei Betriebsteile. Der Betrieb A wird vollständig aufgespalten. Es entstehen zwei betriebsorganisatorisch selbstständige Betriebe B und C. Der Ursprungsbetrieb A geht unter. Der BR des Ursprungsbetriebs A bleibt im Rahmen des Übergangsmandats für die AN der neuen Betriebe B und C zuständig.

6 Bei der **Abspaltung** dagegen werden lediglich Betriebsteile aus dem Ursprungsbetrieb herausgelöst, während der Ursprungsbetrieb im Übrigen erhalten bleibt. Die ausgegliederten Betriebsteile werden als eigenständige Betriebe fortgeführt, in andere Betriebe eingegliedert oder zu einem Betrieb zusammengefasst. Der bisherige BR behält sein Mandat für den abgebenden Ursprungsbetrieb (LAG Düsseldorf 18. 10. 2017 – 12 TaBVGa 4/17). Für den abgespaltenen Betriebsteil übt der BR des Ur-

sprungsbetriebs ein Restmandat aus, es sei denn, der Betriebsteil wird in einen anderen Betrieb eingegliedert (zu den weiteren Voraussetzungen vgl. Rn. 8 ff.).

Beispiel:
Betrieb A verfügt über die Betriebsteile 1 und 2. Der Betriebsteil 2 wird abgespalten und als betriebsorganisatorisch selbstständiger Betrieb B fortgeführt. Der Ursprungsbetrieb A bewahrt seine Identität. Der BR des Ursprungsbetriebs A bleibt als Gremium im Amt und ist im Rahmen seines Vollmandats weiterhin für die im Betrieb A beschäftigten AN zuständig. Für die Beschäftigten des abgespaltenen Betriebs B übt der BR des Ursprungsbetriebs A ein Übergangsmandat aus. Er muss für diesen abgespaltenen Teil unverzüglich Neuwahlen einleiten.

2. Zusammenfassung von Betrieben

Bei der Zusammenfassung von Betrieben und / oder Betriebsteilen zu einem neuen Betrieb gelangen diese unter einen neuen Leitungsapparat. Da sie mit der Zusammenfassung in dem so neu entstandenen Betrieb aufgehen, verlieren sie naturgemäß ihre Identität. Damit endet auch das Amt des für die beteiligten Betriebe oder Betriebsteile gewählten BR. Der BR des zahlenmäßig größeren Betriebs oder Betriebsteils übt das Übergangsmandat für den neu gebildeten Betrieb aus (zu den Voraussetzungen des Übergangsmandats vgl. Rn. 8 ff.). 7

Beispiel:
Betrieb A verfügt über zwei Betriebsteile (1 und 2). Betriebsteil 2, in dem 100 wahlberechtigte AN beschäftigt werden, wird abgespalten. Betrieb B verfügt ebenfalls über zwei Betriebsteile (3 und 4). Von diesem wird der Betriebsteil 4 mit 200 wahlberechtigten AN abgespalten. Die abgespaltenen Betriebsteile 2 und 4 werden zu einem neuen Betrieb C mit insgesamt 300 AN zusammengefasst und einem neuen Leitungsapparat unterstellt. Die Betriebsräte der Ursprungsbetriebe A und B bleiben im Amt und vertreten die dort weiterhin beschäftigten AN. Für den neuen Betrieb C bzw. die darin beschäftigten AN entsteht ein Übergangsmandat. Das Übergangsmandat wird von dem BR wahrgenommen, dem der nach der Zahl der wahlberechtigten AN größte Betriebsteil (4) zugeordnet war. Dies ist folglich der BR des Ursprungsbetriebs B.

III. Voraussetzungen

1. Betriebsratsfähigkeit der neuen Einheit

8 Die nach der Betriebsspaltung oder der Zusammenfassung mehrerer Betriebe / Betriebsteile entstandene neue Einheit muss für das Übergangsmandat betriebsratsfähig sein, § 1 Abs. 1 Satz 1. In der neuen Einheit müssen daher mindestens fünf AN beschäftigt werden. Ist dies nicht der Fall, kommt ggf. ein Restmandat gem. § 21b in Betracht. Wird der durch die Umstrukturierung neu entstandene Betrieb später stillgelegt, wandelt sich das Übergangsmandat nach § 21b in ein Restmandat um (LAG Berlin-Brandenburg 20.4.2015 – 21 SHa 462/15).

2. Keine Eingliederung (negatives Tatbestandsmerkmal)

9 Wird ein Betrieb oder Betriebsteil in einen anderen Betrieb eingegliedert, kann ein Übergangsmandat nicht entstehen, § 21a Abs. 1 Satz 1. In diesem Fall werden die nach Eingliederung aufgenommenen AN nämlich Teil des aufnehmenden Betriebs und werden entsprechend von dem dort gewählten BR vertreten. Es besteht dann kein Bedürfnis für die Entstehung eines Übergangsmandats.

3. Bestimmung des richtigen Betriebsrats bei Zusammenfassung

10 Nach § 21a Abs. 2 Satz 1 entsteht ein Übergangsmandat auch bei der Zusammenfassung von Betrieben und / oder Betriebsteilen zu einem Betrieb. Durch die Zusammenfassung werden die daran beteiligten Betriebe einem einheitlichen Leitungsapparat unterstellt; im Ergebnis bilden sie einen neuen Betrieb. Die Identität der beteiligten Betriebe geht damit verloren, so dass das Amt der jeweiligen Betriebsräte endet. Für den Fall, dass für mehrere an der Zusammenfassung beteiligte Betriebe oder Betriebsteile ein BR gewählt ist, übt derjenige BR das Übergangsmandat aus, dessen Betrieb oder Betriebsteil die meisten wahlberechtigten AN beschäftigt, § 21a Abs. 2 Satz 1.

Beispiel:
Im Betrieb A werden 100 wahlberechtigte AN beschäftigt. Im Betrieb B werden 130 wahlberechtigte AN beschäftigt. In beiden Betrieben wurde ein BR gewählt. Die Betriebe A und B werden zusammengefasst und einem einheitlichen Leitungsapparat unterstellt. Es entsteht ein neuer Betrieb C. Die Betriebe A und B gehen unter. Das Übergangsmandat für die Beschäftigten im Betrieb C übt der BR des zahlenmäßig größeren Ursprungsbetriebs B aus.

IV. Zusammensetzung des Betriebsrats

Der BR bleibt während des Übergangsmandats grundsätzlich in seiner bisherigen personellen Zusammensetzung bestehen. 11

V. Dauer des Übergangsmandats

Gemäß § 21a Abs. 1 Satz 3 endet das Übergangsmandat, sobald in den Betriebsteilen ein neuer BR gewählt und das Wahlergebnis bekannt gegeben ist. Das Übergangsmandat endet jedoch spätestens sechs Monate nach Wirksamwerden der Spaltung. Dies gilt gem. § 21a Abs. 2 Satz 2 auch für den Fall der Zusammenfassung von Betrieben und / oder Betriebsteilen. Der Wahlvorstand muss also so rechtzeitig bestellt werden, dass die Sechs-Monat-Frist eingehalten wird; andernfalls können wegen dieses Versäumnisses vertretungslose Zeiten entstehen. Gem. § 21a Abs. 1 Satz 4 kann das Übergangsmandat durch Tarifvertrag oder BV um weitere sechs Monate verlängert werden; ein Anspruch auf eine Verlängerung hat aber weder der BR noch die Gewerkschaft. 12

VI. Inhalt des Übergangsmandats

Das Übergangsmandat ist (anders als das Restmandat nach § 21b) ein Vollmandat. Der BR wird in seinen Rechten und Pflichten für die Dauer des Übergangsmandats nicht beschränkt. Er ist auch in diesem Zeitraum zur Wahrnehmung aller Mitbestimmungs- und Beteiligungsrechte befugt. 13

Darüber hinaus ist der BR gem. § 21a Abs. 1 Satz 2 verpflichtet, unverzüglich Wahlvorstände zu bestellen, damit alsbald ein neuer BR gewählt werden kann. Dadurch soll sichergestellt werden, dass auch nach Ablauf der Maximalamtszeit im Rahmen des Übergangsmandats von sechs Monaten (vgl. § 21a Abs. 1 Satz 3) eine Zeit ohne BR vermieden wird.

VII. Streitigkeiten

Bei Streitigkeiten über das Bestehen und die Ausübung eines Übergangsmandates entscheidet das ArbG im Beschlussverfahren, §§ 2a, 80 ff. ArbGG. Eine solche Streitigkeit kann zwischen einem BR und dem AG oder zwischen mehreren BR bestehen. 14

§ 21b Restmandat

Geht ein Betrieb durch Stilllegung, Spaltung oder Zusammenlegung unter, so bleibt dessen Betriebsrat so lange im Amt, wie dies zur Wahrnehmung der damit in Zusammenhang stehenden Mitwirkungs- und Mitbestimmungsrechte erforderlich ist.

Inhaltsübersicht Rn.

I. Zweck der Regelung

1 Die Vorschrift knüpft an den Untergang des Betriebs an und trägt dem Umstand Rechnung, dass die Amtszeit des BR endet, wenn die betriebliche Organisation, für die er gebildet ist, dauerhaft wegfällt und er deshalb außerstande ist, die mit der Änderung der betrieblichen Organisation einhergehenden Beteiligungsrechte wahrzunehmen. Eine Mitbestimmungslücke soll vermieden werden. Entsprechend setzt die Bestimmung einen funktionalen Bezug zu den durch die Stilllegung, Spaltung oder Zusammenlegung ausgelösten Aufgaben des BR voraus (BAG 11.10.2016 – 1 ABR 51/14). Der BR hat daher kein Vollmandat, sondern lediglich ein nachwirkendes Teilmandat (BAG 24.9.2015 – 2 AZR 562/14), welches sich funktional nur auf die Mitbestimmungs- und Mitwirkungsrechte bezieht, die mit dem Untergang des Betriebs im Zusammenhang stehen. Das Restmandat kann auch parallel zu einem Übergangsmandat bestehen, z.B. dann, wenn zwei Betriebe zu einem einheitlichen Betrieb zusammengelegt werden und für die untergegangenen, an der Zusammenlegung beteiligten Betriebe noch betriebsverfassungsrechtliche Aufgaben zu erfüllen sind. Es erstreckt sich nicht auf Aufgaben, die sich erst nach einer Betriebsspaltung in den durch sie geschaffenen neuen Einheiten entfalten (BAG 24.9.2015 – 2 AZR 562/14). Solche Aufgaben können aber Gegenstand eines Übergangsmandats sein.

II. Ausübung und Zusammensetzung

2 Das Restmandat ist von dem BR in der personellen Zusammensetzung auszuüben, wie er bei der Beendigung des Vollmandats noch im Amt war (BAG 5.5.2010 – 7 AZR 728/08). Selbst wenn die Mitgliederzahl auf die durch § 9 gezogene Grenze fällt, ist eine Aufstockung auf die gesetzmäßige Anzahl ausgeschlossen. Die verbleibenden BR-Mitglieder

führen die Geschäfte gem. §§ 22, 13 Abs. 2 Nr. 2 fort (BAG 12.1.2000 – 7 ABR 61/98, AiB Telegramm 2000, 29). Die einzelnen BR-Mitglieder sind nicht daran gehindert, das Restmandat niederzulegen.

Das Restmandat bezieht sich vor allem auf die sich aus den **§§ 111 ff.** ergebenden Beteiligungsrechte und erfasst z.B. auch die Pflicht, einen bereits abgeschlossenen, aber noch nicht erfüllten **Sozialplan an veränderte Umstände** anzupassen (BAG 5.10.2000 – 1 AZR 48/00). Das Restmandat setzt seinem Zweck nach einen tatsächlichen Regelungsbedarf voraus und kann sich auch auf Aufgaben erstrecken, die sich aus den trotz der Stilllegung noch nicht beendeten Arbeitsverhältnissen oder einzelnen Abwicklungsarbeiten der AN ergeben. Der restmandatierte BR ist vor dem Ausspruch von Kündigungen nach § 102 anzuhören, wenn trotz der Stilllegung noch nicht alle Arbeitsverhaltnisse beendet wurden und AN beispielsweise noch mit Abwicklungsarbeiten beschäftigt werden (BAG 12.1.2010 – 7 ABR 61/98). 3

Weitere Beispiele für die Aufgaben, die bei einem Restmandat entstehen können, sind: 4

- Das Restmandat betrifft die Unterrichtungs- und Beratungspflichten aus § 111 Satz 1 und 2. Wurde der BR über die Betriebsänderung nicht umfassend unterrichtet und wurde diese nicht mit dem BR beraten, so ist dies auf Verlangen des restmandatierten BR nachzuholen.
- Der BR ist zur Fortführung von Gerichtsverfahren berechtigt, wenn das Rechtsschutzbedürfnis weiterhin gegeben ist. Es muss eine, die Betriebsstilllegung überdauernde, klärungsbedürftige Rechtsfrage gegeben sein (BAG 24.10.2004 – 7 ABR 20/00). Das Rechtsschutzbedürfnis ist in der Regel gegeben, wenn über die Auslegung eines Sozialplans Uneinigkeit besteht.
- Der BR ist am erneuten Einigungsstellenverfahren zu beteiligen, wenn gerichtlich festgestellt wird, dass der ursprünglich durch Spruch der Einigungsstelle zustandegekommene Sozialplan unwirksam ist (BAG 24.5.2023 – 7 ABR 21/21).
- Der BR sollte Vorkehrungen treffen, um die Akten und Unterlagen des BR aufzubewahren oder zu vernichten. Aufzubewahren sind insbesondere Unterlagen, aus denen noch Rechte und Ansprüche hergeleitet werden können, wie BV, Interessenausgleiche und Sozialpläne.

Übt ein BR-Mitglied nach Beendigung des Arbeitsverhältnisses ein **Restmandat** aus, hat es keinen Anspruch auf Vergütung der Betriebsratstätigkeit. § 37 Abs. 3 findet keine Anwendung (BAG 5.5.2010 – 7 AZR 728/08). 5

§ 22 Weiterführung der Geschäfte des Betriebsrats

In den Fällen des § 13 Abs. 2 Nr. 1 bis 3 führt der Betriebsrat die Geschäfte weiter, bis der neue Betriebsrat gewählt und das Wahlergebnis bekannt gegeben ist.

Inhaltsübersicht Rn.

I. Zweck der Regelung

1 § 22 sieht eine **umfassende Geschäftsführungsbefugnis** des BR für die in **§ 13 Abs. 2 Nr. 1 bis 3** genannten Fälle der vorzeitig endenden Amtszeit vor. In anderen Fällen der vorzeitigen Beendigung der Amtszeit – z. B. bei erfolgreicher Anfechtung der Betriebsratswahl durch eine gerichtliche Entscheidung gem. § 13 Abs. 2 Nr. 4 – besteht diese Befugnis nicht, auch nicht hinsichtlich der Weiterführung laufender Geschäfte (BAG 22.11.2017 – 7 ABR 34/16). Die BR-Mitglieder genießen den **Schutz des § 78** (sie dürfen in der Ausübung ihrer Tätigkeit nicht gestört oder behindert werden, vgl. § 78) sowie **besonderen Kündigungsschutz** nach § 103 und nach § 15 KSchG.

II. Inhalt und Ende der Geschäftsführungsbefugnis

2 Zur umfassenden Geschäftsführungsbefugnis gehören **sämtliche Mitwirkungs- und Mitbestimmungsrechte** (BAG 16.11.2017 – 2 AZR 14/17). Auch können weiterhin BV geschlossen werden. Ferner ist es den BR-Mitgliedern gestattet, an Bildungs- und Schulungsveranstaltungen i. S. v. § 37 Abs. 6 und 7 teilzunehmen. Die Geschäftsführungsbefugnis kann beschränkt sein, wenn der BR rechtsmissbräuchlich die Durchführung von Neuwahlen, bewusst und gewollt, ohne sachlichen Grund erheblich hinauszögert (LAG Niedersachsen 24.3.2025 – 8 TaBV 85/24).

3 Die **Geschäftsführungsbefugnis endet** mit Bekanntgabe des Wahlergebnisses. Kommt eine Neuwahl nicht zustande, endet die Geschäftsführungsbefugnis endgültig mit dem Ablauf der normalen Amtszeit. Sie besteht auch dann fort, wenn nach dem Erlöschen der Mitgliedschaft der anderen BR-Mitglieder (§ 24) nur noch ein BR-Mitglied im Amt ist (BAG 30.6.2021 – 7 ABR 24/20).

§ 23 Verletzung gesetzlicher Pflichten

(1) [1]Mindestens ein Viertel der wahlberechtigten Arbeitnehmer, der Arbeitgeber oder eine im Betrieb vertretene Gewerkschaft können beim Arbeitsgericht den Ausschluss eines Mitglieds aus dem Betriebsrat oder die Auflösung des Betriebsrats wegen grober Verletzung seiner gesetzlichen Pflichten beantragen. [2]Der Ausschluss eines Mitglieds kann auch vom Betriebsrat beantragt werden.

(2) [1]Wird der Betriebsrat aufgelöst, so setzt das Arbeitsgericht unverzüglich einen Wahlvorstand für die Neuwahl ein. [2]§ 16 Abs. 2 gilt entsprechend.

(3) [1]Der Betriebsrat oder eine im Betrieb vertretene Gewerkschaft können bei groben Verstößen des Arbeitgebers gegen seine Verpflichtungen aus diesem Gesetz beim Arbeitsgericht beantragen, dem Arbeitgeber aufzugeben, eine Handlung zu unterlassen, die Vornahme einer Handlung zu dulden oder eine Handlung vorzunehmen. [2]Handelt der Arbeitgeber der ihm durch rechtskräftige gerichtliche Entscheidung auferlegten Verpflichtung zuwider, eine Handlung zu unterlassen oder die Vornahme einer Handlung zu dulden, so ist er auf Antrag vom Arbeitsgericht wegen einer jeden Zuwiderhandlung nach vorheriger Androhung zu einem Ordnungsgeld zu verurteilen. [3]Führt der Arbeitgeber die ihm durch eine rechtskräftige gerichtliche Entscheidung auferlegte Handlung nicht durch, so ist auf Antrag vom Arbeitsgericht zu erkennen, dass er zur Vornahme der Handlung durch Zwangsgeld anzuhalten sei. [4]Antragsberechtigt sind der Betriebsrat oder eine im Betrieb vertretene Gewerkschaft. [5]Das Höchstmaß des Ordnungsgeldes und Zwangsgeldes beträgt 10 000 EUR.

Inhaltsübersicht Rn.

I. Zweck der Regelung

1 § 23 regelt Sanktionsmöglichkeiten gegen den BR, gegen einzelne BR-Mitglieder und gegen den AG. Damit dient die Bestimmung vor allem

der Funktionsfähigkeit der Betriebsverfassung, da die Betriebspartner bei groben Verstößen empfindliche Sanktionen treffen können. Die Sanktionsmöglichkeiten gegen den BR unterscheiden sich von denen gegen den AG. Während gegen den AG ein Ordnungsgeld verhängt werden kann, kann der BR gegebenenfalls vollständig aufgelöst werden oder können einzelne BR-Mitglieder von ihrem Amt ausgeschlossen werden.

II. Grobe Pflichtverletzung

2 Bei grober Verletzung der gesetzlichen Pflichten kann das **einzelne BR-Mitglied aus dem BR ausgeschlossen oder der BR aufgelöst** werden. Die sogenannte »grobe Pflichtverletzung« muss **objektiv ersichtlich** und **offensichtlich schwerwiegend** sein. Dies ist dann gegeben, wenn unter Berücksichtigung aller Umstände die weitere Amtsausübung des BR-Mitglieds untragbar erscheint (BAG 27.7.2016 – 7 ABR 14/15). So sind z. B. grobe Beschimpfungen, Verunglimpfungen oder Beleidigungen des AG mit dem Gebot der vertrauensvollen Zusammenarbeit unvereinbar und daher geeignet, einen Ausschluss aus dem BR zu rechtfertigen (LAG Mecklenburg-Vorpommern 11.7.2017 – 5 TaBV 13/16).
Leichtere Verstöße können ausnahmsweise bei Wiederholungen zu einem groben Verstoß werden. Das ist dann der Fall, wenn eine darin liegende Beharrlichkeit zum Ausdruck kommt (LAG Schleswig-Holstein 9.8.2007 – 4 TaBVGa 2/07). Nach einer Neuwahl des BR kann eine Pflichtverletzung, die während einer vorangegangenen Amtszeit des BR begangen wurde, den Ausschluss des BR-Mitglieds aus dem neu gewählten BR nicht mehr rechtfertigen (BAG 27.7.2016 – 7 ABR 14/15).
Zu differenzieren ist im Fall des § 23 **Abs. 1** zwischen den Pflichtverletzungen der Mitglieder des BR und der Pflichtverletzung des BR als Gremium.

III. Pflichtverletzung durch das einzelne Betriebsratsmitglied

3 Das Mitglied muss die Pflichtverletzung **schuldhaft und somit vorsätzlich oder grob fahrlässig** begangen haben. Eine einmalige grobe Pflichtverletzung kann genügen (LAG Mecklenburg-Vorpommern 11.7.2017 – 5 TaBV 13/16). Grobe Pflichtverletzungen eines BR-Mitglieds können **beispielsweise** sein

- die Verletzung der Schweigepflicht in gravierenden Fällen
- grobe Beschimpfungen, Verunglimpfungen oder Beleidigungen des AG

- die **Preisgabe vertraulicher Informationen** an den AG (LAG München 15.11.1977 – 5 TaBV 34/77, AiB 2001, 717)
- **Handgreiflichkeiten gegenüber anderen BR-Mitgliedern** (ArbG Berlin 24.6.1985 – 17 BVGa 1/85)
- die Androhung, Verhandlungen zu einer BV (Schichtarbeit am Wochenende) erst führen zu können oder zu wollen, wenn zuvor die individuellen Angelegenheiten (Forderung nach einer Zulage) geregelt sind (LAG München 17.1.2017 – 6 TaBV 97/16)
- sexuelle Belästigung von Kolleginnen und grobe Verletzung der gesetzlichen Pflichten aus § 75 (LAG Berlin-Brandenburg 30.4.2020 – 13 TaBV 1794/19).
- diffamierende Beleidigungen anderer Betriebsratsmitglieder (LAG Düsseldorf 19.8.2021 – 5 TaBV 33/20

Keine Pflichtverletzungen stellen hingegen dar

- gewerkschaftliche Betätigungen
- **mangelnde Kompromissbereitschaft** gegenüber dem AG oder
- **beleidigende Äußerungen** gegenüber anderen Mitgliedern des BR, wenn sie in einer »hitzigen Debatte« spontan geäußert werden.

IV. Pflichtverletzungen des BR als Gremium

Eine Auflösung des BR ist nur bei grober Verletzung seiner gesetzlichen Pflichten möglich. Die Pflichtverletzung muss objektiv erheblich und offensichtlich schwerwiegend sein, sodass unter Berücksichtigung aller Umstände des Einzelfalls die weitere Amtsausübung des BR untragbar erscheint (BAG 22.6.1993 – 1 ABR 62/92). 4

Solche Pflichtverletzungen können sein

- das **Unterlassen erforderlicher Betriebsratssitzungen**
- offensichtliche **Verstöße gegen das Diskriminierungsverbot** (hierzu näher § 75)
- das nachhaltige Nichteinberufen von Betriebsversammlungen nach § 43 trotz Antrag der Gewerkschaft (LAG Baden-Württemberg 13.3.2014 – 6 TaBV 5/13)
- beharrliche Aufrechterhaltung unwahren Sachvortrags gegen den AG in einem Gerichtsverfahren (LAG Hessen 23.8.2021 – 16 TaBV 3/21).

Die Auflösung des nach § 21b restmandatierten BR wegen grober Verletzung seiner gesetzlichen Pflichten ist nicht möglich, der Ausschluss einzelner Mitglieder aus dem restmandatierten BR dagegen schon (BAG 24.5.2023 – 7 ABR 21/21).

V. Pflichtverletzungen des AG

5 In diesem Fall meint »grobe Pflichtverletzung« lediglich die Verletzung von »Verpflichtungen aus diesem Gesetz«, also dem Betriebsverfassungsgesetz. Auf ein Verschulden des AG kommt es nicht an (LAG Berlin-Brandenburg 24. 8. 2018 – 9 TaBV 157/18). Solche groben Pflichtverletzungen können beispielsweise sein:

- **grundsätzliche Weigerung der Zusammenarbeit** mit dem BR (LAG Hamburg 14. 6. 2023 – 7 TaBV 1/23)
- die **beharrliche Missachtung** von Mitwirkungs- und Mitbestimmungsrechten (LAG Sachsen 10. 1. 2023 – 2 TaBV 1/21)
- grobe Verstöße gegen das Prinzip der vertrauensvollen Zusammenarbeit aus § 2 Abs. 1 (LAG Schleswig-Holstein 27. 8. 2024 – 2 TaBV 6/24)
- die Weigerung, eine BV durchzuführen (Hessisches LAG 6. 3. 2023 – 16 TaBV 85/22; Hessisches LAG 6. 11. 2017 – 16 TaBV 58/17)
- wiederholte Verstöße gegen die tarifliche Pflicht zur Ein- oder Umgruppierung und fehlende Beteiligung des BR nach § 99 Abs. 1 und 4 (BAG 14. 2. 2023 – 1 ABR 9/22) oder
- **Verstöße gegen das Gleichbehandlungsgebot** i. S. v. § 75.

Die gesetzliche Regelung sieht in ihrem Absatz 3 bei groben Verstößen gegen das Betriebsverfassungsgesetz einen Unterlassungsanspruch des BR gegen den AG vor, nicht jedoch einen solchen des AG gegen den BR. Dafür weist sie dem AG nach § 23 Abs. 1 Satz 1 die Befugnis zu, unter den genannten Voraussetzungen die Auflösung des BR zu beantragen (BAG 23. 10. 2019 – 7 ABR 7/18). Ein Unterlassungsanspruch gegen den AG scheidet allerdings aus, wenn eine erneute Pflichtverletzung des AG aus rechtlichen oder tatsächlichen Gründen nicht mehr möglich ist (BAG 15. 11. 2022 – 1 ABR 15/21).

VI. Ordnungsgeld

6 Das **Verfahren gegen den AG im Sinne des § 23 Abs. 3** ist in **zwei Stufen** untergliedert;

- das arbeitsgerichtliche **Erkenntnisverfahren** gemäß § 23 Abs. 3 Satz 1 und
- das arbeitsgerichtliche **Vollstreckungsverfahren** i. S. v. § 23 Abs. 3 Satz 2 und 3.

7 Das **Erkenntnisverfahren** erfolgt auf **Antrag des BR**, soweit diesem ein wirksamer Beschluss vorausgegangen ist, oder auf Antrag einer jeden im Betrieb vertretenen **Gewerkschaft**. Der Antrag muss sich gegen

einen bestimmten Verstoß des AG gegen eine sich aus dem Betriebsverfassungsgesetz ergebene Pflicht richten. Ferner kann er mit einer **Ordnungsgeldandrohung** gem. § 23 Abs. 3 Satz 2 verbunden werden (BAG 24.4.2007 – 1 ABR 47/06, AiB 2012, 51–52).

Im **Vollstreckungsverfahren** ist danach zu unterscheiden, welche Verpflichtung das ArbG dem AG auferlegt hat.

Wurde dem AG durch rechtskräftige Entscheidung auferlegt, »eine Handlung zu unterlassen oder die Vornahme einer Handlung zu dulden«, ist er auf Antrag vom ArbG **wegen einer jeden Zuwiderhandlung** nach vorheriger Androhung zu einem **Ordnungsgeld** zu verurteilen (§ 23 **Abs. 3 Satz 2**). 8

VII. Zwangsgeld

Wurde dem AG durch rechtskräftige Entscheidung auferlegt **eine Handlung vorzunehmen** und nimmt er diese nicht vor, »so ist auf Antrag vom ArbG zu erkennen, dass er zur **Vornahme der Handlung durch Zwangsgeld** anzuhalten sei«. 9

§ 24 Erlöschen der Mitgliedschaft

Die Mitgliedschaft im Betriebsrat erlischt durch
1. **Ablauf der Amtszeit,**
2. **Niederlegung des Betriebsratsamtes,**
3. **Beendigung des Arbeitsverhältnisses,**
4. **Verlust der Wählbarkeit,**
5. **Ausschluss aus dem Betriebsrat oder Auflösung des Betriebsrats aufgrund einer gerichtlichen Entscheidung,**
6. **gerichtliche Entscheidung über die Feststellung der Nichtwählbarkeit nach Ablauf der in § 19 Abs. 2 bezeichneten Frist, es sei denn, der Mangel liegt nicht mehr vor.**

Inhaltsübersicht Rn.

I. Zweck der Regelung

1 § 24 regelt lediglich das Erlöschen der Betriebsratsmitgliedschaft des einzelnen Mitglieds, nicht dagegen die Beendigung des Gremiums an sich (hierzu siehe §§ 21 und 22). Zu beachten ist ferner, dass die Mitgliedschaft in den Fällen der § 24 Nr. 1 bis 4 automatisch erlischt, während es in den Fällen der § 24 Nr. 5 und 6 einer rechtskräftigen Gerichtsentscheidung bedarf. Die Aufzählung der Tatbestände, die zu einem Erlöschen der Mitgliedschaft führen können, ist nicht abschließend (ArbG Köln 12.11.2014 – 17 BV 296/14). Deshalb können auch andere Tatbestände zu einem Erlöschen der Mitgliedschaft führen, z. B. der Tod des BR-Mitglieds. Allerdings erfordert das vorzeitige Ende der Amtszeit eines BR-Mitglieds einen besonderen Beendigungsgrund (ArbG Köln 12.11.2014 – 17 BV 296/14).

II. Erlöschen der Mitgliedschaft

1. Ablauf der Amtszeit (Nr. 1)

2 Die Mitgliedschaft erlischt **mit Ablauf der regelmäßigen Amtszeit** des BR, wobei Übergangs- und Restmandate zu berücksichtigen sind. Ebenso erlischt die Mitgliedschaft **bei vorzeitiger Beendigung der Amtszeit** nach § 21 Satz 3 und 5. Des Weiteren bezieht sich § 24 Nr. 1 auf Fälle der **erfolgreichen Wahlanfechtung** nach § 19 und auf die rechtskräftige Auflösung des BR durch das Arbeitsgericht nach § 23 Abs. 1.

2. Niederlegen des Betriebsratsamts (Nr. 2)

3 Die Mitgliedschaft erlischt bei freiwilliger Aufgabe des Betriebsratsamts. Das Niederlegen des Amts ist jederzeit und formlos möglich und muss nicht begründet werden. Die Amtsniederlegung ist gegenüber dem BR zu erklären. Sie ist wirksam, wenn sie dem

- **Vorsitzenden des BR zugeht** oder
- bei dessen Verhinderung **dem stellvertretenden Vorsitzenden** zugeht oder
- **in einer Betriebsratssitzung ausgesprochen** wird.

Nicht wirksam ist eine Erklärung lediglich gegenüber dem AG (LAG Schleswig-Holstein 19.8.1966 – 1 TaBV 3/66).

Wird das Amt einmal niedergelegt, kann diese Entscheidung nicht widerrufen oder zurückgenommen werden.

3. Beendigung des Arbeitsverhältnisses (Nr. 3)

§ 24 Nr. 3 bezieht sich auf die rechtliche **Beendigung** des Arbeitsverhältnisses, in erster Linie **durch Kündigung**. Einigen sich die Parteien jedoch vor Ablauf der Kündigungsfrist auf eine unmittelbare Fortsetzung des Arbeitsverhältnisses, erlischt das Betriebsratsamt nicht (BAG 23.1.2002 – 7 AZR 611/00, AiB 2003, 49–50). Kündigt das BR-Mitglied unter Einhaltung der Kündigungsfrist, erlischt die Betriebsratsmitgliedschaft erst mit Ablauf der Kündigungsfrist (LAG Berlin-Brandenburg 25.7.2017 – 11 TaBV 826/17). Entsprechendes gilt, wenn ein **Aufhebungsvertrag** geschlossen wurde. In diesem Fall erlischt die Mitgliedschaft zum vereinbarten Zeitpunkt der Aufhebung des Arbeitsverhältnisses. Wird der AN bis zum Ablauf der Kündigungsfrist unwiderruflich freigestellt, so erlischt das Betriebsratsmandat nicht mit dem Zeitpunkt der Freistellung, sondern erst mit der rechtlichen Beendigung des Arbeitsverhältnisses nach § 24 Nr. 3. Etwas anderes gilt jedoch für die Freistellung eines Altersteilzeitarbeitnehmers im Blockmodell (LAG Hessen 21.12.2020 – 16 TaBVGa 189/20). 4

4. Verlust der Wählbarkeit (Nr. 4)

Gemeint ist der **nachträgliche Verlust der Wählbarkeit** (zur Wählbarkeit siehe § 8). Das Erlöschen des Betriebsratsamts tritt **zeitgleich mit dem Verlust der Wählbarkeit** ein. Einer gerichtlichen Entscheidung hierzu bedarf es nicht. Der Verlust der Wählbarkeit kann **beispielsweise** eintreten durch: 5

- **Verlust der Betriebszugehörigkeit** z. B. durch örtliche Versetzung (BAG 18.6.2025 – 2 AZR 228/23; 27.7.2016 – 7 ABR 55/14); nach Auffassung des LAG Hessen (s. o. Rn. 4) soll die unwiderrufliche Freistellung bis zur Beendigung des Arbeitsverhältnisses nicht zum Verlust der Betriebszugehörigkeit führen, obwohl ab dem Zeitpunkt der Freistellung jegliche Anbindung an die innerbetrieblichen Arbeitsabläufe und die innerbetriebliche Organisation – mithin die Eingliederung in den Betrieb – fehlt
- **Eheschließung** mit dem AG (siehe hierzu § 5 Abs. 2 Nr. 5)
- Ernennung zum **leitenden Angestellten** (siehe hierzu § 5 Abs. 3)

oder bei:

- **Ausgliederung des Betriebsteils,** in dem das BR-Mitglied beschäftigt ist

- Die Gewährung einer befristeten vollen Erwerbsminderungsrente hat keinen Einfluss auf die Mitgliedschaft im BR (BAG 30.6.2021 – 7 ABR 24/20).

5. Ausschluss aus dem Betriebsrat oder Auflösung des Betriebsrats (Nr. 5)

6 Gemeint ist der Ausschluss des BR-Mitglieds aus dem Gremium (BAG 27.7.2016 – 7 ABR 14/15) oder die Auflösung des gesamten Gremiums durch rechtskräftige Entscheidung des Arbeitsgerichts nach § 23.

6. Gerichtliche Entscheidung (Nr. 6)

7 In den Fällen des § 24 Nr. 6 wird **nachträglich** festgestellt, dass das BR-Mitglied zum **Zeitpunkt der Betriebsratswahlen** nicht wählbar war. Hierin liegt der Unterschied zu § 24 Nr. 4, bei der das BR-Mitglied seiner Wählbarkeit nachträglich verlustig wird. Ein solcher Fehler führt bereits zur Anfechtbarkeit der gesamten Wahl nach § 19 Abs. 2 Satz 2, wobei für die Anfechtung die 2-Wochen-Frist ab Bekanntgabe des Wahlergebnisses beachtet werden müsste. Wird die Wahl nicht fristgerecht nach § 19 angefochten, kann dennoch nach Ablauf der Frist die Feststellung der Nichtwählbarkeit des BR-Mitglieds zum Zeitpunkt der Wahlen beantragt werden. Bestätigt das Gericht die Nichtwählbarkeit zum Zeitpunkt der Betriebsratswahl, erlischt die Mitgliedschaft mit Rechtskraft der gerichtlichen Feststellung.

III. Rechtsfolgen des Erlöschens

8 Das Erlöschen der Mitgliedschaft führt zum **Verlust aller Funktionen** und Ämter im BR. Die Rechtsfolgen wirken **nur für die Zukunft**, so dass zuvor unter Beteiligung des betroffenen BR-Mitglieds gefasste Beschlüsse unberührt bleiben.

9 Darüber hinaus erlischt der besondere Kündigungs- und Versetzungsschutz nach § 103 und § 15 Abs. 1 Satz 1 KSchG. Der nachwirkende Kündigungsschutz gegen ordentliche Kündigungen gemäß § 15 Abs. 1 Satz 2 KSchG bleibt erhalten (BAG 5.7.1979 – 2 AZR 521/77) und entsteht ab dem Zeitpunkt des Erlöschens des Betriebsratsamts.

§ 25 Ersatzmitglieder

(1) [1]Scheidet ein Mitglied des Betriebsrats aus, so rückt ein Ersatzmitglied nach. [2]Dies gilt entsprechend für die Stellvertretung eines zeitweilig verhinderten Mitglieds des Betriebsrats.

(2) [1]Die Ersatzmitglieder werden unter Berücksichtigung des § 15 Abs. 2 der Reihe nach aus den nichtgewählten Arbeitnehmern derjenigen Vorschlagslisten entnommen, denen die zu ersetzenden Mitglieder angehören. [2]Ist eine Vorschlagsliste erschöpft, so ist das Ersatzmitglied derjenigen Vorschlagsliste zu entnehmen, auf die nach den Grundsätzen der Verhältniswahl der nächste Sitz entfallen würde. [3]Ist das ausgeschiedene oder verhinderte Mitglied nach den Grundsätzen der Mehrheitswahl gewählt, so bestimmt sich die Reihenfolge der Ersatzmitglieder unter Berücksichtigung des § 15 Abs. 2 nach der Höhe der erreichten Stimmzahlen.

Inhaltsübersicht Rn.

I. Zweck der Regelung

1 Das Ersatzmitglied ist ein **nicht gewählter Wahlbewerber**, der durch § 25 eine Anwartschaft auf die Stellung eines ordentlichen BR-Mitglieds hat. Dabei tritt das Ersatzmitglied mit allen Rechten und Pflichten des verhinderten Mitglieds in den BR ein; vor allem genießt das Ersatzmitglied Schutzrechte wie z. B. Behinderungs- und Benachteiligungsverbote nach § 78. Das Ersatzmitglied ist auch im Falle der vorübergehenden Stellvertretung ein vollwertiges BR-Mitglied und nicht an Weisungen des originären Mitglieds oder der übrigen Mitglieder des BR gebunden (BAG 15.4.2014 - 1 ABR 2/13).

II. Kündigungsschutz

2 Vor dem vorübergehenden oder dauerhaften Nachrücken in den BR genießt das Ersatzmitglied keinen Kündigungsschutz nach § 103 und § 15 KSchG. Allerdings genießt der Wahlbewerber in den ersten sechs

Monaten nach Bekanntgabe des Wahlergebnisses nachwirkenden Kündigungsschutz i. S. v. § 15 Abs. 3 Satz 2 KSchG. Während der Zeit seiner Mitgliedschaft im BR steht dem Ersatzmitglied der volle Kündigungsschutz des § 103 und § 15 KSchG zu (BAG 5.11.2009 – 2 AZR 487/08; Hessisches LAG 20.6.2018 – 6 Sa 1551/17). Nach Beendigung des Vertretungsfalls genießt das Ersatzmitglied ebenfalls nachwirkenden Kündigungsschutz nach § 15 Abs. 1 Satz 2 KSchG (BAG 27.9.2012 – 2 AZR 955/11).

III. Nachrücken

3 Ein **Nachrücken nach § 25 Abs. 1 Satz 1** für ein ausgeschiedenes Mitglied kommt vor allem aus den Gründen des § 24 Abs. 1 Nr. 2 bis 6 in Betracht. **Die Stellvertretung** nach § 25 Abs. 1 Satz 2 gilt hingegen **nur für die Dauer der zeitweiligen Verhinderung**. Während dieser Zeit nimmt das Ersatzmitglied nicht nur an Betriebsratssitzungen teil, sondern auch an sämtlichen dem BR obliegenden Geschäften. Eine zeitweilige Verhinderung kann beispielsweise in der **Teilnahme an einer Dienstreise** bzw. wegen **Urlaub** oder **Krankheit** vorliegen. Während des Erholungsurlaubs gilt das BR-Mitglied jedenfalls solange als verhindert, bis es seine Bereitschaft, trotz Urlaubs Betriebsratstätigkeiten zu verrichten, positiv angezeigt hat (Hessiches LAG 20.6.2016 – 6 Sa 1551/16). Im Einzelfall kann eine Verhinderung auch bei betrieblicher Unabkömmlichkeit vorliegen (LAG Hamm 8.12.2017 – 13 TaBV 72/17). Gemeinhin liegt eine Verhinderung dann vor, wenn sich ein BR-Mitglied vorübergehend aus tatsächlichen oder rechtlichen Gründen nicht in der Lage sieht, sein Amt auszuüben (BAG 8.9.2011 – 2 AZR 388/10; BAG 25.4.2018 – 2 AZR 401/17). Hierüber entscheidet das verhinderte BR-Mitglied eigenverantwortlich unter Berücksichtigung seiner betriebsverfassunsgrechtlichen Verpflichtungen (siehe § 29 Rn. 14). Auf **Dauer und Vorhersehbarkeit** der Verhinderung kommt es dabei nicht an.

4 Die Reihenfolge des Nachrückens wird in § 25 Abs. 2 bestimmt. Grundsätzlich ist hierbei die Minderheitengeschlechtsquote des § 15 Abs. 2 zu beachten. Im Übrigen ist zu unterscheiden, ob das ausgeschiedene oder verhinderte BR-Mitglied nach der Verhältnis- oder in Mehrheitswahl gewählt wurde. Beschlüsse, die unter Verstoß gegen die in § 25 Abs. 2 vorgegebene Reihenfolge gefasst wurden, sind unwirksam. Dies gilt auch dann, wenn die Heranziehung eines »falschen« Ersatzmitglieds in gutem Glauben erfolgte (BAG 25.9.2024 – 7 ABR 37/23).

1. Nachrücken bei Verhältniswahl

5 Wurde der BR im Wege der **Verhältniswahl** und somit auf Grundlage mehrerer Vorschlagslisten nach § 14 Abs. 1 Satz 1 gewählt, rückt das entsprechende Ersatzmitglied in der Reihenfolge nach, in der es auf der Liste geführt wird, der auch das ausgeschiedene oder verhinderte Mitglied angehörte (BAG 21.2.2018 – 7 ABR 54/16). Die Geschlechterquote ist dabei zwingend zu beachten. Hierbei regelt § 25 Abs. 2 Satz 2 das Nachrücken, wenn die **Vorschlagsliste**, der das Ersatzmitglied zu entnehmen wäre, **erschöpft** ist. Dann ist die Liste zu ermitteln, auf die der nächste Betriebsratssitz entfallen wäre, wenn der BR aus einem weiteren Mitglied bestehen würde. Aus jener Liste würde der nächste nicht gewählte Bewerber nachrücken.

2. Nachrücken bei Mehrheitswahl

6 Wurde der BR im Wege der **Mehrheitswahl** und somit aufgrund nur einer Vorschlagsliste oder auf Grundlage des vereinfachten Wahlverfahrens, das ebenfalls Mehrheitswahl vorsieht, gewählt (§ 14 Abs. 2 Satz 2), rückt für das ausgeschiedene oder verhinderte BR-Mitglied der Wahlbewerber mit der nächsthöchsten Stimmzahl nach. Besteht zwischen zwei Ersatzmitgliedern Stimmengleichheit, so entscheidet das Los darüber, wer nachrückt (LAG Düsseldorf 15.4.2011 – 6 Sa 857/10). Auch hier ist die Minderheitengeschlechtsquote nach § 15 Abs. 2 einzuhalten.

IV. Besonderheiten

7 Besteht der BR aus nur einer Person, ist die Quote i. S. d. § 15 Abs. 2 unbeachtlich. Sind hingegen überhaupt keine Ersatzmitglieder mehr vorhanden und scheidet ein BR-Mitglied endgültig aus, bleibt sein Sitz unbesetzt und es ist gem. § 13 Abs. 2 Nr. 2 ein neuer BR zu wählen. Ist das Ersatzmitglied seinerseits zeitweilig verhindert, wird es für die Dauer seiner Verhinderung von dem an nächster Stelle stehenden Ersatzmitglied vertreten.

V. Streitigkeiten

8 Streitigkeiten über das Nachrücken entscheidet das ArbG im Beschlussverfahren nach §§ 2a, 80 ff. ArbGG.

Dritter Abschnitt
Geschäftsführung des Betriebsrats

§ 26 Vorsitzender

(1) Der Betriebsrat wählt aus seiner Mitte den Vorsitzenden und dessen Stellvertreter.

(2) [1]Der Vorsitzende des Betriebsrats oder im Falle seiner Verhinderung sein Stellvertreter vertritt den Betriebsrat im Rahmen der von ihm gefassten Beschlüsse. [2]Zur Entgegennahme von Erklärungen, die dem Betriebsrat gegenüber abzugeben sind, ist der Vorsitzende des Betriebsrats oder im Falle seiner Verhinderung sein Stellvertreter berechtigt.

Inhaltsübersicht Rn.

I. Zweck der Regelung

1 Die Vorschrift regelt die **Organisation des Betriebsratgremiums**. Besteht der BR aus mehr als einer Person, muss ein Vorsitzender sowie ein stellvertretender Vorsitzender gewählt werden. Abs. 2 regelt die Stellung des Betriebsratsvorsitzenden und des Stellvertreters bei der Entgegennahme und Abgabe von Erklärungen. Die Regelung gilt kraft gesetzlicher Verweisung ebenso für den GBR (§ 51 Abs. 1), den KBR (§ 59 Abs. 1), die JAV (§ 65 Abs. 1), die Gesamt-JAV (§ 73 Abs. 2) und die Konzern-JAV (§ 73b Abs. 2).

II. Die Wahl des Vorsitzenden und des Stellvertreters

2 Die Wahl des Vorsitzenden und seines Stellvertreters wird aus der Mitte des BR durchgeführt.

Das Amt des Vorsitzenden und des Stellvertreters erhält nicht automatisch dasjenige Mitglied, das bei der Personenwahl die meisten Stimmen

erhalten hat oder bei der Mehrheitswahl an erster Stelle derjenigen Liste stand, die die meisten Stimmen erzielt hat.
Wählbar sind nur **ordentliche BR-Mitglieder**. Ersatzmitglieder können – solange sie nicht dauerhaft in den BR nachgerückt sind – nicht zum Vorsitzenden und Stellvertreter gewählt werden.

Der BR kann aus seiner Mitte auch **weitere Stellvertreter** wählen. Die gesetzliche Stellvertretungsfunktion kommt nur dem ersten Stellvertreter zu. Die weiteren Stellvertreter vertreten den ersten Stellvertreter, wenn dieser verhindert ist. 3

1. Grundsätze

Die Wahl ist eine **gesetzliche Pflicht**. Der BR kann hierauf nicht verzichten. Unterlässt der BR die Wahl, so handelt er pflichtwidrig im Sinne von § 23 Abs. 3. Eine unterlassene Wahl kann somit zur Auflösung des gesamten BR führen. Der Vorsitzende und der Stellvertreter können nicht ersatzweise durch das ArbG bestellt werden, wenn der BR die Wahl unterlassen hat. Ist der Vorsitzende noch nicht gewählt, kann nach Ansicht der Rechtsprechung der AG die Verhandlung mit dem BR verweigern, bis das Gremium einen Vorsitzenden gewählt hat (BAG 23.8.1984 – 6 AZR 520/82). 4

2. Wahlverfahren

Die Wahl des Vorsitzenden und des Stellvertreters erfolgt in der **konstituierenden** Sitzung. Die konstituierende Sitzung ist vom Wahlvorstand vor Ablauf von einer Woche nach dem Wahltag einzuberufen (vgl. § 29 Abs. 1). 5

Es gibt keine Formvorschriften für die Wahl des Vorsitzenden und des Stellvertreters. Die Wahl kann schriftlich durch **Stimmzettel**, durch **Handheben** oder durch **Zuruf** erfolgen. Entscheidend ist, dass für den Wahlleiter deutlich ist, wer gewählt worden ist. Auf Verlangen – auch nur eines BR-Mitglieds – muss die Wahl geheim erfolgen. 6

Der BR muss für die Wahl **beschlussfähig** sein (vgl. § 33 Abs. 2). Der Vorsitzende und der Stellvertreter werden in zwei verschiedenen Wahlgängen gewählt. Es finden also zwei Wahlen statt. Es ist nicht so, dass derjenige mit der höchsten Stimmenanzahl Vorsitzender wird und derjenige mit der zweithöchsten Stimmenanzahl Stellvertreter! 7

Die Wahl entscheidet jeweils derjenige für sich, der die meisten der abgegebenen Stimmen erhält. Eine **einfache Stimmenmehrheit** reicht aus, eine qualifizierte Mehrheit ist nicht erforderlich. 8

9 Was bei **Stimmengleichheit** zu tun ist, ist gesetzlich nicht geregelt. Der Wahlgang sollte zunächst wiederholt werden und – sofern es erneut zu einer Stimmengleichheit kommt – eine **Losentscheidung getroffen werden**. Der BR kann das Verfahren bei Stimmengleichheit durch Beschluss vor der Wahl festlegen. Ist nichts geregelt, so entscheidet im Zweifel direkt das Los ohne erneute Wiederholung des Wahlganges (BAG 26.2.1987 – 6 ABR 55/85). Über die Wahl ist ein Protokoll zu erstellen (vgl. § 34 Abs. 1).

III. Neuwahl / Abberufung

10 Die Wahl zum Vorsitzenden und Stellvertreter gilt für die **gesamte Dauer** der Amtszeit des BR.
Der Vorsitzende und der Stellvertreter haben die Möglichkeit, die Annahme des Amtes zu verweigern. Dann kommt es zu entsprechenden Neuwahlen. **Während** seiner **Amtsdauer** kann das BR-Mitglied seine Stellung als Vorsitzender bzw. als stellvertretender Vorsitzender **jederzeit niederlegen**. Hierzu bedarf es einer eindeutigen Erklärung – mündlich oder schriftlich – gegenüber dem Betriebsratsgremium. Die Mitgliedschaft im BR bleibt in diesem Fall erhalten, weil der Rücktritt sich nur auf die Stellung als Vorsitzender oder als stellvertretender Vorsitzender bezieht. Aus der Mitte des Betriebsratsgremiums ist dann ein neuer Vorsitzender bzw. Stellvertreter zu wählen.

11 Der Vorsitzende und der Stellvertreter können jederzeit vom Betriebsratsgremium durch Beschluss **abberufen** werden. Hierzu bedarf es keines besonderen Grundes. Wird der Vorsitzende abberufen, übernimmt der Stellvertreter bis zur Neuwahl eines Vorsitzenden dessen Stelle. Der abberufene Vorsitzende bleibt auch in diesem Fall Mitglied im BR.

IV. Rechtliche Stellung des Betriebsratsvorsitzenden

1. Aufgaben des Vorsitzenden

12 Neben der **Aufgabe, den BR im Rahmen der von ihm gefassten Beschlüsse zu vertreten**, hat der Vorsitzende einige eigenständige, ihm vom Gesetz zugewiesene Aufgaben. Hierzu zählen:

- Gesetzlich vorgeschriebene Mitgliedschaft im Betriebsausschuss (§ 27 Abs. 1)
- Führung der laufenden Geschäfte nach Übertragung in Gremien mit weniger als neun Mitgliedern (§ 27 Abs. 3)

- Einberufung der Sitzungen, Festlegung der Tagesordnung, Einladung der BR-Mitglieder, der Schwerbehindertenvertretung, der JAV, Leitung der Betriebsratssitzungen (§ 29 Abs. 2); zu den Besonderheiten bei virtuellen BR-Sitzungen siehe die Ausführungen zu § 30
- Unterzeichnen der Sitzungsniederschriften (§ 34 Abs. 1)
- Leitung der Betriebsversammlung (§ 42 Abs. 1)
- Teilnahme an Sitzungen und Sprechstunden der JAV, soweit kein anderes BR-Mitglied mit der Teilnahme beauftragt ist

2. Vertretung im Rahmen der gefassten Beschlüsse

Der Betriebsratsvorsitzende ist nicht der gesetzliche Vertreter des Be- 13
triebsratsgremiums wie dies z. B. der Geschäftsführer einer GmbH ist. Der Betriebsratsvorsitzende **vertritt** den **BR** nur **im Rahmen** seiner gefassten **Beschlüsse** nach außen. Der Vorsitzende darf also nur im Rahmen der vom Gremium gefassten Beschlüsse handeln. Fasst der BR einen Beschluss, mit dem der Vorsitzende nicht einverstanden ist, so muss er diesen trotzdem umsetzen und dementsprechend handeln. »Der Vorsitzende vertritt das Gremium nicht im Willen, sondern in der Erklärung« (BAG 17.2.1981 – 1 AZR 290/78).
Eine generelle Bevollmächtigung des Vorsitzenden, alle betriebsverfassungsrechtlichen Aufgaben für den BR wahrzunehmen, ist unzulässig. Der Betriebsratsvorsitzende kann z. B. nicht allgemein ermächtigt werden, Stellungnahmen des BR zu Kündigungen abzugeben (BAG 28.2.1974 – 2 AZR 455/73). Der Betriebsratsvorsitzende kann ohne einen Beschluss des Gremiums auch keine BV wirksam abschließen. Insoweit kann dem Gremium die abgegebene Erklärung des Vorsitzenden nicht im Rahmen einer Anscheinsvollmacht zugerechnet werden. Möglich ist in einem solchen Fall jedoch, dass der BR durch eine ordnungsgemäße Beschlussfassung die BV gem. § 184 Abs. 1 BGB nachträglich genehmigt. Die Genehmigung wirkt in diesem Fall auf den Zeitpunkt der Unterzeichnung der BV zurück (BAG 8.2.2022 – 1 AZR 233/21).

V. Die Rechtsstellung des Stellvertreters

Der Stellvertreter nimmt nur dann die Aufgaben des **Vorsitzenden** wahr, 14
wenn dieser **verhindert** ist. Verhinderungsgründe können sein:

- Urlaub. Dies gilt nicht, wenn der BR-Vorsitzende zuvor erklärt, trotz seines Urlaubs für BR-Tätigkeiten zur Verfügung zu stehen (BAG 27.9.2012 – 2 AZR 955/11)
- Krankheit

- unmittelbare Eigenbetroffenheit des Vorsitzenden als AN – z. B. bei eigener Umgruppierung des Vorsitzenden (BAG 3.8.1999 – 1 ABR 30/98, AiB 2000, 355–356) oder bei einer Kündigung des Vorsitzenden selbst oder wenn der Vorsitzende als betroffener AN eine Beschwerde nach § 85 beim BR einreicht. Der Stellvertreter nimmt in diesen Fällen für den Zeitraum der Verhinderung (ggf. auch nur für einen einzelnen Tagesordnungspunkt in der Betriebsratssitzung) die Stellung des Vorsitzenden ein und darüber hinaus rückt ein Ersatzmitglied nach § 25 Abs. 2 zeitweilig in das Betriebsratsgremium nach.

15 Scheidet der Vorsitzende aus dem Betriebsratsgremium aus oder legt er sein Amt als Vorsitzender nieder, so rückt nicht automatisch der Stellvertreter in die Vorsitzendenstellung nach. Er übernimmt diese Aufgabe lediglich **bis zur Neuwahl** eines Vorsitzenden. Seine Pflicht ist es, umgehend eine Sitzung einzuberufen, in der ein neuer Vorsitzender gewählt wird.

16 Sind sowohl Vorsitzender als auch Stellvertreter verhindert, muss der BR über eine andere Stellvertretung beschließen, sofern dies nicht bereits in der Geschäftsordnung nach § 36 geregelt ist, was dringend zu empfehlen ist.

VI. Entgegennahme von Erklärungen

17 Erklärungen und Mitteilungen des AG sind dem Vorsitzenden und **bei** dessen **Verhinderung gegenüber** dem **Stellvertreter** abzugeben. Wird eine Erklärung gegenüber einem anderen BR-Mitglied abgegeben, so ist dieser nur Bote. So wird z. B. die Anhörung des BR erst wirksam, wenn sie dem Vorsitzenden oder dem Gremium insgesamt zugeht (BAG 28.2.1974 – 2 AZR 455/73). In der Geschäftsordnung können weitere BR-Mitglieder zur Abgabe und Empfangnahme von Erklärungen berechtigt werden. Der BR muss dann die Stellvertretung dem AG mitteilen, sonst kann sich der AG darauf berufen, dass ein zuständiges BR-Mitglied nicht anwesend ist. Umgekehrt obliegt die Zuleitung der Stellungnahme des BR im Rahmen der Anhörung vor Kündigungsausspruch (§ 102) – unabhängig von den im BR erörterten Gründen – dem Betriebsratsvorsitzenden (BAG 25.5.2016 – 2 AZR 345/15).

Sind **Vorsitzender und Stellvertreter abwesend**, muss der BR über die **Vertretung beschließen**, und dies dem **AG mitteilen**. Andernfalls kann der AG gegenüber jedem BR-Mitglied wirksam Erklärungen abgeben (LAG Niedersachsen 23.10.2014 – 5 Sa 423/14). Außerhalb der Arbeitszeit und außerhalb von Betriebsräumen braucht der Vorsitzende keine

Erklärungen entgegenzunehmen. Wenn der Vorsitzende dies doch tut, ist die Erklärung dem BR zugegangen (BAG 27.8.1982 – 7 AZR 30/80). Ist der Betriebsratsvorsitzende zugleich nach § 38 freigestellt und arbeitsunfähig erkrankt, so ist er in jedem Fall verhindert und kann keine wirksamen Erklärungen abgeben (BAG 28.7.2020 – 1 ABR 5/19).

§ 27 Betriebsausschuss

(1) [1]Hat ein Betriebsrat neun oder mehr Mitglieder, so bildet er einen Betriebsausschuss. [2]Der Betriebsausschuss besteht aus dem Vorsitzenden des Betriebsrats, dessen Stellvertreter und bei Betriebsräten mit
9 bis 15 Mitgliedern aus 3 weiteren Ausschussmitgliedern,
17 bis 23 Mitgliedern aus 5 weiteren Ausschussmitgliedern,
25 bis 35 Mitgliedern aus 7 weiteren Ausschussmitgliedern,
37 oder mehr Mitgliedern aus 9 weiteren Ausschussmitgliedern.
[3]Die weiteren Ausschussmitglieder werden vom Betriebsrat aus seiner Mitte in geheimer Wahl und nach den Grundsätzen der Verhältniswahl gewählt. [4]Wird nur ein Wahlvorschlag gemacht, so erfolgt die Wahl nach den Grundsätzen der Mehrheitswahl. [5]Sind die weiteren Ausschussmitglieder nach den Grundsätzen der Verhältniswahl gewählt, so erfolgt die Abberufung durch Beschluss des Betriebsrats, der in geheimer Abstimmung gefasst wird und einer Mehrheit von drei Vierteln der Stimmen der Mitglieder des Betriebsrats bedarf.
(2) [1]Der Betriebsausschuss führt die laufenden Geschäfte des Betriebsrats. [2]Der Betriebsrat kann dem Betriebsausschuss mit der Mehrheit der Stimmen seiner Mitglieder Aufgaben zur selbstständigen Erledigung übertragen; dies gilt nicht für den Abschluss von Betriebsvereinbarungen. [3]Die Übertragung bedarf der Schriftform. [4]Die Sätze 2 und 3 gelten entsprechend für den Widerruf der Übertragung von Aufgaben.
(3) Betriebsräte mit weniger als neun Mitgliedern können die laufenden Geschäfte auf den Vorsitzenden des Betriebsrats oder andere Betriebsratsmitglieder übertragen.

Inhaltsübersicht Rn.

I. Zweck der Regelung

1 Die zwingende Bildung eines Betriebsausschusses ab einer Größe des Betriebsratsgremiums von mindestens neun Mitgliedern dient der Entlastung des BR bei der Führung der Geschäfte in größeren Betrieben. Unterbleibt eine Errichtung trotz der zwingenden Vorschrift, kann dies im Einzelfall zu einer Auflösung des BR nach § 23 Abs. 1 führen.
Für den GBR (§ 51 Abs. 1) und den KBR (§ 59 Abs. 1) werden die Absätze 2 und 3 entsprechend angewendet. Für die JAV und Gesamt-JAV gilt dies nicht.

II. Zusammensetzung des Betriebsausschusses

2 Die Größe des Betriebsausschusses richtet sich nach der Zahl der tatsächlich gewählten BR-Mitglieder. Ein etwaiges Absinken der Mitgliederzahl nach § 13 Abs. 2 Nr. 2 bei noch amtierendem BR hat daher auf die Größe des Betriebsausschusses keine Auswirkungen (vgl. Fitting, § 27 Rn. 10a). Der **Betriebsratsvorsitzende** und der **Stellvertreter** sind Mitglieder des Betriebsausschusses **kraft Amtes**, die weiteren Mitglieder sind vom Betriebsratsgremium zu wählen. Es können nur **BR-Mitglieder** als **weitere Ausschussmitglieder** gewählt werden, nicht etwa Ersatzmitglieder des BR. Ersatzmitglieder sind nur wählbar, wenn sie anstelle eines ausgeschiedenen BR-Mitglieds – ggf. zeitweilig (längerfristig) – nachgerückt sind (DKW, § 27 BetrVG Rn. 6).

1. Wahlverfahren

3 Die Wahl der weiteren Ausschussmitglieder kann bereits in der konstituierenden Sitzung stattfinden, sie muss aber spätestens in der Sitzung nach der Konstituierung erfolgen (DKW, § 27 BetrVG Rn. 6). Der BR wählt die Mitglieder des Betriebsausschusses gem. § 27 Abs. 1 Satz 2 grundsätzlich nach den Grundsätzen der Verhältniswahl. Der Betriebsratsvorsitzende leitet die Wahl des Betriebsausschusses, die in geheimer Abstimmung stattfindet. Die Mehrheitswahl erfolgt nach § 27 Abs. 1

Satz 4 dann, wenn von allen BR-Mitgliedern nur ein Wahlvorschlag (Vorschlagsliste) gemacht wurde.
Weitere gesetzliche Vorgaben bestehen nicht. Der Bewerber muss allerdings seine Zustimmung hinsichtlich seiner Aufstellung zur Wahl erklären. Nicht erforderlich ist, dass der Wahlvorschlag mehrere Bewerber benennt. Die Wahlvorschläge können auch mündlich und auch von einzelnen Mitgliedern abgegeben werden, eine bestimmte Anzahl von Unterstützern des Wahlvorschlags ist nicht erforderlich.
Bei der **Verhältniswahl** (Listenwahl) werden mehrere Wahlvorschläge in Form von Listen abgegeben. Es wird die favorisierte Liste gewählt. Jedes BR-Mitglied hat nur eine Stimme. Die Berechnung der Stimmen ist gesetzlich nicht vorgeschrieben. Sie kann im Wege des d'Hondtschen Höchstzahlverfahrens erfolgen (§ 14 Rn. 6–8). Bei gleicher Höchstzahl entscheidet das Los. Der Betriebsratsvorsitzende leitet die geheime Wahl.

4 Sofern nur **ein Wahlvorschlag** eingereicht wurde und daher eine **Mehrheitswahl** durchgeführt wird, kann der BR vor der Wahl festlegen, dass der Betriebsausschuss in **einem Wahlgang** gewählt wird. Für diesen Fall hat der einzelne Wähler so viele Stimmen, wie Betriebsausschussmitglieder zu wählen sind. Eine weitere Möglichkeit besteht darin, dass der BR beschließt, bei der Mehrheitswahl in **getrennten Wahlverfahren** zu wählen. Die Anzahl der Wahlgänge entspricht dann der Anzahl der zu wählenden Mitglieder des Betriebsausschusses.
Gewählt ist, wer in dem jeweiligen Wahlgang die meisten Stimmen auf sich vereinigt. Für den Fall, dass mehrere Bewerber die gleiche Stimmenzahl erhalten, entscheidet das Los. Der ausgeschiedene Bewerber kann im nächsten Wahlgang erneut gewählt werden. Besteht beim letzten Wahlgang bei mehr als zwei Bewerbern Stimmengleichheit, kann eine Stichwahl durchgeführt werden. Bleibt ein eindeutiges Ergebnis weiterhin aus, entscheidet das Los.

5 Die **Wahl** kann **angefochten** werden. Hinsichtlich der Frist gilt die 2-Wochen-Frist des § 19 entsprechend. Grundsätzlich beginnt die Anfechtungsfrist mit dem Abschluss der Wahl, d. h. mit der Feststellung des Wahlergebnisses durch den BR. Allerdings kommt auch in dem Ausnahmefall, dass ein BR-Mitglied an der Sitzungsteilnahme verhindert war und deshalb keine Kenntnis von der Wahl und dem Wahlergebnis erlangt hat, ein späterer Zeitpunkt für die Anfechtung (Kenntniserlangung von Wahl und Wahlergebnis) in Betracht (vgl. BAG 20.4.2005 – 7 ABR 44/04, AiB Newsletter 2005, Nr. 10, 5). Anfechtungsberechtigt ist u. a. jedes einzelne BR-Mitglied (BAG 16.11.2005 – 7 ABR 11/05). Der

AG kann die Wahl nicht anfechten, ebenso wenig die einzelnen AN (vgl. DKW, § 27 BetrVG Rn. 49).

2. Ersatzmitglieder

6 Der BR kann gleichzeitig mit der Wahl des Betriebsausschusses Ersatzmitglieder für den Betriebsausschuss bestellen. Eine gesetzliche Regelung der Wahl existiert nicht. **Ersatzmitglieder des Betriebsausschusses** können nur Mitglieder des BR sein, nicht aber Ersatzmitglieder des BR. Ist ein Mitglied des Betriebsausschusses verhindert oder ausgeschieden, rückt nicht automatisch das Ersatzmitglied des BR-Mitglieds in den Betriebsausschuss nach. Die Wahl des in den Ausschuss nachrückenden BR-Mitglieds richtet sich vielmehr nach dem der Wahl zum Betriebsausschuss zugrundeliegenden Wahlverfahren. Der BR kann allerdings bei der Bildung des Betriebsausschusses oder später beschließen, dass beim Ausscheiden eines Betriebsrats- und Ausschussmitglieds das nach § 25 Abs. 1 Satz 1 nachrückende Ersatzmitglied Ausschussmitglied wird (DKW, § 27 BetrVG Rn. 12).

7 Sofern die Mitglieder des Betriebsausschusses im Wege der **Mehrheitswahl** bestellt wurden, kann z. B. eine Besetzung in entsprechender Anwendung (analog) von **§ 25 Abs. 2 Satz 3** oder eine ebenfalls in Mehrheitswahl durchgeführte Wahl der Ersatzmitglieder im Anschluss an die Wahl des Betriebsausschusses erfolgen bzw. eine Nachwahl des ausgeschiedenen oder verhinderten Betriebsausschussmitglieds vorgenommen werden. Im Falle des § 25 Abs. 2 Satz 3 analog bestimmt sich die Reihenfolge der nachrückenden Ersatzmitglieder nach der höchsten Stimmenanzahl der bei der Betriebsausschusswahl nicht gewählten BR-Mitglieder.

8 Wurden die Mitglieder des Betriebsausschusses im Wege der **Verhältniswahl** gewählt, rücken gem. **§ 25 Abs. 2 Satz 1 analog** die ursprünglich für den Betriebsausschuss nicht gewählten BR-Mitglieder auf der Liste des ausscheidenden bzw. verhinderten Betriebsausschussmitglieds nach, s. § 25 Rn. 5. Ist die Liste jedoch erschöpft, kann nach Ansicht des BAG das **Ersatzmitglied** in einer zusätzlichen Nachwahl im Wege der **Mehrheitswahl** gewählt werden (BAG 25.4.2001 – 7 ABR 26/00, AiB 2003, 183–184). Es ist nicht zulässig, gem. **§ 25 Abs. 2 Satz 2 analog** auf die nächste Liste zurückzugreifen. Sind alle Listen erschöpft, hat ebenfalls eine Nachwahl des Ersatzmitglieds in einer **Mehrheitswahl** zu erfolgen (BAG 28.10.1992 – 7 ABR 2/92, AiB 1993, 655). Eine Geschlechterquote ist nicht einzuhalten.

Für den Fall, dass sowohl der Vorsitzende des Betriebsausschusses als auch sein Stellvertreter verhindert sind, fehlt ebenfalls eine gesetzliche Regelung. Daher empfiehlt es sich, für diesen Fall in einer Geschäftsordnung Regelungen aufzustellen. 9

III. Ende und Dauer der Mitgliedschaft im Betriebsausschuss

Der **Vorsitzende** des BR und sein **Stellvertreter** sind zwingend auch 10
Vorsitzender und stellvertretender Vorsitzender des Betriebsausschusses. Die Wahl eines anderen Mitglieds des Betriebsausschusses zum Vorsitzenden ist unwirksam (LAG Hessen 24.9.2009 – 9 TaBV 69/09). Vorsitzender und Stellvertreter können im Gegensatz zu den weiteren Mitgliedern nur dann aus dem Betriebsausschuss ausscheiden, wenn sie aus dem BR ausscheiden. Bei ihnen handelt es sich also um **Betriebsausschussmitglieder kraft Amtes.** Aus diesem Grunde können sie auch nicht aus dem Betriebsausschuss abberufen werden.

Die **weiteren Mitglieder** des Betriebsausschusses sind für die gesamte 11
Amtszeit des BR Mitglied des Betriebsausschusses. Sie können die Ausschussmitgliedschaft aber jederzeit niederlegen. Mit dem Ausscheiden aus dem BR endet zugleich auch die Mitgliedschaft im Betriebsausschuss. Der BR bestellt die weiteren Mitglieder des Betriebsausschusses und nur er kann diese auch vor Ablauf der Amtszeit wieder abberufen. Die erforderliche Stimmenmehrheit für die Abberufung richtet sich nach dem ursprünglichen Wahlverfahren (Verhältniswahl oder Mehrheitswahl). An der Abstimmung nimmt auch das Mitglied teil, das abberufen werden soll (vgl. DKW, § 27 BetrVG Rn. 15). Bei einer ursprünglichen **Mehrheitswahl** erfolgt die Abberufung mit der einfachen Mehrheit.

Im Falle einer ursprünglichen **Verhältniswahl** findet dagegen die Abberufung in einer geheimen Abstimmung und mit einer ¾ Mehrheit der Stimmen der Mitglieder des BR statt. Das Vorliegen eines sachlichen Grundes ist für die Abberufung nicht erforderlich; es kann sich daher auch ausschließlich um eine »politisch« motierte Entscheidung handeln (LAG Hessen 23.11.2020 – 16 TaBV 79/20). Eine »Neuwahl ohne Abberufung der früher wirksam gewählten Ausschussmitglieder ist grundsätzlich nichtig« (BAG 13.11.1991 – 7 ABR 18/91, AiB 1992, 737–738). Eine Abberufung kann aber im Wege einer Neuwahl erfolgen, wenn eine Neuwahl mit der Mehrheit von ¾ der Stimmen der Mitglieder erfolgt ist und eine geheime Abstimmung beschlossen wurde (BAG 20.4.2005 – 7 ABR 44/04, AiB Newsletter 2005, Nr. 10, 5). Werden alle Mitglieder des Betriebsausschusses im Wege der Verhältniswahl neugewählt, ist die nach § 27 Abs. 1 Satz 3 genannte Mehrheit nicht erforderlich (BAG 29.4.1992 – 7 ABR 74/91). Hierin liegt eine »automatische« Abberufung.

IV. Sitzungen im Betriebsausschuss

12 Die Tätigkeit des **Betriebsausschusses als Organ des BR** richtet sich nach § 27. Für die Sitzungen des Betriebsausschusses gelten § 29 Abs. 2–4 und die §§ 30 ff. entsprechend. Die Schwerbehindertenvertretung hat ein beratendes Teilnahmerecht an den Sitzungen des Betriebsausschusses nach § 178 Abs. 4 Satz 1 SGB IX. Die JAV hat ein Teilnahmerecht unter den Voraussetzungen des § 67 Abs. 1 (s. § 67 Rn. 2 ff.). Der AG und die Gewerkschaften können entsprechend der für die Sitzungen des BR geltenden Vorschriften (§§ 29 Abs. 4, 31) der Sitzung des Betriebsausschusses beiwohnen. Das heißt z. B. können Vertreter einer Gewerkschaft der Sitzung des Betriebsausschusses beiwohnen, wenn ein Viertel der Mitglieder des BR dies verlangt oder wenn dies der BR oder der Betriebsausschuss beschließt (DKW, § 27 BetrVG Rn. 28).

1. Laufende Geschäfte und übertragene Aufgaben

a. Laufende Geschäfte

13 Der Betriebsausschuss führt gem. § 27 Abs. 2 die laufenden Geschäfte des BR. Unter den Begriff »laufende Geschäfte« fallen »regelmäßig interne, verwaltungsmäßige, organisatorische und ggf. wiederkehrende Aufgaben des BR« (BAG 15.8.2012 – 7 ABR 16/11). Nicht von den laufenden Geschäften erfasst ist der Abschluss von BV und die Ausübung der Mitbestimmungsrechte (vgl. DKW, § 27 BetrVG Rn. 33).

Beispiele für »laufende Geschäfte«:

- Auskünfte einholen und den Schriftverkehr erledigen (BAG 15.8.2012 – 7 ABR 16/11)
- Beschlussvorbereitung, Vorbesprechungen mit dem AG, Sitzungsvorbereitung etc.
- Öffentlichkeitsarbeit (LAG Berlin-Brandenburg 15.2.2018 – 14 TaBV 675/17)

Der Kreis der laufenden Geschäfte kann durch eine Geschäftsordnung bestimmt werden. Die Einsichtnahme in Gehaltslisten ist in § 80 Abs. 2 geregelt (§ 80 Rn. 21).

b. Aufgaben zur selbstständigen Erledigung

14 Es besteht die Möglichkeit, dem Betriebsausschuss **Aufgaben zur selbstständigen Erledigung** zu übertragen. Der Abschluss von BV fällt nach § 27 Abs. 2 Satz 2 nicht darunter; auch Angelegenheiten, die die Organisation des BR betreffen – wie z. B. die Wahl des Betriebsratsvorsitzenden und seines Stellvertreters (vgl. DKW, § 27 BetrVG Rn. 37) – sind hiervon nicht erfasst. Bei der Übertragung von Aufgaben auf den Betriebsausschuss muss der BR »in einem Kernbereich der gesetzlichen Befugnisse zuständig bleiben« (BAG 20.10.1993 – 7 ABR 26/93). Im Übrigen sind die Aufgaben, die dem Betriebsausschuss zur selbstständigen Erledigung übertragen werden können, nicht begrenzt, solange es sich um solche Aufgaben handelt, die sich im funktionellen Zuständigkeitsbereich des BR halten (LAG Baden-Württemberg 10.4.2013 – 2 TaBV 6/12).
Übertragen werden können z. B.

- Monatsgespräche mit dem AG (BAG 15.8.2012 –7 ABR 16/11) oder
- das Zustimmungsrecht zu einer beabsichtigten außerordentlichen Kündigung eines BR-Mitglieds nach § 103 (BAG 17.3.2005 – 2 AZR 275/04, AiB 2009, 724).
- die Beteiligung in personellen Angelegenheiten nach §§ 99, 100 (LAG Berlin-Brandenburg 21.8.2014 – 10 TaBV 671/14).

Die Übertragung bedarf der Schriftform (vgl. Rn. 15). Dazu setzt eine wirksame Übertragung voraus, dass der Umfang der übertragenden Aufgaben hinreichend bestimmt ist. Daher müssen im Übertragungsbeschluss die übertragenen Befugnisse genau beschrieben sein, wobei es ausreicht, wenn im Übertragungsbeschluss die betreffende Norm durch Mitteilung des Paragraphen zur Benennung des übertragenden Rechts angegeben ist (vgl. LAG Rheinland-Pfalz 17.6.2015 – 4 Sa 216/14).
Nicht möglich ist eine Übertragung in einer Angelegenheit, welche einen Beschluss des BR mit der Mehrheit seiner Stimmen erfordert (vgl. DKW, § 27 BetrVG Rn. 37).
Fasst der Betriebsausschuss bei der Wahrnehmung der **übertragenen Aufgaben** einen Beschluss, dann ersetzt dieser einen entsprechenden Beschluss des BR (vgl. DKW, § 27 BetrVG Rn. 36). Der Beschluss kann aber – vorausgesetzt er hat noch keine Außenwirkung – mit der Mehrheit der Stimmen des BR von diesem aufgehoben werden (vgl. DKW, § 27 BetrVG Rn. 36). Der BR darf für die übertragenen Aufgaben nach seinem Ermessen bestimmte Regelungen hinsichtlich der Beschlussfassung im Betriebsausschuss treffen bzw. Weisungen usw. erteilen. So kann er z. B. bestimmen, dass der BR regelmäßig darüber informiert wird, welche Beschlüsse der Betriebsausschuss gefasst hat.

c. Formerfordernisse

15 Die Übertragung von **Aufgaben zur selbstständigen Erledigung** erfolgt durch den BR nach § 27 Abs. 2 Satz 2 mit der Mehrheit der Stimmen seiner Mitglieder. Die Schriftform ist gem. § 27 Abs. 2 Satz 3 erforderlich; sie wird in der Regel durch Protokoll gewahrt (vgl. § 34 Abs. 1). Der Übertragungsbeschluss muss vom Vorsitzenden des BR unterschrieben werden. Nach § 67 Abs. 2 i. V. m. § 33 Abs. 3 haben die Vertreter der JAV ein Stimmrecht, wenn Belange der AN betroffen sind, die durch die JAV vertreten werden. Für diesen Fall zählen die Stimmen der JAV bei der erforderlichen absoluten Mehrheit mit.

Inhaltlich muss der Beschluss die **übertragene Aufgabe** eindeutig bezeichnen. Neben der Übertragung durch Beschluss ist auch eine Übertragung aufgrund einer Regelung in einer Geschäftsordnung möglich. Sollte der **Übertragungsbeschluss** aufgrund formeller Mängel nicht wirksam sein, sind grundsätzlich auch die im Betriebsausschuss gefassten Beschlüsse unwirksam, können aber durch einen Beschluss vom BR genehmigt werden (vgl. DKW, § 27 BetrVG Rn. 35).

Eine wirksame Übertragung der Aufgaben auf den Betriebsausschuss besteht für die gesamte Amtszeit des BR fort, wenn kein Widerruf bzw. keine Änderung des Beschlusses erfolgt ist. Ein etwaiger **Widerruf des Übertragungsbeschlusses** richtet sich gem. § 27 Abs. 2 Satz 4 nach den für die Übertragung erforderlichen Formerfordernissen. Eine Unterrichtung des AG über den Übertragungsbeschluss ist sinnvoll, da der AG sich in diesem Fall nicht auf eine etwaige Unkenntnis der Übertragung berufen kann.

2. Übertragung auf Vorsitzenden oder andere Betriebsratsmitglieder

16 Gem. § 27 Abs. 3 können **kleinere Betriebe**, also Betriebsratsgremien mit weniger als neun Mitgliedern, die **laufenden Geschäfte** auf den Vorsitzenden des BR oder andere BR-Mitglieder übertragen. In diesem Fall können die laufenden Geschäfte also auch der Vorsitzende des BR oder andere Mitglieder des BR führen. Erforderlich ist ein Beschluss des Betriebsratsgremiums, der mit einfacher Mehrheit gefasst werden muss. Da es sich nicht um einen Betriebsausschuss handelt, kann der BR über die Zusammensetzung sowie ggf. die Bestellung von Ersatzmitgliedern entscheiden. Die Voraussetzungen des § 27 Abs. 1 sind insoweit nicht einzuhalten.

§ 28 Übertragung von Aufgaben auf Ausschüsse

(1) [1]Der Betriebsrat kann in Betrieben mit mehr als 100 Arbeitnehmern Ausschüsse bilden und ihnen bestimmte Aufgaben übertragen. [2]Für die Wahl und Abberufung der Ausschussmitglieder gilt § 27 Abs. 1 Satz 3 bis 5 entsprechend. [3]Ist ein Betriebsausschuss gebildet, kann der Betriebsrat den Ausschüssen Aufgaben zur selbstständigen Erledigung übertragen; § 27 Abs. 2 Satz 2 bis 4 gilt entsprechend.
(2) Absatz 1 gilt entsprechend für die Übertragung von Aufgaben zur selbstständigen Entscheidung auf Mitglieder des Betriebsrats in Ausschüssen, deren Mitglieder vom Betriebsrat und vom Arbeitgeber benannt werden.

Inhaltsübersicht Rn.

I. Zweck der Regelung

1 Sinn und Zweck des § 28 ist es, den BR zu entlasten bzw. die Betriebsratsarbeit zu strukturieren. Die Vorschrift sieht sowohl die Bildung von Ausschüssen des BR als auch von »gemeinsamen« Ausschüssen vor, die von AG und BR zusammen gebildet werden. Die Ausschüsse können entweder **vorbereitend** tätig werden oder **Aufgaben zur selbstständigen Erledigung** wahrnehmen. § 28 ohne Abs. 1 Satz 2 ist für den GBR (§ 51 Abs. 1) und den KBR (§ 59 Abs. 1) entsprechend anwendbar; für die JAV ist nur Abs. 1 Satz 1 und 2, für Gesamt-JAV und Konzern-JAV lediglich Abs. 1 Satz 1 entsprechend anzuwenden.

II. Allgemeines

2 Die Grundsätze des § 27 gelten für die Wahl und Abberufung der Ausschussmitglieder sowie die Übertragung von Aufgaben auf Ausschüsse nach § 28 gleichermaßen (vgl. DKW, § 28 BetrVG Rn. 1). Der Ausschuss kann sich eine Geschäftsordnung geben. Die für die Bildung des Ausschusses mit und ohne Entscheidungskompetenz jeweiligen **Formvorschriften** gelten auch bei einer **Auflösung des Ausschusses** oder einer

inhaltlichen Änderung der übertragenen Aufgaben. Falls weniger als in der Regel 101 AN beschäftigt werden, können Ausschüsse nicht wirksam gebildet werden.

III. Bildung von Ausschüssen

3 Der BR kann nach § 28 Abs. 1 Satz 1 in Betrieben mit mehr als 100 AN Ausschüsse bilden und ihnen bestimmte Aufgaben übertragen. Der BR ist nicht verpflichtet, Ausschüsse zu bilden. Für den Fall, dass ein Betriebsausschuss gebildet wurde, kann der BR gem. § 28 Abs. 1 Satz 3 den Ausschüssen Aufgaben zur **selbstständigen Erledigung** übertragen. Der BR entscheidet nach seinem Ermessen, ob er Ausschüsse nach § 28 bildet und wie groß diese sind. Er entscheidet weiterhin nach freiem Ermessen, welche Arten von Ausschüssen er bildet und welche Aufgaben er diesen überträgt. Neben den gesetzlich vorgesehenen Ausschüssen nach §§ 27 und 28 kann er auch die Errichtung anderer Ausschüsse in der Geschäftsordnung regeln, z. B. einen Koordinierungsausschuss, der anders als ein Fachausschuss nur für bestimmte räumlich abgegrenzte Teile des Betriebs zuständig ist (LAG Baden-Württemberg 10.4.2013 – 2 TaBV 6/12).

1. Mitgliedschaft im Ausschuss

4 Der **Betriebsratsvorsitzende** und sein **Stellvertreter** sind – im Gegensatz zum Betriebsausschuss – **keine gesetzlichen Mitglieder** der Ausschüsse und können auch nicht in einer Geschäftsordnung als solche festgelegt werden (BAG 6.11.2005 – 7 ABR 11/05). Ebenfalls unzulässig ist die Aufnahme von Personen, die keine BR-Mitglieder sind, in die Ausschüsse. Hinsichtlich der Voraussetzungen, unter denen ein Ersatzmitglied des BR wählbar ist, vgl. § 27 Rn. 6.
Der BR kann einen Vorsitzenden und einen Stellvertreter wählen, andernfalls kann der Ausschuss dies übernehmen.

5 Wie bei § 27 findet auch bei der Wahl der Mitglieder der Ausschüsse grundsätzlich eine **Verhältniswahl** statt. Existiert aber nur eine Vorschlagsliste, muss eine **Mehrheitswahl** durchgeführt werden. Die Wahl findet geheim statt. Für den Fall einer Verhinderung können Ersatzmitglieder für die Ausschussmitglieder gewählt werden. Die Mitglieder des Ausschusses können zu jedem Zeitpunkt ihr Amt im Ausschuss niederlegen. Hinsichtlich der **Abberufung** der Mitglieder vgl. § 27 Rn. 10 ff. Sofern der Ausschuss nicht nur für einen bestimmten Zweck gewählt oder vorher aufgelöst wurde, besteht er bis zum Ende der Amtszeit des BR.

2. Ausschüsse ohne Entscheidungskompetenz

6 In Betrieben mit mehr als 100 AN können nach § 28 Abs. 1 Satz 1 Ausschüsse gebildet werden, die lediglich vorbereitend tätig werden, d.h. keine eigene Sachentscheidungskompetenz haben.
§ 28 Abs. 1 Satz 1 erlaubt nicht die Bildung eines geschäftsführenden Ausschusses, der im Sinne von § 27 Abs. 2 Satz 1 die laufenden Geschäfte des BR führt oder auch nur die Sitzungsvorbereitung wahrnimmt (BAG 14.8.2013 – 7 ABR 66/11). Dies wird damit begründet, dass sich die Formulierung in § 28 Abs. 1 Satz 1 eher auf spezifische, inhaltlich festgelegte Themengebiete beziehe und nicht auf regelmäßig interne, verwaltungsmäßige, organisatorische und ggf. wiederkehrende Aufgaben des BR (also etwa die Erledigung des Schriftverkehrs oder die Vorbereitung von Betriebsratssitzungen sowie von Teil- und Abteilungsversammlungen, vgl. BAG 14.8.2013 – 7 ABR 66/11). Unter die vorbereitende Tätigkeit des Ausschusses fällt demzufolge auch ein Gespräch mit einem Sachverständigen hinsichtlich eines inhaltlich festgelegten Themengebiets. Ein Ausschuss für Öffentlichkeitsarbeit soll nach § 28 Abs. 1 Satz 1 zumindest dann nicht gebildet werden können, wenn es einen Betriebsausschuss gibt, da die Öffentlichkeitsarbeit zu den laufenden Geschäften des BR zählt (LAG Berlin-Brandenburg 15.2.2018 – 14 TaBV 675/17).
Entscheidend ist die Anzahl der in der Regel beschäftigten AN (zum Begriff »der in der Regel beschäftigten AN« s. § 9 Rn. 2) und nicht – wie bei § 27 – die Größe des BR. Besondere Formerfordernisse sind bei der Aufgabenübertragung auf den Ausschuss nicht zu beachten. Der **Übertragungsbeschluss** muss lediglich mit **einfacher Mehrheit** des beschlussfähigen BR erfolgen, ein entsprechendes Protokoll ist anzufertigen.

3. Ausschüsse mit Aufgaben zur selbstständigen Erledigung

7 In Betrieben, in denen ein **Betriebsausschuss gebildet** wurde, kann der BR nach seinem Ermessen gem. § 28 Abs. 1 Satz 3 den Ausschüssen **Aufgaben zur selbstständigen Erledigung** übertragen. In einem solchen Fall hat der Ausschuss auch eine Sachentscheidungskompetenz. Der Übertragungsbeschluss setzt die **Mehrheit der Stimmen der Mitglieder des BR** voraus und muss **schriftlich** erfolgen. Hinsichtlich des Widerrufs vgl. § 27 Rn. 15.
Wurden dem Ausschuss Aufgaben, die in die Zuständigkeit des BR fallen, zur selbstständigen Erledigung übertragen, nimmt der Ausschuss die Aufgaben des BR wahr (vgl. zur Aufgabenübertragung § 27 Rn. 14).

Dies gilt nicht für den Abschluss von BV. Diese Aufgabe verbleibt beim BR.
Der BR hat bei der **Aufgabenübertragung mit Sachentscheidungskompetenz** im Übertragungsbeschluss auf die hinreichende **Bestimmtheit**, insbesondere hinsichtlich der übertragenen Aufgabe, zu achten. Es soll keine Ungewissheit hinsichtlich der Zuständigkeit des Ausschusses in Abgrenzung zum BR bestehen. Wie die Wahrnehmung der Aufgaben – insbesondere die Beschlussfassung – im Ausschuss erfolgt, steht ebenfalls im **Ermessen** des BR. Er kann dem Ausschuss inhaltliche und formelle Vorschriften geben (z. B. hinsichtlich der erforderlichen Mehrheiten).
Die Größe der Ausschüsse liegt zwar im Ermessen des BR, allerdings ist es hinsichtlich der Beschlussfassung sinnvoll, eine ungerade Zahl der Ausschussmitglieder festzulegen.

4. Gemeinsame Ausschüsse

8 Die **gemeinsamen Ausschüsse** werden von BR und AG zusammen gebildet. Die Mitglieder werden »einerseits vom BR und andererseits vom AG benannt« (DKW, § 28 BetrVG Rn. 15). So kann z. B. ein Integrationsteam im Rahmen des betrieblichen Eingliederungsmanagements als gemeinsamer Ausschuss gebildet werden (BAG 22. 3. 2016 – 1 ABR 14/14). Der gemeinsame Ausschuss mit Entscheidungskompetenz darf nach § 28 Abs. 1 Satz 3, Abs. 2 nur gebildet werden, wenn ein **Betriebsausschuss** bereits besteht. Im Gegensatz zu den Ausschüssen nach Abs. 1 handelt es sich bei dem gemeinsamen Ausschuss nicht um ein Organ des BR, sondern um eine **»eigenständige Einrichtung der Betriebsverfassung«** (BAG 20. 10. 1993 – 7 ABR 26/93).
Gemeinsame Ausschüsse können in Betrieben mit mehr als 100 AN gebildet werden. Ist der Betrieb kleiner, beschäftigt er also weniger als 101 AN, können auch gemeinsame Ausschüsse und Kommissionen gebildet werden, ihnen können aber keine Aufgaben zur selbstständigen Erledigung übertragen werden (vgl. DKW, § 28 BetrVG Rn. 21).

9 Die Zusammensetzung und die Größe des Ausschusses richten sich nach der Vereinbarung zwischen AG und BR. Es ist darauf zu achten, dass eine auf Arbeitgeber- und Betriebsratsseite zahlenmäßig entsprechende Besetzung des gemeinsamen Ausschusses vorliegt. Dies verhindert, dass der BR auf Mitbestimmungsrechte verzichtet. Eine Übertragung entsprechender Aufgaben ist daher im Einzelfall abzuwägen. Dies gilt insbesondere, wenn von einer Bindungswirkung der **Entscheidungen des gemeinsamen Ausschusses,** dem nach § 28 Abs. 2 Aufgaben zur

selbstständigen Erledigung übertragen wurden, ausgegangen wird. Hinsichtlich der formellen Voraussetzungen des **Übertragungsbeschlusses** vgl. § 27 Rn. 15.

Mit welcher Mehrheit die Beschlüsse des gemeinsamen Ausschusses gefasst werden müssen, ist nicht gesetzlich geregelt. AG und BR können eine Regelung hierüber treffen. Wurde keine Regelung getroffen, sollte für die Beschlussfassung die Vorschrift des § 33 Abs. 2 entsprechend angewandt werden. Für den Fall, dass »durch den Beschluss Aufgaben des BR wahrgenommen werden, kann dieser nicht gegen die Mehrheit der entsandten BR-Mitglieder gefasst werden« (DKW, § 28 BetrVG Rn. 17). Sollte sich der gemeinsame Ausschuss nicht einigen können, bleibt es bei der gemeinsamen Zuständigkeit von BR und AG. Der gemeinsame Ausschuss darf **keine BV** abschließen. 10

§ 28a Übertragung von Aufgaben auf Arbeitsgruppen

(1) [1]In Betrieben mit mehr als 100 Arbeitnehmern kann der Betriebsrat mit der Mehrheit der Stimmen seiner Mitglieder bestimmte Aufgaben auf Arbeitsgruppen übertragen; dies erfolgt nach Maßgabe einer mit dem Arbeitgeber abzuschließenden Rahmenvereinbarung. [2]Die Aufgaben müssen im Zusammenhang mit den von der Arbeitsgruppe zu erledigenden Tätigkeiten stehen. [3]Die Übertragung bedarf der Schriftform. [4]Für den Widerruf der Übertragung gelten Satz 1 erster Halbsatz und Satz 3 entsprechend.

(2) [1]Die Arbeitsgruppe kann im Rahmen der ihr übertragenen Aufgaben mit dem Arbeitgeber Vereinbarungen schließen; eine Vereinbarung bedarf der Mehrheit der Stimmen der Gruppenmitglieder. [2]§ 77 gilt entsprechend. [3]Können sich Arbeitgeber und Arbeitsgruppe in einer Angelegenheit nicht einigen, nimmt der Betriebsrat das Beteiligungsrecht wahr.

Inhaltsübersicht Rn.

I. Zweck der Regelung

1 Für BR und AG besteht die Möglichkeit, bestimmte Aufgaben auf Arbeitsgruppen zu übertragen, die selbstständige und praxisnahe Entscheidungen treffen können. Der BR wird durch die Bildung solcher Gruppen entlastet. Keine Anwendung findet die Regelung für den GBR, den KBR, die JAV, die Gesamt-JAV und die Konzern-JAV.

II. Begriff »Arbeitsgruppe«

2 Der Begriff der **Arbeitsgruppe** ist gesetzlich nicht bestimmt. In der Arbeitsgruppe können auch AN, die nicht im BR sind, Mitglied sein. Man versteht unter einer Arbeitsgruppe einen Zusammenschluss von AN, die gemeinsam an einer Aufgabe arbeiten, z. B. Projektgruppen oder Teams. Liegt eine Gruppenarbeit i. S. d. § 87 Abs. 1 Nr. 13 vor, besteht auch immer eine Arbeitsgruppe i. S. d. § 28a.

Sofern sich die **personelle Ausgestaltung** in der Gruppe ändert, ist dies für den Bestand der Arbeitsgruppe grundsätzlich irrelevant. Davon abweichende Regelungen können in einer Rahmenvereinbarung oder durch einen Übertragungsbeschluss getroffen werden. Wird eine neue Aufgabe übertragen, bedeutet das auch eine neue Arbeitsgruppe – und zwar unabhängig von ihrer personellen Ausgestaltung.

3 Die Arbeitsgruppe ist **kein Organ des BR**. Nach § 28a Abs. 1 Satz 1 ist Voraussetzung für die Übertragung, dass ein Betrieb mit mehr als 100 regelmäßig beschäftigten AN besteht.

III. Aufgabenübertragung

4 Gem. § 28a Abs. 1 Satz 1 ist für die Aufgabenübertragung von Betriebsratsaufgaben auf die Arbeitsgruppe ein **Übertragungsbeschluss** des BR erforderlich. Hierfür muss jedoch zunächst eine **Rahmenvereinbarung** zwischen BR und AG abgeschlossen worden sein, in der die Modalitäten der Übertragung bestimmter Aufgaben festgelegt werden. Sind Aufgaben auf eine Arbeitsgruppe übertragen worden, kann die Arbeitsgruppe mit dem AG eine **Gruppenvereinbarung** abschließen.

1. Rahmenvereinbarung

5 Die **Rahmenvereinbarung** wird i. d. R. schriftlich als **freiwillige BV** mit **einfacher Mehrheit** abgeschlossen. Für den Fall, dass bereits in der Rahmenvereinbarung Beteiligungsrechte des BR übertragen werden, muss

nach § 28a Abs. 1 Satz 1, 1. Halbsatz **die Mehrheit der Stimmen der Mitglieder des BR** gegeben sein. In der Rahmenvereinbarung wird geregelt, welche gruppenspezifischen Rechte auf die Arbeitsgruppe übertragen werden können.

Ob überhaupt eine vorweggenommene Übertragung von Beteiligungsrechten des BR in der Rahmenvereinbarung zulässig ist, ist umstritten und wird teilweise verneint (vgl. DKW, § 28a BetrVG Rn. 43). Die zu übertragenen Aufgaben müssen in einem inneren Zusammenhang mit der Tätigkeit der Arbeitsgruppe stehen und nur die Mitglieder der Arbeitsgruppe betreffen.

Inhaltlich bietet sich an, den **Umfang der Aufgaben**, bei denen eine Übertragung auf die Arbeitsgruppe denkbar ist, grob festzulegen. Außerdem können z. B. die Voraussetzungen für eine Übertragung von Aufgaben, insbesondere bei Bestehen mehrerer Arbeitsgruppen, festgelegt werden. Es ist sinnvoll, für jede Arbeitsgruppe eine gesonderte Rahmenvereinbarung abzuschließen. Die Rahmenvereinbarung muss immer eine **konkrete Aufgabenbeschreibung** der jeweiligen Arbeitsgruppe beinhalten und kann zudem Angaben über ihre personelle Ausgestaltung enthalten.

Es kann u. a. geregelt werden,

- wie Beschlüsse gefasst werden,
- wer Arbeitsgruppensprecher und wer Vertreter ist,
- welche Folgen ein Wechsel der Personen haben kann und
- nach welchen Kriterien sich die Arbeitsgruppe zusammensetzt.

Für die Kündigung der Rahmenvereinbarung und deren Wirkung gilt § 77 entsprechend (DKW, § 28a BetrVG Rn. 25), soweit keine anderen Kündigungsfristen geregelt sind.

2. Übertragungsbeschluss

Der **Übertragungsbeschluss** muss die übertragene Aufgabe konkret benennen. Nach § 28a Abs. 1 Satz 3 ist ein schriftlicher **Übertragungsbeschluss** mit der Mehrheit der Stimmen der Mitglieder des BR zu fassen. Welche Aufgaben übertragen werden, liegt im Ermessen des BR. Die **übertragenen Aufgaben** müssen gem. § 28a Abs. 1 Satz 2 im Zusammenhang mit den von der Arbeitsgruppe zu erledigenden Tätigkeiten stehen. In Betracht kommt z. B. 6

- Urlaubsplanung,
- Förderung der Gleichstellung,
- Organisation der Gruppe,
- Gestaltung der Kommunikation innerhalb der Gruppe.

Lohngestaltungsfragen oder Betriebsänderungen dürfen **nicht** auf die Arbeitsgruppe **übertragen** werden, da diese Angelegenheiten nicht nur die AN der Gruppe betreffen.

7 In § 28a Abs. 1 Satz 4 ist die Möglichkeit des **Widerrufs der Übertragung** vorgesehen. Der Widerruf richtet sich nach den Voraussetzungen, die auch schon für die Übertragung gelten, d.h. er muss vom BR schriftlich mit absoluter Stimmenmehrheit erfolgen und der Arbeitsgruppe mitgeteilt werden. Diese darf die Angelegenheit dann nicht mehr für den BR wahrnehmen.

3. Gruppenvereinbarung

8 Die Gruppe kann – wenn ihr vom BR die Befugnis dazu eingeräumt worden ist – mit dem AG sog. **Gruppenvereinbarungen** abschließen. Diese Vereinbarungen werden nach § 28a Abs. 2 Satz 1 mit der Mehrheit der Stimmen der Gruppenmitglieder getroffen. Da das Gesetz auf § 77 verweist, ist davon auszugehen, dass die Vereinbarungen, sofern sie schriftlich abgeschlossen sind, **wie eine BV** wirken, mit allen in § 77 normierten Grundsätzen.

Eine andere Möglichkeit, eine Gruppenvereinbarung abzuschließen ist die **Regelungsabrede**.

9 Hinsichtlich der Beendigung der Gruppenvereinbarung besteht die Möglichkeit, dass der AG oder der BR die Vereinbarung mit einer 3-monatigen Frist **kündigt** oder AG und BR nach einem Widerruf die Vereinbarung übereinstimmend **aufheben**.

Falls sich AG und die Arbeitsgruppe im Rahmen ihrer Tätigkeit **nicht einigen** können, ist es »ausreichend, wenn der Gruppensprecher oder der AG dem BR mitteilt, dass eine Einigung im Rahmen der übertragenen Aufgabe nicht zu erwarten ist« (DKW, § 28a BetrVG Rn. 79). Es wird jedoch empfohlen, die nicht erfolgte Einigung im Wege des Beschlussverfahrens festzustellen. Folge ist, dass BR und AG die Angelegenheit wieder **in eigener Zuständigkeit** regeln.

10 Die Mitglieder der Arbeitsgruppe müssen **nicht zwingend** BR-Mitglieder sein. Sie unterliegen daher auch insoweit nicht dem gleichen Schutz wie BR-Mitglieder, d.h. sie haben z.B. keinen Kündigungsschutz nach § 15 KSchG. Sie dürfen durch die Aufgabenübertragung allerdings nicht benachteiligt werden. § 37 Abs. 1–3 gilt entsprechend (vgl. DKW, § 28a BetrVG Rn. 82).

11 Die Kosten, die durch die Tätigkeit der Arbeitsgruppe entstehen, trägt nach § 40 der AG.

§ 29 Einberufung der Sitzungen

(1) [1]Vor Ablauf einer Woche nach dem Wahltag hat der Wahlvorstand die Mitglieder des Betriebsrats zu der nach § 26 Abs. 1 vorgeschriebenen Wahl einzuberufen. [2]Der Vorsitzende des Wahlvorstands leitet die Sitzung, bis der Betriebsrat aus seiner Mitte einen Wahlleiter bestellt hat.

(2) [1]Die weiteren Sitzungen beruft der Vorsitzende des Betriebsrats ein. [2]Er setzt die Tagesordnung fest und leitet die Verhandlung. [3]Der Vorsitzende hat die Mitglieder des Betriebsrats zu den Sitzungen rechtzeitig unter Mitteilung der Tagesordnung zu laden. [4]Dies gilt auch für die Schwerbehindertenvertretung sowie für die Jugend- und Auszubildendenvertreter, soweit sie ein Recht auf Teilnahme an der Betriebsratssitzung haben. [5]Kann ein Mitglied des Betriebsrats oder der Jugend- und Auszubildendenvertretung an der Sitzung nicht teilnehmen, so soll es dies unter Angabe der Gründe unverzüglich dem Vorsitzenden mitteilen. [6]Der Vorsitzende hat für ein verhindertes Betriebsratsmitglied oder für einen verhinderten Jugend- und Auszubildendenvertreter das Ersatzmitglied zu laden.

(3) Der Vorsitzende hat eine Sitzung einzuberufen und den Gegenstand, dessen Beratung beantragt ist, auf die Tagesordnung zu setzen, wenn dies ein Viertel der Mitglieder des Betriebsrats oder der Arbeitgeber beantragt.

(4) [1]Der Arbeitgeber nimmt an den Sitzungen, die auf sein Verlangen anberaumt sind, und an den Sitzungen, zu denen er ausdrücklich eingeladen ist, teil. [2]Er kann einen Vertreter der Vereinigung der Arbeitgeber, der er angehört, hinzuziehen.

Inhaltsübersicht

I. Zweck der Regelung

1 § 29 regelt den Ablauf der Betriebsratssitzungen, d. h. sowohl der konstituierenden Sitzung als auch der übrigen Sitzungen. Eine entsprechende Anwendung findet § 29 auf die JAV (§ 65 Abs. 2). § 29 Abs. 2–4 gilt entsprechend für den GBR (§ 51 Abs. 3) und den KBR (§ 59 Abs. 2) sowie für die Gesamt-JAV (§ 73 Abs. 2) und die Konzern-JAV (§ 73b).

II. Konstituierende Sitzung (Abs. 1)

2 Der Wahlvorstand hat die gewählten Mitglieder des BR bzw. bei Verhinderung die Ersatzmitglieder spätestens innerhalb einer Woche nach dem Wahltag zu der **konstituierenden Sitzung einzuladen**.
Bei Ablehnung der Wahl durch ein BR-Mitglied rückt das nach § 18 WO betroffene BR-Mitglied nach. Die Geschäftsführung des BR wird erst durch seine Konstituierung ermöglicht; dort werden auch die Grundlagen für die weitere Geschäftsführung gelegt (vgl. BAG 23.8.1984 – 6 AZR 520/82). Für die Fristberechnung wird der Tag der Wahl nicht mitgezählt. Ist der letzte Tag der Frist ein Samstag, Sonntag oder Feiertag, dann endet die Frist mit dem nächsten Werktag (§ 193 BGB). Wird von dieser Frist nur geringfügig abgewichen, ist dies in der Regel unschädlich. Wichtig ist, dass die BR-Mitglieder **innerhalb der Wochenfrist eingeladen** werden, die Sitzung selbst kann auch zu einem späteren Zeitpunkt stattfinden.
Endet die Amtszeit des amtierenden BR erst nach dieser Wochenfrist, hat die konstituierende Sitzung jedoch **spätestens am letzten Tag der Amtszeit** des alten BR stattzufinden, um zu vermeiden, dass der Betrieb einen handlungsunfähigen BR hat. Sofern der Wahlvorstand die Sitzung nicht einberuft, besteht für die BR-Mitglieder die Möglichkeit, selbst zusammenzutreten (DKW, § 29 BetrVG Rn. 7).

3 Die konstituierende Sitzung kann auch bereits stattfinden, wenn der **aktuelle BR noch im Amt ist**. Die Amtszeit des neu gewählten BR beginnt dann allerdings erst mit Ablauf der Amtszeit des amtierenden BR. Für die Fälle, in denen die Amtszeit des BR mit Bekanntgabe des Wahlergebnisses beginnt, z. B. weil vorher kein BR bestand, empfiehlt es sich, die konstituierende Sitzung am Tag der Bekanntgabe des Wahlergebnisses abzuhalten.

4 In der konstituierenden Sitzung werden der Betriebsratsvorsitzende und sein Stellvertreter gewählt. Die konstituierende Sitzung leitet der **Wahlvorstandsvorsitzende**, bis der beschlussfähige BR aus seiner Mitte einen

Wahlleiter bestellt hat. Zum Wahlleiter gewählt ist, wer die meisten Stimmen auf sich vereinigt hat.
Die anderen Wahlvorstandsmitglieder sind nicht teilnahmeberechtigt. Das Teilnahmerecht des Wahlvorstandsvorsitzenden endet, wenn er nicht selbst ein Mitglied des BR ist, mit der Wahl des Wahlleiters. Die Wahl des **Vorsitzenden** und seines **Stellvertreters** findet anschließend unter der Leitung des Wahlleiters statt. Der Vorsitzende des BR übernimmt nach seiner Wahl die Sitzungsleitung.
Sowohl der als auch der **Schwerbehindertenvertretung** steht ein gesetzliches Teilnahmerecht an den Sitzungen des BR und daher auch ein entsprechendes Teilnahmerecht an der konstituierenden Sitzung des BR zu (DKW, § 29 BetrVG Rn. 10). 5
Einfache Fehler bei der Errichtung des Wahlvorstandes berühren die Wirksamkeit der Bestellung des Wahlvorstandes nicht. Nur wenn ein offensichtlicher oder besonders grober Verstoß gegen die Wahlvorschriften nach §§ 16 bis 17a vorliegt, ist die Bestellung des Wahlvorstandes nichtig (vgl. BAG 15.10.2014 – 7 ABR 53/12).

III. Übrige Sitzungen des Betriebsrats (Abs. 2)

Der Betriebsratsvorsitzende beruft nach § 29 Abs. 2 die weiteren Sitzungen des BR ein; das sind dann alle Betriebsratssitzungen bis zum Ende der Amtszeit. Die BR-Mitglieder und die weiteren zur Teilnahme berechtigten Personen sind rechtzeitig unter Mitteilung der Tagesordnung zu laden. 6

1. Teilnahmerecht des Betriebsrats, der JAV und der Schwerbehindertenvertretung

Teilnahmeberechtigt sind alle Mitglieder des BR bzw. bei deren Verhinderung die Ersatzmitglieder. Außer den BR-Mitgliedern werden auch die Schwerbehindertenvertretung und ein Vertreter der JAV geladen. Hinsichtlich des Teilnahmerechts aller JAV-Mitglieder s. § 67 Rn. 2ff. Bezüglich der Möglichkeit der JAV, nach § 67 Abs. 3 eine Angelegenheit auf die Tagesordnung der nächsten Sitzung zu setzen, s. § 67 Rn. 7; im Hinblick auf die Schwerbehindertenvertretung siehe § 32. 7

2. Teilnahmerecht anderer Personen

Der **AG** nimmt an den Betriebsratssitzungen teil, wenn der BR ihn eingeladen hat oder wenn gem. § 29 Abs. 4 die Sitzung auf Verlangen des 8

AG anberaumt wurde; in allen anderen Fällen hat er kein Teilnahmerecht. Wurde der AG eingeladen, besteht eine Teilnahmepflicht des AG; ihm sind vom BR Zeit und Ort der Sitzung sowie die Tagesordnungspunkte mitzuteilen. Zur Vertretung des AG befugt sind nur betriebsinterne Personen, die entsprechende Sachkunde besitzen.
Darüber hinaus kann ein **Vertreter der Arbeitgebervereinigung**, der der AG angehört, gem. § 29 Abs. 4 zu der Sitzung hinzugezogen werden, wenn entweder der AG oder ein Vertreter an der Sitzung teilnehmen. Der AG muss in diesem Fall selbst nicht mehr an der Sitzung teilnehmen. Dies hat auf die gefassten Beschlüsse jedoch keine Auswirkungen. Dem AG bleibt es unbenommen auch »betriebsangehörige Sachbearbeiter« (DKW, § 29 BetrVG Rn. 43) oder betriebsfremde Personen, z. B. Sachverständige, zu der Sitzung hinzuzuziehen, wenn der BR dem vorher zugestimmt hat.
Der AG darf an den Sitzungen des BR teilnehmen und auch seine Meinung äußern; er hat aber weder eine beratende Stimme noch ein Stimmrecht (vgl. DKW, § 29 BetrVG Rn. 42). Bei Beratungen und Abstimmungen des BR hat er die Sitzung zu verlassen. Sein Teilnahmerecht kann sich ggf. auf einzelne Tagesordnungspunkte, zu denen er geladen wurde oder die er anberaumt hat, begrenzen. Der Vertreter der Arbeitgebervereinigung hat ebenfalls keine beratende Stimme.Hinsichtlich des Teilnahmerechts der **Gewerkschaften** siehe § 31.

3. Ladung und Tagesordnung

9 Der Betriebsratsvorsitzende – bzw. im Verhinderungsfalle sein Stellvertreter – lädt zu den Sitzungen des BR **unter Mitteilung der Tagesordnung** ein. Ist auch der Stellvertreter verhindert, dann hat, wenn für diesen Fall keine Regelung in der Geschäftsordnung getroffen wurde, der BR ein »Selbstzusammentrittsrecht«, sofern dringende und unaufschiebbare Beratungsgegenstände zu erledigen sind (DKW, § 29 BetrVG Rn. 15). Bei der Terminierung von Betriebsratssitzungen und der Festlegung der Tagesordnung muss der Vorsitzende die betrieblichen Belange berücksichtigen. Soll eine Sitzung mittel Video- oder Telefonkonferenz stattfinden, kann der Vorsitzende per E-Mail einladen oder die Einladungsfunktionen von Videokonferenzsystemen nutzen. Mit der Einladung ist die Tagesordnung zu versenden, wobei hier darauf zu achten ist, dass die Versendung verschlüsselt erfolgt. Es muss ein Video- oder Telefonkonferenzsystem genutzt werden, dass auch Gewerkschaftsvertretern, Schwerbehindertenvertretung und JAV ermöglicht, an den virtuellen Sitzungen mittels Video oder Telefon teilzunehmen.

Der Betriebsratsvorsitzende hat nach § 29 Abs. 3 eine Pflicht zur Einberufung der Sitzung und zur Behandlung eines bestimmten Tagesordnungspunktes, wenn ein Viertel der Mitglieder des BR oder der AG dies beantragt. Außerhalb dieses Personenkreises besteht lediglich die Möglichkeit, eine Sitzung anzuregen.

a. Form und Frist der Ladung und Tagesordnung

Die **Ladung** zur Betriebsratssitzung muss rechtzeitig unter Angabe von Ort und Zeit der Sitzung erfolgen. Soll eine Betriebsratssitzung virtuell stattfinden, muss der Vorsitzende in der Einladung die genauen Modalitäten (z. B. welches Video- oder Telefonkonferenzsystem genutzt werden soll) benennen und den BR-Mitgliedern eine angemessene Widerspruchsfrist für das Abhalten einer virtuellen Sitzung einräumen (zu den Voraussetzungen einer Sitzung mittels Video- oder Telefonkonferenz siehe § 30 Rn. 11 ff.). Für die Wirksamkeit von Beschlüssen ist es unverzichtbar, dass sämtliche BR-Mitglieder ordnungsgemäß geladen wurden (BAG 15.4.2014 – 1 ABR 2/13 (B); BAG 25.9.2024 – 7 ABR 37/23). Die **Tagesordnung** kann zusammen mit der Ladung mitgeteilt werden. Es besteht darüber hinaus die Möglichkeit, den Zeitpunkt der Sitzungen in einem bestimmten Abstand im Vorhinein festzulegen (z. B. turnusmäßig jeden Mittwoch). Ist dies erfolgt, muss die Tagesordnung rechtzeitig zugeleitet werden, es sei denn, diese ist bereits in der letzten Sitzung mitgeteilt worden. 10

Rechtzeitig bedeutet, dass die BR-Mitglieder die Möglichkeit haben müssen, sich umfassend auf die Sitzung vorzubereiten. Die Ladung und die Tagesordnung müssen keine bestimmte Form haben. Es wird jedoch empfohlen, sowohl Ladung als auch Tagesordnung schriftlich abzufassen, damit sich die BR-Mitglieder ordnungsgemäß auf die Betriebsratssitzung vorbereiten können. 11

b. Inhalt der Tagesordnung

Der **Gegenstand, der beraten werden soll,** ist unter einem Tagesordnungspunkt genau zu benennen und muss in die Zuständigkeit des BR fallen. Die Tagesordnung legt die einzelnen **Tagesordnungspunkte in einer Reihenfolge** fest. Der Punkt »Verschiedenes« enthält keinen Aufschluss darüber, was besprochen werden soll, so dass dieser Punkt für eine Beschlussfassung nicht ausreicht. Vielmehr ist dieser Tagesordnungspunkt so zu behandeln, als wäre er überhaupt nicht auf der 12

Tagesordnung erwähnt (BAG 28.10.1992 – 7 ABR 14/92, AiB 1993, 286, 315–316).

13 Eine rechtzeitige **Änderung der Tagesordnung** vor der Sitzung ist möglich; hierüber sind jedoch alle BR-Mitglieder rechtzeitig zu unterrichten. Ist in der Ladung ein Tagesordnungspunkt nicht berücksichtigt worden, kann der BR die **Tagesordnung in der Sitzung ergänzen bzw. ändern**, wenn

- alle anwesenden BR-Mitglieder ordnungsgemäß geladen worden sind,
- der BR beschlussfähig ist und
- alle anwesenden BR-Mitglieder mit der Ergänzung, bzw. Änderung einverstanden sind.

Sofern die Ladung ohne Übermittlung der Tagesordnung erfolgt ist, kann dieser Mangel ebenso unter den oben genannten Voraussetzungen geheilt werden (BAG 22.11.2017 – 7 ABR 46/16).

Es reicht demnach aus, wenn eine Einstimmigkeit der **anwesenden** BR-Mitglieder und nicht zwingend aller BR-Mitglieder gegeben ist (BAG 22.1.2014 – 7 AS 6/13; BAG 9.7.2013 – 1 ABR 2/13). Ist folglich die Ladung mangels vollständiger Mitteilung der Tagesordnung verfahrensfehlerhaft, kann dieser Mangel durch einstimmigen Beschluss der Anwesenden geheilt werden (BAG 15.4.2014 – 1 ABR 2/13 (B)), wenn – das ist eine zwingende Voraussetzung – alle BR-Mitglieder und Ersatzmitglieder ordnungsgemäß geladen worden sind. Dies gilt auch dann, wenn dieser Zustimmungsbeschluss erst im Laufe der Betriebsratssitzung gefasst wird und wenn bereits über einige Tagesordnungspunkte verhandelt und abgestimmt wurde (BAG 22.11.2017 – 7 ABR 46/16).

c. Verhinderung an der Teilnahme

14 Bei **Verhinderung** eines BR-Mitglieds, eines Mitglieds der JAV oder eines Mitglieds der Schwerbehindertenvertretung sind die Verhinderungsgründe dem Betriebsratsvorsitzenden mitzuteilen (vgl. DKW, § 29 BetrVG Rn. 21). Der Vorsitzende prüft anschließend, ob ein Verhinderungsfall vorliegt und lädt für diesen Fall ein **Ersatzmitglied**. Bei der Kollision von beruflichen Aufgaben und der betriebsverfassungsrechtlichen Pflicht zur Teilnahme an der Betriebsratssitzung muss das BR-Mitglied eine eigenverantwortliche Abwägung zwischen der Dringlichkeit der beruflichen Tätigkeit und der Verpflichtung zur Betriebsratstätigkeit treffen und dabei die aus dem Ehrenamt erwachsenden Aufgaben besonders in Rechnung stellen (BAG 15.4.2014 – 1 ABR 2/13,

NZA 2014, 551). So liegt ein Verhinderungsgrund nur vor, wenn das BR-Mitglied als Fachkraft zur Erledigung dringender betrieblicher Aufgaben herangezogen werden muss und auf der Betriebsratssitzung keine wichtigen Fragen behandelt werden (LAG Hessen 4.2.2013 – 16 TaBV 261/ 12). **Im Zweifel hat aber immer die Teilnahme an der Betriebsratssitzung den Vorrang**. Zu den weiteren Verhinderungsgründen siehe § 25 Rn. 3.

4. Ablauf der Sitzungen

Die Sitzung wird vom **Vorsitzenden** bzw. bei dessen Verhinderung vom 15
Stellvertreter geleitet. Falls beide verhindert sind, kann durch Mehrheitsbeschluss ein anderes BR-Mitglied bestimmt werden, welches die Leitung der Sitzung übernimmt.

Der Vorsitzende hat das **Hausrecht** während der Sitzung. D.h. er

- bestimmt, wer in der Sitzung reden darf,
- ruft gegebenenfalls zur Ordnung,
- schließt und eröffnet die Sitzung,
- bestimmt den Ablauf der Abstimmung und
- stellt die Anfertigung des Protokolls nach § 34 sicher.

Dem Vorsitzenden steht es nicht zu, ein einzelnes BR-Mitglied von der Sitzung auszuschließen (DKW, § 29 BetrVG Rn. 29).

§ 30 Betriebsratssitzungen

(1) [1]Die Sitzungen des Betriebsrats finden in der Regel während der Arbeitszeit statt. [2]Der Betriebsrat hat bei der Ansetzung von Betriebsratssitzungen auf die betrieblichen Notwendigkeiten Rücksicht zu nehmen. [3]Der Arbeitgeber ist vom Zeitpunkt der Sitzung vorher zu verständigen. [4]Die Sitzungen des Betriebsrats sind nicht öffentlich. [5]Sie finden als Präsenzsitzungen statt.

(2) Abweichend von Absatz 1 Satz 5 kann die Teilnahme an einer Betriebsratssitzung mittels Video- und Telefonkonferenz erfolgen, wenn

1. **die Voraussetzungen für eine solche Teilnahme in der Geschäftsordnung unter Sicherung des Vorrangs der Präsenzsitzung festgelegt sind,**
2. **nicht mindestens ein Viertel der Mitglieder des Betriebsrats binnen einer von dem Vorsitzenden zu bestimmenden Frist diesem gegenüber widerspricht und**

3. sichergestellt ist, dass Dritte vom Inhalt der Sitzung keine Kenntnis nehmen können. Eine Aufzeichnung der Sitzung ist unzulässig.

(3) Erfolgt die Betriebsratssitzung mit der zusätzlichen Möglichkeit der Teilnahme mittels Video- und Telefonkonferenz, gilt auch eine Teilnahme vor Ort als erforderlich.

Inhaltsübersicht Rn.

I. Zweck der Regelung

1 Die Vorschrift regelt, wann Betriebsratssitzungen stattfinden. Die Regelung gilt auch für Sitzungen des GBR (§ 51 Abs. 1), des KBR (§ 59 Abs. 1), der JAV (§ 65 Abs. 1), der Gesamt-JAV (§ 73 Abs. 2), der Konzern-JAV (§ 73b Abs. 2) sowie der Ausschüsse (einschließlich des Wirtschaftsausschusses). Sie ist zwingend und kann nicht durch einen Tarifvertrag oder eine BV abbedungen werden.

II. Zeitpunkt der Betriebsratssitzungen

2 Der BR sollte in einer Geschäftsordnung (§ 36) festlegen, wann er zu seinen Sitzungen zusammentrifft. Gibt es **keine Regelungen** in der **Geschäftsordnung**, so **bestimmt der Vorsitzende** den Termin für die Sitzungen.

Die Betriebsratssitzungen finden **grundsätzlich innerhalb der Arbeitszeit** und **in den Räumlichkeiten des Betriebs** statt. Nur ausnahmsweise sind die Betriebsratssitzungen außerhalb der Arbeitszeit durchzuführen. Dies kann in Schichtbetrieben vorkommen oder wenn Mitglieder teilzeitbeschäftigt sind und die Sitzungen nicht in ihre persönliche Arbeitszeit fallen. Die BR-Mitglieder haben in diesen Fällen einen Anspruch nach § 37 Abs. 3 auf bezahlte Freistellung von der Arbeit, oder, sofern dies innerhalb eines Monats aus betriebsbedingten Gründen nicht möglich ist, auf Überstundenvergütung, vgl. § 37 Abs. 3. Es besteht grundsätzlich auch die Möglichkeit, Sitzungen des BR mittels Video- und/oder Telefonkonferenz stattfinden zu lassen, hierzu siehe Rn. 11 ff..

Der BR hat bei der zeitlichen Festlegung betriebliche Notwendigkeiten 3
zu berücksichtigen. Der Vorsitzende kann gehalten sein die Betriebsratssitzung zu verschieben, wenn **dringende betriebliche Gründe** vorliegen und die Sitzung auch an einem anderen Tag stattfinden kann. Es sollte z. B. keine Sitzung auf einen Montagmorgen gelegt werden, wenn an diesem Tag ständiger Hochbetrieb herrscht. Unterbleibt eine Verschiebung, kann der AG jedoch nicht das Arbeitsentgelt kürzen oder die Sitzung selbst absagen; er kann jedoch das ArbG anrufen und prüfen lassen, ob betriebliche Notwendigkeiten in ausreichendem Maße berücksichtigt worden sind. Auf die Wirksamkeit der Beschlüsse hat eine Missachtung betrieblicher Notwendigkeiten jedoch keinen Einfluss. Grundsätzlich ist der AG gehalten, seinen betrieblichen Ablauf so zu organisieren, dass der BR seine Sitzungen abhalten kann. Es empfiehlt sich, die Betriebsratssitzungen immer **turnusgemäß** einmal die Woche am gleichen Tag stattfinden zu lassen und dies dem AG einmalig mitzuteilen.

1. Beispiel für eine Regelung in der Geschäftsordnung

»Der BR tritt regelmäßig an jedem Mittwoch um 14:00 Uhr zu einer Be- 4
triebsratssitzung zusammen. Die Dauer richtet sich nach den konkreten Notwendigkeiten.

Der Betriebsratsvorsitzende kann jederzeit eine außerordentliche Sitzung einberufen, wenn dies notwendig ist. Er muss dies tun, wenn ein Viertel der Betriebsratsmitglieder oder der AG dies beantragen.«

...

»Der Betriebsausschuss tritt regelmäßig an jedem Montag um 11:00 Uhr zu einer Sitzung zusammen. Der Betriebsausschuss besteht aus dem Betriebsratsvorsitzenden, seinem Stellvertreter und den Betriebsratsmitgliedern Herr/Frau (namentliche Nennung). Der Betriebsausschuss führt die laufenden Geschäfte des BR. Hierzu gehört insbesondere die Vorbereitung der Betriebsratssitzung.«

2. Pflicht zur Teilnahme

Die BR-Mitglieder sind **verpflichtet,** an den Betriebsratssitzungen **teil-** 5
zunehmen, solange sie nicht verhindert sind. Die Teilnahme bedarf

nicht der Erlaubnis des AG. Der AG darf dem BR-Mitglied auch **nicht verbieten,** an der Betriebsratssitzung **teilzunehmen.**

6 Allerdings muss sich das BR-Mitglied von seiner **Arbeit abmelden** und wieder **zurückmelden,** damit der AG die Arbeit des BR-Mitglieds in der Zeit seiner Abwesenheit umorganisieren kann.

III. Grundsatz der Nichtöffentlichkeit

7 Die Sitzungen des BR sind **nicht öffentlich**. An ihr dürfen nur teilnehmen

- der AG und die Vertreter der Arbeitgebervereinigungen (§ 29 Abs. 4)
- ein Vertreter der Gewerkschaft (§ 31)
- die Schwerbehindertenvertretung (§ 32)
- die JAV (§ 67)
- Schreibkraft zur Unterstützung des Protokollführers
- vom BR zur Beratung hinzugezogene Auskunftspersonen / Sachverständige nach §§ 80 Abs. 2, Satz 3, 80 Abs. 3 (z. B. Rechtsanwälte, EDV-Sachverständige, Sachverständige für Arbeitsschutz, Mitglieder der Berufsgenossenschaft etc.).

8 **Ersatzmitglieder dürfen** nur dann **teilnehmen,** wenn sie **für ein verhindertes** oder **ausgeschiedenes BR-Mitglied** nachgerückt sind. Allerdings führt die zeitweise Anwesenheit von nicht an der Beschlussfassung teilnehmenden Ersatzmitgliedern in der Betriebsratssitzung nicht zur Unwirksamkeit der in diesem Zeitraum gefassten Beschlüsse, wenn kein anderes BR-Mitglied die Anwesenheit des Ersatzmitglieds beanstandet hat (BAG 30.9.2014 – 1 ABR 32/13). Teilnehmen dürfen auch AN, die von einer personellen Maßnahme nach § 99 betroffen sind oder die eine Beschwerde nach § 85 verfolgen. Der BR kann diese AN im Rahmen einer Betriebsratssitzung anhören.

9 Der Arbeitgebervertreter ebenso wie der Gewerkschaftsvertreter hat ein Rederecht, aber kein Abstimmungsrecht. Gleiches gilt für die Schwerbehindertenvertretung und im Grundsatz auch für die JAV. Die JAV kann allerdings, wenn ein Thema behandelt wird, das Personen betrifft, die von der JAV vertreten werden, ein eigenes Stimmrecht haben, s. § 67 Rn. 6.

10 Die BR-Mitglieder sind im Rahmen ihrer Verschwiegenheitspflicht nach §§ 79, 79a verpflichtet, Stillschweigen über Betriebs- und Geschäftsgeheimnisse zu wahren (zu den Begriffen »Betriebs- und Geschäftsgeheimnis« s. § 79 Rn. 3) und den Datenschutz einzuhalten. Das bedeutet jedoch nicht, dass sie generell verpflichtet sind, Stillschweigen über die Betriebsratssitzungen zu wahren (BAG 5.9.1967 – 1 ABR 1/67).

IV. Betriebsratssitzungen mittels Video- oder Telefonkonferenz

1. Allgemeines

Betriebsratssitzungen haben grundsätzlich in Präsenz stattzufinden, d.h. alle BR-Mitglieder müssen gemeinsam in einem Raum anwesend sein. Dieser Grundsatz leitet sich aus § 33 Abs. 1 Satz 1 her, da für die Beschlussfassung die Stimmen der **anwesenden** Mitglieder ausschlaggebend sind. Unter den Voraussetzungen des Abs. 2 ist auch eine Teilnahme mittels Videoübertragung oder Telefon zulässig. Diese Voraussetzungen sind: 11

- Vorhandensein einer Geschäftsordnungsregelung zu »Ob« und »Wie« der Zulässigkeit von Telefon- und Videokonferenzen (siehe Rn. 15)
- Kein fristgemäßer Widerspruch eines Viertels der BR-Mitglieder (siehe Rn. 18) und
- Keine Möglichkeit der Kenntnisnahme Dritter vom Inhalt der BR-Sitzung (siehe Rn. 20).

Dabei ist zu beachten, dass die Voraussetzungen des Abs. 2 kumulativ erfüllt sein müssen.

Sofern die Voraussetzungen des Abs. 2 eingehalten sind, liegt es – allerdings unter Berücksichtigung des Vorrangs der Präsenzsitzung (s. Rn. 15) – in der alleinigen Entscheidungsbefugnis des Betriebsratsvorsitzenden (bzw. des geschäftsführenden Ausschusses), ob und inwieweit er die Möglichkeit der Sitzung mittels Video- und Telefonkonferenz nutzt. Dabei hat die Videositzung angesichts der größeren Nähe zur Präsenzsitzung jedoch Vorrang, wenn die entsprechenden technischen Möglichkeiten zur Verfügung stehen. 12

Hinweis:
Es sollte in der Geschäftsordnung festgelegt werden, ob z.B. ein Mitglied, welches sich auf einer Dienstreise befindet, eingeladen wird und virtuell teilnehmen kann oder nicht (siehe auch Rn. 16).

Der AG ist nicht berechtigt, vom BR die Durchführung im Rahmen einer Video- oder Telefonkonferenz zu verlangen, denn dies wäre ein Eingriff in die innere Entscheidungsautonomie des BR (vgl. zu der Vorläuferreglung in § 129 BetrVG LAG Berlin-Brandenburg 24.8.2020 – 12 TaBVGa 1015/20). Als Folge der Möglichkeit, Sitzungen virtuell stattfinden zu lassen, muss der AG bei den Mitarbeitern, die in Telearbeit tätig sind, die Kosten für die notwendige technische Infrastruktur zur Teilnahme an der Videokonferenz nach § 40 Abs. 2 tragen.

Hinweis:
Der BR sollte immer berücksichtigen, dass man nie ganz sicher sein kann, ob nicht doch Dritte mithören, die in der virtuellen Sitzung nicht sichtbar sind, so dass bei vertraulichen Angelegenheiten (wie z. B. bei der Behandlung personeller Einzelmaßnahmen) die Sitzung stets in Präsenz stattfinden sollte.

13 Der Videokonferenz ist grundsätzlich der Vorrang gegenüber der Telefonkonferenz einzuräumen, da sie einer Präsenzsitzung deutlich näher kommt als eine Telefonkonferenz. Bei der Videokonferenz können sich die Teilnehmer sehen und hören. Gleichzeitig können gemeinsam Dokumente eingesehen und Präsentationen verfolgt werden. Nur wenn eine Videokonferenz aus technischen Gründen nicht möglich ist, sollte auf eine Telefonkonferenz zurückgegriffen werden.

14 Noch offen ist, ob in virtuellen Betriebsratssitzungen, auch Wahlen durchgeführt werden dürfen. Sofern Wahlen zwingend geheim stattzufinden haben, ist eine Wahl im Rahmen einer virtuellen Sitzung nicht möglich (LAG Berlin-Brandenburg 24. 8. 2020 – 12 TaBVGa 1015/20). Sind die Wahlen nicht geheim durchzuführen, können sie auch in einer virtuellen Betriebsratssitzung durchgeführt werden.

2. Regelung in Geschäftsordnung

15 Möchte der BR Sitzungen virtuell stattfinden lassen, so bedarf es hierzu zwingend einer Regelung in der Geschäftsordnung, die mit der absoluten Mehrheit der BR-Mitglieder zu beschließen ist. Entscheidend ist, dass die Regelung in der Geschäftsordnung die virtuell stattfindende Betriebsratssitzung als Ausnahme vom Grundsatz der Präsenzsitzung wiedergibt. Die Präsenzsitzung muss der Regelfall bleiben und der Regelfall muss auch die praktische BR-Arbeit prägen. Dieser Grundsatz kann z. B. gesichert werden, indem in der Geschäftsordnung geregelt wird, dass nur eine bestimmte Anzahl an Sitzungen virtuell stattfinden darf oder nur bestimmte Sachverhalte für virtuelle Sitzungen vorgesehen sind, in denen der BR etwa eine zügige Beschlussfassung für erforderlich hält. Genauere Vorgaben, wie der Grundsatz der Präsenzsitzung gewährleistet werden kann, sind dem Gesetz nicht zu entnehmen. Insoweit muss dem BR hier ein gewisser Beurteilungsspielraum eingeräumt werden, welche Gründe er für eine virtuelle Teilnahme an der BR-Sitzung als zulässig erachtet. Noch nicht durch die Gerichte entschieden ist z. B., ob BR-Mitglieder, die im Homeoffice arbeiten, immer virtuell an der BR-Sitzung teilnehmen dürfen. Aufgrund des Regel-Ausnahme-Prinzips

bei virtuellen Sitzungen, wird man davon ausgehen müssen, dass eine regelmäßige virtuelle Teilnahme aus dem Homeoffice heraus unzulässig ist.

Um dem Bestimmtheitsgrundsatz Rechnung zu tragen, sollte in einer Geschäftsordnung auch geregelt werden, dass bei Vorliegen berechtigter Interessen eine Sitzung als Präsenzsitzung durchgeführt werden kann, obwohl alle in der Geschäftsordnung festgelegten Voraussetzungen für eine virtuelle Sitzung gegeben sind. Dabei kann ein berechtigtes Interesse z.B. bei Verhandlungen über BV oder bei Verhandlungen über Umstrukturierungsmaßnahmen vorliegen (zu weiteren Einzelheiten s. auch Bachner NZA 2022, 1024).

Möglich sind auch Sitzungen, an denen einige BR-Mitglieder mittels **16**
Video- oder Telefonkonferenz teilnehmen und andere in Präsenz (»hybride« BR-Sitzungen). Unter welchen Voraussetzungen solche »gemischten« Sitzungen zulässig sein sollen, muss der BR ebenfalls in seiner Geschäftsordnung regeln. Eine hybrid stattfindende Sitzung, bei der nur einzelne Mitglieder zugeschaltet werden, ist eine virtuelle Sitzung und zählt nicht als Präsenzsitzung. Auch das ist bei der Einhaltung des Vorrangs der Präsenzsitzung zu berücksichtigen. Das BR-Mitglied kann sich nicht selbst von der Anwesenheitspflicht in der Betriebsratssitzung befreien. Es kann an der Sitzung nur virtuell teilnehmen, wenn sich ein entsprechender Grund aus der Geschäftsordnung ergibt (LAG Hessen 8.2.2021 – 16 TaBV 185/20). Als Gründe für eine virtuelle Teilnahme könnte die Unzumutbarkeit der Teilnahme aus persönlichen Gründen festgelegt werden (z.B. das Vorliegen körperlicher Beeinträchtigungen einzelner BR-Mitglieder und damit einhergehend ein erschwerter Weg zur Präsenzsitzung, ebenso, die Durchführung einer Dienstreise am Tag der Betriebsratssitzung oder bei Sitzungen, die für einzelne BR-Mitglieder z.B. aufgrund von Teilzeittätigkeit außerhalb der regulären Arbeitszeit liegen).

Der BR kann und sollte in der Geschäftsordnung auch den Vorrang von **17**
Videokonferenzen gegenüber Telefonkonferenzen regeln.

Hinweis:
Eine Geschäftsordnung könnte u.a. folgende Regelungen enthalten:

1. Der BR räumt der Präsenzsitzung grundsätzlich den Vorrang ein. Virtuelle Betriebsratssitzungen müssen die Ausnahme bleiben und sind nur nach den Regelungen dieser Geschäftsordnung zulässig.
2. Ausnahmsweise kann eine Betriebsratssitzung (auch) mittels Video- und/oder Telefonkonferenz stattfinden, wenn es um Aufgaben geht, die

a) eine beschleunigte Beschlussfassung erforderlich machen (z. B. in Fällen nicht geplanter Mehrarbeit), das gilt wegen der besonderen Vertraulichkeit nicht für die Beratung/Beschlussfassung zu personellen Einzelmaßnahmen, oder
b) Fragen der laufenden Geschäftsführung des Betriebsrats nach § 40 Abs. 2 zum Gegenstand haben (wie z. B. Räume, sachliche Mittel, Informations- und Kommunikationstechnik sowie Büropersonal des BR).

3. Betriebsratsinterne Wahlen in virtueller Form sind immer unzulässig.
4. Geheime Abstimmungen / Beschlussfassungen dürfen nur durchgeführt werden, wenn dazu ein Technik-Tool genutzt wird, mit dem sichergestellt ist, dass die Stimmabgabe geheim bleibt.
5. Der Betriebsratsvorsitzende lädt zu virtuellen Betriebsratssitzungen ein; dabei sind die Regularien für die Einladung zu Betriebsratssitzungen zu beachten. Bei den Einladungen werden alle vorgeschriebenen Formalien eingehalten (Ladung aller Mitglieder, Übersendung einer Tagesordnung und Registrierung der Anwesenheit etc.).
6. Es dürfen maximal x virtuelle Betriebsratssitzungen im Monat virtuell stattfinden.

Zu den weiteren Voraussetzungen einer virtuellen Betriebsratssitzung siehe die Rn. 18 ff. und Rn. 20 ff.

3. Kein Widerspruch von mindestens einem Viertel der Betriebsratsmitglieder

18 Die Nutzung von Video- oder Telefonkonferenzen ist nur zulässig, wenn nicht zuvor ein Viertel der Mitglieder des BR diesem Verfahren widerspricht. Die BR-Mitglieder erhalten damit ein Vetorecht im Einzelfall selbst dann, wenn nach der Geschäftsordnung des BR die Sitzung mittels Video- oder Telefonkonferenz grundsätzlich stattfinden kann.

19 Der Vorsitzende hat mit der Einladung darauf hinzuweisen, dass und in welcher Weise die Nutzung von Video- und Telefonkonferenz beabsichtigt ist sowie eine angemessene Frist zum Widerspruch zu setzen. Der Widerspruch hat gegenüber dem Vorsitzenden zu erfolgen. Der Widerspruch ist nicht an eine Form gebunden und kann daher auch mündlich erhoben werden. Allerdings ist es aus Gründen der Beweiskraft jedenfalls dann zulässig, in der Geschäftsordnung eine bestimmte Form für einen Widerspruch zu verlangen, wenn alle BR-Mitglieder auch tatsächlich in der festgelegten Form widersprechen. Ist also z. B. eine E-Mail als Form in der Geschäftsordnung festgelegt, so müssen alle BR-Mitglieder auf das jeweilige E-Mail-System zugreifen können.

4. Keine Kenntnisnahme durch Dritte (Nichtöffentlichkeit)

Der Betriebsratsvorsitzende und die BR-Mitglieder müssen die ihnen zur Verfügung stehenden technischen und organisatorischen Möglichkeiten nutzen, damit Dritte von einer Sitzung – von einem Missbrauch abgesehen – keine Kenntnis nehmen können. Im Einzelnen gilt für eine Videokonferenz das Folgende: 20

- Die teilnehmenden BR-Mitglieder dürfen die Videokonferenz nur in vertraulicher Umgebung abhalten. Jedes BR-Mitglied sollte deshalb in einem geschlossenen Raum an der Sitzung teilnehmen und auf Nachfrage muss den anderen BR-Mitgliedern zur Anwesenheit betriebsratsfremder Personen wahrheitsgemäß geantwortet werden. Die Teilnahme z.B. auf einer Zugfahrt oder aus einem Café heraus oder an anderen öffentlichen Orten verbietet sich daher.
- Es empfiehlt sich, dass die teilnehmenden BR-Mitglieder gegenüber dem Betriebsratsvorsitzenden mit der Teilnahme zugleich die folgende Erklärung in Textform abgeben:
  »Hiermit bestätige ich, dass ich mich zur Wahrung der Vertraulichkeit aus einer geschützten Umgebung und ohne Anwesenheit unberechtigter Personen in die Telefon- bzw. Videokonferenz eingewählt und die Einwahldaten nicht an nicht autorisierte Personen weitergegeben habe. Desweiteren versichere ich, dass ich während der Telefon- bzw. Videokonferenz keine Bild- und Tonaufnahmen erstelle und speichere.«
  Es ist auch möglich, eine entsprechende Regelung in die Geschäftsordnung des BR mitaufzunehmen.
- Es sollte durch entsprechende technische Maßnahmen sichergestellt sein, dass sich Dritte der Sitzung nicht »zuschalten« können. Eine Telefon- oder Videokonferenz darf daher nur unter Verwendung von geprüften Programmen, die den allgemein anerkannten Sicherheitsstandards entsprechen, durchgeführt werden. Hier kommen insbesondere eine verschlüsselte Verbindung und ein Passwortschutz in Frage.
- Die Meeting-ID darf nur den BR-Mitgliedern bekannt gemacht werden.
- Die BR-Mitglieder sind vom Vorsitzenden darauf hinzuweisen, dass die Meeting-ID nicht an Dritte weitergegeben werden darf.
- Der Betriebsratsvorsitzende darf auch eine bildliche Verifikation fordern, damit erkennbar ist, dass sich hinter einem Account tatsächlich die berechtigte Person, und nur diese, befindet. Bei Verweigerung dieser Identifikation kann ein Ausschluss dieses Accounts von der

Betriebsratssitzung vorgenommen werden. Dies gilt nur dann nicht, wenn eine Verifikation aufgrund technischer Schwierigkeiten nicht möglich ist; dann aber muss jedenfalls eine stimmliche Verifikation erfolgen.

- Während der gesamten Sitzung sollte zwischen allen teilnehmenden BR-Mitgliedern eine gleichzeitige und allseitige Sicht- und Hörbarkeit bestehen. Teilnehmer, die ihr Video nicht übertragen, sind aus dem Stream auszuschließen, es sei denn, die Übertragbarkeit scheitert aus technischen Gründen. Sie können im Falle technischer Schwierigkeiten per Telefon an der Sitzung teilnehmen und sollen dem Video wieder hinzutreten, sobald die technischen Schwierigkeiten behoben sind.
- Das für den Stream verwendete Programm sollte keine technische Möglichkeit vorsehen, die Betriebsratssitzung aufzuzeichnen. Das gilt nicht, wenn diese Möglichkeit technisch eingerichtet ist und die Abschaltung nur mit unverhältnismäßig hohem Aufwand möglich ist.

21 Die bloße Möglichkeit des »Mithörens« unbefugter Personen stellt keinen Verstoß gegen das Gebot der Nichtöffentlichkeit dar. Denn ein entsprechender Missbrauch ist auch in einer »analogen« Sitzung denkbar. Dies ist mittels heutiger Technik ohne weiteres möglich, beispielsweise im Wege einer (heimlichen) Übertragung oder Aufzeichnung der Sitzung per Smartphone (etwa als Tonmitschnitt) durch ein BR-Mitglied. Die Bestimmung ist daher einschränkend auszulegen. Die bloße Möglichkeit des Mithörens Dritter schließt eine Sitzung als Telefon- oder Videokonferenz folglich nicht aus.

22 Die Einhaltung des Grundsatzes der Nichtöffentlichkeit bei der Durchführung von Betriebsratssitzungen wird weiterhin durch das Aufzeichnungsverbot gewährleistet. Dieses Verbot dient zugleich der Tätigkeit bzw. Funktionsfähigkeit des BR. Ein Verstoß hiergegen stellt eine Behinderung der Betriebsratsarbeit dar und kann daher gemäß § 119 Abs. 1 Ziffer 2 mit Freiheitsstrafe belegt werden. Ebenfalls in Betracht kommt eine Freiheitsstrafe nach § 201 StGB wegen Verletzung der Vertraulichkeit des Wortes. Der Gesetzgeber macht damit deutlich, dass er der Nichtöffentlichkeit der Betriebsratssitzung eine herausragende Bedeutung beimisst. Deshalb muss der AG mit den zur Verfügung stehenden zumutbaren Mitteln technisch sicherstellen, dass die Betriebsratssitzung nicht aufgezeichnet werden kann.

23 Die Durchführung von Betriebsratssitzungen mittels Video- oder Telefonkonferenz setzt voraus, dass die BR-Mitglieder für die Teilnahme über die technische Ausrüstung verfügen. Hierzu gehören Verbindungssoftware, Endgeräte, Software etc. Diese Ausstattung ist erforderlich und vom AG zur Verfügung zu stellen. Die Kosten dafür sind vom AG nach § 40 Abs. 2 zu tragen (LAG Hessen 14.3.2022 – 16 TaBV 143/21).

V. Erforderlichkeit der Präsenzsitzung

Eine Betriebsratssitzung in Präsenz bleibt vorrangig und soll nicht durch die Möglichkeit der virtuellen Sitzungsteilnahme abgelöst werden. Findet eine Betriebsratssitzung vor Ort und ergänzend virtuell statt, können die BR-Mitglieder vom AG nicht darauf verwiesen werden, dass eine Teilnahme vor Ort wegen der gleichzeitigen Möglichkeit der virtuellen Teilnahme nicht erforderlich ist (vgl. zu § 129 BetrVG LAG Berlin-Brandenburg 24.8.2020 – 12 TaBVGa 1015/20; zum Begriff der Erforderlichkeit siehe § 37 Rn. 18). **24**

Der BR bestimmt die Teilnahmemodalitäten nach eigenem Ermessen. **25** Der AG muss aufgrund des Vorrangprinzips die durch die Teilnahme an Sitzungen vor Ort entstehenden Kosten, wie z.B. Reise- oder Übernachtungskosten, auch dann tragen, wenn eine virtuelle Sitzungsteilnahme der BR-Mitglieder möglich gewesen wäre.

§ 31 Teilnahme der Gewerkschaften

Auf Antrag von einem Viertel der Mitglieder des Betriebsrats kann ein Beauftragter einer im Betriebsrat vertretenden Gewerkschaft an den Sitzungen beratend teilnehmen; in diesem Fall sind der Zeitpunkt der Sitzung und die Tagesordnung der Gewerkschaft rechtzeitig mitzuteilen.

Inhaltsübersicht Rn.

I. Zweck der Regelung

Die Vorschrift regelt die Teilnahme der Gewerkschaftsvertreter an den Betriebsratssitzungen. **1**

Sie gilt auch für den GBR (§ 51 Abs. 1), den KBR (§ 59 Abs. 1), die JAV (§ 65 Abs. 1), die Gesamt-JAV (§ 73 Abs. 2), die Konzern-JAV (§ 73b Abs. 2).

II. Teilnahme von Gewerkschaftsvertretern an Betriebsratssitzungen

1. Antrag von Betriebsratsmitgliedern

2 Ein oder auch mehrere Gewerkschaftsvertreter können auf Antrag von einem Viertel der Mitglieder des Betriebsrats an einer Betriebsratssitzung teilnehmen. Ein Viertel der Mitglieder heißt, **ein Viertel aller Mitglieder** und nicht nur der Anwesenden. Eine besondere Form für den Antrag sieht das Gesetz nicht vor. Der Antrag ist **gegenüber dem Betriebsratsvorsitzenden** schriftlich oder mündlich zu stellen. Selbstverständlich kann der BR auch mit einfacher Mehrheit seiner Stimmen als Organ beschließen, dass ein Gewerkschaftsvertreter an der Sitzung teilnehmen soll.

Die **BR-Mitglieder**, die den Antrag stellen, müssen selbst nicht Mitglieder der Gewerkschaft sein, dessen Teilnahme sie wünschen. Sie **müssen** überhaupt **nicht Mitglied einer Gewerkschaft sein**. Entscheidend ist, dass die **Gewerkschaft im BR** (nicht im Betrieb) **vertreten ist**, d.h. dass irgendein BR-Mitglied Mitglied der teilnehmenden Gewerkschaft ist (BAG 28.2.1990 – 7 ABR 22/89). Sind Mitglieder des BR in mehreren unterschiedlichen Gewerkschaften organisiert, kann beantragt werden, dass mehrere Vertreter unterschiedlicher Gewerkschaften an einer Sitzung beratend teilnehmen.

Die Gewerkschaft entscheidet selbst, ob sie an der Betriebsratssitzung teilnehmen will. Eine **gesetzliche Pflicht hierzu gibt es nicht**. Die Gewerkschaft entscheidet darüber hinaus auch, welches Mitglied sie zu einer Sitzung schickt. Dies kann sogar ein AN des Betriebs sein.

2. Ständige Teilnahme

3 Der BR kann auch die **ständige Teilnahme von Gewerkschaftsvertretern** beschließen. Hier empfiehlt sich, die Teilnahme in der Geschäftsordnung (§ 36) zu regeln. Hierfür muss der Beschluss mit der absoluten Mehrheit der Stimmen gefasst werden. Die Gewerkschaft erhält damit ein generelles Teilnahmerecht an den Betriebsratssitzungen (BAG 28.2.1990 – 7 ABR 22/89).

3. Teilnahme an Ausschusssitzungen

§ 31 ist auch anzuwenden auf **Ausschusssitzungen.** Hierzu zählen die Sitzungen der Ausschüsse nach § 28, des Betriebsausschusses sowie des Wirtschaftsausschusses (BAG 18.11.1980 – 1 ABR 31/78, AiB 2003, 28). Auch hier kann auf Antrag eines Viertels der Mitglieder des BR oder durch Beschluss des BR die Teilnahme eines Gewerkschaftsmitglieds an der Ausschusssitzung verwirklicht werden. Die Gewerkschaft muss nicht selbst im Ausschuss vertreten sein. Es reicht, **wenn sie im BR vertreten** ist. 4

Umstritten ist die Frage, ob auch der Ausschuss bzw. ein Viertel der Mitglieder des Ausschusses die Teilnahme der Gewerkschaft durchsetzen kann. Das BAG hat für den Wirtschaftsausschuss entschieden, dass dieser die Teilnahme der Gewerkschaft selbst beschließen kann, wenn der BR dem Wirtschaftsausschuss eine entsprechende Ermächtigung erteilt hat (BAG 18.11.1980 – 1 ABR 31/78, AiB 2003, 28). Da § 31 entsprechend auf Ausschüsse anzuwenden ist, ist davon auszugehen, dass auch Ausschüsse selbst bzw. ein Viertel der Mitglieder der Ausschüsse die Teilnahme der Gewerkschaft verlangen können.

Der Wirtschaftsausschuss kann die Teilnahme der Gewerkschaft für bestimmte Sitzungen verlangen, wenn er dies für erforderlich hält (BAG 25.6.1987 – 6 ABR 45/85, AiB 2006, 174). 5

III. Rechte der Gewerkschaftsvertreter

Der teilnehmende **Gewerkschaftsvertreter** kann die Betriebsrats- und Ausschussmitglieder während der Sitzungen **beraten**. Er hat kein Recht an der Beschlussfassung mitzuwirken, darf aber währenddessen anwesend sein und sich zur Sache äußern (vgl. BAG 15.10.2014 – 7 ABR 53/12). Der Betriebsratsvorsitzende muss der Gewerkschaft, welche teilnehmen soll, rechtzeitig den Sitzungstermin und die Tagesordnung mitteilen. Das Recht zur Teilnahme an Video- oder Telefonkonferenzen bleibt unberührt. 6

Rechtzeitig heißt, die Gewerkschaft muss genug Zeit haben, einen Vertreter zu bestimmen, der wiederum genug Zeit haben muss, sich auf den Tagesordnungspunkt und die dementsprechende Beratung vorzubereiten.

Der AG darf den Gewerkschaftsvertretern den **Zugang** zu den Betriebsratssitzungen **nicht verbieten**. Dies wäre eine **Störung der Betriebsratstätigkeit** nach § 78 und würde den BR berechtigen, ein Verfahren nach § 23 Abs. 3 einzuleiten. In **Ausnahmefällen** kann der AG den 7

Zugang **eines bestimmten Gewerkschaftsmitglieds** verweigern, wenn zu befürchten ist, dass dieser im Betrieb strafbare Handlungen begeht. Hierfür bedarf es konkreter Hinweise. Die Vertreter der Gewerkschaften unterliegen nach § 79 Abs. 2 der Geheimhaltungspflicht, sofern es sich um ein Betriebs- oder Geschäftsgeheimnis handelt.

IV. Streitigkeiten

8 Der BR hat die Möglichkeit, das ArbG sowohl bei Streitigkeiten über das Zugangsrecht als auch bei Streitigkeiten über die Teilnahme eines Vertreters zu den Sitzungen anzurufen. Dieses entscheidet im Beschlussverfahren (§§ 2a, 80 f. ArbGG). Auch die Gewerkschaft kann das ArbG anrufen.

§ 32 Teilnahme der Schwerbehindertenvertretung

Die Schwerbehindertenvertretung (§ 177 des Neunten Buches Sozialgesetzbuch) kann an allen Sitzungen des Betriebsrats beratend teilnehmen.

Inhaltsübersicht Rn.

I. Zweck der Regelung

1 §§ 176 ff. SGB IX regeln die Aufgaben der Schwerbehindertenvertretung. Die Schwerbehindertenvertretung ist für die Belange Schwerbehinderter und derjenigen Menschen, die den Schwerbehinderten gleichgestellt sind, zuständig.

§ 32 stellt fest, dass die Schwerbehindertenvertretung das Recht hat, an allen Betriebsratssitzungen teilzunehmen. Das Teilnahmerecht gilt auch für die Ausschusssitzungen des BR. Für die Teilnahme der Gesamtschwerbehindertenvertretung an GBR-Sitzungen s. § 52 Rn. 6 f. Für die Teilnahme der Konzernschwerbehindertenvertretung an den Sitzungen des KBR s. § 59a Rn. 3.

II. Wahl der Schwerbehindertenvertretung

2 Eine Schwerbehindertenvertretung kann in allen Betrieben **mit wenigstens fünf nicht nur vorübergehend beschäftigten schwerbehinderten Menschen gewählt werden. Wählbar** sind alle AN des Betriebs, also **nicht nur die schwerbehinderten Beschäftigten**, die mindestens seit sechs Monaten im Betrieb beschäftigt sind. **Wahlberechtigt** sind ausschließlich **die schwerbehinderten Beschäftigten.**

III. Rechtsstellung der Schwerbehindertenvertretung

3 Die persönliche Rechtsstellung der Schwerbehindertenvertretung bestimmt sich nach § 179 SGB IX und entspricht überwiegend der **Rechtsstellung von BR-Mitgliedern**. Die Vertrauenspersonen, d.h. die Schwerbehindertenvertretung, führen ihr Amt unentgeltlich als **Ehrenamt** (§ 179 Abs. 1 SGB IX; für Betriebsräte § 37 Abs. 1). Sie dürfen ebenso wie BR-Mitglieder nicht aufgrund ihres Amtes benachteiligt oder bevorzugt werden (§ 179 Abs. 2 SGB IX; für Betriebsräte § 78). Nach § 178 Abs. 1 Satz 4–6 SGB IX kann die Schwerbehindertenvertretung in Betrieben mit in der Regel 100 schwerbehinderten Beschäftigten nach Unterrichtung des AG das mit der höchsten Stimmenzahl gewählte stellvertretende Mitglied zu bestimmten Aufgaben heranziehen. Bei jedem weiteren Überschreiten des Schwellenwertes von 100 schwerbehinderten Beschäftigten kann ein weiteres stellvertretendes Mitglied herangezogen werden (d.h. bei 201 beschäftigten schwerbehinderten Beschäftigten zwei Mitglieder, ab 301 drei Mitglieder usw.). Die Vertrauenspersonen haben den gleichen Kündigungs- und Versetzungsschutz wie BR-Mitglieder (§ 179 Abs. 3 SGB IX; für Betriebsräte §§ 15, 16 KSchG). Sie sind von ihrer beruflichen Tätigkeit ohne Minderung des Arbeitsentgelts zu befreien, wenn und soweit es zur Durchführung ihrer Aufgaben erforderlich ist (§ 179 Abs. 4 SGB IX; für Betriebsräte § 37 Abs. 2) und erhalten für ihre Tätigkeit, die aus betriebsbedingten Gründen außerhalb der Arbeitszeit durchzuführen ist, eine entsprechende Arbeitsbefreiung (§ 179 Abs. 6 SGB IX; für Betriebsräte § 37 Abs. 3).

4 In Betrieben, in denen es **wenigstens 100 schwerbehinderte Beschäftigte** gibt, ist **ein Mitglied** der Schwerbehindertenvertretung **freizustellen** (§ 179 Abs. 4 SGB IX; für Betriebsräte § 38 Abs. 1). Sie sind zur Verschwiegenheit verpflichtet (§ 179 Abs. 7 SGB IX; für Betriebsräte § 79 – allgemeine Verschwiegenheitspflicht). Ebenso hat der AG die Kosten, die durch die Tätigkeit der Schwerbehindertenvertretung entstehen, zu tragen (§ 179 Abs. 8 SGB IX; für Betriebsräte § 40 Abs. 1). Die

Vertrauensperson und das mit der höchsten Stimmenanzahl gewählte stellvertretende Mitglied haben einen Anspruch auf Freistellung und Übernahme der Kosten für Schulungen, die Kenntnisse vermitteln, die für ihre Arbeit der Schwerbehindertenvertretung erforderlich sind (§ 179 Abs. 4 Satz 3 SGB IX). Ab jeweils 100 weiteren beschäftigten schwerbehinderten Menschen, gilt der Schulungsanspruch auch für die jeweils mit der nächsthöheren Stimmenanzahl gewählten weiteren stellvertretenden Mitglieder. Der Beschluss zur Schulungsteilnahme wird in Abstimmung mit den stellvertretenden Mitgliedern von der Vertrauensperson gefasst und dem AG mitgeteilt.

IV. Aufgaben der Schwerbehindertenvertretung

5 Die Schwerbehindertenvertretung ist **kein Organ des BR**. Ihr stehen **keine Mitbestimmungsrechte** zu. Mitbestimmungsrechte kann nur der BR ausüben. Sie kann jedoch durch die beratende Teilnahme an den Betriebsratssitzungen **Einfluss auf die Entscheidungen im BR** nehmen. Im Einzelnen hat sie vor allem folgende Aufgaben und Rechte:

- Die Schwerbehindertenvertretung fördert die Eingliederung schwerbehinderter Menschen – einschließlich der Menschen, die Schwerbehinderten gleichgestellt sind – im Betrieb und steht ihnen beratend und helfend zur Seite (§ 178 Abs. 1 SGB IX).
- Der AG hat die Schwerbehindertenvertretung in allen Angelegenheiten, die schwerbehinderte Menschen betreffen, rechtzeitig und umfassend zu unterrichten und vor der Entscheidung anzuhören (§ 178 Abs. 2 SGB IX). Ist die Beteiligung der Schwerbehindertenvertretung unterblieben, ist die Durchführung oder Vollziehung der Entscheidung auszusetzen; die Beteiligung ist innerhalb einer Frist von sieben Tagen nachzuholen (§ 178 Abs. 2 Satz 2 SGB IX).
- Die Schwerbehindertenvertretung hat das Recht, beim BR zu beantragen, dass Beschlüsse für die Dauer von einer Woche vom Zeitpunkt der Beschlussfassung an nach § 35 ausgesetzt werden, wenn sie der Meinung ist, dass ein Beschluss des BR wichtige Interessen schwerbehinderter Menschen erheblich beeinträchtigt oder sie nach § 178 Abs. 2 Satz 1 SGB IX nicht beteiligt worden ist.
- Schwerbehinderte AN können die Schwerbehindertenvertretung bei der Einsicht in die Personalakte oder die ihn betreffenden Daten des AG zur Unterstützung hinzuziehen (§ 178 Abs. 3 SGB IX).
- Die Schwerbehindertenvertretung hat eng mit dem AG und dem BR zur Teilhabe schwerbehinderter Menschen am Arbeitsleben zusammenzuarbeiten (§ 182 Abs. 1 SGB IX).

- Die Schwerbehindertenvertretung muss vor Ausspruch einer Kündigung eines schwerbehinderten Menschen unterrichtet und angehört werden (§ 178 Abs. 2 Satz 3 SGB IX). Ansonsten ist die Kündigung unwirksam. Damit muss der AG vor Ausspruch einer Kündigung eines schwerbehinderten Menschen das Integrationsamt, den BR und die Schwerbehindertenvertretung anhören.
- Die Schwerbehindertenvertretung in Betrieben nimmt eigenständig ein Übergangsmandat entsprechend § 21a wahr (§ 177 Abs. 8 SGB IX).

V. Teilnahme an Betriebsratssitzungen und Sitzungen der Ausschüsse

Die Schwerbehindertenvertretung kann an **allen Sitzungen** des BR und seiner Ausschüsse **beratend** teilnehmen, nicht nur an solchen, die die Interessen von schwerbehinderten AN betreffen. Sie hat neben dem Beratungsrecht jedoch **kein Stimmrecht**, auch nicht in Angelegenheiten, die Schwerbehinderte betreffen. 6

Der Betriebsratsvorsitzende hat die Schwerbehindertenvertretung unter Mitteilung der Tagesordnung rechtzeitig zu den Sitzungen zu laden, § 29 Abs. 2 Satz 4. Dies gilt ebenso für virtuell stattfindende Sitzungen. Lädt der BR die Schwerbehindertenvertretung nicht oder nicht rechtzeitig ein, so bleiben die auf der Betriebsratssitzung gefassten Beschlüsse zwar wirksam, der BR verstößt jedoch gegen seine betriebsverfassungsrechtlichen Pflichten mit der möglichen Folge des § 23 Abs. 1.

Eine **generelle Pflicht zur Teilnahme** an den Betriebsratssitzungen **hat die Schwerbehindertenvertretung nicht**, d.h., wenn keine für sie wichtigen Punkte auf der Tagesordnung stehen, kann sie der Betriebsratssitzung fernbleiben. Die Schwerbehindertenvertretung hat nicht das Recht, die Einberufung einer Sitzung zu beantragen. Sie kann jedoch gem. § 178 Abs. 4 SGB IX beantragen, dass Angelegenheiten, die einzelne schwerbehinderte Menschen oder die schwerbehinderten Menschen als Gruppe betreffen, auf die Tagesordnung der nächsten Sitzung gesetzt werden. Ist ein BR-Mitglied gleichzeitig Schwerbehindertenvertreter, muss es einen etwaigen Interessenkonflikt beim Betriebsratsvorsitzenden anzeigen (LAG Hessen 1.11.2012 – 9 TaBV 156/ 12).

§ 33 Beschlüsse des Betriebsrats

(1) [1]Die Beschlüsse des Betriebsrats werden, soweit in diesem Gesetz nichts anderes bestimmt ist, mit der Mehrheit der Stimmen der anwesenden Mitglieder gefasst. [2]Betriebsratsmitglieder, die mittels Video- und Telefonkonferenz an der Beschlussfassung teilnehmen, gelten als anwesend. [3]Bei Stimmengleichheit ist ein Antrag abgelehnt.

(2) Der Betriebsrat ist nur beschlussfähig, wenn mindestens die Hälfte der Betriebsratsmitglieder an der Beschlussfassung teilnimmt; Stellvertretung durch Ersatzmitglieder ist zulässig.

(3) Nimmt die Jugend- und Auszubildendenvertretung an der Beschlussfassung teil, so werden die Stimmen der Jugend- und Auszubildendenvertreter bei der Feststellung der Stimmenmehrheit mitgezählt.

Inhaltsübersicht Rn.

I. Zweck der Regelung

1 Die Vorschrift regelt die **Beschlussfähigkeit und die Beschlussfassung des BR** und der **JAV**. Sie gilt nicht für den GBR und den KBR, wohl aber für die Ausschüsse des BR, des GBR und des KBR, der Gesamt-JAV und der Konzern-JAV. Für den GBR gelten die §§ 47 Abs. 7 und 8, 51 Abs. 3, für den KBR § 55 Abs. 3.

II. Beschlussfähigkeit

2 Der BR ist beschlussfähig, wenn **mindestens die Hälfte seiner Mitglieder** an der Beschlussfassung teilnehmen. Die Stimmen der JAV

haben keinen Einfluss auf die Beschlussfähigkeit. Es kommt allein auf die Anzahl der teilnehmenden BR-Mitglieder an. Dabei muss die **Beschlussfähigkeit für jede Abstimmung gesondert** festgestellt werden. Das hat folgenden Hintergrund: Die Mitglieder können während einer Sitzung diese jederzeit (vorübergehend) verlassen und sind dann (vorübergehend) abwesend. Oder sie erklären zu einem bestimmten Beschluss ihre Nichtteilnahme. Das hat zur Folge, dass sich die Anzahl der an dem konkreten Beschluss teilnehmenden BR-Mitglieder jeweils ändern kann. Findet die Betriebsratssitzung mittels Telefon- oder Videokonferenz statt, so kann grundsätzlich die Anwesenheit durch die digitale Anwesenheitsanzeige kontrolliert werden. Gibt es eine solche nicht, muss der Betriebsratsvorsitzende die Anwesenheit abfragen.

1. Abgrenzung Enthaltungen – Nichtteilnahme

Ein BR-Mitglied kann sich bei einer Abstimmung **enthalten**. Dann nimmt es an der Abstimmung zwar teil, äußert sich jedoch nicht. Seine Stimme zählt als Nein-Stimme (vgl. Rn. 13). Sowohl für die Frage der Beschlussfähigkeit als auch für die Frage der Beschlussfassung zählt dieses BR-Mitglied mit. Will ein BR-Mitglied nicht an der Beschlussfassung teilnehmen, muss es seine **Nichtteilnahme ausdrücklich erklären** oder sich in Abwesenheit begeben, z.B. durch Verlassen des Raumes. Wird die Betriebsratssitzung mittels Video- oder Telefonkonferenz durchgeführt, sollte das BR-Mitglied den virtuellen Raum verlassen, so dass es auch in einer eventuell bestehenden Anwesenheitsanzeige nicht mehr zu sehen ist. Die Nichtteilnahme hat zur Folge, dass das entsprechende BR-Mitglied im Rahmen der Beschlussfähigkeit und der Beschlussfassung nicht mitgezählt wird. Die Möglichkeit der Stimmenthaltung kann nicht durch die Geschäftsordnung des BR ausgeschlossen werden (vgl. LAG München 28.5.2015 – 4 TaBV 4/15). 3

2. Beschlussfähigkeit bei Absinken der Anzahl der Betriebsratsmitglieder

Die Hälfte der BR-Mitglieder in § 33 Abs. 2 bedeutet, die Hälfte der nach § 9 gesetzlich vorgesehenen BR-Mitglieder oder die Hälfte der nach § 11 ermäßigten Anzahl von BR-Mitgliedern. Was passiert, wenn die Anzahl der BR-Mitglieder nach Eintritt aller Ersatzmitglieder unter diese Schwelle sinkt? In diesem Fall ist gem. § 13 Abs. 2 Nr. 2 **neu zu wählen. Bis dahin ist der BR beschlussfähig**, wenn mindestens **die Hälfte der noch übrigen BR-Mitglieder** teilnimmt. Denn nach § 22 führt der ver- 4

bleibende BR die Geschäfte weiter, bis der neue BR gewählt und das Wahlergebnis bekannt gegeben ist (LAG Berlin 1.3.2005 – 7 TaBV 2220/04).
Dies gilt auch in den Fällen, in denen infolge einer vorübergehenden Verhinderung von BR-Mitgliedern der BR auch nach Einrücken der Ersatzmitglieder nicht mehr mit der vorgeschriebenen Zahl besetzt ist und z. B. innerhalb einer Woche über seine Zustimmung zu einer Kündigung beschließen muss (BAG 18.8.1982 – 7 AZR 437/80).

III. Beschlussfassung

1. Beschlussfassung in Betriebsratssitzungen

5 Der BR bildet seinen Willen und entscheidet durch Beschluss. Ein **Beschluss ist bei allen Entscheidungen des BR erforderlich**. Beschlüsse werden immer nur in Betriebsratssitzungen gefasst.

6 Es ist grundsätzlich nicht möglich, einen Beschlussvorschlag zu verschicken, den alle Mitglieder unterschreiben (sog. Umlaufverfahren), denn das Gesetz spricht von »anwesenden« Mitgliedern. Das Verbot der Beschlussfassung im Umlaufverfahren wird auch durch die Neuregelung zur Zulässigkeit von virtuellen Beschlussfassungen nicht berührt. Es werden lediglich Ausnahmen vom Grundsatz der Präsenzsitzung für eine Video- oder Telefonkonferenz gemacht, nicht aber für andere Bereiche. Der Beschlussfassung soll, auch wenn die Sitzung mittels Video- oder Telefonkonferenz stattfindet, eine mündliche Beratung vorausgehen, Mitglieder sollen miteinander über die Entscheidung diskutieren und die Möglichkeit haben, auf die Willensbildung der anderen Mitglieder Einfluss zu nehmen, um so zu einem gemeinsamen Ergebnis zu gelangen.

2. Ordnungsgemäße Ladung

7 Die BR-Mitglieder müssen ordnungsgemäß **unter Mitteilung der Tagesordnung** geladen werden. Die Vorschrift des § 29 Abs. 2 Satz 3 gehört zu den **wesentlichen und unverzichtbaren Verfahrensvorschriften**, von deren Beachtung die Rechtswirksamkeit der Betriebsratsbeschlüsse abhängt (BAG 28.4.1988 – 6 AZR 405/86, AiB 1988, 346–347).

8 Eine Ladung zu einer Betriebsratssitzung ohne vorherige Mitteilung der Tagesordnung führt jedoch dann nicht zur Unwirksamkeit der gefassten Beschlüsse, wenn sämtliche BR-Mitglieder rechtzeitig geladen sind, der BR beschlussfähig ist und die anwesenden BR-Mitglieder einstimmig

beschlossen haben, über den Regelungsgegenstand zu beraten und abzustimmen (BAG 22.1.2014 – 7 AS 6/13; BAG 9.7.2013 – 1 ABR 2/13, AiB 2014, 36–38). Hierzu vgl. auch § 29 Rn. 13.
Solange die Beschlussfähigkeit gewahrt bleibt, ist eine Beschlussfassung auch wirksam, wenn ein BR-Mitglied plötzlich verhindert ist, und es dem Vorsitzenden nicht möglich war, noch ein Ersatzmitglied zu laden. Ein Beschluss ist hingegen unwirksam, wenn nicht das richtige Ersatzmitglied geladen wurde, selbst wenn die Heranziehung des Ersatzmitglieds in gutem Glauben und ohne Absicht der Bevorzugung bzw. Benachteiligung einer Liste oder Person stattgefunden hat (BAG 25.9.2024 – 7 ABR 37/23).

Ist ein BR-Mitglied **verhindert**, ist das entsprechende Ersatzmitglied gem. § 25 zu laden. Verhinderungsgründe sind u.a. **Krankheit, Urlaub, Interessenkollision** (z.B. bei Abstimmung über die eigene Kündigung; über eine Beschwerde nach § 85; über die eigene Versetzung). Allerdings ist ein BR-Mitglied nicht verhindert, wenn der BR über eine Versetzung auf eine Stelle abstimmen soll, auf die sich das BR-Mitglied ebenfalls beworben hat (BAG 24.4.2013 – 7 ABR 82/11). Nimmt ein BR-Mitglied, das aufgrund einer Interessenkollision nicht an der Beschlussfassung teilnehmen darf, trotzdem teil, ist der Beschluss grundsätzlich unwirksam, da man nicht Richter in eigener Sache sein darf (BAG 10.11.2009 – 1 ABR 64/08). Ein BR-Mitglied, welches sich in Urlaub, Elternzeit etc. befindet, ist so lange als verhindert anzusehen, wie es nicht gegenüber dem Betriebsratsvorsitzenden positiv anzeigt, trotz der Abwesenheit Betriebsratstätigkeit ausüben zu wollen (LAG Berlin 1.3.2005 – 7 TaBV 2220/04). Anders ist es, wenn ein Betriebsratsvorsitzender zugleich nach § 38 freigestellt und arbeitsunfähig erkrankt ist; in diesem Fall ist er immer verhindert und kann keine wirksamen Erklärungen abgeben (BAG 28.7.2020 – 1 ABR 5/19). 9

3. Ordnungsgemäßes Abstimmungsverfahren

Die Abstimmung kann mündlich oder schriftlich, offen oder geheim erfolgen. Es gibt hinsichtlich der **Form der Abstimmung keine gesetzliche Regelung**. Der BR kann eine Regelung hierzu in seiner Geschäftsordnung nach § 36 treffen. In der Regel kann die Abstimmung offen durch Handzeichen praktiziert werden. Es kann auch ein Beschluss in der Weise gefasst werden, dass festgestellt wird, dass kein BR-Mitglied dem Antrag widerspricht. Einzelne BR-Mitglieder können nicht gerichtlich durchsetzen, dass bei der Stimmabgabe ausdrücklich Ja-Stimmen abgefragt werden müssen. Eine gerichtliche Durchsetzung auf Feststellung 10 der Unwirksamkeit eines Beschlusses ist insoweit nur möglich, wenn das Recht auf Stimmabgabe insgesamt verletzt wäre, d. h. wenn Stimmen gar nicht oder falsch berücksichtigt worden wären (BAG 7.6.2016 – 1 ABR 30/14). Findet die Sitzung virtuell statt, kommt eine geheime Abstimmung nicht in Betracht, es sei denn die technischen Voraussetzungen des genutzten Video- oder Telefonkonferenzsystems bieten eine solche Lösungsmöglichkeit an. Ansonsten ist in diesen Fällen die Abstimmung durch Abfrage des Betriebsratsvorsitzenden vorzunehmen. Deshalb ist auch die Durchführung von internen geheimen Wahlen grundsätzlich nicht in einer virtuellen Sitzung möglich (siehe Rn. 6).

a. Stimmenmehrheit

11 Die Beschlüsse des BR werden grundsätzlich mit der Mehrheit der Stimmen **der Anwesenden** gefasst (sog. **einfache Stimmenmehrheit**). In einigen Fällen wird die Mehrheit der Stimmen **aller** BR-Mitglieder gefordert (sog. **absolute Mehrheit**).

12 Die absolute Mehrheit ist immer notwendig, wenn es im Gesetz ausdrücklich geregelt ist. Die **absolute Mehrheit ist erforderlich bei**:

- Rücktritt des gesamten BR, § 13 Abs. 2 Nr. 3
- Übertragung von Aufgaben zur selbstständigen Erledigung auf den Betriebsausschuss, §§ 27 Abs. 2, 28 Abs. 1
- Übertragung von Aufgaben auf Arbeitsgruppen, § 28a Abs. 1
- Aufstellen einer Geschäftsordnung, § 36
- Beauftragung des GBR, eine Angelegenheit für den BR zu behandeln, § 50 Abs. 2
- Beauftragung des KBR, eine Angelegenheit für den BR zu behandeln, § 58 Abs. 2
- Übertragung von Aufgaben des Wirtschaftsausschusses auf einen Ausschuss des BR, § 107 Abs. 3

b. Stimmengleichheit

13 Bei **Stimmengleichheit** ist ein **Antrag abgelehnt**.

Erklärt ein BR-Mitglied die Nichtteilnahme an dem Beschluss, wird das Mitglied bei der Stimmenmehrheit nicht berücksichtigt (vgl. Rn. 3). Es ist insoweit immer die Beschlussfähigkeit neu zu überprüfen. **Enthaltungen zählen als Nein-Stimme**, da im Gesetz nur von Ja-Stimmen die Rede ist. Nimmt die JAV an der Beschlussfassung teil, so zählen die Teilnehmenden zwar nicht für die Beschlussfähigkeit, ihre Stimmen jedoch für die Stimmenmehrheit mit.

4. Beispiele

a) Der BR hat neun Mitglieder. Es sind vier BR-Mitglieder (inklusive Ersatzmitglieder) und zwei JAV-Mitglieder anwesend. Der BR ist nicht beschlussfähig. Es müssten mindestens die Hälfte (d. h. viereinhalb), also fünf Mitglieder an der Beschlussfassung teilnehmen. Die Mitglieder der JAV zählen nicht mit. 14
b) Der BR besteht aus dreizehn Mitgliedern. Es sind zehn Mitglieder anwesend (inklusive Ersatzmitglieder). Sechs Mitglieder stimmen für den Antrag, vier stimmen dagegen. Der Antrag ist angenommen.
c) Der BR hat sieben Mitglieder. Es sind fünf BR-Mitglieder anwesend (inklusive Ersatzmitglieder). Ein Mitglied erklärt die Nichtteilnahme, zwei enthalten sich und zwei Mitglieder stimmen für den Antrag. Der Antrag ist abgelehnt. Es nehmen vier Mitglieder an der Beschlussfassung teil, da ein Mitglied die Nichtteilnahme erklärt hat. Der BR ist beschlussfähig, da mehr als die Hälfte der Mitglieder teilnehmen. Die Enthaltungen zählen als Nein-Stimme, so dass zwei Mitglieder dafür und zwei dagegen stimmen. Bei Stimmengleichheit ist ein Antrag abgelehnt.
d) Der BR hat fünf Mitglieder. Es soll über die Aufstellung einer Geschäftsordnung entschieden werden. Es sind drei Mitglieder anwesend (inklusive Ersatzmitglieder). Zwei Mitglieder stimmen für die Geschäftsordnung, ein Mitglied stimmt dagegen. Die Geschäftsordnung ist nicht aufgestellt. In diesem Fall bedarf es der absoluten Mehrheit (Mehrheit der Stimmen aller BR-Mitglieder), d. h. alle drei anwesenden Mitglieder hätten für die Geschäftsordnung stimmen müssen.

IV. Nachträgliche Änderung eines Beschlusses

Ein Beschluss kann nur dann **nachträglich durch einen gegenläufigen Beschluss geändert** werden, **wenn** er **noch keine Außenwirkung** entfaltet hat. Er darf dem AG noch nicht bekannt gemacht worden sein. Ist er dem AG gegenüber bereits bekannt gemacht worden, kann er nicht rückgängig gemacht werden. Ein fehlerhafter Beschluss kann durch einen später gefassten Beschluss »abgelöst« werden. Allerdings wirkt der später gefasste Beschluss nicht auf den Zeitpunkt des zuerst gefassten Beschlusses zurück, sondern entfaltet seine Wirkung erst ab dem Tag seiner Beschlussfassung. Ein fehlerhafter Beauftragungsbeschluss eines Rechtsanwalts zur Einleitung eines Beschlussverfahrens kann durch einen späteren ordnungsgemäßen Beschluss bis zum Zeitpunkt der Prozessentscheidung geheilt werden (BAG 25. 9. 2024 – 7 ABR 37/23). 15

V. Rechtsfolge bei Verstößen

16 Der Gesetzgeber hat die Folgen von Verstößen gegen die Regelungen von §§ 30, 33 Abs. 1 nicht geregelt. Daher gelten auch hier die vom BAG entwickelten **Grundsätze für Verstöße gegen Verfahrensvorschriften**. Danach können nur solche Verstöße gegen Verfahrensvorschriften zu dessen Unwirksamkeit führen, die für das ordnungsgemäße Zustandekommen eines Betriebsratsbeschlusses als wesentlich anzusehen sind. Voraussetzung ist, dass der Verstoß so schwerwiegend ist, dass der Fortbestand des Beschlusses von der Rechtsordnung nicht hingenommen werden kann (BAG 30.9.2014 – 1 ABR 32/13). Wird einem Mitglied z. B. bei berechtigten Gründen ein audiovisuelles (oder ggf. telefonisches) Zuschalten zu einer Präsenzsitzung zu Unrecht verweigert, wird man hierin einen schwerwiegenden Verstoß, der nach den allgemeinen Grundsätzen der unberechtigten Nichtladung zur Nichtigkeit gefasster Beschlüsse führt, annehmen müssen (LAG Hessen 18.8.2020 – 26 BVGa 382/20). Ein schwerwiegender Verstoß liegt auch dann vor, wenn der BR seine Sitzung virtuell stattfinden lässt, obwohl er keine Regelung dazu in einer Geschäftsordnung vereinbart hat. Ob auch eine Beschlussfassung in einer virtuellen Sitzung unwirksam ist, die zwar durch eine Geschäftsordnung formal abgesichert, jedoch inhaltlich nicht ausreichend ist (z. B. den Anforderungen an den Vorrang der Präsenzsitzung nicht standhält), ist bislang nicht höchstrichterlich entschieden. Die h. M. geht von der Unwirksamkeit auch dieser Beschlüsse aus (a. A. Bachner NZA 2022, 1024). Der Grundsatz der Nichtöffentlichkeit hat demgegenüber nur dann Auswirkungen auf die Wirksamkeit des Betriebsratsbeschlusses, wenn ein BR-Mitglied eine solche Verletzung rügt und die nichtberechtigte Person dennoch anwesend bleibt. Deshalb wird auch die unzureichende technische Ausstattung regelmäßig keinen Einfluss auf die Wirksamkeit des Betriebsratsbeschlusses haben. Etwas anderes gilt aber dann, wenn die gewählte technische Lösung bspw. offensichtlich keine Nichtöffentlichkeit gewährleisten kann.

§ 34 Sitzungsniederschrift

(1) [1]Über jede Verhandlung des Betriebsrats ist eine Niederschrift aufzunehmen, die mindestens den Wortlaut der Beschlüsse und die Stimmenmehrheit, mit der sie gefasst sind, enthält. [2]Die Niederschrift ist von dem Vorsitzenden und einem weiteren Mitglied zu unterzeichnen. [3]Der Niederschrift ist eine Anwesenheitsliste beizufügen, in die sich jeder Teilnehmer eigenhändig einzutragen hat.

[4]Nimmt ein Betriebsratsmitglied mittels Video- und Telefonkonferenz an der Sitzung teil, so hat es seine Teilnahme gegenüber dem Vorsitzenden in Textform zu bestätigen. [5]Die Bestätigung ist der Niederschrift beizufügen.

(2) [1]Hat der Arbeitgeber oder ein Beauftragter einer Gewerkschaft an der Sitzung teilgenommen, so ist ihm der entsprechende Teil der Niederschrift abschriftlich auszuhändigen. [2]Einwendungen gegen die Niederschrift sind unverzüglich schriftlich zu erheben; sie sind der Niederschrift beizufügen.

(3) Die Mitglieder des Betriebsrats haben das Recht, die Unterlagen des Betriebsrats und seiner Ausschüsse jederzeit einzusehen.

Inhaltsübersicht Rn.

I. Zweck der Regelung

1 Die Vorschrift regelt die Anfertigung von Sitzungsprotokollen sowie das Einsichtsrecht der BR-Mitglieder. Sie gilt ebenso für die JAV (§ 65 Abs. 1), den GBR (§ 51 Abs. 1), den KBR (§ 59 Abs. 1), die Gesamt-JAV (§ 73 Abs. 2) und die Konzern-JAV (§ 73b Abs. 2). Die Vorschrift kann nicht durch Tarifvertrag oder BV abbedungen werden. In einer Geschäftsordnung können zum Thema »Sitzungsprotokolle« Ergänzungen aufgenommen werden (z. B. wer Protokollführer ist, welche Form das Protokoll haben soll etc.).

II. Sitzungsprotokoll

2 Der BR muss über **jede Verhandlung ein Protokoll anfertigen**. Jede »Verhandlung« meint jede Betriebsratssitzung sowie Sitzungen der Ausschüsse und Arbeitsgruppen. Dabei kommt dem Protokoll ein hoher Beweiswert für die darin protokollierte Beschlussfassung bei einer gerichtlichen Beweiswürdigung zu (BAG 30. 9. 2014 – 1 ABR 32/13). Eine ordnungsgemäße Protokollierung ist daher dringend anzuraten.
Es steht dem BR frei, in einer Geschäftsordnung zu regeln, dass auch für andere Besprechungen (z. B. mit dem AG) Protokolle anzufertigen sind.

3 Es ist zwingend vorgeschrieben, dass der BR den **genauen Wortlaut der Beschlüsse** sowie die **Angabe der Stimmenverhältnisse** in das Protokoll **aufnimmt** und eine **eigenhändig unterzeichnete Anwesenheitsliste** beifügt. Notwendig ist auch die Angabe des Datums der Betriebsratssitzung. Die Uhrzeit des Beginns und des Endes der Betriebsratssitzung ist sinnvoll, nicht aber zwingend notwendig (DKW, § 34 BetrVG Rn. 3). Der BR muss sowohl angenommene als auch abgelehnte Anträge in das Protokoll aufnehmen. Auf der Anwesenheitsliste müssen sich nicht nur die BR-Mitglieder, sondern auch die Mitglieder der teilnehmenden JAV, Schwerbehindertenvertretung, Sachverständige etc. eintragen und selbst unterschreiben.

4 Bei einer Sitzung mittels Video- oder Telefonkonferenz müssen die BR-Mitglieder ihre Anwesenheit in Textform bestätigen. Textform gem. § 126b BGB meint, dass es sich um eine lesbare Erklärung handeln muss, die die Person des Erklärenden erkennen läßt und die auf einem dauerhaften Datenträger gespeichert werden kann. Hier kommen insbesondere E-Mail, SMS, Messengerdienste wie WhatsApp, Signal, Threema u. a. in Betracht. Bevorzugt sollte das firmeninterne E-Mail-System verwendet werden. Der BR kann hierzu konkrete Vorgaben in seiner Geschäftsordnung regeln.

5 Die Aufgabe des **Protokollführers** ist im Gesetz nicht genannt; es ist aus organisatorischen Gründen jedoch **zu empfehlen, einen Protokollführer zu bestimmen**.

Das Protokoll kann in der Sitzung oder auch unverzüglich im Anschluss daran angefertigt werden. Das **Protokoll** ist **vom Vorsitzenden und einem weiteren Mitglied** zu **unterzeichnen**. Solange die Geschäftsordnung nicht vorgibt, welches weitere Mitglied die Protokolle mit zu unterzeichnen hat, können alle BR-Mitglieder unterschreiben.

6 Unterlässt der BR die Anfertigung von Protokollen, handelt er pflichtwidrig; die gefassten Beschlüsse bleiben jedoch wirksam (BAG 8.2.1977 – 1 ABR 82/74). Der BR muss – wenn kein Protokoll angefertigt wurde – das Vorliegen des Beschlusses durch andere Urkunden oder Zeugenaussagen beweisen. Das ist – gerade in einem möglichen Arbeitsgerichtsprozess – selbstverständlich erheblich schwieriger.

III. Übergabe des Protokolls

7 Der **AG** oder ein Vertreter der **Gewerkschaft** erhält eine **Abschrift** des Protokolls, **wenn** er an der Sitzung des BR **teilgenommen** hat (der Gewerkschaftsbeauftragte z. B. beratend nach § 31). Wenn der AG oder der Vertreter der Gewerkschaft nicht an der vollständigen Sitzung teil-

genommen hat, erhält er nur den Teil des Protokolls für das Zeitfenster seiner Anwesenheit. Die Abschrift muss vom Betriebsratsvorsitzenden unterzeichnet sein. Hat der AG nicht teilgenommen, auch wenn er zur Teilnahme nach § 29 Abs. 4 berechtigt gewesen wäre, hat er keinen Anspruch auf Aushändigung des Protokolls.
Mitglieder der JAV, der Schwerbehindertenvertretung u. a. haben keinen Anspruch auf eine Abschrift des Protokolls; die Überlassung einer Abschrift ist jedoch zulässig, solange sie keine Aussagen des AG zu Betriebs- und Geschäftsgeheimnissen enthalten (DKW, § 34 BetrVG Rn. 16).
BR-Mitglieder haben einen Anspruch auf Abschrift des Protokolls, wenn sie dieses für ihre Tätigkeit benötigen (DKW, § 34 BetrVG Rn. 16). Heutzutage erscheint es sinnvoller, allen BR-Mitgliedern den digitalen Zugriff auf die Protokolle zu ermöglichen (s. Rn. 9).

IV. Einwendungen gegen das Protokoll

Alle Teilnehmer einer Sitzung können **Einwendungen** gegen das Protokoll erheben. Sie müssen dies unverzüglich tun. Die Einwendungen sind schriftlich bei dem Betriebsratsvorsitzenden zu erheben. Selbst wenn der Betriebsratsvorsitzende die Einwendungen nicht für berechtigt erachtet, muss er sie dem Protokoll beifügen, sofern sie ordnungsgemäß erhoben wurden. BR-Mitglieder können Einwendungen auch in der nächsten Sitzung erheben, wenn der BR feststellt, ob das Protokoll genehmigt wird. Auf die gefassten **Beschlüsse haben Einwendungen** gegen das Protokoll **keinen Einfluss**. 8

V. Einsichtsrecht

Alle BR-Mitglieder haben das Recht, **jederzeit** die Unterlagen des BR und seiner Ausschüsse **einzusehen**. Das Recht auf Einsichtnahme in die Unterlagen des BR kann für ein BR-Mitglied sogar einen Anspruch auf Überlassung eines Schlüssels für das Betriebsratsbüro begründen, wenn dem BR eine solche Überlassung tatsächlich möglich und zumutbar ist und anderenfalls das jederzeitige Einsichtnahmerecht des BR-Mitglieds nicht gewährleistet werden kann (LAG Baden-Württemberg 20.2.2013 – 13 TaBV 11/12; LAG Thüringen 29.6.2021 – 1 TaBVGa 1/21). Auch besteht ein Anspruch auf Überlassung eines Schlüsseltransponders für das Betriebsratssekretariat, sofern die BR-Mitglieder nicht zu den Öffnungszeiten des Sekretariats im Betrieb anwesend sind. Das gilt auch dann, wenn die Unterlagen auch in elektronischer Form abruf- 9 bar sind (LAG Hessen 9.9.2019 – 16 TaBV 67/19). Dieses Recht kann nicht durch die Geschäftsordnung abbedungen werden. »Jederzeit« bedeutet, dass es keine zeitlichen Einschränkungen geben darf. **Jedes Mitglied muss sich ständig über die Betriebsratstätigkeit informieren können,** auch dann, wenn Informationen eine »besondere Vertraulichkeit« oder »Brisanz« zugemessen wird. Einzelnen BR-Mitgliedern steht jedoch gegenüber dem BR kein Anspruch auf Einsichtnahme in Unterlagen über Verhandlungen eines Tarifvertrages, an denen der BR teilgenommen hat, zu, da es nicht zu den gesetzlichen Aufgaben des BR gehört, an Tarifverhandlungen teilzunehmen (LAG Hamm 21.3.2014 – 13 TaBVGa 2/14).

Das Einsichtsrecht umfasst auch jegliche **elektronische Korrespondenz** (z. B. elektronische Unterlagen, E-Mails über den Account des BR). Es darf nicht mit dem Argument eingeschränkt werden, dass personenbezogene Daten nicht eingesehen werden dürfen (BAG 12.8.2009 – 7 ABR 15/08). Denn das BR-Mitglied ist selbstverständlich zum Stillschweigen über solche Daten verpflichtet.

10 **Ersatzmitglieder** haben dann ein Einsichtsrecht, wenn sie ein verhindertes BR-Mitglied vertreten und sich auf eine Sitzung vorbereiten oder eine solche nachbereiten müssen. Der notwendige Zugriff auf elektronisch vorgehaltene Unterlagen lässt sich für Ersatzmitglieder durch temporäre Freischaltungen realisieren. Sind diese aus technischen oder organisatorischen Gründen kurzfristig nicht möglich, können den ersten (»ständigen«) Ersatzmitgliedern entsprechende elektronische Zugriffsrechte auch dauerhaft eingeräumt werden. Dies muss aber mit besonderen Hinweisen an die Ersatzmitglieder verbunden werden, dass ein Zugriff nur beim Vorliegen eines konkreten oder mit hoher Wahrscheinlichkeit absehbaren Vertretungsfalls zulässig ist (DKW, § 34 BetrVG Rn. 25).

11 **Andere Teilnehmer** an Betriebsratssitzungen (z. B. Schwerbehindertenvertretung) haben kein Einsichtsrecht. Die JAV kann verlangen, dass ihr die Protokolle überlassen werden, soweit es zur Durchführung ihrer Aufgaben nach § 70 Abs. 2 Satz 2 erforderlich ist.

12 Zu den Unterlagen, in die der BR Einsichtsrecht hat, gehören u. a.

- Protokolle
- jegliche Korrespondenz mit dem AG, mit Sachverständigen, Gewerkschaften, AN etc.
- BV
- Aufzeichnungen des BR

§ 35 Aussetzung von Beschlüssen

(1) Erachtet die Mehrheit der Jugend- und Auszubildendenvertretung oder die Schwerbehindertenvertretung einen Beschluss des Betriebsrats als eine erhebliche Beeinträchtigung wichtiger Interessen der durch sie vertretenen Arbeitnehmer, so ist auf ihren Antrag der Beschluss auf die Dauer von einer Woche vom Zeitpunkt der Beschlussfassung an auszusetzen, damit in dieser Frist eine Verständigung, gegebenenfalls mit Hilfe der im Betrieb vertretenen Gewerkschaften, versucht werden kann.

(2) [1]Nach Ablauf der Frist ist über die Angelegenheit neu zu beschließen. [2]Wird der erste Beschluss bestätigt, so kann der Antrag auf Aussetzung nicht wiederholt werden; dies gilt auch, wenn der erste Beschluss nur unerheblich geändert wird.

Inhaltsübersicht Rn.

I. Zweck der Regelung

Die Regelung gibt der Schwerbehindertenvertretung sowie der JAV ein **Einspruchsrecht** gegen Beschlüsse des BR. § 35 gilt entsprechend für den GBR (§ 51 Abs. 1) und den KBR (§ 59 Abs. 1), nicht aber für Beschlüsse der JAV, Gesamt-JAV oder Konzern-JAV. Für Beschlüsse eines Ausschusses nach § 27 und § 28 gilt § 35 gleichfalls, wenn dem Ausschuss Aufgaben zur selbstständigen Erledigung übertragen worden sind. Hintergrund ist, dass ansonsten wichtige Beschlüsse in den Ausschüssen gefasst werden könnten, ohne dass es der JAV oder Schwerbehindertenvertretung möglich wäre, einen Aussetzungsantrag zu stellen. 1

II. Aussetzungsantrag

1. Antragsberechtigung

Antragsberechtigt sind die **JAV** und die **Schwerbehindertenvertretung** bei Beschlüssen des BR. Die Vorschrift verlangt, dass die Mehrheit der 2

JAV einen **Beschluss des BR** als eine **erhebliche Beeinträchtigung ihrer Interessen** versteht. Dies ist der Fall, wenn die zur Berufsausbildung beschäftigten AN »überwiegend« oder »besonders« betroffen sind, § 67. Hat die JAV ein eigenes Stimmrecht i. S. d. § 67 Abs. 2, ist Voraussetzung für den Aussetzungsantrag, dass die JAV mit Stimmenmehrheit gegen den Beschluss des BR gestimmt hat. In Fällen, in denen die JAV ein beratendes Teilnahmerecht hat (§ 67 Abs. 1), muss sie deutlich gemacht haben, dass sie erhebliche Bedenken gegen den Beschluss des BR hat.

3 Die Schwerbehindertenvertretung nimmt gem. § 32 nur **beratend** an den Sitzungen des BR teil, **ohne ein eigenes Stimmrecht** zu haben. Sie kann ebenso wie die Mehrheit der JAV einen Aussetzungsantrag stellen, wenn sie meint, dass die Interessen der Schwerbehinderten durch einen Beschluss des BR erheblich beeinträchtigt werden. Die Schwerbehindertenvertretung kann den Antrag auch stellen, wenn sie vor einer Entscheidung des AG, die ihre Belange berührt, nicht ordnungsgemäß unterrichtet und angehört wurde, § 178 Abs. 2 und 4 SGB IX.

2. Ablauf der Antragsstellung

4 Der **Aussetzungsantrag** ist nicht an eine besondere Form gebunden; er kann also mündlich oder schriftlich gestellt werden. Er ist **gegenüber dem Vorsitzenden** zu stellen. Im Antrag muss angegeben werden, worin die erhebliche Beeinträchtigung der Interessen der schwerbehinderten AN oder der sich in der Ausbildung befindlichen AN liegt. Ein Aussetzungsantrag ist nicht mehr möglich, wenn der Beschluss schon durchgeführt worden ist.

Die Antragsberechtigten können einen Antrag jederzeit zurücknehmen. Damit erledigt sich das Aussetzungsverfahren. Der Beschluss kann nur **innerhalb von einer Woche ab Betriebsratssitzung** ausgesetzt werden, so dass der Antrag innerhalb dieser Zeit zu stellen ist.

3. Kollision mit anderen Fristen

5 Im Gesetz nicht geregelt ist die Frage, was passiert, wenn der BR z. B. über eine Kündigung i. S. d. § 102 innerhalb einer Woche entscheiden muss und gleichzeitig ein Aussetzungsantrag gestellt wurde, der BR folglich den Beschluss vor Ablauf der einwöchigen Aussetzungsfrist nicht vollziehen darf. Die **Fristen** des § 102 **bleiben** auch in einem solchen Fall **bestehen**; sie werden nicht etwa durch den Aussetzungsantrag gehemmt. Hier empfiehlt es sich, sofern nicht zuvor eine erneute Beschlussfassung möglich ist, dem AG die Entscheidung des BR mitzuteilen – da ansons-

ten sein Schweigen eine Zustimmung zur Kündigung bedeuten würde – und gleichzeitig auf den Aussetzungsantrag hinzuweisen (DKW, § 35 BetrVG Rn. 11).

III. Neue Beschlussfassung

Der BR hat über den **ursprünglichen Beschluss erneut** zu **beschließen**, 6
nicht über den Aussetzungsantrag. Dabei kann er den ursprünglichen Beschluss bestätigen oder ihn abändern. Entscheidend ist, dass der BR über den Antrag entscheiden muss, auch wenn es zwischenzeitlich zu einer Verständigung mit der JAV bzw. der Schwerbehindertenvertretung gekommen ist. Bestätigt der BR seinen ursprünglichen Beschluss in der neuen Beschlussfassung, ist der Einspruch der JAV oder Schwerbehindertenvertretung erfolglos gewesen. Ein neuer Aussetzungsantrag ist nicht möglich.

Ändert der BR den ursprünglichen Beschluss nur unerheblich ab, kann 7
ein erneuter Aussetzungsantrag ebenfalls nicht gestellt werden. Eine unerhebliche Abänderung liegt vor, wenn der wesentliche Inhalt gleich bleibt.

Ändert der BR den ursprünglichen Beschluss in seinem wesentlichen 8
Inhalt, kann die JAV oder die Schwerbehindertenvertretung einen neuen Aussetzungsantrag stellen.

IV. Folgen des Aussetzungsantrags

Der **ursprüngliche Beschluss** des BR wird sozusagen **»auf Eis gelegt«**. 9
Es ist neu über ihn zu beschließen. Auf die Wirksamkeit der Beschlüsse nach außen hat ein Verstoß des BR im Hinblick auf einen gestellten Aussetzungsantrag keinen Einfluss. Der BR begeht allerdings eine Verletzung seiner betriebsverfassungsrechtlichen Pflichten nach § 23 Abs. 1.

V. Hinzuziehung von Gewerkschaften

Jedes Mitglied des BR, der JAV oder der Schwerbehindertenvertretung 10
hat das Recht, sich zur Beilegung von Streitigkeiten eine im Betrieb – nicht notwendig im BR – vertretene Gewerkschaft hinzuzuziehen.

§ 36 Geschäftsordnung

Sonstige Bestimmungen über die Geschäftsführung sollen in einer schriftlichen Geschäftsordnung getroffen werden, die der Betriebsrat mit der Mehrheit der Stimmen seiner Mitglieder beschließt.

Inhaltsübersicht Rn.

I. Zweck der Regelung

1 Durch die Geschäftsordnung können Verfahrensabläufe innerhalb der Aufgaben des BR strukturiert werden und so zu einem ordnungsgemäßen Ablauf der Betriebsratstätigkeit beitragen.

II. Erlass der Geschäftsordnung

2 Der BR kann sich eine Geschäftsordnung geben. Er muss dies nicht. Es handelt sich bei § 36 um eine »**Soll-Vorschrift**«. Allerdings empfiehlt es sich jedenfalls für größere Betriebsratsgremien, organisatorische Angelegenheiten des BR in einer Geschäftsordnung zu regeln, damit die betriebsratsinternen Verfahrensabläufe klar definiert sind. Die Vorschrift gilt entsprechend für den Betriebsausschuss und die Ausschüsse des BR, wenn nicht der BR in seiner Geschäftsordnung die Angelegenheiten der Ausschüsse und des Betriebsausschusses bereits geregelt hat (DKW, § 36 BetrVG Rn. 2). Die Vorschrift gilt auch für die JAV (§ 65 Abs. 1), den GBR (§ 51 Abs. 1), den KBR (§ 59 Abs. 1), die Gesamt-JAV (§ 73 Abs. 2), die Konzern-JAV (§ 73b Abs. 2).

3 Über die Geschäftsordnung muss der BR mit der **absoluten Mehrheit** beschließen. Gleiches gilt für Änderungen der Geschäftsordnung. Der Erlass der Geschäftsordnung muss **schriftlich** sein. Die Geschäftsordnung ist vom Betriebsratsvorsitzenden zu unterzeichnen. Jedes Mitglied hat eine Abschrift der Geschäftsordnung zu erhalten (DKW, § 36 BetrVG Rn. 9). Auch die elektronische Verfügbarkeit der Geschäftsordnung sollte jederzeit gewährleistet sein.

III. Inhalt der Geschäftsordnung

Inhalt der Geschäftsordnung sind Angelegenheiten der internen Betriebsratsorganisation. Hierzu zählen u.a.: 4

- Festlegung der **regelmäßigen Betriebsratssitzungen** auf einen bestimmten Tag (z.B. immer mittwochs ab 13:00 Uhr)
- Fristen für die Versendung der Einladungen zu den Sitzungen
- Festlegung eines **Protokollführers**
- Ständiges Teilnahmerecht der Gewerkschaften
- **Abstimmungsverfahren** bei Betriebsratsbeschlüssen (mündlich / schriftlich / offen / geheim)
- Bildung von Ausschüssen und deren Zusammensetzung
- Wahl und Abberufung des Betriebsratsvorsitzenden und stellvertretenden Vorsitzenden
- **Übertragung von Aufgaben** zur selbstständigen Erledigung auf den Betriebsausschuss (z.B. für personelle Einzelmaßnahmen)
- Voraussetzungen für die Teilnahme an Betriebsratssitzungen mittels Video- oder Telefonkonferenz (siehe hierzu § 30 Rn. 11 ff.)

Angelegenheiten, die gesetzlich zwingend vorgeschrieben und nicht abdingbar sind, können nicht Inhalt einer Geschäftsordnung sein, jedenfalls nicht in einer vom Gesetz abweichenden Weise. Zum Beispiel kann der BR nicht in der Geschäftsordnung regeln, dass dort, wo das Gesetz die absolute Stimmenmehrheit verlangt, die einfache Mehrheit ausreichen soll oder dass die Möglichkeit der Stimm-Enthaltung, was insoweit einer Ablehnung gleichkommt, bei der Beschlussfassung des BR ausgeschlossen sein soll (vgl. LAG München 28.5.2015 – 4 TABV 4/15).

Auch Angelegenheiten, die eine Vereinbarung mit dem AG voraussetzen, können nicht Inhalt einer Geschäftsordnung sein, da der BR über diese Angelegenheiten nicht alleine entscheiden kann. Hierzu gehören z.B. die Festlegung der Sprechstunden oder Freistellungen, die über den gesetzlichen Rahmen des § 38 hinausgehen. Insoweit bedarf es einer BV oder Regelungsabrede zwischen BR und AG. Auch die Regelung, dass die einzelnen BR-Mitglieder in einem Tätigkeitsbuch Art und Dauer ihrer Betriebsratstätigkeit eintragen müssen, ist unwirksam, da der zulässige Regelungsbereich einer Geschäftsordnung überschritten wird, wenn einzelnen BR-Mitgliedern solche Pflichten auferlegt werden (vgl. LAG München 28.5.2015 – 4 TABV 4/15).

IV. Verstoß gegen die Geschäftsordnung

5 Ein **Verstoß gegen die Geschäftsordnung** macht **Beschlüsse** des BR **nicht unwirksam**. Die Geschäftsordnung **regelt nur das Innenverhältnis**, d. h. das Vorgehen innerhalb des Gremiums. Ein Verstoß gegen die Geschäftsordnung kann daher in Wiederholungsfällen ein Verstoß gegen die Amtspflichten nach § 23 Abs. 1 sein.

V. Geltungsdauer der Geschäftsordnung

6 Die Geschäftsordnung gilt für die Dauer der **Amtszeit des BR**. Sie kann vom folgenden Betriebsratsgremium durch Beschluss mit absoluter Stimmenmehrheit übernommen werden, was eines ausdrücklichen Beschlusses bedarf.

§ 37 Ehrenamtliche Tätigkeit, Arbeitsversäumnis

(1) Die Mitglieder des Betriebsrats führen ihr Amt unentgeltlich als Ehrenamt.
(2) Mitglieder des Betriebsrats sind von ihrer beruflichen Tätigkeit ohne Minderung des Arbeitsentgelts zu befreien, wenn und soweit es nach Umfang und Art des Betriebs zur ordnungsgemäßen Durchführung ihrer Aufgaben erforderlich ist.
(3) [1]Zum Ausgleich für Betriebsratstätigkeit, die aus betriebsbedingten Gründen außerhalb der Arbeitszeit durchzuführen ist, hat das Betriebsratsmitglied Anspruch auf entsprechende Arbeitsbefreiung unter Fortzahlung des Arbeitsentgelts. [2]Betriebsbedingte Gründe liegen auch vor, wenn die Betriebsratstätigkeit wegen der unterschiedlichen Arbeitszeiten der Betriebsratsmitglieder nicht innerhalb der persönlichen Arbeitszeit erfolgen kann. [3]Die Arbeitsbefreiung ist vor Ablauf eines Monats zu gewähren; ist dies aus betriebsbedingten Gründen nicht möglich, so ist die aufgewendete Zeit wie Mehrarbeit zu vergüten.
(4) [1]Das Arbeitsentgelt von Mitgliedern des Betriebsrats darf einschließlich eines Zeitraums von einem Jahr nach Beendigung der Amtszeit nicht geringer bemessen werden als das Arbeitsentgelt vergleichbarer Arbeitnehmer mit betriebsüblicher beruflicher Entwicklung. [2]Dies gilt auch für allgemeine Zuwendungen des Arbeitgebers. [3]Zur Bestimmung der vergleichbaren Arbeitnehmer nach Satz 1 ist auf den Zeitpunkt der Übernahme des Betriebsratsamtes abzustellen, soweit nicht ein sachlicher Grund für eine spätere Neubestimmung

vorliegt. Arbeitgeber und Betriebsrat können in einer Betriebsvereinbarung ein Verfahren zur Festlegung vergleichbarer Arbeitnehmer regeln. [4]Die Konkretisierung der Vergleichbarkeit in einer solchen Betriebsvereinbarung kann nur auf grobe Fehlerhaftigkeit überprüft werden; Gleiches gilt für die Festlegung der Vergleichspersonen, soweit sie einvernehmlich zwischen Arbeitgeber und Betriebsrat erfolgt und in Textform dokumentiert ist.

(5) Soweit nicht zwingende betriebliche Notwendigkeiten entgegenstehen, dürfen Mitglieder des Betriebsrats einschließlich eines Zeitraums von einem Jahr nach Beendigung der Amtszeit nur mit Tätigkeiten beschäftigt werden, die den Tätigkeiten der in Absatz 4 genannten Arbeitnehmer gleichwertig sind.

(6) [1]Die Absätze 2 und 3 gelten entsprechend für die Teilnahme an Schulungs- und Bildungsveranstaltungen, soweit diese Kenntnisse vermitteln, die für die Arbeit des Betriebsrats erforderlich sind. [2]Betriebsbedingte Gründe im Sinne des Absatzes 3 liegen auch vor, wenn wegen Besonderheiten der betrieblichen Arbeitszeitgestaltung die Schulung des Betriebsratsmitglieds außerhalb seiner Arbeitszeit erfolgt; in diesem Fall ist der Umfang des Ausgleichsanspruchs unter Einbeziehung der Arbeitsbefreiung nach Absatz 2 pro Schulungstag begrenzt auf die Arbeitszeit eines vollzeitbeschäftigten Arbeitnehmers. [3]Der Betriebsrat hat bei der Festlegung der zeitlichen Lage der Teilnahme an Schulungs- und Bildungsveranstaltungen die betrieblichen Notwendigkeiten zu berücksichtigen. [4]Er hat dem Arbeitgeber die Teilnahme und die zeitliche Lage der Schulungs- und Bildungsveranstaltungen rechtzeitig bekannt zu geben. [5]Hält der Arbeitgeber die betrieblichen Notwendigkeiten für nicht ausreichend berücksichtigt, so kann er die Einigungsstelle anrufen. [6]Der Spruch der Einigungsstelle ersetzt die Einigung zwischen Arbeitgeber und Betriebsrat.

(7) [1]Unbeschadet der Vorschrift des Absatzes 6 hat jedes Mitglied des Betriebsrats während seiner regelmäßigen Amtszeit Anspruch auf bezahlte Freistellung für insgesamt drei Wochen zur Teilnahme an Schulungs- und Bildungsveranstaltungen, die von der zuständigen obersten Arbeitsbehörde des Landes nach Beratung mit den Spitzenorganisationen der Gewerkschaften und der Arbeitgeberverbände als geeignet anerkannt sind. [2]Der Anspruch nach Satz 1 erhöht sich für Arbeitnehmer, die erstmals das Amt eines Betriebsratsmitglieds übernehmen und auch nicht zuvor Jugend- und Auszubildendenvertreter waren, auf vier Wochen. [3]Absatz 6 Satz 2 bis 6 findet Anwendung.

Inhaltsübersicht Rn.

I. Zweck der Vorschrift

1 Durch § 37 wird klargestellt, dass

- die BR-Mitglieder wegen ihrer Tätigkeit im BR durch eine Minderung ihres Arbeitsentgelts **nicht benachteiligt** werden dürfen und
- es sich um eine ehrenamtliche Aufgabe handelt.

Die Vorschrift präzisiert damit u. a. die Vorschrift des § 78, in der der Grundsatz festgelegt ist, dass BR-Mitglieder nicht benachteiligt oder begünstigt werden dürfen. § 37 gilt vollständig auch für die JAV (§ 65 Abs. 1); § 37 Abs. 1 bis 3 gilt ebenfalls für den GBR (§ 51 Abs. 1), den KBR (§ 59 Abs. 1), die Gesamt-JAV (§ 73 Abs. 2) und die Konzern-JAV (§ 73b Abs. 2).

II. Ehrenamtliche Tätigkeit (Abs. 1)

Betriebsratsarbeit ist ehrenamtliche Arbeit. Das Ehrenamtsprinzip wahrt die innere und äußere Unabhängigkeit der BR-Mitglieder. Es stärkt maßgeblich das Vertrauen der vom BR vertretenen AN darauf, dass die Wahrnehmung der Mitbestimmungsrechte durch den BR nicht durch die Gewährung oder den Entzug materieller Vorteile für die BR-Mitglieder beeinflussbar ist (BAG 5.5.2010 – 7 AZR 728/08). 2

Aus diesem Grund darf einem BR-Mitglied für seine Betriebsratstätigkeit keine besondere Vergütung zufließen, auch nicht in versteckter Form (BAG 5.5.2010 – 7 AZR 728/08). Gleichzeitig darf das BR-Mitglied auch aufgrund seiner Betriebsratstätigkeit nicht benachteiligt werden. 3

Verboten sind daher z. B.:

- **Zahlung eines höheren Arbeitsentgelts** als an andere vergleichbare AN. Das gilt nur dann nicht, wenn das BR-Mitglied aufgrund der Betriebsratstätigkeit seine bislang ausgeübte Arbeit nicht mehr ausüben kann und eine schlechter dotierte Position einnehmen muss. In diesem Fall ist dem BR-Mitglied sein ursprüngliches Gehalt weiterzuzahlen. Denn das BR-Mitglied darf wegen seiner Tätigkeit im BR auch nicht benachteiligt werden.
- **Freistellung von der Arbeit**, ohne dass dies aus betriebsratsbedingten Gründen erforderlich wäre.
- Gewährung besonders **günstiger Firmendarlehen.**

Erlaubt sind aber z. B. ein pauschaler Ersatz für Aufwendungen und Auslagen, die der AG grundsätzlich nach § 40 Abs. 1 zu tragen hat. Dabei muss sich die Kostenpauschale im Rahmen der üblichen regelmäßig wiederkehrenden Aufwendungen halten und in ihr darf keine versteckte Lohnerhöhung liegen (vgl. BAG 29.8.2018 – 7 AZR 206/17). 4

Sozialversicherungsrechtlich ist die Betriebsratstätigkeit wie Arbeit zu behandeln, d. h. Unfälle, die das BR-Mitglied in Ausübung seiner Tätigkeit erleidet, sind als Arbeitsunfälle einzustufen. Gleiches gilt, wenn BR-Mitglieder auf dem Weg oder während einer Schulung i. S. d. § 37 Abs. 6 oder 7 einen Unfall erleiden. 5

III. Arbeitsbefreiung ohne Minderung des Arbeitsentgelts (Abs. 2)

1. Vorrang der Betriebsratstätigkeit

6 Das BR-Mitglied muss sowohl seinen Amtspflichten als BR-Mitglied nachkommen als auch seinen arbeitsvertraglichen Pflichten als AN. Um dieser Kollision gerecht zu werden, regelt Abs. 2, dass **Betriebsratstätigkeit Vorrang vor der Erbringung der arbeitsvertraglich geschuldeten Arbeitsleistung** hat. Im Gegensatz zu § 38 regelt § 37 Abs. 2 nicht eine generelle Befreiung von der Arbeitspflicht, sondern eine anlassbezogene Freistellung: Die Freistellung muss für die Betriebsratsaufgabe erforderlich sein. Das ändert nichts daran, dass das BR-Mitglied, soweit es Betriebsratsaufgaben wahrnimmt, »teilfreigestellt« ist, auch wenn es keine Teilfreistellung nach § 38 in Anspruch nimmt.

7 Die Vorschrift gilt auch für Ersatzmitglieder, soweit sie bei Verhinderung eines anderen Mitglieds tätig werden.

8 Sie gilt ebenso für den GBR und den KBR. Ein BR-Mitglied kann ggf. auch einen Anspruch auf Befreiung einer ganz bestimmten Art der Arbeit haben, z. B. von Wechsel- in Normalschicht, soweit dies zur Erfüllung von Betriebsratsaufgaben erforderlich ist (vgl. DKW, § 37 BetrVG Rn. 12).

9 Betriebsratstätigkeit ist grundsätzlich während der Arbeitszeit zu erledigen. Bei der **Zuteilung des Arbeitspensums** muss der AG angemessen darauf **Rücksicht nehmen**, dass das BR-Mitglied durch die Betriebsratstätigkeit während der Arbeitszeit in Anspruch genommen werden kann (BAG 27.6.1990 – 7 ABR 43/89). BR-Mitglieder haben einen Anspruch auf Freistellung unter Vergütungsfortzahlung, wenn sie ihre Arbeitszeit verkürzen müssen, um an einer außerhalb der Arbeitszeit liegenden Betriebsratssitzung teilnehmen zu können und ansonsten die Ruhezeit von elf Stunden nicht eingehalten werden könnte. Folglich kann eine Nachtschicht unter Fortzahlung der Vergütung früher beendet werden, wenn am nächsten Tag eine Betriebsratssitzung stattfindet und nur durch eine vorzeitige Beendigung der Arbeit eine Ruhezeit von elf Stunden eingehalten werden kann (vgl. BAG 18.1.2017 – 7 AZR 224/15). Der Anspruch auf bezahlte Freistellung steht dabei jedem einzelnen BR-Mitglied zu. Hält der BR die Dauer der Höchstarbeitszeit eines BR-Mitglieds bedingt durch Betriebsratstätigkeit und Arbeitszeit für überschritten, muss das einzelne betroffene BR-Mitglied den Anspruch durchsetzen. Das Betriebsratsgremium ist hierzu nicht befugt (BAG 21.3.2017 – 7 ABR 17/15). Wird der Betrieb bestreikt, bleibt der Anspruch auf Ver-

gütungsfortzahlung bestehen, wenn das BR-Mitglied während des Streiks erforderliche Betriebsratstätigkeit verrichtet hat (z. B. Schulungsteilnahme). Es ist grundsätzlich unerheblich, ob es sich am Streik beteiligt hätte, wäre es für diese Zeit nicht von seiner Arbeitspflicht befreit gewesen. Das gilt jedenfalls, solange das BR-Mitglied nicht seine Teilnahme am Streik trotz der Arbeitsbefreiung erklärt oder sich tatsächlich am Streikgeschehen beteiligt (BAG 17.8.2018 – 1 AZR 287/17).

2. Abmeldung und Rückmeldung

Das BR-Mitglied muss sich **vor** dem Verlassen seines Arbeitsplatzes zur 10
Aufnahme der Betriebsratsarbeit beim AG **abmelden**, damit dieser die Arbeit umorganisieren kann, so dass Arbeit nicht einfach »liegenbleibt«. Das gilt nur dann nicht, wenn es nach den Umständen des Einzelfalls nicht ernsthaft in Betracht kommt, die Arbeitseinteilung vorübergehend umzuorganisieren. Der AG kann dann aber verlangen, dass ihm die Gesamtdauer der in einem bestimmten Zeitraum ausgeübten Betriebsratstätigkeit nachträglich mitgeteilt wird (BAG 29.6.2011 – 7 ABR 135/09, AiB 2012, 261–262). Er kann hingegen den BR-Mitgliedern nicht die Anweisung erteilen, sich über das im Betrieb eingesetzte Zeiterfassungsgerät ab- und anzumelden. Wie die Ab- und Anmeldung erfolgt, entscheidet der BR (LAG Hamm 26.11.2013 – 7 TaBV 74/13).
Auf welche Weise sich das BR-Mitglied abmeldet, ist ihm überlassen. Es muss sich nicht persönlich abmelden und kann die Abmeldung mündlich vornehmen. Das BR-Mitglied muss **die voraussichtliche Dauer der Betriebsratstätigkeit und den Ort angeben**, nicht jedoch, welchen konkreten AN er z.B. aufsuchen möchte (BAG 23.6.1983 – 6 ABR 65/80, AiB 1983, 190–191). Um welche Betriebsratsangelegenheit es im Detail geht, muss der BR also nicht bekanntgeben. Der AG kann auch nicht verlangen, dass sich das BR-Mitglied schriftlich abmeldet.

Das BR-Mitglied muss sich zurückmelden, damit der AG organisatori- 11
sche Maßnahmen, wie z.B. Vertretungen, wieder rückgängig machen kann (vgl. DKW, § 37 BetrVG Rn. 47). Wie lange die Betriebsratstätigkeit dauert, richtet sich allein nach der Erforderlichkeit. Die Pflicht zur Ab- und Anmeldung ist eine arbeitsvertragliche Nebenpflicht.

Einer **Zustimmung des AG** zur Durchführung von Betriebsratsaufga- 12
ben **bedarf es nicht**.

Es kann jedoch in Einzelfällen geboten sein, dass betriebsbedingte 13
Gründe eine Verlegung der Betriebsratsarbeit erfordern. In diesen Fällen hat der BR aufgrund der vertrauensvollen Zusammenarbeit nach § 2 zu prüfen, inwieweit die Betriebsratsangelegenheit verschoben werden

kann. Kann sie nicht verschoben werden, hat der BR dies in pauschaler Weise gegenüber dem AG darzulegen, ohne im Detail den Inhalt der Betriebsratsarbeit zu erläutern.

3. Aufgaben des Betriebsrats

14 Der **AG** hat gegenüber dem BR für dessen Betriebsratstätigkeit **weder ein Weisungs-, noch ein Kontrollrecht**. Der BR nimmt seine Aufgaben in **eigener Verantwortung** wahr. Er wird nicht vom AG kontrolliert.

15 Entscheidend für die Arbeitsbefreiung nach § 37 Abs. 2 ist, dass es sich um eine **erforderliche Aufgabe des BR** handelt. Hierzu zählen alle Tätigkeiten, die der BR im **Rahmen seiner Amtsausübung** zu erledigen hat, wie z. B.:

- Teilnahme an Sitzungen
- Vor- und Nachbereitung von Sitzungen
- Teilnahme an Schulungsveranstaltungen (§ 37 Abs. 6)
- Vorbereitung und Teilnahme an Betriebsversammlungen (§ 42 Abs. 1)
- Aufsuchen eines Sachverständigen nach § 80 Abs. 3
- Besprechung mit Gewerkschaftsvertretern
- Teilnahme an Betriebsbegehungen
- Vorbereitung und Teilnahme am Monatsgespräch (§ 74 Abs. 1)
- Abhalten der Sprechstunden (§ 39 Abs. 1)
- Entgegennahme von Beschwerden der AN (§ 85) und sonstige Besprechungen mit Mitarbeitern, die sich an ein BR-Mitglied wenden
- Teilnahme an Einigungsstellenverfahren (§ 76 Abs. 1)
- Auftreten vor Gericht in Beschlussverfahren

16 **Keine Aufgaben des BR** sind hingegen z. B.:

- Teilnahme an Tarifverhandlungen
- Teilnahme an rein gewerkschaftlichen Informationsveranstaltungen (BAG 21.6.2006 – 7 AZR 418/05)
- Vertretung von AN in individualrechtlichen Streitigkeiten
- Durchführung der Betriebsratswahl (dies obliegt dem Wahlvorstand)

17 Geht der BR **irrtümlich** davon aus, dass eine Aufgabe zur Betriebsratstätigkeit gehört und war dieser Irrtum entschuldbar, bleibt dem BR-Mitglied die Entgeltfortzahlung erhalten.

a. Erforderlichkeit

Die Durchführung einer Betriebsratsaufgabe muss erforderlich sein. Dies ist der Fall, wenn der BR die Arbeitsversäumnis bei Berücksichtigung der Interessen des Betriebs einerseits, des BR und der Belegschaft andererseits für sachlich geboten halten durfte (BAG 8.3.1957 – 1 AZR 113/55). Es muss jeweils **im Einzelfall** entschieden werden, **was** eine für den BR **erforderliche Aufgabe** ist. Stets erforderlich ist z. B. das Abhalten von Sitzungen oder Betriebsversammlungen, siehe Rn. 15. Entscheidend für die Frage der Erforderlichkeit ist auch, welche interne Arbeitsteilung im Gremium herrscht. Ein BR-Mitglied, das zugleich auch im GBR, KBR und in Ausschüssen tätig ist, wird mehr erforderliche Aufgaben haben als ein anderes Mitglied. 18

Dem BR steht bei der Frage der Erforderlichkeit ein **Beurteilungsspielraum** zu. Ein Betriebsratsbeschluss allein kann allerdings nicht die Erforderlichkeit der Aufgabe begründen, ist aber ein Indiz für die Erforderlichkeit. Das einzelne BR-Mitglied muss die Erfüllung der Aufgabe für notwendig halten. Das BR-Mitglied hat keine Sanktionen wie z. B. eine Abmahnung wegen Versäumnis der Arbeitszeit oder eine Kürzung seines Lohns zu befürchten, wenn es nach gewissenhafter Prüfung zu dem Schluss kommt, eine Aufgabe ist erforderlich, obwohl sie es objektiv nicht ist (BAG 31.8.1994 – 7 AZR 893/93, AiB 1995, 294–295). Der eingeräumte Beurteilungsspielraum entbindet das BR-Mitglied allerdings nicht davon, zumindest stichwortartig darzulegen, welche Betriebsratsaufgaben es vorgenommen hat (LAG Rheinland-Pfalz 21.7.2020 – 8 Sa 308/19), wenn der AG sachlich begründete Zweifel äußert. 19

Sind **BR-Mitglieder nicht im Betrieb** beschäftigt (z. B. Außendienstmitarbeiter), zählen Reise- und Wegekosten innerhalb der Arbeitszeit z. B. zu einer BR-Sitzung oder einem anderen Termin des BR ebenfalls zur erforderlichen Arbeitsversäumnis mit, die voll zu vergüten sind. 20

Wie lange der BR für eine Betriebsratssitzung benötigt, bemisst sich anhand der Tagesordnung. Es gilt, dass der zeitliche Aufwand der Betriebsratstätigkeit nicht »mit der Stoppuhr zu messen ist« (DKW, § 37 BetrVG Rn. 38). Dies ergibt sich auch schon aus dem Grundsatz der vertrauensvollen Zusammenarbeit nach § 2. 21

Gibt es in einem Betrieb nach § 38 freigestellte BR-Mitglieder, so kann die Arbeitsbefreiung von Nicht-Freigestellten nur dann erforderlich sein, wenn die freigestellten BR-Mitglieder voll ausgelastet sind (DKW, § 37 BetrVG Rn. 28) oder die nicht-freigestellten BR-Mitglieder bzgl. der jeweiligen Angelegenheit über eine besondere Kompetenz verfügen. Haben also die freigestellten BR-Mitglieder bereits ausreichend zu tun, 22 sind die anderen nicht freigestellten Mitglieder bei Erforderlichkeit der Betriebsratstätigkeit von der Arbeit zu befreien. Das gilt selbstverständlich nicht, wenn ein AN sich in einer persönlichen Angelegenheit an ein BR-Mitglied seines Vertrauens wendet; diese Betriebsratstätigkeit ist immer erforderlich.

b. Verbot der Entgeltminderung

23 Nimmt ein BR-Mitglied während seiner Arbeitszeit **erforderliche Betriebsratsaufgaben** wahr, ist ihm vom AG neben der Gewährung der Arbeitsbefreiung auch das **Arbeitsentgelt weiter zu zahlen**. Es gilt das sog. **Lohnausfallprinzip**, d.h. das BR-Mitglied erhält den Lohn weitergezahlt, den es bekommen hätte, wenn es regulär seine Arbeitsleistung erbracht hätte. Diese Regelung kann nicht durch einen Tarifvertrag abgeändert werden. Aus dem Lohnausfallprinzip ergibt sich aber auch, dass ein BR-Mitglied, welches aus betriebsratsbedingten Gründen außerhalb seiner Arbeitszeit Betriebsratsaufgaben wahrnimmt, grundsätzlich keinen Anspruch auf Lohnfortzahlung hat (vgl. Rn. 30).
Anspruchsgrundlage für die Entgeltfortzahlung ist § 611a BGB. Verfahren, die den Anspruch eines BR-Mitglieds auf Zahlung von Arbeitsentgelt für die durch Wahrnehmung von Betriebsratsaufgaben ausgefallene berufliche Tätigkeit zum Gegenstand haben, sind Rechtsstreitigkeiten zwischen AN und AG aus dem Arbeitsverhältnis und damit im Urteilsverfahren zu entscheiden (vgl. BAG 20.6.2018 – 9 AZB 9/18).

24 Zu dem Gehalt, das fortzubezahlen ist, gehören **sämtliche Zulagen und Zuschläge** (vgl. LAG Hamburg 15.7.2015 – 6 Sa 15/15) **wie z.B.**

- Erschwernis- und Schmutzzulagen
- Prämien
- Zuschläge für Mehrarbeit
- Nachtarbeit
- Sonntagsarbeit

24a Ebenso sind Gratifikationen, Anwesenheitsprämien und vermögenswirksame Leistungen auch an die BR-Mitglieder zu zahlen. Fortzuzahlen ist auch eine **Überstundenvergütung,** wenn das BR-Mitglied, hätte es regulär gearbeitet, Überstunden geleistet hätte. Zuschläge für Erschwernisse (z.B. Nachtzuschläge, Sonntags- oder Feiertagszuschläge) stehen einem voll- oder teilfreigestelltem BR-Mitglied auch zu, wenn es aufgrund seiner Amtstätigkeit tatsächlich keine Arbeitstätigkeit zu den zuschlagsrelevanten Zeiten geleistet hat (vgl. BAG 28.8.2024 – 7 AZR 197/23). Entscheidend ist, dass der Ausfall der Tätigkeit für die Zeiten, in denen Zuschläge gezahlt werden, allein auf der Amtstätigkeit des

BR-Mitglieds beruht. Zuschläge für Nachtarbeit erhalten BR-Mitglieder dann nicht, wenn die ursprüngliche Nachtarbeitszeit aufgrund einer arbeitsvertraglichen Vereinbarung wegen des Betriebsratsamtes auf eine Arbeitszeit am Tag verschoben wurde (BAG 18.5.2016 – 7 AZR 401/14). In diesem Fall würde das BR-Mitglied, auch wenn es nicht mehr BR-Mitglied wäre, keine Nachtarbeit mehr leisten. Anders verhält es sich, wenn ein voll freigestelltes BR-Mitglied, welches zuvor im Schichtsystem gearbeitet hat, seine Betriebsratstätigkeit nun ausschließlich am Tage verrichtet und weiterhin eine Schichtzulage erhält. Hier wird keine Arbeitszeit verschoben, da das BR-Mitglied gänzlich von seiner Arbeitspflicht freigestellt ist (LAG Baden-Württemberg 17.9.2019 – 19 Sa 15/19). Das BR-Mitglied hat also auch während der Freistellung Anspruch auf die Schichtzulage (siehe auch § 38 Rn. 15).

Bei **Akkord- bzw. Prämienarbeit** ist der Akkord bzw. Prämienlohn **24b** nach Maßgabe der durchschnittlichen bislang erbrachten Arbeitsleistung zu vergüten (DKW, § 37 BetrVG Rn. 52). Bei der Berechnung der Höhe eines umsatzabhängigen Jahresbonus ist der Zielerreichungsgrad zugrunde zu legen, den das BR-Mitglied hypothetisch in diesem Jahr ohne die Arbeitsbefreiung zur Wahrnehmung von Betriebsratsaufgaben erreicht hätte. Nicht zuletzt können in solchen Fällen die Gerichte nach Feststellung aller Hilfstatsachen eine Schätzung nach § 287 Abs. 2 ZPO vornehmen (BAG 29.4.2015 – 7 AZR 123/13; BAG 12.6.2024 – 7 AZR 141/23). Zur Vermeidung einer rechnerischen Benachteiligung oder Begünstigung, ist bei der Ermittlung von den auf eine Teilfreistellung entfallenden Vergütungsbestandteilen keine zeitanteilige Berechnung nur für den auf die Freistellung entfallenden Teil, sondern eine Gesamtbetrachtung des fiktiven Betrages, vorzunehmen (BAG 28.8.2024 – 7 AZR 197/23).

Nicht zum fortzuzahlenden Arbeitsentgelt gehört der **Ersatz von Aufwendungen**, z.B. Kilometergeld oder Verpflegungsgelder, soweit diese Aufwendungen aufgrund der Betriebsratstätigkeit nicht mehr anfallen (BAG 27.11.2024 – 7 AZR 291/23). Eine Ausnahme gilt nur dann, wenn sie Lohnbestandteil sind. **24c**

IV. Betriebsratstätigkeit außerhalb der Arbeitszeit (Abs. 3)

1. Tätigkeit außerhalb der Arbeitszeit

Die BR-Mitglieder sollen ihre Betriebsratstätigkeit grundsätzlich inner- **25** halb ihrer Arbeitszeit ausüben. Ist dies jedoch aus betriebsbedingten Gründen nicht möglich, erhalten sie für die außerhalb ihrer Arbeitszeit geleistete Betriebsratstätigkeit innerhalb eines Monats einen Freizeitausgleich. Entscheidend für die Frage, ob es erforderlich ist, Betriebsratstätigkeit außerhalb der Arbeitszeit auszuüben, ist die **persönliche individuelle Lage der Arbeitszeit** des BR-Mitglieds. Fällt in Zeiten, in denen sich ein BR-Mitglied in seinem Freizeitausgleich nach § 37 Abs. 3 befindet, erforderliche Betriebsratstätigkeit an (z. B. Schulungen, die nicht in die Arbeitszeit des BR-Mitglieds fallen und daher aus betrieblichen Gründen außerhalb der persönlichen Arbeitszeit liegen), erhält das BR-Mitglied einen erneuten Anspruch auf Freizeitausgleich (BAG 19.3.2014 – 7 AZR 480/12).

Die Problematik der Ausübung von Betriebsratstätigkeit außerhalb der Arbeitszeit kommt vor allem auch in **Schichtbetrieben**, bei Gleitzeitmodellen, bei Teilzeitbeschäftigung oder Vertrauensarbeitszeit vor.

Bei **Gleitzeitmodellen** hat das BR-Mitglied dann einen Anspruch auf Freizeitausgleich, wenn die Tätigkeit nicht innerhalb des Gleitrahmens ausgeübt werden kann. Für den Freizeitausgleichsanspruch kommt es lediglich auf die zeitliche Lage der Betriebsratstätigkeit außerhalb der festgelegten Arbeitszeit des BR-Mitglieds an und nicht darauf, ob sie zusätzlich zu der eigentlichen vertraglich geschuldeten Arbeitszeit erbracht wurde. Eine Vorabfreistellung im Schichtbetrieb kann danach den Freizeitausgleichsanspruch nicht erfüllen (BAG 15.5.2019 – 7 AZR 396/17).

26 **Reise-** und **Wegezeiten** zählen ebenfalls zu den Betriebsratstätigkeiten, wenn sie notwendigerweise außerhalb der Arbeitszeit liegen, z. B. Reisezeiten, um zu einer Gesamtbetriebsratssitzung zu gelangen. Zu den Betriebsratstätigkeiten gehört auch der Besuch einer Schulungsveranstaltung i. S. d. § 37 Abs. 6. Zu der Zeit der Amtsausübung zählt hingegen nicht die Fahrt von der Wohnung zum Betrieb, z. B. um an einer Betriebsratssitzung teilzunehmen, so dass die für die Fahrt aufgewendete Zeit nicht erstattungsfähig ist (BAG 27.7.2016 – 7 AZR 255/14).

27 Übt ein BR-Mitglied nach Beendigung des Arbeitsverhältnisses ein **Restmandat** aus, hat es keinen Anspruch auf Vergütung der Betriebsratstätigkeit. § 37 Abs. 3 findet keine Anwendung (BAG 5.5.2010 – 7 AZR 728/08).

28 **Freigestellte BR-Mitglieder** sollen ihre Betriebsratstätigkeit grundsätzlich innerhalb ihrer Arbeitszeit erledigen. Sofern dies nicht möglich ist, müssen weitere BR-Mitglieder während ihrer Arbeitszeit Betriebsratstätigkeiten übernehmen. Nur wenn dies nicht ausreicht, kann auch für freigestellte BR-Mitglieder ein Anspruch nach § 37 Abs. 3 in Betracht kommen.

2. Betriebsbedingte Gründe

Voraussetzung für den Ausgleichsanspruch ist, dass die Betriebsratstätigkeit, die außerhalb der Arbeitszeit durchgeführt wird, aus **betriebsbedingten Gründen** nicht innerhalb der Arbeitszeit erledigt werden kann. Betriebsbedingte Gründe liegen dann vor, wenn sie **aus der Sphäre des Betriebs** und nicht aus der persönlichen Sphäre eines Mitglieds oder aus der Sphäre des BR stammen. 29

Betriebsbedingte Gründe liegen also vor z. B., wenn

- auf Wunsch des AG die Betriebsratstätigkeit nicht innerhalb der regulären Arbeitszeit durchgeführt wird oder
- der AG dem BR kurzfristig eine Fülle an mitwirkungspflichtigen Angelegenheiten vorlegt, die aus objektiver Sicht aufgrund des Volumens in der regulären Arbeitszeit nicht zu bewältigen sind (DKW, § 37 BetrVG Rn. 66) oder
- Betriebsbegehungen außerhalb der Arbeitszeit stattfinden oder
- die BR-Mitglieder unterschiedliche Arbeitszeiten haben (Schichtbetriebe, Teilzeitbeschäftigungen).

Keine betriebsbedingten Gründe sind betriebsratsbedingte Gründe (BAG 21.5.1974 – 1 AZR 477/73). Betriebsratsbedingte Gründe liegen vor, wenn der BR es für zweckmäßig erachtet, Betriebsratstätigkeit außerhalb der Arbeitszeit zu erledigen. Gleiches gilt auch, wenn das BR-Mitglied trotz seines Erholungsurlaubs Betriebsratstätigkeiten ausübt (vgl. LAG Rheinland-Pfalz 13.6.2024 – 5 Sa 255/23). In diesen Fällen besteht kein Anspruch auf Ausgleich nach Abs. 3. 30

3. Arbeitsbefreiung innerhalb eines Monats

Muss ein BR-Mitglied außerhalb seiner Arbeitszeit aus betriebsbedingten Gründen Betriebsratstätigkeiten vornehmen, hat es Anspruch auf **Arbeitsbefreiung, die so lange dauert** wie die konkrete Betriebsratstätigkeit und auf Fortzahlung der Vergütung. Hat ein BR-Mitglied z. B. eine Stunde Betriebsratsarbeit aus betriebsbedingten Gründen außerhalb seiner Arbeitszeit geleistet, hat es einen Anspruch auf Befreiung von seiner Arbeitszeit in Höhe von einer Stunde unter Fortzahlung seines Lohns. Diese Arbeitsbefreiung muss innerhalb eines Monats ab Erledigung der konkreten Betriebsratstätigkeit erfolgen. 31

Das BR-Mitglied darf **nicht** einfach der Arbeit fernbleiben und damit seinen Ausgleichsanspruch **selbst durchsetzen**. Vielmehr hat der AG ihn freizustellen. Dabei muss der AG die Wünsche des BR-Mitglieds nach billigem Ermessen i. S. d. § 106 Satz 1 GewO, § 315 Abs. 3 BGB berücksichtigen (BAG 15.2.2012 – 7 AZR 774/10).

Das BR-Mitglied muss den **Freizeitausgleich** vom AG **verlangen**. Die bloße Anzeige, dass Betriebsratstätigkeit geleistet wurde, reicht nicht (BAG 25.8.1999 – 7 AZR 713/97, AiB 2000, 434–435).

Nimmt ein BR-Mitglied die Gewährung von Freizeit als Ausgleich für geleistete Betriebsratstätigkeit nicht an, verfällt der Anspruch. Während der Ausgleichszeit ist die Vergütung fortzuzahlen. Zur Vergütung zählen Grundgehalt, Zulagen und Zuschläge.

32 Gewährt der AG den Freizeitausgleich nicht, obwohl keine betriebsbedingten Gründe entgegenstehen, behält das BR-Mitglied weiterhin einen Anspruch auf Gewährung des Freizeitausgleichs. Die Monatsfrist ist insoweit **keine** strenge **Ausschlussfrist.** Der Anspruch unterliegt der gesetzlichen Verjährung nach §§ 195, 199 BGB und den tariflichen Ausschlussfristen. Im Zweifel muss das BR-Mitglied den Anspruch gerichtlich durchsetzen (BAG 25.8.1999 – 7 AZR 713/97, AiB 2000, 434–435).

4. Vergütung bei betriebsbedingter Unmöglichkeit der Arbeitsbefreiung

33 Ist die Gewährung von Freizeit innerhalb eines Monats **aus betriebsbedingten Gründen** nicht möglich, entsteht der Anspruch auf Abgeltung mit der Konsequenz, dass der Freizeitanspruch dann erlischt (BAG 28.5.2014 – 7 AZR 404/12). Das BR-Mitglied muss allerdings den Freizeitanspruch innerhalb des Monats **eindeutig vom AG verlangt** und dieser muss die Arbeitsbefreiung aus betriebsbedingten Gründen abgelehnt haben. Die aufgewendete Zeit ist wie Mehrarbeit zu vergüten. Es sind Mehrarbeitszuschläge, die sich z. B. aus dem Arbeitsvertrag, Tarifvertrag oder einer BV ergeben, zu zahlen. Darüber hinaus müssen die Ausgleichszahlungen für die Betriebsratstätigkeit außerhalb der Arbeitszeit bei der Berechnung des Urlaubsentgeltes berücksichtigt werden. Hingegen kann ein BR-Mitglied grundsätzlich keine Entgeltfortzahlung gem. § 4 Abs. 1a EFZG verlangen, wenn es außerhalb seiner Arbeitszeit Betriebsratstätigkeit geleistet hat, in dieser Zeit erkrankt und ein Freizeitausgleich nicht möglich war, es sei denn das BR-Mitglied leistet ständig zusätzlich zu seiner individuellen Arbeitszeit Betriebsratsarbeit und eine bezahlte Arbeitsfreistellung wird regelmäßig nicht gewährt (BAG 8.11.2017 – 5 AZR 11/17; BAG 8.11.2017 – 5 AZR 613/16).

V. Wirtschaftliche und berufliche Absicherung, Begünstigungs- und Benachteiligungsverbot (Abs. 4 und 5 und § 78 Satz 2, 3)

1. Wirtschaftliche Absicherung

BR-Mitglieder dürfen nicht schlechter gestellt werden, als wenn sie kein Betriebsratsamt angenommen hätten. BR-Mitglieder haben Anspruch auf **Weiterzahlung** ihres **Arbeitsentgelts** einschließlich eines Zeitraumes von **einem Jahr** nach Beendigung ihrer Amtszeit (Lohnausfallprinzip). Ist ein BR-Mitglied drei volle aufeinander folgende Amtszeiten freigestellt, erhöht sich der Anspruch auf Weiterzahlung des Arbeitsentgelts auf **zwei Jahre** nach Ablauf der Amtszeit (§ 38 Abs. 3). **34**

Besonders wichtig ist die Vorschrift für freigestellte Mitglieder. Sie ist aber auch für nicht freigestellte (insbesondere teilfreigestellte) Mitglieder bedeutsam, die ihre Arbeit nicht mehr in dem Umfang durchführen können wie zuvor, weil sie erforderliche Betriebsratstätigkeit ausüben. **35**

Das Arbeitsentgelt muss nach § 37 Abs. 4 Satz 1 BetrVG laufend dem Arbeitsentgelt vergleichbarer Mitarbeiter angepasst werden (**Mindestentgeltgarantie**). Das BR-Mitglied hat also ebenfalls einen Anspruch auf eine Gehaltserhöhung in dem Umfang, wie die Gehälter der **vergleichbaren AN mit betriebsüblicher beruflicher Entwicklung** erhöht werden (BAG 19.1.2005 – 7 AZR 208/04). Dabei ist nicht auf die absoluten Beträge der den Vergleichspersonen gewährten Vergütungen abzustellen, sondern auf die relative Vergütungsentwicklung. D.h.: Wird die Vergütung der Vergleichspersonen um einen bestimmten Prozentsatz angehoben, hat auch das BR-Mitglied einen Anspruch auf die Erhöhung seines Gehalts um diesen Prozentsatz. Nur für den Fall, dass es sich um eine sehr kleine Vergleichsgruppe handelt und es sich deshalb nicht feststellen lässt, dass die Gehälter der Mehrzahl der vergleichbaren AN erhöht wurden, kann für den Gehaltsanpassungsanspruch des BR-Mitglieds der Durchschnitt der den Angehörigen der Vergleichsgruppe gewährten Gehaltserhöhung maßgebend sein (BAG 21.2.2018 – 7 AZR 496/16; BAG 23.11.2022 – 7 AZR 122/22). Geht es um eine **variable Vergütung**, also z.B. um die Festsetzung eines Zielbonus, und hat das BR-Mitglied vor seiner Freistellung einen höheren Zielerreichungsgrad als die vergleichbaren AN, darf auch hier nicht allein auf die Zielerreichungshöhe der Vergleichsgruppe abgestellt werden, vielmehr ist der höhere Zielerreichungsgrad in Relation zu der Vergleichsgruppe fortzuschreiben (BAG 12.6.2024 – 7 AZR 141/23). **36**

37 Zu dem Arbeitsentgelt zählen auch Zulagen und Zuwendungen, die vergleichbare AN erhalten. Dies gilt auch für Ersatzmitglieder, wenn für sie ein durchgehender Schutzzeitraum bestand, d.h. ab ihrem Einsatz immer ein Jahr. Für das Ersatzmitglied bedeutet das, dass auf die Gehaltsentwicklung der Vergleichspersonen ab dem Zeitpunkt des ersten Nachrückens abzustellen ist (BAG 21.2.2018 – 7 AZR 496/16).

38 Die Festsetzung und Anpassung des Vergleichsentgelts für BR-Mitglieder stellt dabei keine Ein- oder Umgruppierung i.S.d. § 99 dar, da es an der charakteristischen Subsumtion der ausgeübten Tätigkeit unter die Tatbestandmerkmale der Vergütungsordnung fehlt (BAG 26.11.2024 – 1 ABR 12/23). Vor diesem Hintergrund besteht auch kein Mitbestimmungsrecht des BR nach § 87 Abs. 1 Nr. 10 BetrVG (siehe § 87 Rn. 202 ff.)

39 Auch die **Teilnahme an Fortbildungen**, die betrieblicher Natur sind, ist bei der Bemessung des Arbeitsentgelts zu berücksichtigen, wenn das BR-Mitglied aufgrund seiner Betriebsratstätigkeit nicht an den Fortbildungsmaßnahmen teilnehmen konnte. Kann ein BR-Mitglied seine Stelle aufgrund der Betriebsratstätigkeit nicht mehr ausüben, weil er z.B. an erforderlichen Qualifizierungsmaßnahmen nicht teilnehmen konnte, ist ihm eine etwaige Lohndifferenz auszugleichen.

2. Vergleichbare Mitarbeiter, Mindestentgeltgarantie

40 Die **Volkswagen-Entscheidung des BGH** (Urt. v. 10.1.2023 – 6 StR 133/22) hat die in der Praxis ohnehin bestehenden Unsicherheiten über die »richtige« Betriebsratsvergütung und die Reichweite des Begünstigungs- bzw. Benachteiligungsverbots bei der Vergütung von BR-Mitgliedern sowie die möglichen strafrechtlichen Konsequenzen einer fehlerhaften Betriebsratsvergütung deutlich verschärft. Vor diesem Hintergrund hat der Gesetzgeber auf jahrelange Forderungen aus der Praxis reagiert und die Thematik in § 37 Abs. 4 und § 78 S. 2 neu geregelt. Auf die Einzelheiten wird in dieser Ziff. 2 und den Ziff. 3 und 4 eingegangen (für Zwecke einer vertieften Befassung mit dem Thema wird verwiesen auf: Bachner/Köhler, Extra zur BR-Vergütung, Bund Verlag, 2024).

41 § 37 Abs. 4 stellt sicher, dass BR-Mitglieder mindestens das Arbeitsentgelt erhalten, welches ein vergleichbarer AN mit betriebsüblicher Entwicklung erhält, und zwar bis zu einem Jahr nach seiner Amtszeit. Es ist auf die **Lohnentwicklung vergleichbarer AN** abzustellen. Entgelterhöhungen, auf die das BR-Mitglied bereits vor seiner Amtsübernahme keinen Anspruch hatte, oder – wenn es arbeiten würde – nicht hätte, kann das BR-Mitglied daher nicht verlangen (BAG 18.1.2017 – 7

AZR 205/15; BAG 14.10.2020 – 7 AZR 286/18). Der Anspruch auf die Vergütung nach Maßgabe vergleichbarer AN stellt für das BR-Mitglied eine **Mindestentgeltgarantie** dar. Das BR-Mitglied hat aus § 242 BGB einen **Auskunftsanspruch** gegenüber dem AG hinsichtlich der Gehaltsentwicklung vergleichbarer AN (BAG 19.1.2005 – 7 AZR 208/04; vgl. auch LAG Düsseldorf 26.2.2025 – 12 Sa 817/23).

Vergleichbar sind AN, die **ähnliche, im Wesentlichen gleich qualifizierte Tätigkeiten** ausgeführt haben wie der Amtsträger und dafür in gleicher Weise wie dieser fachlich und persönlich qualifiziert waren (BAG 23.11.2022 – 7 AZR 122/22). 42

Die Vergleichbarkeit ist zum **Zeitpunkt der Übernahme des Betriebsratsamtes** festzustellen. Dies gilt sowohl für gem. § 38 freigestellte als auch für nicht freigestellte BR-Mitglieder und ergibt sich ausdrücklich aus dem Wortlaut des Gesetzes. Entgegen einer häufigen Praxis ist daher bei freigestellten BR-Mitgliedern nicht auf den Zeitpunkt der Freistellung abzustellen. Das Gesetz knüpft für die Frage der Feststellung der Vergleichbarkeit ausdrücklich an die zum Zeitpunkt des Amtsantritts im Betrieb konkret ausgeübte berufliche Tätigkeit an. Vergleichbare AN eines anderen Betriebs sind dann heranzuziehen, wenn es im eigenen Betrieb keine vergleichbaren AN gibt. Gibt es auch in einem anderen Betrieb keine vergleichbaren AN, ist auf die betriebsübliche Entwicklung der am nächsten vergleichbaren Arbeitnehmergruppe abzustellen und das Mindestentgelt in entsprechender Anwendung des § 287 ZPO zu schätzen (siehe Vorschläge der Kommission »Rechtssicherheit in der Betriebsratsvergütung« vom 12. Juli 2023). 43

§ 37 Abs. 4 Satz 3 berücksichtigt auch, dass zeitlich nachgelagert zu einer einmal vorgenommenen Bestimmung der vergleichbaren AN Umstände eintreten können, die eine neue Bewertung der Vergleichsgruppe bedingen, so z.B., wenn das BR-Mitglied die Anforderung an eine höher dotierte Stelle erfüllt und mit dem AG einen Änderungsvertrag abschließt, das BR-Mitglied also eine andere Stelle annimmt. Es muss aber immer ein sachlicher Grund für die Neubestimmung der Vergleichbarkeit bestehen. Lehnt das BR-Mitglied ein Angebot für eine höher dotierte Stelle ab, erhält es kein Angebot vom AG oder bewirbt es sich trotz vorhandener Qualifikation erst gar nicht, liegt kein sachlicher Grund für die Neubestimmung der Vergleichsgruppe vor. Gleichwohl kann sich eine Benachteiligung, z.B. bei fehlendem Vertragsangebot des AG trotz vorhandener Qualifikation ergeben. Der entsprechende Vergütungsanspruch des BR-Mitglieds ergibt sich dann aber nicht aus § 37 Abs. 4, sondern aus § 78 Satz 2 i.V.m. § 611a BGB, weil § 78 S. 2 ein allgemeines und umfassendes Benachteiligungsverbot normiert, während 44

§ 37 Abs. 4 ein allein entgeltbezogenes Benachteiligungsverbot regelt (siehe Vorschläge der Kommission »Rechtssicherheit in der Betriebsratsvergütung« vom 12. Juli 2023). Der wirtschaftliche Nachteil, den das BR-Mitglied bei Verweigerung eines hypothetischen Karriereverlaufs hat, kann daher allein durch einen Anspruch gem. § 78 S. 2 i. V. m. § 611a BGB ausgeglichen werden. Das BAG hatte dies für die Annahme einer geringen dotierten Stelle bereits entschieden (BAG 23. 11. 2022 – 7 AZR 122/22).

3. Abschluss einer BV zur Vergleichsgruppe

45 Die Betriebsparteien können ein Verfahren zur Festlegung vergleichbarer AN regeln, also auch **konkrete Kriterien für die Vergleichbarkeit** festlegen. Damit erhalten die Betriebsparteien einen Beurteilungsspielraum bei der Festlegung der auf das einzelne BR-Mitglied bezogenen Vergleichsgruppe. Dies trägt den in der Praxis bestehenden Schwierigkeiten aufgrund einer Vielzahl unterschiedlicher Stellenprofile und Jobbeschreibungen Rechnung. Hinsichtlich der Vergleichsgruppenbildung haben sich die Betriebsparteien an der Rechtsprechung zur Vergleichsgruppenbildung und der betriebsüblichen beruflicher Entwicklung zu orientieren (Siehe Vorschläge der Kommission »Rechtssicherheit in der Betriebsratsvergütung« vom 12. Juli 2023). Vergleichbar sind daher diejenigen AN, die im Zeitpunkt der Amtsübernahme ähnliche, im Wesentlichen gleich qualifizierte Tätigkeiten ausgeführt haben wie der Amtsträger und dafür in gleicher Weise wie dieser fachlich und persönlich qualifiziert waren (BAG 23. 11. 2022 – 7 AZR 122/22, siehe hierzu schon Rn. 44).

46 Für die BV nach § 37 Abs. 4 Satz 4 gelten außerdem die folgenden Grundsätze (siehe zu den näheren Einzelheiten Bachner/Köhler, Extra zur BR-Vergütung, Bund Verlag, 2024):

- Die Betriebsparteien müssen sich bei dem Abschluss einer BV auch in den Grenzen der Mindestentgeltgarantie aus § 37 Abs 4 Satz 1 (siehe Rn. 36) und des Begünstigungsverbots aus § 78 Satz 2 bewegen.
- Auch können die Betriebsparteien in einer BV das Verfahren zur Bestimmung der Vergleichsgruppe regeln, so z. B. in welchen zeitlichen Abständen eine Überprüfung der mit dem BR-Mitglied vergleichbaren Personen stattfinden soll oder wer diese Überprüfung vornehmen soll.
- Die BV gemäß § 37 Abs. 4 S. 4 ist eine freiwillige BV. Einigen sich AG und BR nicht auf den Abschluss einer BV, ist weder der BR noch

der AG berechtigt, die Einigungsstelle mit dem Ziel anzurufen, eine Entscheidung über eine entsprechende BV herbeizuführen.

- Wird eine BV geschlossen, kann die Frage der Vergleichbarkeit nur noch auf grobe Fehlerhaftigkeit hin überprüft werden. Grob fehlerhaft ist die Konkretisierung der jeweiligen Vergleichsmerkmale nur dann, wenn sie sich nicht an den Leitlinien der Rechtsprechung orientiert, sachwidrige weitere Kriterien benennt, wesentliche Kriterien unberücksichtigt lässt oder die Kriterien eindeutig fehlerhaft bewertet (siehe Vorschläge der Kommission »Rechtssicherheit in der Betriebsratsvergütung« vom 12.7.2023). Sind die in der BV aufgestellten Kriterien nicht grob fehlerhaft, können die Betriebsparteien daher das einzelne BR-Mitglied einer in der BV aufgeführten Vergleichsgruppe zuordnen. Auch für diese Zuordnung selbst gilt wiederum der Maßstab der groben Fehlerhaftigkeit. Eine solche grob fehlerhafte Zuordnung liegt vor, wenn die in der BV aufgestellten Vergleichsgruppenkriterien missachtet wurden.
- Die konkrete Festlegung der Vergleichsgruppe für das BR-Mitglied hat in Textform gem. § 126b BGB zu erfolgen.

4. Begünstigungs- und Benachteiligungsverbot, § 78 Satz 2 und 3 BetrVG

Nach § 78 Satz 2 dürfen BR-Mitglieder zur **Wahrung der inneren und äußeren Unabhängigkeit** wegen ihrer Tätigkeit weder benachteiligt noch begünstigt werden; dies gilt nach dem ausdrücklichen Wortlaut des Gesetzes auch für ihre berufliche Entwicklung. 47

Der AG ist vor diesem Hintergrund verpflichtet, für BR-Mitglieder eine berufliche Entwicklung zu gewährleisten, die derjenigen entspricht, die sie ohne ihre Amtstätigkeit durchlaufen hätten. Von dem Benachteiligungsverbot erfasst wird nicht nur die berufliche Tätigkeit/Entwicklung, sondern auch das sich aus ihr ergebende Entgelt, in der Regel also eine höhere Vergütung, so z. B. dann wenn ein BR-Mitglied nur infolge der Amtsübernahme nicht in eine Position mit höherer Vergütung aufgestiegen ist (BAG 20.1.2021 – 7 AZR 52/20, Rn. 23; 17.8.2005 – 7 AZR 528/04). 48

Die Stoßrichtung von § 78 Satz 2 unterscheidet sich von dem Regelungszweck der nach § 37 Abs. 4 eingeräumten Mindestentgeltgarantie für BR-Mitglieder wie folgt: Während § 37 Absatz 4 die Durchsetzung der Mindestentgeltgarantie als besondere Ausprägung des Benachteiligungsverbots durch vereinfacht nachzuweisende Anspruchsvoraussetzungen erleichtern soll, kann sich daneben ein **unmittelbarer An-** 49

spruch des BR-Mitglieds auf eine bestimmte Vergütung aus § 611a Absatz 2 BGB i. V. m. § 78 Satz 2 ergeben, wenn sich die Zahlung nur des Mindestentgelts nach § 37 Abs. 4 als Benachteiligung wegen der Betriebsratstätigkeit darstellen würde (BAG 17.8.2005 – 7 AZR 528/04; 23.11.2022 – 7 AZR 122/22, Rn. 41). § 78 Satz 2 steht insoweit als eigenständige Anspruchsgrundlage neben § 37 Abs. 4 (BAG 22.1.2020 – 7 AZR 222/19). Dieser Anspruch führt demzufolge auch nicht zu einer Änderung der Vergleichsgruppe.

50 § 37 Abs. 4 enthält also keine abschließende Regelung der Höhe des Arbeitsentgelts von BR-Mitgliedern. Die gesetzliche Unter- und Obergrenze nehmen nicht zwingend einen identischen Verlauf. Das heißt, dass auch dann keine Begünstigung des BR-Mitglieds vorliegt, wenn die Vergütung vergleichbarer AN nach § 37 Abs. 4 im Ergebnis geringer ist als diejenige, die sich für das BR-Mitglied aus § 78 Satz 2 ergibt. Erst wenn die **Vergütungsabrede zwischen AG und BR-Mitglied allein wegen der Betriebsratstätigkeit** getroffen wurde und deshalb ein Verstoß gegen das Ehrenamtsprinzip vorliegt, wird gegen das Begünstigungsverbot verstoßen und ist die Vereinbarung damit nichtig. Andernfalls würde das BR-Mitglied sachwidrig benachteiligt werden und die Bereitschaft besonders qualifizierter AN mit überdurchschnittlichen beruflichen Entwicklungschancen mindern, sich für ein Engagement im BR bereit zu stellen.

51 Eine **Benachteiligung i. S. v. § 78 Satz 2** ist jede Schlechterstellung im Vergleich zu anderen AN, die nicht auf sachlichen Gründen, sondern auf der Tätigkeit als Träger eines betriebsverfassungsrechtlichen Amtes beruht. Gleiches gilt für eine Begünstigung. Eine entsprechende Absicht ist nicht erforderlich; die objektive Schlechter- oder Besserstellung gegenüber betriebszugehörigen AN genügt (BAG 5.12.2012 – 7 AZR 698/11, Rn. 47).

52 Die **Regelung in § 78 Satz 3 konkretisiert** das **Benachteiligungs- / Begünstigungsverbot im Hinblick auf das Arbeitsentgelt** von BR-Mitgliedern. Danach liegt »eine Begünstigung oder Benachteiligung im Hinblick auf das gezahlte Arbeitsentgelt nicht vor, wenn das BR-Mitglied in seiner Person die für die Gewährung des Arbeitsentgelts erforderlichen betrieblichen Anforderungen und Kriterien erfüllt und die Festlegung nicht ermessensfehlerhaft erfolgt.« Damit nennt das Gesetz Kriterien, an denen sich die benachteiligungs- und begünstigungsfreie Entgeltgewährung zu orientieren hat.

53 Es wird klargestellt, dass eine Begünstigung oder Benachteiligung im Hinblick auf das gezahlte Entgelt nicht vorliegt, wenn der jeweilige Amtsträger in seiner Person bezogen auf im Betrieb konkret vorhan-

dene Arbeitsplätze die für die Gewährung des Entgelts erforderlichen betrieblichen Anforderungen und Kriterien erfüllt und die Festlegung des Entgelts für diese Tätigkeit nicht ermessensfehlerhaft erfolgt. Die Entscheidung des AG ist dann ermessensfehlerfrei, wenn er von seinem verfassungsrechtlich garantierten **Auswahlermessen** in nachvollziehbarer Weise Gebrauch gemacht hat und die Entscheidung auf diskriminierungsfreien Einschätzungen und Bewertungen beruht. Dies bedeutet auch, dass es ausreichend ist, wenn der BR für den konkret vorhandenen Arbeitsplatz persönlich und fachlich geeignet ist; eine im Verhältnis zu einem anderen AN gleiche oder gar höhere Eignung des BR ist nicht erforderlich.

Das bedeutet, dass der AG bei einer **Beförderungsentscheidung aus sachlichen Gründen** handeln muss. Das Ermessen ist erst dann nicht mehr sachgerecht ausgeübt, wenn die Beförderung ausschließlich wegen der Betriebsratstätigkeit erfolgt. Dabei genügt aber ein abstrakter Zusammenhang zur Amtsausübung, ein konkreter Bezug zu einer Amtstätigkeit ist nicht notwendig (BAG 21.3.2018 – 7 AZR 590/16, NZA 2018, 1019). Nicht erforderlich ist also, dass der BR zu einem bestimmten konkreten Verhalten oder Unterlassen veranlasst werden soll. Eine Begünstigungsabsicht ist ebenfalls nicht erforderlich (BAG 16.2.2005 – 7 AZR 95/04). Wird aber ein BR-Mitglied bei einer im Vergleich zu einem anderen Stellenbewerber schlechteren Leistungsbewertung mit der Begründung befördert, er sei wegen seiner Freistellung schneller verfügbar, so liegt hierin eine unzulässige Begünstigung des BR wegen seines Amtes (BAG 31.10.1985 – 6 AZR 129/83 für den vergleichbaren Fall einer Personalratsbeförderung). 54

In der Gesetzesbegründung und in den Vorschlägen der Kommission »Rechtssicherheit in der Betriebsratsvergütung« vom 12. Juli 2023 finden sich hierzu die folgenden **wichtigen Hinweise, die wegen ihrer Bedeutung für die Praxis hier wörtlich zitiert werden:** 55

Generell gilt: Soweit der Arbeitgeber eine ***plausible, nachvollziehbare Eingruppierung*** *mit dem Mitglied des Betriebsrats in Bezug auf eine konkrete Stelle im Betrieb vereinbart, ist eine darauf gerichtete Änderungsvereinbarung keine Benachteiligung oder Begünstigung. Eine entsprechende Vereinbarung ist erst dann ermessensfehlerhaft und damit als Begünstigung unwirksam, wenn die Vertragsparteien nicht vernünftigerweise davon ausgehen konnten, eine zutreffende Bewertung hypothetischer Gehalts- oder Karriereentwicklung vorgenommen zu haben.* 56

Dabei kann es sachlich gerechtfertigt sein, bei einer solchen Stellenbesetzung auch ***die durch und während der Amtstätigkeit erworbenen Kenntnisse, Fähigkeiten und Qualifikationen*** *zu berücksichtigen, soweit* 57 *sie im Unternehmen auch außerhalb des Betriebsratsamts für die jeweilige Stelle karriere- und vergütungsrelevant sind. Sie sind das Ergebnis eines individuellen persönlichen Lernprozesses des Betriebsratsmitglieds und nicht ohne weiteres durch eine Funktion im Betriebsrat oder einem seiner Ausschüsse oder Gremien vorgegeben. Nicht berücksichtigungsfähig ist indes, dass etwa ein Mitglied des Betriebsrats ggf. mit Vorständen und Managern »auf Augenhöhe verhandelt« oder »komplexe Aufgaben« wahrnimmt oder in »unternehmerische Entscheidungskomplexe eingebunden« ist. Diese Maßstäbe knüpfen in unzulässigerweise an die Betriebsratstätigkeit als solche an und finden keine Stütze im BetrVG.*

58 *Gibt es im Betrieb dagegen eine freie Stelle, deren Anforderungsprofil das Mitglied des Betriebsrats erfüllt, kann das* ***nicht freigestellte Betriebsratsmitglied*** *[nach § 37 Abs. 4 Satz 3 BetrVG, Einfügung durch die Verfasser] auf diese Stellen versetzt werden, wenn es diese Stelle in betriebsüblichem Vorgehen angeboten bekommt oder sich hierauf bewirbt und im Auswahlprozess gegen eventuelle Mitbewerber durchsetzt; das Betriebsratsmitglied wird dann ohne Begünstigung befördert. Gleiches gilt, wenn das* ***Betriebsratsmitglied freigestellt*** *ist; in diesem Fall wird der Arbeitgeber bei fortbestehender Freistellung die Stelle allerdings regelmäßig zusätzlich mit einem anderen Bewerber besetzen müssen (Doppelbesetzung), um den Betriebsablauf zu gewährleisten. Eine Begünstigung des Freigestellten i. S. v. § 78 Satz 2 BetrVG liegt hierin nicht. Ebenso wenig ist es eine Benachteiligung, wenn ein Amtsträger ohne anzuerkennende Gründe in seinem Amt der Versetzung auf eine weniger qualifizierte Stelle zustimmt und die Vergütung entsprechend abgesenkt wird.*

59 *Eine unzulässige Begünstigung liegt auch dann nicht vor, wenn das Betriebsratsmitglied vom Arbeitgeber ein* ***Stellenangebot*** *etwa* ***in einem anderen Betrieb*** *desselben Unternehmens erhält, für welche es die Anforderungen des Stellenprofils erfüllt, das Mitglied des Betriebsrats (freigestellt/nicht freigestellt) das Stellenangebot aber ablehnt, um die Kontinuität der Betriebsratstätigkeit zu gewährleisten. Das entspricht dem kollektiven Schutzzweck der Norm.*

60 *Gibt es im Betrieb Stellen, auf denen die Kompetenzen etc. des Betriebsratsmitglieds gemäß Anforderungsprofil erforderlich sind, sind diese Stellen jedoch nicht frei, kann ein nicht freigestelltes Betriebsratsmitglied nicht befördert werden; ein Anspruch nach § 78 Satz 2 BetrVG scheidet dann zwangsläufig aus. Ebenso wenig kann ein freigestelltes Mitglied des Betriebsrats auf besetzte Stellen befördert werden; geschieht dies trotzdem bei fortbestehender Freistellung begründet dies eine Begünstigung i. S. v. § 78 Satz 2 BetrVG, weil auch sonst Arbeitnehmer regelmäßig nicht auf bereits besetzte Stellen befördert werden.*

Will ein Amtsträger geltend machen, dass er ohne Aufnahme, Ausübung oder Fortführung seines Amtes oder ohne seine Freistellung durch Beförderungen einen beruflichen Aufstieg genommen hätte (***hypothetische Karriereentwicklung*** *), bedarf es eines Vortrags, aus dem folgt, dass seine Bewerbung auf eine bestimmte höherdotierte Stelle gerade wegen seiner Amtstätigkeit/Freistellung erfolglos geblieben ist. Hat ein freigestellter Amtsträger von einer solchen Bewerbung abgesehen, muss er zur Begründung eines* ***fiktiven Beförderungsanspruchs*** *darlegen, dass die Bewerbung gerade wegen der Freistellung unterblieben ist und ohne die Freistellung erfolgreich gewesen wäre. Scheitert eine tatsächliche oder fiktive Bewerbung an fehlenden aktuellen Fachkenntnissen oder daran, dass der Arbeitgeber sich zur Beurteilung der fachlichen und beruflichen Qualifikation in Folge der Freistellung außerstande gesehen hat, kann dennoch ein fiktiver Beförderungsanspruch des Amtsträgers bestehen, wenn diese Defizite auf die Freistellung zurückzuführen sind. Danach knüpft ein fiktiver Beförderungsanspruch stets an die Besetzung einer konkreten Stelle an. Das schließt typischerweise eine Begünstigung aus, soweit der Amtsträger über die Qualifikationsanforderungen einer solchen Stelle verfügt und ein anderer Bewerber aus Sicht des Arbeitgebers aus sachlichen Gründen nicht vorzugswürdig ist.* 61

Ein BR-Mitglied kann also auf unterschiedlichen Wegen geltend machen, in seinem beruflichen Fortkommen wegen seiner Betriebsratstätigkeit behindert zu sein: 62

- Die Bewerbung des BR auf eine bestimmte Stelle ist gerade wegen seiner Freistellung und/oder seiner Betriebsratstätigkeit erfolglos geblieben;
- Hat sich der BR auf eine bestimmte Stelle tatsächlich nicht beworben, kann er einen fiktiven Beförderungsanspruch geltend machen. Hierzu muss er darlegen, dass er die Bewerbung gerade wegen seiner Freistellung unterlassen hat und eine Bewerbung ohne die Freistellung erfolgreich gewesen wäre. Den AN trifft damit eine abgestufte Darlegungs- und Beweislast: Er muss folglich zunächst darlegen, dass die Betriebsratstätigkeit das tragende Motiv bei der fraglichen Maßnahme gewesen ist (LAG Niedersachsen – 6 Sa 559/23; BAG 20.3.2025 – 7 AZR 46/24).
- Scheitert eine tatsächliche oder eine fiktive Bewerbung des freigestellten BR-Mitglieds wegen fehlenden aktuellen Fachkenntnissen, kann ein fiktiver Beförderungsanspruch des BR-Mitglieds bestehen, wenn das Fehlen von feststellbarem aktuellem Fachwissen gerade aufgrund der Freistellung eingetreten ist.

5. Durchsetzung der Entgeltansprüche

63 Die Höhe der Entgeltanspruchs des BR-Mitglieds ergibt sich aus § 611a BGB. Gerichtliche Verfahren in diesem Zusammenhang sind Rechtsstreitigkeiten zwischen AN und AG aus dem Arbeitsverhältnis und damit im Urteilsverfahren, nicht im Beschlussverfahren zu entscheiden (vgl. BAG 20.6.2018 – 9 AZB 9/18).

64 § 37 Abs. 4 ist keine Bemessungsgrundlage für den Anspruch aus § 37 Abs. 2. § 37 Abs. 2 regelt die Fortzahlung des vereinbarten, dem BR-Mitglied bei unterstellter Erbringung seiner vertraglichen Tätigkeit zustehenden Arbeitsentgelts. § 37 Abs. 4 regelt hingegen den Anspruch eines BR-Mitglieds auf Erhöhung dieses Entgelts in dem Umfang, in dem das Entgelt vergleichbarer AN mit betriebsüblicher Entwicklung steigt (BAG 14.10.2020 – 7 AZR 286/18). Für das Vorliegen der Voraussetzungen ist das BR-Mitglied grundsätzlich darlegungs- und beweispflichtig (BAG 20.3.2025 – 7 AZR 46/24).

65 Rechtsgeschäfte, nach denen das BR-Mitglied niedriger vergütet wird, als dies die Mindestentgeltgarantie nach § 37 Abs. 4 BetrVG bzw. das Begünstigungs-/Benachteiligungsverbot nach § 78 Satz 2 vorsieht, sind nichtig (BAG 20.1.2010 – 7 ABR 68/08). Derjenige, der sich auf die Nichtigkeit einer Vergütungsvereinbarung wegen Verstoßes gegen die Mindestentgeltgarantie oder das Begünstigungsverbot beruft, trägt hierfür die Darlegungs- und Beweislast (BAG 21.3.2018 – 7 AZR 590/16, NZA 2018, 1019). Das ist der AG, wenn er behauptet, das BR-Mitglied werde zu hoch, und das BR-Mitglied, wenn es meint, es werde zu niedrig vergütet.

66 Das BR-Mitglied hat aus § 242 BGB einen Auskunftsanspruch gegenüber dem AG hinsichtlich der Gehaltsentwicklung vergleichbarer AN. (BAG 19.1.2005 – 7 AZR 208/04). Auch diese Auskunftsansprüche sollten in der BV – z.B. im Hinblick auf regelmäßig einzuhaltende Zeitpunkte – konkretisiert werden. Auch bei variablen Vergütungsbestandteilen besteht ein Auskunftsanspruch, um einen Klageantrag beziffern zu können. Dabei kann das betroffene BR-Mitglied auch Auskunft über den konkreten Zielerreichungsgrad der vergleichbaren AN verlangen (LAG Düsseldorf 26.2.2025 – 12 Sa 817/23).

6. Berufliche Absicherung

67 BR-Mitglieder dürfen nur mit Tätigkeiten beschäftigt werden, die den Tätigkeiten vergleichbarer AN gleichwertig sind. Das gilt bis einschließlich einem Jahr nach dem Ende ihrer Amtszeit. Es gilt für zwei Jahre,

wenn das BR-Mitglied drei volle aufeinander folgende Amtszeiten freigestellt war (§ 38 Abs. 3).
Das BR-Mitglied hat keinen Anspruch auf die gleiche Tätigkeit wie ein vergleichbarer AN, sondern nur auf eine **gleichwertige Tätigkeit.** Was eine gleichwertige Tätigkeit ist, ist **im Einzelfall** zu bestimmen. Hierbei wird man sowohl die entsprechenden Qualifikationsanforderungen an die Tätigkeiten der Vergleichspersonen als auch die erzielbare Vergütung berücksichtigen müssen.

VI. Schulungs- und Bildungsveranstaltungen (Abs. 6)

1. Erforderliche Schulungen und Beurteilungsspielraum des Betriebsrats

Der BR hat einen **kollektiven Anspruch** auf Befreiung seiner einzelnen 68
Mitglieder von der Arbeit zum Zwecke der **Teilnahme an erforderlichen Schulungs- und Bildungsveranstaltungen**. Der Schulungsanspruch ist also ein Anspruch des BR und nicht des einzelnen AN.
Es müssen Kenntnisse vermittelt werden, die für eine **sachgerechte** Wahrnehmung von Betriebsratsaufgaben **erforderlich** sind. Der BR hat nicht nur ein **Recht** zur Teilnahme an Schulungen, er hat auch die **Pflicht**, sich das für seine BR-Arbeit erforderliche Wissen anzueignen, um mit dem AG »auf Augenhöhe« verhandeln zu können. Lehnt ein BR-Mitglied konsequent die Schulungsteilnahme ab, kann dies ein Verfahren nach § 23 Abs. 1 wegen Verletzung der Amtspflichten nach sich ziehen.

Erforderlich sind Kenntnisse, wenn sie unter **Berücksichtigung der** 69
konkreten Situation im Betrieb und im BR nötig werden, damit dieser seine derzeitigen oder zukünftig anfallenden gesetzlichen Aufgaben wahrnehmen kann (BAG 9.10.1973 – 1 ABR 6/73).
BR-Mitglieder mit besonders zugewiesenen Aufgaben, wie z. B. der Vorsitzende oder Ausschussmitglieder, haben einen höheren Schulungsbedarf als BR-Mitglieder, die keine speziellen Aufgaben wahrnehmen.

Hinsichtlich der Frage der erforderlichen Schulungsinhalte, der Dauer 70
der Schulung und der Teilnehmeranzahl hat der BR einen **Beurteilungsspielraum**. Der BR muss aus der Sicht eines objektiven Dritten beurteilen,

- ob die Schulung als solche erforderlich ist,
- wie viele Mitglieder an ihr teilnehmen sollen,
- wie lange die Schulung dauern soll,

- ob betriebliche Notwendigkeiten einer Teilnahme zu diesem Zeitpunkt entgegenstehen und
- wo die Schulung stattfinden soll und welche Kosten damit verbunden sind.

Der BR hat darüber hinaus auch einen Beurteilungsspielraum, ob eine Schulung in Präsenz oder als Online-Schulung stattfinden soll. Der Einschätzungsspielraum des BR erstreckt sich insoweit auch auf die Art der Präsentation und des Schulungsformats (BAG 7.2.2024 – 7 ABR 8/23).

71 Der AG ist nach § 40 Abs. 1 verpflichtet, **alle Kosten einschließlich Reise- und Übernachtungskosten für die Schulungen** zu tragen, vgl. § 40 Rn. 15 ff. Grundsätzlich muss der für die Schulungsteilnahme erforderliche Betriebsratsbeschluss auf ein konkretes BR-Mitglied und auf eine konkrete, nach Zeitpunkt und Ort bestimmte Schulung bezogen sein. Nicht erforderlich ist, dass im Beschluss das Verkehrsmittel genannt wird, mit dem das BR-Mitglied zur Schulung gelangt und ob es dort übernachtet. Erfolgt dennoch eine Beschlussfassung zu diesen Punkten, ist das BR-Mitglied hieran jedenfalls dann nicht gebunden, wenn sich zwischen dem Betriebsratsbeschluss und dem Beginn der Schulungsveranstaltung die für die Beurteilung der Erforderlichkeit maßgebenden Umstände gravierend ändern (BAG 27.5.2015 – 7 ABR 26/13). Nicht ausreichend ist ein Beschluss des Personalausschusses, denn dieser ist nur für die personellen Angelegenheiten i.S.d. §§ 99 ff., 102 zuständig (LAG Hessen 16.11.2020 – 16 TaBV 107/20).

72 Bei den Schulungsveranstaltungen unterscheidet man zwischen der Vermittlung von Grundkenntnissen, die regelmäßig ohne nähere Begründung erforderlich sind, und der Vermittlung von Spezialwissen, für das der BR die Erforderlichkeit besonders darlegen muss.

a. Grundkenntnisse

73 Zu den Grundkenntnissen zählen hauptsächlich die **Grundkenntnisse** des BetrVG sowie des Arbeitsrechts (einschließlich Arbeitsschutz und Arbeitssicherheit), insbesondere wenn ein BR-Mitglied zum ersten Mal gewählt worden ist. Nicht dazu gehört eine Schulung über die aktuelle Rechtsprechung des BAG (BAG 18.1.2012 – 7 ABR 73/10). Etwas anderes dürfte gelten, wenn es sich um Rechtsprechung handelt, die für grundsätzliche Fragen des BetrVG oder des Arbeitsrechts von Bedeutung, wie z.B. die Frage, ob und in welchem Umfang Reisezeit als Arbeitszeit zu werten ist.

Der BR muss bei Grundlagenschulungen die **Erforderlichkeit nicht** besonders **darlegen**. Es muss für die Grundlagenschulungen insoweit kein betriebsbezogener konkreter Anlass vorhanden sein. Das gilt auch dann, wenn die Schulungsveranstaltung kurz vor dem Ende der Amtszeit liegt; der BR kann seine gesetzlichen Aufgaben auch gegen Ende der Amtsperiode nur dann erfüllen, wenn alle Mitglieder über ein Mindestmaß an Wissen über die Rechte und Pflichten einer Arbeitnehmervertretung verfügen (BAG 7.5.2008 – 7 AZR 90/07). Der AG kann die BR-Mitglieder auch nicht dazu zwingen, sich die notwendigen Kenntnisse durch andere Mitglieder vermitteln zu lassen. **Alle** – nicht nur einzelne ausgewählte – **BR-Mitglieder haben den Anspruch**, an den Schulungen über die Grundlagen teilzunehmen. 74

b. Spezialwissen

Bei Schulungsveranstaltungen, die Spezialwissen vermitteln, muss der BR die **Erforderlichkeit** für die Schulung **konkret darlegen**, d.h. er muss konkret darlegen, warum der BR unter Berücksichtigung der konkreten betrieblichen Situation alsbald die Kenntnisse aus dieser Schulungsveranstaltung benötigt. Wenn also alsbald eine Betriebsänderung bevorsteht, lässt sich konkret darlegen, dass dafür z.B. eine Spezialschulung zum Thema Interessenausgleich / Sozialplan erforderlich ist. Der Begriff der Aktualität ist allerdings weit auszulegen. Ein aktueller Bezug kann sich auch daraus ergeben, dass der BR beschließt, eine Angelegenheit zukünftig regeln zu wollen. Dies gilt z.B. dann, wenn der BR die Arbeitszeit neu regeln will. Die reine hypothetische Möglichkeit, dass die Frage einmal im Betrieb relevant werden könnte, reicht jedoch nicht aus (DKW, § 37 BetrVG Rn. 119). 75

Zu den **erforderlichen Schulungen** gehören unter Berücksichtigung der konkreten betrieblichen Situation und der konkreten Situation des BR z.B. Schulungen zum Thema 76

- Arbeitswissenschaft und Arbeitsbewertung (BAG 29.1.1974 – 1 ABR 39/73)
- Alkoholsucht am Arbeitsplatz
- Akkord- und Prämienlohn (BAG 29.1.1974 – 1 ABR 39/73)
- Allgemeines Gleichbehandlungsgesetz (AGG)
- Betriebliche Altersvorsorge
- Datenschutz im Betrieb
- EDV-Systeme
- Verhandlungsführung im BR
- Betrieblicher Umweltschutz

- Rhetorikschulung (BAG 12.1.2011 – 7 ABR 94/09)
- Mobbing – bei Vorliegen einer Konfliktlage im Betrieb. Diese kann gegeben sein, wenn der BR aufgrund ihm bekanntgewordener Konflikte initiativ werden will, um etwa durch Verhandlungen mit dem AG über den Abschluss einer BV Mobbing entgegenzuwirken (BAG 14.1.2015 – 7 ABR 95/12)
- Grundkenntnisse der Bilanzanalyse und Betriebswirtschaftslehre – zumindest für BR-Mitglieder, die Mitglied im Wirtschaftsausschuss sind (BAG 6.11.1973 – 1 ABR 8/73, AiB 2003, 30)
- Konstruktives Konfliktmanagement in der Betriebsratsarbeit – bei konkreter und nicht nur hypothetischer Konfliktlage innerhalb des Gremiums (LAG München 25.6.2020 – 3 TaBV 118/19).

77 Bei Schulungen, deren Inhalt nur teilweise erforderlich ist, unterscheidet das BAG danach, wie hoch der Anteil ist, der für den BR nicht erforderlich ist. Werden auf einer Schulung überwiegend (mehr als 50 %) erforderliche Inhalte behandelt, ist die Schulung insgesamt erforderlich – wenn sich der Schulungsbesuch nicht ohnehin in zwei Teile splitten ließe und es dem BR dadurch möglich wäre, nur den erforderlichen Teil zu besuchen (BAG 28.5.1976 –1 AZR 116/74). Nach Ansicht des LAG Thüringen steht der Erforderlichkeit einer Schulung insgesamt nicht entgegen, dass 20 % des Inhalts der Schulung für die Betriebsratsarbeit nicht erforderlich sind (vgl. LAG Thüringen 11.6.2024 – 5 TaBV 24/22). Ist eine Schulung in zwei oder mehrere Teile teilbar und ist nur ein Teil erforderlich, hat der BR auch nur Anspruch auf Teilnahme an dem erforderlichen Teil. Eine solche Teilbarkeit ist jedoch zu verneinen, wenn die Schulung nur als Ganzes zur Buchung angeboten wird (BAG 28.9.2016 – 7 AZR 699/14). Denkbar wäre z. B. eine Schulung, die in verschiedenen Modulen angeboten wird und in der jedes Modul eine eigenständige Einheit bildet. Allerdings sind die wenigsten Schulungen in der Praxis teilbar, da die Inhalte meist aufeinander aufbauen und damit insgesamt eine Einheit bilden.

2. Erforderliche Dauer der Schulungen

78 Eine **gesetzliche Höchstgrenze** für eine Schulungsteilnahme **gibt es nicht**. Für die Frage der Dauer einer Schulungsmaßnahme stellt das BAG auf eine **Verhältnismäßigkeitsprüfung** ab. Der BR muss also Kriterien wie Kenntnisstand der BR-Mitglieder, Aufgabenbereich und betriebliche Gegebenheiten berücksichtigen.

3. Schulungsanbieter und Teilnehmer

Welchen **Schulungsanbieter** – ob z. B. Gewerkschaften (nach wie vor die größten Anbieter) oder private Anbieter – der BR auswählt, ist ihm überlassen. Entscheidend ist allein, dass die erforderlichen Kenntnisse vermittelt werden. 79

Grundlagenschulungen können alle BR-Mitglieder besuchen. Bei den Spezialseminaren muss der BR erneut prüfen, ob eine Entsendung aller BR-Mitglieder erforderlich ist. Oft reicht es aus, wenn nur ein BR-Mitglied oder ein Teil des Betriebsratsgremiums an Spezialseminaren teilnimmt. Ob Mitglieder des Wirtschaftsausschusses, die nicht BR-Mitglieder sind, einen Schulungsanspruch haben, ist umstritten. Das BAG verneint dies mit dem Argument, dass Mitglieder des Wirtschaftsausschusses, die nicht zugleich Mitglieder im BR sind, nur berufen werden sollten, wenn sie bereits die erforderliche Kenntnis besitzen (BAG 6.11.1973 – 1 ABR 8/73, AiB 2003, 30). 80

Ersatzmitglieder haben grundsätzlich keinen Anspruch auf Teilnahme an Grundlagenschulungen, solange sie nicht dauerhaft in den BR nachgerückt sind; etwas anderes gilt, wenn sie häufig als Vertreter an der Betriebsratsarbeit beteiligt sind und ihre betriebsverfassungsrechtlichen Kenntnisse für die BR-Arbeit notwendig sind, um die Arbeitsfähigkeit des BR-Gremiums aufrechtzuerhalten (BAG 19.9.2000 – 7 ABR 32/00). Dies ist z. B. der Fall, wenn ein BR-Mitglied, welches als einziges über Erfahrungen im Amt verfügt, mehr als fünf Monate ausfällt (LAG Hessen 17.1.2022 – 16 TaBV 99/21). 81

§ 37 Abs. 6 gilt nicht für den **GBR und KBR** (§ 51 Abs. 1 und § 59 Abs. 1 verweisen nur auf § 37 Abs. 1–3). Vielmehr beschließt der örtliche BR über eine Schulungsteilnahme seines GBR- oder KBR-Mitglieds. 82
Nach § 179 Abs. 4 SGB IX haben die Vertrauenspersonen der **Schwerbehinderten** ebenfalls einen Anspruch auf die Teilnahme an Schulungen. Für die **JAV** gilt § 65 Abs. 1.

4. Mitteilung gegenüber dem AG

Der BR muss dem AG **rechtzeitig** unter Hinweis auf die **zeitliche Lage mitteilen**, dass er Mitglieder zu einer Schulungsveranstaltung entsendet. Wann eine Information rechtzeitig ist, ist abhängig von Dauer und Ort der Schulung. Als grober Richtwert können mindestens zwei bis drei Wochen im Voraus angenommen werden. Über die konkrete Schulung muss der BR zuvor einen Beschluss fassen. Die **Zustimmung des AG** zur Teilnahme an der Schulung **braucht der BR nicht**. 83

Der AG muss genügend Zeit haben, um zu prüfen, ob die Voraussetzungen für die Schulungsteilnahme vorliegen, um ggf. die Einigungsstelle anzurufen oder aber um für die Zeit der Abwesenheit der BR-Mitglieder für eine Vertretung zu sorgen. Unterlässt der BR die rechtzeitige Mitteilung, kann dies eine grobe Amtspflichtverletzung i. S. d. § 23 Abs. 1 darstellen. Der AG ist jedoch nicht berechtigt, den Lohn zu kürzen, wenn die Schulung erforderlich war.

84 Hält der AG die Schulung für **inhaltlich nicht erforderlich**, müssen entweder der BR oder der AG das **ArbG** anrufen. Der BR muss in diesem Fall die Kostenübernahme von Schulungs-, Reise- und Übernachtungskosten gerichtlich geltend machen. Hat der AG demgegenüber inhaltlich nichts gegen die Schulung einzuwenden, meint aber, dass die **betrieblichen Notwendigkeiten nicht** für in ausreichendem Maße **berücksichtigt** sind (z. B. die zeitliche Lage der Schulung, weil im Betrieb zur Zeit der Schulung ein Großauftrag erwartet wird), dann ist nicht das ArbG, sondern die Einigungsstelle die zuständige Instanz zur Lösung des Konflikts. Der AG muss dann unverzüglich die **Einigungsstelle** anrufen.

5. Entgeltfortzahlung

85 Der AG hat den BR-Mitgliedern **während der Teilnahme** an der Schulung das **Arbeitsentgelt fortzuzahlen**. Es gilt das **Lohnausfallprinzip**. Liegt die Teilnahme außerhalb der persönlichen Arbeitszeit des BR-Mitglieds, gilt § 37 Abs. 3. In diesem Fall ist der Ausgleichsanspruch für jeden Schulungstag begrenzt auf die Arbeitszeit eines vollzeitbeschäftigten AN. Teilzeitbeschäftigte BR-Mitglieder haben in demselben Umfang Anspruch auf Schulungsmaßnahmen wie vollzeitbeschäftigte AN, d. h. ein teilzeitbeschäftigtes BR-Mitglied wird während der Schulung so bezahlt, als würde es in Vollzeit arbeiten, wenn es sich um eine Vollzeitschulung handelt.

VII. Geeignete Schulungen (Abs. 7)

86 Neben dem Anspruch auf Schulungen nach § 37 Abs. 6 hat jedes BR-Mitglied einen **individualrechtlichen Anspruch** auf eine **geeignete** Schulung, die von der obersten Arbeitsbehörde als geeignet anerkannt wurde. Der Anspruch auf die bezahlte Freistellung gilt **innerhalb einer Amtszeit** für **maximal drei Wochen** (bei Neugewählten vier Wochen). Die Schulungen können zusammenhängend besucht oder auf mehrere Zeitabschnitte aufgeteilt werden; das BR-Mitglied darf den Anspruch jedoch nicht mit in die nächste Amtszeit nehmen.

Die Schulungen nach § 37 Abs. 7 müssen **nicht erforderlich**, sondern **nur förderlich** für die Betriebsratsarbeit sein. BR-Mitglieder brauchen keine Erforderlichkeitsprüfung vorzunehmen. Geeignete Seminare sind z. B. solche, die gesellschaftspolitische oder wirtschaftliche Themen behandeln (Fragen des Arbeitsmarktes / verfassungsrechtliche Grundlagen des Arbeitsrechts). Als Schulungsanbieter kommen auch Gewerkschaften in Frage. 87

Die Kosten für die Schulungsteilnahme muss das BR-Mitglied – anders als bei § 37 Abs. 6 – selbst tragen, wenn nicht der Veranstalter eine kostenlose Teilnahme anbietet. Der AG muss das BR-Mitglied aber unter Fortzahlung der Vergütung von der Arbeit freistellen. 88

Der BR muss über die Teilnahme beschließen und insoweit auch die betrieblichen Notwendigkeiten berücksichtigen. 89

§ 38 Freistellungen

(1) [1]Von ihrer beruflichen Tätigkeit sind mindestens freizustellen in Betrieben mit in der Regel

200 bis	**500**	**Arbeitnehmern**	**ein Betriebsratsmitglied**
501 bis	**900**	**Arbeitnehmern**	**2 Betriebsratsmitglieder**
901 bis	**1500**	**Arbeitnehmern**	**3 Betriebsratsmitglieder**
1501 bis	**2000**	**Arbeitnehmern**	**4 Betriebsratsmitglieder**
2001 bis	**3000**	**Arbeitnehmern**	**5 Betriebsratsmitglieder**
3001 bis	**4000**	**Arbeitnehmern**	**6 Betriebsratsmitglieder**
4001 bis	**5000**	**Arbeitnehmern**	**7 Betriebsratsmitglieder**
5001 bis	**6000**	**Arbeitnehmern**	**8 Betriebsratsmitglieder**
6001 bis	**7000**	**Arbeitnehmern**	**9 Betriebsratsmitglieder**
7001 bis	**8000**	**Arbeitnehmern**	**10 Betriebsratsmitglieder**
8001 bis	**9000**	**Arbeitnehmern**	**11 Betriebsratsmitglieder**
9001 bis	**10000**	**Arbeitnehmern**	**12 Betriebsratsmitglieder.**

[2]In Betrieben mit über 10000 Arbeitnehmern ist für je angefangene weitere 2000 Arbeitnehmer ein weiteres Betriebsratsmitglied freizustellen. [3]Freistellungen können auch in Form von Teilfreistellungen erfolgen. [4]Diese dürfen zusammengenommen nicht den Umfang der Freistellungen nach den Sätzen 1 und 2 überschreiten. [5]Durch Tarifvertrag oder Betriebsvereinbarung können anderweitige Regelungen über die Freistellung vereinbart werden.

(2) [1]Die freizustellenden Betriebsratsmitglieder werden nach Beratung mit dem Arbeitgeber vom Betriebsrat aus seiner Mitte in geheimer Wahl und nach den Grundsätzen der Verhältniswahl gewählt. [2]Wird nur ein Wahlvorschlag gemacht, so erfolgt die Wahl nach den

Grundsätzen der Mehrheitswahl; ist nur ein Betriebsratsmitglied freizustellen, so wird dieses mit einfacher Stimmenmehrheit gewählt. [3]Der Betriebsrat hat die Namen der Freizustellenden dem Arbeitgeber bekannt zu geben. [4]Hält der Arbeitgeber eine Freistellung für sachlich nicht vertretbar, so kann er innerhalb einer Frist von zwei Wochen nach der Bekanntgabe die Einigungsstelle anrufen. [5]Der Spruch der Einigungsstelle ersetzt die Einigung zwischen Arbeitgeber und Betriebsrat. [6]Bestätigt die Einigungsstelle die Bedenken des Arbeitgebers, so hat sie bei der Bestimmung eines anderen freizustellenden Betriebsratsmitglieds auch den Minderheitenschutz im Sinne des Satzes 1 zu beachten. [7]Ruft der Arbeitgeber die Einigungsstelle nicht an, so gilt sein Einverständnis mit den Freistellungen nach Ablauf der zweiwöchigen Frist als erteilt. [8]Für die Abberufung gilt § 27 Abs. 1 Satz 5 entsprechend.

(3) Der Zeitraum für die Weiterzahlung des nach § 37 Abs. 4 zu bemessenden Arbeitsentgelts und für die Beschäftigung nach § 37 Abs. 5 erhöht sich für Mitglieder des Betriebsrat, die drei volle aufeinanderfolgende Amtszeiten freigestellt waren, auf zwei Jahre nach Ablauf der Amtszeit.

(4) [1]Freigestellte Betriebsratsmitglieder dürfen von inner- und außerbetrieblichen Maßnahmen der Berufsbildung nicht ausgeschlossen werden. [2]Innerhalb eines Jahres nach Beendigung der Freistellung eines Betriebsratsmitglieds ist diesem im Rahmen der Möglichkeiten des Betriebs Gelegenheit zu geben, eine wegen der Freistellung unterbliebene betriebsübliche berufliche Entwicklung nachzuholen. [3]Für Mitglieder des Betriebsrats, die drei volle aufeinanderfolgende Amtszeiten freigestellt waren, erhöht sich der Zeitraum nach Satz 2 auf zwei Jahre.

Inhaltsübersicht Rn.

I. Zweck der Regelung

1 Das Gesetz sieht ab einer bestimmten Betriebsgröße die Freistellung von BR-Mitgliedern vor, um die Arbeitsfähigkeit im Betriebsratsgremium zu gewährleisten. Die Vorschrift gilt nicht für die JAV, den GBR und den KBR sowie für die Gesamt-JAV und die Konzern-JAV. Für die JAV, Gesamt-JAV und Konzern-JAV gelten die §§ 65, 73 Abs. 2, 73b Abs. 2, die auf § 37 Abs. 2 (anlassbezogene Freistellung) verweisen. Für die Mitglieder des GBR und KBR gelten die §§ 37 Abs. 2 i. V. m. 51 Abs. 1, 59 Abs. 1, wenn diese nicht schon als BR-Mitglieder nach § 38 freigestellt sind. Vor diesem Hintergrund kann sich aus den jeweiligen Aufgaben im GBR oder KBR auch für Mitglieder dieser Gremien ein pauschaler Freistellungsanspruch (z. B. in Form einer hälftigen Freistellung) aus § 37 Abs. 2 ergeben (BAG 23.5.2018 – 7 ABR 14/17).

II. Anzahl der freizustellenden Betriebsratsmitglieder

2 Bei den in § 38 Abs. 1 angegebenen Freistellungen handelt es sich um **Mindestfreistellungen,** errechnet anhand der im Betrieb regelmäßig beschäftigten AN; s. hierzu § 9 Rn. 2. Für die Feststellung der Anzahl der freizustellenden BR-Mitglieder zählen auch Leiharbeitnehmer mit, wenn sie zu dem regelmäßigen Personalbestand des Betriebs gehören, unabhängig davon für welchen Zeitraum der einzelne Leiharbeitnehmer eingesetzt ist (BAG 18.1.2017 – 7 ABR 60/15).

3 Wie viele BR-Mitglieder freizustellen sind, richtet sich nach der **Staffelung in Abs. 1**. Welche Mitglieder jeweils freizustellen sind, wird in der nach Abs. 2 durchzuführenden Wahl ermittelt. Erst nach dem Beschluss des BR erwirbt das einzelne BR-Mitglied einen individuellen Freistellungsanspruch.

Von den in Abs. 1 genannten Freistellungen kann durch **Tarifvertrag** oder **freiwillige BV** abgewichen werden. Dabei darf die Anzahl der Freistellungen erhöht, grundsätzlich kann aber auch ein geringerer Umfang von Freistellungen vereinbart werden (BAG 11.6.1997 – 7 ABR 5/96). Allerdings muss der BR im Falle einer BV dafür sorgen, dass er seine Aufgaben noch sachgerecht ausüben kann. Es handelt sich um eine rein freiwillige BV, zu dessen Abschluss der BR nicht gezwungen werden kann.

Die Anzahl der Freistellungen kann auch durch eine Absprache (z. B. Regelungsabrede) mit dem AG erhöht werden. Eine solche Absprache gilt für die komplette vierjährige Amtszeit des BR und wird auch nicht durch eine Neuwahl nach Rücktritt des BR und der Konstituierung eines neuen Gremiums hinfällig (DKW, § 38 BetrVG Rn. 11), allerdings muss sie sachlich notwendig sein, um die Aufgaben des BR sachgerecht durchführen zu können. Unzulässig ist die Regelung dann, wenn sie die BR-Mitglieder begünstigen soll (§ 78 Satz 2).

4 Steigt oder sinkt die Zahl der regelmäßig beschäftigten AN während der Amtszeit des BR nicht nur vorübergehend, ist dementsprechend auch die Anzahl der freizustellenden BR-Mitglieder zu erhöhen bzw. abzusenken.

1. Teilfreistellungen

5 Der BR kann nach Beratung mit dem AG durch Beschluss festlegen, dass anstelle einer Vollfreistellung **Teilfreistellungen** zu gewähren sind, z. B. kann eine Freistellung eines in Vollzeit beschäftigten BR-Mitglieds in Höhe von 40 Stunden pro Woche auf zwei BR-Mitglieder jeweils zu 20 Stunden pro Woche aufgeteilt werden. Dies hat den Vorteil, dass die BR-Mitglieder nicht den Anschluss an ihren eigentlichen Job verlieren. Es kann auch ein Mitglied in Höhe von 30 Stunden, das andere Mitglied in Höhe von 10 Stunden freigestellt werden. Hier ist viel kreatives Handeln möglich, wobei immer praxistaugliche Regelungen gefunden werden sollten.

2. Ersatzfreistellung

6 Ist ein freigestelltes BR-Mitglied längere Zeit verhindert, kann der BR einen Beschluss fassen über eine **Ersatzfreistellung**. Entscheidend ist insoweit die vermeintliche Dauer der Verhinderung, da nur kurzfristige Verhinderungen in der Regel nicht zu einer Ersatzfreistellung berechtigen.

III. Beschlussfassung des Betriebsrats über Freistellungen

1. Beratung mit dem Arbeitgeber

7 Vor der Wahl der freizustellenden Mitglieder müssen der gesamte BR – und nicht nur einzelne Mitglieder – mit dem AG über die Freistellungen beraten. Hintergrund ist, dass der AG auf mögliche betriebliche Belange hinweisen können soll (z. B. wenn sich drei BR-Mitglieder aus einer Abteilung oder ein Mitglied mit besonderen, für den Betrieb erforderlichen Kenntnissen, freistellen lassen möchten). Der Betriebsratsvorsitzende hat die Mitglieder und den AG förmlich **unter Mitteilung der Tagesordnung** zu der Sitzung einzuladen.

8 Im Ergebnis entscheidet jedoch das einzelne BR-Mitglied, ob es sich zur Wahl einer Freistellung aufstellen lassen möchte. Eine nicht durchgeführte Beratung mit dem AG führt nicht zur Unwirksamkeit des Freistellungsbeschlusses (BAG 22.11.2017 – 7 ABR 26/16). Der AG hat im Anschluss an die Wahl die Möglichkeit, die Einigungsstelle anzurufen, wenn er denkt, dass seine Bedenken gegen die Freistellung nicht ausreichend berücksichtigt worden sind.

2. Wahlverfahren

9 Gesetzlich vorgesehen ist die **Verhältniswahl,** wenn **mehrere BR-Mitglieder** freizustellen sind. Wird nur ein Wahlvorschlag eingereicht, findet eine **Personenwahl** statt. Ist nur ein freizustellendes BR-Mitglied zu wählen, wird dies mit einfacher Stimmenmehrheit gewählt. Die Wahl ist von Gesetzes wegen **geheim**. Es können nur BR-Mitglieder und **keine Ersatzmitglieder** freigestellt werden. Vor der Freistellungswahl ist zwingend die Zustimmung des jeweiligen Kandidaten einzuholen (LAG Hessen 10.6.2024 – 16 TaBV 91/23).

10 Die Verhältniswahl findet nach dem d'Hondtschen Höchstzahlverfahren statt (vgl. § 5 WO). Grundsätzlich muss in einem einheitlichen Wahlgang gewählt werden. Es ist daher nicht zulässig, die Wahl der freizustellenden Mitglieder des BR in getrennten Wahlgängen durchzuführen, wenn dadurch wesentliche Grundsätze des Wahlverfahrens wie der Minderheitenschutz unterlaufen würden (BAG 20.6.2018 – 7 ABR 48/17; LAG Köln 13.5.2020 – 11 TaBV 28/19). Der BR kann allerdings nähere Regelungen, z.B. zur Wahl von Voll- und Teilfreistellungen in seiner Geschäftsordnung (§ 36) näher regeln. Die Wahl ist abgeschlossen, wenn das gewählte BR-Mitglied die Freistellung angenommen hat. Scheidet hingegen ein freigestelltes BR-Mitglied aus und wurde die Wahl der freizustellenden BR-Mitglieder in Verhältniswahl durchgeführt, muss in entsprechender Anwendung des § 25 Abs. 2 Satz 1 das ersatzweise freizustellende BR-Mitglied derjenigen Vorschlagsliste entnommen werden, der das zu ersetzende Mitglied angehörte (BAG 21.2.2018 – 7 ABR 54/16). Erhöht sich die Anzahl der freizustellenden BR-Mitglieder während der Amtszeit durch Erhöhung der Belegschaftsanzahl oder wurde fälschlicherweise nur ein freizustellendes BR-Mitglied gewählt, obwohl es zwei Freistellungen gegeben hätte, so ist, wenn die freizustellenden BR-Mitglieder in Verhältniswahl gewählt wurden, eine vollständige Neuwahl aller freizustellenden BR-Mitglieder im Wege der Verhältniswahl durchzuführen (LAG Niedersachsen 04.2.2025 – 10 TaBV 40/24 – Rechtsbeschwerde eingelegt unter dem Aktenzeichen 7

ABR 16/25). Das Wahlverfahren nach § 38 Abs. 2 findet keine Anwendung auf **freizustellende Gesamtbetriebsratsmitglieder**. Die Auswahlentscheidung des GBR über die freizustellenden Mitglieder trifft der GBR durch einfachen Mehrheitsbeschluss (vgl. BAG 26.9.2018 – 7 ABR 77/16).

3. Bekanntgabe gegenüber dem AG

11 Der BR muss durch seinen Vorsitzenden dem AG nach der Wahl mitteilen, wer zukünftig freigestelltes BR-Mitglied (**mit Namensnennung**) sein wird. Der **AG gewährt** den BR-Mitgliedern die **Freistellungen,** wozu er gesetzlich verpflichtet ist, wenn alle Voraussetzungen erfüllt sind. Die Mitglieder können sich nicht selbst freistellen, sondern müssen – solange der AG sich nicht zu den Freistellungen erklärt hat – ihrer Arbeitspflicht nachgehen und sich ggf. im Rahmen des § 37 Abs. 2 von ihrer Arbeitspflicht befreien lassen. Der AG kann die Freistellungen auch durch schlüssiges Verhalten gewähren. Äußert er sich **innerhalb einer Frist von zwei Wochen nicht** zu den Freistellungen, **gilt das Einverständnis als erteilt**.

4. Anrufen der Einigungsstelle durch den AG

12 Hält der AG die Freistellungen für nicht berechtigt, kann er **innerhalb von zwei Wochen** nach Nennung der Namen der freizustellenden Mitglieder die **Einigungsstelle anrufen**. Der Spruch der Einigungsstelle ersetzt die Einigung zwischen BR und AG. Nicht berechtigt kann eine Freistellung sein, wenn betriebliche Notwendigkeiten nicht ausreichend berücksichtigt worden sind, z. B. wenn das BR-Mitglied – gerade in Kleinbetrieben – eine für den Betrieb dringend erforderliche und nicht ersetzbare Qualifikation besitzt. Die Anforderung an eine Ablehnung der Freistellung sind jedoch sehr hoch.

Die Einigungsstelle kann unter Berücksichtigung der zwingend notwendigen betrieblichen Belange in Abwägung mit den Belangen des BR ein anderes freizustellendes Mitglied bestimmen. Da der BR eigenständig darüber entscheiden kann, welches Mitglied freigestellt werden soll, sind nur gravierende betriebliche Notwendigkeiten im Rahmen eines Einigungsstellenverfahrens zu berücksichtigen.

5. Abberufung durch den BR

13 Grundsätzlich gilt die Freistellung für die komplette Amtszeit des BR. Die freigestellten Mitglieder können vom BR jedoch **jederzeit abberufen** werden. Wurden sie in **Personenwahl** gewählt, können sie durch die **einfache Mehrheit** des BR abberufen werden. Wurden die Mitglieder in **Verhältniswahl** gewählt, müssen die freigestellten Mitglieder von einer 3/4-Mehrheit der Mitglieder des BR abberufen werden.

IV. Befreiung von der Arbeitspflicht

14 Die freigestellten BR-Mitglieder sind im Umfang ihrer Freistellung **von der Arbeitspflicht befreit**. Hat ein BR-Mitglied nur eine Teilfreistellung, ist es auch nur zu diesem Teil von der Arbeitspflicht befreit. Freigestellte Mitglieder unterliegen – soweit die Freistellung reicht – **nicht dem Direktionsrecht des AG.**

Sie müssen allerdings während der betriebsüblichen Arbeitszeit im Betrieb bereit sein, um Betriebsratsaufgaben wahrzunehmen (BAG 10.7.2013 – 7 ABR 22/12; 25.10.2017 – 7 AZR 731/15). Das bedeutet, dass sie sich in den betrieblichen Räumen aufhalten müssen, solange sie nicht einen betriebsratsbedingten Auswärtstermin haben. Haben freigestellte BR-Mitglieder einen kostenauslösenden Auswärtstermin aus Anlass betriebsratsbedingter Tätigkeit, müssen sie sich gegenüber dem AG unter Angabe der voraussichtlichen Dauer ab- und bei ihrer Rückkehr wieder anmelden. Sie müssen aber bei ihrer Abmeldung nicht den Ort der außerbetrieblichen Tätigkeit angeben (BAG 24.2.2016 – 7 ABR 20/14). Sind Mitglieder im **Außendienst** tätig, ändert sich mit der Freistellung ihr Arbeitsort (BAG 13.6.2007 – 7 ABR 62/06, AiB 2008, 53-54).

Sofern es eine BV über Arbeitszeiterfassung gibt, haben auch freigestellte BR-Mitglieder den Anspruch, dass ihre Zeiten für Betriebsratstätigkeit über die Zeiterfassung erfasst werden (BAG 10.7.2013 – 7 ABR 22/12). Sofern ein freigestelltes BR-Mitglied im Rahmen eines Gleitzeitsystems seine Anwesenheitszeiten erfasst, kann es eine Überschreitung der persönlichen Arbeitszeit, die innerhalb des Gleitzeitrahmens erbracht wurde, grundsätzlich im vorgegeben Zeitrahmen ausgleichen, ohne dass der Ausgleichsanspruch besonders geltend gemacht werden muss. Besteht am Ende des Ausgleichszeitraumes bei voll freigestellten BR-Mitgliedern ein positiver Stundensaldo, kann dieser nur auf Betriebsratstätigkeit basieren und ist demzufolge gem. § 37 Abs. 3 als außerhalb der Arbeitszeit erbrachte Betriebsratstätigkeit anzusehen. Eine Ausgleichspflicht entfällt jedoch, wenn die Mehrarbeitsstunden nicht aus betriebsbedingten, sondern aus betriebsratsbedingten Gründen außerhalb der Arbeitszeit erbracht worden sind (BAG 28.9.2016 – 7 AZR 248/14). Ist ein voll freigestelltes BR-Mitglied arbeitsunfähig erkrankt, kann es keine Amtshandlungen vornehmen und z.B. Sitzungen einberufen. Es ist in diesem Fall in Bezug auf alle Amtshandlungen i.S.d. § 25 verhindert (BAG 28.7.2020 – 1 ABR 5/19).

V. Entgeltfortzahlung und berufliche Sicherung

15 Freigestellte BR-Mitglieder erhalten nach § 37 Abs. 2 und 4 ebenfalls ihren Lohn fortgezahlt, den sie erhalten hätten, wenn sie ihrer ursprünglichen Arbeitsverpflichtung nachgekommen wären. Ein voll freigestelltes BR-Mitglied, welches vor seiner Freistellung im Schichtsystem gearbeitet hat, wird nicht begünstigt, wenn der AG eine pauschale Schichtzulage auch weiterhin zahlt, obwohl das BR-Mitglied die Betriebsratstätigkeit nur noch in der Tagschicht verrichtet (LAG Baden-Württemberg 17.9.2019 – 19 Sa 15/19; s.a. § 37 Rn. 24).
Entscheidend ist bei freigestellten BR-Mitgliedern, was ein **vergleichbarer AN mit betriebsüblicher Entwicklung** verdient. Jedoch sind hiervon unter Berücksichtigung von § 78 Satz 2 Ausnahmen zu Gunsten des BR-Mitglieds denkbar (s. § 37 Rn. 40 ff.). Hätte das freigestellte BR-Mitglied ohne seine Amtstätigkeit eine Erschwerniszulage erhalten, hat das Mitglied auch dann einen Anspruch auf die Erschwerniszulage, wenn es aufgrund seiner Amtstätigkeit tatsächlich keine Arbeitstätigkeit und keine Tätigkeit zu den zuschlagspflichtigen Zeiten erbringt. Im Rahmen der hypothetischen Betrachtung ist nicht der konkrete Zeitraum, in dem das BR-Mitglied die BR-Tätigkeit erbracht hat, sondern der gesamte Zeitraum, für welchen das BR-Mitglied Entgelt begehrt, zu beurteilen (BAG 28.8.2024 – 7 AZR 197/23). In diesem Fall kann auch die Festlegung eines pauschalen Monatsbetrags vereinbart werden, wenn die Pauschale im Wesentlichen dem Durchschnitt der tatsächlichen hypothetischen Zuschlagsansprüche entspricht (BAG 29.8.2018 – 7 AZR 206/17).

16 Ehemalige freigestellte BR-Mitglieder dürfen innerhalb eines Zeitraumes von einem Jahr nicht mit geringerwertigen Tätigkeiten betraut werden als vergleichbare AN. Der Zeitraum für die Sicherung des Arbeitsentgelts und die Tätigkeit erhöht sich für Mitglieder, die drei volle aufeinanderfolgende Amtsperioden freigestellt waren, auf zwei Jahre nach Ablauf der Amtszeit. Nicht zur vollen Amtszeit zählen Amtszeiten, die

aufgrund von Neuwahlen gem. § 13 Abs. 2 verkürzt worden sind (DKW, § 38 BetrVG Rn. 81).

Um freigestellten BR-Mitgliedern die Chance zu eröffnen, nach ihrer Freistellung schnell wieder Anschluss im Berufsleben zu bekommen, dürfen freigestellte Mitglieder auch während ihrer Amtszeit nicht von beruflichen **inner- oder außerbetrieblichen Bildungsmaßnahmen** ausgeschlossen werden. Konnte das BR-Mitglied aufgrund der Fülle der Betriebsratsaufgaben während seiner Freistellung nicht an Bildungsmaßnahmen teilnehmen, hat es innerhalb eines Jahres nach Beendigung der Freistellung einen Anspruch auf eine bevorzugte Teilnahme an inner- und außerbetrieblichen Berufsbildungsmaßnahmen. Grund hierfür ist, dass das BR-Mitglied eine unterbliebene betriebsübliche berufliche Entwicklung nachholen können soll. **17**

Mitglieder, die drei volle aufeinander folgende Amtszeiten freigestellt waren, haben nicht nur ein Jahr, sondern zwei Jahre nach Beendigung der Freistellung einen Anspruch auf eine bevorzugte Teilnahme an Berufsbildungsmaßnahmen.

§ 39 Sprechstunden

(1) [1]Der Betriebsrat kann während der Arbeitszeit Sprechstunden einrichten. [2]Zeit und Ort sind mit dem Arbeitgeber zu vereinbaren. [3]Kommt eine Einigung nicht zustande, so entscheidet die Einigungsstelle. [4]Der Spruch der Einigungsstelle ersetzt die Einigung zwischen Arbeitgeber und Betriebsrat.

(2) Führt die Jugend- und Auszubildendenvertretung keine eigenen Sprechstunden durch, so kann an den Sprechstunden des Betriebsrats ein Mitglied der Jugend- und Auszubildendenvertretung zur Beratung der in § 60 Abs. 1 genannten Arbeitnehmer teilnehmen.

(3) Versäumnis von Arbeitszeit, die zum Besuch der Sprechstunden oder durch sonstige Inanspruchnahme des Betriebsrats erforderlich ist, berechtigt den Arbeitgeber nicht zur Minderung des Arbeitsentgelts des Arbeitnehmers.

Inhaltsübersicht Rn.

I. Zweck der Regelung

1 Die Vorschrift regelt die Einrichtung von Sprechstunden, die Teilnahme der JAV an den Sprechstunden sowie die Entgeltfortzahlung bei Besuch der Sprechstunden oder sonstiger Inanspruchnahme des BR. Für Sprechstunden der JAV vgl. § 69. Die Vorschrift gilt nicht für den GBR, KBR, die Gesamt-JAV sowie die Konzern-JAV.

II. Einrichten und Abhalten von Sprechstunden

1. Einrichten von Sprechstunden

2 Der BR **kann** Sprechstunden einrichten. Tut er dies nicht, begeht er keine Pflichtverletzung, denn die Einführung von Sprechstunden ist **nicht zwingend**. Es empfiehlt sich jedoch Sprechstunden einzurichten, um die Kommunikation mit den AN zu fördern. Ob der BR Sprechstunden einrichtet, **hängt nicht von der Zustimmung** oder einer Vereinbarung mit dem **AG ab** (DKW, § 39 BetrVG Rn. 3). Mit dem AG muss sich der BR nur über Zeit und Ort der Sprechstunden verständigen.

Wenn sich der BR für Sprechstunden entschieden hat, sollten diese so gelegt werden, dass möglichst eine große Anzahl von AN die Sprechstunden innerhalb ihrer Arbeitszeit besuchen können.

Der BR muss mit dem AG eine Einigung über die Zeit (Tag, Uhrzeit, wöchentliche / monatliche Sprechstunde etc.) und über den Ort (Raum) treffen. Bei der Festlegung sind insbesondere die Größe des Betriebs, etwaige Stoßzeiten, Schichtzeiten etc. zu berücksichtigen. Über die Dauer der Sprechstunden entscheidet allein der BR.

3 Der BR sollte die Vereinbarung mit dem AG in einer BV festhalten. Möglich ist auch eine Regelungsabrede. Kommt es nicht zu einer Einigung zwischen BR und AG, so entscheidet die Einigungsstelle über Zeit und Ort der Sprechstunden. Der AG hat nach § 40 dem BR alle erforderlichen Mittel (Schreibmaterial, Räumlichkeiten etc.) zur Verfügung zu stellen, die der BR benötigt, um Sprechstunden abhalten zu können.

2. Abhalten von Sprechstunden

4 Den BR-Mitgliedern, die Sprechstunden abhalten, ist gem. § 37 Abs. 2 Arbeitsbefreiung zu gewähren, soweit sie nicht nach § 38 von der Arbeit freigestellt sind (DKW, § 39 BetrVG Rn. 15). Allein das Abhalten von Sprechstunden ist noch kein Rechtfertigungsgrund für eine Freistellung nach § 38 (BAG 13.11.1991 – 7 ABR 5/91, AiB 1992, 456–457 und AiB

1992, 457). Der BR entscheidet, welche Mitglieder die Sprechstunden abhalten sollen. Gibt es hierzu keine Regelung, hält der Vorsitzende oder bei Verhinderung sein Stellvertreter die Sprechstunden ab. Auch Gewerkschaften können auf Anfrage des BR unterstützend an den Sprechstunden teilnehmen.

Inhalt der Sprechstunden können alle **Angelegenheiten mit Bezug zum Arbeitsverhältnis** sein (z. B. Anregungen, Beschwerden nach § 85). Rein persönliches Vorbringen ohne Bezug zum Arbeitsverhältnis kann nicht Inhalt einer Sprechstunde sein, weil der BR hierfür nicht zuständig ist. 5

Der BR darf **rechtliche Erörterungen**, die im Zusammenhang mit den Aufgaben des BR stehen, mit den AN vornehmen. Das am 1.7.2008 in Kraft getretene Rechtsdienstleistungsgesetz sieht darin keine Rechtsdienstleistung. Sie dürfen allerdings keine individualarbeitsrechtliche Erörterung vornehmen, da dies nicht zu ihrem Aufgabenbereich gehört. Die einzelnen Mitglieder des BR haften für unrichtige Auskünfte nur bei unerlaubter Handlung gem. §§ 823 ff. BGB, also in der Regel bei Vorsatz oder Fahrlässigkeit. Eine Haftung des Gremiums ist nicht möglich.

III. Sonstige Inanspruchnahme des Betriebsrats

Die AN sind nicht darauf verwiesen, ihre Angelegenheiten ausschließlich in den Sprechstunden des BR vorzubringen. Soweit es erforderlich ist, können sie auch außerhalb der Sprechstunden den BR aufsuchen (BAG 23.6.1983 – 6 ABR 65/80, AiB 1983, 190–191). Sollte es zu längeren Arbeitsunterbrechungen kommen, ist der AN gehalten, sich beim AG bzw. seinem Vorgesetzten abzumelden. 6

IV. Teilnahme der JAV

Die JAV kann in Betrieben mit mehr als 50 zur Berufsausbildung beschäftigten AN Sprechstunden einrichten. Entscheidet sie sich dafür, keine **eigenen Sprechstunden** einzurichten, kann sie an den Sprechstunden des BR teilnehmen. Führt sie jedoch eigene Sprechstunden durch, entfällt ihr Teilnahmerecht an den Sprechstunden des BR (DKW, § 39 BetrVG Rn. 19). 7

Bei **gemeinsamen Sprechstunden** darf das Mitglied der JAV zwar an allen Sprechstunden teilnehmen, aber nur die sich in der Berufsausbildung befindlichen AN beraten. 8

V. Entgeltfortzahlung

9 Die AN sind berechtigt, die Sprechstunden des BR während ihrer Arbeitszeit aufzusuchen. Eine Minderung ihres Entgelts einschließlich Zulagen und Zuschlägen für die Zeiten der Teilnahme an den Sprechstunden durch den AG ist unzulässig. Der AN muss sich jedoch beim Vorgesetzten ordnungsgemäß **abmelden** und **zurückmelden** (BAG 23.6.1983 – 6 ABR 65/80, AiB 1983, 190–191), ohne ihm den Grund für seine Teilnahme an der Sprechstunde des BR mitzuteilen. Der Besuch der Sprechstunden muss lediglich erforderlich sein.
Verweigert der AG dem AN die erforderliche Teilnahme, kann dieser trotzdem an der Sprechstunde teilnehmen. Eine etwaige Abmahnung wäre nicht rechtswirksam.

§ 40 Kosten und Sachaufwand des Betriebsrats

(1) Die durch die Tätigkeit des Betriebsrats entstehenden Kosten trägt der Arbeitgeber.
(2) Für die Sitzungen, die Sprechstunden und die laufende Geschäftsführung hat der Arbeitgeber in erforderlichem Umfang Räume, sachliche Mittel, Informations- und Kommunikationstechnik sowie Büropersonal zur Verfügung zu stellen.

Inhaltsübersicht Rn.

I. Zweck der Regelung

§ 40 regelt die Kostentragungspflicht für die Tätigkeit und den Sachaufwand des BR. Notwendig ist diese Regelung, weil der BR selbst keine generelle, sondern nur eine **partielle Vermögensfähigkeit** besitzt – bei dem Betriebsratsamt handelt es sich um ein unentgeltliches Ehrenamt. Aufgrund der partiellen Vermögensfähigkeit kann der BR nur insoweit Verträge schließen, wie er gegenüber dem AG einen Freistellungsanspruch von den Kosten hat. Darüber hinausgehende Verbindlichkeiten kann der BR nicht eingehen (BGH 25.10.2012 – III ZR 266/11). Die Vorschrift gilt entsprechend für die JAV (§ 65 Abs. 1 BetrVG), den GBR (§ 51 Abs. 1), den KBR (§ 59 Abs. 1), die Gesamt-JAV (§ 73 Abs. 2) und die Konzern-JAV (§ 73b Abs. 2). Sie gilt ebenso für den Wirtschaftsausschuss. Die Vorschrift kann weder durch BV noch durch Tarifvertrag abbedungen werden. 1

II. Kostentragungspflicht des AG (Abs. 1)

1. Erforderliche Kosten des BR

Der AG muss die Kosten des BR nur insoweit tragen, als sie für die Betriebsratsarbeit **erforderlich** sind. Der BR hat bei der Frage, ob die Kosten als erforderlich anzusehen sind, einen gewissen **Beurteilungsspielraum**. Es kommt allerdings für die Beurteilung nicht auf die ausschließlich subjektive Sicht des BR an. Entscheidend ist, ob der BR die Kosten im Zeitpunkt ihrer Verursachung bei Abwägung aller Umstände unter Berücksichtigung der betrieblichen Belange zur Durchführung seiner Tätigkeit als erforderlich halten durfte (DKW, § 40 BetrVG Rn. 5). Etwas anderes gilt aber ausnahmsweise dann, wenn sich die für die Entscheidung maßgeblichen Umstände nachträglich erheblich geändert haben und das BR-Mitglied die Kosten unter den geänderten Umständen für erforderlich halten durfte. In diesem Fall sind die Kosten vom AG zu tragen, da es sich um erforderliche Kosten der Betriebsratstätigkeit handelt (BAG 27.5.2015 – 7 ABR 26/13). Die Kostentragungspflicht trifft den AG als Inhaber des Betriebes. Bei einem Betriebsübergang nach § 613a BGB geht diese Pflicht auf den neuen Erwerber über (BAG 20.8.2014 – 7 ABR 60/12). 2

Für Umfang und Höhe der Kosten gilt der Grundsatz der Verhältnismäßigkeit, d.h. zwischen zwei **gleichwertigen** Leistungen ist die kostengünstigere zu wählen. Der BR hat auch hinsichtlich der Verhältnismäßigkeit einen eigenen Beurteilungsspielraum. Im Rahmen dieses

Beurteilungsspielraums hat der BR nach pflichtgemäßem Ermessen zu prüfen, ob beispielsweise die zu erwartenden Kosten einer Schulung mit der Größe und Leistungsfähigkeit des Betriebs zu vereinbaren sind (vgl. BAG 28.6.1995 – 7 ABR 55/94). Will der GBR eine Gesamtbetriebsratssitzung in einem betriebsratlosen Betrieb abhalten, braucht er einen konkreten Anlass, warum die Sitzung nicht in einem Betrieb mit BR abzuhalten ist. Besteht ein solcher Anlass nicht, sind die entstehenden Kosten, wie z. B. die Reisekosten nicht erforderlich (vgl. LAG Schleswig-Holstein 24.2.2020 – 1 TaBV 21/19).

3 Soweit der BR Aufwendungen und Kosten für **erforderlich** hält, besteht die Kostentragungspflicht und die kostenauslösende Maßnahme bedarf **nicht** der **vorherigen Zustimmung des AG** (DKW, § 40 BetrVG Rn. 6). Die **Kostentragungspflicht des AG** ergibt sich **direkt aus dem Gesetz**. Vor diesem Hintergrund bedarf nicht jede einzelne kostenauslösende Maßnahme des BR (z. B. Reise zu einer entfernteren Betriebsstätte) der gesonderten Zustimmung des AG.

4 Immer wieder kommt es zu Streitigkeiten zwischen Betriebsräten und AG bei der Frage, welche Kosten erforderlich sind. Die Streitfragen können sowohl BR als auch AG im Rahmen eines Beschlussverfahrens vor den ArbG klären lassen.

2. Geschäftsführungskosten

a. Generelle Geschäftsführungskosten

5 Zu den generellen Geschäftsführungskosten zählen z. B.

- Kosten für **Porto- und Telefon**
- Kosten, die aufgrund der Durchführung von **Betriebs- oder Abteilungsversammlungen, Sprechstunden** und **Sitzungen** entstehen. Wenn es keine Möglichkeit gibt, eine Betriebsversammlung oder Abteilungsversammlung im Betrieb durchzuführen, kann der BR Räumlichkeiten hierfür anmieten und vom AG einen Vorschuss für die Zahlung der Raummiete verlangen. Der BR muss sich nicht auf die Möglichkeit der Durchführung einer virtuellen Versammlung durch den AG beschränken lassen (LAG Hamm – 5.10.2020 – 13 TaBVGa 16/20).

Weiterhin gehören zu den Geschäftsführungskosten Kosten für einen Dolmetscher, wenn eine Verständigung mit ausländischen AN sonst nicht möglich ist. Der AG muss auch die Kosten für eine **Übersetzung** tragen, wenn er dem BR schriftliche Unterlagen in fremder Sprache zur Verfügung stellt.

b. Kosten für die Beauftragung von Sachverständigen

Zu den Geschäftsführungskosten gehören auch die Kosten, die durch die **Beauftragung eines Sachverständigen / Beraters nach § 80 Abs. 3 oder § 111 Satz 2** entstehen (z. B. für einen Rechtsanwalt, für IT-Sachverständige etc.). Es bedarf insoweit einer vorherigen Vereinbarung zwischen AG und BR über die Hinzuziehung eines Sachverständigen. Zu den Kosten für die Beauftragung von Sachverständigen zählen z. B. 6

- das Beauftragen eines Rechtsanwalts mit der gutachtlichen Beratung über eine abzuschließende BV (DKW, § 40 BetrVG Rn. 45) und
- die Kosten, die aufgewendet werden müssen, damit ein Rechtsanwalt ein Einigungsstellenverfahren vorbereitet und einleitet.

Beauftragt der BR hingegen einen Rechtsanwalt direkt mit **der Durchsetzung eines Anspruchs vor Gericht,** sind die Kosten über § 40 Abs. 1 erstattungsfähig. Es liegt kein Fall des § 80 Abs. 3 vor. Entscheidend für die Frage, ob Rechtsanwaltskosten über § 80 Abs. 3 oder über § 40 Abs. 1 zu erstatten sind, richtet sich danach, ob der Rechtsanwalt einen rechtlichen Anspruch des BR durchsetzen soll (dann § 40 Abs. 1 BetrVG) oder ob er die fehlende Sachkunde des BR ersetzen soll (dann § 80 Abs. 3 BetrVG).

c. Kosten für Rechtsstreitigkeiten

Führt der BR einen **Rechtsstreit**, der erforderlich ist oder den der BR für erforderlich halten konnte, muss der AG die Kosten tragen und zwar auch dann, wenn er obsiegt. Der Rechtsstreit kann betreffen 7

- AG und BR
- BR und einzelne BR-Mitglieder
- BR und andere Gremien (GBR, KBR)
- BR und eine im Betrieb vertretene Gewerkschaft.

Der BR kann einen Rechtsanwalt beauftragen, um seine Rechte durchzusetzen. Oder er kann die Gewerkschaften bitten, ihn zu unterstützen, wenn er dies für erforderlich hält. Die Kosten des Rechtsanwalts muss der AG ebenfalls im Rahmen des § 40 Abs. 1 tragen. Der BR hat auch einen Kostenerstattungsanspruch, wenn er bei der Einleitung eines Ordnungswidrigkeitenverfahrens nach § 121 einen Rechtsanwalt beauftragt und das Verfahren eingestellt wird. Eines Beschlusses bedarf es nicht nur vor der erstmaligen Beauftragung eines Anwalts, sondern grundsätzlich auch, bevor dieser im Namen des BR ein Rechtsmittel einlegt (BAG 18.3.2015 – 7 ABR 4/13). Sofern die erforderliche Anwaltsbeauftragung zunächst auf einem unwirksamen Beschluss beruht, kann der

BR diesen Beschluss durch einen nachträglichen ordnungsgemäßen Beschluss heilen (BAG 25.9.2024 – 7 ABR 37/23).

8 Keine Erforderlichkeit besteht, wenn der BR einen **Prozess** führt, der **offensichtlich aussichtslos oder mutwillig** ist (BAG 27.9.2009 – 7 ABR 95/07). Dies ist nicht der Fall, wenn eine Rechtsfrage bislang noch nicht geklärt ist und die Rechtsauffassung des BR vertretbar ist.

9 Der BR kann grundsätzlich ein Verfahren selbst führen, sich an die Gewerkschaft wenden oder zu seiner Vertretung einen Rechtsanwalt beauftragen. Er muss die Unterstützung durch einen Rechtsanwalt oder die Gewerkschaft jedoch für geboten halten. Bei der Wahl des Rechtsanwalts muss der BR die kostengünstigere Variante wählen. Der AG ist nicht verpflichtet, Reisekosten eines auswärtigen Anwalts zu übernehmen, wenn am Sitz des Betriebs ein gleich geeigneter Anwalt tätig ist, der den BR vertreten würde.

Die Hinzuziehung eines Rechtsanwalts erfordert einen ordnungsgemäß gefassten Beauftragungsbeschluss. Eine an den BR adressierte Rechnung ist für die Entstehung des Freistellungsanspruchs und damit der Kostenübernahmeverpflichtung des AG nicht erforderlich (BAG 8.3.2023 – 7 ABR 10/22).

3. Kosten eines Betriebsratsmitglieds

10 Entstehen dem einzelnen BR-Mitglied Kosten im Rahmen seiner Betriebsratstätigkeit, kann es die **getätigten Aufwendungen** vom AG ersetzt verlangen. Hierzu zählen u. a.

- Kosten, die einem BR-Mitglied aufgrund eines **Amtsenthebungsverfahrens** (§ 23 Abs. 1) entstehen,
- **Kinderbetreuungskosten**, die einem alleinerziehenden BR-Mitglied durch die Teilnahme an einer mehrtägigen auswärtigen Sitzung des GBR oder einer Betriebsräteversammlung entstehen (BAG 23.6.2010 – 7 ABR 103/08) oder
- Kosten, die bei der **Anfechtung einer Wahl eines BR-Mitglieds** entstehen.

a. Reisekosten

11 **Reisekosten**, die ein BR-Mitglied aufwenden muss, um z. B. zu einer Sitzung außerhalb der persönlichen Arbeitszeit oder zu einer auswärtigen Sitzung des GBR / KBR zu gelangen, sind vom AG nach § 40 Abs. 1 zu erstatten, ebenso **notwendige Übernachtungskosten**. Auch ein BR-Mitglied, das sich in Elternzeit befindet und zu einer Sitzung des BR er-

scheint, hat Anspruch auf Erstattung der Fahrtkosten. Weitere Beispiele für erstattungsfähige Reisekosten sind Reisen zu Schulungs- und Bildungsveranstaltungen, Termine bei Behörden oder Wahrnehmung von gerichtlichen Terminen in Angelegenheiten des BR. Nehmen allerdings mehrere BR-Mitglieder an derselben Schulung teil und entschließen sich die Mitglieder mit dem eigenen privaten PKW zu der Schulung zu fahren, so ist es ihnen grundsätzlich zumutbar, eine Fahrgemeinschaft zu bilden, wenn nicht durch besondere Gründe, die von dem einzelnen BR-Mitglied darzulegen sind, eine Fahrgemeinschaft im Einzelfall unzumutbar ist. Der AG ist nicht verpflichtet, allen BR-Mitgliedern die vollen Fahrtkosten zu erstatten (BAG 24.10.2018 – 7 ABR 23/17).

Gibt es eine betriebliche **Reisekostenregelung**, gilt diese auch für die BR-Mitglieder im Rahmen ihrer Betriebsratstätigkeit, da sie gegenüber den anderen AN aufgrund ihres Amtes nicht besser oder schlechter gestellt werden dürfen. Eine betriebliche Reisekostenregelung gilt auch für Schulungsveranstaltungen nach § 37 Abs. 6 BetrVG, soweit der BR auf die Übernachtungs- und Verpflegungskosten Einfluss nehmen kann (BAG 28.3.2007 – 7 ABR 33/06). Kann der BR keinen Einfluss nehmen, etwa weil kein anderes Hotel in der Nähe ist, muss der AG auch die Kosten übernehmen, die über die betriebliche Reisekostenregelung hinausgehen. 12

Nicht zu den erstattungsfähigen Kosten gehören die Fahrtkosten zwischen Wohnung und Betriebsstätte eines nach § 38 freigestellten BR-Mitglieds und Kosten der persönlichen Lebensführung (z. B. Getränke). 13

b. Rechtsstreitigkeiten eines Betriebsratsmitglieds

Zu erstatten sind die Kosten, die einem einzelnen BR-Mitglied durch die **Führung von Rechtsstreitigkeiten im Rahmen seiner Betriebsratstätigkeit** entstehen. Hierzu gehören z. B. Streitigkeiten im Rahmen eines Amtsenthebungsverfahrens nach § 23 Abs. 1. Ob die Kosten für einen Rechtsanwalt des betroffenen BR-Mitglieds vom AG zu tragen sind, richtet sich danach, ob das BR-Mitglied die Hinzuziehung des Anwalts für erforderlich halten durfte. Das ist nicht der Fall, wenn das Amtsenthebungsverfahren begründet und eine Verteidigung dagegen offensichtlich aussichtslos ist. 14

Weitere Rechtsstreitigkeiten eines einzelnen BR-Mitglieds, die nach § 40 Abs. 1 als erstattungsfähig in Betracht kommen, sind z. B.

- Feststellung der Wirksamkeit eines Rücktrittbeschlusses
- Einblicksrecht in Unterlagen des BR oder

- Anfechtung der Wahl eines BR-Mitglieds, es sei denn die Anfechtung ist von vorherein aussichtslos (LAG Köln 15.1.2014 – 11 TaBV 48/13).

Streitigkeiten zwischen einem BR-Mitglied und dem AG, die das Individualrecht – d.h. das einzelne Arbeitsverhältnis zwischen AG und BR-Mitglied in seiner Funktion als »AN« betreffen – sind keine Streitigkeiten im Rahmen der Betriebsratstätigkeit und damit nicht nach § 40 Abs. 1 erstattungsfähig.

4. Schulungskosten

15 Zu den nach § 40 Abs. 1 erstattungsfähigen Kosten gehören auch die Kosten für die Teilnahme an einer **Schulungsveranstaltung nach § 37 Abs. 6 BetrVG.** Neben den Schulungsgebühren fallen auch die Kosten für **Übernachtung, Verpflegung und Anreise** darunter (BAG 28.3.2007 – 7 ABR 33/06), selbst wenn ursprünglich eine Übernachtung nicht vorgesehen war, aber aufgrund von Witterungsverhältnissen eine tägliche An- und Abreise nicht zumutbar ist (BAG 27.5.2015 – 7 ABR 26/13) Die Kosten für eine Teilnahme an einer bloß geeigneten Fortbildungsveranstaltung nach § 37 Abs. 7 sind grundsätzlich nicht vom AG zu tragen, es sei denn, es werden Kenntnisse vermittelt, die für die Betriebsratsarbeit i.S.d. § 37 Abs. 6 erforderlich sind.

16 Die Kostentragungspflicht für eine Schulung nach § 37 Abs. 6 setzt zum einen voraus, dass die Schulung erforderlich ist und zum anderen, dass die Kosten im Hinblick auf die Leistungsfähigkeit des Betriebes verhältnismäßig sein müssen. Sofern der Seminaranbieter Seminarbeigaben (Kommentare, Stifte etc.) an die BR-Mitglieder verteilt, ist darauf zu achten, dass die Seminarkosten nicht über das Marktübliche hinausgehen und vergleichbare Schulungen nicht wesentlich günstiger angeboten werden. Dann sind auch Seminarbeigaben grundsätzlich zulässig und führen nicht dazu, dass eine Teilnahme als nicht erforderlich abgelehnt werden kann (BAG 17.11.2021 – 7 ABR 27/20). Zur Erforderlichkeit der Schulung vgl. § 37 Rn. 68ff.

17 Der BR ist grundsätzlich frei bei der **Auswahl des Schulungsanbieters**. Er kann die Schulung eines privaten Anbieters besuchen oder an einer Schulung der Gewerkschaften teilnehmen. Der BR muss sich nicht auf das günstigste Seminar verweisen lassen, wenn ein hochpreisigeres Seminar qualitativ hochwertiger ist. Insoweit steht dem BR ein gewisser Beurteilungsspielraum zu. Dies rechtfertigt auch eine Teilnahme an einer Schulung, die in einem **weiter entfernten Ort** stattfindet. Der Besuch eines Seminars an einem weiter entfernt liegenden Ort kann auch

gerechtfertigt sein, wenn in der Nähe in den nächsten Monaten kein adäquates Seminar desselben Anbieters angeboten wird und der BR auf die kurzfristige Vermittlung der Schulungsinhalte zur Durchführung der Betriebsratsaufgaben angewiesen ist. Der Beurteilungsspielraum des BR umfasst auch das Schulungsformat, d.h. der BR kann an einem Präsenzseminar teilnehmen, auch wenn der Schulungsanbieter ein inhaltsgleiches Webinar anbietet, auch dann, wenn die Kosten für das Präsenzseminar höher sind (BAG 7.2.2024 – 7 ABR 8/23).

Der BR muss vor Schulungsteilnahme einen entsprechenden Beschluss fassen und dem AG die Schulungsteilnahme rechtzeitig mitteilen; s. § 37 Rn. 83. Ist der AG dafür verantwortlich, dass BR-Mitglieder nach Buchung des Seminars nicht daran teilnehmen können, hat er die Stornierungskosten zu tragen. 18

Nach Ansicht des BAG kann der AG bei einer **gewerkschaftlichen** oder gewerkschaftsnahen **Schulungsveranstaltung** eine genaue **Aufschlüsselung aller Kosten** verlangen. Grund hierfür ist, dass aus koalitionsrechtlichen Erwägungen keine Gegnerfinanzierung stattfinden soll und die Gewerkschaften keinen Profit erwirtschaften dürfen (BAG 28.6.1995 – 7 ABR 47/94). 19

Wenn dem BR Aufwendungen – wie Fahrtkosten, Übernachtungskosten etc. – entstehen, kann er vom AG einen **Vorschuss** verlangen. Der BR muss die insgesamt angefallenen Kosten gegenüber dem AG im Anschluss daran durch Nachweise belegen. Hat sich der BR bei einer erforderlichen Schulung angemeldet, ist er vom AG von den Kosten freizustellen. Hat der BR Auslagen getätigt, kann er diese vom AG ersetzt verlangen. Der Freistellungsanspruch des BR setzt allerdings eine **Rechnungsstellung an den BR** und nicht an den AG voraus, auch wenn dieser die Rechnung bezahlen muss (LAG Thüringen 26.6.2019 – 4 TaBV 1/19). 20

III. Erforderliche Sachmittel und Büropersonal (Abs. 2)

Der AG muss dem BR alle für die Geschäftsführung **notwendigen Sachmittel** zur Verfügung stellen. Der BR ist **nicht berechtigt**, sich die Sachmittel **selbst zu beschaffen**. Weigert sich der AG, muss der BR seinen Anspruch im Beschlussverfahren gerichtlich geltend machen. 21

Die Prüfung, ob ein vom BR verlangtes Sachmittel für die Erledigung von Betriebsratsaufgaben erforderlich und deshalb vom AG zur Verfügung zu stellen ist, obliegt dem BR. Von ihm wird verlangt, dass er bei seiner Entscheidungsfindung die betrieblichen Verhältnisse und die 22 sich ihm stellenden Aufgaben berücksichtigt (BAG 19.1.2005 – 7 ABR 24/04).

23 Zu den erforderlichen Sachmitteln gehören z. B.

- **Schreibmaterialien**
- **Aktenordner**
- **Briefmarken**
- **Taschenrechner**
- **abschließbare Aktenschränke**
- **Tische und Stühle**
- **Diktiergerät**
- **Briefpapier**
- **»schwarzes Brett«**

Größere Betriebsratsgremien haben auch einen Anspruch auf einen **Kopierer** und ein **Telefaxgerät**. Bei kleineren Gremien besteht zumindest der Anspruch, Kopierer und Fax des Unternehmens mit zu nutzen. Keinen Anspruch hat der BR hingegen auf dreh- und rollbare Bürostühle für seine Sitzungen (LAG Rheinland-Pfalz 13.8.2020 – 5 TaBV 25/19).

1. Büroräumlichkeiten

24 Der BR hat einen Anspruch darauf, dass ihm angemessene **Büroräumlichkeiten** zur Verfügung gestellt werden. Die Räumlichkeiten müssen so beschaffen sein, dass der BR Sitzungen, Sprechstunden und andere Besprechungen abhalten kann, ohne dass dritte Personen – insbesondere der AG – mithören kann. Die Räumlichkeiten müssen angemessen sein, d.h. der BR muss dort vernünftig arbeiten können.

Der Raum muss für den BR **abschließbar** sein. Er darf auch nicht über einen Generalschlüssel, den der AG und andere Mitarbeiter nutzen, zu öffnen sein. Der BR allein übt das **Hausrecht** in seinen Räumlichkeiten aus. Aus Sicherheitsgründen kann es geboten sein, einen Schlüssel (z. B. in einem versiegelten Umschlag) an einem sicheren Ort zu deponieren, so dass im Notfall Zutritt zu erlangen wäre. Da dem BR die Zurverfügungstellung von Räumlichkeiten als Gremium zusteht, können nicht etwa einzelne BR-Mitglieder oder Gruppen und Fraktionen des BR einen Anspruch auf Räumlichkeiten nur für sich geltend machen (vgl. LAG Hessen 2.12.2019 – 16 TaBV14/19).

2. Fachliteratur

Der BR kann die für seine Betriebsratstätigkeit erforderliche Fachliteratur vom AG verlangen. Hierzu gehören neben den wichtigsten **aktuellen Gesetzestexten** auch die für seine Arbeit notwendigen Kommentierungen, insbesondere eine **Kommentierung zum BetrVG** sowie mindestens eine **Fachzeitschrift**. Der Anspruch auf eine Fachzeitschrift besteht im Übrigen auch dann, wenn der BR einen Internetzugang hat (BAG 19.3.2014 – 7 ABN 91/13, AiB 2014, 70–71 zum Anspruch auf die Zeitschrift »Arbeitsrecht im Betrieb«). Der BR ist berechtigt, die Fachliteratur alleine zu nutzen. Er muss sich nicht mit dem AG Literatur und Ausgaben teilen. Der Anspruch auf eine Fachzeitschrift steht dem BR auch dann zu, wenn er zwar im Internet umfassende Informationen findet, aber nur in unstrukturierter Weise. Insoweit bietet nur die Fachzeitschrift einen strukturierten Zugang zu Informationen (BAG 19.3.2014 – 7 ABN 91/13, AiB 2014, 70–71). 25

3. Büropersonal

Soweit es für die Betriebsratsarbeit erforderlich ist, muss der AG dem BR Büropersonal / Schreibkräfte zur Verfügung stellen. Insbesondere bei größeren Betriebsratsgremien kann dies der Fall sein. Je nach Arbeitsbelastung kann eine Teil- oder Vollzeitkraft erforderlich sein. Das Büropersonal wird grundsätzlich vom AG gestellt; der BR hat allerdings ein Mitspracherecht. Er kann auch eine Person ablehnen, wenn das Vertrauensverhältnis gestört ist (BAG 5.3.1997 – 7 ABR 3/96, AiB 1997, 471–472). Der AG ist dann gehalten, eine andere Person zu benennen. 26

4. IuK-Technik

a. Telefon / Handy

Der BR hat einen Anspruch auf ein Telefon mit Amtsleitung, von dem aus er ungestört und unkontrolliert telefonieren kann (BAG 19.1.2005 – 7 ABR 24/04). Die Vertraulichkeit des Telefonats muss gewährleistet sein. Ein Mithören von Telefongesprächen von Seiten dritter Personen ist nicht zulässig. Einen Anspruch auf einen eigenen, von der Telefonanlage des AG abgekoppelten Telefonanschluss, hat der BR, sofern keine konkreten Anhaltspunkte für Überwachungsaktivitäten des AG vorliegen, nicht (BAG 20.4.2016 – 7 ABR 50/14). 27

Bei Vorliegen besonderer Umstände kann es für die sachgerechte Erledigung von Betriebsratsaufgaben auch erforderlich sein, dem BR ein **Handy** zur Verfügung zu stellen. Es kommt auf den **Einzelfall** an. Die Erforderlichkeit ist z. B. gegeben, wenn ein BR-Mitglied aufgrund seiner Einbindung im GBR und KBR mehr als 40 % seiner Arbeitszeit außerhalb des Betriebes tätig ist oder ansonsten nicht ungestört telefonieren könnte (vgl. DKW, § 40 BetrVG Rn. 137) oder wenn ein BR für die Betreuung mehrerer Außenstellen zuständig ist und gleichzeitig noch im Schichtbetrieb gearbeitet wird (LAG Hessen 13. 3. 2017 – 16 TaBV 212/16). Das gilt auch, wenn das BR-Mitglied überwiegend im Außendienst tätig ist.
Eine dezentrale Betriebsstruktur soll für sich allein nach Ansicht des LAG Hamm allerdings noch keine Überlassung von Mobiltelefonen rechtfertigen (LAG Hamm 20. 5. 2011 – 10 TaBV 81/10).

b. PC und Notebook / Smartphone

28 Die Überlassung einer gewissen Anzahl von **Personalcomputern (PC)** ist für eine sachgerechte Betriebsratstätigkeit erforderlich. Hinsichtlich der technischen Ausstattung kommt grundsätzlich eine Ausstattung von mittlerer Qualität in Betracht. Allerdings muss auch berücksichtigt werden, welche Ausstattung der AG nutzt bzw. welche Ausstattung im Betrieb üblich ist.

29 Ob ein **Notebook** und ein **Smartphone** erforderlich sind, richtet sich wiederum danach, ob der BR ohne die mobilen Geräte seine Betriebsratstätigkeit sachgerecht erfüllen könnte. Entscheidend ist auch hier das betriebliche Ausstattungsniveau des AG. Gibt es im Betrieb keine Nutzung von Notebook oder Smartphones, muss der BR sehr stichhaltig begründen, warum dies zur Erfüllung seiner Aufgaben zwingend erforderlich ist. Entscheidend ist die konkrete betriebliche Situation. Macht der BR von der Möglichkeit Gebrauch, seine BR-Sitzungen in sachlichen begründeten Ausnahmefällen virtuell stattfinden zu lassen (vgl. hierzu die Kommentierung in § 30), kann er auch vom AG die Überlassung von Laptops oder Tablets verlangen, sofern die Voraussetzungen des § 30 Abs. 2 BetrVG vorliegen (LAG Hessen 14. 3. 2022 – 16 TaBV 143/21).

c. Internet / E-Mail-Zugang / Intranet

30 Es ist **regelmäßig erforderlich**, dass der BR einen **Internetzugang** erhält. Der BR muss nicht mehr gesondert darlegen, warum der Internetzugang für ihn notwendig ist. Er muss sich vom AG auch nicht auf

ein Bücherstudium verweisen lassen (BAG 20.1.2010 – 7 ABR 79/08, AiB 2010, 688–689). Selbst wenn bei Unternehmen mit Filialstruktur in einer Filiale an keinem PC ein Internetanschluss existiert und die Filialleiterin selbst keinen Internetanschluss hat, kann dem BR ein Anspruch auf einen Internetanschluss zustehen (BAG 17.2.2010 – 7 ABR 81/09). Allerdings darf der Internetzugang vom AG insoweit beschränkt werden, als dass dem BR ebenso wie anderen AN kein Zugriff auf Seiten mit sittenwidrigen oder strafbaren Inhalten erlaubt ist. Nicht verlangen kann der BR ein eigenen Internetzugang, der sich der technischen Kontrolle des AG entzieht, nur weil eine abstrakte Überwachungsmöglichkeit durch den AG besteht (BAG 20.4.2016 – 7 ABR 50/14). Hat der BR jedoch konkrete Anhaltspunkte für eine Überwachung, ist ein eigener Internetzugang denkbar.

Der AG hat nicht nur dem Betriebsratsgremium, sondern **jedem BR-Mitglied** einen **Internetzugang** sowie eine **E-Mail-Adresse** zu verschaffen, soweit keine zwingenden berechtigten Interessen des AG entgegenstehen (BAG 14.7.2010 – 7 ABR 80/08, AiB 2011, 56–57). Dabei kann der BR auch verlangen, dass die BR-Mitglieder eine betriebsexterne Zugriffsmöglichkeit auf die vorhandenen individuellen E-Mail-Konten sowie auf ein bestehendes BR-E-Mail-Konto erhalten, wenn der BR grundsätzlich von der Möglichkeit der virtuellen BR-Sitzung Gebrauch macht (LAG Mecklenburg-Vorpommern 19.1.2022 – 3 TaBV 10/21). 31

Kommuniziert man im Betrieb über **Intranet**, hat auch der BR einen Anspruch, dieses zum Zwecke des Informationsaustauschs mit den AN oder für Öffentlichkeitsarbeit zu nutzen. Innerhalb des Intranets hat der BR die Möglichkeit, sich eine eigene **Homepage** zuzulegen, jedoch keine öffentliche Homepage im Internet. Der AG ist verpflichtet, die Kosten für den Aufbau einer internen Homepage zu übernehmen, wenn ausreichender Sachverstand im Betrieb nicht vorhanden ist (DKW, § 40 BetrVG Rn. 152). 32

§41 Umlageverbot

Die Erhebung und Leistung von Beiträgen der Arbeitnehmer für Zwecke des Betriebsrats ist unzulässig.

Inhaltsübersicht Rn.

I. Zweck der Regelung

1 Die Vorschrift regelt das Verbot, für Zwecke des BR Beiträge zu leisten bzw. anzunehmen. Die Vorschrift gilt entsprechend für die JAV (§ 65 Abs. 1), den GBR (§ 51 Abs. 1), den KBR (§ 59 Abs. 1), die Gesamt-JAV (§ 73 Abs. 2) und die Konzern-JAV (§ 73b Abs. 3).

II. Unzulässige Entgegennahmen

2 Die Betriebsratstätigkeit ist nach § 37 Abs. 1 ein Ehrenamt. Aus diesem Grunde darf der BR für seine Tätigkeit oder für Zwecke, die damit in Zusammenhang stehen, kein Entgelt verlangen oder annehmen. Die entstehenden Kosten der Betriebsratstätigkeit sind durch § 40 Abs. 1 abgesichert.

3 Ob der BR Kassen verwalten darf – um z. B. aus Überschüssen aus dem Betrieb von Getränkeautomaten oder von Kantinen Jubiläumsgeschenke oder besondere Feste zu finanzieren – ist nicht ausdrücklich geregelt. Unproblematisch ist dies jedenfalls dann, wenn ein einzelnes BR-Mitglied die Kasse als AN verwaltet und nicht der BR als Gremium (DKW, § 41 BetrVG Rn. 4). Eine **ständige Kasse** sollte daher nur ein einzelnes Mitglied des BR **außerhalb seiner Eigenschaft als BR-Mitglied** führen.

III. Zulässige Entgegennahmen

4 Zulässig ist es hingegen, für andere Zwecke, die nichts mit der Betriebsratstätigkeit zu tun haben, zu sammeln, z. B. für Geburtstagsgeschenke, Jubiläumsgeschenke, gemeinsame Feste. Das Sammeln muss dann jeweils für den bestimmten Zweck und darf nicht in Form einer ständigen Kasse erfolgen.

Vierter Abschnitt Betriebsversammlung

§ 42 Zusammensetzung, Teilversammlung, Abteilungsversammlung

(1) [1]Die Betriebsversammlung besteht aus den Arbeitnehmern des Betriebs; sie wird von dem Vorsitzenden des Betriebsrats geleitet. [2]Sie ist nicht öffentlich. [3]Kann wegen der Eigenart des Betriebs eine Versammlung aller Arbeitnehmer zum gleichen Zeitpunkt nicht stattfinden, so sind Teilversammlungen durchzuführen.
(2) [1]Arbeitnehmer organisatorisch oder räumlich abgegrenzter Betriebsteile sind vom Betriebsrat zu Abteilungsversammlungen zusammenzufassen, wenn dies für die Erörterung der besonderen Belange der Arbeitnehmer erforderlich ist. [2]Die Abteilungsversammlung wird von einem Mitglied des Betriebsrats geleitet, das möglichst einem beteiligten Betriebsteil als Arbeitnehmer angehört. [3]Absatz 1 Satz 2 und 3 gilt entsprechend.

Inhaltsübersicht Rn.

I. Zweck der Regelung

Die Betriebsversammlung dient der **gegenseitigen Information von BR und AN**, der Aussprache und der Meinungsbildung (BAG 16.11.2011 – 7 ABR 28/10; vgl. auch § 45 Rn. 2ff.). Außerdem soll der BR in der Betriebsversammlung Rechenschaft über seine Tätigkeit ablegen (§ 43 Abs. 1 Satz 1). Die Betriebsversammlung kann dem BR keine rechtlich verbindlichen Weisungen erteilen; sie ist dem BR nicht übergeordnet. Die Betriebs- und Abteilungsversammlungen können dem BR aber Anträge unterbreiten und zu seinen Beschlüssen Stellung nehmen (vgl. § 45 Satz 2). 1

Der AG darf die AN in **Mitarbeiterversammlungen** über betriebliche Belange informieren; diese dürfen jedoch nicht als »Gegenveranstal- 2 tung« zur Betriebsversammlung konzipiert sein (BAG 27.6.1989 – 1 ABR 28/88, AiB 2001, 718).

II. Teilnehmerkreis, Nicht-Öffentlichkeit, Ort der Betriebsversammlung

3 Die Betriebsversammlung besteht aus den **AN des Betriebs** (vgl. hierzu § 5 Rn. 2 ff.). Auch Leiharbeitnehmer können teilnehmen. Daneben zählen gem. § 5 Abs. 1 Satz 3 auch die Beamten, Soldaten sowie die AN des öffentlichen Dienstes, die in Betrieben privatrechtlich organisierter Unternehmen tätig sind, als AN des Einsatzbetriebs. Ebenfalls teilnehmen können AN, deren Arbeitsverhältnis ruht (z. B. wegen Elternzeit). Leitende Angestellte benötigen für ihre Teilnahme der Zustimmung des BR.

4 Die Betriebsversammlung ist nach § 43 Abs. 1 Satz 2 **nicht öffentlich**. Teilnahmeberechtigt sind nur

- die AN des Betriebs einschließlich der Leiharbeitnehmer,
- Auszubildende, einschließlich solcher eines reinen Ausbildungsbetriebs, die ihre praktische Ausbildung vollständig oder teilweise in dem Betrieb eines anderen Unternehmens des Konzerns absolvieren (BAG 24.8.2011 – 7 ABR 8/10),
- gekündigte AN, wenn sie gegen die Kündigung Kündigungsschutzklage erhoben haben, da nicht feststeht, dass solche AN endgültig aus dem Betrieb ausscheiden werden. Daran ändert auch ein vom AG erteiltes Hausverbot nichts. Denn das Hausrecht obliegt bei der Betriebsversammlung dem Betriebsratsvorsitzenden (LAG Mecklenburg-Vorpommern 30.1.2017 – 3 TaBVGa 1/17),
- der AG (vgl. § 43 Rn. 12),
- Gewerkschaftsvertreter (vgl. § 46 Rn. 2),
- auf Einladung des BR Vertreter des GBR, des KBR, des Europäischen BR und des Aufsichtsrats bei Vorliegen eines sachlichen Grundes (LAG Berlin-Brandenburg 24.8.2018 – 9 TaBV 157/18),
- die Schwerbehindertenvertretung nach § 178 Abs. 8 SGB IX. Sie hat auf der Betriebsversammlung ein Rederecht, auch wenn ihre Mitglieder nicht Angehörige des Betriebs oder der Dienststelle sind. Diese Rechte kommen der Gesamtschwerbehindertenvertretung zu, wenn für den Betrieb mit schwerbehinderten Beschäftigten eine Schwerbehindertenvertretung nicht gewählt ist (sog. erstrecktes Mandat, BAG 12.12.2023 – 7 ABR 23/22),
- externe Personen, die der BR eingeladen hat und deren Teilnahme aus sachlichen Gründen erforderlich ist (z. B. ein Referent) sowie

- Medienvertreter, auch diese aber nur bei Vorliegen eines sachlichen Grundes.

Tonbandaufzeichnungen sind ohne Zustimmung und ohne einen entsprechenden Hinweis des Versammlungsleiters unzulässig (LAG München 15.11.1977 – 5 TaBV 34/77, AiB 2001, 717). Dies dient der Wahrung der Nicht-Öffentlichkeit und dem Schutz der **unbeeinflussten Diskussion** in der Betriebsversammlung. Vor diesem Hintergrund sind auch **Filmaufzeichnungen** von der Betriebsversammlung grundsätzlich unzulässig. Das gilt entsprechend für die **Anfertigung eines Wortprotokolls** (insbesondere durch den AG). Beides bedarf jeweils der Zustimmung des Versammlungsleiters. **5**

Der Grundsatz der Nichtöffentlichkeit (vgl. Rn. 4) und der **Persönlichkeitsschutz** der teilnehmenden AN erlauben es nicht, eine **Betriebsversammlung** mit Einsatz digitaler Technik für alle teilnahmeberechtigten Personen (oder auch nur für die an der Teilnahme Verhinderten) **»virtuell«** bzw. in Gestalt einer **Videokonferenz** durchzuführen (DKW, § 42 BetrVG Rn. 27; s. aber unten Rn. 9 ff.). **6**

Eine Aufforderung des AG gegenüber den AN, an einer rechtmäßig einberufenen Betriebsversammlung nicht teilzunehmen, stellt eine **Störung der Betriebsratstätigkeit** dar. Das gilt erst recht, wenn der AG androht, für den Fall der Teilnahme keine Vergütung zu leisten. Solche Verstöße führen in der Regel zur Anwendbarkeit von § 23. **7**

Zeitpunkt und Ort der Betriebsversammlung sind vom BR mit der **Tagesordnung** bekanntzugeben. Die Betriebsversammlung findet üblicherweise **in den Räumen des Betriebs** statt. Der BR kann nicht verlangen, dass ihm für die Durchführung von Betriebsversammlungen ein bestimmter Raum zur Verfügung gestellt wird. Er hat aber Anspruch darauf, dass ihm ein Raum mit einer ausreichenden Größe, funktionsgerechter Ausstattung und Lage zur Verfügung gestellt wird (LAG Hessen 10.10.2013 – 5 TaBV 323/12). Der AG hat dem BR also sachdienliche Räume zur Verfügung zu stellen. Bei der Beurteilung der Frage, in welchem Umfang Betriebsversammlungen zulässig sind, ist immer auf Eigenheiten des Betriebs Rücksicht zu nehmen. An einem Flughafen sind solche Versammlungen nur dann durchführbar, wenn sie zu Zeiten stattfinden, in denen das Passagieraufkommen gering ist (LAG Düsseldorf 12.12.2024 – 12 TaBV 21/24). **8**

Stehen im Betrieb solche Räume nicht zur Verfügung, sind extern Räume anzumieten (LAG Hamm 5.10.2020 – 13 TaBVGa 16/20). Die Kosten dafür trägt der AG. Hinsichtlich der insoweit durch die Betriebsversammlung verursachten Kosten hat der BR einen Beurteilungsspielraum; dabei hat er den Grundsatz der Erforderlichkeit zu beachten (LAG Rheinland-Pfalz 23.3.2010 – 3 TaBV 48/09).

III. Online-Betriebsversammlungen

9 Das BetrVG sieht derzeit keine generelle Zulässigkeit **audiovisueller (Online-) Betriebsversammlungen** vor, weil eine audiovisuelle Versammlung einer Präsenzveranstaltung grundsätzlich nicht gleichwertig ist. Charakteristisch für die Betriebsversammlung als Forum des Austausches und der Aussprache zwischen BR und Belegschaft ist gerade das örtliche Zusammenkommen und die sich daraus ergebende Möglichkeit zur Rede und Gegenrede. Diese Möglichkeit ist bei einer audiovisuell durchgeführten Betriebsversammlung nicht in gleicher Weise gegeben.

10 Angesichts des Risikos einer Corona-Infektion hatte es der Gesetzgeber aber in § 129 Abs. 3 BetrVG bis zum Ablauf des 7.4.2023 zugelassen, Versammlungen nach den §§ 42, 53 und 71 mittels audiovisueller Einrichtungen durchzuführen. Diese Regelung hatte den folgenden Wortlaut:

Versammlungen nach den §§ 42, 53 und 71 können mittels audiovisueller Einrichtungen durchgeführt werden, wenn sichergestellt ist, dass nur teilnahmeberechtigte Personen Kenntnis von dem Inhalt der Versammlung nehmen können. Eine Aufzeichnung ist unzulässig.

§ 129 Abs. 3 BetrVG ist inzwischen ausgelaufen.

11 Im Koalitionsvertrag von CDU, CSU und SPD ist jedoch geplant, Online-Betriebsversammlungen wieder zuzulassen. Das ist zu begrüßen. Denn es ist nach den Erfahrungen in der Corona-Pandemie davon auszugehen, dass die Zahl der Teilnehmer an einer audiovisuellen Veranstaltung gerade in Großbetrieben des Dienstleistungsgewerbes oder auch in den Verwaltungsbetrieben des produzierenden Gewerbes häufig höher wäre, weil angesichts der zunehmenden »Arbeitsverdichtung« die physische Teilnahme an der Betriebsversammlung (leider) als zu zeitaufwändig empfunden wird, während die Einwahl am Arbeitsplatz in eine Teams-konferenz, über die die Versammlung übertragen wird, für viele AN praktikabler ist. Außerdem können auf diese Weise auch AN, wie z.B. Außendienstmitarbeiter oder AN im Homeoffice, für die die Teilnahme mit zusätzlichem Reiseaufwand verbunden ist, einfacher angesprochen und informiert werden.

12 Im Folgenden wird davon ausgegangen, dass die im Koalitionsvertrag vorgesehene Neuregelung der Online-Betriebsversammlung im Wesentlichen der ausgelaufenen Bestimmung in § 129 Abs. 3 BetrVG ent-

sprechen wird. **Unter dieser Annahme gilt dann für Online-Betriebsversammlungen das Folgende:**

Betriebs- und Betriebsräteversammlungen sowie Versammlungen der Jugend- und Auszubildendenvertretungen dürfen mittels audiovisueller Einrichtungen durchgeführt werden, wenn sichergestellt ist, dass **nur teilnahmeberechtigte Personen** Kenntnis von dem Inhalt der Versammlung nehmen können. Eine Aufzeichnung ist unzulässig. 13

Der Vorsitzende des Betriebsrats muss bei der Einladung zu entsprechenden Versammlungen im Rahmen **pflichtgemäßen Ermessen** handeln (siehe Rn. 15). Er sollte in der Einladung auch den Grund für die Durchführung der Versammlung in audiovisueller Form angeben. 14

Nicht jede Betriebsversammlung sollte online durchgeführt werden. Denn eine audiovisuelle Versammlung ist einer Präsenzveranstaltung grundsätzlich nicht gleichwertig. Charakteristisch für die Betriebsversammlung als Forum des Austausches und der Aussprache zwischen BR und Belegschaft ist gerade das örtliche Zusammenkommen und die sich daraus ergebende Möglichkeit zur Rede und Gegenrede. Daher bildet die Präsenzversammlung das gesetzliche Leitbild. Deshalb dürfte es häufig geboten sein, eine Präsenzveranstaltung durchzuführen, bei der den Mitarbeitern die Möglichkeit eingeräumt wird, sich auch online zuzuschalten. Der Vorsitzende ist vor diesem Hintergrund auch berechtigt, die Möglichkeit der audiovisuellen Teilnahme auf bestimmte Personengruppen zu beschränken, z. B. auf Mitarbeiter im Außendienst oder Mitarbeiter, die am Tag der Betriebsversammlung nicht im Betrieb anwesend sind, weil sie sich auf Dienstreise befinden oder von zuhause aus arbeiten. 15

Für das Vorliegen einer audiovisuellen Versammlung ist entscheidend, dass während der gesamten Versammlung eine **unmittelbare Kommunikation zwischen allen teilnehmenden Personen bei gleichzeitiger allseitiger Sicht- und Hörbarkeit** besteht. Die allseitige Sicht- und Hörbarkeit ermöglicht einen vollständigen Kommunikationsvorgang (Wagner, NZG, 2002, 57, 59, zu Videokonferenzen von Aufsichtsräten [Fn. 30 m. w. N.]). Anders als für virtuelle Betriebsratssitzungen genügt für Versammlungen mittels audiovisueller Einrichtungen eine telefonische Zuschaltung daher nicht. Hier kommen z. B. Videokonferenzen oder eine Übertragung über das Intranet in Betracht. 16

Der Grundsatz der **Nichtöffentlichkeit** von Betriebsversammlungen gilt auch für audiovisuelle Versammlungen. Die Berechtigung zur Teilnahme an der Versammlung muss vom Sitzungsleiter sichergestellt und verifiziert werden. Hierzu kommt insbesondere in Betracht, dass nur teilnahmeberechtigte Personen Einladungen und Einwahldaten zu den 17

Versammlungen erhalten (z. B. in Teams, Skype for Business oder webbex). Die Teilnehmer dürfen die Einladung nicht weiterleiten.

18 Die **Aufzeichnung** der audiovisuellen Versammlung ist **verboten**. Insoweit dient die Bestimmung der Einhaltung des Grundsatzes der Nichtöffentlichkeit.

IV. Leitung

19 Die **Leitung der Betriebsversammlung** obliegt dem Vorsitzenden des BR. Er erteilt und entzieht das Rederecht und kann es auch beschränken. Er leitet die Abstimmungen, die im Rahmen einer Betriebsversammlung durchgeführt werden. Im Versammlungsraum einschließlich der Zugangswege hat der Vorsitzende des BR das **Hausrecht** (BAG 22.5.2012 – 1 ABR 11/11; BAG 20.10.1999 – 7 ABR 37/98).

V. Begriff, Vollversammlung, Teilversammlung

20 Die Betriebsversammlung ist grundsätzlich eine **Vollversammlung** aller AN. Eine **Teilversammlung** ist nach § 43 Abs. 1 Satz 3 zulässig, wenn infolge der Eigenart des Betriebs (also nicht zur Vermeidung von Kosten) eine gleichzeitige Versammlung aller AN nicht möglich ist, z. B. weil in mehreren Schichten gearbeitet wird. Allein eine besonders große Anzahl von AN hat nicht die Aufteilung in mehrere Teilversammlungen zur Folge, selbst dann wenn im Betrieb mehrere tausend AN beschäftigt werden. In diesem Fall müssen ggf. externe Räume angemietet werden (z. B. Veranstaltungshallen oder Ähnliches).

Eine **Weihnachtsfeier**, zu der die Mitarbeiter aller deutschen Betriebe eines Unternehmens von der Geschäftsleitung und von Vertretern des GBR eingeladen sind und auf der vor dem »geselligen Teil« die Geschäftsführung und der Gesamtbetriebsratsvorsitzende Geschäftsberichte abgeben, ist **keine** Betriebsversammlung im Sinne des Gesetzes (LAG Baden-Württemberg 13.3.2014 – 6 TaBV 5/13).

Informationsveranstaltungen, die vom BR nicht beschlossen sind, sind keine Abteilungsversammlungen, die an Stelle der gesetzlich vorgeschriebenen Betriebsversammlungen treten (LAG Baden-Württemberg 13.3.2014 – 6 TaBV 5/13).

VI. Abteilungsversammlung

21 § 43 Abs. 2 regelt die Möglichkeit sog. **Abteilungsversammlungen.** Diese dienen der Erörterung gemeinsamer Belange von AN, die in

organisatorisch oder räumlich abgegrenzten Betriebsteilen beschäftigt werden. Die Abteilungsversammlung ersetzt die Betriebsversammlung für die jeweilige Abteilung und ist deshalb streng von der Teilversammlung zu unterscheiden. Im Übrigen gelten für die Abteilungsversammlung dieselben Grundsätze wie für die Betriebsversammlung. Der BR entscheidet mehrheitlich nach pflichtgemäßem Ermessen, ob er eine Abteilungsversammlung durchführt.

§ 43 Regelmäßige Betriebs- und Abteilungsversammlungen

(1) [1]Der Betriebsrat hat einmal in jedem Kalendervierteljahr eine Betriebsversammlung einzuberufen und in ihr einen Tätigkeitsbericht zu erstatten. [2]Liegen die Voraussetzungen des § 42 Abs. 2 Satz 1 vor, so hat der Betriebsrat in jedem Kalenderjahr zwei der in Satz 1 genannten Betriebsversammlungen als Abteilungsversammlungen durchzuführen. [3]Die Abteilungsversammlungen sollen möglichst gleichzeitig stattfinden. [4]Der Betriebsrat kann in jedem Kalenderhalbjahr eine weitere Betriebsversammlung oder, wenn die Voraussetzungen des § 42 Abs. 2 Satz 1 vorliegen, einmal weitere Abteilungsversammlungen durchführen, wenn dies aus besonderen Gründen zweckmäßig erscheint.
(2) [1]Der Arbeitgeber ist zu den Betriebs- und Abteilungsversammlungen unter Mitteilung der Tagesordnung einzuladen. [2]Er ist berechtigt, in den Versammlungen zu sprechen. [3]Der Arbeitgeber oder sein Vertreter hat mindestens einmal in jedem Kalenderjahr in einer Betriebsversammlung über das Personal- und Sozialwesen einschließlich des Stands der Gleichstellung von Frauen und Männern im Betrieb sowie der Integration der im Betrieb beschäftigten ausländischen Arbeitnehmer, über die wirtschaftliche Lage und Entwicklung des Betriebs sowie über den betrieblichen Umweltschutz zu berichten, soweit dadurch nicht Betriebs- oder Geschäftsgeheimnisse gefährdet werden.
(3) [1]Der Betriebsrat ist berechtigt und auf Wunsch des Arbeitgebers oder von mindestens einem Viertel der wahlberechtigten Arbeitnehmer verpflichtet, eine Betriebsversammlung einzuberufen und den beantragten Beratungsgegenstand auf die Tagesordnung zu setzen. [2]Vom Zeitpunkt der Versammlungen, die auf Wunsch des Arbeitgebers stattfinden, ist dieser rechtzeitig zu verständigen.
(4) Auf Antrag einer im Betrieb vertretenen Gewerkschaft muss der Betriebsrat vor Ablauf von zwei Wochen nach Eingang des Antrags eine Betriebsversammlung nach Absatz 1 Satz 1 einberufen, wenn

im vorhergegangenen Kalenderhalbjahr keine Betriebsversammlung und keine Abteilungsversammlungen durchgeführt worden sind.

Inhaltsübersicht Rn.

I. Zweck der Regelung

1 Die Bestimmung regelt den **Zeitraum / Rhythmus, in dem die regelmäßigen Betriebs- und Abteilungsversammlungen durchzuführen sind**. Darüber hinaus legt sie (in Abs. 3 und 4) die Voraussetzungen zusätzlicher bzw. außerordentlicher Versammlungen sowie das Teilnahmerecht des AG und die Rechtsstellung der Gewerkschaften fest.

II. Regelmäßige Betriebs- bzw. Abteilungsversammlung

2 § 43 Abs. 1 verpflichtet den BR, **vierteljährlich mindestens eine Betriebsversammlung** durchzuführen. Liegen die Voraussetzungen des § 42 Abs. 2 Satz 1 vor, so hat der BR in jedem Kalenderjahr zwei der in Satz 1 genannten Betriebsversammlungen als Abteilungsversammlungen durchzuführen.

3 Da das BetrVG die Durchführung von Betriebs- bzw. Abteilungsversammlungen zwingend vorschreibt, kann es – jedenfalls im Wiederholungsfall – eine **grobe Verletzung der gesetzlichen Pflichten des BR nach § 23 Abs. 1** darstellen, wenn der BR die Betriebsversammlungen nicht einberuft (Rechtsprechungsübersicht in AiB 94, 404; ArbG Stuttgart 24.7.2013 – 22 BV 13/13; ArbG Hamburg 27.6.2012 – 27 BV 8/12). Dies kann auch zur Auflösung des BR führen (ArbG Stuttgart 24.7.2013 – 22 BV 13/13).

III. Einberufung

4 Die Betriebsversammlung wird durch den BR einberufen. Die Einladung erfolgt insb. durch Mitteilung am »**Schwarzen Brett**« oder durch **EDV-gestützte Kommunikationssysteme** (Intranet, E-Mail) (BAG

3.9.2003 – 7 ABR 12/03, AiB 2004, 692–694). Für Mitarbeiter, die – weil sie nicht an der regelmäßigen Betriebsstätte arbeiten (sondern z. B. im Homeoffice oder die sich in Elternzeit befinden bzw. langzeiterkrankt sind) und die für den BR nicht über E-Mail erreichbar sind – muss der AG dem BR die Adressdaten für die Einladung zur Betriebsversammlung nach § 80 Abs. 2 zur Verfügung stellen. Datenschutzrechtliche Belange stehen diesem Anspruch nicht entgegen (ArbG Berlin 29.1.2004 – 75 BVGa 1964/04 und ArbG Bonn 21.1.2015 – 4 BV 81/14 für die Einladung zu einer Schwerbehindertenversammlung).

Eine Frist für die Einladung ist im BetrVG nicht enthalten. Die Einladung soll so **rechtzeitig** erfolgen, dass möglichst viele AN an der Versammlung teilnehmen können. 5

IV. Tätigkeitsbericht

Der BR muss einen **Tätigkeitsbericht** erstatten, was regelmäßig (aber nicht zwingend) die Aufgabe des Vorsitzenden sein wird. Denkbar ist auch, dass die BR-Mitglieder (z. B. die Ausschussvorsitzenden) zu unterschiedlichen Themen berichten. 6

Gegenstand des Tätigkeitsberichts sind die in dem Berichtszeitraum eingetretenen Ereignisse, die für die AN des Betriebs von Bedeutung sind, also z. B. 7

- BV, die verhandelt oder abgeschlossen wurden
- Themen, die Gegenstand der Diskussion mit dem AG waren
- wesentliche Inhalte der Arbeit des BR und/oder der Ausschüsse
- Entwicklungen, die für den Betrieb und die AN von Bedeutung sind

Den Teilnehmern der Betriebsversammlung ist die Möglichkeit einzuräumen, **Fragen** zu stellen und die Inhalte des Tätigkeitsberichts mit dem BR zu diskutieren. 8

Sind in der Belegschaft **ausländische AN** in nennenswertem Umfang vertreten, so kann der BR einen **Dolmetscher** zu der Betriebsversammlung hinzuziehen. Die Kosten der Dolmetschertätigkeit sind vom AG im Rahmen von § 40 zu tragen (vgl. § 40 Rn. 5). 9

V. Weitere Betriebs- bzw. Abteilungsversammlungen

Nach § 43 Abs. 1 Satz 4 kann der BR in jedem Kalenderhalbjahr eine weitere Betriebs- und/oder Abteilungsversammlung durchführen, wenn dies aus besonderen Gründen zweckmäßig erscheint. Bei der Beurteilung dieser Frage hat der BR einen weiten **Ermessensspielraum** (BAG 23.10.1991 – 7 AZR 249/90, AiB 1992, 455–456). 10

11 Solche besonderen Gründe können z. B. sein

- die Information der AN über geplante Betriebsänderungen (vgl. § 111 Rn. 12 ff.), wobei die Durchführung einer Betriebsänderung nicht zwingend ein Betriebsgeheimnis darstellt (§§ 112, 112a Rn. 14 f.)
- die Diskussion / Aufnahme des Standpunkts der AN zu betrieblich relevanten Themen, wie z. B. zu BV, die verhandelt werden
- alle Themen, die in § 80 Abs. 1 genannt sind (vgl. § 80 Rn. 2 ff.), wenn ein besonderer aktueller Bezug besteht

VI. Rechtsstellung des AG

12 Nach § 43 Abs. 2 Satz 1 ist der AG zu den Betriebs- und Abteilungsversammlungen unter Mitteilung der Tagesordnung einzuladen. Der AG hat also das **Recht, an den regelmäßigen Versammlungen teilzunehmen**. Das gilt für die gesamte Betriebsversammlung, von deren Beginn bis zu deren Ende (LAG Hessen 27. 2. 2017 – 16 TaBV 76/16).

13 In jedem Kalenderjahr muss der AG einmal in einer Betriebsversammlung einen **Bericht über das Personal**- und **Sozialwesen** abgeben. Darüber hinaus muss der AG berichten über

- den Stand der Gleichstellung von Frauen und Männern im Betrieb
- die Integration der im Betrieb beschäftigten ausländischen AN,
- die wirtschaftliche Lage und Entwicklung des Betriebs
- den betrieblichen Umweltschutz (vgl. § 89 Rn. 9 ff.).

14 In einem **Gemeinschaftsbetrieb** mehrerer Unternehmen (vgl. § 1 Rn. 4 ff.) muss der Bericht von jedem AG (Unternehmer) vorgelegt werden. Der Tätigkeitsbericht muss auch in einem **Tendenzbetrieb** (vgl. § 118 Rn. 2 ff.) erstattet werden; das BetrVG enthält hier keine Ausnahmeregelung.

15 Die Berichtspflicht – z. B. zu geplanten Betriebsänderungen – besteht nicht, soweit dadurch **Betriebs- oder Geschäftsgeheimnisse** gefährdet werden. Das ist eine Rechtsfrage (vgl. § 79 Rn. 3 ff.). Berichte des BR über geplante Betriebsänderungen oder über einen geplanten Stellenabbau sind daher nicht grundsätzlich ausgeschlossen (vgl. § 45 Rn. 4 und §§ 112, 112a Rn. 14).

VII. Außerordentliche Betriebsversammlungen

16 Der BR kann nach § 43 Abs. 3 Satz 1 jederzeit **außerordentliche Betriebsversammlungen** einberufen. Das BetrVG verlangt hierfür keinen besonderen Grund; es reicht aus, wenn der BR dies für erforderlich hält.

Das gilt entsprechend für außerordentliche Abteilungsversammlungen und folgt aus § 44 Abs. 2.

17 Auf **Wunsch des AG** ist der BR verpflichtet, eine Betriebsversammlung einzuberufen. Auch hier verlangt das BetrVG keinen besonderen Grund. Ebenfalls ist eine Betriebsversammlung vom BR einzuberufen, wenn dies mindestens ein **Viertel der wahlberechtigten AN** des Betriebs verlangt.

18 In außerordentlichen Betriebsversammlungen werden regelmäßig **Angelegenheiten aus besonderem, aktuellem Anlass** behandelt.

19 Das **Teilnahmerecht des AG** besteht nur an den regelmäßigen und zusätzlichen Betriebsversammlungen nach § 43 Abs. 1 sowie an den außerordentlichen Versammlungen, die auf seinen Wunsch stattfinden. Kein Teilnahmerecht besteht bei den übrigen außerordentlichen Betriebsversammlungen.

VIII. Betriebsversammlung auf Antrag der Gewerkschaft

20 Auf Antrag einer im Betrieb vertretenen Gewerkschaft muss der BR nach § 43 Abs. 4 **vor Ablauf von zwei Wochen** nach Eingang des Antrags eine Betriebsversammlung nach § 43 Abs. 1 Satz 1 **einberufen** (also dazu einladen, nicht schon durchführen), wenn im vorhergegangenen Kalenderhalbjahr (vom 1.1. bis 30.6. oder vom 1.7. bis 31.12. eines Jahres) keine Betriebsversammlung und keine Abteilungsversammlungen durchgeführt worden sind.

21 Die Vorschrift ist **zwingend**. Ein Verstoß begründet eine grobe **Amtspflichtverletzung**, die nach § 23 Abs. 1 zur Auflösung des BR führen kann (LAG Baden-Württemberg 13.3.2014 – 6 TaBV 5/13).

§ 44 Zeitpunkt und Verdienstausfall

(1) [1]Die in den §§ 14a, 17 und 43 Abs. 1 bezeichneten und die auf Wunsch des Arbeitgebers einberufenen Versammlungen finden während der Arbeitszeit statt, soweit nicht die Eigenart des Betriebs eine andere Regelung zwingend erfordert. [2]Die Zeit der Teilnahme an diesen Versammlungen einschließlich der zusätzlichen Wegezeiten ist den Arbeitnehmern wie Arbeitszeit zu vergüten. [3]Dies gilt auch dann, wenn die Versammlungen wegen der Eigenart des Betriebs außerhalb der Arbeitszeit stattfinden; Fahrkosten, die den Arbeitnehmern durch die Teilnahme an diesen Versammlungen entstehen, sind vom Arbeitgeber zu erstatten.

(2) [1]Sonstige Betriebs- oder Abteilungsversammlungen finden außerhalb der Arbeitszeit statt. [2]Hiervon kann im Einvernehmen mit dem Arbeitgeber abgewichen werden; im Einvernehmen mit dem Arbeitgeber während der Arbeitszeit durchgeführte Versammlungen berechtigen den Arbeitgeber nicht, das Arbeitsentgelt der Arbeitnehmer zu mindern.

Inhaltsübersicht Rn.

I. Zweck der Regelung

1 Die Bestimmung regelt, welche Betriebs- /Abteilungsversammlungen während und welche außerhalb der Arbeitszeit durchzuführen sind. Sie regelt außerdem, in welchem Umfang **Verdienstausfall** zu gewähren ist, wenn AN an einer Versammlung teilnehmen.

II. Versammlungen während der Arbeitszeit

2 In § 44 Abs. 1 sind diejenigen Versammlungen geregelt, die während der Arbeitszeit stattfinden:

- Die vierteljährlichen **regelmäßigen Betriebs- bzw. Abteilungsversammlungen** nach § 43 Abs. 1 Satz 1 und 2
- Die **zusätzlichen Betriebs- und Abteilungsversammlungen** nach § 43 Abs. 1 Satz 4
- Versammlungen zur **Bestellung des Wahlvorstands** nach § 17 Abs. 1
- **Wahlversammlungen** im Rahmen des **vereinfachten Wahlverfahren** nach § 14a
- Die auf Antrag des AG einzuberufende **außerordentlichen Betriebs- oder Abteilungsversammlung** nach 43 Abs. 3

III. Versammlungen außerhalb der Arbeitszeit

3 Betriebsversammlungen außerhalb der betriebsüblichen Arbeitszeit haben nach dem BetrVG **absoluten Ausnahmecharakter** (ArbG Essen 14.4.2011 – 2 BVGa 3/11). Außerhalb der Arbeitszeit darf die Versammlung nach § 44 Abs. 1 nur stattfinden, wenn sich dies aus der

»Eigenart des Betriebs« ergibt. Gemeint sind zwingende **arbeitsorganisatorische, arbeitstechnische und arbeitsprozessuale Gründe** in dem jeweiligen Betrieb, nur bei einer absolut unzumutbaren Belastung auch wirtschaftliche Gründe.

Beispiele für solche zwingenden Gründe sind:

- Herausragende Störungen des Betriebsablaufs
- Unzumutbare wirtschaftliche Belastung als Folge des Ruhens der Produktion
- Ggf. bei Warenhäusern/Postzustellern während der Hochphase des Weihnachtsgeschäfts

Organisatorische Versäumnisse des AG können nicht dazu führen, dass Betriebsversammlungen außerhalb der betriebsüblichen Arbeitszeit durchgeführt werden (ArbG Essen 14.4.2011 – 2 BVGa 3/11). Grundsätzlich muss der AG daher seinen Betrieb so organisieren, dass die Betriebsversammlung während der Arbeitszeit stattfinden kann.

Die Durchführung der Betriebsversammlung während der Arbeitszeit 4
kann im Wege der **einstweiligen Verfügung** durchgesetzt werden.

IV. Lage und Dauer der Versammlung

Die Dauer der Betriebsversammlung ist im BetrVG nicht geregelt. Hier 5
kommt es entscheidend auf die jeweilige Tagesordnung an. Der BR legt Lage und Dauer der Betriebsversammlung **im Rahmen seines Ermessens unter Berücksichtigung betrieblicher Notwendigkeiten** fest (BAG 8.12.2010 – 7 ABR 69/09). Der BR kann die Fortsetzung der Versammlung beschließen, wenn die Tagesordnung nicht innerhalb des für die Versammlung festgelegten Zeitraums vollständig behandelt werden konnte. Hierzu hat er einen Ermessensspielraum. Er kann ebenfalls die Diskussion nicht auf der Tagesordnung befindlicher, aber mit ihr in Zusammenhang stehenden Fragen zulassen. Der Versammlungsleiter hat hier einen Beurteilungsspielraum.

V. Arbeitszeit, Vergütung und sonstige Kosten

Die Zeit der Teilnahme an einer Versammlung nach § 44 Abs. 1 Satz 1 6
(vgl. § 43 Rn. 2, 10 und 16) ist für die AN, die an der Versammlung teilnehmen, **Arbeitszeit im Sinne von § 2 Abs. 1 ArbZG** (und keine Pause). Damit ist die Teilnahme an der Versammlung z. B. auch bei der

Frage zu berücksichtigen, ob die gesetzlichen Höchstarbeitszeiten oder die Ruhezeiten eingehalten sind.

7 Nach § 44 Abs. 1 Satz 2 ist die Zeit der **Teilnahme** an den Versammlungen nach Satz 1 (vgl. § 43 Rn. 2, 10 und 16) einschließlich der hierdurch entstehenden zusätzlichen Wegezeiten **wie Arbeitszeit zu vergüten**. Vergütet wird daher nicht nur die Arbeitszeit, die infolge der Versammlung ausfällt, sondern der **gesamte Zeitaufwand**. Es gilt der Grundsatz, dass der AN so zu stellen ist, als wenn er während der Zeit der Teilnahme einschließlich der Wegezeiten gearbeitet hätte. Deshalb sind auch besondere Zulagen (z. B. Erschwerniszulagen) weiter zu vergüten. Vorstehendes gilt auch dann, wenn die Versammlung wegen der **Eigenart des Betriebs** außerhalb der Arbeitszeit stattfindet. Allerdings ist die Zeit der Teilnahme, soweit sie über die vereinbarte Arbeitszeit hinausgeht, keine Mehrarbeit (BAG 18.9.1973 – 1 AZR 116/73, AiB 2001, 716).

7a Auch die Kosten für eine Simultanübersetzung und die hierfür notwendige technische Ausrüstung während einer Betriebsversammlung können erforderlich und vom AG zu tragen sein. Die Kosten müssen zur ordnungsgemäßen Erfüllung der Betriebsratsaufgaben notwendig sein. Der BR muss hierfür mindestens erforschen und konkret vortragen, für welche Sprachen Übersetzungsbedarf besteht (LAG Sachsen 10.10.2023 – 2 TaBVGa 2/23).

8 Nach der Rechtsprechung des BAG (BAG 14.11.2006 – 1 ABR 5/06, AiB 2007, 402–406) sind bei einer **außerhalb des Betriebs stattfindenden Betriebsversammlung** die zusätzlichen Wegezeiten und Fahrkosten nicht zu erstatten. Ebenso ist das BAG der Auffassung, dass bei einer **Versammlung**, die ohne Rechtsgrund **außerhalb der Arbeitszeit** einberufen wurde, ein Vergütungs- und Kostenerstattungsanspruch der AN nicht besteht, sofern der AG zuvor gegenüber den AN der Einberufung der Betriebsversammlung außerhalb der Arbeitszeit widersprochen hat (BAG 27.11.1987 – 7 AZR 29/87, AiB 1988, 85–86).

9 Die **Kosten der Bewirtung** der Teilnehmer einer Betriebsversammlung muss der AG nicht tragen (LAG Nürnberg 25.4.2012 – 4 TaBV 58/11).

VI. Sonstige Betriebs- und Abteilungsversammlungen

10 Die vom BR bzw. auf Wunsch von mindestens einem Viertel der wahlberechtigten AN nach § 43 Abs. 3 einberufenen Versammlungen finden **nur dann während der Arbeitszeit** statt, **wenn der AG hiermit einverstanden** ist. In diesem Fall besteht auch eine volle Vergütungspflicht.

Dieser Anspruch bezieht sich aber nicht auf Vergütung der zusätzlichen Wegezeiten und die Erstattung zusätzlicher Fahrkosten.

Für die Praxis wichtig ist, dass der BR außerordentliche Betriebsver- 11
sammlungen nach § 43 Abs. 3 auch als eine **ordentliche oder zusätzliche Betriebsversammlung** nach § 43 Abs. 1 durchführen kann, wenn die Voraussetzungen für eine solche Versammlung vorliegen (vgl. § 43 Rn. 2 und 10). Für die Frage der Vergütung der Teilnahme sowie die Erstattung zusätzlicher Wegezeiten gilt dann § 44 Abs. 1 (vgl. Rn. 6 ff.).

§ 45 Themen der Betriebs- und Abteilungsversammlungen

[1]Die Betriebs- und Abteilungsversammlungen können Angelegenheiten einschließlich solcher tarifpolitischer, sozialpolitischer, umweltpolitischer und wirtschaftlicher Art sowie Fragen der Förderung der Gleichstellung von Frauen und Männern und der Vereinbarkeit von Familie und Erwerbstätigkeit sowie der Integration der im Betrieb beschäftigten ausländischen Arbeitnehmer behandeln, die den Betrieb oder seine Arbeitnehmer unmittelbar betreffen; die Grundsätze des § 74 Abs. 2 finden Anwendung. [2]Die Betriebs- und Abteilungsversammlungen können dem Betriebsrat Anträge unterbreiten und zu seinen Beschlüssen Stellung nehmen.

Inhaltsübersicht Rn.

I. Zweck der Regelung

Die Betriebsversammlung dient der gegenseitigen Information von 1
BR und AN, der Aussprache und der Meinungsbildung. § 45 regelt die **Themen, die zulässigerweise Gegenstand der Betriebsversammlung sein können.**

II. Themen der Betriebsversammlung

Gegenstand der Betriebs- oder Abteilungsversammlung sind alle **An-** 2
gelegenheiten, die den Betrieb oder seine AN unmittelbar betreffen. Hierzu gehören alle Fragen, die unmittelbar zu den Aufgaben des BR (und des AG) gehören (vgl. allgemein § 80 Rn 2 ff.). Die Themen der

Betriebsversammlung bestimmt der BR im Rahmen der Regelung des § 45. Dabei können selbstverständlich auch betriebliche Missstände diskutiert werden. Die AN haben ein Recht auf **freie Meinungsäußerung**. Die Meinungsäußerung muss sich in den Grenzen des allgemein Zulässigen halten, darf also insbesondere nicht ehrverletzend oder bewusst wahrheitswidrig sein.

3 Nach § 43 Abs. 4 hat der AG wie auch ein Viertel der wahlberechtigten AN das Recht, bestimmte Themen auf die Tagesordnung zu setzen. Auch diese Themen müssen sich in den Grenzen von § 45 bewegen.

4 § 45 Satz 1 nennt ausdrücklich **weitere Gegenstände**, die auf der Betriebsversammlung behandelt werden können:

- Angelegenheiten tarifpolitischer, sozialpolitischer, umweltpolitischer und wirtschaftlicher Art
- Fragen der Förderung der Gleichstellung von Frauen und Männern und der Vereinbarkeit von Familie und Erwerbstätigkeit
- Fragen der Integration der im Betrieb beschäftigten ausländischen AN

Zu den Themen wirtschaftlicher Art gehören – vorbehaltlich einer im Einzelfall bestehenden Geheimhaltungspflicht – auch Informationen über einen zukünftigen **Stellenabbau**. Solche Informationen sind damit ein auf der Betriebsversammlung grundsätzlich zulässiger Gegenstand eines Redebeitrags (LAG Hessen 19.3.2018 – 16 TaBV 185/17; vgl. § 43 Rn. 15 und §§ 112, 112a Rn. 14).

5 Diese **Themen müssen** ebenfalls den **Betrieb oder seine AN unmittelbar betreffen**.

6 Ein unmittelbarer Bezug liegt vor, wenn ein konkreter Bezugspunkt zum Betrieb gegeben ist oder die Themen die AN in ihrer Eigenschaft als AN dieses Betriebs betreffen. Hierzu zählen Fragen, die zum **Aufgabenbereich des BR** (vgl. § 80 Rn. 2 ff.) gehören (BAG 4.5.1955 – 1 ABR 4/53) oder das **Verhältnis vom AG zu den AN** zum Inhalt haben (hierzu auch DKW, § 45 BetrVG Rn. 5). Keine Voraussetzung ist, dass die Angelegenheit ausschließlich den Betrieb oder seine AN betreffen muss. Daher können auch Themen behandelt werden, die für die Arbeitnehmerschaft **insgesamt** von Bedeutung sind, wenn sie nur **auch** den Betrieb oder seine AN betreffen (vgl. BAG 14.2.1967 – 1 ABR 7/66, AiB 2001, 708 und AiB 2001, 713–714).

III. Themenstellungen parteipolitischer Art

7 Aus der in § 45 enthaltenen Bezugnahme auf § 74 Abs. 2 ergibt sich, dass Angelegenheiten tarifpolitischer, sozialpolitischer, umweltpoliti-

scher und wirtschaftlicher Art auch dann erörtert werden können, wenn sie gleichzeitig **parteipolitischen Charakter** haben (vgl. hierzu § 74 Rn. 12ff.). Grundsätzlich können also auch Politiker in den Grenzen des § 45 auf einer Betriebsversammlung referieren. Es liegt aber eine unzulässige parteipolitische Betätigung vor, wenn der Vortrag zu Zeiten des **Wahlkampfes** von einem Spitzenpolitiker in seinem **Wahlkreis** zur Durchsetzung seiner **Wahlkampfstrategie** gehalten wird (BAG 13.9.1977 – 1 ABR 67/75, AiB 2001, 713).

IV. Informationswege neben der Betriebsversammlung

Die **Information der AN** durch den BR ist **nicht auf Betriebs- und Abteilungsversammlungen beschränkt**. Daneben sind vielfache Informationswege möglich, wie z.B. traditionell das »schwarze Brett«. Der BR kann die AN auch schriftlich informieren (Flugblatt, Informationsblatt [BAG 21.11.1978 – 6 ABR 85/76]). In Zeiten der digitalen Medien gehört hierzu auch die Unterrichtung über das Intranet und per E-Mail. Eine schriftliche Befragung der AN mittels Fragebogen ist ebenfalls zulässig, wenn sich die Fragen im Rahmen der Zuständigkeit der Betriebsverfassungsorgane halten (BAG 8.2.1977 – 1 ABR 82/74). Eine solche Befragung kann auch über das Intranet durchgeführt werden. Zulässig dürfte es auch sein, elektronische Diskussionsplattformen (Chat) auf der Homepage des BR einzurichten. 8

§ 46 Beauftragte der Verbände

(1) [1]An den Betriebs- oder Abteilungsversammlungen können Beauftragte der im Betrieb vertretenen Gewerkschaften beratend teilnehmen. [2]Nimmt der Arbeitgeber an Betriebs- oder Abteilungsversammlungen teil, so kann er einen Beauftragten der Vereinigung der Arbeitgeber, der er angehört, hinzuziehen.
(2) Der Zeitpunkt und die Tagesordnung der Betriebs- oder Abteilungsversammlungen sind den im Betriebsrat vertretenen Gewerkschaften rechtzeitig schriftlich mitzuteilen.

Inhaltsübersicht Rn.

I. Zweck der Regelung

1 Die Bestimmung dient vor allem der **Stärkung der Zusammenarbeit zwischen BR und Gewerkschaften.** Sie betont die eigenständige Stellung, die den Gewerkschaften auch im Rahmen der Betriebsverfassung zukommt.

II. Teilnahme von Beauftragten der Gewerkschaften

2 § 46 Abs. 1 Satz 1 räumt den im **Betrieb vertretenen Gewerkschaften** (vgl. Rn. 6) ein **eigenständiges Recht auf Teilnahme** an den (ordentlichen und außerordentlichen, vgl. § 43 Rn. 2, 10, 16) Betriebs- und Abteilungsversammlungen ein. Die Gewerkschaften haben dort ein **Rederecht** und können zu den anstehenden Themen Stellung nehmen. Dabei entscheidet die Gewerkschaft selbst, wen sie als Beauftragten entsendet. Sie wird dies aber in der Regel vernünftigerweise mit dem BR abstimmen.

3 Der Beauftragte der Gewerkschaft muss dem AG seine Teilnahme nicht ankündigen, denn § 46 stellt eine **Sonderregelung zu § 2 Abs. 2** dar. Das Zutrittsrecht kann – wenn erforderlich – im Wege der **einstweiligen Verfügung** durchgesetzt werden (LAG Hamm 3.6.2005 – 13 TaBV 58/05). Nur im Ausnahmefall kann der AG den Zutritt verweigern. Das ist dann der Fall, wenn dieser wiederholt seine Befugnisse eindeutig überschreitet, den Betriebsfrieden nachhaltig stört, den Unternehmer oder seinen Vertreter oder AN des Betriebs grob beleidigt und dieses erneut zu befürchten ist, also Wiederholungsgefahr besteht (LAG Hamm 3.6.2005 – 13 TaBV 58/05; ArbG Gießen 5.10.2018 – 7 BV 15/17). Ein Gewerkschaftsvertreter kann nicht von der Teilnahme an der Betriebsversammlung ausgeschlossen werden, weil er als Arbeitnehmervertreter Mitglied des Aufsichtsrats eines Konkurrenzunternehmens ist (LAG Hamburg 28.11.1986 – 8 TaBV 5/86, AiB 2001, 713).

4 Es stellt eine **grobe Verletzung gesetzlicher Pflichten** dar – die auf Antrag der Gewerkschaft zur Auflösung des BR führen kann (LAG Baden-Württemberg 13.3.2014 – 6 TaBV 5/13) –, wenn

- ein BR durch absichtliche Irreführung die Teilnahme einer im Betrieb vertretenen Gewerkschaft an einer Veranstaltung verhindert, die nach Ansicht des BR eine Betriebsversammlung sein soll,
- der BR weder auf Antrag der Gewerkschaft eine ordnungsgemäße Betriebsversammlung noch überhaupt die gesetzlich vorgeschriebene Zahl von Betriebsversammlungen durchführt.

Der **Vertreter einer Arbeitgebervereinigung** hat nur dann ein Teilnahmerecht an einer Betriebs- oder Abteilungsversammlung, wenn der AG dem Arbeitgeberverband angehört und der AG selbst oder sein Vertreter an der Betriebs- oder Abteilungsversammlung teilnimmt. 5

III. Unterrichtung der Gewerkschaft

Die **im BR vertretenen Gewerkschaften** sind nach § 46 Abs. 2 über den **Zeitpunkt** und die **Tagesordnung** aller Betriebs- und Abteilungsversammlungen schriftlich zu unterrichten. Die Unterrichtung über den **Ort der Versammlung** ist nicht ausdrücklich im BetrVG erwähnt, versteht sich aber jedenfalls in Großbetrieben und dann von selbst, wenn die Versammlung außerhalb des Betriebs stattfindet. Im BR vertreten ist die Gewerkschaft dann, wenn ihr mindestens ein BR-Mitglied angehört. Nicht ausreichend ist es, wenn eine Gewerkschaft lediglich im Betrieb durch ein Mitglied vertreten ist. 6

Fünfter Abschnitt Gesamtbetriebsrat

§ 47 Voraussetzungen der Errichtung, Mitgliederzahl, Stimmengewicht

(1) Bestehen in einem Unternehmen mehrere Betriebsräte, so ist ein Gesamtbetriebsrat zu errichten.

(2) [1]In den Gesamtbetriebsrat entsendet jeder Betriebsrat mit bis zu drei Mitgliedern eines seiner Mitglieder; jeder Betriebsrat mit mehr als drei Mitgliedern entsendet zwei seiner Mitglieder. [2]Die Geschlechter sollen angemessen berücksichtigt werden.

(3) Der Betriebsrat hat für jedes Mitglied des Gesamtbetriebsrats mindestens ein Ersatzmitglied zu bestellen und die Reihenfolge des Nachrückens festzulegen.

(4) Durch Tarifvertrag oder Betriebsvereinbarung kann die Mitgliederzahl des Gesamtbetriebsrats abweichend von Absatz 2 Satz 1 geregelt werden.

(5) Gehören nach Absatz 2 Satz 1 dem Gesamtbetriebsrat mehr als vierzig Mitglieder an und besteht keine tarifliche Regelung nach Absatz 4, so ist zwischen Gesamtbetriebsrat und Arbeitgeber eine Betriebsvereinbarung über die Mitgliederzahl des Gesamtbetriebsrats

abzuschließen, in der bestimmt wird, dass Betriebsräte mehrerer Betriebe eines Unternehmens, die regional oder durch gleichartige Interessen miteinander verbunden sind, gemeinsam Mitglieder in den Gesamtbetriebsrat entsenden.

(6) [1]Kommt im Fall des Absatzes 5 eine Einigung nicht zustande, so entscheidet eine für das Gesamtunternehmen zu bildende Einigungsstelle. [2]Der Spruch der Einigungsstelle ersetzt die Einigung zwischen Arbeitgeber und Gesamtbetriebsrat.

(7) [1]Jedes Mitglied des Gesamtbetriebsrats hat so viele Stimmen, wie in dem Betrieb, in dem es gewählt wurde, wahlberechtigte Arbeitnehmer in der Wählerliste eingetragen sind. [2]Entsendet der Betriebsrat mehrere Mitglieder, so stehen ihnen die Stimmen nach Satz 1 anteilig zu.

(8) Ist ein Mitglied des Gesamtbetriebsrats für mehrere Betriebe entsandt worden, so hat es so viele Stimmen, wie in den Betrieben, für die es entsandt ist, wahlberechtigte Arbeitnehmer in den Wählerlisten eingetragen sind; sind mehrere Mitglieder entsandt worden, gilt Absatz 7 Satz 2 entsprechend.

(9) Für Mitglieder des Gesamtbetriebsrats, die aus einem gemeinsamen Betrieb mehrerer Unternehmen entsandt worden sind, können durch Tarifvertrag oder Betriebsvereinbarung von den Absätzen 7 und 8 abweichende Regelungen getroffen werden.

Inhaltsübersicht Rn.

I. Zweck der Regelung

Der GBR ist die **Arbeitnehmervertretung** zur Wahrung der betriebsverfassungsrechtlichen Interessen auf **Unternehmensebene**. Dies trägt dem Umstand Rechnung, dass für AN wichtige Entscheidungen vielfach nicht auf betrieblicher Ebene, sondern in Unternehmen mit mehreren Betrieben durch die Unternehmensleitung getroffen werden. Aus diesem Grund muss der Unternehmensleitung ein **Vertretungsorgan der AN**, das **für das gesamte Unternehmen zuständig ist,** gegenüberstehen (so schon der Entwurf eines Betriebsverfassungsgesetzes der Bundesregierung im Jahre 1971, RegE BT-Drs. VI/1786, S. 42). 1

Die **Errichtung** des GBR ist **zwingend**, wenn die gesetzlichen Voraussetzungen dafür vorliegen (im Gegensatz zum BR und KBR, deren Bildung eine Initiative seitens der AN verlangt) – ungeachtet eines konkreten Bedürfnisses für die Errichtung oder Bedenken des BR gegen die Errichtung (BAG 23.9.1980 – 6 ABR 8/78). Alle Betriebsräte des Unternehmens sind verpflichtet, an der Errichtung mitzuwirken und ihre **Vertreter in den GBR zu entsenden**. Kommt ein BR dieser Rechtspflicht nicht nach, stellt dies in der Regel eine grobe Pflichtverletzung im Sinne des § 23 Abs. 1 dar. Für ein Unternehmen mit mehreren Betriebsräten kann nur ein GBR gebildet werden, der neben dem BR der einzelnen Betriebe besteht. Gegenüber dem BR ist der GBR nicht weisungsbefugt. Auch die Abgabe der Stimmen seitens der Mitglieder des GBR erfolgt weisungsfrei. 2

Der GBR hat – anders als der BR – **keine gesetzlich normierte Amtszeit**, sondern besteht über die Wahlperioden der einzelnen Betriebsräte als **Dauereinrichtung** im Unternehmen fort und kann weder beendet noch aufgelöst werden (BAG 5.6.2002 – 7 ABR 17/01, AiB 2003, 312–313). Hingegen verlieren die in den GBR entsandten Mitglieder mit dem Ende des Amtes des BR ihre Mitgliedschaft im GBR. Die nach jeder regelmäßigen Neuwahl von dem BR erneut vorzunehmende Entsendung von Mitgliedern in den GBR hat keine Auswirkungen auf dessen kontinuierlichen Fortbestand (BAG 9.2.2011 – 7 ABR 11/10, AiB 2011, 698–700). 3

Die Vorschrift des § 47 regelt sowohl die **Zusammensetzung** des GBR als auch seine **Mitgliederzahl** und die **Stimmengewichtung**.

II. Voraussetzungen für die Errichtung des GBR (Abs. 1)

1. Unternehmensbegriff

4 Voraussetzung für die Errichtung eines GBR ist, dass ein BR in mehreren Betrieben besteht, die zu einem Unternehmen gehören. Nach Auffassung des BAG kennzeichnet ein Unternehmen der einzelne Unternehmensträger mit einer einheitlichen Unternehmensorganisation, der **hinter dem arbeitstechnischen Zweck der Betriebe liegende wirtschaftliche oder ideelle Zwecke** verfolgt (BAG 11.12.1987 – 7 ABR 49/87, AiB 1988, 186–187). Also sind weder eine wirtschaftliche Betrachtungsweise noch eine Betrachtung des Ortes der Ansiedlung der Leitungsmacht maßgebend. Es muss vielmehr eine einheitliche Rechtspersönlichkeit gewährleistet sein, eine **rechtliche Identität des betreibenden Unternehmens** (BAG 29.11.1989 – 7 ABR 64/87). Als Unternehmen gelten natürliche Personen, Einzelkaufleute, OHG, KG, AG, GmbH, Genossenschaften und eingetragene Vereine (BAG 9.8.2000 – 7 ABR 56/98, AiB Telegramm 2000, 100), sowie mit OHG und KG gleichzusetzende Gesellschaften bürgerlichen Rechts.

2. Mehrere betriebsratsfähige Betriebe

5 Es müssen in einem Unternehmen – als Voraussetzung zur Errichtung eines GBR – in Anlehnung an den ausdrücklichen Wortlaut des § 47 Abs. 1 **mehrere Betriebsräte** bestehen, **d.h. in mindestens zwei Betrieben muss ein BR bestehen,** ohne dass es dabei auf die bestimmte Größe der Betriebsräte ankommt. Dabei ist es unerheblich, ob die Betriebsräte in selbstständigen Betrieben oder als selbstständig geltenden Betriebe i.S.d. § 3 Abs. 5 oder § 4 Abs. 1 gebildet werden. Hat nur ein Betrieb des aus mehreren Betrieben bestehenden Unternehmens einen BR gewählt, genügt dies dementsprechend für die Errichtung eines GBR nicht. Ungeachtet dessen nehmen betriebsratslose Betriebe an der Errichtung eines GBR nicht teil und werden bei der Zusammensetzung des GBR nicht berücksichtigt.

6 Bei Vereinbarung (§ 3 Abs. 1 Nr. 1) oder Beschluss (§ 3 Abs. 3) der **Bildung eines unternehmenseinheitlichen BR** tritt dieser **an die Stelle des GBR**, so dass kein GBR mehr zu bilden ist. An der Bildung eines GBR nehmen angesichts des räumlichen Geltungsbereiches des Betriebsverfassungsgesetzes innerhalb Deutschlands nur Betriebe teil, die ihren Sitz im Inland haben; im Ausland gelegene Betriebe bleiben außen vor. Sofern mindestens zwei Betriebsräte eines ausländischen Unternehmens

im Inland bestehen, ist dies ausreichend für die Bildung eines GBR. Der Sitz des Unternehmens im In- oder Ausland ist mithin unerheblich.

3. Konstituierung

Vor seiner Konstituierung ist der GBR nicht handlungsfähig. Die Konstituierung ist **zwingend** und erfolgt durch die **Wahl des Vorsitzenden und seines Stellvertreters**. Hierzu hat der BR der Hauptverwaltung des Unternehmens bzw. des größten Betriebs einzuladen. 7

Wegfall der Voraussetzungen

Ein **GBR** besteht grundsätzlich solange, bis **die Voraussetzungen für seine Errichtung** entfallen (BAG 5.6.2002 – 7 ABR 17/01, AiB 2003, 312–313). Dies ist etwa der Fall bei rechtlichem Untergang des Unternehmens in Form der Verschmelzung zweier Unternehmen zur Neugründung oder in Form der Aufspaltung des Unternehmens, bei Zusammenlegung sämtlicher Betriebe eines Unternehmens zu einem Betrieb oder bei Ausgliederung von Betrieben eines Unternehmens mit der Folge, dass das Unternehmen nur noch aus einem Betrieb besteht. Die Voraussetzungen für die Errichtung des GBR entfallen darüber hinaus auch dann, wenn dauerhaft – nicht nur kurzfristig und vorübergehend – nur noch ein BR existiert (BAG 22.6.2005 – 7 ABR 30/04). 8

III. Zusammensetzung des GBR (Abs. 2)

1. Anzahl der entsendeten Mitglieder

Betriebsräte, bestehend aus **bis zu drei Mitgliedern**, entsenden **ein Mitglied** in den GBR. Größere Betriebsräte mit **mindestens fünf Mitgliedern** entsenden hingegen **zwei** ihrer **Mitglieder** in den GBR. 9

2. Beschluss des Betriebsrats

Die **Entsendung der Mitglieder** in den GBR erfolgt **durch Beschluss** der einzelnen Betriebsratsgremien. Besteht der BR jedoch lediglich aus einem Mitglied, wird dieses automatisch und unmittelbar Mitglied des GBR. Dritte oder nicht vollwertige Mitglieder des BR hingegen – d.h. nur zeitweise oder noch gar nicht nachgerückte Ersatzmitglieder – können von den einzelnen BR nicht bestimmt und nicht in den GBR entsandt werden. Demgegenüber dürfen auch unternehmensfremde Mitglieder des BR eines Gemeinschaftsbetriebs in den GBR eines Trägerunternehmens entsandt werden. Für eine wirksame Entsendung bedarf es 10 keines Arbeitsverhältnisses zum Trägerunternehmen (BAG 1.6.2022 – 7 ABR 41/20). Bei der Beschlussfassung für die Entsendung in den GBR sollen die Geschlechter eine angemessene Berücksichtigung finden; das ist allerdings für die Wirksamkeit der Entsendung nicht zwingend.

11 Für den Beschluss – i. S. d. § 33 – über die Entsendung der Mitglieder in den GBR genügt die **einfache Mehrheit der anwesenden Mitglieder** der einzelnen Betriebsräte. In den GBR zu entsendende Mitglieder des BR sind von der Beschlussfassung nicht ausgeschlossen. Werden zwei Mitglieder entsendet, muss über jedes ein gesonderter Beschluss erfolgen. Jedoch besteht für den BR auch die Möglichkeit zu beschließen, dass die in den GBR zu entsendenden Mitglieder aus der Mitte des BR gewählt werden. Die Entsendung erfolgt grundsätzlich **für die Dauer der Amtszeit des die Mitglieder entsendenden BR**. Kommt es zu einer Neuwahl des BR, ist eine erneute Beschlussfassung über die Entsendung seiner Mitglieder in den GBR vorzunehmen. Angesichts der Tatsache, dass das Übergangsmandat eines BR gemäß § 21a ein Vollmandat ist, steht dies der Entsendung von Mitgliedern in den GBR nicht entgegen.

IV. Ersatzmitglieder (Abs. 3)

12 Für jedes in den GBR entsandte Mitglied hat der einzelne BR **mindestens ein Ersatzmitglied** zu bestellen und – im Falle der Bestellung mehrerer Ersatzmitglieder – die Reihenfolge ihres Nachrückens festzulegen. **Bei zeitweiliger Verhinderung** oder **endgültigem Ausscheiden des ordentlichen Mitglieds** aus dem GBR tritt das Ersatzmitglied für das ordentliche Mitglied in den GBR ein. Zum Ersatzmitglied des GBR kann der einzelne BR nur ein ordentliches Mitglied bestimmen, so dass ein Ersatzmitglied des BR grundsätzlich erst in den BR nachgerückt sein muss, bevor es zum Ersatzmitglied des GBR bestimmt werden kann. Das gilt jedoch nicht, wenn der BR nur aus einem Mitglied besteht. In diesem Fall wird das Ersatzmitglied des BR automatisch Ersatzmitglied des GBR.

V. Abweichende Regelung durch Tarifvertrag oder BV (Abs. 4)

13 Es besteht die Möglichkeit, durch Tarifvertrag oder BV eine vom Gesetz **abweichende Regelung** bezüglich der Anzahl von den einzelnen Betriebsräten in den GBR zu entsendenden Mitglieder zu treffen. So kann die **Mitgliederzahl des GBR**, um den betrieblichen Erfordernissen Rechnung zu tragen, sowohl **verringert** als auch **erhöht** werden. Das heißt, bei einem aus vielen kleinen Betrieben mit BR bestehenden

Unternehmen kann es sachgerecht sein, den im Verhältnis zur Mitarbeiterzahl sehr großen GBR zu verkleinern und die Mitgliederzahl zu verringern. Bei sehr wenigen sehr großen Betrieben hingegen kann durchaus ein Interesse daran bestehen, die Mitgliederzahl des GBR durch Entsendung von mehr als zwei Mitgliedern durch die einzelnen Betriebsräte zu erhöhen.

Kollidieren Tarifvertrag und eine (günstigere) **Betriebsvereinbarung** 14
miteinander, haben die **tarifvertraglichen Regelungen** angesichts der Regelungssperre des § 77 Abs. 3 stets **Vorrang**. Nur wenn kein Tarifvertrag besteht, kann die Mitgliederzahl des GBR durch eine BV abweichend vom Gesetz geregelt werden. Eine solche BV kann sowohl zwischen dem Unternehmen und dem GBR (nach Konstituierung des GBR) als auch zwischen dem Unternehmen und den einzelnen Betriebsräten (vor Konstituierung des GBR) abgeschlossen werden.

VI. Verkleinerung des GBR (Abs. 5)

Bilden **mehr als 40 BR-Mitglieder** den GBR, ist – in Ermangelung einer 15
tariflichen Regelung des § 47 Abs. 4 – zwingend zwischen dem gemäß § 47 Abs. 2 gebildeten und konstituierten GBR (BAG 15.8.1978 – 6 ABR 56/77) und der Unternehmensleitung eine **Gesamtbetriebsvereinbarung** mit dem Ziel der **Verringerung der Mitgliederzahl des GBR** abzuschließen. Diese Verpflichtung greift immer dann, wenn der GBR im Ergebnis tatsächlich über mehr als 40 Mitglieder verfügt, also auch bei nachträglichem Überschreiten der Grenze durch etwa neu hinzukommende Betriebsräte angesichts der Aufnahme neuer Betriebe ins Unternehmen oder durch erstmalige Betriebsratswahlen in bisher betriebsratslosen Betrieben.

Zur Verbesserung der Arbeitsfähigkeit des GBR besteht jedoch keine 16
Rechtspflicht zur Verringerung der Mitgliederzahl des GBR auf 40 oder weniger Mitglieder. Die Verringerung der Mitgliederzahl des GBR erfolgt dadurch, dass die Betriebsräte des Unternehmens, die **regional** (räumlich nicht weit voneinander entfernt) oder durch **gleichartige** (gleiche Betriebszwecke, ähnliche Belegschaftsstruktur, ähnliche Stellung in der Unternehmensorganisation) **Interessen** miteinander verbunden sind, gemeinsam Mitglieder entsenden.

VII. Stimmengewichtung bei gesetzlicher Größe des GBR (Abs. 7)

Zur Gewährleistung einer gerechten Gewichtung der einzelnen Betriebe 17
im GBR angesichts unterschiedlicher Belegschaftsstärken der einzelnen

Betriebe, richtet sich das **Stimmengewicht** nach der **Zahl der wahlberechtigten AN, die in die Wählerliste der letzten Betriebsratswahl des jeweilig entsendenden Betriebs eingetragen** waren. Entsendet ein BR nur ein Mitglied in den GBR, stehen diesem die Stimmen allein zu; bei Entsendung mehrerer Mitglieder in den GBR stehen den Mitgliedern die Stimmen anteilig zu. Diese einem einzelnen Mitglied des GBR zustehenden Stimmen können **stets nur einheitlich** abgegeben werden. Bei der Stimmabgabe sind die Mitglieder des GBR frei, d.h. nicht an Weisungen des entsendenden BR gebunden, gleichwohl aber angesichts einer Loyalitätspflicht gehalten, Ergebnisse von Vorberatungen des BR mit einzubeziehen.

VIII. Stimmengewichtung bei abweichender Größe des GBR (Abs. 8)

18 Werden **mehrere Betriebe gemeinsam** durch ein oder mehrere Mitglieder des GBR vertreten, haben diese Mitglieder so viele Stimmen, wie **in diesen Betrieben wahlberechtigte AN in der Wählerliste eingetragen** sind. Bei Entsendung mehrerer Mitglieder des GBR aus einem BR steht den Mitgliedern die Summe der Stimmen anteilig zu.

IX. Stimmengewichtung bei Entsendung aus dem gemeinsamen Betriebsrat (Abs. 9)

19 Der BR eines **Gemeinschaftsbetriebs** mehrerer Unternehmen entsendet Mitglieder in den GBR **jedes der beteiligten Unternehmen** (BAG 13.2.2007 – 1 AZR 184/06). Dabei kann er auch solche Mitglieder in den GBR eines beteiligten Unternehmens entsenden, die in **keinem Arbeitsverhältnis** zu diesem Unternehmen stehen (Hessisches LAG 11.12.2017 – 16 TaBV 95/17). Das Stimmengewicht bei Entsendung aus einem gemeinsamen Betrieb in den GBR richtet sich im Grundsatz nach der Zahl **aller** in dem gemeinsamen Betrieb **in die Wählerliste eingetragenen AN**. Zur Verhinderung von Verzerrungen des Stimmengewichts zugunsten des Gemeinschaftsbetriebs bei einer solchen Stimmengewichtung, bietet § 47 Abs. 9 die Möglichkeit, durch Tarifvertrag oder BV abweichende Regelungen über das Stimmengewicht aus gemeinsamen Betrieben entsandter Mitglieder zu vereinbaren. Das ist etwa dergestalt möglich, dass es für die Stimmengewichtung nur auf die wahlberechtigten AN des jeweiligen Vertragsarbeitgebers ankommt.

X. Streitigkeiten

Das Arbeitsgericht, in dessen Bezirk das Unternehmen seinen Sitz hat, entscheidet im Wege des **Beschlussverfahrens** bei Streitigkeiten über die Errichtung, die Mitgliederzahl und die Zusammensetzung des GBR sowie über die Stimmengewichtung. **Zu beteiligen** sind – im Falle der Selbstbetroffenheit in eigenen Rechten – der AG, der GBR, die Mitglieder des GBR und die einzelnen Betriebsräte. Eine Antragsbefugnis der Gewerkschaften besteht hingegen nicht. 20

§ 48 Ausschluss von Gesamtbetriebsratsmitgliedern

Mindestens ein Viertel der wahlberechtigten Arbeitnehmer des Unternehmens, der Arbeitgeber, der Gesamtbetriebsrat oder eine im Unternehmen vertretene Gewerkschaft können beim Arbeitsgericht den Ausschluss eines Mitglieds aus dem Gesamtbetriebsrat wegen grober Verletzung seiner gesetzlichen Pflichten beantragen.

Inhaltsübersicht

I. Zweck der Regelung

Die Vorschrift ist **zwingendes Recht** und erlaubt als Sanktion durch gerichtliche Entscheidung – im Gegensatz zu § 23 Abs. 1 – lediglich den Ausschluss von einzelnen Mitgliedern aus dem GBR bei grober Pflichtverletzung. **Nicht** als Sanktion möglich ist die **Auflösung des GBR** als Organ. Auch bei Ausschluss sämtlicher Mitglieder des GBR angesichts (gemeinschaftlicher) grober Pflichtverletzung ist der GBR als Dauereinrichtung nicht aufgelöst; die Ersatzmitglieder rücken nach. Ein Ausschluss von einzelnen Mitgliedern aus dem GBR hat allerdings keine Auswirkungen auf das jeweilige Mandat als BR. 1

II. Voraussetzungen des Ausschlusses

1. Grobe Pflichtverletzung

Ein Ausschluss aus dem GBR setzt eine grobe Verletzung der dem Mitglied des GBR obliegenden gesetzlichen Pflichten voraus. Das Mitglied 2 des GBR muss die **grobe Pflichtverletzung in seiner Eigenschaft als Mitglied des GBR** (d.h. auf die Tätigkeit im GBR bezogen) begangen haben. Dementsprechend genügt nicht die grobe Pflichtverletzung, die einen Ausschluss aus dem GBR rechtfertigt, die ein Mitglied des GBR nicht in dieser Eigenschaft, sondern in seiner Funktion als Mitglied des entsendenden BR begangen hat. Zur Klärung, ob das Mitglied in seiner Eigenschaft als Mitglied des BR oder des GBR gesetzliche Pflichten verletzt hat, ist auf den **Zusammenhang der Verletzungshandlung** unter Beachtung der Zuständigkeiten des § 50 abzustellen.

3 Im Falle des Ausschlusses des Gesamtbetriebsratsmitglieds aus dem BR – angesichts grober Pflichtverletzung i. S. d. § 23 Abs. 1 – **endet** wegen der Bindung an die Mitgliedschaft im BR **auch** die **Mitgliedschaft im GBR**.

2. Antrag beim Arbeitsgericht

4 Der Ausschlussantrag beim ArbG ist an keine Frist gebunden. **Antragsberechtigt** ist **mindestens ein Viertel der wahlberechtigten AN des gesamten Unternehmens**, d. h. aller Betriebe zusammen, wobei auch AN von betriebsratslosen und nicht betriebsratsfähigen Unternehmen mitzählen. Die erforderliche Mindestzahl muss während des gesamten gerichtlichen Ausschlussverfahrens fortbestehen. Aus dem Unternehmen während des Verfahrens ausscheidende AN können durch andere AN nachträglich ersetzt werden, zählen aber selber für die Berechnung der Mindestzahl nicht mehr mit.

5 Darüber hinaus ist auch **das Unternehmen als AG antragsberechtigt** sowie **der GBR selber** durch einen förmlichen Beschluss gemäß § 51 Abs. 4 oder eine **im Unternehmen vertretene Gewerkschaft**. Dabei genügt es, wenn mindestens ein AN eines Betriebs des Unternehmens bei einer Gewerkschaft organisiert ist, ohne dass das auszuschließende Mitglied des GBR der Gewerkschaft höchst selbst angehören müsste.

III. Folgen des Ausschlusses

6 Der Ausschluss eines Mitglieds aus dem GBR tritt erst **im Zeitpunkt der Rechtskraft der arbeitsgerichtlichen Entscheidung** ein. Ist ein Mitglied rechtskräftig aus dem GBR ausgeschlossen worden, rückt ein Ersatzmitglied im Sinne des § 47 Abs. 3 in den GBR nach. Jedoch besteht nach einer Neuwahl des BR für das ausgeschlossene Gesamtbetriebsratsmitglied durchaus die Möglichkeit, erneut in den GBR aufgrund der erneuten demokratischen Legitimation entsandt zu werden.

§ 49 Erlöschen der Mitgliedschaft

Die Mitgliedschaft im Gesamtbetriebsrat endet mit dem Erlöschen der Mitgliedschaft im Betriebsrat, durch Amtsniederlegung, durch Ausschluss aus dem Gesamtbetriebsrat aufgrund einer gerichtlichen Entscheidung oder Abberufung durch den Betriebsrat.

Inhaltsübersicht Rn.

I. Zweck der Regelung

1 Die Vorschrift regelt abschließend und **zwingend**, d.h. ohne Abweichungsmöglichkeit durch Tarifvertrag oder BV, das **Erlöschen der Mitgliedschaft** der einzelnen Mitglieder im GBR. Als Dauereinrichtung im Unternehmen, nur der personellen Neuzusammensetzung unterworfen, scheidet eine Beendigung des GBR als Kollektivorgan hingegen aus. Im Gegensatz zum BR (§ 23 Abs. 1) ist gesetzlich auch **keine gerichtliche Auflösung des GBR** vorgesehen. Ferner ist ein kollektiver Rücktritt des GBR nicht zulässig. Durch einen geschlossenen Rücktritt sämtlicher Mitglieder des GBR entfällt der GBR nicht; vielmehr rücken die bestellten Ersatzmitglieder im Sinne des § 47 Abs. 3 nach.

II. Erlöschen der Mitgliedschaft

1. Erlöschen der Mitgliedschaft im BR

2 Im Falle der Beendigung der Mitgliedschaft im BR unter den Voraussetzungen des § 24 erlischt stets auch die Mitgliedschaft im GBR.

2. Amtsniederlegung

3 Ein **Mitglied des GBR** kann – entsprechend eines Mitglieds des BR gem. § 24 Nr. 2 – jederzeit sein **Amt im GBR grundlos und formlos niederlegen**. Die Niederlegung des Amtes muss lediglich eindeutig dem GBR gegenüber mitgeteilt werden. Maßgeblich für das Erlöschen der Mitgliedschaft ist der **Zugang** der Niederlegungserklärung beim GBR;

diese Erklärung ist bindend. Den GBR trifft die Pflicht, den das Mitglied entsendenden BR unverzüglich davon in Kenntnis zu setzen, um das Nachrücken eines Ersatzmitglieds (§ 47 Abs. 3) zu ermöglichen. Die Amtsniederlegung im GBR hat hingegen keinerlei Auswirkungen auf die Mitgliedschaft im BR, die Mitgliedschaft im KBR endet jedoch unmittelbar automatisch gemäß § 57. Eine erneute Entsendung des BR-Mitglieds in den GBR bleibt trotz Niederlegung des Amtes in der Folge möglich.

3. Ausschluss aufgrund gerichtlicher Entscheidung

4 Den Ausschluss eines Mitglieds aus dem GBR aufgrund einer **gerichtlichen Entscheidung** regelt § 48.

4. Abberufung durch den entsendenden BR

5 Eine **Abberufung der Mitglieder des GBR** ist durch den entsendenden BR – durch Beschluss mit einfacher Mehrheit (BAG 16.3.2005 – 7 ABR 33/04) – jederzeit möglich. Dazu bedarf es keiner besonderen Gründe. Wann die Abberufung wirksam wird, ist umstritten, sachgerecht wohl nicht bereits mit Beschlussfassung, sondern mit Mitteilung an den Abberufenen durch den Betriebsratsvorsitzenden.

III. Streitigkeiten

6 Das ArbG entscheidet über Streitigkeiten bzgl. des Erlöschens der Mitgliedschaft im GBR im **Beschlussverfahren**.

§ 50 Zuständigkeit

(1) [1]Der Gesamtbetriebsrat ist zuständig für die Behandlung von Angelegenheiten, die das Gesamtunternehmen oder mehrere Betriebe betreffen und nicht durch die einzelnen Betriebsräte innerhalb ihrer Betriebe geregelt werden können; seine Zuständigkeit erstreckt sich insoweit auch auf Betriebe ohne Betriebsrat. [2]Er ist den einzelnen Betriebsräten nicht übergeordnet.

(2) [1]Der Betriebsrat kann mit der Mehrheit der Stimmen seiner Mitglieder den Gesamtbetriebsrat beauftragen, eine Angelegenheit für ihn zu behandeln. [2]Der Betriebsrat kann sich dabei die Entscheidungsbefugnis vorbehalten. [3]§ 27 Abs. 2 Satz 3 und 4 gilt entsprechend.

Inhaltsübersicht

I. Zweck der Regelung

Die Norm regelt **zwingend** (BAG 9.12.2003 – 1 ABR 49/02, AiB 2004, 1
257), d.h. ohne Abweichungsmöglichkeit durch Tarifvertrag oder BV, in erster Linie die **Zuständigkeit** des GBR, aber auch seine **Rechtsstellung** und sein **Verhältnis zu den einzelnen BR**.

II. Rechtsstellung des GBR

Der **GBR** ist ein selbstständiges Organ, welches **gleichberechtigt neben** 2
den einzelnen BR steht. Er ist den einzelnen BR **weder über- noch untergeordnet**, d.h. er ist weder befugt, den einzelnen BR Weisungen zu erteilen, noch muss er von ihnen Weisungen entgegennehmen. GBR und einzelne BR sind lediglich der voneinander abgrenzenden Zuständigkeitsregel des § 50 Abs. 1 unterworfen. Jeder BR – gleich ob örtlicher BR oder GBR – ist im Rahmen seiner jeweiligen Zuständigkeit (betriebsverfassungsrechtlich) allein verantwortlich. Dabei ist jedoch die Zuständigkeit des GBR die Ausnahme und die Zuständigkeit des örtlichen BR die Regel (siehe auch Rn. 12).

III. Verhältnis des GBR zum BR

Der **Grundsatz der Zuständigkeitstrennung** gilt für das Verhältnis der 3
originären Zuständigkeit von BR, GBR und KBR (BAG 14.11.2006 – 1 ABR 4/06). Die originären Zuständigkeiten schließen sich wechselseitig aus, so dass als Konsequenz immer **nur eines dieser Organe zustän-**

dig ist, entweder der BR, der GBR oder der KBR (BAG 22.10.2019 – 3 AZR 429/18; BAG 19.11.2019 – 3 AZR 127/18). Mit dem Grundsatz der Zuständigkeitstrennung unvereinbar ist auch die Annahme einer Auffangzuständigkeit der einzelnen BR (BAG 17.5.2011 – 1 ABR 121/09, AiB 2012, 538–539) oder einer Rahmenkompetenz des GBR oder des KBR (BAG 14.11.2006 – 1 ABR 4/06; LAG Nürnberg 30.4.2014 – 4 TaBV 7/14). Allerdings wird dieser Grundsatz durch die **Delegationsmöglichkeit in § 50 Abs. 2** modifiziert.

4 Die Kompetenzzuweisung des Betriebsverfassungsgesetzes führt dazu, dass der unmittelbar durch Wahl legitimierte (**örtliche**) **BR in erster Linie** für die Wahrnehmung von Mitbestimmungsrechten **zuständig** ist (BAG 25.9.2012 – 1 ABR 45/11; BAG 19.6.2012 – 1 ABR 19/11).

5 In den Fällen des **§ 50 Abs. 1** ist der Verhandlungspartner des GBR die **Unternehmensleitung**, während im Rahmen einer Beauftragung des GBR im Sinne des **§ 50 Abs. 2** sowohl die **Unternehmensleitung** als auch die **Betriebsleitungen** als Verhandlungspartner in Betracht kommen, je nachdem wie die Unternehmensseite die Verhandlungskompetenz intern zuweist.

IV. Zuständigkeit des GBR kraft Gesetzes (Abs. 1 Satz 1)

6 Gemäß **§ 50 Abs. 1** ist die **originäre Zuständigkeit des GBR** von **zwei Voraussetzungen** abhängig, die **kumulativ**, d.h. beide zusammen, erfüllt sein müssen (BAG 3.5.2006 – 1 ABR 15/05, AiB 2007, 494–495 und AiB 2007, 495–496). Zum einen muss die Angelegenheit das **Gesamtunternehmen oder mehrere – also mindestens zwei – Betriebe des Unternehmens betreffen**, zum anderen darf die Angelegenheit **nicht durch die einzelnen BR innerhalb ihrer Betriebe geregelt** werden können.

1. Überbetriebliche Angelegenheit

7 Die zu regelnden Angelegenheiten sind überbetrieblicher Natur, wenn sie **mindestens zwei Betriebe des Unternehmens betreffen**. Angelegenheiten, die sich nur auf einen Betrieb auswirken, unterfallen nicht der Zuständigkeit des GBR, sondern ausschließlich der Zuständigkeit des BR dieses einen Betriebs.

2. Keine Regelungsmöglichkeit durch den einzelnen BR

Unklar ist, was in § 50 Abs. 1 unter dem Begriff des »**Nichtregelnkönnens**« zu verstehen ist. Einigkeit besteht mittlerweile dahingehend, dass der GBR zuständig ist, wenn es den **einzelnen BR subjektiv und / oder objektiv unmöglich** ist, eine Regelung zu treffen. 8

Nicht erforderlich ist auf der einen Seite eine Interpretation des Begriffs dahingehend, dass eine Regelung durch die einzelnen BR objektiv und logisch ausgeschlossen sein muss (BAG 23.9.1975 – 1 ABR 122/73). **Nicht ausreichend** sind auf der anderen Seite bloße Zweckmäßigkeitserwägungen einer unternehmenseinheitlichen Regelung oder das Koordinierungsinteresse sowie Kosteninteresse des AG (BAG 19.6.2012 – 1 ABR 19/11), denn aus Sicht des AG wird aus Effizienzgründen eine Regelung auf Unternehmensebene meist sinnvoller erscheinen. 9

Zur Frage des Vorliegens der **Unmöglichkeit** hat das BAG wichtige Leitsätze formuliert. 10

Demnach soll eine **subjektive Unmöglichkeit** für die einzelnen BR dann vorliegen, wenn eine auf die einzelnen Betriebe beschränkte Regelung deshalb nicht möglich ist, weil der **AG** den der Mitbestimmung unterfallenden Regelungsgegenstand **mitbestimmungsfrei so vorgegeben** hat, dass **eine Regelung nur betriebsübergreifend oder unternehmenseinheitlich** erfolgen kann (BAG 9.11.2021 – 1 AZR 206/20; BAG 23.3.2010 – 1 ABR 82/08, AiB 2010, 619–621 und AiB 2010, 621–622). Hauptanwendungsfall der subjektiven Unmöglichkeit ist dabei die **Gewährung freiwilliger und gleicher sozialer Leistungen** (BAG 26.4.2005 – 1 AZR 76/04). Wegen fehlender zwingender Mitbestimmungsrechte ist in diesen Fällen – wenn der AG mit einem entsprechenden Wunsch auf den GBR zukommt – eine Regelung für die einzelnen BR unmöglich. Das gilt nicht nur bei der Gewährung freiwilliger Zulagen oder für eine Altersversorgung, wenn der AG diese nur überbetrieblich gewähren möchte, sondern auch bei anderen Gegenständen, die der nicht erzwingbaren Mitbestimmung unterfallen (BAG 13.3.2001 – 1 ABR 7/00, AiB 2003, 180). Handelt es sich hingegen um Angelegenheiten der **zwingenden Mitbestimmung** (z. B. eine Regelung zur Arbeitszeit), kann der **AG** die **Zuständigkeit** durch sein Verlangen nach einer betriebsübergreifenden Regelung **nicht begründen**. In Fällen der erzwingbaren Mitbestimmung ist der GBR vielmehr nur dann zuständig, wenn tatsächlich zwingende Erfordernisse für eine solche betriebsübergreifende Regelung bestehen (siehe Rn. 11).

Die **objektive Unmöglichkeit** für die einzelnen BR – und damit die Zuständigkeit des GBR – ist immer dann gegeben, wenn **zwingende** 11

Erfordernisse für eine betriebsübergreifende bzw. unternehmensweite Regelung bestehen (BAG 19.6.2012 – 1 ABR 19/11). Zwingende Erfordernisse können sich aus **technischen oder rechtlichen Gründen** ergeben (BAG 23.3.2012 – 1 ABR 82/08, AiB 2010, 619–621). Ein zwingendes Erfordernis aus technischen Gründen ist zumindest in den Fällen anerkannt, in denen bei fehlender einheitlicher Regelung eine technisch untragbare Störung eintritt, die zu unangemessenen betrieblichen oder wirtschaftlichen Auswirkungen führen kann (BAG 9.12.2003 – 1 ABR 49/02, AiB 2004, 257). Unter rechtliche Gründe subsumiert die Rechtsprechung die Fälle der Unmöglichkeit.

3. Einzelfälle

a. Soziale Angelegenheiten

12 Primär ist für die Mitbestimmungsrechte des § 87 Abs. 1 in **sozialen Angelegenheiten in der Regel der einzelne BR** – und nicht der GBR – **zuständig**. Der Grund hierfür liegt in der Betriebsbezogenheit ihrer konkreten inhaltlichen Ausgestaltung und der Tatsache, dass eine objektiv sachliche Notwendigkeit für eine betriebsübergreifende Regelung nur als Ausnahme vorliegen dürfte (BAG 18.10.1994 – 1 ABR 17/94). So fallen etwa in die Zuständigkeit der einzelnen BR regelmäßig Torkontrollen und Betriebsbußen, Beginn und Ende der täglichen Arbeitszeit (BAG 19.6.2012 – 1 ABR 19/11) – auch im Hinblick auf Rufbereitschaft (LAG Niedersachsen 21.5.2015 – 5 TaBV 96/14) -, die Einführung von Kurzarbeit und Fragen der Auszahlung des Arbeitsentgelts sowie die Weitergabe von Tarifentgelten an nicht-tarifgebundene AN (LAG Düsseldorf 27.8.2015 – 11 TaBV 42/14). Eine Regelung zu Nachweispflichten von AN bei krankheitsbedingter Arbeitsunfähigkeit unterliegt § 87 Abs. 1 Nr. 1, für deren Ausübung ebenfalls der einzelne BR die Zuständigkeit besitzt. Der GBR ist mangels zwingenden Erfordernisses nicht zuständig für eine unternehmenseinheitliche Ausgestaltung der Vorlagepflicht von Arbeitsunfähigkeitsbescheinigungen (LAG Köln 21.8.2013 – 11 Ta 87/13; BAG 23.8.2016 – 1 ABR 43/14).

13 Im Rahmen von § 87 Abs. 1 Nr. 10 ist für die Festlegung der Faktoren zur **Lohnfindung** einschließlich der Festlegung einzelner Lohngruppen im Verhältnis zueinander sowie für das Verfahren, nach dem sich die Bestimmung des Entgelts richtet, der einzelne BR zuständig. Jedoch können die Gebote von Transparenz sowie der Wahrung der Gleichbehandlung im Sinne von § 75 im Falle von unternehmensweiten Gesamtzusagen in Bezug auf die AN für die Annahme der Zuständigkeit des

GBR herangezogen werden (LAG Saarland 27.7.2016 – 2 TaBV 2/16). Der GBR ist zur Regelung von Entlohnungsgrundsätzen für AT-Angestellte zuständig, wenn ein mit allen Betrieben an denselben Mantel- und Entgelttarifvertrag gebundenes Unternehmen AT-Angestellte unternehmenseinheitlich nach einer an die Tarifverträge anknüpfenden bzw. auf dieser aufbauenden Vergütungsstruktur behandeln möchte (LAG Niedersachsen 31.8.2020 – 1 TaBV 102/19).

Im Hinblick auf den **Beginn und das Ende der täglichen Arbeitszeit** 14 kommt – als Ausnahme von der Primärzuständigkeit des BR – eine **Zuständigkeit des GBR** in den Fällen in Betracht, in denen alle oder **mehrere Betriebe produktionstechnisch oder in den Arbeitsabläufen derart eng miteinander verbunden** sind, dass nur eine einheitliche Regelung sachlich zu rechtfertigen ist (BAG 23.9.1975 – 1 ABR 122/73); das wird jedoch nur ganz ausnahmsweise der Fall sein. Auch bei entsprechender technisch-organisatorischer Verknüpfung der Arbeitsabläufe verschiedener Betriebe entfällt eine betriebliche Regelungsmöglichkeit, so dass für das Mitbestimmungsrecht aus § 87 Abs. 1 Nr. 2 ausnahmsweise der GBR zuständig ist (LAG Schleswig-Holstein 9.6.2015 – 1 TaBV 4 b/15; Hessisches LAG 18.7.2016 – 16 TaBV 1/16).

Die unternehmenseinheitliche Nutzung von **Microsoft Office 365** 15 mit der Möglichkeit einer zentralen Kontrolle von Verhalten und Leistung der AN erfordert aus zwingenden technischen Gründen eine betriebsübergreifende Regelung, für die der GBR zuständig ist (BAG 8.3.2022 – 1 ABR 20/21). Das gilt auch für ein **Headset-System** (welches ermöglicht, die Kommunikation unter AN mitzuhören), das unternehmensweit eingeführt wird, und nur von einer zentralen IT-Abteilung für alle oder mehrere Betriebe betreut und gewartet werden kann; das zwingende Erfordernis einer unternehmenseinheitlichen Regelung besteht auch dann, wenn eine Individualisierung der AN nur auf betrieblicher Ebene erfolgen kann (BAG 16.7.2024 – 1 ABR 16/23). Bei der Einführung der **Software »Work Force Management«** ist die Zuständigkeit des GBR nach § 87 Abs. 1 Nr. 6 gegeben, wenn im Wege der elektronischen Datenverarbeitung in mehreren Betrieben Daten erhoben und verarbeitet werden, die auch zur Weiterverwendung in anderen Betrieben bestimmt sind. Die einheitliche Erhebung und Auswertung der Daten mittels derselben Software kann notwendig sein, um eine Über- und Unterdeckung beim Personal zu erkennen und einen entsprechenden Austausch betriebsübergreifend zu ermöglichen (LAG Berlin-Brandenburg 20.4.2016 – 15 TaBV 52/16; LAG Rheinland-Pfalz 17.11.2016 – 7 TaBV 24/16, LAG Rheinland-Pfalz 22.2.2018 – 2 TaBV 38/17). Der GBR ist ebenfalls zuständig, wenn in eine Fahrzeugflotte ein **GPS-System** eingebaut werden soll, um die Fahrzeugflotte unternehmensübergreifend zu koordinieren und die Fahrzeuge optimal auszulasten (einschließlich der Möglichkeit, die Fahrzeuge zwischen den Standorten zu tauschen). Das gilt auch, wenn bezweckt ist, den Fahrzeugeinsatz unternehmensweit und zeitnah zu planen und umzuplanen und bei Ausfällen unmittelbar reagieren zu können (LAG Schleswig-Holstein 25.4.2018 – 6 TaBV 13/17).

16 Im Zusammenhang mit der **Gewährung freiwilliger Leistungen** hat der AG angesichts mitbestimmungsfreier Vorgabe die Wahl, ob er die Voraussetzungen und Modalitäten (betriebsübergreifend) mit dem GBR oder (örtlich) mit den einzelnen BR regeln möchte. Da es sich bei einer Jahresprämie um eine freiwillige Leistung des AG handelt, kann er -ohne Zustimmung des BR – frei darüber befinden, ob überhaupt, in welcher Höhe und an welchen Empfängerkreis er diese Leistung bereit ist, zu erbringen. Damit steht es zugleich in seiner Macht, die Ebene vorzugeben, auf der die Mitbestimmung bei der Verteilung der Leistung zu erfolgen hat (BAG 9.11.2021 – 1 AZR 206/20). Bietet der AG als freiwillige Leistung an, sich zu jährlichen Gehaltsanpassungen nach einem bestimmten Schema zu verpflichten und knüpft dies an die Bedingung einer unternehmensweiten Regelung, so begründet dies die Zuständigkeit des GBR (LAG Düsseldorf 17.6.2016 – 6 TaBV 20/16; siehe auch Rn. 24ff.). Bei der Einräumung der Privatnutzung von den AN seitens des AG zur Verfügung gestellten Dienstfahrzeugen handelt es sich ebenfalls um eine freiwillige Leistung, bei der der AG festlegen kann, ob er ausgestaltende Regelungen konzern- oder unternehmenseinheitlich oder nur betriebsbezogen aufstellen möchte (LAG Nürnberg 6.9.2022 – 1 TaBV 4/22); damit legt er zugleich den zuständigen BR fest. Es liegt nahe, diese Grundsätze auch auf das Mitbestimmungsrecht nach § 87 Abs. 1 Nr. 14 anzuwenden, da der BR die Einführung von **mobiler Arbeit** nicht erzwingen kann, sondern nur zu beteiligen ist, wenn sich der AG aus eigenen Stücken entscheidet, mobiles Arbeiten zu erlauben. Wenn also der AG entscheidet, dass mobiles Arbeiten nur nach unternehmenseinheitlichen Grundsätzen zulässig sein soll, dann legt er damit zugleich die originäre Zuständigkeit des GBR fest.

17 Die Einführung einer unternehmensweit einheitlichen **Dienstkleidung** mit dem Zweck, ein einheitliches Erscheinungsbild zu bieten und die sofortige Erkennbarkeit bei Dritten zu gewährleisten, beinhaltet ein objektiv zwingendes Erfordernis für eine betriebsübergreifende Regelung mit der Folge der Zuständigkeit des GBR für die Wahrnehmung des Mitbestimmungsrechts nach § 87 Abs. 1 Nr. 1 (LAG Berlin-Brandenburg 8.10.2013 – 7 TaBV 704/13; BAG 17.1.2012 – 1 ABR 45/10). Das

ändert aber nichts an der Zuständigkeit des örtlichen BR gem. § 87 Abs. 1 Nr. 7, wenn es im Zusammenhang mit der Dienstkleidung um betriebsspezifische Besonderheiten geht, wie z. B. die Lockerung der Bekleidungsvorschriften im Zusammenhang mit der Sommerhitze (LAG Hessen 16. 9. 2019 – 16 TaBV 39/19).

Ebenso ist der örtliche BR für die Ausübung des Mitbestimmungsrechts des § 87 Abs. 1 Nr. 1 zuständig, wenn es gerade nicht (nur) um eine unternehmenseinheitliche Dienstkleidung für Mitarbeiter in den eigenen Betrieben, sondern um die Umsetzung eines Bekleidungskonzeptes zur Herstellung eines Wiedererkennungseffektes (Corporate Identity) in einer Unternehmensgruppe mit einer Vielzahl von Gesamt- und Einzelbetriebsräten ohne Konzernstruktur geht (LAG Rheinland-Pfalz 21. 10. 2019 – 3 TaBV 1/19).

Die betriebsübergreifende Übertragung von **Aufgaben des Arbeits- und Gesundheitsschutzes** auf bestimmte Gruppen von AN und zentrale Abteilungen, insbesondere der Aufbau einer Organisationsstruktur im Sinne des § 3 Abs. 2 Nr. 1 ArbSchG zur Planung und Durchführung der erforderlichen Maßnahmen des Arbeitsschutzes, führt nicht zu einer originären Zuständigkeit des GBR. Im Bereich des § 87 Abs. 1 Nr. 7 sind – angesichts der jeweils zu berücksichtigenden örtlichen Besonderheiten – regelmäßig die örtlichen BR für die Regelung der davon erfassten Angelegenheiten zuständig (LAG Nürnberg 10. 9. 2021 – 4 TaBV 29/19). 18

Für die Beurteilung der **Zuständigkeit ist nach dem jeweiligen Mitbestimmungstatbestand zu unterscheiden**. Betreffen Regelungsmaterien / Lebenssachverhalte unterschiedliche Mitbestimmungstatbestände, folgt aus der Zuständigkeit des GBR für die eine Angelegenheit (z. B. der einheitlichen Unternehmensbekleidung) keine solche für eine andere Angelegenheit (z. B. die des Gesundheitsschutzes, vgl. BAG 18. 7. 2017 – 1 ABR 59/15). So kann der GBR zuständig sein für die Dienstkleidung (einschließlich Krawatte) als solche, für Fragen der Krawattenpflicht bei Hitze aber der örtliche BR. Bei unternehmensweit einheitlichen Übernachtungsmöglichkeiten, die von AN aller Betriebe genutzt werden, geht es bei der Festlegung von Hygienestandards zwar um Vorschriften zum Gesundheitsschutz, die AN auf betrieblicher Ebene betreffen, jedoch verlangt die Betroffenheit aller auswärts in dem Wohnheim übernachtenden AN des gesamten Unternehmens eine unternehmensweit einheitliche Festlegung von Hygienestandards, für die wiederum der GBR zuständig ist (LAG Köln 7. 4. 2016 – 12 TaBV 86/15). 19

b. Gestaltung von Arbeitsplätzen

20 Für die **Errichtung neuer Arbeitsstätten** im Sinne des § 90 Nr. 1 sind die einzelnen BR zuständig, während für die **zentrale Einführung neuer Technologien** (§ 90 Nr. 2 bis 4) – für den Fall des zwingenden Erfordernisses einer einheitlichen Regelung – im Ausnahmefall der GBR zuständig ist. Wegen der Sachnähe des BR zu den besonderen Belastungen im Sinne des Mitbestimmungsrechts aus § 91 sind regelmäßig die einzelnen BR zuständig.

c. Personelle Angelegenheiten

21 Zu **differenzieren** ist zwischen den **allgemeinen personellen Angelegenheiten** (§§ 92 ff.) und den **personellen Einzelmaßnahmen** (§§ 99, 102).

Bei der **Personalplanung** auf Unternehmensebene (§ 92) ist wegen sachlicher Notwendigkeit einer einheitlichen Regelung für das Gesamtunternehmen grundsätzlich der **GBR** zuständig, sofern der Bedarf an Personal **für das ganze Unternehmen** zu planen ist. Die Geltendmachung einer betriebsbezogenen Ausschreibungspflicht fällt jedoch nicht in die Zuständigkeit des GBR, auch wenn der AG eine unternehmensweite Personalplanung vornimmt. Bei einem auf § 93 gestützten Ausschreibungsverlangen handelt es sich nicht um eine Angelegenheit im Sinne von § 50 Abs. 1, die einer weiteren Regelung bedarf. Die Gesamtbetriebsparteien sind nicht berechtigt, den dem BR in § 93 gewährten Rechtsanspruch einzuschränken (BAG 29.9.2020 – 1 ABR 17/19). Die Zuständigkeit des GBR bei der Aufstellung von Personalfragebogen, Formulararbeitsverträgen und Beurteilungsgrundsätzen (LAG Hamburg 18.2.2013 – 8 TaBV 11/12) ist anzunehmen, wenn eine unterschiedliche Ausgestaltung wegen Gleichartigkeit der Betriebe sachlich nicht begründbar ist. Hingegen ist die Zuständigkeit des GBR zu verneinen hinsichtlich des Inhalts und der Nutzung eines Personalfragebogens nach § 94, wenn der Personalfragebogen nach Konzernvorgaben unternehmensübergreifend für mehrere konzernangehörige Unternehmen eingeführt werden soll. In diesem Fall ist dem AG eine Regelung auf der Unternehmensebene subjektiv unmöglich; dann ist insoweit der KBR zuständig (LAG Köln 28.1.2025 – 9 TaBV 89/24).

22 Bei **personellen Einzelmaßnahmen** (Einstellungen, Eingruppierungen, Umgruppierungen, Kündigungen und Versetzungen), die regelmäßig nur den **einzelnen Betrieb betreffen**, sind die einzelnen **BR** zuständig

(BAG 26.1.1993 – 1 AZR 303/92, AiB 1993, 458–459; BAG 12.6.2019 – 1 ABR 5/18).

d. Wirtschaftliche Angelegenheiten

Bei der Unterrichtung in **wirtschaftlichen Angelegenheiten** begründen bereits die gesetzlichen Regelungen in § 107 Abs. 2 Satz 2, § 107 Abs. 3 Satz 6, § 108 Abs. 6 und § 109 Satz 4 bei Bestehen eines GBR im Unternehmen seine Zuständigkeit. Der Wirtschaftsausschuss ist bei Bestehen eines GBR dessen Hilfsorgan. Daneben findet die Zuständigkeitsregelung des § 50 Abs. 1 keine Anwendung. 23

Bei **Betriebsänderungen** i.S.d. § 111 ist der **GBR** zuständig, sofern es sich um Maßnahmen handelt, die inhaltlich das **gesamte Unternehmen oder mehrere Betriebe** betreffen und notwendigerweise **nur einheitlich** geregelt werden können (BAG 20.9.2012 – 6 AZR 155/11, AiB 2013, 457–458; LAG Rheinland-Pfalz 20.2.2014 – 2 Sa 123/13), etwa bei Zusammenlegung mehrerer Betriebe zu einem Betrieb (BAG 3.5.2006 – 1 ABR 15/05, AiB 2007, 494–495). Das liegt bei Stilllegung aller Betriebe nicht auf der Hand, sofern nicht besondere betriebsübergreifende Abhängigkeiten feststellbar sind (LAG Hamm 16.8.2019 – 18 Sa 232/19). 24

Aus der **Zuständigkeit des GBR** für einen Interessenausgleich folgt **nicht** zwangsläufig auch die Zuständigkeit des GBR für den Abschluss eines **Sozialplans** (BAG 3.5.2006 – 1 ABR 15/05, AiB 2007, 494–495; LAG Düsseldorf 12.2.2014 – 12 TaBV 36/13). Dies begründet sich darin, dass es sich um zwei nach Inhalt und Ausmaß wesentlich **unterscheidende Beteiligungstatbestände** handelt (siehe auch Rn. 19). Für die Zuständigkeit des GBR auch für den Sozialplan ist erforderlich, dass die Nachteile zwingend unternehmenseinheitlich und nicht betriebsbezogen ausgeglichen werden sollen. Sind nur einzelne Betriebe unabhängig voneinander vom Interessenausgleich betroffen, ist ein unternehmensweiter Ausgleich der Nachteile durch einen Sozialplan nicht erforderlich. Hingegen hat das BAG einen betriebsübergreifenden Zusammenhang und damit die Zuständigkeit des GBR auch für den Sozialplan anerkannt, wenn nach dem Interessenausgleich den entlassenen AN ein Arbeitsplatz in einem anderen Betrieb des Unternehmens auch nach entsprechender Qualifikation angeboten werden soll (BAG 23.10.2002 – 7 ABR 55/01, AiB 2003, 449). 25

e. Sonstige Aufgaben

26 Der GBR ist ferner kraft ausdrücklicher **gesetzlicher Regelungen** auch etwa im Zusammenhang mit der Bestellung des Wahlvorstands nach § 16 Abs. 3 und § 17 Abs. 1 zuständig, bei der Errichtung eines KBR (vgl. §§ 54 ff.), bei der Mitwirkung bei der Bestellung des Wahlvorstands für die Wahl der Aufsichtsratsmitglieder der AN nach dem Drittelbeteiligungsgesetz (DrittelbG) und dem Mitbestimmungsgesetz (§ 26 Abs. 2 WO DrittelbG, § 4 Abs. 4 der 2. WO MitbestG, § 4 Abs. 4 der 3. WO MitbestG), der Anfechtung der Wahl der Aufsichtsratsmitglieder der AN (§ 22 Abs. 2 MitbestG), der Befugnis zur Errichtung des Europäischen BR (§ 11 Abs. 1 EBRG).

V. Zuständigkeit des GBR kraft Auftrags (Abs. 2)

27 Mit der Regelung des **§ 50 Abs. 2** wird den einzelnen BR die Möglichkeit gewährt, durch **Beauftragung bzw. Delegation** die **Zuständigkeit des GBR** auch in solchen Angelegenheiten zu begründen, für die an sich nur die einzelnen BR originär zuständig sind. Dies ermöglicht betriebsübergreifende oder unternehmenseinheitliche Regelungen in Angelegenheiten, in denen dies nicht erforderlich, aber aus Sicht der einzelnen BR zweckmäßig erscheint. Auf diesem Weg nutzen die einzelnen BR einerseits die Sachkunde und die Erfahrungen des GBR, andererseits regeln sie die Zuständigkeitsfrage kraft Auftrags, ohne dass es auf die Klärung der unter Umständen zweifelhaften originären Zuständigkeit des BR oder des GBR im Ergebnis ankommt. BR können auf diese Weise auch ihre gemeinsamen Interessen koordinieren. Vor diesem Hintergrund wird klar, dass Angelegenheiten, bei denen die Sachkunde eindeutig beim örtlichen BR liegt, nicht an den GBR delegiert werden sollten.

28 Die Beauftragung des GBR ist **nicht** an **inhaltliche Voraussetzungen** geknüpft. Eine wirksame Delegation setzt aber einen **formell wirksamen Übertragungsakt** (schriftlicher Beschluss des BR mit qualifizierter Mehrheit seiner Mitglieder, der dem Gesamtbetriebsratsvorsitzenden zugehen muss) und die **Übertragbarkeit der Angelegenheit** (**nur** eine **bestimmte Angelegenheit**, nicht gesamte Sachbereiche (LAG Mecklenburg-Vorpommern 25.2.2020 – 5 TaBV 1/20) voraus. Bei fehlender Beschlussfassung des BR zur Beauftragung kann die Zuständigkeit des GBR nicht aus Rechtsscheingrundsätzen hergeleitet werden; auf den bloßen Anschein der Existenz eines Delegationsbeschlusses darf der AG letztlich nicht vertrauen (LAG Schleswig-Holstein 9.6.2015 – 1 TaBV 4b/15).

29 Der GBR hat angesichts der Übertragung einer bestimmten Angelegenheit vom einzelnen BR auf den GBR entweder ein sogenanntes **Abschlussmandat** oder ein **bloßes Verhandlungsmandat**. Der BR kann also auf der einen Seite die Angelegenheit einschließlich der materiellen Entscheidungsbefugnis, d.h. in vollem Umfang, auf den GBR übertragen; auf der anderen Seite kann der BR den GBR aber auch lediglich mit der bloßen Verhandlung der Angelegenheit beauftragen und sich selbst die Entscheidungsbefugnis über den Verhandlungsinhalt bzw. das Verhandlungsergebnis vorbehalten. Ein solcher Vorbehalt muss deutlich erklärt bzw. zum Ausdruck kommen.

30 Der **GBR** ist **grundsätzlich an den Delegationsbeschluss** des einzelnen BR **gebunden** und verpflichtet, die Beauftragung zu übernehmen. Eine Ablehnungsmöglichkeit besteht für den GBR allerdings in solchen Fällen, in denen die Beauftragung nicht wirksam zustande gekommen ist, sich nicht auf eine bestimmte Angelegenheit beschränkt oder ein Mitbestimmungsrecht des übertragenden BR offensichtlich ausscheidet. Eine Bindung des GBR an den Delegationsbeschluss scheidet auch bei Widerruf der Delegation durch den einzelnen BR aus. Für den Widerruf der Delegation bedarf es keines besonderen Grundes, lediglich eines schriftlichen Beschlusses des BR mit qualifizierter Mehrheit, der dem Gesamtbetriebsratsvorsitzenden zugehen muss.

31 Als Folge der Tatsache, dass der BR trotz Beauftragung des GBR Träger des Mitbestimmungsrechts bleibt, handelt der GBR im arbeitsgerichtlichen Beschlussverfahren im Rahmen einer **gewillkürten Prozessstandschaft**, d.h. der GBR macht die Rechte des BR im eigenen Namen geltend (BAG 27.6.2000 – 1 ABR 31/99, AiB Telegramm 2000, 50 und AiB Telegramm 2001, 78).

VI. Gesamtbetriebsvereinbarung

32 Wird der **GBR** aufgrund **originärer Zuständigkeit** i.S.d. § 50 Abs. 1 tätig, schließt er Vereinbarungen ab, die als **GBV** bezeichnet werden. Der Anspruch auf Umsetzung der GBV steht grundsätzlich nicht dem einzelnen BR zu, sondern dem GBR, es sei denn, der AG verletzt seine Pflichten aus der GBV in grober Weise (BAG 18.5.2010 – 1 ABR 6/09). Zur Kündigung einer GBV ist nur der GBR und nicht der einzelne BR befugt.

33 Wird der **GBR** kraft **Auftrags bzw. Delegation** i.S.d. § 50 Abs. 2 tätig, schließt er für die einzelnen BR, d.h. aus abgeleitetem Recht, **BV** ab (BAG 18.5.2010 – 1 ABR 6/09). Daraus folgt, dass eine solche BV unmittelbar für den beauftragenden einzelnen BR gilt sowie für die AN

dieses Betriebs. Zur Kündigung einer solchen vom GBR abgeschlossenen BV ist nur der einzelne BR und nicht der GBR befugt.

34 Das **Konkurrenzverhältnis von BV und GBV** über denselben Gegenstand richtet sich nach der gesetzlich vorgeschriebenen **Zuständigkeit**. Während sich hinsichtlich der zwingenden Mitbestimmungstatbestände die Zuständigkeit der einzelnen BR und des GBR nach § 50 Abs. 1 ausschließen, kann der AG hinsichtlich der freiwilligen Mitbestimmung durch seine Vorgaben die Ebene der Regelung und damit das Gremium (BR oder GBR) selbst bestimmen (siehe auch Rn. 19).

VII. Streitigkeiten

35 Über Streitigkeiten zur Zuständigkeit zwischen dem GBR und den einzelnen BR entscheidet das ArbG grundsätzlich im **Beschlussverfahren**. Gleichwohl kann auch in einem **Urteilsverfahren** zwischen AG und AN die Zuständigkeitsfrage als Vorfrage etwa für die Wirksamkeit einer BV Relevanz entfalten. Dabei ist die Zuständigkeit im Urteilsverfahren – im Unterschied zum Beschlussverfahren – nur dann vom ArbG zu prüfen, wenn sie ausdrücklich bestritten wird oder zweifelhaft aufgrund des tatsächlichen Vorbringens erscheint (BAG 23.6.2009 – 1 AZR 214/08).

36 Die Abgrenzung der **örtlichen Zuständigkeit** zwischen dem ArbG am Sitz des Betriebs und dem ArbG am Sitz des Unternehmens gemäß § 82 ArbGG erfolgt danach, ob es sich um eine betriebliche Angelegenheit oder um eine auf Unternehmensebene handelt (materielle Kriterien). Dementsprechend verbleibt es bei der Beauftragung des GBR durch den einzelnen BR i. S. d. § 50 Abs. 2 bei einer betrieblichen Angelegenheit.

§ 51 Geschäftsführung

(1) [1]Für den Gesamtbetriebsrat gelten § 25 Abs. 1, die §§ 26, 27 Abs. 2 und 3, § 28 Abs. 1 Satz 1 und 3, Abs. 2, die §§ 30, 31, 34, 35, 36, 37 Abs. 1 bis 3 sowie die §§ 40 und 41 entsprechend. [2]§ 27 Abs. 1 gilt entsprechend mit der Maßgabe, dass der Gesamtbetriebsausschuss aus dem Vorsitzenden des Gesamtbetriebsrats, dessen Stellvertreter und bei Gesamtbetriebsräten mit
9 bis 16 Mitgliedern aus 3 weiteren Ausschussmitgliedern,
17 bis 24 Mitgliedern aus 5 weiteren Ausschussmitgliedern,
25 bis 36 Mitgliedern aus 7 weiteren Ausschussmitgliedern,
mehr als 36 Mitgliedern aus 9 weiteren Ausschussmitgliedern besteht.

(2) [1]Ist ein Gesamtbetriebsrat zu errichten, so hat der Betriebsrat der Hauptverwaltung des Unternehmens oder, soweit ein solcher Betriebsrat nicht besteht, der Betriebsrat des nach der Zahl der wahlberechtigten Arbeitnehmer größten Betriebs zu der Wahl des Vorsitzenden und des stellvertretenden Vorsitzenden des Gesamtbetriebsrats einzuladen. [2]Der Vorsitzende des einladenden Betriebsrats hat die Sitzung zu leiten, bis der Gesamtbetriebsrat aus seiner Mitte einen Wahlleiter bestellt hat. § 29 Abs. 2 bis 4 gilt entsprechend.

(3) [1]Die Beschlüsse des Gesamtbetriebsrats werden, soweit nichts anderes bestimmt ist, mit Mehrheit der Stimmen der anwesenden Mitglieder gefasst. [2]Mitglieder des Gesamtbetriebsrats, die mittels Video- und Telefonkonferenz an der Beschlussfassung teilnehmen, gelten als anwesend. [3]Bei Stimmengleichheit ist ein Antrag abgelehnt. [4]Der Gesamtbetriebsrat ist nur beschlussfähig, wenn mindestens die Hälfte seiner Mitglieder an der Beschlussfassung teilnimmt und die Teilnehmenden mindestens die Hälfte aller Stimmen vertreten; Stellvertretung durch Ersatzmitglieder ist zulässig. [5]§ 33 Abs. 3 gilt entsprechend.

(4) Auf die Beschlussfassung des Gesamtbetriebsausschusses und weiterer Ausschüsse des Gesamtbetriebsrats ist § 33 Abs. 1 und 2 anzuwenden.

(5) Die Vorschriften über die Rechte und Pflichten des Betriebsrats gelten entsprechend für den Gesamtbetriebsrat, soweit dieses Gesetz keine besonderen Vorschriften enthält.

Inhaltsübersicht

I. Zweck der Regelung

§ 51 regelt **zwingend**, d.h. ohne Abweichungsmöglichkeit durch Tarifvertrag oder BV, die **innere Organisation** und die **Geschäftsführung des GBR** in Anlehnung an die für den BR maßgeblichen Vorschriften der §§ 25 ff.. Abweichungen hiervon liegen in der Tatsache begründet, 1 dass der GBR als Dauereinrichtung besteht und die Entsendung seiner Mitglieder von den einzelnen BR erfolgt.

II. Konstituierung des GBR (Abs. 2)

2 Die **Konstituierung des GBR** gem. § 51 Abs. 2 erfolgt **grundsätzlich nur einmal**, da der GBR als **Dauereinrichtung** besteht und **keine feste Amtszeit hat**. Eine entsprechende Anwendung des § 51 Abs. 2 kommt allerdings in Betracht, wenn der GBR vorübergehend keine Mitglieder mehr hat und diese insgesamt neu bestellt bzw. entsandt werden.

3 Für die **Einladung** zur konstituierenden Sitzung des GBR, d.h. zur Wahl des Vorsitzenden und des Stellvertreters des GBR, ist der **BR der Hauptverwaltung des Unternehmens** zuständig. Besteht hingegen kein eigener BR für die Hauptverwaltung, ist der **BR des nach der Zahl der wahlberechtigten AN größten Betriebs des Unternehmens** für die Einladung zuständig. Sobald die Voraussetzungen für die Errichtung des GBR bestehen, trifft den zuständigen BR im Sinne § 51 Abs. 2 die **Verpflichtung**, gegenüber allen BR des Unternehmens die Einladung zur konstituierenden Sitzung des GBR auszusprechen mit der Aufforderung, die Mitglieder des GBR zu bestellen.

4 Der **Vorsitzende des einladenden BR** leitet die konstituierende Sitzung nur solange, bis der GBR aus seiner Mitte einen **Wahlleiter** bestellt, der die Wahl des Vorsitzenden und des Stellvertreters des GBR organisiert.

III. Vorsitzender des GBR und Stellvertreter

5 Aufgrund der Verweisung in § 51 Abs. 1 Satz 1 auf § 26 Abs. 1 sind der **Vorsitzende** und sein **Stellvertreter** in der konstituierenden Sitzung von den Mitgliedern des GBR aus ihrer Mitte zu wählen. Dafür ist ein vom beschlussfähigen GBR mit **einfacher Stimmenmehrheit der anwesenden Mitglieder** gefasster **Beschluss** gem. § 51 Abs. 3 erforderlich.

6 Der Vorsitzende und sein Stellvertreter sind regelmäßig **für die Dauer ihrer Amtszeit im BR** in den GBR gewählt. Gleichwohl kommt eine Abberufung des Vorsitzenden und/oder seines Stellvertreters zum einen durch Beschluss des GBR, zum anderen durch Beschluss des entsendenden BR in Betracht. Mit dem Ende der Amtszeit der entsendenden BR erlischt sowohl die Mitgliedschaft im BR gem. § 24 Nr. 1 als auch die Mitgliedschaft im GBR gem. § 49 (BAG 9.2.2011 – 7 ABR 11/10, AiB 2011, 698–700), so dass der Vorsitzende und sein Stellvertreter neu zu wählen sind.

IV. Organisation und Geschäftsführung des GBR (Abs. 1 Satz 1)

7 Die Geschäftsführung des GBR richtet sich angesichts der gesetzlichen Verweisungen in § 51 Abs. 1 bis 4 weitgehend nach den **für die einzelnen BR geltenden Vorschriften** (nähere Einzelheiten zu den für die BR geltenden Vorschriften siehe dort). Darüber hinaus eröffnet § 51 Abs. 5 jedoch keine weitergehenden Befugnisse bezüglich der Geschäftsführung, sondern befasst sich lediglich mit den Rechten und Pflichten des GBR.

V. Beschlussfassung im GBR (Abs. 3)

8 In § 51 Abs. 3 ist die **Beschlussfassung** abschließend geregelt. Der GBR ist nach § 51 Abs. 3 Satz 3 beschlussfähig, wenn die **Hälfte der Mitglieder des GBR** an der Beschlussfassung teilnimmt und die teilnehmenden Mitglieder mindestens die **Hälfte aller Stimmen der wahlberechtigten AN im Unternehmen** repräsentieren. Dies gewährleistet die Berücksichtigung der Mehrheit der AN im Unternehmen.

9 Die Beschlussfassung muss nach § 51 Abs. 3 Satz 1 mit der **Mehrheit** der nach § 47 Abs. 7 bis 9 **gewichteten Stimmen der anwesenden Mitglieder des GBR** erfolgen, nicht hingegen mit der Mehrheit der Anzahl der anwesenden Mitglieder, wobei Mitglieder, die mittels Video- und Telefonkonferenz an der Beschlussfassung teilnehmen, als anwesend gelten (siehe hierzu ausführlich § 33 Rn. 5 ff.).

10 Haben **Beschlüsse des GBR** die Übertragung von Aufgaben zur selbstständigen Erledigung auf den Gesamtbetriebsausschuss (§§ 51 Abs. 1 Satz 1, 27 Abs. 2 Satz 2, 28 Abs. 1 Satz 3) zum Gegenstand, oder den Erlass einer Geschäftsordnung (§ 51 Abs. 1 Satz 1, § 36), die Beauftragung des KBR durch den GBR (§ 58 Abs. 2) sowie die Übertragung der Aufgaben des Wirtschaftsausschusses auf einen Ausschuss des GBR (§ 107 Abs. 3 Satz 6), ist für die Beschlussfassung die **absolute Mehrheit** erforderlich. Die absolute Mehrheit ist die **Mehrheit aller im GBR vertretenen Stimmengewichte**, nicht hingegen die Mehrheit aller Mitglieder des GBR.

11 Betrifft ein zu fassender Beschluss überwiegend **jugendliche und auszubildende AN** im Sinne des § 60 Abs. 1, ist an der Beschlussfassung die **Gesamt-JAV** gem. §§ 73 Abs. 2, 67 Abs. 2 mit ihren Stimmen, die sich für jedes Mitglied nach § 72 Abs. 7 bestimmen, zu beteiligen. Zu beachten ist, dass die Stimmen nur bei der Feststellung der Stimmenmehrheit nach §§ 51 Abs. 3 Satz 4, 33 Abs. 3 mitzählen, nicht hingegen bei der Frage der Beschlussfähigkeit des GBR. Ferner ist die Vorschrift

des § 47 Abs. 7 bei Beschlussfassungen des GBR, an denen die Gesamt-JAV teilnimmt, dahingehend **teleologisch** (d.h. vom Sinn und Zweck) zu reduzieren, dass die Stimmen der volljährigen, auszubildenden AN vor Vollendung des 25. Lebensjahres – zur Vermeidung einer Verdoppelung der Stimmen – nicht dem GBR, sondern allein der Gesamt-JAV zustehen.

VI. Gesamtbetriebsausschuss und weitere Ausschüsse

12 § 51 Abs. 1 Satz 2 i.V.m. § 27 Abs. 1 sieht für den **GBR**, bestehend aus **neun oder mehr Mitgliedern**, die Bildung eines **Gesamtbetriebsausschusses** vor. Der Ausschuss besteht neben dem Gesamtbetriebsratsvorsitzenden und seinem Stellvertreter je nach Größe des GBR aus drei bis neun weiteren Ausschussmitgliedern, die vom GBR aus seiner Mitte in geheimer Wahl nach den Grundsätzen der **Verhältnis- bzw. Listenwahl** gewählt werden (BAG 16.3.2005 – 7 ABR 37/04, AiB Newsletter 2005, Nr. 9, 2). Bei Einreichen nur eines Wahlvorschlags erfolgt die Wahl nach den Grundsätzen der **Personen- bzw. Mehrheitswahl** (§ 51 Abs. 1 Satz 2 i.V.m. § 27 Abs. 1 Satz 4; BAG 16.3.2005 – 7 ABR 37/04, AiB Newsletter 2005, Nr. 9, 2).

13 Durch die Aufnahme neuer Betriebe in das Unternehmen und die damit verbundene Vergrößerung des GBR kann sich auch die Zahl der weiteren Ausschussmitglieder erhöhen. Das hat zur Folge, dass **sämtliche Ausschussmitglieder** durch den **erweiterten** GBR **neu zu wählen** sind. Keineswegs zulässig zum Auffüllen des Gesamtbetriebsausschusses ist hingegen das Nachrücken von Ersatzmitgliedern oder eine Nachwahl für die zusätzlichen Ausschusssitze (BAG 16.3.2005 – 7 ABR 37/04, AiB Newsletter 2005, Nr. 9, 2).

14 Der Gesamtbetriebsausschuss führt – entsprechend dem Betriebsausschuss – die **laufenden Geschäfte** des GBR gem. § 51 Abs. 1 Satz 1 i.V m. § 27 Abs. 2. Die Beschlussfassung richtet sich gem. § 51 Abs. 4 nach § 33 Abs. 1 und 2, so dass jedes Ausschussmitglied das **gleiche Stimmengewicht** hat, d.h. 1 Stimme.

15 Der GBR kann unter der Voraussetzung, dass in dem Unternehmen mindestens 100 AN beschäftigt sind und dem GBR mindestens sieben Mitglieder angehören, auch **weitere Ausschüsse** bilden (§§ 51 Abs. 1 Satz 1, 28 Abs. 1 Satz 1 und 3, Abs. 2) und ihnen bestimmte Aufgaben übertragen. Die Errichtung folgt – mangels Verweisung auf § 28 Abs. 1 Satz 2 – den Grundsätzen der **Personen- bzw. Mehrheitswahl**.

VII. Rechte und Pflichten des GBR (Abs. 5)

Die Generalklausel des § 51 Abs. 5 statuiert, dass der GBR grundsätzlich dieselben Rechte und Pflichten hat wie der einzelne BR, vor allem die **gleichen materiellen Beteiligungsrechte wie der BR** (BAG 20.1.2004 – 9 AZR 23/03). Lediglich Fragen der Errichtung und der Geschäftsführung des GBR sind angesichts ausdrücklicher anderweitiger gesetzlicher Regelung bzw. Verweisung von § 51 Abs. 5 ausgenommen. 16

VIII. Streitigkeiten

Während die ArbG über Streitigkeiten bzgl. der Geschäftsführung des GBR im **Beschlussverfahren** entscheiden, entscheiden sie im **Urteilsverfahren** über Streitigkeiten betreffend dem Arbeitsentgelt von Gesamtbetriebsratsmitgliedern. 17

§ 52 Teilnahme der Gesamtschwerbehindertenvertretung

Die Gesamtschwerbehindertenvertretung (§ 180 Absatz 1 des Neunten Buches Sozialgesetzbuch) kann an allen Sitzungen des Gesamtbetriebsrats teilnehmen.

Inhaltsübersicht Rn.

I. Zweck der Regelung

Die Regelung des § 52 ist **zwingend** und nicht durch Tarifvertrag oder BV abdingbar. 1

II. Gesamtschwerbehindertenvertretung

Die **Bildung und die Aufgaben der Gesamtschwerbehindertenvertretung** sind in § 180 Abs. 1, 5 bis 8 SGB IX geregelt. Die Gesamtschwerbehindertenvertretung ist für den Fall zu bilden, dass für mehrere Betriebe eines Unternehmens sowohl ein GBR als auch mehrere Schwerbehindertenvertretungen bestehen (§ 180 Abs. 1 Satz 1 SGB IX). Gibt es nur in einem der Betriebe des Unternehmens eine Schwerbehindertenvertretung, nimmt diese die Rechten und Pflichten der Gesamtschwerbehindertenvertretung wahr (§ 180 Abs. 1 Satz 2 SGB IX). 2

3 Das **Wahlverfahren** richtet sich gemäß § 180 Abs. 7 SGB IX nach § 177 Abs. 6 SGB IX. Die Wahl ist geheim und folgt den Grundsätzen der **Personen- bzw. Mehrheitswahl**. Die Amtszeit der Gesamtschwerbehindertenvertretung beträgt vier Jahre (§ 177 Abs. 7 SGB IX).

4 Die Gesamtschwerbehindertenvertretung vertritt als Organ der Betriebsverfassung mit **eigenen Rechten und Pflichten** (BAG 21.9.1989 – 1 AZR 465/88) nach § 180 Abs. 6 SGB IX die Interessen der schwerbehinderten Menschen in Angelegenheiten, die das Gesamtunternehmen oder mehrere Betriebe betreffen und von den Schwerbehindertenvertretungen der einzelnen Betriebe nicht geregelt werden können. Da die **Zuständigkeitsabgrenzung** nach den **gleichen Grundsätzen wie bei § 50** erfolgt, ist die Zuständigkeit der Gesamtschwerbehindertenvertretung auf Angelegenheiten beschränkt, deren Regelung den einzelnen Schwerbehindertenvertretungen der Betriebe nicht möglich ist (BAG 24.5.2006 – 7 ABR 40/05).

5 Die Gesamtschwerbehindertenvertretung ist im Rahmen ihrer Zuständigkeit vom AG in **allen** Angelegenheiten, die schwerbehinderte Menschen betreffen, **zu beteiligen**. Sie ist vom AG umfassend und rechtzeitig zu unterrichten, vor einer Entscheidung anzuhören und über die getroffene Entscheidung unverzüglich zu informieren. Im Falle der unterbliebenen Beteiligung der Gesamtschwerbehindertenvertretung ist die Umsetzung der getroffenen Entscheidung auszusetzen und die Beteiligung innerhalb von sieben Tagen nachzuholen (§ 180 Abs. 7 i.V.m. § 178 Abs. 2 SGB IX). Gleichwohl hat die **unterbliebene Beteiligung** der Gesamtschwerbehindertenvertretung **nicht** zur Folge, dass die getroffene Entscheidung des AG unwirksam ist.

III. Teilnahme an Sitzungen des GBR

6 Die Gesamtschwerbehindertenvertretung hat das Recht – nicht jedoch die Pflicht – zur **beratenden Teilnahme an den Sitzungen des GBR**. Unerheblich ist für das Teilnahmerecht, ob in der Sitzung Themen behandelt werden, die Schwerbehinderte betreffen. Daher hat der Vorsitzende des GBR die Gesamtschwerbehindertenvertretung unter Mitteilung der Tagesordnung zu allen Sitzungen rechtzeitig **zu laden**. Eine **unterbliebene Ladung** hat keine Relevanz für die Wirksamkeit der gefassten Beschlüsse des GBR. Zwar hat die Gesamtschwerbehindertenvertretung nicht das Recht zu beantragen, eine Sitzung des GBR einzuberufen, aber gleichwohl hat sie das Recht, beim GBR zu beantragen, Angelegenheiten, die Schwerbehinderte betreffen, auf die Tagesordnung der nächsten Sitzung zu setzen (§ 179 Abs. 4 Satz 1 SGB IX).

Es ist zu beachten, dass die Gesamtschwerbehindertenvertretung auf der Sitzung des GBR **kein Stimmrecht** hat. Sie hat lediglich die Möglichkeit, die Aussetzung von Beschlüssen des GBR für die Dauer von einer Woche ab Beschlussfassung zu verlangen, wenn die erhebliche Beeinträchtigung wichtiger Interessen schwerbehinderter Menschen befürchtet wird. 7

§ 53 Betriebsräteversammlung

(1) [1]Mindestens einmal in jedem Kalenderjahr hat der Gesamtbetriebsrat die Vorsitzenden und die stellvertretenden Vorsitzenden der Betriebsräte sowie die weiteren Mitglieder der Betriebsausschüsse zu einer Versammlung einzuberufen. [2]Zu dieser Versammlung kann der Betriebsrat abweichend von Satz 1 aus seiner Mitte andere Mitglieder entsenden, soweit dadurch die Gesamtzahl der sich für ihn nach Satz 1 ergebenden Teilnehmer nicht überschritten wird.

(2) In der Betriebsräteversammlung hat

1. der Gesamtbetriebsrat einen Tätigkeitsbericht,

2. der Unternehmer einen Bericht über das Personal- und Sozialwesen einschließlich des Stands der Gleichstellung von Frauen und Männern im Unternehmen, der Integration der im Unternehmen beschäftigten ausländischen Arbeitnehmer, über die wirtschaftliche Lage und Entwicklung des Unternehmens sowie über Fragen des Umweltschutzes in Unternehmen, soweit dadurch nicht Betriebs- und Geschäftsgeheimnisse gefährdet werden,

zu erstatten.

(3) [1]Der Gesamtbetriebsrat kann die Betriebsräteversammlung in Form von Teilversammlungen durchführen. [2]Im Übrigen gelten § 42 Abs. 1 Satz 1 zweiter Halbsatz und Satz 2, § 43 Abs. 2 Satz 1 und 2 sowie die §§ 45 und 46 entsprechend.

Inhaltsübersicht

I. Zweck der Regelung

Die Regelung des § 53 ist **zwingend** (d.h. nicht durch Tarifvertrag oder BV abdingbar). Sie bezweckt – über den Kreis des GBR hinaus – für eine 1 größere Zahl von Betriebsratsmitgliedern die **Vermittlung von Informationen** aus erster Hand

- über die Tätigkeit des GBR sowie
- über die Lage und Entwicklung des Unternehmens bzw.
- den Austausch über für das Unternehmen relevante Fragen.

Ferner eröffnet die Betriebsräteversammlung die Möglichkeit eines **persönlichen Gedankenaustauschs** der BR-Mitglieder des Unternehmens (so schon der Entwurf eines Betriebsverfassungsgesetzes der Bundesregierung im Jahre 1971, RegE BT-Drs. VI/1786, S. 43).

II. Teilnehmer

2 Teilnahmeberechtigt sind **alle Gesamtbetriebsratsmitglieder**, die **Vorsitzenden** und ihre **Stellvertreter der einzelnen BR des Unternehmens** sowie die **weiteren Mitglieder der Betriebsausschüsse**, soweit die einzelnen BR – durch mit einfacher Stimmenmehrheit gefassten Beschluss – keine Abweichung regeln. **Abweichende Regelungen** hinsichtlich der Entsendung der Mitglieder bieten sich für die einzelnen BR vor allem in den Fällen an, in denen bereits Mitglieder des GBR in dieser Funktion an der Betriebsräteversammlung teilnehmen oder wenn es um die Entsendung sachkundiger BR-Mitglieder zu bestimmten Tagesordnungspunkten geht. In diesem Zusammenhang ist relevant, dass die Mitglieder der einzelnen BR, die dem GBR angehören, auf die Gesamtzahl der Teilnahmeberechtigten nicht anzurechnen sind. Der BR kann nur Mitglieder aus seiner Mitte in die BR-Versammlung entsenden. Die **Teilnahme von Ersatzmitgliedern** ist daher nur zulässig, wenn sie endgültig oder im Zeitraum der Versammlung (wegen Verhinderung des ständigen Mitglieds) in den BR nachgerückt sind.

3 Ferner sind der **Unternehmer oder seine Vertreter** teilnahmeberechtigt und an der jährlichen Betriebsräteversammlung wegen § 53 Abs. 2 Satz 2 auch zur Teilnahme verpflichtet. Während der Unternehmer einen Beauftragten der Arbeitgebervereinigung hinzuziehen kann, sind auch die Beauftragten aller in einem Betrieb des Unternehmens vertretenen Gewerkschaften teilnahmeberechtigt.

III. Aufgaben

4 Auf der einen Seite ist die Betriebsräteversammlung dem GBR gegenüber **nicht weisungsbefugt**, kann ihm jedoch Anträge unterbreiten und Stellung zu seinen Beschlüssen beziehen (§ 53 Abs. 3 Satz 2 i. V. m. § 45

Satz 3). Auf der anderen Seite ist der GBR auch **nicht** an Beschlüsse der Betriebsräteversammlung **gebunden**.

5 Im Sinne von § 53 Abs. 2 gehört zu den in der Praxis wichtigsten Aufgaben die **Entgegennahme** sowohl des **Tätigkeitsberichts des GBR** als auch des **Berichts des Unternehmers** über das Personal- und Sozialwesen und die wirtschaftliche Lage und Entwicklung des Unternehmens. Der vom Unternehmer zu erstattende mündliche Bericht, der auch die Beantwortung von Nachfragen umfasst, muss nicht schriftlich verfasst und ausgehändigt werden. Weitere Themen der Betriebsräteversammlung ergeben sich durch die Bezugnahme auf § 45 über § 53 Abs. 3 in dem Sinne, dass die Betriebsräteversammlung alle Angelegenheiten mit Unternehmensbezug behandeln darf.

IV. Einberufung und Ausführung

6 Der GBR hat die Betriebsräteversammlung **mindestens einmal in jedem Kalenderjahr** einzuberufen. Weitere Betriebsräteversammlungen sind – auch ohne die Zustimmung des Unternehmers – **zulässig**, soweit ihre Ausführung für die Tätigkeit des GBR oder der einzelnen BR sachlich erforderlich ist. Die **Einladung** zur Betriebsräteversammlung ist vom GBR so **rechtzeitig** an den jeweiligen Vorsitzenden der einzelnen BR zu richten, dass eine ordnungsgemäße Vorbereitung der Teilnahme möglich ist. Der GBR legt den Zeitpunkt nach pflichtgemäßem Ermessen durch Mehrheitsbeschluss fest. Dies geschieht nach vorheriger Abstimmung mit dem Unternehmer angesichts der den Unternehmer treffenden Berichterstattungspflicht des § 53 Abs. 2 Nr. 2.

7 Die Betriebsräteversammlung ist **nicht öffentlich** (§§ 53 Abs. 3 Satz 2, 42 Abs. 1 Satz 2) und findet i. d. R. **während der Arbeitszeit** statt. Da die Teilnahme der BR-Mitglieder als **Betriebsratstätigkeit** einzustufen ist, richten sich die Vergütungs- und Freizeitausgleichsansprüche nach §§ 37 Abs. 2 und 3, die Kostentragungspflicht des AG nach § 40.

V. Streitigkeiten

8 Über Streitigkeiten im Zusammenhang mit der Abhaltung, Ausführung und Teilnahme an der Betriebsräteversammlung entscheidet das ArbG im **Beschlussverfahren**. Im **Urteilsverfahren** sind hingegen Ansprüche der Mitglieder des BR bzw. GBR i. S. d. § 37 geltend zu machen.

Sechster Abschnitt
Konzernbetriebsrat

§ 54 Errichtung des Konzernbetriebsrats

(1) [1]Für einen Konzern (§ 18 Abs. 1 des Aktiengesetzes) kann durch Beschlüsse der einzelnen Gesamtbetriebsräte ein Konzernbetriebsrat errichtet werden. [2]Die Errichtung erfordert die Zustimmung der Gesamtbetriebsräte der Konzernunternehmen, in denen insgesamt mehr als 50 vom Hundert der Arbeitnehmer der Konzernunternehmen beschäftigt sind.

(2) Besteht in einem Konzernunternehmen nur ein Betriebsrat, so nimmt dieser die Aufgaben eines Gesamtbetriebsrats nach den Vorschriften dieses Abschnitts wahr.

Inhaltsübersicht Rn.

I. Zweck der Regelung

1 Zur **Vertretung** der Interessen **aller im Konzern beschäftigten AN** hat der Gesetzgeber für Konzerne in § 54 die Möglichkeit geschaffen, einen KBR zu bilden. Seine **Errichtung** ist jedoch – trotz der großen Bedeutung in der Praxis – **nicht obligatorisch** (zwingend), sondern lediglich fakultativ (freiwillig). Voraussetzung für die Errichtung ist eine **qualifizierte Mehrheit** der einzelnen GBR bzw. – im Falle des § 54 Abs. 2 – der einzelnen BR der Konzernunternehmen.

2 Die Regelung bezweckt dort die Errichtung einer Interessenvertretung der AN, wo unternehmerische Leitungsmacht ausgeübt wird. Mit dieser soll auch die **Beteiligung der Arbeitnehmerschaft im Konzern** an den die einzelnen Unternehmen bindenden Leitungsentscheidungen der Konzernobergesellschaft in sozialen, personellen und wirtschaftlichen

Angelegenheiten **sichergestellt** werden (BAG 21.10.1980 – 6 ABR 41/78).

Die Regelung des § 54 ist **zwingend**, d.h. nicht durch Tarifvertrag oder BV abdingbar. Der KBR ist den einzelnen BR und GBR keineswegs übergeordnet (§ 58 Abs. 1 Satz 2), sondern steht **neben** diesen Organen. 3

II. Errichtung des KBR (Abs. 1)

1. Allgemeines

Die Errichtung eines KBR setzt zunächst das **Bestehen eines Konzerns** voraus, welcher zwar im Rahmen des Betriebsverfassungsgesetzes nicht näher definiert wird, gleichwohl aber über den Verweis in § 54 Abs. 1 in § 18 Abs. 1 AktG (BAG 9.2.2011 – 7 ABR 11/10, AiB 2011, 698–700; zuletzt BAG 11.2.2015 – 7 ABR 98/12). So sieht § 18 Abs. 1 AktG vor, dass **ein herrschendes und ein oder mehrere abhängige Unternehmen** einen Konzern bilden, wenn sie **unter der einheitlichen Leitung des herrschenden Unternehmens zusammengefasst werden.** Keineswegs ist jedoch das Vorliegen sämtlicher Merkmale des Aktiengesetzes für die Begriffsbestimmung des betriebsverfassungsrechtlichen Konzerns maßgeblich (BAG 21.10.1980 – 6 ABR 41/78), denn bei der betriebsverfassungsrechtlichen Mitbestimmung im Konzern steht der Interessenausgleich zwischen dem AG und den Belegschaften der zum Konzern gehörenden Unternehmen und Betriebe im Vordergrund – und nicht der Gläubiger- und Minderheitenschutz, wie beim gesellschaftsrechtlichen Begriff des Aktienrechts (BAG 21.10.1980 – 6 ABR 41/78). 4

2. Konzern (§ 18 Abs. 1 AktG)

a. Abhängigkeitsverhältnis

Voraussetzung für die Errichtung des KBR ist das Bestehen von **zwei rechtlich selbstständigen Unternehmen**, von denen ein Unternehmen einen **herrschenden Einfluss** auf das andere, abhängige Unternehmen haben muss. 5

Der Konzern i.S.d. § 54 Abs. 1 verlangt **keine bestimmte Rechtsform** des herrschenden oder des abhängigen Unternehmen (BAG 14.2.2007 – 7 ABR 26/06, AiB Newsletter 2007, Nr. 4, 4), beschränkt sich also nicht auf die dem Aktiengesetz unterfallenden Unternehmen in Form einer Aktiengesellschaft oder KG a.A., so dass auch die GmbH, Personengesellschaften (OHG, KG, GbR) sowie natürliche Personen (Einzelkaufmann) das Unternehmen eines Konzerns bilden. Unerheblich ist, dass die natürliche Person ihren Wohnsitz im Ausland hat, wenn sie von einem im Inland gelegenen Büro aus ihre Leitungsmacht ausübt (Hessisches LAG 20.5.2019 – 16 TaBV 227/18). Auch wenn das herrschende Unternehmen eines Konzerns öffentlich-rechtlich organisiert ist (also z. B. eine Landesbank), kann für die privatrechtlich organisierten, von der öffentlich-rechtlichen Konzernmutter beherrschten Unternehmen ein KBR errichtet werden; die Belegschaft des herrschenden öffentlich-rechtlich organisierten Unternehmens kann bei der Errichtung des KBR allerdings nicht berücksichtigt werden (BAG 26.8.2020 – 7 ABR 24/18).

6 Das Abhängigkeitsverhältnis verlangt nach § 17 Abs. 1 AktG die theoretische Möglichkeit des herrschenden Unternehmens, unmittelbar oder mittelbar einen **beherrschenden Einfluss** auf das beherrschte Unternehmen auszuüben, ohne dass dieser auch tatsächlich ausgeübt werden muss (BAG 22.11.1995 – 7 ABR 9/95). Die Mittel, um den beherrschenden Einfluss zu begründen, sind dabei unerheblich. In Betracht kommen sowohl **gesellschaftsrechtliche Instrumente** (etwa Stimmrechte, Entsenderechte, Eingliederung oder Beherrschungsvertrag), als auch **schuldrechtliche Vertragsbeziehungen** sowie **tatsächliche Umstände**. Die beherrschenden Möglichkeiten zur Einflussnahme müssen die zentralen Geschäftsbereiche umfassen.

7 Nach § 17 Abs. 2 AktG wird das Abhängigkeitsverhältnis **widerlegbar vermutet**, wenn ein Unternehmen an einem anderen die Mehrheit besitzt.

Beispiele für eindeutige Kriterien für ein Abhängigkeitsverhältnis:
- Bildung einer gemeinsamen (konsolidierten) Konzernbilanz
- Bestehen eines Beherrschungsvertrags
- Stimmenmehrheit des beherrschenden Unternehmens in der Hauptversammlung des beherrschten Unternehmens
- Eingliederung des beherrschten Unternehmens in das beherrschende Unternehmen (§ 319 AktG)

b. Einheitliche Leitung

8 Gemäß § 18 Abs. 1 AktG müssen die **abhängigen Unternehmen unter der einheitlichen Leitung des herrschenden Unternehmens zusammengefasst** sein, wobei die einheitliche Leitungsmacht auf einer Mehrheitsbeteiligung, einer Eingliederung, auf einem Vertrag oder auf einer faktischen Abhängigkeit beruhen kann und in der Praxis tatsächlich ausgeübt (BAG 30.3.2004 – 1 ABR 61/01, AiB Newsletter 2005, Nr. 1, 4)

werden muss. Die Ausübung der einheitlichen Leitungsmacht stellt sich so dar, dass die Geschäftspolitik des abhängigen Unternehmens durch die Planung des herrschenden Unternehmens **gesteuert** wird.

Nach § 18 Abs. 1 Satz 2 AktG wird bei **Vertragskonzernen** i. S. d. § 291 AktG (Leitung des Unternehmens wird durch Beherrschungsvertrag einem anderen Unternehmen unterstellt) und **Eingliederungskonzernen** i. S. d. § 319 AktG (Eingliederung erfolgt durch Beschluss der Hauptversammlung der einzugliedernden Aktiengesellschaft unter Zustimmung der Hauptgesellschaft) die einheitliche Leitung **unwiderlegbar vermutet** (BAG 14.2.2007 – 7 ABR 26/06, AiB Newsletter 2007, Nr. 4, 4). 9

Beruht die einheitliche Leitung weder auf einem Beherrschungsvertrag noch auf einer Eingliederung, ist die Leitung jedoch dadurch gesichert, dass das herrschende Unternehmen in der Lage ist, im abhängigen Unternehmen seinen Willen durchzusetzen (BAG 30.10.1986 – 6 ABR 19/85, AiB 2003, 181–182), liegt ein sog. **faktischer Konzern** vor. 10

Eine **Konzernvermutung** wird in Fällen des Mehrheitsbesitzes (§ 16 AktG) durch die Kombination der widerleglichen Vermutungen des § 17 Abs. 2 AktG und des § 18 Abs. 1 Satz 3 AktG insoweit erleichtert, als von einem abhängigen im Mehrheitsbesitz stehenden Unternehmen vermutet wird, dass es mit dem an ihm mit Mehrheit beteiligten herrschenden Unternehmen einen Konzern bildet. Unter strengen Voraussetzungen sind diese Vermutungen allerdings **widerlegbar**, wenn die vorhandene Leitungsmacht tatsächlich in keinem Bereich ausgeübt wird (BAG 15.12.2011 – 7 ABR 56/10). 11

Beispiele für das Bestehen und die Ausübung der einheitlichen Leitung:
- Einheitliche Software für die Unternehmensführung
- Personalunion in den Vorständen oder Geschäftsführungen
- Steuerung der Geschäftspolitik des abhängigen Unternehmens durch das beherrschende Unternehmen

c. Sonderfälle

Ein **Gemeinschaftsunternehmen** wird von mindestens zwei Unternehmen gemeinsam beherrscht und bildet mit den herrschenden Unternehmen jeweils einen Konzern (BAG 30.10.1986 – 6 ABR 19/85, AiB 2003, 181–182). So hat das BAG anerkannt, dass auch mehrere Unternehmen gemeinsam herrschende Unternehmen i. S. d. § 17 Abs. 1 AktG bilden können (BAG 13.10.2004 – 7 ABR 56/03) und auch in diesem Falle die Vermutung des § 18 Abs. 1 Satz 3 AktG greift (BAG 30.10.1986 – 6 ABR 19/85, AiB 2003, 181–182). Die Ausübung gemeinsamer Herrschaft 12 durch die herrschenden Unternehmen setzt das Bestehen einer ausreichend sicheren Rechts- und Tatsachengrundlage voraus. So müssen die Einflussmöglichkeiten koordiniert sein und können sich aus vertraglichen oder organisatorischen Bindungen, aber auch aus rechtlichen und tatsächlichen Umständen sonstiger Art ergeben (BAG 11.2.2015 – 7 ABR 98/12).

13 Ein **Konzern im Konzern** besteht bei einem mehrstufigen Konzern, wenn das herrschende Unternehmen (Mutter) von seiner Leitungsmacht zwar im wesentlichen Umfang, aber doch nur teilweise Gebrauch macht und einem abhängigen Unternehmen (Tochter) noch wesentliche Leitungsaufgaben zur eigenständigen Ausübung gegenüber den diesem nachgeordneten Unternehmen (Enkel) belässt (BAG 21.10.1980 – 6 ABR 41/78). Sinn und Zweck der Errichtung eines KBR ist, die Beteiligung der Konzernarbeitnehmerschaft an Entscheidungen der Konzernleitung sicherzustellen. Dieser Zweck würde hingegen verfehlt, wenn bei einer Tochtergesellschaft mit wesentlichem eigenen Entscheidungsspielraum die Errichtung eines KBR ausscheiden würde (BAG 16.5.2007 – 7 ABR 63/06, AiB Newsletter 2007, Nr. 12, 2).

3. Beschlüsse der GBR

14 Die Errichtung des KBR setzt die **übereinstimmende Beschlussfassung von einzelnen GBR** der Konzernunternehmen voraus, wobei nach § 54 Abs. 1 Satz 2 die Zustimmung von GBR, die zusammen **mehr als 50 % der AN des Konzerns** repräsentieren, ausreichend ist. Spricht sich ein GBR gegen die Errichtung eines KBR aus, stellt dies aber keine pflichtwidrige Handlung dar.

15 Nach entsprechender Beschlussfassung der GBR über die Errichtung des KBR sind nach § 55 Abs. 1 Satz 1 die **GBR sämtlicher Konzernunternehmen** verpflichtet, Mitglieder in den KBR zu entsenden, ungeachtet ihrer Beschlussfassung bzw. Zustimmung zur Errichtung des KBR.

4. Bestand und Beendigung des KBR

16 Auch der KBR ist – wie der GBR – eine **Dauereinrichtung**, hat **keine feste Amtszeit** und **endet**, wenn die **Voraussetzungen seiner Errichtung dauerhaft entfallen**, vor allem bei Beendigung des Konzernverhältnisses (BAG 23.8.2006 – 7 ABR 51/05, AiB Newsletter 2007, Nr. 12, 3). Demzufolge ist das Eintreten oder Ausscheiden eines Unternehmens in

bzw. aus dem Konzern unerheblich, es sei denn, nach dem Ausscheiden besteht kein Konzern mehr. Dann endet der KBR.

Der KBR kann **durch Beschlüsse der GBR** jederzeit **aufgelöst** werden, 17
wenn die GBR der Unternehmen, in denen **mehr als die Hälfte der AN des Konzerns** beschäftigt sind, für eine solche Auflösung des KBR stimmen. Hingegen kann der KBR nicht seinen kollektiven Rücktritt erklären und sich selbst auflösen. Allenfalls können die einzelnen Mitglieder des KBR geschlossen ihr Amt niederlegen; in diesem Fall rücken die Ersatzmitglieder nach.

Einem unter Verkennung der gesetzlichen Erfordernisse des § 54 errich- 18
teten KBR stehen von Beginn an **keinerlei** betriebsverfassungsrechtliche Befugnisse zu (BAG 23.8.2006 – 7 ABR 51/05, AiB Newsletter 2007, Nr. 12, 3; zuletzt LAG Rheinland-Pfalz 26.2.2015 – 5 TaBV 19/14).

III. Konzernunternehmen mit nur einem BR (Abs. 2)

§ 54 Abs. 2 regelt für **den Fall des Bestehens nur eines BR** (und keines 19
GBR) in einem Unternehmen des Konzerns die Geltung sämtlicher Vorschriften über Rechte, Pflichten und Zuständigkeiten der GBR der Konzernunternehmen im Zusammenhang mit der Bildung und Zusammensetzung des KBR für diesen einen BR.

Gemäß dem Wortlaut und dem Sinn und Zweck betrifft die Vorschrift 20
den Fall, dass das Konzernunternehmen nur aus einem betriebsratsfähigen Betrieb besteht. Es ist aber auch der Fall möglich, dass ein Konzernunternehmen aus mehreren betriebsratsfähigen Betrieben besteht, jedoch nur in einem dieser Betriebe ein BR gebildet wurde und aus diesem Grunde die Errichtung eines GBR nicht möglich ist. Dabei ist durchaus umstritten und gerichtlich noch nicht entschieden, ob § 54 Abs. 2 Anwendung findet. Der BR dürfte aber wohl **nur die AN des Betriebs repräsentieren, in dem er gebildet** ist. Mangels betriebsverfassungsrechtlicher Legitimation dürfte sich dies **nicht** auch auf die AN der betriebsratslosen Betriebe erstrecken, so dass es auf die Zahl der in den einzelnen Betrieben des Konzernunternehmens insgesamt beschäftigten AN nicht ankommt. Soweit also bei der Bildung des KBR auf das Stimmengewicht abzustellen ist, sollte **allein** die Belegschaft in dem von dem BR repräsentierten Betrieb maßgeblich sein.

§ 54 Abs. 2 findet hingegen **keine** Anwendung, wenn in einem mehr- 21
betrieblichen Konzernunternehmen mehrere Betriebsräte, die entgegen § 47 pflichtwidrig **keinen** GBR gebildet haben, bestehen.

IV. Streitigkeiten

22 Über Streitigkeiten im Zusammenhang mit der wirksamen Errichtung eines KBR entscheidet das zuständige Arbeitsgericht im Wege des **Beschlussverfahrens.** Die **entsendenden Betriebs-** und **Gesamtbetriebsräte** sowie die **Konzernunternehmen** sind zu beteiligen (BAG 23.8.2006 – 7 ABR 51/05, AiB Newsletter 2007, Nr. 12, 3).

§ 55 Zusammensetzung des Konzernbetriebsrats, Stimmengewicht

(1) [1]In den Konzernbetriebsrat entsendet jeder Gesamtbetriebsrat zwei seiner Mitglieder. [2]Die Geschlechter sollen angemessen berücksichtigt werden.
(2) Der Gesamtbetriebsrat hat für jedes Mitglied des Konzernbetriebsrats mindestens ein Ersatzmitglied zu bestellen und die Reihenfolge des Nachrückens festzulegen.
(3) Jedem Mitglied des Konzernbetriebsrats stehen die Stimmen der Mitglieder des entsendenden Gesamtbetriebsrats je zur Hälfte zu.
(4) [1]Durch Tarifvertrag oder Betriebsvereinbarung kann die Mitgliederzahl des Konzernbetriebsrats abweichend von Absatz 1 Satz 1 geregelt werden. [2]§ 47 Abs. 5 bis 9 gilt entsprechend.

Inhaltsübersicht Rn.

I. Zweck der Regelung

1 In Anlehnung an die für den GBR geltenden gesetzlichen Vorschriften regelt § 55 für den KBR die **Mitgliederzahl** und seine **Zusammensetzung**, die **Bestellung von Ersatzmitgliedern** sowie die **Stimmengewichtung** (Entwurf eines Betriebsverfassungsgesetzes der Bundesregierung im Jahre 1971, RegE BT-Drs. VI/1786, S. 43). Die Vorschrift ist **zwingend**, abgesehen von der in § 55 Abs. 4 Satz 1 normierten Möglich-

keit der abweichenden Festlegung der Mitgliederzahl des KBR durch Tarifvertrag oder BV.

II. Zusammensetzung des KBR

1. Entsendung

Jeder GBR **entsendet zwei seiner Mitglieder in den KBR** ungeachtet 2
dessen, ob er der Errichtung des KBR zugestimmt oder ihr widersprochen hat. Da die **Mitgliedschaft im GBR von der Mitgliedschaft im BR abhängt**, endet sie spätestens mit Ablauf der Amtszeit des BR. Besteht kein GBR in einem Konzernunternehmen, sondern nur ein BR, trifft diesen nach § 54 Abs. 2 die Verpflichtung zur Entsendung zweier seiner Mitglieder. Besteht der BR lediglich aus einem Mitglied, ist dieses automatisch Mitglied im KBR.

Über die in den KBR zu entsendenden Mitglieder **entscheiden die GBR** 3
(bzw. der BR im Falle des § 54 Abs. 2) **durch Beschluss** (siehe näher dazu § 51 Rn. 8 ff.).

2. Abberufung

Die in den KBR entsandten Mitglieder können unter den gleichen Vo- 4
raussetzungen **ohne besonderen Anlass** durch Beschluss des entsendenden GBR (bzw. BR) jederzeit wieder **abberufen** werden. Nach § 59 Abs. 1 i. V. m. § 25 Abs. 1 rückt für das abberufene Mitglied das jeweilig bestellte Ersatzmitglied im Sinne des § 55 Abs. 2 nach.

3. Ersatzmitglieder (Abs. 2)

Der GBR hat für jedes Mitglied des KBR für den Fall seiner **zeitweiligen** 5
Verhinderung oder für sein **Ausscheiden** aus dem KBR aus seiner Mitte **mindestens ein Ersatzmitglied** zu bestellen und die Reihenfolge des Nachrückens festzulegen.

III. Stimmengewichtung (Abs. 3)

Jedem Mitglied des KBR stehen die **Stimmen der Mitglieder des ent-** 6
sendenden GBR je zur Hälfte zu. Es findet – wie im GBR – eine Stimmengewichtung (§ 47 Abs. 7) statt. Danach hat jedes Mitglied des KBR so viele Stimmen, wie in dem Unternehmen, in dem der GBR besteht, wahlberechtigte AN in die Wählerliste eingetragen sind.

7 Die Stimmabgabe hat ausschließlich **einheitlich** zu erfolgen, so dass eine etwaige Aufsplitterung der Stimmen im Ergebnis nicht zulässig ist. Grundsätzlich sind die Mitglieder des KBR bei ihrer Stimmabgabe **nicht** an **Weisungen** des jeweils entsendenden GBR gebunden; da die Mitglieder des KBR aber jederzeit grundlos abberufen werden können, fühlen sie sich dennoch faktisch an die Weisungen gebunden.

IV. Abweichende Regelungen durch Tarifvertrag oder BV (Abs. 4)

8 § 55 ermöglicht **als Steuerungsinstrument** im Hinblick auf die unterschiedliche Anzahl und Beschäftigtenzahl von Konzernunternehmen in § 55 Abs. 4 für den KBR eine **Abweichung** von der gesetzlichen Mitgliederzahl im Sinne einer sachgerechten Erhöhung oder Begrenzung.

9 **Parteien des Tarifvertrags** sind das herrschende Unternehmen und die für das herrschende Unternehmen zuständige Gewerkschaft.

10 In Ermangelung eines Tarifvertrags kann die Mitgliederzahl des KBR **auch durch eine BV** zwischen dem herrschenden Unternehmen und dem bereits gebildeten KBR abweichend geregelt werden. Vor der Konstituierung des KBR kann auch der jeweilige GBR mit dem herrschenden Unternehmen eine derartige BV abschließen.

11 Gemäß § 55 Abs. 4 Satz 2 gilt hinsichtlich der Gestaltungsmöglichkeiten des Tarifvertrags oder der BV die **Vorschrift des § 47 Abs. 5 bis 9 entsprechend** (siehe näher dazu § 47 Rn. 13 f.).

12 Durch die Zusammenfassung von GBR – im Falle regionaler Verbundenheit oder gleichgelagerter Interessen – zur gemeinsamen Entsendung in den KBR erfolgt eine **Verkleinerung des KBR**. Das Stimmengewicht richtet sich **jedoch** nach dem **Gesamtvolumen der Stimmengewichte** dieser zusammengefassten GBR.

V. Erzwingbare BV

13 Hat der KBR **mehr als 40 Mitglieder**, können der AG des herrschenden Unternehmens und der KBR, sofern kein Tarifvertrag über eine abweichende Zusammensetzung des KBR besteht, eine **BV über die Mitgliederzahl des KBR** im Sinne des § 55 Abs. 4 Satz 2 i. V. m. § 47 Abs. 5 und 6 **verlangen** (siehe näher dazu § 47 Rn. 15 f.).

VI. Gemeinschaftsbetrieb

Die Verweisung in § 55 Abs. 4 Satz 2 u.a. auf § 47 Abs. 9 betrifft nur **Gemeinschaftsbetriebe** im Sinne von § 1 Abs. 1 Satz 2 und keineswegs Gemeinschaftsunternehmen, d.h. von mehreren herrschenden Unternehmen abhängige Unternehmen. Zur Vermeidung von Verzerrungen des Stimmengewichts kann es mit Blick auf die Beschäftigung von AN konzernfremder Unternehmen in Gemeinschaftsbetrieben sachgerecht sein, durch Tarifvertrag oder BV vom Gesetz abweichende Stimmengewichtungen zu vereinbaren. 14

VII. Streitigkeiten

Das ArbG, wo das herrschende Unternehmen seinen Sitz hat und der KBR gebildet ist, entscheidet im Wege des **Beschlussverfahrens** über Streitigkeiten sowohl im Zusammenhang mit der Zusammensetzung und der Mitgliederzahl des KBR als auch über die Stimmengewichtung. 15

Die **Antragsberechtigung** steht dem **GBR**, dem **BR** (im Falle des § 54 Abs. 2), den **Konzernunternehmen** und dem **herrschenden Unternehmen** zu. Bei Betroffenheit ihrer betriebsverfassungsrechtlichen Stellung sind auch die Mitglieder des Gesamt- oder KBR antragsbefugt. 16

§ 56 Ausschluss von Konzernbetriebsratsmitgliedern

Mindestens ein Viertel der wahlberechtigten Arbeitnehmer der Konzernunternehmen, der Arbeitgeber, der Konzernbetriebsrat oder eine im Konzern vertretene Gewerkschaft können beim Arbeitsgericht den Ausschluss eines Mitglieds aus dem Konzernbetriebsrat wegen grober Verletzung seiner gesetzlichen Pflichten beantragen.

Inhaltsübersicht Rn.

I. Zweck der Regelung

Die **zwingende**, d.h. nicht durch Tarifvertrag oder BV abdingbare Vorschrift des § 56 regelt – entsprechend § 48 – die Ausschlussmöglichkeit von Mitgliedern aus dem KBR. 1

II. Voraussetzungen des Ausschlusses

2 Es besteht über § 56 – wie beim GBR – die Möglichkeit, **einzelne Mitglieder aus dem KBR** durch arbeitsgerichtliche Entscheidung **auszuschließen**. Die Auflösung des KBR als Gremium ist angesichts seiner Natur als Dauereinrichtung nicht möglich.

1. Grobe Pflichtverletzung

3 Die für einen Ausschluss aus dem KBR erforderliche **grobe Pflichtverletzung** eines Mitglieds des KBR muss eine Verpflichtung zum Gegenstand haben, die dem Auszuschließenden gerade **in seiner Eigenschaft als Mitglied des KBR** obliegt. Pflichtverletzungen in der Eigenschaft als Mitglied des BR oder GBR rechtfertigen hingegen für sich isoliert betrachtet noch nicht den Ausschluss aus dem KBR. Jedoch zieht ein Ausschluss aus dem BR oder GBR **zugleich** den Verlust der Mitgliedschaft im KBR **wegen seiner Bindung an die Mitgliedschaft im BR und GBR** nach sich, während ein Ausschluss aus dem KBR die Mitgliedschaften im BR oder GBR unberührt lässt.

2. Antrag beim Arbeitsgericht

4 Die **Antragsberechtigung** im Rahmen des § 56 orientiert sich an der für den GBR geltenden Vorschrift des § 48 (siehe näher dazu § 48 Rn. 4f.).

5 Für die Antragsberechtigung des **AG** kommt es ausschließlich auf die **Konzernleitung** an, nicht aber auf die Leitung der abhängigen Unternehmen. Wenn mindestens ein AN irgendeines Konzernunternehmens Mitglied bei der **Gewerkschaft** ist, reicht dies für die Antragsberechtigung dieser Gewerkschaft aus. Ferner ist der **KBR**, nicht jedoch der GBR eines Konzernunternehmens, antragsbefugt.

6 Für die Entscheidung über den Ausschluss eines Mitglieds aus dem KBR ist das **ArbG** zuständig, in dessen Bezirk das **herrschende Unternehmen** seinen **Sitz** hat.

§ 57 Erlöschen der Mitgliedschaft

Die Mitgliedschaft im Konzernbetriebsrat endet mit dem Erlöschen der Mitgliedschaft im Gesamtbetriebsrat, durch Amtsniederlegung, durch Ausschluss aus dem Konzernbetriebsrat aufgrund einer ge-

richtlichen Entscheidung oder Abberufung durch den Gesamtbetriebsrat.

Inhaltsübersicht Rn.

I. Zweck der Regelung

In Anlehnung an die für den GBR geltende Vorschrift des § 49 regelt § 57 – **zwingend** und weder durch Tarifvertrag noch BV abdingbar – das Erlöschen der Mitgliedschaft im KBR entsprechend. 1

II. Erlöschen der Mitgliedschaft

In Anbetracht der Tatsache, dass der KBR eine **Dauereinrichtung ohne feste Amtszeit** im Konzern darstellt, scheidet eine Beendigung des KBR als Kollektivorgan aus. Während eine **kollektive Auflösung** des KBR durch die Mitglieder des KBR **nicht** möglich ist, können nur die GBR der Konzernunternehmen mit der nach § 54 Abs. 1 gebotenen Mehrheit die Auflösung des KBR übereinstimmend beschließen. Auch ein **kollektiver Rücktritt sämtlicher Mitglieder** des KBR führt **nicht** zur Auflösung des Gremiums an sich, sondern nur zum Nachrücken der Ersatzmitglieder nach § 55 Abs. 2. So regelt die Vorschrift des § 57 **lediglich** die **Beendigung der Mitgliedschaft des einzelnen Mitglieds** des KBR. 2

Gleichwohl **endet** der KBR im Falle des **nachträglichen Wegfalls der Voraussetzungen für seine Errichtung** (siehe § 54 Rn. 16), etwa bei übereinstimmenden Beschlüssen der GBR hinsichtlich der Auflösung des KBR (siehe § 54 Rn. 17) oder bei nachträglichem Entfallen der Voraussetzungen für das Bestehen eines Konzerns im Sinne des § 18 Abs. 1 AktG. 3

Das **Ausscheiden von Konzernunternehmen** aus dem Konzern oder die Einbeziehung neuer Unternehmen in den Konzern haben keinen Einfluss auf den Bestand des KBR als Gremium. Vielmehr erlischt im Falle des Ausscheidens die Mitgliedschaft der von diesem Unternehmen entsandten Mitglieder des KBR bzw. es werden im Falle der Einbeziehung neue Mitglieder in den KBR entsandt. 4

Die **Erlöschensgründe** der Mitgliedschaft im KBR sind weitgehend mit den Erlöschensgründen der Mitgliedschaft im GBR (siehe näher dazu 5

§ 49 Rn. 2 ff.) identisch. Die Mitgliedschaft im KBR erlischt bei **Beendigung der Mitgliedschaft im GBR** nach § 49 angesichts § 55 Abs. 1 Satz 1, der die Entsendung nur eigener Mitglieder in den KBR vorsieht. Gleiches gilt bei **Beendigung der Mitgliedschaft im BR** angesichts der mit ihr endenden Mitgliedschaft im GBR. Ferner erlischt die Mitgliedschaft im KBR durch die jederzeit mögliche **formlose Amtsniederlegung**, durch den **Ausschluss** aus dem KBR wegen **grober Pflichtverletzung** gemäß § 56 sowie durch die **Abberufung** durch den entsendenden GBR (bzw. BR im Falle des § 54 Abs. 2), für die es keiner besonderen Gründe, jedoch eines Beschlusses bedarf.

6 Auch Ämter und Funktionen (z. B. im Rahmen des Konzernbetriebsausschusses), die an die Mitgliedschaft im KBR geknüpft sind, enden dementsprechend mit dem Erlöschen der Mitgliedschaft im KBR.

III. Streitigkeiten

7 Im Wege des **Beschlussverfahrens** entscheidet das ArbG, in dessen Bezirk das herrschende Unternehmen seinen Sitz hat, über Streitigkeiten im Zusammenhang mit dem Erlöschen der Mitgliedschaft im KBR. Für die Fälle, in denen bereits das Erlöschen der Mitgliedschaft im BR oder GBR im Streit steht und die Beteiligten auch eine arbeitsgerichtliche Überprüfung über die Mitgliedschaft im GBR anstreben, können die Verfahren **verbunden** werden. An den Verfahren sind stets der **KBR zu beteiligen** sowie das **ausscheidende Mitglied** und das **herrschende Unternehmen.** Ferner ist der entsendende GBR zu beteiligen, sofern er zum Erlöschen der Mitgliedschaft durch Abberufung beiträgt.

§ 58 Zuständigkeit

(1) [1]Der Konzernbetriebsrat ist zuständig für die Behandlung von Angelegenheiten, die den Konzern oder mehrere Konzernunternehmen betreffen und nicht durch die einzelnen Gesamtbetriebsräte innerhalb ihrer Unternehmen geregelt werden können; seine Zuständigkeit erstreckt sich insoweit auch auf Unternehmen, die einen Gesamtbetriebsrat nicht gebildet haben, sowie auf Betriebe der Konzernunternehmen ohne Betriebsrat. [2]Er ist den einzelnen Gesamtbetriebsräten nicht übergeordnet.

(2) [1]Der Gesamtbetriebsrat kann mit der Mehrheit der Stimmen seiner Mitglieder den Konzernbetriebsrat beauftragen, eine Angelegenheit für ihn zu behandeln. [2]Der Gesamtbetriebsrat kann sich

dabei die Entscheidungsbefugnis vorbehalten. [3]§ 27 Abs. 2 Satz 3 und 4 gilt entsprechend.

Inhaltsübersicht Rn.

I. Zweck der Regelung

Der Gesetzgeber grenzt mit der Vorschrift des § 58 Abs. 1 die Zuständigkeiten des Gesamt- und KBR in derselben Weise voneinander ab wie die Zuständigkeiten des GBR und BR in § 50 Abs. 1. Er hat die **Zuständigkeitsregelung des § 58** derjenigen zwischen GBR und BR **nachgebildet** (so schon der Entwurf eines Betriebsverfassungsgesetzes der Bundesregierung im Jahre 1971, RegE BT-Drs. VI/1786, S. 44). Die **zwingende**, d.h. nicht durch Tarifvertrag oder BV zu verändernde Vorschrift des § 58 regelt neben der **Zuständigkeit des KBR** auch seine **Rechtsstellung** und sein **Verhältnis zu den einzelnen GBR**. 1

II. Rechtsstellung des KBR und Verhältnis des KBR zum GBR

Als selbstständiges Organ der Betriebsverfassung ist der KBR **den GBR und/oder den BR weder übergeordnet noch untergeordnet** (BAG 12.11.1997 – 7 ABR 78/96, AiB 1999, 285–286). Der KBR ist weder befugt, den GBR und/oder den BR Weisungen zu erteilen, noch von ihnen Weisungen entgegenzunehmen. Ein faktisches Abhängigkeitsverhältnis entsteht jedoch durch die jederzeit grundlos mögliche Abberufungsmöglichkeit von Mitgliedern des KBR durch die entsendenden GBR (bzw. BR im Falle des § 54 Abs. 2). Nach Auffassung des BAG sind KBR, GBR und BR eigenständige Organe der Betriebsverfassung mit **unterschiedlich abgegrenzten Zuständigkeitsbereichen**, die sich – abgesehen von den Delegationsmöglichkeiten der §§ 50 Abs. 2, 58 Abs. 2 – 2 wechselseitig nicht vertreten können (BAG 12.11.1997 – 7 ABR 78/96, AiB 1999, 285–286). Es gilt für das Verhältnis der originären Zuständigkeit von BR, GBR und KBR der **Grundsatz der Zuständigkeitstrennung**; d.h. es ist (originär, siehe Rn. 4) entweder nur der BR oder nur der GBR oder nur der KBR zuständig (siehe näher dazu § 50 Rn. 3). Die gesetzliche Zuständigkeitsverteilung kann **nicht** durch Tarifvertrag oder BV abweichend geregelt werden, ist also zwingend (BAG 14.11.2006 – 1 ABR 4/06).

3 In Ermangelung einer gesetzlichen Definition des vom Betriebsverfassungsgesetz vorausgesetzten **Konzernarbeitgebers** im Verhältnis zum KBR, entspricht es dem allgemeinen Verständnis, dass dem KBR im Bereich seiner **originären Zuständigkeit** als Verhandlungs- und Vertragspartner die **Leitung des herrschenden Konzernunternehmens** gegenübersteht (BAG 12.11.1997 – 7 ABR 78/96, AiB 1999, 285–286). Wird der KBR hingegen lediglich im Rahmen der **Delegation** i.S.d. § 58 Abs. 2 tätig, kommt als Verhandlungs- und Vertragspartner nur die **Leitung des betroffenen Unternehmens** für den Abschluss von BV in Betracht (BAG 12.11.1997 – 7 ABR 78/96, AiB 1999, 285–286).

III. Zuständigkeit des KBR kraft Gesetzes (Abs. 1 Satz 1)

4 Es ist im Rahmen der Zuständigkeit zu **differenzieren** zwischen der **originären Zuständigkeit** des KBR kraft gesetzlicher Generalklausel (§ 58 Abs. 1 Satz 1), die sich auch auf Unternehmen ohne GBR und betriebsratslose Betriebe erstreckt (§ 58 Abs. 1 Satz 2), sowie der dem KBR darüber hinaus außerhalb des BetrVG explizit gesetzlich zugewiesenen **besonderen Zuständigkeit** und der **Zuständigkeit kraft Auftrags** (§ 58 Abs. 2).

5 Angesichts der Kompetenzzuweisung des Betriebsverfassungsgesetzes ist **in erster Linie** für die Wahrnehmung von Mitbestimmungsrechten der **BR zuständig** (siehe § 50 Rn. 4). Vor diesem Hintergrund ist die **originäre Zuständigkeit** des KBR an das Vorliegen **zweier Voraussetzungen** geknüpft, die **kumulativ**, d.h. beide zusammen, erfüllt sein müssen. Zum einen muss die Angelegenheit den **Konzern oder mehrere Konzernunternehmen betreffen**, zum anderen darf die Angelegenheit **nicht durch die einzelnen GBR innerhalb ihrer Unternehmen geregelt** werden können.

6 Die Zuständigkeit des KBR ist demnach nach **denselben Kriterien** abzugrenzen wie im Rahmen des § 50 Abs. 1 Satz 1 für den GBR (BAG 25.9.2012 – 1 ABR 45/11; siehe bereits die Erläuterungen zu § 50 Rn. 6ff.).

1. Betroffenheit mehrerer Konzernunternehmen

Angelegenheiten betreffen (d. h. sie wirken sich aus) den Konzern oder mehrere Konzernunternehmen, wenn die Angelegenheit durch die Betroffenheit **mindestens zweier Unternehmen im Konzern** über die Grenzen der einzelnen Unternehmen hinaus relevant ist. 7

Beispiel:
Eine Angelegenheit darf nicht nur auf ein Unternehmen bzw. einen Betrieb beschränkt sein, sondern muss unternehmensübergreifenden Charakter besitzen – wie etwa eine konzernweite grundlegende Änderung der Aufbau- und Ablauforganisation oder ein Verhaltenskodex für mindestens zwei Unternehmen eines Konzerns.

2. Keine Regelungsmöglichkeit durch den einzelnen GBR

Entsprechend der Erläuterungen zu § 50 Abs. 1 S. 1 ist das Verständnis 8 der Begrifflichkeit des »**Nichtregelnkönnens**« uneinheitlich. Einigkeit besteht insoweit, dass der KBR zuständig ist, wenn es den **einzelnen BR bzw. GBR subjektiv und/oder objektiv unmöglich** ist, eine Regelung zu treffen.

Nicht erforderlich – entsprechend den Ausführungen zu § 50 Abs. 1 9 Satz 1 – ist auf der einen Seite eine Interpretation des Begriffs dahingehend, dass eine Regelung durch die einzelnen BR bzw. GBR objektiv und logisch ausgeschlossen sein muss (BAG 23.9.1975 – 1 ABR 122/73). **Nicht ausreichend** zur Begründung der Zuständigkeit des KBR sind auf der anderen Seite aber allein der geäußerte Wunsch der Konzernleitung, bloße Zweckmäßigkeitserwägungen einer konzerneinheitlichen oder unternehmensübergreifenden Regelung oder das Koordinierungsinteresse sowie Kostengesichtspunkte der Konzernleitung (BAG 25.9.2012 – 1 ABR 45/11). Der KBR ist auch nicht bereits deshalb zuständig, weil der Konzernarbeitgeber die Initiative zur Regelung einer Angelegenheit ergriffen hat.

Zur Frage des Vorliegens der **Unmöglichkeit** hat das BAG wichtige 10 Leitsätze formuliert:

Eine **subjektive Unmöglichkeit** für die einzelnen BR bzw. GBR soll dann vorliegen, wenn eine auf die einzelnen Betriebe oder Unternehmen beschränkte Regelung deshalb nicht möglich ist, weil der **Konzernarbeitgeber** den der Mitbestimmung unterfallenden Regelungsgegenstand **mitbestimmungsfrei so vorgegeben** hat, dass **eine Regelung nur betriebs- und unternehmensübergreifend** erfolgen kann (BAG 23.3.2010 – 1 ABR 82/08, AiB 2010, 619–621). Hauptanwendungsfall der subjektiven Unmöglichkeit ist dabei die **Gewährung freiwilliger und gleicher sozialer Leistungen auf der Konzernebene** (BAG 26.4.2005 – 1 AZR 76/04; BAG 13.12.2016 – 1 AZR 148/15), wie z.B. die konzernweite Gewährung von Unternehmensaktien. Wegen fehlender zwingender Mitbestimmungsrechte ist in diesen Fällen – wenn der Konzernarbeitgeber mit einem entsprechenden Wunsch auf den KBR zugeht – eine Regelung sowohl für die einzelnen BR als auch für die GBR unmöglich. Das gilt nicht nur bei der Gewährung freiwilliger Zulagen, sondern auch bei anderen Gegenständen, die der nicht erzwingbaren Mitbestimmung unterfallen (BAG 13.3.2001 – 1 ABR 7/00, AiB 2003, 180). Handelt es sich hingegen um Angelegenheiten der **zwingenden Mitbestimmung**, kann der **Konzernarbeitgeber** die **Zuständigkeit** durch sein Verlangen nach einer betriebs- und unternehmensübergreifenden Regelung grundsätzlich **nicht begründen**, es sei denn, es bestehen zwingende Erfordernisse (siehe Rn. 11).

11 Die **objektive Unmöglichkeit** für die einzelnen BR und GBR – und damit die Zuständigkeit des KBR – ist immer dann gegeben, wenn **zwingende Erfordernisse für eine konzerneinheitliche oder zumindest unternehmensübergreifende Regelung** bestehen (BAG 19.6.2012 – 1 ABR 19/11), wobei auf die Verhältnisse des jeweiligen Konzerns, seiner Unternehmen und Betriebe abzustellen ist (BAG 22.7.2008 – 1 ABR 40/07, AiB 2008, 669–671). Objektiv zwingende Erfordernisse für eine konzerneinheitliche bzw. unternehmensübergreifende Regelung können sich aus **technischen oder rechtlichen Gründen** ergeben (BAG 22.7.2008 – 1 ABR 40/07, AiB 2008, 671–673). Ein zwingendes Erfordernis aus technischen Gründen ist zumindest in den Fällen anerkannt, in denen bei fehlender einheitlicher Regelung eine technisch untragbare Störung eintritt, die zu unangemessenen betrieblichen oder wirtschaftlichen Auswirkungen führen kann (BAG 9.12.2003 – 1 ABR 49/02, AiB 2004, 257; siehe Rn. 12ff.).

3. Einzelfälle

a. Soziale Angelegenheiten

12 Im Bereich der **sozialen Angelegenheiten** des § 87 Abs. 1 ist die **Zuständigkeit der einzelnen (örtlichen) BR** in erster Linie begründet in der Betriebsbezogenheit der zu regelnden Angelegenheiten: § 87 bezieht sich auf den Betrieb – und nicht auf das Unternehmen oder den Konzern (BAG 18.10.1994 – 1 ABR 17/94). So steht etwa bei einer konzernweiten Mitarbeiterbefragung dem einzelnen BR ein Mitbestimmungs-

recht gemäß § 87 Abs. 1 Nr. 1 zu, auch wenn die beteiligten AG nur mit einem Teil der gestellten Fragen etwa erforderliche Maßnahmen des betrieblichen Gesundheitsschutzes zu identifizieren beabsichtigen, soweit es sich bei dem Fragebogen um ein unauflösbares Gesamtwerk handelt (LAG Hamburg 14.6.2016 – 2 TaBV 2/16).

Demgegenüber begründet sich die **Zuständigkeit des KBR** im Rahmen 13 des § 87 Abs. 1 Nr. 1 für die Fälle, in denen durch einen **Verhaltenskodex** für den gesamten Konzern eine konzerneinheitliche »Unternehmensphilosophie« umgesetzt und für ein »ethisch-moralisch einheitliches Erscheinungsbild« sowie eine konzernweite Identität gesorgt werden soll (BAG 22.7.2008 – 1 ABR 40/07, AiB 2008, 669–671).

Der **KBR** ist im Rahmen des § 87 Abs. 1 Nr. 1 und 6 **zuständig** hinsicht- 14 lich der Schaffung einer nach § 4 Abs. 1 BDSG erforderlichen Rechtsgrundlage für die **Datenverarbeitung** bzw. für einen konzernweiten Datenaustausch der Daten der AN im Konzern (BAG 20.12.1995 – 7 ABR 8/95, AiB 1997, 662–663). Die Ausübung des Mitbestimmungsrechts gemäß § 87 Abs. 1 Nr. 1 bei der Festlegung eines konzernweiten Meldeweges im Rahmen der Feststellung einer Datenpanne nach der DSGVO und der Verpflichtung des AN, sich während des Prozesses der Feststellung der Datenpanne kurzfristig erreichbar zu halten, obliegt hingegen dem BR und begründet keine Zuständigkeit des KBR (LAG Schleswig-Holstein 6.8.2019 – 2 TaBV 9/19. Der KBR ist zuständig für die Einführung und Ausgestaltung konzernweiter **Personalinformationssysteme** nach § 87 Abs. 1 Nr. 6, soweit die Zweckerreichung nur durch einheitliche Regelungen auf Konzernebene sichergestellt wird (BAG 25.9.2012 – 1 ABR 45/11). Bei der Mitbestimmung gegenüber der Ausgestaltung des in einem Klinikum und auf dessen Außengelände eingesetzten visuellen Aufzeichnungssystems im Sinne einer technischen Überwachungseinrichtung gemäß § 87 Abs. 1 Nr. 6 handelt es sich hingegen nicht um eine mehrere Unternehmen betreffende Angelegenheit, welche eine Zuständigkeit des KBR begründet. Vielmehr betreffen die der Mitbestimmung unterliegenden Gegenstände unterschiedliche betriebliche Vorgänge (BAG 26.1.2016 – 1 ABR 68/13).

Das Mitbestimmungsrecht nach § 87 Abs. 1 Nr. 7 (**Gesundheitsschutz**) 15 ist grundsätzlich beim örtlichen BR angesiedelt. Ein Mitbestimmungsrecht des örtlichen BR bei der Durchführung einer Gefährdungsbeurteilung ist daher nicht ausgeschlossen, weil bereits eine KBV zum Gesundheitsschutz besteht. Selbst wenn Arbeitsplätze nach konzernweit einheitlichem Standard eingerichtet werden, folgt daraus nicht, dass auch die Analyse möglicher Gesundheitsgefährdungen am einzelnen Arbeitsplatz notwendig auf Konzernebene erfolgen müsste. Vielmehr verlangen gerade die örtlichen Gegebenheiten typischerweise nach einer betriebsbezogenen Gestaltung von Gefährdungsbeurteilungen, auch wenn auf die Gefahren wegen der Standardisierung von Arbeitsplätzen mit konzernweit einheitlichen Maßnahmen reagiert werden muss (LAG Köln 20.10.2017 – 9 TaBV 69/17 unter Verweis auf BAG 8.6.2004 – 1 ABR 4/03). Gerade bei Fragen des Gesundheitsschutzes dürfen die lokalen (z. B. räumlichen und klimatischen) Besonderheiten nicht außer Acht gelassen werden.

16 Der KBR ist nach § 87 Abs. 1 Nr. 8 zuständig für Regelungen im Zusammenhang mit der Errichtung und Verwaltung von sich auf den Konzern erstreckenden **Sozialeinrichtungen**, wie konzernbezogene Unterstützungskassen (BAG 14.12.1993 – 3 AZR 618/93, AiB 1994, 574–576). Jedoch ist nicht der KBR, sondern der jeweilige GBR zuständig, wenn AN nur eines Unternehmens des Konzerns zusätzliche Versorgungsleistungen über die Leistungen aus einer konzerneinheitlichen Versorgungsordnung hinaus erhalten (BAG 19.3.1981 – 3 ABR 38/80). Entscheidet sich die Konzernobergesellschaft, allen Mitarbeitern weltweit eine einheitliche **Corona-Prämie** zukommen zu lassen, ist für die Festlegung der Verteilungsmaßstäbe bzw. der Entlohnungsgrundsätze für die Corona-Sonderzahlung nach § 87 Abs. 1 Nr. 10 grundsätzlich der KBR zuständig. Existiert kein KBR, weil im Geltungsbereich des BetrVG nur ein einziger Betrieb einer Konzerntochter vorhanden ist, ist die Verlagerung des Mitbestimmungsrechts auf den BR dieser Tochter zumindest nicht offensichtlich aus Rechtsgründen ausgeschlossen; eine andere Betrachtung könnte zu einer vom Gesetzgeber nicht gewollten Aushöhlung der Mitbestimmungsrechte führen (LAG Nürnberg 21.6.2021 – TaBV 11/21). Soll eine **betriebliche Altersversorgung,** seitens des AG als freiwillige Leistung, durch eine BV unternehmensübergreifend und konzernweit einheitlich, geregelt werden, ist insoweit gemäß § 58 Abs. 1 i. V. m. § 87 Abs. 1 Nr. 8, 10 das Mitbestimmungsrecht des KBR eröffnet. Sofern eine solche Regelung verändert und abgelöst werden soll, kann der AG erneut entscheiden, die Altersversorgung nur konzernweit einheitlich abzuändern. Sollen insoweit konzerneinheitlich die Berechnungsgrundlagen verschlechtert werden, müssen hierfür konzernbezogene sachliche Gründe vorliegen (BAG 2.7.2024 – 3 AZR 247/23). Auch insoweit ist dann der KBR zuständig.

17 In **allgemeinen personellen Maßnahmen** fallen ausnahmsweise auch Fragen der allgemeinen Personalpolitik und der Personalplanung in die **Zuständigkeit des KBR**, wenn und soweit sie konzerneinheitlich erfolgt. Eine Zuständigkeit des KBR besteht nur für personelle Angelegenheiten, die einen über den Betrieb hinausgehenden Funktionsbereich betreffen

und von den BR oder den GBR nicht geregelt werden können, was bei einem auf § 93 gestützten betriebsbezogenen Ausschreibungsverlangen nicht der Fall ist, wenn es auch keiner weiteren Regelung über das Ausschreibungsverlangen hinaus bedarf. Die Konzernbetriebsparteien sind daher nicht berechtigt, den dem BR in § 93 gewährten Rechtsanspruch einzuschränken (BAG 29.9.2020 – 1 ABR 17/19). Der KBR ist auch zuständig, wenn ein Personalfragebogen nach § 94 konzerneinheitlich eingeführt werden soll (s. § 50 Rn. 21).

b. Personelle Einzelmaßnahmen

Hingegen kommt bei **personellen Einzelmaßnahmen**, die AN der Konzernunternehmen und des herrschenden Unternehmens betreffen, eine **Zuständigkeit des KBR** im Grundsatz **nicht** in Betracht, ungeachtet dessen, ob die AN gemäß ihrem Arbeitsvertrag konzernweit eingesetzt werden können bzw. die AN von einem Unternehmen in ein anderes Unternehmen des Konzerns versetzt werden. Vielmehr sind die bei den jeweiligen Unternehmen bestehenden BR zu beteiligen (BAG 19.2.1991 – 1 ABR 36/90, AiB 1991, 340–341). Entscheidend ist nämlich, in welchen Betrieb die AN jeweils integriert werden. 18

c. Wirtschaftliche Angelegenheiten

Regelmäßig ist der KBR in **wirtschaftlichen Angelegenheiten** nicht zuständig, sondern es sind die einzelnen BR bzw. GBR (siehe § 50 Rn. 23 ff.). In Anbetracht der Tatsache, dass nach § 106 Abs. 1 der Wirtschaftsausschuss ausschließlich dem Unternehmen als Rechtsträger zugeordnet ist, kann der KBR selber keinen Wirtschaftsausschuss bilden. Gleichwohl ist die Erörterung derartiger Angelegenheiten auf Konzernebene zwischen dem KBR und der Konzernleitung wegen des Auskunftsanspruchs des KBR gem. § 80 Abs. 1 Nr. 2 und Abs. 2, wegen des Anspruchs auf Hinzuziehung eines Sachverständigen gem. § 80 Abs. 3 und wegen ihrer zentralen Bedeutung nicht ausgeschlossen. Vor diesem Hintergrund wird in der Praxis häufig auch auf der Ebene des KBR ein **Konzernwirtschaftsausschuss** auf freiwilliger Basis errichtet. Darüber hinaus hat der KBR nach § 59 Abs. 1 i.V.m. § 28 Abs. 1 Satz 1 in Konzernen mit mehr als 100 AN auch die Möglichkeit, einen Ausschuss für wirtschaftliche Angelegenheiten zu bilden, der allerdings keinen Ausschuss i.S.d. § 106 darstellt. 19

Der KBR ist für **Betriebsänderungen** im Sinne der §§ 111 ff. zuständig, sofern sich die Betriebsänderung auf **alle oder mehrere Unternehmen** 20

des Konzerns auswirkt, d.h. den geplanten Maßnahmen ein unternehmensübergreifendes bzw. konzerneinheitliches Konzept zugrunde liegt. So begründet sich die originäre Zuständigkeit des KBR etwa bei unternehmensüberschreitender Zusammenlegung von Betrieben, bei konzernweitem Personalabbau verbunden mit der unternehmensübergreifenden Übernahme von AN, oder bei Einführung einer unternehmensübergreifenden Matrixstruktur (LAG Rheinland-Pfalz 8.1.2025 – 7 TaBV 20/24). Allerdings endet die Zuständigkeit des KBR – mangels erforderlicher einheitlicher Leitungsmacht der Konzernmutter – auch dann spätestens mit der Insolvenzeröffnung, wenn eine geplante Betriebsänderung die Betriebe verschiedener Unternehmen betrifft. Das Insolvenzrecht enthält keine Regelungen, die im Falle einer Konzerninsolvenz ein einheitliches Insolvenzverfahren für mehrere Konzerngesellschaften ermöglichen (LAG Baden-Württemberg 24.6.2015 – 22 Sa 59/14).

21 Mit der **Zuständigkeit des KBR** für einen Interessenausgleich geht jedoch **nicht** zwangsläufig auch die Zuständigkeit des KBR für den Abschluss eines **Sozialplans** mit dem herrschenden Unternehmen einher (LAG Düsseldorf 12.2.2014 – 12 TaBV 36/13). Der KBR ist auch für den Abschluss eines Sozialplans nur zuständig, wenn eine unternehmensübergreifende Regelung bzw. ein konzerneinheitlicher Ausgleich der Nachteile für die AN erforderlich ist. Ein zwingendes Bedürfnis für eine unternehmensübergreifende Sozialplanregelung folgt nicht aus der Entscheidung eines Konzerns, eine mehrere Konzernunternehmen betreffende Standortverlegung innerhalb eines festgelegten Gesamtsozialplanvolumens zu regeln (LAG Köln 20.3.2023 – 9 TaBV 9/23).

Beispiel:
Für einen Interessenausgleich über eine unternehmensübergreifende Betriebsänderung – wie etwa eine konzernweite grundlegende Änderung der Aufbau- und Ablauforganisation – ist der KBR zuständig. Dagegen ist es – im Hinblick auf einen die wirtschaftlichen Nachteile aufgrund dieser Betriebsänderung ausgleichenden Sozialplan – durchaus möglich, dass diese Nachteile nicht konzernweit, sondern nur in einem Unternehmen bzw. einem Betrieb allein eintreten (wie etwa der Verlust von Arbeitsplätzen) und somit die Zuständigkeit des GBR bzw. des örtlichen BR auslösen und nicht die Zuständigkeit des KBR.

d. Sonstige Aufgaben

22 Der KBR ist ferner kraft **spezialgesetzlicher Zuweisung** (d. h. außerhalb des Betriebsverfassungsgesetzes) für die Organisation der Unternehmensmitbestimmung zuständig. So obliegt dem KBR etwa die Bestellung des Hauptwahlvorstands bzgl. der Aufsichtsratswahl (§ 26 Abs. 3 WODrittelbG, § 4 Abs. 4 3. WOMitbestG), das Recht zur Anfechtung der Aufsichtsratswahl (§ 22 Abs. 2 Nr. 2 MitbestG, § 101 Abs. 2 Nr. 2 MitbestGErgG) sowie die Entgegennahme des Abberufungsantrags eines Aufsichtsratsmitglieds (§ 88 3. WOMitbestG, § 39 Abs. 1 Nr. 2 WODrittelbG).

IV. Zuständigkeit des KBR kraft Auftrags (Abs. 2)

23 Die Regelung des **§ 58 Abs. 2** entspricht § 50 Abs. 2 (siehe dazu § 50 Rn. 27 ff.). Insoweit besteht auch für den GBR die Möglichkeit, durch **Beauftragung bzw. Delegation** die **Zuständigkeit des KBR** für einzelne Angelegenheiten zu begründen und ihm entweder ein **Abschlussmandat** oder ein **bloßes Verhandlungsmandat** ohne Entscheidungsbefugnis einzuräumen.

24 In formeller Hinsicht bedarf der **Übertragungsbeschluss** der Schriftform sowie einer qualifizierten Mehrheit, d. h. der Hälfte der nach § 47 Abs. 7 gewichteten Stimmen des GBR. Unter den gleichen Voraussetzungen kann die Beauftragung auch widerrufen werden.

25 In Fällen der wirksamen Beauftragung des GBR durch einen einzelnen BR i. S. d. § 50 Abs. 2 kann der GBR die Beauftragung durch den einzelnen BR im Wege der sogenannten »**Durchgangsdelegation**« in zulässiger Weise an den KBR mit Zustimmung des einzelnen BR weiter delegieren.

26 **Fehlt** dem GBR bzw. dem einzelnen BR die **Zuständigkeit** für die zum KBR zu delegierende **einzelne Angelegenheit**, werden durch die Beauftragung des KBR im Ergebnis **keine** Mitbestimmungsrechte begründet (BAG 12. 11. 1997 – 7 ABR 78/96, AiB 1999, 285–286).

27 Verhandlungs- und Ansprechpartner des nach § 58 Abs. 2 beauftragten KBR ist nicht die Konzernleitung, sondern sind **die jeweiligen Unternehmen des Konzerns**, deren GBR die einzelne Angelegenheit zum KBR delegiert haben (BAG 12. 11. 1997 – 7 ABR 78/96, AiB 1999, 285–286). Der **KBR tritt lediglich an die Stelle des GBR**, so dass im Hinblick auf den AG eine Verlagerung der Zuständigkeit auf die Konzernleitung nicht stattfindet (BAG 17. 3. 2015 – 1 ABR 49/13). Hat z. B. ein GBR den KBR mit Sozialplanverhandlungen beauftragt, so verhandelt der KBR

diese Angelegenheit mit der Leitung desjenigen Unternehmens, für das der GBR errichtet worden ist.

V. Konzernbetriebsvereinbarung

28 Wird der **KBR** aufgrund seiner **originären Zuständigkeit** i. S. d. § 58 Abs. 1 tätig, schließt er mit der Konzernleitung des herrschenden Konzernunternehmens als Vertragspartner Vereinbarungen ab, die als **KBV** bezeichnet werden. Der BR hingegen kann die Durchsetzung einer solchen KBV lediglich nach Maßgabe des § 23 Abs. 3 verlangen, nicht jedoch die Ausführung aus eigenem Recht beanspruchen, weil er nicht Partei der KBV ist (BAG 18. 5. 2010 – 1 ABR 6/09). Die KBV gelten angesichts § 77 Abs. 4 unmittelbar und zwingend für die **Arbeitsverhältnisse sämtlicher in den Unternehmen des Konzerns beschäftigten AN** (in ihrem jeweiligen sachlichen und personellen Geltungsbereich), unabhängig davon, ob die Konzernunternehmen am Vertragsschluss mitwirken oder nicht (BAG 22. 1. 2002 – 3 AZR 554/00). Nicht erforderlich ist, dass die abhängigen Konzernunternehmen die BV selbst noch einmal mit dem KBR vereinbaren oder das herrschende Unternehmen mit einer Abschlussvollmacht versehen. Dies folgt aus dem insoweit bestehenden Vorrang des Betriebsverfassungsgesetzes vor dem Gesellschaftsrecht.

Eine im Betrieb eines konzernangehörigen Unternehmens geltende KBV, die der KBR in originärer Zuständigkeit abgeschlossen hat, gilt dort normativ als Einzelbetriebsvereinbarung weiter, wenn das Unternehmen infolge einer Übertragung seiner Geschäftsanteile aus dem Konzern ausscheidet und nicht unter den Geltungsbereich einer im neuen Konzernverbund geltenden KBV mit demselben Regelungsgegenstand fällt (BAG 25. 2. 2020 – 1 ABR 39/18).

29 Wird der **KBR** kraft **Auftrags bzw. Delegation** i. S. d. § 58 Abs. 2 tätig, schließt er für die einzelnen GBR keine KBV mit der Konzernspitze ab, sondern – angesichts des Tätigwerdens des KBR für die einzelnen GBR – lediglich **GBV** mit dem Konzernunternehmen, dessen GBR ihn beauftragt hat (BAG 12. 11. 1997 – 7 ABR 78/96, AiB 1999, 285–286). Für die zwischen dem KBR und den einzelnen Konzernunternehmen abzuschließenden GBV gilt ebenfalls die unmittelbare und zwingende Wirkung des § 77 Abs. 4. Solche GBV können vom GBR gekündigt werden.

30 Scheidet ein Unternehmen im Wege einer Anteilsübertragung (sog. Share-Deal) aus einem Konzernverbund aus, so gilt eine KBV in diesem

Unternehmen in der Regel als Gesamt- oder Einzelbetriebsvereinbarung weiter (LAG Düsseldorf 6.7.2018 – 6 TaBV 4/18).

Das **Konkurrenzverhältnis von KBV, GBV und BV** ist entsprechend 31
der Abgrenzung zwischen GBV und BV aufzulösen (siehe näher dazu § 50 Rn. 34).

VI. Streitigkeiten

Über Streitigkeiten im Zusammenhang mit der Frage der Zuständig- 32
keit des KBR entscheiden die ArbG im Wege des **Beschlussverfahrens**. Im Hinblick auf die **örtliche Zuständigkeit** ist bei Streitigkeiten über die originäre Zuständigkeit zwischen dem GBR, dem herrschenden Unternehmen und dem KBR das ArbG am Sitz des herrschenden Unternehmens zuständig, während bei Streitigkeiten aus abgeleiteter Zuständigkeit (d.h. kraft Beauftragung bzw. Delegation) der GBR sowie das jeweilige Konzernunternehmen zu beteiligen sind; das ArbG am Sitz des jeweiligen Konzernunternehmens, bei dem der GBR gebildet ist, ist in diesem Fall das zuständige Gericht.

Am Verfahren **zu beteiligen** sind neben dem AG jene Betriebsver- 33
fassungsorgane, die als Inhaber des streitigen Rechts materiellrechtlich ernsthaft in Betracht zu ziehen sind (BAG 28.3.2006 – 1 ABR 59/04).

§ 59 Geschäftsführung

(1) Für den Konzernbetriebsrat gelten § 25 Abs. 1, die §§ 26, 27 Abs. 2 und 3, § 28 Abs. 1 Satz 1 und 3, Abs. 2, die §§ 30, 31, 34, 35, 36, 37 Abs. 1 bis 3 sowie die §§ 40, 41 und 51 Abs. 1 Satz 2 und Abs. 3 bis 5 entsprechend.

(2) [1]Ist ein Konzernbetriebsrat zu errichten, so hat der Gesamtbetriebsrat des herrschenden Unternehmens oder, soweit ein solcher Gesamtbetriebsrat nicht besteht, der Gesamtbetriebsrat des nach der Zahl der wahlberechtigten Arbeitnehmer größten Konzernunternehmens zu der Wahl des Vorsitzenden und des stellvertretenden Vorsitzenden des Konzernbetriebsrats einzuladen. [2]Der Vorsitzende des einladenden Gesamtbetriebsrats hat die Sitzung zu leiten, bis der Konzernbetriebsrat aus seiner Mitte einen Wahlleiter bestellt hat. [3]§ 29 Abs. 2 bis 4 gilt entsprechend.

Inhaltsübersicht Rn.

I. Zweck der Regelung

1 Die **zwingende** Vorschrift ohne Abweichungsmöglichkeit durch Tarifvertrag oder BV regelt – in Anlehnung an die Vorschriften über die Geschäftsführung des BR und des GBR (§§ 25 ff, 51) – die **innere Organisation** sowie die **Geschäftsführung des KBR**. Systematisch ist die Konstituierung des KBR in § 59 Abs. 2 vor der Geschäftsführung des KBR in § 59 Abs. 1 zu verorten. Denn ohne Konstituierung keine wirksame Geschäftsführung.

II. Konstituierung des KBR (Abs. 2)

2 Die **Einberufung der konstituierenden Sitzung** des KBR regelt § 59 Abs. 2 Satz 1 und 2. Dies entspricht der Regelung des § 51 Abs. 2 Satz 1 und 2 für den GBR. Bei **Vorliegen der Voraussetzungen für die Errichtung** des KBR i. S. d. § 54, **muss** der **GBR des herrschenden Unternehmens** bzw. der **GBR des nach der Zahl der wahlberechtigten AN größten Konzernunternehmens** (was sich anhand der Wählerlisten zur letzten Betriebsratswahl bemisst) zur konstituierenden Sitzung **einladen**. Dabei hat der einladende GBR auch diejenigen GBR zur Bestellung und Entsendung der nach § 55 zu bestimmenden Mitglieder in den KBR aufzufordern, die sich gegen die Bildung des KBR ausgesprochen haben. Unterlässt der GBR hingegen die Einladung, stellt dies einen groben Verstoß gegen seine Pflichten dar und führt zum Ausschluss des jeweiligen Mitglieds aus dem GBR gem. § 48. Im Falle des § 54 Abs. 2 nimmt der jeweilige BR des herrschenden Unternehmens die Aufgaben des GBR wahr und ist für die Einladung zuständig.

3 Der **Vorsitzende des einladenden GBR** leitet die konstituierende Sitzung nur solange, bis der KBR aus seiner Mitte einen **Wahlleiter** bestellt, der die Wahl des Vorsitzenden und des Stellvertreters des KBR organisiert.

III. Vorsitzender des KBR und Stellvertreter

Angesichts des Verweises in § 59 Abs. 1 auf § 26 Abs. 1 und § 51 Abs. 3 gestaltet sich die Bestellung des **Vorsitzenden** und seines **Stellvertreters** des KBR entsprechend der Bestellung des Vorsitzenden und seines Stellvertreters des GBR (siehe § 51 Rn. 5 f.). 4

Der Vorsitzende des KBR und sein Stellvertreter verlieren – mangels fester Amtszeit des KBR (Dauereinrichtung) – ihre Ämter **nur durch Erlöschen der Mitgliedschaft im Sinne des § 57**. Vor allem **mit Ablauf ihrer Amtszeit im BR** gem. § 24 Nr. 1 erfolgt auch ein Ausscheiden aus dem KBR. Da die Mitgliedschaft im KBR mit dem Verlust der Mitgliedschaft im BR endet, müssen auch der Vorsitzende des KBR und sein Stellvertreter nach jeder Betriebsratswahl (sowie Entsendung in den GBR und Entsendung in den KBR) neu gewählt werden. 5

IV. Organisation und Geschäftsführung des KBR (Abs. 1)

Die Geschäftsführung des KBR richtet sich wegen des gesetzlichen Verweises in § 59 Abs. 1 in erster Linie weitgehend nach den **für die einzelnen BR geltenden Vorschriften** (nähere Einzelheiten siehe dort), aber auch nach einigen Vorschriften hinsichtlich der Geschäftsführung des GBR. So gibt es etwa für eine pauschale Freistellung von Mitgliedern des KBR als eigenes Recht im Sinne eines originären Freistellungsanspruchs des KBR keine Rechtsgrundlage. Soweit die Tätigkeit für den KBR eine Freistellung erfordert, ist dies ein Grund für weitere Freistellungen von BR-Mitgliedern durch den einzelnen BR (LAG Berlin-Brandenburg 2.12.2016 – 9 TaBV 577/16). 6

Die in § 59 Abs. 1 vorgenommene Aufzählung der auf die Geschäftsführung des KBR anzuwendenden Vorschriften des BR und GBR ist nicht nur beispielhaft, sondern **abschließender Natur**. Der Verweis auf § 51 Abs. 5 eröffnet **keine** weitergehenden Befugnisse bzgl. der Geschäftsführung, sondern betrifft **lediglich** Rechte und Pflichten des KBR. 7

V. Beschlussfassung im KBR

Durch den Verweis in § 59 Abs. 1 auf § 51 Abs. 3 sind die für die **Beschlussfassung** des GBR relevanten Maßgaben auch für die Beschlussfassung des KBR entsprechend heranzuziehen (siehe näher dazu § 51 Rn. 8 ff.). So gelten auch Mitglieder des KBR, die mittels Video- und Telefonkonferenz an der Beschlussfassung teilnehmen, als anwesend (siehe hierzu ausführlich § 33 Rn. 5 ff.). Der KBR ist beschlussfähig, 8 wenn die **Hälfte der Mitglieder des KBR** an der Beschlussfassung teilnimmt und die teilnehmenden Mitglieder mindestens die **Hälfte des Gesamtstimmengewichts im KBR** repräsentieren, d.h. alle Stimmen der wahlberechtigten AN im Konzern.

VI. Konzernbetriebsratsausschuss und weitere Ausschüsse

9 Ein **KBR**, der aus **neun oder mehr Mitgliedern** besteht, hat nach § 59 Abs. 1 i.V.m. § 51 Abs. 1 Satz 2 einen **Konzernbetriebsratsausschuss** zu bilden, der die laufenden Geschäfte des KBR führt. Der Ausschuss besteht neben dem Konzernbetriebsratsvorsitzenden und seinem Stellvertreter aus weiteren Mitgliedern, für deren nähere Bestimmung die Vorschrift des § 51 Abs. 1 Satz 2 sowie die Grundsätze des Gesamtbetriebsausschuss entsprechende Anwendung finden (siehe näher dazu § 51 Rn. 12ff.).

10 Auch der KBR kann – in Anlehnung an den GBR – unter der Voraussetzung, dass in dem Konzern mindestens 100 AN beschäftigt sind und dem KBR mindestens sieben Mitglieder angehören, **weitere Ausschüsse** bilden und ihnen bestimmte Aufgaben übertragen (siehe § 51 Rn. 15).

VII. Rechte und Pflichten des KBR

11 Über den Verweis in § 59 Abs. 1 findet die Generalklausel des § 51 Abs. 5 auch auf die Rechte und Pflichten des KBR entsprechende Anwendung. Demzufolge hat der KBR grundsätzlich **dieselben Rechte und Pflichten wie der einzelne BR**, allerdings nur im Rahmen seiner Zuständigkeit. So hat der KBR etwa das Recht, nach Maßgabe des § 80 Abs. 2 Satz 3 sachkundige AN als Auskunftspersonen oder nach Maßgabe des § 80 Abs. 3 Sachverständige zur Erfüllung seiner Aufgaben hinzuzuziehen.

VIII. Streitigkeiten

12 Das ArbG, in dessen Bezirk das herrschende Konzernunternehmen den Sitz hat, entscheidet über Streitigkeiten im Zusammenhang mit der Geschäftsführung des KBR im Wege des **Beschlussverfahrens**. Im Wege des **Urteilsverfahrens** entscheidet hingegen das gemäß den §§ 12ff. ZPO örtlich zuständige ArbG über die Beanspruchung der KBR-Mitglieder von vorenthaltenem Arbeitsentgelt i.S.d. § 37 infolge ihrer Konzernbetriebsratstätigkeit.

§ 59a Teilnahme der Konzernschwerbehindertenvertretung

Die Konzernschwerbehindertenvertretung (§ 180 Absatz 2 des Neunten Buches Sozialgesetzbuch) kann an allen Sitzungen des Konzernbetriebsrats beratend teilnehmen.

Inhaltsübersicht Rn.

I. Zweck der Regelung

Die **zwingende** Vorschrift des § 59a, von der weder durch Tarifvertrag noch durch BV abgewichen werden darf, entspricht § 180 Abs. 7 i. V. m. § 178 Abs. 4 Satz 1 SGB IX und regelt das **beratende Teilnahmerecht der Konzernschwerbehindertenvertretung an den Sitzungen des KBR**. In Ansehung der umfassenden Regelung der Rechte und Pflichten der Konzernschwerbehindertenvertretung in den §§ 180, 178 SGB IX, dient § 59a allein systematischen Zwecken. So sieht § 180 Abs. 2 SGB IX vor, dass eine Konzernschwerbehindertenvertretung von den Gesamtschwerbehindertenvertretungen der einzelnen Betriebe zu wählen ist, wenn für mehrere Unternehmen eines Konzerns ein KBR errichtet wurde. Für den Fall, dass ein Konzernunternehmen lediglich aus einem Betrieb besteht, nimmt die Schwerbehindertenvertretung die Rechte und Pflichten der Gesamtschwerbehindertenvertretung wahr. Gemäß § 177 Abs. 7 SGB IX beträgt die Amtszeit der Konzernschwerbehindertenvertretung vier Jahre. 1

II. Konzernschwerbehindertenvertretung

Die **Konzernschwerbehindertenvertretung** vertritt gemäß § 180 Abs. 6 Satz 2, 1 SGB IX die Interessen der schwerbehinderten Menschen in Angelegenheiten, die den Konzern oder mehrere Unternehmen betreffen und von den Gesamtschwerbehindertenvertretung der einzelnen Unternehmen nicht geregelt werden können. Die **Abgrenzung der Zuständigkeit** erfolgt nach den **gleichen Grundsätzen wie bei § 58**, so dass für die Zuständigkeit der Konzernschwerbehindertenvertretung ein zwingendes Erfordernis konzernweiter Vertretung bestehen muss. 2

III. Teilnahme an Sitzungen des KBR

3 Die Konzernschwerbehindertenvertretung hat das Recht – entsprechend der Teilnahme der Gesamtschwerbehindertenvertretung an den Sitzungen des GBR und ihrer inhaltlichen Ausgestaltung – zur **beratenden Teilnahme an den Sitzungen des KBR** (nähere Einzelheiten siehe § 52 Rn. 6 f.).

Dritter Teil
Jugend- und Auszubildenden-vertretung

Erster Abschnitt
Betriebliche Jugend- und Auszubildendenvertretung

§ 60 Errichtung und Aufgabe

(1) In Betrieben mit in der Regel mindestens fünf Arbeitnehmern, die das 18. Lebensjahr noch nicht vollendet haben (jugendliche Arbeitnehmer) oder die zu ihrer Berufsausbildung beschäftigt sind, werden Jugend- und Auszubildendenvertretungen gewählt.
(2) Die Jugend- und Auszubildendenvertretung nimmt nach Maßgabe der folgenden Vorschriften die besonderen Belange der in Absatz 1 genannten Arbeitnehmer war.

Inhaltsübersicht Rn.

I. Zweck der Regelung

Die **JAV** ist zur **Durchsetzung der Interessen aller jugendlichen und auszubildenden AN** auf der betrieblichen und unternehmerischen Ebene bestimmt. Jüngere AN sollen sich unter betriebspolitischen Gesichtspunkten mit den Strukturen der Betriebsverfassung bekannt und vertraut machen, so dass sie auch in ihrer späteren beruflichen Laufbahn möglicherweise die Interessenvertretung aller AN als Mitglieder des BR, GBR und auch KBR aufgrund ihrer vorherigen Erfahrungen zu übernehmen in der Lage sind. 1

II. Voraussetzung für die Wahl der JAV

2 Auf betrieblicher Ebene ist eine JAV zu wählen, sofern der Betrieb in der Regel **mindestens fünf AN** beschäftigt, die den Vorgaben des § 60 Abs. 1 entsprechen. Zudem ist das Bestehen eines BR zwingende Voraussetzung für die Gründung einer JAV (siehe dazu Rn. 8). Hinsichtlich der Begrifflichkeit der »in der Regel« im Betrieb Beschäftigten kommt es auf die Anzahl der **regelmäßig im Betrieb beschäftigten AN** unter Berücksichtigung des im Betrieb herrschenden Normalzustands an. Maßgeblich ist die Personalstärke, die den Betrieb charakterisiert (BAG 22.2.1983 – 1 AZR 260/81). Entscheidend für die Bestimmung der Altersgrenze ist der Zeitpunkt der Stimmabgabe bei der Wahl einer JAV.

III. Bildung der JAV als gesetzlich zwingende Ausgestaltung

3 Die Vorschrift des § 60 ist **zwingend**, d.h. ohne Abweichungsmöglichkeit durch Tarifvertrag oder BV. Gleichwohl sind **einzelne Modifikationen durch Tarifvertrag** im Bereich des Betriebsbegriffes des § 60 Abs. 1 zulässig. Zudem können auf diesem Weg Strukturen für die Vertretung durch die JAV sowie die Rechte der betroffenen AN eigenständig geregelt werden (BAG 24.8.2004 – 1 ABR 28/03, AiB Newsletter 2005, Nr. 3, 5).

IV. Betriebsbegriff und Sonderfälle

4 Es gilt der **allgemeine**, im Rahmen von § 1 entwickelte **Betriebsbegriff**. Zu beachten ist, dass auch in einer kraft Vereinbarung i.S.d. § 3 Abs. 1 Nr. 1–3 gebildeten Einheit, die nach der Regelung des § 3 Abs. 5 als Betrieb zu qualifizieren ist, eine JAV eingerichtet werden muss.

V. Wahlberechtigte AN und Sonderfälle

5 Zum wahlberechtigten Personenkreis zählen zum einen die **jugendlichen AN**, die das 18. Lebensjahr noch nicht vollendet haben, zum anderen die **zu ihrer Berufsausbildung beschäftigten AN**.

6 Problematisch sind zum einen Fälle, in denen **die Ausbildung außerhalb des Betriebs** in anderweitigen Berufsbildungseinrichtungen erfolgt, zum anderen die Fälle, in denen **die Ausbildung innerhalb mehrerer Betriebe des Unternehmens** stattfindet oder auch **abgeschichtet nacheinander in den unternehmerischen Betrieben**. Welcher BR kon-

kret zuständig ist, hängt von der Art des Mitbestimmungsrechts und des Einzelfalls ab. Regelmäßig ist der BR desjenigen Betriebs zuständig, dessen Leitung die jeweils mitbestimmungspflichtige Entscheidung trifft (vgl. BAG 12.5.2005 – 2 AZR 149/04, AiB Newsletter 2005, Nr. 10, 5–6).

Hingegen sind keine AN (mangels Eingliederung), die in **reinen Ausbildungsbetrieben** zu ihrer Berufsausbildung Beschäftigten (BAG 24.8.2011 – 7 ABR 8/10). 7

VI. Betrieb ohne Betriebsrat

Die JAV ist zwar eine selbstständige Einrichtung neben dem BR, stellt aber **kein selbstständiges Organ der Betriebsverfassung** dar (BAG 13.3.1991 – 7 ABR 89/89). Die Rechte der JAV sind in ihrem Bestand abhängig von der Existenz des BR, was aus der gesetzlichen Struktur der §§ 63–70 folgt. Der BR bestellt vor allem den Wahlvorstand für die JAV (§ 63 Abs. 3). Zudem kann sie nur gemeinsam mit dem BR an Besprechungen mit dem AG teilnehmen (§ 68). Das bedeutet im Ergebnis, dass ohne Bestehen eines BR auch keine JAV bestehen kann. 8

VII. Wahrnehmung der Rechte und Schutz der JAV-Mitglieder

Die JAV ist verpflichtet, die Interessen der in ihren Bereich fallenden jugendlichen und auszubildenden AN zu vertreten und zwar einerseits gegenüber dem AG zusammen mit dem BR, **andererseits aber auch gegenüber dem BR selbst.** Die JAV hat allerdings kein Recht, unabhängig vom BR die Interessen der betroffenen AN wahrzunehmen. Selbst in besonderen Situationen tritt die JAV nicht an die Stelle des BR. 9

§ 61 Wahlberechtigung und Wählbarkeit

(1) Wahlberechtigt sind alle in § 60 Abs. 1 genannten Arbeitnehmer des Betriebs.

(2) [1]Wählbar sind alle Arbeitnehmer des Betriebs, die das 25. Lebensjahr noch nicht vollendet haben oder die zu ihrer Berufsausbildung beschäftigt sind; § 8 Abs. 1 Satz 3 findet Anwendung. [2]Mitglieder des Betriebsrats können nicht zu Jugend- und Auszubildendenvertretern gewählt werden.

Inhaltsübersicht Rn.

I. Zweck der Regelung

1 Die Vorschrift des § 61 regelt – in Anlehnung an die §§ 7 und 8 – das **aktive und passive Wahlrecht** für die JAV.

II. Wählbarkeit und Wahlberechtigung

2 **Passiv wählbar** sind alle AN, die das 25. Lebensjahr noch nicht vollendet haben oder die zu ihrer Berufsausbildung beschäftigt sind. Das **aktive Wahlrecht** besitzen nur jugendliche und die zu ihrer Berufsausbildung beschäftigten AN. Im Übrigen ist der einzelne AN sowohl für den BR als auch für die JAV wahlberechtigt, sofern er das 18. Lebensjahr, aber noch nicht das 25. Lebensjahr überschritten hat oder zu seiner Berufsausbildung beschäftigt ist (§§ 7, 61 Abs. 1; **doppeltes Wahlrecht**). Solche AN sind auch sowohl für den BR als auch für die JAV wählbar. Indes ist ein Mandat in beiden Einrichtungen bzw. Gremien gleichzeitig nicht zulässig (§ 61 Abs. 2 Satz 2). Das Wahlrecht muss spätestens am Tag der Wahl bestehen, so dass dieser Tag für die Wahrung der genannten Altersgrenzen entscheidend ist. Eine Wahlberechtigung setzt zudem zwingend voraus, dass der Wahlberechtigte angesichts der Verweisung in § 38 WO in die jeweilige Wählerliste eingetragen wurde. Leiharbeitnehmer sind nicht wahlberechtigt sind, weil § 61 Abs. 1 keine dem § 7 Satz 2 entsprechende Regelung enthält.

III. Ausschluss der Wählbarkeit

3 Die **Wählbarkeit** ist **ausgeschlossen**, wenn der betroffene AN infolge strafgerichtlicher Verurteilung die Fähigkeit verloren hat, Rechte aus öffentlichen Wahlen zu erlangen (§§ 61 Abs. 2 Satz 1, 8 Abs. 1 Satz 3). Mitglieder des BR sind gem. § 61 Abs. 2 Satz 2 nicht zu Vertretern der JAV wählbar. Ersatzmitglieder des BR sind hingegen wählbar, solange sie nicht für ein anderes BR-Mitglied tatsächlich in den BR nachgerückt sind. Nach den §§ 65, 24 Abs. 1 Nr. 4 scheidet ein tatsächlich in den Betriebsrat nachgerücktes Ersatzmitglied aus der JAV – wegen nachträglichen Verlustes der Wählbarkeit – aus. Dieses Ausscheiden ist endgültig,

d.h. nach Ende der Ersatzmitgliedschaft im BR lebt die JAV-Mitgliedschaft nicht wieder auf (BAG 21.8.1979 – 6 AZR 789/77).

IV. Dauer der Ausbildung

Im Rahmen des § 61 Abs. 2 ist das Bestehen eines **Berufsausbildungsverhältnisses nicht erforderlich. Wählbar** sind also unabhängig hiervon alle AN, die das 25. Lebensjahr noch nicht vollendet haben. **Anders** ist dies bei der **Wahlberechtigung** nach § 61 Abs. 1, für die es einer Berufsausbildung der AN im Sinne des § 60 Abs. 1 bedarf. Im Ergebnis können also Wahlberechtigung und Wählbarkeit auseinanderfallen. 4

§ 62 Zahl der Jugend- und Auszubildendenvertreter, Zusammensetzung der Jugend- und Auszubildendenvertretung

(1) Die Jugend – und Auszubildendenvertretung besteht in Betrieben mit in der Regel
5 bis 20 der in § 60 Abs. 1 genannten Arbeitnehmer aus einer Person,
21 bis 50 der in § 60 Abs. 1 genannten Arbeitnehmer aus 3 Mitgliedern,
51 bis 150 der in § 60 Abs. 1 genannten Arbeitnehmer aus 5 Mitgliedern,
151 bis 300 der in § 60 Abs. 1 genannten Arbeitnehmer aus 7 Mitgliedern,
301 bis 500 der in § 60 Abs. 1 genannten Arbeitnehmer aus 9 Mitgliedern,
501 bis 700 der in § 60 Abs. 1 genannten Arbeitnehmer aus 11 Mitgliedern,
701 bis 1000 der in § 60 Abs. 1 genannten Arbeitnehmer aus 13 Mitgliedern,
mehr als 1000 der in § 60 Abs. 1 genannten Arbeitnehmer aus 15 Mitgliedern.

(2) Die Jugend- und Auszubildendenvertretung soll sich möglichst aus Vertretern der verschiedenen Beschäftigungsarten und Ausbildungsberufe der im Betrieb tätigen in § 60 Abs. 1 genannten Arbeitnehmer zusammensetzen.

(3) Das Geschlecht, das unter den in § 60 Abs. 1 genannten Arbeitnehmern in der Minderheit ist, muss mindestens entsprechend seinem zahlenmäßigen Verhältnis in der Jugend- und Auszubildendenvertretung vertreten sein, wenn diese aus mindestens drei Mitgliedern besteht.

Inhaltsübersicht Rn.

I. Zweck der Regelung

1 Die **zwingende** Regelung des § 62, d.h. ohne Abweichungsmöglichkeit durch Tarifvertrag oder BV, betrifft die **Größe sowie Zusammensetzung der JAV**. Während § 62 Abs. 2 lediglich eine Sollvorschrift ist, verlangt § 62 Abs. 3 für eine aus mindestens drei Mitgliedern bestehende JAV die Einhaltung einer zwingenden Geschlechterquote.

II. Zahl der Mitglieder

2 Aus der Tabelle des § 62 Abs. 1 lässt sich die **Größe der JAV** ermitteln. Zu berücksichtigen sind nur die in § 60 Abs. 1 genannten AN, wobei der Wahlvorstand die Beschäftigtenzahl festzustellen hat. Der Betrieb besteht aus den Betriebsteilen und aus den Kleinstbetrieben nach § 4 Abs. 1 Satz 2, Abs. 2. Zudem gilt auch hier § 3 Abs. 1 Nr. 1–3. Für die Größe der JAV zeitlich entscheidend ist die Anzahl der in der Regel beschäftigten AN am Tag des Erlasses des Wahlausschreibens. Nachträgliche Änderungen – sowohl zwischen Erlass des Wahlausschreibens und Wahl als auch nach der Wahl – sind für die Größe der JAV hingegen unerheblich.

III. Zusammensetzung der JAV

3 Die JAV **soll** in der Lage sein, ihrer Funktion **in sachbezogener Weise** zu entsprechen. Daher müssen nach Möglichkeit alle Ausbildungs- und Beschäftigungsarten angemessen vertreten sein. Insofern entspricht § 62 Abs. 2 der Regelung des § 15 Abs. 1. Adressaten der Vorschrift sind die Personen, die Wahlvorschläge einreichen. Eine Missachtung der Norm macht die Wahl **nicht ungültig.**

IV. Geschlechterquote

4 Die zwingende Regelung des § 62 Abs. 3 ist Ausfluss des **allgemeinen Gleichbehandlungsgrundsatzes des Art. 3 Abs. 2 GG** und zielt auf die Stärkung des jeweils zahlenmäßig unterlegenen Geschlechts ab. Ziel ist

es, dem **Minderheitengeschlecht** die Möglichkeit zu geben, geschlechtsspezifische Bedürfnisse und Probleme in die JAV einfließen zu lassen. Das Minderheitengeschlecht der jugendlichen und auszubildenden AN muss seinem zahlenmäßigen Verhältnis entsprechend in der JAV vertreten sein (vgl. dazu näher § 15 Abs. 2).

§ 63 Wahlvorschriften

(1) Die Jugend- und Auszubildendenvertretung wird in geheimer und unmittelbarer Wahl gewählt.

(2) [1]Spätestens acht Wochen vor Ablauf der Amtszeit der Jugend- und Auszubildendenvertretung bestellt der Betriebsrat den Wahlvorstand und seinen Vorsitzenden. [2]Für die Wahl der Jugend- und Auszubildendenvertreter gelten § 14 Abs. 2 bis 5, § 16 Abs. 1 Satz 4 bis 6, § 18 Abs. 1 Satz 1 und Abs. 3 sowie die §§ 19 und 20 entsprechend.

(3) Bestellt der Betriebsrat den Wahlvorstand nicht oder nicht spätestens sechs Wochen vor Ablauf der Amtszeit der Jugend- und Auszubildendenvertretung oder kommt der Wahlvorstand seiner Verpflichtung nach § 18 Abs. 1 Satz 1 nicht nach, so gelten § 16 Abs. 2 Satz 1 und 2, Abs. 3 Satz 1 und § 18 Abs. 1 Satz 2 entsprechend; der Antrag beim Arbeitsgericht kann auch von jugendlichen Arbeitnehmern gestellt werden.

(4) [1]In Betrieben mit in der Regel fünf bis 100 der in § 60 Abs. 1 genannten Arbeitnehmer gilt auch § 14a entsprechend. [2]Die Frist zur Bestellung des Wahlvorstands wird im Fall des Absatzes 2 Satz 1 auf vier Wochen und im Fall des Absatzes 3 Satz 1 auf drei Wochen verkürzt.

(5) In Betrieben mit in der Regel 101 bis 200 der in § 60 Abs. 1 genannten Arbeitnehmer gilt § 14a Abs. 5 entsprechend.

Inhaltsübersicht Rn.

I. Zweck der Regelung

1 Die Vorschrift regelt ohne Abweichungsmöglichkeit durch Tarifvertrag oder BV **zwingend** die **Grundsätze für die Wahl der JAV**, wozu auch die für den Wahlvorgang wichtigen Fragen der Verpflichtungen und Bestellung des Wahlvorstands gehören. Ergänzende Regelungen hierzu finden sich auch in den §§ 38 ff. WO.

II. Geheime und unmittelbare Wahl

2 Die JAV muss in **geheimer und unmittelbarer Wahl** gewählt werden. Die Entscheidungen der einzelnen Wähler müssen jedenfalls vor der Wahl geheim bleiben. Die Unmittelbarkeit der Wahl bedeutet die direkte Bestimmung der Mitglieder der JAV durch die Wähler ohne zwischengeschaltete Personen und/oder Instanzen. Zudem sind auch die ungeschriebenen Grundsätze der Wahlfreiheit und Wahlgleichheit zu beachten (BAG 6.12.2000 – 7 ABR 34/99).

III. Pflichten des BR und des Wahlvorstands

3 Dem **BR** obliegt nach § 63 Abs. 2 die **Pflicht**, einen Wahlvorstand für die JAV zu bestellen (vgl. § 80 Abs. 1 Nr. 5). Sollte der BR dieser Pflicht nicht nachkommen, stellt dies einen Verstoß dar – häufig einen groben Rechtsverstoß i. S. d. § 23 Abs. 1 – und führt damit möglicherweise zur Auflösung des BR. Der **Wahlvorstand** ist **verpflichtet**, nach § 63 Abs. 2 Satz 2 i. V. m. § 18 Abs. 1 Satz 1 die Wahl der JAV unverzüglich in die Wege zu leiten. Gleiches gilt für deren spätere Ausführung und die Feststellung des Wahlergebnisses. Zu den Pflichten des Wahlvorstands gehört zudem die Auszählung der Stimmen (§ 63 Abs. 2 Satz 2 i. V. m. § 18 Abs. 3) und die Einberufung der konstituierenden Sitzung der JAV (§ 65 Abs. 2 i. V. m. § 29 Abs. 1).

IV. Einsetzen des Wahlvorstands durch das Arbeitsgericht, den GBR oder KBR

4 Sofern der Betriebsrat den Wahlvorstand **nicht** oder nicht rechtzeitig bestellt, kann dies **ersatzweise** das **ArbG** tun, entsprechend der Regelung der arbeitsgerichtlichen Bestellung des Wahlvorstands des BR in § 16 Abs. 2 Satz 1 und 2. Eine Ersatzbestellung kann aber nicht nur durch das ArbG geschehen, sondern entsprechend der Regelung des § 16 Abs. 3 Satz 1 auch durch den **GBR oder KBR**.

V. Vereinfachtes Wahlverfahren

Nach § 63 Abs. 4 Satz 1 i. V. m. § 14a Abs. 3 erfolgt die Wahl in Betrieben mit **fünf bis 100 der zur JAV wahlberechtigten AN** stets im **vereinfachten Verfahren**. Nähere Einzelheiten regelt der entsprechend geltende § 14a. Gemäß § 63 Abs. 5 i. V. m. § 14a Abs. 5 können in Betrieben mit **101 bis 200 der zur JAV wahlberechtigten AN** der Wahlvorstand und der AG die Anwendung des **vereinfachten Wahlverfahrens vereinbaren**. 5

VI. Stimmabgabe

Grundsätzlich findet die Wahl als **Verhältniswahl** statt (§ 63 Abs. 2 Satz 2 i. V. m. § 14 Abs. 2 Satz 1), so dass ein wahlberechtigter jugendlicher oder auszubildender AN jeweils **nur 1 Stimme** hat, mit der er **nur eine Liste wählen** darf. Die Sitzverteilung erfolgt – entsprechend den Regelungen zur Betriebsratswahl (siehe dazu dort) – nach dem d'Hondtschen Höchstzahlverfahren unter Berücksichtigung des Minderheitengeschlechts (§ 62 Abs. 3). 6

Die Wahl wird hingegen als **Mehrheitswahl** gem. § 63 Abs. 2 Satz 2, Abs. 4 Satz 1, Abs. 5 i. V. m. § 14 Abs. 2 Satz 2 ausgeführt, sofern **nur ein Wahlvorschlag** eingereicht wurde **oder** die JAV im **vereinfachten Wahlverfahren** zu wählen ist. Bei der Mehrheitswahl hat jeder wahlberechtigte jugendliche oder auszubildende AN so viele Stimmen, d. h. er kann auf dem Stimmzettel so viele Kandidaten ankreuzen, wie Mitglieder der JAV zu wählen sind (vgl. § 39 Abs. 3 WO). Die Sitzverteilung erfolgt nach den so erreichten Stimmenzahlen unter Berücksichtigung des Minderheitengeschlechts. 7

VII. Aufgaben des Wahlvorstands nach der Wahl und mögliche Wahlanfechtung

Zu den **Aufgaben des Wahlvorstands** gehören nach der Wahl die bereits unter Randnummer 3 erwähnten Pflichten. Auch die Wahl der JAV unterliegt – wie die Betriebsratswahl – der **Wahlanfechtung** (§ 63 Abs. 2 Satz 2 i. V. m. § 19). Voraussetzung für die **Anfechtung** ist ein Verstoß gegen wesentliche Vorschriften im Bereich der Wählbarkeit, des Wahlverfahrens an sich und des Wahlrechts (siehe dazu § 19). Zum Kreis der Anfechtungsberechtigten gehören der AG, drei zur JAV wahlberechtigte AN und auch die im Betrieb vertretenen Gewerkschaften. Innerhalb ei- 8 nes entsprechenden Verfahrens hat der BR die Stellung eines Beteiligten (BAG 20.2.1986 – 6 ABR 25/85).

9 Bei schwerwiegenden Mängeln kann eine Wahl auch **nichtig** sein. Dies ist dann der Fall, wenn gegen allgemeine Grundsätze der Wahl derart offensichtlich verstoßen wurde, dass noch nicht einmal der Anschein einer dem Gesetz entsprechenden Wahl erzeugt wird (BAG 21.9.2011 – 7 ABR 54/10, AiB 2013, 594).

§ 64 Zeitpunkt der Wahlen und Amtszeit

(1) [1]Die regelmäßigen Wahlen der Jugend- und Auszubildendenvertretung finden alle zwei Jahre in der Zeit vom 1. Oktober bis 30. November statt. [2]Für die Wahl der Jugend- und Auszubildendenvertretung außerhalb dieser Zeit gilt § 13 Abs. 2 Nr. 2 bis 6 und Abs. 3 entsprechend.

(2) [1]Die regelmäßige Amtszeit der Jugend- und Auszubildendenvertretung beträgt zwei Jahre. [2]Die Amtszeit beginnt mit der Bekanntgabe des Wahlergebnisses oder, wenn zu diesem Zeitpunkt noch eine Jugend- und Auszubildendenvertretung besteht, mit Ablauf von deren Amtszeit. [3]Die Amtszeit endet spätestens am 30. November des Jahres, in dem nach Absatz 1 Satz 1 die regelmäßigen Wahlen stattfinden. [4]In dem Fall des § 13 Abs. 3 Satz 2 endet die Amtszeit spätestens am 30. November des Jahres, in dem die Jugend- und Auszubildendenvertretung neu zu wählen ist. [5]In dem Fall des § 13 Abs. 2 Nr. 2 endet die Amtszeit mit der Bekanntgabe des Wahlergebnisses der neu gewählten Jugend- und Auszubildendenvertretung.

(3) Ein Mitglied der Jugend- und Auszubildendenvertretung, das im Laufe der Amtszeit das 25. Lebensjahr vollendet oder sein Berufsausbildungsverhältnis beendet, bleibt bis zum Ende der Amtszeit Mitglied der Jugend- und Auszubildendenvertretung.

Inhaltsübersicht Rn.

I. Zweck der Regelung

1 Regelungsgegenstand ist die **zeitliche Komponente** der Wahlen zur JAV und ihrer Amtszeit. § 64 Abs. 1 regelt den genauen Zeitpunkt der Wah-

len, während § 64 Abs. 2 die Amtszeit der JAV regelt. § 64 Abs. 3 regelt schließlich die fortbestehende Mitgliedschaft in der JAV für Mitglieder, die das 25. Lebensjahr überschreiten. Der jeweils für die Wahl maßgebende Zeitraum liegt in der Zeit vom 1. Oktober bis 30. November.

II. Regelmäßiger Wahltermin

Die **regelmäßigen Wahlen** finden **alle zwei Jahre** statt. Der in § 64 2
Abs. 1 Satz 1 zwingend festgelegte Zeitraum (1. Oktober bis 30. November) regelt die mögliche Lage des Wahltages. Die Wahl sollte aber vor Ablauf des 30. Novembers vollständig abgeschlossen sein, da spätestens zu diesem Zeitpunkt die Amtszeit der bisherigen JAV endet (§ 64 Ab. 2 Satz 3). **Außerhalb des regelmäßigen Zeitraums** sind Wahlen zur JAV - entsprechend der Regelungen zur Betriebsratswahl - unter den Voraussetzungen des § 64 Abs. 1 Satz 2 i.V.m. § 13 Abs. 2 Nr. 2–6, Abs. 3 möglich (zu den Einzelheiten siehe dort).

III. Regelmäßige Amtszeit

Die **regelmäßige Amtszeit** der Mitglieder der JAV beläuft sich auf **zwei** 3
Jahre (§ 64 Abs. 2 Satz 1). Die im Vergleich zum BR (vier Jahre) kurze Amtszeit der JAV trägt dem Umstand Rechnung, dass die betroffenen jugendlichen oder auszubildenden AN nur in einem relativ überschaubaren Altersabschnitt die Gelegenheit haben, Mitglied der JAV zu werden. **Beginn und Ende der Amtszeit** ergeben sich aus § 64 Abs. 2 Satz 2 bis 5. Im Übrigen gelten die Ausführungen zu § 21 für den BR sinngemäß (näheres siehe dort). Der Untergang des Betriebs hat zwangsläufig den Untergang des Amtes zur Folge, während ein **Betriebsübergang** die JAV in ihrem Bestand unverändert lässt. § 21a (Übergangsmandat) und § 21b (Restmandat) sind nicht anwendbar.

IV. Altersgrenze eines JAV-Mitglieds

§ 64 Abs. 3 bestimmt als Spezialregelung zu § 24 Abs. 1 Nr. 4, dass ein 4
JAV-Mitglied, welches im Laufe der Amtszeit das 25. Lebensjahr vollendet oder sein Berufsausbildungsverhältnis beendet, dennoch bis zum Ende der Wahlperiode im Amt verbleibt. Grund für diese Regelung ist, dass die **Kontinuität des JAV-Amtes** und eine damit ungestörte Tätigkeit gewährleistet werden sollen. Eine Beendigung der Mitgliedschaft aus anderen Gründen wird dadurch aber nicht verhindert.

§ 65 Geschäftsführung

(1) Für die Jugend- und Auszubildendenvertretung gelten § 23 Abs. 1, die §§ 24, 25, 26, 28 Abs. 1 Satz 1 und 2, die §§ 30, 31, 33 Abs. 1 und 2 sowie die §§ 34, 36, 37, 40 und 41 entsprechend.

(2) [1]Die Jugend- und Auszubildendenvertretung kann nach Verständigung des Betriebsrats Sitzungen abhalten; § 29 gilt entsprechend. [2]An diesen Sitzungen kann der Betriebsratsvorsitzende oder ein beauftragtes Betriebsratsmitglied teilnehmen.

Inhaltsübersicht Rn.

I. Zweck der Regelung

1 Die Norm betrifft in erster Linie – unter Verweis auf die entsprechende Anwendbarkeit der Vorschriften für den BR – die **Organisation und Geschäftsführung**, aber auch die **Bildung** von Ausschüssen sowie das Recht auf eigene Sitzungen.

II. Anwendbare und nicht anwendbare Vorschriften

2 Die auf die JAV entsprechend **anwendbaren Vorschriften** für den BR betreffen etwa die Bereiche Auflösung und Beendigung der Mitgliedschaft, Ersatzmitglieder, Vorsitzender und Stellvertreter, Ausschüsse, Sitzungen, Rechtsstellung der einzelnen Mitglieder, Schulungs- und Bildungsveranstaltungen, Kosten und Sachaufwand sowie Zusammenarbeit mit dem BR (näher zu den Einzelheiten siehe dort). Auf die JAV finden hingegen Vorschriften für den BR **keine Anwendung**, die den Betriebsausschuss (§ 27) zum Gegenstand haben, die Sitzungsteilnahme Dritter (§ 32), das Aussetzen von Beschlüssen (§ 35) und die Freistellungsstaffel (§ 38).

III. Sitzungen der JAV

3 Der Gesetzgeber hat der JAV in § 65 Abs. 2 Satz 1 Hs. 1 das Recht eingeräumt, nach Verständigung mit dem BR **eigenständig Sitzungen** abzuhalten, für die im Detail die §§ 29, 30, 31, 33 Abs. 1, Abs. 2, 34 und 36 gelten. Von zentraler Bedeutung sind die Vorgaben des § 30 Satz 1, 2 zur zeitlichen Lage der **Sitzungen während der Arbeitszeit** unter Rück-

sichtnahme **betrieblicher Notwendigkeiten** beim Festlegen der Sitzungstermine. Ferner ist der AG vorher über den Zeitpunkt der Sitzung zu verständigen (§ 30 Satz 3), wobei die Sitzungen der Öffentlichkeit nicht zugänglich sind (§ 30 Satz 4). Zu erwähnen sind noch die entsprechend anwendbaren praxisrelevanten Regelungen zur **Beschlussfassung** in § 33, zur **Arbeitsbefreiung** nach § 37 und zur **Kostenübernahme des AG** (§ 40). Zu den Einzelheiten siehe dort.

Weitere wichtige anwendbare Vorschriften für die JAV-Arbeit

Im Hinblick auf die **Rechtsstellung** der einzelnen JAV-Mitglieder **4**
nimmt § 65 Abs. 1 Bezug auf § 37: Auch für die JAV gilt, dass deren Mitglieder eine **ehrenamtliche Tätigkeit** (§ 37 Abs. 1) ausüben, die dem einzelnen Mitglied keinerlei Vor- oder Nachteile einbringen darf (vgl. § 78). Ferner besteht ein bedarfsbezogener, **konkreter Freistellunganspruch** und ein diesen Anspruch stützender Entgeltschutz (§ 37 Abs. 2). § 37 Abs. 3 gewährt einen Anspruch auf Entgelt- und Freizeitausgleich, eine Gleichstellung der JAV-Mitglieder mit anderen AN in beruflicher und finanzieller Hinsicht wird über § 37 Abs. 4, 5 erreicht. Angesichts der vollumfänglichen Verweisung in § 65 Abs. 1 auf § 37, sind auch Ansprüche auf Freistellung für den Besuch von notwendigen **Weiterbildungsveranstaltungen und Schulungslehrgängen** umfasst. Erforderlich sind in jedem Fall Schulungen über Aufgaben, Pflichten und Rechte der JAV-Vertreter und ihrer Mitglieder (BAG 10.5.1974 – 1 ABR 60/73). Eine Schulungsmaßnahme für einen JAV-Vertreter mit arbeitsrechtlichem Schwerpunkt, die etwa ein Vierteljahr vor Neuwahl der JAV stattfindet, ist erforderlich in einem Betrieb, der über 700 AN beschäftigt (LAG Niedersachsen 31.1.2019 – 10 TaBVGa 6/19). Da die Erforderlichkeit weitergehender Veranstaltungen (z.B. im Hinblick auf Betriebsratsschulungen) streitig ist, ist hier im Zweifel Vorsicht geboten (zu den Einzelheiten siehe näher § 37).

Hinsichtlich der über § 40 entsprechend anwendbaren Pflicht des AG **5**
zur **Kostentragung** und zur Ausstattung der JAV mit **erforderlichen Sachmitteln** ist zu beachten, dass vor allem auch diejenigen Kosten erstattungsfähig sind, die im Rahmen von Rechtsstreitigkeiten aufgrund der Tätigkeit der JAV anfallen. Sollten solche Kosten entstehen, ist im Konfliktfall mit dem AG nicht etwa die JAV selbst zur Geltendmachung berechtigt, sondern allein der BR (BAG 30.3.1994 – 7 ABR 45/93, AiB 1995, 133–134).

§ 66 Aussetzung von Beschlüssen des Betriebsrats

(1) Erachtet die Mehrheit der Jugend- und Auszubildendenvertreter einen Beschluss des Betriebsrats als eine erhebliche Beeinträchtigung wichtiger Interessen der in § 60 Abs. 1 genannten Arbeitnehmer, so ist auf ihren Antrag der Beschluss auf die Dauer von einer Woche auszusetzen, damit in dieser Frist eine Verständigung, gegebenenfalls mit Hilfe der im Betrieb vertretenen Gewerkschaften, versucht werden kann.

(2) Wird der erste Beschluss bestätigt, so kann der Antrag auf Aussetzung nicht wiederholt werden; dies gilt auch, wenn der erste Beschluss nur unerheblich geändert wird.

Inhaltsübersicht Rn.

I. Zweck der Regelung

1 Die Norm regelt die Frage, inwieweit die JAV in der Lage ist, **Beschlüsse des BR auszusetzen,** wenn zwischen diesen beiden Organen Meinungsverschiedenheiten auftreten. Ein vergleichbares Aussetzungsrecht für eigene Beschlüsse der JAV gibt es nicht. § 66 ist der Regelung des § 35 nachgebildet (Näheres siehe dort).

II. Aussetzen von Beschlüssen und Verfahren im Überblick

2 Einen etwaigen Aussetzungsantrag muss die **JAV** mit **absoluter Mehrheit beschließen,** wobei es keiner objektiv erheblichen Beeinträchtigung der JAV oder der von ihr vertretenen AN bedarf. Vielmehr reicht eine aus Sicht der JAV-Vertreter vorliegende Beeinträchtigung hierfür aus. Regelmäßig ist ein Aussetzungsantrag erfolgreich, wenn alle JAV-Vertreter nach § 67 Abs. 1 Satz 2, Abs. 2 ein Teilnahme- und Stimmrecht im Hinblick auf Sitzungen des BR und dessen Beschlüsse haben.

III. Rolle der Gewerkschaft als Vermittlerin

3 Eine im Betrieb vertretene Gewerkschaft kann ggf. zwischen den Interessen der JAV und des BR eine **Vermittlerposition** einnehmen, um einen sachgerechten Ausgleich herbeizuführen. Eine solche Hinzuzie-

hung kann sowohl vom BR als auch von der JAV ausgehen; selbst kann sich die Gewerkschaft nicht als Vermittlerin einschalten.

§ 67 Teilnahme an Betriebsratssitzungen

(1) [1]Die Jugend- und Auszubildendenvertretung kann zu allen Betriebsratssitzungen einen Vertreter entsenden. [2]Werden Angelegenheiten behandelt, die besonders die in § 60 Abs. 1 genannten Arbeitnehmer betreffen, so hat zu diesen Tagesordnungspunkten die gesamte Jugend- und Auszubildendenvertretung ein Teilnahmerecht.

(2) Die Jugend- und Auszubildendenvertreter haben Stimmrecht, soweit die zu fassenden Beschlüsse des Betriebsrats überwiegend die in § 60 Abs. 1 genannten Arbeitnehmer betreffen.

(3) [1]Die Jugend- und Auszubildendenvertretung kann beim Betriebsrat beantragen, Angelegenheiten, die besonders die in § 60 Abs. 1 genannten Arbeitnehmer betreffen und über die sie beraten hat, auf die nächste Tagesordnung zu setzen. [2]Der Betriebsrat soll Angelegenheiten, die besonders die in § 60 Abs. 1 genannten Arbeitnehmer betreffen, der Jugend- und Auszubildendenvertretung zur Beratung zuleiten.

Inhaltsübersicht Rn.

I. Zweck der Regelung

§ 67 bezweckt durch das Gewähren **diverser Rechte**, dass die JAV an den Entscheidungen des BR in angemessener Weise zu beteiligen ist. Zu diesem Zweck ist sowohl ein Teilnahme- und Stimmrecht (§ 67 Abs. 1, 2) als auch ein spezifisches Antrags- und Informationsrecht (§ 67 Abs. 3) in § 67 normiert. Die JAV ist nicht berechtigt, selbst die Mitbestimmung im Betrieb auszuüben, sondern nur der BR (BAG 24.8.2004 – 1 ABR 28/03, AiB Newsletter 2005, 119). 1

II. Teilnahmerecht an den Betriebsratssitzungen

2 § 67 Abs. 1 Satz 1 normiert ein **umfassendes Recht auf Teilnahme** eines Vertreters der JAV an allen Sitzungen des BR. Damit soll ihr die Möglichkeit eröffnet werden, sich umfassend über Aktivitäten des BR zu informieren und mittels dieser Informationen die Belange der von ihr vertretenen AN wahrzunehmen. § 67 Abs. 1 Satz 2 normiert in bestimmten Angelegenheiten ein Teilnahmerecht sogar der gesamten JAV.

3 In den Fällen des § 67 Abs. 1 Satz 1 (**allgemeines Teilnahmerecht**) kann die JAV einen Vertreter zu jeder beliebigen Sitzung des BR entsenden, wobei es sich um ein bloßes Recht, aber um keine Pflicht handelt. Einschränkungen des Teilnahmerechts gelten für jene Fälle, in denen der BR über das Verhältnis des BR zur JAV oder das Verhalten einzelner JAV-Mitglieder und eine Reaktion hierauf berät. Das Teilnahmerecht betrifft über Plenarsitzungen des BR hinaus auch Ausschusssitzungen in den Fällen der §§ 27, 28, sofern diesen Ausschüssen Angelegenheiten zur eigenständigen Erledigung übertragen wurden, die ansonsten der BR wahrnehmen würde.

4 Im Bereich des **besonderen Teilnahmerechts** nach § 67 Abs. 1 Satz 2 ist die JAV als Ganzes zur Teilnahme berechtigt. Voraussetzung ist das Vorliegen besonderer Angelegenheiten, die die AN im Sinne des § 60 Abs. 1 betreffen, d.h. für diese AN in qualitativer oder auch quantitativer Hinsicht von hoher Bedeutung sind.

5 Das entsprechende **Teilnahmerecht** in **Ausschüssen** wird von § 67 nicht ausdrücklich geregelt. Gleichwohl entspricht es dem Rechtsgedanken des § 67 Abs. 1 Satz 2, so dass die Entsendung einer beliebigen Anzahl von JAV-Mitgliedern in die Beratungen möglich sein muss, solange in etwa dasselbe zahlenmäßige Verhältnis zwischen ihnen und den Betriebsratsmitgliedern besteht.

III. Stimmrecht in der Betriebsratssitzung

6 Nach § 67 Abs. 2 besteht ein **Stimmrecht der JAV-Vertreter im BR**, wenn dort zu fassende Beschlüsse **überwiegend** die in § 60 Abs. 1 genannten AN betreffen. Dies setzt unter Anknüpfung an kollektive Gesichtspunkte voraus, dass die Umsetzung des Beschlusses unmittelbar oder mittelbar zahlenmäßig mehr die § 60 Abs. 1 genannten AN als die anderen AN betrifft. Die Stimmen der JAV-Mitglieder zählen auch bei der Feststellung, ob ein Beschluss des BR oder der eines Ausschusses (in denen die Vertreter der JAV volles Stimmrecht haben, sofern Aufgaben des BR erledigt werden) die erforderliche Mehrheit erreichte.

Jedes Mitglied der JAV kann **nach seinem Belieben** abstimmen, ohne vorherigen Beschlüssen der JAV folgen zu müssen. Wird die **JAV nicht an Beschlussfassungen beteiligt**, obwohl dies nach dem Gesetz notwendig gewesen wäre, ist der Beschluss grundsätzlich **unwirksam**. Eine **Ausnahme** gilt für jene Fälle, in denen die Stimmen der JAV keine Auswirkung auf das Ergebnis gehabt hätten (BAG 6.5.1975 – 1 ABR 135/73).

IV. Antragsrecht in der Betriebsratssitzung

§ 67 Abs. 3 bietet der JAV die Möglichkeit, ein Thema, das die in § 60 Abs. 1 genannten AN betrifft, in die **Tagesordnung** einer **Betriebsratssitzung** aufnehmen zu lassen. Voraussetzung ist nur, dass es sich um eine **betriebliche Angelegenheit** handelt, die die Jugendlichen oder Auszubildenden besonders oder überwiegend betrifft. Trifft dies zu, besteht eine Verpflichtung des BR, den Punkt auf die Tagesordnung aufzunehmen, ohne dass die JAV an sich eine eigene Sitzung beantragen könnte. 7

§ 68 Teilnahme an gemeinsamen Besprechungen

Der Betriebsrat hat die Jugend- und Auszubildendenvertretung zu Besprechungen zwischen Arbeitgeber und Betriebsrat beizuziehen, wenn Angelegenheiten behandelt werden, die besonders die in § 60 Abs. 1 genannten Arbeitnehmer betreffen.

Inhaltsübersicht

I. Zweck der Regelung

§ 68 dient sowohl den **Informationsbedürfnissen der JAV** als auch der Zusammenarbeit zwischen BR und JAV. 1

II. Teilnahmerecht an gemeinsamen Besprechungen

In Angelegenheit, die **besonders** die Interessen der in § 60 Abs. 1 genannten AN betreffen (siehe auch § 67 Abs. 1 und Abs. 3) hat die JAV ein **Recht zur Teilnahme an Besprechungen**, die **zwischen AG und BR** stattfinden. Unterlässt es der BR, die JAV in diesen Fällen einzubeziehen, 2 handelt es sich grundsätzlich um einen **groben Verstoß** im Sinne des § 23 Abs. 1. Die Teilnahme ist allen Mitgliedern der JAV möglich, Beschränkungen etwa auf den Vorsitzenden sind rechtlich unzulässig.

§ 69 Sprechstunden

[1]In Betrieben, die in der Regel mehr als fünfzig der in § 60 Abs. 1 genannten Arbeitnehmer beschäftigen, kann die Jugend- und Auszubildendenvertretung Sprechstunden während der Arbeitszeit einrichten. [2]Zeit und Ort sind durch Betriebsrat und Arbeitgeber zu vereinbaren. [3]§ 39 Abs. 1 Satz 3 und 4 und Abs. 3 gilt entsprechend. [4]An den Sprechstunden der Jugend- und Auszubildendenvertretung kann der Betriebsratsvorsitzende oder ein beauftragtes Betriebsratsmitglied beratend teilnehmen.

Inhaltsübersicht Rn.

I. Zweck der Regelung

1 Gemäß § 69 Satz 1 hat die JAV einen **gesetzlichen Anspruch auf Einrichtung von Sprechstunden während der Arbeitszeit** im Betrieb. Sprechstunden dienen der verbesserten Beratung und Unterstützung einzelner AN im Sinne des § 60 Abs. 1 in Rechts- und Sachfragen. Ein kurzzeitiges Unterschreiten des Schwellenwertes ist **unschädlich**, wenn in naher Zukunft die entsprechende Anzahl von AN wieder erreicht werden wird.

II. Sprechstunden der JAV

2 Die Sprechstunden der JAV zielen nur auf die AN im Sinne des § 60 Abs. 1 ab. Die **räumliche und zeitliche Lage der Sprechstunden** darf die JAV nicht selbst bestimmen; dies ist **Aufgabe des BR**, der eine entsprechende Übereinkunft mit dem AG trifft. Die Sprechstunden finden **grundsätzlich** während der Arbeitszeit statt. **Ausnahmen** sind sowohl bei **betrieblichen Notwendigkeiten** möglich, als auch unter dem Gesichtspunkt, dass eine solche Lösung im Hinblick auf die ratsuchenden AN nicht praktikabel wäre. Kommt eine Einigung nicht zustande, entscheidet die Einigungsstelle gem. § 69 Satz 3 i. V. m. § 39 Abs. 1 Satz 3 und 4, wobei die JAV selbst diese nicht anrufen kann, sondern nur der

BR oder der AG. Kosten und Sachmittel der Sprechstunden werden vom AG getragen (§ 65 Abs. 1 i. V. m. § 40). Im Übrigen können die JAV-Mitglieder für Sprechstundenzeiten ihren vollen Lohn beanspruchen, § 65 Abs. 1 i. V. m. § 37 Abs. 2. Gleiches gilt für diejenigen AN, die die Sprechstunde besuchen (vgl. § 69 Satz 3 i. V. m. § 39 Abs. 3). Eine kompetente Beratung ist durch das in § 69 Satz 4 verankerte Recht des Betriebsratsvorsitzenden oder eines anderen BR-Mitglieds gewährleistet, an den Sprechstunden teilzunehmen.

§ 70 Allgemeine Aufgaben

(1) Die Jugend- und Auszubildendenvertretung hat folgende allgemeine Aufgaben:

1. Maßnahmen, die den in § 60 Abs. 1 genannten Arbeitnehmern dienen, insbesondere in Fragen der Berufsbildung und der Übernahme der zu ihrer Berufsausbildung Beschäftigten in ein Arbeitsverhältnis, beim Betriebsrat zu beantragen;

1a. Maßnahmen zur Durchsetzung der tatsächlichen Gleichstellung der in § 60 Abs. 1 genannten Arbeitnehmer entsprechend § 80 Abs. 1 Nr. 2a und 2b beim Betriebsrat zu beantragen;

2. darüber zu wachen, dass die zugunsten der in § 60 Abs. 1 genannten Arbeitnehmer geltenden Gesetze, Verordnungen, Unfallverhütungsvorschriften, Tarifverträge und Betriebsvereinbarungen durchgeführt werden;

3. Anregungen von in § 60 Abs. 1 genannten Arbeitnehmern, insbesondere in Fragen der Berufsbildung, entgegenzunehmen und, falls sie berechtigt erscheinen, beim Betriebsrat auf eine Erledigung hinzuwirken. Die Jugend- und Auszubildendenvertretung hat die betroffenen in § 60 Abs. 1 genannten Arbeitnehmer über den Stand und das Ergebnis der Verhandlungen zu informieren;

4. die Integration ausländischer, in § 60 Abs. 1 genannter Arbeitnehmer im Betrieb zu fördern und entsprechende Maßnahmen beim Betriebsrat zu beantragen.

(2) [1]Zur Durchführung ihrer Aufgaben ist die Jugend- und Auszubildendenvertretung durch den Betriebsrat rechtzeitig und umfassend zu unterrichten. [2]Die Jugend- und Auszubildendenvertretung kann verlangen, dass ihr der Betriebsrat die zur Durchführung ihrer Aufgaben erforderlichen Unterlagen zur Verfügung stellt.

Inhaltsübersicht Rn.

I. Zweck der Regelung

1 Die Norm regelt die allgemeinen Aufgaben der JAV, die teilweise rechtspolitisch bedeutenden Zielen im **Bereich des Arbeitsmarktes und der Gesellschaft** dienen sollen. Seiner Struktur nach entspricht § 70 der entsprechenden Regelungen für den BR in § 80. Gleichwohl besteht der Unterschied darin, dass die Ausführung dieser Aufgaben über den BR und **nicht** über die JAV selbst erfolgt.

II. Aufgaben der JAV

2 § 70 Abs. 1 Nr. 1, 1a und 4 gibt der JAV ein Antragsrecht in den dort genannten Fällen im Sinne eines **Initiativrechts**. Dabei geht es etwa um Anliegen der Arbeitszeitgestaltung, um soziale Einrichtungen (etwa Lernzentren, Sporteinrichtungen, Musikgruppen usw.) sowie um **menschengerechte und gesetzeskonforme Einrichtung** und Unterhaltung von Arbeits- und Ausbildungsplätzen. Zur betrieblichen Berufsausbildung gehören alle Maßnahmen, die AN in systematischer, lehrplanartiger Weise Kenntnisse und Erfahrungen vermitteln, die diese zur ihrer beruflichen Tätigkeit im Allgemeinen befähigen (BAG 24.8.2004 – 1 ABR 28/03, AiB Newsletter 2005, 119). In diesem Rahmen spielen auch die Regelungen des Berufsbildungsgesetzes (BBiG) eine wichtige Rolle (vgl. §§ 5, 10–26 BBiG). Der BR muss sich mit den entsprechenden Anträgen der JAV **in sachlicher Weise** auseinandersetzen. Eine Nichtbeachtung begründet unter Umständen – vor allem im Wiederholungsfalle – einen groben Verstoß im Sinne des § 23 Abs. 1.

III. Übernahme der Auszubildenden

3 § 70 Abs. 1 Nr. 1 nimmt die **Übernahme der Auszubildenden in ein Arbeitsverhältnis** als Antraggegenstand in die Reihe wichtiger Aufgaben der JAV auf. Die Nennung hat die (bloße) Funktion, die besondere Bedeutung der Übernahme in ein Arbeitsverhältnis für die Auszubildenden hervorzuheben – im Sinne einer **rechtspolitischen Zielvorstellung**. Unter rechtlichen Gesichtspunkten hat die Nennung **keinen**

eigenständigen Gehalt. Das Antragsrecht ist auf den betroffenen Betrieb begrenzt, zudem muss jede Maßnahme dem Wohl der betroffenen Auszubildenden dienen.

IV. Unterrichtung durch den BR

Da die JAV ohne rechtzeitige und umfassende Informationen die in § 70 4
Abs. 1 genannten Rechte nicht effektiv wahrnehmen kann, ordnet § 70 Abs. 2 Satz 1 an, dass **der BR** der JAV alle **notwendigen Informationen zur Verfügung stellen** muss. Den **AG** trifft **keine** derartige Pflicht. Der **Informationsanspruch** der JAV ist **umfassend**. Er beinhaltet sowohl die Weitergabe von Tatsachen, wie auch das Erteilen von Rechtsauskünften. Allerdings ist das Auskunftsbegehren immer auf das zur Wahrnehmung der Aufgaben der JAV notwendige Ausmaß beschränkt. Sofern aber mitzuteilende Informationen vorliegen, muss der **BR** diese **von sich** aus offenbaren, ohne dass es eines Antrags seitens der JAV bedarf.

§ 71 Jugend- und Auszubildendenversammlung

[1]Die Jugend- und Auszubildendenvertretung kann vor oder nach jeder Betriebsversammlung im Einvernehmen mit dem Betriebsrat eine betriebliche Jugend- und Auszubildendenversammlung einberufen. [2]Im Einvernehmen mit Betriebsrat und Arbeitgeber kann die betriebliche Jugend- und Auszubildendenversammlung auch zu einem anderen Zeitpunkt einberufen werden. [3]§ 43 Abs. 2 Satz 1 und 2, die §§ 44 bis 46 und § 65 Abs. 2 Satz 2 gelten entsprechend.

Inhaltsübersicht

I. Zweck der Regelung

Die Regelung bezweckt, einen **Meinungsaustausch** der in § 60 Abs. 1 1
genannten AN zu ermöglichen. Im Gegensatz zum BR ist die **JAV** aber **nicht verpflichtet**, eine solche Versammlung **einzuberufen**. Auch können weder der BR noch eine im Betrieb vertretene Gewerkschaft die Einberufung erzwingen. Allerdings ist sie von der Zustimmung des BR abhängig.

II. Vorschriften für die Jugend- und Auszubildendenversammlung

2 § 71 Satz 3 sieht die entsprechende Geltung **zentraler Vorschriften der Betriebsversammlung** mit der Folge vor, dass auch zu der Jugend- und Auszubildendenversammlung der **AG einzuladen** ist und dieser ein **Rederecht** nach § 43 Abs. 2 Satz 1 besitzt. Die Versammlung findet stets **während der Arbeitszeit** statt, die Teilnahme ist entsprechend als Arbeitszeit zu **vergüten** (§ 44 Abs. 1 Satz 1 bis 3). Auch eine im Zusammenhang mit einer außerordentlichen Betriebsversammlung abgehaltene Jugend- und Auszubildendenversammlung bedeutet für die JAV-Mitglieder keinen Lohnausfall (vgl. § 71 Satz 3 i. V. m. § 44 Abs. 2 Satz 2 Hs. 2), sofern der AG der außerordentlichen Versammlung zuvor zugestimmte.

3 Der zu behandelnde **Themenkreis** darf nach § 45 vor allem auch gewerkschaftliche, tarif- und sozialpolitische sowie wirtschaftliche Fragestellungen umfassen, wenn ein unmittelbarer Bezug zu den in § 60 Abs. 1 genannten AN besteht. Sind mehrere Gewerkschaften im Betrieb vertreten, hat jede von ihnen ein Recht auf Information über die Versammlung sowie ein Teilnahme- und Rederecht aus § 46. Ferner hat der **Vorsitzende des BR** (bzw. ein an seiner Stelle beauftragtes BR-Mitglied) ebenfalls ein **Teilnahmerecht** (§ 65 Abs. 2 Satz 2). Hinsichtlich der durch die Versammlung entstehenden Kosten gilt § 40 entsprechend (siehe Näheres dort).

III. Zeitpunkt der Jugend- und Auszubildendenversammlung

4 In der Regel findet eine Jugend- und Auszubildendenversammlung **zeitlich vor oder auch nach einer Betriebsversammlung** statt. Gleichwohl ist es angesichts der erheblichen Belastung der Teilnahme an beiden Versammlungen nacheinander (Aufwand, Zeiteinteilung) aber nicht erforderlich, dass die Jugend- und Auszubildendenversammlung unmittelbar davor oder danach erfolgt. Denkbar ist z. B. eine gestaffelte zeitliche Abfolge, die durch das Einschieben von längeren Pausen ermöglicht wird.

Zweiter Abschnitt
Gesamt-Jugend- und Auszubildendenvertretung

§ 72 Voraussetzung der Errichtung, Mitgliederzahl, Stimmengewicht

(1) Bestehen in einem Unternehmen mehrere Jugend- und Auszubildendenvertretungen, so ist eine Gesamt-Jugend- und Auszubildendenvertretung zu errichten.
(2) In die Gesamt-Jugend- und Auszubildendenvertretung entsendet jede Jugend- und Auszubildendenvertretung ein Mitglied.
(3) Die Jugend- und Auszubildendenvertretung hat für das Mitglied der Gesamt-Jugend- und Auszubildendenvertretung mindestens ein Ersatzmitglied zu bestellen und die Reihenfolge des Nachrückens festzulegen.
(4) Durch Tarifvertrag oder Betriebsvereinbarung kann die Mitgliederzahl der Gesamt-Jugend- und Auszubildendenvertretung abweichend von Absatz 2 geregelt werden.
(5) Gehören nach Absatz 2 der Gesamt-Jugend- und Auszubildendenvertretung mehr als zwanzig Mitglieder an und besteht keine tarifliche Regelung nach Absatz 4, so ist zwischen Gesamtbetriebsrat und Arbeitgeber eine Betriebsvereinbarung über die Mitgliederzahl der Gesamt-Jugend- und Auszubildendenvertretung abzuschließen, in der bestimmt wird, dass Jugend- und Auszubildendenvertretungen mehrerer Betriebe eines Unternehmens, die regional oder durch gleichartige Interessen miteinander verbunden sind, gemeinsam Mitglieder in die Gesamt-Jugend- und Auszubildendenvertretung entsenden.
(6) [1]Kommt im Fall des Absatzes 5 eine Einigung nicht zustande, so entscheidet eine für das Gesamtunternehmen zu bildende Einigungsstelle. [2]Der Spruch der Einigungsstelle ersetzt die Einigung zwischen Arbeitgeber und Gesamtbetriebsrat.
(7) [1]Jedes Mitglied der Gesamt-Jugend- und Auszubildendenvertretung hat so viele Stimmen, wie in dem Betrieb, in dem es gewählt wurde, in § 60 Abs. 1 genannte Arbeitnehmer in der Wählerliste eingetragen sind. [2]Ist ein Mitglied der Gesamt-Jugend- und Auszubildendenvertretung für mehrere Betriebe entsandt worden, so hat es so viele Stimmen, wie in den Betrieben, für die es entsandt ist, in § 60 Abs. 1 genannte Arbeitnehmer in den Wählerlisten eingetragen sind. [3]Sind mehrere Mitglieder der Jugend- und Auszubildendenver-

tretung entsandt worden, so stehen diesen die Stimmen nach Satz 1 anteilig zu.

(8) Für Mitglieder der Gesamt-Jugend- und Auszubildendenvertretung, die aus einem gemeinsamen Betrieb mehrerer Unternehmen entsandt worden sind, können durch Tarifvertrag oder Betriebsvereinbarung von Absatz 7 abweichende Regelungen getroffen werden.

Inhaltsübersicht Rn.

I. Zweck der Regelung

1 Die Norm ist **zwingend** – abgesehen von der abweichenden Regelungsmöglichkeit der Mitgliederzahl durch Tarifvertrag oder BV. § 72 ermöglicht es, eine Interessenvertretung für die in § 60 Abs. 1 genannten AN auch **auf Unternehmensebene zu bilden**. Die **Errichtung** einer Gesamt-JAV auf Unternehmensebene ist – im Gegensatz zur Errichtung auf Konzernebene (dazu § 73b Rn. 1 f.) – nicht freiwillig, sondern **vom Gesetz zwingend vorgeschrieben**, wenn in einem Unternehmen **mehrere JAV** gewählt sind. In Anlehnung an § 47 für den GBR regelt § 72 für die Gesamt-JAV ihre Errichtung, Mitgliederzahl, Ersatzmitglieder, Abweichungsmöglichkeit durch Tarifvertrag oder BV sowie Stimmengewichtung (näher zu den Einzelheiten siehe § 47 Rn. 1 ff.).

II. Einzelheiten für die Gesamt-JAV

2 Ebenso wie der GBR stellt die Gesamt-JAV eine **Dauereinrichtung ohne feste Amtszeit** dar, deren Existenz erst mit Entfallen der **Voraussetzungen für ihre Errichtung** endet. Was die **Stimmengewichtung** im Rahmen von Abstimmungen in der Gesamt-JAV anbelangt, bestimmt sich diese – in Anlehnung an den für die Mitglieder des GBR geltenden § 47 Abs. 7 – nach der Zahl der wahlberechtigten AN im Sinne des § 60 Abs. 1, die bei der letzten Wahl der JAV in den einzelnen Betrieben in die Wählerliste eingetragen waren (§ 72 Abs. 7).

§ 73 Geschäftsführung und Geltung sonstiger Vorschriften

(1) [1]Die Gesamt-Jugend- und Auszubildendenvertretung kann nach Verständigung des Gesamtbetriebsrats Sitzungen abhalten. [2]An den Sitzungen kann der Vorsitzende des Gesamtbetriebsrats oder ein beauftragtes Mitglied des Gesamtbetriebsrats teilnehmen.
(2) Für die Gesamt-Jugend- und Auszubildendenvertretung gelten § 25 Abs. 1, die §§ 26, 28 Abs. 1 Satz 1, die §§ 30, 31, 34, 36, 37 Abs. 1 bis 3, die §§ 40, 41, 48, 49, 50, 51 Abs. 2 bis 5 sowie die §§ 66 bis 68 entsprechend.

Inhaltsübersicht Rn.

I. Zweck der Regelung

Die Vorschrift verweist in weitem Umfang auf diejenigen Normen zur **Geschäftsführung, inneren Organisation** und **Zuständigkeit**, die dieses Thema für den BR, GBR und die JAV regeln. Die Gesamt-JAV hat im Wesentlichen die gleichen Aufgaben wie die JAV, mit dem einzigen Unterschied, dass die Gesamt-JAV – bedingt durch ihre Struktur auf Unternehmensebene – für Angelegenheiten der JAV nur dann zuständig ist, sofern diese zwangsläufig unternehmenseinheitlich geregelt werden müssen oder wenn die Gesamt-JAV von einer oder mehreren JAV hiermit beauftragt wird. Die **Zuständigkeitsabgrenzung** zwischen Gesamt-JAV und den einzelnen JAV entspricht derjenigen zwischen GBR und den einzelnen BR (§ 73 i. V. m. § 50). 1

II. Sitzungen der Gesamt-JAV

Sitzungen der Gesamt-JAV finden **je nach Bedarf** statt, wenn der Gesamt-JAV-Vorsitzende **zuvor** den Vorsitzenden des GBR **informiert** hat. Die Sitzungen der Gesamt-JAV, zu der der Vorsitzende die Einladungen ausspricht und die er leitet (§ 73 Abs. 2 i. V. m. §§ 29 Abs. 2, 51 Abs. 3), finden **während der Arbeitszeit** statt (§ 73 Abs. 2 i. V. m. 30 Abs. 1) und sind der Öffentlichkeit nicht zugänglich. Der Vorsitzende des GBR hat ein Teilnahmerecht an den Sitzungen der Gesamt-JAV, ebenso wie der AG über § 73 Abs. 2 i. V. m. §§ 29 Abs. 4, 51 Abs. 2 Satz 3. 2

III. Anwendbare Vorschriften

3 Auf die Gesamt-JAV sind durch ausdrückliche Verweisung in § 73 Abs. 2 die meisten der für den **BR und GBR geltenden Normen entsprechend anwendbar** (näher zu den Einzelheiten siehe dort).

Dritter Abschnitt
Konzern-Jugend- und Auszubildendenvertretung

§ 73a Voraussetzung der Errichtung, Mitgliederzahl, Stimmengewicht

(1) [1]Bestehen in einem Konzern (§ 18 Abs. 1 des Aktiengesetzes) mehrere Gesamt-Jugend- und Auszubildendenvertretungen, kann durch Beschlüsse der einzelnen Gesamt-Jugend- und Auszubildendenvertretungen eine Konzern-Jugend- und Auszubildendenvertretung errichtet werden. [2]Die Errichtung erfordert die Zustimmung der Gesamt-Jugend- und Auszubildendenvertretungen der Konzernunternehmen, in denen insgesamt mindestens 75 vom Hundert der in § 60 Abs. 1 genannten Arbeitnehmer beschäftigt sind. [3]Besteht in einem Konzernunternehmen nur eine Jugend- und Auszubildendenvertretung, so nimmt diese die Aufgaben einer Gesamt-Jugend- und Auszubildendenvertretung nach den Vorschriften dieses Abschnitts wahr.
(2) [1]In die Konzern-Jugend- und Auszubildendenvertretung entsendet jede Gesamt-Jugend- und Auszubildendenvertretung eines ihrer Mitglieder. [2]Sie hat für jedes Mitglied mindestens ein Ersatzmitglied zu bestellen und die Reihenfolge des Nachrückens festzulegen.
(3) Jedes Mitglied der Konzern-Jugend- und Auszubildendenvertretung hat so viele Stimmen, wie die Mitglieder der entsendenden Gesamt-Jugend- und Auszubildendenvertretung insgesamt Stimmen haben.
(4) § 72 Abs. 4 bis 8 gilt entsprechend.

Inhaltsübersicht Rn.

I. Zweck der Regelung

1 Die Norm ist **zwingend** – abgesehen von der abweichenden Regelungsmöglichkeit der Mitgliederzahl und der Stimmengewichtung durch Tarifvertrag oder BV. Sie ermöglicht die Bildung einer Interessenvertretung für die in § 60 Abs. 1 genannten AN auch **auf Konzernebene.** Die Errichtung auf Konzernebene erfolgt stets **freiwillig** (wie bereits die Errichtung des KBR, siehe § 54 Rn. 1), setzt einen **Konzern** voraus, in dem **mindestens zwei Gesamt-JAV** bestehen (siehe näher dazu § 54) und erfordert gem. § 73a Abs. 1 Satz 2 die Zustimmung der Gesamt-JAV, in denen **mindestens 75 %** aller JAV-Wahlberechtigten beschäftigt sind. Sobald die Bildung abgeschlossen wurde, entsendet jede Gesamt-JAV durch einfachen Mehrheitsbeschluss (§ 73b Abs. 2 i. V. m. § 51 Abs. 3) ein Mitglied aus ihren Reihen in die Konzern-JAV. Die entsendende Gesamt-JAV muss mindestens ein Ersatzmitglied bestellen.

II. Einzelheiten für die Konzern-JAV

2 Ebenso wie der KBR stellt die Konzern-JAV eine **Dauereinrichtung ohne feste Amtszeit** dar, deren Existenz erst mit Entfallen der **Voraussetzungen für ihre Errichtung** endet. Die **Zuständigkeitsabgrenzung** zwischen Konzern- und Gesamt-JAV entspricht derjenigen zwischen KBR und GBR (§ 73b Abs. 2 i. V. m. § 58). Was die **Stimmengewichtung** im Rahmen von Abstimmungen in der Konzern-JAV anbelangt, so hat jedes Konzern-JAV-Mitglied so viele Stimmen, wie die Mitglieder der entsendenden Gesamt-JAV-Mitglieder insgesamt Stimmen haben. Gemäß § 73a Abs. 4 i. V. m. § 72 Abs. 7 ist die Zahl der wahlberechtigten AN im Sinne des § 60 Abs. 1 des Konzernunternehmens maßgebend, die bei der letzten Wahl in den einzelnen Betrieben in die Wählerliste eingetragen waren.

§ 73b Geschäftsführung und Geltung sonstiger Vorschriften

(1) [1]Die Konzern-Jugend- und Auszubildendenvertretung kann nach Verständigung des Konzernbetriebsrats Sitzungen abhalten. [2]An den Sitzungen kann der Vorsitzende oder ein beauftragtes Mitglied des Konzernbetriebsrats teilnehmen.

(2) Für die Konzern-Jugend- und Auszubildendenvertretung gelten § 25 Abs. 1, die §§ 26, 28 Abs. 1 Satz 1, die §§ 30, 31, 34, 36, 37 Abs. 1 bis 3, die §§ 40, 41, 51 Abs. 3 bis 5, die §§ 56, 57, 58, 59 Abs. 2 und die §§ 66 bis 68 entsprechend.

Inhaltsübersicht Rn.

I. Zweck der Regelung

1 Die Norm regelt – in Anlehnung an den für die JAV geltenden § 65 – die Bereiche der **Geschäftsführung**, der **inneren Organisation** und der **Rechtsstellung** der Konzern-JAV-Mitglieder sowie die **Zuständigkeitsfrage**. § 73b Abs. 2 verweist in weitem Umfang auf die für den BR, GBR und KBR geltenden Regelungen.

II. Sitzungen und ergänzende Vorschriften

2 Die Konzern-JAV hat das Recht, **Sitzungen** abzuhalten, sofern sie den KBR **zuvor** darüber **verständigt** hat; allerdings kommt es auf das Einverständnis des KBR **nicht** an. Der Vorsitzende der Konzern-JAV ist sowohl für die Einladung zur Sitzung zuständig als auch für das Erstellen der Tagesordnung sowie für die Leitung der Sitzung (§§ 29, 51 Abs. 3). Für die Konzern-JAV gelten über die Verweisung in § 73b Abs. 2 weitgehend die gleichen Vorschriften wie für die Gesamt-JAV über die Verweisung in § 73 Abs. 2 (zu den Einzelheiten siehe dort).

Vierter Teil
Mitwirkung und Mitbestimmung der Arbeitnehmer

Erster Abschnitt
Allgemeines

§ 74 Grundsätze für die Zusammenarbeit

(1) [1]Arbeitgeber und Betriebsrat sollen mindestens einmal im Monat zu einer Besprechung zusammentreten. [2]Sie haben über strittige Fragen mit dem ernsten Willen zur Einigung zu verhandeln und Vorschläge für die Beilegung von Meinungsverschiedenheiten zu machen.
(2) [1]Maßnahmen des Arbeitskampfes zwischen Arbeitgeber und Betriebsrat sind unzulässig; Arbeitskämpfe tariffähiger Parteien werden hierdurch nicht berührt. [2]Arbeitgeber und Betriebsrat haben Betätigungen zu unterlassen, durch die der Arbeitsablauf oder der Frieden des Betriebs beeinträchtigt werden. [3]Sie haben jede parteipolitische Betätigung im Betrieb zu unterlassen; die Behandlung von Angelegenheiten tarifpolitischer, sozialpolitischer, umweltpolitischer und wirtschaftlicher Art, die den Betrieb oder seine Arbeitnehmer unmittelbar betreffen, wird hierdurch nicht berührt.
(3) Arbeitnehmer, die im Rahmen dieses Gesetzes Aufgaben übernehmen, werden hierdurch in der Betätigung für ihre Gewerkschaft auch im Betrieb nicht beschränkt.

Inhaltsübersicht Rn.

I. Zweck der Regelung

1 Die Vorschrift regelt Grundsätze der Zusammenarbeit zwischen AG und BR; sie ist allerdings nicht erschöpfend. Zu beachten sind ebenfalls §§ 2 und 75, die weitere (durch § 74 ergänzte) grundlegende Gesichtspunkte der Zusammenarbeit der Betriebspartner enthalten.

§ 74 Abs. 1 Satz 1 institutionalisiert die **monatliche Besprechung**; § 74 Abs. 1 Satz 2 konkretisiert den **Grundsatz der vertrauensvollen Zusammenarbeit** (s. § 2 Rn. 2). § 74 Abs. 2 trifft Regelungen hinsichtlich der **Sicherung von Arbeitsabläufen** und des **Betriebsfriedens**. § 74 Abs. 3 ist als weitere Konkretisierung von § 2 hinsichtlich der **freien Ausübung der Gewerkschaftsrechte durch BR-Mitglieder** zu verstehen.

2 § 74 stellt die vom Betriebsverfassungsgesetz vorgesehenen Grundsätze zur Konfliktlösung dar. Diese Konfliktgrundsätze beruhen auf einem ausschließlich wirtschaftsfriedlichen und kooperativen Modell für die Austragung betrieblicher Konflikte. Das vom Gesetzgeber gewählte Modell ist nicht unumstritten. Die Grundsätze nach § 74 werden als problematischer Widerspruch zu dem das tatsächliche betriebliche Geschehen prägenden Interessengegensatz zwischen Kapital und Arbeit angesehen. Teilweise werden sie als Ausdruck einer fehlgeleiteten Wertentscheidung zu Gunsten eines konfliktfreien betrieblichen Geschehens und damit zulasten einer aktiven Interessenvertretung verstanden. Zudem sei durch die Verwendung generalklauselartiger Begriffe wie z. B. »Betriebsfrieden« die Möglichkeit eröffnet, die Verbotsnormen durch extensive Rechtsprechung zulasten des BR auszuweiten (vgl. DKW, § 74 BetrVG Rn. 2 f).

II. Gemeinsame monatliche Besprechungen

3 Der Wortlaut (»soll«) legt den Beteiligten nahe, sich monatlich mindestens einmal zur **Besprechung der den Betrieb und die AN betreffenden Fragen** zusammenzufinden (vgl. auch Thannheiser AiB 05, 348). Nach herrschender Meinung sind die vorgesehenen Besprechungen daher Teil der einzuhaltenden betriebsverfassungsrechtlichen Pflichten (DKW, § 74 BetrVG Rn. 4; Fitting, § 74 BetrVG Rn. 4; GK-*Kreutz*, § 74 BetrVG Rn. 10 m. w. N.). Verweigert eine der beiden Betriebsparteien (also AG oder BR) beharrlich die Teilnahme an den Besprechungen, so kann dies eine grobe Verletzung betriebsverfassungsrechtlicher Pflichten gem. § 23 Abs. 1 oder § 23 Abs. 3 darstellen. Aus dem (missverständlichen) Charakter einer Sollvorschrift folgt aber auch, dass die

Betriebsparteien einvernehmlich von monatlichen Besprechungen absehen können, wenn die tatsächliche Situation diese Gespräche nicht erfordert oder wenn weder AG noch BR eine monatliche Besprechung verlangen (DKW, § 74 BetrVG Rn. 5).

1. Teilnahmeberechtigte

Der **AG** hat grundsätzlich selbst an diesem Gespräch teilzunehmen, 4
darf sich jedoch durch eine kompetente Person vertreten lassen. Als Vertreter des AG muss der BR nur solche Personen akzeptieren, die wegen ihrer fachlichen Kompetenz befugt sind, für die Betriebsleitung zu sprechen und dazu aufgrund eigener Kenntnis der betrieblichen Zusammenhänge in der Lage, also »aussagefähig« sind (zu der Frage der Kompetenz: BAG 11.12.1991 – 7 ABR 16/91, AiB 92, 534–537). Auf **Seiten des BR** haben regelmäßig alle Mitglieder teilzunehmen. Der BR kann auch den Betriebsausschuss (vgl. § 27; es handelt sich gerade nicht um eine laufende Angelegenheit des Betriebsausschusses) oder einen anderen Ausschuss (vgl. § 28) mit den Besprechungen beauftragen (BAG 15.8.2012 – 7 ABR 16/11).
Handelt es sich um Angelegenheiten, die besonders die jugendlichen AN oder die Auszubildenden betreffen, ist die **JAV** (und zwar alle Mitglieder) hinzuzuziehen. Die Hinzuziehung der **Schwerbehindertenvertretung** folgt aus den Regelungen in § 178 Abs. 5 SGB IX.
Trotz Fehlens einer ausdrücklichen Bestimmung dürfen auch Beauftragte einer im BR vertretenen **Gewerkschaft** den Besprechungen beiwohnen; dies folgt aus der gesetzlich vorgesehenen engen Zusammenarbeit zwischen BR und Gewerkschaft gem. § 2 Abs. 1.

2. Monatliche Besprechungen

Wie auch bei sonstigen Verhandlungen ist bei den **monatlichen Besprechungen** über die streitigen Fragen mit dem **ernsthaften Willen zur Einigung zu verhandeln**. Daraus folgt eine Einlassungs- und Erörterungspflicht der Betriebsparteien bzgl. aller streitigen Angelegenheiten, und zwar auch solcher, die nicht einem (erzwingbaren) Mitbestimmungsrecht unterliegen. Dies umfasst die Pflicht, die jeweilige Position zu einem (Streit-)Thema darzulegen, zu begründen und zu der Position der anderen Betriebspartei Stellung zu nehmen. Es besteht aber keine Pflicht, durch gegenseitiges Nachgeben eine Einigung herbeizuführen, d.h., aus der Einlassungspflicht folgt keine Kompromisspflicht bzw. eine Pflicht zum gegenseitigen Nachgeben. Hält eine Betriebspartei an ihrer 5

Vorstellung fest, ist dies kein Verstoß gegen die Erörterungspflicht und auch keine grobe Pflichtverletzung i. S. d. § 23 Abs. 1 oder 3. Unternehmen die Betriebsparteien in einer mitbestimmungspflichtigen Angelegenheit (z. B. nach § 87) nicht den nach § 74 Abs. 1 Satz 1 vorgesehenen Versuch einer gütlichen Einigung, ist die sofortige Anrufung der Einigungsstelle unzulässig (BAG 18. 3. 2015 – 7 ABR 4/13; LAG Hamburg 17. 8. 2024 – 2 TaBV 4/23; einschränkend Hessisches LAG 24. 10. 2024 – 5 TaBV 123/24 mit der Betonung der subjektiven Einschätzung des die Einigungsstelle anrufenden Betriebspartners). Unvereinbar mit der Einlassungs- und Erörterungspflicht soll es auch sein, wenn der BR bei der Mitbestimmung nach § 87 Abs. 1 Nr. 2 über Dienstpläne in einer Einigungsstelle von vorneherein eine einvernehmliche Lösung verweigert mit dem pauschalen Hinweis die Einigungsstelle sei wegen der Komplexität des Problems nicht in der Lage, eine sachgerechte Entscheidung zu treffen. Wegen dieses groben Verstoßes gegen § 74 Abs. 1 S. 2 i. V. m. § 2 Abs. 1 sei ein Unterlassungsbegehren des BR daher (ausnahmsweise) rechtsmissbräuchlich (BAG 12. 3. 2019 – 1 ABR 42/17). Ebenso sind die Betriebsparteien verpflichtet, vor Anrufung eines ArbG den Versuch einer innerbetrieblichen Einigung zu unternehmen. Allerdings wird keine bestimmte Form oder Intensität hinsichtlich dieser Einigungsversuche verlangt.

III. Friedenspflicht

6 Unter dem Oberbegriff der Friedenspflicht beinhaltet § 74 Abs. 2 **drei Verbote**:

1. Verbot des Arbeitskampfes
2. Verbot von Maßnahmen, durch die der Arbeitsablauf oder der Betriebsfrieden beeinträchtigt werden kann und letztlich
3. ein generelles Verbot von parteipolitischer Betätigung der Betriebsparteien.

1. Arbeitskampfverbot

7 Der BR als Institution darf nicht zu **Kampfmaßnahmen wie Streik** (auch: Sitzstreik, Arbeitsverlangsamung, Betriebsbesetzung, Aussperrung, Boykott) aufrufen oder diese gar selbst ergreifen. Auch die einzelnen Mitglieder des BR dürfen – in ihrer Eigenschaft als BR-Mitglieder – keine Arbeitskämpfe organisieren oder ausführen (BAG 17. 12. 1976 – 1 AZR 772/75; BAG 7. 6. 1988 – 1 AZR 372/86). Unzulässig ist daher auch, wenn auf einer Betriebsratssitzung Arbeitskampfmaßnahmen geplant

werden (LAG Düsseldorf 30.8.2023 – 12 TaBV 18/23) In ihrer Eigenschaft als AN und Gewerkschaftsmitglieder können sich BR-Mitglieder aber an rechtmäßigen Arbeitskämpfen beteiligen.
Einzelne AN werden von dem Verbot nicht erfasst, sondern sind den allgemeinen **arbeitskampfrechtlichen Grundsätzen** der Rechtsprechung des BAG unterworfen (vgl. dazu etwa BAG 7.6.1988 – 1 AZR 372/86, AiB 2002, 354).
Verstöße gegen dieses grundsätzliche Verbot sind sanktionsbewehrt:

- Auf der Seite des BR können sie zur Auflösung oder zum Ausschluss einzelner Mitglieder gem. § 23 Abs. 1 führen.
- Bei Verstößen des AG kann gegen diesen nach § 23 Abs. 3 und unter Umständen auch nach § 119 Abs. 1 vorgegangen werden.

§ 74 Abs. 2 Satz 1 2. Halbsatz stellt ausdrücklich klar, dass **Arbeitskämpfe tariffähiger Parteien** durch das Arbeitskampfverbot nicht berührt werden. Bei derartigen zulässigen Arbeitskampfmaßnahmen hat sich der BR als Organ neutral zu verhalten und sich jeder Tätigkeit (als BR) zu enthalten (BAG 10.12.2002 – 1 ABR 7/02, AiB 2003, 513; a.A. DKW, § 74 BetrVG Rn. 23). Das gilt ebenfalls für einzelne BR-Mitglieder, wenn sie sich in dieser Amtseigenschaft an Arbeitskämpfen beteiligen (vgl. BAG 5.12.1975 – 1 AZR 94/74 für parteipolitische Betätigung). In der **Eigenschaft als AN und Gewerkschaftsmitglied** ist eine uneingeschränkte Teilnahme an Arbeitskampfmaßnahmen aber zulässig, es gelten keine weiteren Beschränkungen. 8
Nach ständiger (BAG 10.12.2002 – 1 ABR 7/02, AiB 2003, 513; BAG 13.12.2011 – 1 ABR 2/10) – aber nicht unumstrittener (a.A.: LAG Bremen 9.2.1989 – 3 Sa 238/86, 3 Sa 239/86, AiB 89, 316–317; DKW, § 74 BetrVG Rn. 32 ff. m.w.N.) – Rechtsprechung des BAG können in einem Arbeitskampf **Beteiligungsrechte des BR eingeschränkt** sein. Das ist allenfalls für Fälle zu bejahen, in denen in der Ausübung der Mitbestimmungsrechte des BR eine zusätzliche, den Druck der streikenden AN verstärkende eigene Kampfmaßnahme des BR anzusehen ist. Das hängt von den konkreten Umständen des Einzelfalls ab: Denkbar wäre eine Einschränkung nach der Rechtsprechung des BAG etwa bei dem Mitbestimmungsrecht bzgl. der Festlegung der Arbeitszeit oder Anordnung von Mehrarbeit, wenn der AG mit solchen Maßnahmen der Streikstrategie der Gewerkschaften begegnen will (BAG 24.4.1979 – 1 ABR 43/77). Derartige Einschränkungen sind restriktiv auszulegen und betreffen jedenfalls nicht die allgemeinen Beteiligungsrechte des BR wie Unterrichtungs-, Anhörungs- und Beratungsrechte (BAG 10.12.2002 – 1 ABR 7/02, AiB 2003, 513; DKW, § 74 BetrVG Rn. 38 ff. m.w. Beispielen). Vereinbarungen über sogenannte Notdienste

sind zwischen AG und Gewerkschaft zu treffen; Abreden zwischen BR und AG sind insofern unwirksam und binden die AN nicht (DKW, § 74 BetrVG Rn. 43).

2. Beeinträchtigung von Arbeitsablauf oder Frieden des Betriebs

9 Über das Verbot von Arbeitskampfmaßnahmen hinaus ist eine **Beeinträchtigung** des **Arbeitsablaufs** oder des **Betriebsfriedens** verboten. Adressat sind der AG, der BR und auch einzelne Mitglieder des BR (BAG 21.2.1978 – 1 ABR 54/76). Nach vertretbarer Auffassung ist die Vorschrift erst bei einer konkreten Störung verletzt, nicht schon bei einer zu befürchtenden, noch nicht eingetretenen Gefährdung (DKW, § 74 BetrVG Rn. 44; a. A. Fitting, § 74 BetrVG Rn. 29).
Arbeitsablauf meint die organisatorische, räumliche und zeitliche Gestaltung des Arbeitsprozesses im Zusammenwirken von Menschen und Betriebsmitteln. Verboten sind alle Handlungen, die unzulässigerweise in die Gestaltung des Arbeitsprozesses eingreifen – z. B. durch die Aufforderung des BR, bestimmte Weisungen des AG nicht zu befolgen. Unter **Betriebsfrieden** ist das störungsfreie Zusammenleben zwischen den Betriebsparteien – AG und BR – sowie zwischen AG und den AN und letztlich auch zwischen den AN untereinander gemeint. Der Betriebsfrieden kann beeinträchtigt werden, wenn AG und BR Auseinandersetzungen führen, die keine Grundlage im betrieblichen Geschehen haben. Es darf vor allem keine Einmischung in Zuständigkeits- und Kompetenzbereiche erfolgen.

10 Als eine **unzulässige Beeinträchtigung** des Betriebsfriedens durch den AG kann bewertet werden:

- Wenn der AG ein von ihm verfasstes, polemisches Schreiben gegen den BR an die AN des Betriebs in Kopie verschickt (LAG Köln 16.11.1990 – 12 TaBV 57/90)
- Die Veröffentlichung wahrheitswidriger Informationen über das Betriebsratsverhalten am »Schwarzen Brett« oder die Bekanntgabe einer einseitigen willkürlichen Auswahl des Schriftwechsels mit dem BR (LAG Düsseldorf 25.5.1976 – 15 TaBV 10/76)
- Die Bekanntgabe von AN, die abgemahnt wurden, am schwarzen Brett durch den AG
- Veröffentlichung von Fehlzeiten von BR-Mitgliedern (LAG Niedersachsen 9.3.1990 – 3 TaBV 38/89)
- Einseitige Entfernung von Aushängen des BR vom »Schwarzen Brett« durch den AG

Die **Wahrnehmung von Rechten** – wie etwa das Abhalten von Betriebsversammlungen – kann für sich genommen keine unzulässige Störung darstellen, selbst wenn dadurch der Arbeitsablauf beeinträchtigt wird. Dies gilt auch für den Fall, dass der BR seine Aufgaben und Beteiligungsrechte als BR wahrnimmt. BR dürfen daher auch auf rechtswidrige Maßnahmen des AG hinweisen.

Soweit der BR eigene Rechte wahrnimmt und eigene Pflichten erfüllt, 11
ist ihm eine **begrenzte Rechtsfähigkeit** zuzugestehen. Der BR kann sich daher auf die Meinungsfreiheit (Art. 5 Abs. 1 GG) berufen und selbst entscheiden, wann er öffentliche Stellungnahmen abgibt. Beispielsweise ist es von der Meinungsfreiheit gedeckt, dass der BR sich zu einer geplanten und in der Presse besprochenen Betriebsstilllegung (auch über Twitter) äußert. Der BR muss nicht darauf warten, dass der AG eine öffentliche Diskussion eröffnet (LAG Niedersachsen 6.12.2018 – 5 TaBV 107/17). Allerdings folgt aus der Friedenspflicht, dass Konflikte möglichst innerbetrieblich auszutragen sind. Damit ist nicht vereinbar, einen Konflikt in die Medien zu verlagern, um Druck auf die Gegenseite auszuüben; die Grenzen sind hier fließend. Hat der BR jedoch etwas innerbetrieblich veröffentlicht, ist er nicht verantwortlich, wenn ein AN die Mitteilung an Dritte weitergibt. Entscheidend ist allein, ob der BR an die Öffentlichkeit (hier die Belegschaft) gehen durfte.

3. Parteipolitische Betätigung

Durch eine **parteipolitische Betätigung** im Betrieb kann der Betriebs- 12
frieden in besonderem Maße gefährdet sein, daher ist diese Betätigung generell untersagt. Hier greift das Verbot bereits, wenn eine abstrakte Gefährdung des Betriebsfriedens vorliegt, es muss nicht zu einer konkreten Gefährdung erstarken (BAG 13.9.1977 – 1 ABR 67/75, AiB 2001, 713).

Weil durch das Verbot in das Grundrecht der Meinungsfreiheit aus Art. 5 GG – in verfassungsrechtlich gerechtfertigter Weise (BVerfG 28.4.1976 – 1 BvR 71/73) – eingegriffen wird, ist die Verbotsnorm **eng auszulegen** und entsprechend anzuwenden (BAG 17.3.2010 – 7 ABR 95/08, AiB 2011, 166–169). Daher wird nicht jede Äußerung allgemeinpolitischer Art erfasst, die eine politische Partei, Gruppierung oder Richtung unterstützt oder sich gegen sie wendet. Ob das Eintreten für oder gegen eine politische Richtung unabhängig von einem konkreten Bezug zu einer politischen Partei unter das Verbot fällt, hat das BAG offen gelassen (BAG 17.3.2010 – 7 ABR 95/08, AiB 2011, 540–543).

13 Das Verbot gilt für den AG und den BR, nicht für einzelne AN des Betriebs. Den AN des Betriebs ist es nicht verwehrt, auch im Betrieb Gespräche politischen oder parteipolitischen Inhalts zu führen. Denn der einzelne AN soll als mündiger Staatsbürger in der Freiheit seiner Meinungsäußerung nicht weiter eingeschränkt werden, als dies für den ungestörten Arbeitsablauf und die Wahrung des Betriebsfriedens erforderlich ist (BAG 15.7.1971 – 2 AZR 232/70, AP KSchG § 1 Nr. 83).

14 **Keine unzulässige parteipolitische Betätigung** stellt der Aufruf des BR dar, sich an politischen Wahlen zu beteiligen (BAG 17.3.2010 – 7 ABR 95/08, AiB 2011, 540–543), andererseits umfasst das Verbot nach (älterer) Auffassung des BAG jedoch das Tragen einer gegen einen Politiker gerichteten Plakette (BAG 9.12.1982 – 2 AZR 620/80, AiB 1984, 27–29; a.A. DKW, § 74 BetrVG Rn. 67). Nach neuerer Rechtsprechung des BAG ist nur eine parteipolitische, nicht jedoch eine allgemein politische Betätigung untersagt (BAG 17.3.2010 – 7 ABR 95/08, AiB 2011, 540–543). Auch liegt kein Verstoß vor, wenn der BR nicht gegen eine parteipolitische Betätigung von AN im Betrieb vorgeht.

15 Nach der Rechtsprechung des BAG (BAG 12.6.1986 – 6 ABR 67/84, AiB 1987, 174–175) werden von dem Verbot der parteipolitischen Betätigung im Betrieb alle Handlungen umfasst, die AN zu einer Stellungnahme in parteipolitischen Fragen veranlassen sollen, und zwar auch dann, wenn die Maßnahmen ohne Nennung einer Partei deren Interessen diesen können. Das kann durch persönliche Ansprache geschehen und durch das Verteilen von Flugblättern oder Zeitungen. Umfasst sind auch das Aushängen von Parteiplakaten und das Organisieren von politischen Veranstaltungen im Betrieb sowie Geld- oder Unterschriftensammlungen für eine Partei (vgl. DKW, § 74 BetrVG Rn. 59 m.w.N.).

16 Auf die **außerbetriebliche private Lebensführung** hat der AG grundsätzlich keinen Zugriff. Der AG darf auf das außerdienstliche Verhalten seiner Mitarbeiter – selbstverständlich auch nicht auf deren parteipolitische Betätigung – keinen Einfluss nehmen, weil er dadurch in unzulässiger Weise in das allgemeine Persönlichkeitsrecht der AN eingreift. Dem AG ist es jedoch erlaubt, den AN bei solchen privaten Auftritten zu untersagen, auf ihre Zugehörigkeit zum Unternehmen hinzuweisen. Dies ergibt sich aus der allgemeinen gegenseitigen Rücksichtnahmepflicht im Arbeitsverhältnis. Das LAG Nürnberg führt hierzu beispielsweise in einer neueren Entscheidung aus (LAG Nürnberg 11.8.2017 – 6 Sa 76/17):

»Diese Verpflichtung zur Rücksichtnahme besteht nicht nur während des Dienstes, sondern auch für außerdienstliches Verhalten von Mitarbeitern, wenn Interessen des Arbeitgebers beeinträchtigt werden. Mit dem sicht-

baren Tragen des Dienstausweises hat der Kläger daher gegen seine Loyalitätspflichten gegenüber der Beklagten verstoßen. Er hat durch das sichtbare Tragen des Dienstausweises auf einer Kundgebung »Die Rechte« die Beklagte mit den Ansichten und Parolen dieser Gruppierung in Verbindung gebracht.«

IV. Zulässigkeit der Behandlung von betriebsbezogenen Angelegenheiten

Die Behandlung von **Fragen der Tarif**-, **Sozial**-, Umwelt- oder Wirtschafspolitik wird durch das Verbot der parteipolitischen Betätigung nicht umfasst, wenn die zu behandelnden Fragen den Betrieb oder die AN unmittelbar betreffen. Hierfür genügt es, wenn die zu behandelnde Angelegenheit für den Betrieb oder die AN eine gewisse Bedeutung erlangen kann. Unerheblich ist, ob davon auch ein ganzer Wirtschaftszweig oder gar die gesamte Arbeitnehmerschaft betroffen ist (BAG 14.2.1967 – 1 AZR 494/65), ausreichend (aber auch erforderlich) ist, dass ebenfalls die AN des Betriebs oder der Betrieb selbst betroffen sind. 17

Die Begriffe Tarif-, Sozial-, Umwelt- und Wirtschaftspolitik sind weit zu verstehen. Mithin fällt hierunter eine Angelegenheit dann, wenn diese im weiten Sinne einen Bezug zu diesen Themenfeldern aufweist. Die Behandlung von gewerkschaftlichen **Fragen** kann unter den Begriff **Sozialpolitik** gefasst werden (DKW, § 74 BetrVG Rn. 72). 18

V. Gewerkschaftliche Betätigung und betriebsverfassungsrechtliches Amt

§ 74 Abs. 3 stellt klar, dass alle AN, die betriebsverfassungsrechtliche Funktionen ausüben, vor allem also **BR-Mitglieder**, für eine **Gewerkschaft tätig** werden und **gewerkschaftliche Funktionen** übernehmen dürfen. BR-Mitglieder und alle sonstigen Funktionsträger brauchen sich in ihrer Gewerkschaftstätigkeit keine besondere Zurückhaltung aufzuerlegen. Vor allem kann nicht verlangt werden, dass sie mit »schizophren gespaltenem Bewusstsein« ihr Amt zu verleugnen haben (vgl. Beckert/Leimert, BlWStSozArbR 72, 14). Die Ausübung von Gewerkschaftsrechten im Betrieb wie der Aufbau eines Informationsstands oder deren Untersagung durch den AG stellen keine Ordnungsfrage dar und sind damit nicht Gegenstand der Mitbestimmung in sozialen Angelegenheiten nach § 87 Abs. 1 Nr. 1 (LAG Köln 24.8.2018 – 9 TaBV 7/18). Das von Art. 9 Abs. 3 GG geschützte Recht betriebsangehöriger 19

Gewerkschaftsmitglieder, sich durch die Verteilung gewerkschaftlichen Informations- oder Werbematerials im Betrieb aktiv an der koalitionsgemäßen Betätigung ihrer Gewerkschaft zu beteiligen und diese dadurch bei der Verfolgung ihrer koalitionsspezifischen Ziele zu unterstützen, unterliegt nicht der Regelungsmacht der Betriebsparteien (BAG 28.7.2020 – 1 ABR 41/18). In der Konsequenz kann ein BR gegen ein entsprechendes Verbot des AG – z. B. gegen das Aufstellen eines betrieblichen Informationsstands der Gewerkschaft – nicht selbst gerichtlich vorgehen; ebenso können AG und BR die Zulässigkeit oder die nähere Ausgestaltung solcher Aktionen auch nicht gemeinsam regeln. Hier geht es allein um ein Recht der Gewerkschaft aus Art. 9 Abs. 3 GG.

20 Zulässig ist somit vor allem die **Gewerkschaftswerbung im Betrieb**. Das gilt nicht nur hinsichtlich gewerkschaftlicher Listen bei Betriebsratswahlen, sondern ganz allgemein (vgl. BVerfG 14.11.1995 – BvR 601/92). Für diese Werbung kommen in erster Linie AN des Betriebs in Betracht. Aber auch BR-Mitglieder – nicht jedoch das Organ BR – können im Betrieb Werbung für eine Gewerkschaft betreiben. Es darf jedoch keine unzulässige Verbindung mit dem Amt vorgenommen werden, was etwa bei einer Werbetätigkeit während einer Betriebsratssprechstunde der Fall wäre.

> **Beispiel:**
> Eine unzulässige Verknüpfung mit dem Betriebsratsamt liegt zum Beispiel vor, wenn die vom AG zur Verfügung gestellten Mittel zum Zwecke der Gewerkschaftswerbung verwendet werden, z. B. Verwendung des Briefkopfes des Personalrates (BVerwG 22.8.1991 – 6 P 10/90). Umgekehrt besteht aber keine generelle Vermutung dahingehend, dass ein Gewerkschaftsmitglied automatisch auch immer als BR-Mitglied wirbt (BAG 14.2.1967 – 1 AZR 494/65).

VI. Streitigkeiten

21 Bei groben Verstößen des BR gegen die Pflichten aus § 74 Abs. 1 und Abs. 2 kann der AG die **Auflösung des BR oder den Ausschluss eines seiner Mitglieder** gem. § 23 Abs. 1 beantragen. Verstößt der AG gegen diese Verpflichtungen, kann der BR nach § 23 Abs. 3, ggf. nach § 119 Abs. 1 Nr. 2 gegen den AG vorgehen. Nach der Rechtsprechung des BAG begründet § 74 Abs. 2 **keinen Unterlassungsanspruch** des AG gegen den BR bei einem Verstoß (wegen parteipolitischer Betätigung: BAG 17.3.2010 – 7 ABR 95/08, AiB 2011, 540–543). An dieser Rechtsprechung hält das BAG auch bei einer Verletzung des Arbeitskampfverbots fest (BAG 15.10.2013 – 1 ABR 31/12). Das Gericht begründet seine Rechtsprechung vor allem mit der fehlenden Vollstreckbarkeit eines Unterlassungsanspruchs gegen den BR und der ausreichenden Sanktionierung von Verstößen des BR durch die Möglichkeit des Auflösungsantrags gemäß § 23 Abs. 1.

§ 75 Grundsätze für die Behandlung der Betriebsangehörigen

(1) Arbeitgeber und Betriebsrat haben darüber zu wachen, dass alle im Betrieb tätigen Personen nach den Grundsätzen von Recht und Billigkeit behandelt werden, insbesondere, dass jede Benachteiligung von Personen aus Gründen ihrer Rasse oder wegen ihrer ethnischen Herkunft, ihrer Abstammung oder sonstigen Herkunft, ihrer Nationalität, ihrer Religion oder Weltanschauung, ihrer Behinderung, ihres Alters, ihrer politischen oder gewerkschaftlichen Betätigung oder Einstellung oder wegen ihres Geschlechts oder ihrer sexuellen Identität unterbleibt.

(2) [1]Arbeitgeber und Betriebsrat haben die freie Entfaltung der Persönlichkeit der im Betrieb beschäftigten Arbeitnehmer zu schützen und zu fördern. [2]Sie haben die Selbständigkeit und Eigeninitiative der Arbeitnehmer und Arbeitsgruppen zu fördern.

Inhaltsübersicht Rn.

I. Zweck der Regelung

1 Die Vorschrift konkretisiert die in Art. 1, 3, 9 Abs. 3 GG statuierten Grundrechte und legt elementare Grundsätze für die Behandlung der Betriebsangehörigen durch den AG und den BR sowie für die Amtsführung des BR fest. Die Vorschrift ist kein unverbindlicher Programmsatz, sondern hat unmittelbare **materiell-rechtliche Bedeutung**: Das Direktionsrecht des AG wird beschränkt; es werden verbindliche Grundlagen für die Regelungskompetenz der Betriebsparteien und für die Ausübung der Mitbestimmung aufgestellt. Insbesondere stellt die Vorschrift eine wichtige gesetzliche Auslegungsregel dar und zwar sowohl für die inhaltliche und umfangmäßige Ausgestaltung der Beteiligungsrechte des BR als auch für die Rechte des einzelnen AN nach §§ 81 ff.

II. Das Überwachungsgebot

2 § 75 Abs. 1 begründet für AG und BR sowohl eine **Überwachungspflicht** als auch ein **Überwachungsrecht** (Fitting, § 75 BetrVG Rn. 17). Die Überwachungspflicht regelt die Verpflichtung, dass beide Betriebsparteien für die Einhaltung der Grundsätze von Recht und Billigkeit Sorge zu tragen und sich bei deren Verletzung um Abhilfe zu bemühen haben. Das umfasst für AG und BR auch die Verpflichtung, bei ihren eigenen Maßnahmen die Einhaltung der Grundsätze dieser Vorschrift zu beachten.

Beispiel für Überwachungspflicht:
Die Überwachungspflicht gilt sowohl zwischen BR und AG als auch im Verhältnis der jeweiligen Betriebspartei zu den AN. Aufgrund seiner Überwachungspflicht kann der BR auch ohne eine Beschwerde aktiv tätig werden. Der BR hat das Recht, nicht nur vom AG das Unterlassen von Verstößen zu verlangen; er hat aber auch das Recht vom AG zu verlangen, dass dieser auf Verstöße von AN reagiert, z. B. in Form von Abmahnungen etc. Ebenso kann auch der BR von sich aus durch Mitteilungen auf der Betriebsversammlung oder Anschlägen am schwarzen Brett auf die Belegschaft einwirken.

Die Überwachungspflicht bezieht sich aber nur auf die im Betrieb beschäftigten AN in ihrer Funktion als AN. Der AG kann sich nicht auf die Grundsätze nach § 75 berufen, um dadurch indirekt auf die interne Organisation des BR einzuwirken, z. B. bei der Wahl des Vorsitzenden, der Mitglieder der Ausschüsse oder der freizustellenden Mitglieder.

1. Verpflichteter Personenkreis

3 Die Verpflichtung zur Überwachung trifft sowohl den **AG** als auch den **BR**. Ebenso verpflichtet sind BR-Mitglieder, soweit sie in ihrer Amtseigenschaft tätig werden.

2. Geschützter Personenkreis

4 Die Überwachungspflicht bezieht sich auf **alle im Betrieb tätigen Personen**, einschließlich der Teilzeitkräfte, Leiharbeiter, Auszubildenden und Aushilfskräfte (ErfK-*Kania*, § 75 BetrVG Rn. 3). Ebenfalls umfasst von dem Schutz dieser Bestimmung sind die in § 5 Abs. 2 angeführten Nicht-AN (s. § 5 Rn. 7)allerdings nur soweit der Zugang zur Erwerbstätigkeit oder der berufliche Aufstieg betroffen ist (vgl. DKW, § 75 BetrVG Rn. 11). Leitende Angestellte sind aufgrund spezieller Vorschrift des § 27 SprAuG von dem Schutz nicht umfasst.

3. Grundsätze von Recht und Billigkeit

5 Zunächst erstreckt sich die Überwachungspflicht allgemein auf die Beachtung der Grundsätze von Recht und Billigkeit. Unter **Grundsätzen des Rechts** ist die geltende Rechtsordnung zu verstehen, wie sie das Arbeitsverhältnis gestaltet und auf dieses einwirkt (BAG 12.4.2011 – 1 AZR 412/09). Vor allem bei dem Abschluss von BV sind die Betriebsparteien zur **Wahrung von Grundrechten** verpflichtet, besonders zur Wahrung der Berufsfreiheit nach Art. 12 GG. Zu den Grundsätzen des Rechts gehört neben der gesamten Arbeitsrechtordnung weiter das arbeitsrechtliche Gewohnheits- und Richterrecht, einschließlich der Grundsätze des Vertrauensschutzes und der Verhältnismäßigkeit, Tarifvertrag und BV sowie sonstige Arbeitsbedingungen und die betriebliche Ordnung. So verstoßen Regelungen einer BV gegen § 75 Abs. 1, Abs. 2 Satz 1, wenn mit ihnen der einer zwingend-gesetzlichen Norm zugrunde liegende Zweck vereitelt wird. Denn die Normsetzungsbefugnis der Betriebsparteien kann sich nicht darauf beziehen, einen gesetzlich missbilligten Erfolg durch Umgehung des entsprechenden Gesetzes in Form einer BV zu erreichen. Beispielsweise wäre eine Namensliste, die bei einem Interessenausgleich vereinbart werden kann, unwirksam, wenn dieser Namensliste überhaupt keine Sozialauswahl zugrunde läge. Denn Sinn und Zweck der Namensliste ist es, dass die Sozialauswahl des AG nur noch auf grobe Fehlerhaftigkeit überprüft werden kann, nicht aber,

dass die Sozialauswahl vollständig entfällt (LAG Düsseldorf 6.7.2011 – 7 Sa 1859/10).

Die **Grundsätze der Billigkeit** sollen eine gerechte und angemessene Entscheidung im Einzelfall gewährleisten (BAG 17.8.1999 – 3 ABR 55/98, AiB 2000, 509–512). Durch sie soll erreicht werden, dass etwa bestehende Besonderheiten des Einzelfalls in sachgerechter und fairer Weise geregelt werden, indem auf die berechtigten menschlichen, sozialen und wirtschaftlichen Belange Rücksicht genommen wird.

Beispiel:
Zum Tragen kommt dieser Grundsatz zum Beispiel bei der Ausübung des Direktions- und Weisungsrechts nach § 106 GewO, etwa bei der Frage der Zumutbarkeit einer Versetzung.

6 Zu den Grundsätzen von Recht und Billigkeit gehört vor allem der **betriebsverfassungsrechtliche Gleichbehandlungsgrundsatz**, dessen verfassungsrechtliche Rechtsgrundlage in dem allgemeinen Gleichheitssatz des Art. 3 Abs. 1 GG liegt. Bei dessen Anwendung haben die Betriebspartner wie andere Normgeber einen Beurteilungsspielraum und ein Einschätzungsprivileg hinsichtlich der tatsächlichen Voraussetzungen und Folgen der von ihnen gesetzten Regeln (BAG 22.3.2005 – 1 AZR 49/04, AiB Newsletter 2005, Nr. 9, 5).

7 Der betriebsverfassungsrechtliche Gleichbehandlungsgrundsatz zielt darauf ab, eine Gleichbehandlung von Personen in vergleichbaren Sachverhalten sicherzustellen und eine gleichheitswidrige Gruppenbildung auszuschließen. Bei einer personenbezogenen Ungleichbehandlung ist der Gleichheitssatz bereits dann verletzt, wenn eine Gruppe von Normadressaten im Vergleich zu anderen Normadressaten anders behandelt wird, obwohl zwischen beiden Gruppen keine Unterschiede von solcher Art und solchem Gewicht bestehen, dass diese die ungleiche Behandlung rechtfertigen könnten (BAG 26.4.2016 – 1 AZR 435/14). Der Gleichheitsgrundsatz verbietet nicht nur die willkürliche Schlechterstellung einzelner AN innerhalb einer Gruppe, sondern auch eine sachfremde Gruppenbildung. Trotz des Vorrangs der Vertragsfreiheit ist der Gleichbehandlungsgrundsatz auch bei der Zahlung der Arbeitsvergütung anwendbar, wenn diese durch eine betriebliche Einheitsregelung generell angehoben wird oder der AG die Leistung nach einem erkennbaren und generalisierenden Prinzip gewährt, indem er Voraussetzungen oder Zwecke festlegt. Die Begünstigung einzelner AN erlaubt aber noch nicht den Schluss, diese bildeten eine Gruppe. Eine Gruppenbildung ist erst dann gegeben, wenn die Besserstellung nach

bestimmten Kriterien vorgenommen wird, die alle Begünstigten aufweisen (BAG 25.1.2023 – 10 AZR 29/22).

Der arbeitsrechtliche Gleichbehandlungsgrundsatz ist auch dann anwendbar, wenn der AG – nicht auf besondere Einzelfälle beschränkt – nach Gutdünken oder nach nicht sachgerechten oder nicht bestimmbaren Kriterien Leistungen erbringt (BAG 12.10.2022 – 5 AZR 135/22). 8

Der Gleichbehandlungsgrundsatz ist insbesondere auch beim Abschluss von BV und der Vereinbarung von Betriebsnormen zu beachten. Ein Transparenzgebot, wonach der Differenzierungsgrund in der BV ausdrücklich beschrieben sein muss, kann aus § 75 allerdings nicht hergeleitet werden. Daher kann sich der AG in einem prozessualen Verfahren auch auf sachliche Gründe stützen, die nicht ausdrücklich in der BV dokumentiert sind (LAG Berlin-Brandenburg 30.6.2023 – 12 Sa 1394/22). Es genügt, wenn er spätestens im Rechtsstreit die Gründe für die Ungleichbehandlung konkret benennt, sodass das Gericht diese auf ihre Zulässigkeit hin überprüfen kann. 9

Es verstößt gegen den Gleichbehandlungsgrundsatz, wenn eine Regelung in einem Sozialplan vorsieht, dass alle Beschäftigte mit besonderem Kündigungsschutz bei arbeitgeberseitig veranlasster Eigenkündigung von der Einbeziehung in Ansprüche nach dem Sozialplan ausgeschlossen werden (LAG Berlin-Brandenburg 15.9.2023 – 12 Sa 1160/22, siehe hierzu auch §§ 112, 112a Rn. 132). Der bloße Umstand, dass AN über einen besonderen Kündigungsschutz verfügen, stellt keinen zulässigen sachlichen Grund für eine derartige Ungleichbehandlung dar. 10

Der Verstoß einer BV gegen den Gleichbehandlungsgrundsatz begründet grundsätzlich einen Anspruch eines – aus dem Kreis der Begünstigten ausgeschlossenen – AN auf eine »Anpassung nach oben«. Das gilt jedoch dann nicht, wenn Regelungsgegenstand der bereits vollständig durchgeführten BV ausschließlich die Verteilung staatlicher Mittel (hier: einer Corona-Prämie) auf die Beschäftigten ist. (BAG 30.1.2024 – 1 AZR 74/23).

Nach § 4 Abs. 1 Satz 1 TzBfG darf z.B. ein teilzeitbeschäftigter AN wegen der Teilzeitarbeit nicht schlechter behandelt werden als ein vergleichbarer vollzeitbeschäftigter AN, es sei denn, dass sachliche Gründe eine unterschiedliche Behandlung rechtfertigen. Zulässig ist es, bei einer endgehaltsbezogenen Versorgungszusage für den Entgeltfaktor auf den Beschäftigungsumfang während der letzten zehn Jahre des Arbeitsverhältnisses abzustellen, da dies ein Zeitraum ist, in dem sich der durch den Arbeitsverdienst geprägte und für die zugesagte Versorgung maßgebliche Lebensstandard verfestigt hat. Dieser Lebensstandard soll durch eine betriebliche Altersversorgung mit Endgehaltsbezug abge- 11 sichert werden (vgl. BAG 17.4.2012 – 3 AZR 280/10 – Rn. 22). Eine Bemessung des Teilzeitfaktors für das rentenfähige Einkommen nach der gesamten Dauer des Beschäftigungsverhältnisses nähme der Versorgungszusage dagegen ihren endgehaltsbezogenen Charakter (BAG 20.6.2023 – 3 AZR 221/22).

Es verstößt nicht gegen den arbeitsrechtlichen Gleichbehandlungsgrundsatz, wenn ein AG die Auszahlung einer Inflationsausgleichsprämie bzw. eines Inflationsbonus davon abhängig macht, dass die Beschäftigten Teil seiner »active workforce« sind. Es ist nicht sachwidrig, eine Sonderleistung nur denjenigen Beschäftigten zukommen zu lassen, von denen sich der AG auch in Zukunft Arbeitsleistung erwartet bzw. erhofft, um hierfür einen Anreiz zu setzen. (LAG Niedersachsen 21.2.2024 – 8 Sa 564/23).

12 Ein Tarifvertrag, der für Nachtarbeit einen Zuschlag von 50 %, für in Wechselschichtarbeit geleistete Nachtarbeit aber nur einen Zuschlag von 25 % vorsieht, verstößt gegen den arbeitsrechtlichen Gleichheitsgrundsatz. Der AN kann daher auch für Wechselschichtnachtarbeit den Zuschlag von 50 % verlangen (BAG 22.3.2023 – 10 AZR 351/20) Dies dürfte ebenso übertragbar sein, wenn Nachtzuschläge (unter Beachtung der Regelungssperren in § 77 Abs. 3 und 87 Abs. 1 Satz 1) in BV geregelt sind.

4. Diskriminierungsverbote

13 Im Rahmen der Umsetzung der einschlägigen EU-gemeinschaftsrechtlichen Antidiskriminierungsrichtlinien (2000/43/EG; 2000/78/EG; 2002/73/EG) durch das Allgemeine Gleichbehandlungsgesetz (AGG) sind die in § 75 Abs. 1 aufgestellten Grundsätze für die Behandlung der im Betrieb tätigen Personen an die Terminologie des **§ 1 AGG** angepasst worden. Die Benachteiligungsverbote des AGG gelten auch für Vereinbarungen nach § 7 Abs. 2 AGG, also insbesondere auch für BV und Sozialpläne. Die Benachteiligungsverbote des AGG verbieten Unterscheidungen zwischen Personen, die an die in § 1 AGG genannten Merkmale anknüpfen. Eine unmittelbare Benachteiligung nach § 3 Abs. 1 AGG liegt vor, wenn eine Person – gerade – wegen des betreffenden Merkmals eine weniger günstige Behandlung als eine andere Person in einer vergleichbaren Situation erfährt. Dies wäre zum Beispiel der Fall, wenn nur den männlichen Beschäftigten in einer BV eine Leistung gewährt würde. Eine mittelbare Benachteiligung nach § 3 Abs. 2 AGG liegt vor, wenn dem Anschein nach neutrale Vorschriften, Kriterien oder Verfahren Personen wegen bestimmter Merkmale gegenüber anderen Personen in besonderer Weise benachteiligen können, es sei denn, die betreffenden Vorschriften, Kriterien oder Verfahren sind durch ein rechtmäßiges Ziel sachlich gerechtfertigt und die Mittel zur Erreichung dieses Ziel angemessen und erforderlich. Dies kann zum Beispiel der Fall sein, wenn in einer BV zur Altersversorgung Beschäftigte in Teilzeit ausgeschlossen wären. Denn in der Regel handelt es sich bei Teilzeitbeschäftigten um Frauen.

a. Rasse oder ethnische Herkunft, Abstammung oder sonstige Herkunft und Nationalität

Eine Benachteiligung aus **Gründen der Rasse** setzt voraus, dass sich der Handelnde rassistisch verhält, also sein Handeln auf rassistischen Theorien oder Begründungsansätzen basiert (Bauer/Krieger/Günther, § 1 AGG Rn. 16). 14

Der Begriff **ethnische Herkunft** ist weit zu verstehen, denn er soll einen möglichst lückenlosen Schutz vor ethnisch motivierten Benachteiligungen gewährleisten (BAG 15.12.2016 – 8 AZR 418/15, BAG 22.6.2011 – 8 AZR 48/10). Er erfasst Menschen oder Gruppen von Menschen, die durch gemeinsame Herkunft, Geschichte, Kultur, Sprache, äußeres Erscheinungsbild oder Zusammengehörigkeitsgefühl verbunden sind (BAG 23.11.2017 – 8 AZR 372/16, BAG 21.6.2012 – 8 AZR 364/11).

Unter dem Begriff **Abstammung** ist die durch Eltern und Vorfahren begründete Zugehörigkeit zu einer bestimmten Familie, Volksgruppe oder Rasse zu verstehen. Insofern überschneidet sich dieser Begriff mit den Begriffen Rasse und ethnische Herkunft.

Mit **sonstiger Herkunft** ist die örtliche, regionale oder soziale Herkunft einer Person gemeint. Dieses Benachteiligungsverbot reicht weiter als das des Allgemeinen Gleichbehandlungsgesetzes, verboten ist z. B. eine Diskriminierung von »Wessis«, »Ossis« oder »Bayern«, ebenso von »Asylanten« (vgl. Bauer/Krieger/Günther, § 1 AGG Rn. 23; a. A. zum »Ossi«: ArbG Stuttgart 15.4.2010 – 17 Ca 8907/09).

Die Anforderung, die deutsche Sprache in Wort und Schrift zu beherrschen, kann eine Benachteiligung ausländischer AN darstellen. So kann die Forderung nach Teilnahme an Deutschsprachkursen eine mittelbare Diskriminierung nach § 3 Abs. 2 AGG von Ausländern sein, wenn die Forderung nach ausreichenden Deutschkenntnissen nicht aufgrund der zu verrichtenden Tätigkeit sachlich gerechtfertigt ist (BAG 22.6.2011 – 8 AZR 48/10). Anders ist dies aber, wenn es um die Vermittlung arbeitsnotwendiger Sprachkenntnisse geht. Verlangt ein Unternehmen von Bewerbern für Programmierarbeiten sehr gute Englischkenntnisse, bleibt 15 dies innerhalb der Grenzen eines legitimen unternehmerischen Ziels. Es wird nichts Unverhältnismäßiges gefordert, wenn Englisch in der Branche, in der das Unternehmen tätig ist, die vorherrschende Kommunikationssprache ist (BAG 23.11.2017 – 8 AZR 372/16).

16 Äußerungen, die die Menschenwürde herabsetzen oder sich als Formalbeleidigung oder Schmähung darstellen, werden nicht von dem Grundrecht auf Meinungsfreiheit geschützt. Dies ist z.B. der Fall, wenn ein AN nicht als Mensch, sondern als Affe mit entsprechenden Lauten von einem anderen Kollegen »angesprochen« wird. Eine hierauf gestützte Kündigung ist zulässig, um den betroffenen Mitarbeiter in seinen Rechten nach § 75 zu schützen (BVerfG 2.11.2020 – 1 BvR 2727/19; LAG Köln 6.6.2019 – 4 Sa 18/19).

b. Religion, Weltanschauung

17 Mit dem Begriff der **Religion** ist der Glaube an eine transzendentale übermenschliche Wirklichkeit verbunden, unter **Weltanschauung** ist eine mit der Person des Menschen verbundene Gewissheit über bestimmte Aussagen zum Weltganzen sowie zur Herkunft und zum Ziel des menschlichen Lebens zu verstehen (vgl. BAG 22.3.1995 – 5 AZB 21/94). Unter Einbeziehung einer europarechtskonformen Auslegung sind darüber hinaus auch Überzeugungen geschützt, die sich lediglich auf Teilbereiche des Lebens bzw. der Welt beschränken (DKW, § 75 BetrVG Rn. 46 m.w.N.).

18 Umfasst von diesem Diskriminierungsverbot ist z.B. das Verbot des **Tragens eines Kopftuchs** einer muslimischen AN während der Arbeitszeit (BAG 10.10.2002 – 2 AZR 472/01, AiB Newsletter 2003, 26). Anders ist dies bei Lehrkräften und Sozialpädagogen im öffentlichen Dienst zu bewerten: Das Tragen eines Kopftuches kann das staatliche Neutralitätsgebot sowie den religiösen Schulfrieden gefährden und kann daher untersagt werden (BAG 10.12.2009 – 2 AZR 55/09). Dies hat das BAG auch auf Erzieherinnen und andere Fachkräfte in Kindertageseinrichtungen übertragen (BAG 12.8.2010 – 2 AZR 593/09). Diese Entscheidungen gelten aber inzwischen als überholt, weil das BVerfG entschieden hat, dass sich Musliminnen (auch in öffentlichen Kindertagesstätten) auf den Schutz aus Art. 4 Abs. 1 und 2 GG berufen können (BVerfG 27.1.2015 – 1 BvR 471/10, 1 BvR 1181/10). Allerdings hat der EuGH keine unmittelbare oder mittelbare Diskriminierung wegen der Religion bejaht, wenn AG zugleich alle anderen weltanschaulichen Zeichen verbieten und sich tatsächlich neutral gegenüber allen Religionen verhalten (EuGH 14.3.2017 – C-157/15). Das BAG hat ein Vorabent-

scheidungsersuchen an den EuGH zur Wirksamkeit eines Kopftuchverbots in einem Unternehmen der Privatwirtschaft gerichtet (BAG 30.1.2019 – 10 AZR 299/18 (A)). Zur erfolglosen Verfassungsbeschwerde einer Rechtsreferendarin vgl. BVerfG 14.1.2020 – 2 BvR 1333/17.

Spezielle Anforderungen von Kirchen und anderen Organisationen an AN (z. B. Religionszugehörigkeit oder keine Scheidung) sind nur dann zulässig, wenn es sich um eine »wesentliche, rechtmäßige und gerechtfertigte berufliche Anforderung« handelt und sie mit dem Grundsatz der Verhältnismäßigkeit in Einklang stehen; diese Prüfung durch staatliche Gerichte muss gewährleistet sein, da andernfalls »die Kontrolle der Einhaltung dieser Kriterien völlig ins Leere« ginge (EuGH 17.4.2018 – C-414/16). Im Anschluss an die Entscheidung des EuGH vom 11.9.2018 (C-68/17) hat das BAG entschieden, dass eine kirchliche Einrichtung (hier ein Krankenhaus mit katholischer Trägerschaft) nicht befugt ist, bei einem Verlangen an das loyale und aufrichtige Verhalten i. S. ihres jeweiligen Selbstverständnisses Beschäftigte in leitender Stellung je nach deren Konfession oder Konfessionslosigkeit unterschiedlich zu behandeln. Es war dem Krankenhaus daher verwehrt, einen katholischen Chefarzt, der in Scheidung lebte bzw. geschieden war, zu kündigen, während sich Chefärzte evangelischen Glaubens scheiden lassen konnten (BAG 20.2.2019 – 2 AZR 746/14). 19

c. Behinderung

Der Begriff der **Behinderung** im Sinne dieser Vorschrift hat eine weitergehende Bedeutung als derjenige der Schwerbehinderung gem. § 2 Abs. 2 SGB IX (LAG Berlin-Brandenburg 31.1.2008 – 5 Sa 1755/07). Nach § 2 Abs. 1 SGB IX sind Menschen behindert, wenn sie körperliche, seelische, geistige oder Sinnesbeeinträchtigungen haben, die sie in Wechselwirkung mit einstellungs- und umweltbedingten Barrieren an der gleichberechtigten Teilhabe an der Gesellschaft mit hoher Wahrscheinlichkeit länger als sechs Monate hindern können (vgl. BAG 22.10.2009 – 8 AZR 642/08). Zwar sind Krankheit und Behinderung für gewöhnlich nicht identisch (EuGH 18.1.2018 – C-270/16; BAG 19.12.2013 – 6 AZR 190/12; zur Abgrenzung von Krankheit s. EuGH 11.7.2006 – C-13/05), allerdings kann auch eine heilbare oder unheilbare Krankheit (chronische Krankheit), die eine physische, geistige oder psychische Einschränkung mit sich bringt und zu einer Beeinträchtigung der Teilhabe am Berufsleben führt, einer Behinderung gleichzustellen sein; auf die Verwendung bes. Hilfsmittel kommt es für die Feststellung einer Behinderung nicht an (EuGH 18.1.2018 – C-270/16). Von dem 20

Schutz des Diskriminierungsverbots sind auch Angehörige eines Behinderten umfasst, die diesen pflegen (EuGH 17.7.2008 – C-303/06).

21 Für die Annahme einer **behinderungsbezogenen Benachteiligung** genügt es, dass die benachteiligende Maßnahme (wie z. B. das Nichteinladen zum Vorstellungsgespräch, die Nichteinbeziehung in die Auswahl) objektiv geeignet ist, behinderten Bewerbern keine oder schlechte Chancen einzuräumen; auf ein Verschulden des AG kommt es nicht an (BAG 16.9.2008 – 9 AZR 791/07). Allerdings handelt es sich bei der Nicht-Einladung nur um ein Indiz für eine Benachteiligung, die der AG im Prozess versuchen kann zu entkräften (BAG 23.1.2020 – 8 AZR 484/18). Eine Verletzung der Prüfpflicht nach § 164 SGB IX durch den AG bei der Besetzung freier Stellen stellt ein Indiz für eine Benachteiligung von behinderten Bewerbern dar (BAG 21.2.2013 – 8 AZR 180/12). Gleiches gilt für den Fall, dass dem AG die Schwerbehinderung (z. B. aufgrund der Bewerbungsunterlagen) bekannt ist und er dennoch die Schwerbehindertenvertretung nicht am Gespräch teilnehmen lässt. Unzulässig ist es, wenn die Betriebsparteien in einem Sozialplan grundsätzlich die Gewährung eines zusätzlichen Abfindungsbetrags zum Ausgleich der durch eine Schwerbehinderung bedingten wirtschaftlichen Nachteile infolge des Arbeitsplatzverlusts vorsehen, dessen Zahlung aber wegen einer im Sozialplan vorgesehenen Höchstbetragsregelung bei älteren schwerbehinderten AN unterbleibt (BAG 11.10.2022 – 1 AZR 129/21).

d. Alter

22 Der Begriff Alter ist i. S. v. **Lebensalter** zu verstehen. Eine unterschiedliche Behandlung ist daher wegen jeden Alters unzulässig, nicht etwa nur wegen des höheren Alters älterer AN. Auch Jugendliche bzw. jüngere AN sind in den Schutz vor Benachteiligungen einbezogen.

Generell gilt, dass das Lebensalter für sich allein kein Grund sein darf, um einen AN schlechter zu stellen als andere. So dürfen personelle Maßnahmen wie Einstellung, Versetzung oder Beförderung eines AN nicht davon abhängig gemacht werden, dass dieser ein bestimmtes Alter hat (vgl. DKW, § 75 BetrVG Rn. 57 m. w. N.). Daher hat die Bestimmung besondere Relevanz bei der Aufstellung von Auswahlrichtlinien (§ 95) über die personelle Auswahl und bei Maßnahmen und Leistungen in Sozialplänen gem. §§ 112, 112a.

23 Eine **Ungleichbehandlung aufgrund des Lebensalters** kann jedoch **zulässig** sein. In diesem Zusammenhang ist auf § 10 AGG Rückgriff zu nehmen, der Ausnahmen vom Verbot der Altersdiskriminierung regelt.

Nach § 10 Satz 1 und Satz 2 AGG ist eine unterschiedliche Behandlung aufgrund des Alters zulässig, wenn sie objektiv und angemessen und durch ein legitimes Ziel gerechtfertigt ist (§ 10 Satz 1 AGG) und die Mittel zur Erreichung dieses Ziels angemessen und erforderlich sind. Neben der Prüfung des legitimen Ziels findet regelmäßig eine umfassende Verhältnismäßigkeitsprüfung statt, in der die Umstände des Einzelfalls eine wesentliche Rolle spielen. Zu beachten sind die in § 10 Satz 3 AGG nicht abschließend aufgezählten Beispiele für eine **zulässige Ungleichbehandlung**. Wenn sich eine Ungleichbehandlung aufgrund des Alters einem dieser Beispiele zuordnen lässt, indiziert dies die Zulässigkeit der Ungleichbehandlung, entbindet jedoch nicht von der Pflicht, die Umstände des Einzelfalls in einer Verhältnismäßigkeitsprüfung zu berücksichtigen. So erlaubt § 10 Satz 3 Nr. 6 AGG bei Sozialplanabfindungen Differenzierungen wegen des Alters und der Zugehörigkeit zum Betrieb (BAG 2.10.2007 – 1 AZN 793/07). Zulässig ist z. B. eine geringere Abfindung für AN kurz vor Eintritt in die Rente, weil die soziale Härte für diese AN wegen des bevorstehenden Rentenbezugs in der Regel geringer ist. Sieht ein Sozialplan für AN, welche eine abschlagsfreie Rente erhalten können, keine Abfindung vor, stellt dies zwar eine unmittelbare Benachteiligung wegen des Alters i. S. v. § 3 Abs. 1 AGG dar, diese Benachteiligung ist jedoch nach § 10 Satz 3 Nr. 6 i. V. m. § 10 Satz 2 AGG gerechtfertigt. Dies gilt ebenfalls im Verhältnis zu AN, die wegen Arbeitslosigkeit oder Rentenabschlags eine pauschale Abfindung erhalten (LAG Mecklenburg-Vorpommern 8.12.2020 – 2 Sa 152/20). Auch die Begrenzung der Abfindung nach einem Sozialplan auf einen Höchstbetrag kann zwar eine mittelbare Diskriminierung älterer AN darstellen, auch diese ist jedoch gerechtfertigt, weil die Mittel für einen Sozialplan in der Regel limitiert sind und ansonsten ein Großteil des Sozialplanbudgets für ältere AN verwendet werden müsste (BAG 8.2.2022 – 1 AZR 252/21; BAG 7.12.2021 – 1 AZR 562/20, s. auch §§ 112, 112a Rn. 153).

Allerdings darf es sich hierbei nicht um eine vorzeitige Altersrente **23a** wegen Behinderung handeln (BAG 28.7.2020 – 1 AZR 590/18; EuGH 6.12.2012 – C-152/11; BAG 17.11.2015 – 1 AZR 938/13, zu den weiteren Einzelheiten siehe die Kommentierung zu §§ 112, 112a Rn. 131 f., Rn. 137 ff.).

Zulässig ist es auch, wenn Teilzeitkräften keine gleich hohe Leistung **23b** aus einem Pensionsplan bzw. keine gleich hohe betriebliche Altersversorgung zusteht wie Vollzeitkräften. Vielmehr ist es zulässig, diese Leistungen anteilig nach dem Beschäftigungsumfang im Vergleich zu einem Vollzeitarbeitnehmer mit gleicher Dauer der Betriebszugehörigkeit zu

berechnen (BAG 21. 1. 2020 – 3 AZR 565/18; 19. 4. 2016 – 3 AZR 526/14) und im Rahmen eines Bemessungszeitraumes nur auf die letzten zehn Jahre abzustellen, selbst wenn dadurch frühere Zeiträume mit Vollzeit unberücksichtigt bleiben (LAG München 17. 3. 2022 – 7 Sa 588/21). Auch eine mittelbare Diskriminierung wegen des Geschlechts ist darin nicht zu sehen.
Ein Verstoß gegen den Gleichheitssatz gegenüber nicht schwerbehinderten AN liegt nicht vor, wenn bei der Aufstellung eines Sozialplans wegen Betriebsstilllegung Sonderabfindungen nur für solche schwerbehinderten AN vorgesehen sind, deren Schwerbehinderteneigenschaft zu dieser Zeit (Stichtagsregelung) feststeht (LAG Mecklenburg-Vorpommern 25. 6. 2024 – 2 Sa 163/23).

e. Politische Betätigung und Einstellung

24 Das Verbot der Ungleichbehandlung wegen **politischer Betätigung oder Einstellung** gilt für das politische Verhalten der AN sowohl innerhalb als auch außerhalb des Betriebs (vgl. zur politischen Betätigung im Betrieb § 74 Rn. 12 ff.). Welche politischen Äußerungen ein AN im täglichen Leben abgibt, welcher Partei er angehört oder ob er sich sonst politisch betätigt, darf für seine Behandlung im Betrieb keine Rolle spielen, unabhängig davon, ob die Betätigung erlaubt ist oder nicht (z. B. bei einer Betätigung für eine verfassungsfeindliche Partei; siehe auch DKW, § 75 BetrVG Rn. 88, 89; GK-*Kreutz*, § 75 BetrVG Rn. 77).
Arbeitsrechtliche Konsequenzen für den AN können grundsätzlich erst dann gezogen werden, wenn die Betätigung eine **Verletzung arbeitsvertraglicher Pflichten** darstellt. Hierfür wäre Voraussetzung, dass die politische Betätigung in Ausübung der beruflichen Tätigkeit und innerhalb des Betriebs erfolgt; zudem müsste eine umfassende Verhältnismäßigkeitsprüfung erfolgen.

f. Gewerkschaftliche Betätigung und Einstellung

25 Das Verbot einer Diskriminierung aufgrund **gewerkschaftlicher Betätigung** oder Einstellung ergibt sich bereits aus Art. 9 Abs. 3 GG. § 75 Abs. 1 enthält die verfassungsrechtliche Gewährleistung **der individuellen Koalitionsfreiheit** – also das Recht, Gewerkschaften beizutreten und sich darin zu betätigen – sowie die Garantie des Bestands und der Tätigkeit der Koalition als solcher (vgl. etwa BVerfG 14. 11. 1995 – 1 BvR 601/ 92).

So ist es nach dieser Vorschrift **unzulässig**, einem AN Nachteile zuzufügen oder anzudrohen, weil dieser Gewerkschaftszeitungen oder Werbematerial ohne Störungen der Arbeitsabläufe im Betrieb verteilt (DKW, § 75 BetrVG Rn. 91). Unzulässig wäre es auch, die Einstellung eines AN von dessen Austritt aus der Gewerkschaft abhängig zu machen (BAG 28.3.2000 – 1 ABR 16/99, AiB Telegramm 2000, 85).
Keine unzulässige Ungleichbehandlung liegt dagegen vor, wenn der AG Gewerkschaftsmitgliedern aufgrund eines Tarifvertrags höhere Leistungen gewährt als den nicht oder anders organisierten AN (DKW, § 75 BetrVG Rn. 92).

g. Geschlecht

Verboten ist jede unterschiedliche Behandlung wegen des Geschlechts. 26
Das Merkmal Geschlecht definiert die biologische Zuordnung der Menschen zur Gruppe der Frauen oder der Männer oder zur Gruppe der Trans- und Intersexuellen.
Hier ist vor allem von Bedeutung, dass eine **Frau wegen ihres Geschlechts nicht diskriminiert** werden darf. So ist etwa nach dem Grundsatz der Lohngleichheit Frauen für dieselbe Tätigkeit grundsätzlich der gleiche Lohn zu zahlen wie vergleichbaren männlichen AN (vgl. BAG 23.8.1995 – 5 AZR 942/93). Dies ist in der betrieblichen Praxis oftmals jedoch nur ungenügend realisiert. Zwar soll das am 6.7.2017 in Kraft getretene **Entgelttransparenzgesetz** der Entgeltdiskriminierung entgegenwirken; allerdings begründet das Entgelttransparenzgesetz nur einen individuellen und immer noch stark eingeschränkten Auskunftsanspruch. Die Rechte des BR sind hierdurch kaum nennenswert gestärkt worden (siehe aber DKW, § 99 BetrVG Rn. 155), das Recht zur Einsichtnahme in die Bruttogehaltslisten nach § 80 Abs. 2 bestand auch schon zuvor (vgl. DKW, § 75 BetrVG Rn. 99a).
Steht fest, dass ein AN niedriger vergütet wurde als diejenige Vergleichsgruppe des anderen Geschlechts, die eine gleiche oder gleichwertige Arbeit verrichtet, muss der AG darlegen und beweisen, dass ausschließlich andere Gründe als das Geschlecht zu einer ungünstigeren Behandlung geführt haben. Beruft sich der AG darauf, dass die Personen aus der Vergleichsgruppe eine größere Berufserfahrung, eine längere Betriebszugehörigkeit und/oder eine höhere Arbeitsqualität aufweisen, muss er darlegen, wie diese Kriterien im Einzelnen bewertet und zueinander gewichtet wurden. Gelingt die entsprechende Darlegung und gegebenenfalls der entsprechende Beweis nicht, steht dem AN eine höhere Ver-

gütung nach Maßgabe des Entgelttransparenzgesetzes zu (LAG Baden-Württemberg 19.6.2024 – 4 Sa 26/23).
Ferner ist die **Frage nach einer bestehenden oder möglichen Schwangerschaft** bei Bewerberinnen um einen Arbeitsplatz unzulässig (BAG 15.10.1992 – 2 AZR 227/92, AiB 1993, 318–321). Ebenso unzulässig ist die Nichteinstellung einer AN auf eine unbefristete Stelle, weil sie aufgrund eines gesetzlichen Beschäftigungsverbots auf dieser Stelle nicht von Anfang an beschäftigt werden kann (EuGH 3.2.2000 – C-207/98, AiB Telegramm 2000, 20). Daher ist auch in dieser Konstellation die Frage nach einer bestehenden Schwangerschaft unzulässig.

h. Sexuelle Identität

27 Die Selbstbestimmung im Bereich der Sexualität ist Bestandteil des allgemeinen Persönlichkeitsrechts, daher gehört es zur unantastbaren Intimsphäre des AN. Im Arbeitsverhältnis bzw. im Betrieb ist jede Benachteiligung untersagt, die an die sexuelle Identität des AN anknüpft. Hierzu gehört jede Art sexueller Belästigung bzw. strafrechtlich relevanter Verhaltensweisen. Unzulässig ist vor allem die Diskriminierung von homosexuellen, bisexuellen, transsexuellen und zwischengeschlechtlichen AN (BAG 17.12.2015 – 8 AZR 421/14) oder von solchen, die an HIV erkrankt sind.

III. Freie Entfaltung der Persönlichkeit

28 Anknüpfend an das Recht auf freie Entfaltung der Persönlichkeit aus Art. 2 Abs. 1 GG, konkretisiert die Vorschrift den verfassungsrechtlichen Grundsatz und überträgt ihn auf den Betrieb. Die Betriebsparteien trifft nicht nur die Verpflichtung, die **freie Entfaltung der Persönlichkeit** der im Betrieb beschäftigten AN zu **schützen**, sondern die freie Entfaltung vielmehr auch zu **fördern** (BAG 29.6.2004 – 1 ABR 21/03, AiB Newsletter 2004, 61–62). Diese Verpflichtung beschränkt die Regelungsbefugnis und stellt eine verständliche Vorgabe für den Inhalt betrieblicher Regelungen dar (BAG 29.6.2004 – 1 ABR 21/03, AiB Newsletter 2004, 61–62).

29 Unzulässig sind in diesem Zusammenhang z. B. die **Bekanntgabe von Abmahnungen** am »Schwarzen Brett« oder die Versendung von Abmahnungen bzw. »Krankenbriefen« durch den AG an arbeitsunfähig erkrankte AN (vgl. LAG Bremen 19.11.1981 – 3 TaBV 28/80, AiB 1987, 191–192). Weiter können rechtswidrige Eingriffe in das Persönlichkeitsrecht bei (rechtswidrigen) **betrieblichen Kontrollmaßnahmen**

erfolgen. Auch stellt die **Videoüberwachung** am Arbeitsplatz einen schwerwiegenden Eingriff in das Persönlichkeitsrecht der AN dar und ist daher nur bei Vorliegen eines schutzwürdigen Interesses des AG und auf Grundlage einer umfassenden Güterabwägung und unter Berücksichtigung der Umstände des Einzelfalls zulässig (vgl. dazu BAG 26.8.2008 – 1 ABR 16/07, AiB 2009, 108–109). Die **heimliche oder offene akustische Überwachung** der AN durch Abhörgeräte oder andere Tonaufnahmen ist unzulässig, ebenso das heimliche Ab- oder **Mithören von Telefongesprächen** (vgl. dazu BAG 23.4.2009 – 6 AZR 189/08). Weitere unzulässige Eingriffe in das Persönlichkeitsrecht von AN durch die Anwendung **elektronischer Datenverarbeitung** ist in vielfältiger Form denkbar (näher dazu Däubler, Gläserne Belegschaften, Rn. 5 ff.). § 26 BDSG schreibt vor, dass personenbezogene Daten verarbeitet werden dürfen, sofern dies erforderlich ist für Zwecke des Beschäftigungsverhältnisses, d. h. für die Entscheidung über die Begründung, die Durchführung oder die Beendigung des Beschäftigungsverhältnisses. Auch der BR muss im Rahmen seiner Datenverarbeitung die Vorgaben des BDSG beachten, daher hat er zwischen seinem Interesse an einer Datenverarbeitung und dem Persönlichkeitsrecht des AN abzuwägen.

IV. Streitigkeiten

Vereinbarungen zwischen AG und BR, die gegen § 75 verstoßen, sind 30
nichtig (BAG 8.6.1999 – 1 ABR 67/98). Entsprechende Anordnungen sind **rechtsunwirksam**; gegen sie kommt ein Leistungsverweigerungsrecht der AN in Betracht. Da § 75 ein Schutzgesetz zu Gunsten der AN ist, kann eine schuldhafte Verletzung der Vorschrift deliktische **Schadensersatzansprüche** der betroffenen AN gem. § 823 Abs. 2 BGB auslösen. Die Darlegungs- und Beweislast für einen Verstoß gegen den arbeitsrechtlichen Gleichbehandlungsgrundsatz liegt grundsätzlich beim anspruchstellenden AN. Hierzu hat er vergleichbare AN zu nennen, die ihm gegenüber vorteilhaft behandelt werden. Ist dies erfolgt, muss der AG – wenn er anderer Auffassung ist – darlegen, wie groß der begünstigte Personenkreis ist, wie er sich zusammensetzt, wie er abgegrenzt ist und warum der klagende AN nicht dazugehört. Der AG hat die nicht ohne Weiteres erkennbaren Gründe für die von ihm vorgenommene Differenzierung offenzulegen und jedenfalls im Rechtsstreit mit einem benachteiligten AN so substantiiert darzutun, dass durch das Gericht beurteilt werden kann, ob die Ungleichbehandlung auf sachlichen Kriterien beruht (BAG 12.10.2022 – 5 AZR 135/22).

Bei Verstößen des AG gegen die Grundsätze des § 75 Abs. 1 kann der BR im arbeitsgerichtlichen Beschlussverfahren Feststellungs- oder Unterlassungsansprüche geltend machen (vgl. LAG Köln 19.2.1988 – 10 TaBV 69/87, AiB 1989, 163; offen gelassen in BAG 28.5.2002 – 1 ABR 32/01). Das kann ggf. im Wege des einstweiligen Rechtsschutzes geschehen, also durch einstweilige Verfügung. Bei groben Verstößen des AG gegen § 75 kommt ein Verfahren nach § 23 Abs. 3 in Betracht. Verstößt der BR in erheblicher Weise gegen § 75, kann der AG nach § 23 Abs. 1 einen Auflösungsantrag stellen. Grobe Verstöße einzelner BR-Mitglieder können nach § 23 Abs. 1 den Ausschluss aus dem BR zur Folge haben. Aus § 75 Abs. 2 S. 1 folgt aber kein Anspruch des BR gegen den AG, persönlichkeitsverletzende Maßnahmen gegenüber den betroffenen AN zu unterlassen (BAG 28.5.2002 – 1 ABR 32/019).

§ 76 Einigungsstelle

(1) [1]Zur Beilegung von Meinungsverschiedenheiten zwischen Arbeitgeber und Betriebsrat, Gesamtbetriebsrat oder Konzernbetriebsrat ist bei Bedarf eine Einigungsstelle zu bilden. [2]Durch Betriebsvereinbarung kann eine ständige Einigungsstelle errichtet werden.

(2) [1]Die Einigungsstelle besteht aus einer gleichen Anzahl von Beisitzern, die vom Arbeitgeber und Betriebsrat bestellt werden, und einem unparteiischen Vorsitzenden, auf dessen Person sich beide Seiten einigen müssen. [2]Kommt eine Einigung über die Person des Vorsitzenden nicht zustande, so bestellt ihn das Arbeitsgericht. [3]Dieses entscheidet auch, wenn kein Einverständnis über die Zahl der Beisitzer erzielt wird.

(3) [1]Die Einigungsstelle hat unverzüglich tätig zu werden. [2]Sie fasst ihre Beschlüsse nach mündlicher Beratung mit Stimmenmehrheit. [3]Bei der Beschlussfassung hat sich der Vorsitzende zunächst der Stimme zu enthalten; kommt eine Stimmenmehrheit nicht zustande, so nimmt der Vorsitzende nach weiterer Beratung an der erneuten Beschlussfassung teil. [4]Die Beschlüsse der Einigungsstelle sind schriftlich niederzulegen, vom Vorsitzenden zu unterschreiben oder in elektronischer Form niederzulegen und vom Vorsitzenden mit seiner qualifizierten elektronischen Signatur zu versehen sowie Arbeitgeber und Betriebsrat zuzuleiten.

(4) Durch Betriebsvereinbarung können weitere Einzelheiten des Verfahrens vor der Einigungsstelle geregelt werden.

(5) [1]In den Fällen, in denen der Spruch der Einigungsstelle die Einigung zwischen Arbeitgeber und Betriebsrat ersetzt, wird die Ei-

nigungsstelle auf Antrag einer Seite tätig. [2]Benennt eine Seite keine Mitglieder oder bleiben die von einer Seite genannten Mitglieder trotz rechtzeitiger Einladung der Sitzung fern, so entscheiden der Vorsitzende und die erschienenen Mitglieder nach Maßgabe des Absatzes 3 allein. [3]Die Einigungsstelle fasst ihre Beschlüsse unter angemessener Berücksichtigung der Belange des Betriebs und der betroffenen Arbeitnehmer nach billigem Ermessen. [4]Die Überschreitung der Grenzen des Ermessens kann durch den Arbeitgeber oder den Betriebsrat nur binnen einer Frist von zwei Wochen, vom Tage der Zuleitung des Beschlusses an gerechnet, beim Arbeitsgericht geltend gemacht werden.

(6) [1]Im Übrigen wird die Einigungsstelle nur tätig, wenn beide Seiten es beantragen oder mit ihrem Tätigwerden einverstanden sind. [2]In diesen Fällen ersetzt ihr Spruch die Einigung zwischen Arbeitgeber und Betriebsrat nur, wenn beide Seiten sich dem Spruch im Voraus unterworfen oder ihn nachträglich angenommen haben.

(7) Soweit nach anderen Vorschriften der Rechtsweg gegeben ist, wird er durch den Spruch der Einigungsstelle nicht ausgeschlossen.

(8) Durch Tarifvertrag kann bestimmt werden, dass an die Stelle der in Absatz 1 bezeichneten Einigungsstelle eine tarifliche Schlichtungsstelle tritt.

Inhaltsübersicht Rn.

I. Zweck der Regelung

1 Die Einigungsstelle dient dazu, Meinungsverschiedenheiten zwischen den Betriebsparteien beizulegen. Es handelt sich um ein **institutionalisiertes Modell der Konfliktaustragung**, dem die Grundintention zugrunde liegt, dass die Beilegung von Streitigkeiten ausschließlich durch Verhandlungen zu erfolgen hat. Dies ist letztlich Ausdruck des Grundsatzes der vertrauensvollen Zusammenarbeit und der in § 74 konkretisierten Grundsätze der Zusammenarbeit (vgl. § 2 Rn. 2 ff. und § 74 Rn. 1 ff.).

Vor allem in Fällen der erzwingbaren Mitbestimmung kommt der Einigungsstelle eine besondere Bedeutung zu. Die Einigungsstelle ist weder ein Gericht noch eine Behörde, sondern eine innerbetriebliche, privatrechtliche Schlichtungsstelle, die ersatzweise die Aufgaben der Betriebsparteien übernimmt (vgl. DKW, § 76 BetrVG Rn. 1 ff. m. w. N).

II. Errichtung und Zusammensetzung der Einigungsstelle

1. Errichtung nach Bedarf

2 Eine Einigungsstelle ist gem. § 76 Abs. 1 grundsätzlich **nur bei Bedarf** zu errichten, also beim Auftreten von Meinungsverschiedenheiten, die nicht zwischen den Betriebsparteien beigelegt werden können. AG und BR haben vor der Anrufung der Einigungsstelle gem. § 74 Abs. 1 Satz 1 **über strittige Fragen** mit dem ernsten Willen zur Einigung **zu verhandeln und Vorschläge für die Beilegung des Streites** zu machen. Für das erzwingbare Einigungsstellenverfahren (z. B. im Falle von § 87 Abs. 2) bedeutet dies in der Praxis, dass Verhandlungen entweder erfolglos geführt wurden oder dass eine Partei die Verhandlungen von vornherein ablehnt. Ein bestimmter formaler Ablauf der Verhandlungen, deren förmliches Scheitern oder eine gewisse Intensität der Einigungsbemühungen sind allerdings keine Verfahrensvoraussetzung für eine Anrufung der Einigungsstelle (LAG Rheinland-Pfalz 5. 1. 2006 – 6 TaBV 60/05; LAG Niedersachsen 25. 10. 2005 – 1 TaBV 48/05; LAG Hamm 9. 8. 2004 – 10 TaBV 81/04). Unternehmen die Betriebsparteien allerdings in einer beteiligungspflichtigen Angelegenheit nicht den nach § 74 Abs. 1 Satz 1 vorgesehenen Versuch einer gütlichen Einigung, ist die

sofortige Anrufung der Einigungsstelle unzulässig (BAG 18.3.2015 – 7 ABR 4/13). Die Beurteilung dessen ist letztendlich eine Frage des Einzelfalls. Ein hinreichender Versuch einer Einigung bedingt – zumindest grob umrissen – eine inhaltliche Konkretisierung, zu welchem Regelungsgegenstand welche Regelung gewünscht wird (LAG Nürnberg, 17.7.2023 – 4 TaBV 10/23).
Durch freiwillige BV, nicht aber gegen den Willen eines der Betriebspartner, kann gem. § 76 Abs. 1 Satz 2 eine **ständige Einigungsstelle** errichtet werden (BAG 26.8.2008 – 1 ABR 16/07, AiB 2009, 108–109). Die ständige Einigungsstelle kann für alle künftig auftretenden Meinungsverschiedenheiten zwischen AG und BR gebildet werden. Es besteht auch die Möglichkeit, ihre Zuständigkeit auf bestimmte Streitigkeiten zu beschränken. Auch wenn eine ständige Einigungsstelle errichtet ist, können sich die Betriebspartner vorbehalten, die personelle Besetzung der Einigungsstelle je nach dem zu regelnden Sachverhalt zu wechseln. Die ständige Einigungsstelle ist in der Praxis selten.

2. Zusammensetzung der Einigungsstelle

Das Gesetz schreibt vor, dass die Einigungsstelle aus einer gleichen Anzahl von Beisitzern und einem unparteiischen Vorsitzenden besteht. Die Betriebsparteien müssen sich gem. § 76 Abs. 2 Satz 3 sowohl auf die Anzahl der Beisitzer als auch auf die Person des Vorsitzenden einigen. 3

a. Vorsitzender

Gemäß § 76 Abs. 2 Satz 1 hat die **Person des Vorsitzenden** unparteiisch zu sein. Weil das Gesetz diesen Begriff der »Unparteilichkeit« nicht näher bestimmt, folgt daraus lediglich, dass eine Unparteilichkeit grundsätzlich eine Unabhängigkeit bei der Amtsausübung erfordert. 4
Wegen des Umstandes, dass dem Vorsitzenden in einem Einigungsstellenverfahren besondere Bedeutung zukommt, sollte dieser auch über die notwendige **fachliche Eignung** verfügen. Die Voraussetzungen der Geeignetheit hängen vom jeweiligen Gegenstand des Einigungsstellenverfahrens ab. Erforderlich sind stets die notwendigen Rechts- und Fachkenntnisse sowie die Fähigkeit, die streitigen betrieblichen Probleme zu analysieren und die Gesprächs- und Verhandlungsbereitschaft der Betriebsparteien zu fördern. Des Weiteren ist die Kompetenz nötig, Verhandlungen zu leiten und zu einem angemessenen Ende zu führen (ErfK-*Kania*, § 76 BetrVG Rn. 7).

Die Betriebsparteien einigen sich wegen ihrer besonderen Kenntnisse im Arbeitsrecht bei der Auswahl des Vorsitzenden ganz überwiegend auf Berufsrichter und -richterinnen der Arbeitsgerichtsbarkeit. Diese Auswahl ist allerdings nicht zwingend. Ein Richter darf nur dann den Vorsitz einer Einigungsstelle übernehmen, wenn aufgrund der Geschäftsverteilung des ArbG ausgeschlossen ist, dass er selbst mit der Überprüfung des Ergebnisses der Einigungsstelle befasst wird (vgl. Rn. 29, 34 f.).

Können sich AG und BR nicht auf den Vorsitz einigen, so entscheidet das ArbG (Rn. 30 f.).

b. Beisitzer

5 § 76 Abs. 2 Satz 1 bestimmt, dass AG und BR die gleiche **Anzahl an Beisitzern** in der Einigungsstelle stellen. Offen bleibt im Gesetz jedoch die konkrete Anzahl der Beisitzer. Die Festlegung der Zahl hängt von den Umständen des Einzelfalls, vor allem von der Schwierigkeit und Bedeutung des anstehenden Regelungsgegenstandes im Einigungsstellenverfahren oder der Anzahl der von der Angelegenheit betroffenen Betriebe ab. Im Regelfall wird eine Besetzung mit **zwei Beisitzern** für jede Seite erforderlich und ausreichend sein (vgl. LAG Niedersachsen 15.8.2006 – 1 TaBV 43/06). Bei komplexeren Regelungs- und Rechtsfragen kann durchaus eine höhere Zahl von Beisitzern erforderlich sein (vgl. LAG Niedersachsen 15.8.2006 – 1 TaBV 43/06).

Persönliche und sachliche Voraussetzungen für die Bestellung als Beisitzer stellt die Vorschrift nicht auf. Daher sind die Betriebsparteien bei der Auswahl ihrer Beisitzer frei. Beisitzer müssen daher nicht Angehörige des Betriebs sein; so können auch Vertreter des Arbeitgeberverbandes bzw. der Gewerkschaft oder Rechtsanwälte zu Einigungsstellenmitgliedern bestellt werden (BAG 14.1.1983 – 6 ABR 67/79). Der BR ist nicht aus Kostengründen gehalten, möglichst betriebsangehörige Beisitzer zu bestellen (BAG 24.4.1996 – 7 ABR 40/95). Die Wirksamkeit der Bestellung eines außerbetrieblichen Beisitzers – und damit dessen Honoraranspruch – hängt nicht davon ab, ob seine Benennung im Einzelnen erforderlich gewesen ist bzw. der BR diese für erforderlich halten durfte. Hierdurch entstehen zwar weitere Kosten für den AG. Da jedoch jede Seite im Regelfall nicht mehr als zwei oder drei Beisitzer benennen kann, ergibt sich daraus eine vertretbare Begrenzung der Kostenlast (LAG Mecklenburg-Vorpommern 31.5.2022 – 5 TaBV 17/21). BR-Mitglieder können das Amt des Einigungsstellenbeisitzers auch in anderen Betrieben des Unternehmens wahrnehmen; dies stellt keinen außerordentlichen Kündigungsgrund dar (BAG 13.5.2015 – 2 ABR 38/14, AiB 2016, Nr. 2, 64–65). Dies sollte für die Wahrnehmung eines Einigungsstellenmandats in einem Betrieb eines anderen Unternehmens desselben Konzerns entsprechend gelten. Der BR hat die von ihm gewünschten Beisitzer per Beschluss zu benennen.

III. Verfahren vor der Einigungsstelle

Die Einigungsstelle wird nur auf **Antrag** der Betriebsparteien und nicht von Amts wegen tätig. Der Antrag ist im freiwilligen Einigungsstellenverfahren gem. § 76 Abs. 6 von beiden Seiten, bei Regelungsgegenständen der erzwingbaren Mitbestimmung nach § 76 Abs. 5 von einer Seite zu stellen. Daher ist zunächst eine Differenzierung zwischen diesen Einigungsstellenverfahren notwendig. 6

1. Erzwingbares Einigungsstellenverfahren

Erzwingbar ist ein Einigungsstellenverfahren dann, wenn die **Zuständigkeit der Einigungsstelle im Gesetz ausdrücklich angeordnet** wird. Dies ist in folgenden Normen des Betriebsverfassungsgesetzes der Fall: 7

§ 37 Abs. 6 und 7	Schulungs- und Bildungsveranstaltungen für BR-Mitglieder, aber nur sofern die ausreichende Berücksichtigung der betrieblichen Belange streitig ist
§ 38 Abs. 2	Freistellung von BR-Mitglieder
§ 39 Abs. 1	Zeit und Ort der Sprechstunden für den BR
§ 47 Abs. 6	Herabsetzung der Zahl der GBR-Mitglieder
§ 55 Abs. 4	Herabsetzung der Zahl der KBR-Mitglieder
§ 65 Abs. 1	Schulungs- und Bildungsveranstaltungen für JAV
§ 69	Zeit und Ort der Sprechstunden der JAV
§ 72 Abs. 6	Herabsetzung der Zahl der Gesamt-JAV
§ 85 Abs. 2	Berechtigung der Beschwerde eines AN

§ 87 Abs. 2	Mitbestimmung in sozialen Angelegenheiten
§ 91	Maßnahmen bei Änderung von Arbeitsablauf und Arbeitsumgebung
§ 94 Abs. 1 und 2	Personalfragebogen, persönliche Angaben in Arbeitsverträgen und Aufstellung allgemeiner Beurteilungsgrundsätze
§ 95 Abs. 1 und 2	Ausführungen von Auswahlrichtlinien und deren Inhalt
§ 97 Abs. 2	Einführung von Maßnahmen betrieblicher Berufsbildung bei Tätigkeits- und Anforderungsänderungen
§ 98 Abs. 4	Durchführung von betrieblichen Bildungsmaßnahmen
§ 109	Auskunftserteilung in wirtschaftlichen Angelegenheiten
§ 112 Abs. 4	Aufstellung eines Sozialplans
§ 116 Abs. 3 Nr. 2, 4, 8	Fragen die den Seebetriebsrat betreffen

8 Wird die Einigungsstelle in einer der zuvor benannten Fälle tätig, ersetzt ihr Spruch die Einigung zwischen AG und BR. Sie wird bereits auf Antrag einer Seite errichtet. Aus § 76 Abs. 5 Satz 3 folgt, dass für die Parteien ein mittelbarer Einlassungszwang besteht, denn wenn eine Partei keine Mitglieder benennt oder der Sitzung fernbleibt, findet die Einigungsstelle dennoch statt und etwaige Entscheidungen werden allein von den anwesenden Beteiligten getroffen. In der Praxis werden nahezu alle Einigungsstellenverfahren im erzwingbaren Verfahren ausgeführt, meist unterfallen die Streitigkeiten dem Bereich der Mitbestimmungsangelegenheiten aus § 87 Abs. 1 und dem Bereich Interessenausgleich und Sozialplan, §§ 112, 112a.

2. Freiwilliges Einigungsstellenverfahren

9 Ein freiwilliges Einigungsstellenverfahren findet gem. § 76 Abs. 6 Satz 1 nur statt, wenn die Betriebsparteien dies **einvernehmlich beantragen** und mit dem **Tätigwerden der Einigungsstelle einverstanden** sind. Das Einlassen auf Verhandlungen in einer Einigungsstelle zu einem nicht erzwingbaren Regelungsgegenstand ist insofern als konkludente

Einwilligung zu werten. Sobald eine Betriebspartei ihr Einverständnis widerruft, ist dadurch das Einigungsstellenverfahren aber beendet. Daraus ergibt sich, dass ein freiwilliges Einigungsstellenverfahren nie gegen den Willen einer Betriebspartei ausgeführt werden kann.
Gemäß § 76 Abs. 6 Satz 2 ersetzt der Spruch der Einigungsstelle im freiwilligen Verfahren die Einigung zwischen AG und BR nur dann, wenn sich beide Seiten **der Entscheidung im Voraus unterworfen** haben oder sie nachträglich annehmen. Das Einverständnis zum Tätigwerden der Einigungsstelle kann nicht als Unterwerfung unter den Spruch oder als Annahme des Spruchs angesehen werden (BAG 27.10.1992 – 1 ABR 4/92, AiB 1993, 459–460). Zu beachten ist insbesondere, dass eine vom Betriebsratsvorsitzenden erklärte Unterwerfung unter einen Einigungsstellenspruch i. S. v. § 76 Abs. 6 Satz 2 zu ihrer Wirksamkeit einer vorherigen Beschlussfassung des BR bedarf (BAG 11.12.2018 – 1 ABR 17/17).

3. Verfahrensgrundsätze

a. Regelungs- und Rechtsstreitigkeiten

Im Mittelpunkt von Einigungsstellenverfahren stehen Regelungsstreitig- 10
keiten. Diese liegen vor, wenn über die betriebliche **Ausgestaltung eines mitbestimmungspflichten Gegenstands** – wie z. B. einer Regelung zur betrieblichen Arbeitszeit – gestritten wird.

Die Einigungsstelle kann jedoch ausnahmsweise auch allein oder im 11
Zusammenhang mit Regelungsfragen auch **Rechtsfragen** entscheiden. Dies ist z. B. bei Streitigkeiten in den Fällen von §§ 37 Abs. 6 und 7, 38 Abs. 2, 87 Abs. 1 Nr. 5 oder bei § 109 der Fall. Im Falle von Schulungsveranstaltungen ist zu beachten, dass die Einigungsstelle alleine für die Frage zuständig ist, ob die betrieblichen Belange hinsichtlich der zeitlichen Lage der Schulung ausreichend berücksichtigt wurden. Die Einigungsstelle überprüft aber nicht, ob es sich um eine erforderliche und/oder geeignete Schulungsmaßnahme handelt; diese Prüfung obliegt alleine den Arbeitsgerichten im Beschlussverfahren. Die Zuständigkeit der Einigungsstelle besteht entsprechend für den Fall, dass der AG die sachliche Vertretbarkeit der Freistellung eines bestimmten BR-Mitglieds moniert (§ 38 Abs. 2). Grundsätzlich obliegt jedoch den Arbeitsgerichten die Klärung von Rechtsfragen. Eine klare Trennung ist aber schon deshalb nicht möglich, da die Einigungsstelle auch bei Regelungsstreitigkeiten stets als Vorfrage prüfen muss, ob eine Zuständigkeit gegeben ist. Diese Frage ist regelmäßig eine Rechtsfrage (siehe auch Rn. 16).

Beispiel:
Ob die vom Wirtschaftsausschuss angeforderten Informationen und Unterlagen zur Aufgabenerfüllung notwendig sind, entscheidet die Einigungsstelle. Streiten die Betriebsparteien aber über die generelle Frage, ob ein Wirtschaftsausschuss zu errichten ist, so ist dies vor den Arbeitsgerichten zu klären. Gleiches gilt, wenn streitig ist, ob es sich überhaupt um eine wirtschaftliche Angelegenheit nach § 106 Abs. 3 handelt.

b. Rechtsstaatliche Grundsätze

12 Die Betriebsparteien legen den Gegenstand der Einigungsstelle durch den konkreten Antrag fest. Dieser so vorgegebene **Regelungsgegenstand** kann nur dann in der Einigungsstelle erweitert werden, wenn sich die Betriebsparteien darauf verständigen (vgl. LAG Hessen 13. 11. 1984 – 4 TaBV 39/84). Im Rahmen dieses festen Regelungsbereichs gilt für die Einigungsstelle die Offizialmaxime, d. h., die Einigungsstelle hat von Amts wegen den Sachverhalt im erforderlichen Umfang aufzuklären.

13 Weiter ist in Einigungsstellenverfahren der rechtsstaatliche Grundsatz des **rechtlichen Gehörs** zu beachten (Art. 103 Abs. 1 GG). Daraus folgt zunächst, dass den Betriebsparteien in jedem Fall Gelegenheit zu geben ist, sich ausführlich vor der Einigungsstelle zu äußern (BAG 29. 1. 2002 – 1 ABR 18/01, AiB Newsletter 2002, 49). Nach h. M. folgt daraus jedoch nicht, dass eine mündliche Verhandlung zwingend erforderlich ist. Daher ist dem Gebot des rechtlichen Gehörs auch durch die Gelegenheit einer schriftlichen Stellungnahme genüge getan (vgl. nur ErfK-*Kania*, § 76 BetrVG Rn. 18; GK-*Kreutz*, § 76 BetrVG Rn. 104 f.; a. A. DKW, § 76 BetrVG Rn. 92). Allerdings spielen Einigungsstellenverfahren ohne mündliche Verhandlungen in der Praxis keine Rolle.

14 Die Sitzungen der Einigungsstelle sind **nicht öffentlich**, auch nicht betriebsöffentlich. Bei Einverständnis aller Mitglieder der Einigungsstelle ist es allerdings zulässig, die Anwesenheit dritter Personen, etwa von Ersatzbeisitzern, von weiteren BR-Mitgliedern (z. B. anderer betroffener Betriebe) oder von betroffenen AN, zu genehmigen. Dies kann auch Gegenstand einer freiwilligen BV nach § 76 Abs. 4 sein. Allerdings muss die abschließende Beratung und Beschlussfassung in Abwesenheit anderer Personen erfolgen, dies ergibt sich aus der Eigenständigkeit und der Schlichtungsfunktion der Einigungsstelle, anderenfalls droht die Unwirksamkeit des Spruchs (BAG 18. 1. 1994 – 1 ABR 43/93, AiB 1994, 502–503).

c. Leitung der Einigungsstelle

Dem **Einigungsstellenvorsitzenden** obliegt die Leitung der Sitzung; dafür kann er Beisitzern oder Verfahrensbevollmächtigten das Wort erteilen und alle darüber hinaus erforderlichen verfahrensleitenden Maßnahmen vornehmen. **Ort und Zeit einer Sitzung** der Einigungsstelle wird üblicherweise zwischen allen Mitgliedern abgesprochen. Ist das nicht möglich, werden Ort und Zeit durch den Vorsitzenden bestimmt, dieser sorgt dann auch für die ordnungsgemäße Einladung der Beisitzer. Das Angebot geeigneter Räume im Betrieb hat der Vorsitzende i. d. R. zu akzeptieren, um keine unnötigen Kosten zu verursachen (ErfK-*Kania*, § 76 BetrVG Rn. 16). 15

4. Einzelheiten des Verfahrens in der Einigungsstelle

a. Zuständigkeit

Die Einigungsstelle kann nur im Rahmen ihrer Zuständigkeit entscheiden. Daher hat sie – zumindest in den Fällen, in denen das Verfahren durch einen Einigungsstellenspruch beendet werden kann – die **Frage ihrer Zuständigkeit selbst als Vorfrage** zu prüfen und über sie zu befinden (vgl. BAG 22.10.1981 – 6 ABR 69/79). Dies muss nicht in förmlicher Weise geschehen, sondern kann auch inzident erfolgen, z. B. durch eine Entscheidung in der Regelungssache. 16
Bei einer Entscheidung, die die Zuständigkeit verneint, ist das Verfahren einzustellen, die Einigungsstelle kann damit nicht eingerichtet werden. Diese Entscheidung kann als Entscheidung über eine Rechtsfrage arbeitsgerichtlich angefochten werden – und zwar auch nach Ablauf der Frist aus § 76 Abs. 5.

b. Versuch der Einigung

Soweit die Einigungsstelle von ihrer Zuständigkeit ausgeht, kann sie nach mündlicher oder schriftlicher Anhörung der Parteien einen **Einigungsversuch** unternehmen. Dabei soll sie alle Möglichkeiten einer freiwilligen Einigung der Betriebsparteien ausschöpfen; nur das wird dem Zweck des Einigungsstellenverfahrens gerecht. In dem Versuch der einvernehmlichen Einigung liegt in der Praxis die besondere Verantwortung des Vorsitzenden. Die weit überwiegende Mehrzahl der Einigungsstellenverfahren endet daher in der Praxis durch eine Einigung der Betriebsparteien nach Vermittlung durch den Vorsitzenden. 17

Gelingt eine Einigung, ist hierüber gem. § 76 Abs. 3 ein Beschluss zu fassen, für den die Stimmenmehrheit der am Verfahren Beteiligten erforderlich ist. Der Vorsitzende hat in der ersten Abstimmung kein Stimmrecht.

18 Das Gesetz enthält keine Regelung zur **Beschlussfähigkeit**. Aus § 76 Abs. 3 Satz 2 folgt jedoch, dass eine Beschlussfähigkeit in freiwilligen Einigungsstellenverfahren grundsätzlich nur gegeben ist, wenn alle Mitglieder anwesend sind. Etwas anderes gilt allerdings in erzwingbaren Einigungsstellenverfahren. Nach § 76 Abs. 5 Satz 2 können der Vorsitzende und die anwesenden Mitglieder allein an der Beschlussfassung teilnehmen, wenn eine Seite keine Mitglieder benannt hat oder diese trotz Ladung fern bleiben. Hiermit wird den Betriebsparteien die Möglichkeit genommen, ein Einigungsstellenverfahren zu boykottieren. Die Beschlussfähigkeit ist in erzwingbaren Einigungsstellenverfahren also auch dann gegeben, wenn nicht alle Mitglieder anwesend sind.

c. Spruch der Einigungsstelle

19 Eine **Entscheidung der Einigungsstelle** wird als **Spruch** bezeichnet. Wird bei der ersten Abstimmung keine Mehrheit erzielt – meist aufgrund einer Pattsituation, wenn jede Betriebspartei geschlossen für ihren alternativen Beschlussvorschlag gestimmt hat – muss eine erneute mündliche Beratung stattfinden. Ein Unterlassen dieser erneuten Beratung stellt einen Verfahrensfehler dar und führt zur Unwirksamkeit des Einigungsstellenspruchs, wenn nicht alle Mitglieder der Einigungsstelle auf eine erneute Beratung verzichten (BAG 30.1.1990 – 1 ABR 2/89, AiB 1990, 259). Erst nach der nochmaligen Beratung darf eine zweite Abstimmung stattfinden, in der der Vorsitzende sodann ein Stimmrecht hat. Seine Stimme gibt damit den Ausschlag, aus diesem Grunde darf sich der Vorsitzende in der zweiten Abstimmungsrunde nicht der Stimme enthalten.

Zu beachten ist, dass bei einer Änderung des Regelungsvorschlags in der erneuten Beratung ein neues, mit der ersten Abstimmungsrunde beginnendes Verfahren ausgeführt werden muss. Wird direkt in der zweiten Abstimmungsrunde über einen geänderten Regelungsvorschlag abgestimmt, stellt dies einen Verfahrensfehler dar, der zur Unwirksamkeit des Einigungsstellenspruchs führt (BAG 14.9.2010 – 1 ABR 30/09, AiB 2011, 466–467).

> **Beispiel:**
> Der Antrag enthält zunächst nur Regelungen über die Einführung des Gleitzeitrahmens; im Rahmen der zweiten Abstimmung werden weitere Punkte wie Überstunden oder Arbeitszeitkonten aufgenommen.

Die **Stimmenthaltung** des Vorsitzenden ist unzulässig, **nicht** jedoch eine **Enthaltung der Beisitzer**. Die Stimmenthaltung der Beisitzer wird dann nicht als »Neinstimme«, sondern überhaupt nicht berücksichtigt (BAG 17.9.1991 – 1 ABR 23/ 91). Folge ist, dass bei Stimmenthaltung auch schon im ersten Abstimmungsvorgang eine Mehrheit erreicht werden kann, andererseits aber auch im zweiten Abstimmungsgang eine Pattsituation denkbar ist. Generell und im Falle eines Patts zählt die Stimme des Vorsitzenden nicht doppelt. Konsequenz daraus ist, dass in diesem Fall keine das Verfahren beendende Sachentscheidung getroffen wurde, so dass das Verfahren weiterzuführen ist. 20

Inhaltlich ist die Einigungsstelle in ihrer Sachentscheidung an zwingendes vorrangiges Recht, z. B. die zwingenden Vorschriften des Arbeitszeitrechts, des Bundesurlaubsgesetzes oder des Kündigungsschutzgesetzes, gebunden (BAG 29.6.2004 – 1 ABR 21/03, AiB Newsletter 2004, 61–62). Dies bedeutet außerdem, dass die Einigungsstelle (wie auch die Betriebsparteien) z. B. die in § 75 geregelten Grundsätze für die Behandlung von Betriebsangehörigen und die Tarifsperre nach 77 Abs. 3 zu beachten hat. 21

Der Spruch der Einigungsstelle ist aber auch dann unwirksam, wenn diese ihrem Regelungsauftrag nicht ausreichend nachgekommen ist und keine abschließende Regelung getroffen hat. Daher muss sowohl für das Einigungsstellenverfahren als auch für die gerichtliche Überprüfung der Zuständigkeit der Einigungsstelle oder ihres Spruchs erkennbar sein, für welche konkreten Regelungsfragen die Einigungsstelle errichtet worden ist. Ein nicht ausreichend bestimmter Regelungsauftrag ist nicht geeignet, der Einigungsstelle die erforderliche Spruchkompetenz zu vermitteln. Ein solcher Mangel hat die Unwirksamkeit des gesamten Spruchs zur Folge (BAG 7.12.2021 – 1 ABR 25/20). Auch in der Anrufung der Einigungsstelle ist daher hinreichend zu konkretisieren, welche Themen eine Regelung durch die Einigungsstelle erfahren sollen.

Sind in Fällen eines erzwingbaren Einigungsstellenverfahrens **Regelungsstreitigkeiten** verfahrensgegenständlich, hat die Einigungsstelle gem. § 76 Abs. 5 Satz 3 ihren Spruch unter angemessener Berücksichtigung der Belange des Betriebs und Unternehmens und der betroffenen AN nach **billigem Ermessen** zu treffen, so z. B. wenn es um die Aufstellung eines Urlaubsplans geht. Im Falle der Aufstellung eines Sozial- 22 plans hat die Einigungsstelle gem. § 112 Abs. 5 im Rahmen ihres billigen Ermessens sowohl die besonderen Belange der AN als auch die wirtschaftliche Vertretbarkeit ihrer Entscheidung zu beachten (s. §§ 112, 112a Rn. 117f., 121 ff., 125, 185 ff.). Im Ergebnis bedeutet dies, dass die Einigungsstelle im Falle von Regelungsstreitigkeiten bei der inhaltlichen Ausgestaltung des Spruchs einen Ermessensspielraum hat, der durch den Begriff der Billigkeit (Fairness) lediglich konkretisiert und eingeschränkt wird (BAG 11.3.1986 – 1 ABR 12/84). Diese Ermessensentscheidung ist gem. § 76 Abs. 5 Satz 4 der Möglichkeit einer gerichtlichen Überprüfung unterworfen.

23 Gemäß dem Wortlaut des § 76 Abs. 5 gilt die Verpflichtung, nach billigem Ermessen zu entscheiden, nur für Regelungsstreitigkeiten in erzwingbaren Einigungsstellenverfahren. Wenn sich die Betriebsparteien allerdings in einem **freiwilligen Einigungsstellenverfahren** im Voraus dem Spruch unterwerfen, sind auch hier die gleichen Grundsätze anzuwenden, denn die vorige Unterwerfung beinhaltet regelmäßig die Annahme, dass die Einigungsstelle die Interessen beider Betriebspartner berücksichtigen wird.

d. Form des Einigungsstellenbeschlusses

24 Gemäß § 76 Abs. 3 Satz 4 ist der Einigungsstellenbeschluss **schriftlich niederzulegen und mit der Unterschrift** des Vorsitzenden versehen dem AG und dem BR zuzuleiten. Die Zuleitung eines lediglich schriftlich niedergelegten Beschlusses, welcher nicht vom Vorsitzenden unterschrieben ist, genügte bislang den Formanforderungen nicht. Für die Betriebsparteien und die AN musste sicher feststellbar sein, dass das Schriftstück das von der Einigungsstelle beschlossene Regelwerk enthält (vgl. BAG 14.9.2010 – 1 ABR 30/09). Ein schriftlicher Spruch ohne Unterschrift des Vorsitzenden war daher unwirksam (BAG 13.3.2012 – 1 ABR 78/10, AiB 2013, 64–65). Eine Heilung der Formunwirksamkeit durch Zuleitung einer vom Vorsitzenden inhaltlich korrigierten Spruchfassung ist nicht möglich (BAG 10.12.2013 – 1 ABR 45/12).

25 Durch das **Betriebsrätemodernisierungsgesetz** wurde § 76a Abs. 3 geändert, sodass die Schriftform jetzt durch die elektronische Form nach § 126a BGB ersetzt werden kann. Die Klarstellung ist aufgrund der Entscheidung des BAG (5.10.2010 – 1 ABR 31/09), wonach der Einigungsstellenspruch nicht mittels elektronischer Form unterzeichnet werden kann, notwendig geworden. Zu beachten ist aber, dass es sich um eine **qualifizierte elektronische Signatur** handeln muss und nicht nur eine bloße einfache, elektronische Signatur. Um eine einfache, elektronische

Signatur würde es sich zum Beispiel handeln, wenn die Unterschrift des Vorsitzenden lediglich eingescannt werden würde. Im Unterschied dazu ist die qualifizierte elektronische Signatur (QES) eine durch die Verordnung (EU) Nr. 910/2014 geregelte Form eines Zertifikats. Hiermit wird im Rechtsverkehr die handschriftliche Unterschrift ersetzt, wenn dies durch eine Rechtsvorschrift vorgesehen ist oder zwischen Parteien vereinbart wurde. Sie werden von qualifizierten Vertrauensdiensteanbietern (VDA) ausgegeben und setzen ein Zertifizierungsverfahren voraus, durch das gewährleistet wird, dass das qualifiziert signierte Schriftstück auch tatsächlich vom Absender (hier des Vorsitzenden der Einigungsstelle) stammt. Ob dieses Instrument in der Praxis tatsächlich zum Einsatz kommen wird, dürfte insbesondere davon abhängen, inwieweit die Betriebsparteien (und hier vor allem die BR) die Möglichkeit haben, die verwendete qualifizierte Signatur auf ihre Gültigkeit hin zu überprüfen.

Etwas anderes gilt bei einem von einer Einigungsstelle i. S. v. § 109 zu 26 den Ansprüchen des Wirtschaftsausschusses beschlossenen Spruchs: Dieser schafft kein im Betrieb für die AN geltendes Regelwerk, sondern betrifft nur eine interne Angelegenheit zwischen AG und (Gesamt-)BR. Gemäß § 109 Satz 2 ersetzt der Spruch die zuvor nicht zustande gekommene Einigung der Betriebsparteien über ein Auskunftsbegehren des Wirtschaftsausschusses. Damit entspricht er funktional einer Regelungsabrede der Betriebsparteien. Für diese ordnet § 77 weder eine ihre Wirksamkeit bedingende Schriftform noch ein Gebot zur Auslegung im Betrieb an. Dementsprechend haben Verstöße gegen das Schriftformgebot des § 76 Abs. 3 Satz 4 im Rahmen eines Einigungsstellenverfahrens nach § 109 nicht die Unwirksamkeit des Spruchs zur Folge (BAG 17.12.2019 – 1 ABR 25/18).

Weil der Einigungsstellenspruch die fehlende Einigung zwischen AG 27 und BR ersetzt, kommt ihm die gleiche normative Wirkung zu wie einer von den Betriebsparteien geschlossenen BV. Deshalb ist nicht nur die Beurkundung und Dokumentation erforderlich, sondern der AG hat den Einigungsstellenspruch an geeigneter Stelle **auszuhängen**, damit ihn die Belegschaft zur Kenntnis nehmen kann.

e. Rechtswirkung des Einigungsstellenspruchs, arbeitsgerichtliche Überprüfung

In allen Fällen, in denen eine Maßnahme im Betrieb nur vorgenom- 28 men werden durfte, wenn zwischen AG und BR eine BV besteht, und diese BV durch den Spruch der Einigungsstelle ersetzt wurde, hat der

Einigungsstellenspruch die Wirkung einer **BV**. Das bedeutet, dass der Spruch insoweit verbindlichen Charakter besitzt, Rechte und Pflichten begründet und normativ auf die Arbeitsverhältnisse wirkt.
Derartige Rechtsverbindlichkeit erlangt eine Entscheidung einer Einigungsstelle in freiwilligen Verfahren dann, wenn sich die Betriebsparteien ihr im Voraus unterwerfen oder sie nachträglich annehmen, § 76 Abs. 6 Satz 2.

29 Falls AG oder BR der Ansicht sind, die Einigungsstelle habe in ihrem Spruch die Grenzen des ihr eingeräumten Ermessens überschritten, können beide Betriebsparteien das ArbG anrufen. Eine **Ermessensüberschreitung** liegt vor, wenn der Spruch die Grenzen des Ermessens überschreitet, weil er die Belange des Betriebs und/oder der betroffenen AN nicht angemessen berücksichtigt. In diese Betrachtung ist der Schutzzweck des jeweils relevanten Mitbestimmungsrechts einzubeziehen. Ein Ermessensfehler liegt dagegen nicht vor, wenn sich die Entscheidung der Einigungsstelle selbst innerhalb des Ermessens bewegt, aber die von der Einigungsstelle angenommen tatsächlichen und rechtlichen Umstände nicht zutreffen, weitere Überlegungen fehlerbehaftet sind oder diese Überlegungen eine nicht erschöpfende Würdigung aller Umstände zum Inhalt haben (BAG 14.1.2014 – 1 ABR 49/12).

Beispiele:
Da eine Maßnahme nach § 87 grundsätzlich nicht ohne Zustimmung des BR durchgeführt werden darf, ist eine Regelung unzulässig, wonach der AG derartige Maßnahmen vorläufig durchführen darf (z. B. Schichtpläne vorläufig zu ändern oder eine Zustimmungsfiktion ähnlich wie in § 99 einzuführen).
Ein Sozialplan ist nicht deswegen fehlerhaft aufgestellt, weil er nicht sämtliche Nachteile ausgleicht, obwohl dies dem Unternehmen (wegen seiner Konzernstruktur) wirtschaftlich möglich wäre. Das Unterschreiten des Sozialplanvolumens führt nicht zur Unwirksamkeit, wenn der Ausgleich der entstehenden Nachteile wirtschaftlich unvertretbar wäre. Im Falle einer Unterschreitung kann ein Ermessensfehler vorliegen, wenn ein Durchgriff auf die Konzernobergesellschaften möglich und geboten ist. Dagegen ist ein »Sozialplan 0« schon tatbestandlich kein Sozialplan i. S. d. § 112 Abs. 1 Satz 2 und daher mit der vom Gesetzgeber in § 112 Abs. 4 festgeschriebenen Erzwingbarkeit von Sozialplänen nicht vereinbar (LAG Hamm 26.10.2021 – 7 TaBV 19/21).

Ein entsprechender Antrag muss innerhalb von zwei Wochen, gerechnet vom Tag der Zuleitung des Spruchs, beim ArbG gestellt werden. Diese Frist ist zwingend, eine Fristverlängerung oder Wiedereinsetzung in den vorigen Stand ist ausgeschlossen (BAG 26.5.1988 – 1 ABR 11/87, AiB 1989, 23).

IV. Streitigkeiten

1. Bestellungsverfahren

In den Fällen, in denen sich nicht über die personelle Besetzung der Einigungsstelle – also über die Person des Vorsitzenden und/oder die Anzahl der Beisitzer – geeinigt werden kann, kann gem. § 76 Abs. 2 Satz 2 und 3 i.V.m. § 100 ArbGG ein **arbeitsgerichtliches Bestellungsverfahren** durchgeführt werden. In diesem Verfahren beantragt eine Betriebspartei gerichtlich die von ihr gewünschte Besetzung der Einigungsstelle. In diesem Beschlussverfahren entscheidet der Vorsitzende Richter allein und die Ladungs- und Einlassungsfristen sind auf 48 Stunden verkürzt. Der erstinstanzliche Beschluss ist innerhalb von vier Wochen zuzustellen. Diese prozessualen Besonderheiten sorgen für ein beschleunigtes Verfahren. 30

In der **Praxis** kommt einem Bestellungsverfahren **erhebliche Bedeutung** zu, denn oftmals wird nur vordergründig über die personelle Besetzung gestritten. Vielmehr ist Kern des Streits das Bestehen bzw. Nichtbestehen der Mitbestimmungspflicht eines bestimmten Regelungsgegenstandes und somit letztlich die Zuständigkeit der Einigungsstelle an sich. Gerade in Fällen, in denen der AG eine mitbestimmungspflichtige Angelegenheit einseitig geregelt oder vorgenommen hat, bietet das Bestellungsverfahren eine geeignete Möglichkeit, die gesetzlich vorgesehene Mitbestimmung im Rahmen eines Einigungsstellenverfahrens (nachträglich) durchzusetzen. Das hat gerade in den Fällen erhöhte Relevanz, in der die Erfolgsaussicht auf Durchsetzung einer einstweiligen (Unterlassungs-)Verfügung gering ist.

Betrifft der Streit die **Person des Vorsitzenden**, schlagen i.d.R. beide Betriebsparteien einen »Wunschkandidaten« vor. Das Gericht ist an die Vorschläge nicht gebunden, dennoch sollte es die vom Antragsteller vorgeschlagene Person immer dann bestellen, wenn im Hinblick auf Unparteilichkeit oder die erforderlichen Fachkenntnisse keine durch Tatsachen begründeten Bedenken bestehen (LAG Berlin-Brandenburg 22.1.2010 – 10 TaBV 2829/09). Trotzdem kann das Gericht – auch ohne nachvollziehbare, stichhaltige oder ernsthafte Einwendungen gegen den vorgeschlagenen Vorsitzenden – bei einem »schlichten Nein« des weiteren Beteiligten eine andere geeignete Person als Vorsitzenden einsetzen (LAG München 13.12.2021 – 3 TaBV 59/21; Hessisches 31

LAG (19.9.2024 – 5 TaBV 111/24) mit Betonung auf dem fehlenden Vertrauen einer Betriebspartei in den Vorsitzenden, ohne rechtsmissbräuchliche Ablehnung).

32 Das Gericht kann die Bestellung eines Einigungsstellenvorsitzenden (und damit einer Einigungsstelle an sich) gem. § 98 Abs. 1 Satz 1 ArbGG nur dann ablehnen, wenn eine Einigungsstelle für den Streitgegenstand **offensichtlich unzuständig** ist. Das ist nur dann der Fall, wenn die Zuständigkeit der Einigungsstelle bei fachkundiger Beurteilung auf den ersten Blick unter keinem denkbaren rechtlichen Gesichtspunkt als möglich erscheint bzw. wenn sich die Streitigkeit sofort erkennbar nicht unter einen mitbestimmungspflichten Tatbestand des Betriebsverfassungsgesetzes fassen lässt (vgl. nur LAG München 13.3.1986 – 7 TaBV 5/86; LAG Köln 5.12.2001 – 7 TaBV 71/01, AiB 2013, 528; Hessisches LAG 30.8.2024 – 5 TaBV 85/24). Die Unzuständigkeit muss offenkundig sein. Dieser Prüfungsmaßstab und damit eine eingeschränkte Prüfungskompetenz ist vom Gericht bei allen in Zusammenhang mit der Entscheidung über den Antrag anzustellenden rechtlichen Fragen anzusetzen (LAG Köln 1.3.2001 – 3 TaBV 92/00). Dementsprechend ist die Einigungsstelle nicht offensichtlich unzuständig, wenn in Rechtsprechung und Literatur umstritten ist, ob dem BR ein Mitbestimmungsrecht zusteht, und die Rechtsfrage vom BAG noch nicht geklärt ist (LAG Berlin-Brandenburg 5.11.2019 – 7 TaBV 1728/19). Eine offensichtliche Unzuständigkeit wurde z. B. deshalb angenommen, weil für die Verteilung sog. Streikbuchprämien während eines Arbeitskampfes kein Mitbestimmungsrecht des BR nach § 87 Abs. 1 Nr. 10 besteht (LAG Baden-Württemberg 30.10.2024 – 21 TaBV 8/24). Die Einführung von Desk Sharing ist, ebenso wie die Einführung einer Clean Desk Policy, nicht insgesamt, sondern nur in Bezug auf einzelne Regelungen mitbestimmungspflichtig (LAG Baden-Württemberg 6.8.2024 – 21 TaBV 7/24). Komplexe technische und ungeklärte rechtliche Fragen, von deren Beantwortung die Zuständigkeit des BR abhängt, sind dagegen durch die Einigungsstelle selbst zu klären (LAG Köln 28.1.2025 – 9 TaBV 88/24).

33 Auch steht die **Frage**, ob die **Verhandlungen gescheitert** sind, bei der Einleitung eines Bestellungsverfahrens im Ermessen der Betriebsparteien. Es genügt grundsätzlich, wenn der Betriebspartner, der die Bildung der Einigungsstelle anstrebt, einen ernsthaften Verhandlungsversuch unternommen hat (Hessisches LAG 10.10.2024 – 5 TaBV 99/24). Wird die Annahme des Scheiterns der Verhandlungen nicht ohne jeden Anlass behauptet, kann von der offensichtlichen Unzuständigkeit nicht ausgegangen werden (LAG Niedersachsen 7.12.1998 – 1 TaBV 74/98).

Haben BR und AG vereinbart zu versuchen, Meinungsverschiedenheiten über die Anwendung und Auslegung einer BV innerbetrieblich und einvernehmlich auszuräumen, sind vor den ArbG eingeleitete Verfahren unzulässig, wenn das vereinbarte innerbetriebliche Verfahren unterbleibt (BAG 23.2.2016 – 1 ABR 5/14). Kein ernsthafter Verhandlungsversuch liegt vor, wenn ein BR einfach nur beschließt, den AG zu einem mitbestimmungspflichtigen Thema zu Verhandlungen aufzufordern, hierbei aber keinerlei Angaben dazu macht, was er zu regeln wünscht. Hierfür benötigt der BR auch (noch) keinen juristischen Sachverstand. Verknüpft der BR seine solchermaßen unzureichende Aufforderung zu Verhandlungen auch noch mit der Aufforderung, eine Honorarvereinbarung des als juristischen Sachverständigen gewünschten Rechtsanwalts zu unterzeichnen und erklärt schon von vornherein die Verhandlungen zum Mitbestimmungsthema für gescheitert, falls die Honorarvereinbarung nicht fristgerecht akzeptiert wird, handelt er grob rechtsmissbräuchlich (LAG Düsseldorf 16.7.2019 – 3 TaBV 36/19).

2. Weitere Rechtsstreitigkeiten

Vor- oder während einer Einigungsstelle – sogar parallel zu einem Bestellungsverfahren – kann ein sog. **Vorabentscheidungsverfahren** zur Frage der Zuständigkeit der Einigungsstelle bzw. zur Frage des Bestehens oder Nichtbestehens von Mitbestimmungsrechten des BR geführt werden (BAG 22.10.1981 – 6 ABR 69/79). Dabei handelt es sich um ein Beschlussverfahren. In der Praxis sind solche Verfahren sehr selten. 34

Die **Anfechtung eines Spruchs der Einigungsstelle** erfolgt ebenfalls im Rahmen eines Beschlussverfahrens. Wird ein Spruch angefochten, hat dies bis zur rechtkräftigen Entscheidung zunächst keine Auswirkungen auf seine Wirksamkeit, so dass seine Umsetzung ebenfalls – ggf. im Wege des einstweiligen Rechtsschutzes – im Beschlussverfahren durchgesetzt werden kann (LAG Köln 20.4.1999 – 13 Ta 243/98, AiB Telegramm 1999, 37). Wird der Antrag auf Feststellung der Unwirksamkeit des Einigungsstellenspruchs rechtskräftig zurückgewiesen, steht damit endgültig fest, dass der Spruch wirksam ist. Dabei spielt es keine Rolle, ob in dem Verfahren alle Unwirksamkeitsgründe thematisiert worden sind oder wenn in dem Einigungsstellenspruch wegen Fehlen eines Mitbestimmungsrechts des BR und einer beidseitigen Unterwerfung oder nachträglichen Annahme des Einigungsstellenspruchs seitens BR und AG eine Regelung gar nicht hätte ergehen dürfen (LAG Berlin-Brandenburg 23.6.2023 – 12 TaBV 638/22). Abfindungsansprüche aus einem durch erfolglos gerichtlich angefochtenen Spruch einer Einigungsstelle 35 beschlossenen Sozialplan werden zu dem im Sozialplan bestimmten Zeitpunkt, und nicht erst mit Rechtskraft der Entscheidung in dem Beschlussverfahren über die Wirksamkeit des Einigungsstellenspruchs, fällig (BAG 28.1.2025 – 1 AZR 73/24).

§ 76a Kosten der Einigungsstelle

(1) Die Kosten der Einigungsstelle trägt der Arbeitgeber.

(2) [1]Die Beisitzer der Einigungsstelle, die dem Betrieb angehören, erhalten für ihre Tätigkeit keine Vergütung; § 37 Abs. 2 und 3 gilt entsprechend. [2]Ist die Einigungsstelle zur Beilegung von Meinungsverschiedenheiten zwischen Arbeitgeber und Gesamtbetriebsrat oder Konzernbetriebsrat zu bilden, so gilt Satz 1 für die einem Betrieb des Unternehmens oder eines Konzernunternehmens angehörenden Beisitzer entsprechend.

(3) [1]Der Vorsitzende und die Beisitzer der Einigungsstelle, die nicht zu den in Absatz 2 genannten Personen zählen, haben gegenüber dem Arbeitgeber Anspruch auf Vergütung ihrer Tätigkeit. [2]Die Höhe der Vergütung richtet sich nach den Grundsätzen des Absatzes 4 Satz 3 bis 5.

(4) [1]Das Bundesministerium für Arbeit und Soziales kann durch Rechtsverordnung die Vergütung nach Absatz 3 regeln. [2]In der Vergütungsordnung sind Höchstsätze festzusetzen. [3]Dabei sind insbesondere der erforderliche Zeitaufwand, die Schwierigkeit der Streitigkeit sowie ein Verdienstausfall zu berücksichtigen. [4]Die Vergütung der Beisitzer ist niedriger zu bemessen als die des Vorsitzenden. [5]Bei der Festsetzung der Höchstsätze ist den berechtigten Interessen der Mitglieder der Einigungsstelle und des Arbeitgebers Rechnung zu tragen.

(5) Von Absatz 3 und einer Vergütungsordnung nach Absatz 4 kann durch Tarifvertrag oder in einer Betriebsvereinbarung, wenn ein Tarifvertrag dies zulässt oder eine tarifliche Regelung nicht besteht, abgewichen werden.

Inhaltsübersicht Rn.

I. Zweck der Regelung

1 Die Vorschrift regelt die **Kostentragungspflicht des AG** für die Kosten der Einigungsstelle. Dabei regelt § 76a Abs. 1 den allgemeinen Kostentragungsgrundsatz, § 76a Abs. 2 bis 5 enthalten nähere Regelungen über die Vergütung der Mitglieder der Einigungsstelle.

II. Einzelheiten

1. Kosten der Einigungsstelle

2 § 76a Abs. 1 stellt eine umfassende Kostentragungspflicht für den AG bzgl. aller Kosten für das Einigungsstellenverfahren auf. Zu diesen Kosten gehören:

- Der **Sachaufwand** einer Einigungsstelle, wie z. B. die Anmietung eines Raumes.
- Die persönlichen Aufwendungen der Mitglieder der Einigungsstelle, wie z. B. Reise-, Übernachtungs- und Verpflegungskosten.
- Kosten der Entgeltfortzahlung für betriebsinterne Beisitzer (Rn. 4).
- Die Kosten für Sachverständige, die von der Einigungsstelle selbst hinzugezogen wurden.

Der AG ist auch verpflichtet, die Kosten für einen den BR vertretenden **Rechtsanwalt** zu übernehmen. Dabei handelt es sich allerdings nicht um unmittelbare Kosten aus der Einigungsstelle, daher ist in diesem Fall § 40 Abs. 1 die Grundlage für den Anspruch auf Kostenübernahme. Es gelten letztlich die gleichen Anforderungen wie bei sonstigen Beauftragungen eines Rechtsanwalts (s. § 40 Rn. 7). Ist der Rechtsanwalt selbst als Beisitzer in die Einigungsstelle bestellt worden, was ebenfalls möglich ist, so zählt zu den Kosten der Einigungsstelle der Anspruch des Rechtsanwalts auf das Beisitzerhonorar (Rn. 5).

3 Der AG muss alle Kosten tragen, die für die ordnungsgemäße Durchführung der Aufgaben der Einigungsstelle erforderlich und nicht unverhältnismäßig sind. Daher kann es geboten sein, an sich selbständige, aber parallel liegende und sachlich zusammenhängende mitbestimmungspflichtige Angelegenheiten in einer einheitlichen Einigungsstelle zu verhandeln (LAG Hessen 1. 3. 2016 – 4 TaBV 258/15). Dabei reicht es aber, wenn die Kosten im Zeitpunkt ihrer Verursachung unter Anlegung eines verständigen Maßstabs für erforderlich gehalten werden konnten (BAG 5. 11. 1981 – 6 ABR 24/78).

2. Freistellungs- und Entgeltfortzahlungsanspruch

4 Nach § 76a Abs. 2 haben betriebsangehörige Beisitzer keinen Anspruch auf gesonderte Vergütung, da sie ihre Tätigkeit als **unentgeltliches Ehrenamt** ausführen (vgl. BAG 11.5.1976 – 1 ABR 15/75). Die Regelung ist zwingend. Betriebsangehörige Mitglieder der Einigungsstelle haben jedoch – ebenso wie BR-Mitglieder – Anspruch darauf, für die Zeit der Mitwirkung an der Einigungsstelle ohne Minderung des Entgelts freigestellt zu werden. Bei einer Tätigkeit für die Einigungsstelle außerhalb der Arbeitszeit besteht ein Anspruch auf Freizeitausgleich bzw. Abgeltung; hier gelten dieselben Grundsätze wie bei BR-Mitgliedern.

Ggf. kann es erforderlich sein, das in die Einigungsstelle entsandte BR-Mitglied noch auf eine Schulung zu schicken, da die Mitglieder in der Lage sein müssen, die Verhandlungen zu begleiten und sich mit den Vorschlägen kritisch auseinandersetzen können müssen. Allerdings soll ungeeignet im Sinne der kritischen Begleitung und damit nicht erforderlich i.S.v § 37 Abs. 6 Satz 1 eine Schulung sein, die durch die in die Einigungsstelle entsandten externen Beisitzer durchgeführt wird (BAG 20.8.2014 – 7 ABR 64/12).

Wird einem betriebsangehörigen Beisitzer mobiles Arbeiten ermöglicht und fährt z.B. ein BR-Mitglied vom häuslichen Arbeitsort zu den Sitzungsorten einer Einigungsstelle, handelt es sich nicht um Fahrtkosten zur Arbeit, die vom AG grundsätzlich nicht zu erstatten sind. Vielmehr sind dies Kosten i.S.v. Auslagen der Einigungsstelle, die der AG nach § 76a BetrVG zu tragen hat (LAG Schleswig-Holstein 26.7.2022 – 2 TaBV 8/22).

3. Vergütung des Vorsitzenden und der außerbetrieblichen Beisitzer

5 § 76a Abs. 3 Satz 1 begründet einen gesetzlichen Vergütungsanspruch des Vorsitzenden und der außerbetrieblichen Beisitzer und stellt damit klar, dass deren Tätigkeit **kein unentgeltliches Ehrenamt** ist. Der Anspruch entsteht mit der Bestellung des Vorsitzenden und der Beisitzer, was auf Seiten des BR einen wirksamen Betriebsratsbeschluss voraussetzt.

Die Höhe der Vergütung für den Vorsitzenden ist im Einzelfall festzulegen. Dies kann durch Absprache zwischen den Einigungsstellenmitgliedern und dem AG erfolgen oder auch durch einseitige Bestimmung durch das einzelne Einigungsstellenmitglied unter Beachtung des billigen Ermessens und der Grundsätze des § 76a Abs. 4 Satz 3 bis 5.

Unzulässig ist eine Absprache zwischen dem BR und einem Einigungsstellenmitglied über die Honorarhöhe.

Die nicht abschließend aufgezählten **maßgeblichen Kriterien für die** 6 **Höhe der Vergütung** sind: Erforderlicher Zeitaufwand, Schwierigkeit der Streitigkeit, etwaiger Verdienstausfall, allgemeine Berücksichtigung berechtigter Interessen der Mitglieder der Einigungsstelle und des AG. Im letzten Fall hat vor allem die finanzielle und wirtschaftliche Vertretbarkeit der konkreten Vergütungshöhe Bedeutung.

Berücksichtigt werden muss neben den vom Gesetz genannten Kriterien auch, dass an Mitglieder einer Einigungsstelle hohe persönliche Anforderungen zu stellen sind, um eine Kompromisslösung zu finden.

In der Praxis vereinbart der Vorsitzende sein Honorar direkt mit dem 7 AG. In der Regel werden Stundensätze oder Tageshonorare vereinbart. Diese Vergütung betrifft nicht nur die Tätigkeit als Vorsitzenden in der Einigungsstelle, sondern alle damit zusammenhängenden Tätigkeiten, wie vor allem Vor- und Nachbereitung. Wird die Höhe der Vergütung des Einigungsstellenvorsitzenden nicht durch vertragliche Absprache mit dem AG geregelt, ist eine einseitige Bestimmung der Höhe der Vergütung durch den Vorsitzenden der Einigungsstelle gemäß §§ 315, 316 BGB nach billigem Ermessen und unter Berücksichtigung der in § 76a Abs. 4 genannten Grundsätze vorzunehmen (BAG 28.8.1996 – 7 ABR 42/95). Die Gestaltungserklärung bedarf regelmäßig keiner Form, ist also auch durch schlüssiges Verhalten möglich. Allerdings muss die Bestimmung so eindeutig erfolgen, dass der Gegner ohne Nachforschung und Berechnung weiß, was er schuldet. Die Leistungsbestimmung konkretisiert den Leistungsinhalt endgültig, sie ist als Gestaltungserklärung für den Bestimmenden (d.h. den Einigungsstellenvorsitzenden) unwiderruflich (BAG 11.12.2019 – 7 ABR 4/18). Der Bestimmungsberechtigte kann es also kein zweites Mal ausüben, z.B. weil er es sich »anders überlegt« hat (BAG 11.12.2019 – 7 ABR 4/18).

Gemäß § 76a Abs. 4 Satz 4 muss die **Vergütung der Beisitzer** niedriger 8 sein als die des Vorsitzenden. Nach ständiger Rechtsprechung des BAG ist es sachgerecht und angemessen, den außerbetrieblichen Beisitzern ein Honorar in Höhe von **70 %** der Vergütung des Vorsitzenden zukommen zu lassen (vgl. etwa BAG 14.2.1996 – 7 ABR 24/95). Bei Vorliegen besonderer Umstände kann hiervon im Einzelfall abgewichen werden. Es entspricht nicht der Billigkeit (§ 315 BGB), dass der betriebsfremde Beisitzer für begleitende Nebenarbeiten (Vor- und Nachbereitung der Sitzungen der Einigungsstelle) ein Stundenhonorar abrechnet, wenn der Vorsitzende zu einer Tagespauschale tätig geworden ist (LAG Hessen 17.8.2020 – 16 TaBV 31/20). Das BAG bejaht grundsätzlich auch einen Vergütungsanspruch von betriebsfremden, jedoch unternehmens- oder konzernangehörigen Beisitzern, wie etwa BR-Mitgliedern anderer Betriebe / Unternehmen eines Unternehmens / Konzerns (vgl. BAG 13.5.2015 – 2 ABR 38/14, AiB 2016, Nr. 2, 64–65).

9 Der Vergütungsanspruch des Vorsitzenden einer Einigungsstelle, die nach Eröffnung des Insolvenzverfahrens (weiter) tätig geworden ist und durch einen Spruch einen Sozialplan i. S. d. § 112 Abs. 1 Satz 2 beschlossen hat, stellt eine Masseverbindlichkeit i. S. d. § 55 Abs. 1 Nr. 1 InsO und keine Insolvenzforderung i. S. d. § 38 InsO dar. Dies gilt auch dann, wenn die Einigungsstelle bereits vor der Eröffnung des Insolvenzverfahrens durch das ArbG eingesetzt worden war und ihre Tätigkeit bereits aufgenommen hatte. Entscheidend ist, dass der Vergütungsanspruch erst mit Abschluss des Einigungsstellenverfahrens vollständig erfüllt ist (BAG 11.12.2019 – 7 ABR 4/18).

4. Abweichende Regelungen

10 § 76a Abs. 5 gewährt die Möglichkeit, von der gesetzlichen Vergütungspflicht durch **Tarifvertrag** oder, wenn dieser eine entsprechende Öffnungsklausel enthält oder wenn keine tarifliche Regelung besteht, durch **BV** von den § 76a Abs. 3 und 4 abzuweichen. Inhaltlich bestehen keine Grenzen für anderweitige Regelungen, diese können sowohl zu Ungunsten als auch zu Gunsten der vergütungsberechtigten Einigungsstellenmitglieder gefasst werden. In der Praxis spielen solche Regelungen aber keine oder allenfalls eine untergeordnete Rolle.

III. Streitigkeiten

11 Streitigkeiten aus den Kostenerstattungs- und Vergütungsansprüchen richten sich stets gegen den AG, daher sind diese Streitigkeiten regelmäßig im arbeitsgerichtlichen **Beschlussverfahren** zu entscheiden. Streitigkeiten, in denen betriebsangehörige Beisitzer um Freistellungs- und Entgeltfortzahlungsansprüche streiten, werden durch die ArbG im **Urteilsverfahren** entschieden.

§ 77 Durchführung gemeinsamer Beschlüsse, Betriebsvereinbarungen

(1) [1]Vereinbarungen zwischen Betriebsrat und Arbeitgeber, auch soweit sie auf einem Spruch der Einigungsstelle beruhen, führt der Arbeitgeber durch, es sei denn, dass im Einzelfall etwas anderes ver-

einbart ist. [2]Der Betriebsrat darf nicht durch einseitige Handlungen in die Leitung des Betriebs eingreifen.

(2) [1]Betriebsvereinbarungen sind von Betriebsrat und Arbeitgeber gemeinsam zu beschließen und schriftlich niederzulegen. [2]Sie sind von beiden Seiten zu unterzeichnen; dies gilt nicht, soweit Betriebsvereinbarungen auf einem Spruch der Einigungsstelle beruhen. [3]Werden Betriebsvereinbarungen in elektronischer Form geschlossen, haben Arbeitgeber und Betriebsrat abweichend von § 126a Absatz 2 des Bürgerlichen Gesetzbuchs dasselbe Dokument elektronisch zu signieren. [4]Der Arbeitgeber hat die Betriebsvereinbarungen an geeigneter Stelle im Betrieb auszulegen.

(3) [1]Arbeitsentgelte und sonstige Arbeitsbedingungen, die durch Tarifvertrag geregelt sind oder üblicherweise geregelt werden, können nicht Gegenstand einer Betriebsvereinbarung sein. [2]Dies gilt nicht, wenn ein Tarifvertrag den Abschluss ergänzender Betriebsvereinbarungen ausdrücklich zulässt.

(4) [1]Betriebsvereinbarungen gelten unmittelbar und zwingend. [2]Werden Arbeitnehmern durch die Betriebsvereinbarung Rechte eingeräumt, so ist ein Verzicht auf sie nur mit Zustimmung des Betriebsrats zulässig. [3]Die Verwirkung dieser Rechte ist ausgeschlossen. [4]Ausschlussfristen für ihre Geltendmachung sind nur insoweit zulässig, als sie in einem Tarifvertrag oder einer Betriebsvereinbarung vereinbart werden; dasselbe gilt für die Abkürzung der Verjährungsfristen.

(5) Betriebsvereinbarungen können, soweit nichts anderes vereinbart ist, mit einer Frist von drei Monaten gekündigt werden.

(6) Nach Ablauf einer Betriebsvereinbarung gelten ihre Regelungen in Angelegenheiten, in denen ein Spruch der Einigungsstelle die Einigung zwischen Arbeitgeber und Betriebsrat ersetzen kann, weiter, bis sie durch eine andere Abmachung ersetzt werden.

Inhaltsübersicht Rn.

I. Zweck der Regelung

1 Die Vorschrift stellt in § 77 Abs. 1 den **Grundsatz der Alleinzuständigkeit** des AG für die Durchführung von Vereinbarungen zwischen BR und AG auf und regelt das generelle **Verbot für den BR, einseitig in die Leitung des Betriebs einzugreifen**. Die § 77 Abs. 2 bis 6 enthalten **Bestimmungen über Zustandekommen, Inhalt, Rechtswirkungen und Beendigung von BV und ihrer Nachwirkung**. § 77 Abs. 3 regelt den **Vorrang von tariflichen Regelungen**.

II. Durchführung von Vereinbarungen

2 Der AG setzt nach § 77 Abs. 1 Satz 1 die zwischen ihm und dem BR getroffenen Vereinbarungen um. Das sind freiwillige und erzwingbare BV, Sprüche der Einigungsstelle sowie alle sonstigen Vereinbarungen. Auf der einen Seite trägt allein der **AG die Organisations- und Leitungsmacht im Betrieb**, er muss deshalb dafür sorgen, dass sich die AN (auch alle Führungskräfte und leitenden Angestellten) in seinem Betrieb an die BV halten (BAG 29.4.2004 – 1 ABR 30/02, AiB Newsletter 2004, 31). Auf der anderen Seite kann der BR den AG zur Einhaltung von Vereinbarungen mit der Durchführung eines arbeitsgerichtlichen Beschlussverfahrens zwingen. Weil der AG insoweit nicht nur zur Umsetzung von Vereinbarungen berechtigt, sondern eben auch verpflichtet ist, besteht für den BR sowohl ein **Durchführungsanspruch** von Vereinbarungen **als auch ein Unterlassungsanspruch** vereinbarungswidriger Handlungen gegenüber dem AG (vgl. nur BAG 16.11.2011 – 7 ABR 27/10).

§ 77 Abs. 1 Satz 2 verbietet es dem BR, in die Leitung des Betriebs einzugreifen. So ist es unzulässig, dass der BR Anordnungen des AG widerruft oder selbst an der Stelle des AG Weisungen erteilt. Das gilt auch für Maßnahmen, bei denen der AG Mitbestimmungsrechte des BR verletzt. Unter keinen Umständen darf der BR dann eigene Weisungen oder Anordnungen treffen. In besonderen Eilfällen kann sich ein BR mit dem Erlass einer einstweiligen Verfügung zur Wehr setzen. Kein Verstoß gegen diese Verpflichtung liegt vor, wenn der BR seiner allgemeinen Überwachungspflicht gem. § 80 Abs. 1 Nr. 1 nachkommt und hierfür die AN an ihren Arbeitsplätzen aufsucht, z. B. um eine Befragung zur Einhaltung eines in einer BV geregelten Arbeitszeitrahmens durchzuführen.

Vereinbarungen können die Betriebsparteien auch in Form einer sog. 3
Regelungsabrede treffen. Im Gegensatz zur BV kann diese formlos getroffen werden. Erforderlich ist aber auch hier ein Beschluss des BR. Der wesentliche Unterschied zu einer BV liegt darin, dass aus einer Regelungsabrede keine individualrechtlichen Ansprüche für AN entstehen können. Trotzdem kann der BR die Einhaltung der in einer Regelungsabrede getroffenen Vereinbarungen vor dem ArbG durchsetzen. Nicht mit einer Regelungsabrede gleichzusetzen ist bloßes stillschweigendes Hinnehmen durch den BR. Der für eine Regelungsabrede grundsätzlich notwendige wirksame Betriebsratsbeschluss kann nicht durch Schweigen ersetzt werden (siehe auch Fitting, § 77 BetrVG Rn. 383). Ebenso unterliegen Regelungsabreden nicht der Nachwirkung und zwar auch dann nicht, wenn Regelungsgegenstand eine mitbestimmungspflichtige Angelegenheit darstellt (13. 8. 2019 – 1 ABR 10/18, unter ausdrücklicher Aufgabe von BAG 23. 6. 1992 – 1 ABR 53/91).

III. BV

Eine BV dient der generellen Regelung der betrieblichen und betriebs- 4
verfassungsrechtlichen Ordnung und gestaltet die individuelle Rechtsbeziehung zwischen AN und AG, sie ist insofern das »**Gesetz des Betriebs**«.

1. Rechtswirkung

Gemäß § 77 Abs. 4 Satz 1 gelten Regelungen einer BV **unmittelbar und** 5
zwingend. Das bedeutet, dass die in der BV getroffenen Regelungen wie ein Gesetz (oder ein Tarifvertrag) auf die Arbeitsverhältnisse einwirken, ohne Bestandteil des Arbeitsvertrags zu werden. Sie gestalten unabhängig vom Willen und der Kenntnis der Vertragspartner das Arbeitsverhältnis (BAG 18. 8. 1987 – 1 ABR 30/86). Von den Regelungen einer BV kann aufgrund der zwingenden Wirkung nicht zu Ungunsten der AN

durch anderweitige (vertragliche) Absprachen mit den AN abgewichen werden.

6 Es gilt das **Günstigkeitsprinzip**: Etwaige ungünstigere Vertragsabreden werden für die Zeit der Geltung der BV verdrängt (vgl. BAG 5.3.2013 – 1 AZR 417/12). Unzulässig ist auch eine Umgehung der zwingenden Wirkung: So kann eine Betriebsvereinbarungsregelung, wonach nur bestimmte Daten erhoben werden dürfen, bezüglich anderer Daten ein Beweisverwertungsverbot nach sich ziehen (vgl. LAG Köln 4.11.2005 – 11 Sa 500/05). Üblicherweise empfiehlt es sich aber, derartige Verwertungsverbote (insbesondere auch für individualrechtliche Streitigkeiten wie Kündigungen) als zusätzliche Klausel in der BV festzuhalten. Das BAG (BAG 29.6.2023 – 2 AZR 296/22) sieht solche vereinbarten Verwertungsverbote indessen als unwirksam an, da den Betriebsparteien hierfür die Regelungsmacht fehle. Ein **Verzicht** seitens des AN auf seine Ansprüche aus einer BV ist nach § 77 Abs. 4 Satz 2 **nur mit Zustimmung des BR** zulässig; ohne die Zustimmung ist der Verzicht unwirksam. Unzureichend ist eine generelle Zustimmung des BR ohne konkreten Bezug auf den Einzelfall; unzureichend ist auch die bloße Duldung des Verzichts. Zwar kann die Zustimmung formlos als Einwilligung bzw. Genehmigung erfolgen, sie ist aber an einen ordnungsgemäßen **Beschluss gem. § 33** geknüpft und muss konkret für den einzelnen AN oder den bestimmten Regelungstatbestand erklärt werden. Der BR muss bei der Beschlussfassung über die für seine Entscheidung bedeutsamen Umstände unterrichtet sein (BAG 15.10.2013 – 1 AZR 405/12).

> **Beispiel:**
> Ein Verzicht auf Ansprüche aus einem Sozialplan ist nur mit Zustimmung des BR möglich. Dies gilt sogar dann, wenn sich der AN und der AG in einem gerichtlichen Vergleich (z. B. in einem Kündigungsschutzverfahren) auf eine Verzichtsklausel einigen (BAG 25.4.2017 – 1 AZR 714/15).

2. Zustandekommen

7 Eine BV kommt durch eine **übereinstimmende Willenserklärung** der Betriebsparteien zustande und – entgegen dem Wortlaut des § 77 Abs. 2 Satz 1 – nicht durch gemeinsamen Beschluss von AG und BR. Seitens des BR erfolgt die **Willensbildung durch ordnungsgemäßen Beschluss**. Eine vom Betriebsratsvorsitzenden ohne Beschluss des Gremiums abgegebene Erklärung zum Abschluss einer BV kann dem BR nicht nach den Grundsätzen einer Anscheinsvollmacht zugerechnet werden. Der BR hat daher bei Abschluss einer BV die Nebenpflicht, dem AG auf dessen

zeitnah geltend zu machendes Verlangen eine den Maßgaben des § 34 Abs. 2 Satz 1 entsprechende Abschrift desjenigen Teils der Sitzungsniederschrift auszuhändigen, aus dem sich die Beschlussfassung des Gremiums ergibt. Der BR kann allerdings ein »Vorpreschen« seines Vorsitzenden nachträglich genehmigen (BAG 8.2.2022 – 1 AZR 233/21).
Auf Arbeitgeberseite ist der Betriebsinhaber zuständig für den Abschluss. BV können auch durch einen Spruch der Einigungsstelle generiert werden.
Eine BV bedarf zwingend der **Schriftform**. Damit sollen spätere Unklarheiten und Zweifel an der getroffenen Vereinbarung vermieden werden und die AN sollen alle sich aus der zwingenden Vereinbarung ergebenden Rechte und Pflichten klar und zuverlässig erkennen können. Die BV muss stets die **Unterschrift** beider Organe, also von AN und BR, auf derselben Urkunde aufweisen; bilden mehrere Blätter eine einheitliche Urkunde (sog. Gesamturkunde), muss nicht jedes Blatt unterschrieben werden (BAG 11.11.1986 – 3 ABR 74/85). Beruht die BV auf einem Spruch der Einigungsstelle, hat der Vorsitzende gem. § 76 Abs. 3 Satz 3 die Vereinbarung zu unterzeichnen. Eine Unterschrift der Betriebsparteien ist dann nicht erforderlich.

Die durch das **Betriebsrätemodernisierungsgesetz** erfolgte Ergänzung **8**
der Regelung in Satz 3 stellt klar, dass die Schriftform des § 77 Absatz 2 Satz 2 auch durch die elektronische Form nach § 126a Absatz 1 BGB gewahrt wird. Da die BV die Arbeitsverhältnisse der AN unmittelbar regelt, haben diese ein besonderes Interesse daran, nachvollziehen zu können, dass AG und BR einen gleichlautenden Text unterzeichnet haben. Auf der nach § 77 Absatz 2 letzter Satz (bisher Satz 3) auszulegenden BV sollen daher die Signaturen beider Betriebspartner ersichtlich sein. Aus diesem Grund wird mit der Regelung die Möglichkeit zur Unterzeichnung auf der für den anderen Vertragsteil vorgesehenen Ausfertigung nach § 126 Absatz 2 Satz 2 in Verbindung mit § 126a Absatz 2 BGB ausgeschlossen.

Gemäß § 77 Abs. 2 Satz 4 (bisher Satz 3) ist die BV vom AG auszulegen **9**
oder auszuhängen. Das muss so geschehen, dass alle AN des Betriebs in der Lage sind, sich ohne besondere Umstände mit dem Inhalt vertraut zu machen. Ist eine BV sehr umfangreich, kann ein Aushang darauf verweisen, wo diese BV einzusehen ist. Üblicherweise erfolgt die Bekanntmachung der BV auch im Firmenintranet.
Die Bekanntmachung ist aber nur eine Ordnungsvorschrift und hat keine konstitutive Wirkung, d.h. die BV ist auch wirksam, wenn die Bekanntgabe nicht erfolgt.

10 AG und BR können die Geltung einer BV auch nicht davon abhängig machen, dass die betroffenen AN (ggf. mit einem bestimmten Quorum) zustimmen (BAG 28.7.2020 – 1 ABR 4/19).

3. Geltungsbereich

11 In räumlicher Hinsicht erstreckt sich der Geltungsbereich auf den **Betrieb**. Er kann nicht durch Vereinbarung auf betriebsratslose Betriebe ausgeweitet werden (BAG 19.2.2002 – 1 ABR 26/01, AiB 2003, 692–694).

12 In persönlicher Hinsicht erstreckt sich der Geltungsbereich auf **alle AN des Betriebs** gem. § 5 Abs. 1 (s. § 5 Rn. 2f.). Die BV erfasst auch neu in den Betrieb eintretende AN. Es ist möglich, den **persönlichen Geltungsbereich** auf bestimmte Arbeitnehmergruppen oder auf bestimmte Betriebsabteilungen zu beschränken, wenn sich das Erfordernis einer Regelung nur dort stellt und sofern dem nicht der betriebsverfassungsrechtliche Gleichbehandlungsgrundsatz entgegensteht. **Leiharbeitnehmer** werden von einer BV umfasst, soweit die BV Angelegenheiten regelt, bei denen die Leiharbeitnehmer den Weisungen des Entleihers unterliegen.

Beispiele hierfür sind:
- Regelungen zum Ordnungsverhalten, die auch von den Leiharbeitnehmern zu beachten sind (z.B. Werkskontrollen, Arbeitskleidung)
- Regelungen zur Arbeitszeit (z.B. Beginn und Ende der täglichen Arbeitszeit, Aufstellung/Änderung der Schichtpläne, Mehrarbeit und Überstunden)
- Regelungen zum Arbeitsschutz
- Nutzung der Sozialeinrichtungen

Nicht umfasst von der Wirkung einer BV sind die in § 5 Abs. 2 bezeichneten Personen sowie die leitenden Angestellten gem. § 5 Abs. 3.

13 Im Einzelfall zu bestimmen ist der **zeitliche Geltungsbereich** einer BV. Sofern hierzu keine besondere Regelung getroffen wurde, gilt die BV vom Tag ihres Abschlusses an, wobei das Vorliegen aller Unterschriften maßgeblich ist (zur Geltungsdauer s. Rn. 32ff.). Auf die Auslegung der BV kommt es nicht an. Bei dem Spruch einer Einigungsstelle gilt die BV ab Zustellung an beide Betriebsparteien.

4. Auslegung von BV

Aufgrund ihres normativen Charakters werden BV nach den für Tarifverträge und für Gesetze geltenden Grundsätzen ausgelegt. Dabei ist zunächst vom Wortlaut der Bestimmung und dem durch ihn vermittelten Wortsinn auszugehen. Insbesondere bei unbestimmtem Wortsinn sind der wirkliche Wille der Betriebsparteien und der von ihnen beabsichtigte Zweck zu berücksichtigen, soweit sie im Text ihren Niederschlag gefunden haben. Weiter ist auf den Gesamtzusammenhang der Regelungen abzustellen, weil dieser Anhaltspunkte für den wirklichen Willen der Betriebsparteien geben kann. Soweit kein eindeutiges Auslegungsergebnis möglich ist, kommen ohne Bindung an eine Reihenfolge weitere Auslegungskriterien wie etwa eine regelmäßige Anwendungspraxis oder die Normengeschichte in Betracht. Im Zweifel gebührt derjenigen Auslegung der Vorzug, die zu einem sachgerechten, zweckorientierten, praktisch brauchbaren und gesetzeskonformen Verständnis der Bestimmung führt (BAG 21.1.2020 – 3 AZR 565/18; BAG 3.6.2020 – 3 AZR 730/19). 14

IV. Gegenstand von BV

Der BR kann im Rahmen seines Aufgabenbereichs mit dem AG BV abschließen, durch die betriebliche oder betriebsverfassungsrechtliche Fragen geregelt bzw. durch die unmittelbar der Inhalt, der Abschluss oder die Beendigung von Arbeitsverhältnissen geregelt werden, soweit nicht der Vorrang gesetzlicher oder tariflicher Regelungen zu beachten ist. 15

1. Beschränkungen der Regelungsbefugnis

a. Vorrang des Gesetzes

Eine BV darf grundsätzlich nicht gegen **höherrangiges zwingendes staatliches Recht** – wie das Grundgesetz, einfache Gesetze und Verordnungen, öffentlich-rechtliche Unfallverhütungsvorschriften und durch Richterrecht entwickelte Rechtsgrundsätze – verstoßen. Die in § 75 genannten Grundsätze sind zu beachten, vor allem der Gleichbehandlungsgrundsatz und der Persönlichkeitsschutz. Auch das Betriebsverfassungsgesetz selbst gehört zu zwingendem staatlichem Recht; daher können BV nur von Organisationsvorschriften abweichen, wenn das Betriebsverfassungsgesetz dies gestattet. Soweit eine BV dem AG die 16

Befugnis zur einseitigen Ausgestaltung einer mitbestimmungspflichtigen Maßnahme gewährt, ist dies nur zulässig, wenn die Substanz der Mitbestimmung unberührt bleibt (BAG 3.6.2003 – 1 AZR 349/02, AiB 2005, 48–52).

Beispiele unzulässiger Vereinbarungen:
- Regelungen, wonach z. B. Änderungen der Arbeitszeit grundsätzlich ohne Zustimmung des BR getroffen werden können, denn diese Regelungen würden dazu führen, dass das Mitbestimmungsrecht entfällt.
- Unzulässig ist eine Vereinbarung, im Anwendungsbereich des § 99 bestimmte (in § 99 Abs. 2 genannte) Zustimmungsverweigerungsgründe auszuschließen, z. B. die unterlassene Stellenausschreibung oder die unterlassene Durchführung der Prüf- und Konsultationspflicht bei der Einstellung von Leiharbeitnehmern oder auch die generelle Zustimmungspflicht bei personellen Maßnahmen.
- Regelungen, wonach im Falle von Kündigungen die Anhörung des BR nach § 102 Abs. 1 unterbleiben kann.
- Regelungen, wonach bei Massenentlassungen auf die Anzeige gegenüber der Agentur für Arbeit verzichtet wird.

Eine Ausweitung der Mitwirkungsrechte durch eine BV ist demgegenüber grundsätzlich zulässig.

Beispiele zulässiger Vereinbarungen:
- So können die Betriebsparteien durch eine freiwillige BV vereinbaren, dass das Mitbestimmungsrecht des BR bei einer Versetzung nach § 99 Abs. 1 nicht auf die gesetzlichen Zustimmungsverweigerungsgründe des § 99 Abs. 2 beschränkt ist, sondern auch erweitert werden kann, z. B. auf die Frage der Eignung eines Bewerbers.
- Auch ist es möglich zu vereinbaren, die Frist zur Stellungnahme des BR nach § 99 Abs. 3 S. 1 zu verlängern (BAG 23.8.2016 – 1 ABR 22/14).

17 Jedoch sind die Betriebsparteien nicht befugt, den BR von seiner gesetzlichen Verpflichtung zur Nennung konkreter Zustimmungsverweigerungsgründe freizustellen (BAG 23.8.2016 – 1 ABR 22/14). Ebenso ist ein genereller Verzicht auf die Einhaltung der Wochenfrist nach § 99 Abs. 3 nicht möglich (BAG 3.5.2006 – 1 ABR 2/05). Problemlos möglich ist aber eine Regelung, wonach die Wochenfrist grundsätzlich (oder auch nur für bestimmte Maßnahmen) verlängert (z. B. auf zwei Wochen) wird.
Verstößt eine BV gegen höherrangiges zwingendes staatliches Recht, kann deren Durchsetzung vom BR nicht verlangt werden.

Beispiel:
Eine Vereinbarung, nach der bei jedem Personalgespräch obligatorisch der BR einzuladen ist, verstößt gegen das Recht des AN, jederzeit selbst entscheiden zu können, ob und wenn ja, welches BR-Mitglied am Personalgespräch teilnimmt (BAG 11.12.2018 – 1 ABR 12/17).
Zulässig ist deshalb nur eine Regelung, nach der der AN auf Wunsch ein BR-Mitglied seiner Wahl zum Personalgespräch hinzuziehen kann und der AN vor dem Personalgespräch vom AG über dieses Recht zu informieren ist.

b. Individualrechte der AN

Die **private, außerbetriebliche Lebensführung und Gestaltung** ist der 18
Regelungskompetenz der Betriebsparteien entzogen (BAG 18.7.2006 – 1 AZR 578/05). So sind z. B. Lohnverwendungsabreden unzulässig, wie etwa eine Regelung, dass AN die Kosten für das Kantinenessen zu tragen haben, unabhängig davon, ob sie die Kantine in Anspruch nehmen (BAG 11.7.2000 – 1 AZR 551/99, AiB Telegramm 2001, 22). Bei der Aufstellung innerbetrieblicher Regelungen sind elementare Individualrechte wie die allgemeine Handlungsfreiheit oder das allgemeine Persönlichkeitsrecht zu beachten (vgl. nur BAG 19.1.1999 – 1 AZR 499/98, AiB 1999, 404–406). Das führt bei einer BV, die eine Videoüberwachung im Betrieb ermöglichen soll, dazu, dass eine **Verhältnismäßigkeitsprüfung** und eine umfangreiche Güterabwägung unter Berücksichtigung der Einzelumstände zu erfolgen hat (BAG 26.8.2008 – 1 ABR 16/07, AiB 2009, 108–109).

Ebenso müssen BV die datenschutzrechtlichen Grundsätze des BDSG 19
und der DSGVO beachten und einhalten, wenn die Verarbeitung personenbezogener Daten – einschließlich besonderer Kategorien personenbezogener Daten von Beschäftigten für Zwecke des Beschäftigungsverhältnisses – auf der Grundlage einer BV erfolgen soll (§ 26 Abs. 4). Anderenfalls kann die BV nicht als Eingriffsgrundlage i. S. d. Art. 88 Abs. 1 DSGVO bzw. § 26 Abs. 1 Satz 1 BDSG dienen. Insbesondere ältere BV sollten daher auf ihre Vereinbarkeit mit dem BDSG und der DSGVO hin überprüft und ggf. angepasst werden.

Regelmäßig kann eine BV nicht Arbeitsverhältnisse auflösen, auch kann eine BV einen erworbenen besonderen Kündigungsschutz nicht beseitigen.

Regelaltersgrenzen in BV bedürfen zu ihrer Wirksamkeit eines 20
Sachgrundes i. S. v. § 14 Abs. 1 Satz 1 Teilzeit- und Befristungsgesetz (TzBfG). Als Sachgrund erkennt das BAG das Bedürfnis des AG nach einer sachgerechten und berechenbaren Personal- und Nachwuchs-

planung an (BAG 21.9.2011 – 7 AZR 134/10; BAG 8.12.2010 – 7 AZR 438/09, jeweils für tarifvertragliche Altersgrenzen). Dieses Bedürfnis sei vorrangig gegenüber dem Interesse des AN am Fortbestand seines Arbeitsverhältnisses. Typischerweise ist der aufgrund einer Regelaltersgrenze ausscheidende AN durch die gesetzliche Altersrente wirtschaftlich abgesichert und hat seinerseits zu einem früheren Zeitpunkt vom Freiwerden von Arbeitsplätzen aufgrund einer Altersgrenze profitiert. Für rentennahe Jahrgänge müssen BV Übergangsregelungen enthalten (BAG 21.2.2017 – 1 AZR 292/15). So ist denkbar, für die rentennahen Jahrgänge die Einhaltung der individuellen Kündigungsfrist vorzusehen oder den rentennahen AN für ein Ausscheiden mit Erreichen der Altersgrenze eine finanzielle Kompensation (Abfindung) anzubieten.

21 BV können Ausschlussfristen für die Geltendmachung von Ansprüchen regeln; diese unterliegen jedoch einer Verhältnismäßigkeitsprüfung (BAG 12.12.2006 – 1 AZR 96/06). Ebenso kann in einer BV (unter Beachtung von § 77 Abs. 3) vereinbart werden, dass für bestimmte Ansprüche vertraglich vereinbarte Ausschlussfristen zugunsten der AN vorübergehend nicht zur Anwendung kommen sollen und Fristen aus bestehenden Ausschlussklauseln insoweit von den AN nicht eingehalten werden müssen (BAG 14.12.2022 – 10 AZR 531/20). Das Verhältnismäßigkeitsprinzip muss weiter beachtet werden bei – grundsätzlich zulässigen – Regelungen über Vertragsstrafen, Aufstellung von Ethikregeln, betrieblichen Rauch- und Alkoholverboten. Derartige Strafen und Verbote stellen Grundrechtseingriffe dar und sind nur bei einer umfassenden Güterabwägung zu rechtfertigen. Sie unterliegen außerdem der Mitbestimmung des BR nach § 87.

2. Vorrang des Tarifvertrags

a. Worum geht es?

22 Die Regelung des § 77 Abs. 3 ist ein Ausfluss des durch Art. 9 Abs. 3 GG verfassungsrechtlich garantierten Schutzes der Gewerkschaften und der Tarifautonomie. Sie dient der **Erhaltung und Stärkung der Funktionsfähigkeit der Koalitionen** und der **Sicherung der ausgeübten und aktualisierten Tarifautonomie** (ständige Rechtsprechung des BAG, vgl. nur BAG 29.10.2002 – 1 AZR 573/01). Die Vorschrift soll gewährleisten, dass die Tarifautonomie durch kollektive betriebliche Regelungen nicht beeinträchtigt oder ausgehöhlt wird. Den Tarifvertragsparteien wird eine vorrangige kollektivvertragliche Regelungskompetenz auf dem Gebiet der Arbeits- und Wirtschaftsbedingungen garantiert.

b. Gegenstand der Regelungssperre

Die **Sperrwirkung für betriebliche Regelungen** erstreckt sich auf Arbeitsentgelte und sonstige Arbeitsbedingungen, die durch Tarifvertrag geregelt sind oder üblicherweise geregelt werden. 23

Unter **Arbeitsentgelte** ist jede in Geld zahlbare Vergütung und Sachleistung des AG einschließlich etwaiger Zulagen, Prämien, Deputaten und Gewinnbeteiligungen zu verstehen. Damit ist den Betriebsparteien jegliche Regelung über tarifliche Vergütungsbestandteile, über deren Höhe oder die Anspruchsberechtigten verwehrt. Das gilt **auch dann, wenn die betriebliche Regelung für die AN günstiger** wäre als die tarifliche (BAG 30.5.2006 – 1 AZR 111/05). Das bedeutet, dass die Regelungssperre auch nicht vom Günstigkeitsprinzip verdrängt werden kann. 24

Unter **sonstigen Arbeitsbedingungen** sind alle Arbeitsbedingungen gemeint, die Gegenstand einer tariflichen Regelung sein können. Dabei kommt es auf eine Unterscheidung zwischen materiellen und formellen Arbeitsbedingungen nicht an (so auch DKW, § 77 BetrVG Rn. 129). Unzulässig sind daher: 25

- Vereinbarungen über flexible Arbeitszeiten, die den Wegfall von tariflichen Leistungen (z. B. Mehrarbeitszuschläge) vorsehen,
- Regelungen zum Weihnachtsgeld, wenn tarifliche Regelungen bestehen oder üblich sind,
- BV über Anwesenheits- oder Pünktlichkeitsprämien,
- Zulagen, die ohne bestimmte Gründe gezahlt werden, sondern nur das tarifliche Grundentgelt erhöhen sollen. Änderung der wöchentlichen Arbeitszeit, sofern diese tarifvertraglich geregelt ist und der Tarifvertrag keine Öffnungsklausel hat, da die wöchentliche Arbeitszeit nicht vom Mitbestimmungsrecht des § 87 Abs. 1 Nr. 2 und 3 erfasst ist (BAG 17.8.2021 – 1 AZR 175/20).

c. Umfang der Sperrwirkung

(1) Tarifliche Regelung

Liegt eine tarifliche Regelung vor, ist für die Beurteilung des Umfangs der Sperrwirkung eine enge **Auslegung der tariflichen Regelung** vorzunehmen. Dabei ist zu prüfen, wie weitgehend und abschließend die tarifliche Regelung wirkt. Vor allem ist durch Auslegung zu beurteilen, ob der Regelungsgegenstand abschließend geregelt wurde oder ob (bewusst) Regelungslücken vorhanden sind, die dann durch eine BV gefüllt werden dürften. So muss z. B. die Tatsache, dass die Lohnhöhe tarifver- 26 traglich geregelt ist, nicht automatisch bedeuten, dass auch abschließende Regelungen für Prämien oder andere Zulagen getroffen wurden (vgl. mit weiterem Nachweisen und Beispielen DKW, § 77 BetrVG Rn. 130). Allerdings sind Regelungen in einer BV, mit der z. B. die vergütungspflichtigen Fahrtzeiten eines Außendienstmitarbeiters verkürzt werden, wegen Verstoßes gegen die Tarifsperre des § 77 Abs. 3 Satz 1 unwirksam, wenn die betreffenden Zeiten nach den Bestimmungen des einschlägigen Tarifvertrags uneingeschränkt der entgeltpflichtigen Arbeitszeit zuzurechnen und mit der tariflichen Grundvergütung abzugelten sind (BAG 18. 3. 2020 – 5 AZR 36/19).

27 Zu beachten ist, dass die Sperrwirkung des § 77 Abs. 3 **nicht** von der **Tarifgebundenheit** des AG oder des AN abhängt (BAG 23. 3. 2011 – 4 AZR 268/09), denn § 77 Abs. 3 dient dem Schutz einer funktionsfähigen Tarifautonomie. Diese Funktionsfähigkeit wäre gestört, wenn nicht tarifgebundene AG kollektivrechtliche Konkurrenzregelungen in Form von BV treffen könnten (BAG 22. 3. 2005 – 1 ABR 64/03). Für betriebsnahe Regelungen stehen Firmentarifverträge als Gestaltungsmittel zur Verfügung. Die Sperrwirkung hängt also im Ergebnis bei einem nicht tarifgebundenen AG nur davon ab, ob der Betrieb der entsprechenden Branche angehört (BAG 22. 3. 2005 – 1 ABR 64/03; LAG Köln 23. 1. 2025 – 8 SLa 178/24 betont zudem, dass aus entsprechend unwirksamen BV auch unter dem Gesichtspunkt der Gleichbehandlung kein Anspruch hergeleitet werden kann). Dieser Befund ändert sich auch nicht dadurch, dass es eine nachlassende Quote tarifgebundener Arbeitsverhältnisse gibt; denn § 77 Abs. 3 schränkt gerade auch die Betriebsparteien in nicht tarifgebundenen Betrieben ein (LAG Baden-Württemberg 8. 10. 2024 – 15 Sa 52/23). Enthält eine BV Bestimmungen, die gegen die Regelungssperre des § 77 Abs. 3 verstoßen, so führt eine arbeitsvertragliche Bezugnahmeklausel regelmäßig auch nicht dazu, dass die gegen § 77 Abs. 3 verstoßenden Bestimmungen der BV wirksamer Bestandteil des Arbeitsvertrags werden (LAG Hamm 19. 12. 2024 – 18 SLa 667/24).

(2) Tarifübliche Regelung

28 Eine **Tarifüblichkeit** einer Regelung liegt dann vor, wenn für den räumlichen, betrieblichen und fachlichen Tätigkeitsbereich eines Betriebs über die jeweiligen Arbeitsbedingungen **üblicherweise** Tarifverträge abgeschlossen werden. Das beurteilt sich nach der einschlägigen Tarifpraxis (BAG 22. 3. 2005 – 1 ABR 64/03). Vor allem bei einem abgelaufenen Tarifvertrag und sich daran anschließenden Tarifvertrags-

verhandlungen ist eine Tarifüblichkeit zu bejahen, bloße zeitliche Geltungslücken hindern die Sperrwirkung nicht (BAG 22.3.2005 – 1 ABR 64/03). Die Tarifüblichkeit ist jedoch nicht schon deshalb gegeben, weil Tarifvertragsparteien Verhandlungen ankündigen oder erstmals über den Abschluss eines Tarifvertrags verhandelt haben (BAG 23.10.1985 – 4 AZR 119/84).

Wenn für die Zukunft mit Sicherheit feststeht, dass eine Frage nicht mehr tariflich geregelt wird, entfällt die Tarifüblichkeit. Zu beachten ist letztlich, dass die Sperrwirkung nur im Rahmen des jeweiligen Geltungsbereichs der tarifüblichen Regelung entfaltet wird (BAG 24.1.1996 – 1 AZR 597/95, AiB 1997, 110–112), was z. B. der Fall bei einer tarifüblichen Regelung bzgl. einer bestimmten Arbeitnehmergruppe wäre. Für die übrigen AN wäre dann eine Regelung durch BV möglich.

d. Rechtswirkung der Regelungssperre

Wird eine BV entgegen der Sperrwirkung des § 77 Abs. 3 abgeschlossen, 29
ist sie **unwirksam** (BAG 14.3.2012 – 7 AZR 147/11). Das gilt jedenfalls für den Teil der BV, dem die Sperrwirkung entgegensteht. Eine Teilunwirksamkeit der BV hat dann die Unwirksamkeit der gesamten BV zur Folge, wenn der verbleibende Teil ohne die unwirksamen Bestimmungen keine sinnvolle und in sich geschlossene Regelung mehr enthält (BAG 15.5.2001 – 1 ABR 39/00, AiB 2002, 116–117).

3. Verhältnis zu § 87 BetrVG

Von der Sperrwirkung des § 77 Abs. 3 werden nicht BV umfasst, die 30
im Rahmen der zwingenden **Mitbestimmung gem. § 87** abgeschlossen werden (BAG 24.2.1987 – 1 ABR 18/85). Hier gilt allein der Tarifvorrang gem. § 87 Abs. 1 (s. § 87 Rn. 24 f.), dieser geht als speziellere Norm dem § 77 Abs. 3 vor (BAG 24.2.1987 – 1 ABR 18/85).

Beispiel:
Unterfällt ein AG einem Tarifvertrag und sieht dieser vor, dass die wöchentliche Arbeitszeit 35 bis 40 Stunden beträgt, ist diese Regelung nicht abschließend und daher gem. § 87 Nr. 3 einer betrieblichen Regelung zugänglich. Ist der AG aber nicht tarifgebunden, kann eine Regelung in einer BV nicht erfolgen, da die wöchentliche Arbeitszeit üblicherweise in einem Tarifvertrag geregelt ist und daher die Tarifsperre des § 77 Abs. 3 weiterhin zur Anwendung kommt.

4. Öffnungsklauseln

31 Die Sperrwirkung gilt gem. § 77 Abs. 3 Satz 2 dann nicht, wenn der Tarifvertrag den Abschluss ergänzender BV ausdrücklich zulässt. Diese **tarifliche Öffnungsklausel** muss von den Tarifvertragsparteien schriftlich klar zum Ausdruck gebracht werden, ohne dass der Begriff »BV« unbedingt zu verwenden ist (BAG 20.12.1961 – 4 AZR 213/60). Auch für nicht tarifgebundene Betriebe und AN gilt diese Öffnungsklausel. Nach dem Wortlaut sind nur ergänzende BV zulässig. Das sind vor allem Regelungen, die die Tarifregelung hinsichtlich Anwendung und Ausführung konkretisieren. Wollen die Tarifvertragsparteien die nähere Ausgestaltung tariflicher Arbeitsbedingungen einem Dritten (z. B. den Betriebsparteien) überlassen, müssen sich der Adressat der Befugnis und deren näherer Umfang aus dem Tarifvertrag mit der gebotenen Deutlichkeit ergeben (BAG 26.2.2020 – 4 AZR 48/19). Der Vorrang tariflicher Regelungen nach § 77 Abs. 3 Satz 1 entfällt in einem tarifpluralen Betrieb nur dann, wenn alle Tarifverträge, die diese Sperrwirkung auslösen, eine entsprechende Öffnungsklausel enthalten (BAG 25.1.2023 – 4 ABR 4/22).

V. Beendigung von BV

32 Eine BV endet mit **Ablauf der Zeit** oder mit **Erreichen des Zwecks**, für die sie abgeschlossen wurde. Wenn eine BV aufgrund einer Öffnungsklausel abgeschlossen wurde und sie die tarifliche Regelung insofern ergänzt, ist die Geltung der BV auf die Geltungsdauer des Tarifvertrags reduziert; das gilt jedoch nicht, falls der nachfolgende Tarifvertrag eine entsprechende Öffnungsklausel enthält (vgl. BAG 25.8.1983 – 6 ABR 40/82).

Ein schriftlich aufgesetzter **Aufhebungsvertrag** zwischen den Betriebsparteien kann ebenfalls zu einer Beendigung einer BV führen. Ferner löst eine neue BV über denselben Regelungsgegenstand eine ältere BV ab.

33 Gemäß § 77 Abs. 5 kann eine BV von jeder Seite mit einer Frist von drei Monaten **gekündigt** werden. Das gilt für erzwingbare, freiwillige und solche BV, die auf einem Spruch der Einigungsstelle beruhen. Die BV selbst kann die Modalitäten der Kündigung abweichend regeln, so kann sie z. B. eine Verlängerung oder Verkürzung der Kündigungsfrist oder den Ausschluss der ordentlichen Kündigung für eine gewisse Zeit festlegen (vgl. BAG 10.3.1992 – 3 ABR 54/91, AiB 1992, 751–752). Die Kündbarkeit einer BV kann zwar gemäß § 77 Abs. 5 ausgeschlossen wer-

den. Der Ausschluss muss aber ausdrücklich vereinbart werden. Dies ist z. B. nicht der Fall, wenn lediglich ein allgemeiner steuerunschädlicher Widerrufsvorbehalt vereinbart wurde. Ein solcher Vorbehalt beschränkt die Kündigungsmöglichkeit der BV für sich genommen nicht (BAG 8. 12. 2020 – 3 ABR 44/19). Regelmäßig ist kein sachlicher Grund für die Kündigung erforderlich (BAG 18. 4. 1989 – 3 AZR 688/87).

Anders ist dies bei einer **fristlosen Kündigung** einer BV. Hier müssen außerordentliche Gründe vorliegen, die unter Berücksichtigung aller Umstände und unter Abwägung der Interessen der Betroffenen ein Festhalten an der BV bis zum Ablauf der Kündigungsfrist nicht zumutbar erscheinen lassen (BAG 19. 7. 1957 – 1 AZR 420/54). Im Übrigen kann das Recht zur fristlosen Kündigung einer BV niemals ausgeschlossen werden. 34

Die Betriebsparteien können auch regeln, dass eine BV nicht nur als Ganzes gekündigt werden kann. Ebenso können sie grundsätzlich bestimmen, dass die **Teilkündigung,** ggf. auch mit unterschiedlichen Fristen, möglich ist. In diesem Fall muss allerdings der verbleibende Rest der BV weiterhin eine sinnvolle und in sich geschlossene Regelung darstellen. Fehlt eine solche Regelung, bestimmt sich die Zulässigkeit einer **Teilkündigung** danach, ob sie das der BV zugrunde liegende Ordnungsgefüge oder ein von den Betriebsparteien ausdrücklich vereinbartes Äquivalenzgefüge stört. Die Störung des Ordnungsgefüges einer BV ist mit einer Teilkündigung verbunden, wenn in der BV nur ein Gegenstand geregelt ist, der aus rechtlichen oder tatsächlichen Gründen notwendig in ein und derselben BV geregelt werden muss. Dagegen wird das Ordnungsgefüge nicht beeinträchtigt, wenn es sich um mehrere Regelungskomplexe handelt, die ebenso in mehreren gesonderten BV geregelt werden könnten und die lediglich – mehr oder weniger zufällig – in einer BV zusammengefasst werden (BAG 6. 11. 2007 – 1 AZR 826/06). Enthält eine BV zum Beispiel Regelungen zur Erstattung von Kontoführungsgebühren und außerdem Regelungen zur Fahrtkostenerstattung, so können diese beiden Punkte auch in getrennten Vereinbarungen geregelt sein. Eine Teilkündigung wäre somit zulässig. Anders wäre dies zum Beispiel bei einer BV zur Regelung der Arbeitszeit, die neben Lage der Arbeitszeit eben auch Regelungen zum Gleitzeitrahmen enthält. Hier wäre eine Teilkündigung nur des Gleitzeitrahmens wohl unzulässig. 35

Die **Störung des Äquivalenzgefüges** liegt vor, wenn das eine Verhandlungsergebnis in Abhängigkeit zum anderen Verhandlungsergebnis zustande gekommen ist. Dies ist bei BV in der Regel nicht der Fall, sondern wird für gewöhnlich nur für Tarifverträge angenommen. Es 36 bedarf daher in BV eindeutiger Hinweise hierzu. Wäre zum Beispiel in der BV dokumentiert, dass die Regelung zur Fahrtkostenerstattung nur als Ausgleich für die Erstattung von Kontoführungsgebühren zustande gekommen ist, so wäre die Regelung über die Kontoführungsgebühren ausnahmsweise nicht teilkündbar (BAG 6.11.2007 – 1 AZR 826/06).

VI. Nachwirkung

37 In § 77 Abs. 6 ist die **Nachwirkung** von BV geregelt. Die Regelung einer erzwingbaren BV gilt demnach nach Ablauf der BV weiter, bis sie durch eine andere Abmachung ersetzt wurde. So wird sichergestellt, dass in mitbestimmungspflichtigen Angelegenheiten auch nach Beendigung der BV Regelungen nur gemeinsam zwischen AG und BR getroffen werden können.

Das gilt **nicht für freiwillige BV**. Wenn in einer BV erzwingbare und freiwillige Regelungsgegenstände enthalten sind, bezieht sich im Falle einer Kündigung die Nachwirkung nicht auf die freiwilligen Regelungstatbestände, wenn der AG die vollständige Beseitigung der freiwilligen Regelung beabsichtigt (BAG 26.10.1993 – 1 AZR 46/93, AiB 1994, 310–311). Eine vollständige oder teilweise Nachwirkung kann und sollte aber regelmäßig vereinbart werden.

Beispiel:
Im Fall ihrer Kündigung wirkt die BV vollumfänglich nach.

Es ist zulässig, die Nachwirkung einer BV in der BV selbst **auszuschließen** (BAG 9.2.1984 – 6 ABR 10/81). Wenn die Nachwirkung nicht ausgeschlossen wurde, gilt sie auch für erst im Nachwirkungszeitraum in den Betrieb eintretende AN, wenn dies nicht wiederum ausdrücklich ausgeschlossen wurde.

VII. Verhältnis von BV zu BV und zum Arbeitsvertrag

38 Zwischen mehreren BV, die denselben Gegenstand regeln, gilt das **Ablösungsprinzip**, d.h., die ältere BV wird von der jüngeren abgelöst. Selbst wenn die ältere BV für die AN günstiger war, gilt in Zukunft nur noch die jüngere BV. Das Günstigkeitsprinzip findet insoweit keine Anwendung (BAG 15.11.2000 – 5 AZR 310/99, AiB 2002, 112–114).

Regelungen in BV gehen aufgrund der normativen Wirkung grundsätzlich (unmittelbar und zwingend) arbeitsvertraglichen Regelungen vor. Das gilt allerdings nur insoweit, als die Regelung in der BV für den

AN günstiger ist. Günstigere Absprachen in Arbeitsverträgen sind stets zulässig und gehen stets Regelungen in BV vor. Diese Systematik wird als **Günstigkeitsprinzip** bezeichnet.

Dieses **Günstigkeitsprinzip gilt aber dann nicht**, wenn sich AG und AN darauf einigen, dass BV den arbeitsvertraglichen Bedingungen vorgehen (**betriebsvereinbarungsoffener Arbeitsvertrag**). Dann kann infolge dieser Vereinbarung eine an sich günstigere vertragliche Regelung durch eine BV sogar zum Nachteil verdrängt oder auch später verändert werden (LAG Rheinland-Pfalz 8.8.2024 – 5 SLa 87/24). Diese Regelungen müssen auch nicht explizit im Einzelfall für eine bestimmte BV oder einen bestimmten Regelungsgegenstand vereinbart werden. Möglich ist auch die Verwendung einer allgemeinen Regelung im Arbeitsvertrag, wonach höherrangige, kollektivrechtliche Regelungen auf das Arbeitsverhältnis Anwendung finden. Obwohl hier ein ausdrücklicher Bezug zu BV fehlte, genügt es nach Auffassung des BAG, wenn diese Regelung in Allgemeinen Geschäftsbedingungen enthalten ist und einen kollektiven Bezug aufweist (BAG 5.3.2013 – 1 AZR 417/12). Auch Klauseln in Formulararbeitsverträgen zählen in den meisten Fällen zu den sog. Allgemeinen Geschäftsbedingungen. 39

Zu beachten ist aber, dass dies nach neuester Rechtsprechung des BAG dann nicht gelten soll, wenn sich die Vereinbarung auf die sog. Hauptleistungspflichten bezieht. Vereinbaren AG und AN, dass sich die Vergütung nach einer tarifvertraglichen Entgeltordnung richtet, so kann diese nicht durch eine Regelung in einer BV ersetzt werden (BAG 11.4.2018 – 4 AZR 119/17).

VIII. Streitigkeiten

Im **Beschlussverfahren** sind Streitigkeiten über die korrekte Umsetzung einer BV und damit verbundene etwaige Durchführungs- und Unterlassungsansprüche zu klären. Dabei dient als Anspruchsgrundlage für den Durchführungs- oder Unterlassungsanspruch die BV selbst i. V. m. § 77 Abs. 1 Satz 1. Ebenfalls im **Beschlussverfahren** sind Streitigkeiten über den rechtlichen Bestand und über die Auslegung von Regelungstatbeständen zu entscheiden. Auch im Beschlussverfahren sind Streitigkeiten zu entscheiden, die die Frage der Zulässigkeit des Abschlusses einer BV oder die Unwirksamkeit einer BV wegen Verstoßes gegen die Regelungssperre aus § 77 Abs. 3 beinhalten. 40

Individualrechtliche Ansprüche von AN aus einer BV sind im **Urteilsverfahren** geltend zu machen. Macht der BR aber lediglich geltend, eine von ihm abgeschlossene BV sei vom AG in einer bestimmten Art 41 und Weise anzuwenden (ohne dass konkrete Arbeitnehmeransprüche eingefordert werden), besteht für ein solches, auf die Verfolgung **eines eigenen betriebsverfassungsrechtlichen Durchführungsanspruchs** gerichtetes Begehren auch dann die notwendige Antragsbefugnis, wenn sich die verlangte Art und Weise der Durchführung auf den Inhalt normativ begründeter Ansprüche von AN bezieht.

Beispiel:
Der BR oder auch GBR möchte klären lassen, wie der AG die den anspruchsberechtigten AN zu zahlenden Abfindungen nach einem Sozialplan zu berechnen hat (BAG 25.2.2020 – 1 ABR 38/18).

Auf diese Weise können Auslegungs- und Anwendungsfragen von BV über das Beschlussverfahren (in dem der Amtsermittlungsgrundsatz gilt und allein der AG zur Kostentragung verpflichtet ist) und nicht nur im individualrechtlichen Klageverfahren »vorabentschieden« werden. Allerdings müssen AN bedenken, dass ihre individualrechtlichen Ansprüche ggf. weiterhin Ausschlussfristen und der Verjährung unterfallen.

§ 78 Schutzbestimmungen

[1]Die Mitglieder des Betriebsrats, des Gesamtbetriebsrats, des Konzernbetriebsrats, der Jugend- und Auszubildendenvertretung, der Gesamt-Jugend- und Auszubildendenvertretung, der Konzern-Jugend- und Auszubildendenvertretung, des Wirtschaftsausschusses, der Bordvertretung, des Seebetriebsrats, der in § 3 Abs. 1 genannten Vertretungen der Arbeitnehmer, der Einigungsstelle, einer tariflichen Schlichtungsstelle (§ 76 Abs. 8) und einer betrieblichen Beschwerdestelle (§ 86) sowie Auskunftspersonen (§ 80 Absatz 2 Satz 4) dürfen in der Ausübung ihrer Tätigkeit nicht gestört oder behindert werden. [2]Sie dürfen wegen ihrer Tätigkeit nicht benachteiligt oder begünstigt werden; dies gilt auch für ihre berufliche Entwicklung. [3]Eine Begünstigung oder Benachteiligung liegt im Hinblick auf das gezahlte Arbeitsentgelt nicht vor, wenn das Mitglied einer in Satz 1 genannten Vertretung in seiner Person die für die Gewährung des Arbeitsentgelts erforderlichen betrieblichen Anforderungen und Kriterien erfüllt und die Festlegung nicht ermessensfehlerhaft erfolgt.

Inhaltsübersicht Rn.

I. Zweck der Regelung

Die Vorschrift dient der **Sicherung der Unabhängigkeit** der betriebsverfassungsrechtlichen Funktionsträger. Die ungestörte und unbeeinflusste Amtsausübung soll gewährleistet und die Mitglieder sollen in ihrer persönlichen Stellung vor Nachteilen wegen ihrer Amtsstellung bewahrt werden. 1

Neben den in § 78 Satz 1 bezeichneten Funktionsträgern erstreckt sich der Schutz auch auf amtierende Ersatzmitglieder (BAG 5.12.2012 – 7 AZR 698/11, AiB 2013, 423–426).

II. Verbot der Störung und Behinderung der Betriebsverfassungsorgane

Das Behinderungsverbot aus § 78 Satz 1 umfasst sowohl die Tätigkeit der genannten Organe als auch die der einzelnen Mitglieder dieser Organe. Eine **Behinderung** ist jede Störung, Erschwerung oder Verhinderung der Betriebsratstätigkeit durch jedermann, also seitens AG, anderer AN oder durch betriebsfremde Dritte (vgl. BAG 19.7.1995 – 7 ABR 60/94, AiB 1996, 316–318). Erfasst vom Verbot der Behinderung wird jede objektive Behinderung, unabhängig davon, ob eine Behinderung auch beabsichtigt war. Auf ein Verschulden kommt es somit nicht an (BAG 12.11.1997 – 7 ABR 14/97, AiB 1998, 341–342). 2

1. Einzelfälle

Einzelfälle, bei denen eine Behinderung der Betriebsratstätigkeit von der Rechtsprechung **bejaht** wurde: 3

- Abmahnung eines BR-Mitglieds wegen Verteilen von Flugblättern an Belegschaft in mitbestimmungspflichtiger Angelegenheit (LAG Hessen 17.2.1997 – 11 Sa 1776/96, AiB Telegramm 1998, 7)
- Anbrüllen und körperliche Gewalt gegen BR-Mitglieder (ArbG Frankfurt/Main 14.1.1999 – 13 BV 17/97, AiB 2001, 178–179)
- Androhung durch Aushang am »schwarzen Brett«, der Betrieb müsse geschlossen und die Produktion ins Ausland verlagert werden, wenn der Betrieb die Kosten für einen BR tragen müsste (ArbG Leipzig 5.9.2002 – 7 BVGa 54/02)
- Ankündigung der Anrechnung übertariflicher Zulagen, Streichung von Sonderurlaub, Verbot, während der Arbeitszeit Radio zu hören, weil der BR bei Einstellungen auf seinem Recht auf vorige Anhörung und Mitbestimmung besteht (ArbG Darmstadt 24.3.1994 – 2 BVGa 2/94)
- Anordnung des AG, dass Anfragen des BR an Mitarbeiter und Vorgesetzte schriftlich zu erfolgen haben und die Bereichsleitung Kopien erhält (vgl. LAG Hessen 26.9.2011 – 16 TaBV 105/11)
- Befragung einzelner Mitarbeiter im Vorfeld einer Betriebsversammlung, ob sie daran teilnehmen wollen oder nicht (ArbG Bremen-Bremerhaven 7.12.2005 – 7 BV 68/05, AiB 2006, 756)
- Belegschaftsinformation über Kosten des BR auf einer Betriebsversammlung, bei der die Kostenverursachung von über 500 000 DM durch die Wahrnehmung gesetzlicher Aufgaben gezielt herausgestellt und als Gefährdung der Arbeitsplätze hervorgehoben wird (LAG Düsseldorf 26.11.1993 – 17 TaBV 71/93 mit einer zugleich bejahten groben Pflichtverletzung nach § 23 Abs. 3 BetrVG)
- Einstellung der Vergütungszahlung an BR-Mitglied während des laufenden Zustimmungsersetzungsverfahrens nach § 103 (LAG Hessen 3.5.2007 – 9 TaBVGa 72/07)
- Speicherung der Zielnummer aller Telefongespräche eines BR-Mitglieds (LAG Hamburg 1.9.1988 – 2 Sa 94/86)
- Verhinderung bzw. Behinderung von Betriebsratssitzungen oder Betriebsversammlungen (ArbG Frankfurt 2.3.1988 – 14 BV 16/87, AiB 1989, 78)
- Versetzung eines BR-Mitglieds ohne Einholen der Zustimmung des abgebenden BR (BAG 26.1.1992 – 1 AZR 303/92, AiB 1993, 458–459)
- Verweigerung des Zutritts zum Betriebsgelände (BAG 4.12.2014 – 7 ABR 7/12; 21.9.1989 – 1 ABR 32/89)
- Hausverbot für Betriebsratsvorsitzenden (LAG Hessen 28.8.2023 – 16 TaBVGa 97/23)

- Zustimmungsersetzungsantrag nach § 103, wenn außerordentliche Kündigung unter keinem rechtlichen Gesichtspunkt denkbar ist und die berufliche Existenz durch den Antrag bedroht ist (vgl. ArbG Ludwigshafen 21.5.1992 – 4 BV 8/92 mit einer zugleich bejahten groben Pflichtverletzung nach § 23 Abs. 3 BetrVG)
- BR-Mitglieder sind nach § 30 regelmäßig berechtigt, an Betriebsratssitzungen per Videokonferenz in ihrer Privatwohnung teilzunehmen, wenn im Betrieb die Vorgaben der SARS-CoV-2-Arbeitsschutzverordnung (Corona-ArbSchV) vom 21.1.2021 für Sitzungen des BR nicht eingehalten werden können. Es stellt eine unzulässige Behinderung der Betriebsratsarbeit dar, wenn ein AG gegenüber BR Mitgliedern unter diesen Umständen wegen der Teilnahme Abmahnungen erteilt oder Gehaltskürzungen vornimmt (ArbG Köln 24.3.2021 – 18 BVGa 11/21). Dies gilt auch dann, wenn im Einzelfall die Erforderlichkeit für eine Betriebsratssitzung nicht gegeben ist oder aber ein Verstoß gegen § 30 Satz 2 BetrVG vorliegt (LAG Düsseldorf 30.8.2023 – 12 TaBV 18/23).
- Behinderung von Teilbetriebsversammlungen während der Arbeitszeit (LAG Düsseldorf 12.12.2024 – 12 TaBV 21/24).

2. Rechtsfolgen

Verstößt der AG gegen das Behinderungsverbot, können der BR sowie die betroffenen BR-Mitglieder **Unterlassungsansprüche** geltend machen (BAG 12.11.1997 – 7 ABR 14/97, AiB 1998, 341–342). Gegen grobe Verstöße kann auch nach § 23 Abs. 3 gegen den AG vorgegangen werden. Zudem sind Anweisungen, die in Widerspruch mit dem Behinderungsverbot stehen, unwirksam und von dem BR-Mitglied nicht zu beachten. Das stellt dann auch keine Verletzung arbeitsvertraglicher Pflichten dar. Zur Vermeidung individualrechtlicher Nachteile empfiehlt sich hier dringend eine vorherige Beratung durch einen Rechtsanwalt oder die Gewerkschaft. 4

III. Verbot der Benachteiligung und Begünstigung von Mitgliedern der Betriebsverfassungsorgane

§ 78 Satz 2 stellt sicher, dass BR-Mitglieder bei ordnungsgemäßer Tätigkeit nicht anders behandelt werden als andere AN und verbietet daher jegliche nicht gerechtfertigte Benachteiligung oder Begünstigung. Wie bei § 78 Satz 1 reicht auch hier eine objektive Benachteiligung oder Begünstigung, auf ein Verschulden kommt es nicht an. 5

1. Benachteiligung

6 Eine Benachteiligung ist jede **Schlechterstellung** im Verhältnis zu anderen AN, die nicht aus sachlichen Erwägungen, sondern wegen der Amtstätigkeit erfolgt. Das Benachteiligungsverbot umfasst auch die berufliche Entwicklung. So darf etwa bei einer Beförderung eine Freistellung aufgrund einer Betriebsratstätigkeit nicht nachteilig berücksichtigt werden (BAG 29.10.1998 – 7 AZR 676/96 für einen Personalrat).

Einzelfälle, in denen eine **unzulässige Benachteiligung** von der Rechtsprechung bejaht wurde:

- Ausschluss der BR-Mitglieder von Aktienoptionen, die anderen AN gewährt werden (BAG 16.1.2008 – 7 AZR 887/06, AiB Newsletter 2008, Nr. 3, 4)
- Forderung, als Bedingung für eine Stelle das Amt des Betriebsratsvorsitzenden aufzugeben (LAG Baden-Württemberg 30.12.2011 – 14 Sa 103/11)
- Kündigung eines BR-Mitglieds wegen der Betriebsratstätigkeit. Ein Zusammenhang ist zu vermuten, wenn einem BR-Mitglied als einzigem von vielen Streikteilnehmern gekündigt wird (LAG Hamm 10.4.1996 – 3 TaBV 96/95, AiB 1996, 736)
- Zuweisung einer anderen, härteren, unangenehmeren, zeitlich oder örtlich ungünstiger liegenden Arbeit (LAG Bremen 12.8.1982 – 3 TaBV 33/81)
- Zuweisung eines räumlich ungünstigeren Büros aus Anlass der Wahl in den BR (LAG Köln 26.7.2010 – 5 SaGa 10/10)
- Ablehnung eines Folge- oder Anschlussvertrages bei einem befristet beschäftigten BR-Mitglied wegen seiner Betriebsratstätigkeit; die Darlegungs- und Beweislast für das Vorliegen dieser Benachteiligung trägt allerdings das BR-Mitglied (BAG 25.6.2014 – 7 AZR 847/12, AiB 2015, 63–65, dort verneint).
- Aus § 78 Satz 2 kann sich auch das ggf. bestehende Recht des BR-Mitglieds auf eine über die jeweilige Vergleichsgruppe hinaus gehende berufliche Entwicklung und Vergütung ableiten (s. § 37 Rn. 47 ff.).

2. Begünstigung

7 Eine Begünstigung ist die **Gewährung eines Vorteils**, die nicht aus sachlichen Gründen erfolgt, sondern aufgrund der Tätigkeit als Mitglied eines Betriebsverfassungsorgans. Eine unzulässige Bevorzugung liegt dann vor, wenn dem BR-Mitglied durch den AG ein ungerechtfertigter Vorteil im Vergleich zu vergleichbaren AN gewährt wird.

Einzelfälle, in denen eine **unzulässige Begünstigung** von der Rechtsprechung bejaht wurde:

- Ermäßigung der Haftungsquote bei schuldhaft verursachten Verkehrsunfällen aufgrund der Eigenschaft als Betriebsratsvorsitzender (LAG Bremen 26.7.1999 – 4 Sa 116/99)
- Pauschale Heraufsetzung der Arbeitszeit von 19,25 auf 30 Stunden während der Freistellung aus »Abrechnungsgründen« (BAG 16.2.2005 – 7 AZR 95/04 für einen Personalrat)
- Unentgeltliche Ferienreisen oder Bordellbesuche (BGH 17.9.2009 – 5 Str 521/08)
- Zusätzliche Sozialplanleistungen für BR-Mitglieder (LAG Düsseldorf 13.9.2001 – 11 (4) Sa 906/01, AiB 2003, 489–490).
- Überlassung eines Dienstwagens auch zur privaten Nutzung, der dem BR-Mitglied ohne diese Funktion nicht überlassen worden wäre und wenn auch sonst kein sachlicher Grund für die Überlassung ersichtlich ist (LAG Nürnberg 5.4.2022 – 7 Sa 238/21).

Die Pauschalierung von Zulagen für freigestellte BR-Mitglieder ist nicht per se eine unzulässige Begünstigung. Für freigestellte BR kann in der Regel ohnehin nur eine hypothetische Berechnung von Zulagen für Mehrarbeit/Nachtarbeit oder auch Tätigkeiten an Wochenenden erfolgen (BAG 29.8.2018 – 7 AZR 206/17). Nicht zulässig ist die Zahlung einer Schichtzulage, wenn der AG gleichzeitig eine berufliche Entwicklung zum Schichtleiter (mit entsprechender Vergütung) unterstellt, die Schichtleiter aber tatsächlich keine zuschlagspflichtige Schichtarbeit verrichten. Maßstab sind immer die mit dem BR vergleichbaren AN. Bei der Festlegung der Kriterien zur Vergleichbarkeit ist ebenfalls das Verbot der Begünstigung, aber auch der Benachteiligung zu beachten. 8

Keine Begünstigung liegt vor, wenn der AG bisher steuerfrei gezahlte Zuschläge (z. B. für bislang tatsächlich geleistete Nachtarbeit) auch weiterhin ungekürzt auszahlt. Umgekehrt soll es zumindest nach h. M. aber auch keine Benachteiligung sein, wenn er dies nicht macht.

Seminarbeigaben wie z. B. Tablets stellen keine Begünstigung des BR-Mitglieds dar und lassen die Kostentragungspflicht des AG für die Schulungsveranstaltung nicht automatisch entfallen (LAG Hessen 10.8.2020 – 16 TaBV 177/19; offengelassen in BAG 17.11.2021 – 7 ABR 27/20). Der AG kann aber unter Umständen verlangen, dass Mitarbeiter Werbegeschenke, die sie im Zusammenhang mit ihrer Arbeit erhalten, an ihn abführen. Allerdings handelt es sich dabei um Fragen des Verhaltens und der betrieblichen Ordnung (§ 87 Abs. 1 Nr. 1), bei denen der BR mitbestimmen kann. Wenn der BR für seine Arbeit Tablet-PCs nutzen will, gelten dafür die üblichen Regeln für Sachmittel (§ 40 Abs. 2). 9

Unter diesen Voraussetzungen kann ein AG die Herausgabe derartiger Werbegeschenke von den Schulungsteilnehmern verlangen (ArbG Lüneburg 2.10.2019 – 1 BV 5/19).

3. Wirtschaftliche Absicherung

10 Die Einzelheiten des Begünstigungs- und Benachteiligungsverbots im Zusammenhang mit der Vergütung von Betriebsratsmitgliedern sind aus Gründen des Sachzusammenhangs bei der Kommentierung zu § 37 Abs. 4 dargestellt (siehe dort Rn. 47 ff.)

4. Rechtsfolgen

11 Rechtsgeschäfte, die gegen das Verbot aus § 78 Satz 2 verstoßen, sind **nichtig** (BAG 20.1.2010 – 7 ABR 68/08). In Fällen, in denen die Benachteiligung zu einem materiellen Schaden bei dem Betroffenen geführt hat, kann dieser Schadensersatzansprüche haben.

IV. Streitigkeiten

12 Ein Unterlassungsanspruch gegen eine Störung oder Behinderung der Betriebsratstätigkeit ist im **Beschlussverfahren** geltend zu machen. In Betracht kommt auch der Antrag auf Erlass einer einstweiligen Verfügung.

Wurden individualrechtliche personelle Maßnahmen vorgenommen, die eine Behinderung der Betriebsratstätigkeit darstellen – wie z.B. der Ausspruch einer **Abmahnung** -, ist die Beseitigung oder Rückgängigmachung im **Urteilsverfahren** von dem betroffenen AN geltend zu machen, da es sich um ein höchstpersönliches Recht des BR-Mitglieds handelt, das diesem und nicht dem Gremium zusteht (BAG 4.12.2013 – 7 ABR 7/12, AiB 2014, 68–69; BAG 9.9.2015 – 7 ABR 69/13). Ein BR-Mitglied, das nur infolge der Amtsübernahme nicht in eine Position mit höherer Vergütung aufgestiegen ist, muss den AG im Urteilsverfahren unmittelbar auf Zahlung der höheren Vergütung in Anspruch nehmen (BAG 22.1.2020 – 7 AZR 222/19). Der Umstand, dass geltend gemachte Vergütungsansprüche auf eine Verletzung des Behinderungs- und Benachteiligungsverbot aus § 78 BetrVG gestützt werden, führt nicht zu einer anderen Bewertung, weil es im Kern um arbeitsvertragliche Ansprüche nach § 611a Abs. 2 BGB geht (LAG Niedersachsen 11.9.2023 – 17 Ta 167/23).

Beruft sich hingegen ein BR-Mitglied zur Begründung eines Schadensersatzanspruchs (z. B. wegen der Kürzung der Vergütung für die Teilnahme an einer Schulung nach § 37 Abs. 6) auf seine Rechte als Träger der betriebsverfassungsrechtlichen Ordnung, entfällt eine betriebsverfassungsrechtliche Streitigkeit nicht schon deshalb, weil der Antragsteller in Höhe des verlangten Betrags – rein wirtschaftlich betrachtet – einen Anspruch auf Zahlung von Arbeitsentgelt nach § 611a Abs. 2 BGB i. V. m. § 37 Abs. 2 und 6 BetrVG geltend machen könnte, über den im arbeitsgerichtlichen Urteilsverfahren zu entscheiden ist (BAG 22.10.2019 – 9 AZB 19/19). 13

Für das Vorliegen der Anspruchsvoraussetzung einer unzulässigen Benachteiligung trägt grundsätzlich der AN die Darlegungs- und Beweislast (BAG 20.1.2021 – 7 AZR 52/20). Dabei genügt es nicht, dass sich aus dem Vortrag ergibt, die Beförderung auf eine höher bezahlte Stelle sei ohne das Betriebsratsamt möglich und wahrscheinlich; das Gericht muss aufgrund der vorgetragenen Tatsachen und Hilfstatsachen zu der Überzeugung gelangen können, dass dem BR-Mitglied ohne das Betriebsratsamt die höherwertige Tätigkeit tatsächlich übertragen worden wäre (LAG Schleswig-Holstein 10.5.2023 – 6 Sa 202/22). Begehrt das BR-Mitglied eine höhere Vergütung vor dem Hintergrund einer unzulässigen Benachteiligung, trägt es die Darlegungs- und Beweislast für eine solche Benachteiligung (LAG Niedersachsen 1.7.2024 – 1 Sa 636/23). Der AG trägt dagegen die Darlegungs- und Beweislast, wenn er eine in der Vergangenheit zugesagte und gezahlte Vergütung als unzulässige Begünstigung des BR-Mitglieds ansieht (LAG Niedersachsen 9.12.2024 – 12 SL 478/24). 14

§ 78a Schutz Auszubildender in besonderen Fällen

(1) Beabsichtigt der Arbeitgeber, einen Auszubildenden, der Mitglied der Jugend- und Auszubildendenvertretung, des Betriebsrats, der Bordvertretung oder des Seebetriebsrats ist, nach Beendigung des Berufsausbildungsverhältnisses nicht in ein Arbeitsverhältnis auf unbestimmte Zeit zu übernehmen, so hat er dies drei Monate vor Beendigung des Berufsausbildungsverhältnisses dem Auszubildenden schriftlich mitzuteilen.

(2) [1]Verlangt ein in Absatz 1 genannter Auszubildender innerhalb der letzten drei Monate vor Beendigung des Berufsausbildungsverhältnisses schriftlich vom Arbeitgeber die Weiterbeschäftigung, so gilt zwischen Auszubildendem und Arbeitgeber im Anschluss an das Berufsausbildungsverhältnis ein Arbeitsverhältnis auf unbestimm-

te Zeit als begründet. [2]Auf dieses Arbeitsverhältnis ist insbesondere § 37 Abs. 4 und 5 entsprechend anzuwenden.

(3) Die Absätze 1 und 2 gelten auch, wenn das Berufsausbildungsverhältnis vor Ablauf eines Jahres nach Beendigung der Amtszeit der Jugend- und Auszubildendenvertretung, des Betriebsrats, der Bordvertretung oder des Seebetriebsrats endet.

(4) [1]Der Arbeitgeber kann spätestens bis zum Ablauf von zwei Wochen nach Beendigung des Berufsausbildungsverhältnisses beim Arbeitsgericht beantragen,

1. **festzustellen, dass ein Arbeitsverhältnis nach Absatz 2 oder 3 nicht begründet wird, oder**
2. **das bereits nach Absatz 2 oder 3 begründete Arbeitsverhältnis aufzulösen,**

wenn Tatsachen vorliegen, aufgrund derer dem Arbeitgeber unter Berücksichtigung aller Umstände die Weiterbeschäftigung nicht zugemutet werden kann. [2]In dem Verfahren vor dem Arbeitsgericht sind der Betriebsrat, die Bordvertretung, der Seebetriebsrat, bei Mitgliedern der Jugend- und Auszubildendenvertretung auch diese Beteiligte.

(5) Die Absätze 2 bis 4 finden unabhängig davon Anwendung, ob der Arbeitgeber seiner Mitteilungspflicht nach Absatz 1 nachgekommen ist.

Inhaltsübersicht Rn.

I. Zweck der Regelung

1 Die Regelung soll die genannten Amtsträger vor der Gefahr schützen, dass sie nach Abschluss der Berufsausbildung wegen ihres Amtes nicht in ein Arbeitsverhältnis übernommen werden. Indem auch für Auszubildende die Ausübung des Amtes ohne Furcht vor Nachteilen gesichert wird, dient diese Regelung – ebenso wie § 78 – der **Unabhängigkeit der Amtsführung**. Das Recht, mit dem Verlangen auf Weiterbeschäftigung ein Arbeitsverhältnis zu begründen, erhält dem Mitglied der Jugend- und Auszubildendenvertretung nicht nur sein Amt bis zum regulären Ablauf der Amtszeit, sondern soll auch sicherstellen, dass die weitere

Amtsausübung auf **gesicherter wirtschaftlicher Grundlage** erfolgen kann (BAG 19.8.2015 – 5 AZR 1000/13).

II. Persönlicher Schutzbereich

2 Umfasst werden nicht nur die **staatlich anerkannten Ausbildungsberufe** nach dem Berufsbildungsgesetz (BBiG). Auch **Ausbildungsverhältnisse**, die tariflichen Regelungen entsprechen und eine geordnete Ausbildung von mindestens zwei Jahren vorsehen, fallen unter den Schutzbereich von § 78a (BAG 23.6.1983 – 6 AZR 595/80). Die im Zusammenhang mit dem Hochschulabschluss »Bachelor of Arts« durchzuführende Praxisphase (duales Studium) ist keine Berufsausbildung i.S.v. § 78a. Verlangt ein BR-Mitglied in dieser Lage seine Weiterbeschäftigung nach Abschluss des dualen Studiengangs, kommt kein Arbeitsverhältnis nach § 78a Abs. 2 zustande (BAG 17.6.2020 – 7 ABR 46/18).

3 Weitere Voraussetzung ist, dass der Auszubildende **Mitglied** eines in § 78a Abs. 1 genannten Betriebsverfassungsorgans ist. Der Schutz besteht ab dem Zeitpunkt, ab dem das Wahlergebnis feststeht – unabhängig davon, ob das Ergebnis schon bekannt gegeben wurde oder ob die JAV bzw. die anderen Organe bereits Amtsbefugnisse ausüben können (BAG 22.9.1983 – 6 AZR 323/81, AiB 1984, 80).

III. Mitteilung des AG

4 Im Falle der **beabsichtigten Nichtübernahme** muss der AG dies dem betroffenen Auszubildenden drei Monate vor dem normalen Ende des Ausbildungsverhältnisses schriftlich mitteilen. Ist infolge vorzeitiger Ablegung der Prüfung ein früheres Ende absehbar, muss die Mitteilung drei Monate vor diesem Termin erfolgen (nach BAG 31.10.1985 – 6 AZR 557/84 ist auf den Zeitpunkt der Bekanntgabe des Prüfungsergebnisses abzustellen).

§ 78a Abs. 5 verdeutlicht, dass ein Unterlassen dieser Mitteilung nicht automatisch zu der Begründung eines Arbeitsverhältnisses führt, d.h. der Auszubildende muss trotzdem seine Weiterbeschäftigung verlangen. Schlägt der Auszubildende jedoch aufgrund der verspäteten Mitteilung ein anderes Arbeitsverhältnis aus, kann sich der AG unter Umständen schadensersatzpflichtig machen (BAG 31.10.1985 – 6 AZR 557/84). Die Mitteilung des AG muss sich auf ein unbefristetes Arbeitsverhältnis in Vollzeit beziehen.

IV. Verlangen auf Weiterbeschäftigung

5 Das **schriftliche Verlangen auf Weiterbeschäftigung** in einem unbefristeten Arbeitsverhältnis ist innerhalb der letzten drei Monate vor Beendigung des Ausbildungsverhältnisses zu stellen. Ein Verlangen, das vor diesen drei Monaten gestellt wird, ist unwirksam (vgl. BAG 15.12.2011 – 7 ABR 40/10, AiB 2013, 125–127), ebenso eines, das nach Beendigung der Ausbildung gestellt wird. Bietet der AG lediglich ein befristetes Arbeitsverhältnis, ein Teilzeitarbeitsverhältnis oder ein Arbeitsverhältnis mit schlechteren Bedingungen an, kann der Auszubildende dennoch sein Verlangen auf Weiterbeschäftigung zu der dem Ausbildungsverhältnis entsprechenden Tätigkeit stellen. Nimmt ein Auszubildender aber ein solches (schlechteres) Angebot vorbehaltslos an, so kommt ein Arbeitsverhältnis zu diesen Bedingungen zustande. Auszubildende sollten daher prüfen, derartige Angebote nur unter dem Vorbehalt anzunehmen, dass eine Weiterbeschäftigung in einem unbefristeten Vollzeitarbeitsverhältnis nicht zumutbar ist (BAG 16.8.1995 – 7 ABR 52/94).

6 Der Auszubildende hat durch das schriftliche und fristgemäße Verlangen **Anspruch auf unbefristete Weiterbeschäftigung in Vollzeit** in dem Betrieb, in dem er Amtsträger eines Organs war. Jedoch besteht kein Anspruch auf einen bestimmten Arbeitsplatz. Allerdings hat die Weiterbeschäftigung grundsätzlich in dem erlernten Beruf zu erfolgen. Aufgrund des expliziten Verweises auf § 37 Abs. 4 und 5 darf der AN während der Amtstätigkeit und ein Jahr danach nur mit Tätigkeiten beschäftigt werden, die den Tätigkeiten vergleichbarer AN mit der betriebsüblichen beruflichen Entwicklung gleichwertig sind; auch das Arbeitsentgelt muss dem vergleichbarer AN entsprechen.

Das Zustandekommen des unbefristeten Arbeitsverhältnisses ist **kein beteiligungspflichtiger Vorgang für den BR**. Weil es sich bei der Weiterbeschäftigung um die Rechtsfolge eines gesetzlichen Anspruchs handelt, liegt keine Einstellung i.S.v. § 99 vor. Hinsichtlich einer möglichen Eingruppierung und einer Versetzung – die nicht den Verlust des Amtes bewirken darf – hat der BR aber die Beteiligungsrechte nach § 99 (s. § 99 Rn. 17, 25 ff.).

V. Entbindung von der Übernahme in ein Arbeitsverhältnis

7 Der AG kann den Übergang des Ausbildungs- in ein Arbeitsverhältnis nur durch die **Anrufung des ArbG** verhindern. Dies muss spätestens innerhalb von zwei Wochen nach Beendigung des Ausbildungsverhält-

nisses geschehen (BAG 18.9.2019 – 7 ABR 44/17). Sowohl bei dem Feststellungsantrag nach § 78a Abs. 4 Nr. 1 als auch bei dem Auflösungsantrag nach § 78a Abs. 4 Nr. 2 muss der AG Tatsachen geltend machen, aufgrund derer ihm unter Berücksichtigung der Gesamtumstände die Weiterbeschäftigung nicht zugemutet werden kann. Eine **Unzumutbarkeit** kann aus in der Person des Auszubildenden liegenden Gründen folgen, wobei allein das schlechte Abschneiden bei der Abschlussprüfung als Grund nicht ausreicht (vgl. LAG Hamm 21.10.1992 – 3 TaBV 106/92). Der AG kann sich zur Begründung der Unzumutbarkeit der Weiterbeschäftigung im Auflösungsverfahren auch auf Vorgänge berufen, die bereits Gegenstand einer im Ausbildungsverhältnis ausgesprochenen Abmahnung waren (BAG 18.9.2019 – 7 ABR 44/17). Auch die pandemiebedingte Einführung von Kurzarbeit begründet nicht für sich eine Unzumutbarkeit, da die Kurzarbeit eine kurzfristige Maßnahme zur Sicherung von Arbeitsplätzen darstellt und darauf gerichtet ist, einen Abbau von Personal zu verhindern. Das ArbG Erfurt hat zudem darauf hingewiesen, dass auch die Möglichkeit bestünde, den Auszubildenden ebenfalls in Kurzarbeit zu beschäftigen (ArbG Erfurt 25.6.2021 – 2 BV 4/21).

Für die Feststellung der Unzumutbarkeit einer Weiterbeschäftigung ist der Zeitpunkt der Beendigung des Berufsausbildungsverhältnisses maßgebend und nicht ein Betrachtungszeitraum von einem Jahr vor und nach Beendigung des Ausbildungsverhältnisses (LAG Niedersachsen 14.2.2024 – 2 TaBV 4/23).

Auch **dringende betriebliche Gründe** können den AG von der Weiter- 8
beschäftigungsverpflichtung entbinden. Das ist dann der Fall, wenn zu dem Zeitpunkt der Übernahme **keine freien Arbeitsplätze** vorhanden sind (BAG 16.1.1979 – 6 AZR 153/77). Innerhalb von drei Monaten vor Beendigung des Ausbildungsverhältnisses freiwerdende Stellen stehen jedoch freien Stellen im Zeitpunkt der Beendigung gleich, wenn eine sofortige Neubesetzung nicht durch dringende betriebliche Gründe geboten ist (BAG 12.11.1997 – 7 ABR 63/96, AiB 1998, 704). Nach (umstrittener) Rechtsprechung des BAG ist dabei auf eine Weiterbeschäftigungsmöglichkeit im Betrieb und nicht im Unternehmen abzustellen (BAG 15.11.2006 – 7 ABR 15/06, AiB Newsletter 2006, Nr. 12, 1–2; a. A. DKW, § 78a BetrVG Rn. 38).

VI. Streitigkeiten

9 Die Entscheidung über die Entbindung des AG von der Weiterbeschäftigungspflicht ist im arbeitsgerichtlichen **Beschlussverfahren** zu treffen (Fitting, § 78a BetrVG Rn. 60).
Der Auszubildende hat demgegenüber seinen Anspruch auf Feststellung des Bestehens eines Arbeitsverhältnisses im **Urteilsverfahren** geltend zu machen (Fitting, § 78a BetrVG Rn. 61).
Im Wege der **einstweiligen Verfügung** können die vorläufige Weiterbeschäftigung und die (vorläufige) Entbindung von der Weiterbeschäftigungspflicht geltend gemacht werden (vgl. LAG Berlin-Brandenburg 22.2.1991 – 2 Sa 35/90; LAG Sachsen 2.11.2005 – 2 Sa 731/05).

§ 79 Geheimhaltungspflicht

(1) [1]Die Mitglieder und Ersatzmitglieder des Betriebsrats sind verpflichtet, Betriebs- oder Geschäftsgeheimnisse, die ihnen wegen ihrer Zugehörigkeit zum Betriebsrat bekannt geworden und vom Arbeitgeber ausdrücklich als geheimhaltungsbedürftig bezeichnet worden sind, nicht zu offenbaren und nicht zu verwerten. [2]Dies gilt auch nach dem Ausscheiden aus dem Betriebsrat. [3]Die Verpflichtung gilt nicht gegenüber Mitgliedern des Betriebsrats. [4]Sie gilt ferner nicht gegenüber dem Gesamtbetriebsrat, dem Konzernbetriebsrat, der Bordvertretung, dem Seebetriebsrat und den Arbeitnehmervertretern im Aufsichtsrat sowie im Verfahren vor der Einigungsstelle, der tariflichen Schlichtungsstelle (§ 76 Abs. 8) oder einer betrieblichen Beschwerdestelle (§ 86).
(2) Absatz 1 gilt sinngemäß für die Mitglieder und Ersatzmitglieder des Gesamtbetriebsrats, des Konzernbetriebsrats, der Jugend- und Auszubildendenvertretung, der Gesamt-Jugend- und Auszubildendenvertretung, der Konzern-Jugend- und Auszubildendenvertretung, des Wirtschaftsausschusses, der Bordvertretung, des Seebetriebsrats, der gemäß § 3 Abs. 1 gebildeten Vertretungen der Arbeitnehmer, der Einigungsstelle, der tariflichen Schlichtungsstelle (§ 76 Abs. 8) und einer betrieblichen Beschwerdestelle (§ 86) sowie für die Vertreter von Gewerkschaften oder von Arbeitgebervereinigungen.

Inhaltsübersicht Rn.

I. Zweck der Regelung

1 Die Vorschrift trägt einem grundlegenden **Interessenkonflikt** Rechnung: Der AG hat ein Interesse, dass sensible Daten geheim gehalten werden, weil diese ihm ggf. einen Wettbewerbsvorteil gegenüber Konkurrenten verschaffen; die AN, vor allem der BR, haben ein umfangreiches Informationsinteresse, weil nur dadurch eine effektive und sachgerechte Interessenwahrnehmung möglich ist. Dieser Konflikt wird durch ein **Verbot der Offenbarung und der Verwertung von geheimhaltungsbedürftigen Tatsachen** gelöst, so dass der AG ohne Sorge Informationen an den BR weitergeben kann.

II. Verpflichteter Personenkreis

2 Die Geheimhaltungsverpflichtung gilt für sämtliche BR-Mitglieder und Ersatzmitglieder. Ferner gilt sie gem. § 79 Abs. 2 für Mitglieder und Ersatzmitglieder der dort genannten Institutionen. Des Weiteren gilt sie auch für Sachverständige, die vom BR oder einer Einigungsstelle hinzugezogen werden. Sie gilt ebenfalls für die Vertreter von Gewerkschaften und Arbeitgeberverbänden, die im Rahmen ihrer betriebsverfassungsrechtlichen Unterstützungsfunktion (z. B. nach §§ 2 Abs. 1, 29 Abs. 4 Satz 2 oder 3) von Betriebs- und Geschäftsgeheimnissen erfahren. Die Verschwiegenheitspflicht besteht auch für den BR (und die anderen genannten Institutionen) als Organ, so dass es untersagt ist, als Kollektivorgan Betriebs- und Geschäftsgeheimnisse preiszugeben, etwa durch Bekanntgabe in Informationsblättern des Organs.

III. Gegenstand der Geheimhaltungspflicht und Hinweisgeberschutz

3 Nach § 79 Abs. 1 umfasst die Geheimhaltungspflicht in Hinblick auf **Betriebs- und Geschäftsgeheimnisse**. Das sind Tatsachen, Erkenntnisse und Unterlagen, die im Zusammenhang mit dem technischen Betrieb oder der wirtschaftlichen Betätigung des Unternehmens stehen, nur einem eng begrenzten Personenkreis bekannt, also nicht offenkundig sind, nach dem bekundeten Willen des AG geheim gehalten werden

sollen und deren Geheimhaltung für den Betrieb wichtig ist (BAG 26.2.1987 – 6 ABR 46/84, AiB 1988, 68–69). Der AG muss außerdem ein berechtigtes Interesse an der Geheimhaltung haben (h. M., vgl. BAG 16.5.2019 – 8 AZN 809/18 und BAG 10.3.2009 – 1 ABR 87/07). Mit diesen Kriterien kann objektiv festgestellt werden, ob ein Betriebs- oder Geschäftsgeheimnis vorliegt oder nicht. Fehlt das objektive Geheimhaltungsinteresse, so kann eine Angelegenheit nicht willkürlich – etwa durch ihre Bezeichnung als vertrauliche Mitteilung – zum Geschäftsgeheimnis gemacht werden.
Betriebsgeheimnisse liegen meist auf dem technischen Gebiet, wie etwa Konstruktionspläne für ein bestimmtes Produkt. Geschäftsgeheimnisse betreffen regelmäßig wirtschaftliche und unternehmerische Tatsachen, wie z. B. Kalkulationsgrundlagen oder geplante Transaktionen.

Hinweis:
Nur wenn es sich tatsächlich um ein Betriebs- oder Geschäftsgeheimnis handelt, besteht die Geheimhaltungspflicht. Es kann also nicht jede Angelegenheit willkürlich zu einem Geheimnis gemacht werden (LAG Hamm 22.7.2011 – 10 Sa 381/11). In der Praxis haben echte Betriebs- oder Geschäftsgeheimnisse eher Seltenheitswert.

4 Ein dem BR mitgeteilter geplanter **interessenausgleichspflichtiger Personalabbau** stellt nicht per se ein **Betriebs- oder Geschäftsgeheimnis** im Sinne des § 79 dar. Daran ändert auch das sog. **Geschäftsgeheimnisgesetz** (GeschGehG) nichts. Mit diesem Gesetz ist die europäische Geheimnisschutzrichtlinie (EU) 2016/943 vom 8.6.2016 umgesetzt worden. Danach ist ein Geschäftsgeheimnis eine Information, die a) weder insgesamt noch in der genauen Anordnung und Zusammensetzung ihrer Bestandteile allgemein bekannt oder ohne weiteres zugänglich ist und daher von wirtschaftlichem Wert ist, und die b) Gegenstand von den Umständen nach angemessenen Geheimhaltungsmaßnahmen durch den Inhaber ist sowie c) an der ein berechtigtes Interesse an der Geheimhaltung besteht (§ 2 Nr. 1 GeschGehG).

5 Unberührt bleiben die Rechte der Arbeitnehmervertretungen. Denn nach § 3 Abs. 1 Nr. 3 des Gesetzes darf ein Geschäftsgeheimnis ausdrücklich durch »*ein Ausüben von Mitwirkungs- und Mitbestimmungsrechten einer Arbeitnehmervertretung erlangt werden*«.
Dazu gehören auch die Informationsrechte des BR und des Wirtschaftsausschusses (§ 106 Rn. 29f). Da nach § 3 Abs. 2 GeschGehG ein Geschäftsgeheimnis auch »*erlangt, genutzt oder offengelegt werden darf, wenn dies durch Gesetz gestattet ist*«, ist auch die Weitergabe der

Informationen innerhalb des zuständigen BR erlaubt (vgl. §§ 112, 112a Rn. 15).

Lohn und Gehaltsdaten von AN fallen i.d.R. nicht unter den Begriff der Betriebs- und Geschäftsgeheimnisse. Eine Ausnahme hiervon kann bestehen, wenn Gehaltsdaten direkte Rückschlüsse auf Produktionskosten zulassen und die Konkurrenz mit deren Kenntnis die eigene Wettbewerbsfähigkeit steigern könnte (vgl. BAG 26.2.1987 – 6 ABR 46/84, AiB 1988, 68–69). 6

Persönliche Angelegenheiten der AN begründen keine Geheimhaltungspflicht nach § 79 (vgl. aber Rn. 12), da es sich dabei nicht um Betriebs- oder Geschäftsgeheimnisse handelt (vgl. LAG Hamburg 24.5.1988 – 1 TaBV 1/88). 7

Das neue Hinweisgeberschutzgesetz, welches am 2.7.2023 in Kraft getreten ist, beinhaltet wichtige Anforderungen und Vorgaben an den Geheimnis- und Hinweisgeberschutz. Dazu gehören insbesondere: 8

Die hinweisgebende Person soll wählen können, ob sie sich an eine interne oder externe Meldestelle wendet, wobei der Gesetzgeber die interne Meldestelle priorisiert. Die Identität der hinweisgebenden Person ist in jedem Fall vertraulich zu behandeln.

Nach einer Meldung muss die Meldestelle Folgemaßnahmen ergreifen, über die die hinweisgebende Person innerhalb von 3 Monaten, in Ausnahmefällen 6 Monaten informiert werden muss. Dazu gehören unter anderem interne Untersuchungen, Abhilfe oder auch die Einstellung des Verfahrens. Verfahren können zwecks weiterer Untersuchungen auch an eine zuständige Arbeitseinheit oder eine Behörde (z.B. Gewerbeaufsicht, Staatsanwaltschaft) abgegeben werden. Für hinweisgebende Personen gilt nach einer Meldung ein Schutz vor Repressalien, also einer Benachteiligung infolge ihrer Meldung. Hierzu gehören Ausschluss von Gehaltserhöhungen ebenso wie die Nichtberücksichtigung bei Beförderungen bis hin zur Kündigung. Treten solche oder andere Benachteiligungen in engem zeitlichem Zusammenhang mit einer Meldung oder Offenlegung auf, beinhaltet das Gesetz eine Beweislastumkehr, d.h. in diesem Fall wird das Vorliegen von Repressalien vermutet und der Beschäftigungsgeber muss nun das Gegenteil darlegen und beweisen. Zur Frage der Mitbestimmung des BR im Zusammenhang mit dem Hinweisgeberschutz siehe § 87 Rn. 40 am Ende.

IV. Erklärung des AG

Ist festgestellt, dass es sich tatsächlich um ein Betriebs- oder Geschäftsgeheimnis handelt, so hängt die Geheimhaltungspflicht des Weiteren 9 außerdem davon ab, ob der AG diese Tatsachen **ausdrücklich als geheimhaltungspflichtig bezeichnet** hat (BAG 13.2.2007 – 1 ABR 14/06, AiB Newsletter 2007, Nr. 9, 2). An diese Erklärung sind keine Formerfordernisse geknüpft, sie muss allerdings dem Bestimmtheitserfordernis genügen, also klar und eindeutig sein. Ein als »**vertraulich**« gekennzeichnetes Betriebs- oder Geschäftsgeheimnis wird diesem Bestimmtheitserfordernis gerecht. Wird diese Erklärung erst nach der Mitteilung des Betriebsgeheimnisses abgegeben, besteht auch erst ab diesem Zeitpunkt die Verschwiegenheitspflicht (DKW, § 79 BetrVG Rn. 14).

V. Rechtsfolge: Offenbarungs- und Verwertungsverbot

10 Rechtsfolge der Geheimhaltungspflicht ist ein **Offenbarungs- und Verwertungsverbot** bzgl. des Betriebs- oder Geschäftsgeheimnisses. Eine Offenbarung ist die Weitergabe an Dritte (auch AN des eigenen Betriebs), die Verwertung ist das Ausnutzen dieser Kenntnisse zum Erzielen persönlicher oder wirtschaftlicher Vorteile (z. B. die Durchführung von Insidergeschäften wie der Kauf von Aktien). Irrelevant ist die Art der Weitergabe und auch der Zweck, zu dem diese Weitergabe erfolgt. Die Geheimhaltungspflicht endet weder mit Ende des betriebsverfassungsrechtlichen Amtes noch mit der Beendigung des Beschäftigungsverhältnisses und auch nicht mit Stilllegung des Betriebs (Fitting, § 79 BetrVG Rn. 17).

VI. Ausnahmen von der Geheimhaltungspflicht

11 Die Geheimhaltungspflicht besteht nicht im **Innenverhältnis** zwischen BR-Mitgliedern und den in § 79 Abs. 2 genannten Mitgliedern innerhalb dieser Institutionen. Auch gilt die Verpflichtung nicht in Verfahren vor einer Einigungsstelle. In Einzelfällen kann die Geheimhaltungspflicht einer Offenbarungspflicht weichen, so z. B. bei einer gerichtlichen Zeugenaussage oder bei Anzeigepflichten im Rahmen des Arbeits- und Gesundheitsschutzes. Eine Offenlegung von Geschäftsgeheimnissen kann ausnahmsweise »*zur Aufdeckung eines beruflichen oder sonstigen Fehlverhaltens oder einer illegalen Tätigkeit zulässig sein, sofern der Antragsgegner in der Absicht gehandelt hat, das allgemeine öffentliche Interesse zu schützen*« (Art. 5 Buchst. C der RL 2016/943). Gemeint sind damit insbesondere Tätigkeiten von sog. »**Whistleblowern**«. Deren Tätigkeiten sollen ausdrücklich nicht eingeschränkt werden.

12 Aufsichtsratsmitgliedern ist es nicht gestattet, dem BR Betriebs- und Geschäftsgeheimnisse zu offenbaren, und zwar auch dann, wenn das

Aufsichtsratsmitglied gleichzeitig Mitglied des BR ist, da das AktG keine entsprechenden Beschränkungen der Verschwiegenheitspflicht enthält (BAG 23.10.2008 – 2 ABR 59/07).

VII. Weitere Verschwiegenheitsverpflichtungen

Die BR-Mitglieder treffen weitere besondere Verschwiegenheitsverpflichtungen hinsichtlich **persönlicher Geheimnisse von AN**. Diese ergeben sich aus den §§ 82 Abs. 2, 83 Abs. 1, 99 Abs. 1 Satz 3 und 102 Abs. 2 Satz 5. 13

Beispiele:

- So darf ein BR nicht über die Höhe von Gehältern Auskunft geben, die ihm z. B. bei der Einsichtnahme in die Gehaltslisten oder anlässlich der Unterrichtung nach § 99 bekannt geworden sind.
- Im Rahmen der Anhörung bei Kündigungen (§ 102) ist es den BR-Mitgliedern untersagt, außerhalb des Gremiums z. B. den Namen des betroffenen AN bekannt oder Angaben zu den Kündigungsgründen etc. zu machen.
- Vertrauliche Angaben eines AN über seine persönlichen Angelegenheiten dürfen dem AG vom BR ohne Zustimmung des AN nicht mitgeteilt werden.
- Ein Betriebsratsvorsitzender, der auf einer Betriebsversammlung aus den ihm mit einem Zustimmungsantrag des AG zur Einstellung übermittelten Bewerbungsschreiben eines Mitarbeiters ohne dessen Einwilligung wörtlich zitiert und dadurch den eingestellten Mitarbeiter herabwürdigt, kann aus dem BR ausgeschlossen werden (LAG Düsseldorf 9. 1. 2013 – 12 TaBV 93/12).

Alle AN trifft eine **allgemeine Schweigepflicht** hinsichtlich vertraulicher, sensibler und persönlicher Angelegenheiten des Betriebs, die insoweit über den Schutzbereich des § 79 hinausgeht. Diese Verschwiegenheitsverpflichtung wird aus der Treuepflicht gegenüber dem AG abgeleitet, ein Verstoß kann eine Arbeitsvertragspflichtverletzung darstellen. 14

VIII. Streitigkeiten

Streitigkeiten hinsichtlich des Bestehens und des Umfangs der Geheimhaltungspflicht werden im **Beschlussverfahren** ausgetragen. Verletzt ein BR-Mitglied seine Verpflichtung, kann der AG einen Antrag auf **Ausschluss** des Mitglieds nach § 23 Abs. 1 stellen. Ferner kann der 15

AG ggf. Ansprüche auf Schadensersatz geltend machen. Nach Rechtsprechung des BAG besteht ein Unterlassungsanspruch nur gegen die in § 79 Abs. 1 genannten Organmitglieder (BAG 26.2.1987 – 6 ABR 46/84, AiB 1988, 68–69).

16 Der bloße Verstoß gegen die Geheimhaltungspflichten nach § 79 rechtfertigt für sich noch keine **außerordentliche Kündigung des Arbeitsverhältnisses**. Erforderlich ist außerdem eine arbeitsvertragliche Pflichtverletzung, zum Beispiel ein Verstoß gegen arbeitsvertragliche Schweigepflichten. Zusätzlich muss durch den Verstoß die weitere Beschäftigung unzumutbar sein. Hier spiegelt sich letztlich der Gedanke wider, dass Amtsträger für Amtsverstöße (hier z. B. der Verstoß gegen die Verschwiegenheitspflicht nach § 79) nur mit den dafür vorgesehenen Sanktionen belegt werden dürfen, z. B. § 23 Abs. 1.
Betreibt ein Betriebsratsmitglied allerdings anonym eine Website und veröffentlicht dort Betriebsinterna, die ihm aufgrund der Amtswahrnehmung bekannt wurden, kann dies eine fristlose Kündigung rechtfertigen (LAG Hessen 21.2.2024 – 18 Sa 360/23).

17 Zu beachten ist dies auch, wenn mehrere Ämter durch eine Person ausgeübt werden: Ist ein BR-Mitglied zugleich Mitglied des Aufsichtsrats und begeht es Verstöße gegen die Pflichten eines Aufsichtsratsmitglieds, so richtet sich die Sanktion nach den Regelungen des Gesellschaftsrechts – zum Beispiel durch eine Abberufung aus dem Aufsichtsrat – ermöglicht aber nicht auch den Ausschluss aus dem BR nach § 23 oder gar die (außerordentliche) Kündigung (vgl. BAG 23.10.2008 – 2 ABR 59/07).

§ 79a Datenschutz

[1]Bei der Verarbeitung personenbezogener Daten hat der Betriebsrat die Vorschriften über den Datenschutz einzuhalten. [2]Soweit der Betriebsrat zur Erfüllung der in seiner Zuständigkeit liegenden Aufgaben personenbezogene Daten verarbeitet, ist der Arbeitgeber der für die Verarbeitung Verantwortliche im Sinne der datenschutzrechtlichen Vorschriften. [3]Arbeitgeber und Betriebsrat unterstützen sich gegenseitig bei der Einhaltung der datenschutzrechtlichen Vorschriften. [4]Die oder der Datenschutzbeauftragte ist gegenüber dem Arbeitgeber zur Verschwiegenheit verpflichtet über Informationen, die Rückschlüsse auf den Meinungsbildungsprozess des Betriebsrats zulassen. [5]Die §§ 6 Absatz 5 Satz 2, 38 Absatz 2 des Bundesdatenschutzgesetzes gelten auch im Hinblick auf das Verhältnis der oder des Datenschutzbeauftragten zum Arbeitgeber.

Inhaltsübersicht Rn.

I. Hintergrund der Regelung

1 Am 25. 5. 2018 ist die Datenschutz-Grundverordnung der EU (**DSGVO**) in Kraft getreten. Deren Ziel ist es zu gewährleisten, dass der Datenschutz für alle natürlichen Personen in der EU auf einem gleichen Niveau liegt. Die Verarbeitung personenbezogener und oftmals sensibler Beschäftigtendaten geht regelmäßig mit der betriebsverfassungsrechtlichen Aufgabenerfüllung durch den BR einher. Ihm kommt daher eine besondere Verantwortung für die Einhaltung der datenschutzrechtlichen Vorschriften zu. Bei Inkrafttreten der DSGVO war (mangels näherer Regelung) umstritten, wer im Verhältnis AG/BR » Verantwortlicher« im Sinne der DSGVO ist. Dies wird durch die im Zuge des **Betriebsrätemodernisierungsgesetz** geschaffene Regelung nun geklärt und eindeutig dem AG zugewiesen. Bei der Verarbeitung personenbezogener Daten agiert der BR daher als institutionell unselbständiger Teil des für die Einhaltung des Datenschutzes verantwortlichen AG.

II. Datenschutz

2 In Art. 5 DSGVO sind die für die **Verarbeitung personenbezogener Daten** geltenden Grundsätze enthalten. Diese Grundsätze gelten auch für die Datenverarbeitung im Arbeitsverhältnis durch den AG, aber auch für die Datenverarbeitung durch den BR. Danach müssen personenbezogene Daten

1. auf rechtmäßige Weise, nach Treu und Glauben und in einer für die betroffene Person nachvollziehbaren Weise verarbeitet werden (»Rechtmäßigkeit, Verarbeitung nach Treu und Glauben, Transparenz«);
2. für festgelegte, eindeutige und legitime Zwecke erhoben werden und dürfen nicht in einer mit diesen Zwecken nicht zu vereinbarenden Weise weiterverarbeitet werden (»Zweckbindung«);
3. dem Zweck angemessen und erheblich sowie auf das für die Zwecke der Verarbeitung notwendige Maß beschränkt sein (»Datenminimierung«);
4. sachlich richtig und erforderlichenfalls auf dem neuesten Stand sein; es sind alle angemessenen Maßnahmen zu treffen, damit per-

sonenbezogene Daten, die im Hinblick auf die Zwecke ihrer Verarbeitung unrichtig sind, unverzüglich gelöscht oder berichtigt werden (»Richtigkeit«);
5. in einer Form gespeichert werden, die die Identifizierung der betroffenen Personen nur so lange ermöglicht, wie es für die Zwecke, für die sie verarbeitet werden, erforderlich ist (»Speicherbegrenzung«);
6. in einer Weise verarbeitet werden, die eine angemessene Sicherheit der personenbezogenen Daten gewährleistet, einschließlich dem Schutz vor unbefugter oder unrechtmäßiger Verarbeitung und vor unbeabsichtigtem Verlust, unbeabsichtigter Zerstörung oder unbeabsichtigter Schädigung durch geeignete technische und organisatorische Maßnahmen (»Integrität und Vertraulichkeit«).

Für Gesundheitsdaten und sonstige Kategorien besonders sensibler personenbezogener Daten – wie z. B. die Gewerkschaftszughörigkeit – gelten besondere Anforderungen. Diese sind in Art. 9 DSGVO geregelt.

3 Die DSGVO enthält zahlreiche Öffnungsklauseln, so auch für die **Datenverarbeitung im Beschäftigungsverhältnis (Art. 88 DSGVO).** Daraus folgte ein Anpassungsbedarf der entsprechenden Regelungen im nationalen Datenschutzrecht. Zum 25. 5. 2018 wurde daher auch das Bundesdatenschutzgesetz geändert. Dieses enthält jetzt in § 26 BDSG die Regelungen zur Datenverarbeitung im Beschäftigungsverhältnis. Im Kern setzt § 26 BDSG die bereits in § 32 BDSG a. F. normierte Rechtslage zum Beschäftigtendatenschutz fort.

4 § 26 BDSG enthält die folgenden zentralen Aussagen zur **Beteiligung des BR** bei Fragen des Datenschutzes im Beschäftigungsverhältnis:

- *»Die Beteiligungsrechte der Interessenvertretungen der Beschäftigten bleiben unberührt«* (Abs. 6). Das heißt, dass die DSGVO und das BDSG die Mitbestimmungs- und sonstigen Beteiligungsrechte des BR – entgegen häufiger Bekundungen von AG – nicht einschränken.
- *»Personenbezogene Daten von Beschäftigten dürfen für Zwecke des Beschäftigungsverhältnisses verarbeitet werden, wenn dies … zur Ausübung oder Erfüllung der sich aus einem Gesetz oder einem Tarifvertrag, einer Betriebs- oder Dienstvereinbarung (Kollektivvereinbarung) ergebenden Rechte und Pflichten der Interessenvertretung der Beschäftigten erforderlich ist«* (Abs. 1).

  Hieraus folgt, dass sich der Anspruch des BR auf Zurverfügungstellung bestimmter personenbezogener Daten auch aus einer BV ergeben kann. Schließt der BR z. B. eine BV zu einem Zielvereinbarungssystem ab, so hat der BR neben dem Anspruch auf Vorlage der individuellen Zielvereinbarungen auch Anspruch auf Auskunft über die Zielerreichung, um die Einhaltung der in der BV geregelten

Grundsätze prüfen zu können (BAG 21.10.2003 – 1 ABR 39/02). Das gilt entsprechend für die konkreten Arbeitszeiten der AN. Auch insoweit besteht ein Auskunftsanspruch des BR, der über eine BV umgesetzt werden kann, z.B. durch ein entsprechendes Leserecht des BR.

- »*Die Verarbeitung personenbezogener Daten, einschließlich besonderer Kategorien personenbezogener Daten von Beschäftigten für Zwecke des Beschäftigungsverhältnisses, ist auf der Grundlage von Kollektivvereinbarungen zulässig*« (Abs. 4). D.h., dass BV die Rechtsgrundlage für die Verarbeitung von personenbezogenen Daten sein können. Die BV ersetzt die Einwilligung des AN in die Datenverarbeitung. Deshalb hat auch der AG regelmäßig großes Interesse am Abschluss solcher BV. Umso mehr muss der BR dafür Sorge tragen, dass die in Rn. 2 aufgeführten Grundsätze der Datenverarbeitung auch eingehalten werden und die AN in möglichst großem Umfang vor Leistungs- und Verhaltenskontrolle geschützt werden (siehe § 87 Abs. 1 Nr. 6). Dabei ist allerdings zu beachten, dass in einem Kündigungsschutzprozess nach Maßgabe der Datenschutz-Grundverordnung und der Zivilprozessordnung grundsätzlich kein Verwertungsverbot besteht in Bezug auf solche Aufzeichnungen aus einer offenen Videoüberwachung, die vorsätzlich vertragswidriges Verhalten des AN belegen sollen. Das gilt auch dann, wenn die Überwachungsmaßnahme des AG nicht vollständig im Einklang mit den Vorgaben des Datenschutzrechts steht (BAG 29.6.2023 – 2 AZR 296/22: »Datenschutz ist kein Tatenschutz.«). Das BAG hat in dieser Entscheidung außerdem klargestellt, dass den Betriebsparteien die Regelungsmacht fehlt, ein über das formelle Verfahrensrecht der Zivilprozessordnung hinausgehendes Verwertungsverbot (z.B. in einer BV) zu begründen oder die Möglichkeit des AG wirksam zu beschränken, in einem Individualrechtsstreit Tatsachenvortrag über betriebliche Geschehnisse zu halten und diesen unter Beweis zu stellen. Allein der Gesetzgeber sei befugt, den gerichtlichen Verfahrensablauf zu bestimmen. Dazu gehört auch die in §§ 138, 286 Abs. 1 ZPO bestimmte Möglichkeit, Tatsachenstoff in das Verfahren einzuführen und unter Beweis zu stellen, sowie die darauf bezogene Würdigung durch das Gericht.

Ein besonderes (und wie vieles im Bereich des Datenschutzes noch nicht **5** gerichtlich geklärtes) Thema sind personenbezogene Daten, die nach dem Wortlaut nicht dem Gremium als Ganzes, sondern nur einzelnen Mitgliedern (z.B. dem Betriebsausschuss im Falle der Einsichtnahme in Bruttogehaltslisten) zugänglich sein sollen. Ggf. müssen BR derartige Daten, sofern sie personenbezogene Daten enthalten, mit einem besonderen Schutz versehen. Ebenso muss insbesondere z. B. bei den personellen Einzelmaßnahmen nach § 99, die oftmals (z. B. bei der Einstellung) mit der Vorlage derartiger Daten (z. B. Lebenslauf etc.) verbunden sind, vor dem Hintergrund der Zweckmäßigkeit und der Speicherbegrenzung darauf geachtet werden, dass der BR derartige Daten nur so lange vorhalten darf, wie er sie zur Erfüllung seiner Aufgaben benötigt (einschließlich der Verfolgung von Verstößen gegen die Mitbestimmung). Im Falle von Einstellungsprozessen dürften die Anhörungsunterlagen daher in der Regel nach Abschluss des Einstellungsverfahrens oder nach Beendigung eines in diesem Zusammenhang eingeleiteten Beschlussverfahrens zurückzugeben bzw. zu löschen sein. Ähnliches dürfte für Kündigungen gelten.

6 Es empfiehlt sich, dass der BR eine interne Richtlinie zum Umgang mit personenbezogenen Daten verabschiedet und ein BR-Mitglied mit den Aufgaben eines internen Datenschutzbeauftragten betraut. Ebenso sollte dieses Mitglied den Beschäftigten als »Datenschutzverantwortlicher« über das schwarze Brett oder auch das Intranet bekannt gemacht werden. Begehren die Beschäftigten dann Auskunft nach der DSGVO, können diese direkt von einem Mitglied des BR erteilt werden.

III. Gegenseitige Unterstützung

7 Die in Satz 3 normierte beiderseitige Unterstützungspflicht von AG und BR bei der Einhaltung der datenschutzrechtlichen Vorschriften beruht auf der datenschutzrechtlichen Verantwortlichkeit des AG einerseits und der innerorganisatorischen Selbständigkeit und Weisungsfreiheit des BR andererseits. Daher sind AG und BR bei der Erfüllung der datenschutzrechtlichen Pflichten in vielfacher Weise auf gegenseitige Unterstützung angewiesen.

8 Der BR hat keine Pflicht, ein eigenes Verzeichnis von Verarbeitungstätigkeiten (Artikel 30 der DSGVO) zu führen, allerdings muss das Verarbeitungsverzeichnis des AG auch die Verarbeitungstätigkeiten des BR enthalten.

9 Auch bei den datenschutzrechtlichen Auskunftsrechten (Artikel 15 der DSGVO) ist der AG, wenn der Auskunftsanspruch sich auf die durch den BR verarbeiteten Daten bezieht, auf die Unterstützung durch den BR angewiesen. Im Wege der vertrauensvollen Zusammenarbeit dürfte es dem BR daher nicht möglich sein, dem AG diesen Unterstützungsbedarf zu verweigern. Es empfiehlt sich daher umso mehr die »Bestellung eines Verantwortlichen innerhalb des Gremiums«, damit sich die Beschäftigten im oben genannten Fall direkt an den BR wenden kön-

nen. Insbesondere kann der BR so verhindern, dass der AG erfährt, zu welchem Zweck der BR bestimmte Daten vorhält (z. B. um fortlaufende Verstöße gegen die Mitbestimmung zu dokumentieren und ein darauf gestütztes Verfahren einzuleiten).

Schließlich hat der BR innerhalb seines Zuständigkeitsbereichs eigen- 10
verantwortlich die Umsetzung technischer und organisatorischer Maßnahmen zur Gewährleistung der Datensicherheit im Sinne der Artikel 24 und 32 der DSGVO sicherzustellen. Der AG hat den BR mit den hierfür erforderlichen Sachmitteln, wie etwa geeigneten Sicherungseinrichtungen für Unterlagen mit personenbezogenen Daten, auszustatten (§ 40 Abs. 2). Soweit erforderlich, kann der BR die Beratung durch den betrieblichen Datenschutzbeauftragten in Anspruch nehmen. BR, die der Ansicht sind, besondere Sachmittel zum Schutz der personenbezogenen Daten zu benötigen, sollten derartige Anforderungen schriftlich dokumentieren, um im Einzelfall nachweisen zu können, dass der AG dieser Forderung nicht nachgekommen ist.

Die Stellung und die Aufgaben des Datenschutzbeauftragten richten 11
sich nach der DSGVO (Artikel 38 und 39) und bestehen somit auch gegenüber dem BR als Teil der verantwortlichen Stelle. Soweit erforderlich, sollte der BR die Beratung durch den Datenschutzbeauftragten in Anspruch nehmen.

Zu einer etwaigen Kontrollbefugnis des betrieblichen Datenschutzbeauftragten gegenüber dem BR vgl. § 80 Rn. 26.

Die Aufgaben eines Betriebsratsvorsitzenden und eines Datenschutzbe- 12
auftragten können nicht durch dieselbe Person ohne Interessenkonflikt ausgeübt werden. Personenbezogene Daten dürfen dem BR nur zu Zwecken zur Verfügung gestellt werden, die das Betriebsverfassungsgesetz ausdrücklich vorsieht. Der BR entscheidet durch Gremiumsbeschluss darüber, unter welchen konkreten Umständen er in Ausübung seiner gesetzlichen Aufgaben welche personenbezogenen Daten vom AG fordert und auf welche Weise er diese anschließend verarbeitet. In diesem Rahmen legt er die Zwecke und Mittel der Verarbeitung personenbezogener Daten fest. Jedenfalls die hervorgehobene Funktion des Betriebsratsvorsitzenden, der den BR im Rahmen der gefassten Beschlüsse vertritt, hebt die zur Erfüllung der Aufgaben eines Datenschutzbeauftragten erforderliche Zuverlässigkeit auf (BAG 6.6.2023 – 9 AZR 383/19) Auch wenn diese Entscheidung noch auf die Zuverlässigkeit i. S. v. § 4f Abs. 2 Satz 1 BDSG a. F. abstellt, dürfte die Entscheidung auch auf die n. F. bzw. DSGVO zu übertragen sein, da auch dort die Zuverlässigkeit des Datenschutzbeauftragten verlangt wird.

13 Die Verletzung datenschutzrechtlicher Verpflichtungen aus § 79a S. 1 durch ein BR-Mitglied kann dessen Ausschluss aus dem BR nach § 23 Abs. 1 rechtfertigen (Hessisches LAG 10. 3. 2025 – 16 TaBV 109/24).

§ 80 Allgemeine Aufgaben

(1) Der Betriebsrat hat folgende allgemeine Aufgaben:

1. darüber zu wachen, dass die zugunsten der Arbeitnehmer geltenden Gesetze, Verordnungen, Unfallverhütungsvorschriften, Tarifverträge und Betriebsvereinbarungen durchgeführt werden;

2. Maßnahmen, die dem Betrieb und der Belegschaft dienen, beim Arbeitgeber zu beantragen;

2a. die Durchsetzung der tatsächlichen Gleichstellung von Frauen und Männern, insbesondere bei der Einstellung, Beschäftigung, Aus-, Fort- und Weiterbildung und dem beruflichen Aufstieg, zu fördern;

2b. die Vereinbarkeit von Familie und Erwerbstätigkeit zu fördern;

3. Anregungen von Arbeitnehmern und der Jugend- und Auszubildendenvertretung entgegenzunehmen und, falls sie berechtigt erscheinen, durch Verhandlungen mit dem Arbeitgeber auf eine Erledigung hinzuwirken; er hat die betreffenden Arbeitnehmer über den Stand und das Ergebnis der Verhandlungen zu unterrichten;

4. die Eingliederung schwerbehinderter Menschen einschließlich der Förderung des Abschlusses von Inklusionsvereinbarungen nach § 166 des Neunten Buches Sozialgesetzbuch und sonstiger besonders schutzbedürftiger Personen zu fördern;

5. die Wahl einer Jugend- und Auszubildendenvertretung vorzubereiten und durchzuführen und mit dieser zur Förderung der Belange der in § 60 Abs. 1 genannten Arbeitnehmer eng zusammenzuarbeiten; er kann von der Jugend- und Auszubildendenvertretung Vorschläge und Stellungnahmen anfordern;

6. die Beschäftigung älterer Arbeitnehmer im Betrieb zu fördern;

7. die Integration ausländischer Arbeitnehmer im Betrieb und das Verständnis zwischen ihnen und den deutschen Arbeitnehmern zu fördern sowie Maßnahmen zur Bekämpfung von Rassismus und Fremdenfeindlichkeit im Betrieb zu beantragen;

8. die Beschäftigung im Betrieb zu fördern und zu sichern;

9. **Maßnahmen des Arbeitsschutzes und des betrieblichen Umweltschutzes zu fördern.**

(2) [1]Zur Durchführung seiner Aufgaben nach diesem Gesetz ist der Betriebsrat rechtzeitig und umfassend vom Arbeitgeber zu unterrichten; die Unterrichtung erstreckt sich auch auf die Beschäftigung von Personen, die nicht in einem Arbeitsverhältnis zum Arbeitgeber stehen, und umfasst insbesondere den zeitlichen Umfang des Einsatzes, den Einsatzort und die Arbeitsaufgaben dieser Personen. [2]Dem Betriebsrat sind auf Verlangen jederzeit die zur Durchführung seiner Aufgaben erforderlichen Unterlagen zur Verfügung zu stellen; in diesem Rahmen ist der Betriebsausschuss oder ein nach § 28 gebildeter Ausschuss berechtigt, in die Listen über die Bruttolöhne und -gehälter Einblick zu nehmen. [3]Zu den erforderlichen Unterlagen gehören auch die Verträge, die der Beschäftigung der in Satz 1 genannten Personen zugrunde liegen. [4]Soweit es zur ordnungsgemäßen Erfüllung der Aufgaben des Betriebsrats erforderlich ist, hat der Arbeitgeber ihm sachkundige Arbeitnehmer als Auskunftspersonen zur Verfügung zu stellen; er hat hierbei die Vorschläge des Betriebsrats zu berücksichtigen, soweit betriebliche Notwendigkeiten nicht entgegenstehen.

(3) [1]Der Betriebsrat kann bei der Durchführung seiner Aufgaben nach näherer Vereinbarung mit dem Arbeitgeber Sachverständige hinzuziehen, soweit dies zur ordnungsgemäßen Erfüllung seiner Aufgaben erforderlich ist. [2]Muss der Betriebsrat zur Durchführung seiner Aufgaben die Einführung oder Anwendung von Künstlicher Intelligenz beurteilen, gilt insoweit die Hinzuziehung eines Sachverständigen als erforderlich. [3]Gleiches gilt, wenn sich Arbeitgeber und Betriebsrat auf einen ständigen Sachverständigen in Angelegenheiten nach Satz 2 einigen.

(4) Für die Geheimhaltungspflicht der Auskunftspersonen und der Sachverständigen gilt § 79 entsprechend.

Inhaltsübersicht Rn.

I. Zweck der Regelung

1 Die Vorschrift zählt die allgemeinen Aufgaben und Rechte des BR auf, die unabhängig von den Mitbestimmungsrechten des BR aus §§ 87 ff. bestehen. § 80 räumt dem BR keine konkreten (weiteren) Mitbestimmungsrechte ein, vielmehr benennt und begrenzt diese Regelung die Angelegenheiten, über die der AG den BR zu unterrichten und die er mit ihm zu besprechen hat.

II. Allgemeine Aufgaben

1. Überwachung von Rechtsnormen

2 Die in § 80 Abs. 1 Nr. 1 genannte Überwachungspflicht ist eine **grundlegende Aufgabe** des BR, die sicherstellen soll, dass die genannten Normen eingehalten werden. Die Wahrnehmung der Überwachungspflicht hängt nicht vom Bestehen eines Mitbestimmungsrechts ab und ist auch nicht an eine konkret bekannt gewordene Regelverletzung gebunden (BAG 7.2.2012 – 1 ABR 46/10, AiB 2012, 605–607). Der Begriff der Gesetze und Verordnungen, die zu Gunsten der AN gelten, ist weit auszulegen. Er umfasst alle Rechtsvorschriften, die sich zu Gunsten der AN im Betrieb auswirken können, sowie das Richterrecht. Dem BR obliegt vor allem auch die **Überwachung der Einhaltung und Umsetzung einer BV**, deren Umsetzung Aufgabe des AG ist (BAG 18.1.2005 – 3 ABR 21/04, AiB Newsletter 2005, Nr. 2, 3). Zu den Aufgaben des BR zählt auch die Überwachung der **Einhaltung von Tarifverträgen**.
Bei einem Verstoß gegen eine BV kann der BR die ordnungsgemäße Ausführung der BV arbeitsgerichtlich durchsetzen (§ 77 Rn. 2). In allen anderen Fällen von Verstößen gegen Rechtsnormen ist der BR darauf beschränkt, die ungenügende Beachtung dieser Vorschriften beim AG

zu beanstanden und auf Abhilfe zu drängen (BAG 28.5.2002 – 1 ABR 40/01, AiB 2003, 313–315; Hessisches LAG 4.7.2024 – 5 TaBV 46/23).

2. Antragsrechte

§ 80 Abs. 1 Nr. 2 gewährt dem BR ein **Initiativrecht zum Beantragen** 3
aller Maßnahmen, die dem Wohl des Betriebs, der gesamten Belegschaft oder des einzelnen AN dienen. Dieses Initiativrecht besteht unabhängig von einzelnen Mitbestimmungsrechten (BAG 27.6.1989 – 1 ABR 19/88).
Dieses Initiativerecht besteht in sozialen, personellen und wirtschaftlichen Themenbereichen. In dem sozialen Gebiet besteht eine Fülle von Antragsmöglichkeiten: So kann der BR z. B. die Einführung von Ausgleichszahlungen, die Gewährung von Vorschüssen oder (außertariflichen) Lohnerhöhungen beantragen. In dem personellen Gebiet kann der BR z. B. personelle Einzelmaßnahmen wie Einstellungen, Versetzungen und Umgruppierungen beim AG beantragen. Im wirtschaftlichen Bereich kann z. B. ein Antrag auf Verbesserungen der Arbeitsmethoden oder können Anträge für andere unternehmerische Entscheidungen gestellt werden.
Der AG ist verpflichtet, sich mit diesen Anträgen ernsthaft zu befassen; dies folgt aus den §§ 2 Abs. 1, 74 Abs. 1.

3. Durchsetzung der tatsächlichen Gleichstellung von Männern und Frauen; Vereinbarkeit von Familie und Erwerbstätigkeit

§ 80 Abs. 1 Nr. 2a und Nr. 2b haben das Ziel, die **Gleichberechtigung** 4
der Geschlechter zu fördern. Im Rahmen dieser Förderungspflicht soll der BR alle Maßnahmen unternehmen, die ihm zum Erreichen dieses Ziels sinnvoll erscheinen. Dies werden regelmäßig Anträge und Vorschläge beim AG sein, z. B. hinsichtlich des Abbaus von Benachteiligungen bei Einstellungen.

4. Entgegennahme von Anregungen

§ 80 Abs. 1 Nr. 3 ist als Ergänzung von § 80 Abs. 1 Nr. 2 dahingehend zu 5
verstehen, dass der BR nicht nur von sich aus mit eigenen Anträgen auf den AG einwirkt, sondern auch Anregungen von AN entgegennehmen soll.
Der BR hat sich mit der Anregung zu befassen und die sachliche Berechtigung zu prüfen. Hält er sie für berechtigt, ist er verpflichtet, mit

dem AG über die **Umsetzung zu beraten**. Der BR hat den AN über das Ergebnis dieser Verhandlungen zu unterrichten. Eine Unterrichtung muss auch erfolgen, wenn der BR die Anregung für unberechtigt hält und er deshalb mit der Anregung nicht an den AG herantritt.

5. Eingliederung schutzbedürftiger Personen

6 § 80 Abs. 1 Nr. 4 nennt explizit **schwerbehinderte Menschen**; zu den sonstigen besonders schutzwürdigen Personen zählen aber auch sonstige körperlich, geistig oder seelisch behinderte Menschen. Unter dem Begriff Eingliederung ist deren Unterbringung im Betrieb und die Zuweisung einer ihren Kräften und Fähigkeiten entsprechenden Beschäftigung zu verstehen.
Die Förderung des Abschlusses von Inklusionsvereinbarungen betont das Gesetz ausdrücklich und wird damit der Gesetzesänderung im SGB IX gerecht. Gemäß § 166 SGB IX ist das Ziel von Inklusionsvereinbarungen, die gleichberechtigte Teilhabe schwerbehinderter Menschen am Arbeitsleben bei der Gestaltung von Arbeitsprozessen und Rahmenbedingungen von Anfang an zu berücksichtigen.
Für den BR resultiert aus der Regelung die Pflicht, das Einhalten der Schutzgesetze für die besonders schutzbedürftigen Personen besonders zu überwachen und zur Wahrnehmung seiner Förderpflichten mit der Schwerbehindertenvertretung zusammenzuarbeiten.
Die Förder- und Überwachungsaufgaben des BR nach § 80 Abs. 1 Nr. 4 i. V. m. § 176 Satz 1 und Satz 2, 1. Halbsatz SGB IX erfassen alle schwerbehinderten und ihnen gleichgestellten AN und damit auch solche, die leitende Angestellte i. S. v. § 5 Abs. 3 sind (BAG 9. 5. 2023 – 1 ABR 14/22).

6. Wahl und Zusammenarbeit mit der JAV

7 § 80 Abs. 1 Nr. 5 ergänzt § 63 Abs. 2 und legt fest, dass der BR die JAV-Wahl vorzubereiten hat. Ist die JAV gewählt, hat der BR mit dieser eng zusammenzuarbeiten, um die in § 60 genannten Belange jugendlicher AN und solcher in Ausbildung zu fördern.

7. Förderung der Beschäftigung älterer AN

8 Die aus § 80 Abs. 1 Nr. 6 resultierende Förderungspflicht stellt eine Ergänzung zu den §§ 75 Abs. 1, 96 Abs. 2 dar. Zu der Förderung gehört die berufliche Weiterentwicklung und Anpassung an veränderte wirt-

schaftliche und technische Gegebenheiten und das Hinwirken auf die Neueinstellung älterer AN auf für sie geeignete Arbeitsplätze.

8. Integration; Kampf gegen Rassismus und Fremdenfeindlichkeit

Nach § 80 Abs. 1 Nr. 7 hat der BR bereits im Betrieb beschäftigte aus- 9
ländische AN zu fördern. Das bedeutet Förderung der Integration und Überwachung des Gleichbehandlungsgrundsatzes. Der BR soll auch auf den Abbau von Vorurteilen hinwirken und das gegenseitige Verständnis ausländischer und deutscher AN fördern.

9. Förderung und Sicherung der Beschäftigung

Die Regelung aus § 80 Abs. 1 Nr. 8 zielt auf den Erhalt von Arbeits- 10
plätzen im Betrieb. Das betrifft sowohl die Anzahl an AN als auch die Anzahl an Arbeitsplätzen und auch die Aufrechterhaltung qualifizierter Arbeitsplätze. In diesem Zusammenhang kann der BR etwa die Übernahme von Auszubildenden im Betrieb oder die Erweiterung der Ausbildungskapazitäten anregen.

10. Förderung von Arbeits- und Umweltschutz

Eine Förderungspflicht hinsichtlich des Arbeitsschutzes ergibt sich be- 11
reits aus § 87 Abs. 1 Nr. 7 sowie aus § 89, daher hat § 80 Abs. 1 Nr. 9 vor allem Bedeutung hinsichtlich der Belange des betrieblichen Umweltschutzes. Eine Förderungspflicht kann sich z. B. beziehen auf Maßnahmen zur Abfallvermeidung, zur Energieeinsparung oder zur Verwendung umweltschonender Betriebsmittel.

III. Pflicht des AG zur Information und zum Bereitstellen von Unterlagen und Auskunftspersonen

1. Informationspflicht

§ 80 Abs. 2 regelt eine **allgemeine Informationspflicht** des AG, sofern 12
der BR Informationen zur Ausführung der ihm obliegenden Aufgaben benötigt. Mit der Informationspflicht geht ein **Auskunftsanspruch** des BR einher. Beides resultiert aus dem Gebot der vertrauensvollen Zusammenarbeit.

Das Informationsrecht besteht nicht erst dann, wenn bereits feststeht, dass Aufgaben des BR vorliegen; vielmehr soll der BR durch die Unterrichtungspflicht in die Lage versetzt werden, in eigener Verantwortung zu prüfen, ob er tätig werden kann und soll. Der BR kann aber nicht ohne Bezug auf eine konkrete Aufgabe eine Auskunft verlangen, sondern muss darlegen, wozu er die gewünschte Information benötigt. Unter Aufgabe in diesem Sinne sind sämtliche Beteiligungs- und Mitbestimmungsrechte sowie die Aufgaben aus § 80 Abs. 1 zu verstehen. In Bezug auf Mitbestimmungsrechte besteht ein Informationsanspruch, wenn zumindest eine gewisse Wahrscheinlichkeit für das Bestehen des Mitbestimmungsrechts besteht (BAG 15.12.1998 – 1 ABR 9/98, AiB 1999, 408–411). Ein BR hat daher auch Anspruch darauf, dass ihm die dienstlichen E-Mail-Adressen der Beschäftigten zur Verfügung gestellt werden, zumindest dann, wenn der BR darüber eine Bereitschaft zur Mitgliedschaft im Wahlvorstand abfragen will oder auch wenn er z. B. regelmäßig einen Newsletter über aktuelle Themen versendet und der AG grundsätzlich E-Mails auch zur internen Kommunikation nutzt (LAG Köln 12.10.2021 – 4 TaBVGa 10/21).

13 Die Information des BR hat **rechtzeitig und umfassend** zu erfolgen. Unter rechtzeitig ist die so frühzeitige Unterrichtung zu verstehen, dass der BR seine Aufgabe noch ordnungsgemäß wahrnehmen kann. Das ist nur der Fall, wenn etwaige Vorschläge und Bedenken des BR bei der Planung des AG noch Berücksichtigung finden können, wie dies im Sinne eines allgemeinen betriebsverfassungsrechtlichen Grundsatzes in § 90 Abs. 2 formuliert ist. Umfassend bedeutet, dass die Information sämtliche Angaben enthält, die für die ordnungsgemäße Erfüllung der Aufgabe durch den BR erforderlich sind. Insoweit gilt der **Grundsatz der Informationsparität**. Der AG ist zwar verpflichtet, von sich aus alle Informationen rechtzeitig und umfassend zu erteilen (»Bringschuld«), darüber hinaus ist es jedoch auch Aufgabe des BR, die von ihm benötigten Informationen beim AG abzufragen und sich z. B. durch eine Betriebsbegehung eigene Informationen zu beschaffen (BAG 13.6.1989 – 1 ABR 4/88). Hierfür besteht für den BR ein Zugangsrecht zu den Arbeitsplätzen. Beschäftigt ein AG AN, die ihm von einem anderen Unternehmen zur Arbeitsleistung überlassen werden, ist er allerdings nicht verpflichtet, den Mitgliedern des in dem Betrieb des Verleihers gebildeten BR jederzeit und unabhängig von einem konkreten Anlass Zutritt zu seinem Betrieb zu gewähren (BAG 15.10.2014 – 7 ABR 74/12, AiB 2016, Nr. 2, 62–63).

Auch **Mitarbeiterbefragungen** unter Verwendung von Fragebögen durch den BR können ein zulässiges Instrument zur Informationsbeschaffung sein und können nicht vom AG unterbunden werden, sofern ein Bezug zu Aufgaben des BR gegeben ist (grundlegend BAG 8.2.1977 – 1 ABR 82/74; LAG Sachsen 15.7.2022 – 4 TaBVGa 1/22).

Im Rahmen dieser Informationspflicht muss der AG den BR unterrichten z. B. über 14

- die Merkmale, nach denen **Zulagen** oder **Einmalzahlungen** geleistet werden;
- die Konditionen der Beschäftigung von **freien Mitarbeitern**;
- einen geplanten **Betriebsübergang** oder den **vollständigen Gesellschafterwechsel**;
- die Auswertung einer im Betrieb durchgeführten **Befragung**, wenn hinreichende Wahrscheinlichkeit besteht, dass die dabei gewonnenen Erkenntnisse Aufgaben des BR betreffen;
- die geplante Einführung und Änderung von **EDV-Systemen**;
- Beginn und Ende der Arbeitszeiten: Da der BR auch die Einhaltung der Schutzvorschriften des ArbZG zu überwachen hat, kann er sogar dann Auskunft verlangen, wenn der AG selbst hierauf gegenüber dem AN verzichtet; z. B. wegen der Vereinbarung von Vertrauensarbeitszeit (BAG 6.5.2003 – 1 ABR 13/02). Zudem ist aufgrund der jüngsten Entscheidungen des EuGH (14.5.2019 – C-55/18), des BAG (13.9.2022 – 1 ABR 22/21) sowie der Reformvorhaben des Gesetzgebers zu erwarten, dass zur Kontrolle der gesetzlichen Arbeitszeitvorgaben und zur Durchsetzung von Vergütungsansprüchen der AN (z. B. Mehrarbeit) zukünftig auf die elektronische Aufzeichnung der Arbeitszeiten nicht mehr verzichtet werden kann (auch nicht im Bereich der Vertrauensarbeitszeit, bei der in jedem Fall Beginn und Ende der täglichen Arbeitszeit sowie die Pausen erfasst werden sollten; siehe auch § 87 Rn. 71, 146).
- Durchführung von Interviews zur Aufdeckung von Rechts- bzw. Complianceverstößen.

Die Informationspflichten werden zunehmend auch durch andere Normen außerhalb des BetrVG ergänzt. So ergibt sich ein Informationsanspruch nicht nur im unmittelbaren Zusammenhang mit den Mitbestimmungstatbeständen oder aus § 106. Informationsansprüche des BR folgen z. B. auch aus folgenden Regelungen: 15

- im Falle von Massenentlassungen u. a. über die Entlassungsgründe, Zahl und Gruppe der zu kündigenden AN, Zahl und Gruppe der regelmäßig beschäftigten AN, die vom AG vorgesehenen Kriterien zur Berechnung der Abfindung (§ 17 Abs. 2 KSchG);
- bei Angeboten auf Erwerb von Wertpapieren oder im Rahmen von Übernahmeangeboten (§§ 10 Abs. 5 Satz 2, 14 Abs. 4 Satz 2 WpÜG);

- Zuleitung des Verschmelzungsvertrags (§ 5 Abs. 3 UmwG), wobei die Pflicht erst nach Abschluss des Verschmelzungsvertrags besteht;
- Namen derjenigen AN, denen der AG nach § 167 Abs. 2 SGB IX ein betriebliches Eingliederungsmanagement anbieten muss;
- der AG muss den BR darüber informieren, falls AN ein Auskunftsverlangen nach dem Entgelttransparenzgesetz stellen. Diese Information erfolgt anonymisiert unter Angabe der Beschäftigtengruppe, der Vergleichstätigkeiten und auf welche Entgeltbestandteile sich das Auskunftsverlangen bezieht. Da grundsätzlich der BR zur Beantwortung berechtigt ist (der AG hat ein beschränktes Übernahmerecht), muss der AG dem BR alle Informationen mitteilen, die dieser zur Erfüllung des Auskunftsverlangens benötigt.
- Da KBR und GBR nach § 17 Abs. 1 Satz 1 für die Bestellung eines Wahlvorstands zuständig sein können, haben diese einen Auskunftsanspruch darüber, in welchen Betrieben des Unternehmens kein BR besteht. Ferner besteht zur Ermittlung, welche wahlberechtigten AN bereit sind, das Amt des Wahlvorstands zu übernehmen, ein Zutrittsrecht des GBR bzw. KBR zum Betrieb, in dem der Wahlvorstand bestellt werden soll. Darüber hinaus können GBR / KBR die Möglichkeit der telefonischen Kontaktaufnahme mit den AN der betriebsratslosen Einheiten verlangen. Nicht mehr vom Informationsanspruch umfasst ist aber die Erteilung von Informationen (z. B. konkrete Namen und Vornamen, Geburtsdaten und Eintrittsdatum), die der erst noch zu bildende Wahlvorstand braucht, um die Wählerliste gemäß § 2 WahlO aufzustellen (LAG Hessen 17.1.2022 – 16 TaBV 8/21).

16 Im Zuge der Reform des AÜG ist nun in § 80 Abs. 2 Satz 1, 2. Halbsatz auch ausdrücklich bestimmt worden, dass die Informationspflicht des AG auch Personen umfasst, die nicht in einem Arbeitsverhältnis zum AG stehen. Dies umfasst neben Leiharbeitnehmern auch und gerade Personen, die im Wege von Werkverträgen oder Dienstverträgen beschäftigt werden. Die ausdrücklich festgelegten Unterrichtungspflichten entsprechen zwar schon voriger Rechtslage, sollen aber für mehr Klarheit beim Einsatz von Fremdpersonal sorgen. Konkret ist der BR bei der Beschäftigung von Fremdpersonal insbesondere zum zeitlichen Umfang des Einsatzes, zum Einsatzort und zu den Arbeitsaufgaben rechtzeitig und umfassend zu unterrichten. Dies umfasst auch die der Beschäftigung von AN aus Fremdfirmen zugrundeliegenden Verträge über Werkunternehmer oder Personen, die im Rahmen eines Dienstleistungsvertrags oder als Erfüllungsgehilfen aufgrund von Werk- und Dienstverträgen im Aufgabenbereich des AG eingesetzt werden (LAG Baden-Württemberg 14.7.2006 – 5 TaBV 6/05; LAG Hamburg 21.11.2002 – 1 TaBV 3/02). Nur so kann der BR beurteilen, ob nicht doch (verdeckte) AN-überlassung erfolgt und damit eine nach § 99 Abs. 1 mitbestimmungspflichtige Einstellung vorliegt.

17 Die Vorlage erteilter und beabsichtigter **Abmahnungen** kann der BR – selbst in anonymisierter Form – mangels Aufgabenbezugs **nicht verlangen** (BAG 17.9.2013 – 1 ABR 26/12, AiB 2014, 68–69).

18 Es steht im Ermessen des AG und unterliegt keinem Formerfordernis, wie der BR unterrichtet wird. Handelt es sich aber um Informationen komplexer Art hat der AG nach dem Gebot der vertrauensvollen Zusammenarbeit diese schriftlich vorzulegen (BAG 30.9.2008 – 1 ABR 54/07).

2. Vorlage von Unterlagen

19 Der AG hat dem BR auf dessen Verlangen **vorhandene Unterlagen** zur Verfügung zu stellen, soweit diese Unterlagen für die Ausführung der gesetzlichen Aufgaben **erforderlich** sind. Der AG kann diese Erforderlichkeit prüfen und darf, soweit Teile der Unterlagen nicht von dem Vorlageanspruch umfasst sind, diese schwärzen (BAG 16.8.2011 – 1 ABR 22/10).

20 **Unterlagen** sind schriftliche Aufzeichnungen, Fotos und auch Dateien. Der AG hat entweder die Originale oder eine Fotokopie auszuhändigen. Die Vorlagepflicht bezieht sich nur auf vorhandene Unterlagen, der BR hat keinen Anspruch gegen den AG auf Beschaffung von Unterlagen von Dritten (vgl. BAG 30.9.2008 – 1 ABR 54/07). Der AG muss Unterlagen allerdings erstellen, wenn diese von einem Datenspeicher abrufbar sind. Das kann erhebliche Bedeutung für Vertrauensarbeitszeitmodelle haben: Der BR hat auch dann einen Anspruch auf Information über die konkreten Arbeitszeiten der AN, wenn der AG auf die Kontrolle der Arbeitszeiten verzichtet und die Aufzeichnung der Arbeitszeiten den AN überlässt (vgl. BAG 6.5.2003 – 1 ABR 13/02, AiB 2003, 749–751). Zudem steht aufgrund der jüngsten Entscheidung des EuGH (14.5.2019 – C-55/18), des BAG (13.9.2022 – 1 ABR 22/21) sowie der Reformvorhaben des Gesetzgebers zu erwarten, dass zur Kontrolle der gesetzlichen Arbeitszeitvorgaben und zur Durchsetzung von Vergütungsansprüchen der AN (z. B. Mehrarbeit) zukünftig auf die elektronische Aufzeichnung der Arbeitszeiten nicht mehr verzichtet werden kann (auch nicht im Bereich der Vertrauensarbeitszeit, bei der in jedem Fall Beginn und Ende der täglichen Arbeitszeit sowie die Pausen erfasst werden sollten; siehe auch § 87 Rn. 71, 146).

3. Einsichtsrecht in Lohn- und Gehaltslisten

21 Das Einsichtsrecht in **Listen über Bruttolöhne und Gehälter** steht dem Wortlaut nach dem Betriebsausschuss (§ 27) oder einem anderen Ausschuss (§ 28) zu. In kleineren Betrieben, also solchen mit weniger als 300 AN, hat anstelle des Betriebsausschusses der Betriebsratsvorsitzende oder ein anderes beauftragtes Mitglied das Einsichtsrecht (BAG 16.8.1995 – 7 ABR 63/94, AiB 1996, 380–381).

Das Einsichtsrecht hat den Zweck, dem BR die Überprüfung der Einhaltung eines Tarifvertrags und der Grundsätze aus § 75 Abs. 1 zu ermöglichen. Das Einsichtsrecht bezieht sich auf **alle Lohnbestandteile**, auch auf individuell ausgehandelte Vergütungen und auf Prämien sowie Gratifikationen oder auch auf Dienstwagenberechtigungen.

Eine Einsicht bedeutet die Vorlage zur Ansicht. Darüber hinaus hat der BR das Recht, sich Notizen zu machen, er hat aber keinen Anspruch auf Aushändigung der Listen (BAG 15.6.1976 – 1 ABR 116/74).

22 Ein Anspruch auf dauerhafte Überlassung der Bruttoentgeltlisten an den Betriebsausschuss besteht ebenso nicht. Dabei stellt das BAG allein auf den Wortlaut des § 80 Abs. 2 Satz 2, 2. Halbsatz ab. Auch aus § 13 EntgTranspG folgt kein entsprechender Anspruch, da auch der Wortlaut des § 13 EntgTranspG auf das »Einblicknehmen« abstellt (BAG 29.9.2020 – 1 ABR 32/19).

23 Zu unterscheiden ist das in § 80 Abs. 2 Satz 2, 2.Halbsatz besonders normierte Recht auf Einsichtnahme von der Pflicht des AG, den BR rechtzeitig und umfassend »zur Durchführung seiner Aufgaben« zu unterrichten (§ 80 Abs. 2 Satz 1, 1. Halbsatz). Dieses Unterrichtungsrecht bedeutet, dass dem BR schriftlich mitzuteilen ist, an welche AN und in welcher Höhe und nach welchen Kriterien Sonderzahlungen, Prämien etc. geleistet werden. (LAG Hessen 10.12.2018 – 16 TaBV 130/18). Allerdings soll dies nur gelten, soweit es sich um mitbestimmungspflichtige Vergütungsbestandteile handelt. Dies ist beispielsweise nicht der Fall, wenn Chefärzte völlig frei über das »Ob« und »Wie« von Beteiligungsvergütungen an Erlösen der Chefärzte entscheiden können und die AG hierbei keinerlei Einflussmöglichkeit haben (LAG Rheinland-Pfalz 24.1.2023 – 8 TaBV 25/21).

24 Zwar besteht das Recht auf Einsichtnahme jederzeit, daraus folgt aber noch nicht der grundsätzliche Anspruch auf eine turnusgemäße (z.B. monatliche) Einblicknahme in die Bruttoentgeltlisten. Wenn der BR allerdings darlegt, warum er monatlich Einsicht nehmen muss und dies zur Erfüllung seiner Aufgaben auch nachvollziehbar ist, wird ihm ein

solches regelmäßiges Einsichtsrecht nicht verwehrt werden können (BAG 29.9.2020 – 1 ABR 23/19).

Dem Anspruch des BR auf Einblick in die Bruttoentgeltlisten wie auch die Erteilung anderer erforderlicher Informationen stehen – entgegen einer häufig vom AG oder dem Datenschutzbeauftragten geäußerten Ansicht – datenschutzrechtliche Belange nicht entgegen, da es sich bei der Einsichtnahme bzw. Informationserteilung um eine nach § 26 BDSG zulässige Datennutzung handelt, weil der BR Teil der verantwortlichen Stelle i. S. d. Art 4 Nr. 7 DSGVO ist (noch zu § Abs. 7 BDSG a. F. BAG 14.1.2014 – 1 ABR 54/12, AiB 2014, 65–66; sowie nunmehr § 79a S. 2) und der BR insbesondere die Angaben zur Durchführung seiner betriebsverfassungsrechtlichen Aufgaben benötigt. Der BR ist daher ebenso wie der AG an die Vorgaben des § 26 BDSG gebunden. Im Umkehrschluss können ihm dann aber auch nicht die Informationen verweigert werden. Stellt der AG dem BR die Informationen zur Verfügung, verarbeitet dieser keine eigenen personenbezogenen Daten. Die Verarbeitung wird vielmehr weiterhin dem AG zugerechnet, der sich aber wiederum auf Art. 6 Abs. 1 DSGVO berufen kann (LAG Hessen 10.12.2018 – 16 TaBV 130/18). Eine Verdrängung der Beteiligungs- und Mitbestimmungsrechte des BR sieht die DSGVO wie auch das BDSG gerade nicht vor. Ausdrücklich heißt es in § 26 Abs. 6 BDSG, dass »*die Beteiligungsrechte der Interessenvertretungen der Beschäftigten unberührt bleiben*«. **25**

BV können wegen § 26 Abs. 4 BDSG auch weiterhin Rechtsgrundlage für die Verarbeitung personenbezogener Daten sein. Das ist im Übrigen vor allem auch im Interesse des AG, weil dieser ansonsten regelmäßig die individuelle Zustimmung des AN zu der Datenverarbeitung benötigt. **26**

Der betriebliche Datenschutzbeauftragte darf den BR auch weiterhin nicht kontrollieren (zur alten Rechtslage BAG 11.11.1997 – 1 ABR 21/97). Dies gebietet die durch das BetrVG normierte Unabhängigkeit des BR: Ein solcher Eingriff in die betriebsverfassungsrechtlichen Prinzipien erfordert eine ausdrückliche gesetzliche Anordnung. Eine solche enthält aber weder das BDSG n. F. noch die DSGVO (DKW, § 79a Rn. 21 f.; anderer Ansicht: Fitting, § 79a BetrVG Rn. 65 f.). Einer Zusammenarbeit des BR mit dem Datenschutzbeauftragen im Interesse des Datenschutzes steht das jedoch nicht entgegen.

4. Auskunftspersonen

27 § 80 Abs. 2 Satz 3 sieht die Möglichkeit vor, dass der BR den **internen Sachverstand** der Belegschaft nutzen und deren Wissen bei der Suche nach Problemlösungen einsetzen kann. Hierzu verpflichtet die Regelung den AG, dem BR sachkundige AN als Auskunftspersonen zur Verfügung zu stellen. Daraus folgt allerdings auch die Verpflichtung für den BR, vor dem Einschalten eines Sachverständigen (§ 80 Abs. 3) alle innerbetrieblichen Erkenntnisquellen auszuschöpfen, um sich das erforderliche Wissen anzueignen, wozu auch der Rückgriff auf Auskunftspersonen zählt (BAG 16.11.2005 – 7 ABR 12/05, AiB 2006, 758–759).

Voraussetzung für die Gestellungspflicht des AG ist die Erforderlichkeit der Gestellung für die Erfüllung der Betriebsratsaufgaben. Die Prüfung der Erforderlichkeit hat dabei nach denselben Kriterien wie bei den §§ 40, 37 Abs. 2 oder wie bei § 38 Abs. 6 zu erfolgen.

28 Der BR ist berechtigt, einen sachkundigen AN vorzuschlagen. Diesen Vorschlag kann der AG nur ablehnen, wenn betriebliche Notwendigkeiten entgegenstehen. Das kann etwa dann der Fall sein, wenn der AG diesen AN wegen eines besonderen termingebundenen Projekts nicht entbehren kann.

Der sachkundige AN darf vom BR in Abwesenheit des AG befragt werden. Der AG kann im Rahmen seines Weisungsrechts gegenüber dem sachkundigen AN Gegenstand und Umfang der zu erteilenden Auskünfte bestimmen, er darf dabei aber die Betriebsratsarbeit nicht behindern, sondern muss sich an der Erforderlichkeit der Auskünfte für die Betriebsratsarbeit orientieren. Diese Weisungen binden den AN bei der Beantwortung der ihm vom BR gestellten Fragen (BAG 20.1.2015 – 1 ABR 25/13).

IV. Hinzuziehen von Sachverständigen

29 Der BR hat zur Sicherung der ordnungsgemäßen Erfüllung seiner Aufgaben gem. § 80 Abs. 3 die Möglichkeit, einen **Sachverständigen** hinzuzuziehen. Diese Möglichkeit erwächst zu einem Anspruch, wenn die Hinzuziehung erforderlich ist. Sachverständige sind Personen, die dem BR die ihm fehlenden Kenntnisse fachlich oder rechtlich vermitteln, damit der BR seine Aufgaben ordnungsgemäß erfüllen kann (BAG 19.4.1989 – 7 ABR 87/87, AiB 1990, 36).

Der BR hat zunächst über die **Modalitäten**, also Thema, Person des Sachverständigen und Kosten, einen Beschluss zu fassen und dann mit dem AG eine »**nähere Vereinbarung**« herbeizuführen, weil sonst die Kostentragungspflicht des AG entfällt. Diese Vereinbarung erfolgt durch BV oder Regelungsabrede. Kommt keine Einigung über die Vereinbarung zustande, kann der BR das ArbG anrufen und die Zustimmung insoweit ersetzten lassen; eine Anrufung der Einigungsstelle kommt nicht in Betracht. Das Gericht wird die Frage der Erforderlichkeit prüfen. Die **Erforderlichkeit** für einen Sachverständigen ist gegeben, wenn der BR angesichts der Schwierigkeit der Materie eine in seine Zuständigkeit fallende Aufgabe ohne einen solchen fachlichen Rat nicht ordnungsgemäß wahrnehmen kann (BAG 26.2.1992 – 7 ABR 51/90).

Der Einsatz von Künstlicher Intelligenz (KI) nimmt in der Arbeitswelt 30 immer mehr zu. KI-basierende Systeme können rein softwarebasiert sein, in der virtuellen Welt agieren oder die Künstliche Intelligenz kann in die Hardwaregeräte eingebettet sein. Angesichts dieses zunehmenden Einsatzes und der damit verbundenen datenschutzrechtlichen Konsequenzen für die Arbeitsverhältnisse hat es der Gesetzgeber für notwendig erachtet, dem BR einen vereinfachten Zugriff auf besonderen Sachverstand in diesbezüglichen Fragen zu verschaffen. Nach dem **Betriebsrätemodernisierungsgesetz** entfällt deshalb nach dem neuen Satz 2 in diesen Angelegenheiten die Prüfung der Erforderlichkeit für die Hinzuziehung eines Sachverständigen. Allerdings müssen sich AG und BR unverändert über die Kosten und die Person des Sachverständigen einigen. Die neue Regelung entbindet daher gerade nicht vom Grundsatz, dass der AG die Kostenübernahme erklären muss. Die Möglichkeit, zusätzliche Sachverständige zu derselben Thematik hinzuzuziehen wie z.B. einen Rechtsanwalt für datenschutz- und mitbestimmungsrechtliche Themenstellungen, richtet sich ausschließlich nach § 80 Abs. 3 Satz 1. Allerdings handelt es sich bei der Einführung Künstlicher Intelligenz (KI) um die Einführung technischer Einrichtungen i.S.v. § 87 Abs. 1 Nr. 6, so dass in jedem Fall auch eine Zuständigkeit der Einigungsstelle besteht. In die Einigungsstelle kann der BR sowohl den technischen Sachverständigen wie auch den BR als Beisitzer berufen.

Mit dem neuen Satz 3 steht es den Betriebspartnern offen, eine Ver- 31 einbarung zu treffen, die es dem BR ermöglicht, in Fällen, in denen die Einführung oder Anwendung von KI, die dem BR gesetzlich zugewiesenen Aufgaben betrifft, jederzeit auf einen ständigen Sachverständigen zugreifen zu können. Dem BR soll auch hierbei, soweit es um die Einführung und Anwendung von KI geht, stets das erforderliche Wissen zur Verfügung stehen, ohne dass die Erforderlichkeit der Hinzuziehung eines Sachverständigen zu prüfen wäre. Insgesamt wird der BR so in die Lage versetzt, beim Einsatz von KI schneller und mit dem erforderlichen Know-how reagieren zu können.

32 Eine betriebsverfassungsrechtliche Definition, wann es sich um KI handelt, existiert nicht. Hierüber werden letztendlich die Gerichte zu entscheiden haben. Allerdings liegt es durchaus nahe, den KI-Begriff der europäischen KI-Verordnung (AI-Act), die im April 2024 in Kraft getreten ist, zugrunde zu legen. Dem AI Act liegt die OECD-Definition von KI zugrunde, wonach ein KI-System ein maschinengestütztes System ist,

- das für einen in wechselndem Maße autonomen Betrieb ausgelegt ist,
- das nach seiner Einführung anpassungsfähig sein kann und
- das aus den erhaltenen Eingaben Ergebnisse wie etwa Vorhersagen, Inhalte, Empfehlungen oder Entscheidungen hervorbringt, die physische oder virtuelle Umgebungen beeinflussen können.

Hierzu zählt daher nicht nur so genannte »starke« KI – also kognitive Systeme, die auf Augenhöhe mit Menschen die Arbeit zur Erledigung schwieriger Aufgaben übernehmen können. Miterfasst wird auch »schwache« KI, bei der es darum geht, konkrete Anwendungsprobleme zu lösen, indem das menschliche Denken und technische Anwendungen in Einzelbereichen unterstützt werden. Die Fähigkeit zu lernen und die Fähigkeit zur Berücksichtigung von Prognosen sind dabei immer eine Hauptanforderung an KI-Systeme und müssen integraler Bestandteil des Systems selbst sein. Letztlich geht es der schwachen KI somit um die Simulation intelligenten Verhaltens mit Mitteln der Mathematik und der Informatik, es geht ihr nicht um Schaffung von Bewusstsein oder um ein tieferes Verständnis von Intelligenz.

33 Die Kostentragungspflicht des AG nach § 80 Abs. 3 findet keine Anwendung, wenn es um die Vertretung des BR bei der Durchsetzung oder Ausübung seiner Mitbestimmungsrechte in arbeitsgerichtlichen Beschlussverfahren oder Einigungsstellenverfahren oder in deren Vorfeld geht (BAG 14.12.2016 – 7 ABR 8/15). Hierfür regelt § 40 Abs. 1 die Kostentragung des AG. Zu achten ist aber auch hier auf eine entsprechende Beschlussfassung des BR.

Sachverständige müssen bei der Beratungstätigkeit keine neutrale Haltung einnehmen, sie können den BR bei der Geltendmachung seiner Interessen mit ihrem Fachwissen unterstützen (BAG 26.2.1992 – 7 ABR 51/90).

V. Streitigkeiten

34 Wird über das Bestehen und den Umfang von Informationspflichten gestritten, werden diese Streitigkeiten im **Beschlussverfahren** entschieden. Anspruchsvoraussetzung für ein solches Beschlussverfahren ist

dabei zum einen, dass überhaupt eine Aufgabe des BR gegeben ist, und zum anderen, dass im Einzelfall die begehrte Information zur Wahrnehmung der Aufgabe erforderlich ist. Diese Voraussetzungen hat der BR darzulegen. Sodann können der AG und – im Streitfall – die Arbeitsgerichte prüfen, ob die Voraussetzungen einer Auskunftspflicht und eines damit korrespondierenden Auskunftsanspruchs erfüllt sind. Ein allgemein gehaltener Hinweis des BR auf seine gesetzlichen Aufgaben unter Wiederholung des Gesetzeswortlauts reicht daher nicht aus (BAG 23.3.2021 – 1 ABR 31/19).

Das ist auch dann der Fall, wenn über die Erforderlichkeit der Hinzu- **35**
ziehung einer Auskunftsperson oder eines Sachverständigen gestritten wird. Die Entscheidung des ArbG ersetzt die »nähere Vereinbarung« nach § 80 Abs. 3.

Verletzt der AG grob seine Pflichten aus § 80, kommt ein Verfahren nach § 23 Abs. 3 in Betracht.

Zweiter Abschnitt Mitwirkungs- und Beschwerderecht des Arbeitnehmers

§ 81 Unterrichtungs- und Erörterungspflicht des Arbeitgebers

(1) [1]Der Arbeitgeber hat den Arbeitnehmer über dessen Aufgabe und Verantwortung sowie über die Art seiner Tätigkeit und ihre Einordnung in den Arbeitsablauf des Betriebs zu unterrichten. [2]Er hat den Arbeitnehmer vor Beginn der Beschäftigung über die Unfall- und Gesundheitsgefahren, denen dieser bei der Beschäftigung ausgesetzt ist, sowie über die Maßnahmen und Einrichtungen zur Abwendung dieser Gefahren und die nach § 10 Abs. 2 des Arbeitsschutzgesetzes getroffenen Maßnahmen zu belehren.

(2) [1]Über Veränderungen in seinem Arbeitsbereich ist der Arbeitnehmer rechtzeitig zu unterrichten. [2]Absatz 1 gilt entsprechend.

(3) In Betrieben, in denen kein Betriebsrat besteht, hat der Arbeitgeber die Arbeitnehmer zu allen Maßnahmen zu hören, die Auswirkungen auf Sicherheit und Gesundheit der Arbeitnehmer haben können.

(4) [1]Der Arbeitgeber hat den Arbeitnehmer über die aufgrund einer Planung von technischen Anlagen, von Arbeitsverfahren und Arbeitsabläufen oder der Arbeitsplätze vorgesehenen Maßnahmen und

ihre Auswirkungen auf seinen Arbeitsplatz, die Arbeitsumgebung sowie auf Inhalt und Art seiner Tätigkeit zu unterrichten. [2]Sobald feststeht, dass sich die Tätigkeit des Arbeitnehmers ändern wird und seine beruflichen Kenntnisse und Fähigkeiten zur Erfüllung seiner Aufgaben nicht ausreichen, hat der Arbeitgeber mit dem Arbeitnehmer zu erörtern, wie dessen berufliche Kenntnisse und Fähigkeiten im Rahmen der betrieblichen Möglichkeiten den künftigen Anforderungen angepasst werden können. [3]Der Arbeitnehmer kann bei der Erörterung ein Mitglied des Betriebsrats hinzuziehen.

Inhaltsübersicht Rn.

I. Zweck der Regelung

1 Die §§ 81–86a führen **individuelle Mitwirkungs- und Beschwerderechte** der einzelnen AN auf. Damit wird ein individuelles Mitspracherecht eingeräumt. Weil sich die aufgeführten Einzelrechte schon aus den arbeitsvertraglichen Nebenpflichten des AG und aus dem Arbeitsverhältnis an sich ergeben, sind die Vorschriften ihrem Sinn und Zweck nach auch in betriebsratslosen oder in nicht betriebsratsfähigen Betrieben anzuwenden.

II. Unterrichtung des AN

1. Aufgaben, Verantwortung, Tätigkeit, Unfall- und Gesundheitsgefahren

2 § 81 Abs. 1 schreibt eine **Unterrichtung des AN** über Aufgaben, Tätigkeiten und Verantwortung vor. Dies soll es dem AN ermöglichen, sich rechtzeitig mit seiner Arbeit vertraut zu machen und sich auf diese einstellen zu können. Daher sollte die Unterrichtung zweckmäßigerweise vor Aufnahme der Tätigkeit erfolgen. Gesetzlich ist die Unterrichtung

vor Beginn der Beschäftigung jedoch nur für die Unterrichtung zu Gesundheits- und Unfallgefahren angeordnet.
Es muss eine **präzise und individuell auf den jeweiligen AN** zugeschnittene Unterrichtung erfolgen, pauschale Hinweise in einem Bewerbungsgespräch reichen nicht aus. Im Einzelnen kann die Unterrichtung die Beschaffenheit des Arbeitsplatzes betreffen, die der Arbeitsgeräte, die Art der Tätigkeit sowie die Materialien, mit denen der AN umgeht. Im Zusammenhang mit der Erläuterung zu Gesundheits- und Unfallgefahren sind Schutzmaßnahmen und Schutzausrüstung detailliert zu erläutern und ggf. zu demonstrieren, das gilt vor allem in Bezug auf gefährliche Maschinen im Tätigkeitsbereich des AN. Die Vorschrift wird zum Teil durch Bestimmungen des Arbeitsschutzrechts überlagert und erheblich erweitert, z. B. durch Sicherheitsunterweisungen, die auf bestimmen Arbeitsplätzen erforderlich werden.

2. Veränderungen im Arbeitsbereich

Die **Einweisungspflicht** besteht nicht nur bei Aufnahme der Tätigkeit, sondern auch bei **Veränderungen im Arbeitsbereich**; das regelt § 81 Abs. 2. Der Arbeitsbereich ist der konkrete Arbeitsplatz und seine Beziehung zur betrieblichen Umgebung in räumlicher, technischer und organisatorischer Hinsicht (BAG 27.6.2006 – 1 ABR 35/05, AiB 2008, 293–294). Veränderungen können aber auch in organisatorischen und technologischen Veränderungen bei gleichbleibendem Arbeitsplatz bestehen. Die Intensität der Veränderung bestimmt letztlich den erforderlichen Umfang der Unterrichtung. 3

Die arbeitsplatzbezogene Unterrichtung nach § 81 Abs. 1 ist zu unterscheiden von **Maßnahmen der Berufsbildung**. Diese Unterrichtung stellt nach überwiegender Ansicht keine berufsbildende Maßnahme im Sinne des § 96 ff. dar. Während Maßnahmen der Berufsbildung dem AN gezielt Kenntnisse und Erfahrungen vermitteln, die zur Ausübung einer bestimmten Tätigkeit erst befähigen sollen, bezieht sich die Unterrichtung nach § 81 Abs. 1 auf den Einsatz auf dem konkreten Arbeitsplatz und setzt voraus, dass der AN die für die Tätigkeit an diesem Arbeitsplatz erforderlichen Kenntnisse und Erfahrungen schon besitzt. Eine Berufsbildungsmaßnahme im Sinne der §§ 96 ff. liegt vor, wenn dem AN die für die Ausfüllung seines Arbeitsplatzes und seiner beruflichen Tätigkeit notwendigen Kenntnisse und Fähigkeiten verschafft werden sollen, indem gezielt Kenntnisse und Erfahrungen vermittelt werden, die zu einer bestimmten Tätigkeit erst befähigen oder es ermöglichen, 4 die beruflichen Kenntnisse oder Fähigkeiten zu erhalten (LAG Nürnberg 20.12.2018 – 5 TaBV 61/17).

III. Anhörung der AN in betriebsratslosen Betrieben zu Arbeitsschutzmaßnahmen

5 Ziel von § 81 Abs. 3 ist es, die **Transparenz des betrieblichen Arbeitsschutzes** auch in Betrieben ohne BR zu fördern. Das Anhörungsrecht dient der Kompensation der in betriebsratslosen Betrieben nicht zum Tragen kommenden kollektiven Beteiligungsrechte in Fragen des Arbeitsschutzes. Umfasst sind alle Maßnahmen, die von arbeitsschutzrechtlicher Relevanz für den Betrieb sein können.

IV. Unterrichtung und Erörterung über die Planung arbeitsbereichsbezogener Maßnahmen

6 § 81 Abs. 4 regelt zunächst die Verpflichtung des AG gegenüber dem einzelnen AN, diesen über die **Planung von technischen Anlagen, Arbeitsverfahren und Arbeitsplätzen** zu unterrichten. Die Unterrichtung muss die Auswirkungen auf die Tätigkeit und den Arbeitsplatz des AN beinhalten und umfassend dann erfolgen, wenn sich konkrete Maßnahmen abzeichnen. Damit soll der AN in die Planung und Einführung neuer Techniken einbezogen werden.
Weiter besteht die Verpflichtung zu einer frühzeitigen Erörterung der Möglichkeiten des AN, seine bisherigen **beruflichen Kenntnisse und Fähigkeiten an die nun geänderten Anforderungen anzupassen**; in Betracht kommen Umschulung und Weiterbildung, hierauf besteht jedoch insoweit kein Anspruch.

V. Streitigkeiten

7 Verstößt der AG gegen seine Verpflichtungen aus § 81, kann der AN seinen Anspruch auf Unterrichtung oder Erörterung im **Urteilsverfahren** durchsetzen.
Gegebenenfalls kommen für den AN Schadensersatzansprüche in Betracht, wenn durch die unterlassene Belehrung Verletzungen von Körper, Gesundheit oder Eigentum entstanden sind.
Existiert ein BR, kann dieser nach § 23 Abs. 3 gegen den AG vorgehen, wenn dieser grob gegen die Verpflichtung aus § 82 verstößt.

§ 82 Anhörungs- und Erörterungsrecht des Arbeitnehmers

(1) [1]Der Arbeitnehmer hat das Recht, in betrieblichen Angelegenheiten, die seine Person betreffen, von den nach Maßgabe des organisatorischen Aufbaus des Betriebs hierfür zuständigen Personen gehört zu werden. [2]Er ist berechtigt, zu Maßnahmen des Arbeitgebers, die ihn betreffen, Stellung zu nehmen sowie Vorschläge für die Gestaltung des Arbeitsplatzes und des Arbeitsablaufs zu machen.
(2) [1]Der Arbeitnehmer kann verlangen, dass ihm die Berechnung und Zusammensetzung seines Arbeitsentgelts erläutert und dass mit ihm die Beurteilung seiner Leistungen sowie die Möglichkeiten seiner beruflichen Entwicklung im Betrieb erörtert werden. [2]Er kann ein Mitglied des Betriebsrats hinzuziehen. [3]Das Mitglied des Betriebsrats hat über den Inhalt dieser Verhandlungen Stillschweigen zu bewahren, soweit es vom Arbeitnehmer im Einzelfall nicht von dieser Verpflichtung entbunden wird.

Inhaltsübersicht Rn.

I. Zweck der Regelung

1 Die Vorschrift ergänzt § 81 und räumt in § 82 Abs. 1 dem AN das Recht ein, selbst die **Initiative** zu ergreifen, um für ihn wichtige Auskünfte zu erlangen oder eigene Positionen in den betroffenen Angelegenheiten zu artikulieren. Damit hat der AN die Möglichkeit, Fehlbeurteilungen entgegenzutreten und kann darauf hinwirken, dass die eigenen beruflichen Entscheidungen bis hin zu einer Beendigung des Arbeitsverhältnisses an der Bewertung seiner Leistungen und den betrieblichen Aufstiegschancen orientiert werden (BAG 16.11.2004 – 1 ABR 53/03, AiB Newsletter 2005, Nr. 4, 5–6).
Nach § 80 Abs. 2 ist dem AN weiter jederzeit die Berechnung und Zusammensetzung seines **Arbeitsentgelts** zu erläutern.
Beide Regelungen – mit Ausnahme der Hinzuziehung eines BR-Mitglieds – gelten auch in betriebsratslosen Betrieben (LAG Köln 31.5.2007 – 9 Ta 27/07).

II. Recht des AN auf Anhörung und Stellungnahme

2 Gemäß § 82 Abs. 1 ist der AN berechtigt, in allen **betrieblichen Angelegenheiten**, die ihn persönlich betreffen, **gehört** zu werden. Hierfür hat er sich an den sachlich zuständigen unmittelbaren Vorgesetzten zu wenden, das ist z. B. der Meister, der Teamleiter oder der Abteilungsleiter. Der Begriff der **betrieblichen Angelegenheit** ist weit auszulegen. Vor allem sind es Angelegenheiten, die mit der Arbeitsleistung der Person zusammenhängen, aber auch wesentliche Fragen der betrieblichen Organisation und der Arbeitsabläufe. Diese müssen die Tätigkeit des AN betreffen.

Weiter gibt § 82 Abs. 1 Satz 2 dem AN das Recht, zu Maßnahmen des AG, die ihn betreffen, Stellung zu nehmen und Vorschläge für die Gestaltung von Arbeitsplatz und Arbeitsablauf zu machen.

III. Erläuterung des Arbeitsentgelts und der beruflichen Entwicklungsmöglichkeiten

3 § 82 Abs. 2 Satz 1 berechtigt den AN dazu, eine detaillierte **Darstellung der Berechnung und Zusammensetzung seines Arbeitsentgelts** zu verlangen. Dieser Anspruch kann unabhängig von einem konkreten Anlass geltend gemacht werden. Unter Arbeitsentgelt sind alle dem AN zustehenden Bezüge wie etwa Lohn, Gehalt, Zulagen, Prämien, Provisionen usw. zu verstehen. Dieser Anspruch gilt anerkanntermaßen auch in betriebsratslosen Betrieben und erstreckt sich insbesondere auch darauf, dass die Berechnung und Zusammensetzung eines Akkordlohns vom AG erläutert wird (LAG Köln 31. 5. 2007 – 9 Ta 27/07). Die Erläuterung muss so gestaltet sein, dass der AN die Möglichkeit hat, die Angaben der Lohnabrechnung sowohl hinsichtlich der rechtlichen als auch der tatsächlichen Grundlagen zu verstehen. Aufgrund der Verwaltungsbefugnis gemäß § 80 Abs. 1 InsO tritt ein Insolvenzverwalter in die Arbeitgeberstellung ein und ist dementsprechend zutreffender Adressat des Erläuterungsanspruchs (LAG Köln 10. 11. 2020 – 1 Ta 158/20). Das Recht des BR, gem. § 80 Abs. 2 Einblick in die Bruttogehälter zu nehmen, bleibt von dem Anspruch des einzelnen AN unberührt (BAG 18. 9. 1973 – 1 ABR 7/73).

Weiter kann der AN eine Leistungsbeurteilung und die Erörterung der Möglichkeiten der beruflichen (Weiter-)Entwicklung verlangen. Im Rahmen dieser Erörterung muss der AN Kenntnis von seinen Beurteilungen bekommen. Liegen schriftliche Beurteilungen vor, kann er diese nach § 83 einsehen (vgl. § 83 Rn. 3).

IV. Hinzuziehen eines Betriebsratsmitglieds

Zur Ausübung der Erörterungsrechte nach § 82 Abs. 2 kann der AN verlangen, dass ein Mitglied des BR als **Vertrauensperson** hinzugezogen wird. Der Gesprächsgegenstand muss zumindest teilweise mit den in § 82 Abs. 2 genannten Themen übereinstimmen. **Ein allgemeiner Anspruch des BR auf Teilnahme an Personalgesprächen besteht allerdings nicht** (BAG 16.11.2004 – 1 ABR 53/03, AiB Newsletter 2005, Nr. 4, 5–6; a. A. DKW, § 82 BetrVG Rn. 13f.). Das Teilnahmerecht des BR beschränkt sich auf die in den § 81 Abs. 4, § 82 Abs. 2, § 83 Abs. 1, § 84 Abs. 1 genannten Gesprächsanlässe und -gegenstände. Das Recht auf Hinzuziehung besteht nicht nur in Fällen, in denen die Initiative auf Erörterung vom AN ausging, sondern auch dann, wenn der AG die Initiative ergreift. 4

Beispiel:
Ein AN ist nach § 82 Abs. 2 Satz 2 berechtigt, zu einem vom AG initiierten Gespräch über den Inhalt einer Tätigkeitsbeschreibung ein BR-Mitglied hinzuzuziehen, wenn die Tätigkeitsbeschreibung Grundlage der Entgeltfindung ist. In diesem Fall betrifft der Gesprächsgegenstand die Berechnung des Arbeitsentgelts im Sinne des § 82 Abs. 2 Satz 1 1. Alt. (BAG 20.4.2010 – 1 ABR 85/08).

Das **BR-Mitglied** darf in der Erörterung selbst Fragen stellen und Vorschläge machen. Über den Inhalt der Erörterung hat das BR-Mitglied Stillschweigen zu bewahren, wenn es nicht vom AN von dieser Verpflichtung entbunden wird. Diese Schweigepflicht gilt auch gegenüber anderen BR-Mitgliedern. Eine Vereinbarung, nach der bei jedem Personalgespräch obligatorisch der BR einzuladen ist, verstößt gegen das Recht des AN, jederzeit selbst entscheiden zu können, ob und wenn ja, welches BR-Mitglied am Personalgespräch teilnimmt. Eine entsprechende in einer BV enthaltene Regelung ist unwirksam; daher kann deren Einhaltung auch nicht im Wege eines Beschlussverfahrens durchgesetzt werden (BAG 11.12.2018 – 1 ABR 12/17). 5

V. Streitigkeiten

Eine Verletzung von Rechten aus § 82 kann der AN im **Urteilsverfahren** geltend machen. Gleiches gilt bei einem Streit über die Beteiligung eines BR-Mitglieds; es handelt sich um einen individualrechtlichen Anspruch des einzelnen AN. 6

Ein BR-Mitglied hat keine Möglichkeit, selbstständig einen Anspruch auf Teilnahme durchzusetzen (BAG 16.11.2004 – 1 ABR 53/03). Allerdings verstößt ein AG gegen seine betriebsverfassungsrechtlichen Pflichten, wenn er ein berechtigtes Verlangen auf Hinzuziehung des BR ablehnt. Hiergegen kann der BR ggf. ein Verfahren nach § 23 Abs. 3 einleiten. Umgekehrt kann die unberechtigte Verweigerung eines BR-Mitgliedes eine grobe Pflichtverletzung i.S.d. § 23 Abs. 1 sein und ein entsprechendes Verfahren zur Folge haben.

§ 83 Einsicht in die Personalakten

(1) [1]Der Arbeitnehmer hat das Recht, in die über ihn geführten Personalakten Einsicht zu nehmen. [2]Er kann hierzu ein Mitglied des Betriebsrats hinzuziehen. [3]Das Mitglied des Betriebsrats hat über den Inhalt der Personalakte Stillschweigen zu bewahren, soweit es vom Arbeitnehmer im Einzelfall nicht von dieser Verpflichtung entbunden wird.

(2) Erklärungen des Arbeitnehmers zum Inhalt der Personalakte sind dieser auf sein Verlangen beizufügen.

Inhaltsübersicht Rn.

I. Zweck der Regelung

1 Die in § 83 Abs. 1 und Abs. 2 gewährten Rechte auf **Einsichtnahme der Personalakte** sowie auf Aufnahme von Erklärungen haben individualrechtlichen Charakter. Sie gelten daher auch in betriebsratslosen Betrieben. Zu beachten ist, dass ein AG nicht zur Führung von Personalakten verpflichtet ist, diese aber in den allermeisten Fällen schon aus Zweckmäßigkeitsgründen führt.

II. Personalakte

2 Unter Personalakte versteht man jede **Sammlung von Urkunden und Vorgängen**, die persönliche und für das Arbeitsverhältnis relevante Sachinformationen eines AN betreffen; die Informationen müssen also

in einem inneren Zusammenhang mit dem Arbeitsverhältnis stehen (BAG 19.7.2012 – 2 AZR 782/11). Maßgebend ist nicht, ob ein AG derartige Sammlungen formell als Personalakte bezeichnet. Erfasst werden auch elektronisch gespeicherte Personaldaten (digitale Personalakte). In der Regel werden in Personalakten der Arbeitsvertrag, Beurteilungen, (Zwischen-) Zeugnisse, Personalfragebögen, ggf. Testergebnisse und abgeschlossene Ermittlungsakten in Disziplinarsachen aufbewahrt. Aber auch Angaben zum Personenstand, zum beruflichen Werdegang, Abmahnungen, Lohn- und Gehaltsänderungen, Darlehen sowie Schriftwechsel zwischen AG und AN finden sich typischerweise in Personalakten. Sensible Gesundheitsdaten (z. B. über Suchterkrankungen) sind zum Schutze des Persönlichkeitsrechts aus Gründen des Datenschutzes in einem separaten, verschlossenen Umschlag zur Personalakte zu nehmen (BAG 12.9.2006 – 9 AZR 271/06).

Die **Aufzeichnungen des Betriebsarztes** – z. B. der Befundbogen – gehören nicht zur Personalakte, da diese wegen der ärztlichen Schweigepflicht nach § 8 Abs. 1 Satz 2 ASiG auch dem AG nicht zugänglich sind (ErfK/Kania, Rn. 3). Der AN hat lediglich ein Recht darauf, das Ergebnis der Untersuchung zu erfahren. Stellt der AG wegen des Verdachts auf **Compliance-Verstöße** interne Untersuchungen an, so sind die im Zuge dessen erstellten Dokumente zwar üblicherweise Teil der Personalakte des betroffenen AN. Dieser darf dann in die Dokumente auch Einsicht nehmen. Allerdings soll es zulässig sein, wenn Angaben, die auf Dritte (Hinweisgeber, Mitbetroffene, Whistleblower etc) hinweisen, vom AG anonymisiert werden (Fitting, § 83 Rn. 6). 2a

Geheimakten dürfen nicht geführt werden.

III. Einsichtnahme

Gemäß § 83 Abs. 1 besteht ein Recht auf **Einsichtnahme**, d. h. ein Recht auf persönliche Kenntnisnahme. Dies muss persönlich durch den AN erfolgen; er kann aber auch einen Bevollmächtigten – das kann auch ein BR-Mitglied sein – entsenden. Die Einsichtnahme erfolgt während der Arbeitszeit und darf nicht mit Entgeltausfall oder etwaigen Kostenbelastungen für den AN verbunden sein. Der AN ist berechtigt, Kopien aus der Personalakte zu erstellen, muss jedoch hierfür die Kosten tragen. Es besteht für den AN kein Anspruch darauf, zur Einsichtnahme einen Rechtsanwalt hinzuzuziehen; dies gilt jedenfalls in den Fällen, in denen der AG dem AN erlaubt, Kopien der in der Personalakte befindlichen Schriftstücke zu fertigen (BAG 12.7.2016 – 9 AZR 791/14). 3

Offengelassen hat die Rechtsprechung bislang, ob ein möglicher Auskunftsanspruch des AN in Bezug auf seine Personalakte aus Art. 15 Abs. 1 DSGVO durch § 83 Abs. 1 BetrVG im Arbeitsverhältnis verdrängt wird (BAG 20.6.2024 – 8 AZR 91/22).

4 Ein generelles Einsichtsrecht (z.B. durch Regelungen in einer BV) des Betriebsratsvorsitzenden in die elektronische Personalakte der AN, dass nicht von deren Zustimmung abhängig ist, verletzt die AN in ihrem allgemeinen Persönlichkeitsrecht aus Art. 1 Abs. 1 GG i.V.m. Art. 2 Abs. 1 GG, welches die Betriebsparteien gemäß § 75 Abs. 2 bei ihren Regelungen zu achten haben (LAG Düsseldorf 23.6.2020 – 3 TaBV 65/19). In der BV sollte daher geregelt sein, dass das Einsichtsrecht nur mit Zustimmung des AN wahrgenommen werden darf. Eine BV gem. § 87 Abs. 1 Nr. 1 kann die Modalitäten des Einsichtsrechts (z.B. Häufigkeit, Voranmeldung, Ort, Bescheinigung über erfolgte Einsicht) zwar regeln, allerdings darf dies nicht zu einer Beschränkung des Einsichtsrechts führen (Fitting, § 83 Rn. 13).

IV. Hinzuziehen eines Betriebsratsmitglieds

5 Nach § 83 Abs. 1 Satz 2 kann der AN ein **BR-Mitglied** zur Einsichtnahme in die Personalakte **hinzuziehen**. Das BR-Mitglied kann diese Hinzuziehung nur ablehnen, wenn hierfür ein wichtiger Grund vorliegt. Das Mitglied hat bei einer Hinzuziehung ein Einsichtsrecht in demselben Umfang wie der AN. § 83 Abs. 1 Satz 3 regelt die Schweigepflicht für das BR-Mitglied, von welcher es aber im Einzelfall entbunden werden kann; diese Schweigepflicht besteht ohne entsprechende Entbindung auch gegenüber den übrigen Mitgliedern des BR. Eine Einsichtnahme des BR ohne vorherige Zustimmung des betroffenen AN ist unzulässig (LAG Niedersachsen 22.1.2007 – 11 Sa 614/06; LAG Berlin-Brandenburg, 12.11.2012 – 17 TaBV 1318/12).

V. Erklärungen, Entfernung von Abmahnungen

6 § 83 Abs. 2 räumt dem AN das Recht ein, **Erklärungen zum Inhalt der Personalakte** abzugeben. Das hat insbesondere dann Bedeutung, wenn die Personalakte Rügen, vor allem Abmahnungen, enthält. Der AN kann eine Gegendarstellung zur Akte reichen und damit versuchen, das negative Bild zu korrigieren. Der AN kann aber auch sonstige Unterlagen beifügen, wie etwa Bescheinigungen über Zusatzqualifikationen.

7 Einen **Anspruch auf Entfernung** von unrichtigen Angaben aus der Personalakte gewährt § 83 Abs. 2 jedoch nicht. Dieser Entfernungs-

anspruch folgt aber aus der arbeitsvertraglichen Fürsorgepflicht des AG i. V. m. §§ 242, 1004 Abs. 1 Satz 1 BGB. Relevant ist dies im Rahmen von Ansprüchen auf Entfernung einer **Abmahnung** aus der Personalakte. Der Anspruch auf Entfernung unterliegt keinen tariflichen bzw. vertraglichen Ausschlussfristen (BAG 14.12.1994 -5 AZR 137/94); Rügen und Einwände gegen die Abmahnung können daher auch noch im Rahmen einer Kündigungsschutzklage erhoben werden. Die Entfernung kann verlangt werden, wenn die Abmahnung unbegründet oder unverhältnismäßig war (BAG 5.8.1992 – 5 AZR 531/91, AiB Newsletter 2005, Nr. 4, 5–6). Wurde eine **Abmahnung zu Recht** erteilt, kann eine Entfernung nur verlangt werden, wenn das abgemahnte Verhalten für das Arbeitsverhältnis nach einer einzelfallbezogenen Interessenabwägung in jeder Hinsicht bedeutungslos geworden ist (BAG 19.7.2012 – 2 AZR 782/11). Der AG hat die Richtigkeit der Gründe für die Abmahnung zu beweisen.

Zu entfernen sind auch Abmahnungen, wenn AG von AN rechtswidrige **8** Handlungen verlangen und diese von den AN nicht ausgeführt werden. Das gilt z. B. dann, wenn die verlangte Handlung gegen Vorschriften der DSGVO oder des BDSG verstoßen, wie die Erfassung der Arbeitszeit mittels eines Fingerabdrucks, ohne dass diese besondere Art der Erfassung biometrischer Daten (und damit der nach Artikel 9 Abs. 1 DSGVO besonders schützenswerten personenbezogenen Daten) durch erhebliche Interessen des AG gerechtfertigt ist.

Rügt der AG die Amtsausübung von BR-Mitgliedern in Form von Ab- **9** mahnungen, in denen er Sanktionen nach § 23 Abs. 1 androht (betriebsverfassungsrechtliche Abmahnungen), dürfen diese »Abmahnungen« unabhängig von ihrer Rechtmäßigkeit nicht in die Personalakten der BR-Mitglieder aufgenommen werden, weil diese Abmahnungen nicht das Arbeitsverhalten des AN, sondern die Amtsausübung als BR-Mitglied betreffen. Die BR-Mitglieder können die Entfernung solcher Abmahnungen aus ihren Personalakten verlangen und dies nötigenfalls auch im arbeitsgerichtlichen Beschlussverfahren durchsetzen. Mahnt der AG alle Mitglieder des BR ab, kann der BR als Gremium im arbeitsgerichtlichen Beschlussverfahren die Unwirksamkeit der Abmahnungen jedoch nicht im Wege des Feststellungsantrags geltend machen, da ein solcher Antrag auf die Erstattung eines Rechtsgutachtens, nicht auf die Feststellung eines Rechtsverhältnisses zielt. Dies gilt auch, wenn in den angegriffenen Abmahnungen betriebsverfassungsrechtliche Sanktionen angedroht werden. Die Möglichkeit des BR, ein Unterlassungsverfahren gegen den AG nach § 23 Abs. 1 einzuleiten, bietet insofern ausreichenden Rechtsschutz (LAG Baden-Württemberg 3.7.2020 – 8 TaBV 3/19).

VI. Streitigkeiten

10 Streitigkeiten über die Ausübung des Einsichtsrechts zwischen AN und AG sind im **Urteilsverfahren** zu entscheiden. Dieses kommt ebenfalls zur Anwendung, wenn der AN die Entfernung unrichtiger Angaben (z.B. die Entfernung von Abmahnungen) erreichen will. Auch bei einem Streit zwischen AG und AN über die Teilnahme eines BR-Mitglieds findet das Urteilsverfahren Anwendung.
Verweigert ein AG die Hinzuziehung eines BR-Mitglieds, verstößt er allerdings gegen seine betriebsverfassungsrechtlichen Pflichten. Deren Einhaltung kann dann im Rahmen eines Verfahrens nach § 23 Abs. 3 durchgesetzt werden. Umgekehrt gibt es keinen gerichtlich durchsetzbaren Rechtsanspruch darauf, dass ein BR-Mitglied tätig wird. Kommt ein BR-Mitglied dem Wunsch des AN auf Hinzuziehung bei der Akteneinsicht unberechtigt nicht nach, so kann dies allerdings eine grobe Pflichtverletzung nach § 23 Abs. 1 sein (DKW, § 83 BetrVG Rn. 39).

§ 84 Beschwerderecht

(1) [1]Jeder Arbeitnehmer hat das Recht, sich bei den zuständigen Stellen des Betriebs zu beschweren, wenn er sich vom Arbeitgeber oder von Arbeitnehmern des Betriebs benachteiligt oder ungerecht behandelt oder in sonstiger Weise beeinträchtigt fühlt. [2]Er kann ein Mitglied des Betriebsrats zur Unterstützung oder Vermittlung hinzuziehen.
(2) Der Arbeitgeber hat den Arbeitnehmer über die Behandlung der Beschwerde zu bescheiden und, soweit er die Beschwerde für berechtigt erachtet, ihr abzuhelfen.
(3) Wegen der Erhebung einer Beschwerde dürfen dem Arbeitnehmer keine Nachteile entstehen.

Inhaltsübersicht Rn.

I. Zweck der Regelung

1 Das Recht eines AN sich zu beschweren, folgt schon aus den Treue- und Fürsorgepflichten eines Arbeitsverhältnisses. Es wird in den §§ 84–86a

konkretisiert und in ein **institutionelles Verfahren** übergeleitet. Da es sich um Ansprüche mit rein individualrechtlichem Charakter handelt, gilt das Beschwerderecht nach § 85 auch für AN in betriebsratslosen oder nicht betriebsratsfähigen Betrieben. Ein AN hat zudem die Wahl, ob er bei einer Beschwerde nach dieser Regelung und / oder nach § 85 vorgeht.

II. Beschwerdegegenstand

Der Gegenstand einer Beschwerde kann eine **individuelle Benachteiligung**, eine **ungerechte Behandlung oder sonstige Beeinträchtigung** des einzelnen AN sein, wobei es auf den subjektiven Standpunkt des AN ankommt. Die Beeinträchtigung kann tatsächlicher oder rechtlicher Art sein und darf auch abgeschlossene Vorgänge betreffen (BAG 22.11.2005 – 1 ABR 50/04, AiB Newsletter 2006, Nr. 1, 2). 2
Typischerweise betreffen die Beschwerdegegenstände Themen wie Arbeits- und Gesundheitsschutz, Nichtraucherschutz, betrieblicher Umweltschutz, Fragen der Arbeitsorganisation, Konflikte mit Kollegen oder Leistungsbeurteilungen. Die hier denkbaren Nachteile gehen regelmäßig vom AG aus.
Sonstige Beeinträchtigungen können aber auch durch andere AN ausgeübt werden; das kann z. B. durch Hänseleien oder in Extremfällen durch Mobbing geschehen. Auch ehrverletzende Äußerungen, ausländerfeindliches Verhalten oder sexuelle Belästigungen sind in diesem Zusammenhang als Beschwerdegegenstände denkbar. Eine Popularbeschwerde wegen allgemeiner Missstände im Betrieb ist von den Beschwerderechten nicht umfasst. Denkbar ist aber, dass mehrere AN zulässige Individualbeschwerden bündeln. Auch eine Unterschriftenaktion zur Wiedereinführung einer 35-Stunden-Woche ist daher noch vom Beschwerderecht gedeckt (LAG Hamm 3.9.2014 – 4 Sa 235/14).
Ebenso umfasst § 84 nicht die Beschwerde gegen den BR oder die Amtstätigkeit einzelner Mitglieder. Dem AG soll nämlich durch § 84 nicht die Möglichkeit gegeben werden, Einfluss auf die Arbeit und Amtsführung des BR auszuüben (DKW, § 84 BetrVG Rn. 23). In Betracht kommt hier – aber ausschließlich bei schweren Amtsvergehen – nur ein Antrag nach § 23 Abs. 1.

III. Beschwerdeverfahren

Der AN hat seine Beschwerde bei der **zuständigen Stelle im Betrieb** vorzubringen. Legt der AG die Zuständigkeit für die Annahme von Be- 3 schwerden nicht generell fest, ist dies der direkte Vorgesetzte. Form- und Fristerfordernisse bestehen nicht. Der AN muss in seiner Beschwerde auch keine Möglichkeit der Abhilfe benennen (BAG 22.11.2005 – 1 ABR 50/04, AiB Newsletter 2006, Nr. 1, 2). Gibt der AG Verfahrensregeln für das Einreichen von Beschwerden vor, besteht hierfür ein Mitbestimmungsrecht des BR nach § 87 Abs. 1 Nr. 1.

Der AN kann ein BR-Mitglied für das Beschwerdeverfahren hinzuziehen. Dieses soll unterstützend und vermittelnd wirken. Das BR-Mitglied unterliegt hier keiner besonderen Schweigepflicht wie etwa nach § 82 Abs. 2 oder § 83 Abs. 1.

4 Der AG hat zunächst die **Berechtigung der Beschwerde zu prüfen** und dem AN das Ergebnis mitteilen. Erklärt der AG die Beschwerde für **berechtigt**, hat er ihr abzuhelfen. Die Abhilfe kann in einem Unterlassen oder in der Vornahme einer Handlung bestehen, bei letzterer hat der AG einen Ermessensspielraum, wie er die individuelle Benachteiligung beseitigen will. Durch die Anerkennung der Beschwerdeberechtigung entsteht eine vertragliche Selbstverpflichtung des AG, woraus wiederum ein Rechtsanspruch des AN auf Abhilfe resultiert.

Hält der AG die Beschwerde für **unberechtigt** und weist er sie schriftlich zurück, kann der AN einerseits den BR einschalten, andererseits aber auch – wenn die Beschwerde einen Rechtsanspruch betraf – den Beschwerdegegenstand arbeitsgerichtlich geltend machen. Das Beschwerdeverfahren hat keinen Einfluss auf das Klageverfahren.

IV. Benachteiligungsverbot

5 Das Benachteiligungsverbot aus § 84 Abs. 3 hat nur **klarstellende Funktion**, da dies ohnehin **allgemeinen arbeitsrechtlichen Grundsätzen** entspricht. Es gilt auch für unberechtigte Beschwerden. Etwaige sanktionierende Maßnahmen aufgrund einer Beschwerde, wie eine Abmahnung oder eine Versetzung, sind unwirksam. Auch Kündigungen wären unwirksam, selbst wenn der AN aufgrund seiner Beschäftigungszeit noch keinen Kündigungsschutz hat. Werden jedoch aufgrund einer Beschwerde eines AN arbeitsvertragliche Pflichtverstöße dieses AN aufgedeckt, steht § 84 Abs. 3 nicht etwaigen Maßnahmen gegenüber dem AN entgegen.

> **Beispiel:**
> Erweisen sich die Anschuldigungen eines AN als völlig haltlos, so kann dies z.B. im Einzelfall durchaus eine Kündigung rechtfertigen. Daher sollten etwaige Strafanzeigen gegen Vorgesetzte oder den AG nur nach Durch-

führung eines innerbetrieblichen Klärungsversuches und Einholung juristischen Rats erfolgen.
Erweist sich die Beschwerde aber lediglich als unbegründet, so rechtfertigt dies noch keine Abmahnung. Etwas anderes kann nur gelten, wenn z. B. die Beschwerde selbst in einem beleidigenden Ton erfolgt.

Eine Benachteiligung liegt auch vor, wenn der AG für die auf das Einlegen einer Beschwerde verwendete Zeit eine Gehaltskürzung vornimmt. Der Beschwerdeführer kann zur Einreichung der Beschwerde nicht grundsätzlich auf seine Freizeit oder Pausenzeiten verwiesen werden.

V. Streitigkeiten

Die Rechte nach § 84 sind individualrechtlicher Art. Daher entscheiden die ArbG im **Urteilsverfahren** bei Streitigkeiten über die Entgegennahme und Bescheidung von Beschwerden, bei einem Verstoß gegen § 84 Abs. 3 und über Meinungsverschiedenheiten zwischen AN und AG über das Hinzuziehen eines BR-Mitglieds. Auch die aus der schriftlichen Anerkennung resultierenden Rechtsansprüche sind im Urteilsverfahren durchsetzbar. 6

§ 85 Behandlung von Beschwerden durch den Betriebsrat

(1) Der Betriebsrat hat Beschwerden von Arbeitnehmern entgegenzunehmen und, falls er sie für berechtigt erachtet, beim Arbeitgeber auf Abhilfe hinzuwirken.
(2) [1]Bestehen zwischen Betriebsrat und Arbeitgeber Meinungsverschiedenheiten über die Berechtigung der Beschwerde, so kann der Betriebsrat die Einigungsstelle anrufen. [2]Der Spruch der Einigungsstelle ersetzt die Einigung zwischen Arbeitgeber und Betriebsrat. [3]Dies gilt nicht, soweit Gegenstand der Beschwerde ein Rechtsanspruch ist.
(3) [1]Der Arbeitgeber hat den Betriebsrat über die Behandlung der Beschwerde zu unterrichten. [2]§ 84 Abs. 2 bleibt unberührt.

Inhaltsübersicht Rn.

I. Zweck der Regelung

1 Die Regelung ermöglicht neben dem individuellen Beschwerdeverfahren nach § 84 die Durchführung eines **kollektiven betriebsverfassungsrechtlichen Beschwerdeverfahrens** mit Hilfe des BR. Der AN kann seine Beschwerde entweder sofort (direkt) beim BR einlegen oder unmittelbar im Anschluss eines erfolglosen Verfahrens nach § 84. Auch ist es möglich, beide Wege zu beschreiten (BAG 11.3.1982 – 2 AZR 798/79).

Gegenstand einer möglichen Beschwerde ist eine individuelle Benachteiligung – identisch dem Gegenstand des Beschwerdeverfahrens nach § 84 (vgl. § 84 Rn. 2). Beschwerdeberechtigt im Entleiherbetrieb sind nunmehr auch LeihArbN (§ 14 Abs. 2 Satz 3 AÜG).

II. Das Beschwerdeverfahren

2 Der AN kann die Beschwerde ohne Formerfordernisse an den BR herantragen. Der BR muss sich mit der **Beschwerde befassen** und hat einen Beschluss darüber zu fassen, ob er die Beschwerde für berechtigt oder nicht berechtigt hält. Nach § 85 Abs. 1 hat er auf Abhilfe beim AG hinzuwirken, falls er die Beschwerde als berechtigt ansieht. Anderenfalls hat der BR den AN darüber zu unterrichten, dass er die Verfolgung der Beschwerde ablehnt und hat dies auch zu begründen.

Wenn sich der BR der Beschwerde annimmt, hat er über diese mit dem AG zu verhandeln. Eine Einigung mit dem AG bezieht sich nur darauf, dass die Beschwerde berechtigt ist, nicht notwendigerweise auf eine Abhilfe. Bestreitet der AG die **Berechtigung der Beschwerde**, kann der BR die **Einigungsstelle** anrufen. Dies kann auch ohne Einwilligung des AN geschehen. Dieser kann seine Beschwerde aber jederzeit zurücknehmen und damit auch dem Einigungsstellenverfahren die Entscheidungsgrundlage entziehen. Bei einer ausschließlich vergangenheitsbezogenen Beschwerde und einer nicht mehr vorliegenden Beeinträchtigung ist die Anrufung der Einigungsstelle nicht zulässig (BAG 22.11.2005 – 1 ABR 50/04).

Ist ein Mitglied des BR selbst Beschwerdeführer, ist es wegen eigener Betroffenheit sowohl bei der Beschlussfassung des BR als auch bei der Anrufung der Einigungsstelle und der Durchführung des Verfahrens ausgeschlossen (LAG Nürnberg 6.10.2012 – 7 TaBV 28/12).

III. Das Einigungsstellenverfahren

3 Die Einigungsstelle entscheidet nur über die **Berechtigung der Beschwerde**, nicht jedoch über konkrete Maßnahmen zur Abhilfe. Die Form der Abhilfe liegt allein im Ermessen des AG (BAG 22.11.2005 – 1 ABR 50/04). Daraus folgt auch, dass dann, wenn der AG bei konträren Sachverhaltsschilderungen der Beteiligten die Darstellung des Beschwerdeführers für nicht glaubhaft hält oder zumindest bezweifelt, er aber dennoch deren Berechtigung unterstellt und Abhilfemaßnahmen ergreift, kein Raum mehr für ein Einigungsstellenverfahren nach § 85 Abs. 2 besteht (LAG Hessen 17.12.2019 – 4 TaBV 136/19).

4 Der einzelne AN ist in dem Einigungsstellenverfahren zu hören (BAG 28.6.1984 – 6 ABR 5/83). Ausgeschlossen ist eine Entscheidung der Einigungsstelle, wenn Gegenstand der Beschwerde ein **Rechtsanspruch** ist, z. B. im Falle einer Beschwerde über nicht- oder verspätet gezahlten Lohn, über eine Kündigung oder über einen nichtgewährten Urlaub. Über derartige Ansprüche entscheiden allein die Arbeitsgerichte im Urteilsverfahren. Liegt ein Rechtsanspruch als Gegenstand des Beschwerdeverfahrens vor, besteht für den AG kein Einlassungszwang in einer Einigungsstelle. Es kann jedoch im Rahmen eines freiwilligen Einigungsstellenverfahrens nach § 76 Abs. 6 dennoch in einer Einigungsstelle über die Berechtigung der Beschwerde verhandelt werden.

5 Da in einer weitgehend formalisierten und mit Gesetzen, Verordnungen und Richtlinien durchwobenen Arbeitswelt nahezu jeder Sachverhalt einer rechtlichen Überprüfung unterzogen werden kann, ist der Begriff des Rechtsanspruchs angesichts des Normzwecks von § 85 Abs. 2 S. 3 einschränkend auszulegen. Die Vorschrift gilt daher nur für **Rechtsansprüche im engeren Sinn**, nicht für Rechtsansprüche im weiteren Sinn, die dem AG einen Ermessensspielraum überlassen, wie etwa bei der Ausübung des Direktionsrechts (ständige Rechtsprechung des Hessischen LAG, siehe Beschluss vom 16.5.2017 – 4 TaBV 75/17). Ein zulässiger Beschwerdegegenstand liegt danach vor, wenn es um die Ausübung dieses Ermessens innerhalb des Direktionsrechts geht. Wird dagegen die Grenze des Direktionsrechts insgesamt überschritten, handelt es sich um einen Rechtsanspruch im engeren Sinne. Dies ist zum Beispiel der Fall, wenn es um die Frage geht, wie Tätigkeitsmerkmale einer Tarifgruppe auszulegen sind, weil der AG aufgrund arbeitsvertraglicher Regelungen nur Tätigkeiten entsprechend einer bestimmten Tarifgruppe zuweisen darf. Gleiches gilt für die Beschwerde eines AN über eine erteilte Abmahnung (LAG Berlin-Brandenburg 17.2.2025 – 10 TaBV 29/25).

Beschwerdegegenstand kann auch die Überprüfung der Ablehnungsgründe für mobiles Arbeiten sein, wenn die Ablehnungsgründe in einer BV geregelt sind. Die Beschwerde zielt dann nicht auf die Durchsetzung eines individualrechtlichen Anspruchs auf mobiles Arbeiten ab, sondern darauf, dass der AG seine Ablehnungsgründe (unter Beachtung der kollektivrechtlichen Regelungen der BV) nochmals überprüft (LAG Köln 7.3.2024 – 9 TaBV 6/24).

5a Ein Spruch der Einigungsstelle kommt auch nur dann in Betracht, soweit es sich um Regelungsstreitigkeiten nicht kollektiver Art handelt (Steffan, RdA 2015, 270). Deshalb kann ein Gegenstand der zwingenden Mitbestimmung nicht Gegenstand des Verfahrens vor der Einigungsstelle nach Abs. 2 sein (Hessisches LAG 8.4.2008 – 4 TaBV 15/08). Auch wenn es sich eindeutig um eine rein justiziable Angelegenheit handelt, scheidet die Anrufung der Einigungsstelle aus. Das gilt unabhängig davon, ob die eigentliche Beschwerde dem AG Spielraum für eine Abhilfeentscheidung lässt oder nicht. Die Frage, ob es sich offenkundig um einen Rechtsanspruch handelt, muss bereits im Bestellungsverfahren nach § 100 ArbGG entschieden werden. Etwas anderes kann allenfalls gelten, wenn die Qualifizierung des Beschwerdegegenstands auf Grund streitiger Umstände in dem auf Beschleunigung angelegten Verfahren nach § 100 ArbGG nicht in angemessener Zeit geklärt werden kann (LAG Köln 6.8.2021 – 9 TaBV 26/21). So ist die Frage, ob der AG die Personalabteilung als Adressaten einer Arbeitsunfähigkeitsanzeige benennen darf, wie auch der Zeitpunkt einer solchen Anzeige problemlos justiziabel.

5b Einzusetzen ist die Einigungsstelle auch, wenn im Einsetzungsverfahren zweifelhaft bleibt, ob ein Rechtsanspruch Gegenstand der Beschwerde ist (Hessisches LAG 6.6.2024 – 5 TaBV 54/24).

Betrifft die Beschwerde zudem, neben Rechtsansprüchen, auch Sachverhalte, die mit der Amtsführung und -stellung des beschwerdeführenden Betriebsratsmitglieds in Zusammenhang stehen, so ist der Anwendungsbereich der §§ 84, 85 schon dem Grunde nach für solche Sachverhalte nicht eröffnet – in der Folge ist die Einigungsstelle für eine solche Beschwerde offensichtlich unzuständig (LAG Nürnberg 27.9.2024 – 3 TaBV 19/24).

6 **Beispiele für Gegenstände des Einigungsstellenverfahrens:**

- totale Arbeitsüberlastung (LAG Düsseldorf 21.12.1993 – 8 (5) TaBV 92/93)
- personelle Unterbesetzung einer Abteilung und ständige Arbeitsüberlastung (LAG Hamm 21.8.2001 – 13 TaBV 78/01)

- ständige Eingriffe von Vorgesetzten oder Kollegen in den Aufgabenbereich des AN
- mangelnde oder unzureichende Information und Zielsetzung
- unsachgemäße Kritik oder Kontrolle
- ständiger Einsatz als »Springer« unter Verschonung anderer AN
- mangelnde Wertschätzung (LAG Hamm 3.5.2016 – 7 TaBV 29/16)
- respektloses Verhalten (LAG RhPf 11.12.2014 – 3 TaBV 8/14)
- unter Umständen auch gegen die Abmahnungspraxis, wenn etwa bei einzelnen AN, aber nicht bei anderen, bereits geringfügigste Fehlleistungen gezielt zum Anlass für Abmahnungen genommen werden
- ein als datenschutzrechtswidrig beanstandeter Umgang mit dem dienstlichen E-Mail-Account einer Personalleiterin, soweit hierin ein Zusammenhang zu einer Isolierung in Bezug auf die Personalaufgaben gesehen wird (LAG Rheinland-Pfalz 12.9.2022 – 2 TaBV 8/22)

Der **Einigungsstellenspruch** soll zwar nur über die Berechtigung der Beschwerde entscheiden. Aus dem Spruch muss aber hervorgehen, auf welchen konkreten Tatsachen diese Feststellung beruht, anderenfalls ist dem AG eine Abhilfe nicht möglich. Fehlt sowohl dem Spruch wie auch dessen Begründung eine Präzisierung des abhilfebedürftigen Zustandes, genügt er nicht den von § 85 Abs. 2 Satz 2 gestellten Bestimmtheitsanforderungen. Folge ist die Unwirksamkeit des Einigungsstellenspruchs. 7

IV. Rechte des AN

Wenn die Einigungsstelle die Berechtigung der Beschwerde bejaht, muss der AG ihr nach § 85 Abs. 2 abhelfen (LAG München 27.11.1990 – 2 Sa 542/90). Der **Anspruch auf Abhilfe** kann wie im Falle der Anerkennung nach § 84 als Rechtsanspruch geltend gemacht werden (vgl. § 84 Rn. 4). Die **Feststellungen des Einigungsstellenverfahrens** sind in dem Abhilfeverfahren verbindlich zugrunde zu legen. Der AG kann daher auch nicht mehr behaupten, die Beschwerde wäre nicht berechtigt. Er kann jedoch den Einigungsstellenspruch gem. § 76 Abs. 5 Satz 4 mit dem Argument der Ermessensüberschreitung anfechten. 8

§ 86 Ergänzende Vereinbarungen

[1]Durch Tarifvertrag oder Betriebsvereinbarung können die Einzelheiten des Beschwerdeverfahrens geregelt werden. [2]Hierbei kann bestimmt werden, dass in den Fällen des § 85 Abs. 2 an die Stelle der Einigungsstelle eine betriebliche Beschwerdestelle tritt.

Inhaltsübersicht Rn.

I. Zweck der Regelung

1 § 86 räumt die Möglichkeit ein, durch Tarifvertrag oder BV Einzelheiten des Beschwerdeverfahrens nach § 84 und § 85 zu regeln. Hervorgehoben wird insbesondere die Möglichkeit, eine **betriebliche Beschwerdestelle** einzurichten. Allerdings berechtigt dies die Betriebsparteien nicht dazu, in den Angelegenheiten der zwingenden Mitbestimmung das Einigungsstellenverfahren durch eine betriebliche Schiedsstelle nach § 86 Satz 2 zu ersetzen (LAG Hessen 15.11.2012 – 5 TaBVGa 257/12).

II. Regelung durch Kollektivvertrag

2 Mittels Tarifvertrages oder BV können das **Beschwerdeverfahren** und die **Ersetzung der Einigungsstelle durch eine betriebliche Beschwerdestelle** geregelt werden. Derartige Regelungen umfassen vor allem folgende Punkte:

- Definition der zuständigen Stellen nach § 84 Abs. 1
- Festlegung von Fristen für Beschwerden und deren Behandlung
- Formerfordernisse des Beschwerdeverfahrens
- Besetzung der Einigungsstelle
- Betrieblicher Instanzenzug für die Behandlung von Beschwerden.

3 Nicht bestimmt werden darf aber, dass die AN vor Anrufung des ArbG den betrieblichen Beschwerdeweg ausschöpfen müssen. Die Zuständigkeiten der Einigungsstelle oder betrieblichen Beschwerdestelle können weder erweitert noch beschränkt werden (Fitting, § 86 Rn. 2).
Kommt es zur Errichtung einer betrieblichen Beschwerdestelle, so ist darauf zu achten, dass diese paritätisch besetzt ist; § 86 macht insofern keine Vorgaben hinsichtlich der Zusammensetzung. Mitglieder in einer betrieblichen Beschwerdestelle genießen ebenso wie Einigungsstellenmitglieder den Schutz des § 78 und unterliegen der besonders geregelten Verschwiegenheitspflicht nach § 79.

§ 86a Vorschlagsrecht der Arbeitnehmer

[1]Jeder Arbeitnehmer hat das Recht, dem Betriebsrat Themen zur Beratung vorzuschlagen. [2]Wird ein Vorschlag von mindestens 5 vom Hundert der Arbeitnehmer des Betriebs unterstützt, hat der Be-

triebsrat diesen innerhalb von zwei Monaten auf die Tagesordnung einer Betriebsratssitzung zu setzen.

Inhaltsübersicht Rn.

I. Zweck der Regelung

Die Regelung normiert ein Vorschlagsrecht der AN gegenüber dem BR. 1
Ein vergleichbares Recht steht einem Viertel der Belegschaft im Rahmen von Betriebsversammlungen zu, § 43 Abs. 3. Ziel der Vorschrift ist es, das **demokratische Engagement der AN** als Grundvoraussetzung einer modernen Betriebsverfassung zu stärken. Ideen, Vorschläge und Bedürfnisse von einzelnen AN sollen in die Arbeit des BR einfließen, ohne dass dadurch die Funktion des BR als einheitliche Interessenvertretung aller AN beeinträchtigt wird (BT-Drucks. 14/5741, S. 29 Nr. 6). Zu beachten ist, dass das Vorschlagsrecht nicht gegenüber dem KBR oder GBR gilt (Fitting, § 86a Rn. 1).

II. Vorschlagsrecht

§ 86a Satz 1 besagt, dass jeder AN das Recht hat, dem BR **Themen zur** 2
Beratung vorzuschlagen. AN meint alle in § 5 Abs. 1 genannten Beschäftigten. Hierzu zählen auch Leiharbeitnehmer; nicht erfasst sind die leitenden Angestellten i. S. d. § 5 Abs. 3 u. 4.
Der Antrag ist ohne Form- oder Fristerfordernis an den Betriebsratsvorsitzenden oder im Falle der Verhinderung an seinen Stellvertreter zu richten. Wegen der Rechtsfolgen aus § 86a Satz 2 empfiehlt sich jedoch die Schriftform. Das Vorschlagsrecht darf **innerhalb der Arbeitszeit** wahrgenommen werden. Das gilt auch für das Sammeln der Unterschriften. Der AG bleibt zur Entgeltzahlung verpflichtet (Fitting, § 86a Rn. 5). Das Vorschlagrecht ist thematisch nicht begrenzt, auch muss der Antragsteller nicht individuell beschwert sein, erforderlich ist jedoch, dass der Gegenstand in die Zuständigkeit des BR fällt. Hierfür reicht es aus, wenn der Gegenstand in den allgemeinen Aufgabenbereich nach §§ 75 oder 80 fällt.
Der BR hat den Vorschlag nach § 86a Satz 1 zunächst nur entgegenzunehmen. Eine Verpflichtung zur Aufnahme in die Tagesordnung be-

steht jedoch nicht, es sei denn dieser Vorschlag wird von fünf Prozent der AN des Betriebs unterstützt. (§ 86a Satz 2).

III. Verpflichtung zur Aufnahme in die Tagesordnung

3 Unterstützen fünf Prozent der AN des Betriebs den Antrag, ist der Betriebsratsvorsitzende nach § 86a Satz 2 verpflichtet, die in dem Antrag benannte Angelegenheit innerhalb von zwei Monaten ab Eingang des Antrags auf die **Tagesordnung einer Betriebsratssitzung** zu setzen. Das kann vom BR nicht mit dem Argument zurückgewiesen werden, dass innerhalb der nächsten zwei Monate keine Sitzung stattfindet. Der BR kann jedoch auf der Sitzung noch weitere Angelegenheiten behandeln.

Der BR muss die Angelegenheit in diesem Fall behandeln und zwar auch dann, wenn er Zweifel darüber hat, ob es sich überhaupt um eine nach § 86a zulässige Angelegenheit handelt. Aus dem Antragsrecht nach § 86a Satz 2 folgen aber keine weiteren Ansprüche gegenüber dem BR. Vor allem befindet der BR nach freiem Ermessen über die Angelegenheit und hat ein eigenes Prüfungs- und Entscheidungsrecht hierzu. Der Zweck der Regelung gebietet es jedoch, die Antragsteller über das Ergebnis der Beratung zu informieren.

Wird der Antrag auf der Betriebsratssitzung behandelt, so begründet dies dennoch keinen Anspruch auf Teilnahme an der Betriebsratssitzung für den Antrag stellenden AN. Der BR kann den Antragstellern allerdings Gelegenheit geben, ihr Anliegen auf der Sitzung zu erläutern.

IV. Streitigkeiten

4 Die AN haben **keinen gerichtlich durchsetzbaren Anspruch** auf Behandlung des Antrags, auch dann nicht, wenn das Mindestquorum von fünf Prozent erreicht ist. Verweigert der BR die Behandlung des Antrags, kommt allenfalls ein Antrag nach § 23 Abs. 1 gegen den BR oder gegen einzelne BR-Mitglieder in Betracht.

Dritter Abschnitt
Soziale Angelegenheiten

§ 87 Mitbestimmungsrechte

(1) Der Betriebsrat hat, soweit eine gesetzliche oder tarifliche Regelung nicht besteht, in folgenden Angelegenheiten mitzubestimmen:
1. Fragen der Ordnung des Betriebs und des Verhaltens der Arbeitnehmer im Betrieb;
2. Beginn und Ende der täglichen Arbeitszeit einschließlich der Pausen sowie Verteilung der Arbeitszeit auf die einzelnen Wochentage;
3. vorübergehende Verkürzung oder Verlängerung der betriebsüblichen Arbeitszeit;
4. Zeit, Ort und Art der Auszahlung der Arbeitsentgelte;
5. Aufstellung allgemeiner Urlaubsgrundsätze und des Urlaubsplans sowie die Festsetzung der zeitlichen Lage des Urlaubs für einzelne Arbeitnehmer, wenn zwischen dem Arbeitgeber und den beteiligten Arbeitnehmern kein Einverständnis erzielt wird;
6. Einführung und Anwendung von technischen Einrichtungen, die dazu bestimmt sind, das Verhalten oder die Leistung der Arbeitnehmer zu überwachen;
7. Regelungen über die Verhütung von Arbeitsunfällen und Berufskrankheiten sowie über den Gesundheitsschutz im Rahmen der gesetzlichen Vorschriften oder der Unfallverhütungsvorschriften;
8. Form, Ausgestaltung und Verwaltung von Sozialeinrichtungen, deren Wirkungsbereich auf den Betrieb, das Unternehmen oder den Konzern beschränkt ist;
9. Zuweisung und Kündigung von Wohnräumen, die den Arbeitnehmern mit Rücksicht auf das Bestehen eines Arbeitsverhältnisses vermietet werden, sowie die allgemeine Festlegung der Nutzungsbedingungen;
10. Fragen der betrieblichen Lohngestaltung, insbesondere die Aufstellung von Entlohnungsgrundsätzen und die Einführung und Anwendung von neuen Entlohnungsmethoden sowie deren Änderung;
11. Festsetzung der Akkord- und Prämiensätze und vergleichbarer leistungsbezogener Entgelte, einschließlich der Geldfaktoren;
12. Grundsätze über das betriebliche Vorschlagswesen;

13. Grundsätze über die Durchführung von Gruppenarbeit; Gruppenarbeit im Sinne dieser Vorschrift liegt vor, wenn im Rahmen des betrieblichen Arbeitsablaufs eine Gruppe von Arbeitnehmern eine ihr übertragene Gesamtaufgabe im Wesentlichen eigenverantwortlich erledigt;

14. Ausgestaltung von mobiler Arbeit, die mittels Informations- und Kommunikationstechnik erbracht wird.

(2) [1]Kommt eine Einigung über eine Angelegenheit nach Absatz 1 nicht zustande, so entscheidet die Einigungsstelle. [2]Der Spruch der Einigungsstelle ersetzt die Einigung zwischen Arbeitgeber und Betriebsrat.

Inhaltsübersicht Rn.

I. Zweck der Regelung

1 § 87 ist die **zentrale Norm** für die Mitbestimmungsrechte des BR in sozialen Angelegenheiten. Durch die Vorschrift wird der **Kernbereich der Mitbestimmung** des BR geregelt. Zugleich wird das aus dem Arbeitsvertrag resultierende Direktionsrecht des AG (siehe § 611a Abs. 1 BGB) durch das Mitbestimmungsrecht des BR inhaltlich begrenzt. Der AN soll – im Hinblick auf das Ungleichgewicht im Arbeitsverhältnis gegenüber dem AG – geschützt werden, z. B. im Hinblick auf das Verhältnis von Arbeitszeit und Freizeit.

2 In den in § 87 Abs. 1 Nr. 1–14 geregelten Angelegenheiten hat der BR ein **erzwingbares Mitbestimmungsrecht**. Das heißt: Kommt es zwischen BR und AG in der jeweiligen Angelegenheit zu keiner Einigung, muss diese durch den Spruch der **Einigungsstelle** ersetzt werden (§ 87 Abs. 2).

3 Die **Aufzählung der Mitbestimmungsrechte** in sozialen Angelegenheiten in § 87 ist **abschließend**. Fällt eine Angelegenheit nicht unter § 87, können im Bereich der sozialen Angelegenheiten nur freiwillige BV (§ 88) abgeschlossen werden.

4 Zweck der Mitbestimmungsrechte ist der Schutz der AN. Über den BR sollen die AN an der Gestaltung der wichtigsten Arbeitsbedingungen beteiligt werden. Eine **einseitige Anordnung** durch den **AG** bei **mitbestimmungspflichtigen Maßnahmen** ist **unwirksam**; gegen eine unwirksame einseitige Anordnung hat der BR einen Unterlassungsanspruch (siehe Rn. 271 ff.). Stattdessen ist eine **einvernehmliche Regelung zwischen BR und AG** erforderlich, die – wenn erforderlich, d. h. wenn keine Einigung zustande kommt – durch den **Spruch der Einigungsstelle** (s. Rn. 267 ff.) ersetzt werden kann. Das Mitbestimmungsrecht erstreckt sich auch auf Leiharbeitnehmer, soweit diese in

den Entleiherbetrieb eingegliedert sind. Von praktischer Bedeutung wird dies im Entleiherbetrieb etwa für die Mitbestimmungsrechte nach § 87 Abs. 1 Nr. 1, 2, 3, 6, 7, 12 und 13 sein.

5 Die Mitbestimmungsrechte nach § 87 sind nicht an das Vorhandensein einer bestimmten Anzahl von AN geknüpft (anders als z. B. in § 99, der voraussetzt: »*... in der Regel mehr als zwanzig wahlberechtigte Arbeitnehmer*«). In einem **Kleinbetrieb** mit weniger als 20 AN stehen die Mitbestimmungsrechte auch dem ein-köpfigen BR zu.

II. Verzicht auf Mitbestimmung

6 Da der Schutz der AN der eigentliche Zweck der Mitbestimmung ist, kann der BR **nicht auf die Ausübung der Mitbestimmungsrechte aus § 87 verzichten**. Bleibt der BR in mitbestimmungspflichtigen Angelegenheiten nach § 87 untätig, kann dies eine grobe Pflichtverletzung darstellen, die einen Auflösungsantrag nach § 23 Abs. 1 begründen kann.

7 Das bedeutet, dass der BR in einer mitbestimmungspflichtigen Angelegenheit nach § 87 **mitgestalten muss**. Er darf das Gestaltungsrecht nicht dem AG alleine überlassen und seine Tätigkeit auf eine bloße Information reduzieren. Es besteht eine **Gestaltungspflicht**. Es obliegt seiner Entscheidung, ob und wann er seine Mitbestimmungsbefugnisse nutzt. Der BR darf sich allerdings Verhandlungen mit dem AG nicht entziehen und hat auch in der Einigungsstelle entsprechend dem Gebot der vertrauensvollen Zusammenarbeit mitzuwirken (BAG 12.3.2019 – 1 ABR 42/17843).

III. Wirksamkeitsvoraussetzung

8 Um **mitbestimmungspflichtige Maßnahmen** durchführen zu können, muss der AG eine **Einigung mit dem BR** oder eine **Entscheidung der Einigungsstelle** (s. Rn. 267 ff.) herbeiführen. Mitbestimmungspflichtige Maßnahmen nach § 87, die der AG einseitig durchführt, sind deshalb individualrechtlich rechtswidrig und damit unwirksam. Somit ist die **Zustimmung des BR Wirksamkeitsvoraussetzung für alle mitbestimmungspflichtigen Maßnahmen** (ständige Rechtsprechung; BAG 3.12.1991 – GS 2/90, AiB 1992, 575–578; BAG 22.6.2010 – 1 AZR 853/08).

9 Es besteht dementsprechend **keine Verpflichtung** der AN, Anweisungen des AG zu befolgen, die dieser unter **Missachtung der Mitbestimmungsrechte** des BR erteilt hat. Hat der AG über eine mitbestimmungspflichtige Maßnahme mit dem BR keine Einigung erzielt,

darf er diese Maßnahme auch nicht mittels der Änderung der einzelnen Arbeitsverträge durchsetzen, sei es durch Änderungskündigung oder auf andere Weise (BAG 15.4.2008 – 1 AZR 65/07, AiB 2008, 547–552 und AiB 2008, 552–553). Ordnet z.B. der AG **ohne Beteiligung** des BR Pausen an, so muss er die Pausenzeit vergüten (selbst wenn die Pausen § 4 ArbZG entsprechen [LAG Köln 19.12.2014 – 5 Sa 815/13]). Voraussetzung ist allerdings, dass der AN trotz Anordnung des AG seine Arbeitsleistung auch für die vom AG vorgesehene Pause anbietet. Für die Pausenzeit kommt der AG dann in Annahmeverzug. Führt ein nicht tarifgebundener AG ohne Beteiligung des BR Maßnahmen durch, die eine Änderung der im Betrieb geltenden Entlohnungsgrundsätze bewirken, können davon betroffene AN nach der Theorie der Wirksamkeitsvoraussetzung eine Vergütung auf der Grundlage der zuletzt mitbestimmungsgemäß eingeführten Entlohnungsgrundsätze verlangen (BAG 24.1.2017 – 1 AZR 772/14). Dies hat zuletzt noch einmal das BAG bestätigt (BAG 21.2.2024 – 10 AZR 345/22).

Auch bei **Maßnahmen zur Probe** (Pilot-, Testbetrieb) stehen dem BR die Mitbestimmungsrechte uneingeschränkt zu. Es ist unerheblich, ob die Maßnahmen kurzfristig oder auf Dauer angelegt sind.

10 Die Theorie der Wirksamkeitsvoraussetzung betrifft nur die individualrechtliche Folge bei Nichtbeachtung der Mitbestimmungsrechte des BR nach § 87. Der BR ist aber nicht darauf angewiesen, dass die einzelnen AN den Verstoß des AG gegen das Mitbestimmungsrecht des BR geltend machen. Der BR kann vielmehr aus eigenem Recht vorgehen. Zu diesem Zweck hat die Rechtsprechung dem BR einen **Unterlassungsanspruch** bzw. Beseitigungsanspruch gegen die mitbestimmungswidrige Maßnahme des AG eingeräumt (siehe Rn. 271 ff.).

IV. Gestaltungsformen der Mitbestimmung

11 Regelmäßig übt der BR seine Mitbestimmungsrechte durch den **Abschluss von BV** aus. Zudem sind aber auch **formlose Absprachen**, z.B. Regelungsabreden, möglich.

12 Grundsätzlich ist dem **Abschluss von BV** der Vorrang zu geben; insbesondere dann, wenn der BR Dauerregelungen und unmittelbare Ansprüche der AN schaffen möchte, wie z.B. beim Aufstellen eines Arbeitszeitmodells, allgemeiner Urlaubsgrundsätze oder bei Entlohnungsgrundsätzen. Aufgrund des Schriftformerfordernisses der BV (§ 77 Abs. 2) trägt eine Regelung in Form einer BV auch zur Rechtssicherheit bei und vermeidet unnötige Streitigkeiten. Der Abschluss einer BV

bedarf des **ordnungsgemäßen Beschlusses** des BR (BAG 9.12.2014 – 1 ABR 19/13; BAG 23.10.2018 -1 ABR 26/17).

Die **formlose Absprache** in Form einer **Regelungsabrede** kann insbesondere in Betracht kommen, wenn der BR einen mitbestimmungspflichtigen Tatbestand im Einzelfall – z.B. die Genehmigung von Mehrarbeit (§ 87 Abs. 1 Nr. 3) – oder wenn er Eilfälle regeln möchte. Auch die formlose Absprache bedarf zu ihrer Wirksamkeit **eines ordnungsgemäßen Beschlusses** des BR (BAG 9.12.14 – 1 ABR 19/13; BAG 23.10.2018 – 1 ABR 26/71). Im Unterschied zur BV erzeugt die Regelungsabrede keine unmittelbaren Ansprüche der AN. 13

Allerdings kann eine formlose Absprache nur die **betriebsverfassungsrechtliche Sperrwirkung aufheben**, nicht aber die Rechte aus dem Arbeitsvertrag. Rechte aus dem Arbeitsvertrag können im Rahmen der Mitbestimmungstatbestände des § 87 nur durch eine BV abgeändert werden, denn diese wirkt **unmittelbar und zwingend** auf die einzelnen Arbeitsverhältnisse. 14

Der BR muss – um seine Mitbestimmungsrechte auszuüben – nicht auf mitbestimmungspflichtige Maßnahmen des AG warten, um dann darauf zu reagieren. Vielmehr kann der BR selbst auch initiativ tätig werden und so selbst die Arbeitswelt gestalten. Ihm ist im Rahmen von § 87 ein **uneingeschränktes Initiativrecht** in allen mitbestimmungspflichtigen Angelegenheiten entsprechend deren Inhalt, Sinn und Zweck eingeräumt (BAG 26.10.2004 – 1 ABR 31/03, AiB Newsletter 2004, 61). Der BR kann deshalb z.B. die Einführung von variabler Arbeitszeit, vorübergehende Kurzarbeit oder die Einführung eines neuen Entlohnungsmodells fordern. 15

V. Eil- und Notfälle

1. Eilfälle

Auch in sogenannten **Eilfällen** bestehen nach ständiger Rechtsprechung des BAG die Mitbestimmungsrechte des BR aus § 87 Abs. 1 (BAG 9.7.2013 – 1 ABR 19/12). 16

Unter Eilfällen versteht man Begebenheiten, in denen eine **Regelung möglichst umgehend erfolgen muss**, der BR bislang aber noch nicht zugestimmt hat. Beispiel: Anordnung von Überstunden wegen eines dringlich zu erledigenden Auftrags.

Eine Einschränkung der Mitbestimmung in Einfällen ist auch nach der Systematik des § 87 nicht gegeben. Die Bestimmung enthält keine Einschränkung und keine Regelung über vorläufige Maßnahmen wie z.B. 17

§ 100. Der AG darf daher in Eilfällen **keine vorläufigen Anordnungen** treffen. Genauso wenig kann ein AG eine eilbedürftige Regelung durch eine einstweilige Verfügung treffen. Regelungsstreitigkeiten fallen in die Zuständigkeit der Einigungsstelle (BAG 9.7.2013 – 1 ABR 19/12).

18 Eilfälle können immer unter Wahrung der Mitbestimmungsrechte geregelt werden. So können BR und AG durch **formlose Absprachen** oder durch **Rahmenbetriebsvereinbarungen** Regelungen treffen, in denen dem AG gestattet wird, unter gewissen Voraussetzungen im Einzelfall mitbestimmungspflichtige Maßnahmen anzuordnen. Der AG muss daher seinen Betrieb so organisieren, dass auch in Eilfällen die Mitbestimmung des BR gewahrt werden kann.

2. Notfälle

19 Bei einem sogenannten **Notfall** wird das Mitbestimmungsrecht des BR sehr häufig verneint.

Von einem Notfall spricht man aber nur dann, wenn es sich um eine **plötzlich auftretende, nicht vorhersehbare und schwerwiegende Situation** handelt, die zu erheblichen Schäden für die AN oder den Betrieb führen werden, wie z.B. ein **Brand** oder eine **Überschwemmung**. Nicht um einen Notfall handelt es sich bei Situationen, die typischerweise (immer wieder) kurzfristig eintreten (LAG Niedersachsen 3.7.2017 – 8 TaBV 42/16); das sind Eilfälle (siehe Rn. 16ff.). Die Auslieferung verderblicher Ware stellt keinen Notfall dar; dieser kann mit organisatorischen Maßnahmen regelmäßig rechtzeitig begegnet werden. Auch die Covid19-Pandemie stellt keine solche Notstandslage dar, auch nicht, wenn die Schichtzeiten pandemiebedingt verlängert werden sollen (so zum Mitbestimmungsrecht des Personalrats, VG Sigmaringen 23.11.2020 – PL 11 K 2474/20).

20 Allerdings darf sich der AG in solchen Situationen **nur auf vorläufige Regelungen beschränken** und muss deshalb den BR unverzüglich unterrichten. Widerspricht der BR, hat der AG die Einigungsstelle anzurufen.

VI. Vorrang von Gesetz und Tarifvertrag

1. Vorrang von Gesetzen

21 Ist eine bindende und abschließende **gesetzliche Regelung** gegeben, entfällt das Mitbestimmungsrecht des BR.

Es muss sich aber um eine zwingende Gesetzesvorschrift handeln, die eine **abgeschlossene, aus sich heraus handhabbare materielle Regelung** beinhaltet. Durch eine solche abschließende gesetzliche Regelung werden die Interessen des AN hinreichend geschützt. Es besteht kein Bedürfnis mehr für ein auf den Schutz der AN gerichtetes Mitbestimmungsrecht. So ist z. B. eine Arbeitszeitregelung im Rahmen einer BV nicht möglich, wenn die BV gegen zwingende Vorschriften des Arbeitszeitgesetzes verstößt.
Zu den gesetzlichen Vorschriften im Sinne von § 87 gehören alle zwingenden Rechtsnormen mit Gesetzescharakter, Verordnungen und Verwaltungsakte.

Keine gesetzlichen Vorschriften im Sinne dieser Vorschrift sind gesetzesvertretendes Richterrecht und autonomes Satzungsrecht öffentlich-rechtlicher Körperschaften. 22

Bei gesetzlichen **Regelungen, die mehrere Entscheidungen des AG zulassen,** um dem Gesetz zu entsprechen, bleibt das Mitbestimmungsrecht bestehen (BAG 22.7.2014 – 1 ABR 96/12). In einem solchen Falle hat der BR ein **Mitbestimmungsrecht beim »Ob«** und **»Wie« der Regelung.** So hat z. B. nach § 5 Abs. 1 Satz 3 EFZG der AG das Recht – nicht aber die Pflicht – eine frühere Vorlage der ärztlichen Bescheinigung zu verlangen. Auch werden die entsprechenden Modalitäten nicht vorgegeben. Insoweit hat der BR mitzubestimmen. 23

2. Einschränkung durch Tarifvertrag

Ist hinsichtlich eines mitbestimmungspflichtigen Tatbestandes eine **tarifvertragliche Regelung** gegeben, **entfällt** gem. § 87 Abs. 1 Eingangssatz das **Mitbestimmungsrecht** des BR. 24

Bei einer solchen tarifvertraglichen Regelung muss es sich um eine **abschließende und zwingende Regelung** halten, die für eine Ergänzung keinen Raum mehr lässt (BAG 18.10.2011 – 1 ABR 25/10; BAG 22.10.2014 – 5 AZR 731/12). 25

Der **Tarifvertrag muss für den Betrieb** gelten. Er muss räumlich und sachlich anwendbar sein. Zudem muss er gemäß § 5 TVG allgemeinverbindlich sein oder der AG muss selbst tarifgebunden oder Mitglied in dem entsprechenden Arbeitgeberverband sein. 26

Ist der Tarifvertrag abschließend und zwingend, schließt er nicht nur die Mitbestimmungsrechte aus, sondern auch die Möglichkeit, **günstigere freiwillige BV** in diesem Bereich abzuschließen. In der Praxis kommen solche Regelungen dennoch immer wieder vor (wo kein Kläger, da kein Richter!). 27

28 Machen die Tarifvertragsparteien von ihrer Regelungsbefugnis keinen Gebrauch oder weisen die Regelungszuständigkeit den Betriebsparteien zu (Öffnungsklausel), bestehen die Mitbestimmungsrechte des BR weiterhin. Dies gilt auch für einen **nachwirkenden Tarifvertrag**, denn dieser hat gemäß § 4 Abs. 5 TVG keine zwingende Wirkung mehr und kann durch andere Abmachungen ersetzt werden.

29 Zudem besteht für **außertarifliche Angestellte**, die keine leitenden Angestellten sind, wegen ihrer Tätigkeit aber vom persönlichen Geltungsbereich des Tarifvertrags nicht erfasst werden, das volle Mitbestimmungsrecht des BR. Ihre Arbeitsbedingungen sind ja gerade nicht durch einen Tarifvertrag geregelt.

30 Die Frage, ob das Mitbestimmungsrecht außer durch den Eingangssatz des § 87 auch bei Vorliegen der Voraussetzungen des § 77 Abs. 3 ausgeschlossen wird, hat das BAG (3.12.1991 – GS 2/90, AiB 1992, 575–578) dahingehend geklärt, dass § 77 Abs. 3 im Bereich der nach § 87 Abs. 1 mitbestimmungspflichtigen Angelegenheiten nicht gilt (**Vorrangtheorie**, s. hierzu § 77 Rn. 15).

VII. Mitbestimmung auch in Einzelfällen

31 Die meisten der in § 87 Abs. 1 genannten Regelungstatbestände haben **kollektivrechtlichen Bezug**. Lediglich § 87 Abs. 1 Nr. 5 (Urlaub für einzelne AN) und § 87 Abs. 1 Nr. 9 (Zuweisung und Kündigung von Wohnräumen) regeln als Ausnahmetatbestände Maßnahmen gegenüber einzelnen AN.

32 Daher stellt sich die Frage, ob der BR außerhalb der Nr. 5 und 9 in den anderen Regelungstatbeständen **auch bei Einzelfällen ein Mitbestimmungsrecht** hat. Entscheidend hierbei ist, ob es inhaltlich um eine generelle Regelung geht oder ob es sich um Maßnahmen und Entscheidungen handelt, die nur einen individuellen AN betreffen, weil es um dessen besondere Situation oder dessen Wünsche geht, die Regelung also ausschließlich diesen Einzelfall betrifft (BAG 24.4.2007 – 1 ABR 47/06, AiB Newsletter 2008, Nr. 3, 5). Es kommt also darauf an, ob die Entscheidung des AG arbeitsplatzbezogen oder arbeitnehmerbezogen ist. In der Regel handelt es sich aber um arbeitsplatzbezogene Entscheidungen. Jedenfalls besteht die Möglichkeit, für solche Fälle Regelungen zu treffen, die es dem AG bei klar festgelegten Voraussetzungen gestatten, tätig zu werden, wenn sich die Regelung auf eine eng begrenzte, hinreichend konkret beschriebene und häufig auftretende Fallgestaltung bezieht und der BR im Nachgang zumindest informiert wird (BAG 22.10.2019 – ABR 17/18). Ein kollektiver Sachverhalt soll aber nicht vorliegen, wenn der

AG situationsbezogen, nicht einer generellen Regel folgend, von einem AN auf der Grundlage von § 5 Abs. 1 S. 3 EntgFG in einer bestimmten Form und ggf. innerhalb einer bestimmten Frist den Nachweis jeglicher Arbeitsunfähigkeit verlangt (BAG 15.11.2022 – 1 ABR 5/22).

Vereinbarungen, die nur den **individuellen Besonderheiten** des einzelnen AN Rechnung tragen und deren Auswirkungen sich alleine nur auf dieses Arbeitsverhältnis beschränken, unterliegen **nicht der Mitbestimmung** des BR. Danach ist eine Arbeitszeitregelung, die mit einem einzelnen AN im Hinblick auf die Schließzeiten des Kindergartens getroffen wird, in den das Kind des AN geht, mitbestimmungsfrei. Andererseits besteht bei der Anordnung, aber auch bei der Duldung von Überstunden regelmäßig ein kollektiver Bezug – selbst, wenn nur ein einzelner AN (z. B. an der Pforte) betroffen ist (BAG 28.7.2020 – 1 ABR 18/19). Hier handelt es sich um eine arbeitsplatzbezogene Entscheidung. 33

VIII. Einzelne Mitbestimmungstatbestände

1. Ordnung des Betriebs, Verhalten der AN (Nr. 1)

a. Ordnungs- und Arbeitsverhalten

§ 87 Abs. 1 Nr. 1 betrifft zum einen die Gestaltung der **Ordnung des Betriebs**, indem allgemeine, verbindliche Verhaltensregeln geschaffen werden, zum anderen alle Maßnahmen, durch die das Verhalten der AN im Bezug auf die betriebliche Ordnung beeinflusst werden soll. 34

Unter betrieblicher Ordnung ist die Sicherung des ungestörten Arbeitsablaufs und des reibungslosen Zusammenwirkens der AN im Betrieb zu verstehen. 35

Verkürzt kann man festhalten, dass Maßnahmen des AG, die auf das **Ordnungsverhalten der AN** (s. Rn. 36) zielen, der **Mitbestimmung unterliegen**; dagegen unterliegen Maßnahmen, die das bloße Arbeitsverhalten betreffen, nicht der Mitbestimmung.

Unter Maßnahmen, die das **Ordnungsverhalten** regeln, fallen allgemein gültige verbindliche Verhaltensregeln, die dazu dienen, das Verhalten der AN zu beeinflussen und zu koordinieren, und Maßnahmen, mittels derer die Ordnung des Betriebs aufrecht erhalten werden soll. Es soll gewährleistet werden, dass die Beschäftigten gleichberechtigt in die Gestaltung des betrieblichen Zusammenlebens einbezogen werden (BAG 28.7.2020 – 1 ABR 41/18). 36

Maßnahmen, die das Arbeitsverhalten betreffen, sind solche, mit denen lediglich die Arbeitspflicht unmittelbar konkretisiert wird (BAG 25.9.2012 – 1 ABR 50/11). Es geht dabei um Regelungen und Weisun- 37 gen, die das unmittelbare Erbringen der geschuldeten Arbeitsleistung selbst betreffen.

38 Folgendes – **vereinfacht dargestelltes – Prüfungsraster zur Feststellung der Mitbestimmung** kann man dementsprechend anwenden:

- Maßnahmen, die das bloße Arbeitsverhalten betreffen, unterliegen nicht der Mitbestimmung.
- Bei Maßnahmen mit Mischcharakter, die sich sowohl auf das Ordnungs- wie auf das Arbeitsverhalten auswirken, kommt es darauf an, welcher Regelungszweck überwiegt. Überwiegt der Ordnungscharakter, dann besteht das Mitbestimmungsrecht des BR nach § 87 Abs. 1 Nr. 1.
- Alle anderen Anordnungen unterliegen der Mitbestimmung des BR.

39 Das **Mitbestimmungsrecht des BR** besteht unabhängig davon, in welcher Form der AG seine Maßnahme durchführen will – also unabhängig davon, ob er z. B. eine BV anstrebt oder dies durch Zusätze zu den Arbeitsverträgen erreichen möchte. In jedem Fall kann der BR auch von seinem **Initiativrecht** Gebrauch machen, um Regelungen unabhängig von den Vorstellungen des AG anzustreben.

b. Einzelfälle

40 **Der Mitbestimmung unterliegen** u. a. folgende Maßnahmen

- das Durchführen von Taschenkontrollen
- das Führen von Anwesenheitslisten
- die Einführung, Ausgestaltung und Nutzung von Werksausweisen
- Vorschriften über das Betreten oder Verlassen des Betriebs sowie über das Durchleuchten von Taschen
- das Festlegen und Überwachen von Alkoholverboten
- der Erlass eines Rauchverbots – nur dann, wenn es sich nicht schon aus zwingenden gesetzlichen Bestimmungen, Verordnungen der Berufsgenossenschaften oder zwingenden Erfordernissen des Betriebs ergibt (z. B. beim Umgang mit feuergefährlichen Stoffen). Das Mitbestimmungsrecht bezieht sich dann nur noch auf die Ausgestaltung und Durchführung der Maßnahme.
- Vorschriften zum Tragen von Arbeitskleidung (z. B. BAG 10.11.2009 – 1 ABR 54/08, AiB 2011, 764 [Tragen der Dienstkleidung auf dem Weg von und zur Arbeit]); bei besonders auffälliger Dienstkleidung haben die Betriebsparteien eine Umkleidemöglichkeit im Betrieb zu schaffen (BAG 17.1.2012 – 1 ABR 45/10); auffällige Dienstkleidung ist gegeben, wenn sie aufgrund ihrer Auf-

machung ohne weiteres mit dem AG in Verbindung gebracht werden kann (BAG 17.11.15 – 1 ABR 76/13).

- das Anordnen von Namensschildern, die an der Dienstkleidung zu tragen sind
- das Durchführen formalisierter Krankengespräche
- Regelungen zur Ausgestaltung des Betrieblichen Eingliederungsmanagements, nicht aber die Verpflichtung des AG, alle Mitarbeiter über das BEM-Verfahren zu informieren (LAG Hamburg 20.2.2014 – 1 TaBV 4/13, AiB 2014, 42–45)
- das Ausfüllen von Formularen beim Arztbesuch
- Regelungen über die Mitnahme von Arbeitsunterlagen nach Hause
- die allgemeine Anweisung, Arbeitsunfähigkeitsbescheinigungen gem. § 5 EFZG vor Ablauf des dritten Kalendertages nach Beginn der Arbeitsunfähigkeit vorzulegen und die Ausgestaltung des Ob und des Wie einer Nachweispflicht (BAG 23.8.2016 – 1 ABR 43/14); das gilt nicht, wenn die Anweisung des AG nicht auf einer Regel oder einer über den Einzelfall hinausgehenden Handhabung beruht (BAG 15.11.2022 – 1 ABR 5/22)
- das Verbot von Liebesbeziehungen am Arbeitsplatz
- Regelungen für die Benutzung von Wasch- und Umkleideräumen
- Standardisierte Meldeverfahren im Rahmen sogenannter Compliance-Systeme oder Ethik-Richtlinien (BAG 22.7.2008 – 1 ABR 40/07)
- Vorschriften über das Radiohören im Betrieb
- ein generelles Verbot zur Nutzung privater TV-, Video- und DVD-Geräte im Betrieb
- die Verwaltung und Sicherung von betrieblichen Park- und Abstellmöglichkeiten
- Regelungen zur Pandemievorsorge und -bekämpfung (z. B. Hygienevorschriften, Torkontrollen, Besucherkonzepte)
- einzelne Vorgaben zur Umsetzung des **Hinweisgeberschutzgesetzes.** So hat der BR bei der Einführung eines internen Hinweisgebersystems jedenfalls dann ein Mitbestimmungsrecht gem. § 87 Abs. 1 Nr. 1 BetrVG, wenn der AG mit einer Meldevorgabe das Verhalten der Beschäftigten jenseits ihrer eigentlichen Arbeitsleistung steuert. Entscheidend ist, dass der AG bestimmt, wie, wann, an wen, sowie unter welchen Voraussetzungen gemeldet wird und wie eingegangene Meldungen abzuarbeiten sind. Diese Einzelheiten sind mitbestimmungspflichtig, weil damit die Einrichtung eines Meldesystems und damit ein betriebliches Verfahren verbunden ist. Bzgl. dieses Verfahrens hat der BR auch ein Initiativrecht (BAG 21.7.2009 – 1 ABR

42/08 – NZA 09, 1049). Ähnlich einer Beschwerdestelle nach § 13 Abs. 1 AGG hat der BR bei der Errichtung und der personellen Besetzung der Meldestelle nicht mitzubestimmen. Damit kann der AG mitbestimmungsfrei darüber befinden, ob er die Beschwerdestelle (oder Meldestelle) im jeweiligen Betrieb oder überbetrieblich einrichtet. Entscheidet er sich für letzteres, steht das Mitbestimmungsrecht dem GBR und nicht dem örtlichen BR zu (BAG 21.7.2009 – 1 ABR 42/08). Zur Beteiligung des BR bei Nutzung von IT-Tools zur Umsetzung des HinSchG siehe Rn. 160.

- Vorgaben des AG zur Einbringung persönlicher Gegenstände der AN, insbesondere zur Aufbewahrung vor Arbeitsbeginn und nach Arbeitsende, können die Ordnung des Betriebs betreffen und infolgedessen gemäß § 87 Abs. 1 Nr. 1 BetrVG der Mitbestimmung des BR unterliegen. Dies gilt auch, wenn solche Vorgaben Teil eines vom AG angeordneten Konzepts zum Desk Sharing und/oder einer von ihm vorgegebenen Clean Desk Policy sind (LAG Baden-Württemberg 21.8.2024 – 21 TaBV 7/24).

41 **Nicht der Mitbestimmung** unterliegen nach Auffassung des BAG oder einzelner LAG

- der Einsatz von Privatdetektiven
- die Durchführung von Schaltertests durch Drittunternehmen, wenn durch die Ergebnisse nicht Rückschlüsse auf einzelne AN oder Arbeitnehmergruppen gezogen werden können
- der Erlass einer Dienstreiseordnung
- die Anweisung Vor- und Zuname in Geschäftsbriefen anzugeben
- die Einführung einer Kostenpauschale bei Lohnpfändung
- die Errichtung und personelle Besetzung der Beschwerdestelle nach § 13 Abs. 1 AGG
- die Schaffung eines paritätisch besetzten Integrationsteams im Rahmen des BEM (BAG 22.3.2016 – 1 ABR 14/14)
- ein Begehren des BR dahingehend, dass der AG bzw. sein Filialleiter mit Mitarbeitern immer in deutscher Sprache kommunizieren muss, jedenfalls dann, wenn keine arbeitgeberseitigen Vorgaben zur Verwendung einer Sprache existieren (LAG Nürnberg 18.6.2020 – 1 TaBV 33/19)
- das Einführen von »mobile working« während der SARS-CoV-2-Pandemie (LAG Hessen 18.6.2020 – 5 TaBVGa 74/20); mitbestimmungspflichtig sind aber damit zusammenhängende Maßnahmen wie z.B. Änderungen in der IT, der Arbeitszeit etc. (siehe jetzt § 87 Abs. 1 Nr. 14, s. Rn. 260 ff.)

- die Anordnung des AG, die Nutzung privater Mobilfunktelefone und mobiler IT-Geräte während der Arbeitszeit im Betriebsraum einer der Flugsicherheit dienenden Tätigkeit zu unterlassen (LAG Hessen 16.7.2020 – 5 TaBV 178/19)
- die Anordnung des AG, dass nur in Pausen geraucht werden darf (LAG Mecklenburg-Vorpommern 19.1.2022 – 5 TaBV 12/21)
- die Anordnung des AG, mobile Telefone während der Arbeitszeit nicht zu nutzen (BAG 17.10.2023- 1 ABR 24/22)

c. Betriebsbußen

Betriebsbußen sind nicht ausdrücklich gesetzlich geregelt, werden 42 aber ebenfalls von dem Mitbestimmungsrecht nach § 87 Abs. 1 Nr. 1 erfasst.

Unter Betriebsbußen versteht man **Sanktionen auf Verstöße gegen die betriebliche Ordnung** oder gegen nach § 87 Abs. Nr. 1 begründete Verhaltenspflichten (z. B. Rauchverbot, Alkoholverbot). Betriebsbußen sind dementsprechend keine Sanktionen für die Schlechterfüllung des Arbeitsvertrages oder wegen Verstoßes gegen andere einzelvertragliche Pflichten. In der Praxis spielen Betriebsbußen eine zunehmend geringere Rolle.

Betriebsbußen dürfen nur dann verhängt werden, wenn diese **in einer** 43 **BV** (s. Rn. 11) **geregelt** worden sind (BAG 18.7.2006 – 1 AZR 578/05). Diese BV stellt ein Regelwerk dar, in der die einzelnen Verletzungshandlungen und ihre Folgen beschrieben sind – eine sog. **Betriebs-Bußordnung**. Diese muss im Betrieb bekannt gemacht worden sein. Die BV enthält allgemeine Grundsätze, wie z. B. Bußtatbestände, Sanktionen, Tilgungsfristen hinsichtlich der Entfernung von Vermerken aus der Personalakte, Verhängung einer Geldbuße.

Die Betriebs-Bußordnung kann **verschiedene Sanktionen** beinhalten, 44 wie z. B. Verwarnung, Verweis oder eine förmliche Missbilligung. Bei schweren Verstößen ist auch eine Geldbuße bis zu einem Tagesverdienst möglich. Auch der Entzug von Vergünstigungen (z. B. ermäßigte Bahntickets) ist möglich.

Der AN darf durch die Sanktionen **nicht in seinem Persönlichkeits-** 45 **recht verletzt** werden. Öffentliche Anprangerungen des AN durch Aushang seines Namens am schwarzen Brett sind nicht erlaubt.

Die **gerichtliche Nachprüfung** durch die Anrufung des ArbG kann 46 nicht wirksam ausgeschlossen werden.

d. Kontrolle der Betriebsratstätigkeit

47 Nehmen **BR-Mitglieder** ihr Amt wahr, unterliegt ihr Verhalten nicht dem Weisungsrecht des AG. Sie sind von der **Mitbestimmung nach § 87 Abs. 1 Nr. 1 ausgenommen**. Aus diesem Grund schließt eine **Verletzung betriebsverfassungsrechtlicher Pflichten** grundsätzlich sowohl eine Abmahnung als auch eine Betriebsbuße aus. Der AG kann lediglich von den Rechten aus § 23 Abs. 1 Gebrauch machen (BAG 15.7.1992 – 7 AZR 466/91, AiB 1993, 184–185).

48 Liegt allerdings im Verhalten des BR-Mitglieds **gleichzeitig auch ein Verstoß gegen die kollektive rechtliche Ordnung**, kann bei Vorliegen einer Betriebs-Bußordnung gegenüber dem BR-Mitglied ein Verweis erteilt werden – wenn das Betriebsratsgremium dem zustimmt. Dies kann z.B. bei der Teilnahme an einer nicht erforderlichen Schulung gemäß § 37 Abs. 6 oder bei fehlender Abmeldung zur Betriebsratstätigkeit gegeben sein. Das BAG sieht diese betriebsverfassungsrechtlichen Verfehlungen auch als arbeitsrechtliche Pflichtverletzungen an.

2. Tägliche Arbeitszeit, Verteilung auf die Wochentage, Pausen (Nr. 2)

a. Vorbemerkung

49 Das Mitbestimmungsrecht des § 87 Abs. 1 Nr. 2 eröffnet dem BR die Mitbestimmung in mehreren Angelegenheiten. Er hat ein Mitbestimmungsrecht

- bei **Beginn** und **Ende** der **Täglichen Arbeitszeit** (s. Rn. 62),
- bei der **Verteilung** der **Arbeitszeit** auf **die einzelnen Wochentage** (s. Rn. 60) und
- bei den **Pausen** (s. Rn. 66).

Nicht vom Mitbestimmungsrecht des BR erfasst wird aber die **Dauer der wöchentlichen Arbeitszeit** (Rn. 63).

50 Deshalb fällt z.B. auch das **Aufstellen von Dienstplänen** unter das Mitbestimmungsrecht sowie das Abweichen von bereits aufgestellten Plänen (BAG 25.9.2012 – 1 ABR 49/11).

51 Das Mitbestimmungsrecht dient dazu, sicherzustellen, dass die Einteilung und Lage der geschuldeten Arbeitszeit eine **sinnvolle Gestaltung der Freizeit des AN** erlaubt, somit die Grenze zwischen Arbeitszeit und Freizeit zu bestimmen (BAG 30.6.2015 – 1 ABR 71/13). Hierzu muss sich der AG durch die Ausübung der Mitbestimmungsrechte des BR einen Eingriff in sein Arbeitsorganisationsrecht gefallen lassen.

Nach der Rspr. des BAG (23.8.2023 – 5 AZR 349/22) ist der AN verpflichtet, eine per SMS mitgeteilte Weisung zur Lage der Arbeitszeit auch in seiner Freizeit zur Kenntnis zu nehmen, wenn ihm auf der Grundlage der betrieblichen Regelungen bekannt ist, dass der AG die Arbeitsleistung für den darauffolgenden Tag in Bezug auf Uhrzeit und Ort mittels SMS konkretisieren wird. 52

Unter **Arbeitszeit** i.S.d. Vorschrift versteht man die Zeit, innerhalb derer der AN seine vertraglich geschuldete Leistung zu erbringen hat. Im Hinblick auf das Bestehen oder den Umfang des Mitbestimmungsrechts kommt es auf die vergütungsrechtliche Einordnung dieser Zeiten ebenso wenig an wie auf deren Einordnung nach dem ArbZG (BAG 22.10.2019 – 1 ABR 11/18). Auch **Reisezeiten** fallen hierunter, wenn während dieser Zeit Arbeitsleistung zu erbringen ist. 53

Das BAG geht jetzt auch bei **Reisezeiten** – während der keine Arbeitsleistungen erbracht werden – zum Arbeitseinsatz ins Ausland davon aus, dass es sich um **vergütungspflichtige Arbeitszeit** (nicht aber um Arbeitszeit i.S.d. ArbZG) handelt, da diese Zeiten ausschließlich im Interesse des AG liegen und damit fremdnützig sind (BAG 17.10.2018 – 5 AZR 553/17). Es ist kein Grund ersichtlich, weshalb dieser Grundsatz nicht auch auf Inlandsreisen übertragen werden sollte, denn auch die Inlandsreise – z.B. zu einem auswärtigen Meeting – erfolgt ausschließlich im Interesse des AG. In beiden Fällen ist darüber hinaus der Eingriff in die Gestaltung der Freizeit geradezu offenkundig. Auch vor diesem Hintergrund ergibt sich das Mitbestimmungsrecht des BR. Allerdings erfasst das Mitbestimmungsrecht seinem Zweck nach nicht die vom AN **selbst zu bestimmenden Wegezeiten**. Ob hierbei Arbeitsmittel mitgeführt oder auffällige Dienstkleidung getragen wird und daraus evtl. Vergütungsansprüche folgen, soll unerheblich sein (BAG 22.10.2019 – 1 ABR 11/18). 54

Das angeordnete **Umkleiden** im Betrieb zählt wie das Zurücklegen des Weges zwischen Umkleide- und Arbeitsstelle zur arbeitsvertraglichen Pflicht des AN und damit zur Arbeitszeit, für die der AG in der Regel eine Vergütung nach § 611a Abs. 2 BGB schuldet (BAG 19.9.2012 – 5 AZR 678/11). Das Anziehen einer Uniform durch einen angestellten Wachpolizisten in seiner Privatwohnung ist aber trotz bestehender Möglichkeit der Beantragung eines Spinds am Einsatzort nicht vergütungspflichtig, wenn sich der Wachpolizist aufgrund eigener Entscheidung – und nicht auf Weisung des AG – im privaten Bereich umkleidet (BAG 31.3.2021 – 5 AZR 292/20). Auch die zur **Körperreinigung** nach der Arbeit erforderliche Zeit (»Duschen«) kann vergütungspflichtige Arbeitszeit darstellen. Auch hier kommt es darauf an, ob das Reinigen 55 des Körpers überwiegend oder ausschließlich fremdnützig ist und nicht nur dazu dient, dass der AN sauber nach Hause kommt. Die Fremdnützigkeit ist zu verneinen, wenn es um Körperreinigungszeit geht, die üblicherweise im Privatleben dazu dient, die übliche Entwicklung von Verunreinigung, Schweiß und Körpergeruch im Laufe eines Tages zu beseitigen. Sie ist dagegen zu bejahen, wenn es um Körperreinigungszeit geht, die aufgewendet werden muss, weil die Verunreinigung des Körpers deutlich über das Maß hinausgeht, das üblicherweise im Privatleben anfällt (LAG Nürnberg 6.6.2023 – 7 Sa 275/22). Der BR hat allerdings bei einer Festsetzung der Dauer der in Dienstplänen zu berücksichtigenden Planzeiten, die ein AN für das An- und Ablegen der Dienstkleidung voraussichtlich benötigt, nicht mitzubestimmen (BAG 12.11.2013 – 1 ABR 59/12, AiB 2014, 72–73).

56 Auch Zeiten für die Durchführung eines Coronatests können als Arbeitszeit zu qualifizieren sein, soweit spezifische Regelungen für bestimmte Beschäftigtengruppen eine Testverpflichtung vorsehen/vorsahen (etwa nach der Pflegemaßnahmen-Covid-19-VO Berlin).

57 Auch die **freiwillige Teilnahme** von AN an Veranstaltungen des AG, an denen sie außerhalb des Betriebs teilnehmen, zählen zur Arbeitszeit – wenn sie hierzu durch den AG kraft seines Direktionsrechts verpflichtet werden könnten oder eine anderweitige Verpflichtung besteht, wie z. B. bei Vertriebsmitarbeitern zur Teilnahme an einer »freiwilligen Mitarbeiterbesprechung«, in der neue Verkaufsprodukte vorgestellt werden.

58 Das Mitbestimmungsrecht des BR im Einsatzbetrieb nach § 87 Abs. 1 Nr. 2 bezieht sich auch auf die **Arbeitszeiten von Leiharbeitnehmern**, die im Betrieb des Entleihers beschäftigt werden, so z. B. bei der erstmaligen Zuordnung von Leiharbeitnehmern zu den in einer BV festgelegten Schichten (BAG 28.7.2020 – 1 ABR 45/18). Fehlt es an einer entsprechend vom BR mitbestimmten Arbeitszeitregelung für die Leiharbeitnehmer, darf der AG als Entleiher diese Leiharbeitnehmer nicht beschäftigen.

59 Das Mitbestimmungsrecht des § 87 Abs. 1 Nr. 2 kann in **Tendenzbetrieben** Einschränkungen nach § 118 Abs. 1 unterliegen. Die **Tendenzverwirklichung** muss allerdings durch das Festlegen und Verteilen der täglichen Arbeitszeit ernsthaft **beeinträchtigt** sein. Wenn z. B. in einem Presseunternehmen eine Arbeitszeitregelung für Redakteure lediglich der Anpassung an technisch-organisatorische Abläufe beim Herstellungsprozess der Zeitung dient und die Aktualität der Berichterstattung dadurch nicht beeinträchtigt wird, gilt das Mitbestimmungsrecht aus § 87 Abs. 1 Nr. 2 uneingeschränkt.

b. Verteilung der Arbeitszeit auf die einzelnen Wochentage

Nach dem Wortlaut der Vorschrift bestimmt der BR über die Verteilung der **Arbeitszeit auf die einzelnen Wochentage** mit. Er bestimmt somit bei der Frage mit, ob in 4-, 5- oder 6-Tagewoche gearbeitet wird. Sind monatliche oder jährliche Arbeitszeiten vorgegeben, bestimmt der BR bei der Verteilung auf die einzelnen Tage des Monats mit. Auch in sog. »**rollierenden Arbeitszeitsystemen**« hat der BR mitzubestimmen bei der Frage, auf welche Wochentage die arbeitsfreien Tage jeweils gelegt werden. 60

Ebenfalls besteht ein Mitbestimmungsrecht bei der Einführung und Regelung von – im Rahmen gesetzlich zulässiger – **Sonntagsarbeit**. Außerdem hat er mitzubestimmen bei der Einführung von **Dienstleistungsabenden** und dem Festlegen eines **Ersatzruhetages** als Ausgleich für **Feiertagsbeschäftigung**. 61

c. Dauer der täglichen Arbeitszeit

Mit **Beginn** und **Ende** der **täglichen Arbeitszeit** erhält der BR ein Mitbestimmungsrecht über die **tägliche Dauer der Arbeitszeit** (BAG 28.9.1988 – 1 ABR 41/87, AiB 1989, 125–125). 62

Allerdings unterliegt die **Dauer der wöchentlichen Arbeitszeit** nicht dem Mitbestimmungsrecht des BR. 63

Der BR hat ebenfalls mitzubestimmen, wenn lediglich **vorübergehend** die **Lage der Arbeitszeit** verändert wird. Selbst wenn nur ein Tag betroffen ist, hat der BR mitzubestimmen. Inhalt des Mitbestimmungsrechtes ist auch, ob die Arbeitszeit bereits am Werkstor oder erst am Arbeitsplatz beginnt, oder ob das Waschen und Umkleiden zur Arbeitszeit zählen. 64

Beginn und Ende der täglichen Arbeitszeit müssen nicht für alle Arbeitnehmergruppen einheitlich geregelt werden, soweit es hierfür sachliche Gründe gibt. Das wird häufig der Fall sein. So wird in der Produktion häufig im Schichtbetrieb gearbeitet, während in der Verwaltung Gleitzeit gilt. 65

d. Pausen

Das Mitbestimmungsrecht umfasst die **Lage** und die **Dauer** der **Pausen**. 66
Der BR und der AG haben bei der Ausübung seines Mitbestimmungsrechts auf die Vorgaben des § 4 ArbZG zur Mindestpausendauer zu

achten. Will der AG längere Pausen anordnen, hat der BR hierbei mitzubestimmen (BAG 25.2.2015 – 1 AZR 642/13).

67 Unter **Pausen** versteht man die Unterbrechung der Arbeitszeit, so dass der AN weder arbeiten noch sich zur Arbeit bereithalten muss (BAG 22.7.2003 – 1 ABR 28/02, AiB 2012, 48–49). Pausen dienen der Erholung.

Dem AN obliegt die Entscheidung, wo und wie er die Pause verbringen will.

68 Unter das Mitbestimmungsrecht fallen allerdings lediglich **unbezahlte Pausen**. **Bezahlte Pausen** aus Gründen des Arbeitnehmerschutzes (z. B. die Arbeitsunterbrechung bei der Bildschirmarbeit) oder produktionstechnischen Gründen unterliegen nicht der Mitbestimmung des BR nach § 87 Abs. 1 Nr. 2.

e. Arbeitszeitmodelle

69 Die Einführung und die Aufstellung inhaltlicher Modalitäten von **Arbeitszeitmodellen** fällt ebenfalls unter den Anwendungsbereich des § 87 Abs. 1 Nr. 2. Dies gilt z. B. für die Einführung der **gleitenden Arbeitszeit** (Rn. 70) und das System der **Vertrauensarbeitszeit** (Rn. 71).

70 Unter **gleitender Arbeitszeit** versteht man ein System, in dem Beginn und Ende der täglichen Arbeit nicht für jeden AN gleich sein muss. Das liegt daran, dass der einzelne AN Beginn und Ende der Arbeitszeit an den einzelnen Arbeitstagen autonom verschieben kann, sodass auch unterschiedlich lange Arbeitszeiten mit Zeitausgleich innerhalb eines längeren Zeitraums in Betracht kommen. Einzelheiten können aufgrund des Mitbestimmungsrechts in einer BV festgelegt werden. Die Betriebsparteien können zum Schutz vor Überforderung der AN in einer BV über Gleitzeit auch regeln, dass über eine bestimmte Stundenzahl hinaus geleistete werktägliche Arbeitszeit nicht mehr als »zu verteilende Arbeitszeit« behandelt wird und die Mehrarbeit dadurch »gekappt« wird. Eine solche **Kappung** hat – wegen des rein individualrechtlichen Charakters und mangels eines zwingenden Mitbestimmungsrechts – aber keinen Einfluss auf die vergütungsrechtliche Situation der betroffenen AN (BAG 10.12.2013 – 1 ABR 40/12). Im Ergebnis sind solchermaßen »gekappte Stunden« daher regelmäßig zur Auszahlung zu bringen.

71 Unter **Vertrauensarbeitszeit** versteht man ein System, in dem der AN innerhalb eines vorgegeben zeitlichen Rahmens vom AG vorgegebene Arbeitsziele erfüllen muss. Eine Anwesenheitspflicht und eine Kernarbeitszeit bestehen nicht. In der Praxis wird dabei die Arbeitszeit regelmäßig nicht erfasst. Das ist jedoch für die Vertrauensarbeitszeit nicht

konstitutiv – im Gegensteil: nach des Rspr. des EuGH muss die Arbeitszeit in jedem Arbeitszeitsystem dokumentiert werden. Vertrauensarbeitszeit schließt eine Erfassung der tatsächlich geleisteten Arbeitszeit also nicht aus, denn Vertrauensarbeitszeit bedeutet grundsätzlich nur, dass der AN Beginn und Ende der täglichen Arbeitszeit und deren Lage »zeitsouverän« bzw. »arbeitszeitautonom« selbst bestimmt. Nunmehr hat der EuGH (14.5.2019 – C-55/18) klargestellt, dass jedem AN ein **Grundrecht auf Begrenzung der Höchstarbeitszeit und auf Einhaltung täglicher und wöchentlicher Ruhezeiten** zustehe. Hieraus hat das Gericht abgeleitet, dass eine Pflicht zur Einrichtung eines elektronischen Arbeitszeiterfassungssystems bestehe. Dieser Rechtsprechung hat sich das BAG nun angeschlossen.

Der AG ist nach § 3 Abs. 2 Nr. 1 ArbSchG verpflichtet, ein System einzuführen, mit dem die von den AN geleistete Arbeitszeit erfasst werden kann. Bei unionsrechtskonformer Auslegung von § 3 Abs. 2 Nr. 1 ArbSchG ist der **AG daher gesetzlich verpflichtet, die Arbeitszeiten der AN zu erfassen** (BAG 13.9.2022 – 1 ABR 22/21). Das »Ob« der Zeiterfassung steht also nicht zur Disposition des AG oder des BR, es ergibt sich vielmehr unmittelbar aus der gesetzlichen Regelung. Dies müssen die Betriebsparteien bei der Ausgestaltung der betrieblichen Praxis berücksichtigen (zum Mitbestimmungsrecht des BR siehe Rn. 73). Kann der AN aufgrund des Umfangs der ihm zugewiesenen Arbeit Überstunden durch die Selbstbestimmung von Beginn und Ende der täglichen Arbeitszeit nicht (mehr) ausgleichen, schließt auch Vertrauensarbeitszeit die Vergütung von Überstunden nicht aus (BAG 26.6.2019 – 5 AZR 452/18). **72**

Für die Frage, ob die Arbeitszeit erfasst wird, besteht kein Mitbestimmungsrecht, weil der AG dazu gesetzlich verpflichtet ist (siehe Rn. 72). Damit gibt es keinen Gestaltungsspielraum, den der AG gemeinsam mit dem BR ausfüllen könnte. Für die **Ausgestaltung des im Betrieb zu verwendenden Systems zur Erfassung** von Beginn und Ende der täglichen Arbeitszeit hingegen besteht ein Spielraum, etwa dahingehend, auf welche Weise – elektronisch oder analog, gegebenenfalls getrennt nach Beschäftigungsgruppen – die Erfassung erfolgen soll. Deshalb hat der BR hinsichtlich der Art und Weise der Arbeitszeiterfassung ein Initiativrecht, das sich aber nicht aus § 87 Abs. 1 Nr. 6, sondern aus Nr. 7 (Arbeits- und Gesundheitsschutz) ergibt (LAG München 22.5.2023 – 4 TaBV 24/23). **73**

Das gleiche gilt für das Einführen und Festlegen der Modalitäten von **Bereitschaftsdienstmodellen (Rufbereitschaft, Bereitschaftsdienst, Arbeitsbereitschaft). Rufbereitschaft** bedeutet, dass sich der AN an **74** einem selbstbestimmten Ort aufhält, aber auf gesonderte Anforderung des AG hin die Arbeit aufzunehmen hat. Hiervon kann auch ausgegangen werden, wenn der AG die Nutzung mobiler Endgeräte zu dienstlichen Zwecken außerhalb der Arbeitszeit verlangt oder duldet. Verlangt der AG also die **Nutzung mobiler Endgeräte** zu dienstlichen Zwecken in Zeiten, in denen der AN nach der betrieblichen Arbeitszeitregelung Freizeit hat, handelt es sich dabei betriebsverfassungsrechtlich dann um Arbeitszeit. Das Verlangen des AG steht der Anordnung von Rufbereitschaft gleich. Beim **Bereitschaftsdienst** wird der Aufenthaltsort vom AG vorgegeben. Unter **Arbeitsbereitschaft** versteht man die wache Achtsamkeit im Zustand der Entspannung am Arbeitsort selbst.

f. Teilzeitbeschäftigung

75 Auch für Teilzeitarbeitsverhältnisse finden die oben gemachten Ausführungen Anwendung. Der BR hat ein Mitbestimmungsrecht bei der Einführung von Teilzeitarbeit hinsichtlich einer täglichen Mindestarbeitszeit, einer Höchstzahl von Arbeitstagen pro Woche und dem Beginn und Ende der täglichen Arbeitszeit, der Lage und Dauer der Pausen.

76 Auch das Einführen und Ausgestalten von **Jobsharing-Systemen** (§ 13 TzBfG) und der **kapazitätsorientierten variablen Arbeitszeit** (§ 12 TzBfG) unterliegt der Mitbestimmung des BR.

g. Schichtarbeit

77 Die **Einführung** und der **Abbau von Schichtarbeit** unterliegen ebenfalls der Mitbestimmung. Dies gilt unabhängig davon, ob die Schichtarbeit den ganzen Betrieb, bestimmte Betriebsabteilungen oder auch einzelne Arbeitsplätze betrifft (BAG 9.7.2013 – 1 ABR 19/12). Der BR hat mitzubestimmen bei **Änderungen** und auch dem **Wegfall einer Schicht**.

78 Das Mitbestimmungsrecht besteht auch hinsichtlich der Aufstellung eines einzelnen **Schichtplans** und abstrakter Vorgaben über dessen nähere Ausgestaltung bis hin zur **Zuordnung von AN zu einzelnen Schichten** (BAG 19.6.2012 – 1 ABR 19/11), wobei diese Vorgaben hinreichend konkret sein müssen (BAG 8.12.2015 – 1 ABR 2/14).

79 Allerdings können AG und BR auch in einer Rahmenvereinbarung **allgemeine Grundsätze der Schichtplanerstellung** vereinbaren.

h. Einzelfälle

Insbesondere in folgenden Fällen hat das BAG die Mitbestimmung des BR bejaht: 80

- Einrichten eines **Sonntagsverkaufs**
- Einführen von **Bereitschaftsdienst**
- Einführen von **Rufbereitschaft**
- Aufstellen von **Dienstplänen**
- **Arbeitszeitverlegung** für die zwischen Weihnachten und Neujahr ausfallende Arbeitszeit

3. Vorübergehende Verkürzung oder Verlängerung der betriebsüblichen Arbeitszeit (Nr. 3)

a. Allgemeine Voraussetzungen

Als Unterfall des Mitbestimmungsrechts aus § 87 Abs. 1 Nr. 2 regelt § 87 Abs. 1 Nr. 3 die vorübergehende **Verkürzung oder Verlängerung der Arbeitszeit**. Verkürzung bedeutet Kurzarbeit (s. Rn. 98 ff.), Verlängerung heißt Überstunden (s. Rn. 89 ff.). 81

Der BR hat über das **»Ob« und »Wie«** der Verlängerung oder Verkürzung der Arbeitszeit mitzubestimmen, also über die zeitliche Lage, die Dauer und den betroffenen Personenkreis. 82

Unter **betriebsüblicher Arbeitszeit** ist die im Betrieb regelmäßig geleistete Arbeitszeit zu verstehen. In tarifgebundenen Betrieben ist die betriebsübliche Arbeitszeit in der Regel die tarifliche Arbeitszeit. 83

Vorübergehende Verkürzung oder Verlängerung der Arbeitszeit bedeutet, dass die Veränderung der Arbeitszeit lediglich für einen überschaubaren Zeitraum gelten soll – und nicht auf Dauer erfolgt – und anschließend zur betriebsüblichen Arbeitszeit zurückgekehrt werden soll (BAG 9.7.2013 – 1 ABR 19/12). So unterliegt z.B. die Anordnung des AG, an einer außerhalb der Arbeitszeit liegenden Mitarbeiterversammlung teilzunehmen, der Mitbestimmung; ebenso die vorübergehende Anordnung von Sonderschichten. 84

Schutzzweck des Mitbestimmungsrechts ist die **Verteilungsgerechtigkeit** und der **Überforderungsschutz** der AN. Auch geht es darum, die Beschränkung des **Privatlebens** (Freizeit) der AN vor einseitigen Anordnungen des AG zu schützen. 85

§ 87 Abs. 1 Nr. 3 findet dann Anwendung, wenn die Arbeitszeit aus **betrieblichen Gründen** verändert werden soll und dementsprechend die **kollektiven Interessen** der AN betroffen sind. Auf die Zahl der be- 86 troffenen AN kommt es nicht an. Auch wenn **nur ein AN betroffen** ist, greift das Mitbestimmungsrecht, denn es muss entschieden werden, wie viele Überstunden geleistet werden sollen und von welchem AN. Nur bei Berücksichtigung individueller Wünsche und Besonderheiten einzelner AN greift das Mitbestimmungsrecht nicht. Das ist aber nur der Fall, wenn es tatsächlich ausschließlich um die individuellen Bedürfnisse eines einzelnen AN geht und nicht um den Arbeitsplatz als solchen.

87 Der BR hat hinsichtlich der vorübergehenden Einführung von Überstunden und von Kurzarbeit ein **Initiativrecht** (BAG 10.10.2006 – 1 AZR 811/05). Es besteht **aber kein Mitbestimmungsrecht**, wenn der Betrieb wieder auf die betriebsübliche Arbeitszeit zurückkehren möchte, nachdem über längere Zeit Überstunden geleistet werden musste. Es besteht auch **kein Mitbestimmungsrecht**, wenn die mit dem BR vereinbarte Kurzarbeit früher als zunächst vorgesehen aufgehoben werden soll.

88 Das Mitbestimmungsrecht aus § 87 Abs. 1 Nr. 3 greift auch in Eilfällen. Einseitige Anordnungen des AG sind hier nicht möglich (s. Rn. 16 ff.). Lediglich in **Notfällen** kann der AG einseitige Anordnungen treffen (s. Rn. 19 ff.).

b. Überstunden

89 Das Mitbestimmungsrecht des BR nach § 87 Abs. 1 Nr. 3 besteht bei der vorübergehenden Verlängerung der Arbeitszeit, also bei Überstunden. Eine **Überstunde** liegt vor, wenn die nach Tarifvertrag oder Einzelarbeitsvertrag geschuldete Arbeitszeit überschritten wird.

90 Eine mitbestimmungspflichtige Überstunde liegt nicht nur dann vor, wenn sie durch den AG **angeordnet** worden ist. Auch **freiwillig geleistete** oder **geduldete Überstunden** fallen hierunter. Interessant ist dies im Hinblick auf Smartphones oder andere mobile Arbeitsmittel, die – mit Kenntnis des AG – vermehrt außerhalb der Arbeitszeit der AN zu Arbeitszwecken genutzt werden und was vom AG geduldet, häufig auch erwartet wird.

91 Auch die **Duldung von Überstunden** kann mitbestimmungspflichtig sein (BAG 28.7.2020 – 1 ABR 18/19). Von einer solchen Duldung kann regelmäßig ausgegangen werden, wenn der AG in positiver Kenntnis der Überstundenleistungen durch AN untätig bleibt und diese über einen längeren Zeitraum hinnimmt. Auf die Frage, ob die Überstunden auch vergütet werden, kommt es nicht entscheidend an. Auch Überschreitungen der betriebsüblichen Arbeitszeit, die nicht vergütet werden oder

die der AG nicht billigt oder sogar ignoriert oder trotz entsprechender Möglichkeit nicht zur Kenntnis nimmt, unterfallen dem Mitbestimmungsrecht des § 87 Abs. 1 Nr. 3. Insgesamt lässt sich auf eine Duldung von Überstunden aber nur unter Berücksichtigung aller Umstände des Einzelfalls schließen. Es muss hinreichende Anhaltspunkte für das Fehlen gebotener Gegenmaßnahmen durch den AG geben, um dessen Untätigkeit als ein Hinnehmen werten zu können.

Für **Teilzeitbeschäftigte** liegt dann eine Überstunde vor, wenn sie über **92**
die arbeitsvertraglich geschuldete Arbeitszeit hinaus tätig werden (BAG 24.4.2007 – 1 ABR 24/06). Hier kommt es für das Mitbestimmungsrecht des BR nicht auf die Arbeitszeit vollzeitbeschäftigter AN an.

Wegezeiten für die Fahrt von der Betriebsstätte zu einer außerhalb ge- **93**
legenen Arbeitsstätte, die außerhalb der normalen Arbeitszeit zurückgelegt werden, sind ebenfalls Überstunden. Dies gilt ebenfalls für **Zeiten einer Dienstreise**, die außerhalb der normalen Arbeitszeit zurückgelegt werden, wenn der AN eine Arbeitsaufgabe zu erfüllen hat oder zu einer Tätigkeit verpflichtet ist (zur Vergütung als bloße Reisezeit siehe Rn. 53, 94).

Allerdings ist das BAG der Auffassung, dass bei nur **gelegentlich an-** **94**
geordneten Dienstreisen Zeiten außerhalb der normalen Arbeitszeit, bei denen der AN keine zusätzliche Arbeitsleistung erbringt, nicht als Überstunden zu werten sind (BAG 23.7.1996 – 1 ABR 17/96, AiB 1997, 351–353). Allerdings geht das BAG jetzt auch bei Reisezeiten, bei der keine Arbeitsleistungen erbracht werden, zum Arbeitseinsatz ins Ausland davon aus, dass es sich um vergütungspflichtige Arbeitszeit handelt, da diese ausschließlich im Interesse des AG und damit fremdnützig sind (BAG 17.10.2018 – 5 AZR 553/17). Nach der hier vertretenen Auffassung kann diese Rechtsprechung auch auf Inlandsreisen übertragen werden (siehe Rn. 53).

Die **Grenzen des Arbeitszeitgesetzes** dürfen bei der Regelung von **95**
Überstunden nicht überschritten werden.

In **jedem Einzelfall**, in dem die Arbeitszeit vorübergehend verlängert **96**
werden soll, kann der BR sein Mitbestimmungsrecht ausüben.

In Betrieben, in denen Überstunden zu erwarten sind, können BR und **97**
AG vorausgreifende **Rahmenvereinbarungen** abschließen, in denen Regelungen zu voraussehbaren Tatbeständen aufgestellt werden, die dann jeweils im Einzelfall umzusetzen sind. In einer solchen Vereinbarung sollten aber klare Höchstgrenzen von Überstunden sowie Regelungen zum Überstundenabbau festgelegt werden und die gleichzeitige Durchführung von Neueinstellungen angestrebt werden. Außerdem sollte fest-

gelegt werden, wie die anfallenden Überstunden möglichst gleichmäßig auf alle potentiell betroffenen AN verteilt werden.

c. Kurzarbeit

98 Unter **Kurzarbeit** versteht man die **vorläufige Herabsetzung der betriebsüblichen Arbeitszeit**, unabhängig davon, ob es sich hierbei um den Ausfall von Stunden, Wochentagen oder ganzen Wochen handelt, bis zur Rückkehr zur betriebsüblichen Arbeitszeit zum vereinbarten Zeitpunkt.

99 Der BR hat **mitzubestimmen** bei der Frage, ob überhaupt und in welchem Rahmen Kurzarbeit eingeführt wird sowie bei der Verteilung der geänderten Arbeitszeit auf die einzelnen Wochentage. Der BR hat selbst ein **Initiativrecht** zur Einführung vorübergehender Kurzarbeit.

100 Nach der Rechtsprechung des BAG besteht aber **kein Mitbestimmungsrecht** bei der **Wiederherstellung der betriebsüblichen Arbeitszeit** (BAG 21.11.1978 – 1 ABR 67/76), wenn die Kurzarbeit vorzeitig beendet wird. Es soll auch kein Mitbestimmungsrecht nach § 87 Abs. 1 Nr. 3 bestehen hinsichtlich der Fragen der **finanziellen Milderung der Folgen der Kurzarbeit** (BAG 21.1.2003 – 1 ABR 9/02, AiB 2003, 513).

101 Der AG hat **nicht die Befugnis**, einseitig Kurzarbeit anzuordnen, selbst wenn die Voraussetzungen von Kurzarbeitergeld vorliegen (§§ 95 ff. SGB III). Hat der AG ohne Zustimmung des BR **einseitig Kurzarbeit eingeführt**, haben die AN Anspruch, entsprechend ihrer vertraglich vereinbarten regelmäßigen Arbeitszeit beschäftigt zu werden. In diesem Fall behält der AN seinen Anspruch auf volle vertragliche Vergütung, wenn er seine Arbeitsleistung anbietet und der AG sie ablehnt. Es handelt sich um einen Fall des **Annahmeverzugs** gem. § 615 BGB.

d. Überstunden und Kurzarbeit im Arbeitskampf

102 Im Rahmen von **Arbeitskämpfen** stellt sich die Frage, ob der BR bei der Anordnung von vorübergehender Mehrarbeit oder Kurzarbeit ebenfalls ein Mitbestimmungsrecht aus § 87 Abs. 1 Nr. 3 hat. Dabei muss man Betriebe unterscheiden, die **unmittelbar** (s. Rn. 103 ff.) von einem Arbeitskampf – also Streik oder Aussperrung – **betroffen** sind, und Betriebe, die von den Fernwirkungen eines Arbeitskampfes, also nur **mittelbar** (s. Rn. 105 ff.) von den Wirkungen eines Arbeitskampfes betroffen sind.

103 Das **Mitbestimmungsrecht des BR entfällt** in Betrieben, die **unmittelbar** vom Arbeitskampf **betroffen** sind (BAG 22.12.1980 – 1 ABR 2/79).

Der AG kann mit arbeitswilligen AN – unter Anordnung von Überstunden, die nicht der Zustimmung des BR bedürfen, die Produktion aufrechterhalten oder er kann Schichten verschieben. Dies ist aber nur dann möglich, wenn der AG individualrechtlich Überstunden anordnen kann. Dies kann er, wenn es arbeitsvertraglich vereinbart worden ist.

Nach diesen Grundsätzen kann der AG ebenfalls für arbeitswillige AN 104
vorübergehende Kurzarbeit anordnen.

Ist ein Betrieb nur **mittelbar durch den Arbeitskampf betroffen (Fern-** 105
wirkungen des Arbeitskampfes), weil z. B. ein Zulieferer eines Produktionsbetriebs bestreikt wird, entfällt nach der Rechtsprechung des BAG das Mitbestimmungsrecht des BR hinsichtlich des »**Ob**« – also bzgl. der Voraussetzungen – der Arbeitszeitverkürzung.

Hinsichtlich des »**Wie**« der Mitbestimmung – also der Modalitäten – 106
behält der BR aber sein **Mitbestimmungsrecht**, soweit noch ein Regelungsspielraum verbleibt. Das kann z. B. bei Kurzarbeit im Hinblick auf die Auswahl der Mitarbeiter der Fall sein.

Ist in diesem Zusammenhang zwischen BR und AG das »**Ob**« der Ein- 107
führung von Kurzarbeit **streitig**, entscheidet hierüber das ArbG im **Beschlussverfahren**, weil es sich um eine Rechtsfrage handelt. Meist will der AG die Kurzarbeit kurzfristig einführen; will der BR dies verhindern, ist er gehalten, eine Entscheidung im Wege einer einstweiligen Verfügung herbeizuführen.

Ist das »**Wie**« der beabsichtigten Kurzarbeit streitig, entscheidet die **Einigungsstelle**, da es sich um eine Regelungsfrage handelt.

Der BR sollte allerdings genau überwachen, ob die Fernwirkungen 108
eines Streiks **tatsächlich Auswirkungen** auf seinen Betrieb haben. Ist das nicht der Fall, gilt das Mitbestimmungsrecht des § 87 Abs. 1 Nr. 3 uneingeschränkt.

4. Auszahlung des Arbeitsentgelts (Nr. 4)

a. Zweck der Vorschrift

Das Mitbestimmungsrecht des § 87 Abs. 1 Nr. 4 regelt nur die **Formalien** 109
der Auszahlung der Arbeitsentgelte: Zeit (s. Rn. 112), Ort (s. Rn. 114) und Art (s. Rn. 116) der Auszahlung.

Die **Höhe des auszuzahlenden Entgelts** unterliegt nicht der Mitbestim- 110
mung des BR. Dies ist dem Arbeitsvertrag oder den Tarifvertragsparteien, in Fällen des gesetzlichen Mindestlohns auch dem Gesetzgeber vorbehalten.

b. Arbeitsentgelt

111 Unter ist jede vom AG dem AN **als Gegenleistung für geleistete Arbeit geschuldete Vergütung** – ohne Rücksicht auf ihre Bezeichnung – mit sämtlichen Sozialleistungen zu verstehen (BAG 25.4.1989 – 1 ABR 91/87). Hierunter fallen also

- Gehalt
- Zulagen
- Provisionen
- Tantiemen
- Gewinnbeteiligungen
- Gratifikationen
- Urlaubsentgelt
- Urlaubsgeld
- Reisekosten
- Auslösungen
- Wegegelder
- Sachbezüge (Deputate)
- Dienstwagen

Die Vereinbarung von Abschlagszahlungen fällt auch unter das Mitbestimmungsrecht.

c. Zeit der Auszahlung

112 Das Mitbestimmungsrecht hinsichtlich der **Zeit der Auszahlung** der Arbeitsentgelte bedeutet, die **Zeiträume festzulegen**, in denen das Entgelt für die geleistete Arbeit gezahlt werden soll (BAG 15.1.2002 – 1 AZR 65/01, AiB 2003, 561–563). Dabei können die Zeitabschnitte nach Wochen oder Monaten bemessen werden. Auch kann ein bestimmter Zeitpunkt für die Auszahlung vorgesehen werden (z. B. Tag oder Stunde), soweit Gesetz oder Tarifvertrag nicht bindende Regelungen enthalten. So sperrt § 2 MiLoG, der die Fälligkeit des gesetzlichen Mindestlohns festlegt, das Mitbestimmungsrecht des BR bei Fragen der Zeit der Auszahlung der Arbeitsentgelte für den gesetzlichen Mindestlohn.

113 **Nicht unter das Mitbestimmungsrecht** nach § 87 Abs. 1 Nr. 4 fallen die Grundsätze der Lohnbemessung, also die Frage, ob der Lohn als Stunden-, Tages-, Wochen- oder Monatslohn ausgezahlt wird. Diese Frage fällt unter das Mitbestimmungsrecht nach § 87 Abs. 1 Nr. 10, es sei denn, es existiert eine tarifliche Regelung.

d. Ort der Auszahlung

Der **Ort der Auszahlung** ist die Stelle, an der der AN sein Arbeitsentgelt in Empfang nimmt. Früher wurde das Arbeitsentgelt häufig direkt im Betrieb des AG ausgezahlt. 114

Sind die AN auf auswärtigen Arbeitsstätten beschäftigt, ist ein abweichender Ort möglich. Der Mitbestimmung des BR unterliegt auch die Frage, an welchem Ort arbeitsunfähig erkrankte Mitarbeiter ihr Arbeitsentgelt erhalten sollen. Erhalten Mitarbeiter Deputate, ist zu regeln, ob der AN sie im Betrieb in Empfang nimmt oder ob der AG sie auszuliefern hat. 115

e. Art der Auszahlung

Hauptanwendungsfall von § 87 Abs. 1 Nr. 4 ist die **Art der Auszahlung**. Dabei geht es um die in der heutigen Zeit nicht mehr interessante Frage, ob das Arbeitsentgelt bar oder **bargeldlos** auf ein Konto des AN ausgezahlt wird. Heutzutage erfolgt die Zahlung in den allermeisten Fällen bargeldlos. 116

Das Mitbestimmungsrecht bezieht sich ebenfalls auf **Kontoführungsgebühren** sowie alle damit zusammenhängenden weiteren Kosten der AN, wie z. B. Zeit- oder Wegekosten. Das ergibt sich daraus, dass der AN Zeit aufwenden muss, um sein Geld bei der Bank abzuheben (BAG 12.11.1997 – 7 ABR 78/96, AiB 1999, 285–286). 117

In diesem Zusammenhang ist auch im Rahmen einer BV eine **Pauschalisierung der Aufwendungen** bezüglich der Kosten und des Zeitaufwandes zulässig. Auch können Freistellungen für den notwendigen Bankbesuch vereinbart werden (BAG 5.3.1991 – 1 ABR 41/90, AiB 1992, 48–49). 118

Nicht unter das Mitbestimmungsrecht fällt hingegen das Festlegen einer Gebühr zur pauschalisierten Erstattung der durch das Bearbeiten von **Gehaltspfändungen** entstehenden Kosten. 119

5. Urlaub (Nr. 5)

a. Zweck der Vorschrift

§ 87 Abs. 1 Nr. 5 bezeichnet **drei Mitbestimmungstatbestände zum Urlaub** (s. Rn. 122 ff.): 120

- das Aufstellen von **Urlaubsgrundsätzen** (s. Rn. 125)
- das Aufstellen eines **Urlaubsplans** (s. Rn. 129)

- die **zeitliche Lage des Urlaubs für einzelne AN** (s. Rn. 131)

121 Besondere Bedeutung kommt der Festsetzung der zeitlichen Lage des Urlaubs für **einzelne AN** zu. Dieses Mitbestimmungsrecht setzt keinen kollektiven Tatbestand voraus, sondern besteht jeweils **im Einzelfall**. Hierdurch wird das dem AG bei der Festlegung der Lage des Urlaubs zustehende Gestaltungsrecht beschränkt. Sinn der Vorschrift ist es, die Urlaubswünsche des einzelnen AN und das Interesse am Betriebsablauf zu einem vernünftigen Ausgleich zu bringen. Bei der Ausübung des Mitbestimmungsrechts sind die Vorschriften des BUrlG und der gegebenenfalls im Betrieb anzuwenden Tarifverträge und BV zu beachten.

b. Begriff des Urlaubs

122 In erster Linie ist mit Urlaub der bezahlte **Erholungsurlaub nach § 1 BUrlG** gemeint. Hierzu gehört auch der **Zusatzurlaub für schwerbehinderte Menschen** gemäß § 208 SGB IX.

123 Das Mitbestimmungsrecht bezieht sich aber auf **jede Form der bezahlten oder unbezahlten Freistellung** von der Arbeit (BAG 28.5.2002 – 1 ABR 37/01, AiB 2003, 491–492). Damit ist Urlaub i.S.d. Vorschrift auch der Bildungsurlaub, der einzelvertragliche oder tarifliche Zusatzurlaub, freiwillige Freistellungen, Sabbaticals und Familienpausen.

124 **Kein Urlaub** i.S.d. Vorschrift liegt vor bei der einseitigen Freistellung des AN durch den AG während seiner Kündigungsfrist und bei so genannten Insichbeurlaubungen als Voraussetzung des Statuswechsels vom Beamten- ins Angestelltenverhältnis.

c. Aufstellen allgemeiner Urlaubsgrundsätze

125 Unter **allgemeinen Urlaubsgrundsätzen** versteht man betriebliche Richtlinien nach denen der Urlaub im Einzelfall gewährt oder nicht gewährt werden darf (BAG 18.6.1974 – 1 ABR 25/73). Der BR bestimmt beim Aufstellen und späteren Ändern diese Richtlinien mit.

Führt der AG **Betriebsferien** ein, stellt er einen allgemeinen Urlaubsgrundsatz auf (BAG 9.5.1984 – 5 AZR 412/81), der der Mitbestimmung des BR unterfällt. Unter Betriebsferien versteht man die unternehmerische Entscheidung, in einem Betrieb für alle AN oder für bestimmte Arbeitnehmergruppen den Urlaub einheitlich zu gewähren und den Betrieb zu diesem Zweck ganz oder teilweise zu schließen; der Urlaub ist also im Rahmen der Betriebsferien zu nehmen.

126 Die **Dauer** und die **zeitliche Lage der Betriebsferien** unterliegen ebenfalls der Mitbestimmung des BR. Die Einführung der Betriebsferien

stellt einen dringenden betrieblichen Belang im Sinne von § 7 Abs. 1 BurlG dar, der der Berücksichtigung der individuellen Urlaubswünsche entgegenstehen kann.

Im Rahmen allgemeiner Urlaubsgrundsätze können zudem Regelungen 127
getroffen werden, wie der Urlaubsanspruch im Laufe des Urlaubsjahres zu **verteilen** ist und wie mit **kollidierenden Urlaubsansprüchen** der AN umzugehen ist. Dabei können Prioritätskriterien aufgestellt werden, z. B. dass Eltern mit schulpflichtigen Kindern vorrangig Urlaub während der Zeit der Schulferien nehmen können. Auch können **Regelungen zum Verfahren** der Urlaubsbewilligung vereinbart werden, z. B. dass der Urlaub als genehmigt gilt, wenn er nicht binnen einer Woche von der zuständigen Führungskraft abgelehnt wird.

Die **Einführung einer Urlaubssperre** wegen erhöhten Arbeitsanfalles 128
stellt ebenfalls das Aufstellen eines allgemeinen Urlaubsgrundsatzes dar.

d. Aufstellen des Urlaubsplans

Der BR bestimmt über die allgemeinen Urlaubsgrundsätze hinaus auch 129
beim **Aufstellen des Urlaubsplans** mit.

Im Urlaubsplan wird konkret **die zeitliche Lage** des Urlaubs der einzelnen AN für das betreffende **Kalenderjahr festgelegt**. Ist ein solcher Urlaubsplan aufgestellt, steht fest, wann der AN Urlaub hat. Die Urlaubsplanung als BV legt die zeitliche Lage des Urlaubs für den einzelnen AN konkret fest. Damit braucht sich der AN vor Urlaubsantritt nur noch abzumelden. Der Urlaub muss nicht mehr durch den AG gewährt werden.

Wird ein **Urlaubsplan später geändert**, ist dies ebenfalls mitbestimmungspflichtig.

Urlaubslisten stellen noch keinen Urlaubsplan dar. In die Urlaubsliste 130
tragen die AN lediglich ihre Urlaubswünsche hinsichtlich der zeitlichen Lage des Urlaubs ein. Urlaubslisten sind nicht verbindlich. Sie können aber Grundlage eines späteren Urlaubsplans sein.

e. Festsetzung des Urlaubs für einzelne AN

Kommt zwischen AG und dem einzelnen AN bezüglich der endgülti- 131
gen **Festlegung der zeitlichen Lage des Urlaubs** kein Einverständnis zu Stande, hat der BR auch in diesem Einzelfall mitzubestimmen. AG und BR haben dann das betriebliche Interesse gegen das Interesse des AN abzuwägen. Ausgehend von den **Grundsätzen des § 7 Abs. 1 BUrlG**

sind die Urlaubswünsche des betroffenen AN nach billigem Ermessen gegen die aus sozialen Gründen konkurrierenden Urlaubswünsche anderer AN und dringende betriebliche Erfordernisse abzuwägen (BAG 20.6.2000 – 9 AZR 405/99, AiB 2003, 55–56).

132 Der BR kann sein Mitbestimmungsrecht durch **BV oder formlose Regelungsabrede** ausüben. Kommt einer Einigung zwischen BR und AG nicht zu Stande, entscheidet die Einigungsstelle.

133 Ist der AN mit der Einigung der Betriebsparteien oder dem Spruch der Einigungsstelle nicht einverstanden, kann er beim ArbG gegen den AG auf Erteilung des Urlaubs zu einem bestimmten Zeitpunkt klagen. Selbstverständlich kann der AN auch unabhängig von einem Mitbestimmungsverfahren seinen Urlaubsanspruch **gerichtlich geltend machen.**

f. Dauer des Urlaubs und Bezahlung

134 Der BR hat **kein Mitbestimmungsrecht** hinsichtlich der **Dauer des Urlaubs.**

Dafür gelten entweder die Regelungen eines Tarifvertrags, arbeitsvertragliche Regelungen oder die gesetzlichen Bestimmungen des BUrlG.

135 Der BR hat auch bei der Höhe und Berechnung des **Urlaubsentgelts** nicht mitzubestimmen. Normalerweise bestehen hierzu Regelungen in einem Tarifvertrag; ist dies nicht der Fall, gilt § 11 BUrlG.

136 Vom Urlaubsentgelt ist das zusätzliche **Urlaubsgeld** abzugrenzen, dass dem AN aus Anlass des Urlaubs gewährt wird. Auch hier wird die Höhe in der Regel in einem Tarifvertrag geregelt. Freiwillige BV sind nur unter Beachtung von § 77 Abs. 3 möglich, d.h.

- eine tarifliche Regelung darf nicht bestehen und auch nicht üblich sein oder
- bei einem bestehenden Tarifvertrag ist eine zusätzliche BV auf diesem Gebiet zugelassen (BAG 25.4.1989 – 1 ABR 91/87).

6. Überwachung der AN durch technische Einrichtungen (Nr. 6)

a. Zweck der Mitbestimmung

137 § 87 Abs. 1 Nr. 6 will den AN vor besonderen **Gefahren für das Persönlichkeitsrecht** schützen, die **von technischen Überwachungseinrichtungen ausgehen** (BAG 25.4.2017 – 1 ABR 46/15). Die auf technischem Wege erfolgende Ermittlung und Aufzeichnung von Infor-

mationen über AN bei der Erbringung ihrer Arbeitsleistung bergen die Gefahr in sich, dass die AN zum Objekt einer Überwachungstechnik gemacht werden, welche anonym personen- oder leistungsbezogene Informationen erhebt, speichert, verknüpft und sichtbar macht. Den davon ausgehenden Gefährdungen des Persönlichkeitsrechts von AN soll das Mitbestimmungsrecht entgegenwirken. Er soll vor den Gefahren geschützt werden, die durch moderne Technologien mit vielen, nicht zu erkennenden und nicht beeinflussbaren Überwachungsmöglichkeiten drohen. Das gilt insbesondere für Informationen, die das Arbeits- oder Leistungsverhalten der AN überwachen.

Das Mitbestimmungsrecht dient dem **präventiven Schutz vor den Gefahren,** die durch die modernen Technologien entstehen können. Es soll den rechtlich unzulässigen Eingriff in den Persönlichkeitsbereich des AN bereits im Vorfeld unterbinden. Der individualrechtliche Persönlichkeitsschutz wird durch das Mitbestimmungsrecht kollektivrechtlich verstärkt (BAG 10.12.2013 – 1 ABR 43/12). Zudem steht dem BR ein **Mitbeurteilungsrecht** hinsichtlich der Frage zu, ob es sich um einen zulässigen oder um einen unzulässigen Eingriff handelt. Bei zulässigen Eingriffen soll der BR **mitgestalten**, damit diese Eingriffe auf ein Mindestmaß reduziert werden. Dieser Bereich hat auch erhebliche datenschutzrechtliche Relevanz (siehe § 83 Rn. 2). 138

Durch das Mitbestimmungsrecht des BR können keine **unzulässigen Eingriffe in das Persönlichkeitsrecht** des AN legitimiert werden. Dessen Persönlichkeitsrecht darf nicht unverhältnismäßig eingeschränkt werden. Vor diesem Hintergrund hat der BR beim Abschluss von BV die Einhaltung der Grundrechte des AN zu gewährleisten. So hat das BAG z. B. entschieden, dass der Einsatz einer Software, die Tastatureingaben aufzeichnet und damit protokolliert sowie auch Screenshots fertigt (sog. Keylogger), gegen das Persönlichkeitsrecht des AN verstößt (BAG 27.7.2017 – 2 AZR 681/16). 139

b. Einführung und Anwendung von technischen Einrichtungen

Die Mitbestimmung des BR bezieht sich auf die **Einführung** (s. Rn. 142) **und Anwendung** (s. Rn. 143) **von technischen Einrichtungen** zur Überwachung der AN. 140

Technische Einrichtungen sind optische, akustische, mechanische und elektronische Geräte, durch die eigenständige Kontrolle möglich ist. Es ist unerheblich, ob es sich hierbei um eine Standardsoftware handelt oder beim Sammeln oder Auswerten eine »Geringfügigkeitsschwelle« überschritten wird (BAG 23.10.2018 – 1 ABR 36/18). Hierunter fallen 141 auch Cloud Computing-Anwendungen, also das Nutzen von IT-Leistungen über Datennetze; außerdem auch das Crowdsourcing, also das Auslagern von IT-Aufgaben und -Strukturen an Dritte. Nicht vom Mitbestimmungsrecht des § 87 Abs. 1 Nr. 6 umfasst ist die Überwachung durch eine Überwachungsperson (BAG 26.3.1991 – 1 ABR 26/90, AiB 1992, 100). So stellt nach allerdings fragwürdiger Auffassung der Einsatz eines internetbasierten Routenplaners (z. B. **Google Maps**) zu Zwecken der Reisekostenabrechnung keine Leistungs- und Verhaltenskontrolle durch eine technische Einrichtung dar, da die Überprüfung der Entfernungsangaben durch menschliches Handeln in Gang gesetzt wird (BAG 10.12.2013 – 1 ABR 43/12, AiB 2014, 41). Eine vom AG betriebene **Facebookseite**, die es den Nutzern von Facebook ermöglicht, über die Funktion »Besucher-Beiträge« Postings zum Verhalten und zur Leistung der beschäftigten AN einzustellen, ist jedoch eine technische Einrichtung, die zur Überwachung der AN i. S. d. § 87 Abs. 1 Nr. 6 bestimmt ist. Die Bereitstellung unterliegt der Mitbestimmung des BR (BAG 13.12.2016 – 1 ABR 7/15). Das Betreiben der Internetseite mit Kommentarfunktion, Gästebuch und abrufbaren Informationen – also insbesondere die Funktion »Besucher-Beiträge« – durch den AG unterliegt dem Mitbestimmungsrecht des § 87 Abs. 1 Nr. 6 (BAG 13.12.2016 – 1 ABR 7/15). Mitbestimmungspflichtig ist auch die Einrichtung eines online einsehbaren Gruppenkalenders (**Outlook**) zur Verwaltung dienstlicher Termine (LAG Nürnberg 21.2.2017 – 7 Sa 441/16). Einem BR steht auch hinsichtlich der Verwendung einer **Excel-Tabelle zur Auflistung der Anwesenheitszeiten** der AN ein Mitbestimmungsrecht nach § 87 Abs. 1 Nr. 6 zu (LAG Hamm 10.4.2018 – 7 TaBV 113/16). Unterhält der AG einen **Twitter**-Account, besteht zumindest aufgrund der Funktionalität »Antwort« ein Mitbestimmungsrecht des (Gesamt-)BR aus § 87 Abs. 1 Nr. 6. Durch arbeitnehmerbezogene, an den AG gerichtete Tweets und deren Veröffentlichung auf Twitter werden die AN einem ständigen Überwachungsdruck ausgesetzt. Sie müssen damit rechnen, dass Twitter-Nutzer den Twitter-Account bzw. Tweets des AG nutzen, um den AG mit Hilfe der Funktion »Antwort« über das Verhalten und die Leistung der AN zu informieren (LAG Hamburg 13.9.2018 – 2 TaBV 5/18). Ein **Headset-System**, das es den Vorgesetzten ermöglicht, die Kommunikation unter AN mitzuhören, ist eine technische Einrichtung, die zur Überwachung der AN i. S. d. § 87 Abs. 1 Nr. 6 BetrVG bestimmt ist. Seine Einführung und Nutzung unterliegt auch dann der betrieblichen Mitbestimmung, wenn die Gespräche nicht aufgezeichnet oder gespeichert werden (BAG 16.7.2024 – 1 ABR 16/23).

Einführung meint nicht nur die erstmalige Anwendung. Darunter fallen auch alle Vorbereitungsmaßnahmen der geplanten Anwendung – also bereits die Entscheidung über das »Ob« der Anschaffung der technischen Einrichtung, einschließlich aller damit verbundener Modalitäten. Zu den Fragen der Modalitäten gehören u.a. die Art des Systems, der Zeitpunkt der Inbetriebnahme, der Zeitraum des Einsatzes, die Dauer einer Probe und der Zweck der Überwachung. 142

Auch unter den Begriff der Einführung fallen **Vorbereitungsmaßnahmen** für die Installation der Überwachungseinrichtung, wie z.B. die Veränderung des Arbeitsablaufes oder von Arbeitsplätzen oder die Einweisung von betroffenen AN.

Unter **Anwendung** ist der eigentliche Einsatz der technischen Einrichtung und damit der Überwachungsvorgang zu verstehen (BAG 22.7.2008 – 1 ABR 40/07, AiB 2008, 669–671); auch Änderungen des Einsatzes der technischen Einrichtung fallen unter den Begriff der Anwendung. 143

Speichert die technische Anlage leistungs- und verhaltensrelevante Daten von AN, bestimmt der BR auch bei der **Festlegung des Verwendungszwecks** mit (BAG 11.3.1986 – 1 ABR 12/84, AiB 1986, 202–204 (Rechtsprechungsübersicht)). Dies gilt auch bei der Änderung von Programmen oder dann, wenn technische Anlagen – entweder im Betrieb oder über den Betrieb hinaus – vernetzt werden. 144

Das Mitbestimmungsrecht besteht auch dann, wenn der AG die mitbestimmungsrelevanten Angelegenheiten durch einen **Dritten** – etwa ein Konzernunternehmen oder einem externen Dienstleister – durchführen lässt (BAG 17.3.1987 – 1 ABR 59/85, AiB 1987, 287–290). 145

Nach bisheriger Auffassung des BAG (28.11.1989 – 1 ABR 97/88) hat der BR **kein Initiativrecht** hinsichtlich der Einführung und Abschaffung von technischen Kontrolleinrichtungen. Nach einer im Vordringen befindlichen Auffassung **konnte der BR** jedoch auch selbst die **Einführung einer technischen Einrichtung verlangen**. So hat z.B. das LAG Berlin-Brandenburg (LAG Berlin-Brandenburg 22.1.2015 – 10 TaBV 1812/14 und 10 TaBV 2124/14) entschieden, dass der BR die Einführung eines elektronischen **Arbeitszeiterfassungssystems** verlangen kann. Auch das LAG Hamm hatte die Zuständigkeit einer Einigungsstelle zum Regelungsgegenstand »Einführung und Anwendung eines Zeiterfassungssystems« bejaht (LAG Hamm 27.7.2021 – 7 TaBV 79/20 Rechtsbeschwerde beim BAG anhängig unter – 1 ABR 22/21). 146

Das BAG (BAG 13.9.2022 – 1 ABR 21/22) hat sich diesen Auffassungen nicht angeschlossen. Nach Auffassung des BAG ist der AG schon nach § 3 Abs. 2 Nr. 1 ArbSchG verpflichtet, ein System einzuführen, mit dem die von den AN geleistete Arbeitszeit erfasst werden kann. Dies ergebe sich aus einer unionsrechtskonformen Auslegung von § 3 Abs. 2 Nr. 1 ArbSchG. Wegen dieser schon gesetzlich bestehenden Pflicht könne der BR die Einführung eines Systems der (elektronischen) Arbeitszeiterfassung im Betrieb nicht mithilfe der Einigungsstelle erzwingen. Ein entsprechendes Mitbestimmungsrecht nach § 87 BetrVG Einleitungssatz besteht nur, wenn und soweit die betriebliche Angelegenheit nicht schon gesetzlich geregelt ist (BAG 13.9.2022 – 1 ABR 21/22). Dies schließt ein Initiativrecht des BR zur Einführung eines Arbeitszeiterfassungssystems aus. Bei der Auswahl und Anwendung des Arbeitszeiterfassungssystems bestimmt der BR aber nach § 87 Abs. 1 Nr. 6 mit. Insoweit ist daher auch eine Einigungsstelle zuständig. Das LAG München (LAG München 22.5.2023 – 4 TaBV 24/23, vgl. Rn. 175) billigt jetzt allerdings dem BR unter den Aspekten des Gesundheitsschutzes ein Mitbestimmungsrecht bei der Ausgestaltung des im Betrieb zu verwendenden Systems zur Erfassung von Beginn und Ende der täglichen Arbeitszeit zu.

147 Ein Mitbestimmungsrecht besteht dann nicht, wenn technische **Kontrolleinrichtungen gesetzlich oder tariflich vorgeschrieben** sind. So ist z. B. die Verwendung von Fahrtenschreibern in LKW und Omnibussen zur Aufzeichnung der unmittelbaren Fahrwerte sowie der Lenk- und Ruhezeiten gesetzlich gem. § 57a StVZO vorgeschrieben.

148 Will der AG diese technischen Kontrolleinrichtungen aber **zu einem anderen Zweck nutzen**, als in Gesetz oder Tarifvertrag vorgesehen, hat der BR wiederum mitzubestimmen (BAG 12.1.1988 – 1 ABR 54/86, AiB 1988, 189).

c. Überwachung der AN

149 Das Mitbestimmungsrecht des BR setzt entgegen seinem Wortlaut nicht voraus, dass die technische Einrichtung ausschließlich oder überwiegend die AN **überwachen** soll. Es reicht aus, wenn die technische Einrichtung aufgrund ihrer technischen Gegebenheiten und ihres konkreten Einsatzes **objektiv geeignet ist,** die AN **zu überwachen** (BAG 25.9.2012 – 1 ABR 45/11). Das liegt auf der Hand, denn mit welcher inneren Haltung der AG die Überwachungseinrichtung einsetzt, ist schlechterdings nicht überprüfbar.

150 Unter **Überwachung im Sinne dieser Vorschrift** versteht man einen Vorgang, durch den Informationen über das Verhalten oder die Leistung der AN erhoben werden können (BAG 14.11.2006 – 1 ABR 4/06). Hierbei kommt es auch nicht auf eine wie auch immer geartete Geringfügigkeitsschwelle an (BAG 23.10.2018 – 1 ABN 36/18). Diese Infor-

mationen werden in der Regel aufgezeichnet und zu einem späteren Zeitpunkt verarbeitet.

Eine mitbestimmungsrelevante Überwachung liegt allerdings nur dann vor, wenn es möglich ist, die gewonnenen Daten über Leistung und Verhalten **einzelnen AN zuzuordnen**. Ist diese **Zuordnung durch andere Informationsquellen** möglich, z.B. durch Anwesenheitslisten, ist das Mitbestimmungsrecht des BR ebenfalls gegeben.

Dementsprechend vollzieht sich die **Überwachung in drei Phasen:** 151

- In einer Ermittlungs- oder Erhebungsphase (s. Rn. 152),
- in einer Auswertungsphase (s. Rn. 153) und
- in einer Beurteilungs- und Bewertungsphase (s. Rn. 154).

Die Überwachung muss **nicht jede Phase durchlaufen** haben. Jede Phase des Überwachungsvorganges stellt für sich gesehen bereits einen Eingriff in das Persönlichkeitsrecht des AN dar und erfüllt den Mitbestimmungstatbestand des § 87 Abs. 1 Nr. 6.

Die **Ermittlungs- oder Erhebungsphase** stellt den Beginn der Über- 152 wachung dar. Mittels technischer Einrichtungen werden Daten über Verhalten und Leistung der AN gesammelt.

In der **Auswertungsphase** werden die erhobenen Daten durch tech- 153 nische Einrichtungen gesichert, geordnet und zueinander in Beziehung gesetzt. Erfasst der AG Arbeitnehmerdaten manuell und wertet er sie dann durch eine technische Einrichtung aus, liegt ebenfalls ein mitbestimmungsrelevanter Vorgang vor.

In der **Beurteilungs- und Bewertungsphase** findet ein Abgleich der ge- 154 wonnenen Daten über Leistung und Verhalten der AN durch technische Einrichtungen mit Sollvorgaben statt, die der AG aufgestellt hat.

d. Überwachen von Verhalten oder Leistung von AN

Die Überwachung durch technische Einrichtungen muss sich auf **Leis- 155 tung oder Verhalten** (s. Rn. 156ff.) der AN beziehen.

Unter **Leistung** versteht man die vom AN zur Erfüllung seiner vertrag- 156 lichen Arbeitspflicht geleistete Arbeit (BAG 18.2.1986 – 1 ABR 21/84, AiB 1986, 202–204 (Rechtsprechungsübersicht)). Unter **Verhalten** versteht man jedes betriebliche oder außerbetriebliche Tun oder Unterlassen des AN, das für das Arbeitsverhältnis erheblich sein kann (BAG 11.3.1986 – 1 ABR 12/84, AiB 1986, 202–204 (Rechtsprechungsübersicht)).

Der **Verhaltensbegriff** darf nicht zu eng ausgelegt werden. Es reicht für 157 das Bestehen des Mitbestimmungsrechts aus, dass Informationen erhoben werden, die zwar für sich alleine keine Aussage über die Leistung oder das Verhalten des AN zulassen, aber in Verknüpfung mit anderen Daten eine Verhaltens- oder Leistungskontrolle ermöglichen (BAG 11.3.1986 – 1 ABR 12/84, AiB 1986, 202–204 (Rechtsprechungsübersicht)). Dementsprechend stellen auch die Statusdaten des AN, wie z.B. Geschlecht, Geburtstag oder Ausbildung Verhaltensdaten dar.

158 Als mitbestimmungsrelevante **leistungs- und verhaltensbezogene Daten** des AN sind insbesondere alle Vorgänge anzusehen, die seine Arbeitsleistung betreffen, wie z.B. Beginn und Ende seiner täglichen Arbeitszeit, Vertragserfüllungshandlungen, Zielerreichungsergebnisse, Überstunden oder Fehlzeiten.

e. Verwertungsverbot

159 Angesichts der Unüberschaubarkeit der Kontrollmöglichkeiten, aber auch angesichts der hohen Kontrolldichte von IT-Systemen enthalten BV, insbesondere Rahmenbetriebsvereinbarungen zu IT-Systemen, sehr häufig Regelungen, nach denen die Verwertung von Erkenntnissen aus der Auswertung von technischen Einrichtungen zulasten von AN gar nicht erlaubt sind, oder nur erlaubt sind, wenn der BR der Auswertung zugestimmt hat, oder wenn der Verdacht eines schweren Verstoßes gegen den Arbeitsvertrages besteht. Das BAG (29.6.2023 – 2 AZR 296/22) hat nun festgestellt, dass den Betriebsparteien die Regelungsmacht fehlt, ein über das formelle Verfahrensrecht der ZPO hinausgehendes Verwertungsverbot zu begründen oder die Möglichkeit des AG wirksam zu beschränken, in einem Individualrechtsstreit Tatsachenvortrag über betriebliche Geschehnisse zu halten, mit anderen Worten: solche Verwertungsverbote in einer BV sind nichtig. Das BAG hat der betrieblichen Praxis mit dieser Entscheidung einen Bärendienst erwiesen, denn die Verhandlung von IT-BV wird dadurch ungemein schwieriger, weil jetzt der BR noch mehr darauf achten wird, dass Zweck und Erforderlichkeit einer Leistungskontrolle sowie die Zugriffsrechte im Detail festgelegt werden und die Einhaltung solcher Regelungen nicht nur organisatorisch, sondern auch technisch abgesichert wird.

f. Beispiele für technische Überwachungseinrichtungen

160 Mitbestimmungspflichtig sind z.B. die Einführung und Anwendung folgender technischer Einrichtungen

- Videoüberwachungsanlagen
- automatische Zeiterfassungsgeräte

- Fahrtenschreiber, sofern keine abschließende gesetzliche Regelung für ihre Nutzung vorliegt
- Systeme zu Überwachung von Fehlzeiten
- CAD/CAM-Systeme
- E-Learning-Systeme
- biometrische Zugangskontrollen
- digitale Betriebsausweise
- Fleet-Boards
- Telekommunikationssysteme
- Smartphones und Tablets
- Facebook (die Funktion »Besucher-Beiträge«)
- Twitter (die Funktion »Besucher-Beiträge«)
- Outlook-Gruppenkalender
- Firmenkreditkarten
- Betriebskantinenausweise
- SIEM-Systeme
- IT-Tools für Zwecke der Umsetzung des HinSchG, wenn der AG zur Leistungskontrolle geeignete Daten auch digital verarbeitet.

7. Arbeitssicherheit- und Gesundheitsschutz (Nr. 7)

a. Zweck der Vorschrift

Gemäß § 87 Abs. 1 Nr. 7 hat der BR mitzubestimmen bei **Regelungen** 161 **über die Verhütung von Arbeitsunfällen** (s. Rn. 165), **zu Berufskrankheiten** (s. Rn. 165) und **über den Gesundheitsschutz** (s. Rn. 166) im Rahmen der gesetzlichen Vorschriften oder der Unfallverhütungsvorschriften. Zweck der Norm ist der Schutz von Leben und Gesundheit der AN.

Zwar liegt die alleinige Verantwortung für die **Sicherstellung des** 162 **Arbeits- und Gesundheitsschutzes** beim AG. Sinn der Vorschrift ist es jedoch, den BR an betrieblichen Regelungen zu beteiligen, die der AG aufgrund einer öffentlich-rechtlichen Rahmenvorschrift zu treffen hat, bei deren Umsetzung aber Handlungsspielräume verbleiben (BAG 26.4.2005 – 1 ABR 1/04, AiB 2006, 581–582). Dies soll im Interesse der AN zu einer effizienten Umsetzung des gesetzlichen Arbeitsschutzes und dessen Anpassung an die jeweiligen betrieblichen Besonderheiten führen.

Der Gesetzgeber wollte mit der Schaffung dieser Norm dem Arbeits- und Gesundheitsschutz eine größere Bedeutung geben. Neben einer immer noch sehr hohen Anzahl von registrierten – und nicht registrierten – Arbeitsunfällen, Berufskrankheiten und Wegeunfällen nehmen auch die **psychischen Erkrankungen** stark zu.

163 Der BR soll als **Hüter des Gesundheitsschutzes** für die AN im Betrieb agieren.

Der Schutz der Gesundheit der AN ist insbesondere so wichtig, da der Gesetzgeber die Lebensarbeitszeit der AN in den letzten Jahren durch Erhöhung des Renteneintrittsalters immer weiter verlängert hat. Diesen längeren Lebensarbeitszeitzyklus können AN nur dann durchleben, wenn die Voraussetzungen des Arbeits- und Gesundheitsschutzes in den Betrieben auch tatsächlich eingehalten werden.

b. Voraussetzungen des Mitbestimmungsrechts

164 Das Mitbestimmungsrecht setzt voraus, dass Arbeitsschutzvorschriften als **gesetzliche Bestimmungen** oder Unfallverhütungsvorschriften (Verordnungen) bestehen.

In diesem Rahmen hat der BR mitzubestimmen bei Regelungen über die Verhütung von Arbeitsunfällen, Berufskrankheiten sowie über den Gesundheitsschutz (s. zum Begriff der »Rahmenvorschrift« Rn. 168).

165 Bei **Arbeitsunfällen** handelt es sich um von außen auf den Körper einwirkende Ereignisse, die der AN im Rahmen seiner Tätigkeit erleidet und die zu einem Gesundheitsschaden oder zum Tode führen. Zur Tätigkeit des AN gehört nicht nur seine berufliche Tätigkeit, sondern auch andere, damit zusammenhängenden Tätigkeiten. Bei Berufskrankheiten handelt es sich gem. § 9 Abs. 1 SGB VII um Krankheiten, die durch Rechtsverordnung als Berufskrankheiten bezeichnet werden und die der Versicherte infolge der versicherten beruflichen Tätigkeit erleidet.

166 Unter den **Gesundheitsschutz** fallen alle Maßnahmen, die dazu dienen, die psychische und physische Integrität des AN zu erhalten, der arbeitsbedingten Beeinträchtigungen ausgesetzt ist, die zu medizinisch feststellbaren Verletzungen oder Erkrankungen führen oder führen können. Auch **vorbeugende Maßnahmen** werden erfasst (BAG 18.8.2009 – 1 ABR 43/08). **Arbeitsbedingt** sind die Beeinträchtigungen, wenn sie durch die berufliche Tätigkeit verursacht worden sind oder anlässlich dieser Tätigkeit entstehen oder durch diese verschlimmert werden.

167 Der BR übt sein Mitbestimmungsrecht im Rahmen der gesetzlichen Bestimmungen und der Unfallverhütungsvorschriften aus. Der BR hat also bei der Ausübung seines Mitbestimmungsrechts nicht nur die jeweiligen einschlägigen **arbeitsschutzrechtlichen Gesetze** zu beachten, sondern auch die **Unfallverhütungsvorschriften**. Diese werden von den Berufsgenossenschaften nach § 15 und 16 SGB VII erlassen.

Bei den gesetzlichen Bestimmungen oder der Unfallverhütungsvorschrift muss es sich um **Rahmenvorschriften** handeln – also um Vorschriften, die selbst wieder durch Regelungen ausgefüllt werden können und müssen (siehe im Einzelnen Rn. 171). Dem AG wird nicht die konkrete Art und Weise vorgeschrieben, wie er die ihm obliegenden gesundheitsschützenden Handlungspflichten zu erfüllen hat. Der AG bekommt durch solche Rahmenregelungen einen Handlungsspielraum zugebilligt und kann entscheiden, auf welche Art und Weise er seiner Handlungspflicht genügen kann. Dementsprechend bezieht sich das Mitbestimmungsrecht des BR auf die **Ausfüllung und Konkretisierung** dieses Handlungsspielraums (BAG 8.6.2004 – 1 ABR 4/03, AiB 2005, 252–255). So unterliegt es der Mitbestimmung des BR, wenn der AG Aufgaben nach dem Arbeitsschutzgesetz auf bestimmte Mitarbeiter übertragen will (BAG 18.3.2014 – 1 ABR 73/12, AiB 2014, 39–41). Der BR hat bei der Frage mitzubestimmen, ob der Ausgleich für Nachtarbeit nach § 6 Abs. 5 ArbZG in Freizeit oder in Entgelt gewährt wird, wenn keine tarifliche Regelung vorliegt. Das BAG hält einen Zuschlag von 25 Prozent für angemessen, der sich bei Dauernachtarbeit auf 30 Prozent erhöht (BAG 9.12.2015 – 10 AZR 423/14). 168

Die Mitbestimmung des BR entfällt dann, wenn die **Arbeitsschutzvorschriften aus sich heraus abschließend** sind und unmittelbare Schutzstandards festlegen. Das Mitbestimmungsrecht des BR entfällt auch, wenn die Gewerbeaufsichtsämter oder die Berufsgenossenschaft im Rahmen ihrer Fachaufsicht bestimmte Maßnahmen durch konkrete Anweisungen zwingend anordnen, ohne dem AG einen Handlungsspielraum zu belassen. So hat der BR bei der Bildung eines Arbeitsschutzausschusses gem. § 11 Abs. 1 ASiG nicht mitzubestimmen, weil diese gem. § 12 ASiG durch die zuständige Arbeitsschutzbehörde anzuordnen ist (BAG 15.4.2014 – 1 ABR 82/12). Auch besteht kein Mitbestimmungsrecht des BR bei der Teilnahmepflicht des Betriebsarztes und der Fachkraft für Arbeitssicherheit an den gesetzlich vorgesehenen Mindestsitzungen des Arbeitsschutzausschusses, da § 11 ASiG abschließende Regelungen trifft (BAG 8.12.2015 – 1 ABR 83/13). Es besteht auch kein Mitbestimmungsrecht im Hinblick auf die Schaffung eines paritätisch besetzten Integrationsteams im Rahmen des BEM (BAG 22.3.2016 – 1 ABR 14/14). 169

c. Ausübung des Mitbestimmungsrechts

Nach § 87 Abs. 1 Nr. 7 hat der BR mitzubestimmen bei »**Regelungen**« 170
zum Arbeitsschutz. Da diese Regelungen im Rahmen des Mitbestimmungsrechts erzwingbar sind, kann der BR seine Mitbestimmung durch

BV (s. Rn. 11) oder aber auch durch **formlose Regelungsabrede** ausüben.

171 Bei der Regelung muss es sich allerdings um einen kollektiven Tatbestand und nicht um eine Einzelmaßnahme handeln (BAG 10.4.1979 – 1 ABR 34/77, AiB 1990, 517–519). Der BR hat insoweit auch ein **Initiativrecht**. Die Regelung hat den von der Rahmenvorschrift zugebilligten Handlungsspielraum (s. Rn. 168) zu konkretisieren.

172 Der BR darf im Rahmen seiner Tätigkeit nicht darauf warten, dass er vom AG im Rahmen der Ausgestaltung einer bestehenden arbeitsschutzrechtlichen Vorschrift miteinbezogen wird.
Gemäß § 80 Abs. 1 Nr. 1 hat der **BR darauf zu achten**, dass die zugunsten der AN geltenden Vorschriften eingehalten werden. Hierzu gehören natürlich auch die Arbeitsschutzvorschriften. Somit hat der BR darüber zu wachen, dass die arbeitsschutzrechtlichen Aspekte mitbeachtet und mitgeregelt werden – bei allen betriebsorganisatorischen und personalwirtschaftlichen Maßnahmen. Dies gilt auch dann, wenn der Gesundheitsschutz nicht der zentrale Aufhänger ist, wie z.B. bei einer grundlegenden Änderung der Betriebsorganisation, die zu einer Änderung bei den Arbeitsplätzen führt (§§ 90, 111 Satz 3 Nr. 4); auch hierbei sind die Aspekte des Gesundheitsschutzes zu beachten.
Deshalb hat der BR darauf zu achten, dass auch immer der **Gesundheitsschutz Bestandteil einer BV** wird, wenn der Regelungsgegenstand auch arbeitsschutzrechtliche Aspekte berührt.

173 Die **Kosten der Maßnahmen** des Arbeitsschutzes hat der AG zu tragen und dürfen nicht dem AN auferlegt werden (BAG 21.8.1985 – 7 AZR 199/83). Dies ist auch dann zu beachten, wenn die Kosten Folge einer Regelung mit dem BR sind.

d. Einzelne, mitbestimmungspflichtig auszufüllende Arbeitsschutzbestimmungen

174 Im Arbeitsschutzgesetz, im Arbeitszeitgesetz, im Arbeitssicherheitsgesetz, in Rechtsverordnungen und in vielen Unfallverhütungsvorschriften findet man zahlreiche **Rahmenvorschriften**, die durch Regelungen mit dem BR zu konkretisieren sind.

175 Aus dem **Arbeitsschutzgesetz** ist hier insbesondere die Generalvorschrift des **§ 3 Abs. 1 ArbSchG** zu nennen. Hiernach wird der AG verpflichtet, »die erforderlichen Maßnahmen des Arbeitsschutzes unter Berücksichtigung der Umstände zu treffen, die die Sicherheit und Gesundheit der Beschäftigten bei der Arbeit beeinflussen«. Allerdings eröffnet § 3 Abs. 1 ArbSchG kein Mitbestimmungsrecht zu jedweder Maßnahme

des Arbeits- oder Gesundheitsschutzes. Die Anwendung der Bestimmung und damit das Mitbestimmungsrecht setzen das Vorliegen oder die vorherige Feststellung von konkreten Gesundheitsgefahren oder zumindest Gefährdungen der Gesundheit durch eine Gefährdungsbeurteilung voraus, denen abgeholfen werden muss (BAG 13.8.2019 – 1 ABR 6/18). Erst wenn feststeht, dass eine solche Handlungspflicht des AG besteht, können angemessene und geeignete Schutzmaßnahmen ergriffen werden, über die der BR mitzubestimmen hat (BAG 28.3.2017 – 1 ABR 25/15). Will der AG den Zutritt zum Werksgelände von einem negativen Corona-Test abhängig machen, was durch die §§ 618 Abs. 1 BGB und § 3 Abs. 1 S. 1 ArbSchG gerechtfertigt sein kann, hat der BR bei den Regelungen zu den Tests mitzubestimmen (ArbG Offenbach 3.2.2021 – 4 Ga 1/21). Dies gilt auch für die Einigungsstelle. Ein Auftrag zur Ausgestaltung einer Gefährdungsbeurteilung kann nicht zugleich mit einem Auftrag zur Regelung konkreter Schutzmaßnahmen verbunden werden (BAG 19.11.2019 – 1 ABR 22/18). In Anbetracht der gesetzlichen Verpflichtung des AG zur Arbeitszeiterfassung unter den Aspekten des Gesundheitsschutzes, § 3 Abs. 2 Nr. 1 ArbSchG, besteht ein Mitbestimmungsrecht des BR bei der Ausgestaltung des im Betrieb zu verwendenden Systems zur Erfassung von Beginn und Ende der täglichen Arbeitszeit, vgl. Rn. 146. Insofern kommt dem BR auch ein Initiativrecht zu. Das Mitbestimmungsrecht hängt nicht davon ab, ob der AG seinen gesetzlichen Pflichten nachkommen will oder nicht (LAG München 22.5.2023 – 4 TaBV 24/23).

Die Vorschriften des **§ 5 ArbSchG** über die Gefährdungsbeurteilungen, **175a** des § 6 über die **Dokumentation** und des **§ 12 ArbSchG** über die Unterweisung der AN stellen ebenfalls ausfüllungsbedürftige Rahmenvorschriften dar. Die Ergebnisse einer Gefährdungsbeurteilung sind nach § 6 Abs. 1 ArbSchG zu dokumentieren, weil sich die Art und Weise der Dokumentation auf die arbeitsschutzrechtliche Lage der AN auswirken kann (BAG 13.8.2019 – 1 ABR 6/18). Das auf § 6 ArbSchG bezogene Mitbestimmungsrecht ergänzt dasjenige aus § 5 ArbSchG. Deshalb ist in einer BV zur Durchführung einer Gefährdungsbeurteilung zugleich deren Dokumentation zu regeln. Gefährdungsbeurteilungen sind auch nicht nur einmalig durchzuführen. Es handelt sich um einen dauerhaften Prozess. Deshalb haben die Betriebsparteien auch den zeitlichen Rhythmus von **Wiederholungsbeurteilungen** zu bestimmen (BAG 13.8.2019 – 1 ABR 6/18).

Gem. **§ 8 ArbSchG** ist der AG verpflichtet, den Arbeits- und Gesund- **175b** heitsschutz sicherzustellen, wenn mehrere AG zusammenarbeiten. **§ 9 ArbSchG** verpflichtet den AG, Maßnahmen zu treffen, damit nur Beschäftigte Zugang zu besonderen, gefährlichen Arbeitsbereichen haben, die zuvor geeignete Anweisungen erhalten haben. Nach **§ 10 ArbSchG** ist der AG verpflichtet, Maßnahmen zur ersten Hilfe und sonstige Notmaßnahmen zu treffen. Auch hierbei handelt es sich um ausfüllungsbedürftige Rahmenvorschriften.

176 Aus dem **ArbZG** ist hier insbesondere **§ 6 Abs. 5 ArbZG** zu nennen. Hiernach hat der BR bei der Frage des Ausgleichs für Nachtarbeit mitzubestimmen (s. a. Rn. 168).

177 Für den Mitbestimmungstatbestand des § 87 ist ebenfalls das Gesetz über Betriebsärzte, Sicherheitsingenieure und andere Fachkräfte für Arbeitssicherheit **(ASiG)** sehr bedeutsam. So ist zum Beispiel nach **§ 9 Abs. 3 Satz 1 ASiG** die Bestellung und Abberufung von angestellten Betriebsärzten und Fachkräften nur mit Zustimmung des BR möglich (BAG 24.3.1988 – 2 AZR 369/87, AiB 1989, 91). Die **Bildung eines Arbeitsschutzausschusses** gem. **§ 11 ASiG** ist durch eine Anordnung der zuständigen Behörde zu bewirken. Insoweit hat der BR kein erzwingbares Mitbestimmungsrecht (BAG 15.4.2014 – 1 ABR 82/12). Ein Mitbestimmungsrecht nach § 87 Abs. 1 Nr. 7 besteht aber bei den über die Mindestregelungen des § 11 ASiG hinausgehenden Regelungen zu **Mitgliederzahl** und zur **Zusammensetzung** des Arbeitsschutzausschusses (BAG 8.12.2015 – 1 ABR 82/12).

178 Auch die jeweiligen Coronaschutzverordnungen enthalten teilweise durch § 87 Abs. 1 Nr. 7 auszugestaltende Rahmenvorschriften. So hat z. B. der BR eines Krankenhauses gem. § 87 Abs. 1 Nr. 7 bei der Ausgestaltung eines Besuchskonzepts im Sinne des § 5 Abs. 1 Satz 3 CoronaSchVO NRW mitzubestimmen (LAG Köln 22.1.2021 – 9 TaBV 58/20).

8. Sozialeinrichtungen (Nr. 8)

a. Vorbemerkung

179 Gemäß § 87 Abs. 1 Nr. 8 hat der BR bei der **Form** (s. Rn. 188), **Ausgestaltung** (s. Rn. 189) **und Verwaltung** (s. Rn. 190) **von Sozialeinrichtungen** (s. Rn. 181), deren Wirkungsbereich auf den Betrieb, das Unternehmen oder den Konzern beschränkt ist, mitzubestimmen.

180 Das Mitbestimmungsrecht nach § 87 Abs. 1 Nr. 8 weist viele **Schnittmengen zum Mitbestimmungsrecht nach § 87 Abs. 1 Nr. 10** auf. Der Inhalt des Mitbestimmungsrechts von § 87 Abs. 1 Nr. 10 bezieht sich auf alle geldwerten Leistungen, somit auch auf soziale Leistungen. Gewährt der AG allerdings soziale Leistungen durch das Einrichten von Sozial-

einrichtungen, ist der Mitbestimmungstatbestand nach § 87 Abs. 1 Nr. 8 als Spezialtatbestand anzuwenden.

b. Voraussetzungen des Mitbestimmungsrechts

Entsprechend § 87 Abs. 1 Nr. 8 muss die soziale Leistung durch eine 181
soziale Einrichtung gewährt werden.
Von einer **Einrichtung** kann man dann sprechen, wenn es sich um eine Organisation handelt, die sich durch ein gewisses Maß an organisatorischer Verfestigung und Verselbständigung auszeichnet. Sie muss vom übrigen Betriebsvermögen abgrenzbar sein. Man versteht deshalb unter einer Sozialeinrichtung ein zweckgebundenes Sondervermögen, das über eine abgrenzbare, auf Dauer angelegte besondere Organisation Leistungen an AN erbringt.
Zudem muss die Einrichtung einem **sozialen Zweck** dienen. Das geschieht dadurch, dass die soziale Lage der Begünstigten durch Gewährung von Vorteilen, die über das Arbeitsentgelt hinausgehen, verbessert wird. Bei den Leistungen der sozialen Einrichtung muss es sich deshalb nicht um unentgeltliche Leistungen handeln (BAG 10.2.2009 – 1 ABR 94/07). Also auch dann, wenn für den Betriebskindergarten ein Beitrag geleistet werden muss, handelt es sich um eine soziale Einrichtung.

Der BR hat nur dann ein Mitbestimmungsrecht, wenn der **Wirkungsbereich der Sozialeinrichtung** sich entweder auf den Betrieb, das Unternehmen oder den Konzern bezieht. Diesen Wirkungsbereich bestimmt der AG alleine. **Unterstützungskassen**, die für mehrere, nicht einem Konzern angehörende Unternehmen eingerichtet werden, unterliegen nicht dem Mitbestimmungsrecht des BR. 182

Es ist unerheblich, ob der AN auf die von der Sozialeinrichtung erbrachten Leistungen einen Rechtsanspruch hat oder ob diese **freiwillig erbracht** werden. Entscheidendes Kriterium ist, dass die Sozialeinrichtung die soziale Lage der Begünstigten verbessert. 183

Von der Sozialeinrichtung können neben den AN auch **Personen begünstigt** werden, die dem **Unternehmen nicht (mehr) angehören** – z. B. Pensionäre – oder Familienangehörige von AN (BAG 21.6.1979 – 3 ABR 3/78). Unschädlich ist auch, wenn die Einrichtung **leitende Angestellte** mit einbezieht. Auch wenn Externe einbezogen werden – wie z. B. häufig bei Betriebskantinen – handelt es sich um eine soziale Einrichtung. 184

Erbringt eine **Stiftung** soziale Leistungen und hat nach der Stiftungsverfassung der AG Rechte im Hinblick auf die Ausgestaltung und Verwal- 185 tung der Stiftung, stehen dem BR ebenfalls die Mitbestimmungsrechte aus § 87 Abs. 1 Nr. 8 zu.

Beispiele für soziale Einrichtungen:
- Pensions- und Unterstützungskassen
- Kantinen, Verkaufsstellen und Automaten zum Erwerb verbilligter Getränke
- Sportanlagen und Kindergärten, die nicht der Öffentlichkeit zugänglich sind

186 Werden soziale Leistungen nicht durch Einrichtungen erbracht, sondern **unmittelbar** vom AG, kommt das Mitbestimmungsrecht nach § 87 Abs. 1 **Nr. 10** ebenfalls in Betracht (BAG 8.11.2011 – 1 ABR 37/10). Wenn z.B. eine betriebliche Altersversorgung aus dem Betriebsvermögen erbracht wird, ist § 87 Abs. 1 Nr. 10 einschlägig (vgl. Rn. 222). Regelt der AG dies über eine Unterstützungs- oder Pensionskasse, richtet sich die Mitbestimmung nach § 87 Abs. 1 Nr. 8.

c. Inhalt des Mitbestimmungsrechts

187 Die Mitbestimmung des BR bezieht sich nur auf **Form, Ausgestaltung und Verwaltung** der sozialen Einrichtung.
Der **AG entscheidet alleine,**
- ob er eine soziale Einrichtung errichtet oder schließt,
- mit welcher Art (Geld- oder Sachmittel) und mit welchem Umfang er sie finanziell ausstattet (Dotierungsrahmen)
- und welchem sozialen Zweck sie dienen soll.

188 Die Mitbestimmung hinsichtlich der **Form** bezieht sich auf die Rechtsform, in der die soziale Einrichtung tätig wird.

189 Unter der mitbestimmungspflichtigen **Ausgestaltung** der Sozialeinrichtung ist zu verstehen, wie die Organisation der Einrichtung festgelegt ist. Hierzu gehört das Erstellen einer Satzung, das Bilden von Verwaltungsgremien, das Ausstellen einer Benutzungsordnung und auch das Aufstellen eines Leistungsplans, der die Verteilungsgrundsätze, also den Einsatz der vom AG zur Verfügung gestellten Mittel, festgelegt.

190 Unter mitbestimmungspflichtigen **Verwaltungsentscheidungen** sind z.B. die Entscheidungen über die Einteilung und den Einsatz von Personal oder das Festlegen von Öffnungszeiten zu verstehen. Auch der Abschluss und die Kündigung von Pachtverträgen gehört hierzu.

d. Ausübung der Mitbestimmung

Betreibt man die soziale Einrichtung als **juristisch selbstständige Einheit** (z. B. in Form einer GmbH), wird das Mitbestimmungsrecht entweder im Wege der sog. organschaftlichen Lösung (s. Rn. 192) oder der zweistufigen Lösung (s. Rn. 193) verwirklicht. 191

Wird die **organschaftliche Lösung** gewählt, sichert der BR seine Mitbestimmung dadurch, dass er in die **satzungsmäßigen Organe** der rechtlich selbstständigen Einrichtung **paritätisch Vertreter** entsendet. Der BR muss sich das Handeln seiner entsendeten Vertreter zurechnen lassen. Alle mitbestimmungspflichtigen Angelegenheiten werden dann innerhalb der Entscheidungsgremien der Sozialeinrichtung entschieden. 192

Haben die Parteien die organschaftliche Lösung nicht vereinbart, wird nach der **zweistufigen Lösung** verfahren. Alle mitbestimmungsrechtlichen Fragen müssen zwischen BR und AG ausgehandelt werden. Der AG hat dann dafür zu sorgen, dass diese ausgehandelten Lösungen von der Sozialeinrichtung umgesetzt werden (BAG 11.12.2001 – 3 AZR 128/01, AiB 2003, 2). 193

9. Zuweisung und Kündigung von Wohnräumen (Nr. 9)

a. Zweck des Mitbestimmungsrechts

Nach § 87 Abs. 1 Nr. 9 hat der BR ein Mitbestimmungsrecht hinsichtlich der **Zuweisung** und **Kündigung** (s. Rn. 199) **von Wohnräumen** (s. Rn. 195), die den AN mit Rücksicht auf das Bestehen eines Arbeitsverhältnisses vermietet werden; er hat außerdem hinsichtlich der allgemeinen **Festlegung der Nutzungsbedingungen** (s. Rn. 201) mitzubestimmen. 194

Damit wird eine **gerechte Verteilung von Leistungen** des AG bezweckt und soll das Schutzbedürfnis der AN berücksichtigt werden, die hinsichtlich der Nutzung von Werkswohnungen über ihre arbeitsvertraglichen Beziehungen hinaus auch in ihrem privaten Lebensbereich von Entscheidungen des AG betroffen sind. Es geht hier ebenfalls um Fragen der gerechten Verteilung, also welche Personenkreise in den Genuss einer Werkswohnung kommen sollen.

b. Wohnräume im Zusammenhang mit dem Arbeitsverhältnis

195 »**Wohnräume**« sind Räume jeder Art, soweit sie zum Wohnen bestimmt sind – unabhängig davon, ob die Überlassung langfristig oder kurzfristig, entgeltlich oder kostenlos erfolgt (BAG 3.6.1975 – 1 ABR 118/73).

Es kommt nicht darauf an, ob der AG Eigentümer des Wohnraums ist. Es reicht aus, dass er ein **Belegungs- oder Vorschlagsrecht** hat.

196 Weiterhin setzt das Mitbestimmungsrecht voraus, dass der Wohnraum mit Rücksicht auf das **Bestehen eines Arbeitsverhältnisses** vermietet wird. Man spricht insoweit von **Werkmietwohnungen**, da zwischen AG und AN neben dem Arbeitsvertrag ein normaler **Mietvertrag** besteht.

197 Hiervon zu unterscheiden sind **Werkdienstwohnungen** (§ 576b BGB). Dem AN werden die Wohnräume im Rahmen eines Arbeitsverhältnisses aus dienstlichen Gründen überlassen – z. B. wenn er als Hausmeister tätig ist. Es wird **kein gesonderter Mietvertrag** abgeschlossen. Ein Mitbestimmungsrecht des BR besteht hier nicht (BAG 3.6.1975 – 1 ABR 118/73).

c. Inhalt des Mitbestimmungsrechts

198 Der **AG entscheidet alleine**, ob er überhaupt Wohnräume zur Verfügung stellt oder ob er sie später wieder (teil)entwidmet (BAG 23.3.1993 – 1 ABR 65/92). Er entscheidet auch über die finanziellen Mittel, die er zur Verfügung stellt (**Dotierungsrahmen**) und über die abstrakte Festlegung des begünstigten Personenkreises.

199 Der **Mitbestimmung des BR** unterliegen die Zuweisung und die Kündigung von Wohnräumen. Hierbei geht es um die Benennung des begünstigten oder des zu kündigenden AN in jedem Einzelfall. Das Mitbestimmungsrecht greift auch, wenn aus einem einheitlichen Bestand von Werkmietwohnungen, die allen AN offenstehen, einem **leitenden Angestellten** eine Wohnung zugewiesen werden soll (BAG 28.7.1992 – 1 ABR 22/92).

200 Wird ein **Mietvertrag** ohne Beteiligung des BR abgeschlossen bzw. einem AN ein Wohnraum zugewiesenen, ohne dass der BR vorher beteiligt wurde, ist diese Maßnahme unwirksam.

Das gleiche gilt für Kündigungen. Das Mietverhältnis kann nur dann gekündigt werden, wenn BR und AG übereinstimmen

d. Festlegen der Nutzungsbedingungen

Die allgemeine **Festlegung der Nutzungsbedingungen** unterliegt ebenfalls der Mitbestimmung. 201

»Nutzungsbedingungen« sind zunächst die für den Inhalt von **Mietverträgen** und **Hausordnungen** typischen Regelungen, sowie Regelungen zu **Schönheitsreparaturen** und zur **Treppenhausreinigung.**

Zu den Nutzungsbedingungen gehören aber auch die **Festlegung des Mietzinses** und etwaige **Mietzinserhöhungen** sowie **die Festlegung der Kriterien für die Mietzinsbildung** (BAG 28.7.1992 – 1 ABR 22/92). Auch die **Festlegung der Übernachtungsgebühren in einem möblierten betrieblichen Wohnheim** gehört hierzu.

10. Betriebliche Lohngestaltung (Nr. 10)

a. Zweck der Vorschrift

Zweck des § 87 Abs. 1 Nr. 10 ist die **gleichberechtigte Teilnahme** der AN an den Entscheidungen des AG, die deren Arbeitsvergütung betreffen. Dadurch soll eine **angemessene und transparente Gestaltung des betrieblichen Lohngefüges** und die Wahrung der innerbetrieblichen Lohn- und Verteilungsgerechtigkeit sichergestellt werden (BAG 11.6.2002 – 1 AZR 390/01, AiB 2003, 559–560). 202

Der BR bestimmt über die abstrakt **generellen Grundsätze der Entgeltfindung** mit, nicht jedoch über die konkrete Entgelthöhe (BAG 15.4.2008 – 1 AZR 65/07, AiB 2008, 547–552). Damit steht dem BR – auch angesichts des weiten Vergütungsbegriffs (s. Rn. 205 ff.) – ein umfassendes Mitbestimmungsrecht in fast allen Angelegenheiten der betrieblichen Lohngestaltung zu.

Allerdings ist in **tarifgebunden Unternehmen** die Mitbestimmung stark eingeschränkt. Hier regelt der Tarifvertrag das Lohngefüge. Bei abschließenden Regelungen des Tarifvertrages entfällt daher eine Mitbestimmungsmöglichkeit wegen des Tarifvorrangs (§ 87 Abs. 1 Einleitungssatz). Nur soweit der Tarifvertrag einen Regelungsspielraum offen lässt, können BR und AG eine Regelung in Fragen der Vergütung treffen (zum Verhältnis des Mitbestimmungstatbestands zu § 77 Abs. 3 siehe Rn. 30). 203

b. Voraussetzungen des Mitbestimmungsrechts

204 Gem. § 87 Abs. 1 Nr. 10 hat der BR mitzubestimmen bei Fragen der **betrieblichen Lohngestaltung** (s. Rn. 207), insbesondere bei der **Aufstellung von Entlohnungsgrundsätzen** und der Einführung und Anwendung von neuen **Entlohnungsmethoden** (s. Rn. 208) sowie deren Änderung.

205 Anknüpfungspunkt des Mitbestimmungsrechts ist der **Lohn**. Hierunter ist das **Arbeitsentgelt im umfassenden Sinn** gemeint, also alle vermögenswerten Leistungen, die der AG dem AN als Gegenleistung für die erbrachte Leistung gewährt. Darunter fallen Geld- und Sachleistungen (z.B. der Dienstwagen), die betriebliche Altersversorgung und auch Aktienoptionen.

206 Zahlungen, die **keinen Vergütungscharakter** haben, wie z.B. reiner **Aufwendungsersatz** – u.a. die Erstattung von Übernachtungskosten -, stellen keinen Lohn dar (BAG 28.4.2009 – 1 ABR 97/07).

207 Unter **betrieblicher Lohngestaltung** versteht man das Aufstellen einer Systematik, nach welcher das Arbeitsentgelt für die Belegschaft oder bestimmte Gruppen der Belegschaft bemessen werden soll. Es geht um die Strukturformen des Entgelts und die Grundlagen der Lohnfindung.

208 **Entlohnungsgrundsätze** und **Entlohnungsmethoden** sind **Unterfälle** der **betrieblichen Lohngestaltung**. Da das Mitbestimmungsrecht alle Fragen der Lohngestaltung betrifft, ist eine genaue Abgrenzung von Entlohnungsgrundsätzen und Entlohnungsmethoden nicht notwendig.

Bei den **Entlohnungsgrundsätzen** geht um die Festlegung der (materiellen) Kriterien für die Lohnfindung und das Verfahren, nach dem das Entgelt bestimmt werden soll (BAG 22.6.2010 – 1 AZR 853/08); bei den **Entlohnungsmethoden** geht es um das technische Verfahren, also die Art und Weise der Durch- und Ausführung der Entlohnungsgrundsätze.

Hierunter fällt z.B. die Entscheidung, ob der Betrieb im Zeitlohn oder im Leistungslohn arbeitet oder ob es Systeme einer erfolgsabhängigen Vergütung gibt.

209 Das Mitbestimmungsrecht des BR bezieht sich nicht nur auf die Frage, nach welchem Grundsystem vergütet wird, sondern auch auf dessen nähere **Ausgestaltung**.

Wenn z.B. im Rahmen einer BV ein Vergütungssystem aufgestellt wird, bestimmt der BR auch bei der Ausgestaltung von Entgeltgruppen und der Festsetzung der Wertunterschiede zwischen den Gruppen mit. Zahlt der AG allerdings den gesetzlichen Mindestlohn, obwohl nach einer BV ein niedriger Ecklohn gewährt wird, führt dies nicht zur Unwirksamkeit der BV. Den betroffenen AN steht der gesetzliche Mindestlohn zu. Dessen Zahlung führt – angesichts der gesetzlichen Vorgabe – zu keiner Änderung mitbestimmter Entlohnungsgrundsätze (BAG 27.4.2021 – 1 ABR 21/20). Auch die Ausgestaltung von Aktienoptionsplänen und Zielvereinbarungen fällt unter das Mitbestimmungsrecht des BR. Ist in einer BV zur Zielvereinbarung dem AG bei der Festsetzung eines Faktors zur Berechnung eines (Zielerreichungs-)Bonus ein Leistungsbestimmungsrecht i.S.v. § 315 BGB eingeräumt, kann der BR nicht im Wege seines Durchführungsanspruchs nach § 77 Abs. 1 Satz 1 vom AG verlangen, die Ausübung der Leistungsbestimmung nach billigem Ermessen zu treffen (BAG 23.2.2021 – 1 ABR 12/20, weil es sich hier um individuelle Ansprüche der AN handelt. Ein Mitbestimmungsrecht des BR gilt auch für die Gewährung von Boni an in inländischen Betrieben beschäftigte AN im Rahmen von **Matrixorganisationen**, wenn hierüber ein Gesellschafter der im Ausland befindlichen Konzernobergesellschaft entscheidet (LAG Nürnberg 23.2.2021 – 6 TaBV 1/21).

Die **Ermittlung des Vergleichsentgelts für die Vergütung von BR-Mitgliedern** im Rahmen von § 37 Abs. 4 ist nicht nach § 87 Abs. 1 Nr. 10 mitbestimmungspflichtig. Die Vergütung eines BR-Mitglieds ergibt sich unmittelbar aus dem Gesetz, sodass ein Mitbestimmungsrecht wegen des Bestehens einer gesetzlichen Regelung ausgeschlossen ist. Ein Mitbestimmungsrecht folgt auch nicht aus der gesetzlichen Neuregelung zur Betriebsratsvergütung in § 37 Abs. 4, wonach die Betriebsparteien eine BV über Entlohnungsgrundsätze für BR-Mitglieder abschließen können. Denn § 87 Abs. 2 sieht für den Fall, dass sich die Betriebsparteien nicht einigen können, vor, dass die Einigungsstelle eine Entscheidung durch Spruch trifft. Eine solche Einigungsstellenkompetenz enthält die gesetzliche Neuregelung in § 37 Abs. 4 BetrVG jedoch gerade nicht. Vor diesem Hintergrund handelt es sich bei der BV nach § 37 Abs. 4 Satz 4 BetrVG um eine freiwillige Angelegenheit, die weder durch den AG noch durch den BR erzwungen werden kann, also für keine Seite ein so genanntes Initiativrecht besteht. 210

c. Ausgestaltung der Mitbestimmung

Das Mitbestimmungsrecht des BR bezieht sich auf die **Aufstellung und Änderung** von Entlohnungsgrundsätzen (BAG 23.6.2009 – 1 AZR 214/08). 211

Der BR hat **kein Mitbestimmungsrecht bezüglich der Lohnhöhe**. Gegenstand der Mitbestimmung ist dementsprechend nicht der Geld- 212 faktor und auch nicht das arbeitsvertraglich vereinbarte Entgelt. Der AG bestimmt den Dotierungsrahmen alleine.

213 Zu unterscheiden beim Umfang der Mitbestimmung ist, ob es sich um einen **tarifgebundenen Betrieb** oder einen **Betrieb ohne Tarifbindung** handelt.

214 Das Mitbestimmungsrecht des BR ist in **tarifgebundenen Betrieben**, in denen also der AG an einen Tarifvertrag gebunden ist (§ 3 TVG), **stark eingeschränkt**. Regelt der Tarifvertrag die Entlohnungsfragen abschließend, entfällt insoweit das Mitbestimmungsrecht des BR. Hier gilt der Tarifvorrang aus § 87 Abs. 1 Einleitungssatz (zur Berücksichtigung von § 77 Abs. 3 siehe Rn. 30).

215 Dies gilt selbst gegenüber **nicht tarifgebunden AN**. Das BAG (18.10.2011 – 1 ABR 25/10) ist der Auffassung, dass ein tarifgebundener AG auf alle betriebszugehörigen AN – ungeachtet deren Gewerkschaftszugehörigkeit – das tarifliche Entgeltschema anzuwenden hat. Das führt aber nicht automatisch zu einer Zahlung des Tariflohns an die nicht tarifgebundenen AN. Für die nicht tarifgebundenen AN kann der AG einen bestimmten Ausgangslohn selbst bestimmen und muss von diesem ausgehend die **Lohnfindung nach dem tariflichen System** betreiben. In diesem Fall ist zwar nicht die Lohnhöhe selbst mitbestimmt, wohl aber der Abstand bzw. die Wertunterschiede zwischen den einzelnen Lohngruppen für die nicht tarifgebundenen AN, weil es sich hierbei um eine Frage der Vergütungsstruktur handelt.

216 Allerdings greift das **Mitbestimmungsrecht** des BR aus § 87 Abs. 1 Nr. 10 auch bei einem tarifgebunden AG – insbesondere hinsichtlich der **über-** und **außertariflichen Leistungen.**

Außertarifliche Leistungen werden für Zwecke gewährt, mit denen der Tarifvertrag keine Leistungen verbindet.

Übertarifliche Leistungen erfolgen für Zwecke, für die bereits im Tarifvertrag Mindestleistungen vorgesehen sind, die aber über diese hinausgehen.

Dementsprechend erstreckt sich die **Mitbestimmung** des BR auch auf die **außertariflich Angestellten**. Der BR bestimmt insbesondere bei der **Bildung von Gehaltsgruppen** und der **Festlegung von Wertunterschieden** zwischen diesen mit. Dies umfasst auch die Frage, ob die **Bandbreite dieser Gehaltsgruppen** in Prozentsätzen oder Verhältniszahlen festgelegt werden und ob die Gehälter der außertariflich Angestellten linear oder nach abstrakten Kriterien erhöht werden. Insoweit hat der BR auch ein **Initiativrecht**, kann also auch eine BV über ein Gehaltssystem für die außertariflich angestellten Mitarbeiter erzwingen. Im Übrigen finden im Bereich der außertariflichen Angestellten auch die Grundsätze für die Gewährung freiwilliger Leistungen in einem nicht tarifgebundenen Betrieb entsprechend Anwendung (siehe hierzu Rn. 221).

Bei der Festlegung des **Abstandes des Gehalts der außertariflich Angestellten zur höchsten Tarifgruppe** hat der BR allerdings nach momentaner Rechtsprechung des BAG **kein Mitbestimmungsrecht** (BAG 21.8.1990 – 1 ABR 73/89, AiB 1991, 87–88). 217

Bei **AG ohne Tarifbindung**, die also keinem Arbeitgeberverband (mehr) angehören – sondern nur über eine **OT** (»Ohne Tarif«)-**Mitgliedschaft** verfügen, für die kein Firmentarifvertrag und auch kein für allgemeinverbindlich erklärter Tarifvertrag (mehr) gilt -, hat der BR das **volle Mitbestimmungsrecht** aus § 87 Abs. 1 Nr. 10. Der BR bestimmt sowohl bei der **Aufstellung als auch bei jeder Änderung der betrieblichen Vergütungsstruktur** mit. So besteht bei Ende der Tarifbindung eines AG das ehemalige tarifliche Lohnmodell als betriebliches Vergütungsmodell weiter fort. Seine Änderung oder die Aufstellung einer ganz anderen Vergütungsordnung bedarf der Zustimmung des BR (BAG 25.4.2017 – 1 AZR 427/15). Auch besteht ein Mitbestimmungsrecht des BR, wenn der AG eine vereinbarte Gewinnbeteiligung gegen eine Einmalzahlung entfallen lassen will (BAG 14.1.2014 – 1 ABR 57/12, AiB 2015, 61–62). Das Mitbestimmungsrecht des BR umfasst das **gesamte Vergütungssystem**. Bei der Aufstellung des **Dotierungsrahmens** bestimmt der BR allerdings auch hier nicht mit. 218

d. Mitbestimmung bei freiwilligen Leistungen

Bei **freiwilligen Leistungen** ist zu unterscheiden, ob der AG tarifgebunden ist oder nicht. 219

Bei einem **tarifgebunden AG** versteht man unter **freiwilligen Leistungen** solche Leistungen, die der AG erbringt, ohne hierzu nach dem Tarifvertrag oder nach dem Gesetz verpflichtet zu sein (BAG 16.9.1986 – GS 1/82, AiB 1987, 114 – 119), etwa die Einführung von Altersteilzeit (BAG 10.10.2013 – 1 ABR 39/12) oder die Gewährung übertariflicher Zulagen. Auch hat der BR z. B. bei der Ausgestaltung der vom AG gestatteten Privatnutzung von **Dienstwagen** ein Mitbestimmungsrecht (LAG Hamm 7.2.2014 – 13 TaBV 86/13). 220

Nur auf diese Leistungen bezieht sich das Mitbestimmungsrecht. Das ergibt sich aus dem Einleitungssatz von § 87 Abs. 1.

Allerdings ist bei einem tarifgebundenen AG das Mitbestimmungsrecht aus § 87 Abs. 1 Nr. 10 hinsichtlich der freiwilligen Leistungen stark eingegrenzt. Der **AG bestimmt alleine**, ob überhaupt eine solche Leistung

eingeführt, abgeschafft oder **gekürzt** wird. Zudem bestimmt der AG alleine den **Dotierungsrahmen**, also den Umfang seiner Verpflichtung, den **Leistungszweck** und (im Rahmen des Gleichbehandlungsgrundsatzes) den **Adressatenkreis.**
Das **Mitbestimmungsrecht des BR** bezieht sich lediglich auf die Entscheidung, wie im Rahmen dieser Vorgaben die Leistung auf die einzelnen Mitarbeiter zu verteilen sind.

221 Der **tarifungebundene AG** leistet hingegen betriebsverfassungsrechtlich gesehen sämtliche Vergütungsbestandteile freiwillig (BAG 18.3.2014 – 1 ABR 75/12). Er erbringt eine freiwillige Leistung in Form einer Gesamtvergütung, die sich aus mehreren voneinander abhängigen Entgeltbestandteilen zusammensetzt, z. B. aus Grundvergütung, Zulagen und Urlaubsgeld (BAG 26.8.2008 – 1 AZR 354/07).
Hier stehen dem BR **umfassendere Mitbestimmungsrechte** zu. Der BR bestimmt neben den Verteilungsgrundsätzen bei der Einführung auch bei der Streichung, der Erhöhung oder der Minderung der einzelnen Vergütungsbestandteile mit. Nach diesen Grundsätzen unterliegt auch die Entscheidung, ob im Betrieb tätige AN eines Geschäftsbereichs von einer Gehaltsanpassung ausgenommen werden, dem Mitbestimmungsrecht nach § 87 Abs. 1 Nr. 10, denn dies führt zu einer Änderung der im Betrieb geltenden Entlohnungsgrundsätze (BAG 21.2.2017 – 1ABR 12/15).

e. Mitbestimmung bei betrieblicher Altersversorgung

222 Will der AG Leistungen der **betrieblichen Altersversorgung aus eigenen finanziellen Mitteln** erbringen, greift ebenfalls das Mitbestimmungsrecht aus § 87 Abs. 1 Nr. 10 ein.

223 Allerdings **bestimmt der AG** zunächst alleine, ob er überhaupt eine betriebliche Altersversorgung einführt und dann darüber, welche finanziellen Mittel er zur Verfügung stellt (Dotierungsrahmen), welche Durchführungsform er wählt (z. B. Direktzusagen, Versicherungen), welchen Zweck er verfolgen will und welcher Personenkreis begünstigt werden soll (BAG 13.11.2007 – 3 AZR 191/06, AiB Newsletter 2008, 1–2).

224 Das **Mitbestimmungsrecht des BR** bezieht sich auf die Leistungsordnung, also die Entscheidung darüber, wie die zur Verfügung gestellten Mittel auf die Begünstigten verteilt werden und ob und in welchem Umfang die AN zu Beiträgen herangezogen werden sollen (BAG 16.2.1993 – 3 ABR 29/92).

f. Anrechnung und Widerruf von übertariflichen Zulagen

Der BR hat unter bestimmten Voraussetzungen auch ein Mitbestimmungsrecht bei der **Anrechnung** und dem **Widerruf von übertariflichen Zulagen.** 225
Eine Anrechnung / Widerruf von übertariflichen Zulagen aufgrund einer Tariflohnerhöhung ist allerdings nur bei Zulagen möglich, die im Hinblick auf eine **Erhöhung des Tariflohns** gezahlt werden und bei denen **individualrechtlich** eine Anrechnung möglich ist (BAG 8.6.2004 – 1 ABR 13/03, AiB 2005, 252–255).

Alle anderen Zulagen sind **anrechnungsbeständig**, wie z.B. eine Schichtzulage oder eine Leistungszulage aufgrund einer Leistungsbeurteilung. 226

Das **Mitbestimmungsrecht des BR** besteht dann, wenn die Anrechnung einer Tariflohnerhöhung auf übertarifliche Zulagen zu einer **Änderung der Verteilungsgrundsätze** im Verhältnis der Zulagen zueinander führt (BAG 14.12.1993 – 1 ABR 31/93, AiB 1994, 313–314). 227
Unter Verteilungsgrundsatz ist das rechnerische Verhältnis der Zulagen zueinander zu verstehen. Deshalb besteht ein Mitbestimmungsrecht, wenn sich durch die Anrechnung die Anteile der Zulage am Entgelt der einzelnen AN in unterschiedlicher Weise entwickeln.

Den Dotierungsrahmen gibt allerdings der AG alleine vor. Dementsprechend **entfällt das Mitbestimmungsrecht,** wenn das **Zulagenvolumen auf null reduziert** wird (BAG 21.9.1999 – 1 ABR 59/98, AiB 2001, 54) – denn dann gibt es nichts mehr zu verteilen – oder wenn die Anrechnung der Tariflohnerhöhung **vollständig** und **gleichmäßig** auf die Zulagen ungeachtet deren Höhe erfolgt 228

11. Leistungsbezogene Entgelte (Nr. 11)

a. Zweck des Mitbestimmungsrechts

Die besondere Belastung der AN bei der Zahlung **leistungsbezogener Entgelte** begründet den Zweck des Mitbestimmungsrechts nach § 87 Abs. 1 Nr. 11 (BAG 13.9.1983 – 1 ABR 32/81). Durch die Mitbestimmung soll sichergestellt werden, dass die Zusatzleistung sachgerecht bewertet wird, AN vor Überforderung geschützt werden und im Betrieb Lohngerechtigkeit gewahrt ist. 229

Deshalb bestimmt der BR auch über den **Geldfaktor** mit. Der Geldfaktor stellt den Lohn für die Bezugs- oder Ausgangsleistung des leistungsbezogenen Entgeltes dar. 230

231 Das Mitbestimmungsrecht des § 87 Abs. 1 Nr. 11 ist für alle **Entgeltformen** einschlägig, bei denen ein **unmittelbarer Zusammenhang** zwischen **Leistung und Entgelt** besteht (BAG 15.5.2001 – 1 ABR 39/00, AiB 2002, 116–117). Damit unterliegen neben dem Akkordlohn alle anderen vergleichbaren leistungsbezogenen Entgelte dem Mitbestimmungsrecht des BR.

b. Akkord- und Prämiensätze

232 **Akkord** bedeutet, dass sich die Vergütung nicht nach der Arbeitszeit, sondern nach der **Arbeitsmenge** richtet, die innerhalb einer bestimmten Zeit erreicht wird. Das Arbeitsergebnis wird durch eine Leistung quantitativ oder qualitativ beeinflusst, so dass die Höhe des verdienten Arbeitsentgeltes in unmittelbarer Abhängigkeit zur jeweiligen Leistung steht (BAG 15.5.2001 – 1 ABR 39/00, AiB 2002, 116–117).

233 Es wird zwischen **Geld**- und **Zeitakkord** unterschieden. Beiden Akkordarten ist gemeinsam, dass auf der **Grundlage einer vorausgesetzten Ausgangsleistung** eine in bestimmter Zeit zu erbringende Leistung (**Zeitfaktor**) mit einem bestimmten Geldbetrag (**Geldfaktor**) vergütet wird.

234 Beide Akkordarten **unterscheiden** sich nach der **Berechnungsart**. Beim **Geldakkord** wird dem AN pro Leistungseinheit ein bestimmter Geldbetrag vorgegeben. Der Verdienst richtet sich dann nach der Anzahl der erbrachten Leistungseinheiten und dem pro Leistungseinheit festgesetzten Geldbetrag.

235 Beim **Zeitakkord** wird dem AN pro Leistungseinheit ein bestimmter Zeitwert – meist Minuten – vorgegeben. Jeder Akkordminute wird dann ein bestimmter Geldbetrag zugerechnet. Der Verdienst ergibt sich aus der pro Leistungseinheit vorgegebenen Minutenzahl (Zeitfaktor) in Verbindung mit dem vorgegebenen Geldbetrag (Geldfaktor) und den erbrachten Leistungseinheiten.

236 Die **Akkordvorgabe** gibt die Höhe des Akkordlohns vor:

- Beim Geldakkord der pro Leistungseinheit (z. B. Stück) festgesetzte Geldwert.
- Beim Zeitakkord die pro Leistungseinheit vorgegebene Zeit.

237 Grundsätzlich erfolgt die Akkordvorgabe unter Berücksichtigung des **Akkordrichtsatzes**. Dieser errechnet sich häufig aus dem tariflichen Ecklohn und einem Zuschlag von 15 %. Der Akkordrichtsatz bildet den Verdienst ab, den ein AN pro Stunde bei **Normalleistung** erhält. Die Akkordvorgaben müssen dementsprechend so realistisch festgelegt

werden, dass der AN bei Normalleistung tatsächlich den Akkordrichtsatz erreichen kann.

Die Entlohnung kann statt im Einzel- auch im **Gruppenakkord** erfolgen. 238

Der **Prämienlohn** ist eine Vergütung, die für eine **besondere Leistung** erbracht wird. 239

Das Arbeitsergebnis muss durch den AN **beeinflusst, gemessen und mit einer Bezugsleistung verglichen** werden können (BAG 15.5.2001 – 1 ABR 39/00, AiB 2002, 116–117). Als Bezugsgrößen kommen z.B. die Arbeitsmenge, die Termingenauigkeit oder eine maschinenausnutzende Leistung in Betracht.

c. Vergleichbare leistungsbezogene Entgelte

Unter **vergleichbaren leistungsbezogenen Entgelten** versteht man solche Entgelte, bei denen der AN in der Lage sein muss, das **Arbeitsergebnis mit seiner Leistung zu beeinflussen**. Die Leistung muss gemessen und mit einer **Bezugs-/Normalleistung** verglichen werden (BAG 13.3.1984 – 1 ABR 57/82). 240

Das BAG verlangt, dass vergleichbare leistungsbezogene Entgelte insbesondere den Bezug zu einer **messbaren Normalleistung** voraussetzen. Deshalb **entfällt** das Mitbestimmungsrecht nach § 87 Abs. 1 Nr. 11 bei **Provisionen** (BAG 13.3.1984 – 1 ABR 57/82). Zwar erhält der Mitarbeiter die Provision nur, weil er auf Grund seiner persönlichen Leistung erfolgreich war – z.B. eine Abschlussprovision. Sie steht aber nicht im Bezug zu einer messbaren Normalleistung. Bei Provisionen ist aber das Mitbestimmungsrecht nach § 87 Abs. 1 Nr. 10 einschlägig. 241

Zu den vergleichbaren leistungsbezogenen Entgelten gehören aber z.B. Leistungszulagen (z.B. für das Arbeitsergebnis oder die Arbeitsausführung), die in Prozenten zusätzlich zu der Grundvergütung gewährt werden (DKW, § 87 BetrVG Rn. 350). Auch die Vergütung nach Zielvereinbarungen kann hiervon erfasst sein.

d. Inhalt des Mitbestimmungsrechts

Beim **Akkordlohn** richtet sich das Mitbestimmungsrecht des BR auf **alle Bezugsgrößen**, die zur Errechnung des Akkordlohns von Bedeutung sind. 242

Hierunter fallen

- beim Geldakkord die Festsetzung des Geldwertes
- beim Zeitakkord die Festsetzung des Geld- und Zeitfaktors und

- bei beiden Akkordarten, soweit eine tarifliche Regelung nicht besteht, auch die Festlegung der Erholungs-, Verteil- und Rüstzeiten (BAG 24.2.1987 – 1 ABR 18/85).

243 Beim **Prämienlohn** gilt das zum Akkordlohn Gesagte. Das Mitbestimmungsrecht umfasst die Festsetzung der **Prämiensätze**. Auch die **Ausgestaltung des Prämienlohns** unterliegt der Mitbestimmung, wie z. B. die Prämienart oder die Bezugsgrößen. Auch die **Geldseite** unterliegt der Mitbestimmung, also z. B. die Festsetzung des Prämiengrundlohns, des Prämienhöchstlohns und der einzelnen Leistungsstufen.

244 Bei **anderen leistungsbezogenen Entgelten** gelten für den Inhalt des Mitbestimmungsrechts die Ausführungen zu Akkord- und Prämienlohn entsprechend.

12. Betriebliches Vorschlagswesen (Nr. 12)

a. Zweck der Mitbestimmung

245 Das Mitbestimmungsrecht des § 87 Abs. 1 Nr. 12 soll den **AN animieren, im Betrieb mitzudenken** und – durch Vorschläge zur Verbesserung der betrieblichen Arbeitsvorgänge, der Produkte, Dienstleistungen und der Zusammenarbeit im Betrieb – zur Einsparung von Kosten beizutragen. Die Vorschläge sollen auch zur Steigerung der Produktivität, der Entwicklung der Fähigkeit einzelner AN oder einer Gruppe von AN, der Humanisierung der Arbeitswelt sowie zur Verbesserung der Arbeitssicherheit und des Gesundheitsschutzes dienen.
Durch das Mitbestimmungsrecht soll eine gerechte Bewertung der Vorschläge sowie die Förderung der Persönlichkeit der AN sichergestellt werden (BAG 16.3.1982 – 1 ABR 63/80).

b. Abgrenzung zur Arbeitnehmererfindung

246 Unter den Begriff des betrieblichen Vorschlagswesens fallen **Verbesserungsvorschläge**, die den technischen, den sozialen und den organisatorischen Bereich einschließlich einer menschengerechten Arbeitsgestaltung betreffen. Es muss sich um **zusätzliche Leistungen** handeln, die der AN nicht schon aufgrund seines Arbeitsvertrags schuldet.

247 Verbesserungsvorschläge, die als **Arbeitnehmererfindungen** unter das Arbeitnehmererfindungsgesetz fallen, unterliegen demgegenüber grundsätzlich **nicht der Mitbestimmung** des BR.

Dies gilt insbesondere für **Erfindungen, die patent- oder gebrauchsmusterfähig** sind. Für diese trifft das Arbeitnehmererfindungsgesetz abschließende Regelungen. 248

Qualifiziert technische Verbesserungsvorschläge sind allerdings durch das Arbeitnehmererfindungsgesetz nicht abschließend geregelt. Bei diesen handelt es sich um Vorschläge für Neuerungen, die wegen ihres geringen Neuheitsgrades nicht patent- oder gebrauchsmusterfähig sind (§ 3 ArbnErfG). Gemäß § 20 Abs. 1 ArbnErfG steht jedem AN oder jedem Mitglied der beteiligten Arbeitnehmergruppe ein Anspruch auf angemessene Vergütung zu, wenn der AG die Vorschläge verwertet. Somit besteht wegen der gesetzlichen Regelung **hinsichtlich der Vergütung keine Mitbestimmung**. **Freiwillige BV** gem. § 88 sind aber möglich. 249

Hinsichtlich aller anderen Fragen, z. B. Vorschlägen für den organisatorischen oder kaufmännischen Bereich, besteht allerdings ein Mitbestimmungsrecht.

Einfache Verbesserungsvorschläge sollen gem. § 20 Abs. 2 ArbnErfG in einem Tarifvertrag oder einer BV geregelt werden. Insoweit hat hier der BR **Mitbestimmungsrechte**. 250

Verbesserungsvorschläge außerhalb des technischen Bereichs kann der BR zum Gegenstand der Mitbestimmung machen. Hier ist insbesondere an Vorschläge aus dem organisatorischen, sozialen und umweltschützenden Bereich zu denken, wie die Einrichtung von Qualitätszirkeln oder Total-Quality-Management-Prozessen zu denken. 251

c. Umfang der Mitbestimmung

Der BR hat ein Mitbestimmungsrecht hinsichtlich der **Einführung** und der **Aufstellung allgemeiner Grundsätze** für das Erreichen, die Bearbeitung und die Bewertung der Vorschläge sowie für die Bewertung der Prämien. Hierzu gehört auch eine Regelungskompetenz über die endscheidungsbefugten Organe, deren Zusammensetzung, Aufgaben und Verfahren. 252

So kann z. B. in einer **BV** geregelt werden, wer die Verbesserungsvorschläge entgegennimmt und wie der Prüfungsausschuss besetzt ist. Zudem kann man Regelungen treffen über die vorschlagsberechtigten AN und den prämienberechtigten Personenkreis sowie über die Grundsätze der Prämiengewährung.

Der **AG** bestimmt über den **Dotierungsrahmen** alleine, d. h. er entscheidet ob und welche Mittel er zur Verfügung stellt, um die Verbesserungsvorschläge zu vergüten. Der AG entscheidet deshalb mitbestim- 253 mungsfrei, ob er überhaupt Prämien zahlt. Grundsätzlich bestimmt er ebenfalls allein über die Verwertung eines Verbesserungsvorschlags (BAG 16.3.1982 – 1 ABR 63/80).

13. Gruppenarbeit (Nr. 13)

a. Zweck der Mitbestimmung

254 § 87 Abs. 1 Nr. 13 regelt die Mitbestimmung des BR hinsichtlich der **Grundsätze über die Durchführung teilautonomer Gruppenarbeit**. Es soll verhindert werden, dass interner Druck innerhalb einer Gruppe zur Selbstausbeutung ihrer Mitglieder und zu einer Ausgrenzung leistungsschwacher AN führt.

b. Gruppenarbeit

255 Der Begriff der **Gruppenarbeit** ist definiert in § 87 Abs. 1 Nr. 13 2. Halbs. Gruppenarbeit i. S. d. Vorschrift liegt dann vor, wenn eine Mehrzahl von AN in einer organisierten Gemeinschaft eine Arbeitsleistung erbringt, für deren Gelingen sie dann gemeinsam verantwortlich ist.

256 Dabei ist das Abgrenzungsmerkmal der Einzelarbeit von der Gruppenarbeit die **Eigenverantwortlichkeit** der Gruppe. Bleibt es der Arbeitsgruppe überlassen, Arbeitsschritte unter einzelnen Gruppenmitgliedern aufzuteilen, handelt es sich um Gruppenarbeit. Der AN schuldet in diesem Fall neben der Erfüllung seiner Arbeitsaufgabe auch die Mitarbeit in einer Arbeitsgruppe.

Dabei muss im Verhältnis zum AG eine Eigenverantwortlichkeit der Gruppe bestehen. Dies ist dann der Fall, wenn

- der AG den Mitgliedern der Gruppe Entscheidungen bei der Erledigung der Arbeiten überlässt
- wenn die Mitglieder der Gruppe die Befugnis haben, notwendige Arbeitsschritte im Rahmen betrieblicher Vorgaben selbstständig zu planen und zu verteilen.

Auch Probleme, die in der Gruppe auftauchen, löst diese alleine. Man spricht dann von der sog. »**teilautonomen Gruppenarbeit**«. Hierzu gehören z. B. auch Teams, die auf der Grundlage **agiler Arbeitsmethoden** arbeiten.

257 Zudem muss die Gruppenarbeit eine **auf Dauer angelegte Arbeitsorganisation** sein, die in den betrieblichen **Arbeitsablauf eingegliedert** ist.

c. Umfang des Mitbestimmungsrechts

Der **AG** bestimmt allein und mitbestimmungsfrei über die **Einführung und Abschaffung** der Gruppenarbeit. 258

Der **BR** bestimmt aber bei der **Durchführung der Gruppenarbeit** mit. 259
Das betrifft die Maßnahmen und Entscheidungen, die nach der Einführung der Gruppenarbeit anfallen. Insbesondere hat der BR hinsichtlich der abstrakten Kriterien mitzubestimmen, nach denen die Gruppe zusammengesetzt wird.
Zudem können in einer **BV** z. B. Regelungen getroffen werden zur Qualifizierung der Gruppenmitglieder, zur Wahl des Gruppensprechers oder zur Berücksichtigung leistungsschwacher Mitarbeiter.

14. Ausgestaltung mobiler Arbeit (Nr. 14)

Mit dem Betriebsrätemodernisierungsgesetz wurde ein Mitbestim- 260
mungsrecht des BR zur Ausgestaltung mobiler Arbeit in den Mitbestimmungskatalog des § 87 aufgenommen.
Leider wird nach der Begründung des Gesetzgebers ein eigenes **Mitbestimmungsrecht** lediglich bezogen **auf die Ausgestaltung** (»**wie**«) **von mobiler Arbeit** geschaffen. Die Einführung der mobilen Arbeit (»ob«) verbleibt damit in der Entscheidungsbefugnis des AG.

BR sollen aber nunmehr bei der **Ausgestaltung von mobiler Arbeit** ein 261
Mitbestimmungsrecht erhalten, um den betroffenen AN einen einheitlichen Rechtsrahmen bei der Ausgestaltung zu bieten und so die Vor- und Nachteile von mobiler Arbeit unter Berücksichtigung der Belange des jeweiligen Betriebs in ein ausgewogenes Verhältnis zu bringen. Die Rechte der BR im Hinblick auf mobile Arbeit werden zu einem Mitbestimmungsrecht bei der **Ausgestaltung von regelmäßiger wie auch anlassbezogener mobiler Arbeit** ausgebaut. Eine Vereinbarung der mobilen Arbeit auf betrieblicher Ebene ist im Interesse der AN, weil diese einheitlich verbindliche und auf den Betrieb zugeschnittene Regeln zu mobiler Arbeit schafft und zugleich dazu beiträgt, die mit mobiler Arbeit verbundenen Gefahren zu reduzieren. Dazu gehört insbesondere die Entgrenzung von Arbeits- und Privatleben.

Ein AN arbeitet mobil, wenn er die geschuldete **Arbeitsleistung unter** 262
Verwendung von Informations- und Kommunikationstechnik außerhalb der Betriebsstätte von einem Ort oder von Orten seiner Wahl oder von einem mit dem AG vereinbarten Ort oder von mit dem AG vereinbarten Orten erbringt. Mobile Arbeit liegt nicht vor, wenn der AN

die geschuldete Arbeitsleistung aufgrund deren Eigenart ortsgebunden erbringen muss.

263 Von dem Mitbestimmungsrecht wird sowohl regelmäßige als auch anlassbezogene mobile Arbeit erfasst. Das Mitbestimmungsrecht betrifft die inhaltliche Ausgestaltung der mobilen Arbeit. Dazu gehören zum Beispiel

- Regelungen über den **zeitlichen Umfang mobiler Arbeit**,
- über **Beginn und Ende der täglichen Arbeitszeit** in Bezug auf mobile Arbeit oder
- über den **Ort**, von weichem aus mobil gearbeitet werden kann und darf.

Es können ebenfalls Regelungen

- zu **konkreten Anwesenheitspflichten in der Betriebsstätte** des AG,
- zur **Erreichbarkeit** des AN,
- zum **Umgang mit Arbeitsmitteln** der mobilen Arbeit und
- über einzuhaltende **Sicherheitsaspekte** getroffen werden.

264 Das Mitbestimmungsrecht bildet einen **Auffangtatbestand** für alle Regelungen mit denen mobile Arbeit ausgestaltet werden kann. Bereits bestehende Mitbestimmungsrechte gelten unverändert weiter bzw. daneben, wenn sie berührt sind, so z. B. regelmäßig das Mitbestimmungsrecht bei der **Einführung von technischen Einrichtungen** nach § 87 Abs. 1 Nr. 6 (s. Rn. 137 ff.), weil mobile Arbeit in der Praxis regelmäßig – jedenfalls auch – mit technischen Arbeitsmitteln (Laptop, Smartphone) erbracht wird.

265 Nach der Gesetzesbegründung ermöglicht das Mitbestimmungsrecht keine Regelungen zu arbeitsvertraglich geschuldeten Tätigkeiten, die nicht mittels Informations- und Kommunikationstechnik erbracht werden können (z. B. Fahrer oder Boten). Gleiches gilt, wenn sich die Mobilität bereits zwingend aus der Eigenart der zu erbringenden Arbeitsleistung ergibt (zum Beispiel Außendienstmitarbeiter oder Monteure).

266 Der gesetzliche Versicherungsschutz nach § 8 SGB VII hat ebenfalls im Hinblick auf mobile Arbeit mit dem Betriebsrätemodernisierungsgesetz eine Neufassung erfahren. Der Versicherungsschutz in der gesetzlichen Unfallversicherung besteht nunmehr auch bei einer Ausübung der Tätigkeit im Haushalt des Versicherten oder an einem anderen Ort – und zwar in gleichem Umfang wie bei der Ausübung der Tätigkeit an der Unternehmensstätte. Auch ist der Unfallversicherungsschutz auf den Weg zwischen dem Homeoffice und einer Kinderbetreuungsstätte ausgeweitet worden.

IX. Durchsetzung der Mitbestimmung im Wege der Einigungsstelle

Kann in den mitbestimmungspflichtigen Angelegenheiten des § 87 Abs. 1 keine Einigung zwischen AG und BR erzielt werden, entscheidet gem. § 87 Abs. 2 die **Einigungsstelle** verbindlich. Sie kann grundsätzlich sowohl vom AG als auch vom BR angerufen werden. 267

Streiten sich die Betriebsparteien über die Bildung einer Einigungsstelle, muss das ArbG im sog. **Bestellungsverfahren gem. § 100 ArbGG** entscheiden. 268

Zur Bildung, Zuständigkeit und weiteren Fragen der Einigungsstelle s. § 76 Rn. 2ff. 269

X. Durchsetzung der Mitbestimmung durch das Arbeitsgericht

Verletzt der AG die Mitbestimmungsrechte des BR aus § 87 Abs. 1, kann der BR im **arbeitsgerichtlichen Beschlussverfahren** hiergegen vorgehen. Dort kann er feststellen lassen, dass ein vom AG bestrittenes Mitbestimmungsrecht besteht. 270

Bei einem Verstoß gegen Mitbestimmungsrechte nach § 87 Abs. 1 hat der BR unabhängig von § 23 Abs. 3 (s. § 23 Rn. 5) einen **allgemeinen Unterlassungsanspruch** (BAG 3.5.1994 – 1 ABR 24/93, AiB 1995, 116–122). 271

Aus diesem allgemeinen Unterlassungsanspruch ergibt sich, dass der BR vom AG verlangen kann, mitbestimmungswidrige Maßnahmen nach § 87 Abs. 1 bis zum ordnungsgemäßen Abschluss des Mitbestimmungsverfahrens zu unterlassen (**Unterlassungsanspruch**). Hat der AG bereits mitbestimmungswidrige Maßnahmen durchgeführt, kann der BR verlangen, diese zu beseitigen (**Beseitigungsanspruch**).

Ausnahmsweise kann nach neuer Rechtsprechung des BAG das Ausüben des Unterlassungsanspruchs aber rechtsmissbräuchlich sein, wenn der BR zuvor die Zusammenarbeit mit dem AG durch betriebsverfassungswidriges Verhalten verweigert hat (BAG 12.3.2019 – 1 ABR 42/17).

Der BR kann sowohl den Unterlassungsanspruch als auch den Beseitigungsanspruch bei Vorliegen eines Verfügungsgrundes mit einer **einstweiligen Verfügung** geltend machen. Diese ist aber zeitlich bis zur Einigung der Betriebspartner oder einem Spruch der Einigungsstelle zu beschränken. 272

§ 88 Freiwillige Betriebsvereinbarungen

Durch Betriebsvereinbarung können insbesondere geregelt werden
1. zusätzliche Maßnahmen zur Verhütung von Arbeitsunfällen und Gesundheitsschädigungen;
1a. Maßnahmen des betrieblichen Umweltschutzes;
2. die Errichtung von Sozialeinrichtungen, deren Wirkungsbereich auf den Betrieb, das Unternehmen oder den Konzern beschränkt ist;
3. Maßnahmen zur Förderung der Vermögensbildung;
4. Maßnahmen zur Integration ausländischer Arbeitnehmer sowie zur Bekämpfung von Rassismus und Fremdenfeindlichkeit im Betrieb;
5. Maßnahmen zur Eingliederung schwerbehinderter Menschen.

Inhaltsübersicht Rn.

I. Zweck der Regelung

1 § 88 gibt dem BR die Möglichkeit, **freiwillige BV** mit dem AG abzuschließen.
Im Gegensatz zu der erzwingbaren Mitbestimmung aus § 87 kommen solche BV allerdings nur dann zustande, wenn BR und AG sich einvernehmlich einigen. Die für § 88 erforderliche Einigung ist nicht durch die Einigungsstelle erzwingbar.

II. Allgemeine Voraussetzungen

2 Die Betriebsparteien haben im Rahmen des § 88 eine **umfassende Kompetenz zur Regelung betrieblicher und arbeitsvertraglicher Fragen**. Der Abschluss freiwilliger BV ist nicht auf soziale Angelegenheiten

beschränkt. Im Verhältnis von BV und individualvertraglicher Rechtsposition gilt aber das Günstigkeitsprinzip (BAG 7.11.1989 – GS 3/85). Eine günstigere einzelvertragliche Abrede geht der Regelung in der BV grundsätzlich vor.

Die Regelungsbefugnis der Betriebsparteien ist auch **nicht auf die in § 88 bezeichneten Regelungssachverhalte begrenzt**. Hierbei handelt es sich nach dem Wortlaut der Vorschrift ausdrücklich um eine »Insbesondere«-Aufzählung, die unvollständig ist und den Betriebsparteien weitere umfassende Kompetenzen zur Regelung betrieblicher und arbeitsvertraglicher Fragen gibt. 3

Beispiele:

Beispielhaft können hier folgende weitere mögliche Regelungstatbestände genannt werden: 4

- Regelungen zur Dauer der wöchentlichen Arbeitszeit
- Urlaubsdauer
- Weihnachtsgeld
- Freiwillige Sozialpläne (Rahmensozialplan)
- Gratifikationen
- Verfahren zur Festlegung vergleichbarer AN im Hinblick auf die Betriebsratsvergütung

Aus § 77 Abs. 3 ergibt sich aber eine **Beschränkung** zum Abschluss freiwilliger BV. Freiwillige BV können **nicht geschlossen werden**, wenn der Gegenstand **tarifvertraglich geregelt** ist oder **üblicherweise tarifvertraglich geregelt** wird. Nur dann, wenn der Tarifvertrag den Abschluss ergänzender BV ausdrücklich zulässt (§ 77 Abs. 3 Satz 2), können in diesem Rahmen freiwillige BV abgeschlossen werden. 5

Zum Zustandekommen, der Wirkung und der Kündigung von freiwilligen BV s. § 77 Rn. 8 ff. Der Bundestag hat im Sommer 2024 das Zweite Gesetz zur Änderung des BetrVG verabschiedet. Durch die Gesetzesnovelle sollen nach einem Urteil des BGH (10.1.2023 – 6 StR 133/222023) entstandene Rechtsunsicherheiten im Hinblick auf die Betriebsratsvergütung beseitigt werden. Entsprechend der Gesetzesnovelle können die Betriebsparteien im Hinblick auf die Betriebsratsvergütung gemäß dem neuen § 37 Abs. 4 Satz 4 und Satz 5 in einer BV ein Verfahren für die Festlegung vergleichbarer AN vereinbaren und auf dieser Basis konkrete Vergleichspersonen in Textform einvernehmlich festlegen. Diese gesetzliche Neuregelung steht in Einklang mit der bisher ergangenen Rechtsprechung (vgl. BAG 18.1.2017 – 7 AZR 205/15, Rn. 22). Regeln AG und BR das Verfahren zur Festlegung von Vergleichsgruppen in einer BV, ist die darin getroffene Konkretisierung der Vergleichbarkeit nach 6

Satz 5 nur auf grobe Fehlerhaftigkeit überprüfbar. Gleiches gilt, wenn sich AG und BR ausgehend von den in der BV bestimmten Vergleichskriterien auf die Festlegung konkreter Vergleichspersonen einigen und dies in Textform (§ 126b BGB) niederlegen. Die näheren Einzelheiten hierzu finden sich in der Kommentierung zu § 37 Abs. 4.

III. Die genannten Regelungsbeispiele des § 88 BetrVG

1. Zusätzliche Maßnahmen zur Verhütung von Arbeitsunfällen und Gesundheitsschädigungen

7 Die Betriebsparteien können in freiwilligen BV zusätzliche Maßnahmen zur **Verhütung von Arbeitsunfällen und Gesundheitsschädigungen** vereinbaren. Unter »zusätzlichen Maßnahmen« versteht man solche, die über die bereits rechtlich bestehenden Voraussetzungen hinausgehen.

Beispiele:
Hierunter fallen z. B. Regelungen zu:
- Verbesserung der Arbeitshygiene,
- Durchführung von Vorsorgemaßnahmen,
- Verbesserung des Raumklimas und
- kostenlosem Zurverfügungstellen von Schutzbekleidung über bestehende Unfallvorschriften hinaus.

2. Maßnahmen des betrieblichen Umweltschutzes

8 Mit dem ReformG 2001 hat der Gesetzgeber dieses Regelungsbeispiel in § 88 eingefügt. Auch früher schon waren freiwillige BV zum betrieblichen Umweltschutz zulässig und wurden auch abgeschlossen.
Zu Themen und möglichen Regelungsgegenständen einer entsprechenden BV s. § 89 Rn. 12.

3. Errichtung von sozialen Einrichtungen

9 Durch dieses Regelungsbeispiel ist den Betriebsparteien die Möglichkeit gegeben worden, durch eine freiwillige BV **Sozialeinrichtungen** zu **errichten**, zu **schließen** und sogar die damit verbundene **Abwicklung** zu regeln.
Das Regelungsbeispiel **ergänzt damit den Mitbestimmungstatbestand des § 87 Abs. 1 Nr. 8**. Im Rahmen der freiwilligen BV kann man auch

Regelungen über die **Höhe der Mittel** und den **Zweck der Sozialeinrichtung** treffen.

Wie im § 87 Abs. 1 Nr. 8 kann sich der **Wirkungsbereich** der Sozial- 10
einrichtung sowohl auf den Betrieb, das Unternehmen als auch den Konzern beziehen.

Es ist auch möglich, in einer BV den mitbestimmungspflichtigen und 11
den mitbestimmungsfreien Teil der Angelegenheit zusammen zu regeln.

4. Maßnahmen zur Förderung der Vermögensbildung

Nach diesem Regelungsbeispiel können BR und AG in einer freiwilligen 12
BV Maßnahmen zur Förderung der Vermögensbildung vereinbaren. Hierunter versteht man nicht nur **Leistungen nach den Regelungen des 5. VermBG**, sondern auch **andere Formen der Vermögensbildung** für AN, wie z. B. die Ausgabe von Belegschaftsaktien.

Werden in einer freiwilligen BV **vermögenswirksame Leistungen** nach 13
dem 5. VermBG vereinbart, muss sich die BV auch auf die **leitenden Angestellten** nach § 5 Abs. 3 erstrecken. Durch das 5. VermBG werden **alle** Angestellten in den persönlichen Geltungsbereich des Gesetzes einbezogen und wird der Abschluss von BV erwähnt (§§ 1 Abs. 2, 10 Abs. 1 5 VermBG).

5. Integration ausländischer AN, Bekämpfung von Rassismus und Fremdenfeindlichkeit

Nach diesem Regelungsbeispiel können die Betriebsparteien in einer 14
freiwilligen BV **Maßnahmen zur Integration ausländischer AN und zur Bekämpfung von Rassismus und Fremdenfeindlichkeit** vereinbaren.

Eine solche freiwillige BV kann Ergebnis eines **Antrags nach § 80 Nr. 7** sein (s. § 80 Rn. 9).

So können BR und AG etwa in einer **Integrationsvereinbarung** einen Beitrag zur Bekämpfung von Rassismus und Fremdenfeindlichkeit leisten.

6. Eingliederung schwerbehinderter Menschen

In § 88 Nr. 5 wird jetzt klargestellt, dass auch Maßnahmen zur Einglie- 15
derung schwerbehinderter Menschen Gegenstand einer freiwilligen BV sein können. BR und AG können etwa in einer BV zusätzliche Leis-

tungen zur Teilhabe schwerbehinderter Menschen am Arbeitsleben vereinbaren. Abzugrenzen ist eine solche BV von einer Inklusionsvereinbarung i. S.v von § 166 Abs. 1 SGB IX, die keine BV, sondern einen »mehrseitigen kollektivrechtlichen Vertrag eigener Art« darstellt, der vom AG, Schwerbehindertenvertretung und BR abgeschlossen wird und daher keine unmittelbare und zwingende normative Wirkung entfaltet.

§ 89 Arbeits- und betrieblicher Umweltschutz

(1) [1]Der Betriebsrat hat sich dafür einzusetzen, dass die Vorschriften über den Arbeitsschutz und die Unfallverhütung im Betrieb sowie über den betrieblichen Umweltschutz durchgeführt werden. [2]Er hat bei der Bekämpfung von Unfall- und Gesundheitsgefahren die für den Arbeitsschutz zuständigen Behörden, die Träger der gesetzlichen Unfallversicherung und die sonstigen in Betracht kommenden Stellen durch Anregung, Beratung und Auskunft zu unterstützen.

(2) [1]Der Arbeitgeber und die in Absatz 1 Satz 2 genannten Stellen sind verpflichtet, den Betriebsrat oder die von ihm bestimmten Mitglieder des Betriebsrats bei allen im Zusammenhang mit dem Arbeitsschutz oder der Unfallverhütung stehenden Besichtigungen und Fragen und bei Unfalluntersuchungen hinzuzuziehen. [2]Der Arbeitgeber hat dem Betriebsrat auch bei allen im Zusammenhang mit dem betrieblichen Umweltschutz stehenden Besichtigungen und Fragen hinzuzuziehen und ihm unverzüglich die den Arbeitsschutz, die Unfallverhütung und den betrieblichen Umweltschutz betreffenden Auflagen und Anordnungen der zuständigen Stellen mitzuteilen.

(3) Als betrieblicher Umweltschutz im Sinne dieses Gesetzes sind alle personellen und organisatorischen Maßnahmen sowie alle die betrieblichen Bauten, Räume, technische Anlagen, Arbeitsverfahren, Arbeitsabläufe und Arbeitsplätze betreffenden Maßnahmen zu verstehen, die dem Umweltschutz dienen.

(4) An Besprechungen des Arbeitgebers mit den Sicherheitsbeauftragten im Rahmen des § 22 Abs. 2 des Siebten Buches Sozialgesetzbuch nehmen vom Betriebsrat beauftragte Betriebsratsmitglieder teil.

(5) Der Betriebsrat erhält vom Arbeitgeber die Niederschriften über Untersuchungen, Besichtigungen und Besprechungen, zu denen er nach den Absätzen 2 und 4 hinzuzuziehen ist.

(6) Der Arbeitgeber hat dem Betriebsrat eine Durchschrift der nach § 193 Abs. 5 des Siebten Buches Sozialgesetzbuch vom Betriebsrat zu unterschreibenden Unfallanzeige auszuhändigen.

Inhaltsübersicht

I. Zweck des Vorschrift

§ 89 stellt klar, dass es eine **überragende Aufgabe** des BR ist, für die **Sicherstellung des Arbeitsschutzes** im Betrieb zu sorgen. Dabei geht es unmittelbar um die **Erhaltung von Leben und Gesundheit** der AN im Betrieb. 1

Einen weiteren Effekt durch das Sicherstellen des Arbeitsschutzes, darf man aber auch nicht übersehen. Durch die **Verhütung von Arbeitsunfällen** wird der Betrieb von Unfallkosten und Betriebsstörungen entlastet – dieser Effekt wirkt sich also auch positiv für die AG aus. 2

Auch der **Umweltschutz** ist eine zentrale Aufgabe des BR. Der BR soll das Wissen der AN an den einzelnen Arbeitsplätzen dazu nutzen, dass **Umweltbelastungen abgebaut** und zukünftig noch **umweltschonendere Produktionstechniken und -verfahren** eingesetzt werden. 3

Zwischen Arbeitsschutz und Umweltschutz bestehen **Wechselwirkungen**. Je geringer die Umweltbelastung an den einzelnen Arbeitsplätzen ist, umso besser ist dies für die Erhaltung der Gesundheit der AN. 4

II. Arbeitsschutz

Mit Arbeitsschutz ist **nicht nur Unfallverhütung im engeren Sinne** gemeint, sondern das **Beachten und Einhalten aller der Gesundheit der AN dienenden Vorschriften**, auch der Vorschriften des europäischen Arbeitsschutzrechts. 5

Der Arbeitsschutz soll **im Betrieb bzw. an der Arbeitsstätte sichergestellt** werden. Umfasst sind damit auch das Home Office und das Mobile Office, also Arbeitsleistungen unter Nutzung von PC, Tablet oder Smartphone. 6

Der Arbeitsschutz bezieht sich auch auf **Leiharbeitnehmer, Freiberufler und Beschäftigte fremder AG**. 7

Mit Arbeitsschutz i. S. d. Vorschrift ist sowohl der **technische als auch der soziale Arbeitsschutz** gemeint. Unter sozialem Arbeitsschutz ver- 8 steht man Maßnahmen, die der Gesundheit im weiteren Sinne dienen, wie z. B. die gesunde Verpflegung im Betrieb oder Sporteinrichtungen.

III. Betrieblicher Umweltschutz

9 § 89 Ab. 3 enthält eine **Legaldefinition des Umweltschutzes**, die für das gesamte BetrVG gilt. Unter Umweltschutz sind demnach die Maßnahmen zu verstehen, die dem Umweltschutz dienen, ihn also fördern und unterstützen. D. h. es sind die umweltschützenden Vorschriften einzuhalten und umweltschützende Maßnahmen zu ergreifen.

10 Das Merkmal »**Umweltschutz**« wird selbst aber **nicht definiert**. Unter Umweltschutz ist jede Maßnahme zu verstehen, die dem Erhalt der bestehenden Sachgüter, Naturgüter und Kulturgüter sowie der zwischen ihnen bestehen Wechselwirkungen dient oder diese stärkt. Der Begriff»Umweltschutz« ist weit auszulegen.

11 Das Merkmal »**betrieblich**« begrenzt den Umweltschutz nicht – nach seinem Wortlaut – auf die betrieblichen Grenzen im engeren Sinne. Es lässt vielmehr eine dahingehende Ausweitung zu, dass es sich auch dann um Maßnahmen des betrieblichen Umweltschutzes handelt, wenn sich die Maßnahmen regelmäßig außerhalb des Betriebs mittelbar oder unmittelbar auswirken, aber im Bezug zum Betrieb stehen oder betrieblich veranlasst sind. Hierunter fällt z. B. eine Vereinbarung zwischen BR und AG über ein Job-Ticket, das die AN erhalten sollen und das der AG teilweise bezuschusst. Sinn ist es, den Straßenverkehr zu entlasten und Energieverbrauch und Autoabgase zu minimieren.

IV. Aufgaben des BR

1. Überwachungspflicht des BR

12 § 89 verpflichtet den BR sich einzusetzen für die Durchführung der Vorschriften über

- den Arbeitsschutz und
- die Unfallverhütung im Betrieb sowie
- den betrieblichen Umweltschutz.

Damit hat der BR ein **Überwachungsrecht** und eine **Überwachungspflicht** hinsichtlich der Gefahren für Leben und Gesundheit der AN und der vom Betrieb ausgehenden Umweltgefahren (BAG 3.6.2003 – 1 ABR 19/02).

Dieses Überwachungsrecht und diese Überwachungspflicht berechtigen den BR, alle **Maßnahmen** zu ergreifen, die erforderlich sind, um die Aufgaben des Arbeitsschutzes und des betrieblichen Umweltschutzes zu erfüllen. Das Überwachungsrecht und die Überwachungspflicht beziehen sich auf den AG und auf die AN des Betriebs. 13

Der BR kann allgemeine **Besichtigungen des Betriebs** durchführen, um zu überprüfen, ob die einschlägigen Arbeitsschutz- und Unfallvorschriften und die Vorschriften des Umweltschutzes eingehalten und umgesetzt werden. Der BR kann dies auch durch **unangekündigte Stichproben** tun. Er kann jederzeit Überwachungsmaßnahmen durchführen. Eine allgemeine Informationspflicht gegenüber dem AG besteht nicht. 14

Obwohl der BR eine weitgehende Überwachungsbefugnis hat, bleib der **AG allein und ausschließlich verantwortlich,** dass der betriebliche Arbeitsschutz und Umweltschutz gewährleistet wird und entsprechende Maßnahmen durchgeführt werden. 15
BR haben kein Initiativrecht zur Bildung eines Arbeitsschutzausschusses. Der AG ist zwar verpflichtet, in Betrieben mit mehr als 20 Beschäftigten einen Arbeitsschutzausschuss zu bilden (§ 11 ASiG). Weigert er sich, kann sich der BR nach § 89 Abs. 1 Satz 2 an die zuständige Arbeitsschutzbehörde wenden. Diese muss die Errichtung eines Arbeitsschutzausschusses nach § 12 ASiG anordnen und kann eine Geldbuße verhängen (§ 20 ASiG) (BAG 15.4.2014 – 1 ABR 82/12).

2. Unterstützungspflicht des BR

Der BR hat nach § 89 Abs. Satz 2 bei der Bekämpfung von Unfall- und Gesundheitsgefahren die für den Arbeitsschutz zuständigen Behörden, die Träger der gesetzlichen Unfallversicherung und die sonstigen in Betracht kommenden Stellen durch Anregung, Beratung und Auskunft zu unterstützen. 16

Als **zuständige Behörden** kommen z. B. in Betracht 17
- das Gewerbeaufsichtsamt,
- die Bauaufsichtsbehörden,
- die staatlichen Gesundheitsämter,
- die staatlichen Ämter für Arbeitsschutz und Sicherheitstechnik in Nordrhein-Westfalen und Hessen,
- aber auch beliehene Unternehmen, wie der technische Überwachungsverein (TÜV) in Betracht.

Träger der gesetzlichen Unfallversicherung sind die in § 114 SGB VII genannten Stellen, insbesondere 18

- die Berufsgenossenschaften,
- die Unfallkasse des Bundes,
- die Unfallkassen der Länder und Gemeinden und
- die Eisenbahnunfallkasse.

19 Als **sonstige in Betracht kommende Stellen** kommen z. B. die Fachkräfte für Arbeitssicherheit und der Arbeitsschutzausschuss in Frage.

20 Der BR kommt seiner **Unterstützungspflicht** gegenüber den Arbeitsschutzbehörden durch **Beratung, Anregung** und **Auskunft** nach. Dies umfasst auch die **Anregung zu einer Betriebskontrolle** durch die zuständigen staatlichen Stellen. Der BR ist bei diesen Unterstützungsaufgaben **nicht an die Geheimhaltungsverpflichtung** nach § 79 Abs. 1 Satz 1 gebunden; diese tritt hinter die Auskunftspflicht des § 89 Abs. 1 Satz 2 zurück.

21 Dennoch hat der BR bei der Weitergabe von Informationen an die zuständigen Behörden die **Datenschutzregelungen** (zugunsten der AN) zu beachten.

3. Unterrichtungspflicht des AG

22 Nach § 89 Abs. 2 Satz 2 hat der AG den BR unverzüglich über alle Anordnungen und Auflagen zu informieren, die durch die in Abs. 1 genannten Stellen hinsichtlich des Arbeitsschutzes und der Unfallverhütung erteilt worden sind.
Dies hat auch dann zu geschehen, wenn der BR zuvor entgegen der Verpflichtung aus § 89 Abs. 2 Satz 1 nicht hinzugezogen worden ist.

4. Hinzuziehungspflicht des AG

23 Nach § 89 Abs. 2 Satz 1 ist der BR bei allen Fragen und Besichtigungen, die mit dem Arbeitsschutz oder der Unfallverhütung zusammenhängen, und bei Unfalluntersuchungen hinzuzuziehen.
AG und die mit dem Arbeitsschutz und der Unfallverhütung befassten Stellen sind verpflichtet, den BR hinzuzuziehen.

24 Alle Niederschriften sind dem BR auszuhändigen, die im Rahmen der Beteiligung des BR nach § 89 Abs. 2 oder 4 gefertigt worden sind (§ 89 Abs. 5)

25 Sollen im Betrieb Arbeitsschutzeinrichtungen eingeführt werden, z. B. eine Be- und Entlüftungsanlage, ist der BR nach § 89 Abs. 2 sowohl bei der Prüfung der geplanten Maßnahme als auch bei der anschließenden Einführung mit einzubeziehen.

Werden Unfalluntersuchungen – egal ob im Betrieb oder auf Außenarbeitsstellen – durchgeführt, ist der BR berechtigt und verpflichtet, daran teilzunehmen, und das unabhängig davon, ob ein AN einen Schaden erlitten hat. Die Beteiligung bei Unfalluntersuchungen gilt nur für Arbeitsunfälle betriebszugehöriger AN (BAG 12.3.2019 – 1 ABR 48/17). Bei anderen Maßnahmen der Unfallaufklärung, wie z.B. der Anhörung von Sachverständigen oder der Vernehmung von Zeugen, ist der BR auch zu beteiligen. **26**

Die Unfallanzeige muss vom BR mit unterschrieben werden (§ 193 Abs. 5 SGB VII). **27**

Vierter Abschnitt
Gestaltung von Arbeitsplatz, Arbeitsablauf und Arbeitsumgebung

§ 90 Unterrichtungs- und Beratungsrechte

(1) Der Arbeitgeber hat den Betriebsrat über die Planung

1. von Neu-, Um- und Erweiterungsbauten von Fabrikations-, Verwaltungs- und sonstigen betrieblichen Räumen,

2. von technischen Anlagen,

3. von Arbeitsverfahren und Arbeitsabläufen einschließlich des Einsatzes von Künstlicher Intelligenz oder

4. der Arbeitsplätze

rechtzeitig unter Vorlage der erforderlichen Unterlagen zu unterrichten.

(2) [1]Der Arbeitgeber hat mit dem Betriebsrat die vorgesehenen Maßnahmen und ihre Auswirkungen auf die Arbeitnehmer, insbesondere auf die Art ihrer Arbeit sowie die sich daraus ergebenden Anforderungen an die Arbeitnehmer so rechtzeitig zu beraten, dass Vorschläge und Bedenken des Betriebsrats bei der Planung berücksichtigt werden können. [2]Arbeitgeber und Betriebsrat sollen dabei auch die gesicherten arbeitswissenschaftlichen Erkenntnisse über die menschengerechte Gestaltung der Arbeit berücksichtigen.

Inhaltsübersicht Rn.

I. Zweck der Regelung

1 Auf der Grundlage von § 90 hat der BR ein umfassendes Recht auf **Unterrichtung und Beratung** bei Maßnahmen, die vom AG geplant sind – soweit diese unter die in § 90 Abs. 1 Nr. 1 bis Nr. 4 aufgezählten Maßnahmen zu fassen sind. Durch die frühzeitige Information soll der BR in die Lage versetzt werden, frühzeitig Einfluss auf die äußeren Bedingungen bei der Erbringung der Arbeitsleistung zu erhalten und so für eine menschenwürdige Gestaltung der Arbeitswelt im Betrieb Sorge zu tragen. Der BR hat also darauf hinzuwirken, dass die berechtigten Interessen der AN in der Planung und Durchführung von Maßnahmen ausreichend Berücksichtigung finden und dabei auch die Grundrechte der AN, wie vor allem der Schutz der Menschenwürde und das Recht der Beschäftigten auf körperliche Unversehrtheit, nicht verletzt werden. Dadurch sollen mögliche betriebliche Belastungen der AN nach Möglichkeit von vornherein vermieden bzw. gemildert werden. Die Regelungen in §§ 90, 91 stehen regelmäßig in Zusammenhang mit den Mitbestimmungsrechten des BR nach § 87 Abs. 1 Nr. 6, § 87 Abs. 1 Nr. 7, § 106 ff. und § 111 ff. Dabei stehen die Bestimmungen je nach Gegenstand des Mitwirkungs- bzw. Mitbestimmungsrechts nebeneinander und schließen eine Anwendung von § 90 nicht aus.

II. Unterrichtungsanspruch des BR

2 Von der Unterrichtungspflicht nach § 90 Abs. 1 werden alle vier in Abs. 1 genannten Unterrichtungsgegenstände erfasst. Die Unterrichtung hat nach dem Wortlaut der Regelung rechtzeitig zu erfolgen. Hierzu ist der BR bereits in der **Planungsphase** einzubinden. Die Unterrichtung hat spätestens zu dem Zeitpunkt zu erfolgen, in dem der AG einzelne Alternativen abwägt. Nur dann ist sichergestellt, dass der BR noch Einfluss auf die Entscheidung des AG nehmen kann. Da es sich bei der Planung um einen fortlaufenden Prozess handelt, ist auch die Unterrichtung des BR **fortlaufend zu aktualisieren.**

3 Die Unterrichtung kann mündlich oder schriftlich geschehen. Sie hat umfassend unter Vorlage der erforderlichen Unterlagen zu erfolgen.

Dabei hat der AG auch die Auswirkungen der sich in der Planungsphase befindlichen Maßnahmen darzustellen.

Der AG hat die Unterrichtung unter Vorlage der erforderlichen **Unterlagen** vorzunehmen. Wobei der Begriff der Unterlagen weit zu fassen ist. Dies umfasst im Regelfall alle Formen von gespeicherten Informationen. Vorzulegen sich nicht nur Baupläne, technische Zeichnungen und Statistiken, sondern auch Dateien und empirische Erhebungen. Der BR kann nur die Einsichtnahme in die Unterlagen und deren zeitweilige Überlassung verlangen. Damit besteht regelmäßig kein Anspruch auf dauerhafte Überlassung der Unterlagen. Nach dem Sinn und Zweck der Regelung wird der BR bei umfangreichen Unterlagen aber eine kurze, zeitweilige Überlassung beanspruchen können, um die aus § 90 resultierenden Beteiligungsrechte sachgerecht wahrnehmen zu können. 4

Die einzelnen Gegenstände der Unterrichtung ergeben sich direkt aus § 90 Abs. 1. 5

1. Neu-, Um- und Erweiterungsbauten (Abs. 1 Nr. 1)

Hier hat der AG zu unterrichten, soweit er eine Veränderung an der baulichen Substanz des Betriebs plant. Die Unterrichtungspflicht bezieht sich auch auf sonstige betriebliche Räume. Damit werden also nicht nur Fabrikhallen und Verwaltungsgebäude, sondern auch Kantinen, Umkleide-, Pausen- und Waschräume sowie Sanitäranlagen erfasst. Bloße Renovierungs- und Reparaturarbeiten werden hiervon nicht erfasst. 6

2. Planung von technischen Anlagen (Abs. 1 Nr. 2)

Erfasst werden hiervon Maschinen und sonstige technische Geräte, welche einem ordnungsgemäßen Arbeitsablauf dienen bzw. diesen erleichtern. Der Begriff der technischen Anlage wird allgemein weit ausgelegt; zugeordnet werden ihm 7

- z. B. NC- und CNC-Maschinen, CAD-Terminals und Pressen,
- aber auch Hardware und Software von EDV-Anlagen.

Eine bloße Ersatzbeschaffung ohne nachhaltige Änderung der gegebenen Bedingungen wird von der Vorschrift nicht erfasst.

3. Gestaltung von Arbeitsprozessen einschließlich des Einsatzes von Künstlicher Intelligenz (Abs. 1 Nr. 3)

Die Regelung nach Nr. 3 soll sicherstellen, dass der BR über die Gestaltung der Art und Weise der Arbeit im Zusammenwirken mit techni- 8 schen Betriebsmitteln unterrichtet wird. Dazu kann z. B. die Festlegung über den Ort der Arbeit im Betrieb, die Arbeitszeit oder die sonstige Organisation der Arbeit gehören. Zu beachten ist, dass das Beteiligungsrecht nicht bei jeder Einzelanweisung hinsichtlich des Arbeitsablaufs eingreift, sondern nur bei einem prinzipiellen Einfluss der Weisung auf die Bewältigung der Arbeitsaufgabe ausgelöst wird.

8a Art. 3 Abs. 1 EU KI-VO **definiert, was unter KI zu verstehen ist**: Ein KI-System ist »ein maschinengestütztes System, das für einen in unterschiedlichem Grade autonomen Betrieb ausgelegt ist und das nach seiner Betriebsaufnahme anpassungsfähig sein kann und das aus den erhaltenen Eingaben für explizite oder implizite Ziele ableitet, wie Ausgaben wie etwa Vorhersagen, Inhalte, Empfehlungen oder Entscheidungen erstellt werden, die physische oder virtuelle Umgebungen beeinflussen können«.

Die EU KI-VO unterscheidet nach **Risikokategorien:**

- verbotene,
- hochriskante,
- begrenzte Risiko- und
- geringe Risikosysteme

Verbotene KI-Systeme sind Systeme, die manipulative, irreführende Techniken anwenden, um das Verhalten von Menschen zu beeinflussen oder deren Schwächen auszunutzen, etwa aufgrund ihres Alters oder ihrer Behinderung. Auch die Nutzung von biometrischen Daten zur Kategorisierung von Personen nach sensiblen Merkmalen wie Religion oder sexueller Orientierung fällt unter diese Kategorie.

Hochriskante KI-Systeme umfassen insbesondere biometrische Identifikationssysteme, und Systeme zur Bewertung von AN oder Bewerbern. KI-Systeme für die Bewerberauswahl und für das Personalmanagement zählen damit zu den Hochrisikosystemen (Art. 6 EU KI-VO i. V. m. Anhang III Nr. 4)

Begrenzte Risikosysteme betreffen KI-Systeme, die hauptsächlich in Bezug auf Transparenzanforderungen reguliert werden sollen (z. B. Chatbots).

Welches System aus seiner Sicht unter welche Risikokategorie fällt, muss der AG dem BR mitteilen.

8b Der AG muss den BR frühzeitig und umfassend über den geplanten Einsatz von KI-Anwendungen informieren, und ihm alle erforderlichen Unterlagen zur Verfügung stellen. Neben § 90 sieht auch die EU KI-VO spezielle **Informationsverpflichtungen** für den AG vor: Vor der Inbetriebnahme oder Verwendung eines Hochrisiko-KI-Systems am Arbeitsplatz informieren diejenigen Betreiber, die AG sind, die Arbeitnehmervertreter und die betroffenen AN darüber, dass sie dem System unterworfen sein werden (Art. 26 Abs. 7 EU KI-VO).

Die Informationsverpflichtung nach § 90 geht über Art. 26 Abs. 7 EU KI-VO hinaus und bezieht sich auf sämtliche KI-Anwendungen, unabhängig von der Risikoeinstufung. Die Information des BR muss so **rechtzeitig** erfolgen, dass der BR in der Lage ist, in eigener Verantwortung zu prüfen, ob und welcher Regelungsbedarf sich aus der geplanten Einführung der KI-Anwendung in Bezug auf schützenswerte Arbeitnehmerinteressen und die Wahrnehmung von Mitbestimmungsrechten ergibt. Deshalb ist der BR bereits dann zu informieren, wenn der AG erste Überlegungen anstellt, aber noch keine Anschaffungsentscheidung getroffen hat. **8c**

Hinweis:

Der BR sollte bei der Einführung von KI-Anwendungen nicht nur Mitbestimmungsrechte nach § 87 Abs. 1 Nr. 6 (**technische Kontrolleinrichtungen**) sondern insbesondere auch das Vorliegen einer **Betriebsänderung nach § 111** prüfen (ausführlich hierzu § 111 Rn. 50ff.). Liegt eine grundlegende Änderung der Betriebsorganisation, des Betriebszwecks oder der Betriebsanlagen vor oder ist von einer »Einführung grundlegend neuer Arbeitsmethoden und Fertigungsverfahren« auszugehen, kann dies eine interessenausgleichs- und sozialplanpflichtige Betriebsänderung nach §§ 111, 112 darstellen. Beispiele hierfür sind der Einsatz von SAP HANA. **8d**

4. Planung der Arbeitsplätze (Abs. 1 Nr. 4)

Die Unterrichtungspflicht nach Nr. 4 dient dem Schutz der AN vor physischer und psychischer Überbeanspruchung sowie dem Schutz vor schädigenden Einflüssen. Es geht also konkret um die Ausgestaltung des einzelnen Arbeitsplatzes. Die Gestaltung des gesamten Arbeitsumfeldes unterliegt aus Gründen der Gesundheitssicherung der AN dem Beteiligungsrecht des BR. Das Unterrichtungs- und Beratungsrecht aus Nr. 4 besteht grundsätzlich dann, wenn Räume bzw. Arbeitsplätze als solche neu geplant oder umgeändert werden sollen. Die entsprechende Planung kann nicht losgelöst von der Anzahl der AN erfolgen, die in den Räumen/an den Arbeitsplätzen beschäftigt werden sollen (so z. B. bei Großraumbüros, New Work Konzepten etc.). Das Unterrichtungs- und Beratungsrecht besteht daher auch dann, wenn sich aus einer geänderten Zuweisung der AN ein Planungsbedarf ergeben kann (LAG Sachsen 10.1.2023 – 2 TaBV 1/21). **9**

III. Beratung mit dem AG

10 Nach § 90 Abs. 2 schließt sich an die Informationsphase die Beratungsphase an. Diese sind streng voneinander zu trennen. Soweit sich der BR nach Abschluss der Informationsphase eine eigene Meinung gebildet hat, kann er sodann in die eigentliche Beratungsphase mit dem AG eintreten. Die Beratung hat so rechtzeitig zu erfolgen, dass **eine echte Einflussnahme** des BR auf die Maßnahme noch möglich ist.

11 Bei der Beratung haben die Betriebsparteien unter anderem auch die gesicherten **arbeitswissenschaftlichen Erkenntnisse über die menschengerechte Gestaltung der Arbeit berücksichtigen**. In diesem Zusammenhang sind gefestigte Meinungen in der Fachliteratur, Arbeitsschutzgesetze und Verordnungen sowie andere technische Regelwerke zu berücksichtigen.

IV. Sanktionen bei Verstößen

12 Die wahrheitswidrige, verspätete oder unvollständige Unterrichtung des BR ist nach § 121 **bußgeldbewehrt**. Streitigkeiten der Betriebsparteien über den Umfang und die Realisierung der Unterrichtungs- und Beratungspflichten sind im arbeitsgerichtlichen **Beschlussverfahren** nach § 2a ArbGG auszutragen. Dabei ist anerkannt, dass der Unterrichtungs- und Beratungsanspruch im Wege einer einstweiligen Verfügung vor dem ArbG geltend gemacht werden kann.

13 Inwieweit der BR bei fehlender bzw. unvollständiger Unterrichtung und Beratung auch die **Unterlassung der jeweiligen Maßnahmen** durch einstweilige Verfügung durchsetzen kann, ist in der Literatur umstritten.

§ 91 Mitbestimmungsrecht

[1]Werden die Arbeitnehmer durch Änderungen der Arbeitsplätze, des Arbeitsablaufs oder der Arbeitsumgebung, die den gesicherten arbeitswissenschaftlichen Erkenntnissen über die menschengerechte Gestaltung der Arbeit offensichtlich widersprechen, in besonderer Weise belastet, so kann der Betriebsrat angemessene Maßnahmen zur Abwendung, Milderung oder zum Ausgleich der Belastung verlangen. [2]Kommt eine Einigung nicht zustande, so entscheidet die Einigungsstelle. [3]Der Spruch der Einigungsstelle ersetzt die Einigung zwischen Arbeitgeber und Betriebsrat.

Inhaltsübersicht Rn.

I. Zweck der Regelung

Die Regelung in § 91 stellt eine **Erweiterung der Beteiligungsrechte** 1
des BR nach § 90 dar. Soweit der AG Änderungen der Arbeitsplätze, des Arbeitsablaufs oder der Arbeitsumgebung vornimmt, welche den gesicherten arbeitswissenschaftlichen Erkenntnissen über die menschengerechte Gestaltung der Arbeit offensichtlich widersprechen und die AN in besonderer Weise belasten, kann der BR angemessene Maßnahmen zur Abwendung, Milderung oder zum Ausgleich der Belastung verlangen und durchsetzen. Insoweit besteht also ein **echtes Mitbestimmungsrecht**. Dieses Mitbestimmungsrecht ist als **Initiativrecht** des BR ausgestaltet, welches es dem BR ermöglicht, bei konkreten Verstößen gegen gesicherte arbeitswissenschaftliche Erkenntnisse über die menschengerechte Gestaltung der Arbeit im Betrieb korrigierend einzugreifen und sogar die Einigungsstelle einzuschalten.

II. Anwendungsbereich – Voraussetzungen

Die in § 91 verwendeten Begriffe des **Arbeitsplatzes** und der **Arbeitsabläufe** sind identisch mit denen in § 90 (siehe hierzu DKW, § 90 Rn. 12 ff.). Demgegenüber werden mit dem Begriff der **Arbeitsumgebung** alle Umstände erfasst, die von außen auf den AN an seinem Arbeitsplatz einwirken. Hierzu zählen alle physikalischen, chemischen oder biologischen Einflüsse, insbesondere Umwelteinflüsse wie Luft- oder Lichtverhältnisse. Schließlich ist zu berücksichtigen, dass das Mitbestimmungsrecht nur bei einer **Änderung** der bestehenden Verhältnisse eingreift. 2

Die Änderungen müssen den gesicherten arbeitswissenschaftlichen Erkenntnissen über die menschengerechte Gestaltung der Arbeit **offensichtlich** widersprechen. Dies wird regelmäßig dann anzunehmen sein, wenn die negativen Auswirkungen für jeden mit entsprechender Sachkunde ausgestatteten Fachmann im konkreten Fall ohne weiteres erkennbar sind. Darüber hinaus muss aber eine **besondere Belastung** des betroffenen AN vorliegen, welche konkret auf der Änderung von Arbeitsplätzen, des Arbeitsablaufs oder der Arbeitsumgebung beruht. Aufgrund dieser hohen Voraussetzungen für die Anwendung von § 91 3 gibt die Beratungspraxis regelmäßig dem Mitbestimmungsrecht nach § 87 Abs. 1 Nr. 7 den Vorzug, weil dieses Mitbestimmungsrecht keinen offenkundigen Widerspruch zu arbeitswissenschaftlichen Erkenntnissen verlangt.

III. Abhilfemaßnahmen – Einigungsstellenverfahren

4 Soweit die Voraussetzungen des § 91 Satz 1, 1. Halbsatz vorliegen, kann der BR **angemessene Maßnahmen** zur Abwendung und Milderung der Belastung bzw. einen Ausgleich für den AN verlangen. Zwischen den genannten Arten von Maßnahmen besteht eine deutliche **Rangfolge**. Vorrangig sind Maßnahmen, welche die Belastungen verhindern oder vermindern. Erst wenn diese technisch nicht möglich oder wirtschaftlich nicht vertretbar sind, können andere Ausgleichsmaßnahmen ins Auge gefasst werden. Dabei werden die **Maßnahmen zur Abwendung** der Belastung regelmäßig auf deren Beseitigung abzielen (näheres hierzu siehe DKW, § 91 BetrVG Rn. 19).

5 Soweit Abhilfemaßnahmen technisch nicht möglich oder wirtschaftlich unvertretbar sind, sind **Maßnahmen zur Milderung** von Belastungen zu prüfen. Insoweit kommen vor allem Änderungen des Arbeitsablaufs in Betracht (näheres hierzu siehe DKW, § 91 BetrVG Rn. 20).

6 Erst wenn die Maßnahmen technisch nicht durchführbar oder wirtschaftlich unvertretbar sind, kommen **Ausgleichsmaßnahmen** in Betracht. Dabei ist zu beachten, dass die Ausgleichsmaßnahmen der jeweiligen persönlichen und gesundheitlichen Belastung entsprechen und diese ausgleichen müssen (näheres hierzu siehe DKW,§ 91 BetrVG Rn. 21).

7 Soweit eine Einigung zwischen AG und BR nicht zustande kommt, können beide Seiten jeweils die **Einigungsstelle** nach § 91 Satz 3 anrufen bzw. nach § 98 ArbGG bilden lassen. Die Einigungsstelle entscheidet dann schließlich auch über die zu treffenden Maßnahmen.

Fünfter Abschnitt
Personelle Angelegenheiten

Erster Unterabschnitt
Allgemeine personelle Angelegenheiten

§ 92 Personalplanung

(1) [1]Der Arbeitgeber hat den Betriebsrat über die Personalplanung, insbesondere über den gegenwärtigen und künftigen Personalbedarf sowie über die sich daraus ergebenden personellen Maßnahmen einschließlich der geplanten Beschäftigung von Personen, die nicht in einem Arbeitsverhältnis zum Arbeitgeber stehen, und Maßnahmen der Berufsbildung anhand von Unterlagen rechtzeitig und umfassend zu unterrichten. [2]Er hat mit dem Betriebsrat über Art und Umfang der erforderlichen Maßnahmen und über die Vermeidung von Härten zu beraten.
(2) Der Betriebsrat kann dem Arbeitgeber Vorschläge für die Einführung einer Personalplanung und ihre Durchführung machen.
(3) [1]Die Absätze 1 und 2 gelten entsprechend für Maßnahmen im Sinne des § 80 Abs. 1 Nr. 2a und 2b, insbesondere für die Aufstellung und Durchführung von Maßnahmen zur Förderung der Gleichstellung von Frauen und Männern. [2]Gleiches gilt für die Eingliederung schwerbehinderter Menschen nach § 80 Absatz 1 Nummer 4.

Inhaltsübersicht Rn.

I. Zweck der Regelung

Personalplanung bedeutet Personalpolitik. Sie hat Auswirkungen sowohl im unternehmerischen als auch im betrieblichen Bereich. Durch die Beteiligung an der Personalplanung soll der BR in die Lage versetzt werden, die Interessen der AN bei dem Prozess der Personalplanung zu 1 formulieren, wenn es darum geht, die unternehmerischen Ziele mit den Arbeitnehmerinteressen in Einklang zu bringen. Der BR soll aber auch bei personellen Einzelmaßnahmen, wie Einstellungen, Versetzungen und Kündigungen, proaktiv tätig werden können.

2 § 92 sieht deshalb für den BR ein umfangreiches **Informationsrecht** und **Beratungsrecht** vor. Daneben regelt die Vorschrift das **Vorschlagsrecht** des BR für die Einführung einer Personalplanung und ihre Ausführung.

Ergänzt wird das Unterrichtungsrecht durch die nach § 92a bestehende Möglichkeit des BR, Vorschläge zur **Beschäftigungssicherung** zu unterbreiten. Die Vorschrift des § 93 dient der Aktivierung des innerbetrieblichen Arbeitsmarkts.

II. Was ist Personalplanung?

3 Die Beteiligung des BR an der Personalplanung ist **zwingend** vorgesehen, kann also durch Tarifvertrag oder BV nicht abgeändert werden. Die Personalplanung beinhaltet eine Gegenüberstellung des aktuellen zum künftigen Personalbestand; sie gehört zu den wichtigsten Bausteinen der Unternehmensplanung (siehe hierzu allgemein Jansen, Personalplanung ist keine Hexerei, AiB 2015, Nr. 7/8, 37–40).

1. Begriff der Personalplanung

4 Unter Personalplanung ist jede Planung zu verstehen, die sich auf den gegenwärtigen und künftigen **Personalbedarf in quantitativer und qualitativer Hinsicht**, auf deren Deckung im weiteren Sinne und auf den abstrakten Einsatz der personellen Kapazität bezieht (LAG Hamm 8.2.2008 – 10 TaBV 89/07). **Planung** in diesem Sinne liegt vor bei einem Festlegen von Zielen und Formulieren von Methoden, Strategien und Vorgehensweisen, um diese zu erreichen (BAG 12.3.2019 – 1 ABR 43/17).

> **Hinweis:**
> Der Begriff der Planung spielt in unterschiedlichen Mitbestimmungsrechten eine Rolle. Insbesondere bei den Verhandlungen über einen **Interessenausgleich und Sozialplan** bei Betriebsänderungen ist der Eintritt in die Planungsphase für die Unterrichtungspflicht des AG von zentraler Bedeutung (siehe hierzu ausführlich § 112–112a Rn 12 ff.).

Nach ständiger Rechtsprechung des BAG gehören zur Personalplanung

- die Personalbedarfsplanung (s. Rn. 5),
- die Personaldeckungsplanung,
- die Personalentwicklungsplanung (s. Rn. 7) und
- die Personaleinsatzplanung (siehe hierzu BAG 6.11.1990 – 1 ABR 60/89, BAG 12.3.2019 – 1 ABR 43/17 sowie BAG 23.3.2010 – 1 ABR 81/08; Rn. 6).

Die **Personalbedarfsplanung** ist Grundlage für alle weiteren Phasen der Personalplanung. Sie beantwortet die Frage, wie viele AN zu welchem Zeitpunkt und mit welcher Qualifikation erforderlich sind, um die betrieblichen Ziele zu erreichen. Die Erstellung von **Anforderungsprofilen** (Qualifikationsanforderungen) ist ein Bindeglied zwischen der Personalbedarfsplanung und der Personalentwicklungsplanung. Über die Einführung von Anforderungsprofilen sowie deren Bedeutung und Verwertung ist deshalb der BR zu unterrichten (LAG Baden-Württemberg 12.7.2017 – 2 TaBV 5/16). Das Erstellen von Anforderungsprofilen hat auch für die Eingruppierung der AN erhebliche praktische Bedeutung. Neben **quantitativen** Aspekten gehören ebenfalls **qualitative** Aspekte zur Personalbedarfsplanung, weil die erforderliche Qualifikation der Mitarbeiter Bestandteil der Personalbedarfsplanung ist. Hier besteht eine große inhaltliche Nähe zu den Mitbestimmungsrechten nach § 96 – 98. Zur Personalplanung gehört auch die **Personalkostenplanung**. Die Planung umfasst die Kosten, die bei Erfüllung der Planziele Personalbeschaffung, -einsatz, -entwicklung und -abbau entstehen (LAG Baden-Württemberg 12.7.2017 –2 TaBV 5/16; umstritten und offen gelassen von BAG 12.3.2019 – 1 ABR 43/17). Die Personalkostenplanung wird betriebswirtschaftlich zur Personalplanung gerechnet und ist integraler Bestandteil der planerischen Überlegungen des AG. 5

Die Personalbedarfsplanung hängt eng mit der **Personaleinsatzplanung** zusammen. Bestandteile der Personaleinsatzplanung sind sowohl der Personaleinsatz an sich als auch der Personalabbau. Planerisch wird festgelegt, wie der künftige Personalbedarf abzudecken ist, um einen bestmöglichen Einsatz der verfügbaren Mitarbeiter in dem betrieblichen Leistungsprozess zu gewährleisten. Eine **Personalabbauplanung** muss nicht nur den erforderlichen Personalabbau berücksichtigen, sondern auch die sozialen Folgen für die betroffenen AN möglichst gering halten. Hier besteht eine enge Nähe zu den Beteiligungsrechten des BR bei einer Betriebsänderung nach § 111 ff. 6

Aufgabe der betrieblichen **Personalentwicklungsplanung** ist es, die Qualifikation der Mitarbeiter zu sichern und an die Bedarfsziele des 7

Betriebs anzupassen. Hierzu gehört es vor allem auch, Bildungsmaßnahmen für die Mitarbeiter vorzubereiten, die Ausbildung und Fortbildung und Umschulung bereits vorhandener AN sicherzustellen und Berufsbildungsmaßnahmen zu planen. Dieser Aspekt der Personalplanung hängt eng mit der Mitbestimmung des BR nach §§ 96–98 bei der Berufsbildung zusammen, denn Beschäftigung kann auch über berufliche Qualifikationsmaßnahmen gesichert werden. Der BR sollte diesen Aspekt im Rahmen seiner Beteiligung bei der Personalplanung nicht außer Acht lassen.

Im Rahmen der Personalplanung ist der BR auch über den Einsatz der **Leiharbeitnehmer** zu informieren (ArbG Halle 10.4.2008 – 1 BV 3/07). Der AG muss über folgende Aspekte informieren (siehe auch § 80 Abs. 2 Satz 1):

- Anzahl der Leiharbeitnehmer
- die Arbeitsplätze, auf denen Leiharbeitnehmer eingesetzt werden sollen
- den Einstellungstermin für die Leiharbeitnehmer
- die vorgesehene Einsatzdauer
- Auswirkungen des Einsatzes der Leiharbeitnehmer auf die Stammbelegschaft

8 Der BR hat Anspruch auf Vorlage der **Verträge** zwischen dem AG und dem Zeitarbeitsunternehmen, die Grundlage der Beschäftigung der Leiharbeitnehmer sind (BAG 31.1.1989 – 1 ABR 72/87, AiB 1989, 256–257; siehe hierzu jetzt auch ausdrücklich § 80). Nach § 80 Abs. 2 Satz 1 bezieht sich das Informationsrecht des BR auch auf Personen, die nicht in einem Arbeitsverhältnis zum AG stehen. Damit werden neben Leiharbeitsverträgen auch **Werkverträge** in den Anwendungsbereich einbezogen. Der AG muss darlegen, welche Werkunternehmer in welchen Bereichen eingesetzt werden und mit welchen Aufgaben sie betraut sind. Die Unterrichtung muss vor Abschluss des Werkvertrags erfolgen (LAG Köln 9.8.1989 – 5 TaBV 3/89, AiB 1990, 76). Der AG ist verpflichtet, dem BR auch die Werkverträge vorzulegen. Diese **Vertragsunterlage** ist erforderlich, damit der BR prüfen kann, ob nach der vertraglichen Gestaltung ein Werkvertrag oder aber eine verdeckte Arbeitnehmerüberlassung vorliegt. Verhandelt der AG mit dem Werkunternehmen über **Änderungen des Werkvertrags**, ist der BR auf seine Aufforderung hin auch über die sich aus dem Werkvertrag ergebende Personalbedarfsplanung des AG zu unterrichten (siehe hierzu LAG München 16.12.2019 – 3 TaBV 90/19).

9 Hinsichtlich der Beschäftigung **freier Mitarbeiter** ist der AG verpflichtet, entsprechende Auskünfte über den Einsatz und die Art der

Beschäftigung zu erteilen (BAG 15.12.1998 – 1 ABR 9/98, AiB 1999, 408–411). Auch hier handelt es sich um Personen im Sinne von § 80 Abs. 2 Satz 1.

Deshalb gehören auch die **Verträge der freien Mitarbeiter** zu den Unterlagen, die vorgelegt werden müssen. Zu den vorzulegenden Unterlagen gehören auch die Verträge, die der Beschäftigung von Personen zu Grunde liegen, die nicht in einem Arbeitsverhältnis zum AG stehen. 10

Anhand der vom AG vorgelegten **Unterlagen** soll sich der BR u. a. auch darüber vergewissern können, ob die vom AG zur Personalplanung gemachten Angaben auch tatsächlich zutreffen. Deshalb muss der AG dem BR alle **Unterlagen** zugänglich machen, die er zur Grundlage seiner Personalplanung machen will (LAG Schleswig-Holstein 14.12.1993 – 1 TaBV 3/93). Hierbei kommt es nicht darauf an, in welchem Zusammenhang sie erhoben oder festgestellt wurden (BAG 8.11.2016 – 1 ABR 64/14). Die Unterlagen sind bereits dann zur Verfügung zu stellen, wenn erst ihre Prüfung ergeben kann, ob der BR aus eigener Initiative tätig werden soll oder kann, um seine Aufgaben zu erfüllen (LAG Niedersachsen 1.6.2016 – 13 TaBV 13/15). 11

Alle tatsächlichen Angaben des AG zur Personalplanung müssen durch Unterlagen nachgewiesen werden, soweit solche Unterlagen und Belege tatsächlich vorhanden sind. Zu diesen Unterlagen gehört auch ein **Maßnahmenplan** einer externen Unternehmensberatungsfirma, der als Ergebnis innerbetrieblicher Planungsüberlegungen erstellt worden ist (LAG Schleswig-Holstein 14.12.1993 – 1 TaBV 3/93) 12

2. Unterrichtungs- und Beratungsrechte, Unterlagen

Das Beteiligungsrecht des BR gliedert sich im Wesentlichen in drei Einzelaspekte: 13

- Unterrichtungsansprüche
- Beratungsrechte
- Initiativrechte

Der AG hat im Rahmen einer **Bringschuld** den BR über die gesamte Personalplanung umfassend und rechtzeitig zu unterrichten. Der BR muss die Unterrichtung nicht ausdrücklich verlangen, sondern der AG muss von sich aus über die Personalplanung unterrichten.

Hinweis:
In der betrieblichen Praxis zeigt sich immer wieder, dass AG von sich aus den BR nicht unterrichten, sondern untätig bleiben. Deshalb wird es vielfach angezeigt sein, dass der BR seine Ansprüche aktiv einfordert.

14 Voraussetzung hierfür ist, dass eine Personalplanung vorhanden ist. Bei Vorhandensein einer Personalplanung ist der BR fortlaufend zu unterrichten.

Entscheidend ist also, dass der AG überhaupt eine Personalplanung betreibt. Tut er das, muss er den BR in dem gesetzlich vorgesehenen Umfang beteiligen. Verfolgt der AG mit einzelnen Maßnahmen noch andere Zwecke, ist dies unerheblich. Hierdurch wird den Maßnahmen nicht der Charakter einer Personalplanung genommen. Nur wenn die Maßnahmen überhaupt nichts mehr mit der Personalplanung zu tun haben, kann von einer Personalplanung nicht mehr gesprochen werden (LAG Niedersachsen 10.11.2014 – 8 TaBV 120/13). Die schlichte Behauptung des AG, er betreibe gar keine Personalplanung, ist also nicht ausreichend, um Mitbestimmungsrechte des BR zu verneinen (zum Vorschlagsrecht des BR siehe Rn. 25). Dient eine Information oder Maßnahme zumindest auch der Personalplanung, besteht die Mitbestimmung nach § 92.

15 Der AG muss über die **Methoden der Personalplanung** und ihrer organisatorischen und technischen Hilfsmittel den BR unterrichten (siehe hierzu ausführlich DKW, § 92 BetrVG Rn. 34 ff.). Der BR ist bereits über die Planung an sich zu unterrichten und nicht lediglich über geplante Maßnahmen. Der Unterrichtungsanspruch besteht also bereits bei einem systematischen Suchen und Festlegen von Zielen und Aufgaben. Das **Stadium der Planung** liegt vor dem eigentlichen Plan (DKW, § 92 BetrVG Rn. 39).

Eine rechtzeitige Information setzt also bereits beim Planungsvorgang selbst an. Die Unterrichtung muss rechtzeitig erfolgen, so dass eine Einflussnahme des BR auf die Planungen noch möglich ist.

16 Der **Auskunftsanspruch** entsteht, wenn die Überlegungen des AG bzgl. der Personalplanung das Stadium der Planung erreicht haben (LAG Niedersachsen 4.6.2007 – 12 TaBV 56/06). Erreichen die arbeitgeberseitigen Überlegungen nicht das Stadium einer Planung, besteht noch kein Informations- und Beratungsrecht (BAG 6.11.1990 – 1 ABR 60/89). Will der AG nur Möglichkeiten einer Personalerweiterung oder einer Personalreduzierung erkunden und hat dies noch nicht das Planungsstadium erreicht, besteht noch kein Beteiligungsrecht nach § 92. Die Grenzziehung ist fließend und im Einzelfall schwer vorzunehmen. Folgende Aspekte können für das Erreichen des **Planungsstadiums** sprechen:

- Bildung von Projektgruppen
- Erteilung von konkreten Arbeitsaufträgen
- systematische Datenerhebungen zum Zwecke der Personalplanung

- Aufstellung einer Gemeinkostenwertanalyse zur Kostenreduzierung

Stellt der AG lediglich **Vorüberlegungen** an, hat der BR noch keinen Anspruch auf Unterrichtung und Beratung (LAG Düsseldorf 27.8.1985 – 16 TaBV 52/85). 17

Das Beteiligungsrecht nach § 92 ist zukunftsbezogen. Hieraus folgert die Rechtsprechung, dass ohne Hinzutreten besonderer Umstände der AG nicht verpflichtet ist, dem BR Unterlagen zum Personalbestand in der **Vergangenheit** zu überlassen (LAG Sachsen 9.12.2011 – 3 TaBV 25/10). Orientiert der AG aber seine Personalplanung nicht nur an dem künftigen Bedarf, sondern auch an der Stellenzahl und deren Besetzung in der Vergangenheit, ist er auch verpflichtet, entsprechende vergangenheitsbezogene Unterlagen dem BR zur Verfügung zu stellen.

Der BR hat Anspruch auf Aushändigung der Unterlagen, die der AG zur Grundlage der Personalplanung macht. Die **Dauer der Aushändigung** hängt hierbei von den Umständen des Einzelfalles ab. Maßgebend ist vor allem, wann der BR über die Ausübung seines Beratungsrechts beschließen kann (LAG München 6.8.1986 – 8 TaBV 34/86). Der BR darf von den Unterlagen keine **Kopien** erstellen. Er kann sich allerdings **Notizen** machen. 18

Zu den Planungsdaten und Planungsunterlagen gehören auch diejenigen Dokumente, die in einem anderen Zusammenhang erhoben und festgestellt bzw. erstellt worden sind. Dies können Rationalisierungsvorschläge externer Firmen oder aber auch Produktions- und Investitionsentscheidungen sein (BAG 19.6.1984 – 1 ABR 6/83). 19

Die jeweils aktuellen **Stellen- und Stellenbesetzungspläne** sind dem BR für die Dauer von zumindest zwei Wochen ausgedruckt zu überlassen (LAG Sachsen 9.12.2011 – 3 TaBV 25/10). 20

Der BR hat Anspruch auf die monatliche Vorlage eines Stellenplanes sowie eines Stellenbesetzungsplanes, soweit diese Unterlagen einer ständigen Überarbeitung unterliegen (LAG Bremen 18.3.1992 – 2 TaBV 25/91, AiB 1993, 185–186). Werden Stellenpläne für Verhandlungen mit der Behörde aufgestellt (beantragte Stellenpläne) und müssen diese Stellenpläne von der Behörde bewilligt werden, sind dem BR im Rahmen der Personalplanung die bereits beantragten Stellenpläne vorzulegen (BAG 6.11.1990 – 1 ABR 60/89).

Die **Stellenbeschreibung** ist Teil der Personalplanung, über die der BR nach § 92 Abs. 1 Satz 1 zu unterrichten ist. Eine Stellenbeschreibung legt die Funktion einer bestimmten Stelle innerhalb des betrieblichen Geschehens fest. Sie definiert die Aufgabe und die Kompetenz dieser Stelle und beschreibt, welche Tätigkeiten dort im Einzelnen zu ihrer Erfüllung verrichtet werden müssen (BAG 14.1.2014 – 1 ABR 49/12). Die Stellenbeschreibung ist von erheblicher praktischer Bedeutung für die Eingruppierung des AN. Der BR hat aber kein Mitbestimmungsrecht bei der **inhaltlichen Ausgestaltung** einer Stellenbeschreibung, es sei denn, diese dient der Entgeltfindung oder stellt die Grundlage für Mitarbeiterbeurteilungen dar. In diesem Fall können Mitbestimmungsrechte nach § 87 Abs. 1 Nr. 10 und § 94 Abs. 2 in Betracht kommen. Die Stellenbeschreibung ist dem BR im Rahmen seiner Beteiligung nach § 99 bei einer Versetzung, Einstellung oder Eingruppierung vorzulegen.

21 Nach Ansicht des BAG besteht keine Verpflichtung des AG, dem BR darüber Auskunft zu erteilen, ob **befristete Arbeitsverhältnisse** mit oder ohne Sachgrund geschlossen worden sind sowie ggf. welcher sachliche Grund ihnen zugrunde liegt (BAG 27.10.2010 – 7 ABR 86/09, AiB 2012, 130–131).

22 Führt der AG eine monatliche **Personalstatistik**, die einen Abgleich des Soll-Personalstands mit dem Ist-Stand vornimmt, hat der BR Anspruch aus § 92 auf Vorlage dieser Statistik (LAG Niedersachsen 4.6.2007 – 12 TaBV 56/06). Eine **Personalumsatzstatistik** (Zuordnung der Personalkosten zu Betriebsabteilungen) ist dem BR nur vorzulegen, wenn diese Statistik vom AG als Instrument der Personalplanung verwendet wird (LAG Schleswig-Holstein 26.2.2019 – 2 TaBV 14/1).

23 Der BR hat keinen Anspruch auf Vorlage von **Monats- und Auslastungsberichten**, soweit diese ausschließlich betriebswirtschaftliche Kennziffern wie Fallzahlen und Erlöse beinhalten (LAG Niedersachsen 4.6.2007 – 12 TaBV 56/06). Derartige Unterlagen sind aber dem Wirtschaftsausschuss nach § 106 vorzulegen (siehe hierzu ausführlich die Kommentierung zu § 106 Rn. 22 ff.).

III. Beratungen

24 Die Beratungspflicht des AG besteht ohne vorherige Aufforderung durch den BR. **Beratungsinhalt** sind die Personalplanung und alle damit verbundenen Einzelbereiche sowie die sich aus der Planung ergebenden Maßnahmen des AG. Das Beratungsrecht korrespondiert mit dem Unterrichtungsrecht des BR.

IV. Vorschlagsrechte

25 Zum Mitbestimmungsrecht gehört es auch, dass der BR berechtigt ist, Vorschläge für die Einführung einer Personalplanung und ihre Ausführung zu machen (§ 92 Abs. 2).

Vorschläge des BR müssen nicht die gesamte Personalplanung umfassen, sondern können sich auch auf **einzelne Aspekte** der Personalplanung beschränken. Die für die Erarbeitung eines Vorschlags erforderlichen Unterlagen muss der AG zur Verfügung stellen (BAG 8.11.2016 – 1 ABR 64/14). Die Vorlage von Unterlagen setzt aber voraus, dass der BR darlegt, dass die Unterlagen zur Wahrnehmung des Vorschlagsrechts **erforderlich** sind (BAG 12.3.2019 – 1 ABR 43/17).

> **Hinweis:**
> Das Vorschlagsrecht bezieht sich nicht nur auf die Einführung, sondern auch auf eine **Änderung der Personalplanung.** Der BR kann also auch initiativ werden und eine Änderung der praktizierten Personalplanung verlangen.

Das Unterrichtungs- und Beratungsrecht des BR ist an eine vom AG tatsächlich vorgenommene Personalplanung gekoppelt. Das Vorschlagsrecht nach § 92 Abs. 2 ist deshalb wichtig, um den **AG**, der keine Personalplanung betreibt, **zur Ausführung einer Personalplanung anzuhalten**. 26

Der AG muss sich mit Vorschlägen des BR im Rahmen einer gewissenhaften **Prüfung** auseinandersetzen. Er ist nicht verpflichtet, diese Vorschläge auch zu übernehmen (DKW, § 92 BetrVG Rn. 47 a. E.).

V. Erzwingbare Mindestbesetzung?

Es stellt sich die Frage, ob eine Einigungsstelle im Rahmen der Mitbestimmnung zum Gesundheitsschutz nach § 87 Abs. 1 Nr. 7 **verpflichtende Vorgaben für die Personalbesetzung** – z. B. für die Mindestbesetzung einer Schicht – machen kann. Die Verantwortlichkeit für die Personalbedarfsplanung liegt grundsätzlich beim AG. Vor diesem Hintergrund habe der Gesetzgeber – so das LAG Schleswig-Holstein (25.4.2018 – 6 TaBV 21/17) – dem BR hier nur ein Mitwirkungsrecht in Form von Informations- und Beratungsrechten eingeräumt. Könnte der BR über sein Mitbestimmungsrecht zum Gesundheitsschutz verbindliche Vorgaben zur Mindestbesetzung einer Schicht erwirken, würde dies nach Ansicht des LAG Schleswig-Holstein in die mitbestimmungfreie Personalplanung des AG eingreifen. Die Entscheidung des LAG wurde zwischenzeitlich vom BAG, allerdings aus anderen Gründen, wieder aufgehoben (BAG 19.11.2019 – 1 ABR 22/18). Die Frage, ob der BR als Maßnahme des Gesundheitsschutzes eine personelle Mindestbesetzung durchsetzen kann, hat das BAG dabei offengelassen. Unter- 27 nehmerische Freiheiten bei der Personalplanung unterliegen vielfältigen Beschränkungen. Ebenso wie beispielsweise Arbeitszeitregelungen können auch Aspekte des Gesundheitsschutzes bestimmend für die Personalplanung werden und hierauf Einfluss nehmen. Ist es aus Gründen des Gesundheitsschutzes zwingend erforderlich, die Mindestbesetzung einer Schicht vorzusehen, wird hierdurch die Personaleinsatzplanung inhaltlich geprägt. Der BR kann über den Gesundheitssschutz nach § 87 Abs. 1 Nr. 7 nach der hier vertretenden Auffassung inhaltlich Einfluss auf die Personalplanung des AG nehmen.

28 Mit Wirkung ab dem 1.1.2019 ist das **Pflegepersonal-Stärkungsgesetz (PpSG)** in Kraft getreten. Ab dem Jahr 2020 wird erstmals in Krankenhäusern ein **Pflegepersonalquotient** ermittelt, der das Verhältnis der Pflegekräfte zum Pflegeaufwand beschreibt (§ 137j SGB V). Der Pflegepersonalquotient wird jährlich ermittelt. Damit soll eine Mindestpersonalausstattung in der Pflege erreicht werden. Jede zusätzliche oder aufgestockte Pflegestelle im Krankenhaus wird künftig vollständig von den Krankenversicherungen refinanziert. Die Ermittlung des Pflegepersonalquotienten unterliegt nicht der Mitbestimmung des BR; dieser ist aber im Rahmen der Personalplanung hierüber zu informieren. Bedeutung erlangen wird die Einhaltung des Pflegepersonalquotienten insbesondere bei der betriebsrätlichen Mitbestimmung in Fragen der Dienstplangestaltung, weil das Verhältnis der Pflegekräfte zum Pflegeaufwand für die Schichtbesetzung von erheblicher Bedeutung ist.

VI. Gleichstellung von Frauen und Männern

29 Zu den allgemeinen Aufgaben des BR gehört es, die Durchsetzung der tatsächlichen Gleichstellung von Frauen und Männern im Betrieb zu fördern (§ 80 Abs. 1 Nr. 2a). Im Rahmen der Personalplanung kann der BR deshalb **Vorschläge zur Durchsetzung der tatsächlichen Gleichberechtigung** erarbeiten und dem AG für die Beratung vorlegen. Denkbar sind in diesem Zusammenhang die unterschiedlichsten Vorschläge:

- Frauenförderpläne
- familienfreundliche Arbeitszeitmodelle
- Einführung von Telearbeit
- Einrichtung von Teilzeitarbeitsplätzen
- Rückkehrmöglichkeiten in Vollzeit
- Qualifikationsmaßnahmen für aus Elternzeit zurückkehrende Mitarbeiter

30 Auch wenn der AG diesen Vorschlägen nicht folgen muss und nicht gezwungen ist, die Vorschläge auch umzusetzen, besteht durchaus ein

praktischer Nutzen der besonderen Fördermaßnahmen. Der AG ist verpflichtet, dem BR alle für die Erarbeitung derartiger Vorschläge erforderlichen Informationen zu erteilen und ihm entsprechende Unterlagen vorzulegen (§ 80 Abs. 2). Der BR kann nicht darauf verwiesen werden, er müsse zunächst einen Vorschlag näher skizzieren, bevor ihm die entsprechenden Informationen erteilt werden könnten.

VII. Eingliederung schwerbehinderter Menschen

Nach § 80 Abs. 1 Ziff. 4 gehört die Eingliederung schwerbehinderter Menschen zu den besonderen Förderpflichten des BR. Hierzu gehört auch, den Abschluss von Inklusionsvereinbarungen nach § 166 SGB IX zu fördern. Dieser Aspekt ist Gegenstand der Personalplanung und mit dem BR zu beraten. Der BR kann Vorschläge zur Integration schwerbehinderter Menschen unterbreiten. Der AG ist zwar nicht verpflichtet, diesen Vorschlägen zu folgen, allerdings muss er dem BR alle erforderlichen Informationen erteilen und Unterlagen vorlegen. Diese Vorschrift ergänzt die Mitbestimmung im Bereich des **Gesundheitsschutzes** nach § 87 Abs. 1 Ziff. 7. Zudem kann diese Regelung besondere Bedeutung bei der Durchsetzung individualrechtlicher Ansprüche auf **behinderungsgerechte Beschäftigung** nach § 164 SGB IX erlangen. Hier ist oft streitig, was dem AG im Einzelfall zumutbar ist, um die Weiterbeschäftigung eines behinderten Mitarbeiters zu ermöglichen. Vorschläge des BR können deshalb hilfreich sein, um Beschäftigungsansprüche gerichtlich durchzusetzen. 31

VIII. Streitigkeiten

Bei groben Verstößen gegen die Beteiligungsrechte nach § 92 steht dem BR das Recht nach § 23 Abs. 3 zur Seite. 32
Erfüllt der AG seine Informationspflicht oder Beratungspflicht nicht vollständig, rechtzeitig oder wahrheitswidrig, kann der BR im Beschlussverfahren die Rechte nach § 92 geltend machen.

Hinweis:
Der BR kann im Wege des Beschlussverfahrens gerichtlich feststellen lassen, ob der AG seiner Informationspflicht in ausreichendem Umfang nachgekommen ist oder nicht (LAG München 16.12.2019 – 3 TaBV 90/19)

Die nicht rechtzeitige und ordnungsgemäße Unterrichtung über die Personalplanung kann eine **Ordnungswidrigkeit** nach § 121 darstellen. 33

Der BR kann einen **Rechtsanwalt** mit der Erstattung einer Anzeige nach § 121 beauftragen, sofern er dessen Tätigkeit für erforderlich halten durfte und die Rechtsverfolgung oder Rechtsverteidigung nicht von vornherein offensichtlich aussichtslos oder mutwillig ist. Die Anzeige nach § 121 kann als begleitende Maßnahme zur Durchsetzung eines Unterrichtungsanspruches nach § 92 erforderlich sein (ArbG Gießen 9.6.2009 – 5 BV 6/09, AiB 2010, 120–121).

§ 92a Beschäftigungssicherung

(1) [1]Der Betriebsrat kann dem Arbeitgeber Vorschläge zur Sicherung und Förderung der Beschäftigung machen. [2]Diese können insbesondere eine flexible Gestaltung der Arbeitszeit, die Förderung von Teilzeitarbeit und Altersteilzeit, neue Formen der Arbeitsorganisation, Änderungen der Arbeitsverfahren und Arbeitsabläufe, die Qualifizierung der Arbeitnehmer, Alternativen zur Ausgliederung von Arbeit oder ihrer Vergabe an andere Unternehmen sowie zum Produktions- und Investitionsprogramm zum Gegenstand haben.
(2) [1]Der Arbeitgeber hat die Vorschläge mit dem Betriebsrat zu beraten. [2]Hält der Arbeitgeber die Vorschläge des Betriebsrats für ungeeignet, hat er dies zu begründen; in Betrieben mit mehr als 100 Arbeitnehmern erfolgt die Begründung schriftlich. [3]Zu den Beratungen kann der Arbeitgeber oder der Betriebsrat einen Vertreter der Bundesagentur für Arbeit hinzuziehen.

Inhaltsübersicht Rn.

I. Zweck der Regelung

1 Bei der Einführung des § 92a ist der Gesetzgeber davon ausgegangen, dass die Beschäftigungssicherung ein Schwerpunkt der Betriebsratstätigkeit darstellt. Mit § 92a soll dem BR ein Mittel an die Hand gegeben werden, um die **Initiative für eine Beschäftigungssicherung** ergreifen zu können. Die Vorschrift bestimmt, was Gegenstand eines Vorschlags zur Beschäftigungssicherung sein kann und regelt die Beratungspflicht des AG.

In der Praxis wird dieses Instrument von den BR leider nur sehr zögerlich und im Ausnahmefall angewandt. Gerade im Zuge betrieblicher **Umstrukturierungsprozesse** kann § 92a aber ein Instrument sein, die betriebsinterne Diskussion über arbeitgeberseitige Konzepte und Planungen transparent zu führen und gegebenenfalls mit sachverständiger Unterstützung (siehe hierzu § 80 Rn. 29 ff.) eigene Konzepte zur Beschäftigungssicherung zu transportieren, um so insbesondere die Position des BR in Verhandlungen über einen Interessenausgleich zu stärken. Das Mitbestimmungsrecht gilt auch in der Insolvenz, denn auch der **Insolvenzverwalter** muss sich mit Vorschlägen zur Beschäftigungssicherung auseinandersetzen.

II. Beschäftigungssicherung und Beschäftigungsförderung

Zu verstehen ist 2
- unter **Beschäftigungssicherung** der Erhalt der im Betrieb vorhandenen Arbeitsplätze,
- unter **Beschäftigungsförderung** die Erhöhung der im Betrieb vorhandenen Arbeitsplätze oder die Erhöhung der Anzahl der AN.

Die in § 92a Abs. 1 Satz 2 genannten Beispiele sind nicht als abschließende Aufzählung zu verstehen. Sie beschreiben **exemplarisch**, in welchen Bereichen Vorschläge zur Beschäftigungssicherung vom BR unterbreitet werden können. Neben den in § 92a Abs. 1 genannten Einzelaspekten können sich die Vorschläge auf folgende Bereiche beziehen: 3
- Maßnahmen zur Verhinderung von Outsourcing
- Vorschläge zum Umgang mit Künstlicher Intelligenz (siehe hierzu § 90 Rn. 8)
- Beschäftigung von Leiharbeitnehmern und von Werkunternehmern
- Vorschläge zur Produktpalette oder zur Erweiterung des Angebots von Dienstleistungen
- Vorschläge für Verfahrens- und Prozessinnovationen
- Verfahren zur Personalentwicklung
- Qualifizierungsmaßnahmen für AN, die über § 97 hinausgehen; insbesondere Vorschläge für den Bezug von Qualifizierungsgeld (s. hierzu ausführlich § 96 Rn. 18).
- Weiterbildungsangebote während der Kurzarbeit
- Erweiterung eines Betriebs oder Gründung neuer Betriebe
- Maßnahmen zur Verbesserung der Kundenbindung
- Vorschläge zum Investitions- und Produktionsprogramm

- Vorschläge zum Umgang mit demografischen Fragestellungen (siehe hierzu ausführlich Christopher Koll, Älter werden im Betrieb, AiB 2016, Nr. 1, 10–14

Die Qualität der vom BR unterbreiteten Vorschläge ist für die Ausübung des Mitbestimmungsrechts unerheblich. Dennoch sollte der BR seine Forderungen weitgehend präzisieren und auf die jeweilige betriebliche Situation zuschneiden.

4 Der BR kann Vorschläge jederzeit unterbreiten. Die Vorschläge sind **formlos** möglich.

Hinweis:
Zur Wahrnehmung der Beteiligungsrechte nach § 92a hat der AG dem BR alle erforderlichen Informationen zur Verfügung zu stellen (BAG 23.3.2010 – 1 ABR 81/08). § 92a eignet sich als »**Werkzeug**« also in besonderem Maße, möglichst umfangreiche Informationen vom AG einzufordern. Die Grenzen des Informationsanspruchs liegen erst dort, wo ein Beteiligungsrecht offensichtlich nicht in Betracht kommt. Allerdings reicht es nicht aus, dass der BR sich nur pauschal auf sein Vorschlagsrecht beruft. Er muss vielmehr **konkret darlegen**, warum die Unterlagen erforderlich sind, damit er sein Vorschlagsrecht ausüben kann (BAG 12.3.2019 – 1 ABR 43/17). Bei Fragen im Zusammenhang mit der **Künstlichen Intelligenz** wird die Erforderlichkeit der Hinzuziehung eines Sachverständigen unterstellt.

III. Ausführung des Beratungsverfahrens

5 Der AG muss sich mit den Vorschlägen des BR zur Beschäftigungssicherung inhaltlich auseinandersetzen. Hierbei hat der BR Anspruch darauf, dass auf Arbeitgeberseite die Beratungen durch sachkundige Verhandlungspartner geführt werden. Ein Vertreter der **Bundesagentur für Arbeit** kann zu den Beratungen hinzugezogen werden (§ 92a Abs. 2 Satz 3).

6 Nach § 80 Abs. 2 sind dem BR alle erforderlichen Informationen zu erteilen und Unterlagen zu übergeben, die ihn in den Stand versetzen können, Vorschläge zur Beschäftigungssicherung nach § 92a zu erarbeiten.

7 Verlangt der BR von dem AG **Unterlagen**, weil er beabsichtigt, Vorschläge zur Beschäftigungssicherung zu unterbreiten, muss er seine Idee der beschäftigungssichernden Maßnahmen zumindest grob umreißen, damit der beteiligte AG prüfen kann, ob und welche der angeforderten Unterlagen zur weiteren Ausarbeitung der Beschäftigungssicherungsidee erforderlich sind (LAG Mecklenburg-Vorpommern 17.1.2006 –

5 TaBV 3/05). Die reine Wiederholung des Gesetzeswortlauts ist nicht ausreichend.

Zur Vorbereitung eines Beschäftigungssicherungsplans kann der BR unter den Voraussetzungen des § 80 Abs. 3 einen **Sachverständigen** hinzuziehen. Dem steht nicht entgegen, dass der BR auch die Möglichkeit hat, Vertreter der Agentur für Arbeit hinzuzuziehen (ArbG Essen 16.12.2003 – 6 BV 97/03, AiB 2004, 436–437; siehe hierzu ausführlich Welkoborsky, AiB 2004, 437–438). 8

Kommt der AG seiner Beratungs- und Begründungspflicht nicht oder nicht ausreichend nach, wird hierdurch die Wirksamkeit einer Kündigung des Arbeitsverhältnisses nicht berührt; Beschränkungen des **Kündigungsrechts** resultieren aus einem Verstoß gegen § 92a nicht (BAG 18.10.2006 – 2 AZR 434/05). Der Vorschlag des BR zur Beschäftigungssicherung kann aber in einem Kündigungsschutzverfahren durchaus eine gewisse Rolle spielen. Eine Kündigung des Arbeitsverhältnisses muss ultima ratio sein. Bestehen Weiterbeschäftigungsmöglichkeiten, kann dies Bestandteil von Vorschlägen zur Beschäftigungssicherung sein und bei der Prüfung der Wirksamkeit der Kündigung Berücksichtigung durch das ArbG finden. Zudem kann der BR bei Widersprüchen nach § 102 Abs. 3 auf seine Vorschläge zur Beschäftigungssicherung Bezug nehmen. 9

Ein Verstoß des AG gegen Beteiligungsrechte nach § 92a rechtfertigt keine Zustimmungsverweigerung zur Einstellung eines **Leiharbeitnehmers** nach § 99 (LAG Niedersachsen 19.11.2008 – 15 TaBV 159/07). Besondere Bedeutung findet die Beteiligung nach § 92a neben den »gängigen« Restrukturierungsmaßnahmen auch in Bezug auf neue Arbeitsformen (Stichwort: Digitale Tagelöhner und **Crowdsourcing**; siehe hierzu ausführlich: Michaela Böhm, Digitale Tagelöhner, AiB 2014, 39–42). Unter Crowdsourcing versteht man die Auslagerung von Aufgaben an eine undefinierte Masse an Menschen, in der Regel über das Internet. Diese neue Form der Arbeitserbringung führt insbesondere in der IT-Branche zu einem Abbau von Arbeitsplätzen. 10

Gegenüber Verhandlungen über einen **Interessenausgleich** und einen **Sozialplan** nach § 111 ff. sind Beteiligungsrechte nach § 92a nicht vorgreiflich. Es besteht daher keine Verpflichtung des AG, bevor er über einen Interessenausgleich und Sozialplan mit dem BR verhandelt, ein Beteiligungsverfahren nach § 92a durchzuführen oder abzuschließen (LAG Hamm 20.3.2009 – 10 TaBV 17/09). Deshalb wird die Einsetzung einer **Einigungsstelle** nach § 100 ArbGG bei einem Scheitern von Verhandlungen über einen Interessenausgleich auch dann rechtlich zulässig sein, wenn das Verfahren nach § 92a noch nicht abgeschlossen ist. 11

Diesen Umstand muss die Einigungsstelle dann aber im Zuge der Verhandlungen vor der Einigungsstelle berücksichtigen (LAG Schleswig-Holstein 2.3.2011 – 3 TaBV 1/11).

Hinweis:
Der BR sollte seine Vorschläge zur Beschäftigungssicherung zum Gegenstand des Verfahrens vor der Einigungsstelle machen.

IV. Beratungsergebnis

12 Einigen sich BR und AG auf eine Umsetzung des Vorschlages zur Beschäftigungssicherung, ist dies **formlos** möglich.

13 Hält der AG den Vorschlag des BR für »ungeeignet«, kann er den Vorschlag ablehnen. Hinsichtlich möglicher **Ablehnungsgründe** des AG enthält das Gesetz keine Vorgaben. Sachwidrige Ablehnungsgründe verletzten aber den Grundsatz der vertrauensvollen Zusammenarbeit (§ 2 Abs. 1). Der AG ist deshalb gehalten, den Vorschlag nicht ohne jedweden sachlichen Grund willkürlich abzulehnen.

14 Der AG ist zur **Begründung** seiner Ablehnung auch dann verpflichtet, wenn er den Vorschlag zwar für geeignet hält, aber aus anderen Gründen nicht bereit ist, den Vorschlag aufzugreifen und umzusetzen. Die Begründungspflicht besteht unabhängig von einer entsprechenden Aufforderung durch den BR.

15 In Betrieben mit mehr als 100 AN muss die Begründung **schriftlich** erfolgen.

Für die erforderliche Arbeitnehmeranzahl kann es nicht auf den **Zeitpunkt** der Ablehnung ankommen, weil der AG ansonsten über eine gesetzlich nicht vorgesehene Gestaltungsmöglichkeit bei der Anzahl der beschäftigten AN und der dadurch ausgelösten Begründungspflicht verfügen würde. Abzustellen ist auf die »in der Regel« vorhandene Beschäftigtenzahl (so auch DKW, § 92a BetrVG Rn. 21). Schriftlich bedeutet

- per Brief,
- per Telefax oder
- per E-Mail.

Nicht ausreichend ist eine entsprechende Veröffentlichung im Intranet.

V. Streitigkeiten

16 Im **Beschlussverfahren** entscheidet das ArbG über folgende Angelegenheiten:

- Weigerung des AG, mit dem BR in Beratungen über den Vorschlag einzutreten
- Ablehnung des Vorschlags ohne Begründung

Umstritten ist, ob dem BR ein **Unterlassungsanspruch** für den Fall zusteht, dass der AG Maßnahmen umsetzen will, die die noch nicht diskutierten Vorschläge des BR gegenstandslos machen würden (bejahend DKW, § 92a BetrVG Rn. 25; verneinend Fitting, § 92a BetrVG Rn. 14). Ein allgemeiner Unterlassungsanspruch neben dem Anspruch nach § 23 Abs. 3 ist nicht ausgeschlossen. Insoweit kann eine Parallele zu der Diskussion um den allgemeinen Unterlassungsanspruch bei § 111 gezogen werden (siehe hierzu ausführlich die Kommentierung zu §§ 112, 112a Rn. 84 ff.). 17

§ 93 Ausschreibung von Arbeitsplätzen

Der Betriebsrat kann verlangen, dass Arbeitsplätze, die besetzt werden sollen, allgemein oder für bestimmte Arten von Tätigkeiten vor ihrer Besetzung innerhalb des Betriebs ausgeschrieben werden.

Inhaltsübersicht Rn.

I. Zweck der Regelung

Die Verpflichtung zur innerbetrieblichen Ausschreibung von Arbeitsplätzen soll den **innerbetrieblichen Arbeitsmarkt** aktivieren und steht in unmittelbarem Zusammenhang zur Personalplanung, konkret der Personalbedarfsdeckung. Abgesichert wird das Beteiligungsrecht nach § 93 bei der Ausschreibung von Arbeitsplätzen über den **Zustimmungsverweigerungsgrund** nach § 99 Abs. 2 Nr. 5. Wird eine innerbetriebliche Stellenbesetzung nicht vorgenommen, kann der BR die Zustimmung zur personellen Maßnahme verweigern (siehe hierzu ausführlich die Kommentierung in § 99 Rn. 50). 1

Die Ausschreibung von Arbeitsplätzen als Voll- oder **Teilzeitstellen** regelt § 7 Abs. 1 TzBfG. 2

II. Verlangen des BR

3 Der AG muss eine innerbetriebliche Stellenausschreibung nur dann verpflichtend vornehmen, wenn dies zuvor vom BR verlangt worden ist. Der BR muss hierüber einen entsprechenden **Beschluss** fassen und dem AG diesen Beschluss zur Kenntnis geben. Die innerbetriebliche Stellenausschreibung bezieht sich auf befristete und unbefristete Arbeitsplätze, auf Vollzeit- und Teilzeitarbeitsplätze sowie ebenfalls auf Arbeitsplätze, die mit Leiharbeitnehmern oder freien Mitarbeitern dauerhaft besetzt werden sollen. Hierbei beinhaltet das Mitbestimmungsrecht auch **freie, freiwerdende oder neu geschaffene** Arbeitsplätze. Ein freier Arbeitsplatz, der besetzt werden soll, kann auch dann vorliegen, wenn dieser Arbeitsplatz so **umstrukturiert** wird, dass der bisherige Stelleninhaber ohne eine längerfristige erfolgreiche Fortbildung die Tätigkeit nicht mehr ausüben kann (LAG Niedersachsen 15.3.2023 – 2 TaBV 23/22; nicht rechtskräftig, Beschwerde unter Az 1 ABR 18/23 beim BAG anhängig). Dieser »neue« Arbeitsplatz ist dann auszuschreiben. Das ist eine in der Praxis problematische Entscheidung, da in diesem Fall ja auch der bisherige Stelleninhaber sich intern auf eine Stelle bewerben muss, die er bereits – wenn auch mit anderen inhaltlichen Anforderungen – innegehabt hat.

4 Über § 93 kann der BR die Schaffung neuer Arbeitsplätze nicht verlangen. Eine Einstellung im Sinne von § 99 führt nach Ansicht des BAG nicht automatisch dazu, dass auch eine Stellenausschreibung nach § 93 erforderlich wäre (BAG 12.6.2019 – 1 ABR 5/18). Werden einem AN in dem Betrieb A Führungsaufgaben in dem Betrieb B (**betriebsübergreifende Aufgaben im Rahmen einer Matrixstruktur**) übertragen, kann eine Einstellung nach § 99 (in den Betrieb B) vorliegen, ohne dass zugleich auch ein betriebsbezogener ausschreibungspflichtiger Arbeitsplatz in diesem Betrieb vorliegt. Die Übertragung von Aufgaben ist nicht automatisch mit der Besetzung eines Arbeitsplatzes gleichzusetzen. Hier kommt es auf die Umstände des Einzelfalles an.

5 Für das Verlangen des BR gibt es keine besonderen **Formvorschriften**. Auch ein mündliches Verlangen des BR ist wirksam. Sinnvollerweise werden aber zwischen AG und BR Ausschreibungsgrundsätze vereinbart.

6 Verlangt der BR eine innerbetriebliche Stellenausschreibung, muss der AG diese auch dann vornehmen, wenn mit internen Bewerbungen nicht zu rechnen ist (LAG Berlin-Brandenburg 14.1.2010 – 26 TaBV 1954/09; so auch LAG Düsseldorf 12.4.2019 – 10 TaBV 46/18). Umgekehrt folgt aus einer Vereinbarung zur innerbetrieblichen Ausschreibung nicht

automatisch, dass **innerbetriebliche Bewerber** externen Bewerbern gegenüber bevorzugt zu berücksichtigen sind (LAG Mecklenburg-Vorpommern 3.5.2019 – 4 TaBV 15/18).

Hinweis:
Will der BR eine vorrangige Berücksichtigung innerbetrieblicher Bewerber erreichen, muss dies ausdrücklich in einer **BV** mit dem AG vereinbart werden. Hierbei sollte der BR in der Formulierung darauf achten, dass eine vorrangige Berücksichtigung schon »bei Eignung« für die in Aussicht genommene Position und nicht erst bei »gleicher Eignung« erfolgt.

Nicht ausreichend ist es, dass der AG in der Vergangenheit im Einzelfall 7
Stellen innerbetrieblich ausgeschrieben hat. Ebenfalls nicht ausreichend ist, dass der BR im Einzelfall eine innerbetriebliche Ausschreibung verlangt und der AG diese dann auch vorgenommen hat. Maßgebend ist vielmehr ein **generelles Verlangen** des BR, künftig Stellen innerbetrieblich auszuschreiben (siehe hierzu auch LAG München 6.10.2005 – 3 TaBV 24/05), wobei der BR berechtigt ist, sein generelles Verlangen auf bestimmte Bereiche zu beschränken, wie z. B. nur auf die Verwaltung. Der AG ist berechtigt, sich auf das Fehlen eines ausdrücklichen Verlangens des BR auch dann zu berufen, wenn er in der **Vergangenheit** Stellen stets im Betrieb ausgeschrieben hat (LAG Berlin 26.9.2013 – 6 TaBV 609/03).

Der AG ist auch dann zur innerbetrieblichen Stellenausschreibung eines 8
Arbeitsplatzes verpflichtet, wenn er ein **befristetes Arbeitsverhältnis** in ein unbefristetes Arbeitsverhältnis umwandeln will (LAG Hamm 31.10.2000 – 13 TaBV 47/00; siehe hierzu auch Czuratis, Schubert und Ulbrich, Betriebsrat und Befristungen, AiB 2015, Nr. 11, 48–51).
Auch Arbeitsplätze, die mit **Leiharbeitnehmern** besetzt werden sollen, müssen nach § 93 intern ausgeschrieben werden (wenn die Einsatzzeit der Leiharbeitnehmer mindestens vier Wochen betragen soll, BAG 15.10.2013 – 1 ABR 25/12). Will der AG freie Arbeitsplätze mit im **Konzern ausgebildeten Nachwuchskräften** besetzen, müssen diese Stellen auch dann auf Verlangen des örtlichen BR ausgeschrieben werden, wenn der **GBR oder KBR** mit dem AG etwas anderes vereinbart hat (BAG 29.9.2020 – 1 ABR 17/19). Der Rechtsanspruch nach § 93 steht dem örtlichen BR zu und kann vom KBR oder GBR nicht eingeschränkt werden.

Hinweis:
Soll über eine KBV oder GBV die Ausschreibungspflicht für bestimmte Arbeitnehmergruppen oder freie Arbeitsplätze eingeschränkt werden, ist dies nur mit Zustimmung der örtlichen BR zulässig. Liegt keine Zustimmung des örtlichen BR vor, kann dieser die Zustimmung zur Einstellung nach § 99 Abs. 2 Nr. 5 wegen einer unterbliebenen Stellenausschreibung verweigern.

9 Auch ein »**personenbezogener Arbeitsplatz**« ist bei einem entsprechenden Verlangen des BR innerbetrieblich auszuschreiben. Dass dieser Arbeitsplatz auf eine bestimmte Person zugeschnitten ist, rechtfertigt nicht ein Absehen von einer innerbetrieblichen Stellenausschreibung (LAG Sachsen 13.8.1993 – 3 TaBV 2/93). Auch wenn der AG einem AN ermöglichen will, das altersbedingte Ende des Arbeitsverhältnisses hinauszuschieben (**Hinausschiebensvereinbarung** nach § 41 Satz 3 SGB VI), muss er den Arbeitsplatz ausschreiben (BAG 22.9.2021 – 7 ABR 22/20).

10 Zuständig für das »Verlangen« ist grundsätzlich der **örtliche BR** (LAG Niedersachsen 20.2.2019 – 13 TaBV 24/18) Der KBR oder GBR kann deshalb in einer BV nicht mit dem AG vereinbaren, dass in bestimmten Fällen eine Ausschreibung **unterbleiben** kann. In die Zuständigkeit des **GBR** fällt das Verlangen einer internen Stellenausschreibung aber dann, wenn wegen der unternehmenseinheitlichen Personalplanung die Ausschreibung auf Unternehmensebene im Interesse der AN liegt (ArbG Ulm 12.8.2009 – 4 BV 5/09). **Betriebsübergreifend** muss eine Stellenausschreibung auch dann vorgenommen werden, wenn ansonsten der Gleichbehandlungsgrundsatz verletzt wäre. Dieser bindet den AN unternehmensweit (ArbG Ulm 12.8.2009 – 4 BV 5/09). Für überbetriebliche Ausschreibungen ist der GBR zuständig, wenn ansonsten der innerbetriebliche Gleichbehandlungsgrundsatz verletzt wäre (ArbG Hamburg 20.6.2008 – 27 BV 5/08). Gleiches gilt für den Fall, dass die auszuschreibende Stelle für einen betriebsübergreifenden Einsatz vorgesehen ist (LAG Niedersachsen 20.2.2019 – 13 TaBV 24/18; anhängig beim BAG, 1 ABR 17/19).

11 Das Recht des BR, die innerbetriebliche Stellenausschreibung zu verlangen, beinhaltet kein Initiativrecht zur Einführung und Ausgestaltung von Personalfragebögen (LAG Düsseldorf 24.7.1984 – 3 TaBV 67/84).

III. Inhalt der Stellenausschreibung

Zweck der innerbetrieblichen Stellenausschreibung ist die Eröffnung des betriebsinternen Arbeitsmarkts. Unter einer Ausschreibung ist deshalb die allgemeine Aufforderung an alle oder an eine bestimmte Gruppe von AN zu verstehen, sich für bestimmte Arbeitsplätze im Betrieb zu bewerben. Hieraus resultieren bestimmte **Mindestanforderungen an eine Stellenausschreibung**. Diese Mindestanforderungen sind wie folgt zu charakterisieren: 12

- Betriebsbereich/Abteilung, in dem/der die Stelle zu besetzen ist
- Beschreibung der Arbeitsbedingungen und des Arbeitsplatzes
- Persönliche und fachliche Anforderungen an den Bewerber
- Besetzungstermin und Bewerbungsverfahren
- Teilzeitgeeignetheit
- Geeignetheit für schwerbehinderte AN

Aus der Ausschreibung muss sich ergeben, um welchen Arbeitsplatz es sich handelt und welche Anforderungen Bewerber erfüllen müssen, damit sie die für diesen Arbeitsplatz erforderlichen Arbeitsaufgaben auch bewältigen können. Nicht erforderlich ist die Angabe, ob die Stelle **befristet** oder unbefristet besetzt werden soll (LAG Schleswig-Holstein 6.3.2012 – 2 TaBV 37/11). Wichtig ist dies deshalb, weil die Zustimmung zur Einstellung eines Bewerbers nach § 99 Abs. 2 Nr. 5 nicht nur dann verweigert werden kann, wenn eine erforderliche Ausschreibung unterblieben ist, sondern auch dann, wenn eine Ausschreibung nur **unzureichend** erfolgt ist (BAG 6.10.2010 – 7 ABR 18/09, AiB 2011, 404–407). 13

Die Höhe der vorgesehenen **Vergütung** ist nicht notwendiger Bestandteil einer Stellenausschreibung (BAG 10.3.2009 – 1 ABR 93/07). Dies gilt auch für die vorgesehene **Eingruppierung**. Aus der Ausschreibung muss lediglich hervorgehen, um welchen Arbeitsplatz es sich handelt. Die tarifrechtliche Wertigkeit ist keine erforderliche Angabe, um für interessierte AN erkennbar zu machen, welche Stellen frei sind und welche Anforderungen an den Stelleninhaber gestellt werden (LAG Schleswig-Holstein 6.7.2017 – 4 TaBV 6/17). 14

Die Pflicht zur Stellenausschreibung besteht auch für Arbeitsplätze des Betriebs, die mit **Leiharbeitnehmern** besetzt werden sollen. Die Belegschaft hat ein rechtlich schützenswertes Interesse daran, dass betriebliche Vorgänge transparent sind. Dies gilt insbesondere auch, wenn die Tätigkeiten von außenstehenden Beschäftigten übernommen werden sollen (BAG 15.10.2013 – 1 ABR 25/12 und BAG 1.12.2011 – 1 ABR 79/09). Das BAG verlangt eine voraussichtliche Einsatzzeit von zu- 15 mindest vier Wochen (BAG 7.6.2016 – 1 ABR 33/14). Entscheidend ist hierbei die vom AG geplante Einsatzzeit des Leiharbeitnehmers. Bei Arbeitsplätzen, die der AG mit Leiharbeitnehmern besetzen will, muss er keinen Hinweis aufnehmen, dass eine Bewerbung eines Stammarbeitnehmers auf diesen Arbeitsplatz möglich ist (BAG 7.6.2016 – 1 ABR 33/14). Selbstverständlich kann sich der Stammarbeitnehmer dennoch bewerben.

16 Die Stellenausschreibung muss inhaltlich zutreffend sein. Von einer nicht ordnungsgemäßen Ausschreibung ist dann auszugehen, wenn die Ausschreibung Angaben über die tarifliche Vergütung enthält, die offensichtlich fehlerhaft sind. In diesem Fall ist der BR zur **Zustimmungsverweigerung** nach § 99 Abs. 2 Nr. 5 berechtigt (BAG 10.3.2009 – 1 ABR 93/07). Die Stellenausschreibung mit einer offensichtlich falschen Angabe zur Höhe der Vergütung kann AN davon abhalten, sich auf die ausgeschriebene Stelle zu bewerben. Eine **offensichtliche Falschangabe** ist deshalb einer unterlassenen Stellenausschreibung gleichzusetzen (wohl auch LAG Schleswig-Holstein 6.7.2017 – 4 TaBV 6/17).

17 Von einer **ordnungsgemäßen** innerbetrieblichen Stellenausschreibung kann auch dann nicht ausgegangen werden, wenn der AG die Stelle im Betrieb zwar ausschreibt, in einer Stellenanzeige in der Tagespresse dann aber geringere Anforderungen für eine Bewerbung um diese Stelle nennt (BAG 23.2.1988 – 1 ABR 82/86, AiB 1988, 291–291). Der BR kann wegen der nicht ordnungsgemäßen innerbetrieblichen Stellenausschreibung die Zustimmung nach § 99 Abs. 2 zur geplanten personellen Maßnahme verweigern (ausführlich hierzu Degen in AiB 1988, 291–292 – Urteilsanmerkung).

18 Ist der Arbeitsplatz teilzeitgeeignet, ist der Arbeitsplatz auch entsprechend auszuschreiben. Von der Ausschreibung zu unterscheiden ist die Frage, ob ein Arbeitsplatz überhaupt **teilzeitgeeignet** ist; dies unterfällt dem Beurteilungsspielraum des AG (ArbG Hannover 13.1.2005 – 10 BV 7/04).

Bei der **Erstellung von Stellenbeschreibungen** besteht kein Mitbestimmungsrecht des BR nach § 93 (BAG 31.1.1984 – 1 ABR 63/81; siehe auch § 94 Rn. 15).

IV. Zeitpunkt, Dauer und Ort sowie Form der Stellenausschreibung

19 Die innerbetriebliche Stellenausschreibung muss erfolgen, bevor der AG seine **Besetzungsentscheidung** getroffen hat (BAG 11.10.2022 – 1

ABR 16/21). Eine Nachholung während eines laufenden Prozesses zur gerichtlichen Zustimmungsersetzung ist nicht möglich.

Form, Frist und Bekanntmachung einer Ausschreibung sind gesetzlich 20
nicht zwingend vorgesehen. Die **Ausgestaltung der Ausschreibung** ist nach ständiger Rechtsprechung des BAG grundsätzlich Sache des AG. Er bestimmt, welche Aufgabenbereiche, Befugnisse usw. einer zu besetzenden Stelle zugeordnet sind und welche Anforderungen er vom Bewerber erfüllt sehen will (LAG Schleswig-Holstein 6.3.2012 – 2 TaBV 37/11 unter Bezugnahme auf BAG 6.10.2010 – 7 ABR 18/09, AiB 2011, 404–407 und BAG 27.7.1993 – 1 ABR 7/93). Der AG kann das Verfahren zur Stellenausschreibung allerdings nicht völlig frei bestimmen. Haben AG und BR keine Regelung über die konkrete **Ausgestaltung des Ausschreibungsverfahrens** getroffen, so richten sich die Anforderungen an das Ausschreibungsverfahren nach dem Zweck der Ausschreibungspflicht. Dieser geht dahin, die zu besetzende Stelle den in Betracht kommenden AN zur Kenntnis zu bringen und ihnen die Möglichkeit zu geben, ihr Interesse an der Stelle kundzutun und sich darum zu bewerben (vgl. BAG 1.2.2011 – 1 ABR 79/09). Nicht ausreichend ist deshalb eine Ausschreibung, die mit der Stelle, die schließlich besetzt wird, nicht mehr vergleichbar ist (BAG 30.4.2014 – 7 ABR 51/12, AiB 2015, 63).

Die **Dauer der Ausschreibung** ist gesetzlich nicht vorgegeben und 21
wird ebenfalls von dem AG bestimmt. Hierbei muss allerdings die Ausschreibungsfrist so bemessen sein, dass alle potentiellen Bewerber die Chance zur Kenntnisnahme und rechtzeitigen Bewerbung haben. Für eine innerbetriebliche Stellenausschreibung ist ein **Ausschreibungszeitraum** von zwei Wochen nach Auffassung des BAG in der Regel ausreichend (siehe hierzu BAG 6.10.2010 – 7 ABR 18/09, AiB 2011, 404–407) Das BAG hat aber keine Mindestausschreibungsfrist festgelegt. Der zeitliche Zusammenhang zwischen der Ausschreibung und der tatsächlichen Stellenbesetzung darf nicht verlorengehen. Die im Betrieb beschäftigten AN müssen erkennen können, dass eine Stellenbesetzung im Raum steht und sie sich auf die Stelle bewerben können (BAG 30.4.2014 – 7 ABR 51/12, AiB 2015, 63). Ist in einer Ausschreibung ein **Datum** für eine Stellenbesetzung angegeben, ist regelmäßig keine erneute Ausschreibung erforderlich, wenn zwischen diesem Datum und dem tatsächlichen Besetzungszeitpunkt nicht mehr als **sechs Monate** vergangen sind (BAG 30.4.2014 – 7 ABR 51/12, AiB 2015, 63). Danach muss erneut ausgeschrieben werden.

Die Stellenausschreibung muss so bekanntgemacht werden, dass alle potentiellen Bewerber die Möglichkeit haben, von der Stellenausschreibung Kenntnis zu nehmen.

V. Pflicht zur benachteiligungsfreien Stellenausschreibung

22 Die für den AG bestehende Ausschreibungspflicht nach § 93 besteht unabhängig davon, ob mit der Bewerbung anderer Mitarbeiter zu rechnen ist oder nicht (LAG Köln 14.9.2012 – 5 TaBV 18/12). Gemäß § 11 AGG i. V. m. § 7 AGG darf eine Ausschreibung nicht unter Verstoß gegen das **Verbot der Diskriminierung** wegen der Rasse, der ethnischen Herkunft, des Geschlechts, der Religion oder der Weltanschauung, einer Behinderung, des Alters oder der sexuellen Identität erfolgen.

23 Nach § 3 AGG sind sowohl die unmittelbare als auch die mittelbare Diskriminierung unzulässig. Deshalb ist es erforderlich, die Stellenausschreibung **geschlechtsneutral** zu formulieren. Schreibt der AG den Arbeitsplatz nur für Männer oder nur für Frauen aus, ohne Gründe für die unterschiedliche Behandlung gem. § 611a Abs. 1 Satz 2 BGB angeben zu können, ist dies rechtswidrig. Der BR kann seine Zustimmung zur beabsichtigten personellen Maßnahme im Rahmen von § 99 Abs. 2 Nr. 5 verweigern (ArbG Essen 8.11.1990 – 1 BV 67/90).

24 Eine unzulässige **Altersdiskriminierung** stellt es dar, wenn der AG Arbeitsplätze nur bis zu einem bestimmten Höchstalter ausschreibt. Dies wäre nur dann zulässig, wenn der Arbeitsplatz selbst eine angemessene Beschäftigung vor dem Eintritt in den Ruhestand erforderlich macht (Art. 6 Abs. 1c der RL 2000/78/EG). In diesem Zusammenhang spielt vor allem die mittelbare Diskriminierung eine große Rolle. Ausschreibungen, die auf ein junges dynamisches Team verweisen oder aber auf Berufsanfänger abstellen, können eine mittelbare Diskriminierung älterer Bewerber darstellen (BAG 18.8.2009 – 1 ABR 47/08).

25 Der BR hat im Wesentlichen zwei **Möglichkeiten**, die Einhaltung des Benachteiligungsverbotes durchzusetzen:

- Er kann die Zustimmung über § 99 Abs. 2 Nr. 5 verweigern, weil eine ordnungsgemäße Stellenausschreibung nicht erfolgt ist.
- Er kann von seinem Antragsrecht nach § 17 AGG Gebrauch machen.

Der AG ist im Auswahlverfahren bei personellen Einzelmaßnahmen an die Stellenanforderungen in der innerbetrieblichen Arbeitsplatzausschreibung gebunden (LAG Baden-Württemberg 17.12.2007 – 4 TaBV 3/07).

VI. Freiwillige BV

26 Die Betriebsparteien haben die Möglichkeit, eine BV oder eine Regelungsabrede über Form, Inhalt und Zeit der Ausschreibung abzuschließen. Hierbei handelt es sich um eine **freiwillige BV**. Eine derartige BV

ist über die Einigungsstelle nicht erzwingbar (BAG 6.10.2010 – 7 ABR 18/09, AiB 2011, 404–407).

VII. Verstoß des AG, Verzögerung der Besetzung

Verstößt der AG gegen seine Verpflichtung, betriebsintern freie Stellen auszuschreiben und ein entsprechendes Stellenbesetzungsverfahren vorzunehmen, kann dies zu einer **Zustimmungsverweigerung** nach § 99 Abs. 2 berechtigen (zu den Details einer derartigen Zustimmungsverweigerung vgl. die Kommentierung zu § 99 Abs. 2 unter § 99 Rn. 65). Eine **erneute innerbetriebliche Ausschreibung** ist nicht erforderlich, wenn sich ein Stellenbesetzungsverfahren verzögert und die personelle Maßnahme erst später als ursprünglich beabsichtigt vorgenommen wird (LAG Nürnberg 14.3.2012 – 4 TaBV 40/11). Das gilt aber nur bis zu einer zeitlichen Grenze von **sechs Monaten** zwischen Ausschreibungszeitpunkt und tatsächlicher Besetzung (BAG 30.4.2014 – 7 ABR 51/12). 27

VIII. Streitigkeiten

Enthält eine Stellenausschreibung eine unzutreffende Angabe, kann der BR nach § 23 Abs. 3 die **Unterlassung** verlangen, wenn es sich um eine offensichtlich unzutreffende inhaltliche Angabe handelt (so ähnlich LAG Berlin-Brandenburg 23.3.2010 – 7 TaBV 2511/09). 28
Auseinandersetzungen zwischen dem AG und dem BR über Umfang, Art und Weise der innerbetrieblichen Stellenausschreibung sind im arbeitsgerichtlichen Beschlussverfahren zu klären.

Im Wege des **Beschlussverfahrens** kann der BR vom AG eine innerbetriebliche Stellenausschreibung durchsetzen (siehe hierzu ausführlich DKW, § 93 BetrVG Rn. 38). 29

§ 94 Personalfragebogen, Beurteilungsgrundsätze

(1) [1]Personalfragebogen bedürfen der Zustimmung des Betriebsrats. [2]Kommt eine Einigung über ihren Inhalt nicht zustande, so entscheidet die Einigungsstelle. [3]Der Spruch der Einigungsstelle ersetzt die Einigung zwischen Arbeitgeber und Betriebsrat.
(2) Absatz 1 gilt entsprechend für persönliche Angaben in schriftlichen Arbeitsverträgen, die allgemein für den Betrieb verwendet werden sollen, sowie für die Aufstellung allgemeiner Beurteilungsgrundsätze.

Inhaltsübersicht Rn.

I. Zweck der Regelung

1 Die Einführung und der Inhalt von Personalfragebögen unterliegen dem **Zustimmungsvorbehalt** und damit der erzwingbaren Mitbestimmung des BR. Auch persönliche Angaben in schriftlichen (Formular-) Arbeitsverträgen sind mitbestimmungspflichtig. Darüber hinaus unterliegt auch die Aufstellung allgemeiner Beurteilungsgrundsätze dem Mitbestimmungsrecht des BR. Einigen sich die Betriebsparteien in diesen Angelegenheiten nicht, entscheidet die Einigungsstelle auf Antrag einer der Parteien.

II. Personalfragebogen

2 Der **Begriff** des Personalfragebogens ist missverständlich. Die Rechtsprechung favorisiert eine weite Auslegung. Auch formalisierte und standardisierte Informationserhebungen des AG gehören in den Anwendungsbereich.

Unerheblich ist:

- Wer konkret den Bogen ausfüllt,
- ob und inwieweit der Fragebogen durch einen Dritten bearbeitet oder ausgewertet wird,
- wie die Fragen gestellt und beantwortet werden.

3 Entscheidend ist, dass **Auskünfte über die Person, Kenntnisse und Fertigkeiten** des AN in formalisierter Form eingeholt werden sollen. Wichtig ist, dass ein Bezug zu einem bestimmten AN hergestellt werden kann. **Anonyme Befragungen** zählen also nicht dazu.

So gehört in den Anwendungsbereich des § 94 ebenfalls eine **Checkliste** zur Führung von formalisierten **Krankengesprächen**. Auch **Arbeitsplatzerhebungsbögen** unterfallen dem Mitbestimmungsrecht, soweit personenbezogene Fragen aufgeführt sind, die geeignet sind, Rück-

schlüsse auf Leistung oder Eignung der Befragten zuzulassen. **Mitarbeiterbefragungen zum Gesundheitsschutz** fallen (neben der Mitbestimmung nach § 87 Abs. 1 Nr. 7) unter das Mitbestimmungsrecht nach § 94, soweit die Daten einzelnen AN zugeordnet werden können. Soweit die Mitarbeiterbefragung durch ein **Drittunternehmen** durchgeführt wird, das die Anonymität sicherstellt, scheidet die Anwendung des § 94 Abs. 1 aus (ArbG Hamburg 23.12.2014 – 27 BVGa 4/14). Voraussetzung ist aber, dass sich das Drittunternehmen ausdrücklich verpflichtet hat, die Ergebnisse nur in anonymisierter Form weiterzuleiten. Sind die mittels Fragebogen erhobenen Daten einem einzelnen AN zuzuordnen oder ist dies mit Hilfe des Drittunternehmens möglich, liegt ein mitbestimmungspflichtiger Personalfragebogen vor (LAG Hamburg 14.6.2016 – 2 TaBV 2/16).
Mitarbeiterbefragungen, die strikt **freiwillig** sind und bei denen es am AN liegt, ob und in welchem Umfang er die gestellten Fragen beantwortet oder nicht, sollen nicht dem Mitbestimmungsrecht des BR unterfallen (BAG 21.11.2017 – 1 ABR 47/16; anders aber das BVerwG 29.7.2021 – 5 P 2/20 für das HmbPersVG). Dies gilt auch für **anonymisierte Mitarbeiterbefragungen**, die keine Rückschlüsse auf Leistung und Eignung der Befragten zulassen. Ist die Nichtteilnahme an einer freiwilligen Mitarbeiterbefragung aber mit Nachteilen verbunden, etwa weil Bewerber zur **Vermeidung von Nachteilen** im Rahmen eines Bewerbungsverfahrens mittelbar gezwungen sind, personenbezogene Angaben zu machen, unterliegen die Befragungen auch dem Mitbestimmungsrecht nach § 94 BetrVG.

1. Begriff der Personalfragebögen

Ein Personalfragebogen ist die formularmäßige Zusammenfassung von 4
Fragen über die persönlichen Verhältnisse, Kenntnisse und Fähigkeiten einer Person. Ausreichend ist es, dass die beabsichtigten Fragen jedenfalls auch **personenbezogene Daten** betreffen, die objektiv geeignet sind, Rückschlüsse auf Leistung oder Eignung der Befragten zuzulassen (ArbG Bonn 31.10.2003 – 2 BVGa 15/03). Das Mitbestimmungsrecht beschränkt sich nicht auf Fragebögen im eigentlichen und formellen Sinne. Auch Fragen, die zwar nicht in einem schriftlichen Fragebogen vom AN selbst zu beantworten sind, die aber standardisiert in **Checklisten** aufgrund einer Befragung durch den AG niedergelegt und ausgefüllt werden, unterliegen der Mitbestimmung (ArbG Köln 3.3.1989 – 12 BV 37/88). Eine Befragung von Mitarbeitern zu den **Führungsqualitäten**

ihrer unmittelbaren Vorgesetzten soll keinen Personalfragebogen darstellen (BAG 11.12.2018 – 1 ABR 13/17).

5 Ob der AG die Befragung selbst vornimmt oder aber eine **Drittfirma** mit der Befragung beauftragt, ist für das Mitbestimmungsrecht grundsätzlich ohne Belang. Der BR hat auch dann ein Mitbestimmungsrecht nach § 94, wenn der AG eine Drittfirma mit der Befragung beauftragt hat. Das Mitbestimmungsrecht besteht allerdings dann nicht, wenn dem AG die Ergebnisse der Befragung nur in anonymisierter Form zur Verfügung gestellt werden.

6 Unerheblich ist ebenfalls, dass die Befragung von einer im Ausland ansässigen **Konzernmutter** vorgenommen wird. Auch bei einer Befragung per **E-Mail oder Intranet** besteht ein Mitbestimmungsrecht des BR (LAG Hessen 5.7.2001 – 5 TaBV 153/00).

7 Nimmt der AG **Jahresgespräche** mit seinen Mitarbeitern vor und nutzt er hierfür Fragebögen, die personenbezogene Daten enthalten, unterliegt dies der Mitbestimmung nach § 94 Abs. 1 (LAG Köln 21.4.1997 – 3 TaVB 79/96, AiB 1997, 664–665).

8 Fragebögen, die der AG zur **Diebstahlsaufklärung** verwendet, unterliegen dann dem Mitbestimmungsrecht, wenn darin allgemein wie auch speziell Kenntnisse und Fähigkeiten des jeweiligen Mitarbeiters abgefragt werden (ArbG Offenbach 21.6.1995 – 3 BV 2/95, AiB 1995, 671–672).

Die Einführung und Verwendung von Formularen zum Erfassen von **Kassendifferenzen** fällt nicht unter den Begriff des Personalfragebogens im Sinne von § 94 (LAG Berlin-Brandenburg, 19.4.2011 – 7 TaBV 556/11), ggf. aber unter § 87 Abs. 1 Nr. 1 (betriebliche Ordnung) oder unter § 87 Abs. 1 Nr. 6, wenn die erhobenen Daten elektronisch verarbeitet werden.

8a Führt der AG in der gesamten Belegschaft mittels eines **Fragebogens eine Befragung zu einem Verdacht einer Straftat** durch, soll diese Befragung nicht in den Anwendungsbereich des § 94 fallen, wenn rein sachbezogene Fragen gestellt werden (LAG Niedersachsen 15.1.2025 – 2 SLa 31/24; LAG Niedersachsen 1.10.2024 – 11 TaBV 19/24). Dies soll auch dann gelten, wenn die Angaben nicht anonymisiert erfolgen und die Teilnahme bzw. Beantwortung der Fragen für die AN verpflichtend ist.

> **Hinweis:**
> Der BR sollte genau prüfen, ob es sich ausschließlich um rein sachbezogene Fragen handelt. Denn ggf. können auch einzelne Fragen die Grenze zu den Voraussetzungen eines Personalfragebogens überschreiten und daher dem Mitbestimmungsrecht des § 94 unterfallen.

2. Inhalt der Personalfragebögen/Datenschutz

AG haben kein generelles Recht, personenbezogene Daten über ihre AN zu erfragen. Voraussetzung ist ein **berechtigtes Auskunftsbedürfnis** des AG. Dem gegenüber steht das Persönlichkeitsrecht des einzelnen AN, in das unzulässigerweise nicht eingegriffen werden darf. 9

Datenerhebungen dürfen im Rahmen der Zweckbestimmung des Arbeitsverhältnisses unter Berücksichtigung des **Grundrechts auf informationelle Selbstbestimmung** vorgenommen werden. Unter Berücksichtigung der berechtigten beiderseitigen Interessen dürfen folgende Arbeitnehmerdaten gespeichert werden: 10

- Geschlecht
- Familienstand
- Schule
- Ausbildung in Lehr- und anderen Berufen
- Fachschulausbildung/Fachrichtung/Abschluss
- Sprachkenntnisse

Ein berechtigtes, billigenswertes und schutzwürdiges Interesse des AG ist mit dem allgemeinen Persönlichkeitsrecht des AN abzuwägen. Folgende **Grundlinien** haben sich anhand der einschlägigen Rechtsprechung herausgebildet: 11

- Partei, Gewerkschaft oder Konfession: vor der Einstellung unzulässig; nach erfolgter Einstellung nur, soweit die Angaben für das Arbeitsverhältnis erforderlich sind
- Mitgliedschaft bei Scientology: grundsätzlich zulässig bei einer Vertrauensstellung oder bei Repräsentationsaufgaben
- Vorstrafen, Ermittlungsverfahren: unzulässig sind allgemeine Fragen ohne Bezug zum Arbeitsverhältnis
- Familienstand, Kinderzahl und Sozialversicherungsträger: zulässig, weil zur Abwicklung des Arbeitsverhältnisses erforderlich
- Sexuelle Orientierung: grundsätzlich unzulässig
- Vermögensverhältnisse: grundsätzlich unzulässig, es sei denn, es besteht eine besondere Vermögensbetreuungspflicht gegenüber dem AG
- Schwangerschaft: grundsätzlich unzulässig
- Schwerbehinderteneigenschaft: vor der Einstellung und bei Einstellung grundsätzlich unzulässig; nach Ablauf der 6-Monats-Frist grundsätzlich zulässig
- Krankheiten: grundsätzlich unzulässig, es sei denn, eine dauerhafte Einschränkung der Leistungsfähigkeit ist hiermit verbunden

- Alkohol- und/oder Drogenabhängigkeit: grundsätzlich unzulässig, es sei denn, für das Arbeitsverhältnis von erheblicher Bedeutung
- HIV-Infektion: grundsätzlich unzulässig, es sei denn, Ansteckungsgefahr bei Heil- und Pflegeberufen

Werden unzulässige Fragen falsch beantwortet, kann der AG eine **Anfechtung** des Arbeitsvertrags nicht erklären. Auch eine Kündigung des Arbeitsverhältnisses kann darauf nicht gestützt werden.

3. Umfang und Ausübung der Betriebsratsrechte

12 Dem Mitbestimmungsrecht des BR unterliegen die Einführung und jedwede Änderung konkreter Fragebögen. Das Mitbestimmungsrecht erstreckt sich auf folgende **Umstände**:

- Einführung von Personalfragebögen
- Änderung von Personalfragebögen
- Festlegung des Verwendungszwecks
- Änderungen des Verwendungszwecks
- Inhalt der zulässigen Fragen

13 Der BR hat **kein Initiativrecht**, Personalfragebögen einzuführen. Er kann auch bei der unternehmerischen Entscheidung, Personalfragebögen abzuschaffen, nicht mitbestimmen. Auch die tatsächliche Verwendung von Personalfragbögen ist nicht mitbestimmungspflichtig; das Mitbestimmungsrecht des BR bezieht sich vor allem auf die inhaltliche Ausgestaltung von Fragebögen.

Verwendet ein AG einen Eingabebogen, der den Zweck hat, eine Erstellung von Zeugnissen vorzubereiten, unterliegt dies dem Mitbestimmungsrecht des BR (LAG Hessen 5.10.1993 – 5 TaBVGa 112/93, AiB 1994, 121–122).

14 Werden die Arbeitsverträge zentral im Rahmen einer betriebsübergreifenden einheitlichen Personalpolitik gesteuert, ist für die Angaben in betriebsübergreifend verwendeten Formulararbeitsverträgen der **GBR** zuständig (LAG Nürnberg 21.12.2010 – 6 TaBVGa 12/10). Werden Mitarbeiterbefragungen von einer Konzernobergesellschaft geplant und durchgeführt (z.B. im Rahmen von konzernweiten Compliance-Regelungen), ist der KBR ausschließlich zuständig, nicht aber der GBR oder die örtlichen Einzelbetriebsräte (LAG Köln 28.1.2025 – 9 TaBV 89/23).

Das Mitbestimmungsrecht des BR besteht nicht nur bei der erstmaligen Einführung eines Personalfragebogens, sondern auch bei jeder **Änderung** eines bereits verwendeten Musters (LAG Hessen 17.2.1983 – 4 TaBV 107/82).

Die **Einigungsstelle** kann den AG nicht dazu verpflichten, **Stellenbeschreibungen** als Grundlage für eine spätere Leistungsbeurteilung anzufertigen. Hierzu ist der AG nicht verpflichtet und kann dazu auch nicht im Wege des Einigungsstellenspruches verpflichtet werden (LAG Düsseldorf 23.5.2012 – 5 TaBV 2/12). Anderes gilt für eine reine **Aufgabenbeschreibung**. Diese ist vom Mitbestimmungsrecht des § 94 Abs. 2 gedeckt und kann verpflichtend im Einigungsstellenspruch vorgesehen werden (BAG 14.1.2014 – 1 ABR 49/12). Eine Stellenbeschreibung legt die Funktion einer bestimmten Stelle innerhalb des Betriebs fest. Sie definiert die Aufgabe und die Kompetenz dieser Stelle und beschreibt, welche Tätigkeiten dort im Einzelnen zu ihrer Erfüllung verrichtet werden müssen (BAG 14.1.2014 – 1 ABR 49/12). Bei der reinen Aufgabenbeschreibung werden nur die Tätigkeitsinhalte dokumentiert. Entscheidungsbefugnisse und Einbindung in betriebliche Abläufe sind nicht Bestandteil der Aufgabenbeschreibung. 15

III. Kein Frageumweg über den Arbeitsvertrag

Arbeitsvertragsformulare als solche unterliegen grundsätzlich nicht dem Mitbestimmungsrecht des BR. Enthalten diese **Arbeitsvertragsformulare** aber persönliche Angaben des AN, ist das Mitbestimmungsrecht nach § 94 Abs. 2 (1. Alternative) einschlägig. Der BR kann also vom AG verlangen, dass dieser die Abfrage und/oder Aufnahme persönlicher Angaben in Arbeitsvertragsformularen unterlässt. Die Verwendung des Formulars als Ganzes kann nicht vom BR verlangt werden (LAG Nürnberg 21.12.2010 – 6 TaBVGa 12/10). Ebenfalls der Mitbestimmung des BR können einzelne Bestandteile eines Arbeitsvertragsformulars unterliegen, wenn dort Regelungsbestandteile enthalten sind, die nach § 87 Abs. 1 mitbestimmungspflichtig sind, wie z. B. ein Rauchverbot oder eine Urlaubsregel (nach der z. B. mindestens ein Drittel des Jahresurlaubs in der ersten Hälfte des Kalenderjahres zu nehmen ist). 16

IV. Mitarbeiterbefragung durch den BR

Auch der BR ist berechtigt, Mitarbeiterbefragungen durchzuführen. Er kann hierbei zur Befragung der Mitarbeiter des Betriebes auch Fragebögen nutzen (LAG Sachsen 15.7.2022 – 4 TaBVGa 1/22). Die Befragung muss sich hierbei auf Themen beziehen, die in den Aufgabenbereich des BR fallen. Der BR muss den AG vorab nicht um Zustimmung zur beabsichtigten Befragung ersuchen. Es ist aber sinnvoll und entspricht dem Gebot der vertrauensvollen Zusammenarbeit (§ 2 BetrVG), den 17

AG über die beabsichtigte Durchführung einer Befragung vorab zu informieren. § 94 BetrVG steht einer Mitarbeiterbefragung durch den BR nicht entgegen. Das Beteiligungsrecht besteht nur zu Gunsten des BR, legt diesem aber keine Beschränkungen auf.
Über den Inhalt der Fragebögen entscheidet der BR unter Berücksichtigung seiner Aufgaben nach eigenem Ermessen.

V. Beurteilungsgrundsätze

18 Unter **Beurteilungsgrundsätze** sind Regelungen zu verstehen, die eine Bewertung des Verhaltens oder der Leistung der beschäftigten AN objektivieren und nach einheitlichen Kriterien ausrichten sollen (BAG 23.10.1984 – 1 ABR 2/83; BAG 14.1.2014 – 1 ABR 49/12). Das Mitbestimmungsrecht bezieht sich hierbei nicht auf die **Beurteilung im Einzelfall** oder auf das Ergebnis der Beurteilung (LAG Rheinland-Pfalz 18.9.2019 – 7 TaBV 20/19). Das Mitbestimmungsrecht bezieht sich vielmehr auf die »Grundsätze« als solche, also die Festlegung der Beurteilungsmerkmale, die Beurteilungsgrundlagen und die Ausgestaltung des Beurteilungsverfahrens.

19 Nicht erforderlich ist, dass die vom AG aufgestellten Beurteilungsgrundsätze **schriftlich** niedergelegt sind (LAG Niedersachsen 6.3.2007 – 11 TaBV 101/06).

20 Entscheidend ist nicht, ob die Beurteilungsgrundsätze die Gesamtheit von Führung und Leistung abdecken. Auch **Teilaspekte** gehören zu den Beurteilungsgrundsätzen im Sinne von § 94 Abs. 2 (LAG Berlin 22.4.1987 – 12 TaBV 1/87, AiB 1987, 215–215).

21 **Funktionsbeschreibungen**, mit denen für Gruppen von Stelleninhabern mit vergleichbaren Tätigkeiten deren Funktionen festgelegt werden, gehören nicht zu den Beurteilungsgrundsätzen (BAG 14.1.1986 – 1 ABR 82/83). Dies gilt auch für **Stellenbeschreibungen** (BAG – 14.1.2014 – 1 ABR 49/12).

22 Die Festlegung des **Verfahrens**, wie Beurteilungen zustande kommen, gehört zu den Beurteilungsgrundsätzen (LAG Hamm 10.1.2010 – 10 TaBV 99/09). **Aufgabenbeschreibungen** als Teil eines Beurteilungsverfahrens sind deshalb vom Mitbestimmungsrecht aus § 94 Abs. 2 umfasst (BAG 14.1.2014 – 1 ABR 49/12). Die Mitbestimmung des BR erstreckt sich auch auf die Ausgestaltung des Beurteilungsverfahrens. Werden im Beurteilungsverfahren **Mitarbeitergespräche** geführt, hat der BR auch bei der Ausgestaltung der Gespräche ein Mitbestimmungsrecht (BAG 17.3.2015 – 1 ABR 48/13; zur Gestaltung von Mitarbeitergesprächen siehe ausführlich: Giese, Im Gespräch bleiben, AiB 2015,

Nr. 2, 52–54 sowie Breisig, Sprechen verbindet, AiB 2015, Nr. 10, 10–15). Werden Ergebnisse eines Auswahlverfahrens lediglich in einer **Bewertungsmatrix** festgehalten, liegt hierin noch keine Aufstellung von Beurteilungsgrundsätzen (LAG Schleswig-Holstein 27.2.2018 – 1 TaBV 25/17).

Führungsrichtlinien, die festlegen, dass Vorgesetzte nachgeordnete Mitarbeiter unter bestimmten Voraussetzungen auf die Erfüllung ihrer Arbeitsaufgaben zu kontrollieren haben, zählen nicht zu den Beurteilungsgrundsätzen im Sinne von § 94. Dies gilt auch dann, wenn das Ergebnis die Kontrolle für die Beurteilung und Förderung von Mitarbeitern sein soll (BAG 23.10.1984 – 1 ABR 2/83). 23

Das Zustimmungsrecht des BR bezieht sich nicht auf die Frage, ob allgemeine Beurteilungsgrundsätze überhaupt angewandt werden, sondern auf den **Inhalt** dieser Beurteilungsgrundsätze (LAG Hessen 2.3.1982 – 4 TaBV 77/81). Hierbei hat der BR nach ständiger Rechtsprechung des BAG aber nicht das Recht, von sich aus an den AG heranzutreten und von diesem die Aufstellung von allgemeinen Beurteilungsgrundsätzen zu verlangen (kein **Initiativrecht**: BAG 23.3.2010 – 1 ABR 81/08).

Auch die Weiterverwendung von Beurteilungsrichtlinien nach der Wahl eines BR ist mitbestimmungspflichtig, wenn diese Beurteilungsrichtlinien zuvor mitbestimmungsfrei eingeführt worden sind (LAG Hessen 6.3.1990 – 5 Sa 1202/89, AiB 1990, 423). 24

Personalwirtschaftssysteme beinhalten häufig KI-Anwendungen. Kommt bei der Leistungsbeurteilung von AN eine KI-Anwendung zum Einsatz, werden dadurch grundsätzlich Mitbestimmungsrechte auch nach § 94 ausgelöst. Stellt die KI-Anwendung selbstständig Beurteilungsgrundsätze auf oder entwickelt sie vom AG vorgegebene Beurteilungsgrundsätze weiter, besteht auch nach § 94 ein Mitbestimmungsrecht in Bezug auf die KI-Anwendung selbst und die von ihr verwendeten Kriterien.

VI. Testverfahren

Werden bei Testverfahren Personalfragebögen eingesetzt und Beurteilungsgrundsätze aufgestellt, besteht ein entsprechendes Mitbestimmungsrecht des BR. Bei den entsprechenden Verfahren wird in der Regel das Verhalten der Testpersonen dokumentiert und ausgewertet (z. B. im Rahmen eines sog. Talent-Managements). Bei folgenden **Testungen** besteht deshalb in der Regel ein Mitbestimmungsrecht: 25

- Potentialanalyse
- Psychologische Tests

- Assessmentverfahren
- Intelligenztests
- Persönlichkeitstests
- Genetische Analysen

Durch diese Testungen können massive Eingriffe in das Persönlichkeitsrecht der AN erfolgen. Deswegen besteht auch ein Mitbestimmungsrecht des BR bei der Einführung und der Ausgestaltung derartiger Testverfahren.

VII. Streitigkeiten

26 Streiten die Betriebsparteien darüber, ob ein Personalfragebogen vorliegt oder nicht, entscheidet das ArbG hierüber im **Beschlussverfahren.**

27 Verstößt der AG gegen § 94 Abs. 2, steht dem BR ein Unterlassungsanspruch zu. Der **Unterlassungsanspruch** bezieht sich schon auf das Erheben der Leistungsdaten und ist im Beschlussverfahren anhängig zu machen (LAG Niedersachsen 6.3.2007 – 11 TaBV 101/06).

Die Verwendung eines Fragebogens zur Diebstahlsaufklärung ohne Einschalten des BR kann einen groben Verstoß im Sinne von § 23 Abs. 3 darstellen, der einen entsprechenden Unterlassungsanspruch des BR rechtfertigen kann (ArbG Offenbach 21.6.1995 – 3 BV 2/95, AiB 1995, 671–672). Dies gilt allerdings dann nicht, wenn der Fragebogen ausschließlich sachbezogene Fragen enthält (s. Rn. 8a).

28 Der BR hat im Einzelfall die Möglichkeit, dem AG die Verwendung eines Fragebogens im Wege der **einstweiligen Verfügung** zu untersagen, wenn sein Mitbestimmungsrecht verletzt wird (LAG Hessen 5.10.1993 – 5 TaBVGa 112/93, AiB 1994, 121–122).

Wenn der AG bei der Stellenbesetzung demgegenüber nicht mitbestimmte Personalfragebögen oder Beurteilungsgrundsätze verwendet, steht dem BR auch kein **Zustimmungsverweigerungsrecht** nach § 99 Abs. 2 Satz 1 BetrVG zu (LAG Düsseldorf 2.8.2023 – 12 TaBV 46/22; bestätigt durch BAG Beschl. v. 24.9.2024 – 1 ABR 31/23). Der BR kann also seine Zustimmung zu einer Einstellung oder Versetzung nicht verweigern, wenn der AG seine Entscheidung auf nicht mitbestimmte Unterlagen stützt.

29 Unklar sind die **individualrechtlichen Folgen** einer mitbestimmungswidrig ausgeführten Erhebung und Erfassung personenbezogener Daten mittels eines Personalfragebogens. Nach Ansicht des BAG ist der AN nicht berechtigt, eine individualrechtlich zulässige Frage falsch oder gar nicht zu beantworten. Das gilt auch dann, wenn eine Verletzung des Mitbestimmungsrechts des BR vorliegt (BAG 2.12.1999 – 2 AZR 724/98). Nach der vom BAG selbst vertretenen Theorie der Wirksamkeitsvoraus-

setzung ist aber eine individualrechtliche Maßnahme nur dann rechtlich zulässig und wirksam, wenn das Mitbestimmungsrecht des BR beachtet wurde. Ausgehend hiervon wird man den AN für berechtigt halten müssen, auf mitbestimmungswidrig eingeführte Personalfragebögen die Auskunft verweigern oder aber auch eine unzutreffende Auskunft auf einzelne personenbezogene Fragen geben zu können.

§ 95 Auswahlrichtlinien

(1) [1]Richtlinien über die personelle Auswahl bei Einstellungen, Versetzungen, Umgruppierungen und Kündigungen bedürfen der Zustimmung des Betriebsrats. [2]Kommt eine Einigung über die Richtlinien oder ihren Inhalt nicht zustande, so entscheidet auf Antrag des Arbeitgebers die Einigungsstelle. [3]Der Spruch der Einigungsstelle ersetzt die Einigung zwischen Arbeitgeber und Betriebsrat.

(2) [1]In Betrieben mit mehr als 500 Arbeitnehmern kann der Betriebsrat die Aufstellung von Richtlinien über die bei Maßnahmen des Absatzes 1 Satz 1 zu beachtenden fachlichen und persönlichen Voraussetzungen und sozialen Gesichtspunkte verlangen. [2]Kommt eine Einigung über die Richtlinien oder ihren Inhalt nicht zustande, so entscheidet die Einigungsstelle. [3]Der Spruch der Einigungsstelle ersetzt die Einigung zwischen Arbeitgeber und Betriebsrat.

(2a) Die Absätze 1 und 2 finden auch dann Anwendung, wenn bei der Aufstellung der Richtlinien nach diesen Absätzen Künstliche Intelligenz zum Einsatz kommt.

(3) [1]Versetzung im Sinne dieses Gesetzes ist die Zuweisung eines anderen Arbeitsbereichs, die voraussichtlich die Dauer von einem Monat überschreitet, oder die mit einer erheblichen Änderung der Umstände verbunden ist, unter denen die Arbeit zu leisten ist. [2]Werden Arbeitnehmer nach der Eigenart ihres Arbeitsverhältnisses üblicherweise nicht ständig an einem bestimmten Arbeitsplatz beschäftigt, so gilt die Bestimmung des jeweiligen Arbeitsplatzes nicht als Versetzung.

Inhaltsübersicht Rn.

I. Zweck der Regelung

1 Personelle Maßnahmen im Sinne von § 99 und Kündigungen bedingen häufig die Auswahl unter mehreren betroffenen AN. Will der AG **Auswahlrichtlinien** aufstellen, bedarf es hierzu der Zustimmung des BR. In Betrieben mit mehr als 500 AN hat der BR ein Initiativrecht dahingehend, ob Auswahlrichtlinien eingeführt werden sollen und mit welchem Inhalt. Zudem enthält § 95 Abs. 3 eine wichtige Definition zum **Versetzungsbegriff.** Dieser ist vor allem im Rahmen der Mitbestimmung nach § 99 von Bedeutung (siehe zum Versetzungsbegriff § 99 Rn. 25 ff.).
§ 95 will sicherstellen, dass Auswahlentscheidungen des AG bei personellen Einzelmaßnahmen und Kündigungen dem Gebot der **Transparenz** und der **Objektivierung** entsprechen.

II. Auswahlrichtlinien

1. Begriff und Inhalt

2 Auswahlrichtlinien sind abstrakt-generelle Grundsätze, die der AG einer unbestimmten Zahl künftiger personeller Einzelmaßnahmen im Sinne einer einheitlichen Praxis zugrunde legen will.

3 Bei **Auswahlrichtlinien** handelt es sich um Richtlinien, die die fachlichen und persönlichen Voraussetzungen und die sozialen Gesichtspunkte festlegen, die bei Einstellungen, Versetzungen, Umgruppierungen und Kündigungen zu beachtenden sind. Sinn und Zweck von Auswahlrichtlinien ist es, zu regeln, unter welchen Voraussetzungen die genannten **personellen Einzelmaßnahmen** erfolgen sollen. Hierbei soll die Personalentscheidung versachlicht und transparenter gestaltet werden.

4 Auswahlrichtlinien können sowohl in Form einer **BV** als auch in Form einer **Regelungsabrede** geschlossen werden. Sinnvollerweise sollte der BR darauf achten, bei Abschluss einer BV auch eine Regelung zur **Nachwirkung** aufzunehmen. Bei Betrieben mit bis zu 500 AN besteht nach herrschender Meinung kein Initiativrecht des BR, so dass im Falle einer Kündigung der Auswahlrichtlinie diese von Gesetzes wegen nicht nachwirken würde (siehe hierzu ausführlich DKW, § 95 BetrVG Rn. 14). Etwas anderes gilt in Betrieben, in denen 500 oder mehr AN beschäftigt sind.

5 Eine besondere gesetzliche **Form** ist nicht vorgegeben; die Auswahlrichtlinie bedarf vor allem keiner Schriftform. Auch eine mündliche Vereinbarung über Personalauswahlrichtlinien ist wirksam (LAG

Hamm 31.7.2009 – 10 TaBV 9/09). Allerdings bedarf die Auswahlrichtlinie eines förmlichen Beschlusses. Duldet der BR lediglich eine einseitig vom AG aufgestellte Auswahlrichtlinie, führt dies nicht zu einer entsprechenden Vereinbarung mit dem AG.

Die Verwendung von **Künstlicher Intelligenz** (siehe hierzu § 90 Rn. 8) 6 bei der Aufstellung der Auswahlrichtlinien unterliegt ebenfalls den Beteiligungsrechten des BR (Abs. 2a). Selbstverständlich ist in diesem Zusammenhang auch das Mitbestimmungsrecht des BR bei der Einführung technischer Einrichtungen nach § 87 Abs. 1 Nr. 6 zu berücksichtigen.

> **Hinweis:**
> Auch wenn die Künstliche Intelligenz automatisch Auswahlrichtlinien aufstellt, liegen dem Vorgang Algorithmen und Rahmenbedingungen zugrunde, die dem Beteiligungsrecht des BR hinsichtlich der Auswahlkriterien unterfallen. Der BR hat ein uneingeschränktes Einsichtsrecht in ein **Bewerbungsmanagement-Tool** und die dort gespeicherten Bewerbungsunterlagen inclusive Bewertungen und Kommentare der Recruiter, auch wenn die Auswahlentscheidung technisch erfolgt (LAG Köln 15.5.2020 – 9 TaBV 32/19).

KI-gestützte Analysetools (**People Analytics-Anwendungen**) scannen 7 Bewerbungsunterlagen automatisch und treffen eine Vorauswahl. KI-gestützte Programme können mittels Text-, Video- und Sprachanalyse Rückschlüsse auf die Persönlichkeitsstruktur der Bewerber zulassen. KI-Anwendungen fassen Daten in Gruppen zusammen, ordnen Bewerber diesen Gruppen zu und leiten hieraus Konsequenzen für die Geeignetheit eines Bewerbers ab. Hierin liegen **Diskriminierungsrisiken**, weil es zu Verzerrungen und Verknüpfungen des KI-gestützten Entscheidungsvorschlags mit den Diskriminierungsmerkmalen des AGG (Alter, Geschlecht, Behinderung etc.) kommen kann. Für den Einsatz der KI ist zu beachten, dass die Datenschutzgrundverordnung in Art. 22 DS-GVO ein **Verbot automatisierter Entscheidungen** enthält. Ablehnungen oder Einstellungen, ohne dass zuvor noch eine autonome menschliche Entscheidung über die Maßnahme getroffen wird, sind grundsätzlich nicht zulässig. Bei dem sog. **Robo-Recruiting** stellt die KI-Anwendung in den Grenzen eines vorgegebenen Rahmens eigene Auswahlrichtlinien auf. Dies ist ein mitbestimmungspflichtiger Vorgang, wobei noch nicht entschieden ist, inwieweit der einer KI immanente **Selbstlernfortschritt** in jedem Einzelfall eine Änderung der Auswahlrichtlinien und damit einen mitbestimmungspflichtigen Vorgang darstellt. KI-Anwendungen können selbst Auswahlrichtlinien aufstellen oder aber vom AG vorgegebene Auswahlrichtlinien verwenden. Wegen des der KI immanenten Selbstlernfortschritts bezieht sich das Mitbestimmungsrecht des BR nach unserer Auffassung in beiden Fällen auch auf die Konfiguration der KI-Anwendung selbst, also beispielsweise auch auf die Auswahl des für die KI zur Verfügung stehenden Datenpools.

8 Müssen zur Einstellung vorgesehene Personen im Rahmen einer **Eignungsuntersuchung** beim werksärztlichen Dienst vorstellig werden und dort Blut- und Urinproben abgeben, um einen möglichen Alkohol- oder Drogenkonsum zu prüfen, so handelt es sich um Bestandteile einer Auswahlrichtlinie. Diese unterliegen der Mitbestimmung des BR (LAG Baden-Württemberg 13.12.2002 – 16 TaBV 4/02).

9 Ein **Laufbahnaufstieg** ist keine personelle Maßnahme im Sinne von § 95 Abs. 1 Satz 1 und kann damit nicht Gegenstand einer Auswahlrichtlinie sein (BAG 23.3.2010 – 1 ABR 81/08).

10 Kriterien für die Zuweisung bestimmter Planstellen an einzelne Betriebe der AG stellen keine Auswahlrichtlinien dar (BAG 28.3.2006 – 1 ABR 59/04).

11 Auch Vergleichsgruppen für die Vornahme der **sozialen Auswahl** können in Auswahlrichtlinien festgelegt werden. Nicht zulässig ist es allerdings, einen Großteil der Belegschaft aus betriebstechnischen Gründen generell von der Austauschbarkeit auszunehmen und die Sozialauswahl auf den verbleibenden Rest zu beschränken (BAG 5.12.2002 – 2 AZR 697/01, AiB 2004, 439–442).

12 **Anforderungsprofile** haben den Zweck, für bestimmte Arbeitsplätze festzulegen, welchen Anforderungen fachlicher, persönlicher oder sonstiger Art ein potentieller Stelleninhaber genügen muss, um den Arbeitsplatz besetzen und die Arbeitsaufgabe erfüllen zu können. Die Erstellung von Anforderungsprofilen ist Teil der Personalbedarfsplanung und unterfällt dem dortigen Mitbestimmungsrecht (siehe dort). Anforderungsprofile sind keine Auswahlrichtlinien im Sinne von § 95. Hierbei kommt es nicht darauf an, ob sie verbindlich oder unverbindlich sind (BAG 31.5.1983 – 1 ABR 6/80).

13 Bei der Aufstellung von Auswahlrichtlinien für Versetzungen oder Kündigungen kann die Einigungsstelle ein Bewertungsschema in Form eines **Punktesystems** beschließen. Allerdings muss dem AG ein Entscheidungsspielraum verbleiben. Dieser Entscheidungsspielraum muss umso größer sein, desto weniger differenziert das Punktesystems ausgestaltet ist (BAG 27.10.1992 – 1 ABR 4/92, AiB 1993, 459–460). Grundsätze zur Berücksichtigung von **Entfernungskilometern** bei Versetzungen

können Inhalt einer Auswahlrichtlinie sein (LAG Hamm 25.9.2015 – 13 Sa 316/15).

Weicht der AG vorsätzlich von einer Auswahlrichtlinie im Sinne von § 95 ab, die die Bewertung der sozialen Auswahlkriterien verbindlich regelt, führt dieser Rechtsverstoß auch dann zur **groben Fehlerhaftigkeit** der sozialen Auswahl im Sinne von § 125 InsO und § 1 Abs. 5 KSchG, wenn die Abweichung nur geringfügig ist (LAG Hamm 4.5.2011 – 2 Sa 1975/10). Dies gilt aber nur, wenn sich der AG einseitig über die Auswahlrichtlinie hinwegsetzt. Setzen sich die Betriebsparteien gemeinsam über die Auswahlrichtlinie hinweg, indem sie einen Interessenausgleich mit Namensliste vereinbaren und entspricht die Namensliste nicht den Vorgaben der Auswahlrichtlinie, gilt die **Namensliste** trotzdem (BAG 24.10.2013 – 6 AZR 854/11). In diesem Fall liegt in der Vereinbarung des Interessenausgleichs mit Namensliste zugleich eine Abänderung der Auswahlrichtlinien. Das hat zur Folge, dass aufgrund des Interessenausgleichs mit Namensliste zumindest eine grobe Fehlerhaftigkeit der Sozialauswahl allein wegen des Verstoßes gegen die Auswahlrichtlinie nicht gegeben ist (BAG 24.10.2013 – 6 AZR 854/11). **14**

Trotz des Verbots der Altersdiskriminierung darf das **Lebensalter** als Auswahlkriterium bei einer Auswahlrichtlinie nach § 95 (auch bei Kündigungen) Berücksichtigung finden (BAG 5.11.2009 – 2 AZR 676/08). Zulässig und von der Rechtsprechung anerkannt ist beispielsweise ein Punktesystem, das für jedes Lebensjahr einen Punkt und für jedes Jahr der Betriebszugehörigkeit zwei Punkte vergibt (ArbG Bielefeld 25.4.2007 – 6 Ca 2886/06). Das lässt § 1 Abs. 4 KSchG im Falle von Kündigungen zu. **15**

Um eine Auswahlrichtlinie handelt es sich auch, wenn der AG ein **Punkteschema** für die soziale Auswahl nicht generell auf alle künftigen betriebsbedingten Kündigungen, sondern nur auf konkret bevorstehende Kündigungen anwenden will (LAG Hamm 21.5.2008 – 10 TaBVGa 5/08). **16**

Ein Punktesystem zur Gewichtung der Sozialdaten muss keine individuelle Abschlussprüfung vorsehen (BAG 9.11.2006 – 2 AZR 812/05, AiB 2007, 667–668).

Die ordnungsgemäße Ausführung eines für das Punktesystem erforderlichen Mitbestimmungsverfahrens nach § 95 Abs. 1 ist keine Wirksamkeitsvoraussetzung einer **Kündigung** (BAG 9.11.2006 – 2 AZR 812/05, AiB 2007, 667–668). Bestimmt sich die Sozialauswahl nach einer Auswahlrichtlinie, kann sich nur der AN auf einen Auswahlfehler berufen, dessen Arbeitsverhältnis sonst nicht gekündigt worden wäre (LAG Berlin 20.8.2004 – 6 Ca 17438/03). **17**

18 Ein **Interessenausgleich** nach § 111 kann mit einer durch BV abgeschlossenen Auswahlrichtlinie verbunden werden (LAG Hamm 3.8.2004 – 19 Sa 728/04).

2. Mitbestimmung durch den BR

19 In folgenden Einzelaspekten unterliegt eine Auswahlrichtlinie der Zustimmung des BR:

- Einstellungen
- Versetzungen
- Umgruppierungen
- Kündigungen

20 Bei **Eingruppierungen** besteht kein Mitbestimmungsrecht des BR. Diese richtet sich nach den Tarifmerkmalen oder den sonstigen Eingruppierungsmerkmalen.

Eine Auswahlrichtlinie bedarf des ausdrücklichen Beschlusses des BR. Das gilt auch dann, wenn die Auswahlrichtlinie nicht als BV, sondern als Regelungsabsprache zwischen den Betriebsparteien getroffen worden ist. Der BR kann eine Auswahlrichtlinie nachträglich genehmigen. Hierbei ist aber zu berücksichtigen, dass eine nach Ablauf der Wochenfrist des § 99 Abs. 3 Satz 1 erfolgte **Genehmigung des BR** nachträglich einen Zustimmungsverweigerungsgrund nicht begründen kann, weil die Genehmigung bei Ablauf der Wochenfrist noch nicht vorlag (BAG 17.11.2010 – 7 ABR 120/09).

21 BR und AG können in einer Auswahlrichtlinie Regelungen für eine Vorauswahl treffen und gleichzeitig dem AG bei gleicher oder annähernd gleicher Punktezahl die Endauswahl überlassen (ArbG Essen 30.8.2005 – 2 Ca 670/05). In einer Auswahlrichtlinie kann der AG allerdings nicht ermächtigt werden, einseitig von der getroffenen Vorauswahl abzuweichen.

Eine Auswahlrichtlinie, die unter Mitbestimmung des BR zustande kam, ist von den ArbG nur beschränkt überprüfbar. Ein Punktesystem kann arbeitsgerichtlich nur dann korrigiert werden, wenn das **Punktesystem** eines der gesetzlich zu berücksichtigenden Kriterien unausgewogen unberücksichtigt lässt. Wird aber ein sozialer Gesichtspunkt nach § 1 Abs. 3 Satz 1 KSchG, der bei allen AN vorliegen kann (Alter und Betriebszugehörigkeit), nicht oder so gering bewertet, dass er in fast allen denkbaren Fällen nicht mehr den Ausschlag geben kann, liegt keine wirksame Auswahlrichtlinie vor (BAG 18.10.2006 – 2 AZR 473/05, AiB 2010, 116).

22 Kollektivrechtlich sind Auswahlrichtlinien vor allem im Rahmen von § 99 Abs. 2 von Bedeutung. Der BR kann die **Zustimmung** zu einer personellen Maßnahme im Sinne von § 99 Abs. 1 **verweigern**, wenn die Maßnahme gegen eine Auswahlrichtlinie verstoßen würde. Das gilt nicht für Kündigungen. Der BR kann nach § 102 Abs. 3 Nr. 2 einer ordentlichen Kündigung lediglich widersprechen, wenn gegen eine Auswahlrichtlinie verstoßen worden ist.

23 Der Verstoß gegen eine Auswahlrichtlinie hat aber auch **individualrechtliche Folgen**. Nach § 1 Abs. 2 Satz 2 Nr. 1a KSchG ist eine Kündigung, die gegen eine Richtlinie nach § 95 verstößt, sozial ungerechtfertigt. Zudem kann bei Vorliegen einer Auswahlrichtlinie die Sozialauswahl nur auf grobe Fehlerhaftigkeit hin überprüft werden (§ 1 Abs. 4 KSchG).

24 Aus einer Auswahlrichtlinie resultiert grundsätzlich kein Anspruch des erfolgreichen Bewerbers auf Übertragung der Stelle: Bewerber können unmittelbar aus Auswahlrichtlinien in der Regel keinen **Einstellungsanspruch** ableiten (LAG Rheinland-Pfalz 16.1.2018 – 6 Sa 425/17). Etwas anderes gilt im öffentlichen Dienst. Hier besteht eine Verpflichtung, jede Bewerbung nach den Kriterien des Art. 33 Abs. 2 GG zu beurteilen. Dies gilt aber nur für Einstellungen und Beförderungen innerhalb des öffentlichen Dienstes und in der Regel nicht für die Privatwirtschaft, auch nicht für privatrechtlich geführte Betriebe der öffentlichen Hand. Aus § 75 folgt die Verpflichtung des AG, sich bei einer **Einstellung** von sachlichen Erwägungen leiten zu lassen und den internen Bewerber nach den Grundsätzen von Recht und Billigkeit zu behandeln. Der Verstoß gegen Auswahlrichtlinien kann im Einzelfall bei **betriebsinternen Bewerbern** als Indiz für sachfremde Erwägungen gewertet werden mit der Folge, dass auch ein Anspruch auf Übertragung der Stelle bestehen kann (offengelassen von LAG Rheinland-Pfalz 16.1.2018 – 6 Sa 425/17). Gegenüber **externen Bewerbern** besteht ein derartiger Anspruch nach umstrittener Ansicht nicht (siehe hierzu BAG 5.4.1984 – 2 AZR 513/82).

25 Das Mitbestimmungsrecht des BR besteht nicht uneingeschränkt. Auswahlrichtlinien müssen gesetzeskonform sein. Deshalb müssen Auswahlrichtlinien den Anforderungen des § 75 entsprechen, dürfen nicht gegen das Allgemeine Gleichbehandlungsgesetz verstoßen und haben die zwingenden Vorschriften des Kündigungsschutzgesetzes zu beachten.

26 Folgende **Aspekte** können im Rahmen einer Auswahlrichtlinie berücksichtigt werden:

- Lebensalter
- Gesundheitszustand
- Dauer der Betriebszugehörigkeit
- Schwerbehinderung
- Unterhaltsverpflichtungen
- Dauer der Berufserfahrung
- Grundqualifikation
- aktuelle Leistungsbeurteilung und Potentialanalyse bei Bewerbern
- Arbeitsplatzbeschreibung/Stellenbeschreibung/Funktionsbeschreibung

27 Die Auswahlrichtlinien können auch einen **Negativkatalog** enthalten. Hier kann festgelegt werden, welche Gesichtspunkte bei der Ausführung personeller Einzelmaßnahmen nicht berücksichtigt werden sollen. Der **Doppelverdienst** eines Ehegatten darf, muss aber nicht zwingend berücksichtigt werden (LArbG Berlin-Brandenburg 25.3.2014 – 7 Sa 2161/13).

28 Möglich ist es auch, im Rahmen der persönlichen Voraussetzungen für eine Einstellung festzuhalten, dass **interne Bewerbungen** vor dem Einsatz eines Leiharbeitnehmers oder Fremdfirma Berücksichtigung finden müssen.

> **Hinweis:**
> Will der BR eine vorrangige Berücksichtigung innerbetrieblicher Bewerber erreichen, muss dies ausdrücklich in einer **BV** mit dem AG vereinbart werden (LAG Mecklenburg-Vorpommern 3.5.2019 – 4 TaBV 15/18). Hierbei sollte der BR in der Formulierung darauf achten, dass eine vorrangige Berücksichtigung schon »bei Eignung« für die in Aussicht genommene Position und nicht erst bei »gleicher Eignung« erfolgt.

29 Zulässig ist es auch, Regelungen zu treffen, die **Verdachtskündigungen** ausschließen (siehe hierzu ausführlich DKW, § 23 BetrVG Rn. 131). Üblich ist das in der Praxis aber nicht.

30 Das Mitbestimmungsrecht bezieht sich nicht nur auf inhaltliche Fragen, sondern auch auf **Verfahrensregelungen.** Im Rahmen einer Auswahlrichtlinie können deshalb auch Regelungen zur Vornahme eines **Assessmentcenterverfahrens** getroffen werden. Die Betriebsparteien können auch regeln, welche Unterlagen verwertbar sein sollen und welche Unterlagen nicht zu einer Entscheidungsfindung herangezogen werden dürfen.

III. Initiativrecht

31 Der BR bzw. GBR hat nur ein Initiativrecht zur Aufstellung von Auswahlrichtlinien in Betrieben mit mehr als 500 AN. Entscheidend ist die jeweilige **Betriebsgröße,** nicht jedoch – wie sich schon aus dem Wortlaut ergibt – die Unternehmensgröße (ArbG München 17.9.2009 – 22 BV 312/09). Entsprechend der Kompetenzzuweisung des Betriebsverfassungsgesetzes ist grundsätzlich der örtliche BR für die Vereinbarung von Auswahlrichtlinien zuständig. Ist die zu regelnde Angelegenheit nicht auf den einzelnen Betrieb beschränkt, kann die Zuständigkeit des **GBR** begründet sein. Das gilt vor allem dann, wenn die Anwendung unterschiedlicher Auswahlrichtlinien in den einzelnen Betrieben zu unterschiedlichen Ergebnissen führen kann und dadurch die Umsetzung der Betriebsänderung zumindest erschwert wird (LAG Hamm 21.5.2008 – 10 TaBVGa 5/08). Zu beachten ist aber: Auch bei der Aufstellung von Auswahlrichtlinien durch den GBR kommt es auf die Arbeitnehmerzahl in den betroffenen Betrieben an. Dort müssen in zumindest einem Betrieb mehr als 500 AN beschäftigt sein. Liegt diese Voraussetzung nicht vor, ist eine dennoch erfolgte GBV freiwilliger Natur (ArbG Magdeburg 22.1.2014 – 3 BV 2/14). Selbstverständlich können die örtlichen BR den GBR auch beauftragen.

32 Bei der Zahl der nach § 95 Abs. 2 Satz 1 zu berücksichtigenden AN zählen die auf Dauerarbeitsplätzen eingesetzten **Leiharbeitnehmer** mit. Auch Leiharbeitnehmer werden im Sinne von § 99 eingestellt (LAG Hamburg 21.9.2006 – 1 TaBV 5/06). Dieses Ergebnis ergibt sich auch aus § 14 Abs. 2 Satz 4 AÜG.

33 Ein Initiativrecht des GBR zur erzwingbaren Aufstellung von Auswahlrichtlinien gemäß § 95 Abs. 2 besteht nicht, wenn in den einzelnen Standorten jeweils nicht mehr als 500 AN beschäftigt werden und ein Zusammenrechnen aller AN in den Standorten aus Rechtsgründen nicht möglich ist (LAG München 5.5.2010 – 11 TaBV 93/09). Dies gilt vor allem für den Fall, dass **Betriebsteile** als selbstständige Betriebe gelten. Dies ist nach § 1 Abs. 1 Satz 1 der Fall, wenn:

- sie räumlich weit vom Hauptbetrieb entfernt sind oder
- sie durch Aufgabenbereich und Organisation eigenständig sind

34 Es besteht keine gesetzliche Verpflichtung, gleichzeitig und ausschließlich über die personelle Auswahl bei Einstellungen, Versetzungen, Umgruppierungen und Kündigungen zu verhandeln. Die Regelungsgegenstände nach § 95 Abs. 1 sind teilbar. Die Betriebsparteien haben also auch die Möglichkeit, eine Einigungsstelle mit dem Regelungsgegenstand »Auswahlrichtlinien über die soziale Auswahl bei betriebs-

bedingten Kündigungen« einsetzen zu lassen (LAG Rheinland-Pfalz 8.3.2012 – 11 TaBV 5/12).

IV. Versetzung

35 Das Gesetz versteht unter einer Versetzung die Zuweisung eines anderen **Arbeitsbereiches,** die entweder voraussichtlich die Dauer eines Monats übersteigt oder aber mit einer erheblichen Änderung der Umstände der Arbeitserbringung verbunden ist (ausführlich zum Versetzungsbegriff s. § 99 Rn. 25 – 37).

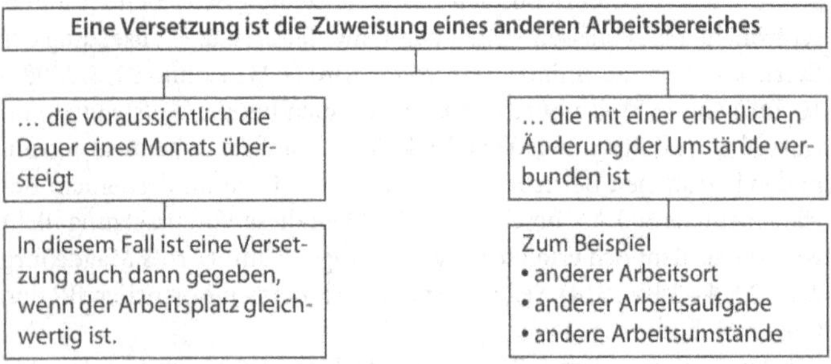

36 Das Mitbestimmungsrecht bei einer Versetzung ergibt sich im Wesentlichen aus § 99. Wegen des Sachzusammenhangs wird auf die dortige Kommentierung verwiesen (vgl. Kommentierung zu § 99 Rn. 25 ff.). An dieser Stelle sollen lediglich einige Grundzüge dargestellt werden.

37 Von der individualrechtlichen Ebene ist die kollektivrechtliche Ebene der Mitbestimmung und Beteiligung des BR zu trennen (siehe hierzu Alexandra Kötting, BR und Versetzung, AiB 2016, Nr. 4, 48–51). Die Beteiligung des BR besteht unabhängig davon, ob die Versetzung **individualrechtlich** durch Ausübung des arbeitgeberseitigen Direktionsrechts oder durch Ausspruch einer Änderungskündigung umgesetzt werden muss.

Hinweis:
Der regelmäßige Hinweis eines AG, er sei auf Grundlage einer Klausel im Arbeitsvertrag (**Verweisungsklausel**) zu einer Versetzung berechtigt, ist rechtlich in diesem Zusammenhang unerheblich. Für die Frage, ob eine Versetzung im Sinne von §§ 95 Abs. 3, 99 vorliegt oder nicht, spielt es keine Rolle, ob der AG individualvertraglich zur Versetzung befugt ist oder nicht (BAG 29.9.2020 – 1 ABR 21/19).

Entscheidend ist der **betriebsverfassungsrechtliche Versetzungsbegriff.** Auf dieser Ebene ist für eine Versetzung maßgeblich auf die tatsächliche Zuweisung anderer Aufgaben als Realakt abzustellen (LAG Hamm 22.8.2014 – 13 TaBV 92/13). Darauf, ob die Maßnahme nach dem **Arbeitsvertrag** (individualrechtlich) zulässig ist, kommt es für die Frage, ob eine mitbestimmungspflichtige Versetzung vorliegt, also nicht an. Informiert der AG den BR über eine geplante Versetzung nicht zutreffend und stimmt der BR auf Grundlage dieser Informationen der Maßnahme zu, so führt der AG eine andere personelle Maßnahme durch, auf die sich die Zustimmung nicht bezieht. Der BR kann die Rücknahme der personellen Maßnahme verlangen (BAG 8.11.2016 – 1 ABR 56/14). Gegenüber dem AN ist die Maßnahme unwirksam, weil es an der Zustimmung des BR fehlt. **38**

Der **Arbeitsbereich** wird durch die Aufgabe und Verantwortung sowie durch die Art der Tätigkeit und ihrer Einordnung in den Arbeitsablauf umschrieben. Es geht um die räumliche, technische und organisatorische Einbindung in die betriebliche Umgebung (BAG 27.6.2006 – 1 ABR 35/05, AiB 2008, 293–294). Entscheidend ist hierbei, dass sich das Gesamtbild der Tätigkeit ändert (LAG Köln 28.4.2017 – 9TaBV 78/16). Deshalb kann auch die Zuordnung eines AN zu einem **Stellenpool** (HR-Placement) eine mitbestimmungspflichtige Versetzung i. S. v. § 95 Abs. 3 Satz 1 sein, wenn die im Stellenpool zusammengefassten AN verpflichtet sind, als Springer, Aushilfe oder Leiharbeitnehmer tätig zu werden (LAG Düsseldorf 18.10.2017 – 12 TaBV 34/17). Dies gilt auch, wenn die AN im **Springerpool** sich aktiv an der Vermittlung auf einen neuen Arbeitsplatz zu beteiligen haben und verpflichtet sind, Projekteinsätze oder Qualifizierungsmaßnahmen durchzuführen (BAG 9.4.2019 – 1 ABR 30/17). Auch die Umsetzung eines AN aus dem Privatkundenbereich in den **Geschäftskundenbereich** kann vor diesem Hintergrund eine mitbestimmungspflichtige Versetzung darstellen (LAG Düsseldorf 31.1.2018 – 4 TaBV 113/16). Die **Freistellung eines AN** ändert an einer möglichen Versetzung nichts. Bei einem freigestellten AN kommt es auf die Zuweisung eines neuen Arbeitsbereichs an und nicht darauf, ob sich dies wegen der Freistellung auswirkt oder nicht (ArbG Bonn 24.10.2019 – 3 BV 33/19; noch nicht rechtkräftig LAG Köln – 9 TaBV 73/19). Die Zuordnung eines Mitarbeiters von einem Team zu einem **anderen Team** kann eine Versetzung im Sinne von § 95 Abs. 3 BetrVG darstellen, weil der Mitarbeiter neu in die bestehende Organisation eingeordnet wird. Das gilt auch dann, wenn in dem neuen Team ein spürbar anderes Arbeitsregime herrscht (LAG Thüringen 9.5.2023 – 1 TaBV 5/22). **39**

40 Wird dem AN ein neuer Tätigkeitsbereich zugewiesen, ändert sich der Inhalt seiner Arbeitsaufgabe und es liegt eine Versetzung vor. Werden ihm wesentliche Teilfunktionen neu übertragen oder entzogen, stellt dies dann eine Versetzung dar, wenn sich das **Gesamtbild der Tätigkeit** anders darstellt. Hierbei muss sich das gesamte Bild der Tätigkeit des AN so verändern, dass die neue Tätigkeit vom Standpunkt eines mit den betrieblichen Verhältnissen vertrauten Beobachters nunmehr als eine »andere« anzusehen ist (BAG 8.11.2016 – 1 ABR 56/14; anders: LAG Nürnberg 10.5.2021 -1 TaBV 3/21- nicht rechtskräftig). Das ist beispielsweise der Fall, wenn sich die Tätigkeit von einer solchen ohne Kundenkontakt zu einer Tätigkeit mit **überwiegendem Kundenkontakt** wandelt (LAG Niedersachsen 29.4.2019 – 12 TaBV 51/18; beim BAG unter 1 ABR 21/19 anhängig). Immer wenn eine Umgruppierung erforderlich wird, ist auch von einer Versetzung auszugehen (siehe hierzu ausführlich DKW, § 99 BetrVG Rn. 105). In quantitativer Hinsicht ist von einer erheblichen Änderung des Tätigkeitsbereichs auszugehen, wenn sich jedenfalls 25 % der Tätigkeiten verändern (BAG 2.4.1996 – 1 AZR 734/95, AiB 1997, 59). Der Einsatz an einer anderen Produktionsmaschine stellt in der Regel keine mitbestimmungspflichtige Versetzung dar (LAG Düsseldorf 17.4.2024 – 12 Sa 747/23).

41 Der Einsatz eines AN auf einer **anderen Pflegestation oder in einem anderen Wohnbereich** in einem **Pflegeheim** oder einem **Krankenhaus** kann eine Versetzung darstellen. Entscheidend ist, ob mit der personellen Maßnahme die Zuweisung zu einem anderen Arbeitsbereich verbunden ist. Dies setzt wiederum eigenständige Arbeitsbereiche voraus. Von einem eigenständigen Arbeitsbereich ist auszugehen, wenn sich für den AN auf Grund eines Wohnbereichswechsels oder Stationswechsels ein spürbar anderes »Arbeitsregime« ergibt (LAG Niedersachsen 27.11.2024 – 8 TaBV 27/24). Folgende Kriterien spielen bei der Beurteilung eine Rolle:

- Ist die zu betreuende oder zu pflegende Person nicht einem bestimmten AN zugeordnet, liegt regelmäßig kein Wechsel des »Arbeitsregimes« und damit keine Versetzung vor, wenn die Betreuung wechselt.
- Hat die Zusammenarbeit der Pflege- oder Betreuungskräfte den Charakter einer Gruppenarbeit oder einer Teamarbeit, führt ein Wechsel des Teams auch zu einem Wechsel des »Arbeitsregimes« und damit zu einer Versetzung.
- Der Wechsel von einer Station auf die andere Station verbunden mit einem Wechsel des unmittelbaren Vorgesetzten, ist dann als Versetzung anzusehen, wenn die Führungskraft über die Befugnis zur Er-

teilung bloßer Arbeitsanweisungen hinaus relevante Personalbefugnisse, etwa die Befugnis zur Ausübung von Disziplinaraufgaben oder zur Leistungsbeurteilung, besitzt, und diese eigenverantwortlich wahrnimmt (LAG Niedersachsen 27.11.2024 – 8 TaBV 27/24).

Die **Freistellung** eines AN während der Kündigungsfrist unter Fortzahlung seiner Vergütung soll nach ständiger Rechtsprechung des BAG keine mitbestimmungspflichtige Versetzung sein (BAG 28.3.2000 – 1 ABR 17/99, AiB Telegramm 2000, 29; siehe hierzu auch LAG Schleswig-Holstein 7.7.2016 – 5 TaBV 53/15).

Die Zuweisung eines anderen **Arbeitsorts** ist regelmäßig eine Verset- 42
zungsmaßnahme (LAG Hamm 23.1.2004 – 10 TaBV 43/03), auch wenn der AG kraft seines Direktionsrechts zu der Versetzung berechtigt sein sollte. Das gilt jedenfalls dann, wenn die Zuweisung zu einem anderen Betrieb oder Nebenbetrieb oder Betriebsteil erfolgt (so auch LAG Nürnberg 10.5.2021 – 1 TaBV 3/21, AiB 2022, 46–47 für einen zwölf Kilometer entfernten Betriebsteil). Hierbei kommt es nicht darauf an, ob der Wechsel in einen anderen Betrieb freiwillig erfolgt ist oder nicht; auch der einvernehmliche Wechsel stellt eine Versetzungsmaßnahme dar. Aber nicht jeder **Ortswechsel** stellt zugleich eine Versetzung dar. Betriebssitz als Dient- oder Arbeitsort ist i.d.R. die politische Gemeinde (BAG 27.6.2006 – 1 ABR 35/05). Wird eine betriebliche Einheit innerhalb einer **politischen Gemeinde** verlagert und haben sich in Folge der örtlichen Verlagerung der Arbeitsplätze die funktionalen Beziehungen der AN untereinander, die Art ihrer Tätigkeit, die Einordnung in die Arbeitsabläufe des Betriebs und die Zuständigkeiten von Vorgesetzten der betroffenen AN nicht geändert, liegt keine Versetzung vor (BAG 17.11.2021 – 7 ABR 18/20). Der Einsatz von AN in dem **Betrieb eines anderen Konzernunternehmens** stellt eine Versetzung im Sinne des § 95 Abs. 3 dar und unterliegt der Mitbestimmung des BR nach § 99 Abs. 1 (LAG Hamburg 25.4.2018 – 2 TaBV 1/18). Der **innerbetriebliche Wechsel** kann eine Versetzung darstellen, wenn hiermit eine Änderung der organisatorischen Umgebung verbunden ist oder neue Arbeitsaufgaben wahrgenommen werden müssen. Die Zuweisung der gleichen Tätigkeit lediglich in einer anderen Betriebsetage ohne Änderung der Stellung und des Platzes des AN innerhalb der betrieblichen Organisation stellt keine Versetzung dar (BAG 17.6.2008 – 1 ABR 38/07, AiB 2009, 50). Allerdings wird die Zuordnung des AN zu einer **anderen Arbeitsorganisation** in der Regel auch dann als Versetzung anzusehen sein, wenn hiermit eine Änderung der Tätigkeiten nicht verbunden ist.

Ist der Wechsel des Arbeitsorts auch mit einer erheblichen Änderung der Arbeitsumstände verbunden, liegt eine zustimmungspflichtige Versetzung auch dann vor, wenn eine kürzere Dauer als einen Monat beabsichtigt ist.

43 Wird der im **Homeoffice** tätige AN einem anderen Dienstort zugeordnet, liegt hierin auch dann eine Versetzung, wenn sich an seinem Arbeitsort wegen der Tätigkeit im Homeoffice konkret nichts ändert (Hessisches LAG 14.1.2020 – 4 TaBV 5/19, nicht rechtskräftig; beim BAG anhängig unter 1 ABR 13/20). Der Wechsel von einer überwiegend im Rahmen der **alternierenden Telearbeit (häuslicher Arbeitsplatz)** ausgeübten Tätigkeit hin zu einer Tätigkeit ausschließlich in der Betriebsstätte stellt regelmäßig eine Versetzung dar (BAG 20.10.2021 – 7 ABR 34/20). Dies gilt auch dann, wenn der Ortswechsel für das Arbeitsverhältnis typisch ist (LAG Düsseldorf 10.9.2014 – 12 Sa 505/14).

44 Ist der Ortswechsel typisch für das Arbeitsverhältnis und gehört der Wechsel des Arbeitsorts zur **Eigenart des Arbeitsverhältnisses** (wie beispielsweise bei Monteuren, AN im Baugewerbe und Handelsvertretern), stellt der Ortswechsel selbst keine Versetzung dar. In diesem Fall liegt eine mitbestimmungspflichtige Maßnahme nicht vor.

45 Bei Änderungen der **Arbeitszeit** wird in der Regel eine Versetzung nicht vorliegen. Die Arbeitszeit an sich gehört nicht zum Begriff des Arbeitsbereichs. Nur wenn weitere Umstände hinzutreten, die zu einer erheblichen Änderung der Umstände führen, unter denen die Arbeitsleistung zu erbringen ist, kann eine Versetzung vorliegen. Der Wechsel von einer Schicht in eine andere ist keine Versetzung (BAG 23.11.1993 – 1 ABR 38/93, AiB 2006, 581). Der Wechsel von Vertrauensarbeitszeit zur Gleitzeit oder der Wechsel von Gleitzeit zur Tätigkeit in der Nachtarbeit stellt demgegenüber in der Regel eine mitbestimmungspflichtige Versetzung dar, weil sich nicht nur die Arbeitszeit, sondern insbesondere auch die Verpflichtung zur Erfassung der Arbeitszeit ändert. Damit ändern sich auch die Rahmenbedingungen, unter denen die Arbeitsleistung zu erbringen ist.

46 Eine Versetzungsmaßnahme muss nach § 315 BGB billigem Ermessen entsprechen. Ist das nicht der Fall, ist die Versetzung unwirksam. Der AG muss bei seiner Entscheidung auch die Interessen der beteiligten AN ausreichend berücksichtigen. Hierbei hat der AG vor allem auch darauf zu achten, dass eine Versetzungsmaßnahme nicht im Widerspruch zu dem Grundsatz der Vereinbarkeit von Familie und Beruf steht (ArbG Hannover 24.5.2007 – 10 Ca 384/06).

V. Streitigkeiten

Dem BR steht ein **Unterlassungsanspruch** gegen den AG zu, wenn dieser bei der Erstellung und/oder Anwendung von Auswahlrichtlinien das Mitbestimmungsrecht nach § 95 verletzt (LAG Hamm 21.5.2008 – 10 TaBVGa 5/08; so auch BAG 26.7.2005 – 1 ABR 29/04, AiB 2006, 710). 47

Neben dem Unterlassungsanspruch steht dem BR aber auch die Möglichkeit offen, die **Einigungsstelle** anzurufen. Die Einigungsstelle entscheidet, ob überhaupt und mit welchem Inhalt Auswahlrichtlinien aufgestellt werden sollen. 48

Im **Beschlussverfahren** vor dem ArbG werden folgende Streitigkeiten entschieden:

- Inhalt und Umfang des Mitbestimmungsrechts
- Ausführung einer Auswahlrichtlinie
- Auslegung einer Auswahlrichtlinie

Einsetzung und Besetzung der Einigungsstelle

Verwendet der AG im Rahmen eines Auswahlverfahrens Auswahlrichtlinien, denen der BR nicht zuvor zugestimmt hat, begründet dies nach Auffassung des BAG keinen **Zustimmungsverweigerungsgrund** i. S. v. § 99 Abs. 2 Nr. 1 zu einer beabsichtigten Versetzung (BAG 24.9.2024 – 1 ABR 31/23).

Zweiter Unterabschnitt
Berufsbildung

§ 96 Förderung der Berufsbildung

(1) [1]Arbeitgeber und Betriebsrat haben im Rahmen der betrieblichen Personalplanung und in Zusammenarbeit mit den für die Berufsbildung und den für die Förderung der Berufsbildung zuständigen Stellen die Berufsbildung der Arbeitnehmer zu fördern. [2]Der Arbeitgeber hat auf Verlangen des Betriebsrats den Berufsbildungsbedarf zu ermitteln und mit ihm Fragen der Berufsbildung der Arbeitnehmer des Betriebs zu beraten. [3]Hierzu kann der Betriebsrat Vorschläge machen.

(1a) [1]Kommt im Rahmen der Beratung nach Absatz 1 eine Einigung über Maßnahmen der Berufsbildung nicht zustande, können der Arbeitgeber oder der Betriebsrat die Einigungsstelle um Vermittlung

anrufen. [2]Die Einigungsstelle hat eine Einigung der Parteien zu versuchen.

(2) [1]Arbeitgeber und Betriebsrat haben darauf zu achten, dass unter Berücksichtigung der betrieblichen Notwendigkeiten den Arbeitnehmern die Teilnahme an betrieblichen oder außerbetrieblichen Maßnahmen der Berufsbildung ermöglicht wird. [2]Sie haben dabei auch die Belange älterer Arbeitnehmer, Teilzeitbeschäftigter und von Arbeitnehmern mit Familienpflichten zu berücksichtigen.

Inhaltsübersicht Rn.

I. Zweck der Regelung

1 Die Beteiligungsrechte des BR bei der Berufsbildung stehen in engem Zusammenhang mit der Personalplanung nach § 92. In Zeiten sich ständig verändernder technischer und organisatorischer Anforderungen kommt der betrieblichen Berufsbildung eine besondere Bedeutung für den beruflichen und sozialen Werdegang der AN zu. § 96 Abs. 1 enthält deshalb eine besondere **Förderpflicht** für AG und BR. Auf Verlangen des BR ist der Berufsbildungsbedarf zu ermitteln. Die betriebliche Berufsbildung ist mit dem BR zu beraten. Die tatsächliche Teilnahme der Beschäftigten an den Berufsbildungsmaßnahmen muss von den Betriebspartnern gewährleistet werden, wobei sie auf besonders benachteiligte Arbeitnehmergruppen ein verstärktes Augenmerk zu richten haben.

II. Struktur der Betriebsratsbeteiligung in §§ 96 bis 98 BetrVG

2 Der Gesetzgeber hat die Berufsbildung in einem gesonderten Unterabschnitt geregelt. In den §§ 96 bis 98 finden sich die folgenden **abgestuften Beteiligungsrechte** (angefangen bei der Information für die Beratung bis hin zur erzwingbaren Mitbestimmung) des BR:

- Ermittlungs- und Beratungspflicht (§ 96 Abs. 1 Satz 2)

- Vorschlags- und Beratungsrechte für die Berufsbildung (§ 96 Abs. 1 Satz 3)
- Beratungspflicht hinsichtlich Errichtung und Ausstattung betrieblicher Einrichtungen zur Berufsbildung und Umsetzung betrieblicher Berufsbildungsmaßnahmen (§ 97 Abs. 1)
- Mitbestimmung bei der Qualifizierung nach tätigkeitsverändernden Maßnahmen des AG (§ 97 Abs. 2; siehe hierzu Bell, Initiativ werden, AiB 2014, Nr. 6, 42–43)
- Mitbestimmung bei der Umsetzung von Maßnahmen der betrieblichen Berufsbildung (§ 98 Abs. 1)
- Mitbestimmung bei der Bestellung und Abberufung der ausbildenden Personen (§ 98 Abs. 2)
- Mitbestimmung bei der Auswahl der teilnehmenden AN (§ 98 Abs. 3 und Abs. 4)
- Mitbestimmung bei sonstigen betrieblichen Bildungsmaßnahmen (§ 98 Abs. 6)

Die jeweilige Vorgehensweise bei einer Nichteinigung mit dem AG ist 3
von Mitbestimmungsrecht zu Mitbestimmungsrecht unterschiedlich und wird bei den jeweiligen Beteiligungsrechten beschrieben.

III. Begriff der Berufsbildung

Berufsbildung im Sinne der §§ 96 bis 98 meint alle **Maßnahmen, die** 4
AN in systematischer, lehrplanartiger Weise Kenntnisse und Erfahrungen vermitteln, die diese zu ihrer beruflichen Tätigkeiten im Allgemeinen befähigen (BAG 24.8.2004 – 1 ABR 28/03, AiB Newsletter 2005, Nr. 3, 5; BAG 5.3.2013 – 1 ABR 11/12). Folgende Maßnahmen gehören zur **Berufsbildung**:

- Berufliche Ausbildung
- Berufliche Weiterbildung
- Berufliche Fortbildung
- Umschulung
- Fachbezogene Seminare und Kurse
- Schulungen zur Bedienung neuer Fertigungsmaschinen
- Trainee-Programme
- Schulungsmaßnahmen in Form von Qualitätszirkeln
- Werkstoffkunde und Arbeitssicherheit, Mitarbeiterführung
- Deutschkurse für ausländische Arbeitskollegen

Voraussetzung ist, dass der AG **Träger bzw. Veranstalter** der Bildungsmaßnahme ist und die Berufsbildungsmaßnahme für bei ihm angestellte AN durchgeführt wird. Der AG muss die Bildungsmaßnahme nicht selbst durchführen (BAG 26.4.2016 – 1 ABR 21/14). Werden im Betrieb Bildungsmaßnahmen durchgeführt, die ausschließlich **externe AN** betreffen, liegt keine mitbestimmungspflichtige Bildungsmaßnahme vor (BAG 26.4.2016 – 1 ABR 21/14). Dies gilt auch dann, wenn der AG die Maßnahme durchführt.

5 Die betriebliche Bildungsmaßnahme ist nach umstrittener Ansicht des BAG von der mitbestimmungsfreien **Unterrichtungspflicht des AG** nach § 81 Abs. 1 zu unterscheiden (siehe hierzu ausführlich die Kommentierung zu § 81 Rn. 3–4). Die Unterrichtungspflicht erschöpft sich in der Einweisung eines AN an einem konkreten Arbeitsplatz. Der AN hat bereits die für die Ausübung der Tätigkeit an diesem Arbeitsplatz erforderlichen beruflichen Kenntnisse und Erfahrungen, er muss lediglich noch in die konkrete Arbeitssituation eingewiesen werden (BAG 23.4.1991 – 1 ABR 49/90). Die Unterscheidung zwischen einer beruflichen Bildungsmaßnahme und einer Unterrichtung nach § 81 findet in der Literatur überwiegend Ablehnung (siehe hierzu ausführlich DKW, § 96 BetrVG Rn. 10). § 81 Abs. 1 ist eng auszulegen. Bei § 81 geht es ausschließlich um individuelle Einweisungen in bestimmte Arbeitsaufgaben für einen bestimmten Arbeitsplatz. Geht es um eine **systematische und kollektiv** vermittelte Schulungsmaßnahme, unterfällt diese dem Begriff der Berufsbildung im Sinne von § 96.

Die systematische Übertragung von einzelnen Tätigkeiten einer übergeordneten Hierarchieebene zur **Karriereförderung von Mitarbeitern** kann eine mitbestimmungspflichtige berufliche Bildungsmaßnahme darstellen (LAG Rheinland-Pfalz 23.3.2017 – 6 TaBV 21/16, ablehnend für den konkreten Fall, weil es an einer systematischen Karriereförderung fehlte). Erfolgt die Übertragung höherwertiger Tätigkeiten, um den AN zu testen und auf entsprechende Aufgaben vorzubereiten, dann kann mit der Auswahlentscheidung zugleich eine Form der Karriereförderung und damit auch eine betriebliche Berufsbildungsmaßnahme verbunden sein.

IV. Förderung der Berufsbildung und Ermittlungspflicht des AG

6 Die Förderung der Berufsbildung der AN ist gemeinsame Aufgabe von AG und BR. Dieser Aspekt ist vor allem bei der Personalplanung nach § 92 zu berücksichtigen.

Aus der Förderpflicht folgen keine **Individualrechte** der jeweiligen AN. Diese können sich aber aus entsprechenden Weiterbildungsgesetzen der jeweiligen Bundesländer ergeben.

Die Einführung betrieblicher Bildungsmaßnahmen kann der BR nicht über ein **Initiativrecht** und durch die Durchführung eines Einigungsstellenverfahrens erzwingen. Eine Ausnahme besteht nur für den Fall, dass eine tätigkeitsändernde Maßnahme des AG zu einem Bildungsbedarf bei den betroffenen AN führt (siehe § 97 Abs. 2 und die Kommentierung hierzu).

Im Rahmen der Mitbestimmung kann der BR verlangen, dass der AG vor oder im Zuge der Beratung den Berufsbildungsbedarf ermittelt. Notfalls muss sich der AG entsprechende Informationen verschaffen und den Bedarf der Berufsbildungsmaßnahmen ermitteln (LAG Hamburg 31.10.2012 – 5 TaBV 6/12). Dieses **Initiativrecht zur Ermittlung des Berufsbildungsbedarfes** des BR gewinnt besondere Bedeutung im Rahmen der tiefgreifenden Veränderungen der Arbeitswelt im Zuge der **Digitalisierung** der Arbeitsprozesse und -abläufe (siehe hierzu Seibold/Bürkardt, Neue Anforderungen, Digitalisierung, AiB 2018, Nr 10, 38–41). 7

Die **Ermittlung des Berufsbildungsbedarfs** erfolgt in folgenden Schritten: 8

- Vornahme einer **Ist-Analyse**
  - Welches Qualifikationsniveau besteht im Betrieb?
  - Welche Berufsbildungsmaßnahmen sind bereits umgesetzt worden?
- Erstellung eines **Soll-Konzeptes**
  - Welcher betriebliche Qualifikationsbedarf besteht?
- Ermittlung des betrieblichen **Bildungsinteresses**
  - Welcher betriebliche Qualifikationsbedarf besteht im Hinblick auf mögliche neue und geplante Änderungen von Arbeitsabläufen?

Die aufgrund der Ermittlung des Berufsbildungsbedarfs erhobenen Daten und Informationen sind auf Verlangen des BR diesem zu erteilen. Die Form der Informationserteilung ist hierbei von Gesetzes wegen nicht vorgegeben. 9

Die Ermittlung des Berufsbildungsbedarfs in Bezug auf **Leiharbeitnehmer** steht dem BR des Verleihbetriebs zu (LAG Hamburg 31.10.2012 – 5 TaBV 6/12). 10

Die **allgemeine Arbeitsanweisung** eines AG, Schulungsmaßnahmen auszuführen und diese zu dokumentieren, betrifft das Mitbestimmungsrecht nach § 96 und darf ohne Betriebsratsbeteiligung nicht erfolgen (LAG Nürnberg 20.12.2011 – 6 TaBV 37/11). 11

Veranstaltungen zur Erhöhung der **Kundenzufriedenheit** sind keine Maßnahmen der Berufsbildung der AN im Sinne von § 96 (BAG 28.1.1992 – 1 ABR 41/91, AiB 1992, 459–460). 12

Der **GBR** ist für die Ermittlung des Berufsbildungsbedarfs zuständig, wenn der AG zentral für mehrere Betriebe die Berufsbildungsmaßnahmen regelt. Es kommt hierbei nicht darauf an, ob diese Berufsbildungsmaßnahmen dann vor Ort in den einzelnen Betrieben ausgeführt werden oder nicht (LAG Hamburg 18.1.2012 – 5 TaBV 10/11).

13 Der BR kann dem AG nicht die **Methode der Bildungsbedarfsermittlung** vorgeben. Auch der Planungszeitraum kann dem AG nicht vorgegeben werden. Der vom AG ermittelte Bedarf ist Grundlage der Mitbestimmung nach § 98.

V. Belange besonderer Arbeitnehmergruppen

14 § 96 Abs. 2 Satz 2 regelt besondere Förderpflichten für die folgenden Arbeitnehmergruppen:

- Ältere AN
- Teilzeitbeschäftigte
- AN mit Familienpflichten

Hinsichtlich der Teilzeitbeschäftigten wird der Pflichtenkreis des AG durch § 10 TzBfG ergänzt. Bei den älteren AN ist vor allem das **Diskriminierungsverbot** nach §§ 1, 7 AGG zu berücksichtigen.

VI. Vorschlagsrechte des BR und der Einigungsstelle

15 Im Rahmen von § 96 Abs. 1 Satz 2 bezieht sich das Initiativrecht des BR auf die Geltendmachung eines Beratungsanspruchs und auf die Möglichkeit, Vorschläge zu unterbreiten.

Beratungspflichten und **Vorschlagsrecht** beziehen sich auf alle Fragen der Berufsbildung der AN des Betriebs.

16 Der AG ist verpflichtet, Vorschläge entgegenzunehmen und mit dem BR zu beraten. Er ist jedoch nicht verpflichtet, den Vorschlägen zu folgen.

Die **Beratung** erfolgt auf ein entsprechendes Verlangen des BR. Der BR muss hierüber einen ausdrücklichen Beschluss fassen.

17 Durch das Betriebsrätemodernisierungsgesetz sind die Handlungsmöglichkeiten des BR erweitert worden. Können sich AG und BR im Rahmen ihrer Beratungen nicht einigen, besteht die Möglichkeit sowohl für den BR als auch für den AG, die **Einigungsstelle** anzurufen. Anders als bei den sozialen Angelegenheit nach § 87 trifft die Einigungsstelle aber keine Entscheidung in der Sache selbst. Die Einigungsstelle hat die Aufgabe, zu moderieren und zwischen den Parteien zu vermitteln. Es

besteht keine Kompetenz der Einigungsstelle, in einer solchen Angelegenheit einen Spruch zu fällen.

VII. Qualifizierungsgeld

Der Gesetzgeber hat mit der Einführung des Qualifizierungsgeldes den 18
Betriebsparteien ein weiteres Werkzeug an die Hand gegeben, einen **Strukturwandel** im Unternehmen zu begleiten. Seit dem 1.4.2024 kann AN, die in vom Strukturwandel betroffenen Betrieben beschäftigt sind, bei einem hieraus resultierenden Qualifizierungsbedarf durch die Agentur für Arbeit ein Qualifizierungsgeld nach den §§ 82a,– 82c SGB III gewährt werden. Voraussetzung hierfür ist, neben weiteren Voraussetzungen, insbesondere der Abschluss einer BV mit dem BR.

Die Gewährung von Qualifizierungsgeld setzt ein bestehendes Arbeitsverhältnis voraus. Daneben müssen betriebliche und persönliche Voraussetzungen erfüllt werden. Zu den betrieblichen Voraussetzungen gehören (§ 82a Abs. 2 SGB III):

- ein strukturwandelbedingter Qualifizierungsbedarf im Betrieb, der größere Teile der Belegschaft betrifft (Nr. 1; bei bis zu 250 AN10 % und bei 250 und mehr AN 20 % der im Betrieb beschäftigten AN),
- eine Finanzierung der Weiterbildung durch den AG (Nr. 2; AN dürfen an den Weiterbildungskosten nicht beteiligt werden) und
- eine kollektivvertragliche Konkretisierung (Betriebsvereinbarung oder Tarifvertrag) des Qualifizierungsbedarfes und der Perspektiven.

Diese kollektivrechtliche Konkretisierung erfolgt über eine **BV** oder einen Tarifvertrag. Nach § 82a Abs. 2 S. 1 Nr. 3 SGB III müssen in einer BV (oder einem Tarifvertrag) die nachfolgenden Aspekte geregelt werden:

- Darstellung des strukturbedingten Qualifizierungsbedarfes, bezogen auf konkrete Bereiche oder Betriebsabteilungen;
- damit verbundene Perspektiven der AN für eine nachhaltige Beschäftigung im Betrieb und
- die Inanspruchnahme des Qualifizierungsgeldes und Regelungen zur Durchführung der Qualifizierungsmaßnahmen.

Die Betriebsparteien können auch Aufstockungsbeträge zum Qualifizierungsgeld vorsehen.

Zu den **persönlichen Voraussetzungen** für die Bewilligung von Qualifizierungsgeld zählen:

- die Weiterbildung muss im Rahmen eines bestehenden Arbeitsverhältnisses durchgeführt werden; das Arbeitsverhältnis darf nicht gekündigt oder durch Aufhebungsvertrag beendet worden sein und

- der AN darf in den letzten vier Jahren vor Antragstellung nicht an einer nach § 82a SGB III geförderten beruflichen Weiterbildung teilgenommen haben.

Die **Höhe** des Qualifizierungsgeldes entspricht in etwa dem Kurzarbeitergeld.

> **Hinweis:**
> Neben der Mitbestimmung nach § 96 kann auch eine Beteiligung nach §§ 111, 112 in Betracht kommen, wenn der Strukturwandel in seinen Auswirkungen die Schwelle einer Betriebsänderung erreicht, weil mit den Veränderungen eine grundlegende Änderung der Betriebsorganisation oder des Betriebszwecks verbunden ist (s. hierzu ausführlich § 111 Rn. 50ff.). In Verhandlungen über einen Interessenausgleich sollte der BR auch den Aspekt des Qualifizierungsgeldes als ein mögliches Werkzeug zur Vermeidung betriebsbedingter Kündigungen berücksichtigen.

VIII. Streitigkeiten

19 Das ArbG entscheidet im **Beschlussverfahren** über die folgenden Angelegenheiten:

- Bestehen und Umfang der Ermittlungspflicht
- Informationsrechte des BR
- Beratungs- und Vorschlagsrechte des BR und deren Umfang
- Vorsitz und Anzahl der Beisitzer einer Einigungsstelle

20 Ein Verfahren nach § 23 Abs. 3 ist denkbar, wenn sich der AG weigert, den Berufsbildungsbedarf zu ermitteln.

Verstößt der AG gegen Vorschriften des Allgemeinen Gleichbehandlungsgesetzes, kann der BR Rechte nach **§ 23 Abs. 3** geltend machen (siehe hierzu ausführlich DKW, § 23 BetrVG Rn. 367).

§ 97 Einrichtungen und Maßnahmen der Berufsbildung

(1) Der Arbeitgeber hat mit dem Betriebsrat über die Errichtung und Ausstattung betrieblicher Einrichtungen zur Berufsbildung, die Einführung betrieblicher Berufsbildungsmaßnahmen und die Teilnahme an außerbetrieblichen Berufsbildungsmaßnahmen zu beraten.

(2) [1]Hat der Arbeitgeber Maßnahmen geplant oder durchgeführt, die dazu führen, dass sich die Tätigkeit der betroffenen Arbeitnehmer ändert und ihre beruflichen Kenntnisse und Fähigkeiten zur Erfüllung ihrer Aufgaben nicht mehr ausreichen, so hat der Betriebs-

rat bei der Einführung von Maßnahmen der betrieblichen Berufsbildung mitzubestimmen. [2]Kommt eine Einigung nicht zustande, so entscheidet die Einigungsstelle. [3]Der Spruch der Einigungsstelle ersetzt die Einigung zwischen Arbeitgeber und Betriebsrat.

Inhaltsübersicht Rn.

I. Zweck der Regelung

1 Das Beratungs- und Vorschlagsrecht besteht hinsichtlich der Errichtung und Ausstattung betrieblicher Berufsbildungseinrichtungen und bei der Einführung betrieblicher Berufsbildungsmaßnahmen. Das **Beratungs- und Vorschlagsrecht** ergänzt die Rechte nach § 96 und steht in engem Zusammenhang mit der Personalplanung nach § 92.

2 Führt der AG Maßnahmen aus, die tätigkeitsändernden Charakter haben, hat der BR darüber hinaus ein eigenständiges erzwingbares Mitbestimmungsrecht für die Einführung einer betrieblichen Bildungsmaßnahme.

II. Beratungsrechte des BR

3 Will der AG betriebliche Einrichtungen der Berufsbildung errichten und ausstatten, muss er dies mit dem BR beraten. Hierbei handelt es sich um eine **Bringschuld** des AG; der AG muss also initiativ werden und an den BR herantreten.

Das Beratungsrecht gilt für folgende **Aspekte**:

- Errichtung einer betrieblichen Einrichtung der Berufsbildung
- Ausstattung der betrieblichen Bildungseinrichtung
- Änderungen vorhandener Einrichtungen
- Einführung betrieblicher Berufsbildungsmaßnahmen
- Teilnahme an außerbetrieblichen Berufsbildungsmaßnahmen
- Art der außerbetrieblichen Berufsbildungsmaßnahme
- Auswahl der AN, Zeitpunkt und Zeitdauer der Maßnahme

4 Eine Beratungspflicht besteht auch, wenn eine betriebliche Bildungseinrichtung geschlossen werden soll – da die Schließung die stärkste Form

einer Änderung einer bestehenden Einrichtung darstellt (strittig; siehe hierzu DKW, § 97 BetrVG Rn. 3 a. E.).

5 Die Beratungspflicht setzt bereits im **Planungsstadium** ein und muss so frühzeitig erfolgen, dass der BR vor einer Entscheidung des AG sein Beratungsrecht noch ausüben kann.

III. Mitbestimmungsrecht bei der betrieblichen Weiterbildung

6 Nach § 2 SGB III hat der AG bestimmte **arbeitsförderungsrechtliche Pflichten**. Dem AG fällt eine Mitverantwortung für die berufliche Leistungsfähigkeit der bei ihm beschäftigten AN zu (§ 2 Abs. 2 Nr. 1 SGB III). Diesen Gedanken aufgreifend soll der BR durch das Mitbestimmungsrecht in die Lage versetzt werden, unter bestimmten Voraussetzungen präventiv betriebliche Berufsbildungsmaßnahmen zugunsten von AN durchzusetzen, bei denen Qualifikationsdefizite durch tätigkeitsändernde Maßnahmen des AG entstehen.

1. Inhalt und Voraussetzungen der Mitbestimmung

7 Der BR hat bei der Einführung von Maßnahmen der betrieblichen Berufsbildung mitzubestimmen, wenn der AG Maßnahmen geplant oder ausgeführt hat, die dazu führen, dass sich die **Tätigkeit** der betroffenen AN ändert und ihre beruflichen Kenntnisse und Fähigkeiten zur Erfüllung ihrer Aufgaben nicht mehr ausreichen. Dieses Mitbestimmungsrecht korrespondiert häufig mit Verhandlungen über einen **Interessenausgleich** und **Sozialplan** bei der Umsetzung von Betriebsänderungen nach §§ 111 ff. und darf vom BR nicht aus den Augen verloren werden. Anders als ein Interessenausgleich kann dieses Mitbestimmungsrecht ggf. im Wege eines Einigungsstellenverfahrens durchgesetzt werden. Es handelt sich um einen Fall der erzwingbaren Mitbestimmung wie in Fragen der sozialen Angelegenheiten nach § 87.

> **Hinweis:**
> Die Frage der Vergleichbarkeit von AN im Zusammenhang mit der Sozialauswahl bei **betriebsbedingten Kündigungen** hängt auch von den jeweiligen beruflichen Kenntnissen und Qualifikationen ab. Auch die Herausnahme bestimmter AN aus der **Sozialauswahl** nach § 1 Abs. 3 KSchG knüpft an besondere Kenntnisse und Fertigkeiten dieser Mitarbeiter für das Unternehmen an und bezieht sich auf die zukünftig zu verrichtenden Tätigkeiten. Die Mitbestimmungsrechte bei der beruflichen Bildung dürfen deshalb auch bei Personalabbaumaßnahmen im Rahmen von Betriebsänderungen

nicht unbeachtet bleiben, um dem AG nicht einseitige Steuerungsmöglichkeiten bei der Sozialauswahl an die Hand zu geben.

Der **Begriff der »Maßnahmen«** ist weit zu verstehen. Gemeint ist hierbei jede Maßnahme des AG, die die Tätigkeit der betroffenen AN ändert (LAG Hamm 9.2.2009 – 10 TaBV 191/08, AiB 2009, 450–451). Entscheidend ist, dass durch ein gestaltendes Tätigwerden des AG eine Diskrepanz zwischen den bisherigen Anforderungen und dem Ausbildungsstand der AN entsteht oder zu entstehen droht (LAG Hamm 8.11.2002 – 10 (13) TaBV 59/02). Häufig ist dies der Fall bei der Einführung neuer Technologien. Auch die Einführung neuer Arbeitsmodelle – wie z. B. **Agile Arbeitsmethoden** – kann hierzu gehören. Denkbar sind auch personelle Maßnahmen. Das können Versetzungen oder die Zuweisung anderer oder neuer Aufgaben am gleichen Arbeitsplatz sein, sofern hierdurch ein Qualifikationsbedarf entsteht. Die Ein- und Durchführung **mobiler Arbeit** kann Qualifizierungsbedarf bei den betroffenen AN auslösen (s. hierzu LAG Köln 23.4.2021 – 9 TaBV 9/21). Das Mitbestimmungsrecht nach § 97 Abs. 2 BetrVG steht hierbei neben dem Mitbestimmungsrecht nach § 87 Abs. 1 Nr. 14 BetrVG). 8

Erforderlich ist ein drohender **Qualifizierungsverlust** der betroffenen AN (LAG Hamm 8.11.2002 – 10 (13) TaBV 59/02). Der Qualifizierungsverlust muss also noch nicht eingetreten sein; ausreichend ist, wenn der Qualifizierungsverlust mit hinreichender Wahrscheinlichkeit möglich ist. 9

Eine **betriebliche Berufsbildungsmaßnahme** liegt vor, wenn der AG der Träger bzw. der Veranstalter der Maßnahme ist und die Berufsbildungsmaßnahme für die bei ihm beschäftigten AN ausführt (BAG 26.4.2016 – 1 ABR 21/14; BAG 4.12.1990 – 1 ABR 10/90). Die Maßnahme kann auch von einem Dritten vorgenommen werden. Entscheidend ist, ob der AG auf Inhalt und Organisation rechtlich oder tatsächlich einen **beherrschenden Einfluss** hat. Werden im Betrieb Bildungsmaßnahmen durchgeführt, die ausschließlich **externe AN** betreffen, liegt keine mitbestimmungspflichtige Bildungsmaßnahme vor (BAG 26.4.2016 – 1 ABR 21/14). Dies gilt auch dann, wenn der AG die Maßnahme durchführt. 10

Voraussetzung für den Eintritt des Mitbestimmungsrechts ist nicht etwa ein kollektiver Bezug im Sinne eines kollektiven Regelungsbedarfs; vielmehr reicht die individuelle Betroffenheit eines einzelnen AN von einem drohenden Qualifikationsverlust aus (DKW, § 97 BetrVG Rn. 11; Fitting, § 97 BetrVG Rn. 16). 11

12 Das Mitbestimmungsrecht setzt nicht erst dann ein, wenn sich durch die arbeitgeberseitige Maßnahme die Tätigkeit des AN bereits tatsächlich geändert hat. Entscheidend ist die arbeitgeberseitige **Planung** (zum Begriff der Planung siehe § 92 Rn. 4). Führt diese Planung zu einer Veränderung der Tätigkeiten der betroffenen AN, setzt das Mitbestimmungsrecht bereits zu diesem Zeitpunkt ein. Bedeutsam ist dies vor allem im Rahmen von Verhandlungen über einen Interessenausgleich bei der Ausführung von Betriebsänderungen im Sinne von § 111. Unabhängig davon, ob eine sozialplanpflichtige Betriebsänderung vorliegt oder nicht, können Qualifizierungsmaßnahmen im Rahmen der betrieblichen Berufsbildung nach § 97 Abs. 2 auch gegen den Willen des AG über ein Einigungsstellenverfahren durchgesetzt werden (ausführlich unter Rn. 13 ff.).

2. Durchsetzung der Mitbestimmung

13 Das Mitbestimmungsrecht nach § 97 Abs. 2 beinhaltet ein echtes **Initiativrecht** des BR. Inhaltlich bezieht sich das Initiativrecht auf die Einführung betrieblicher Bildungsmaßnahmen. Einigen sich AG und BR nicht, kann das Mitbestimmungsrecht über ein **Einigungsstellenverfahren** durchgesetzt werden. Kommt eine Einigung zwischen AG und BR nicht zustande, so entscheidet die Einigungsstelle über das Ob und Wie der Qualifizierungsmaßnahme.

14 Regelungsgegenstand des Einigungsstellenverfahrens sind folgende Aspekte:

- Art und Weise der Weiterbildung
- Festlegung von Qualifizierungszielen und Qualifizierungswegen
- Konkrete Weiterbildungsmaßnahmen
- Teilnehmerkreis
- Verfahrensregelung zur Ausführung der Weiterbildungsmaßnahmen nach § 98

Gegenstand des Einigungsstellenverfahrens kann nicht die **Kostenregelung** sein, da die Qualifizierungskosten vom AG zu tragen sind.

15 Das Mitbestimmungsrecht bezieht sich auf betriebliche Bildungsmaßnahmen und nicht auf betriebliche Bildungseinrichtungen. Auch außerbetriebliche Bildungsmaßnahmen unterfallen dem Mitbestimmungsrecht nicht.

16 Vereinbaren die Betriebsparteien die Ein- und Ausführung einer betrieblichen Berufsbildungsmaßnahme oder erfolgt dies durch Einigungsstellenspruch, hat der BR über § 80 einen Anspruch auf Umset-

zung der Maßnahme. Der einzelne AN hat einen gerichtlich durchsetzbaren **Leistungsanspruch** gegen den AG.
Bei einer Missachtung des Mitbestimmungsrechts des BR hat der BR die folgenden Möglichkeiten:

- Er kann einen auf § 23 Abs. 3 gestützten **Unterlassungsanspruch** hinsichtlich der Umsetzung der geplanten Bildungsmaßnahme geltend machen.
- Er kann im Wege des allgemeinen Unterlassungsanspruches vom AG verlangen, bis zum Abschluss des Mitbestimmungsverfahrens **keine auf Leistungsmängel gestützte Kündigungen** auszusprechen (umstritten: s. hierzu Franzen, Das Mitbestimmungsrecht des Betriebsrats bei der Einführung von Maßnahmen der betrieblichen Berufsbildung nach § 97 BetrVG, NZA 2001, 865 ff.).

IV. Streitigkeiten

Das ArbG entscheidet im **Beschlussverfahren** über den Umfang der Beratungsrechte. Kommt der AG seiner Unterrichtungs- und Beratungspflicht nicht oder nicht ordnungsgemäß nach, kommt ein Verfahren nach § 23 Abs. 3 in Betracht (DKW, § 97 BetrVG Rn. 29). 17

§ 98 Durchführung betrieblicher Bildungsmaßnahmen

(1) Der Betriebsrat hat bei der Durchführung von Maßnahmen der betrieblichen Berufsbildung mitzubestimmen.
(2) Der Betriebsrat kann der Bestellung einer mit der Durchführung der betrieblichen Berufsbildung beauftragten Person widersprechen oder ihre Abberufung verlangen, wenn diese die persönliche oder fachliche, insbesondere die berufs- und arbeitspädagogische Eignung im Sinne des Berufsbildungsgesetzes nicht besitzt oder ihre Aufgaben vernachlässigt.
(3) Führt der Arbeitgeber betriebliche Maßnahmen der Berufsbildung durch oder stellt er für außerbetriebliche Maßnahmen der Berufsbildung Arbeitnehmer frei oder trägt er die durch die Teilnahme von Arbeitnehmern an solchen Maßnahmen entstehenden Kosten ganz oder teilweise, so kann der Betriebsrat Vorschläge für die Teilnahme von Arbeitnehmern oder Gruppen von Arbeitnehmern des Betriebs an diesen Maßnahmen der beruflichen Bildung machen.
(4) [1]Kommt im Fall des Absatzes 1 oder über die nach Absatz 3 vom Betriebsrat vorgeschlagenen Teilnehmer eine Einigung nicht zustan-

de, so entscheidet die Einigungsstelle. [2]Der Spruch der Einigungsstelle ersetzt die Einigung zwischen Arbeitgeber und Betriebsrat.

(5) [1]Kommt im Fall des Absatzes 2 eine Einigung nicht zustande, so kann der Betriebsrat beim Arbeitsgericht beantragen, dem Arbeitgeber aufzugeben, die Bestellung zu unterlassen oder die Abberufung durchzuführen. [2]Führt der Arbeitgeber die Bestellung einer rechtskräftigen gerichtlichen Entscheidung zuwider durch, so ist er auf Antrag des Betriebsrats vom Arbeitsgericht wegen der Bestellung nach vorheriger Androhung zu einem Ordnungsgeld zu verurteilen; das Höchstmaß des Ordnungsgeldes beträgt 10 000 Euro. [3]Führt der Arbeitgeber die Abberufung einer rechtskräftigen gerichtlichen Entscheidung zuwider nicht durch, so ist auf Antrag des Betriebsrats vom Arbeitsgericht zu erkennen, dass der Arbeitgeber zur Abberufung durch Zwangsgeld anzuhalten sei; das Höchstmaß des Zwangsgeldes beträgt für jeden Tag der Zuwiderhandlung 250 Euro. [4]Die Vorschriften des Berufsbildungsgesetzes über die Ordnung der Berufsbildung bleiben unberührt.

(6) Die Absätze 1 bis 5 gelten entsprechend, wenn der Arbeitgeber sonstige Bildungsmaßnahmen im Betrieb durchführt.

Inhaltsübersicht Rn.

I. Zweck der Regelung

1 Das Mitbestimmungsrecht des BR bezieht sich auf folgende **Aspekte**:

- Ausführung von Maßnahmen der betrieblichen Berufsbildung
- Bestellung der Ausbilder
- Auswahl der an der Berufsbildung teilnehmenden AN

2 Kein Mitbestimmungsrecht des BR besteht bei der Frage, **ob** Maßnahmen der betrieblichen Berufsbildung ausgeführt werden und welches **Budget** für derartige Maßnahmen zur Verfügung steht (BAG 24.8.2004 – 1 ABR 28/03).

3 Sinn und Zweck des Beteiligungsrechts ist es, AN vor unqualifizierter Fort- und Weiterbildung zu schützen. Es soll gewährleistet sein, dass die

Gestaltungsspielräume bei der betrieblichen Berufsbildung an den Interessen der AN orientiert ausgefüllt werden (BAG 24. 8. 2004 – 1 ABR 28/03).

II. Mitbestimmung bei der Ausführung betrieblicher Bildungsmaßnahmen

Der Begriff der **betrieblichen Berufsbildung** ist nach ständiger Recht- 4
sprechung des BAG weit auszulegen. Hierunter sind alle Maßnahmen der Berufsbildung im Sinne von § 1 Abs. 1 BBiG zu verstehen. Das sind Maßnahmen

- der Berufsausbildung,
- der beruflichen Fortbildung und
- der beruflichen Umschulung.

Zur betrieblichen Berufsbildung zählen alle Maßnahmen, die über eine 5
Unterrichtung des AN über seine Aufgaben und seine Verantwortung, die Art der Tätigkeit und ihre Einordnung in den Arbeitsablauf des Betriebs sowie über die Unfall- und Gesundheitsgefahren und die Maßnahmen und Einrichtungen zur Abwehr dieser Gefahren im Sinne von § 81 hinausgehen. Die betriebliche Berufsbildung ist also von der reinen **Unterrichtung nach § 81** zu unterscheiden (siehe hierzu auch § 96 Rn. 4). Anders als die Unterrichtung vermittelt die Berufsbildung Kenntnisse in systematischer, lehrplanartiger Weise. Die Maßnahmen müssen dem AN gezielt **Kenntnisse und Erfahrungen** vermitteln, die ihn zur Ausübung bestimmter Tätigkeiten erst befähigen (BAG 5. 3. 2013 – 1 ABR 11/12). Hierzu gehören auch Lehrgänge, die dem AN die für die Ausfüllung seines Arbeitsplatzes und seiner beruflichen Tätigkeit notwendigen Kenntnisse und Fähigkeiten verschaffen sollen (BAG 10. 2. 1988 – 1 ABR 39/86). Entgegen der Ansicht des LAG Köln (LAG Köln 16. 1. 2017 – 9 TaBV 77/16) gehört auch das **Side-by-Side-Training** zu den mitbestimmungspflichtigen beruflichen Bildungsmaßnahmen. Dem Mitarbeiter werden durch die Maßnahme gezielt Kenntnisse und Erfahrungen des Trainers vermittelt, z. B. wie Kundengespräche geführt werden. Dies übersteigt die reine Unterrichtung nach § 81 (so auch Holger Dahl, Anmerkung zu LAG Köln vom 16. 1. 2017, jurisPR-ArbR 32/2017 Anm. 3)

Veränderungen in der Arbeitswelt lösen nahezu ausnahmslos Quali- 6
fizierungsbedarfe auf Seiten der betroffenen AN aus. Aktuell wird die Entwicklung durch die **Digitalisierung** von Arbeitsprozessen und -vorgängen vorangetrieben. Teile der Belegschaft sind zudem nur noch im Homeoffice tätig. Neue digital hinterlegte Führungskonzepte werden

zunehmend etabliert. Die Führung über Teamziele (objektives and key results = **OKR**) nimmt hierbei eine herausragende Position ein. Neben denkbaren Mitbestimmungsrechten nach § 87 Abs. 1 Nr. 10, 11 und 13 BetrVG kommt der Mitbestimmung bei der Durchführung betrieblicher Bildungsmaßnahmen eine gewichtige Rolle zu. In einer BV zur Einführung von OKR oder anderen Formen **agilen Arbeitens** sollten Regelungen zur Qualifikation der AN nicht fehlen.

7 Der BR kann im Rahmen seines Mitbestimmungsrechts vom AG die Einführung von Richtlinien fordern, nach denen die **Auszubildenden** in regelmäßigen Abständen zu beurteilen sind und ihr Ausbildungsstand kontrolliert wird (LAG Köln 12.4.1983 – 6 TaBV 6/83).

8 **Betrieblich** ist eine Berufsbildungsmaßnahme immer dann, wenn der AG Träger oder Veranstalter der Bildungsmaßnahme ist und die Berufsbildungsmaßnahme für die AN des AG vorgenommen wird (BAG 18.4.2000 – 1 ABR 28/99, AiB 2001, 231–232; BAG 26.4.2016 – 1 ABR 21/14). Auf den **Ort** der Durchführung kommt es nicht an. Es ist deshalb auch nicht ausreichend, dass die Maßnahme in den Betriebsräumen des AG stattfindet. Entscheidend ist, ob der AG maßgebenden Einfluss – sei es rechtlich oder tatsächlich – auf Inhalt und Organisation der Berufsbildung nimmt (LAG Hamm 16.12.2014 – 7 TaBV 73/14). Die gesetzlich vorgeschriebenen Weiterbildungen der **Rettungsdienste** außerhalb des Betriebs ohne einen bestimmenden Einfluss der AG unterfallen deshalb nicht der Mitbestimmung des BR (LAG Berlin-Brandenburg 2.9.2022 – 1 TaBV 773/22). Vereinbaren mehrere AG die gemeinsame Ausführung von Maßnahmen der Berufsbildung, kommt es auf den beherrschenden Einfluss des AG auf die Ausführung der Maßnahme an. Hat kein AG einen **beherrschenden Einfluss** in diesem Sinne, besteht kein Mitbestimmungsrecht nach § 98 Abs. 1. Allerdings sind die BR schon beim Abschluss der Vereinbarung über die Zusammenarbeit der AG insoweit zu beteiligen, als Regelungen über die spätere Ausführung der Bildungsmaßnahmen getroffen werden (BAG 18.4.2000 – 1 ABR 28/99, AiB 2001, 231–232). Auch bei Fortbildungsmaßnahmen für **Konzernmitarbeiter** kommt es entscheidend auf die Einflussnahmemöglichkeiten des AG an. Werden Mitarbeiter einer **Tochterfirma** auf dem Betriebsgelände geschult, kommt es darauf an, ob und inwieweit die Schulung in die Produktionsabläufe integriert ist. Findet die Schulung außerhalb des normalen Produktionsablaufes an einer extra nur zu Schulungszwecken aufgebauten, der Tochtergesellschaft gehörenden Fertigungsanlage statt, besteht kein Mitbestimmungsrecht (siehe hierzu LAG Saarland 7.12.2016 – 2 TaBV 6/15). Werden die Schulungsmaßnahmen an den Produktionsanlagen durchgeführt und hat der AG hierauf Einfluss, besteht ein Mitbestimmungsrecht auch hinsichtlich der AN der Tochtergesellschaft.

Hinzukommen muss, dass die Berufsbildungsmaßnahme für die AN des AG durchgeführt wird (LAG Saarland 26.3.2014 – 1 TaBV 9/12). Werden im Betrieb Bildungsmaßnahmen durchgeführt, die ausschließlich externe AN betreffen, liegt keine mitbestimmungspflichtige Bildungsmaßnahme vor (BAG 26.4.2016 – 1 ABR 21/14). Dies gilt auch dann, wenn der AG die Maßnahme durchführt.

Die systematische Übertragung von einzelnen Tätigkeiten einer über- 9
geordneten Hierarchieebene zur **Karriereförderung** von Mitarbeitern, kann eine mitbestimmungspflichtige berufliche Bildungsmaßnahme darstellen (LAG Rheinland-Pfalz 23.3.2017 – 6 TaBV 21/16 ablehnend für den konkreten Fall, weil es an einer systematischen Karriereförderung fehlte). Moderierte Gesprächskreise und **Workshops** stellen keine mitbestimmungspflichtige Maßnahme der betrieblichen Berufsausbildung dar (LAG Düsseldorf 9.10.2008 – 15 TaBV 96/07).

Entscheidet der AG, generell eine nach § 29 Abs. 2 BBiG **verkürzte** 10
Ausbildung vorzusehen, unterliegt dies der Mitbestimmung nach § 98 Abs. 1 (BAG 24.8.2004 – 1 ABR 28/03).

Testkäufe durch den AG stellen keine betriebliche Bildungsmaßnahme 11
dar und unterliegen nicht dem Mitbestimmungsrecht nach § 98 (LAG Schleswig-Holstein 2.11.1983 – 4 TaBV 5/83).

Das Mitbestimmungsrecht des BR besteht in einer **Mitregelungskom-** 12
petenz. Die Betriebsparteien müssen sich über Einzelheiten zu den Maßnahmen der betrieblichen Berufsbildung verständigen. Hierzu gehört auch eine etwaige **Teilnahme eines BR-Mitglieds** an betrieblichen Prüfungen (BAG 5.11.1985 – 1 ABR 49/83).

Die folgenden **Aspekte** können Gegenstand der Mitbestimmung sein:

- Inhalt der betrieblichen Berufsbildung
- Umfang der Maßnahme
- Methode der Wissensvermittlung
- Gestaltung der Prüfung
- Zeitliche Dauer der Maßnahme
- Dauer und Lage der täglichen Schulungszeit
- Versetzungsplan für das Durchlaufen der einzelnen Abteilungen
- Vornahme betrieblicher Zwischenprüfungen und regelmäßiger Beurteilungen

Das Mitbestimmungsrecht bezieht sich nicht auf die Einführung einer 13
betrieblichen Berufsbildung an sich und auch nicht auf das für die Maßnahme zur Verfügung stehende **Budget**.

14 Über das gesetzliche Mindestmaß hinausgehende Vereinbarungen können im Wege freiwilliger BV geschlossen werden. Diese **freiwilligen BV** sind nicht erzwingbar.

15 Die Festlegung der Ausbildungsvergütung unterfällt ebenso wenig dem Mitbestimmungsrecht des BR wie die Vereinbarung von **Rückzahlungsklauseln**. Hierbei handelt es sich um individualrechtliche Vereinbarungen zwischen dem AG und dem AN, nach denen eine Rückzahlungsverpflichtung ganz oder teilweise besteht, wenn innerhalb bestimmter Fristen nach Ausführung der Maßnahme das Arbeitsverhältnis arbeitnehmerseitig beendet wird. Mit Blick auf den individuellen Charakter dieser Vereinbarungen scheidet ein Mitbestimmungsrecht nach § 98 aus (anders dagegen DKW, BetrVG § 98 Rn. 9).

III. Ausschuss für Aus- und Weiterbildung und BV

16 Der BR hat in Betrieben mit mehr als 100 AN die Möglichkeit, Ausschüsse zu bilden und ihnen bestimmte Aufgaben zu übertragen. Nach § 28 Abs. 2 können auch **gemeinsame Ausschüsse** mit dem AG gebildet werden.

17 In der betrieblichen Praxis werden häufig gemeinsame Ausschüsse für die Aus- und Weiterbildung errichtet. Diesen Ausschüssen können Aufgaben zur **selbstständigen Erledigung** übertragen werden. Geschieht dies, ist die Entscheidung des Ausschusses verbindlich. So kann diesem Ausschuss vor allem die Auswahl der AN übertragen werden, die an Berufsbildungsmaßnahmen teilnehmen sollen (§ 98 Abs. 3).

18 Voraussetzung hierfür ist, dass der BR einen Betriebsausschuss gebildet und seinerseits den Entschluss gefasst hat, dem gemeinsamen Ausschuss für Aus- und Weiterbildung Aufgaben zur selbstständigen Erledigung zu übertragen.

19 Das Gesetz enthält keine näheren Regelungen für die **Geschäftsführung** derartiger Ausschüsse. Es ist deshalb sinnvoll, über die Bildung eines derartigen Ausschusses und über seine Kompetenzen und die entsprechenden Verfahrensregelungen eine freiwillige BV mit dem AG abzuschließen. Als freiwillige BV ist diese allerdings nicht über ein Einigungsstellenverfahren erzwingbar.

IV. Bestellung der Ausbilder und Ausbildungsbeauftragten

20 Nach § 98 Abs. 2 kann der BR der Bestellung eines **Ausbilders** oder eines **Ausbildungsbeauftragten** widersprechen. Kommt eine Einigung nicht zustande, kann der BR beim Arbeitsgericht beantragen, dem AG

aufzugeben, die Bestellung zu unterlassen oder die Abberufung vorzunehmen (§ 98 Abs. 5).

Voraussetzung für das Mitbestimmungsrecht des BR ist, dass der AG nicht persönlich ausbildet, sondern hierzu eine Person beauftragt. Unerheblich ist, ob dies ein Mitarbeiter des Unternehmens oder ein **Externer** ist. Das Mitbestimmungsrecht bezieht sich auf alle **Personen,** die mit der Ausführung einer Maßnahme der beruflichen Bildung vom AG beauftragt werden. 21

Das Widerspruchsrecht des BR ist an inhaltliche Voraussetzungen geknüpft. Folgende Widerspruchsgründe sind denkbar: 22

- Persönliche Eignung des Ausbilders
- Fachliche Eignung des Ausbilders
- Vernachlässigung der Aufgaben

Die **persönliche Eignung** ist in § 29 Nr. 1 und Nr. 2 BBiG sowie in § 22a HwO näher geregelt. Sie fehlt, wenn der Ausbilder Kinder und Jugendliche nicht beschäftigen darf oder wiederholt oder schwer gegen das Berufsbildungsgesetz verstoßen hat. 23

Die **fachliche Eignung** ist in § 30 Abs. 1 BBiG bzw. § 22b HwO geregelt. Fachlich geeignet ist hiernach nur, wer die beruflichen sowie berufs- und arbeitspädagogischen Fertigkeiten, Kenntnisse und Fähigkeiten besitzt, die für die Vermittlung der Ausbildungsinhalte erforderlich sind. 24

Werden AN mit der betrieblichen Berufsbildung betraut, die keine Ausbilder im Sinne des Berufsbildungsgesetzes sind, bemisst sich die Geeignetheit dieser Personen nach allgemeinen Maßstäben, die sich an den Regelungen des Berufsbildungsgesetzes und der Handwerksordnung orientieren. Dem BR obliegt die Überwachung der fachlichen Eignung einer mit der Durchführung der betrieblichen Berufsbildung beauftragten Person eigenständig. An eine Bejahung der fachlichen Eignung durch die Industrie- und Handelskammer ist er nicht gebunden (LAG Baden-Württemberg 20.10.2017 – 15 TaBV 2/17).

Eine **Vernachlässigung der Aufgaben** eines Ausbilders i. S. v. § 98 Abs. 2 liegt vor, wenn dieser seine Aufgaben nicht mit der erforderlichen Gewissenhaftigkeit ausführt und deshalb zu befürchten ist, dass die Auszubildenden das Ziel der Ausbildung nicht erreichen. Ein **Verschulden** ist hierfür nicht erforderlich. 25

Dies ist unter anderem zu bejahen, wenn der Ausbilder:

- ohne sachlich vertretbaren Grund von einem vorhandenen betrieblichen Ausbildungsplan abweicht oder
- wenn er seiner Tätigkeit keinen vollständigen, nachvollziehbaren Ausbildungsplan zugrunde gelegt und nicht nachweisbar ist, dass aus besonderen Gründen kein Plan erforderlich war, um das Aus-

bildungsziel in der vorgesehenen Ausbildungszeit zu erreichen (LAG Baden-Württemberg 20.10.2017 – 15 TaBV 2/17).

26 Das **Beteiligungsverfahren** bei der Bestellung/Abberufung der Ausbilder und Ausbildungsbeauftragten läuft nach folgenden Schritten ab:

- In einem ersten Schritt ist der BR vom AG rechtzeitig und umfassend über die Person des Ausbilders und dessen persönliche und fachliche Eignung zu informieren.
- In einem zweiten Schritt verhandeln AG und BR über die Bestellung bzw. über die Abberufung des Ausbilders.
- Einigen sich die Betriebsparteien, ist das Beteiligungsverfahren damit hinsichtlich der Bestellung oder Abberufung des Ausbilders abgeschlossen.
- Einigen sich die Betriebsparteien nicht, kann der BR das Arbeitsgericht mit dem Antrag anrufen, dem AG aufzugeben, die Bestellung zu unterlassen oder die Abberufung vorzunehmen.
- Bleibt der BR untätig, kann auch der AG vor der Bestellung eines Ausbilders eine gerichtliche Klärung herbeiführen, um feststellen zu lassen, ob der Widerspruch des BR berechtigt ist.

27 Das Arbeitsgericht entscheidet im **Beschlussverfahren.** Dieses arbeitsgerichtliche Beschlussverfahren ist von dem Beteiligungsverfahren nach §§ 99, 102 zu unterscheiden. Beide Beteiligungsverfahren stehen nebeneinander und sind ggf. parallel vorzunehmen.

V. Auswahl der Teilnehmer

28 Das nach § 98 Abs. 3 und Abs. 4 bestehende Mitbestimmungsrecht des BR soll die **Chancengleichheit** der AN beim beruflichen Fortkommen und bei der Sicherung ihrer Arbeitsplätze gewährleisten.

29 Der BR kann **Vorschläge** für die Teilnahme von AN oder von Gruppen von AN des Betriebs an den betrieblichen Bildungsmaßnahmen machen.

30 Kommt eine Einigung über die vom BR vorgeschlagenen Teilnehmer nicht zustande, entscheidet die **Einigungsstelle** (§ 98 Abs. 4). Dieses Mitbestimmungsrecht setzt voraus, dass der BR eigene Vorschläge für die Person der Teilnehmer gemacht hat. Er darf sich nicht darauf beschränken, der vom AG getroffenen Auswahl lediglich zu widersprechen (BAG 20.4.2010 – 1 ABR 78/08).

31 Das Mitbestimmungsrecht im Sinne eines Vorschlagsrechts besteht unter folgenden Voraussetzungen:

- Es muss sich um eine betriebliche Maßnahme der Berufsbildung handeln oder

- bei einer außerbetrieblichen Berufsbildungsmaßnahme muss der AG den AN von der Verpflichtung zur Erbringung der Arbeitsleistung freistellen oder
- es muss sich um Maßnahmen der Berufsbildung handeln, bei denen der AG die Teilnahmekosten der AN ganz oder teilweise trägt.

Das Mitbestimmungsrecht des BR bezieht sich auf die **Auswahl der AN**, nicht auf die **Anzahl** der für die Schulung vorgesehenen AN. Sollen ausschließlich AN eines **ausländischen Konzernunternehmens** in dem Betrieb des inländischen Unternehmens, für den der BR eingerichtet ist, ausgebildet oder fortgebildet werden sollen, ist § 98 nach fragwürdiger Ansicht des LAG Saarland nicht anwendbar (LAG Saarland 26.3.2014 – 1 TaBV 9/12).

Die Teilnahme an einer vom AG im Rahmen seines Direktionsrechts **32** angeordneten Schulungsmaßnahme ist **Arbeitszeit** im Sinne des § 87 Abs. 1 Nr. 2 und 3. Neben dem Mitbestimmungsrecht nach § 98 besteht deshalb in der Regel ein Mitbestimmungsrecht des BR nach § 87 Abs. 1 Nr. 2 (BAG 15 4.2008 – 1 ABR 44/07, AiB 2012, 46).

Werden von Arbeitgeberseite und vom BR für die Teilnahme an Maß- **33** nahmen der Berufsbildung mehr AN vorgeschlagen als Teilnehmerplätze zur Verfügung stehen, müssen AG und BR alle vorgeschlagenen AN in die Auswahl einbeziehen (BAG 8.12.1987 – 1 ABR 32/86, AiB 1988, 111–112).

VI. Sonstige betriebliche Bildungsmaßnahmen

Betriebliche Bildungsmaßnahmen, die keine Maßnahmen im Sinne des **34** Berufsbildungsgesetzes sind, unterfallen dem Anwendungsbereich des § 98 Abs. 6 mit der Folge, dass die Mitbestimmungsrechte des BR entsprechend gelten.

Der **Begriff der Bildungsmaßnahmen** ist weit zu verstehen. Es muss **35** sich um Maßnahmen handeln, in denen in systematischer und lehrplanartiger Art und Weise ein Lernziel vermittelt wird.

Das Mitbestimmungsrecht ist daran geknüpft, dass der AG die Bildungs- **36** maßnahme im Betrieb ausführt.

Inhaltlich geht es um Bildungsmaßnahmen, die nicht die aktuelle oder **37** bevorstehende berufliche Tätigkeit von AN betreffen.

Freizeitveranstaltungen fallen mangels Bildungscharakter nicht in den **38** Anwendungsbereich von § 98 Abs. 6. Auch **Informationsveranstaltungen** des AG, die der allgemeinen Belehrung dienen, können Bildungsmaßnahmen im Sinne von § 98 Abs. 6 sein (LAG Hessen 4.12.1979 – 4/5 TaBV 39/78).

VII. Streitigkeiten

39 Das **Arbeitsgericht** ist zuständig für:

- Streitigkeiten über die Bestellung und Abberufung von Ausbildern
- Streitigkeiten darüber, ob eine Maßnahme der Mitbestimmung unterliegt
- Ansprüche nach § 23 Abs. 3 bei einem groben Pflichtenverstoß des AG
- Androhung und Anordnung von Ordnungsgeld und Zwangsgeld

40 Die **Einigungsstelle** ist zuständig für die:

- Umsetzung einer berufsbildenden Maßnahme
- Auswahl von Teilnehmern an berufsbildenden Maßnahmen

41 Dem BR steht ein **Unterlassungsanspruch** zu, wenn der AG die personellen Vorschläge des BR schlicht ignoriert, ohne ein Einigungsstellenverfahren einzuleiten (BAG 18.3.2014 – 1 ABR 77/12). Der AG verstößt grob gegen seine Verpflichtungen aus § 98 Abs. 4, wenn er – ohne sich mit dem BR geeinigt zu haben und ohne Ersetzung der fehlenden Einigung durch die Einigungsstelle – einen AN für eine Maßnahme der betrieblichen Berufsbildung freistellt. Ein derartiger **grober Pflichtenverstoß** kann auch schon in der einmaligen Freistellung eines AN liegen (BAG 18.3.2014 – 1 ABR 77/12, AiB 2015, Nr. 6, 56–57). Unabhängig hiervon besteht kein Anlass, die betriebsverfassungswidrige Situation bei § 87 anders zu bewerten als bei § 98 Abs. 3 und 4. In beiden Fällen führt der AG eine betriebsverfassungswidrige Lage herbei, die durch ein Einigungsstellenverfahren nicht kurzfristig beseitigt werden kann. Deshalb muss dem BR auch neben dem Verfahren nach § 23 Abs. 3 ein **eigenständiger Unterlassungsanspruch** aus § 98 Abs. 3 und 4 zustehen, wenn der AG von dem vorgeschlagenen Teilnehmerkreis abweicht.

Dritter Unterabschnitt
Personelle Einzelmaßnahmen

§ 99 Mitbestimmung bei personellen Einzelmaßnahmen

(1) [1]In Unternehmen mit in der Regel mehr als zwanzig wahlberechtigten Arbeitnehmern hat der Arbeitgeber den Betriebsrat vor jeder Einstellung, Eingruppierung, Umgruppierung und Versetzung zu unterrichten, ihm die erforderlichen Bewerbungsunterlagen vorzulegen und Auskunft über die Person der Beteiligten zu geben; er hat

dem Betriebsrat unter Vorlage der erforderlichen Unterlagen Auskunft über die Auswirkungen der geplanten Maßnahme zu geben und die Zustimmung des Betriebsrats zu der geplanten Maßnahme einzuholen. [2]Bei Einstellungen und Versetzungen hat der Arbeitgeber insbesondere den in Aussicht genommenen Arbeitsplatz und die vorgesehene Eingruppierung mitzuteilen. [3]Die Mitglieder des Betriebsrats sind verpflichtet, über die ihnen im Rahmen der personellen Maßnahmen nach den Sätzen 1 und 2 bekanntgewordenen persönlichen Verhältnisse und Angelegenheiten der Arbeitnehmer, die ihrer Bedeutung oder ihrem Inhalt nach einer vertraulichen Behandlung bedürfen, Stillschweigen zu bewahren; § 79 Abs. 1 Satz 2 bis 4 gilt entsprechend.

(2) Der Betriebsrat kann die Zustimmung verweigern, wenn

1. die personelle Maßnahme gegen ein Gesetz, eine Verordnung, eine Unfallverhütungsvorschrift oder gegen eine Bestimmung in einem Tarifvertrag oder in einer Betriebsvereinbarung oder gegen eine gerichtliche Entscheidung oder eine behördliche Anordnung verstoßen würde,
2. die personelle Maßnahme gegen eine Richtlinie nach § 95 verstoßen würde,
3. die durch Tatsachen begründete Besorgnis besteht, dass infolge der personellen Maßnahme im Betrieb beschäftigte Arbeitnehmer gekündigt werden oder sonstige Nachteile erleiden, ohne dass dies aus betrieblichen oder persönlichen Gründen gerechtfertigt ist; als Nachteil gilt bei unbefristeter Einstellung auch die Nichtberücksichtigung eines gleich geeigneten befristet Beschäftigten,
4. der betroffene Arbeitnehmer durch die personelle Maßnahme benachteiligt wird, ohne dass dies aus betrieblichen oder in der Person des Arbeitnehmers liegenden Gründen gerechtfertigt ist,
5. eine nach § 93 erforderliche Ausschreibung im Betrieb unterblieben ist oder
6. die durch Tatsachen begründete Besorgnis besteht, dass der für die personelle Maßnahme in Aussicht genommene Bewerber oder Arbeitnehmer den Betriebsfrieden durch gesetzwidriges Verhalten oder durch grobe Verletzung der in § 75 Abs. 1 enthaltenen Grundsätze, insbesondere durch rassistische oder fremdenfeindliche Betätigung, stören werde.

(3) [1]Verweigert der Betriebsrat seine Zustimmung, so hat er dies unter Angabe von Gründen innerhalb einer Woche nach Unterrichtung durch den Arbeitgeber diesem schriftlich mitzuteilen. [2]Teilt der

Betriebsrat dem Arbeitgeber die Verweigerung seiner Zustimmung nicht innerhalb der Frist schriftlich mit, so gilt die Zustimmung als erteilt.
(4) Verweigert der Betriebsrat seine Zustimmung, so kann der Arbeitgeber beim Arbeitsgericht beantragen, die Zustimmung zu ersetzen.

Inhaltsübersicht Rn.

I. Einleitung

Die Mitbestimmung in personellen Angelegenheiten gemäß § 99 steht neben der Mitbestimmung in sozialen Angelegenheiten gemäß § 87. Nach der Rechtsprechung des BAG beziehen sich die Mitbestimmungsrechte des BR in personellen Angelegenheiten gemäß § 99 einerseits und die Mitbestimmungsrechte in sozialen Angelegenheiten gemäß § 87 Abs. 1 andererseits auf unterschiedliche Regelungsgegenstände (BAG 28.7.2020 – 1 ABR 45/18). § 99 Abs. 1 Satz 1 verpflichtet den AG, den BR vor jeder Einstellung, Eingruppierung, Umgruppierung oder Versetzung umfassend zu **unterrichten** und die **Zustimmung des BR** zu der geplanten Maßnahme einzuholen. Der BR darf seine Zustimmung zu der Maßnahme nur aus den abschließend in § 99 Abs. 2 aufgeführten Gründen verweigern. Soweit der BR die Zustimmung verweigert, darf der AG die personelle Einzelmaßnahme zunächst nicht durchführen; er muss vielmehr die Ersetzung der Zustimmung beim ArbG beantragen. Das ArbG überprüft dann die Berechtigung der Zustimmungsverweigerung. Damit stellt § 99 ein **echtes Mitbestimmungsrecht** dar; jedoch steht dem BR kein **Initiativrecht,** sondern nur ein Zustimmungsverweigerungsrecht (Vetorecht) zu (DKW, § 99 BetrVG Rn. 1). In dringenden Angelegenheiten kann der AG nach § 100 die **Maßnahme vorläufig durchführen**. Sollte der AG eine personelle Einzelmaßnahme unter Verstoß gegen §§ 99, 100 durchführen, so kann der BR nach § 101 beim ArbG die Aufhebung der Maßnahme verlangen (siehe § 101 Rn. 1). 1

II. Allgemeine Voraussetzungen – Unternehmensgröße

1. Unternehmensgröße

Die Mitbestimmung nach § 99 Abs. 1 Satz 1 greift nur in solchen Unternehmen, die regelmäßig mehr als 20 wahlberechtigte AN (Arbeitnehmerbegriff siehe § 5 Rn. 3) im Unternehmen beschäftigen (**Unternehmensgröße**). Maßgebend ist danach die Anzahl der Arbeitsplätze, auf die das Unternehmen ausgerichtet ist (DKW, § 99 BetrVG Rn. 7). Bei der Ermittlung der Beschäftigtenzahl zählen auch AN aus betriebsratslosen Betrieben oder nicht betriebsratsfähigen Kleinstbetrieben mit. Für die Feststellung der Anzahl der Wahlberechtigten ist nicht auf einen bestimmten Stichtag abzustellen. Maßgebend ist vielmehr die **normale Anzahl** (»in der Regel«) der Arbeitsplätze im Unternehmen (BAG 16.4.2003 – 7 ABR 53/02, NZA 2003, 1345). Aufgrund des Unternehmensbezugs kann in der Praxis davon ausgegangen werden, dass die 2

Mitbestimmungsrechte nach § 99 einem mindestens 3-köpfigen BR in jedem Fall zustehen. Demgegenüber kommt § 99 bei einem 1-köpfigen BR nur dann zur Anwendung, wenn der Betrieb zu einem Unternehmen mit mehreren Betrieben gehört und mit diesen zusammen mindestens 21 AN dem Unternehmen angehören. **Leiharbeitnehmer** sind hinzuzurechnen (§ 14 Abs. 2 AÜG).

3 Nach der Rechtsprechung des BAG ist § 99 analog auch auf solche **Gemeinschaftsbetriebe** anzuwenden, in denen regelmäßig mehr als 20 AN beschäftigt werden, deren Einzelunternehmen die Mindestbelegschaft nicht erreichen (BAG 29.9.2004 – 1 ABR 39/03, AiB Newsletter 2004, 55).

2. Bestehender BR

4 Zur Wahrnehmung der Mitbestimmungs- und Beteiligungsrechte ist das Vorhandensein eines **BR** erforderlich. Wird erstmalig ein BR gebildet, kommen die Beteiligungsrechte des § 99 erst dann zur Anwendung, wenn sich der BR bereits konstituiert hat (DKW, § 99 BetrVG Rn. 11).

3. Arbeitskampf

5 Während des **Arbeitskampfes** können die Beteiligungsrechte des BR in personellen Angelegenheiten eingeschränkt sein (näheres hierzu siehe DKW, § 99 BetrVG Rn. 24). Dabei reicht eine lediglich mittelbare Betroffenheit von einem Arbeitskampf bei einem anderen Konzernunternehmen und/oder Branchenunternehmen dahingehend, dass auch der AG sich bei den nächsten bei ihr anstehenden Tarifverhandlungen erhöhten Forderungen ausgesetzt sehen könnte, nicht für eine Einschränkung der Beteiligungsrechte des BR nach § 99 aus (LAG Hamburg 25.4.2018 – 2 TaBV 1/18).

III. Die einzelnen beteiligungspflichtigen Maßnahmen

1. Einstellung

a. Definition

6 Im Gesetz findet sich keine Definition des **Begriffs der Einstellung**. Nach der Rechtsprechung des BAG besteht das Mitbestimmungsrecht nicht nur bei AN, die ein Arbeitsverhältnis mit dem Unternehmen begründen. Vielmehr hat der BR schon dann mitzubestimmen, wenn Per-

sonen **in den Betrieb eingegliedert** werden, um zusammen mit den im Betrieb schon beschäftigten AN den arbeitstechnischen Zweck des Betriebs durch weisungsgebundene Tätigkeit zu verwirklichen. Die für eine Einstellung im Sinne von § 99 Abs. 1 Satz 1 notwendige Eingliederung verlangt nicht, dass der betroffene AN seine Arbeiten auf dem Betriebsgelände oder innerhalb der Betriebsräume verrichtet. Maßgebend ist vielmehr, ob der AG mithilfe des AN den arbeitstechnischen Zweck des Betriebs durch weisungsgebundene Tätigkeit verwirklicht (BAG 26.5.2021 – 7 ABR 17/20). Auf das Rechtsverhältnis zum AG kommt es nicht an (BAG 23.6.2010 – 7 ABR 1/09; ständige Rechtsprechung).

Unter **Einstellung** wird damit nach überwiegender Meinung sowohl die Begründung eines Arbeitsverhältnisses (= Abschluss des Arbeitsvertrags) als auch die zeitlich damit zusammenfallende, vorhergehende oder auch nachfolgende tatsächliche Arbeitsaufnahme in einem bestimmten Betrieb verstanden (BAG 28.4.1992 – 1 ABR 73/91, AiB 1993, 239–241). Ist das Unternehmen in sogenannten »**Matrixstrukturen**« organisiert, kann die Übertragung von Personalverantwortung auf eine betriebsfremde Führungskraft zu deren Eingliederung und damit zur Einstellung des Mitarbeiters in dem Betrieb führen, deren Belegschaft er führen soll (BAG 12.6.2019 – 1 ABR 5/18; LAG Berlin-Brandenburg 17.6.2015 – 17 TaBV 277/15; LAG Baden-Württemberg 28.5.2014 – 4 TaBV 7/13). Die Beurteilung, ob eine Führungskraft, die bei dem den Betrieb führenden Unternehmen beschäftigt ist, in den Betrieb der ihr jeweils unterstellten AN eingegliedert wird, ist im Weg einer Gesamtwürdigung sämtlicher Umstände des Einzelfalls vorzunehmen. Dabei können die fachlichen Weisungsbefugnisse der Führungskraft Berücksichtigung finden, sofern sich aus deren Wahrnehmung eine – tatsächliche – Einbindung in die betriebliche Arbeitsorganisation ergibt. Unerheblich ist hingegen, ob der Führungskraft Befugnisse zustehen, die sie zur Ermahnung, Abmahnung oder Kündigung berechtigen (BAG 14.6.2022 – 1 ABR 13/21). Somit kann die Tätigkeit einer Führungskraft mit Führungsverantwortung für AN in mehreren Betrieben eine Einstellung i.S.v. § 99 Abs. 1 Satz 1 für jeden der betroffenen Betriebe darstellen (ausführlich Bachner, Die Matrixorganisation in der Betriebsverfassung, NZA 2019, 134). Nichts anderes kann im Übrigen für eine unternehmensfremde – externe – Führungskraft gelten. 7

Bestehen in einem Unternehmen mehrere Betriebe und ist ein AN in einen dieser Betriebe eingegliedert, löst nicht schon eine Vor- oder Zuarbeit dieses AN für den arbeitstechnischen Zweck eines anderen Betriebs die zusätzliche Eingliederung dieses AN in den anderen Betrieb aus. Erforderlich für die zusätzliche Eingliederung in den anderen Betrieb ist 8 vielmehr eine regelmäßige Zusammenarbeit mit den AN dieses anderen Betriebs (LAG Baden-Württemberg 14.3.2023 – 15 TaBV 1/22).

9 Der GBR ist bei dieser Einstellung nicht zu beteiligen, da er nicht unmittelbar in seiner betriebsverfassungsrechtlichen Rechtsstellung betroffen ist (BAG 22.10.2019 – 1 ABR 13/18).

10 Auf die Einstellung von leitenden Angestellten ist § 99 nicht anwendbar. In diesen Fällen muss der BR nach § 105 unterrichtet werden.

11 Auf die beabsichtigte **Dauer der Beschäftigung** im Betrieb kommt es nicht an. Auch Einstellungen für nur wenige Tage bedürfen der Zustimmung des BR (BAG 16.12.1986 – 1 ABR 52/85).

12 Die **Art des Beschäftigungsverhältnisses** ist für die Anwendung des § 99 unerheblich (BAG 12.11.2002 – 1 ABR 60/01, AiB 2005, 188–189). Neben dem sog. Normalarbeitsverhältnis kann es sich um ein befristetes Arbeitsverhältnis, ein Teilzeit-, ein Aushilfs- oder ein Probearbeitsverhältnis handeln (BAG 15.12.1992 – 1 ABR 38/92, AiB 1993, 316–318). Auch die Beschäftigung zur Ausbildung wird erfasst (BAG 3.10.1989 – 1 ABR 68/88, AiB 1990, 260).

13 Die **Fortsetzung eines bestehenden Arbeitsverhältnisses** kann ebenfalls eine mitbestimmungspflichtige Einstellung darstellen, soweit die Fortsetzung auf einer neuen Entscheidung des AG beruht (nähere Einzelheiten siehe DKW, § 99 BetrVG Rn. 47).

b. Einstellung von Leiharbeitnehmern

14 Soweit im Betrieb **Leiharbeitnehmer** aufgrund des Arbeitnehmerüberlassungsgesetzes (AÜG) eingesetzt werden sollen, ist der BR des aufnehmenden Betriebs nach § 14 Abs. 3 AÜG i.V.m. § 99 zu beteiligen. Das Mitbestimmungsrecht des BR besteht unabhängig davon, ob der Verleiher die Arbeitskräfte gewerbsmäßig oder nicht gewerbsmäßig überlässt (BAG 25.1.2005 – 1 ABR 61/03, AiB 2009, 51). Dabei bezieht sich das Beteiligungsrecht des BR sowohl darauf, ob Leiharbeitnehmer eingestellt werden, als auch auf deren Auswahl (Fitting, § 99 BetrVG Rn. 59). Der BR ist deshalb auch nach § 99 zu beteiligen, wenn ein Leiharbeitnehmer gegen einen anderen ausgetauscht werden soll. In diesem Zusammenhang ist zu beachten, dass dem BR bei der erstmaligen Zuordnung von Leiharbeitnehmern zu den in einer BV festgelegten Schichten ein Mitbestimmungsrecht nach § 87 Abs. 1 Nr. 2 zustehen kann (BAG 28.7.2020 – 1 ABR 45/18, siehe auch § 87 Rn. 58).

c. Abgrenzung zu Werk- und Dienstverträgen

Werden Personen im Betrieb aufgrund eines **Werk- oder Dienstvertrags** eingesetzt, so stellt deren Tätigwerden im Betrieb keine Einstellung nach § 99 dar (BAG 8.11.2016 – 1 ABR 93/07). Um in den Anwendungsbereich des § 99 zu gelangen, verlangt das BAG, »*dass diese Personen selbst in die Arbeitsorganisation des Arbeitgebers eingegliedert werden, so dass dieser auch die für ein Arbeitsverhältnis typischen Entscheidungen über deren Arbeitseinsatz auch nach Zeit und Ort zu treffen hat, er die Personalhoheit über diese Personen hat*« (BAG 13.5.2014 – 1 ABR 50/12). Soweit in einem Vertrag zur Erbringung von Dienst- oder Werkleistungen keine klaren vertraglichen Festlegungen von typischen Abläufen erfolgen, spricht dies dafür, die tätigkeitsbezogenen Weisungen als solche arbeitsvertraglicher Art anzusehen (BAG 13.12.2016 – 1 ABR 59/14). 15

Die von der Rechtsprechung entwickelte Abgrenzung zwischen einem Arbeitsvertrag auf der einen und einem Werk- bzw. Dienstvertrag auf der anderen Seite hat der Gesetzgeber durch Definition des Arbeitnehmerbegriffs in § 611a BGB aufgegriffen. Dort heißt es jetzt in Abs. 1: »*Durch den Arbeitsvertrag wird der Arbeitnehmer im Dienste eines anderen zur Leistung weisungsgebundener, fremdbestimmter Arbeit in persönlicher Abhängigkeit verpflichtet. Das Weisungsrecht kann Inhalt, Durchführung, Zeit und Ort der Tätigkeit betreffen. Weisungsgebunden ist, wer nicht im Wesentlichen frei seine Tätigkeit gestalten und seine Arbeitszeit bestimmen kann. Der Grad der persönlichen Abhängigkeit hängt dabei auch von der Eigenart der jeweiligen Tätigkeit ab. Für die Feststellung, ob ein Arbeitsvertrag vorliegt, ist eine Gesamtbetrachtung aller Umstände vorzunehmen. Zeigt die tatsächliche Durchführung des Vertragsverhältnisses, dass es sich um ein Arbeitsverhältnis handelt, kommt es auf die Bezeichnung im Vertrag nicht an.*« 16

2. Eingruppierung

a. Definition

Die Eingruppierung in eine bestimmte tarifliche oder betriebliche Lohn- oder Gehaltsgruppe erfolgt regelmäßig in Zusammenhang mit der Einstellung eines AN. Dabei beschreibt die Eingruppierung die erstmalige Einordnung des AN in ein kollektives Entgeltsystem (BAG 28.4.2009 – 1 ABR 97/07). Bei der Anpassung der Vergütung eines freigestellten Betriebsratsmitglieds nach § 37 Abs. 4 oder § 78 S. 2 handelt es 17 sich nicht um eine Ein- oder Umgruppierung im Sinne von § 99 Abs. 1 S. 1 (BAG 26.11.2024 – 1 ABR 23/11). Ein entsprechendes Beteiligungsrecht des BR besteht daher nicht..

b. Bestehen eines Entgeltsystems

18 Um überhaupt eine Eingruppierung vornehmen zu können, muss im Betrieb ein verbindliches **Entgeltsystem** bestehen, welches auch die vom AN auszuübende Tätigkeit erfasst. Ein solches Entgeltsystem kann sich zum Beispiel aus einem Tarifvertrag oder einer BV ergeben. Nicht erfasst werden damit solche Fälle, in denen das Entgelt individuell zwischen AG und AN ausgehandelt wird.

19 Soweit ein verbindliches Entgeltsystem besteht, hat der AG bei einer Neueinstellung die **Pflicht zur Eingruppierung** und dementsprechend zur Beteiligung des BR nach § 99 (BAG 23.11.1993 – 1 ABR 34/93). Dabei ist die Eingruppierung keine Handlung, welche der AG vornehmen muss und die einen Entscheidungsspielraum zulässt. Vielmehr ergibt sich die richtige Eingruppierung von selbst (automatisch) aus der vom AN auszuübenden Tätigkeit (BAG 16.5.2002 – 8 AZR 460/01). Somit erfolgt die Eingruppierung zwingend nach der ausgeübten bzw. vertraglich auszuübenden Tätigkeit, ohne Rücksicht auf die individuelle Entgeltvereinbarung; günstigere Vereinbarungen bleiben aber unberührt. Dem BR steht dabei ein Mitbeurteilungsrecht zu (BAG 18.6.1991 – 1 ABR 53/90). Eine bestehende Entgeltsystematik begründet unmittelbar einen Anspruch des AN auf Vergütung entsprechend dieser Systematik. Finden im Betrieb überschneidende Tarifverträge über eine betriebliche Vergütungsordnung Anwendung, so muss der AG die AN nach § 99 Abs. 1 Satz 1 den Entgeltgruppen beider Vergütungsordnungen zuordnen (BAG 27.9.2017 – 7 ABR 8/16). Sollte die unmittelbare und zwingende Wirkung eines Tarifvertrags aufgrund seiner Kündigung enden, bleiben die im Betrieb geltenden Grundsätze der betreffenden tariflichen Vergütungsordnung auch nach Eintritt der Nachwirkung i. S. d. § 4 Abs 5 TVG das für den Betrieb maßgebliche kollektive Entgeltschema (BAG 23.8.2016 – 1 ABR 15/14). Das gilt auch im Anschluss an einen Betriebsübergang, es sei denn, in dem aufnehmenden Unternehmen gilt eine andere Entgeltsystematik und diese Entgeltsystematik löst die im übertragenen Betrieb geltenden Entgeltstrukturen ab. Die unveränderte Fortsetzung eines befristeten Arbeitsverhältnisses erfordert keine neue Eingruppierung (BAG 23.10.2018 – 1 ABR 26/17). Die Entscheidung darüber, ob das konkrete Aufgabengebiet eines Mitarbeiters höhere Anforderungen stellt als die höchste tarifliche Beschäftigungsgruppe

verlangt und damit die tariflichen Mindestbestimmungen überschreitet (Eingruppierung in den AT-Bereich), stellt eine mitbestimmungspflichtige Eingruppierungsentscheidung dar (LAG Rheinland-Pfalz 3.11.2021 – 7 TaBV 17/20).

c. Anspruch des AN auf richtige Eingruppierung

Der AN hat unabhängig vom Anspruch des BR nach § 99 einen **Rechtsanspruch auf richtige Eingruppierung** (h.M.; Fitting, § 99 BetrVG Rn. 281; DKW, § 99 BetrVG Rn. 68). 20

Damit kann der einzelne AN – unabhängig von einem (parallel laufenden) Beschlussverfahren über die Ersetzung der Zustimmung zur Eingruppierung gem. § 99 Abs. 4 (siehe hierzu Rn. 74) – die Vergütung für die nach seiner Ansicht richtige Eingruppierung in einem individuellen **Urteilsverfahren einklagen** (BAG 13.5.1981 – 4 AZR 1076/78). 21

Hinweis:
In der betrieblichen Praxis wird es im Regelfall dennoch sinnvoll sein, dass der BR die richtige Eingruppierung über das Beschlussverfahren auf der Grundlage einer Zustimmungsverweigerung zur Eingruppierung durchsetzen wird.

3. Umgruppierung

Anlass für eine Umgruppierung ist regelmäßig, dass sich die **Tätigkeit** des AN im Laufe der Zeit in ihrer Wertigkeit **geändert** hat, so dass sie nicht mehr den Tätigkeitsmerkmalen der Gruppe entspricht, in die der AN ursprünglich eingruppiert wurde (BAG 17.6.2008 – 1 ABR 37/07, AiB 2009, 49). Weist der AG im Rahmen einer Versetzung eine veränderte Tätigkeit zu, muss der AG die Übereinstimmung mit der bisherigen Eingruppierung prüfen. Daher ist in solchen Fällen nicht nur die Umgruppierung, sondern auch die Beibehaltung der bisherigen Eingruppierung eine neue personelle Einzelmaßnahme nach § 99 (BAG 16.3.2016 – 4 ABR 8/14). 22

Hinweis:
Der AG muss also den BR bei einer Versetzung auch dann zusätzlich zu einer Umgruppierung anhören, wenn sich die für die neue Tätigkeit vorgesehene Entgeltgruppe gegenüber der früheren Gruppe nicht verändert.

23 Ansonsten kann es auch zu einer Umgruppierung kommen, wenn die anzuwendende **Lohn- oder Gehaltsgruppenordnung geändert** wird (BAG 2.4.1996 – 1 ABR 50/95, AiB 1997, 113), also wenn zum Beispiel ein anderer Tarifvertrag zur Anwendung kommt. Es ist dann zu entscheiden, welcher Lohn- oder Gehaltsgruppe der neuen Ordnung die unverändert gebliebene Tätigkeit des AN zuzuordnen ist (BAG 13.11.2019 – 4 ABR 3/19).

24 Schließlich bedarf auch die Korrektur einer nach Ansicht des AG **fehlerhaften Eingruppierung** der Zustimmung des BR nach § 99 (BAG 20.3.1990 – 1 ABR 20/89, AiB 1990, 423). Diese Korrektur kann nach oben (Höhergruppierung) oder nach unten (Rückgruppierung) erfolgen (vgl. BAG 30.5.1990 – 4 AZR 74/90). Damit ist Gegenstand des als Mitbeurteilungsrecht ausgestalteten Mitbestimmungsrechts nicht die Bewertung des Arbeitsplatzes oder der Tätigkeit, sondern die sich aus der konkreten Tätigkeit ergebende Zuordnung des AN zu einer Entgeltgruppe (BAG 17.11.2010 – 11 TaBV 47/09).

4. Versetzung

a. Legaldefinition in § 95 Abs. 3 BetrVG

25 Für eine Versetzung im Sinne von § 99 gilt die **Legaldefinition des § 95 Abs. 3**.

26 Ausgehend von der Legaldefinition nach § 95 Abs. 3 gibt es damit grundsätzlich **zwei Typen von Versetzungen:**

- Die Zuweisung eines anderen Arbeitsbereichs für eine **längere Zeit** als einen Monat.
- Die Zuweisung eines anderen Arbeitsbereichs für eine **kürzere Zeit**, aber mit **erheblichen Änderungen** der Arbeitsumstände.
- Eine Versetzung nach § 95 Abs. 3 liegt also regelmäßig vor, wenn die Zuweisung des anderen Arbeitsbereichs voraussichtlich die Dauer von einem Monat überschreiten wird. Ziel dieser Regelung ist es, kurzfristige Krankheits- und Urlaubsvertretungen aus der Mitbestimmungspflicht nach § 99 herauszuhalten.

27
- Die einen Monat oder kürzer dauernde Zuweisung eines anderen Arbeitsbereichs ist aber mitbestimmungspflichtig, wenn sie mit einer erheblichen Änderung der Umstände verbunden ist, unter denen die Arbeit zu erbringen ist. Der Arbeitsbereich wird dabei durch die Aufgabe und Verantwortung des AN sowie die Art seiner Tätigkeit und ihre Einordnung in den Arbeitsablauf des Betriebs definiert (BAG 9.4.2019 – 1 ABR 33/17). Dazu müssen diese Änderungen aus ob-

jektiver Sicht bedeutsam und für den betroffenen AN gravierend sein. Hierbei kann auch von Bedeutung sein, wie lange der AN den mit den äußeren Faktoren der Arbeit einhergehenden Belastungen ausgesetzt ist (BAG 29.9.2020 – 1 ABR 21/19). Inwieweit die Verpflichtung zur Arbeitsleistung an einem anderen Ort eine erhebliche Veränderung der Arbeitsumstände darstellen kann, hängt von der Entfernung und den Verkehrsverbindungen im Einzelfall ab.

b. Zuweisung eines anderen Arbeitsbereichs

Für die Versetzung kommt es damit im Wesentlichen auf die Zuweisung 28
eines anderen »**Arbeitsbereichs**« an. Unter »Arbeitsbereich« sind deshalb der **konkrete Arbeitsplatz** und seine Beziehung zur betrieblichen Umgebung in räumlicher, technischer und organisatorischer Hinsicht zu verstehen (BAG 23.6.2009 – 1 ABR 23/08). In jedem Fall wird der Arbeitsplatz durch die jeweilige Arbeitsaufgabe und den Arbeitsinhalt, den »Gegenstand seiner Arbeitsleistung«, definiert (BAG 26.5.1988 – 1 ABR 18/87). Ändert sich der Inhalt der Arbeitsaufgabe (bspw. Monteur aus dem Außendienst soll als Sacharbeiter im Innendienst arbeiten; Reinigungskraft soll als Pförtner eingesetzt werden) liegt eine Versetzung vor. Dabei ist es unerheblich, ob diese für den AN vorteilhaft oder nachteilig ist. Neben einer Änderung des Inhalts der Arbeitsaufgaben und der damit verbundenen Verantwortung, des Arbeitsortes oder der Art der Tätigkeit kann sich dies auch aus einer Änderung der Stellung und des Platzes des AN innerhalb der betrieblichen Organisation durch Zuordnung zu einer anderen betrieblichen Einheit ergeben (BAG 10.10.2012 – 7 ABR 42/11). Die Beendigung alternierender Telearbeit, bei welcher der AN weit überwiegend an einem vom AG eingerichteten häuslichen Arbeitsplatz tätig war, stellt regelmäßig eine Versetzung dar (BAG 20.10.2021 – 7 ABR 34/20).

Geringfügige Veränderungen des Arbeitsbereichs stellen regelmäßig 29
noch keine Versetzung dar. Die Veränderung muss so erheblich sein, dass sich das Gesamtbild der Tätigkeit ändert (BAG 29.9.2020 – 1 ABR 21/19). Damit ist nicht jede Veränderung als eine mitbestimmungspflichtige Versetzung anzusehen. Bagatellfälle und Änderungen innerhalb der üblichen Schwankungsbreite werden nicht erfasst. Bei Hinzufügung oder Entzug von Teilfunktionen ist ab einen Anteil von 20 % die Bildung eines neuen Arbeitsbereichs zu vermuten (LAG München 16.11.1978 – 8 TaBV 6/78). Teilfunktionen können wegen ihrer qualitativen Bedeutung für die Tätigkeit auch dann prägend sein, wenn sie einen zeitlich geringen Anteil ausmachen (BAG 2.4.1996 – 1 AZR

743/95). Die örtliche Verlagerung einer Betriebsabteilung um wenige Kilometer innerhalb einer politischen Gemeinde ist regelmäßig keine Versetzung nach § 99 Abs. 1 Satz 1 BetrVG. Dies gilt zumindest dann, wenn sich in Folge der Umsetzung die funktionalen Beziehungen der AN untereinander, die Art ihrer Tätigkeit, die Einordnung in die Arbeitsabläufe des Betriebs und die Zuständigkeiten von Vorgesetzten nicht geändert haben (BAG 17.11.2021 – 7 ABR 18/20).

30 Die Bestellung eines AN des Betriebs zum **Datenschutzbeauftragten** nach § 5 Abs. 3, 4 BDSG stellt eine Versetzung i. S. d. § 95 Abs. 3 dar und unterliegt insoweit dem Mitbestimmungsrecht des BR nach § 99 (h. M., BAG 22.3.1994 – 1 ABR 51/93).

Nach dem **Hinweisgeberschutz gesetz** können AG eine interne Meldestelle einrichten, indem sie entweder beschäftigte Personen oder eine aus mehreren beschäftigten Personen bestehende Arbeitseinheit oder einen Dritten mit den Aufgaben einer internen Meldestelle betrauen (vgl. § 14 Abs. 1 Satz 1 HinSchG). Da es für die Beurteilung der Erheblichkeit der Änderungen nicht nur auf eine quantitative, sondern auch auf eine qualitative Betrachtung ankommt und den internen Meldestellen eine erhebliche Bedeutung im Rahmen des Compliance-Managements zukommt, spricht einiges dafür, dass eine Übertragung dieser Aufgabe auf Beschäftigte eine mitbestimmungsrechtliche Versetzung nach § 99 BetrVG darstellt.

31 Eine **Freistellung eines AN** von der Arbeitsleistung stellt keine Versetzung dar, da eine solche erst anzunehmen ist, wenn neben dem Entzug des bisherigen Arbeitsbereichs dem AN ein anderer Arbeitsbereich durch den AG zugewiesen wird (BAG 9.4.2019 – 1 ABR 25/17). Wird der AN zwar aus dem operativen Arbeitsprozess herausgenommen, gleichzeitig aber zur »Betreuung« einer anderen betrieblichen Einheit unterstellt, liegt eine Versetzung vor, sobald in der neuen Einheit vom AN eigene Aktivitäten zur Vermittlung auf einen neuen Arbeitsplatz verlangt werden (BAG 9.4.2019 – 1 ABR 30/17).

32 Eine die Dauer von einem Monat überschreitende Zuordnung eines in einem Homeoffice tätigen AN zu einem neuen Dienstort kann auch dann eine mitbestimmungspflichtige Versetzung darstellen, wenn der Inhalt der Tätigkeit, der Arbeitsort im Homeoffice und die Person seines Fachvorgesetzten unverändert bleiben (LAG Hessen 14.1.2020 – 4 TaBV 5/19).

33 Für die Praxis haben nach der Rechtsprechung des BAG **vier Typen von Veränderungen** Bedeutung, die je nach konkreter Ausgestaltung eine Versetzung im Sinne von § 99 darstellen können:

- Arbeitsort

- Arbeitsaufgabe und -inhalt
- Platz in der betrieblichen Organisation
- Arbeitsumstände

Von der Rspr. als Versetzung anerkannt sind die folgenden Beispiele: 34

- erhebliche Verlängerung der Arbeitszeit (BAG 9.12.2008 – 1 ABR 74/07)
- Zuweisung an andere Position in Betriebshierarchie (LAG Mecklenburg-Vorpommern 9.3.2010 – 5 TaBV 12/09)
- Wechsel in anderen Betrieb oder Betriebsteil oder Filiale des Unternehmens (BAG 17.6.2008 – 1 ABR 38/07)
- Zuweisung eines Arbeitsplatzes an einem anderen Arbeitsort (LAG Nürnberg 10.5.2021 – 1 TaBV 3/21)
- Zuweisung einer weniger anspruchsvollen Aufgabe (LAG Baden-Württemberg 24.2.2016 – 2 Sa 51/15)
- Dienstreise ist abhängig von den Umständen des Einzelfalles (BAG 23.7.1996 – 1 ABR 17/96)
- Zuweisung einer Tätigkeit bzw. Entziehung einer Tätigkeit im »Homeoffice« (BAG 20.10.2021 – 7 ABR 34/20))
- Übernahme einer Führungsfunktion in Matrixstruktur (BAG 12.6.2019 – 1 ABR 5/18)
- Zuweisung zu einem Stellenpool (BAG 1.6.2011 – 7 AZR 117/10

c. Einsatz auf wechselnden Arbeitsplätzen

35 Wird der AN nach seinem Vertrag und tatsächlich an **typischerweise wechselnden Arbeitsplätzen** beschäftigt, liegt in der Zuweisung der geänderten Aufgaben insoweit keine Versetzung, § 95 Abs. 3 Satz 2 (BAG 8.8.1989 – 1 ABR 63/88). Das ist z.B. im Falle gewerblicher AN des Baugewerbes der Fall, die typischerweise auf wechselnden Baustellen beschäftigt sind; ebenfalls gilt dies für AN auf Montage. Dagegen stellt jedoch die Zuordnung eines AN zu einem Stellenpool regelmäßig eine mitbestimmungspflichtige Versetzung dar, wenn die im Stellenpool zusammengefassten AN verpflichtet sind, als Springer, Aushilfe oder Leiharbeitnehmer tätig zu werden (LAG Düsseldorf 18.10.2017 – 12 TaBV 34/17).

d. Arbeitsvertragliche Verpflichtung

36 Die betriebsverfassungsrechtliche Beurteilung personeller Einzelmaßnahmen erfolgt völlig unabhängig von der jeweiligen **arbeitsvertraglichen Regelung**. Somit muss der betroffene AN gegebenenfalls selbst

überprüfen bzw. überprüfen lassen, inwieweit die beabsichtigte Änderung des Arbeitsbereichs überhaupt nach den arbeitsvertraglichen Regelungen zulässig ist. In der Praxis werden in Arbeitsverträgen häufig sogenannte Umsetzungs- oder Versetzungsklauseln verwendet, die eine nähere Prüfung erforderlich machen. Nach der Rechtsprechung tritt auch bei langjähriger Beschäftigung des AN auf einem bestimmten Arbeitsplatz noch keine Konkretisierung ein. Das bedeutet, dass der AG – trotz langjährig ausgeübter Beschäftigung auf einem »festen« Arbeitsplatz – auf Grundlage der im Arbeitsvertrag enthaltenen Versetzungsklausel berechtigt sein kann, dem AN eine andere Tätigkeit zuzuweisen (BAG 17.8.2011 – 10 AZR 202/10).

> **Hinweis:**
> Ob die Versetzung im konkreten Einzelfall also arbeitsvertraglich zulässig ist, kann vom betroffenen AN nur in einem individualrechtlichen Urteilsverfahren geklärt werden. Dagegen wird im Beschlussverfahren wegen einer Zustimmungsverweigerung nur geprüft, inwieweit ein Zustimmungsverweigerungsgrund nach § 99 Abs. 2 einschlägig ist.

37 Die Zustimmung des BR im Verfahren nach § 99 erweitert die arbeitsvertraglichen Regelungen nicht. Soweit eine Versetzung ohne Zustimmung des BR oder ohne Ersetzung der Zustimmung gem. § 99 Abs. 4 vorgenommen wird, ist diese gegenüber dem AN **unwirksam**. Damit dient das Mitbestimmungsrecht des BR bei einer Versetzung neben dem Schutz der Belegschaft gerade auch dem Schutz des von der Maßnahme betroffenen AN (h.M.; BAG 22.4.2010 – 2 AZR 491/09).

IV. Umfang und Zeitpunkt der Unterrichtung

1. Inhalt und Form der Unterrichtung

a. Allgemeine Anforderungen an die Unterrichtung

38 Bereits nach dem Wortlaut von § 99 Abs. 1 Satz 1, 1. Halbsatz hat der AG den BR **vor** jeder personellen Maßnahme im Anwendungsbereich des § 99 **umfassend und rechtzeitig zu unterrichten** und unter **Vorlage der erforderlichen Unterlagen** Auskunft über die Person der Beteiligten zu geben (BAG 21.3.2018 – 7 ABR 38/16).

39 Erfolgt eine ordnungsgemäße Unterrichtung durch den AG, wird dadurch die **Einwochenfrist ausgelöst**, innerhalb derer der BR seine Zustimmung verweigern muss (§ 99 Abs. 3 Satz 1) bzw. nach deren widerspruchslosem Ablauf die Zustimmung als erteilt gilt (§ 99 Abs. 3 Satz 2).

Für eine solche ordnungsgemäße Arbeitgeberinformation sind die folgenden **Mindestbestandteile** gem. § 99 Abs. 1 erforderlich: 40

- Natur der geplanten Maßnahme
- Person der Beteiligten
- vorgesehene Eingruppierung
- Auswirkungen der Maßnahme
- Vorlage der Bewerbungsunterlagen und
- Bitte um Zustimmung zur geplanten Maßnahme

Das Informationsrecht steht in engem Zusammenhang mit der jewei- 41
ligen Maßnahme und den Zustimmungsverweigerungsgründen nach § 99 Abs. 2. Dementsprechend sind Bestandteil der ordnungsgemäßen Unterrichtung alle Informationen, die der BR braucht, um das Vorliegen eines Zustimmungsverweigerungsgrundes sachgerecht prüfen zu können (BAG 14. 12. 2004 – 1 ABR 55/03, AiB 2013, 194).

b. Unterrichtung bei Einstellungen

Bei der Einstellung hat der AG die **Personalien aller Bewerber** mit- 42
zuteilen. Ausreichend ist es deshalb gerade nicht – was in der Praxis sehr häufig vorkommt – wenn nur über die Bewerber informiert wird, die in die engere Wahl gekommen sind (BAG 28. 6. 2005 – 1 ABR 26/04, AiB 2006, 242–244). Sollte die Einstellung allerdings durch eine **Personalberatungsagentur** vorbereitet worden sein und war diese auch mit der Vorauswahl der Bewerber beauftragt, so muss der AG den BR nur über die Bewerber informieren, welche ihm von der Beratungsagentur konkret benannt worden sind (BAG 18. 12. 1990 – 1 ABR 15/90, AiB 1991, 341). Nimmt demgegenüber ein **unternehmensinternes Recruitment-Center** die Vorauswahl der Bewerber vor, ist der BR vom AG über alle Bewerber zu informieren (BAG 21. 10. 2014 – 1 ABR 10/13). Soweit zur Auswahl der Bewerber ein sogenanntes **Bewerbungsmanagement-Tool** eingesetzt wird, steht dem BR ein uneingeschränktes Einsichtsrecht über alle vom Bewerber eingereichten Bewerbungsunterlagen inklusive der Bewertungen und Kommentare der Recruiter, die diese im Tool aufgezeichnet haben, zu (LAG Köln 15. 5. 2020 – 9 TaBV 32/19). Gegebenenfalls kann der Anspruch auf Vorlage der Unterlagen nach § 99 Abs. 1 BetrVG auch durch die Einräumung eines Einsichtsrechts des BR in die in einem elektronischen System hinterlegten Unterlagen – im Rahmen sog. digitaler Workflows (z. B. Service Now) – erfolgen (BAG 13. 12. 2023 – 1 ABR 28/22).

43 Nach der Rechtsprechung des BAG sind dem BR die **erforderlichen Unterlagen** vorzulegen. Der AG ist verpflichtet, die vom Bewerber selbst eingereichten **Bewerbungsunterlagen** wie dessen Zeugnisse und seinen Lebenslauf vorzulegen (BAG 21.10.2014 – 1 ABR 10/13). Sollte der AG anlässlich des Vorstellungsgesprächs selbst Unterlagen – wie zum Beispiel einen **Personalfragebogen** – ausgefüllt haben, sind auch diese vorzulegen (BAG 14.12.2004 – 1 ABR 55/03, AiB 2013, 194). Dies gilt auch für etwaige Prüfungs- und Testergebnisse. Handschriftliche Aufzeichnungen des AG aus dem Vorstellungsgespräch können vorzulegen sein, soweit der AG diese Schriftstücke im Rahmen seiner Auswahlentscheidung berücksichtigt (BAG 14.4.2015 – 1 ABR 58/13).

44 Im Rahmen der Unterrichtung nach § 99 ist der AG nicht verpflichtet, für den BR Unterlagen zu erstellen, über die er selbst nicht verfügt.

c. Unterrichtung bei Eingruppierungen / Umgruppierungen

45 Die Mitteilung über die vorgesehene **Eingruppierung** zählt zu den wesentlichen Elementen einer ordnungsgemäßen Information bei der Einstellung (BAG 14.3.1989 – 1 ABR 80/87). **Unterlässt** der AG diese Information, beginnt auch ohne Rückfrage des BR die Frist des § 99 Abs. 3 im Hinblick auf die Eingruppierung nicht zu laufen.

46 Zur vollständigen Unterrichtung im Sinne von § 99 Abs. 1 Satz 1 zählt bei **Umgruppierungen** auch die Angabe der bisherigen und der vorgesehenen Vergütungsgruppe sowie die Erläuterung der Gründe, weshalb der AN anders als bisher einzureihen ist. Grundsätzlich hat der AG auch über alle ihm bekannten Umstände zu informieren, die die Vergütungsordnung betreffen (BAG 13.3.2013 – 7 ABR 39/11). Die konkrete Unterrichtungspflicht des AG bei der Eingruppierung oder Umgruppierung richtet sich dabei nach der Ausgestaltung der jeweiligen Vergütungsordnung. Demnach sind die Angaben mitteilungsbedürftig, auf die die Tarifvertragsparteien abgestellt haben (LAG Hamm 4.2.2022 – 13 TaBV 30/21). Bei Eingruppierungen in Entgeltgruppen mit mehreren Stufen muss der AG dem BR die vorgesehenen Berufserfahrungsstufen mitteilen, um die Wochenfrist des § 99 Abs. 3 in Gang zu setzen (BAG 16.7.2024 – 1 ABR 25/23).

d. Unterrichtung bei Versetzungen

47 Bei der Versetzung hat der AG insbesondere den vorgesehenen neuen Arbeitsplatz zu beschreiben; ferner hat er Auskunft über die **Auswirkungen der geplanten Versetzung** zu geben. Das schließt die Pflicht

ein, darüber zu unterrichten, dass sich trotz Weitergeltung der bisherigen Provisionsregelung die tatsächliche Möglichkeit, Provisionen zu erzielen, wesentlich ändert (LAG Niedersachsen 8.5.2024 – 2 TaBV 81/23). Bei einer Versetzung sind neben dem innegehabten Arbeitsplatz der in Aussicht genommene Arbeitsplatz und die an beiden Arbeitsplätzen betroffenen AN zu bezeichnen. »Arbeitsplatz« ist nicht nur der räumliche Ort, an dem die Arbeit geleistet wird, sondern auch die Funktion, in die der AN in den Betrieb eingegliedert werden soll (BAG 14.3.1989 – 1 ABR 80/87). Bei einer **vorübergehenden Versetzung** ist die voraussichtliche Dauer zu nennen. Die Unterrichtungspflicht bei Versetzungen bezieht sich nicht nur auf die vom AG in die engere Auswahl einbezogenen Bewerber, sondern auf alle Bewerber einschließlich derjenigen, die vom AG abgelehnt wurden (LAG Frankfurt 25.6.2013 – 4 TaBV 11/13).

e. Form der Unterrichtung

Eine bestimmte **Form** der Unterrichtung ist nicht vorgesehen. Aus Beweisgründen wird der AG diese aber im Regelfall schriftlich vornehmen. In der Praxis werden hierfür häufig entsprechende Formulare verwendet. **48**

2. Zeitpunkt der Unterrichtung

Nach der gesetzlichen Regelung in § 99 Abs. 1 Satz 1, 1. Halbsatz muss der BR **vor** einer ins Auge gefassten personellen Maßnahme unterrichtet werden. Der objektiv späteste Termin für eine rechtzeitige Information liegt wegen der Frist des § 99 Abs. 3 **eine Woche** vor Durchführung der Maßnahme. Auch bei sogenannten Eilfällen – z. B. bei unvorhergesehenen krankheitsbedingten Ausfällen einer Reihe von AN – wird die Wochenfrist des Abs. 3 nicht abgekürzt. **49**

> **Hinweis:**
> Für die Berechnung der Wochenfrist gilt § 188 BGB. Soll die Maßnahme an einem Donnerstag vorgenommen werden, ist der späteste Informationstermin am Mittwoch der vorhergehenden Woche.

3. Rechtsfolgen bei nicht ordnungsgemäßer Unterrichtung

Die nicht ordnungsgemäße Unterrichtung des BR berechtigt nicht zur Zustimmungsverweigerung gem. § 99 Abs. 2 Nr. 1 wegen eines Geset- **50** zesverstoßes (BAG 14.3.1989 – 1 ABR 80/87). Vielmehr liegt die betriebsverfassungsrechtliche Sanktion im Verfahren nach §§ 99 und 100 selbst. Demnach beginnt – bei nicht ordnungsgemäßer Unterrichtung – die **Frist** gem. § 99 Abs. 3 nicht zu laufen; das hat zur Folge, dass die Zustimmung des BR auch nicht im Gerichtsverfahren ersetzt werden kann. Hat der AG den AN schon ohne Beteiligung des BR eingestellt oder versetzt, kann er im Hinblick auf § 101 BetrVG ein neues Zustimmungsgesuch nur dann an den BR richten, wenn er die Maßnahme tatsächlich zuvor aufgehoben hat (BAG 11.10.2022 – 1 ABR 18/21).

51 Hat der AG innerhalb der Wochenfrist eine Information gegeben, die – auf den ersten Blick – alle Positionen erfasst, die zu einer ordnungsgemäßen Information gehören, so muss der BR den AG innerhalb einer Woche um **Vervollständigung der Auskünfte** bitten, wenn er die so gegebenen Informationen nicht für ausreichend hält, um eine abschließende Stellungnahme abgeben zu können, (BAG 28.6.2005 – 1 ABR 26/04, AiB 2006, 242–244).

52 **Ergänzt der AG seine Unterrichtung**, setzt er damit eine neue Wochenfrist in Lauf. Dies kann auch noch durch einen Schriftsatz im gerichtlichen Zustimmungsersetzungsverfahren erfolgen (BAG 29.6.2011 – 7 ABR 24/10). Mit der Nachholung der Unterrichtung und der Vervollständigung der Informationen wird dann die Wochenfrist des § 99 Abs. 3 Satz 1 in Lauf gesetzt. Somit kann eine nicht offenkundig unvollständige Information im Zustimmungsersetzungsverfahren nach § 99 Abs. 4 vom AG zur Erfüllung seiner gegebenenfalls noch nicht vollständig erfüllten Unterrichtungspflicht ergänzt werden. Einer erneuten Zustimmungsverweigerung durch den BR bedarf es in einem solchen Fall nicht, wenn der AG von seiner ursprünglichen Maßnahme keinen Abstand genommen und keine eigenständige, neue personelle Einzelmaßnahme eingeleitet hat (BAG 29.1.2020 – 4 ABR 8/18).

V. Zustimmungsverfahren und Fristen

53 Mit dem Eingang der Unterrichtung zu der beabsichtigten personellen Maßnahme und der Bitte um Zustimmung beginnt die **Einwochenfrist** gem. § 99 Abs. 3 zu laufen. Innerhalb dieser Frist muss der BR eine abschließende Entscheidung treffen.

54 Der BR kann seine **Zustimmung ausdrücklich erklären**. Hierfür ist keine Form vorgeschrieben. Nach dem Gesetz **gilt** die **Zustimmung als erteilt**, wenn der BR die Verweigerung der Zustimmung nicht innerhalb einer Woche nach Zugang der Information schriftlich erklärt (§ 99 Abs. 3 Satz 2). Der Eintritt der Zustimmungsfiktion nach § 99 Abs. 3

Satz 2 setzt voraus, dass der BR durch den AG nach § 99 Abs. 1 Satz 1 ordnungsgemäß über die geplante Einstellung unterrichtet wurde. Die Unterrichtung muss dabei vor der Einstellung erfolgen. Eine erst nach Aufnahme der tatsächlichen Beschäftigung im Betrieb erfolgte Unterrichtung des BR ist nicht fristgerecht und damit nicht ordnungsgemäß i.S.v. § 99 Abs. 1. Sie kann den Eintritt der Zustimmungsfiktion nach § 99 Abs. 3 Satz 2 im Hinblick auf die bereits vollzogene Einstellung nicht mehr bewirken bzw. nachträglich »heilen« (BAG 21.11.2018 – 7 ABR 16/17).

Die Zustimmungsfiktion kann auf ausdrücklichen Beschluss des BR hin geschehen, die Folge schlichten Unterlassens sein oder auf der Fehlerhaftigkeit der Zustimmungsverweigerung beruhen. Derartige **Fehler** kommen in der Praxis immer wieder vor und führen damit regelmäßig dazu, dass die **Zustimmungsverweigerung unbeachtlich** ist. Aus diesem Grund sollte der BR besondere Sorgfalt auf die Begründung der Zustimmungsverweigerung legen.

Für die Praxis sind vor allem die folgenden **Fehler** relevant: 55

- Fristüberschreitung
- Verstoß gegen die Schriftform
- fehlerhafter Betriebsratsbeschluss und
- fehlende oder fehlerhafte Begründung der Zustimmungsverweigerung im Sinne von § 99 Abs. 2

Die Frist kann nach ständiger Rechtsprechung des BAG durch **einvernehmliche Vereinbarung** zwischen den Betriebsparteien **verlängert** werden (BAG 20.10.2021 – 7 ABR 34/20). Ein **Nachschieben von Zustimmungsverweigerungsgründen** des BR nach Ablauf der Wochenfrist ist im Verfahren nach § 99 Abs. 4 grundsätzlich unzulässig (BAG 23.1.2019 – 4 ABR 56/17).

Hinweis:
Eine solche einvernehmliche Fristverlängerung sollte auf jeden Fall schriftlich dokumentiert werden. Nur so lässt sich im Streitfall der notwendige Nachweis führen.

Die **Verweigerung** der Zustimmung zu einer personellen Einzelmaßnahme nach § 99 Abs. 3 Satz 1 muss **schriftlich** erfolgen. Dabei ist nach der Rechtsprechung auch die Übermittlung mittels **Telefax** ausreichend (BAG 11.6.2002 – 1 ABR 43/01, AiB 2009, 51). Auch die Zustimmungsverweigerung durch **E-Mail** ist nach der Rechtsprechung zulässig, wenn die E-Mail der Textform nach § 126b BGB genügt (BAG 10.3.2009 – 1 ABR 93/07): 56

»Ist durch Gesetz Textform vorgeschrieben, so muss eine lesbare Erklärung, in der die Person des Erklärenden genannt ist, auf einem dauerhaften Datenträger abgegeben werden. Ein dauerhafter Datenträger ist jedes Medium, das 1. es dem Empfänger ermöglicht, eine auf dem Datenträger befindliche, an ihn persönlich gerichtete Erklärung so aufzubewahren oder zu speichern, dass sie ihm während eines für ihren Zweck angemessenen Zeitraums zugänglich ist, und 2. geeignet ist, die Erklärung unverändert wiederzugeben.«

VI. Zustimmungsverweigerungsgründe

57 Der BR kann seine Zustimmung zu einer beabsichtigten personellen Einzelmaßnahme nur aus den **abschließend** in § 99 Abs. 2 aufgeführten Gründen verweigern. Daran wird deutlich, dass dem BR mit dem Beteiligungsrecht aus § 99 gerade **kein allumfassendes Kontrollrecht** zur Rechtmäßigkeit der jeweiligen Maßnahme zur Verfügung steht. Will der BR die Zustimmung zu einer beabsichtigten personellen Einzelmaßnahme verweigern, muss er genau prüfen, inwieweit einer der Zustimmungsverweigerungsgründe des § 99 Abs. 2 greift. Die Betriebsparteien können durch freiwillige BV auch über den gesetzlichen Katalog hinausgehende Zustimmungsverweigerungsgründe vereinbaren (BAG 23.8.2016 – 1 ABR 22/14). Nach der Rechtsprechung des BAG sind die Betriebsparteien dabei aber nicht befugt, den BR von seiner gesetzlichen Verpflichtung zur Nennung konkreter Zustimmungsverweigerungsgründe freizustellen.

58 In Zusammenhang mit einer Eingruppierung bzw. Umgruppierung sind die folgenden Besonderheiten zu beachten: **Einstellung und (Erst-)Eingruppierung** fallen üblicherweise zusammen. Ebenso kann eine **Versetzung** auch mit einer **(Neu-)Eingruppierung** verbunden sein, wobei je nach Bewertung der neu zugewiesenen Tätigkeit entweder eine Eingruppierung in die bisherige Entgeltgruppe oder eine Umgruppierung vorzunehmen ist (vgl. BAG 18.6.1991 – 1 ABR 53/90).

59 Zu beachten ist jedoch, dass die Mitbestimmungsverfahren für beide Vorgänge rechtlich getrennt zu bewerten sind, es handelt sich jeweils um unterschiedliche personelle Einzelmaßnahmen. Das führt insbesondere dazu, dass eine nach Ansicht des BR fehlerhafte Eingruppierung nicht die Einstellung bzw. Versetzung als solche berührt. Die **Zustimmungsverweigerung** muss sich deshalb auf die **Eingruppierung** beschränken, falls es zur Einstellung bzw. Versetzung keine gesonderten Gründe gibt (ständige Rechtsprechung; BAG 20.12.1988 – 1 ABR 68/87). Der BR muss keinen Beschluss über die nach § 99 Abs. 3 Satz 1 mitzuteilenden

Zustimmungsverweigerungsgründe fassen. Nur die Willensbildung über die Zustimmung zur beantragten personellen Einzelmaßnahme bedarf einer Entscheidung des BR als Kollegialorgan. Die Übermittlung des gefassten Beschlusses und die Mitteilung der Zustimmungsverweigerungsgründe obliegen dann dem Vorsitzenden, der diese auf der Grundlage der vorangegangenen Willensbildung des BR eigenständig formuliert (BAG 30.9.2014 – 1 ABR 32/13). Der BR ist an die von seinem Vorsitzenden übermittelten Zustimmungsverweigerungsgründe gebunden; allein durch diese wird das gerichtliche Prüfprogramm bestimmt (BAG 17.11.2010 – 7 ABR 120/09). Erstreckt sich eine Zustimmungsverweigerung des BR auf mehrere personelle Einzelmaßnahmen, muss der BR seine Verweigerung in Bezug auf jede einzelne Maßnahme begründen (BAG 13.5.2014 – 1 ABR 9/12).

1. Verstoß gegen Rechtsvorschriften, Nr. 1

Nach § 99 Abs. 2 Nr. 1 kann der BR die Zustimmung zu einer perso- 60
nellen Maßnahme verweigern, wenn die personelle Maßnahme gegen Schutzgesetze, Unfallverhütungsvorschriften, Satzungsrecht der Berufsgenossenschaften, Arbeitserlaubnisrecht, zwingende Anforderungen an Qualifikationen oder Zuverlässigkeit [z.B. bei Datenschutz-, Umweltschutz- oder Störfallbeauftragten], gerichtliche Entscheidungen und behördliche Anordnungen sowie gegen Tarifverträge und BV verstößt. Eine analoge Anwendung von § 99 Abs. 2 Nr. 1 auf Regelungsabreden kommt nicht in Betracht (BAG 13.8.2019 – 1 ABR 10/18).

Nach der Rechtsprechung des BAG muss die personelle Maßnahme 61
selbst gegen eine der genannten Rechtsvorschriften verstoßen. Das bedeutet, dass bei der Einstellung gerade die in Aussicht genommene Beschäftigung im Betrieb oder bei einer Versetzung die Zuweisung des anderen Arbeitsbereichs aufgrund der Rechtsvorschrift verboten sein muss (BAG 18.3.2008 – 1 ABR 81/06, AiB 2009, 53; nähere Einzelheiten siehe bei DKW, § 99 BetrVG Rn. 193, 197), wie dies z.B. bei einem Beschäftigungsverbot nach Maßgabe mutterschutzrechtlicher Bestimmungen der Fall sein kann. Wie bereits dargestellt, ist die Zustimmungsverweigerung nach § 99 Abs. 2 Nr. 1 damit gerade kein Instrument für eine umfassende »Rechtskontrolle« des BR (BAG 28.6.1994 – 1 ABR 59/93, AiB 1995, 122–125). Verwendet der AG im Rahmen eines Auswahlverfahrens Personalfragebögen, Beurteilungsgrundsätze oder Auswahlrichtlinien, denen der BR nicht vorher zugestimmt hat, begründet dies nach Auffassung des BAG keinen Zustimmungsverweigerungsgrund i.S.d. § 99 Abs. 2 Nr. 1 für eine beabsichtigte Versetzung (BAG

24.9.2024 – 1 ABR 31/23). Wohl aber kann im Einzelfall ein Zustimmungsverweigerungsrecht nach § 99 Abs. 1 Nr. 2 bestehen (s. dort).

61a Bei einer Versetzung soll nach der Rechtsprechung des BAG eine Zustimmungsverweigerung nach § 99 Abs. 2 Nr. 1 nur möglich sein, wenn der betroffene AN die Versetzung ablehnt oder diese nur hinnimmt. Entscheidet sich der AN freiwillig für die Versetzung, kann der AG die Ersetzung der Zustimmung verlangen (BAG 24.9.2024 – 1 ABR 31/23).

62 Folgende Rechtsverstöße, die einen Zustimmungsverweigerungsgrund begründen, kommen in Betracht:

- Ein Zustimmungsverweigerungsgrund bei Einstellungen kann sich aus **Beschäftigungsverboten** ergeben (§§ 4–6 MuSchG, §§ 22ff. JArbSchG, §§ 17, 18 BSeuchG oder etwa aus § 284 SGB III).
- Ebenso können sich Einstellungsverbote aus **Unfallverhütungsvorschriften** nach § 20 SGB III oder aus **behördlichen Anordnungen** nach § 33 BBiG oder § 27 JArbSchG ergeben.
- Nach der Rechtsprechung des BAG verstößt die Einstellung eines AN, der nicht schwerbehindert ist, gegen eine gesetzliche Vorschrift – wenn der AG vor der Einstellung nicht geprüft hat (§ 164 SGB IX), ob der freie Arbeitsplatz auch mit einem **schwerbehinderten AN** besetzt werden kann (BAG 23.6.2010 – 7 ABR 3/09, AiB 2013, 195–196). Die Prüf- und Konsultationspflicht nach § 164 SGB IX kann selbst dann bestehen, wenn sich der AG bei der Besetzung eines Arbeitsplatzes von vornherein auf eine interne Stellenbesetzung festgelegt hat (LAG Hamm 23.1.2015 – 13 TaBV 44/14; a.A. LAG Bremen 19.8.2014 – 1 TaBV 41/13).
- Der BR des Entleiherbetriebs kann seine Zustimmung zur Einstellung von **Leiharbeitnehmern** verweigern, wenn diese im Entleiherbetrieb nicht nur vorübergehend beschäftigt werden (BAG 10.7.2013 – 7 ABR 91/11, AiB 2013, 611–615); das gilt nach jetzt geltendem Arbeitnehmerüberlassungsrecht entsprechend, wenn der Leiharbeitnehmer länger als 18 Monate eingesetzt werden soll (§ 1 Abs. 1b AÜG). Auf Dauer angelegte Arbeitsplätze dürfen nicht mit Leiharbeitnehmern besetzt werden. Zeitarbeit dient schon begrifflich ausschließlich der Befriedigung eines zeitlich limitierten, nur vorübergehenden Arbeitskräftebedarfes (LAG Hessen 2.6.2016 – 5 TaBV 200/15)
- Im Anwendungsbereich des **EntgTranspG** verbietet § 3 Abs. 1 EntgTranspG-E bei gleicher oder gleichwertiger Arbeit eine unmittelbare oder mittelbare Benachteiligung wegen des Geschlechts im Hinblick auf sämtliche Entgeltbestandteile und Entgeltbedingungen. Nach der

Gesetzesbegründung zu § 13 EntgTranspG dient diese Regelung der Klarstellung, dass der BR auch die im BetrVG geregelten zusätzlichen Instrumente nutzen kann, um die Entgeltgleichheit von Männern und Frauen im Betrieb zu fördern. Die gilt z.B. dann, wenn der BR der Auffassung ist, dass der AG beabsichtigt, eine Frau niedriger einzugruppieren als einen Mann, der eine gleiche oder gleichwertige Arbeit verrichtet, und der BR deshalb die Zustimmung nach § 99 Abs. 2 Nr. 1 verweigern will.

Bei **Tarifverträgen** kommen Verstöße vor allem bei Eingruppierungen und Umgruppierungen in Betracht. Verstöße gegen eine **BV** sind beim Übergehen eines Bewerbers mit einem Wiedereinstellungsanspruch aus einem Sozialplan denkbar (DKW, § 99 BetrVG Rn. 201), aber auch wenn die Eingruppierungsregeln in ein Entgeltsystem für AT-AN nicht eingehalten werden. Ein Verstoß gegen eine **gerichtliche Entscheidung** kann bei einem Verstoß gegen Beschlüsse nach § 100 Abs. 3 und § 101 vorstellbar sein (ErfK-*Kania*, § 99 BetrVG Rn. 26; DKW, § 99 BetrVG Rn. 202). 63

Verwendet die AG bei der Stellenbesetzung **nicht mitbestimmte Personalfragebögen und Beurteilungsgrundsätze** i.S.v. § 94 BetrVG, so begründet dies kein Zustimmungsverweigerungsrecht nach § 99 Abs. 2 Nr. 1 BetrVG (LAG Düsseldorf 2.8.2023 – 12 TaBV 46/22). 64

2. Verstoß gegen Auswahlrichtlinie, Nr. 2

Soweit ein Verstoß gegen eine Auswahlrichtlinie vorliegt, berechtigt dieser den BR zur Verweigerung der Zustimmung. Dabei muss es sich allerdings um eine **mitbestimmte Auswahlrichtlinie** auf der Grundlage von § 95 handeln, welcher der BR ausdrücklich zugestimmt hat, auf die sich BR und AG geeinigt haben oder über die die Einigungsstelle verbindlich entschieden hat. 65

> **Hinweis:**
> Eine solche Auswahlrichtlinie wird sich bei einer Betriebsänderung auf der Grundlage von § 111 in der Praxis regelmäßig aus den in einem Interessenausgleich getroffenen Regelungen zur Durchführung der personellen Einzelmaßnahmen ergeben.

3. Benachteiligung anderer AN, Nr. 3

Ein Zustimmungsverweigerungsrecht nach § 99 Abs. 2 Nr. 3 kann gegeben sein, wenn Tatsachen vorliegen, welche die Besorgnis begründen, 66 dass infolge der personellen Maßnahme im Betrieb beschäftigte AN gekündigt werden oder sonstige Nachteile erleiden, ohne dass dies aus betrieblichen oder persönlichen Gründen gerechtfertigt ist. Hierbei sind reine Vermutungen allerdings nicht ausreichend (GK-BetrVG-*Raab*, § 99 BetrVG Rn. 146; HSWG-*Schlochauer*, § 99 BetrVG Rn. 122; DKW, § 99 BetrVG Rn. 207). Vielmehr muss der **BR konkrete Tatsachen** benennen, die den Eintritt von Nachteilen als möglich erscheinen lassen (LAG Rheinland-Pfalz 10.12.1981 – 4 TaBV 27/81). Ein im Gesetz ausdrücklich hervorgehobener Nachteil ist die durch eine Einstellung oder Versetzung verursachte **Kündigung anderer AN**.

67 Ein »**sonstiger Nachteil**« kann in der Verschlechterung des Status quo der AN des Betriebs, ihrer faktischen und rechtlichen Stellung liegen (h. M.; Richardi-*Thüsing*, § 99 BetrVG Rn. 208 ff., 217; DKW, § 99 BetrVG Rn. 210). Neben dem Verlust von Rechtspositionen können auch »tatsächliche Nachteile von nicht unerheblichem Gewicht« vorliegen (BAG 2.4.1996 – 1 ABR 39/95, AiB 1997, 233–234: Ungünstige Auswirkungen auf die Umstände der Arbeit, geringere Anforderungen an die Qualifikation, geringere Bezahlung). Dabei wird allgemein unterschieden zwischen der **Beeinträchtigung des gegenwärtigen Zustands** und dem **Nichteintreten künftiger Entwicklungen**. Der bloße **Verlust einer Beförderungschance** soll nur dann ein »Nachteil« im Sinne von § 99 Abs. 2 Nr. 3 sein, wenn hierauf ein Rechtsanspruch oder mindestens eine rechtserhebliche Anwartschaft besteht (h. M.; BAG 18.9.2002 – 1 ABR 56/01, AiB Newsletter 2003, 7).

4. Benachteiligung des betroffenen AN, Nr. 4

68 Dieser Zustimmungsverweigerungsgrund bezieht sich auf den von der Maßnahme betroffenen **einzelnen AN**. Es kann sich um bereits **im Betrieb beschäftigte AN** handeln, für die Versetzung, Ein- und Umgruppierung in Frage kommen. Hat sich der betroffene AN für die personelle Einzelmaßnahme entschieden, entfällt das Schutzbedürfnis. Hierzu ist es aber nicht ausreichend, dass der betroffene AN die Maßnahme nur hinnimmt (BAG 9.10.2013 – 1 ABR 1/12). Bei **Neueinstellungen** lehnt das BAG den Zustimmungsverweigerungsgrund der Nr. 4 ab (BAG 5.4.2001 – 2 AZR 580/99, AiB Telegramm 2001, 65; Fitting, § 99 BetrVG Rn. 245). Der Zustimmungsverweigerungsgrund nach § 99 Abs. 2 Nr. 4 scheidet aus, wenn die Benachteiligung aus betrieblichen oder aus in der Person des betroffenen AN liegenden Gründen gerechtfertigt ist.

5. Unterlassung einer Ausschreibung, Nr. 5

Soweit eine nach § 93 erforderliche Ausschreibung unterblieben ist, kann der BR die Zustimmung zu einer Einstellung oder Versetzung verweigern (BAG 27.7.1993 – 1 ABR 7/93). Der AG hat eine – vom BR verlangte – innerbetriebliche Ausschreibung von Arbeitsplätzen nach § 93 BetrVG vorzunehmen, bevor er eine Entscheidung über deren Besetzung trifft und den BR zu der beabsichtigten personellen Maßnahme um Zustimmung ersucht. Deshalb kann die Ausschreibung nicht während des gerichtlichen Zustimmungsersetzungsverfahrens nachgeholt werden (BAG 11.10.2022 – 1 ABR 16/21). Dabei kann die Ausschreibung einer Stelle auch ohne ausdrückliches Verlangen des BR erforderlich sein, wenn der AG frei werdende Stellen in der Vergangenheit stets ausgeschrieben hat (LAG Berlin 26.9.2003 – 6 TaBV 609/03). 69

Das Zustimmungsverweigerungsrecht kommt auch dann in Betracht, wenn die Stellenausschreibung nicht ordnungsgemäß war (BAG 6.10.2010 – 7 ABR 18/09; so beispielsweise wenn nicht alle AN von der Ausschreibung Kenntnis nehmen konnten oder die Stelle außerbetrieblich anders ausgeschrieben wurde als innerbetrieblich). Eine Ausschreibungspflicht besteht auch für solche Arbeitsplätze, die mit Leiharbeitnehmern besetzt werden sollen und deren Einsatzzeit zumindest vier Wochen betragen soll (BAG 15.10.2013 – 1 ABR 25/12). War in der Stellenausschreibung ein Datum für die Stellenbesetzung angegeben, ist keine neue Ausschreibung erforderlich, wenn zwischen dem in der Ausschreibung angegebenen Datum und dem tatsächlichen Besetzungszeitpunkt nicht mehr als sechs Monate vergangen sind (BAG 30.4.2014 – 7 ABR 51/12). 70

6. Störung des Betriebsfriedens, Nr. 6

Dieser Zustimmungsverweigerungsgrund kann bei einer Einstellung, seltener bei einer Versetzung in Betracht kommen. Der BR kann seine Zustimmung verweigern, wenn die durch Tatsachen begründete Besorgnis besteht, dass der in Aussicht genommene Bewerber oder AN den Betriebsfrieden durch gesetzwidriges Verhalten oder durch grobe Verletzungen der in § 75 Abs. 1 enthaltenen Grundsätze (s. § 75 Rn. 5 ff.) stören wird. Dabei ist zu beachten, dass die Grundlage für die Zustimmungsverweigerung ein **für die Zukunft unterstelltes Verhalten** darstellt. Was in der Vergangenheit passiert ist, spielt damit keine direkte Rolle. Dabei werden an die Prognose strenge Anforderungen gestellt (Fitting, § 99 BetrVG Rn. 253). 71

7. Begründung der Zustimmungsverweigerung

72 Soweit der BR seine Zustimmung verweigert, muss eine schriftliche Begründung unter **Angabe von Gründen** erfolgen, § 99 Abs. 3 Satz 1. Daher ist es gerade nicht ausreichend, dass die Begründung pauschal auf einen der Zustimmungsverweigerungsgründe des § 99 Abs. 2 Bezug nimmt oder nur den Gesetzeswortlaut wiederholt. Vielmehr ist **eine auf die konkrete personelle Maßnahme bezogene Begründung** erforderlich. Hierzu müssen gerade auch die konkreten Tatsachen angegeben werden, auf welche die Zustimmungsverweigerung gestützt werden soll.

73 Wird die Zustimmungsverweigerung nicht ordnungsgemäß begründet, so ist sie unbeachtlich mit der Folge, dass mit Ablauf der Wochenfrist die Zustimmung des BR als erteilt gilt (s. Rn. 54; DKW, § 99 BetrVG Rn. 184). Dabei hält es das BAG für ausreichend, wenn die vom BR für die Verweigerung seiner Zustimmung vorgetragene Begründung es als möglich erscheinen lässt, dass einer der Gründe des § 99 Abs. 2 geltend gemacht wird (BAG 20.11.1990 – 1 ABR 87/89, AiB 1991, 339–340). Bezieht sich die Zustimmungsverweigerung des BR auf mehrere personelle Einzelmaßnahmen, muss der BR seine Verweigerung in Bezug auf jede einzelne Maßnahme begründen (BAG 13.5.2014 – 1 ABR 9/12). Der bloße Verweis auf eine nachfolgende, letztlich aber erst nach Ablauf der Wochenfrist beim AG eingehende Begründung ist nicht ausreichend (LAG Köln 23.3.2018 – 9 TaBV 62/17).

VII. Arbeitsgerichtliches Zustimmungsersetzungsverfahren

74 Liegt eine Zustimmungsverweigerung vor, kann der AG nach § 99 Abs. 4 **beim ArbG** beantragen, die **Zustimmung** zu **ersetzen** (nähere Information zu den einzelnen Handlungsmöglichkeiten des AG siehe DKW, § 99 BetrVG Rn. 237). Solange keine rechtskräftige Zustimmungsersetzung durch das ArbG vorliegt, darf der AG die beabsichtigte Maßnahme nicht durchführen (Fitting, § 99 BetrVG Rn. 277; DKW, § 99 BetrVG Rn. 239), es sei denn, die vorläufige Durchführung der Maßnahme ist unter den Voraussetzungen des § 100 zulässig. Ein Antrag des AG, die Zustimmung des BR zur Ein- oder Umgruppierung eines Beschäftigten zu ersetzen, wird mit dem Ausscheiden dieses Beschäftigten aus dem Arbeitsverhältnis unzulässig, weil dann das Rechtsschutzbedürfnis entfällt (BAG 17.11.2021 – 7 ABR 39/19).

75 Das ArbG kann entscheiden, ob es die Zustimmung des BR ersetzt oder den Antrag des AG ablehnt. Hält der AG die Zustimmungsverweige-

rung aufgrund mangelhafter Begründung für unbeachtlich, kann er die Feststellung beantragen, dass die Zustimmung des BR als erteilt gilt, und hilfsweise den Zustimmungsersetzungsantrag stellen (BAG 28.1.1986 – 1 ABR 10/84). Auch wenn der AG einen solchen Antrag nicht gestellt hat, das Gericht jedoch die Zustimmungsverweigerung des BR für unbeachtlich hält, hat es festzustellen, dass die Zustimmung als erteilt gilt (BAG 18.10.1988 – 1 ABR 33/87, AiB 1989, 221–221).

VIII. Rechtsstellung des einzelnen AN

Im Hinblick auf die Auswirkungen der betriebsverfassungsrechtlichen Rechtslage auf die einzelvertraglichen Beziehungen ist nach dem **Schutzzweck des Mitbestimmungsrechts** zwischen den einzelnen personellen Maßnahmen zu differenzieren (BAG 5.4.2001 – 2 AZR 580/99, AiB Telegramm 2001, 65). So ist eine Einstellung unter Verletzung des Mitbestimmungsrechts als **wirksamer Vertragsabschluss** zu behandeln (BAG 5.4.2001 – 2 AZR 580/99, AiB Telegramm 2001, 65). Allerdings: Der AG darf den betriebsverfassungswidrig eingestellten AN **nicht beschäftigen** (BAG 2.7.1980 – 5 AZR 1241/79), während der AN den Entgeltanspruch auch für die Zeit der Nichtbeschäftigung behält. Nach der höchstrichterlichen Rechtsprechung hat der AN – aufgrund der fehlenden Zustimmung des BR zu dessen (Wieder-)Einstellung – grundsätzlich nur dann ein Leistungsverweigerungsrecht, wenn der BR sich selbst auf die Verletzung seines Mitbestimmungsrechts gem. § 101 beruft und deswegen die Aufhebung der Einstellung verlangt (BAG 5.4.2001 – 2 AZR 580/99, 5 AZR 1241/79). Die vertragliche Rücksichtnahmepflicht nach § 241 Abs. 2 BGB begründet gegenüber dem AN keine Verpflichtung des AG, ein gerichtliches Zustimmungsersetzungsverfahren durchzuführen, wenn der BR die nach § 99 Abs. 1 Satz 1 erforderliche Zustimmung zur Einstellung des AN verweigert (BAG 21.2.2017 – 1 AZR 367/15). 76

Hinweis:
Somit kann der von einer Zustimmungsverweigerung betroffene AN nicht verlangen, dass der AG ein Beschlussverfahren nach § 99 Abs. 4 durchführt.

§ 100 Vorläufige personelle Maßnahmen

(1) [1]Der Arbeitgeber kann, wenn dies aus sachlichen Gründen dringend erforderlich ist, die personelle Maßnahme im Sinne des § 99 Abs. 1 Satz 1 vorläufig durchführen, bevor der Betriebsrat sich geäu-

ßert oder wenn er die Zustimmung verweigert hat. [2]Der Arbeitgeber hat den Arbeitnehmer über die Sach- und Rechtslage aufzuklären.

(2) [1]Der Arbeitgeber hat den Betriebsrat unverzüglich von der vorläufigen personellen Maßnahme zu unterrichten. [2]Bestreitet der Betriebsrat, dass die Maßnahme aus sachlichen Gründen dringend erforderlich ist, so hat er dies dem Arbeitgeber unverzüglich mitzuteilen. [3]In diesem Fall darf der Arbeitgeber die vorläufige personelle Maßnahme nur aufrechterhalten, wenn er innerhalb von drei Tagen beim Arbeitsgericht die Ersetzung der Zustimmung des Betriebsrats und die Feststellung beantragt, dass die Maßnahme aus sachlichen Gründen dringend erforderlich war.

(3) [1]Lehnt das Gericht durch rechtskräftige Entscheidung die Ersetzung der Zustimmung des Betriebsrats ab oder stellt es rechtskräftig fest, dass offensichtlich die Maßnahme aus sachlichen Gründen nicht dringend erforderlich war, so endet die vorläufige personelle Maßnahme mit Ablauf von zwei Wochen nach Rechtskraft der Entscheidung. [2]Von diesem Zeitpunkt an darf die personelle Maßnahme nicht aufrechterhalten werden.

Inhaltsübersicht Rn.

I. Zweck der Regelung

1 Grundsätzlich darf der AG personelle Einzelmaßnahmen nach § 99 nur nach vorheriger Zustimmung des BR durchführen. Dies bedeutet: Aus dem Zustimmungsersetzungsverfahren kann eine erhebliche zeitliche Verzögerung resultieren. Um diese Verzögerung für den AG abzumildern, ermöglicht § 100 in dringenden Ausnahmefällen die vorläufige Durchführung der personellen Einzelmaßnahme. Voraussetzung: Die vorläufige Durchführung ist aus sachlichen Gründen dringend erforderlich. Die Beendigung einer vorläufigen personellen Maßnahme unterliegt nicht der Zustimmung des BR nach § 99 Abs. 1 Satz 1 (BAG 15.4.2015 – 1 ABR 101/12). Um der Gefahr einer missbräuchlichen Nutzung der Vorschrift entgegen zu wirken ist eine restriktive Auslegung von § 100 erforderlich (DKW, § 100 BetrVG Rn. 1). Bei einem dauernden Missbrauch der Möglichkeit zur vorläufigen Durchführung

personeller Maßnahmen durch den AG kann der BR mit einem Antrag nach § 23 Abs. 3 reagieren und dann auch einen Unterlassungsanspruch geltend machen (BAG 19.1.2010 – 1 ABR 55/08). Auch wenn der AG nach § 100 vorgeht, befreit ihn dies nicht von der Beachtung anderer Mitbestimmungsrechte des BR, auch wenn diese keine Eilfallregelungen vorsehen (BAG 28.7.2020 – 1 ABR 45/18).

Nach dem Wortlaut der Vorschrift kommt eine vorläufige Durchfüh- 2
rung der personellen Einzelmaßnahme in allen Fällen nach § 99 Abs. 1 in Betracht. Unstreitig ist dies aber nur für Einstellungen und Versetzungen (BAG 27.1.1987 – 1 ABR 66/85). Demgegenüber scheidet eine vorläufige Durchführung nach § 100 bei Ein- oder Umgruppierungen aus, da weder eine Eingruppierung noch eine Umgruppierung im Regelfall »unaufschiebbar« sein wird. Neben den in sich geschlossenen Regelungen der §§ 99 bis 101 besteht ein allgemeiner Unterlassungsanspruch zugunsten des BR nicht (LAG Hessen 26.9.2023 – 15 TaBVGa 138/23).

II. Voraussetzungen

1. Sachliche und betriebliche Erforderlichkeit

Um die vorläufige Durchführung der Maßnahme zu rechtfertigen, 3
muss die vorläufige Einstellung aus sachlichen Gründen dringend erforderlich sein. **Dringende sachliche Gründe** sind solche, die aus einer ordnungsgemäßen Betriebsführung erwachsen (z.B. im Hinblick auf Auftrags- und Absatzlage, produktions- und arbeitstechnische Gründe). Abgestellt wird auf den Beurteilungsmaßstab eines objektiven, verantwortungsbewussten AG (Fitting, § 100 BetrVG Rn. 4). Persönliche Interessen des AG oder Wünsche leitender Mitarbeiter – und insbesondere der Wunsch eines Bewerbers auf vorläufiger Einstellung – sind ohne zusätzliche betriebliche Erfordernisse unerheblich.

Daneben muss die vorläufige Maßnahme im Hinblick auf den sach- 4
lichen Grund **erforderlich** sein. Die Erforderlichkeit kann nur dann gegeben sein, wenn keine das Mitbestimmungsrecht des BR schonende und dem AG zumutbare Handlungsalternative besteht (DKW § 99 BetrVG Rn. 5). Dem Betrieb müsste ohne die vorläufige Maßnahme ein spürbarer **Nachteil** erwachsen. Damit bezieht sich die Erforderlichkeit darauf, dass im Hinblick auf den sachlichen Grund objektiv schnell gehandelt werden muss.

2. Unterrichtungspflicht des AG

5 Nach § 100 Abs. 2 Satz 1 hat der AG den BR **unverzüglich** von der vorläufigen personellen Maßnahme zu unterrichten. »Unverzüglich« bedeutet »ohne schuldhaftes Zögern«, § 121 Abs. 1 BGB. Die Unterrichtung kann sowohl vor als auch notfalls unmittelbar nach Durchführung der Maßnahme erfolgen (BAG 7.11.1977 – 1 ABR 55/75).

6 Die Information durch den AG muss gem. § 100 Abs. 2 Satz 1 die Maßnahme – insbesondere ihren genauen Zeitpunkt – benennen und Angaben darüber enthalten, warum sie aus sachlichen Gründen dringend erforderlich ist (LAG Köln 17.4.2008 – 13 TaBV 130/07). Der BR muss in die Lage versetzt werden, die vorläufige Maßnahme und ihre Erforderlichkeit mit Blick auf sein »Bestreitensrecht« gem. § 100 Abs. 2 Satz 2 beurteilen zu können. Die vollständige Erfüllung der Unterrichtungspflicht nach § 100 Abs. 2 Satz 1 ist eine verfahrensmäßige Voraussetzung für die Berechtigung der vorläufigen Maßnahme (LAG Berlin-Brandenburg 5.9.2013 – 21 TaBV 843/13).

7 Die Information ist an **keine Form** gebunden; aus Beweisgründen empfiehlt sich eine schriftliche Information (Musterantrag des AG auf Durchführung einer vorläufigen personellen Einzelmaßnahme in DKWF, § 100 BetrVG Rn. 2).

III. Reaktionsmöglichkeiten des BR

8 Der BR seinerseits muss nach § 100 Abs. 2 Satz 2 dem AG **unverzüglich antworten**. Sollte der BR **nicht** bzw. **nicht unverzüglich antworten**, so gilt die Zustimmung zur vorläufigen Durchführung der Maßnahme als erteilt.

9 Soweit der BR **bestreitet**, dass die Maßnahme aus sachlichen Gründen dringend erforderlich ist, hat er dies dem AG nach § 100 Abs. 2 Satz 2 unverzüglich mitzuteilen (Muster zur Zustimmungsverweigerung des BR nach § 100 Abs. 2 in DKWF, § 100 BetrVG Rn. 3).

10 »Unverzüglich« heißt auch hier »ohne schuldhaftes Zögern« gem. § 121 Abs. 1 BGB ab Eingang der Information beim BR. Zwar ist für das Bestreiten des BR gem. § 100 Abs. 2 Satz 2 keine Form vorgeschrieben. Aus Beweisgründen empfiehlt sich jedoch dringend die **Schriftform**. Das **Bestreiten der sachlichen Notwendigkeit** der vorläufigen Maßnahme nach § 100 Abs. 2 Satz 2 führt **nicht zugleich** zur **Verweigerung der Zustimmung** gem. § 99 Abs. 3 (GK-BetrVG-*Raab*, § 100 BetrVG Rn. 29; DKW, § 100 BetrVG Rn. 21). Zwar können beide Erklärungen gemein-

sam abgegeben werden, es empfiehlt sich aber dringend, die beiden Erklärungsinhalte je für sich deutlich zu machen.

Stimmt der BR der Maßnahme gem. **§ 99 Abs. 3** zu, benötigt der AG das Verfahren des § 100 nicht mehr und kann die Maßnahme endgültig vornehmen. Ein Bestreiten der Berechtigung ihrer vorläufigen Vornahme geht ins Leere und ist gegenstandslos. Das ist auch der Fall, wenn nach Einleitung des Verfahrens gem. § 100 die Zustimmung nach § 99 Abs. 3 erteilt wird oder als erteilt gilt oder noch vor rechtskräftiger Entscheidung über die Berechtigung der vorläufigen Maßnahme die Zustimmung gem. § 99 Abs. 4 rechtskräftig ersetzt wird. 11

Bestreitet der BR die Berechtigung der vorläufigen Durchführung der Maßnahme gem. § 100 Abs. 2 Satz 2 **und verweigert** er die Zustimmung nach § 99 Abs. 3, werden beide dann notwendigen Gerichtsverfahren mit dem Antrag des AG gem. § 100 Abs. 2 Satz 3 **gemeinsam** in Gang gesetzt. Dabei muss der AG den Zustimmungsersetzungsantrag und auch den Dringlichkeitsantrag binnen 3 Tagen beim ArbG stellen (DKW, § 100 BetrVG Rn. 27, 29). Wenn der AG die vorläufige Maßnahme aufrechterhält, ohne das ArbG anzurufen, kann der BR nach § 101 vorgehen. 12

Auch bei unterlassener oder fehlerhafter Unterrichtung kann der BR nach § 101 die Aufhebung der Maßnahme verlangen (Fitting, § 101 BetrVG Rn. 3).

IV. Entscheidung des Arbeitsgerichts

Das ArbG entscheidet im **Beschlussverfahren** (§ 4a Abs. 1 Nr. 1 ArbGG). 13
Dabei hat das ArbG über zwei Anträge zu entscheiden, nämlich

- über den Antrag des AG auf Ersetzung der Zustimmung des BR und
- über den Antrag auf Feststellung der sachlichen Dringlichkeit der vorläufigen personellen Maßnahme.

Nach Auffassung des BAG sollen die ArbG alsbald und vorab über den Feststellungsantrag des AG nach § 100 Abs. 2 Satz 3 entscheiden (BAG 15.9.1987 – 1 ABR 44/86). In der Praxis der Instanzgerichte findet dies leider keine wirkliche Berücksichtigung.

Aus den vier verschiedenen Entscheidungsmöglichkeiten des ArbG (Fitting, § 100 BetrVG Rn. 13; näheres hierzu siehe DKW, § 100 BetrVG Rn. 33) ergeben sich die Folgen des § 100 Abs. 3. 14

Wird der Feststellungsantrag über die Erforderlichkeit rechtskräftig abgewiesen, so muss die Maßnahme spätestens zwei Wochen nach Rechtskraft eingestellt werden. Der eingestellte Bewerber darf nicht mehr im

Betrieb beschäftigt werden; eine Versetzung ist rückgängig zu machen (DKW, § 100 BetrVG Rn. 42).
Kommt das ArbG zu der Ansicht, dass die Maßnahme zwar als vorläufige offensichtlich **nicht dringend** erforderlich war, **ersetzt** sie jedoch die **Zustimmung** des BR, erledigt sich dem BAG zufolge der Feststellungsantrag des AG nach § 100 Abs. 2 Satz 3 (BAG 27.1.1987 – 1 ABR 66/85; andere Ansicht Fitting, § 100 BetrVG Rn. 15).

15 War die vorläufige Durchführung der Maßnahme aus sachlichen Gründen **offensichtlich nicht dringend,** ist sie aufzuheben. Das Merkmal der Offensichtlichkeit ist erfüllt, wenn bei objektiver Beurteilung der Sachlage klar zu erkennen war, dass kein dringender sachlicher Grund vorlag (BAG 7.11.1977 – 1 ABR 55/75).

§ 101 Zwangsgeld

[1]Führt der Arbeitgeber eine personelle Maßnahme im Sinne des § 99 Abs. 1 Satz 1 ohne Zustimmung des Betriebsrats durch oder hält er eine vorläufige personelle Maßnahme entgegen § 100 Abs. 2 Satz 3 oder Abs. 3 aufrecht, so kann der Betriebsrat beim Arbeitsgericht beantragen, dem Arbeitgeber aufzugeben, die personelle Maßnahme aufzuheben. [2]Hebt der Arbeitgeber entgegen einer rechtskräftigen gerichtlichen Entscheidung die personelle Maßnahme nicht auf, so ist auf Antrag des Betriebsrats vom Arbeitsgericht zu erkennen, dass der Arbeitgeber zur Aufhebung der Maßnahme durch Zwangsgeld anzuhalten sei. [3]Das Höchstmaß des Zwangsgeldes beträgt für jeden Tag der Zuwiderhandlung 250 Euro.

Inhaltsübersicht Rn.

I. Einleitung

1 § 101 dient der Absicherung des Mitbestimmungsrechts gem. §§ 99, 100. Der AG soll dazu veranlasst werden, eine **betriebsverfassungswidrige personelle Maßnahme rückgängig** zu machen. Im Gesetz ist hierzu ein **zweistufiges Verfahren** angelegt:

- Führt der AG eine – endgültige oder vorläufige – personelle Maßnahme durch, ohne dem BR gegenüber betriebsverfassungsrechtlich

berechtigt zu sein, kann der BR beim ArbG beantragen, die Maßnahme aufzuheben (§ 101 Satz 1).
- Hebt der AG die Maßnahme dann immer noch nicht auf, kann der BR die Festsetzung eines Zwangsgelds beantragen (§ 101 Satz 2).

II. Arbeitsgerichtliches Verfahren zur Aufhebung der personellen Maßnahme

Führt der AG die Maßnahme ohne die Zustimmung des BR durch, kann der BR beim ArbG beantragen, dem AG zu **untersagen**, die **personelle Maßnahme aufrechtzuerhalten** (vgl. Musterantrag des BR auf Aufhebung der personellen Maßnahme und Festsetzung eines Zwangsgeldes in DKWF, § 101 BetrVG Rn. 1, 3). Hierzu muss einer der nachfolgend aufgeführten drei Fälle gegeben sein (§ 101 Satz 1; zu den einzelnen Fallgestaltungen s. Fitting, § 101 BetrVG Rn. 1; DKW, § 101 BetrVG Rn. 4): 2
- Der AG führt eine **endgültige Maßnahme ohne Zustimmung** des BR durch (Satz 1, 1. Alternative).
- Der AG führt eine **vorläufige Maßnahme unter Verfahrensverstößen** durch (Satz 1, 2. Alternative).
- Der AG hält eine Maßnahme **trotz rechtskräftiger (negativer) Gerichtsentscheidung** über die Ersetzung der Zustimmung oder die Berechtigung der vorläufigen Maßnahme gem. § 100 Abs. 3 aufrecht.

Nach der Rechtsprechung des BAG ist der Anwendungsbereich von § 101 auf Einstellungen und Versetzungen begrenzt. Auf Ein- oder Umgruppierungen wendet das BAG § 101 nicht an (DKW, § 101 BetrVG Rn. 6). Durch die Eingruppierung selbst kommt es zu keiner Veränderung der Verhältnisse im Betrieb. Aus diesem Grund kann auch eine betriebsverfassungswidrige Eingruppierung nicht aufgehoben werden. Der BR kann gem. § 101 Satz 1 BetrVG die nachträgliche Beseitigung einer unter Verletzung von §§ 99 Abs. 1 Satz 1, 100 Abs. 2 BetrVG durchgeführten personellen Maßnahme verlangen, nicht aber die vorbeugende Unterlassung einer Störung (BAG 14.2.2023 – 1 ABR 9/22)). Der Antrag nach § 101 Satz 1 BetrVG wird daher unbegründet, wenn die antragsgegenständliche personelle Einzelmaßnahme geendet hat (BAG 15.11.2022 – 1 ABR 15/21). 3

Hat der AG eine notwendige Eingruppierung **unterlassen**, kann der BR aber über § 101 zur Sicherung seines Mitbestimmungsrechts verlangen – und so sind der Betriebsratsantrag bzw. der Beschluss des ArbG im Wortlaut zu fassen -, eine Eingruppierungsentscheidung vorzunehmen, die Zustimmung des BR zur vorgesehenen Eingruppierung 4

nachträglich einzuholen und im Verweigerungsfalle durch das ArbG ersetzen zu lassen (BAG 14.4.2010 – 7 ABR 91/08).
Im Verfahren nach § 101 hat der AG keine Möglichkeit mehr, hilfsweise einen Zustimmungsersetzungsantrag nach § 99 Abs. 4 zu stellen oder zu behaupten, in Wahrheit sei kein Zustimmungsverweigerungsgrund gegeben (BAG 16.7.1985 – 1 ABR 35/83). Der AG kann daher allenfalls noch einwenden, dass die Maßnahme überhaupt nicht mitbestimmungspflichtig sei oder dass dem Widerspruch des BR die erforderliche Begründung fehle.

5 Ein Antrag des BR nach § 101, eine ohne seine Zustimmung durchgeführte Einstellung eines AN aufzuheben, wird nicht dadurch unbegründet, dass der AG den BR während des Verfahrens nach § 101 nachträglich über die bereits erfolgte Einstellung unterrichtet, ohne diese zuvor aufzuheben, und der BR nicht innerhalb der Wochenfrist nach § 99 Abs. 3 Satz 1 seine Zustimmung unter Angabe beachtlicher Gründe schriftlich verweigert. Die **Zustimmungsfiktion** nach § 99 Abs. 3 Satz 2 kann nur eintreten, wenn der AG den BR vor der Einstellung nach § 99 Abs. 1 unterrichtet hat. Eine erst nach der Aufnahme der Tätigkeit durch den AN vorgenommene nachträgliche Unterrichtung des BR kann die Zustimmungsfiktion nach § 99 Abs. 3 Satz 2 zu der bereits erfolgten Einstellung nicht herbeiführen (BAG 21.11.2018 – 7 ABR 16/17).

III. Zwangsgeldverfahren

6 Hebt der AG auch entgegen einer rechtskräftigen Entscheidung gem. § 101 Satz 1 die personelle Maßnahme nicht auf, so ist er auf Antrag des BR vom ArbG durch Verhängung eines **Zwangsgeldes** von höchstens 250 EUR für jeden Tag der Zuwiderhandlung hierzu anzuhalten (§ 101 Satz 2). Die genaue Höhe des Zwangsgeldes wird vom Gericht nach freiem, pflichtgemäßem Ermessen festgesetzt.

§ 102 Mitbestimmung bei Kündigungen

(1) [1]Der Betriebsrat ist vor jeder Kündigung zu hören. [2]Der Arbeitgeber hat ihm die Gründe für die Kündigung mitzuteilen. [3]Eine ohne Anhörung des Betriebsrats ausgesprochene Kündigung ist unwirksam.
(2) [1]Hat der Betriebsrat gegen eine ordentliche Kündigung Bedenken, so hat er diese unter Angabe der Gründe dem Arbeitgeber spätestens innerhalb einer Woche schriftlich mitzuteilen. [2]Äußert er sich innerhalb dieser Frist nicht, gilt seine Zustimmung zur Kündigung

als erteilt. [3]Hat der Betriebsrat gegen eine außerordentliche Kündigung Bedenken, so hat er diese unter Angabe der Gründe dem Arbeitgeber unverzüglich, spätestens jedoch innerhalb von drei Tagen, schriftlich mitzuteilen. [4]Der Betriebsrat soll, soweit dies erforderlich erscheint, vor seiner Stellungnahme den betroffenen Arbeitnehmer hören. [5]§ 99 Abs. 1 Satz 3 gilt entsprechend.

(3) Der Betriebsrat kann innerhalb der Frist des Absatzes 2 Satz 1 der ordentlichen Kündigung widersprechen, wenn

1. der Arbeitgeber bei der Auswahl des zu kündigenden Arbeitnehmers soziale Gesichtspunkte nicht oder nicht ausreichend berücksichtigt hat,
2. die Kündigung gegen eine Richtlinie nach § 95 verstößt,
3. der zu kündigende Arbeitnehmer an einem anderen Arbeitsplatz im selben Betrieb oder in einem anderen Betrieb des Unternehmens weiterbeschäftigt werden kann,
4. die Weiterbeschäftigung des Arbeitnehmers nach zumutbaren Umschulungs- oder Fortbildungsmaßnahmen möglich ist oder
5. eine Weiterbeschäftigung des Arbeitnehmers unter geänderten Vertragsbedingungen möglich ist und der Arbeitnehmer sein Einverständnis hiermit erklärt hat.

(4) Kündigt der Arbeitgeber, obwohl der Betriebsrat nach Absatz 3 der Kündigung widersprochen hat, so hat er dem Arbeitnehmer mit der Kündigung eine Abschrift der Stellungnahme des Betriebsrats zuzuleiten.

(5) [1]Hat der Betriebsrat einer ordentlichen Kündigung frist- und ordnungsgemäß widersprochen, und hat der Arbeitnehmer nach dem Kündigungsschutzgesetz Klage auf Feststellung erhoben, dass das Arbeitsverhältnis durch die Kündigung nicht aufgelöst ist, so muss der Arbeitgeber auf Verlangen des Arbeitnehmers diesen nach Ablauf der Kündigungsfrist bis zum rechtskräftigen Abschluss des Rechtsstreits bei unveränderten Arbeitsbedingungen weiterbeschäftigen. [2]Auf Antrag des Arbeitgebers kann das Gericht ihn durch einstweilige Verfügung von der Verpflichtung zur Weiterbeschäftigung nach Satz 1 entbinden, wenn

1. die Klage des Arbeitnehmers keine hinreichende Aussicht auf Erfolg bietet oder mutwillig erscheint oder
2. die Weiterbeschäftigung des Arbeitnehmers zu einer unzumutbaren wirtschaftlichen Belastung des Arbeitgebers führen würde oder

3. der Widerspruch des Betriebsrats offensichtlich unbegründet war.

(6) Arbeitgeber und Betriebsrat können vereinbaren, dass Kündigungen der Zustimmung des Betriebsrats bedürfen und dass bei Meinungsverschiedenheiten über die Berechtigung der Nichterteilung der Zustimmung die Einigungsstelle entscheidet.

(7) Die Vorschriften über die Beteiligung des Betriebsrats nach dem Kündigungsschutzgesetz bleiben unberührt.

Inhaltsübersicht Rn.

I. Zweck der Regelung

1 In § 102 wird dem BR ein **Mitwirkungsrecht** (kein echtes Mitbestimmungsrecht) bei Kündigungen eingeräumt. Dabei sind die Mitwirkungsrechte des BR unterschiedlich ausgestaltet – je nachdem, ob es sich um eine außerordentliche oder um eine ordentliche Kündigung handelt.

2 Nach § 102 Abs. 1 Satz 1 ist der AG verpflichtet, den **BR vor jeder Kündigung anzuhören**. Die Anhörungspflicht gilt ausnahmslos für jede Art der Kündigung des Arbeitsverhältnisses durch den AG. Endet das Arbeitsverhältnis dagegen durch Abschluss eines Aufhebungsvertrags oder aufgrund einer wirksamen Befristung, ist der BR nicht nach § 102 zu beteiligen.

3 Die ordnungsgemäße Anhörung des BR ist **Wirksamkeitsvoraussetzung** für die Kündigung. Durch die Mitwirkung des BR soll der AG veranlasst werden, die beabsichtigte Kündigung zu überdenken, sich mit den vom BR vorgebrachten Argumenten auseinanderzusetzen und dann ggf. von der Kündigung Abstand zu nehmen (BAG 16.9.1993 – 2 AZR 267/93, AiB 1994, 318).

4 Ein wirksamer Widerspruch des BR hindert den AG nicht am **Ausspruch der Kündigung**. Lediglich für die außerordentliche Kündigung von Funktionsträgern der Betriebsverfassung bedarf es der darüber hinausgehenden Zustimmung des BR (siehe hierzu § 103 Rn. 12).

5 Liegt ein wirksamer Widerspruch des BR vor, räumt § 102 Abs. 5 dem AN bei einer ordentlichen Kündigung jedoch über den Ablauf der Kündigungsfrist hinaus – unter bestimmten Voraussetzungen – einen **Weiterbeschäftigungsanspruch** bis zum rechtskräftigen Abschluss des Kündigungsschutzprozesses ein (Rn. 54 ff.).

II. Anwendungsbereich – Voraussetzungen

1. Geschützter Personenkreis

6 § 102 gilt für die **Beschäftigten** derjenigen Wirtschaftsbereiche, die direkt dem Betriebsverfassungsgesetz unterfallen (vgl. § 130). Der Anwendungsbereich erfasst damit **alle AN** (Arbeiter, Angestellte, zu ihrer Berufsausbildung Beschäftigte, § 5 Abs. 1). Das gilt auch für Aushilfs- und Teilzeitarbeitsverhältnisse. Sofern ein befristetes Arbeitsverhältnis vorzeitig gekündigt werden soll, gilt für diese Kündigung ebenfalls § 102. Bei Beschäftigten, die ihre Tätigkeit im Ausland erbringen, kommt es auf die Zuordnung zu einer (inländischen) Arbeitsorganisation an. Dazu muss der inländische AG gegenüber dem im Ausland tätigen AN eine

betriebsverfassungsrechtlich relevante Arbeitgeberstellung einnehmen (BAG 24. 5. 2018 – 2 AZR 54/18). Zur Kündigung **leitender Angestellter** (zur Definition des leitenden Angestellten, § 5 Rn. 8 ff.) bedarf es keiner Anhörung, sondern lediglich einer Mitteilung nach § 105.

7 Soweit **Mandatsträgern** der Betriebsverfassung wegen **Betriebsstilllegung** gem. § 15 Abs. 4 KSchG ordentlich gekündigt werden darf, ist der BR gem. § 102 zu hören. Einer Zustimmung des BR nach § 103 bedarf es hier ausnahmsweise nicht.

2. Kündigung

8 Die Anhörungspflicht nach § 102 gilt für **jede Art von Kündigung** (vgl. DKW, § 102 BetrVG Rn. 2, 5, 6). Damit werden vor allem jede **ordentliche** (fristgemäße) und jede **außerordentliche** (fristlose) Kündigung – jeweils auch in der gesetzlichen Wartefrist des KSchG (6 Monate) – erfasst (BAG 12. 9. 2013 – 6 AZR 121/12). Auch Kündigungen in der **Probezeit** fallen in den Geltungsbereich der Bestimmung, unabhängig von der Dauer der vereinbarten Probezeit. Bei einer beabsichtigten Kündigung innerhalb der Probezeit kann es genügen, dem BR als Kündigungsgrund lediglich ein Werturteil mitzuteilen. Etwas anderes gilt aber dann, wenn in Wirklichkeit nicht das Werturteil, sondern bestimmte konkrete Verhaltensweisen oder Tatsachen den eigentlichen Kündigungsgrund bilden (BAG 12. 9. 2013 – 6 AZR 121/12). Im Unterschied zur ordentlichen Kündigung, bei der ein Widerspruch erfolgen kann, ist der BR bei einer außerordentlichen Kündigung darauf beschränkt, Bedenken zu erheben. Soweit der BR Bedenken gegen eine außerordentliche Kündigung erheben will, muss dies innerhalb von drei Tagen nach Zugang der Anhörung beim BR erfolgen (Rn. 40).

9 Der BR ist auch dann nach § 102 zu beteiligen, wenn auf das zu kündigende Arbeitsverhältnis die **Regelungen des Kündigungsschutzgesetzes** mangels Erreichung der Wartefrist von sechs Monaten bzw. Nichterreichung des Schwellenwertes nach § 23 Abs. 1 KSchG nicht anwendbar ist. Auch eine vom **Insolvenzverwalter** nach Insolvenzeröffnung ausgesprochene Kündigung ist nur bei vorheriger Anhörung des BR wirksam (BAG 20. 5. 1999 – 2 AZR 148/99, AiB Telegramm 1999, 43).

10 Erfasst werden auch **Änderungskündigungen**, welche auf der Grundlage von § 2 KSchG erfolgen. Gegenstand des Anhörungsverfahrens ist bei einer Änderungskündigung regelmäßig auch das Änderungsangebot (BAG 27. 9. 2001 – 2 AZR 236/00). Soweit eine Annahme des Änderungsangebots erfolgt, wird oftmals eine Versetzung oder Umgruppierung i. S. d. § 99 in Betracht kommen. Mitbestimmungsrechtlich handelt

es sich um zwei verschiedene Tatbestände, bei denen die jeweiligen Beteiligungsrechte des BR zu beachten sind (BAG 22.4.2010 – 2 AZR 491/09).

Bei der **Eigenkündigung des AN** sowie bei einem **Aufhebungsvertrag** oder auch bei einer **wirksamen Befristung** wird § 102 nicht angewendet. 11

III. Anhörungspflicht des AG

1. Grundsätze

Die **Anhörung** des BR hat **vor Ausspruch der Kündigung** zu erfolgen. Eine schriftliche Kündigung ist i. S. d. § 102 Abs. 1 Satz 3 ausgesprochen, wenn das Kündigungsschreiben den Machtbereich des AG verlassen hat (BAG 2.3.1989 – 2 AZR 280/88). Spätestens zu diesem Zeitpunkt muss das Anhörungsverfahren abgeschlossen sein. Eine unterlassene oder fehlerhafte Anhörung macht eine Kündigung endgültig **rechtlich unwirksam.** 12

Eine **Wiederholung des Anhörungsverfahrens** kann erforderlich werden, wenn sich vor Ausspruch der Kündigung der Kündigungssachverhalt in wesentlichen Punkten zugunsten des AN geändert hat oder wenn sich die für die Kündigung maßgeblichen Umstände (neue Kündigungsgründe) wesentlich verändert haben (BAG 22.9.2016 – 2 AZR 700/15). 13

Eine bestimmte **Form** ist für die Anhörung nicht vorgeschrieben; sie kann sowohl mündlich wie auch schriftlich erfolgen. Die Beweislast für den Inhalt der mündlichen Unterrichtung trägt der AG (LAG Hamm 27.9.2017 – 4 Sa 340/16). Deshalb ist auch eine Anhörung per **Fax** oder **E-Mail** zulässig. Aus Beweisgründen wird der AG den BR aber regelmäßig schriftlich mit einer Eingangsbestätigung informieren. 14

Die **Unterrichtung des BR** durch den AG muss nach § 26 Abs. 2 Satz 2 gegenüber dem Betriebsratsvorsitzenden bzw. dessen Stellvertreter erfolgen. Etwas anderes gilt, wenn das Beteiligungsrecht des BR nach § 27 Abs. 3 dem Betriebsausschuss bzw. nach § 28 Abs. 1 Satz 1 einem weiteren Ausschuss übertragen ist (DKW, § 102 BetrVG Rn. 144). Wird eine Erklärung gegenüber einem anderen BR-Mitglied abgegeben, so ist dieser nur Bote (zu den Rechtsfolgen für den Zugang der Anhörung siehe § 26 Rn. 17). 15

Eine **schriftliche Mitteilung** des AG geht dem BR im Regelfall zu, wenn sie in sein **Postfach** gelegt wird. Wird die Mitteilung zu einem Zeitpunkt ins Postfach gelegt, zu welchem mit einer Leerung am selben Tag nicht 16 mehr gerechnet werden kann (z. B. nach **Dienstschluss**), geht sie dem BR erst am folgenden Tag zu (BAG 12.12.1996 – 2 AZR 809/95, AiB 1998, 113–114).

Hinweis:
Aus den zuvor genannten Gründen muss der BR bei Nutzung eines klassischen Postfachs darauf achten, dass dieses Postfach an jedem Werktag regelmäßig geleert wird. Anderenfalls besteht die Gefahr, dass sich der genaue Zeitpunkt des Zugangs der Anhörung und damit auch der Lauf der Anhörungsfrist nicht klar bestimmen lassen.

2. Inhalt der Unterrichtung

17 Der BR ist immer dann ordnungsgemäß angehört, wenn der AG ihm die Gründe mitgeteilt hat, die nach seiner subjektiven Sicht die Kündigung rechtfertigen, und die für seinen Kündigungsentschluss maßgeblich sind. Diesen Kündigungsentschluss hat der AG regelmäßig unter Angabe von Tatsachen so zu beschreiben, dass der BR ohne zusätzliche eigene Nachforschungen die Stichhaltigkeit der Kündigungsgründe prüfen kann (LAG Niedersachsen 5.11.2024 – 19 Sa 817/23)
Der AG muss den BR zweifelsfrei über die **Person** des zu kündigenden AN informieren. Zur Bezeichnung der Person des AN gehören auch die grundlegenden **sozialen Daten:** Alter, Familienstand, Kinderzahl, sonstige Unterhaltspflichten, Beschäftigungsdauer sowie – auch wenn die Sozialdaten in § 1 Abs. 3 KSchG eingeschränkt sind – Umstände, die geeignet sind, einen **besonderen Kündigungsschutz** zu begründen (LAG Hamm 24.7.2019 – 4 Sa 143/19). Diese Informationen sind in jedem Kündigungsfall zur Interessenabwägung bzw. Rechtmäßigkeitskontrolle erheblich (DKW, § 102 BetrVG Rn. 104). Die unzutreffende Mitteilung von Sozialdaten eines AN bei der Anhörung des BR zu einer beabsichtigten außerordentlichen Kündigung durch den AG nach § 102 Abs. 1 Satz 2 BetrVG bleibt unter engen Voraussetzungen unschädlich, wenn die Falschangabe nur versehentlich erfolgt, das Gremium ohne das Erfordernis eigener Nachforschungen Kenntnis von den zutreffenden Sozialdaten hat und es durch die abweichende Angabe im Anhörungsschreiben nicht »verunsichert« wird (BAG 28.2.2023 – 2 AZR 194/22).

18 Zudem muss der BR über die **Art der auszusprechenden Kündigung** informiert werden (ordentliche oder außerordentliche bzw. Änderungskündigung). Bei einer ordentlichen Kündigung unter Geltung des Kündigungsschutzgesetzes hat der AG ausdrücklich zu erklären, ob er aus

den mitgeteilten Tatsachen eine **personen-**, **verhaltens- oder betriebsbedingte Kündigung** ableiten will.

Das ist auch insoweit von Bedeutung, als dass der AG (rechtmäßigerweise) nur die Art von Kündigung aussprechen kann, zu der der BR zuvor angehört worden ist (BAG 20.9.1984 – 2 AZR 633/82). Will der AG bei einer außerordentlichen Kündigung sicherstellen, dass im Falle der Unwirksamkeit dieser Kündigung die von ihm hilfsweise erklärte oder dahin **umgedeutete ordentliche Kündigung** nicht an der fehlenden Anhörung des BR scheitert, muss er den BR deutlich darauf hinweisen, dass die geplante außerordentliche Kündigung hilfsweise als ordentliche Kündigung gelten soll. Unwirksam ist auch eine personenbedingte Kündigung, wenn der AG den BR zu verhaltensbedingten Gründen angehört hat. 19

Bei einer ordentlichen Kündigung sind dem BR die für den betroffenen AN geltende (kollektiv- oder individualvertragliche) **Kündigungsfrist sowie der Kündigungstermin** mitzuteilen (BAG 15.12.1994 – 2 AZR 320/94, AiB 1995, 462–464). Nach der Rechtsprechung des BAG führt die Angabe einer unrichtigen Kündigungsfrist oder eines unrichtigen Endtermins durch den AG nicht zur fehlerhaften Unterrichtung des BR (BAG 29.1.1986 – 7 AZR 257/84), sondern zu einer entsprechenden Korrektur der Kündigungsfrist im Kündigungsschutzprozess durch das ArbG. Die Wahrung der Kündigungserklärungsfrist des § 626 Abs. 2 BGB gehört nicht zu den »Gründen für die Kündigung« im Sinne von § 102 Abs. 1 Satz 2, über die der AG den BR unterrichten muss (BAG 7.5.2020 – 2 AZR 678/19). 20

Schließlich hat der AG dem BR **die Gründe für die Kündigung mitzuteilen** (§ 102 Abs. 1 Satz 2). Daraus folgt die Verpflichtung des AG, den BR umfassend über alle Gesichtspunkte (Tatsachen und subjektiven Vorstellungen) zu informieren, die ihn zur Kündigung veranlasst haben. Diese Informationspflicht vor Ausspruch einer Kündigung ist das **Herzstück des Anhörungsverfahrens.** Mit Kündigungsgründen sind folglich nicht nur die wichtigsten Kündigungsgründe gemeint, vielmehr hat der AG den BR über alle Tatsachen und subjektiven Vorstellungen zu unterrichten, die ihn zu der Kündigung veranlassen. Der BR soll die Stichhaltigkeit und Gewichtigkeit der Kündigungsgründe beurteilen, um sich über sie eine eigene Meinung bilden zu können (vgl. BAG 7.5.2020 – 2 AZR 678/19). Damit wird dem BR die Grundlage für die Beurteilung der vom AG geplanten Kündigung verschafft. Der Umfang der Begründungspflicht, der Zeitpunkt, zu dem alle Gründe spätestens genannt sein müssen, die Folgen von Fehlinformationen, die Bedeutung des jewei- 21

ligen Kenntnisstandes – zu den wichtigsten dieser teilweise heftig umstrittenen Fragen hat das BAG im Laufe der Zeit Stellung bezogen.
Der Inhalt der Unterrichtung ist dabei im Wesentlichen vom jeweiligen **Kündigungsgrund** abhängig. Bei einer **betriebsbedingten Kündigung** muss der AG mitteilen, dass und wodurch der konkrete Arbeitsplatz weggefallen ist, wobei allgemeine Hinweise auf Auftragsmangel oder Rationalisierungsmaßnahmen nicht ausreichen. Vielmehr muss der AG die jeweilige Unternehmerentscheidung darlegen, sowie deren Kausalität für den Wegfall des Arbeitsplatzes des zu kündigenden AN konkret begründen (BAG 26.9.2002 – 2 AZR 636/01). Soweit keine anderweitigen Beschäftigungsmöglichkeiten bestehen, genügt grundsätzlich der pauschale Hinweis darauf, dass keine Beschäftigungsmöglichkeit besteht. Soweit aber der BR zuvor konkret freie Arbeitsplätze für die anderweitige Beschäftigungsmöglichkeit genannt hat, muss der AG näher darlegen, warum eine Weiterbeschäftigung auf den genannten Arbeitsplätzen nicht in Betracht kommt (BAG 17.2.2002 – 2 AZR 913/98). Ist nach der Bewertung des AG eine Sozialauswahl vorzunehmen, muss er die Sozialdaten aller aus seiner Sicht in die Sozialauswahl fallenden AN mitteilen (BAG 13.5.2004 – 2 AZR 329/03). Kommt es also auf die soziale Auswahl unter mehreren AN an, so sind auch die hierfür relevanten Gesichtspunkte wie Lebensalter, Dauer der Betriebszugehörigkeit und Unterhaltspflichten mitzuteilen, Dies gilt nicht nur für den betroffenen AN selbst, sondern auch für andere AN mit vergleichbarer Tätigkeit, die der AG in seine Erwägungen einbezogen hat. Bei einer **verhaltensbedingten Kündigung** muss der AG dem BR die behauptete Pflichtverletzung im Einzelnen konkret darstellen. Dabei sind sowohl erteilte Abmahnungen wie auch etwaige entlastende Umstände mitzuteilen (BAG 2.11.1983 – 7 AZR 65/82). Bei einer **krankheitsbedingten Kündigung** muss zwischen der Kündigung wegen lang anhaltender Erkrankung, wegen häufiger Kurzerkrankungen, wegen feststehender dauerhafter Leistungsunmöglichkeit oder wegen einer für nicht absehbare Zeit andauernden Leistungsunfähigkeit unterschieden werden. Bei der krankheitsbedingten Kündigung wegen häufiger Kurzerkrankungen sind dem BR Fehlzeiten, Zukunftsprognose und wirtschaftliche Belastungen für den Betrieb darzulegen (BAG 21.5.1992 – 2 AZR 399/91). Bei der Kündigung wegen dauernder Arbeitsunfähigkeit entfällt die Mitteilungspflicht hinsichtlich der wirtschaftlichen Beeinträchtigung (BAG 29.4.1999 – 2 AZR 431/98). Ist eine **Änderungskündigung** vorgesehen, so muss der BR über die Beendigungsgründe und über den Inhalt des Änderungsangebotes unterrichtet werden (BAG 12.8.2010 – 2 AZR 104/09). Dabei sind dem BR auch die Gründe für

alle Bestandteile des Änderungsangebots umfassend mitzuteilen (LAG Berlin-Brandenburg 26.11.2019 – 11 Sa 1011/19).

Nach der Rechtsprechung des BAG muss der AG dem BR nur diejenigen Gründe mitteilen, die nach seiner subjektiven Sicht die Kündigung rechtfertigen und für seinen Kündigungsentschluss maßgebend sind (**Grundsatz der subjektiven Determinierung**), also nur diejenigen Gründe, auf die er die Kündigung stützen will; diese müssen aber vollständig sein (ständige Rechtsprechung; BAG 23.10.2014 – 2 AZR 736/13). Das bedeutet, dass der AG nur die Umstände, die aus seiner Sicht die Kündigung rechtfertigen, so genau, umfassend und vollständig darlegen muss, dass der BR **ohne** zusätzliche **eigene Nachforschungen** in der Lage ist, die Kündigungsgründe auf ihre Stichhaltigkeit hin zu prüfen und sich über seine Stellungnahme schlüssig zu werden (BAG 15.11.1995 – 2 AZR 974/94, AiB 1997, 665–666; BAG 2.3.1989 – 2 AZR 280/88). Die subjektive Überzeugung des AG von der Relevanz oder Irrelevanz bestimmter Umstände ist für den Umfang der Unterrichtung nach § 102 Abs. 1 Satz 2 aber nicht maßgeblich, wenn dadurch der Zweck der Betriebsratsanhörung verfehlt würde. Der AG darf ihm bekannte Umstände, die sich bei objektiver Betrachtung zugunsten des AN auswirken können, dem BR z. B. nicht deshalb vorenthalten, weil sie für seinen eigenen Kündigungsentschluss nicht von Bedeutung waren (BAG 16.7.2015 – 2 AZR 15/15). Der AG kann die Kündigung in einem Kündigungsschutzprozess nur auf die Umstände stützen, zu denen er den BR im Anhörungsverfahren angehört hat (LAG Rheinland-Pfalz 10.1.2008 – 11 Sa 579/07). Das **Nachschieben von Kündigungsgründen**, die dem AG bei Ausspruch der Kündigung bereits bekannt waren, von denen er in der Betriebsratsanhörung aber keine Mitteilung gemacht hat, ist unzulässig. Dagegen ist ein Nachschieben von Kündigungsgründen möglich, wenn die Umstände erst nachträglich bekannt geworden sind und der BR – in analoger Anwendung von § 102 – auch zu ihnen ordnungsgemäß angehört worden ist (BAG 18.6.2015 – 2 AZR 256/14). Sollte sich der mitgeteilte Sachverhalt vor Zugang der Kündigung ändern, muss der AG den BR hierüber erneut unterrichten und diesem die Möglichkeit zur Stellungnahme eröffnen. Handelt es sich um eine wesentliche Änderung des Sachverhalts, gilt dies selbst dann, wenn das Anhörungsverfahren bereits abgeschlossen war (BAG 22.9.2016 – 2 AZR 700/15). Bei einem schwerbehinderten AN scheitert das Nachschieben von Kündigungsgründen im Kündigungsschutzprozess an der insoweit regelmäßig fehlenden vorherigen Mitteilung dieser Kündigungsgründe an das Integrationsamt. Diese ist anders als die Betriebsratsanhörung nicht nachholbar (LAG Köln 15.7.2020 – 3 Sa 736/19). 22

Will der AG also die Kündigung eines schwerbehinderten Menschen auf nachgeschobene Gründe stützen, muss er das gesamte Kündigungsverfahren neu einleiten.

23 Eine bewusst und gewollt unrichtige Mitteilung der für den Kündigungsentschluss des AG maßgebenden Kündigungsgründe und damit eine **Irreführung** des BR führt zu einem unwirksamen Anhörungsverfahren (LAG Köln 27.2.2010 – 8 Sa 698/09). Gleiches gilt, wenn die Unterrichtung nicht ausführlich genug war (BAG 18.10.2006 – 2 AZR 676/05, AiB 2010, 113).

24 Verfügt der BR bei Einleitung des Anhörungsverfahrens bereits über den **erforderlichen Kenntnisstand**, um über die konkret beabsichtigte Kündigung eine Stellungnahme abgeben zu können, bedarf es ausnahmsweise keiner weiteren Darlegung der Kündigungsgründe durch den AG mehr (Näheres hierzu siehe DKW, § 102 BetrVG Rn. 162). In der Praxis wird dieser Fall eher selten eintreten.

3. Zeitpunkt der Unterrichtung

25 Die Anhörung des BR muss in jedem Falle **vor Ausspruch der Kündigung** erfolgen. Hat der AG seinen Kündigungswillen bereits vor der abschließenden Stellungnahme des BR oder vor Ablauf der Wochenfrist für eine ordentliche (§ 102 Abs. 2 Satz 1) oder vor der 3-Tages-Frist für eine außerordentliche **Kündigung** (§ 102 Abs. 2 Satz 3) **verwirklicht, im Regelfall durch Ausspruch der Kündigung** (Rn. 12), wird diesem Erfordernis nicht ausreichend Rechnung getragen (BAG 13.11.1975 – 2 AZR 610/74). Der Ausspruch einer Kündigung vor Ablauf der Anhörungsfrist des BR gem. § 102 Abs. 1 Satz 3 führt zu deren Unwirksamkeit. Der BR darf die Wochenfrist voll ausschöpfen (BAG 8.4.2003 – 2 AZR 515/02).

25a Der BR kann auch bereits vor Ablauf der Wochenfrist zur mitgeteilten Kündigungsabsicht des AG abschließend Stellung nehmen. Das Beteiligungsverfahren ist mit Eingang einer solchen Äußerung vorzeitig beendet, und der AG kann die Kündigung umgehend erklären (BAG 25.5.2016 – 2 AZR 345/15). Einer solche Äußerung des BR während des Anhörungsverfahrens nach § 102 kommt aber nur dann fristverkürzende Wirkung zu, wenn ihr der AG unzweifelhaft entnehmen kann, dass es sich um eine abschließende Stellungnahme handelt. Aus der Erklärung muss sich eindeutig ergeben, dass der BR sich bis zum Ablauf der Anhörungsfrist nicht noch einmal – und sei es »nur« zur Ergänzung der Begründung seiner bereits eröffneten Entschließung – äußern möchte. Der AG muss aufgrund der bisherigen Äußerung des BR davon ausgehen können, dieser werde unter keinen Umständen mehr tun als bereits geschehen (BAG 25.5.2016 – 2 AZR 345/15). Siehe auch Rn. 29.

IV. Stellungnahme durch den BR

1. Reaktionsmöglichkeiten des BR

Nach der gesetzlichen Systematik nach § 102 Abs. 2 ist der BR verpflichtet, sich mit der Mitteilung des AG über eine beabsichtigte Kündigung zu befassen und innerhalb der ihm zustehenden Äußerungsfristen des § 102 Abs. 2 über die Abgabe einer **Stellungnahme** zu der beabsichtigten Kündigung zu beschließen (vgl. DKW, § 102 BetrVG Rn. 24, 25). Eine Zurückweisung der Unterrichtung wegen fehlender Vorlage einer Vollmachtsurkunde entsprechend § 174 BGB kommt nicht in Betracht (BAG 13.12.2012 – 6 AZR 348/11). 26

Beispiel:
Das Anhörungsschreiben zu einer Kündigung wird dem BR durch einen neuen Mitarbeiter der Personalabteilung übergeben. Dem BR sind die bestehenden Bevollmächtigungen des neuen Mitarbeiters unbekannt. In diesem Fall kann sich der BR nicht auf die möglicherweise fehlende Vollmacht des Mitarbeiters zur Übermittelung der Anhörung berufen.

Es liegt im pflichtgemäßen **Ermessen des BR,** welche Haltung er gegenüber der Kündigungsabsicht einnimmt. Damit hat der AN gegenüber dem BR keinen Rechtsanspruch auf ein bestimmtes Tätigwerden, vor allem nicht auf die Einlegung eines Widerspruchs. Der BR hat gegenüber einer vom AG mitgeteilten Kündigungsabsicht folgende **Reaktionsmöglichkeiten:** 27

- Zustimmung zur Kündigung
- Äußern von Bedenken
- Schweigen gegenüber der Kündigungsabsicht
- ausdrücklicher Hinweis auf Nicht-Stellungnahme
- Widerspruch gegen die Kündigung.

Um gegenüber dem AG eine wirksame Reaktion abgeben zu können, ist ein ordnungsgemäßer **Betriebsratsbeschluss** erforderlich. Das kann vor allem bei einem Widerspruch des BR relevant werden, wenn der AG die ordnungsgemäße Beschlussfassung bestreitet (zu den Anforderungen an die ordnungsgemäße Beschlussfassung siehe § 33 Rn. 5ff.). Fehlt es an einem ordnungsgemäßen Betriebsratswiderspruch, besteht kein Weiterbeschäftigungsanspruch nach § 102 Abs. 5 BetrVG, weil dieser 28 einen ordnungsgemäßen Widerspruch des BR voraussetzt (LAG Berlin-Brandenburg 12.1.2023 – 26 SaGa 1111/22).

29 Der AG kann vor Ablauf der Äußerungsfrist des § 102 Abs. 2 kündigen, wenn eine **abschließende Stellungnahme** des BR vorliegt (s. Rn. 25a; LAG Berlin 22.10.2009 – 2 Sa 1186/09). Hierzu muss sich aus der Erklärung des BR deutlich ergeben, dass der BR in der Angelegenheit keine weitere Erörterung wünscht. Um dies zu bestimmen, kann ggf. eine Auslegung der Erklärung erforderlich werden. Ist für den AG erkennbar, dass es sich um eine Spontanäußerung eines Betriebsratsvorsitzenden handelt, so kann der AG sich im Rahmen der Durchführung der Betriebsratsanhörung gemäß § 102 nicht auf einen in der Sphäre des BR liegenden Mangel berufen, wenn diese Äußerung mündlich deutlich vor Ablauf der Äußerungsfrist des BR erfolgt ist (LAG Saarland 30.11.2016 – 2 Sa 4/16). Eine abschließende Stellungnahme des BR wird regelmäßig nur dann vorliegen, wenn der AG sich aufgrund besonderer Anhaltspunkte darauf verlassen darf, dass der BR sich bis zum Fristablauf nicht mehr äußern wird (BAG 25.5.2016 – 2 AZR 345/15).

Beispiel:
Der BR erklärt ausdrücklich, bis zum Fristablauf keine weitere Stellungnahme abgeben zu wollen.

2. Zustimmung zur Kündigung

30 Der BR kann einer beabsichtigten Kündigung auch **ausdrücklich zustimmen**. Dies ist als abschließende Stellungnahme zu werten, die dem AG eine Kündigung vor Ablauf der Frist des § 102 Abs. 2 erlaubt. Dabei ist zu beachten, dass die Zustimmung des BR faktische Auswirkungen auf das Kündigungsschutzverfahren haben wird, welche die Position des betroffenen AN deutlich verschlechtert. Aus diesem Grund sollte sich der BR außerordentlich gründlich und verantwortungsvoll überlegen, ob er einer Kündigung seine Zustimmung erteilt. Vor diesem Hintergrund dürfte die Zustimmung des BR nur ausnahmsweise in Fällen einer verhaltensbedingten Kündigung relevant werden, wenn das Fehlverhalten des AN offenkundig ist.

3. Äußerung von Bedenken

31 Hält der BR eine Kündigung nicht für angemessen oder berechtigt, kann er hiergegen **Bedenken** äußern, falls ein Widerspruchsgrund nach § 102 Abs. 3 nicht vorliegt. Dabei ist zu beachten, dass das Erheben von Be-

denken weniger bewirkt als ein eingelegter Widerspruch. Bloße Bedenken lösen **keinen Weiterbeschäftigungsanspruch** des AN aus. Bedenken können vom BR auf beliebige Gründe gestützt werden. Gegenüber einer **außerordentlichen Kündigung** ist die Erhebung von Bedenken die einzige Möglichkeit des BR (§ 102 Abs. 2 Satz 3).

Bedenken gegen eine **außerordentliche Kündigung** sind innerhalb von 32
drei Tagen schriftlich mitzuteilen (§ 102 Abs. 2 Satz 3). Dabei handelt es sich nicht um Werktage, sondern um **Kalendertage**. Geht dem BR am Freitag die Anhörung zu einer außerordentlichen Kündigung zu, muss der BR hierzu spätestens am Montag einen entsprechenden Beschluss fassen. Zum Fristablauf am Wochenende siehe Rn. 41.

4. Schweigen gegenüber der Kündigungsabsicht

Der BR kann auf die Mitteilung des AG über eine beabsichtigte Kün- 33
digung auch **schweigen.** Gegenüber einer ordentlichen Kündigung gilt dies jedoch nach Ablauf der Äußerungsfrist als Zustimmung zur Kündigung (§ 102 Abs. 2 Satz 2). Da bei einer außerordentlichen Kündigung eine entsprechende gesetzliche Regelung fehlt, gilt im Falle einer außerordentlichen Kündigung das Schweigen **nicht** als Zustimmung.

5. Hinweis auf Nicht-Stellungnahme

Schließlich kann der BR auch **ausdrücklich erklären,** sich zu einer 34
Kündigungsabsicht **nicht äußern zu wollen** (vgl. DKW, § 102 BetrVG Rn. 14). Diese Festlegung entspricht materiell dem Schweigen des BR mit einem wesentlichen Unterschied: Diese Erklärung hat abschließenden Charakter vgl. DKW, § 102 BetrVG Rn. 176) und eröffnet dem AG die Möglichkeit zur Kündigung noch vor Ablauf der Frist des § 102 Abs. 2.

6. Anhörung des betroffenen AN

Der BR soll, soweit dies erforderlich erscheint, vor seiner Stellungnah- 35
me den **betroffenen AN hören** (§ 102 Abs. 2 Satz 4). Die Entscheidung hierüber liegt zwar im pflichtgemäßen Ermessen des BR. Allerdings versteht sich eine Anhörung des AN in Fällen einer verhaltens- oder personenbedingten Kündigung eigentlich von selbst. Im Hinblick auf die Ausübung der Widerspruchsgründe nach § 102 Abs. 3 ist die Anhörung des betroffenen AN aber auch bei betriebsbedingten Kündigungen dringend anzuraten. Nur so kann der BR abklären, inwieweit der betrof-

fene Mitarbeiter gegebenfalls zu einer Weiterbeschäftigung auf anderen Arbeitsplätzen bereit ist.

36 Nach § 102 Abs. 2 Satz 5 haben die Mitglieder des BR über die persönlichen Verhältnisse und Angelegenheiten der betroffenen AN Stillschweigen zu bewahren, die nach ihrer Bedeutung oder ihrem Inhalt einer vertraulichen Behandlung bedürfen.

V. Widerspruch des BR

1. Grundsätze

37 Soweit der BR eine Stellungnahme gegen eine Kündigung abgibt, sollte er diese **als Widerspruch bezeichnen**, wenn er einen Widerspruch einlegen und nicht nur Bedenken (Rn. 31 ff.) erheben möchte. Ein solcher Widerspruch ist in der Regel nur bei einer ordentlichen Kündigung möglich. Der BR kann auch etwaige »Bedenken« außerhalb der Widerspruchsgründe gem. § 102 Abs. 3 als »Widerspruch« bezeichnen. Einen solchen Widerspruch kann der BR auch mit beliebigen Gründen untermauern, um auf diesem Weg den Kündigungsentschluss des AG nachhaltig zu beeinflussen. Rechtlich betrachtet ist jedoch zu berücksichtigen, dass es sich nur dann um einen **frist- und ordnungsgemäßen Widerspruch gegen eine ordentliche Kündigung** handelt, wenn tatsächlich ein Grund gem. § 102 Abs. 3 geltend gemacht wird. Nur ein solcher (echter) Widerspruch löst einen Anspruch des AN auf vorläufige Weiterbeschäftigung gem. § 102 Abs. 5 aus (siehe Rn. 54 ff.). Denn nur dann liegt ein Widerspruch im Sinne von § 102 Abs. 3 vor.

38 Ein ordnungsgemäßer Widerspruch nach § 102 Abs. 3 setzt voraus, dass er **schriftlich unter Angabe von Gründen** i. S. d. § 102 Abs. 3 erhoben wird. Diese Voraussetzungen erfordern eine gründliche Befassung des BR mit dem Sachverhalt. Ein Widerspruch gegen eine außerordentliche Kündigung hat diese Wirkung im Regelfall nicht, wobei Ausnahmen denkbar sind (DKW, § 102 BetrVG Rn. 167), z. B. eine Weiterbeschäftigungsmöglichkeit auf einem anderen Arbeitsplatz.

39 Der Widerspruch als solcher **hindert den AG nicht am Ausspruch der Kündigung**. Ist der Widerspruch gem. § 102 Abs. 3 nicht nur frist- und ordnungsgemäß eingelegt, sondern auch begründet, liegt ein sogenannter **absoluter Sozialwidrigkeitsgrund** vor, der dann auch die Kündigung unwirksam machen kann. Allerdings muss dies gesondert vom AN im Kündigungsschutzprozess geltend gemacht werden. Die Widerspruchsgründe und die Sozialwidrigkeitsgründe nach § 1 Abs. 2 und 3 KSchG decken sich.

2. Form und Frist

Der Widerspruch des BR muss bei einer Stellungnahme zu einer ordentlichen Kündigung **innerhalb einer Woche** gegenüber dem AG erhoben werden (§ 102 Abs. 3 i. V. m. Abs. 2 Satz 1; zu Checklisten Fristenbestimmung und ordnungsgemäße Beschlussfassung des BR vgl. DKW, § 102 BetrVG Rn. 7, 8). Die Frist zur Stellungnahme zu einer außerordentlichen Kündigung beträgt **drei Tage** (§ 102 Abs. 2 Satz 3). 40

Für die **Fristberechnung** gelten die §§ 187, 193 BGB. Die Frist beginnt nach § 187 Abs. 1 BGB am Tag nach Zugang der Mitteilung des AG beim BR; der Zugangstag wird also nicht mitgerechnet. Der Widerspruch muss an dem Wochentag der folgenden Woche beim AG eingehen, der in seiner Bezeichnung dem Tag entspricht, an dem beim BR die vollständige Mitteilung des AG einging (§ 187 Abs. 1, § 188 Abs. 1 BGB). Fällt der letzte Tag auf einen Samstag, Sonntag oder auf einen gesetzlichen Feiertag, endet die Frist mit Ablauf des nächsten Werktages (§ 193 BGB). 41

Beispiel:
Hat der AG dem BR die Anhörung zu einer Kündigung am Dienstag übergeben, so endet die Frist für die Rückäußerung durch den BR am Dienstag der nachfolgenden Woche. Will der BR der Kündigung wirksam widersprechen, muss der Widerspruch bis spätestens Dienstag der nachfolgenden Woche beim AG vorliegen.

Der BR kann die Frist stets **voll ausschöpfen,** d. h. er kann mit seiner Stellungnahme bis zum letzten Tag des Fristablaufs warten (h. M.). Das gilt auch für sogenannte **Eilfälle**. Der AG ist auch in einem solchen Falle nicht befugt, die Frist zu verkürzen (BAG 13. 11. 1975 – 2 AZR 610/74). Eine abschließende, das Anhörungsverfahren nach § 102 vorzeitig beendende Stellungnahme des BR liegt nur vor, wenn der AG sich aufgrund besonderer Anhaltspunkte darauf verlassen darf, der BR werde sich bis zum Ablauf der Frist des § 102 Abs. 2 Satz 1 und Abs. 3 nicht mehr äußern (BAG 25. 5. 2016 – 2 AZR 345/15; Rn. 30, 34). Äußert sich der Betriebsratsvorsitzende lediglich spontan gegenüber dem AG deutlich vor Ablauf der Äußerungsfrist, sind diese Voraussetzungen nicht erfüllt (LAG Saarland 30. 11. 2016 – 2 Sa 4/16). 42

Der Widerspruch muss **schriftlich** erfolgen. Die Wahrung der Schriftform erfordert die **eigenhändige Unterschrift** des zur Abgabe der Erklärung zuständigen bzw. ermächtigten BR-Mitglieds, in der Regel also des Betriebsratsvorsitzenden (§ 126 BGB). Ebenso wie für die Zustimmungsverweigerung gem. § 99 (§ 99 Rn. 56) ist auch für den Wider- 43 spruch gem. § 102 ein **Fax-Schreiben** zulässig. Der Widerspruch durch **E-Mail** ist zulässig, wenn die E-Mail der Textform nach § 126b BGB genügt (BAG 10.3.2009 – 1 ABR 93/07). Der **Textform** entspricht jede lesbare, dauerhafte Erklärung, in der die Person des Erklärenden genannt ist und erkennbar ist, dass die Erklärung abgegeben wurde. Im Unterschied zur Schriftform bedarf es somit bei der Textform keiner eigenhändigen Unterschrift.

3. Widerspruchsgründe

44 Nur ein **»ordnungsgemäßer«** Widerspruch löst einen **Weiterbeschäftigungsanspruch** gemäß § 102 Abs. 5 aus. Hierzu gehört neben der Beachtung der sonstigen Formerfordernisse, dass sich der Widerspruch auf einen der in § 102 Abs. 3 genannten Gründe bezieht und durch Angabe konkreter Tatsachen begründet wird. Aus diesem Grund ist es für die wirksame Begründung eines Widerspruchs nicht ausreichend, wenn der BR in seinem Widerspruchsschreiben lediglich den Gesetzeswortlaut wiederholt oder nur eine entsprechende Norm angibt. Ebenso ist es nicht ausreichend, wenn im Widerspruchsschreiben, ohne den konkreten Hintergrund zu beschreiben, nur Leerformeln angegeben werden (LAG Berlin-Brandenburg 5.4.2019 – 3 SaGa 417/19).

45 Der Widerspruch des BR ist gegenüber **jeder Art von ordentlicher Kündigung** möglich; er kann also auch gegen geplante personen- oder verhaltensbedingte Kündigungen erhoben werden. In der Praxis kommen die Widerspruchsgründe des § 102 Abs. 3 jedoch vor allem bei betriebsbedingten Kündigungen in Betracht. Die Aufzählung der Widerspruchsgründe in § 102 Abs. 3 ist **abschließend.** Ein Widerspruch, der einen Weiterbeschäftigungsanspruch nach § 102 Abs. 5 auslösen soll, darf sich nur auf einen der dort genannten Gründe beziehen.

a. Fehlerhafte Sozialauswahl (Abs. 3 Nr. 1)

46 Der BR kann den Widerspruch darauf stützen, dass der AG bei der Auswahl des zu kündigenden AN **soziale Gesichtspunkte** nicht oder nicht ausreichend berücksichtigt hat (Näheres hierzu siehe DKW, § 102 BetrVG Rn. 16, 17, 23). Dieser Widerspruchsgrund bezieht sich auf § 1 Abs. 3 KSchG und kommt nur bei **betriebsbedingten Kündigungen** in Betracht.

47 Der BR muss dabei nicht schlüssig darlegen, dass die vom AG vorgenommene soziale Auswahl fehlerhaft ist. Ausreichend ist es vielmehr, dass die AN, die aus Sicht des BR fehlerhaft nicht im Rahmen der

Sozialauswahl berücksichtigt wurden, zumindest anhand abstrakter Merkmale bestimmbar sind (BAG 9.7.2003 – 5 AZR 305/02, AiB 2004, 504–505).

b. Richtlinienverstoß (Abs. 3 Nr. 2)

Die Geltendmachung des Widerspruchsgrundes nach § 102 Abs. 3 Nr. 2 (Näheres hierzu siehe DKW, § 102 BetrVG Rn. 18) erfordert die Benennung der **Auswahlrichtlinie** i. S. d. § 95, gegen die die Kündigung nach Meinung des BR verstößt. Zudem sind die konkreten Tatsachen anzugeben, aus denen sich der Verstoß gegen die Auswahlrichtlinien ergibt. 48

Beispiel:
Will der BR sich auf die fehlerhafte Anwendung der in einem Interessenausgleich hinterlegten Auswahlrichtlinie berufen, müsste zunächst genau beschrieben werden, wo diese Regelung enthalten ist; es ist also eine Bezugnahme auf die konkrete Regelung in dem Interessenausgleich notwendig. Zudem müsste dann aber auch erläutert werden, worin der Verstoß gegen die Auswahlrichtlinie konkret besteht: Warum ist also der von der Kündigung betroffene Mitarbeiter schutzbedürftiger als andere Mitarbeiter?

c. Möglichkeit der Weiterbeschäftigung auf einem anderen Arbeitsplatz (Abs. 3 Nr. 3)

Dieser Widerspruchsgrund bezieht sich darauf, dass der zu kündigende AN an einem **anderen Arbeitsplatz** im selben Betrieb oder in einem anderen Betrieb des Unternehmens weiterbeschäftigt werden kann (Näheres hierzu siehe DKW, § 102 BetrVG Rn. 19). Die Weiterbeschäftigung muss im Rahmen des **arbeitgeberseitigen Direktionsrechts** möglich sein. 49

Allein die Behauptung, der AN könne auf einen anderen Arbeitsplatz weiterbeschäftigt werden, ist nicht ausreichend. Vielmehr muss der BR in seinem Widerspruch entweder **konkret, zumindest aber bestimmbar** darlegen, auf welchem Arbeitsplatz eine Weiterbeschäftigung möglich sein soll (BAG 17.6.1999 – 2 AZR 608/98, AiB 2000, 164–165). 50

d. Weiterbeschäftigung nach Umschulung, Fortbildung (Abs. 3 Nr. 4)

Der Widerspruch kann sich darauf richten, dass eine Weiterbeschäftigung des AN nach zumutbaren **Umschulungs**- oder **Fortbildungsmaß-** 51

nahmen möglich ist (Näheres hierzu siehe DKW, § 102 BetrVG Rn. 20). Der Widerspruchsgrund wird regelmäßig dann in Betracht kommen, wenn der AG durch die Veränderung von Arbeitsmitteln, -methoden oder -organisation **neue Anforderungen** für die AN schafft. Voraussetzung für den Widerspruchsgrund des § 102 Abs. 3 Nr. 4 ist, dass **nach Abschluss der Bildungsmaßnahme eine Weiterbeschäftigung möglich ist** (h. M.). In dieser Hinsicht gilt das zum Widerspruchsgrund nach § 102 Abs. 3 Nr. 3 Gesagte (Rn. 49 f.). Dabei muss sich dem Widerspruchsschreiben entnehmen lassen, welche Umschulungs- oder Fortbildungsmaßnahmen aus Sicht des BR eine Weiterbeschäftigung des AN ermöglichen. Der BR muss beschreiben, welche für den AG zumutbare Umschulungs- oder Fortbildungsmaßnahme, an der der AN bereit ist teilzunehmen, dessen Weiterbeschäftigung auf dem bisherigen oder auf einem anderen freien Arbeitsplatz möglich machen (LAG Berlin-Brandenburg 5.4.2019 – 3 SaGA 417/19).

Beispiel:
Der von einer Kündigung bedrohte AN wurde bisher als Sachbearbeiter in der Gehaltsabrechnung eingesetzt. Diese Tätigkeit soll zukünftig durch einen externen Dienstleister wahrgenommen werden. Der AN könnte aber nach einer Qualifizierung weiterhin als Sachbearbeiter für die Reiskostenabrechnung eingesetzt werden.

e. Weiterbeschäftigung zu geänderten Vertragsbedingungen (Abs. 3 Nr. 5)

52 Der Widerspruchsgrund des § 102 Abs. 3 Nr. 5 kommt in Betracht, wenn die Weiterbeschäftigung nur **zu geänderten Vertragsbedingungen** möglich ist und der AN hierzu sein Einverständnis erklärt hat (vgl. DKW, § 102 BetrVG Rn. 21). Er ist insofern erforderlich, als der BR nicht von sich aus über die **arbeitsvertraglichen Positionen des AN** verfügen kann. Sein Hinweis auf andere Beschäftigungsmöglichkeiten – sei es an einem anderen, sei es am vorhandenen Arbeitsplatz, sei es mit oder ohne Bildungsmaßnahmen – kann die vertraglichen Rechte des AN nicht verändern. Deshalb bedarf es des Einverständnisses des AN. Ein Widerspruch nach § 102 Abs. 3 Nr. 5 kommt nur in Betracht, wenn der BR in seinem Widerspruch einen konkret vorhandenen, freien Arbeitsplatz benennen kann.

4. Zuleitung der Stellungnahme des BR

Kündigt der AG, obwohl der BR nach § 102 Abs. 3 der Kündigung widersprochen hat, hat der AG dem AN mit der Kündigung eine **Abschrift** der Stellungnahme des BR zuzuleiten. Damit soll es dem AG erschwert werden, eine Kündigung trotz Widerspruchs des BR auszusprechen. Ferner wird der betroffene AN durch die Kenntnis der Widerspruchsgründe in die Lage versetzt, die Aussichten eines Kündigungsschutzprozesses besser abschätzen und sich im gerichtlichen Verfahren auf den Widerspruch des BR berufen zu können. **Unterlässt** der AG die Übermittlung der Stellungnahme, soll dies nach h. M. keine Auswirkungen auf die **Rechtswirksamkeit der Kündigung** haben (LAG Köln 19. 10. 2000 – 10 Sa 342/00). Stattdessen werden dem AN Schadensersatzansprüche zugebilligt (DKW, § 102 BetrVG Rn. 250 f.). 53

VI. Weiterbeschäftigungsanspruch (Abs. 5)

1. Voraussetzungen und Durchsetzung des Weiterbeschäftigungsanspruchs

Üblicherweise wird der AN arbeitslos, wenn die Kündigungsfrist abgelaufen ist. Denn die Kündigungsschutzklage hat keine aufschiebende Wirkung. Etwas anderes gilt nur, wenn der BR der Kündigung widersprochen hat: Nach § 102 Abs. 5 Satz 1 steht dem gekündigten AN gegen den AG – unter bestimmten Voraussetzungen – ein **besonderer Weiterbeschäftigungsanspruch** für die Zeit nach Ablauf der Kündigungsfrist bis zum rechtskräftigen Abschluss des Kündigungsschutzprozesses zu unveränderten Arbeitsbedingungen zu. Das ist für den AN besonders bedeutsam, denn der AG muss den AN während dieser Zeit voll vergüten. 54

Dieser **Weiterbeschäftigungsanspruch** nach § 102 Abs. 5 ist an eine Reihe von **Voraussetzungen** gebunden. Diese sind: 55

- der Ausspruch einer ordentlichen Kündigung, ausnahmsweise einer außerordentlichen Kündigung mit sozialer Auslauffrist;
- die Erhebung einer Kündigungsschutzklage durch den AN innerhalb der 3-Wochen-Frist nach § 4 Satz 1 KSchG;
- das Vorliegen eines frist- und ordnungsgemäßen Betriebsratswiderspruchs;
- das Verlangen des AN auf Weiterbeschäftigung bis spätestens zum ersten Arbeitstag nach Ablauf der Kündigungsfrist. Dieses Verlangen ist gegenüber dem AG abzugeben.

56 Soweit die genannten Voraussetzungen erfüllt sind (Näheres zu den einzelnen Voraussetzungen DKW, § 102 BetrVG Rn. 277 ff.), ist der AN **bei unveränderten Arbeitsbedingungen** weiterzubeschäftigen. Damit bleibt Grundlage für den Weiterbeschäftigungsanspruch der ursprüngliche Arbeitsvertrag. Dessen Inhalt bestimmt den konkreten Inhalt des Arbeitsverhältnisses bis zur rechtskräftigen Abweisung der Kündigungsschutzklage. Im Rahmen des arbeitgeberseitigen **Direktionsrechts** kann der AG den AN während des Weiterbeschäftigungsanspruchs auch auf andere gleichwertige Arbeitsplätze versetzen (BAG 15. 3. 2001 – 2 AZR 141/00). Der nach § 102 Abs. 5 bestehende Weiterbeschäftigungsanspruch endet mit Ablauf der Kündigungsfrist einer weiteren Kündigung, zu der der BR seine Zustimmung erklärt hat (LAG Köln 14. 3. 2019 – 6 Sa 489/18).

57 Wird der Weiterbeschäftigungsanspruch des gekündigten AN vom AG ablehnt – was in der Praxis durchaus vorkommt -, kann ihn der AN im normalen Urteilsverfahren wie auch im einstweiligen Verfügungsverfahren geltend machen (DKW, § 102 BetrVG Rn. 294). Im Rahmen des einstweiligen Verfügungsverfahrens muss der AN die Voraussetzungen des § 102 Abs. 5 Satz 1 **(Verfügungsanspruch)** glaubhaft machen, also den Ausspruch einer Kündigung durch den AG mit einem frist-, form- und ordnungsgemäßen Betriebsratswiderspruch gem. § 102 Abs. 3 unter Angabe von Beweisen vortragen sowie die Klageerhebung und das konkrete Weiterbeschäftigungsverlangen gegenüber dem AG. Nach zutreffender Auffassung bedarf es keiner besonderen Darlegung eines **Verfügungsgrundes**. Dieser ergibt sich regelmäßig daraus, dass andernfalls aufgrund Zeitablaufs ein Rechtsverlust droht (LAG München 16. 8. 1995 – 9 Sa 543/95). Der Beschäftigungsanspruch lässt sich wegen der Dauer eines »normalen« Arbeitsgerichtsverfahrens ohne den Erlass einer einstweiligen Verfügung i. d. R. über mehrere Monate nicht realisieren und kann auch nicht nachgeholt werden.

58 Die **Vollstreckung** des zugesprochenen Weiterbeschäftigungsanspruchs erfolgt gem. § 888 ZPO durch Verhängen von Zwangsgeld oder Zwangshaft gegen den AG.

2. Entbindung des AG von der Weiterbeschäftigungspflicht

59 Nur bei Vorliegen einer der in § 102 Abs. 5 Satz 2 Nrn. 1–3 genannten Voraussetzungen kann die Verpflichtung zur Weiterbeschäftigung des AN durch eine **vom AG beantragte einstweilige Verfügung** des ArbG aufgehoben werden.

Liegt bereits aufgrund der Verletzung von Form- oder Fristvorschriften kein ordnungsgemäßer Widerspruch des BR vor, besteht von vornherein keine Weiterbeschäftigungspflicht. Der AG braucht sich deshalb auch nicht durch eine einstweilige Verfügung von ihr befreien zu lassen (BAG 11.5.2000 – 2 AZR 54/99, AiB 2001, 179–180). 60

Nach § 102 Abs. 5 Satz 2 Nr. 1 ist eine Entbindung von der Weiterbeschäftigungspflicht möglich, wenn die **Klage** des AN offensichtlich **keine hinreichende Aussicht auf Erfolg** bietet **oder mutwillig** erscheint. Das **Fehlen der hinreichenden Erfolgsaussicht** der Klage kann nur dann angenommen werden, wenn eine summarische Prüfung ergibt, dass die Klage offensichtlich oder doch mit **hinreichender Wahrscheinlichkeit keinen Erfolg** haben wird (LAG Hamburg 14.9.1992 – 2 Sa 50/92, AiB 1993, 53–54). Allein die Tatsache, dass der AN im Kündigungsrechtsstreit in erster Instanz unterlegen ist, reicht dafür nicht aus. Der AN muss im Verfahren der zweiten Instanz auch nicht darlegen, weshalb die Kündigungsschutzklage gleichwohl Aussicht auf Erfolg bietet (Hessisches LAG 5.3.2018 – 16 SaGa 127/18). Im Zweifel dürfte also allein die Einlegung und Begründung der Berufung ausreichend sein, um die Weiterbeschäftigungspflicht zu begründen. 61

Schließlich kann nach § 102 Abs. 5 Satz 2 Nr. 2 die Entbindung von der Weiterbeschäftigungspflicht beantragt werden, wenn die Weiterbeschäftigung des AN zu einer **unzumutbaren wirtschaftlichen Belastung des AG** führen würde. Die wirtschaftliche Belastung muss dabei so schwerwiegend sein, dass die Existenz des AG aufgrund der Weiterbeschäftigung des gekündigten AN gefährdet wird (LAG Hamburg 16.5.2001 – 4 Sa 33/01). Die Bezugnahme auf die wirtschaftliche Situation des AG bedeutet, dass es auf die wirtschaftliche Lage des **Unternehmens** ankommt und nicht auf die des einzelnen Betriebs. Daher wird das in der Regel nur in kleineren Unternehmen der Fall sein. 62

Gemäß § 102 Abs. 5 Satz 2 Nr. 3 kann die Befreiung von der Weiterbeschäftigung beantragt werden, wenn der **Widerspruch des BR offensichtlich unbegründet** ist. Dabei kann von einem offensichtlich unbegründeten Widerspruch des BR nur dann ausgegangen werden, wenn dieser mutwillig erfolgte, wenn sich dessen Grundlosigkeit bei unbefangener Beurteilung geradezu aufdrängt (LAG Nürnberg 5.9.2006 – 6 Sa 458/06) und wenn für die Überlegungen des BR keinerlei Anhaltspunkte vorlagen. 63

Das Weiterbeschäftigungsverhältnis wird dann erst durch **rechtskräftiges Urteil** beendet: Obsiegt der AN im Kündigungsschutzprozess, gilt das bisherige Arbeitsverhältnis als durch die Kündigung nicht unterbrochen. Wird die Klage abgewiesen, endet das Arbeitsverhältnis aufgrund 64 der Kündigung mit Ablauf der Kündigungsfrist (DKW, § 102 BetrVG Rn. 336). Allerdings muss der AN die erhaltene Vergütung während der Dauer der Weiterbeschäftigung nicht zurückerstatten.

VII. Erweiterung der Mitbestimmung (Abs. 6)

65 Nach der Regelung in § 102 Abs. 6 können AG und BR vereinbaren, dass Kündigungen der **Zustimmung des BR** bedürfen und bei nicht beizulegenden Meinungsverschiedenheiten eine **verbindliche Entscheidung** der Einigungsstelle über die Berechtigung der nicht erteilten Zustimmung zu ergehen hat (vgl. DKW, § 102 BetrVG Rn. 41). Ein solches Zustimmungserfordernis tritt dabei an die Stelle des Anhörungsverfahrens nach § 102.

66 Die Vorschrift spielt in der **betrieblichen Praxis** vor allem im Zusammenhang mit **Interessenausgleichs- und Sanierungsvereinbarungen bzw. mit Rahmensozialplänen** eine Rolle.

§ 103 Außerordentliche Kündigung und Versetzung in besonderen Fällen

(1) Die außerordentliche Kündigung von Mitgliedern des Betriebsrats, der Jugend- und Auszubildendenvertretung, der Bordvertretung und des Seebetriebsrats, des Wahlvorstands sowie von Wahlbewerbern bedarf der Zustimmung des Betriebsrats.

(2) [1]Verweigert der Betriebsrat seine Zustimmung, so kann das Arbeitsgericht sie auf Antrag des Arbeitgebers ersetzen, wenn die außerordentliche Kündigung unter Berücksichtigung aller Umstände gerechtfertigt ist. [2]In dem Verfahren vor dem Arbeitsgericht ist der betroffene Arbeitnehmer Beteiligter.

(2a) Absatz 2 gilt entsprechend, wenn im Betrieb kein Betriebsrat besteht.

(3) [1]Die Versetzung der in Absatz 1 genannten Personen, die zu einem Verlust des Amtes oder der Wählbarkeit führen würde, bedarf der Zustimmung des Betriebsrats; dies gilt nicht, wenn der betroffene Arbeitnehmer mit der Versetzung einverstanden ist. [2]Absatz 2 gilt entsprechend mit der Maßgabe, dass das Arbeitsgericht die Zustimmung zu der Versetzung ersetzen kann, wenn diese auch unter Berücksichtigung der betriebsverfassungsrechtlichen Stellung des betroffenen Arbeitnehmers aus dringenden betrieblichen Gründen notwendig ist.

Inhaltsübersicht Rn.

I. Zweck der Regelung

Die Regelung des § 103 sowie die Regelung in § 15 KSchG dienen in 1
erster Linie dem **Schutz der Amtsführung** und damit der Kontinuität und Funktionsfähigkeit der Tätigkeit der Organe der Betriebsverfassung (Rn. 5), außerdem auch dem **Schutz der AN davor, dass ihre gewählten Vertreter** »ausgeschaltet« werden. Gleichzeitig bezweckt § 103 den **Schutz der gewählten Vertreter** vor Repressalien des AG wegen ihrer betriebsverfassungsrechtlichen Tätigkeit.

Um die Mitglieder des BR, der JAV und des Wahlvorstands sowie die 2
einzelnen Wahlbewerber im Hinblick auf deren besondere Stellung besonders zu schützen, ist deren ordentliche Kündigung grundsätzlich unzulässig (§ 15 KSchG). Um diesen Personenkreis auch gegen eine noch zulässige **außerordentliche Kündigung** besser abzusichern, sind solche Kündigungen nach § 103 nur dann zulässig, wenn der **BR vorher ausdrücklich seine Zustimmung erteilt** (§ 103 Abs. 1). Gegenstand der Kündigung können nur schwerwiegende Verstöße des AN gegen den Arbeitsvertrag sein, die eine fristlose (außerordentliche) Kündigung nach § 626 BGB rechtfertigen. Der AG kann die Kündigung rechtswirksam erst aussprechen, wenn entweder die Zustimmung des BR erteilt oder durch das ArbG rechtskräftig ersetzt wird (§ 103 Abs. 2). Zudem enthält die Regelung auch einen besonderen Schutz der Funktionsträger vor Versetzungen, soweit diese zu einem Verlust des Amtes oder der Wählbarkeit führen (§ 103 Abs. 3). Andere Beendigungsgründe als außerordentliche Kündigungen, insbesondere ordentliche Kündigungen aufgrund einer Betriebsstilllegung oder der Schließung einer Betriebsabteilung auf der Grundlage von § 15 Abs. 4 und § 15 Abs. 5, fallen gerade nicht unter § 103 Abs. 1. In diesen Fällen ist also lediglich das Anhörungsverfahren nach § 102 durchzuführen.

§ 103 ist Bestandteil einer **komplexen Gesamtregelung** des Kündi- 3
gungsschutzes für Mandatsträger der Betriebsverfassung. Diese Gesamtregelung setzt sich zusammen aus § 15 KSchG, § 103 sowie § 626 BGB (Näheres hierzu siehe DKW, § 103 BetrVG Rn. 1).

4 Nach dem Ende der jeweiligen Funktion (nicht erfolgte Wiederwahl, Amtsniederlegung, Rücktritt) besteht für den geschützten Personenkreis ein sogenannter **nachwirkender Kündigungsschutz**. In diesem Zeitraum nach Funktionsende darf dem Betroffenen nur außerordentlich **aus wichtigem Grund** gekündigt werden (§ 15 Abs. 1 Satz 2 KSchG). Diese Kündigung ist jedoch **nicht,** was oft übersehen wird, **an die Zustimmung des BR nach § 103 gebunden**. § 103 gilt nur für Mandatsträger, die sich im Amt befinden, weil durch diese Bestimmung auch die Funktionsfähigkeit des Gremiums geschützt werden soll. Der BR ist lediglich gemäß § 102 anzuhören und kann entsprechend dieser Vorschrift Bedenken äußern (§ 102 Rn. 31 ff.). Der Nachwirkungszeitraum beträgt bei gewählten Mitgliedern des BR und der JAV ein Jahr (bei der Bordvertretung sechs Monate, § 15 Abs. 1 Satz 2 KSchG), bei Mitgliedern des Wahlvorstandes und erfolglosen Wahlbewerbern sechs Monate (§ 15 Abs. 3 Satz 2 KSchG).

II. Schutzbereich

5 Der besonders geschützte Personenkreis umfasst ebenso wie § 15 KSchG ausdrücklich die Mitglieder des BR, der JAV, der **Bordvertretung,** des **Seebetriebsrats** und des **Wahlvorstands** sowie die **Wahlbewerber** für diese Organe. Auch Mitglieder einer tariflichen Sondervertretung nach § 3 Abs. 1 Nr. 1–3 sind geschützt, da sie an die Stelle des BR treten (BAG 27.6.2019 – 2 AZR 38/19).

6 Mitglieder der **Schwerbehinderten- und der Gesamtschwerbehindertenvertretung** wie auch deren Bewerber unterliegen ebenfalls dem besonderen Kündigungsschutz nach den §§ 15 KSchG, 103 (vgl. § 179 Abs. 3 SGB IX).

7 **Ersatzmitglieder** haben den Schutz nach § 103 ab dem Zeitpunkt, ab dem sie für ein ausgeschiedenes Mitglied in das betriebsverfassungsrechtliche Organ (z. B. in den BR) dauerhaft nachrücken. Bei einer **vorübergehenden Verhinderung** eines BR-Mitglieds gilt § 103 Abs. 1 (also das Zustimmungserfordernis) nur für die Dauer der Vertretung. Ist das Ersatzmitglied nach dem Ende des Vertretungsfalles wieder aus dem BR ausgeschieden, gilt nur der nachwirkende Schutz gem. § 15 Abs. 1 Satz 2 KSchG – das Zustimmungserfordernis nach § 103 entfällt (BAG 18.5.2006 – 6 AZR 627/05).

8 Der Sonderkündigungs- bzw. Versetzungsschutz für Mandatsträger nach § 103 gilt für die **Dauer der gesamten Amtszeit.** Der AG darf daher nach Bekanntgabe des Wahlergebnisses gegenüber dem geschützten Personenkreis eine außerordentliche Kündigung nur im Rahmen

von § 103 aussprechen. Für die Frage, ob Sonderkündigungsschutz nach § 15 Abs. 3 KSchG i. V. m. § 103 Abs. 2a BetrVG besteht, ist auf den Zeitpunkt des Zugangs der Kündigung i. S. v. § 130 Abs. 1 Satz 1 BGB abzustellen, ohne dass es auf die Kenntnis des AG vom Nachrücken des Ersatzmitglieds zu diesem Zeitpunkt ankommt (BAG 27.9.2012 – 2 AZR 955/11).

Für die **Mitglieder des Wahlvorstands** beginnt der Schutz mit dem Zeitpunkt der Bestellung (§§ 16, 17). **Wahlbewerber** sind ab dem Zeitpunkt ihrer Aufstellung geschützt (BAG 4.3.1976 – 2 AZR 620/74, AiB 2006, 109). Keinen Sonderkündigungsschutz genießen Bewerber für das Amt des Wahlvorstands (BAG 31.7.2014 – 2 AZR 505/13). 9

Der umfassende Kündigungsschutz nach § 103 **endet grundsätzlich mit Ablauf der Amtszeit.** Unter den Begriff der Amtszeit ist zunächst die **regelmäßige Amtszeit** des betreffenden Betriebsverfassungsorgans zu verstehen. Soweit die **persönliche Amtszeit** von der des Kollektivorgans abweicht, ist die Dauer der persönlichen Amtszeit entscheidend. Das gilt z. B. dann, wenn ein BR-Mitglied vorzeitig aus dem BR ausscheidet (vgl. § 24 Abs. 1) oder ein Ersatzmitglied während der Amtszeit unter den Geltungsbereich des Kündigungsschutzgesetzes fällt. Mit Beendigung des Schutzes aus § 103 setzt jedoch der **nachwirkende Kündigungsschutz** nach § 15 Abs. 1 KSchG ein, sofern das Erlöschen der persönlichen Amtszeit nicht auf einer gerichtlichen Entscheidung beruht, also nicht auf einem Ausschluss aus dem BR oder auf einer rechtskräftigen gerichtlichen Entscheidung über die Feststellung der Nichtwählbarkeit. 10

In einem **Arbeitszeugnis** darf die Tätigkeit als – nicht freigestellter – BR nicht erwähnt werden, denn die Ausübung des Betriebsratsamts hat mit der Art des Arbeitsverhältnisses nichts zu tun (LAG Nürnberg 11.10.2018 – 5 Sa 100/18). Anders kann die Bewertung ausfallen, wenn ein BR-Mitglied über einen langjährigen Zeitraum völlig freigestellt war (Hessisches LAG 10.3.1977 – 6 Sa 779/76). Das LAG Nürnberg betonte aber in seinem Urteil, dass eine überwiegende Betriebsratstätigkeit in drei Jahren eines über 16 Jahre dauernden Arbeitsverhältnisses dafür bei weitem nicht genügt. 11

III. Zustimmungsverfahren bei Kündigung

Will der AG einem BR-Mitglied oder einem anderen betriebsverfassungsrechtlichen Funktionsträger **außerordentlich kündigen,** muss er **zuvor** die ausdrückliche Zustimmung des BR einholen (vgl. DKW, § 103 BetrVG Rn. 4). 12

13 Für das Zustimmungsverfahren gelten die Grundsätze des Anhörungsverfahrens gem. § 102 entsprechend (BAG 18.8.1977 – 2 ABR 19/77). Will der AG die Zustimmung des BR zur außerordentlichen Kündigung herbeiführen, muss er zunächst wie bei einer Anhörung nach § 102 Abs. 1 dem **BR die Kündigungsabsicht mitteilen,** die zu **kündigende Person bezeichnen**, die **Sozialdaten mitteilen** und die für die außerordentliche (verhaltensbedingte) Kündigung **maßgebenden Gründe anführen** (vgl. auch § 102 Rn. 17 ff.). Dem BR sind alle Gesichtspunkte mitzuteilen, die nach Auffassung des AG Anlass für die verhaltensbedingte Kündigung geben sollen. Der AG kann im Zustimmungsersetzungsverfahren – unter Beachtung der zweiwöchigen Ausschlussfrist des § 626 Abs. 2 BGB – unbeschränkt neue Kündigungsgründe nachschieben; gleichgültig, ob er sie vor Einleitung des Zustimmungsverfahrens beim BR gekannt hat oder nicht oder ob sie vor Einleitung des Zustimmungsverfahrens entstanden sind oder nicht. Voraussetzung ist jedoch, dass der AG die neuen Kündigungsgründe vor ihrer Einführung in das gerichtliche Zustimmungsersetzungsverfahren dem BR mitteilt und ihm gemäß § 102 Abs. 2 Satz 3, der im Bereich des § 103 Anwendung findet, Gelegenheit zur Stellungnahme gibt (LAG Rheinland-Pfalz 15.4.2015 – 4 TaBV 24/14).

14 Bedarf eine außerordentliche Kündigung der Zustimmung des BR und hat der AG innerhalb der Frist des § 626 Abs. 2 Satz 1 BGB beim BR die erforderliche Zustimmung ordnungsgemäß beantragt sowie bei deren ausdrücklicher oder wegen Fristablaufs zu unterstellender Verweigerung das Verfahren auf Ersetzung der Zustimmung nach § 103 Abs. 2 beim ArbG eingeleitet, ist die Kündigung nicht wegen einer Überschreitung der Frist des § 626 Abs. 2 Satz 1 BGB unwirksam, wenn das Zustimmungsersetzungsverfahren bei ihrem Ablauf noch nicht abgeschlossen ist. Die Kündigung kann vielmehr auch noch nach Ablauf der vorgenannten Frist erfolgen, wenn sie unverzüglich nach der rechtskräftigen gerichtlichen Entscheidung über die Ersetzung der Zustimmung erklärt wird (BAG 1.10.2020 – 2 AZR 238/20). Die Umstände, aus denen ersichtlich ist, dass der AG die Kündigungserklärungsfrist einhalten kann, sind im Zustimmungsverfahren nach § 103 gegenüber dem BR mitteilungspflichtig. Die unbewusst fehlerhafte Angabe eines falschen Datums kann zur Unzulässigkeit des Zustimmungsersetzungsantrags führen (LAG Berlin-Brandenburg 11.5.2020 – 12 TaBV 1966/19).

15 Im Gemeinschaftsbetrieb ist allein der Vertragsarbeitgeber befugt, das Zustimmungsersetzungsverfahren nach § 103 Abs. 2 Satz 1 einzuleiten. Eine Mitantragstellung durch die anderen am Gemeinschaftsbetrieb

beteiligten Unternehmen ist im Zustimmungsersetzungsverfahren nicht vorgesehen (LAG Köln 23.4.2018 – 9 TaBV 79/17)

Für das Zustimmungsverfahren ist der **einzelne BR,** nicht der GBR zuständig. Über den Antrag des AG **entscheidet der BR durch Beschluss** (§ 33). Ist ein **BR-Mitglied** von der beabsichtigten Kündigung **betroffen,** darf es **weder an der vorausgehenden Beratung, noch an der Beschlussfassung teilnehmen.** Es handelt sich um einen Fall der rechtlichen Verhinderung nach § 25. Selbstverständlich ist das BR-Mitglied für die **Ermittlung des Sachverhalts** und zur Verwirklichung des Anspruchs auf rechtliches Gehör einzuladen und anzuhören. Soweit der BR nur aus einem einzigen BR-Mitglied besteht, entscheidet das Ersatzmitglied. Ist ein Ersatzmitglied nicht vorhanden oder nicht erreichbar, muss der AG in entsprechender Anwendung von § 103 Abs. 2 unmittelbar die Zustimmung des ArbG zu der Kündigung einholen (BAG 25.4.2018 – 2 AZR 401/17). 16

§ 103 sieht **keine Frist** vor, innerhalb derer sich der BR zu dem Antrag des AG zu äußern hat. Nach der Rechtsprechung des BAG gilt die **Zustimmung nicht, wie bei § 102 und wie vielfach angenommen wird, als erteilt, sondern als verweigert,** wenn sich der BR **nicht binnen drei Kalendertagen** äußert (BAG 24.10.1996 – 2 AZR 3/96, AiB 1997, 541–542). Schweigt der BR auf das Zustimmungsersuchen des AG, hat dieser – ebenso wie im Fall der ausdrücklichen Zustimmungsverweigerung – noch innerhalb der 2-Wochen-Frist des § 626 Abs. 2 BGB die Ersetzung der Zustimmung des BR beim ArbG zu beantragen (BAG 24.4.1975 – 2 AZR 118/74). Andernfalls ist die außerordentliche Kündigung unwirksam. Bei einem schwerbehinderten BR-Mitglied muss der AG zusätzlich auch das Zustimmungsersetzungsverfahren vor dem Integrationsamt durchführen. 17

IV. Zustimmungsverfahren bei Versetzung

§ 103 Abs. 3 dient dem Schutz der in § 103 Abs. 1 genannten Amtsträger vor **Versetzungen,** sofern diese zum Verlust des Amtes oder der Wählbarkeit führen. Die Vorschrift ist durch die Entscheidung des BAG veranlasst worden, wonach weder § 99 Abs. 1 Nr. 1 noch § 103 auf solche Versetzungen anzuwenden seien (BAG 11.7.2000 – 1 ABR 39/99). In einem solchen Fall muss der BR der Versetzung für deren Wirksamkeit ausdrücklich zustimmen, wobei die Zustimmungserklärung unter bestimmten Voraussetzungen durch das ArbG ersetzt werden kann. Wird das BR-Mitglied nur für einen bestimmten Teil seiner Arbeitszeit in einen anderen Betrieb versetzt, soll nach der Rechtsprechung des LAG 18

Köln nicht ohne weiteres eine unzulässige Behinderung der Betriebsratsarbeit vorliegen, so dass der AG die Ersetzung der Zustimmung verlangen kann (LAG Köln 22.10.2013 – 12 TaBV 64/13); hier sind sicher die jeweiligen Umstände des Einzelfalls besonders zu würdigen. Ein **nachwirkender Versetzungsschutz** ist nicht vorgesehen; die Amtsträger werden nur während ihrer Amtszeit geschützt. Das Beteiligungsverfahren nach § 103 geht dem Verfahren zur Versetzung nach § 99 Abs. 1 und Abs. 4 im abgebenden Betrieb als das speziellere Verfahren zwar vor. Dennoch kann der BR in diesen Fällen die Zustimmung auch unter Berufung auf die in § 99 Abs. 2 genannten Gründe verweigern (BAG 27.7.2016 – 7 ABR 55/14). Im Unterschied zur außerordentlichen Kündigung besteht bei einer Versetzung des BR-Mitglieds kein Zeitdruck. Die Dreitagesfrist des § 102 Abs. 2 Satz 3 findet daher keine Anwendung. Vielmehr ist in entsprechender Anwendung von § 99 Abs. 3 auf die dort geregelte **Einwochenfrist** abzustellen. Das Schweigen des BR gilt hier nicht als Zustimmung, sondern als Zustimmungsverweigerung.

19 Ist der betreffende Funktionsträger mit seiner Versetzung einverstanden, ist nach § 103 Abs. 3 Satz 1, 2. Halbsatz keine Zustimmung des BR nach § 103 erforderlich. In diesem Fall ist der BR lediglich auf der Grundlage von § 99 zu beteiligen.

V. Gerichtliche Ersetzung der Zustimmung

20 Stimmt der BR der außerordentlichen Kündigung nicht zu oder gibt er innerhalb der Frist von drei Tagen keine entsprechende Erklärung ab, ist der AG gehalten, **das ArbG anzurufen,** wenn er an seiner Kündigungsabsicht festhalten will (BAG 24.10.1996 – 2 AZR 3/96, AiB 1997, 541–542). Das ArbG kann die fehlende Zustimmung des BR ersetzen. Soweit es zu einem Wechsel des betriebsverfassungsrechtlichen Amtes kommt (BR-Mitglied wird Wahlvorstand), ist kein neuer Antrag beim ArbG notwendig (BAG 16.11.2017 – 2 AZR 14/17).

21 Im Rahmen der Änderungen, welche durch das Betriebsrätemodernisierungsgesetz am Betriebsverfassungsgesetz vorgenommen worden sind, wurde in § 103 BetrVG der Absatz 2a neu eingefügt. Die Neuregelung stellt klar, dass auch dann ein Zustimmungsersetzungsverfahren vor dem Arbeitsgericht durchzuführen ist, wenn nach § 103 Abs. 1 BetrVG die Zustimmung des BR vorliegen muss, in dem Betrieb aber kein BR besteht. In der Praxis dürfte es dabei vor allem um die beabsichtige Kündigung von Wahlvorständen gehen, die nur unter den strengen Voraussetzungen des § 15 Abs. 3 KSchG zulässig ist. Zwar wurde den Initiatoren einer Betriebsratswahl im Rahmen der Neuregelung von § 15

Abs. 3a und Abs. 3b KSchG nun auch Sonderkündigungsschutz eingeräumt. In diesem Zusammenhang wurde aber vom Gesetzgeber auf das Erfordernis der Zustimmung des BR nach § 103 Abs. 1 BetrVG ohne ersichtlichen Grund verzichtet.

Der AG hat **innerhalb der Ausschlussfrist des § 626 Abs. 2 BGB** den Antrag auf Ersetzung der Zustimmung des BR beim ArbG zu stellen, wenn er sein Kündigungsrecht nicht verlieren will (BAG 24.10.1996 – 2 AZR 3/96, AiB 1997, 541–542). Ein **späterer Ersetzungsantrag** ist **unbegründet**. Nach § 626 Abs. 2 BGB kann die außerordentliche Kündigung nur innerhalb von zwei Wochen erfolgen, wobei es für den Beginn der Frist auf den Zeitpunkt ankommt, zu dem der Kündigungsberechtigte von den für die Kündigung maßgebenden Tatsachen Kenntnis erlangt. 22

Das ArbG hat über den Antrag des AG auf Ersetzung der Zustimmung durch **Beschluss** zu entscheiden (§ 84 ArbGG). Dem Antrag ist stattzugeben, wenn das Gericht der Meinung ist, dass ein **wichtiger Grund i. S. d. § 626 Abs. 1 BGB** vorliegt und damit die außerordentliche Kündigung begründet ist. Liegt ein **wichtiger Grund nicht vor,** ist der **Antrag abzuweisen.** Hat der AG das Zustimmungsersetzungsverfahren **nicht ordnungsgemäß** vorgenommen, weil z. B. die Unterrichtung des BR unvollständig erfolgte, ist der Antrag des AG ebenfalls **abzuweisen.** 23

Ersetzt das ArbG die fehlende Zustimmung des BR zur außerordentlichen Kündigung, kann der **AG die Kündigung aussprechen**. Dies ist allerdings erst dann möglich, wenn der Beschluss, ggf. nach Ausführung des Rechtsbeschwerdeverfahrens vor dem BAG, **rechtskräftig** geworden ist (BAG 28.2.2008 – 3 AZB 56/07). Ersetzt das ArbG die Zustimmung, bedarf es einer erneuten Anhörung des BR gem. § 102 nur dann, wenn die Kündigung zusätzlich auf neue Gründe gestützt werden soll, die noch nicht Gegenstand des Zustimmungsersetzungsverfahren waren (BAG 16.11.2017 – 2 AZR 14/17). 24

Lehnt das ArbG die **Ersetzung der Zustimmung** des BR **rechtskräftig ab,** kann der AG dem betriebsverfassungsrechtlichen Funktionsträger eine **Kündigung nicht aussprechen**. Kündigt er gleichwohl, ist die ausgesprochene Kündigung **unwirksam**. 25

Während der **Dauer des Zustimmungsersetzungsverfahrens** besteht das Arbeitsverhältnis unverändert fort. Der von der Kündigung betroffene Funktionsträger hat in dieser Zeit Anspruch auf Vergütung und vertragsgemäße Beschäftigung. Er ist **nicht** gehindert, sein **Amt als BR-Mitglied** oder seine sonstigen betriebsverfassungsrechtlichen Funktionen **auszuüben**. Ein vom AG ausgesprochenes Hausverbot stellt eine gesetzwidrige Behinderung der Amtstätigkeit dar. Das BR-Mitglied ist 26 daher auch nicht daran gehindert, weiterhin den Betrieb für die Ausübung seines Amtes zu betreten.

27 Stimmt der BR der **Versetzung** nicht zu, so kann der AG beim ArbG im Wege eines Beschlussverfahrens beantragen, die Zustimmung des BR nach Abs. 2 zu ersetzen (§ 103 Abs. 3 Satz 2). Voraussetzung für die Zustimmungsersetzung ist, dass die Versetzung *»auch unter Berücksichtigung der betriebsverfassungsrechtlichen Stellung des betroffenen Arbeitnehmers aus dringenden betrieblichen Gründen notwendig ist«*. Damit stellt das Gesetz ausdrücklich auf die betriebsverfassungsrechtliche Stellung des betroffenen AN ab. Führt der AG die Versetzung ohne Zustimmung des BR und ohne Zustimmungsersetzung durch, kann der BR in analoger Anwendung des § 101 beim ArbG die Aufhebung der Versetzung verlangen (LAG Berlin 22.12.2004 – 9 TaBV 2175/04).

28 Ein »**dringender betrieblicher Grund**« im Sinne von § 103 Abs. 3 Satz 2 liegt vor, wenn die Arbeitskraft des Mandatsträgers im Beschäftigungsbetrieb nicht mehr erforderlich ist. Der AG ist jedoch verpflichtet, die Versetzung des Mandatsträgers nach Möglichkeit durch geeignete andere Maßnahmen zu vermeiden. Der AG muss dabei nach der Rechtsprechung des BAG keine neuen Weiterbeschäftigungsmöglichkeiten schaffen, um eine Versetzung zu vermeiden. Es kommt allein darauf an, ob auf Grundlage der nach einer unternehmerischen Entscheidung bestehenden Strukturen noch eine Möglichkeit besteht, den Mandatsträger im Betrieb sinnvoll einzusetzen (BAG 27.7.2016 – 7 ABR 55/14).

§ 104 Entfernung betriebsstörender Arbeitnehmer

[1]Hat ein Arbeitnehmer durch gesetzwidriges Verhalten oder durch grobe Verletzung der in § 75 Abs. 1 enthaltenen Grundsätze, insbesondere durch rassistische oder fremdenfeindliche Betätigungen, den Betriebsfrieden wiederholt ernstlich gestört, so kann der Betriebsrat vom Arbeitgeber die Entlassung oder Versetzung verlangen. [2]Gibt das Arbeitsgericht einem Antrag des Betriebsrats statt, dem Arbeitgeber aufzugeben, die Entlassung oder Versetzung durchzuführen, und führt der Arbeitgeber die Entlassung oder Versetzung einer rechtskräftigen gerichtlichen Entscheidung zuwider nicht durch, so ist auf Antrag des Betriebsrats vom Arbeitsgericht zu erkennen, dass er zur Vornahme der Entlassung oder Versetzung durch Zwangsgeld anzuhalten sei. [3]Das Höchstmaß des Zwangsgeldes beträgt für jeden Tag der Zuwiderhandlung 250 Euro.

Inhaltsübersicht Rn.

I. Zweck der Regelung

1 Die Vorschrift ergänzt die Grundsätze von § 75 Abs. 1 und von § 99 Abs. 2 Nr. 6. Nach § 104 kann der BR verlangen, dass ein AN aus dem Betrieb, aus der Betriebsabteilung oder von seinem Arbeitsplatz entfernt wird. Voraussetzung ist, dass der Betriebsfrieden durch das Verhalten des AN ernstlich und wiederholt gestört wird. Dem BR steht hierbei ein Initiativrecht zu. Soweit der AG dem Verlangen nicht nachkommt, eröffnet § 104 Satz 2 dem BR den Weg zu den ArbG.

2 Der BR darf bei seinem Verlangen Gesichtspunkte der **Verhältnismäßigkeit** nicht außer Acht lassen. Reicht es beispielsweise schon aus, den AN an einen anderen Arbeitsplatz (ggf. in einer anderen Abteilung) zu versetzen, um eine weitere Störung des Betriebsfriedens zu verhindern, kann der BR nicht fordern, dass der AN entlassen wird. Zudem wird der BR von seinem Verlangen regelmäßig nur Gebrauch machen, wenn es zu erheblichen Störungen des Betriebsfriedens kommt.

3 Während nach § 99 Abs. 2 Nr. 6 die Gefahr einer Störung des Betriebsfriedens durch gesetzwidriges oder gegen § 75 Abs. 1 verstoßendes Verhalten genügt, muss im Anwendungsbereich des § 104 der AN (Arbeitnehmerbegriff siehe § 5 Rn. 2 ff.) vielmehr **wiederholt** den Betriebsfrieden **ernstlich** aus den im Gesetz genannten Gründen **gestört** haben. Die Anforderungen sind also deutlich höher.

4 Vom Anwendungsbereich des § 104 werden **nur AN erfasst**. Das bedeutet, dass sich ein Entfernungsverlangen nicht gegen Personen i. S. v. § 5 Abs. 2 – also insbesondere **Geschäftsführer** einer GmbH oder **Vorstandsmitglieder** einer Aktiengesellschaft – richten kann. Auch **leitende Angestellte** nach § 5 Abs. 3 fallen nicht unter den Anwendungsbereich des § 104.

II. Störung des Betriebsfriedens

5 Eine ernstliche Störung des Betriebsfriedens setzt voraus, dass sich der AN gesetzeswidrig verhalten oder grob gegen die Grundsätze des § 75 Abs. 1 verstoßen hat.

6 **Gesetzwidriges Verhalten** liegt regelmäßig dann vor, wenn der AN bewusst und gewollt die Rechtsordnung verletzt. Dies kommt insbeson-

dere bei Straftaten wie Körperverletzungen, Beleidigungen, Verleumdungen, Diebstählen, Erpressungen und Betrügereien sowie sexuellen Übergriffen in Betracht.

7 Ein **grober Verstoß gegen die in § 75 Abs. 1 enthaltenen Grundsätze** kann vorliegen, wenn der Verstoß besonders schwerwiegend ist. Nach den Grundsätzen des § 75 Abs. 1 ist jede unterschiedliche Behandlung von Personen wegen ihrer Abstammung, Religion, Nationalität, Herkunft, politischen oder gewerkschaftlichen Betätigung oder Einstellung oder wegen ihres Geschlechts oder ihrer sexuellen Identität untersagt.

8 Die **rassistische und ausländerfeindliche Betätigung** wird im Gesetz ausdrücklich als Beispiel für betriebsstörendes Verhalten genannt (das Gleiche gilt für § 99 Abs. 2 Nr. 6). Bei rassistischen oder fremdenfeindlichen Betätigungen wird vom Gesetzgeber keine besonders grobe Verletzung verlangt. Auch bei sonstigen gravierenden **Diskriminierungen und Belästigungen i. S. des Allgemeinen Gleichbehandlungsgesetzes** kann der BR von seinem Recht nach § 104 Gebrauch machen (Däubler/Deinert/Zwanziger-*Deinert [Kündigungsschutzrecht]*, § 104 Rn. 3).

9 Für das Verlangen des BR auf Versetzung oder Kündigung (vgl. DKWF, § 104 BetrVG Rn. 1) eines AN genügt ein einmaliges Fehlverhalten grundsätzlich nicht. Es muss eine **Wiederholung** vorliegen (LAG Bremen 28. 5. 2003 – 2 TaBV 9/02).

III. Anrufung des Arbeitsgerichts

10 Kommt der AG dem Verlangen des BR auf Versetzung oder Entlassung eines AN aus den in dieser Bestimmung genannten Gründen nicht nach, so kann der BR das **ArbG anrufen. Inhalt des Antrags:** Dem **AG aufzugeben,** die vom BR verlangte Maßnahme durchzuführen. Das ArbG entscheidet im Beschlussverfahren (§§ 2a, 80 ff. ArbGG).

11 Für die Einleitung eines solchen Verfahrens ist im Gesetz keine feste Frist vorgesehen. Im Regelfall sollte der BR allerdings darauf hinwirken, das ArbG zeitnah anzurufen. Als Richtwert kann die Frist von drei Monaten zur Stellung von Strafanträgen herangezogen werden (Fitting, § 104 Rn 15).

12 Der betroffene AN hat in diesem Verfahren die Stellung eines Beteiligten (LAG Baden-Württemberg 24. 1. 2002 – 4 TaBV 1/01), da der Entscheidung des ArbG für den nachfolgenden Individualrechtsstreit vorgreifliche Wirkung zukommt. Deshalb muss der AN in dem Verfahren nach § 104 Satz 2 gem. § 83 Abs. 3 ArbGG beteiligt werden.

13 Gibt das ArbG dem AG die Entlassung auf, so ist der **AG verpflichtet, die Kündigung zum nächstzulässigen Kündigungstermin** auszusprechen. In diesem Zusammenhang muss auch der besondere Kündigungsschutz etwa für Schwerbehinderte oder für AN, die unter das MuSchG fallen, beachtet werden. Die rechtskräftige Entscheidung des ArbG stellt dann ein dringendes betriebliches Erfordernis i. S. d. § 1 Abs. 2 Satz 1 KSchG für eine ordentliche Kündigung dar, welches eine betriebsbedingte Kündigung rechtfertigen kann. Einer erneuten Anhörung des BR gem. § 102 bedarf es nicht (BAG 28.3.2017 – 2 AZR 551/16).

14 Soweit das ArbG feststellt, dass das **Verlangen des BR auf Versetzung begründet** ist, hat der AG den betreffenden AN unverzüglich nach Eintritt der Rechtskraft des Beschlusses an einen anderen Arbeitsplatz zu versetzen, ggf. eine Änderungskündigung auszusprechen.

15 **Lehnt das ArbG den Antrag des BR ab,** ist damit festgestellt, dass das Verlangen unbegründet war. Die Rechtsstellung des AN bleibt in diesem Fall dann unberührt. Entsprechendes gilt auch für den unbegründeten Versetzungsantrag.

16 Wird einem Entlassungsverlangen des BR im Verfahren nach § 104 Satz 2 BetrVG rechtskräftig stattgegeben, begründet dies ein dringendes betriebliches Erfordernis i. S. d. § 1 Abs. 2 Satz 1 KSchG für eine ordentliche arbeitgeberseitige Kündigung (BAG 28.3.2017 – 2 AZR 551/16). Kommt der AG der rechtskräftigen gerichtlichen Entscheidung nicht nach, so ist er auf Antrag des BR vom ArbG durch die **Verhängung von Zwangsgeld** (§ 888 ZPO) zur Vornahme der Entlassung oder Versetzung anzuhalten.

§ 105 Leitende Angestellte

Eine beabsichtigte Einstellung oder personelle Veränderung eines in § 5 Abs. 3 genannten leitenden Angestellten ist dem Betriebsrat rechtzeitig mitzuteilen.

Inhaltsübersicht Rn.

I. Zweck der Regelung

1 Die Vorschriften über die Beteiligungsrechte des BR in personellen Angelegenheiten (§§ 99 bis 104) finden auf leitende Angestellte keine

Anwendung. Daher benötigt der AG bei leitenden Angestellten weder die Zustimmung des BR (wie in den Fällen des § 99) noch muss er den BR nach § 102 Abs. 1 vor Ausspruch einer Kündigung hören. Dennoch können sich aus Einstellungen und sonstigen personellen Veränderungen von leitenden Angestellten für die AN des Betriebs erhebliche Auswirkungen ergeben. Aus diesem Grund ist der BR auf der Grundlage der **Informationspflicht** nach § 105 frühzeitig vom AG über derartige Maßnahmen zu unterrichten.

II. Anwendungsbereich und Informationspflicht

2 Die Vorschrift gilt **nur für leitende Angestellte** i. S. d. § 5 Abs. 3 (zum Begriff des leitenden Angestellten siehe § 5 Rn. 8 ff.). Sie kommt auch dann zur Anwendung, wenn ein im Betrieb tätiger AN zum leitenden Angestellten »befördert« wird. Wird mit einem leitenden Angestellten eine **Probezeit** vereinbart, gilt die Vorschrift ebenfalls. Der Status als leitendender Angestellter steht nicht zur Disposition des AG. Der Prüfungsmaßstab für die Beurteilung des Status als leitender Angestellter richtet sich allein nach § 5 Abs. 3. Dabei besteht für den AG regelmäßig das Risiko einer Fehleinschätzung.

3 Die Vorschrift **gilt nicht** bei Einstellungen und personellen Veränderungen von Personen, die nicht AN i. S. d. Gesetzes (§ 5 Abs. 2) sind. Die entsprechende Informationspflicht ergibt sich in diesen Fällen aber regelmäßig aus § 80 Abs. 2.

4 Die **Mitteilungspflicht** des AG bezieht sich nicht nur auf **Einstellungen** (vgl. DKWF, § 105 BetrVG Rn. 1), sondern auf **jede personelle Veränderung** (wie Umgruppierung, Versetzung oder Kündigung). Darunter fallen auch Suspendierungen, Eigenkündigungen oder einvernehmliche Trennungen. Dem BR ist bei Einstellungen oder Versetzungen also Mitteilung zur Person und zum Arbeitsplatz des leitenden Angestellten, dessen speziellen Aufgaben und Kompetenzen sowie seiner sachlichen und fachlichen Zuständigkeit zu machen. Dabei ist insbesondere auch über seine Stellung in der Betriebshierarchie zu informieren (LAG Rheinland-Pfalz 4. 5. 2021 – 6 TaBV 1/20).

5 Zwar wird der leitende Angestellte grundsätzlich nicht vom BetrVG erfasst. Der BR benötigt diese Angaben jedoch gerade für die Prüfung, ob es sich bei dem betroffenen AN tatsächlich um einen leitenden Angestellten handelt oder ob ggf. ein Mitbestimmungsrecht nach § 99 im Raum steht.

6 Der **Zeitpunkt** für die ordnungsgemäße Unterrichtung bestimmt sich nach Sinn und Zweck der Regelung. Daher hat die Mitteilung durch den

AG so rechtzeitig zu erfolgen, dass dem BR die Möglichkeit verbleibt, sich gegenüber dem AG zu äußern, bevor die entsprechende Maßnahme durchgeführt wird. Soweit der BR Bedenken gegen die geplante Maßnahme hat, kann er diese gegenüber dem AG mitteilen. Der AG muss auf der Grundlage von § 74 Abs. 1 darauf eingehen.

III. Sanktionen

Die Regelung des § 105 ist nicht in dem in § 121 Abs. 1 aufgeführten 7
Katalog von Auskunftspflichten enthalten; aus diesem Grund sind **Verstöße gegen § 105 nicht strafbar.** Ein Verstoß gegen diese Bestimmung führt auch **nicht zur Unwirksamkeit** der Maßnahme gegenüber einem leitenden Angestellten.

Sechster Abschnitt
Wirtschaftliche Angelegenheiten

Erster Unterabschnitt
Unterrichtung in wirtschaftlichen Angelegenheiten

§ 106 Wirtschaftsausschuss

(1) [1]In allen Unternehmen mit in der Regel mehr als einhundert ständig beschäftigten Arbeitnehmern ist ein Wirtschaftsausschuss zu bilden. [2]Der Wirtschaftsausschuss hat die Aufgabe, wirtschaftliche Angelegenheiten mit dem Unternehmer zu beraten und den Betriebsrat zu unterrichten.

(2) [1]Der Unternehmer hat den Wirtschaftsausschuss rechtzeitig und umfassend über die wirtschaftlichen Angelegenheiten des Unternehmens unter Vorlage der erforderlichen Unterlagen zu unterrichten, soweit dadurch nicht die Betriebs- und Geschäftsgeheimnisse des Unternehmens gefährdet werden, sowie die sich daraus ergebenden Auswirkungen auf die Personalplanung darzustellen. [2]Zu den erforderlichen Unterlagen gehört in den Fällen des Absatzes 3 Nr. 9a insbesondere die Angabe über den potentiellen Erwerber und dessen Absichten im Hinblick auf die künftige Geschäftstätigkeit des Unternehmens sowie die sich daraus ergebenden Auswirkungen auf die Arbeitnehmer; Gleiches gilt, wenn im Vorfeld der Übernahme des Unternehmens ein Bieterverfahren durchgeführt wird.

(3) Zu den wirtschaftlichen Angelegenheiten im Sinne dieser Vorschrift gehören insbesondere
1. die wirtschaftliche und finanzielle Lage des Unternehmens;
2. die Produktions- und Absatzlage;
3. das Produktions- und Investitionsprogramm;
4. Rationalisierungsvorhaben;
5. Fabrikations- und Arbeitsmethoden, insbesondere die Einführung neuer Arbeitsmethoden;
5a. Fragen des betrieblichen Umweltschutzes;
5b. Fragen der unternehmerischen Sorgfaltspflichten in Lieferketten gemäß dem Lieferkettensorgfaltspflichtengesetz;
6. die Einschränkung oder Stillegung von Betrieben oder von Betriebsteilen;
7. die Verlegung von Betrieben oder Betriebsteilen;
8. der Zusammenschluss oder die Spaltung von Unternehmen oder Betrieben;
9. die Änderung der Betriebsorganisation oder des Betriebszwecks;
9a. die Übernahme des Unternehmens, wenn hiermit der Erwerb der Kontrolle verbunden ist, sowie
10. sonstige Vorgänge und Vorhaben, welche die Interessen der Arbeitnehmer des Unternehmens wesentlich berühren können.

Inhaltsübersicht Rn.

I. Zweck der Regelung

1 Die Vorschrift des § 106 beantwortet die Frage, wann ein in einem Unternehmen zu bilden ist. Zudem trifft die Vorschrift nähere Regelungen,

- in welcher Form und
- in welchem Umfang und
- zu welchem Zeitpunkt

der Wirtschaftsausschuss vom Unternehmer zu unterrichten ist. § 106 Abs. 3 definiert, was zu den wirtschaftlichen Angelegenheiten, über die umfassend und rechtzeitig zu unterrichten ist, gehört (zur Arbeit des Wirtschaftsausschusses siehe ausführlich Thomas Müller, Arbeiten mit Wirtschaftsausschuss, AiB 2018, Nr 6, 54–55). Der Wirtschaftsausschuss ist die wichtigste **Informationsquelle des BR** in wirtschaftlichen Angelegenheiten

II. Voraussetzungen für die Errichtung eines Wirtschaftsausschusses

2 Der Wirtschaftsausschuss ist kein eigenständiges Mitbestimmungsorgan; er hat daher keine eigenständigen Mitbestimmungsrechte und kann dementsprechend auch nicht Partei eines arbeitsgerichtlichen Beschlussverfahrens sein. Er ist vielmehr ein **Hilfsorgan des BR** und soll in seiner Funktion die Kooperation zwischen der Unternehmensleitung und dem BR fördern (ausführlich hierzu DKW, § 106 BetrVG Rn. 2; siehe auch Thannheiser, Der Wolf im Schafspelz, AiB 2015, Nr. 5, 20–23).

3 Der Wirtschaftsausschuss wird für ein **Unternehmen** gebildet und nicht für einen Betrieb. Das gilt auch, wenn zwei oder mehrere Unternehmen einen Gemeinschaftsbetrieb führen (BAG 26.2.2020 – 7 ABR 20/18). Es wird dann ein (einheitlicher) Wirtschaftsausschuss für beide Unternehmen gebildet. Für einen Gemeinschaftsbetrieb aus zwei Unternehmen,

von denen eines das herrschende Unternehmen und Alleineigentümer des zweiten Unternehmens ist, wird ein Wirtschaftsausschuss nur beim herrschenden Unternehmen gebildet (§ 17 Abs. 1 AktG; BAG 22.3.2016 – 1 ABR 10/14). Haben die Unternehmen jeweils weitere Betriebe, wird demgegenüber bei jedem Unternehmen ein Wirtschaftsausschuss gebildet.

Ist an einem Gemeinschaftsbetrieb ein Unternehmen mit **Tendenzschutz** beteiligt, gilt folgendes: Der BR des Gemeinschaftsbetriebs kann einen Wirtschaftsausschuss bilden, wenn das andere oder eines der anderen Unternehmen keinen Tendenzschutz nach § 118 hat. Die Zuständigkeit des Wirtschaftsausschusses beschränkt sich aber auf das Unternehmen ohne Tendenzschutz (BAG 26.2.2020 – 7 ABR 20/18). Nur insoweit kann der Wirtschaftsausschuss also wirtschaftliche Daten anfordern.

4 Die Bildung des Wirtschaftsausschusses ist nicht in das Belieben der Betriebspartner gestellt, seine Errichtung ist vielmehr **zwingend** vorgesehen. Die gesetzlichen Regelungen sind verbindlich und können durch Tarifvertrag oder BV nicht abgeändert werden. Möglich ist es, durch BV oder Tarifvertrag die Befugnisse des Wirtschaftsausschusses über das gesetzliche Maß hinaus zu erweitern und insbesondere auch Unterrichtungspflichten zu präzisieren (DKW, § 106 BetrVG Rn. 4).

5 Voraussetzung für die Bildung eines Wirtschaftsausschusses ist eine an der Belegschaftsstärke des Unternehmens (AG, GmbH etc.) orientierte Größe. Es müssen im **Unternehmen** (nicht im Betrieb!) in der Regel mehr als 100 AN ständig beschäftigt werden (zum Arbeitnehmerbegriff siehe ausführlich die Kommentierung zu § 5 Rn. 3.

Bei der Frage, wie viele AN »**in der Regel**« beschäftigt sind, kommt es auf alle Betriebe des Unternehmens an, nicht nur auf die Betriebe, in denen ein BR gebildet worden ist. Entscheidend ist hierbei die Belegschaftsstärke, die für das Unternehmen im Allgemeinen kennzeichnend ist, nicht aber die tatsächliche Anzahl der Beschäftigten zu einem bestimmten Zeitpunkt (BAG 13.5.2020 – 4 AZR 173/19). Vorübergehende **Schwankungen** in der Belegschaftsstärke bleiben außer Betracht (BAG 7.4.2004 – 7 ABR 41/03, AiB 2004, 581). Es ist sowohl eine rückblickende vergangenheitsbezogene als auch eine vorausschauende zukunftsbezogene Betrachtung erforderlich. Hierbei ist festzustellen, wie die bisherige personelle Stärke des Unternehmens war und wie die künftige Entwicklung sein wird. **Zukünftige Entwicklungen** sind dann zu berücksichtigen, wenn sie aufgrund bereits getroffener konkreter unternehmerischer Entscheidungen mit einiger Sicherheit zu erwarten sind, also z. B. ein bereits beabsichtigter Personalabbau in strategisch bedeutsamen Geschäftsbreichen des Unternehmens.

> **Hinweis:**
> Bei der Feststellung der in der Regel beschäftigten AN ist maßgeblich, wie viele AN, abgesehen von Zeiten besonderer Arbeitshäufung oder eines vorübergehenden Arbeitsrückgangs, im Allgemeinen im Betrieb beschäftigt werden. Zu fragen ist also nach der üblichen Beschäftigtenzahl bei **betriebsüblicher Auslastung** (LAG Hamburg 19.7.2018 – 1 TaBV 2/18).

Die AN sind »**ständig**« beschäftigt, wenn sie eine Arbeitsaufgabe 6
wahrnehmen, die auf Dauer angelegt ist. Entscheidend ist nicht die individualvertragliche Gestaltung des Arbeitsvertrags, sondern die Wahrnehmung der **Arbeitsaufgabe** an sich. Handelt es sich um eine Daueraufgabe, dann gehören die dort beschäftigten AN zu den ständig beschäftigten AN i. S. v. § 106 (siehe hierzu ausführlich DKW, § 106 BetrVG Rn. 11–13).

Bei der Berechnung des Schwellenwertes sind nach neuerer Rechtsprechung des BAG die im Unternehmen beschäftigten **Leiharbeitnehmer** mitzuzählen. Voraussetzung hierfür ist, dass diese Leiharbeitnehmer auf einem Dauerarbeitsplatz eingesetzt werden (BAG 13.3.2013 – 7 ABR 69/11, AiB 2013, 281–285). Die vom BAG bei der Frage der Schwellenwerte im Rahmen von § 9 herangezogenen Erwägungen gelten auch im Rahmen von § 106. Der Gesetzgeber hat diese Rechtsprechung aufgegriffen und übernommen. Aus § 14 Abs. 2 Satz 4 AÜG ergibt sich jetzt, dass Leiharbeitnehmer auch im Betrieb des Entleihers bei den Schwellenwerten des BetrVG, also auch bei § 106, mit zu berücksichtigen sind.

Folgende Beschäftigte können neben der Stammbelegschaft zu den »ständig beschäftigten AN« zählen:

- Daueraushilfen (Beschäftigung von mindestens sechs Monaten innerhalb eines Jahres)
- ABM-Kräfte
- Auszubildende: Auszubildende, die das 18. Lebensjahr vollendet haben, gehören zu den ständig beschäftigten AN im Sinne von § 106 Abs. 1; Auszubildende im reinen Ausbildungsbetrieb (Berufsbildungszentrum) sind keine AN und zählen deshalb nicht mit (LAG Thüringen 25.1.2001 – 1 TaBV 4/2000)
- Befristet Beschäftigte
- Teilzeitarbeitnehmer
- Leiharbeitnehmer (§ 14 Abs. 2 AÜG)

7 Betreiben mehrere Unternehmen gemeinsam einen **einheitlichen Betrieb (Gemeinschaftsbetrieb)** mit in der Regel mehr als 100 ständig beschäftigten AN, so ist ein Wirtschaftsausschuss zu bilden. Dies gilt auch dann, wenn keines der beteiligten Unternehmen für sich allein die maßgebende Beschäftigtenzahl von mehr als 100 AN erreicht (BAG 1.8.1990 – 7 ABR 91/88, AiB 2003, 26–27). Anders ist dies aber, wenn nur bei einem Unternehmen der Schwellenwert von 100 AN erreicht wird, bei dem anderen jedoch nicht. Ist dieses Unternehmen zugleich Alleineigentümer des anderen beteiligten Unternehmens, ist der Wirtschaftsausschuss ausschließlich bei dem **herrschenden Unternehmen** (dem Alleineigentümer) zu errichten (BAG 22.3.2016 – 1 ABR 10/14).

8 Wird die nach § 106 Abs. 1 erforderliche Anzahl der in der Regel beschäftigten AN nicht erreicht, so kann ein Wirtschaftsausschuss nicht errichtet werden. Die Unterrichtungsansprüche des Wirtschaftsausschusses über wirtschaftliche Angelegenheiten nach § 106 Abs. 2 stehen dann weder dem **BR** noch dem **GBR** zu. Allerdings sind BR und GBR nach § 80 Abs. 2 über wirtschaftliche Angelegenheiten zu unterrichten, soweit dies zur Durchführung konkreter Aufgaben erforderlich ist. Die Arbeitnehmervertretungen haben Anspruch auf Vorlage der erforderlichen Unterlagen. Der **Unterrichtungsanspruch nach § 80 Abs. 2** wird inhaltlich nicht durch die Gefährdung von Betriebs- oder Geschäftsgeheimnissen beschränkt (BAG 5.2.1991 – 1 ABR 24/90, AiB 2006, 174).

9 Für die Bildung eines Wirtschaftsausschusses kommt es nicht darauf an, ob die Unternehmensleitung vom Inland oder vom Ausland aus erfolgt. Für inländische Unternehmensteile eines **ausländischen Unternehmens** ist deshalb bei Vorliegen der weiteren Voraussetzungen ein Wirtschaftsausschuss zu bilden (BAG 1.10.1974 – 1 ABR 77/73, AiB 2006, 173). Das gilt z.B. für eine in Großbritannien gebildete Limited Company (Ltd.), die in Deutschland Betriebe mit insgesamt mehr als 100 AN führt.

10 Voraussetzung für die Bildung eines Wirtschaftsausschusses ist, dass zumindest in einem Betrieb ein BR gebildet worden ist. Bestehen betriebsratsfähige Betriebe, ist jedoch kein BR gebildet worden, kann auch kein Wirtschaftsausschuss errichtet werden.

III. Aufgaben des Wirtschaftsausschusses

11 Der Wirtschaftsausschuss ist Hilfsorgan des BR. Er hat die Zusammenarbeit und Information zwischen Unternehmer und BR/GBR in wirt-

schaftlichen Angelegenheiten zu fördern. Er ist aber selbst nicht Träger von Mitbestimmungsrechten (siehe Rn. 2).

Allerdings steht dem Wirtschaftsausschuss ein selbstständiges **Unterrichtungs- und Beratungsrecht** in wirtschaftlichen Angelegenheiten zu. Damit korrespondiert spiegelbildlich eine entsprechende Unterrichtungspflicht des Unternehmens. 12

Der Wirtschaftsausschuss ist nicht darauf beschränkt, Informationen des AG entgegenzunehmen. Er kann vielmehr **eigene Vorschläge und Initiativen** in die Beratung mit einbringen. So ist es dem Wirtschaftsausschuss im Zusammenwirken mit dem BR/GBR möglich, ein eigenes Kennzahlensystem zur Früherkennung von Unternehmenskrisen zu entwickeln (siehe hierzu ausführlich Grauvogel/Hase/Röhricht, Wirtschaftsausschuss und Betriebsrat, 2006, Rn. 180 ff.). 13

Der BR muss über das Ergebnis aller Beratungen und aller erhaltenen Auskünfte des Unternehmens unterrichtet werden. Eine **Schweigepflicht** gegenüber dem BR besteht nicht.

> **Hinweis:**
> Der AG kann den Wirtschaftsausschuss unter Berufung auf Geschäftsgeheimnisse nicht verpflichten, die erhaltenen Informationen gegenüber dem BR geheim zu halten und nicht weiterzugeben. Nach § 3 Abs. 2 GeschGehG ist der Wirtschaftsausschuss berechtigt, den BR auch über Geschäftsgeheimnisse zu informieren, weil dies zur Wahrnehmung gesetzlich bestehender Mitbestimmungsrechte gehört.

Bestehen im Unternehmen mehrere BR, so muss der Wirtschaftsausschuss den **GBR** unterrichten, wenn die betreffende Angelegenheit in dessen Zuständigkeit fällt. Ist der jeweilige örtliche BR zuständig, so ist dieser BR zu unterrichten.

IV. Unterrichtung durch den AG

Der Unternehmer muss den Wirtschaftsausschuss von sich aus und **unaufgefordert** unterrichten. Es ist nicht erforderlich, dass der Wirtschaftsausschuss Informationsrechte und Unterrichtungsrechte sowie Beratungsrechte ausdrücklich geltend macht. 14

> **Hinweis:**
> Der Unterrichtungs- und Vorlageanspruch des Wirtschaftsausschusses setzt nicht voraus, dass der Wirtschaftsausschuss darlegt, wofür er die begehrten Informationen benötigt (BAG 17.12.2019 – 1 ABR 25/18). Eine **Erforderlichkeitsprüfung** findet nicht statt.

1. Rechtzeitige und umfassende Unterrichtung

15 Der Wirtschaftsausschuss soll nach der Vorstellung des Gesetzgebers gleichgewichtig und **gleichberechtigt** mit dem Unternehmer über die wirtschaftlichen Angelegenheiten des Unternehmens beraten. Dies ist nur dann möglich und sinnvoll, wenn der Wirtschaftsausschuss die Möglichkeit hat, auf die Planungen des Unternehmens Einfluss zu nehmen. Er muss deshalb vom AG rechtzeitig und umfassend unterrichtet werden.

16 **Rechtzeitig** ist die Unterrichtung nur dann, wenn der AG vor der geplanten unternehmerischen Entscheidung und vor sonstigen Vorhaben den Wirtschaftsausschuss so frühzeitig und umfassend informiert, dass dieser durch seine Stellungnahme und eigene Vorschläge Einfluss auf die Gesamtplanung wie auch auf die einzelnen Vorhaben nehmen kann (BAG 11.7.2000 – 1 ABR 43/99, AiB 2003, 33). Entscheidend ist also, dass die Planung des AG noch nicht abgeschlossen ist und die Beratung durch den Wirtschaftsausschuss noch Eingang in die Überlegungen des BR und damit letztlich des planenden AG finden kann. Dabei hat die Unterrichtung so frühzeitig zu erfolgen, dass der Wirtschaftsausschuss noch seiner betriebsverfassungsrechtlichen Pflicht nachkommen kann, vorab den BR zu beraten, damit dieser wiederum Einfluss auf den Inhalt der beabsichtigten unternehmerischen Entscheidung nehmen kann.

Rechtzeitig ist die Unterrichtung dann nicht mehr, wenn der Wirtschaftsausschuss vor vollendete Tatsachen gestellt wird. Dies gilt z. B. dann, wenn Entscheidungen im zuständigen Unternehmensorgan (Vorstand, Geschäftsführung) gefallen sind (Hjort, AiB 2009, 132 ff.). Nach einigen **Spezialgesetzen** sind bestimmte Mitwirkungsrechte des BR vorgesehen:

- Umwandlungsgesetz
- Wertpapiererwerbs- und Übernahmegesetz (WpÜG)

Der Wirtschaftsausschuss muss so rechtzeitig informiert werden, dass er seine Hilfsfunktion zur Beratung des BR in Bezug auf die in diesen Spezialgesetzen geregelten Mitwirkungsrechte noch wahrnehmen kann.

Bei der Einführung oder Änderung einer **Matrixorganisation** ist der Wirtschaftsausschuss bereits in der Planungs- und Konzeptionsphase zu informieren (s. hierzu ausführlich Bachner, Die Matrixorganisation in der Betriebsverfassung NZA 2019, 134 ff.).

17 Nach Art. 17 Marktmissbrauchsverordnung (MMVO) in Verbindung mit **§ 15 WpHG** besteht in bestimmten Fallkonstellationen eine sog. ad hoc-Publizitätsverpflichtung. Hiermit ist folgendes gemeint: Treten beim AG Tatsachen ein, die wegen der Auswirkungen auf die Ver-

mögens- und Finanzlage oder auf den allgemeinen Geschäftsverlauf geeignet sind, den Börsenpreis der Wertpapiere (Aktien) erheblich zu beeinflussen, sind diese Umstände zu publizieren; das sind sogenannte **Insiderinformationen**. Die Unterrichtungspflicht des Unternehmens gegenüber dem Wirtschaftsausschuss setzt ein, bevor der Unternehmer seiner **ad hoc-Publizitätsverpflichtung** nachkommt. Dem kann der Unternehmer keine Geheimhaltungsinteressen entgegenhalten, weil die Mitglieder des Wirtschaftsausschusses selbst zur Geheimhaltung verpflichtet sind. Allerdings werden die Mitglieder des Wirtschaftsausschusses mit Kenntnisnahme von der Insiderinformation selbst zu Insidern mit den aus dem WpHG folgenden – ggf. auch strafbewehrten – Pflichten.

Der Unternehmer muss den Wirtschaftsausschuss **umfassend** unter- **18**
richten. Hierbei muss der Wirtschaftsausschuss anhand der erteilten Informationen in die Lage versetzt werden, die wirtschaftliche und finanzielle Lage des Unternehmens kompetent beurteilen zu können. Der Unternehmer muss also über alle Gegebenheiten informieren, die für die unternehmerische Planung von Bedeutung sind (LAG Hamm 14.9.2009 – 13 TaBV 74/09). Es gilt der Grundsatz der **Informationsparität**.

Gehört das Unternehmen einem **Konzernverbund** an, ist der Wirtschaftsausschuss auch über Planungen der Konzernspitze zu informieren, wenn diese Planungen das Unternehmen betreffen. Notfalls muss das Unternehmen die einschlägigen Informationen bei der Konzernmutter beschaffen. Allerdings gehören die wirtschaftlichen Informationen der Konzernmutter selbst nicht zu den Informationen, die dem Wirtschaftsausschuss zu erteilen sind, sofern und soweit diese Informationen das Unternehmen nicht betreffen (BAG 17.12.2019 – 1 ABR 35/18; s. hierzu ausführlich Rn. 51–55).

Die Unterrichtung muss **erschöpfend** sein. Die Informationen müssen **glaubwürdig und verständlich** im Hinblick auf die vom Wirtschaftsausschuss wahrzunehmenden Aufgaben dargestellt werden. Ausarbeitungen in einer fremden Sprache sind ins Deutsche zu übersetzen.

Das Unternehmen hat den Wirtschaftsausschuss nach § 106 Abs. 2 recht- **19**
zeitig und umfassend zu unterrichten. Hierbei handelt es sich um eine **Bringschuld des Arbeitsgebers**. Kommt der AG seiner Verpflichtung zur Information des BR nicht oder nicht ordnungsgemäß nach, dann kann dies allein oder im Zusammenhang mit mehreren anderen Pflichtverletzungen eine **grobe Pflichtverletzung** im Sinne von § 23 Abs. 3 darstellen (LAG Berlin-Brandenburg 30.3.2012 – 10 TaBV 2362/11). Zuständig für die Ahndung einer derartigen groben Pflichtverletzung ist

das ArbG. Die Praxis zeigt jedoch, dass der Wirtschaftsausschuss seine Informationsansprüche durchaus auch selbst durch ein ausdrückliches Auskunftsverlangen geltend machen kann und in konkreten Fällen auch machen sollte.

20 Davon abzugrenzen ist der Fall, dass der Wirtschaftsausschuss ein **ausdrückliches Auskunftsverlangen** an den AG gestellt hat. Hier ist die Einigungsstelle nach § 109 zuständig, die über die Einzelheiten der Erfüllung des Verlangens des Wirtschaftsausschusses entscheidet, wenn die Auskunft nicht, nicht rechtzeitig oder nur ungenügend erteilt wird.
Bevor der BR/GBR die Einigungsstelle anrufen kann, muss ein **Auskunftsverlangen** durch den Wirtschaftsausschuss gestellt worden sein. Dieses Auskunftsverlangen bedarf allerdings keiner Beschlussfassung des Wirtschaftsausschusses (BAG 17.12.2019 – 1 ABR 25/18). Auch ohne Beschluss des Wirtschaftsausschusses zur Einleitung des Einigungsstellenverfahrens kann die Einigungsstelle angerufen werden.

21 Es gibt keine gesetzlichen Vorgaben, in welcher **Form** die Auskunft erteilt werden muss. Es bleibt dem AG überlassen, wie er den Wirtschaftsausschuss informiert (LAG Baden-Württemberg 22.11.1985 – 5 TaBV 6/85, AiB 2006, 176).

2. Vorlage der erforderlichen Unterlagen

22 Die Unterrichtung des Wirtschaftsausschusses erfolgt »unter Vorlage der erforderlichen Unterlagen«. Der Wirtschaftsausschuss muss diese Unterlagen nicht ausdrücklich verlangen. Das Unternehmen hat insoweit eine »**Bringschuld**«. Der AG hat hinsichtlich der Auswahl der Unterlagen **kein Auswahlermessen**, er kann also nicht bestimmen, welche Unterlagen er vorlegt und welche nicht (BAG 17.12.2019 – 1 ABR 25/18).
Mitglieder des Wirtschaftsausschusses haben ein **Einsichtsrecht** in diese Unterlagen. Nach Beendigung der Vorbereitung der Sitzung oder nach der Sitzung des Wirtschaftsausschusses sind sie verpflichtet, die überlassenen Unterlagen zurückzugeben (kritisch hierzu DKW, § 106 BetrVG Rn. 51). Zu den vorzulegenden Unterlagen können auch **elektronische Dateien** gehören, wenn sie üblicherweise im Betrieb genutzt werden (LAG Köln 10.3.2017 – 9 TaBV 17/16). Über die Frage, in welcher Form die Unterlagen vorzulegen sind, entscheidet die Einigungstelle (BAG 12.2.2019 – 1 ABR 37/17).
Der AG ist verpflichtet, dem Wirtschaftsausschuss die Unterlagen vorzulegen, über die er verfügt und die von ihm zur Kenntnis genommen worden sind. Dies gilt auch für **Studien**, die von ihm nicht in Auftrag

gegeben worden sind und die nicht speziell für das Arbeitgeberunternehmen erstellt worden sind (LAG Hessen 19.3.1996 – 4 TaBV 12/96, AiB 1996, 668–669).

Zu den vorzulegenden Unterlagen gehören auch monatliche Erfolgsabrechnungen in Form von **Betriebsabrechnungsbögen** für einzelne Filialen oder Betriebe (BAG 17.9.1991 – 1 ABR 74/90, AiB 2006, 176). 23
Der **Wirtschaftsprüfungsbericht** nach § 321 HGB ist eine Unterlage, die eine wirtschaftliche Angelegenheit des Unternehmens betrifft und daher vom AG dem Wirtschaftsausschuss zur Verfügung zu stellen ist (BAG 8.8.1989 – 1 ABR 61/88, AiB 1990, 165).

Zu den erforderlichen Unterlagen gehören: 24

- Jahresabschluss nach § 242 HGB
- Bilanz sowie die Gewinn- und Verlustrechnung
- Wirtschaftsprüfungsbericht nach § 321 HGB
- Erfolgsberechnungen, Betriebsstatistiken und Marktanalysen
- Organisations- und Rationalisierungspläne
- Betriebsabrechnungsbögen
- Bewertungen durch Ratingagenturen
- Investitionsplanungen
- Unterlagen zur Ermittlung des Personalbedarfs
- Unterlagen zum Fremdfirmeneinsatz
- Unterlagen zur Unternehmensübernahme (Angaben über den potentiellen Erwerber und die zukünftige Geschäftstätigkeit sowie die Auswirkungen auf die AN)
- Unterlagen über die Durchführung eines Bieterverfahrens
- Wichtige Liefer- und Bezugsverträge
- Angebotsunterlagen nach § 11 WpÜG
- Sanierungsplan nach dem Gesetz zur Reorganisation von Kreditinstituten (KredReorgG)
- Budgetvereinbarungen der Krankenhäuser mit den Krankenkassen (BAG 17.12.2019 – 1 ABR 25/18)

Der **Sanierungsplan** nach KredReorgG ist vor seiner Verabschiedung mit dem Wirtschaftsausschuss zu beraten. Gleiches gilt für den Reorganisationsplan nach § 7 KredReorgG. Hierbei muss der Reorganisationsplan insbesondere Angaben über die Folgen der Ausgliederung für die AN und ihre Vertretungen enthalten. Das KredReorgG findet Anwendung auf Kreditistitute im Sinne des § 1 Absatz 1 des Kreditwesengesetzes mit Sitz im Inland; es gilt also in erster Linie für Banken. 25

Ein **gefährdetes Kreditinstitut** ist nach §§ 45 ff. KWG (Gesetz für Kreditwesen) verpflichtet, auf Verlangen der Bundesanstalt für Finanzdienstleistungsaufsicht (BaFin) einen **Restrukturierungsplan** zu er- 26 stellen. Hierüber muss der AG oder aber der von der BaFin bestellte Sonderbeauftragte mit dem Wirtschaftsausschuss beraten. Die Beratung muss vor der Zuleitung des Restrukturierungsplans erfolgen.

27 Gleiches gilt für die im KWG geregelten **Übertragungsanordnungen**, den **Wiederherstellungsplan** nach § 48 Abs. 1 KWG sowie den **Liquidationsplan** nach § 48m Abs. 7 KWG. Auch der vorsorgliche **Sanierungsplan** nach § 47a Abs. 2 KWG ist vor seiner Verabschiedung mit dem Wirtschaftsausschuss zu beraten und nach seiner Verabschiedung als Unterlage vorzulegen. Gleiches gilt für den überarbeiteten Sanierungsplan nach § 47b KWG nach angeordneter Nachbesserung und Überarbeitung durch die BaFin.

28 Der **Abwicklungsplan** nach §§ 47, 47f AIFM-UmsG (Gesetz zur Umsetzung der Richtlinie 2011/61/EU über die Verwalter alternativer Investmentfonds) ist dem Wirtschaftsausschuss ebenfalls vorzulegen. Dies gilt jedenfalls für den Fall, dass die BaFin dem Kreditinstitut den Abwicklungsplan zur Kenntnis gibt. Das Kreditinstitut hat den Wirtschaftsausschuss darüber zu informieren und in entsprechende Beratungen einzutreten, welche Informationen für die Erstellung des Abwicklungsplans zur Verfügung gestellt werden sollen.

3. Grenzen der Unterrichtungspflicht

29 Die Unterrichtungspflicht des Unternehmens bezieht sich grundsätzlich auch auf Betriebs- und Geschäftsgeheimnisse. Diese sind nicht grundsätzlich von der Unterrichtungspflicht ausgenommen.
Hieran hat auch das vom Bundestag am 21.3.2019 beschlossene **Geschäftsgeheimnisgesetz (GeschGehG)** nichts geändert. Ziel des Gesetzes ist der Schutz von Geschäftsgeheimnissen vor rechtswidrigem Erwerb sowie rechtswidriger Nutzung und Offenlegung, nicht aber die Einschränkung von Mitbestimmungsrechten nach dem BetrVG. Nach § 1 Abs. 3 GeschGehG gehen die Regelungen des BetrVG zur Mitbestimmung vor und nach § 3 Abs. 1 Nr. 3 GeschGehG dürfen Geschäftsgeheimnisse zum Zwecke der Durchführung der Mitbestimmung und Mitwirkung nach dem BetrVG erlangt werden (siehe hierzu auch §§ 112, 112a Rn. 15). Entsprechendes gilt auch für vertragliche **Vereinbarungen zur Wahrung** von Geschäftsgeheimnissen. Könnte sich der AG auf derartige Vereinbarungen mit Geschäftspartnern berufen, liefe die Informationspflicht weitgehend ins Leere.
Die Unterrichtungspflicht ist nur eingeschränkt, soweit **Betriebs- und Geschäftsgeheimnisse** des Unternehmens **gefährdet** werden. Diese Voraussetzung ist aber nur in Ausnahmefällen erfüllt, etwa wegen der

besonderen Bedeutung einer Tatsache für den Bestand oder die Entwicklung des Unternehmens oder wegen persönlicher Umstände eines Mitglieds des Wirtschaftsausschusses (LAG Köln 5.10.2011 – 9 TaBV 94/10). Hierbei ist allerdings – zugunsten des Informationsanspruchs des Wirtschaftsausschusses – zu berücksichtigen, dass auch für Mitglieder des Wirtschaftsausschusses die Verschwiegenheitspflicht nach § 79 gilt (BAG 11.7.2000 – 1 ABR 43/99, AiB 2003, 33).
Allein die Tatsache, dass es sich um ein Betriebs- und Geschäftsgeheimnis handelt, entbindet den AG also nicht von der Unterrichtungs- und Beratungsverpflichtung.

Betriebs- und Geschäftsgeheimnisse sind Tatsachen, Erkenntnisse und 30
Unterlagen, die im Zusammenhang mit dem technischen Betrieb oder der wirtschaftlichen Betätigung des Unternehmens stehen. Sie dürfen nicht offenkundig, also nur einem eng begrenzten Personenkreis zugänglich sein und müssen nach dem Willen des Unternehmers geheim zu halten sein (zur Definition vgl. die Kommentierung zu § 79 Rn. 3–4).
Eine **Gefährdung** von Betriebs- und Geschäftsgeheimnissen verlangt besondere Umstände. Es müssen konkrete Anhaltspunkte für die Unzuverlässigkeit einzelner Mitglieder des Wirtschaftsausschusses vorhanden sein.
Ob eine Gefährdung von Betriebs- oder Geschäftsgeheimnissen vorliegt, entscheidet in einem ersten Schritt der Unternehmer nach pflichtgemäßem Ermessen. Akzeptiert dies der Wirtschaftsausschuss und ihm folgend der BR/GBR nicht, entscheidet die Einigungsstelle nach § 109.

Hinweis:
Der **einzelne AN** kann im Einzelfall durchaus berechtigt sein, ihm bekannte Geschäftsgeheimnisse dem Wirtschaftsausschuss mitzuteilen. Ist die Offenlegung eines Geschäftsgeheimnisses durch AN gegenüber der Arbeitnehmervertretung erforderlich, damit die Arbeitnehmervertretung ihre Aufgaben erfüllen kann, so ist nach § 5 GeschGehG die Erlangung und die Nutzung des Geheimnisses durch den Wirtschaftsausschuss und die Offenlegung eines Geschäftsgeheimnisses durch den AN gegenüber dem Wirtschaftsausschuss zulässig.

V. Wirtschaftliche Angelegenheiten im Einzelnen

Die für die Unterrichtung und Beratung maßgebenden wirtschaftlichen 31
Angelegenheiten zählt § 106 Abs. 3 exemplarisch auf. Die Aufzählung ist **nicht abschließend**.

Einzelne wirtschaftliche Angelegenheiten werden in den Ziffern 1–9a des Absatzes 3 exemplarisch aufgeführt. § 106 Abs. 3 Ziff. 10 enthält eine Generalklausel.
Teilweise überschneiden sich die Tatbestände des § 106 mit den in § 111 geregelten Tatbeständen einer Betriebsänderung. Deshalb kann in der Kommentierung teilweise hierauf verwiesen werden.

1. Wirtschaftliche und finanzielle Lage des Unternehmens (Nr. 1)

32 Zur allgemeinen wirtschaftlichen und finanziellen Lage des Unternehmens gehören alle Gegebenheiten, die für die unternehmerische Planung von Bedeutung sind. Folgende Aspekte werden allgemein hierunter gefasst:

- Verluste und Gewinne
- Eigen- und Fremdkapitalstruktur
- Umlaufvermögen und Bestandsentwicklungen
- Liquiditätslage und Entwicklung der Abschreibungen
- Versorgungslage mit Roh- und Betriebsstoffen, Energieversorgung
- Preisgestaltung und Kalkulationsgrundlage
- Außenstände und steuerliche Belastungen
- Rückstellungen und Rücklagen
- Entwicklung der Beteiligung an deren Firmen
- Personalkosten und Entwicklungskosten
- Branchenentwicklung, Exportabhängigkeit und Wechselkurse
- Kapitalveränderungen
- Sanierungs- oder Reorganisationsverfahren nach Maßgabe von § 2 Abs. 1, § 7 KredReorgG
- Eröffnung eines Insolvenzverfahrens
- Bewertung einer Ratingagentur

Da sich die wirtschaftliche und finanzielle Lage des Unternehmens fortlaufend verändert, ist auch die Unterrichtungspflicht **fortlaufend** zu erfüllen.

2. Produktions- und Absatzlage (Nr. 2)

33 Anhand der Verkaufs- und Umsatzstatistiken des Unternehmens ist die **Absatzlage** darzustellen und näher zu erläutern.
Bei der **Produktionslage** geht es um die Analyse des Kapazitätsbestands und die Auslastung der Betriebe, die Höhe der Lagerbestände und den Bedarf an Roh- und Hilfsstoffen. Hierzu gehört auch der **Personalbe-**

darf. Diese Angaben können für den BR im Rahmen seiner Beteiligung nach § 92 (siehe hierzu ausführlich die Kommentierung zu § 92 Rn. 5) von erheblicher Bedeutung sein.

3. Produktions- und Investitionsprogramm (Nr. 3)

Ausgehend von der Absatz- und Produktionslage legt das **Produktions-** 34
programm die zu erbringende arbeitstechnische Leistung der Betriebe fest. Es enthält die Planung über Art und Umfang der in dem Unternehmen hergestellten Güter.

Das **Investitionsprogramm** regelt den Einsatz von Kapital zur Umsetzung von Investitionsprojekten oder zur Realisierung von Einzelinvestitionen.

Auch diese Informationen sind für den BR im Rahmen der Beteiligung bei der Personalplanung von Bedeutung. Sie spielen aber auch eine Rolle für Maßnahmen der Berufsbildung nach § 96 ff.

4. Rationalisierungsvorhaben (Nr. 4)

Durch Rationalisierungsmaßnahmen sollen Arbeitsvorgänge zweckmä- 35
ßiger gestaltet werden, um die Wirtschaftlichkeit des Unternehmens zu steigern. Hierzu gehören insbesondere Restrukturierungsmaßnahmen wie Outsourcing, Offshoring, Schaffung virtueller Strukturen (siehe hierzu Wedde in AiB 2008, 13 ff.).

Rationalisierungsvorhaben sind im Rahmen der Personalplanung nach §§ 92, 92a ebenso bedeutsam wie bei Maßnahmen der beruflichen Bildungsmaßnahmen nach § 98. Sie werden flankiert von Unterrichtungs- und Erörterungspflichten nach § 81. Im Einzelfall können Rationalisierungsvorhaben Betriebsänderungen im Sinne von § 111 darstellen (siehe ausführlich § 111 Rn. 50–57), so dass der BR bzw. GBR insoweit gesondert zu beteiligen ist.

5. Fabrikations- und Arbeitsmethoden (Nr. 5)

Bei den Fabrikationsmethoden geht es um den **Ablauf der Gütererzeu-** 36
gung unter technischen Gesichtspunkten. Bei der Arbeitsmethode geht es um die menschliche Arbeitskraft und deren Einsatz zur Gütererzeugung.

Die Informations- und Beteiligungsrechte des Wirtschaftsausschusses unterstützen den BR bei der Wahrnehmung seiner Beteiligungsrechte nach §§ 90 Nr. 2–3, 91, 92a und 111 Nr. 5. Daneben werden häufig Mitbestimmungsrechte nach § 87 Abs. 1 Nr. 2, 6 und 10 berührt. Diese bestehen unabhängig von den Informationsrechten des Wirtschaftsausschusses.

6. Fragen des betrieblichen Umweltschutzes (Nr. 5a)

37 Der betriebliche Umweltschutz ist in § 89 Abs. 3 näher definiert. Insoweit kann auf die Kommentierung zu § 89 Abs. 3 (§ 89 Rn. 9–11) verwiesen werden.

Voraussetzung für ein entsprechendes Unterrichtungs- und Beratungsrecht ist ein konkreter Unternehmensbezug.

Die Einführung eines **Umweltmanagementsystems** fällt in den Anwendungsbereich von § 106 Abs. 3 Ziff. 6 (DKW, § 106 BetrVG Rn. 81).

7. Fragen der unternehmerischen Sorgfaltspflichten in Lieferketten gemäß dem Lieferkettensorgfaltspflichtengesetz (Nr. 5b)

38 Das **Lieferkettensorgfaltspflichtengesetz** (LkSG) tritt mit Wirkung ab dem 1. 1. 2023 in Kraft.. Ab diesem Zeitpunkt gilt das Gesetz für Unternehmen mit mehr als 3000 Mitarbeitern, ab 2024 greift der Geltungsbereich für Unternehmen mit mehr als 1000 Mitarbeitern.

Ziel des Gesetzes ist es, Unternehmen auf menschenrechtliche Sorgfaltspflichten im Zusammenhang mit Lieferketten festzulegen. Das Gesetz formuliert Verbote zum Schutz bestimmter Rechtspositionen und legt Handlungspflichten in Gestalt von **Bemühenspflichten** für Unternehmen fest. Betroffen sind nach § 2 Abs. 1 LkSG die folgenden Bereiche:

- Unversehrtheit von Leben und Gesundheit;
- Freiheit von Sklaverei und Zwangsarbeit;
- Schutz von Kindern und Freiheit von Kinderarbeit;
- Vereinigungsfreiheit und Recht auf Kollektivverhandlungen;
- Schutz vor Folter;
- Verbot der Missachtung der jeweils national geltenden Pflichten des Arbeitsschutzes;
- Verbot des Vorenthaltens eines angemessenen Lohns; Einhaltung der Mindestlohnregelungen;
- Verbot der Ungleichbehandlung und Diskriminierung der Beschäftigten, wobei eine Ungleichbehandlung auch die Zahlung ungleichen Entgelts für gleichwertige Arbeit umfasst;
- Verbot des widerrechtlichen Entzugs von Land, Wäldern und Gewässern bei dem Erwerb, der Bebauung oder anderweitigen Nutzung;

- umweltbezogene Pflichten zum Schutz der menschlichen Gesundheit;
- das Verbot der Ausfuhr gefährlicher Abfälle im Sinne Basler Übereinkommens über die Kontrolle der grenzüberschreitenden Verbringung gefährlicher Abfälle.

Zu den Handlungspflichten der Unternehmen gehören insbesondere:

- Durchführung einer Risikoanalyse in Form eines Verfahrens zur Ermittlung nachteiliger Auswirkungen auf die Menschenrechte;
- Einführung eines Risikomanagements (inkl. Abhilfemaßnahmen) zur Abwendung potenziell negativer Auswirkungen auf die Menschenrechte;
- Einrichtung eines Beschwerdemechanismus;
- Dokumentation und Berichterstattung.

Das Informationsrecht des Wirtschaftsausschusses besteht nur, sofern und soweit das Lieferkettensorgfaltsplichtengesetz auch Anwendung findet, weil es sich auf die unternehmerischen Sorgfaltspflichten nach dem LkSG bezieht. Wo das Gesetz Anwendung findet, dürfte insbesondere die **Risikoanalyse** für die Beschäftigten von besonderer Bedeutung sein. Ob und inwieweit bei der Art und Weise der Durchführung Mitbestimmungsrechte des BR betroffen sein können, muss im Einzelfall geklärt werden.

8. Einschränkung oder Stilllegung von Betrieben oder von Betriebsteilen (Nr. 6)

Die Formulierung in § 106 Abs. 3 Ziff. 6 entspricht überwiegend der 39
Regelung des § 111 Satz 3 Nr. 1. Allerdings besteht bei § 106 die Besonderheit, dass es nicht um »wesentliche« Betriebsteile gehen muss. Auch Veränderungen bei kleineren »**nicht wesentlichen**« Betriebsteilen unterfallen der Unterrichtungspflicht. Auf evtl. bestehende Nachteile für die betroffenen AN kommt es nicht an.

Im Übrigen wird auf die Kommentierung zu § 111 Satz 3 Nr. 1 (§ 111 Rn. 17–26) verwiesen.

Zu den wirtschaftlichen Angelegenheiten, in denen der Wirtschaftsausschuss zu unterrichten ist und bei denen ein Beratungsrecht besteht, gehört auch die Stilllegung von Betrieben, in denen **kein BR** gebildet ist (BAG 9.5.1995 – 1 ABR 61/94, AiB 2006, 175). Die Tätigkeit des Wirtschaftsausschusses bezieht sich auf das Unternehmen in seiner Gesamtheit und ist von dem Bestehen eines BR nicht abhängig.

9. Verlegung von Betrieben oder Betriebsteilen (Nr. 7)

40 Anders als in § 111 Satz 3 Nr. 2 ist eine Beschränkung auf »wesentliche Betriebsteile« bei der Anwendung von § 106 nicht vorhanden. Im Übrigen kann auf die Kommentierung zu § 111 Satz 3 Nr. 2 (§ 111 Rn. 31–32) verwiesen werden.
Die Unterrichtungspflicht des Unternehmers bezieht sich also auch auf **kleinere Betriebsteile**, ohne Rücksicht auf ihre Größe und Bedeutung. Auch hier kommt es nicht auf evtl. Nachteile für betroffene AN an.

10. Zusammenschluss oder Spaltung von Unternehmen oder Betrieben (Nr. 8)

41 § 111 Satz 3 Nr. 3 bezieht sich auf den Zusammenschluss oder die Spaltung von Betrieben (siehe § 111 Rn. 33 ff). § 106 Abs. 3 Nr. 8 nimmt darüber hinaus Bezug auf die Unternehmensebene. Es geht bei § 106 also auch um Veränderungen im Sinne des **Umwandlungsgesetzes**. Gemeint sind also:

- die Verschmelzung
- der Formwechsel
- die Vermögensübertragung sowie
- die Spaltung von Unternehmen.

Das Umwandlungsgesetz selbst sieht bestimmte Unterrichtungspflichten bezogen auf AN und die BR vor. Der Wirtschaftsausschuss muss aber schon im Planungsstadium vor dem BR informiert werden, wie die Unternehmensumwandlung erfolgen soll und welche Auswirkungen diese Maßnahme auf die Arbeitsplätze hat.
Der **Umwandlungsvertrag** ist spätestens einen Monat vor dem Tag der Versammlung der Anteilsinhaber des jeweils beteiligten Unternehmens dem jeweils zuständigen BR zuzuleiten. Der Unternehmer muss daneben auch dem Wirtschaftsausschuss den Umwandlungsvertrag vorlegen. Für das umwandlungsrechtliche Squeeze-out (also ein Verschmelzen der Tochtergesellschaft mit der Muttergesellschaft zu dem Zweck, Minderheitsaktionäre einer AktG auszuschließen) ergibt sich eine Pflicht zur Zuleitung des Verschmelzungsvertrages aus § 6 Abs. 3 UmwG. Auch dieser Verschmelzungsvertrag ist dem Wirtschaftsausschuss vorzulegen. Dies gilt auch für den Fall einer Konzernverschmelzung.
Der **Verschmelzungsplan**, der Verschmelzungsbericht und die Verschmelzungsverträge sind dem Wirtschaftsausschuss in ihrem jeweiligen Entwicklungsstand zur Kenntnis zu bringen (DKW, § 106 BetrVG Rn. 84).

Sofern und soweit die Veränderungen auf Unternehmensebene auch zu Änderungen auf betrieblicher Ebene führen, ist § 111 Satz 3 Nr. 3 einschlägig. Insoweit kann auf die dortige Kommentierung (§ 111 Rn. 38) verwiesen werden.

11. Änderung der Betriebsorganisation oder des Betriebszwecks (Nr. 9)

Der Wirtschaftsausschuss ist über Änderungen der Betriebsorganisation oder des Betriebszwecks zu unterrichten. Anders als bei § 111 Satz 3 Nr. 4 kommt es nicht darauf an, ob es sich um grundlegende Änderungen der Betriebsorganisation oder des Betriebszwecks handelt. Ausreichend ist insoweit **jede Änderung**. 42

Im Übrigen kann auf die Kommentierungen zu § 111 Satz 3 Nr. 4 (§ 111 Rn. 50–55) verwiesen werden.

12. Übernahme des Unternehmens (Nr. 9a)

Ist eine Unternehmensübernahme geplant und ist diese mit dem Erwerb der Kontrolle über das Unternehmen verbunden, muss der Wirtschaftsausschuss rechtzeitig und umfassend hierüber informiert werden (kritisch zu dieser Regelung DKW, § 106 BetrVG Rn. 86). 43

§ 106 Abs. 3 Nr. 9a meint die **Übernahme von Geschäftsanteilen oder Aktien**, nicht den Erwerb von Vermögensgegenständen durch den sog. »asset-deal«. Beim asset-deal handelt es sich um eine Form eines Unternehmenskaufs, bei dem die Wirtschaftsgüter eines Unternehmens (engl. »assets«), z. B. Maschinen oder Rechte, einzeln erworben und auf den Käufer übertragen werden; der asset deal ist regelmäßig mit einem Betriebsübergang nach § 613a BGB verbunden. Bei der Übernahme von Geschäftsanteilen ist hingegen mit der Maßnahme ein Wechsel der Anteilseigner verbunden, der die betroffene Gesellschaft unberührt lässt; ein Betriebsübergang liegt hier nicht vor.

Nicht erforderlich ist es, dass durch die Veränderungen auf gesellschaftsrechtlicher Ebene Interessen betroffener AN wesentlich berührt werden können.

Von einem **Kontrollerwerb** ist dann auszugehen, wenn mindestens 30 % der Stimmrechte an dem Unternehmen gehalten werden. Umstritten ist, ob diese Schwelle nur für börsennotierte oder aber auch für nicht börsennotierte Unternehmen gilt (siehe hierzu ausführlich DKW, § 106 BetrVG Rn. 88). Die für börsennotierte Unternehmen in § 29 Abs. 2 WpÜG vorgesehene 30 %-Grenze kann nicht schematisch angewandt 44 werden. Schon der Erwerb von 10 % der Stimmrechte kann bei einem Streubesitz im Übrigen zu einer Kontrollausübung ausreichen. Umgekehrt kann auch eine Beteiligung von 60 % im Einzelfall zu keiner Kontrolländerung führen. Es wird auf die Umstände des Einzelfalls ankommen und in diesem Zusammenhang insbesondere auf Veränderungen in der Stimmenmehrheit.

45 Der AG muss darüber informieren, wer der Erwerber ist, welche **Absichten** er in Bezug auf die künftige Geschäftstätigkeit besitzt und welche Auswirkungen sich für die AN ergeben (siehe hierzu DKW, § 106 BetrVG Rn. 88).

Aus dieser Vorschrift ergibt sich auch die Pflicht des AG zur Vorlage des **Kaufvertrags über die Gesellschaftsanteile** (ArbG Berlin 6.9.2010 – 48 BV 11747/10, AiB 2011, 260–261; anders LAG Baden-Württemberg 9.10.2013 – 10 TaBV 2/13; offen gelassen von BAG 22.3.2016 – 1 ABR 10/14).

Der notarielle Vertrag über die Veräußerung der Geschäftsanteile ist eine Unterlage des Unternehmens, die nach § 106 Abs. 2 dem Wirtschaftsausschuss vorzulegen ist (BAG 22.1.1991 – 1 ABR 38/89, AiB 1991, 437). Werden sämtliche Geschäftsanteile einer GmbH auf einen neuen Gesellschafter übertragen, so ist hierüber der Wirtschaftsausschuss zu unterrichten. Der AG muss dem Wirtschaftsausschuss mitteilen, ob im Zusammenhang mit der Übertragung von Geschäftsanteilen über künftige Geschäftsführung und Geschäftspolitik Absprachen getroffen worden sind und ggf. diese Absprachen inhaltlich näher präzisieren (BAG 22.1.1991 – 1 ABR 38/89, AiB 1991, 437).

13. Sonstige für die AN bedeutsame Vorgänge und Vorhaben (Nr. 10)

46 Zu den wirtschaftlichen Angelegenheiten der **Generalklausel** (§ 106 Abs. 3 Nr. 10) gehören alle nicht bereits in den Nummern 1–9 des § 106 Abs. 3 aufgeführten Fragen, die die wirtschaftliche Situation des Unternehmens in entscheidenden Punkten betreffen. Voraussetzung ist, dass die Interessen der AN des Unternehmens **wesentlich** berührt werden können (BAG 11.7.2000 – 1 ABR 43/99, AiB 2003, 33).

Wesentliche Interessen der AN des Unternehmens werden auch berührt, wenn das Unternehmen plant, bestimmte Tätigkeiten durch **externes Personal** – sei es durch Leiharbeitnehmer oder durch Werkvertragsunternehmen – durchführen zu lassen.

47 Folgende Aspekte fallen unter die Generalklausel:

- Rechtsstreitigkeiten von grundlegender Bedeutung

- Wirtschaftliche Lage der Branche
- Veräußerung von Geschäftsanteilen ohne Kontrollerwerb oder Veräußerung von Betrieben, auch im Ausland, wenn dies die Interessen der AN im Inland wesentlich berühren kann
- Übernahme eines Unternehmens im Wege des Erwerbs von Vermögensgegenständen (»asset-deal«, Betriebsübergang)
- Zusammenarbeit mit anderen Unternehmen, auch im Ausland
- Unternehmensstrategie zur nachhaltigen und sozial verantwortlichen Unternehmensführung (**Environmental Social Governance** = ESG)

Der BR eines einzelnen Konzernunternehmens kann verlangen, dass dem auf Unternehmensebene gebildeten Wirtschaftsausschuss eine konzernweit erstellte Auswertung über sog. **Benchmarkdaten** vorgelegt wird, wenn in der Auswertung die Ergebnisse der Konzernunternehmen miteinander verglichen werden, weil dies Auswirkungen auf die Personalplanung des Unternehmens haben kann (LAG Köln 5.10.2011 – 9 TaBV 94/10). Benchmarking ist eine Methode, mit deren Hilfe Unternehmen ihre Leistungen mit den Leistungen ihrer Wettbewerber oder auch konzernintern vergleichen, indem sämtliche Prozesse und Funktionen der ausgewählten (Konzern-) Unternehmen analysiert werden.

Eine **Betriebsveräußerung** stellt grundsätzlich ein arbeitgeberseitiges 48 Vorhaben dar, das mit möglichen erheblichen sozialen Auswirkungen für die beschäftigten AN verbunden ist (LAG Berlin 6.12.2004 – 12 TaBV 1797/04). Auch hierüber ist der Wirtschaftsausschuss also zu unterrichten.

Die Neubewertung des Anlagevermögens und die **Aufnahme eines** 49 **neuen Gesellschafters** sind Vorgänge, die als wirtschaftliche Angelegenheiten im Sinne von § 106 Abs. 2 anzusehen sind und mit dem Wirtschaftsausschuss zu beraten sind. Reichen die Fachkenntnisse der Mitglieder des Wirtschaftsausschusses nicht aus, um eine **Neubewertung des Anlagevermögens** nachvollziehen zu können, so kann der Wirtschaftsausschuss einen Sachverständigen hinzuziehen, weil dies für eine sinnvolle Beratung der Maßnahmen mit dem BR erforderlich ist (offen gelassen von BAG 25.7.1989 – 1 ABR 41/88).

Der Informations- und Unterrichtungsanspruch des Wirtschaftsaus- 50 schusses bezieht sich auch auf die vom AG gefertigte, nach Kostenstellen aufgeschlüsselte monatliche Gegenüberstellung der **Plan- und der Istzahlen** (ArbG Offenbach 9.11.1987 – 5 (2) BV 40/87).

VI. Wirtschaftsausschuss und Konzernverbund

51 Die Unterrichtungs- und Beratungsrechte des Wirtschaftsausschusses sind grundsätzlich auch im Konzernverbund sicherzustellen, nach Auffassung des BAG aber mit Einschränkungen.

Werden außerhalb des Unternehmens in der Konzernspitze konkrete Maßnahmen geplant, die auch für das (beherrschte) Konzernunternehmen relevant sind und die zu den wirtschaftlichen Angelegenheiten nach § 106 Abs. 3 gehören, ist der Wirtschaftsausschuss hierüber zu unterrichten.

Hat das jeweilige Konzernunternehmen von der **Konzernspitze** die erforderlichen Informationen nicht erhalten, so müssen diese Informationen von der Unternehmensleitung beschafft und dem Wirtschaftsausschuss zur Verfügung gestellt werden (zum Informationsdurchgriff siehe ausführlich DKW, § 106 BetrVG Rn. 91, 91a).

52 Ob und inwieweit der Wirtschaftsausschuss auch einen Informationsanspruch bezogen auf die wirtschaftliche Lage der Konzernobergesellschaft (herrschendes Unternehmen) hat, war ursprünglich umstritten, ist aber höchstrichterlich zwischenzeitlich geklärt. Das BAG **verneint** einen **Informationsdurchgriff**. Der Unterrichtungs- und Vorlageanspruch des Wirtschaftsausschusses richte sich gegen das Unternehmen und nicht gegen das herrschende Unternehmen (BAG 17.12.2019 – 1 ABR 35/18). Über die wirtschaftliche Lage des herrschenden Unternehmens sei der Wirtschaftsausschuss nicht zu unterrichten. Für einen »Informationsdurchgriff« besteht aber durchaus ein praktisches Bedürfnis. Häufig werden Planungen der Konzernobergesellschaft bewusst und gewollt dem jeweiligen Konzernunternehmen nicht mitgeteilt. Dies kann faktisch zu einer Beratungssituation führen, in der kein Einfluss mehr auf die unternehmerische Entscheidung der Konzernobergesellschaft genommen werden kann. Soll der Wirtschaftsausschuss seine gesetzlich vorgesehene Hilfsfunktion gegenüber dem BR erfüllen, dann muss auch ein entsprechender Informationsdurchgriffsanspruch bestehen. Mit Blick auf die zitierte Entscheidung des BAG, die eine planwidrige Regelungslücke des Gesetzes verneint, ist hier der Gesetzgeber gefordert.

> **Hinweis:**
> Jedenfalls dann, wenn die Muttergesellschaft oder die herrschende Gesellschaft **konkrete unternehmerische Maßnahmen** für das beherrschte Unternehmen plant oder Vorgaben macht, die Auswirkungen auf das Tochterunternehmen und die Interessen der Beschäftigten des Tochterunternehmen haben können, ist der Wirtschaftsausschuss der Tochtergesellschaft zu unterrichten und sind ihm die erforderlichen Unterlagen vorzulegen

(LAG Berlin-Brandenburg 19.7.2018 – 21 TaBV 33/18). Über bestehende **Ergebnisbeteiligungsverträge** mit einem herrschenden Unternehmen ist der Wirtschaftsausschuss ebenfalls zu informieren.

Ein Wechsel in der Kontrolle über eine Konzernmuttergesellschaft bedeutet indirekt auch einen Wechsel in der Kontrolle über die Tochtergesellschaften der Konzernmutter. Dieser **indirekte Kontrollerwerb** unterfällt § 106 Abs. 3 Nr. 9a. Auch der indirekte Kontrollerwerb führt faktisch zu einer mittelbaren Veränderung der Gesellschafterstruktur, auch wenn der Gesellschafter selbst in rechtlicher Hinsicht gleich bleibt. 53
Bei börsennotierten Unternehmen ist der **Bieter** verpflichtet, den Vorstand der Zielgesellschaft über die Unternehmensübernahme ausführlich zu unterrichten (§§ 29, 34 i.V.m. § 10 Abs. 5 WpÜG). Der Unternehmer ist unverzüglich nach Erhalt dieser Information verpflichtet, den Wirtschaftsausschuss entsprechend in Kenntnis zu setzen.
Bei nicht börsennotierten Unternehmen obliegt diese Verpflichtung dem Vorstand der Aktiengesellschaft, den Geschäftsführern einer GmbH oder den geschäftsführenden Gesellschaftern einer Personengesellschaft.
Bezogen auf die Unternehmensübernahme bedeutet eine rechtzeitige Unterrichtung eine Information des Wirtschaftsausschusses vor Abschluss einer dem Bieterverfahren vorgelagerten Vereinbarung oder Zusage über Eckpunkte des Übernahmeangebots von der Zielgesellschaft (so auch Fitting, § 106 BetrVG Rn. 110).

Über den Abschluss eines **Vorvertrages** zum Abschluss eines Kauf- und Übertragungsvertrages ist der Wirtschaftsausschuss schon während der Vertragsverhandlungen in Kenntnis zu setzen. Soll ein due-diligence-Verfahren durchgeführt werden, so ist der Wirtschaftsausschuss hiervon ebenfalls zu unterrichten. **Due-Diligence-Verfahren** (sinngemäß: »im Verkehr erforderliche Sorgfalt«) analysieren Stärken und Schwächen des Unternehmens sowie die entsprechenden Risiken. Die Regelung des § 106 Abs. 3 Nr. 9a wird ergänzt durch § 106 Abs. 2 Satz 2. Diese Vorschrift verpflichtet den Unternehmer zur Vorlage eines Mindestkatalogs von Unterlagen im Falle der Unternehmensübernahme mit Kontrollerwerb. 54
Existieren mehrere potentielle Unternehmenserwerber, so muss der AG dem Wirtschaftsausschuss Angaben zu allen **potentiellen Erwerbern** machen.
Sollten die Unterlagen noch nicht existieren, so sind sie von dem AG des Zielunternehmens zu erstellen und dem Wirtschaftsausschuss zugänglich zu machen.

55 Der AG ist verpflichtet, dem Wirtschaftsausschuss auch **Sonderbilanzen** zum Sonderbetriebsvermögen des Komplementärs mitsamt Sonderbetriebseinnahmen, Sondervergütungen, Sonderbetriebsausgaben vorzulegen. Ausgenommen hiervon sind lediglich die Teile, die den Finanzierungsaufwand, die Belastungen und die persönlichen steuerlichen Verhältnisse des Komplementärs betreffen (LAG Hessen 30.6.2005 – 9 TaBV 175/04).

VII. Streitigkeiten

56 Das ArbG entscheidet im **Beschlussverfahren** über folgende Fragen:

- Zulässigkeit der Bildung eines Wirtschaftsausschusses
- Abgrenzung laufende Geschäftsführung und wirtschaftliche Angelegenheiten

Die **Einigungsstelle** entscheidet bei einem Streit über die Erteilung einer Auskunft nach § 109. Ist zwischen AG und BR streitig, ob überhaupt ein Wirtschaftsausschuss wirksam gebildet worden ist, so wird diese Frage im Rahmen eines Einigungsstellenverfahrens als Vorfrage über die Erteilung einer Auskunft geklärt (LAG Köln 27.5.2016 – 10 TaBV 28/16).

§ 107 Bestellung und Zusammensetzung des Wirtschaftsausschusses

(1) [1]Der Wirtschaftsausschuss besteht aus mindestens drei und höchstens sieben Mitgliedern, die dem Unternehmen angehören müssen, darunter mindestens einem Betriebsratsmitglied. [2]Zu Mitgliedern des Wirtschaftsausschusses können auch die in § 5 Abs. 3 genannten Angestellten bestimmt werden. [3]Die Mitglieder sollen die zur Erfüllung ihrer Aufgaben erforderliche fachliche und persönliche Eignung besitzen.

(2) [1]Die Mitglieder des Wirtschaftsausschusses werden vom Betriebsrat für die Dauer seiner Amtszeit bestimmt. [2]Besteht ein Gesamtbetriebsrat, so bestimmt dieser die Mitglieder des Wirtschaftsausschusses; die Amtszeit der Mitglieder endet in diesem Fall in dem Zeitpunkt, in dem die Amtszeit der Mehrheit der Mitglieder des Gesamtbetriebsrats, die an der Bestimmung mitzuwirken berechtigt waren, abgelaufen ist. [3]Die Mitglieder des Wirtschaftsausschusses können jederzeit abberufen werden; auf die Abberufung sind die Sätze 1 und 2 entsprechend anzuwenden.

(3) [1]Der Betriebsrat kann mit der Mehrheit der Stimmen seiner Mitglieder beschließen, die Aufgaben des Wirtschaftsausschusses einem Ausschuss des Betriebsrats zu übertragen. [2]Die Zahl der Mitglieder des Ausschusses darf die Zahl der Mitglieder des Betriebsausschusses nicht überschreiten. [3]Der Betriebsrat kann jedoch weitere Arbeitnehmer einschließlich der in § 5 Abs. 3 genannten leitenden Angestellten bis zur selben Zahl, wie der Ausschuss Mitglieder hat, in den Ausschuß berufen; für die Beschlussfassung gilt Satz 1. [4]Für die Verschwiegenheitspflicht der in Satz 3 bezeichneten weiteren Arbeitnehmer gilt § 79 entsprechend. [5]Für die Abänderung und den Widerruf der Beschlüsse nach den Sätzen 1 bis 3 sind die gleichen Stimmenmehrheiten erforderlich wie für die Beschlüsse nach den Sätzen 1 bis 3. [6]Ist in einem Unternehmen ein Gesamtbetriebsrat errichtet, so beschließt dieser über die anderweitige Wahrnehmung der Aufgaben des Wirtschaftsausschusses; die Sätze 1 bis 5 gelten entsprechend.

Inhaltsübersicht Rn.

I. Zweck der Regelung

§ 107 regelt **Einzelheiten der Besetzung des Wirtschaftsausschusses**: 1
Wer bestellt den Wirtschaftsausschuss? Wie groß ist der Wirtschaftsausschuss? Welche Rechtsstellung haben die Mitglieder des Wirtschaftsausschusses inne? Wie werden sie bestellt und abberufen und wann endet ihre Amtszeit? Darüber hinaus trifft die Vorschrift Regelungen zur Ersetzung des Wirtschaftsausschusses durch einen Ausschuss des BR.

II. Einzelheiten der Besetzung des Wirtschaftsausschusses

1. Bestellendes Gremium

2 Die Bestellung des Wirtschaftsausschusses richtet sich danach, ob ein BR oder GBR vorhanden ist:

- Besteht im Unternehmen nur ein Betrieb und ist deshalb auch nur **ein BR** gewählt worden, bestimmt dieser die Mitglieder des Wirtschaftsausschusses.
- Existiert bei einem Unternehmen mit mehreren Betrieben ein **GBR**, so ist dieser ausschließlich für die Wahl des Wirtschaftsausschusses zuständig.
- Besteht im Unternehmen mit mehreren Betrieben und gewählten BR kein GBR, obwohl er nach den gesetzlichen Regelungen errichtet werden müsste, kann ein Wirtschaftsausschuss nicht gebildet werden. Ein nicht wirksam gebildeter GBR kann keine wirksame Bestellung von Mitgliedern des Wirtschaftsausschusses vornehmen (LAG Nürnberg 31.3.2009 – 2 TaBV 49/07).
- Hat ein Unternehmen zwei oder mehr Betriebe, ist aber nur in einem Betrieb ein BR gewählt worden, kann ein Wirtschaftsausschuss gebildet werden (LAG Hessen 7.11.1989 – 4 TaBV 18/89, AiB 2006, 173).

Im Falle des Vorliegens **mehrerer Gemeinschaftsbetriebe** können auch BR-Mitglieder, die keinen Arbeitsvertrag mit dem jeweiligen Trägerunternehmen haben, in den GBR eines Trägerunternehmens entsandt werden (Hessisches LAG 11.12.2017 – 16 TaBV 93/17)

3 Der **KBR** kann nach bisheriger Ansicht des BAG keinen Wirtschaftsausschuss errichten (BAG 23.8.1989 – 7 ABR 39/88, AiB 2006, 173). Das BetrVG enthält aber auch kein Verbot eines »Konzernwirtschaftsausschusses«. Rechtlich ist es zulässig, dass der KBR aufgrund einer freiwilligen Vereinbarung mit dem AG einen Konzernwirtschaftsausschuss bildet. Das geschieht in der Praxis häufig. Dieser Konzernwirtschaftsausschuss kann aber den gesetzlich zwingend vorgesehenen Wirtschaftsausschuss auf Gesamtbetriebsratsebene nicht verdrängen.

2. Zahl der Wirtschaftsausschussmitglieder

4 Unabhängig von der Größe des BR oder des GBR besteht der Wirtschaftsausschuss aus mindestens **drei und höchstens sieben** Mitgliedern. Dieser gesetzliche Rahmen ist zwingend und kann weder durch BV noch durch Tarifvertrag abgeändert werden.

Die konkrete Größe des Wirtschaftsausschusses bestimmt allein der BR bzw. GBR. Eine **Zustimmung des AG** oder eine Abstimmung mit dem AG ist nicht erforderlich.
Über die Größe des Wirtschaftsausschusses entscheidet der BR oder GBR durch einfachen Beschluss. Auch die Entsendung der Mitglieder in den Wirtschaftsausschuss erfolgt durch **Beschluss** der Arbeitnehmervertretung. Die Festlegung einer geraden Mitgliederzahl (vier oder sechs) ist rechtlich zulässig.

3. Rechtsstellung der Mitglieder des Wirtschaftsausschusses

Neben der fachlichen und persönlichen Eignung (siehe Rn. 10–13) 5
ist erforderlich, dass alle Mitglieder des Wirtschaftsausschusses dem Unternehmen angehören. Die **Zugehörigkeit zum Unternehmen** ist gegeben, wenn die betreffende Person in die personelle Organisation des Unternehmens eingegliedert ist. Voraussetzung ist nicht, dass diese Personen AN des Unternehmens sind. Eingegliedert sind zum Beispiel auch Heimarbeiter und arbeitnehmerähnliche Personen. **Nicht** in das Unternehmen eingegliedert sind folgende Personen:

- Leiharbeitnehmer, weil diese nur vorübergehend in den Betrieb eingegliedert sind
- Angehörige eines anderen Konzernunternehmens
- Aktionäre
- Gesellschafter einer GmbH
- Genossen einer Genossenschaft
- GmbH-Geschäftsführer
- Geschäftsführende Gesellschafter einer OHG oder KG

Leitende Angestellte im Sinne von § 5 Abs. 3 können Mitglieder des 6
Wirtschaftsausschusses sein. Dies ist im Einzelfall sinnvoll, um sich die besondere Sachkunde dieser Personen nutzbar machen zu können. Sind leitende Angestellte Mitglieder im Wirtschaftsausschuss, kann der Unternehmer diese nicht als seine Vertreter in die Besprechungen mit dem Wirtschaftsausschuss entsenden (DKW, § 107 BetrVG Rn. 9).

Hinweis:
Insbesondere bei einer Betriebsschließung oder sonstigen **Betriebsänderungen** besteht häufig zwischen leitenden und nicht leitenden AN ein gleichlaufendes Interesse. Deshalb kann es im Einzelfall durchaus sinnvoll sein, auch leitende Angestellte in den Wirtschaftsausschuss zu entsenden.

Auch AN **ausländischer Betriebe** des Unternehmens können in den Wirtschaftsausschuss entsandt werden. Ebenso wie Inlandsbeschäftigte gehören sie zum Unternehmen. Die Bildung des Wirtschaftsausschusses ist unternehmens- und nicht etwas betriebsbezogen.

7 Die Mitglieder des Wirtschaftsausschusses werden ehrenamtlich tätig. Für sie gilt das **Behinderungs- und Diskriminierungsverbot** nach § 78 (siehe hierzu ausführlich Rn. 18 und § 78 Rn. 2–3) sowie die **Geheimhaltungspflicht** nach § 79 (ausführlich hierzu die Kommentierung zu § 79 Rn. 3–5). Für ihre Tätigkeit gilt § 37 Abs. 2 und 3. Mitglieder des Wirtschaftsausschusses haben Anspruch auf Aufwendungsersatz im erforderlichen Umfang (zum Verbot der Entgeltminderung für BR siehe hierzu die Kommentierung zu § 37 Rn. 23–24).

4. Besetzung mit Betriebsratsmitgliedern

8 Das Gesetz sieht eine **Mindestrepräsentanz** des BR im Wirtschaftsausschuss vor. Mindestens ein Mitglied des Wirtschaftsausschusses muss dem BR angehören. Bei der Bestellung durch den GBR ist es ausreichend, dass die betreffende Person einem Einzelbetriebsrat angehört.
Ist die gesetzlich vorgesehene Mindestrepräsentanz des BR nicht eingehalten, so ist ein Wirtschaftsausschuss nicht rechtmäßig gebildet; der Unternehmer hat keine entsprechenden Informations- und Beratungsverpflichtungen.
Da es sich um eine gesetzlich vorgesehene Mindestrepräsentanz des BR handelt, kann der Wirtschaftsausschuss auch mit **weiteren BR** besetzt werden. Es ist auch zulässig, dass der Wirtschaftsausschuss nur aus Betriebsräten besteht. Dies ist in der Praxis häufig der Fall, weil für Mitglieder des Wirtschaftsausschusses kein entsprechender Kündigungsschutz vorgesehen ist wie für BR.

9 Da die Mitgliedschaft im BR keine zwingende Voraussetzung für die Mitgliedschaft im Wirtschaftsausschuss ist, kann der **Verlust der Betriebsratsfunktion** nicht automatisch zum Verlust der Mitgliedschaft im Wirtschaftsausschuss führen (anders Fitting, § 107 BetrVG Rn. 9). Vielmehr muss der BR bzw. GBR durch ausdrücklichen Beschluss den betreffenden ehemaligen BR aus dem Wirtschaftsausschuss abberufen. Dies gilt jedenfalls, sofern und solange noch ein BR-Mitglied dem Wirtschaftsausschuss angehört.

5. Fachliche und persönliche Eignung

Nach § 107 Abs. 1 Satz 3 sollen Wirtschaftsausschussmitglieder die zur Erfüllung ihrer Aufgaben erforderliche fachliche und persönliche Eignung besitzen. Hierbei handelt es sich um eine **Sollvorschrift**. Der BR ist nicht daran gehindert, auch Mitglieder des BR in den Wirtschaftsausschuss zu entsenden, denen die erforderliche Sachkunde noch fehlt (LAG Hamm 16.7.2010 – 10 Sa 291/10). Besitzen die in den Wirtschaftsausschuss entsandten BR-Mitglieder keine für ihre Tätigkeit erforderlichen Kenntnisse, so haben sie einen Anspruch auf **Schulungsmaßnahmen** gemäß § 37 Abs. 6 (siehe hierzu ausführlich § 37 Rn. 68 ff.). Zu beachten ist aber, dass der Schulungsanspruch sich nur auf Betriebsratsmitglieder im Wirtschaftsausschuss erstreckt und nicht für Mitglieder des Wirtschaftsausschusses gilt, die **keine BR** sind (LAG Hessen 17.1.2022 – 16 TaBV 121/21). Gehört das Mitglied des Wirtschaftsausschusses nicht dem BR an, besteht nur dann ein Schulungsanspruch, wenn der BR keine AN finden konnte, die bereits über die fachliche Qualifikation verfügen (BAG 11.11.1998 – 7 AZR 491/07; kritisch hierzu DKW, Däubler, § 107 Rn. 32). 10

Nach Ansicht des BAG gehört zur **fachlichen Fähigkeit** das Vermögen, den Jahresabschluss anhand der gegebenen Erläuterungen zu verstehen und gezielte Fragen zu stellen (BAG 18.7.1978 – 1 ABR 34/75, AiB 2003, 30). Andererseits ist darauf zu verweisen, dass eine Formalqualifikation nicht erforderlich ist. Fachlich geeignet ist jedenfalls derjenige, der betriebswirtschaftliche Grundkenntnisse vorweisen kann. Letztlich wird man die fachliche Eignung nicht abstrakt beurteilen können. Mitglieder eines Wirtschaftsausschusses eines Kreditinstitutes verfügen in aller Regel über weitergehende betriebswirtschaftliche Kenntnisse als Mitglieder eines Wirtschaftsausschusses eines mittelständischen Produktionsbetriebs. 11

Bei der **persönlichen Eignung** geht es im Kern um Loyalität und Diskretion. Diese Eignungsmerkmale stehen in unmittelbarem Zusammenhang mit der Tätigkeit im Wirtschaftsausschuss. 12

Der BR oder GBR hat das letzte Entscheidungsrecht und kann unter Ausschöpfung eines **Entscheidungsspielraumes** verbindlich darüber entscheiden, wer zu einem Mitglied des Wirtschaftsausschusses berufen wird. Ein Verstoß gegen die Vorschrift lässt die Wirksamkeit der Mitgliedsbestellung unberührt. Allerdings kann dies Folgen für die Berechtigung des Wirtschaftsausschusses haben, einen Sachverständigen hinzuzuziehen. 13

6. Kosten, Amtszeit, Kündigungsschutz

14 Nach § 107 Abs. 2 Satz 1 werden die Mitglieder des Wirtschaftsausschusses vom BR für die Dauer seiner Amtszeit, also die **Amtszeit des BR**, bestimmt. Die Amtszeit des Wirtschaftsausschusses ist abhängig von der Amtszeit des BR bzw. GBR. Endet die Amtszeit des BR, so endet auch die Amtszeit des Wirtschaftsausschusses. Dies gilt auch für den Fall, dass der BR insgesamt vorzeitig zurücktritt.

Werden die Mitglieder des Wirtschaftsausschusses vom GBR bestimmt, endet die Amtszeit dieser Mitglieder in dem Zeitpunkt, in dem die Amtszeit der Mehrheit der Mitglieder des GBR abgelaufen ist.

15 **Sinkt die Belegschaftsstärke** des Unternehmens nicht nur vorübergehend auf weniger als 101 ständig beschäftigte AN, so endet auch die Amtszeit der Mitglieder des in einem Unternehmen gebildeten Wirtschaftsausschusses. Dies gilt unabhängig von der Amtszeit des BR (BAG 7.4.2004 – 7 ABR 41/03, AiB 2004, 581; andere Ansicht DKW, § 106 BetrVG Rn. 14, der eine entsprechende Anwendung von § 13 befürwortet).

16 BR bzw. GBR können entsandte Mitglieder des Wirtschaftsausschusses wieder abberufen. Hierfür bedarf es eines entsprechenden Beschlusses. Ein besonderer Grund für die **Abberufung** ist nicht erforderlich. Das Mitglied des Wirtschaftsausschusses ist berechtigt, vom Amt zurückzutreten.

Scheidet das Mitglied des Wirtschaftsausschusses aus dem Unternehmen aus, endet damit automatisch auch das Amt im Wirtschaftsausschuss. Die Bestellung zum **leitenden Angestellten** ist für die Mitgliedschaft im Wirtschaftsausschuss hingegen ohne Belang.

17 Mitglieder des Wirtschaftsausschusses unterfallen nicht dem besonderen **Kündigungsschutz nach § 15 KSchG und § 103.** Dies führt in der Praxis häufig dazu, dass in den Wirtschaftsausschuss primär Mitglieder des BR entsandt werden, die über einen entsprechenden Kündigungsschutz verfügen.

18 Der über das Benachteiligungsverbot des § 78 Satz 2 vermittelte Kündigungsschutz ist nicht ausreichend. Tatsächlich sind Konflikte zwischen AG und Wirtschaftsausschuss nicht auszuschließen. Es besteht deshalb ein Bedürfnis dafür, das **Benachteiligungsverbot** in § 78 Satz 2 weit auszulegen. Mit einer in der Literatur vertretenen Ansicht umfasst der Kündigungsschutz die folgenden Aspekte:

- Kündigungen wegen der Tätigkeit und wegen der Mitgliedschaft im Wirtschaftsausschuss sind unwirksam.

- Es spricht eine **widerlegbare Vermutung** dafür, dass ein Zusammenhang mit der Tätigkeit im Wirtschaftsausschuss besteht, wenn das Mitglied des Wirtschaftsausschusses während der Amtszeit oder im unmittelbaren Anschluss hieran gekündigt wird.
- Darlegungs- und beweisbelastet für die Vermutungswiderlegung ist der AG.

19 Eine höchstrichterliche Entscheidung zum Kündigungsschutz von Mitgliedern des Wirtschaftsausschusses ist bislang noch nicht ergangen (siehe hierzu ausführlich DKW, § 107 BetrVG Rn. 33 mit weiteren Nachweisen).

20 Die durch die Tätigkeit des Wirtschaftsausschusses entstehenden **Kosten** trägt der AG in entsprechender Anwendung des § 40 (BAG 17.10.1990 – 7 ABR 69/89). In der zitierten Entscheidung hat das BAG herausgestellt, dass der Wirtschaftsausschuss selbst pflichtgemäß zu entscheiden hat, ob eine Protokollführung in der Sitzung durch eines der Mitglieder des Wirtschaftsausschusses oder mit Hilfe einer vom AG zur Verfügung zu stellenden Bürokraft erfolgen soll.

7. Ausschuss des BR für wirtschaftliche Angelegenheiten

21 Der BR kann Aufgaben des Wirtschaftsausschusses auf einen von ihm gebildeten Ausschuss übertragen. Der Ausschuss ist nach **§ 28** zu bilden. Der Ausschuss kann aber nicht neben einem Wirtschaftsausschuss gebildet werden; über die Bildung des Ausschusses kann also die Zahl der Mitglieder des Wirtschaftsausschusses nicht erhöht werden.
§ 107 Abs. 3 stellt hinsichtlich der Höchstzahl der Ausschussmitglieder auf den Betriebsausschuss ab. Deshalb kann der Ausschuss des BR für wirtschaftliche Angelegenheiten nur in Betrieben bestellt werden, in denen ein Betriebsausschuss nach § 27 Abs. 1 zu bilden ist. Voraussetzung ist also ein **BR von neun oder mehr Mitgliedern**.
Besteht kein Betriebsausschuss bzw. kein Gesamtbetriebsausschuss, weil die erforderliche Arbeitnehmeranzahl nicht gegeben ist, kann der BR nach § 107 Abs. 3 keinen Ausschuss in wirtschaftlichen Angelegenheiten bilden.
Auf Ebene des **GBR** ist erforderlich, dass ein Gesamtbetriebsausschuss gebildet werden kann.
Die Ersetzung des Wirtschaftsausschusses durch einen Ausschuss des BR bzw. GBR bedarf eines ausdrücklichen Betriebsratsbeschlusses. Erforderlich ist die **absolute Stimmenmehrheit**.

22 Der Ausschuss für wirtschaftliche Angelegenheiten des BR setzt sich ausschließlich aus BR-Mitgliedern zusammen. Die Zahl der Ausschussmitglieder darf die des Betriebsausschusses nicht übersteigen.
Der BR bzw. der GBR hat aber die Möglichkeit, weitere AN hinzu zu wählen. Diese AN müssen nicht dem BR angehören und können auch leitende Angestellte im Sinne von § 5 Abs. 3 sein. Die **Höchstzahl** der Ausschussmitglieder beträgt 22.

> **Beispiel:**
> Der BR besteht aus neun Mitgliedern. Es wurde ein Betriebsausschuss aus fünf Mitgliedern gebildet. Der Ausschuss für wirtschaftliche Angelegenheiten besteht also aus bis zu fünf Mitgliedern. Er kann auf zehn Mitglieder aufgestockt werden. Der Betriebsausschuss nach § 27 besteht aus höchstens elf Mitgliedern. Unter Berücksichtigung der Aufstockungsmöglichkeit besteht deshalb die Höchstzahl der Mitglieder des Ausschusses bei 22 Mitgliedern.

8. Streitigkeiten

23 Das ArbG entscheidet im **Beschlussverfahren** über folgende Angelegenheiten:

- Errichtung des Wirtschaftsausschusses
- Zusammensetzung des Wirtschaftsausschusses
- Amtszeit des Wirtschaftsausschusses
- Größe des Wirtschaftsausschusses
- Kostentragung durch den Unternehmer

Beteiligter im Beschlussverfahren ist der BR bzw. GBR, nicht jedoch der Wirtschaftsausschuss.
Lohn- und Gehaltsansprüche und Ansprüche auf Freizeitausgleich sind von den Mitgliedern des Wirtschaftsausschusses individualrechtlich im Urteilsverfahren geltend zu machen.

§ 108 Sitzungen

(1) Der Wirtschaftsausschuss soll monatlich einmal zusammentreten.
(2) [1]An den Sitzungen des Wirtschaftsausschusses hat der Unternehmer oder sein Vertreter teilzunehmen. [2]Er kann sachkundige Arbeitnehmer des Unternehmens einschließlich der in § 5 Abs. 3 genannten Angestellten hinzuziehen. [3]Für die Hinzuziehung und die

Verschwiegenheitspflicht von Sachverständigen gilt § 80 Abs. 3 und 4 entsprechend.

(3) Die Mitglieder des Wirtschaftsausschusses sind berechtigt, in die nach § 106 Abs. 2 vorzulegenden Unterlagen Einsicht zu nehmen.

(4) Der Wirtschaftsausschuss hat über jede Sitzung dem Betriebsrat unverzüglich und vollständig zu berichten.

(5) Der Jahresabschluss ist dem Wirtschaftsausschuss unter Beteiligung des Betriebsrats zu erläutern.

(6) Hat der Betriebsrat oder der Gesamtbetriebsrat eine anderweitige Wahrnehmung der Aufgaben des Wirtschaftsausschusses beschlossen, so gelten die Absätze 1 bis 5 entsprechend.

Inhaltsübersicht Rn.

I. Zweck der Regelung

§ 108 enthält **organisatorische Regelungen** über die Sitzungen des Wirtschaftsausschusses: 1

- Wie oft müssen Sitzungen stattfinden?
- Wer darf hieran teilnehmen?
- Wer darf hinzugezogen werden?
- Wem muss der Wirtschaftsausschuss berichten?

Darüber hinaus enthält die Vorschrift Regelungen zur **Einsichtnahme** in vorzulegende Unterlagen, insbesondere zum Jahresabschluss.

II. Die Wirtschaftsausschusssitzung

1. Sitzungsrhythmus

2 Das Gesetz sieht einen monatlichen Sitzungsrhythmus vor. Hierbei handelt es sich aber um eine **Sollvorschrift**. Dies bedeutet nicht, dass die Regelung des § 108 Abs. 1 unbeachtlich wäre. Sie enthält eine Rechtspflicht zur Einhaltung des regelmäßigen Sitzungsrhythmus. Allerdings kann der Wirtschaftsausschuss hiervon nach pflichtgemäßem Ermessen abweichen.

Besteht Beratungsbedarf oder Informationsbedarf, kann der Wirtschaftsausschuss seine Sitzungen auch in **kürzeren Zeitabständen** durchführen. Dies gilt insbesondere dann, wenn ansonsten eine ordnungsgemäße und rechtzeitige Information des Wirtschaftsausschusses und eine sich daran anschließende Beratung des BR vor Durchführung der beabsichtigten Maßnahme nicht mehr gewährleistet sind.

> **Hinweis:**
> Insbesondere bei bevorstehenden **Betriebsänderungen** nach § 111 sollte ein kürzerer Zeitabschnitt zwischen den einzelnen Sitzungen gewählt werden, um den BR noch rechtzeitig vor Aufnahme der Verhandlungen über einen Interessenausgleich und Sozialplan unterrichten zu können.

Besteht kein Informations- und / oder Beratungsbedarf, können auch **längere Intervalle** vorgesehen werden. Die jeweiligen Sitzungstermine müssen zwischen den Mitgliedern des Wirtschaftsausschusses abgesprochen werden. Darüber hinaus ist es sinnvoll, dem AG den Zeitpunkt der nächsten Wirtschaftsausschusssitzung sowie anstehende Themen, die der Wirtschaftssauschuss behandeln möchte, im Voraus mitzuteilen. Der **AG** nimmt an den Sitzungen des Wirtschaftsausschusses teil.

2. Geschäftsführung

3 Der Gesetzgeber hat dem Wirtschaftsausschuss **weitgehende Gestaltungsmöglichkeiten** bei seiner Geschäftsführung eingeräumt. Der Wirtschaftsausschuss ist berechtigt, die Geschäftsführung so zu organisieren und zu gestalten, dass er seine Aufgaben und Funktionen möglichst erfolgreich erfüllen kann.

4 Der Wirtschaftsausschuss kann sich eine **Geschäftsordnung** geben (ein entsprechendes Muster findet sich in DKWF, §§ 106–109 BetrVG Rn. 2 ff.). Sinnvollerweise regelt der Wirtschaftsausschuss in dieser Geschäftsordnung die Frage, wer mit welcher Tagesordnung zu den

Sitzungen einlädt und wer den Vorsitz übernimmt. Die Bestimmung eines **Vorsitzenden** des Wirtschaftsausschusses ist gesetzlich zwingend nicht vorgesehen, jedoch sinnvoll. Im Rahmen der Geschäftsordnung können bestimmte Aufgaben des Wirtschaftsausschusses auf einzelne Mitglieder delegiert werden.

3. Sitzungen

Die Mitglieder des Wirtschaftsausschusses müssen die Möglichkeit 5
haben, sich auf dessen Sitzungen gründlich vorzubereiten, weil sie ansonsten ihrer Beratungsaufgabe nicht nachkommen können. **Umfangreiche Daten** und Zahlen muss der AG bereits vor der Sitzung vorlegen, damit die Mitglieder des Wirtschaftsausschusses sich hierauf vorbereiten können. Ohne Zustimmung des AG dürfen die Mitglieder des Wirtschaftsausschusses sich von den Unterlagen aber keine **Kopien** anfertigen (BAG 20.11.1984 – 1 ABR 64/82, AiB 1985, 128–128).
Dem Wirtschaftsausschuss ist anzuraten, eine **(Rumpf-) Tagesordnung** aufzustellen, die die einzelnen Punkte der wirtschaftlichen Angelegenheiten nach § 106 Abs. 3 umfasst und abarbeitet und diese Tagesordnung dann jeweils um aktuelle Themen des Unternehmens zu ergänzen.

Die Sitzungen des Wirtschaftsausschusses sind nicht öffentlich. Deshalb 6
dürfen nur Personen anwesend sein, die zur Teilnahme berechtigt sind. Die Regelungen zur Betriebsratssitzung (§ 30) gelten entsprechend.

Die Sitzungen finden während der **Arbeitszeit** statt. Auch die Vorbe- 7
reitung und Nachbereitung der Wirtschaftsausschusssitzungen erfolgt während der Arbeitszeit (siehe hierzu in DKW, § 108 BetrVG Rn. 12). Findet die Sitzung des Wirtschaftsausschusses außerhalb der individuellen Arbeitszeit statt, dann sind die betroffenen Mitglieder des Wirtschaftsausschusses – unter Fortzahlung ihres Arbeitsentgelts – von der Verpflichtung zu befreien, ihre Arbeitsleistung zu erbringen. Ist dies aus betrieblichen Gründen nicht möglich, ist die für die Teilnahme an der Wirtschaftsausschusssitzung aufgewandte Zeit zu vergüten (siehe § 37).

4. Teilnahme der Gewerkschaft

Ein Gewerkschaftssekretär kann an den Sitzungen des Wirtschaftsaus- 8
schusses beratend teilnehmen (ArbG Ludwigshafen 22.4.1988 – 1 BV 18/88, AiB 1988, 220). Die Teilnahme eines Gewerkschaftsbeauftragten kann nur für eine bestimmte Sitzung des Wirtschaftsausschusses beschlossen werden. Eine **generelle Einladung** zu allen Sitzungen des

Wirtschaftsausschusses ist nach bisheriger Rechtsprechung des BAG unzulässig (BAG 25.6.1987 – 6 ABR 45/85, AiB 2006, 174).
Es dürfte aber zulässig sein, die Hinzuziehung eines Gewerkschaftsbeauftragten wiederkehrend regelmäßig zu einzelnen Sitzungen des Wirtschaftsausschusses zu beschließen.

9 Folgende **Voraussetzungen** für die Teilnahme eines Gewerkschaftsbeauftragten müssen kumulativ vorliegen:

- Die Gewerkschaft muss im BR vertreten sein, zumindest in einem Einzelbetriebsrat, wenn der GBR den Wirtschaftsausschuss bestellt hat.
- Ein Viertel der Mitglieder des BR oder GBR hat die Hinzuziehung beantragt oder ein entsprechender Beschluss des BR oder GBR liegt vor.

10 Der hinzugezogene Gewerkschaftsvertreter ist ebenso zur **Geheimhaltung** verpflichtet wie die Mitglieder des Wirtschaftsausschusses. Deshalb ist die Unterrichtungspflicht des AG durch die Anwesenheit eines Gewerkschaftsbeauftragten auch nicht eingeschränkt.

5. Teilnahme des Unternehmers

11 Der Unternehmer ist verpflichtet, an Sitzungen des Wirtschaftsausschusses teilzunehmen. Der Wirtschaftsausschuss ist berechtigt, zur **Vorbereitung** einer gemeinsamen Sitzung des Wirtschaftsausschusses mit dem Unternehmer auch ohne diesen zu einer Sitzung zusammenzutreten (BAG 16.3.1982 – 1 AZR 406/80, AiB 2003, 28).

12 **Unternehmer** im Sinne dieser Vorschrift ist entweder der Inhaber des einzelkaufmännischen Unternehmens oder bei juristischen Personen das zur gesetzlichen Vertretung berechtigte Organ. Dies sind:

- Geschäftsführer einer GmbH
- Geschäftsführender Gesellschafter einer OHG oder KG
- Vorstand einer Aktiengesellschaft

Verweigert der AG die Teilnahme an den Sitzungen des Wirtschaftsausschusses, so kann hierin ein grober Pflichtenverstoß im Sinne von § 23 Abs. 3 liegen.

13 Der Unternehmer kann sich in der Sitzung des Wirtschaftsausschusses vertreten lassen, allerdings nicht von jeder Person. **Vertreter** des Unternehmers ist diejenige Person, die nach Satzung, Geschäftsordnung oder Organisation des Unternehmens allgemein als rangnächste in der Unternehmenshierarchie anstelle des Unternehmers die Verantwortung trägt (siehe hierzu DKW, § 108 BetrVG Rn. 11). Insbesondere reicht die Entsendung eines Bevollmächtigten, der nicht in der Lage ist, die

vorgeschriebenen Informationen und Beratungen vorzunehmen, nicht aus. Darüber hinaus muss der Wirtschaftsausschuss es nicht hinnehmen, dass der Unternehmer ständig einen Vertreter schickt, ohne dass tatsächlich ein Vertretungsfall vorliegt. Ein derartiges Verhalten wäre ein Pflichtenverstoß, der bei einer gewissen Beharrlichkeit zu einem Unterlassungsanspruch nach § 23 Abs. 3 führen könnte.

6. Teilnahme der Schwerbehindertenvertretung und der JAV

14 Die Schwerbehindertenvertretung ist berechtigt, an Sitzungen des Wirtschaftsausschusses beratend teilzunehmen (BAG 4.6.1987 – 6 ABR 70/85, AiB 2003, 28). Sie ist zu den einzelnen Sitzungen zu laden.

15 Ob und inwieweit die JAV ein Teilnahmerecht hat, ist umstritten und bislang noch nicht höchstrichterlich entschieden. Da der Wirtschaftsausschuss nach seiner gesetzlichen Konzeption ein Ausschuss des BR bzw. des GBR ist, ist ein Teilnahmerecht der Jugend- und Auszubildendenvertretung zu bejahen.

7. Hinzuziehung sachkundiger AN

16 Der Unternehmer hat das Recht, zur Sitzung des Wirtschaftsausschusses sachkundige AN des Unternehmens hinzuzuziehen. Wen er im Einzelfall hinzuzieht, liegt im **Ermessen** des AG. Dies betrifft auch die Frage, zu welchen Einzelaspekten ggf. sachkundige AN hinzugezogen werden sollen.

17 Nach dem Wortlaut der Vorschrift hat ausschließlich der Unternehmer das Recht, sachkundige AN heranzuziehen. Umstritten und höchstrichterlich nicht geklärt ist die Frage, ob auch der **Wirtschaftsausschuss** sachkundige AN zur Aufgabenerfüllung heranziehen kann. Mit Zustimmung des Unternehmers ist dies ohne weiteres möglich. Sinnvollerweise wird man den Wirtschaftsausschuss für berechtigt halten müssen, **interne sachkundige AN** zur Erläuterung und Informationserteilung hinzuzuziehen. Mit Blick auf die beratende Funktion des Wirtschaftsausschusses ist es sinnvoll, § 80 Abs. 2 Satz 3 insoweit analog anzuwenden. Der AG hat hiernach dem Wirtschaftsausschuss sachkundige AN als Auskunftspersonen zur Verfügung zu stellen. Er muss die Vorschläge des BR berücksichtigen und kann die Hinzuziehung nur verweigern, soweit betriebliche Notwendigkeiten dem entgegenstehen.

8. Hinzuziehung von externen Sachverständigen

18 Für die Hinzuziehung eines externen Sachverständigen gilt § 80 Abs. 3 entsprechend. Voraussetzung hierfür ist, dass

- die Beratung sich auf die gesetzlichen Aufgaben des Wirtschaftsausschusses bezieht,
- die Beratung zur Erfüllung der Aufgaben erforderlich ist und
- die Hinzuziehung in einer näheren Vereinbarung mit dem AG geregelt ist.

19 Verweigert der AG die Hinzuziehung eines Sachverständigen, so entscheidet das ArbG im Beschlussverfahren (BAG 18.7.1978 – 1 ABR 34/75, AiB 2003, 33). Da die Mitglieder des Wirtschaftsausschusses grundsätzlich und im Regelfall über die zur Wahrnehmung ihrer Aufgaben erforderlichen fachlichen Kenntnisse verfügen müssen, gelten nach Rechtsprechung des BAG **strenge Maßstäbe** für die Hinzuziehung eines externen Sachverständigen. Hiernach ist die Beauftragung eines externen Sachverständigen erst dann zulässig, wenn alle Möglichkeiten innerhalb des Unternehmens zum Erkenntnisgewinn ausgeschöpft worden sind (dagegen DKW, § 108 BetrVG Rn. 25).

> **Hinweis:**
> Die Hinzuziehung eines Sachverständigen gilt als erforderlich, wenn der Wirtschaftsausschuss bei der Wahrnehmung seiner Aufgaben die Einführung oder Anwendung von **künstlicher Intelligenz** zu beurteilen hat (siehe hierzu § 80 Rn. 30–31). Die entsprechende Regelung in § 80 Abs. 3 Satz 2 gilt zwar unmittelbar nur für den BR. Diese Vorschrift ist aber auf den Wirtschaftsausschuss entsprechend anwendbar.

20 Ebenso wie alle Mitglieder des Wirtschaftsausschusses unterliegt auch der Sachverständige der **Geheimhaltungspflicht** nach § 79.

Die Beauftragung einer sachverständigen Person setzt eine ordnungsgemäße **Beschlussfassung** des Wirtschaftsausschusses voraus (LAG Berlin-Brandenburg 20.1.2015 – 7 TaBV 2158/14). Der Wirtschaftsausschuss ist ein Hilfsorgan des BR. Die Grundregeln über die Organisation und Geschäftsführung des BR sind, soweit erforderlich, beim Wirtschaftsausschuss entsprechend anzuwenden (LAG Berlin-Brandenburg 20.1.2015 – 7 TaBV 2158/14). Mit dem Beschluss trifft der Wirtschaftsausschuss die notwendige Entscheidung darüber, ob er die Hinzuziehung eines Sachverständigen für die Wahrnehmung seiner Aufgaben für erforderlich hält oder nicht.

Zu dem Beschluss gehört zunächst die Feststellung, dass ein externer Sachverständiger hinzugezogen werden soll. Mit dem Beschluss sollte aber zugleich auch der konkrete **Gegenstand** der beabsichtigten gutachterlichen Tätigkeit des Sachverständigen vom BR festgelegt werden.

9. Einsicht in Unterlagen

Nach § 106 Abs. 2 ist der Unternehmer verpflichtet, den Wirtschaftsausschuss rechtzeitig und umfassend über wirtschaftliche Angelegenheiten des Unternehmens zu unterrichten. Er hat hierbei die erforderlichen Unterlagen vorzulegen. § 108 Abs. 3 ergänzt diese Verpflichtung, indem bestimmt wird, dass den Mitgliedern des Wirtschaftsausschusses Einblick in die Unterlagen zu gewähren ist. Das Einsichtsrecht steht **jedem Mitglied** des Wirtschaftsausschusses zu, nicht nur dem Vorsitzenden. 21

Bei umfangreichen Unterlagen ist der Unternehmer verpflichtet, diese dem Wirtschaftsausschuss auch vor der Sitzung auszuhändigen (BAG 20.11.1984 – 1 ABR 64/82, AiB 1985, 128–128). 22

Diese Unterlagen müssen in der Wirtschaftsausschusssitzung zur Verfügung stehen. Nicht ausreichend ist es, wenn anhand von **Overhead-Folien oder PowerPoint-Präsentationen** die Unterrichtung des Wirtschaftsausschusses erfolgt und in diesen Dokumenten lediglich auf bestimmte Unterlagen verwiesen wird. Zu den vorzulegenden Unterlagen gehören grundsätzlich auch **elektronische Dateien**, wenn sie üblicherweise im Betrieb genutzt werden (LAG Köln 10.3.2017 – 9 TaBV 17/16); im Streitfall entscheidet die Einigungsstelle (BAG 12.2.2019 – 1 ABR 37/17). Sind die vom Wirtschaftsausschuss gewünschten Berichte vom Umfang her so überschaubar, dass dessen Informationsanspruch durch die Überlassung dieser Berichte in Papierform problemlos erfüllt werden kann, ist der AG trotz anderweitiger betrieblicher Übung nicht verpflichtet, dem Wirtschaftsausschuss diese Informationen in elektronischer Form zur Verfügung zu stellen (LAG Köln 10.3.2017 --9 TaBV 17/16).

Vollständige Abschriften der Unterlagen dürfen vom Wirtschaftsausschuss nicht angefertigt werden. Allerdings ist es zulässig, sich **Notizen** zu machen. Eine präzise und allgemein gültige Grenzziehung ist nicht möglich. Es kommt auf die Umstände des Einzelfalls an. 23

10. Bericht an den BR

Eine wesentliche Aufgabe des Wirtschaftsausschusses besteht darin, den BR zu beraten und mit ihm zusammenzuarbeiten. Deshalb ist der Wirtschaftsausschuss zu **unverzüglicher und vollständiger Berichterstattung** über jede stattgefundene Sitzung verpflichtet. 24

25 Erforderlich ist grundsätzlich eine Unterrichtung durch **alle Mitglieder** des Wirtschaftsausschusses. Nur ausnahmsweise und mit Zustimmung des BR oder GBR ist die Unterrichtung durch ein einzelnes Mitglied des Wirtschaftsausschusses statthaft. Nicht ausreichend ist es, dem BR lediglich eine Sitzungsniederschrift der Sitzung des Wirtschaftsausschusses zu übersenden.

26 Besteht ein **GBR**, so ist dieser zu unterrichten. Die einzelnen BR müssen nur dann unterrichtet werden, wenn sie nicht im GBR vertreten sind oder es sich um Maßnahmen handelt, die in spezieller Hinsicht einen bestimmten Betrieb betreffen.

27 Die Unterrichtung muss vollständig erfolgen. Dies umfasst auch **Betriebs- und Geschäftsgeheimnisse**. Diese müssen dem BR oder GBR mitgeteilt werden. Eine **Schweigepflicht** des Wirtschaftsausschusses gegenüber dem BR oder GBR besteht nicht. Allerdings muss der Wirtschaftsausschuss mitteilen, welche Auskünfte der Unternehmer als geheimhaltungsbedürftig gekennzeichnet hat. Und selbstverständlich sind die BR-Mitglieder bzw. GBR-Mitglieder ihrerseits zur Geheimhaltung verpflichtet. Die Information des BR / GBR kann auch mittels eines vom Wirtschaftausschuss erstellten **Protokolls** erfolgen, dessen Inhalte dann in einer Betriebsratssitzung näher erläutert werden können.

III. Erläuterung des Jahresabschlusses

28 Der Unternehmer selbst oder ein bevollmächtigter Vertreter muss dem Wirtschaftsausschuss unter Beteiligung des BR den **Jahresabschluss** erläutern. Folgende Dokumente und Unterlagen unterfallen der Verpflichtung nach § 108 Abs. 5:

- Jahresbilanz (Handelsbilanz)
- Gewinn- und Verlustrechnung (§ 242 Abs. 3 HGB)
- Lagebericht (§ 289 HGB)
- Konzernabschluss bei konzerngebundenen Unternehmen
- Wirtschaftsprüferbericht nach § 321 HGB
- Steuerbilanz – sofern sie von der Handelsbilanz abweicht

29 Die Erläuterung des Jahresabschlusses erfolgt unter Vorlage der entsprechenden Unterlagen. Ohne die entsprechenden Unterlagen ist eine Erläuterung der Einzelpositionen nicht praktikabel.
Nicht ausreichend ist es, den Jahresabschluss lediglich durch Overhead-Folien oder PowerPoint-Präsentationen zu visualisieren. Dies entspricht nicht dem Begriff der Erläuterung. Die Mitglieder des Wirtschaftsausschusses können **Fragen** stellen und sich Notizen und **Aufzeichnungen** machen.

Zulässig ist es auch, dass der Wirtschaftsausschuss sachkundige AN zur Erläuterung einzelner Positionen hinzuzieht.

Nähere Vorschriften zu **Form und Frist** der Erläuterung enthält das Gesetz nicht. Ganz überwiegend wird angenommen, dass der Unternehmer den Jahresabschluss zu erläutern hat, sobald er fertig gestellt und das Testat der Abschlussprüfer erteilt ist. Nicht erforderlich ist, dass der Jahresabschluss schon durch die Gesellschaftsorgane festgestellt worden ist (so auch DKW, § 108 BetrVG Rn. 38). 30

Bei der Erläuterung ist der BR bzw. der GBR hinzuzuziehen. Der KBR ist nicht zu beteiligen, jedoch der zuständige BR der Konzernobergesellschaft. 31

IV. Streitigkeiten

Das **ArbG** entscheidet über folgende Streitigkeiten: 32

- Geschäftsführung des Wirtschaftsausschusses
- Ordnungsgemäßheit der Unterrichtung durch den Unternehmer
- Hinzuziehung eines Sachverständigen
- Einsichtnahme in Unterlagen und
- Verfahren nach § 23 Abs. 3 bei arbeitgeberseitigen Pflichtverletzungen

Beteiligte des Beschlussverfahrens sind der AG und der BR bzw. der GBR. Der Wirtschaftsausschuss ist nicht Beteiligter.

Die **Einigungsstelle** entscheidet 33

- über die Verpflichtung des Unternehmers zur Erteilung einer konkreten Auskunft und
- über den Umfang der zu erteilenden Auskunft.

§ 109 Beilegung von Meinungsverschiedenheiten

[1]Wird eine Auskunft über wirtschaftliche Angelegenheiten des Unternehmens im Sinn des § 106 entgegen dem Verlangen des Wirtschaftsausschusses nicht, nicht rechtzeitig oder nur ungenügend erteilt und kommt hierüber zwischen Unternehmer und Betriebsrat eine Einigung nicht zustande, so entscheidet die Einigungsstelle. [2]Der Spruch der Einigungsstelle ersetzt die Einigung zwischen Arbeitgeber und Betriebsrat. [3]Die Einigungsstelle kann, wenn dies für ihre Entscheidung erforderlich ist, Sachverständige anhören; § 80 Abs. 4 gilt entsprechend. [4]Hat der Betriebsrat oder der Gesamtbetriebsrat eine anderweitige Wahrnehmung der Aufgaben des Wirtschaftsausschusses beschlossen, so gilt Satz 1 entsprechend.

Inhaltsübersicht Rn.

I. Zweck der Regelung

1 Streiten Wirtschaftsausschuss und AG über die Erfüllung der nach § 106 bestehenden Auskunftspflicht, so soll über eine **Einigungsstelle** eine unternehmensinterne Streitschlichtung erfolgen. § 109 trifft Regelungen zu folgenden Fragen:

- In welchen Fällen ist die Einigungsstelle zuständig?
- Welche Wirkung hat der Spruch einer Einigungsstelle?
- Wie ist das Verfahren bis zur Entscheidung der Einigungsstelle durchzuführen?

II. Sanktionsmöglichkeiten, Streitauflösung

1. Die Zuständigkeit der Einigungsstelle

2 Erteilt der AG eine Auskunft über wirtschaftliche Angelegenheiten des Unternehmens entgegen dem Verlangen des Wirtschaftsausschusses nicht, nicht rechtzeitig oder nur ungenügend, entscheidet die Einigungsstelle nach § 109, wenn der Wirtschaftsausschuss auf seinem Verlangen beharrt (vgl. ausführlich DKW, § 109 BetrVG Rn. 2 ff.). Voraussetzung für die Entscheidung der Einigungsstelle ist ein **konkretes Auskunftsverlangen** des Wirtschaftsausschusses. In Verhandlungen des BR mit dem AG kann dieses Auskunftsverlangen aber noch konkretisiert werden. Ohne konkretes Auskunftsverlangen ist eine Zuständigkeit der Einigungsstelle nach § 109 nicht begründet (LAG Berlin-Brandenburg 30.3.2012 – 10 TaBV 2362/11; so auch LAG Hamburg 12.6.2013 – 6 TaBV 9/13). Dieser Umstand spielt bei der **gerichtlichen Einsetzung einer Einigungsstelle** nach § 100 ArbGG eine besondere Bedeutung. Der BR bzw. der vom BR beauftragte Rechtsanwalt muss den Antrag auf Einrichtung einer Einigungsstelle konkret auf das Auskunftsersuchen abstimmen. Ein allgemeiner Antrag auf Unterrichtung des Wirtschaftsausschusses unter Vorlage von Unterlagen ist zu unbestimmt und damit unzulässig (LAG Hamm 14.9.2009 – 13 TaBV 74/09).

Achtung: Die Entscheidung darüber, ob ein Einigungsstellenverfahren eingeleitet wird oder nicht, obliegt nicht dem Wirtschaftsausschuss, sondern dem BR (BAG 17.12.2019 – 1 ABR 25/18). Fehlt dieser Beschluss, ist die vom Wirtschaftsausschuss angerufene Einigungsstelle offensichtlich unzuständig. Eines Beschlusses des Wirtschaftsausschusses bedarf es nicht; der Wirtschaftsausschuss ist an die **Entscheidung des BR** über die Einleitung eines Einigungsstellenverfahrens gebunden.

Hinweis: 3
Folgende Formalien müssen also erfüllt sein:
- Konkretes Auskunftsverlangen des Wirtschaftsausschusses oder des BR und
- Beschluss des BR über die Einleitung des Einigungsstellenverfahrens nach § 109

Die Frage, ob **Geheimhaltungsinteressen** des Unternehmens einer Vorlage entsprechender Unterlagen entgegenstehen, ist nicht im Bestellungsverfahren nach § 100 ArbGG zu prüfen. Hierüber entscheidet die Einigungsstelle in eigener Zuständigkeit mit der Folge, dass behauptete Geheimhaltungsinteressen der gerichtlichen Bestellung einer Einigungsstelle nicht entgegenstehen können (ebenso LAG Köln 14.1.2004 – 8 TaBV 72/03, AiB 2006, 175 und BAG 17.12.2019 – 1 ABR 25/18). Will der AG sich in der Eingungsstelle auf die Gefährdung von Geschäftsgeheimnissen berufen, muss er dies **glaubhaft machen**; er muss das Geschäftsgeheimnis gegenüber der Einigungsstelle aber nicht offenbaren (DKW, § 109 BetrVG Rn. 4).

Die Einigungsstelle stellt im Rahmen des Verfahrens nach § 109 nicht 4
fest, ob der AG in der **Vergangenheit** den Wirtschaftsausschuss ordnungsgemäß und umfassend und rechtzeitig informiert hat. Die Einigungsstelle entscheidet ausschließlich über ein bestimmtes Auskunftsverlangen im jeweiligen Einzelfall für die Zukunft (LAG Hamm 30.4.2010 – 13 TaBV 94/09).

Bleibt der AG nur **untätig** und unterrichtet er entgegen § 106 Abs. 2 den 5
Wirtschaftsausschuss überhaupt nicht, so ist die Einigungsstelle nicht zuständig. Streiten Unternehmer und Wirtschaftsausschuss darüber, ob eine Auskunft überhaupt zu den wirtschaftlichen Angelegenheiten des Unternehmens zählt, besteht ebenfalls keine Zuständigkeit der Einigungsstelle. In diesen Fällen entscheidet das **ArbG im Beschlussverfahren**. Die dortige rechtskräftige Entscheidung ist für die Einigungsstelle verbindlich.

6 Eine **Zuständigkeit der Einigungsstelle** besteht darüber hinaus in folgenden Fällen:

- Art und Weise der Auskuftserteilung (BAG 12.2.2019 – 1 ABR 37/17
- Einsichtsrecht in Unterlagen nach § 108 Abs. 3
- Erläuterung des Jahresabschlusses nach § 108 Abs. 5
- Verpflichtung des AG zur Vorlage des Wirtschaftsprüfungsberichtes

Hinweis:
Die Einigungsstelle ist nicht nur zuständig für die Frage, ob der AG dem Wirtschaftsausschuss die begehrte Auskunft erteilen muss, sondern auch für die Frage, in welcher Form und an wen genau er diese Auskünfte zu erteilen hat und wann die Unterlagen vorzulegen sind. Insbesondere die Frage, ob die Vorlage der Unterlagen in Papierform oder aber in elektronischer Form zu erfolgen hat, gehört vor die Einigungsstelle; das ArbG ist hierfür nicht zuständig.

2. Die Anrufung der Einigungsstelle

7 Der Wirtschaftsausschuss selbst kann die Einigungsstelle nicht anrufen. Dieses Recht steht auf Arbeitnehmerseite lediglich dem BR bzw. dem GBR zu (LAG Hamm 18.7.2007 – 10 TaBV 71/07), je nachdem bei welchem Gremium der Wirtschaftsausschuss gebildet ist. Der Wirtschaftsausschuss muss sich also an den BR bzw. GBR wenden. Hält die **Arbeitnehmervertretung** das Verlangen des Wirtschaftsausschusses für berechtigt, so sind zunächst Verhandlungen mit dem Unternehmer zu führen. Auch der BR, der nur noch ein **Restmandat** nach § 21b wahrnimmt, kann die Einigungsstelle anrufen. Der Wirtschaftsausschuss existiert auch in der »Restmandatsphase« des BR (LAG Berlin-Brandenburg 23.7.2015 – 26 TaBV 857/15).

8 Voraussetzung für die Anrufung der Einigungsstelle ist u. a. ein ordnungsgemäßer **Betriebsratsbeschluss.** Dieser muss nach § 33 mit der Mehrheit der Stimmen der anwesenden Mitglieder gefasst werden. Ein (wirksamer) **Beschluss des Wirtschaftsausschusses** über sein Auskunftsverlangen oder die Anrufung der Einigungsstelle ist für die Einleitung des Einigungsstellenverfahrens nicht erforderlich (BAG 17.12.2019 – 1 ABR 25/18).

9 Vor Einleitung des Einigungsstellenverfahrens ist zwischen dem BR bzw. GBR und dem Unternehmer ein **Einigungsversuch** durchzuführen. Erst wenn in diesem Verfahren keine Einigung zustande kommt, kann das Einigungsstellenverfahren eingeleitet werden. Verständigen sich Unternehmer und BR bzw. GBR, so ist diese Einigung auch für den

Wirtschaftsausschuss bindend. Soweit eine Einigung erzielt wird, besteht keine Zuständigkeit der Einigungsstelle. Die Einigung zwischen Unternehmen und Arbeitnehmervertretung ist nicht formbedürftig. Sie kann **formlos** durch Betriebsabsprache, durch Regelungsabrede, aber auch in Form einer BV erfolgen.

Zusammenfassend sind also folgende **Voraussetzungen** für die Anrufung der Einigungsstelle erforderlich: 10

- Meinungsverschiedenheit über die Erteilung einer Auskunft in wirtschaftlichen Angelegenheiten im Sinne des § 106
- Ausdrückliches Verlangen des Wirtschaftsausschusses zur Auskunftserteilung; ein ausdrücklicher (wirksamer) Beschluss des Wirtschaftsausschusses hierüber oder über die Einleitung des Einigungsstellenverfahrens ist aber nicht erforderlich (BAG 17.12.2019 – 1 ABR 25/18)
- Keine Einigung über die Auskunftserteilung zwischen AG und BR/GBR
- Beschluss des BR/GBR über die Einleitung des Einigungsstellenverfahrens
- Beschluss des BR/GBR über die Anzahl der Beisitzer und die Person des Einigungsstellenvorsitzenden

3. Verfahren und Entscheidung der Einigungsstelle

Die allgemeinen Grundsätze des Einigungsstellenverfahrens gelten uneingeschränkt auch im Rahmen von § 109 (vgl. hierzu im Einzelnen die Kommentierung zu § 76 Rn. 16–23). 11

Der Spruch der Einigungsstelle ersetzt die Einigung zwischen AG und BR. Hierbei entscheidet die Einigungsstelle auch darüber, welche Auskunft dem Wirtschaftsausschuss zu geben ist und welche Unterlagen ihm vorzulegen sind. Streitig ist nach wie vor die Frage, ob die Einigungsstelle auch zuständig für die Entscheidung, ob überhaupt ein **Wirtschaftsausschuss wirksam gebildet** wurde, ist (verneinend LAG Niedersachsen 19.2.2013 –1 TaBV 155/12 mit der Folge, dass über diese Frage zunächst ein arbeitsgerichtliches Beschlussverfahren zu führen wäre). Richtigerweise ist die Frage der wirksamen Bildung eines Wirtschaftsausschusses als Vorfrage von der Einigungsstelle, im Rahmen der Prüfung ihrer Zuständigkeit, zu beantworten (LAG Rheinland-Pfalz 15.1.2024 – 3 TaBV 15/23).

Die Entscheidung der Einigungsstelle ist **bindend** (BAG 8.8.1989 – 1 ABR 61/88, AiB 1990, 165) und der AG ist verpflichtet, den Spruch der Einigungsstelle umzusetzen. Tut er dies nicht, so ist das ArbG im Wege des Beschlussverfahrens anzurufen.

12 Die Einigungsstelle ist berechtigt, **Sachverständige** hinzuzuziehen und anzuhören. Den Beschluss über die Hinzuziehung Sachverständiger fasst die Einigungsstelle mit der Mehrheit ihrer Stimmen. Eine Einigung mit dem Unternehmen ist hierfür nicht erforderlich. Die Kosten des Sachverständigen trägt das Unternehmen. Auseinandersetzungen über die Kostentragungspflicht werden vom ArbG im Beschlussverfahren entschieden. Allerdings kann der BR bzw. GBR auch externe Personen mit Sachverstand als Beisitzer auf Betriebsratsseite in die Einigungsstelle berufen.

4. Arbeitsgerichtlicher Rechtsschutz

13 Können AG und BR sich nicht auf die Durchführung des Einigungsstellenverfahrens oder aber auf die Besetzung der Einigungsstelle verständigen, dann kann auf Antrag einer der Betriebsparteien das gerichtliche **Bestellungsverfahren nach § 100 ArbGG** eingeleitet werden. Auch hierfür bedarf es eines ausdrücklichen Beschlusses des BR (nicht des Wirtschaftsausschusses!). Das ArbG prüft nicht die Zuständigkeit der Einigungsstelle. Prüfungsmaßstab ist vielmehr die Frage, ob die Einigungsstelle offensichtlich unzuständig ist.

Eine derartige **offensichtliche Unzuständigkeit** liegt nur dann vor,

- wenn bei fachkundiger Beurteilung durch das Gericht sofort erkennbar ist, dass ein Mitbestimmungsrecht des BR in der fraglichen Angelegenheit unter keinem rechtlichen Gesichtspunkt infrage kommt,
- wenn sich die beizulegende Streitigkeit zwischen AG und BR erkennbar nicht unter einen mitbestimmungspflichtigen Tatbestand des BetrVG subsumieren lässt (LAG Hamm 18.7.2007 – 10 TaBV 71/07).

Bezogen auf die wirtschaftlichen Angelegenheiten bedeutet dies, dass eine offensichtliche Unzuständigkeit dann vorliegt, wenn sich das Auskunftsbegehren des Wirtschaftsausschusses offensichtlich auf Auskünfte bezieht, die nicht zu den wirtschaftlichen Angelegenheiten des Unternehmens i.S.v. § 106 gehören. Dies kann nur im **Ausnahmefall** in Betracht kommen. Ein Zusammenhang mit wirtschaftlichen Angelegenheiten dürfte in der Regel bejaht werden können. Bilden allerdings zwei oder mehrere Unternehmen einen Gemeinschaftsbetrieb und unterfällt eines der Unternehmen dem **Tendenzschutz** nach § 118, dann kann der Wirtschaftsausschuss nur Rechte gegenüber den Unternehmen ohne Tendenzschutz geltend machen (BAG 26.2.2020 – 7 ABR 20/18). Für das Tendenzunternehmen ist er nicht zuständig.

Nach Einleitung des gerichtlichen Bestellungsverfahrens nach § 100 ArbGG lädt das ArbG die Betriebsparteien zu einer Anhörung der Beteiligten. Bestehen am Schluss dieses Anhörungstermins zwischen den Betriebsparteien unvereinbare Ansichten über die Auskunftsverpflichtung des Unternehmens, so kann ein **innerbetrieblicher Einigungsversuch** auch dann nicht verlangt werden, wenn zunächst keine ausreichenden innerbetrieblichen Verhandlungen erfolgt sind. Lehnt ein Betriebspartner die Bildung einer Einigungsstelle grundsätzlich ab, bedarf es keiner vorherigen Verhandlungen über die Person des Vorsitzenden oder die Anzahl der Beisitzer vor Einleitung des gerichtlichen Bestellungsverfahrens nach § 100 ArbGG (LAG Hessen 14.2.2006 – 4 TaBV 1/06). Das ArbG kann dann direkt eine Entscheidung treffen. 14

Im Falle einer **Veräußerung der Geschäftsanteile** besteht jedenfalls keine offensichtliche Unzuständigkeit der Einigungsstelle für die Frage, ob der über den Verkauf der neuen Geschäftsanteile zwischen der ursprünglichen Gesellschafterin und der neuen Gesellschafterin geschlossene Vertrag dem Wirtschaftsausschuss vorgelegt werden muss (ArbG Berlin 6.9.2010 – 48 BV 11747/10, AiB 2011, 260–261). 15

Es ist streitig, ob der sog. **mittelbare Kontrollerwerb** unter den Tatbestand des § 106 Abs. 3 Nr. 9a fällt (siehe hierzu ausführlich DKW, § 106 BetrVG Rn. 86–88). Dieser Meinungsstreit hat insofern Bedeutung, als eine Einigungsstelle jedenfalls nicht offensichtlich unzuständig ist und deshalb auch für ein konkretes Auskunftsverlangen zum mittelbaren Kontrollerwerb zuständig sein dürfte (in diesem Sinne auch LAG Rheinland-Pfalz 28.2.2013 – 11 TaBV 42/12). 16

Die Einigungsstelle nach § 109 ist nicht offensichtlich unzuständig, wenn der Wirtschaftsausschuss die Auskunft über eine Vermögensübertragung von einer **Konzernholdinggesellschaft** verlangt, nachdem durch Umstrukturierung ein Gemeinschaftsbetrieb mit mehreren GmbH geschaffen wurde und die Holding in personalrechtlicher Hinsicht die Entscheidungsbefugnisse inne hat (LAG Niedersachsen 3.11.2009 – 1 TaBV 63/09, AiB 2010, 263–264). 17

Die Einigungsstelle trifft keine Ermessensentscheidung, sondern wendet unbestimmte Rechtsbegriffe an. Sie beurteilt, ob eine nicht, eine nicht rechtzeitige oder eine nicht genügende Auskunft vorliegt. Deshalb unterliegt der Spruch der Einigungsstelle der vollen **Überprüfung durch die ArbG** (BAG 11.7.2000 – 1 ABR 43/99, AiB 2003, 33). Dies gilt auch hinsichtlich der inhaltlichen Regelungen um das ob, wann und wie der Auskunft und der Vorlage welcher Unterlagen (ArbG Hamburg 18

19.6.2002 – 23 BV 1/02, AiB 2006, 176). Der eingeschränkte Prüfungsmaßstab des § 76 Abs. 5 gilt bei Einigungsstellensprüchen im Rahmen von § 109 nicht.
Auch die Frage der Gefährdung von Betriebs- oder Geschäftsgeheimnissen unterliegt der vollen Rechtskontrolle der ArbG (BAG 11.7.2000 – 1 ABR 43/99, AiB 2003, 33).

19 Im Weg der **einstweiligen Verfügung** kann der BR nicht die Einsichtnahme des Wirtschaftsausschusses in ein Gutachten einer Unternehmensberatung beanspruchen. Dies würde im Ergebnis auf eine Vorwegnahme der Hauptsache hinauslaufen (ArbG Wetzlar 2.3.1989 – 1 BVGa 4/89, AiB 2006, 176). Ein entsprechender Informationsanspruch ist über § 109 und damit über das Einigungsstellenverfahren durchzusetzen.

20 Kommt im Rahmen des Einigungsstellenverfahrens eine Einigung zustande oder ergeht ein Spruch der Einigungsstelle, so ist der AG nach § 77 Abs. 1 verpflichtet, die Entscheidung umzusetzen. Kommt er dieser Verpflichtung nicht nach, kann der BR bzw. GBR ein arbeitsgerichtliches Beschlussverfahren zur zwangsweisen **Durchsetzung des Einigungsstellenspruches** einleiten.

21 Informationsrechte nach § 106 können nicht direkt im Wege des Beschlussverfahrens beim ArbG anhängig gemacht werden. Die Einigungsstelle ist primär für diese Rechtsfragen zuständig.

III. Streitigkeiten

22 Das **ArbG** entscheidet im Wege des arbeitsgerichtlichen Beschlussverfahrens über folgende Angelegenheiten:

- Besetzung der Einigungsstelle (§ 100 ArbGG)
- Umsetzung des Einigungsstellenspruches
- Überprüfung des Einigungsstellenspruches
- Kostentragungspflicht für die Hinzuziehung des Sachverständigen durch die Einigungsstelle
- Entscheidung über die Frage, ob überhaupt eine wirtschaftliche Angelegenheit vorliegt im Rahmen des Bestellungsverfahrens nach § 100 ArbGG

23 Die Frage, ob ein Wirtschaftsausschuss überhaupt wirksam gebildet worden ist, kann nach zutreffender, aber umstrittener Ansicht nicht im gerichtlichen Verfahren zur Besetzung der Einigungsstelle geklärt werden, weil die Einigungsstelle nur dann nicht nach § 100 ArbGG gebildet wird, wenn sie **offensichtlich unzuständig** ist (wie hier: LAG Niedersachsen 19.2.2013 – 1 TaBV 155/12; LAG Köln 27.5.2016 – 10 TaBV 28/16 und LAG Hessen 1.8.2006 – 4 TaBV 111/06; dagegen

LAG Baden-Württemberg 7.10.2020 – 10 TaBV 2/20). Diese Prüfung muss die gebildete Einigungsstelle im Rahmen ihrer Zuständigkeitsprüfung selbst durchführen (LAG Rheinland-Pfalz 15.1.2024 – 3 TaBV 15/23).

Hinweis:
Zur schnellen Klärung der Frage, ob ein Wirtschaftsausschuss wirksam gebildet wurde, empfiehlt sich – das Bestreiten der wirksamen Bestellung des Wirtschaftsausschusses durch den AG vorausgesetzt – folgendes Vorgehen des BR:

- Bestellung eines Wirtschaftsausschusses durch den BR;
- konkretes Auskunftsbegehren an den AG;
- bei Auskunftsverweigerung: gerichtliches Bestellungsverfahren nach § 109 BetrVG i.V.m. § 100 ArbGG;
- Prüfung der wirksamen Bestellung des Wirtschaftsausschusses als Vorfrage durch die gerichtlich eingesetzte Einigungsstelle im Rahmen ihrer Zuständigkeitsprüfung.

§ 109a Unternehmensübernahme

In Unternehmen, in denen kein Wirtschaftsausschuss besteht, ist im Fall des § 106 Abs. 3 Nr. 9a der Betriebsrat entsprechend § 106 Abs. 1 und 2 zu beteiligen; § 109 gilt entsprechend.

Inhaltsübersicht Rn.

I. Zweck der Regelung

1 Besteht in einem Unternehmen kein Wirtschaftsausschuss, dann können dessen Aufgaben nicht automatisch vom BR wahrgenommen werden. § 109a sieht hiervon eine Ausnahme für den Fall der **Unternehmensübernahme** vor und bestimmt die Voraussetzungen der Zuständigkeit des BR sowie die Form seiner Beteiligung.

II. Beteiligung des BR

1. Fehlender Wirtschaftsausschuss

2 **Voraussetzung** für ein Beteiligungsrecht des BR nach § 109a ist das Fehlen des Wirtschaftsausschusses. Hierbei ist es unerheblich, warum ein Wirtschaftsausschuss nicht gebildet worden ist. § 109a findet also auch Anwendung auf Unternehmen, die nicht mehr als 100 AN beschäftigen. Der BR ist auch zuständig, wenn pflichtwidrig kein Wirtschaftsausschuss gebildet worden ist.

Schon von seinem Wortlaut her verweist § 109a nicht auf den Schwellenwert des § 106 Abs. 1. Die Verweisung bezieht sich vielmehr auf die Frage, in welchen Aspekten und in welchem Umfang die Beteiligung des BR erfolgen soll (in diesem Sinne auch DKW, § 109a BetrVG Rn. 1).

3 Auf **Tendenzunternehmen** findet § 109a keine Anwendung (§ 118 Abs. 1 Satz 2).

4 Existiert im Unternehmen kein Wirtschaftsausschuss, jedoch ein GBR, so ist der **GBR** für die Wahrnehmung des Beteiligungsverfahrens zuständig, weil die Beteiligung in Wirtschaftsangelegenheiten unternehmensbezogen und nicht betriebsbezogen ausgestaltet ist. Bei Konzernen ist § 109a nicht anwendbar, der **KBR** ist also grundsätzlich nicht zuständig. Ausnahmsweise ist der KBR zu beteiligen, wenn die Konzernmutter eine Tochtergesellschaft veräußert, ohne die Tochtergesellschaft in den Verkaufsprozess mit einzubeziegen (s. hierzu Fitting BetrVG § 109a Rn. 8).

5 In folgenden **Fällen** ist § 109a anwendbar:

- Unterschreiten des Schwellenwertes des § 106 Abs. 1 Satz 1.
- Ein Wirtschaftsausschuss ist in Unternehmen mit mehr als 100 ständig beschäftigten AN pflichtwidrig nicht gebildet worden.
- In einem Unternehmen mit mehreren BR wird kein GBR gebildet mit der Folge, dass auch ein Wirtschaftsausschuss auf Gesamtbetriebsratsebene nicht gebildet werden kann.

Hat der BR oder der GBR die Aufgaben des Wirtschaftsausschusses einem **Betriebsratsausschuss** übertragen, ist § 109a nicht einschlägig.

2. Unternehmensübernahme

6 Gegenstand des Beteiligungsrechts ist die **Unternehmensübernahme mit Kontrollerwerb** nach § 106 Abs. 3 Nr. 9a. Insoweit wird verwiesen auf die Ausführungen in der Kommentierung zu § 106 Rn. 42–44.

3. Rechte des BR / GBR

Die Rechte des GBR bzw. BR bestimmen sich nach § 106 Abs. 1 und 2. Den Arbeitnehmergremien stehen also **Unterrichtungs- und Beratungsrechte** zu. Insoweit wird auf die Kommentierung zu § 106 Rn. 15–21 verwiesen. 7

Wird ein **börsennotiertes Unternehmen** übernommen, so gelten die Vorschriften des WpÜG neben § 109a. Inhalt und Umfang der Unterrichtung über die Unternehmensübernahme ergeben sich aus § 11 Abs. 2 i. V. m. § 39 WpÜG. Im Rahmen von § 109a übernimmt der BR Aufgaben des Wirtschaftsausschusses. Er ist deshalb bereits vor der Veröffentlichung des Übernahmeangebots zu unterrichten. 8

III. Streitigkeiten

Das **ArbG** entscheidet über die Frage, ob die Voraussetzungen des § 109a vorliegen im Wege des Beschlussverfahrens. 9

Die **Einigungsstelle** entscheidet bei Meinungsverschiedenheiten über die Erteilung der Auskunft im Rahmen von § 109. Die Einigungsstelle entscheidet auch über die **Vorlage von Unterlagen** zur Einsicht im Rahmen des Auskunftsverlangens. Ein ohne Einigungsstellenverfahren direkt beim Arbeitsgericht anhängig gemachtes Beschlussverfahren zur Auskunftserteilung ist unzulässig (LAG Thüringen 13. 3. 2024 – 4 TaBV 3/23).

§ 110 Unterrichtung der Arbeitnehmer

(1) In Unternehmen mit in der Regel mehr als 1000 ständig beschäftigten Arbeitnehmern hat der Unternehmer mindestens einmal in jedem Kalendervierteljahr nach vorheriger Abstimmung mit dem Wirtschaftsausschuss oder den in § 107 Abs. 3 genannten Stellen und dem Betriebsrat die Arbeitnehmer schriftlich über die wirtschaftliche Lage und Entwicklung des Unternehmens zu unterrichten.

(2) [1]In Unternehmen, die die Voraussetzungen des Absatzes 1 nicht erfüllen, aber in der Regel mehr als zwanzig wahlberechtigte ständige Arbeitnehmer beschäftigen, gilt Absatz 1 mit der Maßgabe, dass die Unterrichtung der Arbeitnehmer mündlich erfolgen kann. [2]Ist in diesen Unternehmen ein Wirtschaftsausschuss nicht zu errichten, so erfolgt die Unterrichtung nach vorheriger Abstimmung mit dem Betriebsrat.

Inhaltsübersicht

I. Zweck der Regelung

1 Beschäftigte haben ein elementares Interesse am wirtschaftlichen Erfolg des Unternehmens und an der wirtschaftlichen Lage ihres AG. Während § 81 Informationsrechte der einzelnen AN bezogen auf ihre Arbeitsplätze regelt, beantwortet § 110 die Frage, unter welchen Voraussetzungen **Mitarbeiter** auch über die wirtschaftlichen Rahmendaten des Unternehmens zu informieren sind. Geregelt werden folgende Fragen:

- Ab welcher Unternehmensgröße muss der Unternehmer
- in welcher Form
- worüber
- wann informieren?

II. Unterrichtung der AN in wirtschaftlichen Angelegenheiten

1. Unternehmen mit mehr als 1000 Beschäftigten

2 Die in dem Betrieb beschäftigten AN sollen sich ein Bild von der wirtschaftlichen Lage und der Entwicklung ihres Unternehmens machen können. Durch die vierteljährliche Unterrichtung soll den AN ein Überblick über die **wirtschaftliche Lage und personelle Situation** des Unternehmens und ihre voraussichtliche Entwicklung gegeben werden (BAG 14.5.2013 – 1 ABR 4/12).

3 § 110 Abs. 1 sieht vor, dass nur in Unternehmen mit mehr als 1000 ständig beschäftigten AN in **Schriftform** zu unterrichten ist. Die Zahl der AN ist **unternehmensbezogen** zu betrachten, nicht betriebsbezogen. Auf die Größe des einzelnen Betriebs kommt es nicht an. Nach § 14 Abs. 2 Satz 4 AÜG sind Leiharbeitnehmer bei der Anzahl der im Unternehmen beschäftigten AN zu mitzuzählen.

4 Der **Inhalt der Unterrichtungspflicht** ist sowohl bei dem Großunternehmen als auch beim Kleinunternehmen identisch. Die Differenzierung zwischen Großunternehmen und Kleinunternehmen ist lediglich für die Form der Unterrichtungspflicht und für die Abstimmung mit den Arbeitnehmervertretungen von Bedeutung.

Inhaltlich muss der AG die Belegschaft über die wirtschaftliche Lage des Unternehmens unterrichten. Hierbei muss der AG insbesondere auf die Aspekte eingehen, die für die AN von Bedeutung sind. Folgende Aspekte sind **Mindestbestandteil** einer ordnungsgemäßen Information der AN: 5

- Vermögenslage des Unternehmens
- Absatzlage des Unternehmens
- Getätigte und beabsichtigte Investitionen, die sich auf die Lage der AN auswirken können
- Marktlage und Entwicklung des Unternehmens seit dem letzten Bericht
- Aussichten und künftige Entwicklung des Unternehmens
- Rationalisierungsvorhaben und beabsichtigte Betriebsänderungen

Die Informationsdichte ist abhängig von den Umständen des Einzelfalls. Dem Unternehmer steht hierbei ein gewisser **Ermessensspielraum** zu. Eine Orientierung kann § 106 Abs. 3 geben. 6

Begrenzt wird die Informationspflicht durch § 106 Abs. 2 Satz 1. Angaben, durch die **Betriebs- oder Geschäftsgeheimnisse** gefährdet werden könnten, muss der Unternehmer nicht machen. 6a

Umstritten und bislang höchstrichterlich nicht geklärt ist die Frage, ob der Unternehmer Angaben verweigern kann unter Berufung auf eine mögliche Beeinträchtigung seiner Wettbewerbs- und Finanzsituation (dagegen DKW, § 110 BetrVG Rn. 7; dafür Richardi/Richardi/Annuß, § 110 BetrVG Rn. 9). Hält man den Unternehmer für berechtigt, unter Berufung auf eine mögliche **Gefährdung seiner Wettbewerbsfähigkeit** Einschränkungen seiner gesetzlichen Informationspflicht für sich zu reklamieren, dann läuft die den AN zu erteilende Information letztlich auf »Allgemeinplätze« hinaus. Nahezu jede wirtschaftliche Information ist geeignet, Einfluss auf die Wettbewerbsfähigkeit eines Unternehmens zu nehmen. Mit dieser Einschränkung werden AN gerade nicht in die Lage versetzt, sich einen Überblick über die wirtschaftliche Situation des Unternehmens zu verschaffen. 7

Die Information der AN muss mindestens einmal in jedem Kalendervierteljahr erfolgen. Der genaue **Zeitpunkt** wird vom Unternehmen festgelegt. 8

Die Information muss bei Unternehmen mit mehr als 1000 Mitarbeitern **schriftlich** erfolgen. Möglich ist eine Information in folgender Art und Weise: 9

- Werkszeitung
- Intranet – wenn es für alle AN zugänglich ist
- Zusendung an die Privatanschrift

- Mitteilung per E-Mail
- Anschlag am schwarzen Brett
- Mitteilung über Hauspost

Werden **ausländische AN**, die keine hinreichenden Sprachkenntnisse haben, nicht nur gelegentlich beschäftigt, muss der Bericht übersetzt werden (DKW, § 110 BetrVG, Rn. 10; noch nicht höchstrichterlich entschieden).

10 Nach § 110 obliegt dem AG gegenüber den AN eine besondere Unterrichtungspflicht über die wirtschaftliche Lage und die Entwicklung des Unternehmens. Die beabsichtigten Informationen hat der AG hierbei mit dem **Wirtschaftsausschuss** und den in § 107 Abs. 3 genannten Stellen sowie dem **BR abzustimmen**. An der Unterrichtung selbst sind die Arbeitnehmervertretungen nicht beteiligt. Aus § 110 Abs. 1 ist kein Anspruch des GBR abzuleiten, die AN über die wirtschaftliche Lage und Entwicklung des Unternehmens zu unterrichten (BAG 14.5.2013 – 1 ABR 4/12). Der Wirtschaftsausschuss und der GBR / BR haben also nach Ansicht des BAG nicht das Recht, einen eigenen »**Alternativbericht**« vorzulegen (anderer Ansicht DKW, § 110 BetrVG Rn. 12 und Fitting BetrVG § 110 Rn. 4)

11 Der **Entwurf des Quartalsberichts** ist an die Arbeitnehmervertretungen zu übersenden. Diese haben dann die Möglichkeit zur Stellungnahme und können Änderungen des Berichts vorschlagen. Der AG muss sich mit den Einwänden der Arbeitnehmervertretungen auseinandersetzen.

12 Unterbleibt eine Unterrichtung der Arbeitnehmervertretung nach § 110 Abs. 1 oder wird diese Unterrichtung nicht ordnungsgemäß durchgeführt, kann hierin ein **grober Pflichtenverstoß** i. S. v. § 23 Abs. 3 liegen, der den BR berechtigt, gegen den AG vorzugehen.

2. Kleinere Unternehmen

13 In Unternehmen mit mehr als 20 wahlberechtigten ständigen AN und weniger als 1001 ständig beschäftigten AN muss der AG ebenfalls einen Vierteljahresbericht zur wirtschaftlichen Lage des Unternehmens abgeben. Allerdings ist er berechtigt, in diesen Unternehmen seinen Bericht **mündlich** zu erstatten. In der Regel erfolgt dies in der Betriebsversammlung.

Bei Unternehmen mit bis zu 20 wahlberechtigten AN ist § 110 nicht anwendbar.

14 Besteht kein Wirtschaftsausschuss, so muss der Unternehmer den Bericht mit dem BR bzw. dem GBR abstimmen. Hierbei kommt es nicht

darauf an, weshalb im Unternehmen ein Wirtschaftsausschuss nicht besteht.

III. Streitigkeiten

15 Das **ArbG** entscheidet im Beschlussverfahren über folgende Fragen:

- Inhalt des vierteljährlichen Berichts
- Einbeziehung von BR / GBR und Wirtschaftsausschuss in die Berichterstellung
- Völlige Untätigkeit des Unternehmers in Bezug auf die Berichterstellung
- Erstattung eines wahrheitswidrigen, unvollständigen oder verspäteten Berichts

Die Einigungsstelle ist für Streitigkeiten über die Frage der Ordnungsgemäßheit der Unterrichtung nicht zuständig.

Zweiter Unterabschnitt Betriebsänderungen

§ 111 Betriebsänderungen

[1]In Unternehmen mit in der Regel mehr als zwanzig wahlberechtigten Arbeitnehmern hat der Unternehmer den Betriebsrat über geplante Betriebsänderungen, die wesentliche Nachteile für die Belegschaft oder erhebliche Teile der Belegschaft zur Folge haben können, rechtzeitig und umfassend zu unterrichten und die geplanten Betriebsänderungen mit dem Betriebsrat zu beraten. [2]Der Betriebsrat kann in Unternehmen mit mehr als 300 Arbeitnehmern zu seiner Unterstützung einen Berater hinzuziehen; § 80 Abs. 4 gilt entsprechend; im Übrigen bleibt § 80 Abs. 3 unberührt. [3]Als Betriebsänderungen im Sinne des Satzes 1 gelten

1. **Einschränkung und Stilllegung des ganzen Betriebs oder von wesentlichen Betriebsteilen,**
2. **Verlegung des ganzen Betriebs oder von wesentlichen Betriebsteilen,**
3. **Zusammenschluss mit anderen Betrieben oder die Spaltung von Betrieben,**
4. **grundlegende Änderungen der Betriebsorganisation, des Betriebszwecks oder der Betriebsanlagen,**

5. **Einführung grundlegend neuer Arbeitsmethoden und Fertigungsverfahren.**

Inhaltsübersicht Rn.

I. Zweck der gesetzlichen Regelung

1 § 111 definiert einzelne Formen der Betriebsänderung, beschreibt grundsätzliche Pflichten des Unternehmers, wenn er eine Betriebsänderung plant, und enthält einen Anspruch des BR auf Hinzuziehung eines Beraters bei der Planung von Betriebsänderungen. Die Bestimmung ist zugleich Grundlage für das in § 112 näher geregelte Verhandlungsverfahren zum Interessenausgleich und für den Anspruch des BR auf Abschluss eines Sozialplans.

II. Allgemeine Voraussetzungen

1. Erfasste Unternehmen / Betriebe und Bestehen eines BR

2 Das Beteiligungsrecht des BR bei der Durchführung einer Betriebsänderung (vgl. zu diesem Begriff Rn. 12 ff.) besteht nur dann, wenn in dem **Unternehmen regelmäßig mehr als 20** (vgl. DKW, § 111 BetrVG Rn. 32) **wahlberechtigte AN** (zum Arbeitnehmerbegriff vgl. § 5 Rn. 2 ff.) beschäftigt sind. Es kommt daher nicht darauf an, wie viele AN in dem jeweiligen von der Betriebsänderung betroffenen Betrieb beschäftigt sind; auch Betriebe mit weniger als 20 AN werden erfasst,

wenn in dem Unternehmen insgesamt mehr als 20 wahlberechtigte AN arbeiten (zur Abgrenzung Betrieb / Unternehmen vgl. § 47 Rn. 4). In Teilzeit und befristet beschäftigte AN sind nach Köpfen mitzuzählen. Wahlberechtigte **Leiharbeitnehmer** sind ebenfalls mitzuzählen (BAG 18.10.2011 – 1 AZR 335/10, AiB 2013, 321), nicht dagegen AN, die aufgrund eines Werk- oder Dienstleistungsvertrages beschäftigt werden. **Leitende Angestellte** (vgl. § 5 Rn. 8 ff.) sind nicht zu berücksichtigen.

Besteht zum Zeitpunkt der Bekanntgabe der unternehmerischen Maß- 3
nahme kein BR bzw. ist die Betriebsratswahl noch nicht abgeschlossen, so besteht das Beteiligungsrecht nach den §§ 111 ff. nicht. Wird das Wahlergebnis also erst nach der Bekanntgabe der Unternehmensentscheidung bekannt gegeben, so hat der BR keinen Anspruch auf Information, Beratung und Verhandlung eines Interessenausgleichs (BAG 20.4.1982 – 1 ABR 3/80; LAG Hessen 15.10.2013 – 4 TaBV 138/13, siehe auch §§ 112, 112a Rn. 38d). Das gilt aber nicht für den Sozialplan (vgl. §§ 112, 112a Rn. 96, 100).

Ein Interessenausgleich und Sozialplan kommt daher dann nicht in 4
Frage, wenn z. B. im Stilllegungszeitraum, also **erst während der Durchführung** der Betriebsänderung, **erstmalig ein BR gewählt** worden ist (BAG 20.4.1982 – 1 ABR 3/80; BAG 18.11.2003 – 1 AZR 30/03, siehe zum Sozialplan auch §§ 112, 112a Rn. 100).

2. Schwellenwert und Berechnungsfragen

Für die Frage, ob der Schwellenwert (**mehr als 20 AN**) erfüllt ist, ist 5
grundsätzlich derjenige Zeitpunkt maßgeblich, in dem sich die unternehmerische Planung – vorbehaltlich der Beteiligungsrechte des BR – konkretisiert hat. Also z. B. der Zeitpunkt, zu dem sich der Unternehmer – vorbehaltlich der Mitbestimmung des BR – entschlossen hat, den Betrieb zu verlegen oder die Arbeitsmethoden grundlegend zu ändern. Im Falle einer beabsichtigten Stilllegung kommt es auf den Zeitpunkt des Stilllegungsbeschlusses an (BAG 16.11.2004 – 1 AZR 642/03). Entscheidend ist, wie viele AN dem Unternehmen typischerweise zu diesem Zeitpunkt in der Regel angehören (»in der Regel«).

Allerdings ist für die Bestimmung der regelmäßigen Beschäftigtenzahl 6
nicht entscheidend, wie viele AN dem Unternehmen zufällig zu diesem Zeitpunkt angehören. Erforderlich ist vielmehr ein **Rückblick und** eine **Prognose**. Werden AN nicht ständig beschäftigt, so ist entscheidend, ob dies normalerweise während des größten Teils des Jahres der Fall ist (BAG 18.10.2011 – 1 AZR 335/10, AiB 2013, 321). Entscheidend ist, welche Beschäftigtenzahl für das Unternehmen bei Rückblick (Anzahl

der Beschäftigten in der Vergangenheit) und Prognose (voraussichtliche Anzahl der Beschäftigten in der Zukunft) prägend ist.

7 Häufig kommt es zu **Schwankungen der Belegschaftsstärke**. Soll ein Betrieb stillgelegt werden und ging dieser Stilllegung ein Personalabbau voraus, der sich über einen längeren Zeitraum erstreckt hat, so ist die ursprüngliche Anzahl der AN entscheidend, falls sich der Personalabbau insgesamt als einheitliche unternehmerische Entscheidung darstellt (BAG 9.5.1996 – 1 ABR 51/94, AiB 96, 54–55). Ob eine einheitliche unternehmerische Entscheidung vorliegt, kann nur aus den Umständen des Einzelfalls abgeleitet werden (zeitlicher und inhaltlicher Zusammenhang, Verlautbarungen der Unternehmensleitung etc., vgl. auch Rn. 24). Bestreitet der Unternehmer das Vorliegen einer einheitlichen Betriebsänderung, muss er darlegen und gegebenenfalls beweisen, dass der Zwang zu weiteren Maßnahmen nicht auf einer ursprünglich geplanten Betriebsänderung beruht, sondern auf von Anfang an nicht vorhersehbaren, veränderten Umständen (LAG Hamm 8.3.2010 – 10 TaBV 1/10).

3. Gemeinsamer Betrieb mehrerer Unternehmen

8 Bei einem **Gemeinschaftsbetrieb** mehrerer Unternehmen (vgl. § 1 Rn. 4) kommt es auf die Anzahl der AN in dem jeweiligen Gemeinschaftsbetrieb an (vgl. DKW, § 111 BetrVG Rn. 33). Eine Betriebsänderung ist also auch dann beteiligungspflichtig, wenn keines der Trägerunternehmen des Gemeinschaftsbetriebs über mehr als 20 AN verfügt, in dem Gemeinschaftsbetrieb insgesamt aber der Schwellenwert erfüllt ist (zu § 106: BAG 1.8.1990 – 7 ABR 91/88, AiB 03, 26–27, AiB 06, 173; vgl. auch BAG 11.11.1979 – 1 ABR 6/97, AiB 1998, 462–463; BAG 29.9.2004 – 1 ABR 39/03, AiB Newsletter 2004, 55; ausdrücklich zu § 111: LAG Düsseldorf 19.8.2014 – 17 Sa 67/14).

9 Sind in dem Gemeinschaftsbetrieb selbst weniger als 20 AN beschäftigt, verfügt aber **eines der Trägerunternehmen** unter Berücksichtigung anderer Betriebe über **mehr als 20 AN**, so sind die Voraussetzungen von § 111 ebenfalls erfüllt. Jede Betriebsänderung in dem Gemeinschaftsbetrieb ist dann beteiligungspflichtig.

Beispiel:

10 Die Unternehmen A, B und C führen einen Gemeinschaftsbetrieb mit 18 AN. A beschäftigt insgesamt 5 und B insgesamt 7 AN. C beschäftigt im Gemeinschaftsbetrieb 6 AN, hat aber einen weiteren Betrieb mit 20 AN.

4. Tendenzbetriebe

Nach § 118 Abs. 1 Satz 2 sind die §§ 111–113 in einem Tendenzbetrieb (vgl. § 118 Rn. 2 ff.) nur insoweit anzuwenden, als sie den Ausgleich oder die Milderung wirtschaftlicher Nachteile für die AN infolge von Betriebsänderungen regeln (vgl. hierzu auch DKW, § 111 BetrVG Rn. 7). Der BR hat daher im Tendenzbetrieb **keinen Anspruch darauf, dass der AG mit ihm über den Abschluss eines Interessenausgleichs verhandelt**. Ein freiwilliger Interessenausgleich bleibt unbenommen. Wohl aber kann der BR einen Sozialplan (vgl. §§ 112, 112a Rn. 102) erzwingen. 11

III. Vorliegen einer Betriebsänderung

1. Funktion der Regelbeispiele

§ 111 Satz 3 enthält fünf Beispiele für das Vorliegen einer Betriebsänderung (**Regelbeispiele**). Dieser Katalog ist zwar nicht abschließend, aber in den allermeisten Fällen für die Praxis angemessen. Dies gilt insbesondere, wenn man sich vor Augen führt, dass gerade der Bedeutungsgehalt der Nr. 4 (grundlegende Änderung der Betriebsorganisation, vgl. Rn. 50 ff.) und der Nr. 5 (grundlegende Änderung der Arbeitsabläufe, Rn. 56 ff.) in der Praxis leider häufig verkannt wird, weil einseitig und ausschließlich in Betracht gezogen wird, ob die Maßnahme Personalabbau zur Folge hat. 12

Voraussetzung einer Betriebsänderung ist immer eine bestimmte unternehmerische Entscheidung. Aus ihr folgt sodann die betriebliche Veränderung. Eine die betriebliche Tätigkeit untersagende ordnungsbehördliche Maßnahme oder der Wegfall einer rechtlichen Betriebszulassungsvoraussetzung lösen daher für sich gesehen die Unterrichtungs- und Beratungspflicht nach § 111 Satz 1 ebenso wenig aus wie tatsächliche, eine Einstellung der betrieblichen Tätigkeit bedingende äußere Zwänge (Brand, Bodenkontaminierung oder ähnliche Vorkommnisse). Solche Umstände rechtlicher oder tatsächlicher Art sind allenfalls der Anlass für eine Betriebsänderung, nicht aber die Betriebsänderung »an sich« und auch nicht der Beginn ihrer Durchführung (BAG 7.11.2017 – 1 AZR 186/16). 13

Für den Beginn der Betriebsänderung ist auf den Zeitpunkt abzustellen, zu welchem sich – z. B. bei einer Änderung der Betriebsorganisation oder der Arbeitsmethoden – das wesentliche Gepräge der betrieblichen 14

Tätigkeit ändert oder zu welchem der Betriebszweck aufgegeben wird (siehe auch § 113 Rn. 6).

15 Sind die Voraussetzungen eines Regelbeispiels nach § 111 Satz 3 erfüllt, wird das **Vorliegen einer Betriebsänderung** (vgl. zum ganzen DKW, § 111 BetrVG Rn. 43 ff.) im Sinne von § 111 Satz 1 gesetzlich **fingiert**, also gesetzlich festgestellt. Der Nachweis wesentlicher Nachteile für die Belegschaft oder aber für erhebliche Teile der Belegschaft, wie dies grundsätzlich § 111 Satz 1 erfordert, ist dann nicht notwendig.

16 Die Beteiligungsrechte des BR bei einer Betriebsänderung im Sinne von § 111 Satz 1 entfallen daher bei Vorliegen der Regelbeispiele nicht deshalb, weil im Einzelfall solche wesentlichen Nachteile nicht zu befürchten sind. Ob ausgleichs- oder milderungswürdige Nachteile entstehen oder entstanden sind, ist bei der Aufstellung des Sozialplans zu prüfen und notfalls von der **Einigungsstelle** nach billigem Ermessen zu entscheiden (BAG 7.8.1990 – 1 AZR 445/89).

2. Stilllegung / Einschränkung eines Betriebs oder eines wesentlichen Betriebsteils, Massenentlassungen

17 Die **Stilllegungsabsicht des Unternehmers ist eine innere Tatsache**, die einer unmittelbaren, objektivierten Wahrnehmung nicht zugänglich ist. Äußere Begleitumstände und tatsächliche Entwicklungen lassen aber Rückschlüsse darauf zu, ob die Absicht, einen Betrieb stillzulegen oder nicht, zutrifft (BAG 27.11.2003 – 2 AZR 48/03).

So kann von einer Stilllegung ausgegangen werden, wenn der AG seine Stilllegungsabsicht unmissverständlich äußert, allen AN kündigt, etwaige Miet- oder Pachtverträge zum nächstmöglichen Zeitpunkt auflöst, die Betriebsmittel, über die er verfügen darf, veräußert und die Betriebstätigkeit vollständig einstellt (BAG 16.2.2012 – 8 AZR 693/10).

Eine **Betriebsstilllegung** ist nach der Rechtsprechung des BAG ebenfalls die Aufgabe des Betriebszwecks unter gleichzeitiger Auflösung der **Betriebsorganisation** für eine unbestimmte, wirtschaftlich nicht unerhebliche Zeit (BAG 27.9.1984 – 2 AZR 309/83; LAG Berlin-Brandenburg 2.3.2012 – 13 Sa 2187/11; BAG 14.4.2015 – 1 AZR 794/13). Eine Stilllegung liegt auch dann vor, wenn ein AG die betriebliche Organisation dadurch auflöst, dass er **alle AN unwiderruflich freistellt** (LAG Berlin-Brandenburg 2.3.2012 – 13 Sa 2187/11) oder **entlässt**.

18 Keine Stilllegung ist

- die witterungsbedingte Betriebseinstellung im Baugewerbe

- die bloße Unterbrechung der Betriebstätigkeit, wenn feststeht, dass der Betrieb nach der Unterbrechung wieder aufgenommen werden soll (»Scheinstilllegung«)
- die Eröffnung des Insolvenzverfahrens; es soll gerade der Fortführung der betrieblichen Tätigkeit dienen
- die Veräußerung des Betriebs oder eines Betriebsteils an einen Dritten, also der Betriebsübergang (vgl. Rn. 47 ff.). Betriebsübergang und Stilllegung schließen sich gegenseitig aus.

Im Falle der Stilllegung hat der BR ein **Restmandat**, wenn bis zu dem tatsächlichen Stilllegungszeitpunkt seine im Hinblick auf die Stilllegung bestehenden betriebsverfassungsrechtlichen Aufgaben noch nicht (alle) erledigt sind (vgl. hierzu § 21b Rn. 3). 19

Eine Betriebsänderung liegt auch dann vor, wenn ein **wesentlicher Betriebsteil** stillgelegt oder eingeschränkt werden soll. Um einen wesentlichen Betriebsteil handelt es sich jedenfalls dann, wenn in dem betroffenen Bereich ein erheblicher Teil der AN des Betriebs beschäftigt ist. Hier sind auch diejenigen AN zu berücksichtigen, deren Arbeitsverhältnis ruht (z. B. wegen Elternzeit), wenn dieses Arbeitsverhältnis dem Betriebsteil organisatorisch zuzuordnen ist (LAG Rheinland-Pfalz 9. 11. 2016 – 7 TaBV 22/16). Sodann sind für die Bewertung die Schwellenwerte des § 17 KSchG maßgeblich – allerdings ohne den dort geregelten Zeitraum von 30 Tagen (BAG 18. 3. 2003 – 1 ABR 77/06). Damit ist von folgenden Zahlenstaffeln auszugehen: 20

Betriebsgröße	Beabsichtigter Personalabbau
21–59 AN	mehr als 5 AN
60–499 AN	mehr als 25 AN oder 10 % der Belegschaft
500–600 AN	mindestens 30 AN
ab 601 AN	mindestens 5 % der Belegschaft (von der Rechtsprechung ergänzt)

Ob es für das Vorliegen eines wesentlichen Betriebsteils auch ausreicht, wenn die von der Schließung betroffene Organisationseinheit eine **wesentliche wirtschaftliche oder funktionelle (»Schlüsselfunktion«) Bedeutung** hat, aber die Schwellenwerte des § 17 KSchG nicht erfüllt sind, hat das BAG bislang nicht entschieden. Vor dem Hintergrund von Sinn und Zweck des Beteiligungsrechts nach den §§ 111 ff. wird man diese Frage bejahen müssen (a. A. wohl LAG Baden-Württemberg 9. 3. 2022 – 19 TaBV 1/22). 21

22 Bei der **Betriebseinschränkung** wird – im Unterschied zur Betriebsstilllegung – der Zweck des Betriebs weiterverfolgt, jedoch dessen Gesamtleistung erheblich (»betriebsuntypisch«) herabgesetzt (BAG 22.5.1979 – 1 ABR 17/77). Das kann z.B. erfolgen durch

- die Stilllegung einzelner Betriebsanlagen (Maschinen etc.),
- die Aufgabe einzelner (bedeutsamer) Betriebs- / Geschäftszwecke, z.B. die Auflösung des eigenen Vertriebs durch Beendigung der Arbeitsverhältnisse sämtlicher Außendienstmitarbeiter und Fortführung durch freie Handelsvertreter (BAG 23.9.2003 – 1 AZR 567/02, AiB 2004, 130),
- die Fremdvergabe **(Outsourcing)** von Aufgaben / Prozessen / Vor- und Teilproduktionen (wenn es sich nicht um eine Abspaltung nach § 111 Satz 3 Nr. 3 handelt, vgl. hierzu Rn. 40).

Nach der Rechtsprechung des LAG Baden-Württemberg (9.3.2022 – 19 TaBV 1/22) ist die Einschränkung eines wesentlichen Betriebsteils nur dann eine Betriebsänderung, wenn der Personalabbau in diesem Betriebsteil selbst die Zahlengrößen des § 17 Abs. 1 KSchG bezogen auf den Betrieb insgesamt erreicht.

23 Eine Betriebseinschränkung kann auch in einer sog. **Massenentlassung bzw. einem reinen Personalabbau** liegen (z.B. BAG 7.8.1990 – 1 AZR 445/89; BAG 17.3.2016 – 2 AZR 182/15; zum Massenentlassungsverfahren s. Rn. 27ff.). Auch hier gelten die in **§ 17 KSchG festgelegten Schwellenwerte** (BAG 7.8.1990 – 1 AZR 445/89; BAG 24.10.2013 – 6 AZR 854/11). Bei Großbetrieben ist zusätzlich erforderlich, dass mindestens fünf Prozent der Belegschaft betroffen sind (BAG 7.8.1990 – 1 AZR 445/89; BAG 28.3.2006 – 1 ABR 5/05; BAG 31.5.2007 – 2 AZR 254/06). Eine geringfügige Unterschreitung der Zahlenwerte des § 17 KSchG bzw. der 5-Prozent-Hürde ist unerheblich (vgl. auch BAG 7.8.1990 – 1 AZR 445/89; LAG Berlin 7.9.1995 – 10 TaBV 5/95, AiB 1996, 251–253). Es handelt sich lediglich um eine **Richtschnur**. Da auch Betriebe mit weniger als 21 AN betroffen sein können und § 17 KSchG hierfür keine Schwellenwerte enthält, geht das BAG (9.11.2010 – 1 AZR 345/09) von einer Mindestzahl von sechs AN aus. Bei Leiharbeitnehmern liegt eine Entlassung vor, wenn deren Beschäftigung in Einsatzbetrieb beendet wird.

24 Auch ein sich in **mehreren Wellen** über einen längeren Zeitraum erstreckender Personalabbau kann die Voraussetzungen einer Betriebsänderung erfüllen. Es kommt darauf an, wie viele AN voraussichtlich von den geplanten unternehmerischen Maßnahmen insgesamt betroffen sein können. Entscheidend ist der sachliche Zusammenhang bzw. die einheitliche Konzeption der Maßnahme (BAG 22.5.1979 – 1 AZR

46/76; BAG 19.1.1999 – 1 AZR 342/98, AiB 2000, 166–168). Eine Vermutung hierfür besteht dann, wenn zwischen den einzelnen Abbauwellen nur ein Zeitraum von wenigen Monaten liegt (BAG 22.1.2004 – 2 AZR 111/02, AiB Newsletter 2004, 25).

Entlassungen in diesem Sinne sind nicht nur **betriebsbedingte Kündigungen**, sondern auch **betriebsbedingte Aufhebungsverträge** (vgl. § 112a Abs. 1 Satz 2); ebenso **Eigenkündigungen** der AN, wenn sie ursächlich (kausal) durch die unternehmerische Maßnahme veranlasst worden sind (§§ 112, 112a Rn. 106, 132 ff.). Mitgerechnet werden auch AN, die in andere Betriebe des Unternehmens / Konzerns versetzt werden, nicht aber AN, die betriebsintern versetzt werden (LAG Nürnberg 17.1.2005 – 9 TaBV 9/04). Ebenfalls mitgerechnet wird die **Beendigung von befristeten Arbeitsverhältnissen** – jedenfalls dann, wenn diese auf einer durch die unternehmerische Maßnahme bedingten vorzeitigen Kündigung beruht (LAG Nürnberg 21.8.2001 – 6 TaBV 24/01, AiB 2002, 129). Diejenigen AN, die aus personen- oder verhaltensbedingten Gründen entlassen werden oder deren Arbeitsverhältnis infolge Fristablaufs endet, bleiben jedoch außer Betracht (BAG 2.8.1983 – 1 AZR 516/81). Das gilt auch für AN, deren befristete Arbeitsverträge lediglich »auslaufen« (LAG Berlin-Brandenburg 6.10.2017 – 7 TaBV 1215/17). 25

Eigenkündigungen sind nur dann kausal durch die unternehmerische Maßnahme veranlasst, wenn der AG im Hinblick auf eine konkret geplante Betriebsänderung beim AN die **objektiv berechtigte Annahme** hervorgerufen hat, mit der eigenen Initiative zur Beendigung des Arbeitsverhältnisses komme er nur einer **anderenfalls notwendigen betriebsbedingten Kündigung des AG** zuvor (BAG 23.9.2003 – 1 AZR 576/02, AiB 2004, 130; BAG 6.5.2003 – 1 ABR 11/02, AiB 2005, 124–127; BAG 6.12.2006 – 4 AZR 798/05, AiB Newsletter 2007, Nr. 1, 4–5). Es ist ausreichend, wenn der AG den AN empfiehlt, nach neuen Arbeitsplätzen zu suchen, wenn – z.B. durch eine schriftliche Kommunikation des AG, durch eine arbeitgeberseitige Äußerung auf einer Betriebsversammlung oder einen Interessenausgleich – feststeht, dass auch Beschäftigte mit der Funktion des kündigenden AN ausscheiden sollen (BAG 28.10.1992 – 10 AZR 406/91). Nicht ausreichend ist es, wenn der AG lediglich auf die schwierige Situation des Unternehmers oder auf notwendig werdende Betriebsänderungen hinweist (BAG 19.7.1995 – 10 AZR 885/94, AiB 1996, 51–53), weil der AN dann noch nicht konkret um seinen Arbeitsplatz fürchten muss. 26

Im Falle einer **Massenentlassung** sieht § 17 KSchG die Einhaltung eines bestimmten Verfahrens vor. Um eine Massenentlassung handelt es sich, 27 wenn die folgenden in § 17 Abs. 1 KSchG vorgesehenen Schwellenwerte erreicht werden:

§ 17 Anzeigepflicht

(1) Der Arbeitgeber ist verpflichtet, der Agentur für Arbeit Anzeige zu erstatten, bevor er

1. *in Betrieben mit in der Regel mehr als 20 und weniger als 60 Arbeitnehmern mehr als 5 Arbeitnehmer,*
2. *in Betrieben mit in der Regel mindestens 60 und weniger als 500 Arbeitnehmern 10 vom Hundert der im Betrieb regelmäßig beschäftigten Arbeitnehmer oder aber mehr als 25 Arbeitnehmer,*
3. *in Betrieben mit in der Regel mindestens 500 Arbeitnehmern mindestens 30 Arbeitnehmer*

innerhalb von 30 Kalendertagen entläßt. Den Entlassungen stehen andere Beendigungen des Arbeitsverhältnisses gleich, die vom Arbeitgeber veranlaßt werden.

28 Die in § 17 Abs. 2 KSchG für eine Massenentlassung vorgesehene **Beratungspflicht** kann auch durch den Abschluss eines Interessenausgleichs über eine Betriebsänderung mit anzeigepflichtigen Entlassungen erfüllt werden (BAG 30. 3. 2004 – 1 AZR 7/03, NZA 2004, 931). Das gilt jedoch nur, wenn für den BR klar erkennbar ist, dass die Beratungen über den Interessenausgleich ebenfalls der Erfüllung der Konsultationspflicht nach § 17 Abs. 2 Satz 2 KSchG dienen sollen (BAG 26. 2. 2015 – 2 AZR 955/13, NZA 2015, 881). Ebenso reicht die lediglich formelhafte Erklärung, rechtzeitig und umfassend über die anzeigepflichtigen Entlassungen unterrichtet worden zu sein, nicht für den Nachweis der Erfüllung der Konsultationspflicht aus (BAG 18. 1. 2012 – 6 AZR 407/10, NZA 2012, 817). Auch Verhandlungen in der Einigungsstelle sind keine Beratungen mit dem BR i. S. v. § 17 Abs. 2 Satz 2 KSchG (LAG Berlin-Brandenburg 9. 12. 2015 – 15 Sa 1512/15). Für die Beratung und Unterrichtung über die wirtschaftlichen Folgen für die AN ist es demgegenüber ausreichend, wenn die Parteien in dem Interessenausgleich auf den noch abzuschließenden Sozialplan verweisen, weil das Sozialplanverfahren und der Inhalt des Sozialplans (im Sinne eines Ausgleichs der den AN bei einer Betriebsänderung entstehenden Nachteile) gesetzlich geregelt ist (BAG 30. 3. 2004 – 1 AZR 7/03, NZA 2004, 931).

29 Gemäß § 1 Abs. 5 Satz 4 KSchG ersetzt ein der Massenentlassungsanzeige beigefügter Interessenausgleich mit Namensliste die Stellungnahme des BR gegenüber der Agentur für Arbeit, die der Massenentlassungsanzeige nach § 17 Abs. 1, Abs. 3 Satz 2 KSchG beizufügen ist. Auch ein

Interessenausgleich ohne Namensliste, in der die abschließende Stellungnahme des BR, dass Kündigungen unvermeidlich sind, enthalten ist, gilt als Stellungnahme des BR i. S. v. § 17 KSchG (BAG 21.3.2012 – 6 AZR 596/10, NZA 2012, 1058). Ersetzt wird aber nur die gesonderte Stellungnahme des BR gegenüber der Agentur für Arbeit, nicht jedoch die schriftliche Unterrichtung des BR durch den AG.

Das Fehlen der sogenannten Soll-Angaben nach § 17 Abs. 3 Satz 5 KSchG führt nicht zur Unwirksamkeit einer Massenentlassungsanzeige des AG gegenüber der Agentur für Arbeit (BAG 19.5.2022 – 2 AZR 467/21). Die **Anzeige muss** Angaben über den Namen des AG, den Sitz und die Art des Betriebes enthalten, ferner die Gründe für die geplanten Entlassungen, die Zahl und die Berufsgruppen der zu entlassenden und der in der Regel beschäftigten AN, den Zeitraum, in dem die Entlassungen vorgenommen werden sollen und die vorgesehenen Kriterien für die Auswahl der zu entlassenden AN. **In der Anzeige sollen** ferner im Einvernehmen mit dem BR für die Arbeitsvermittlung Angaben über Geschlecht, Alter, Beruf und Staatsangehörigkeit der zu entlassenden AN gemacht werden. 30

3. Verlegung eines Betriebs oder wesentlicher Betriebsteile

Um eine Verlegung eines Betriebs oder eines wesentlichen Betriebsteils handelt es sich dann, wenn diese Organisationseinheiten an **einen anderen Standort verlagert** werden. Dabei reichen nur unwesentliche **Ortsverlegungen** grundsätzlich nicht aus (z. B. ein Umzug auf die andere Straßenseite), es sei denn, dieser Umzug ist mit weiteren Nachteilen verbunden (wie z. B. dem Wegfall eines Betriebsparkplatzes, so dass die AN künftig freie Parkplätze in der Umgebung suchen oder aber die öffentlichen Verkehrsmittel nutzen müssen: LAG Köln 27.10.2016 – 7 TaBV 54/16 für einen Umzug um 350 m). Es reicht aber aus, wenn das neue Gebäude nur 4,3 km entfernt vom alten Standort in der gleichen Stadt liegt (BAG 17.8.1982 – 1 ABR 40/80, AiB 1983, 191–192). Ebenso ist in der höchstrichterlichen Rechtsprechung anerkannt, dass die Verlagerung eines Betriebs innerhalb einer Gemeinde um 3 km eine Betriebsänderung im Sinne von § 111 darstellt (vgl. BAG 27.6.2006 – 1 ABR 35/05). Häufig sind mit (auch nur geringfügigen Ortsverlegungen) Organisationsveränderungen oder Veränderungen der Arbeitsabläufe verbunden; dies kann dann für sich genommen oder zusammen mit der Verlagerung zu einer Betriebsänderung nach § 111 Satz 3 Nr. 4 oder Nr. 5 führen (vgl. Rn. 50 ff., 56 ff.). Für den Tatbestand der Betriebsverlegung unerheblich ist die arbeitsvertragsrechtliche Situation. Das 31

Mitbestimmungsrecht des BR hängt daher nicht davon ab, ob die AN kraft arbeitsvertraglicher Versetzungsklausel verpflichtet sind, an einem anderen Standort tätig zu werden.

32 Ein **Betrieb** kann auch **ins Ausland verlegt** werden. Die Verlegung eines Betriebs ins Ausland ändert an der Anwendbarkeit des § 111 Satz 3 Nr. 2 nichts. Die mit einer Auslandstätigkeit verknüpften Nachteile sind im Rahmen der Verhandlungen über Interessenausgleich und Sozialplan gesondert zu berücksichtigen.

4. Zusammenschluss von Betrieben

33 Der **Zusammenschluss mit anderen Betrieben** stellt nach § 111 Satz 3 Nr. 3 ausdrücklich eine Betriebsänderung dar (vgl. DKW, § 111 BetrVG Rn. 93 ff.). Ein **Betriebsteil**, der nach **§ 4 Satz 1** als Betrieb gilt, ist für die Anwendung des § 111 auch als Betrieb anzusehen (vgl. BAG 27.6.1995 – 1 ABR 62/94, AiB 1996, 47–48). Ebenfalls als Betrieb gilt ein Betrieb, der auf der Grundlage eines betriebsverfassungsrechtlichen Strukturtarifvertrags nach **§ 3** gebildet wurde, wie sich aus § 3 Abs. 5 Satz 1 ergibt. Eine Betriebsänderung in der Form eines Zusammenschlusses mehrerer Betriebe ist auch bei einer nach § 3 Abs. 1 oder Abs. 2 BetrVG gewillkürten (in der Regel tariflichen) Vertretungsstruktur möglich (siehe BAG 21.6.2023 – 7 ABR 19/22). Es ist dann auf die durch die gewillkürte Vertretungsstruktur geschaffenen betrieblichen Einheiten abzustellen.

34 § 111 Satz 3 Nr. 3 bezieht sich nach der hier vertretenen Auffassung auch auf »**wesentliche Betriebsteile**«. Das ergibt sich zwar nicht unmittelbar aus dem Wortlaut der Bestimmung, doch die möglichen Auswirkungen auf die AN sind keine anderen als beim Zusammenschluss ganzer Betriebe, weshalb eine entsprechende Anwendung geboten ist. Es ist deshalb in diesem Zusammenhang auch unerheblich, ob es sich bei dem wesentlichen Betriebsteil um einen **unselbständigen Betriebsteil** handelt. Ein Betriebsteil ist jedenfalls dann ein wesentlicher im Sinne des § 111 Satz 3 Nr. 1, wenn in ihm ein erheblicher Teil der AN des Gesamtbetriebs beschäftigt ist. Dabei gelten die Zahlen- und Prozentangaben in § 17 Abs. 1 KSchG über die Anzeigepflicht bei Massenentlassungen als Maßstab (vgl. Rn. 20; BAG 21.10.1980 – 1 AZR 145/79).

35 Demnach kommen als **Zusammenschluss von Betrieben / Betriebsteilen** vor allem folgende Fallgruppen in Betracht:

- Zwei Betriebe werden zu einem neuen Betrieb zusammengeschlossen.

- Ein Betrieb wird in einen anderen Betrieb mit der Folge eingegliedert, dass der aufnehmende Betrieb als Betrieb überlebt, während der eingegliederte Betrieb untergeht.
- Ein abgespaltener Betriebsteil wird in einen anderen Betrieb eingegliedert.
- Ein abgespaltener Betriebsteil wird mit einem anderen Betrieb zu einem neuen Betrieb im Sinne von § 1 zusammengelegt.
- Ein abgespaltener Betriebsteil wird mit einem anderen, ebenfalls abgespaltenen Betriebsteil zu einem neuen Betrieb zusammengelegt.

Der Zusammenschluss von Betrieben (oder Betriebsteilen) kann auch **36** zur **Bildung eines Gemeinschaftsbetriebs mehrerer Unternehmen** (hierzu § 1 Rn. 4) führen. Erforderlich ist dann die Entstehung einer unternehmensübergreifenden Leitungsmacht in personellen und sozialen Angelegenheiten. Auch dann liegt eine Betriebsänderung vor (LAG Rheinland-Pfalz 27.4.2017 – 6 TaBV 26/16).

Im Falle der Zusammenlegung von Betrieben/Betriebsteilen entsteht **37** regelmäßig ein **Übergangsmandat** nach § 21a (vgl. § 21a Rn. 1 ff). Das gilt nicht, wenn ein Betrieb/Betriebsteil in einen anderen Betrieb eingegliedert wird.

Ohne Bedeutung sind **gesellschaftsrechtliche Veränderungen**. Eine **38** Verschmelzung zweier Unternehmen stellt daher für sich betrachtet keine Betriebsänderung dar, es sei denn, die Verschmelzung hat zugleich Auswirkungen auf die betriebliche Ebene (was bei Synergieeffekten häufig der Fall ist). Dies gilt entsprechend für eine rein gesellschaftsrechtliche Spaltung. Ausschließlich gesellschaftsrechtliche Änderungen lösen folglich für sich betrachtet keine Mitbestimmungsrechte des BR nach § 111 aus. Dies gilt auch dann, wenn die Spaltung zur Entstehung einer Anlage- und einer Betriebsgesellschaft im Sinne von § 132 UmwG führt. Dann aber liegt regelmäßig ein Betriebsübergang vor (vgl. Rn. 47 ff.)

5. Spaltung von Betrieben

Als Betriebsänderung im Sinne von § 111 Satz 1 gilt gem. § 111 Satz 3 **39** Nr. 3 ebenfalls die **Spaltung von Betrieben** (vgl. DKW, § 111 BetrVG Rn. 97 ff.). Das ist dann der Fall, wenn die in dem Betrieb bestehenden einzelnen Organisationseinheiten (z.B. Produktion und Verwaltung) organisatorisch voneinander (ab)getrennt werden (vgl. die Fallkonstellationen in Rn. 44).

Eine Betriebsänderung in der Form einer Spaltung mehrerer Betriebe ist auch bei einer nach § 3 Abs. 1 oder Abs. 2 BetrVG gewillkürten (in der Regel tariflichen) Vertretungsstruktur möglich (siehe BAG 21.6.2023 –

7 ABR 19/22). Es ist dann auf die durch gewillkürte Vertretungsstruktur geschaffenen betrieblichen Einheiten abzustellen.

40 Dagegen liegt in der **Teilstilllegung** eines Betriebs keine Spaltung des Betriebs. Beide Maßnahmen schließen sich wechselseitig aus (BAG 18.3.2008 – 1 ABR 77/06).

41 Der Grundfall der Spaltung meint die Spaltung eines Betriebs innerhalb desselben Unternehmens. Die Spaltung erfasst aber auch solche **Vorgänge, die über die Unternehmensgrenzen hinweg erfolgen**, wenn also z. B. ein Betriebsteil in eine Tochtergesellschaft übertragen wird. Gliedert daher der AG einen Betriebsteil aus, um ihn auf ein anderes Unternehmen zu übertragen, liegt in der organisatorischen Spaltung des Betriebs eine mitbestimmungspflichtige Betriebsänderung i. S. v. § 111 Satz 3 Nr. 3 (vgl. BAG 10.12.1996 – 1 ABR 32/96, AiB 1998, 170–172). Der Vorgang geht dann aber einher mit einem **Betriebsübergang** nach § 613a BGB. Unerheblich ist in diesem Zusammenhang, ob die Spaltung rechtsgeschäftlich oder auf der Grundlage des UmwG erfolgt.

42 Die Spaltung kann die Übertragung/Umwandlung auch vorbereiten: zunächst wird der für die Übertragung ins Auge gefasste Betriebsteil im bisherigen Unternehmen organisatorisch verselbständigt oder überhaupt erst gegründet, sodann erfolgt die Übertragung. Die Rechtsprechung hat dieses Vorgehen für zulässig erachtet (LAG Hamburg 26.4.2017 – 6 Sa 76/16). Allerdings erwächst daraus für den BR eine Verhandlungsposition, die auch wichtig für die Gestaltung des späteren Betriebsübergangs werden kann.

43 Erfasst sind auch sog. **Bagatellabspaltungen**, denn das Vorliegen »wesentlicher Nachteile für erhebliche Teile der Belegschaft« ist gerade nicht tatbestandliches Merkmal von § 111 Satz 3 (BAG 18.3.2008 – 1 ABR 77/06; andere Ansicht LAG Hamm 31.1.2014 – 13 TaBV 114/13). Nach der Rechtsprechung des BAG (BAG 10.12.1996 – 1 ABR 32/96, AiB 1998, 170–172) reicht die Abspaltung einer veräußerungsfähigen Einheit aus. Um eine solche handelt es sich regelmäßig dann, wenn die Einheit über eine wirtschaftlich relevante Größenordnung und eine abgrenzbare, eigenständige Struktur verfügt (BAG 18.3.2008 – 1 ABR 77/06). So gilt z. B. die Verselbständigung des Kantinenbereichs mit 40 Beschäftigten auch dann als Betriebsänderung, wenn dieser Bereich im Verhältnis zum Gesamtbetrieb mit 2000 Beschäftigten nur eine relativ kleine Einheit darstellt (LAG Bremen 21.10.2004 – 3 Sa 77/04).

44 Als **Tatbestände einer betriebsändernden Betriebsspaltung** kommen vor allem folgende Fallkonstellationen in Betracht:

- Ein Betrieb wird in der Weise aufgespalten, dass zwei betriebsorganisatorisch selbständige Betriebe im Sinne von § 1 entstehen. Hierzu zählt auch die Aufspaltung eines Gemeinschaftsbetriebes mehrerer Unternehmen (vgl. § 1 Rn. 4 ff.) bei getrennter Fortführung aller oder einzelner Betriebsteile als eigenständige Betriebe (BAG 8.3.2022 – 1 ABR 19/21).

- Ein Betriebsteil wird vom Ursprungsbetrieb abgespalten und betriebsorganisatorisch verselbständigt oder in einen bestehenden Betrieb eingegliedert.

Von einer Betriebsänderung in Form einer Betriebsaufspaltung sind **alle AN des ursprünglich einheitlichen Betriebs betroffen** (BAG 16.6.1987 – 1 ABR 41/85, AiB 1988, 45–46). Das Augenmerk bei Interessenausgleichsverhandlungen ist deshalb nicht nur auf diejenigen Arbeitsverhältnisse zu richten, die auf einen anderen AG übergehen, sondern auch auf die beim Veräußerer verbleibenden Arbeitsverhältnisse, denn auch dort kann die Spaltung Nachteile hervorrufen (wie z. B. Arbeitsverdichtung, veränderte Anforderungsprofile etc.). **45**

Im Falle der Betriebsspaltung entsteht regelmäßig ein **Übergangsmandat** nach § 21a (vgl. § 21a Rn. 1 ff.). **46**

6. Verhältnis zwischen Betriebsübergang und Betriebsänderung

Nach ständiger Rechtsprechung des BAG (BAG 17.3.1987 – 1 ABR 47, 85) stellt der bloße Betriebsübergang keine Betriebsänderung im Sinne von § 111 dar, wenn er die **Übertragung eines Betriebs als Ganzes** unter Wahrung seiner Identität zur Folge hat (vgl. hierzu DKW, § 111 BetrVG Rn. 125 ff.). § 613a BGB habe – so das BAG – eine die AN schützende Sonderregelung getroffen, die sowohl für den rechtsgeschäftlichen als auch für den umwandlungsbedingten Betriebsübergang gelte (BAG 4.12.1979 – 1 AZR 843/76, AiB 2007, 248). Die (eigentums-)rechtliche Zuordnung eines Betriebs wirke sich nicht auf den Betrieb als arbeitstechnische Einheit aus. Etwas anderes gilt aber dann, wenn zugleich ein **Betriebsteil abgespalten** und auf ein anderes Unternehmen übertragen wird; hier handelt es sich kraft gesetzlicher Definition um eine Betriebsänderung (vgl. Rn. 39 ff.). **47**

Neuerdings ist jedoch in der Kommentarliteratur eine Tendenz erkennbar, auch den bloßen Betriebsübergang im Sinne einer EU-konformen Auslegung von § 111 wie eine Betriebsänderung zu behandeln (DKW, § 111 BetrVG Rn. 126). Nach Art. 4 Abs. 2c der **RL 2002/14/EG vom 11.3.2002 zur Festlegung des allgemeinen Rahmens für die Unterrichtung und Anhörung der AN in der Europäischen Gemeinschaft**, die nach Art. 3 für Unternehmen mit mindestens 50 AN oder für Be- **48** triebe mit mindestens 20 AN in einem Mitgliedstaat gilt, erfolgt eine Unterrichtung und Anhörung zu Entscheidungen, die wesentliche Veränderungen der Arbeitsorganisation oder der Arbeitsverträge mit sich bringen können. Betrachtet man den anlässlich eines Betriebsübergangs eintretenden Wechsel des AG als eine wesentliche Änderung der Arbeitsverträge (was eigentlich außer Zweifel stehen sollte), dürfte nach der RL 2002/14/EG die vorherige Unterrichtung und Anhörung der Arbeitnehmervertretung (also des BR) erforderlich sein.

49 Aber auch der bloße Betriebsübergang als solcher kann – auch dann, wenn ein Betrieb als Ganzes übertragen wird – mit einer zusätzlichen Betriebsänderung zusammentreffen. In diesem Fall ist auch nach der Rechtsprechung des BAG der Anwendungsbereich des § 111 Satz 1 und damit der Weg zur Einigungsstelle eröffnet. Daher ist eine **Betriebsänderung anlässlich eines Betriebsübergangs** durchaus möglich (BAG 4.12.1979 – 1 AZR 843/76, AiB 2007, 248; BAG 16.6.1987 – 1 ABR 41/85, AiB 1988, 45–46). Hierfür kommen – mit Ausnahme der Stilllegung des ganzen Betriebs oder von wesentlichen Betriebsteilen gem. § 111 Satz 3 Nr. 1 – sämtliche weiteren und in § 111 Satz 3 aufgeführten Betriebsänderungstatbestände in Betracht, also

- die Verlegung des ganzen Betriebs nach § 111 Satz 3 Nr. 2 (vgl. Rn. 31),
- die Zusammenlegung (vgl. Rn. 33) und Spaltung (vgl. Rn. 39) von Betrieben nach § 111 Satz 3 Nr. 3,
- grundlegende Änderungen der Betriebsorganisation, des Betriebszwecks oder der Betriebsanlagen, § 111 Satz 3 Nr. 4 (vgl. Rn. 50) sowie
- die Einführung grundlegend neuer Arbeitsmethoden und Fertigungsverfahren, § 111 Satz 3 Nr. 5 (vgl. Rn. 56).

7. Grundlegende Änderungen der Betriebsorganisation, des Betriebszwecks oder der Betriebsanlagen

50 Die **Betriebsorganisation** betrifft die konkrete Art und Weise der Koordination und des Einsatzes von AN und Betriebsanlagen zur Erreichung des gewünschten arbeitstechnischen Erfolges. Eine Änderung der Betriebsorganisation tritt daher ein, wenn der Betriebsaufbau, so z.B. hinsichtlich der Zuständigkeiten, Verantwortung und Berichtslinien neu zugeschnitten bzw. umgestaltet wird (BAG 22.3.2016 – 1 ABR 12/14).

51 Die Änderung der Betriebsorganisation reicht für das Vorliegen einer Betriebsänderung als solche nicht aus; die Änderung muss außerdem grundlegend sein. **Grundlegend** ist die Änderung der Betriebsorganisation dann, wenn sie sich auf den betrieblichen Ablauf in erheblicher Weise auswirkt. Entscheidend ist der Grad der Veränderung, ob es sich also um einschneidende Änderungen der Betriebsabläufe, der Arbeitsweise bzw. der Arbeitsbedingungen der AN handelt (BAG 18.3.2008 – 1 ABR 77/06; BAG 22.3.2016 – 1 ABR 12/14; LAG Hamm 30.12.2011 – 13 TaBVGa 14/11). Ein **Personalabbau** ist für die Änderung der Betriebsorganisation **nicht erforderlich** (BAG 12.1.2010 – 1 TaBV 73/09, vgl. auch Rn. 12). Eine grundlegende Änderung tritt daher z.B. ein

- bei Dezentralisierung der Entscheidungsbefugnisse,
- bei der Einführung von Proficentern oder einer Spartenorganisation,
- bei Veränderung von Zahl, Zuschnitt und innerer Struktur von Betriebsabteilungen,
- bei der Einführung einer Matrixorganisation sowie
- beim Übergang zu Gruppenarbeit.

Auch die Umgestaltung von Büroräumen kann mit Blick auf neue Büro- **51a**
konzepte wie **Desk-Sharing** eine Betriebsänderung nach § 111 Satz 3 Nr. 4 (und Nr. 5) darstellen (LAG Rheinland-Pfalz 13.5.2020 – 7 Sa 380/19). Das gilt auch für die sog. **Clean Desk Policy**
die meist Bestandteil des Desk-Sharing ist.
In diesem Zusammenhang können einzelne Bestandteile des Desk-Sharing / der Clean Desk Policy auch weitere Mitbestimmungsrechte auslösen. So können z.B. Vorgaben des AG zur Einbringung persönlicher Gegenstände der AN, insbesondere zur Aufbewahrung solcher Gegenstände vor Arbeitsbeginn und nach Arbeitsende, die Ordnung des Betriebs betreffen und infolgedessen gem. § 87 Abs. 1 Nr. 1 BetrVG der Mitbestimmung des BR unterliegen. Die vom AG gewünschte Doppelnutzung derselben Betriebsfläche sowohl als Arbeits- wie auch als Pausenfläche kann ebenfalls die Ordnung des Betriebs betreffen (siehe LAG Baden-Württemberg 6.8.2024 – 21 TaBV 7/24). Weitere Einzelheiten siehe die Kommentierung zu § 87.

Mit dem **Betriebszweck** im Sinne von § 111 Satz 3 Nr. 4 ist der arbeits- **52**
technische Zweck eines Betriebs gemeint, nicht der wirtschaftliche (BAG 17.12.1985 – 1 ABR 78/83, AiB 1986, 213). Der Betriebszweck kann sich z.B. dadurch grundlegend ändern, dass dem bisherigen Betrieb eine weitere Abteilung mit einem weiteren arbeitstechnischen Betriebszweck hinzugefügt wird (BAG 17.12.1985 – 1 ABR 78/83, AiB 1986, 213). So ändert – ein Beispiel aus der Rechtsprechung – eine Spielbank ihren Betriebszweck grundlegend, wenn sie neben dem herkömmlichen Glücksspiel an Spieltischen (Spiel nach Art »Monte Carlo«) in einem besonderen Saal mit eigenem Zugang das Spiel an Automaten (Spiel nach

Art »Las Vegas«) anbietet (BAG 17.12.1985 – 1 ABR 78/83, AiB 1986, 213). Bietet ein Dienstleistungsunternehmen weitere Dienstleistungen an, kann das ebenfalls zu einer Änderung des Betriebszwecks führen, so z.B., wenn eine Bank künftig auch Versicherungsdienstleistungen anbieten möchte. Auch der umgekehrte Fall kann eine Änderung des Betriebszwecks darstellen, z.B., wenn in einem Betrieb neben dem Hauptzweck (Vertrieb) außerdem Forschung und Entwicklung (F&E) betrieben wird und der Bereich F&E künftig wegfallen soll (LAG Düsseldorf 20.4.2016 – 4 TaBV 70/15). Zugleich kann es sich in diesem Fall um die Stilllegung eines wesentlichen Betriebsteils nach § 111 Satz 3 Nr. 1 handeln (vgl. Rn. 20ff.).

53 Unter **Betriebsanlagen** (vgl. DKW, § 111 BetrVG Rn. 107) i.S.v. § 111 Satz 3 Nr. 4 sind nicht nur Anlagen in der Produktion zu verstehen, sondern allgemein solche, die dem arbeitstechnischen Produktions- und Leistungsprozess dienen. Das können auch Einrichtungen des Rechnungswesens sein (BAG 26.10.1982 – 1 ABR 11/81); ebenso neue IT-Einrichtungen, Hallen oder Gebäude. Nicht nur die Änderung sämtlicher Betriebsanlagen, sondern auch die **Änderung einzelner Betriebsanlagen** kann unter § 111 Satz 3 Nr. 4 fallen, wenn es sich um solche handelt, die **in der Gesamtschau von erheblicher Bedeutung für den gesamten Betriebsablauf** sind (BAG 26.10.1982 – 1 ABR 11/81).

54 Bei der Frage, ob die **Änderung der Betriebsanlagen »grundlegend«** ist, kommt es entscheidend auf den Grad der technischen Änderung an. Lässt sich aufgrund der Beurteilung der technischen Änderung die Frage einer »grundlegenden« Änderung nicht zweifelsfrei beantworten, so ist nach dem Sinn des § 111 auch hier auf den Grad der nachteiligen Auswirkungen der Änderung auf die betroffenen AN abzustellen (BAG 26.10.1982 – 1 ABR 11/81).

55 Bleibt die Beurteilung der Frage zweifelhaft, ob die **Änderung** der Betriebsorganisation, des Betriebszwecks oder der Betriebsanlagen **grundlegend** ist, so hat die **Zahl der betroffenen AN indizielle Bedeutung**. Dabei kann an die Rechtsprechung des BAG zur Betriebseinschränkung im Sinne von § 111 Satz 3 Nr. 1 angeknüpft werden (vgl. Rn. 20). Demnach müssen z.B. bei Betrieben mit mehr als 1000 AN mindestens fünf Prozent der Gesamtbelegschaft von der Änderung betroffen sein (BAG 26.10.1982 – 1 ABR 11/81).

8. Einführung grundlegend neuer Arbeitsmethoden und Fertigungsverfahren

Bei der Einführung grundlegend neuer Arbeitsmethoden und Fertigungsverfahren im Sinne von § 111 Satz 3 Nr. 5 geht es primär um den Einsatz der menschlichen Arbeitskraft zur Erledigung bestimmter Aufgaben. So ist »Arbeitsmethode« die jeweilige Art, eine Arbeit systematisch abzuwickeln. Darunter fallen die Strukturierung des Arbeitsablaufs des einzelnen AN (wie Handgriffe, Bewegungsabläufe), die Strukturierung des Arbeitsablaufs zwischen den AN (wie Einzel- und Gruppenarbeit) und der Einsatz technischer Hilfsmittel (etwa von Maschinen, Werkzeugen und Vorrichtungen). Gemeint sind mit »Arbeitsmethode« letztlich alle konzeptionellen Regeln, die hinter dem in vielen einzelnen, unselbständigen Arbeitsvorgängen gegliederten Arbeitsablauf stehen. Arbeitsmethode bedeutet daher die Festlegung, auf welchem Bearbeitungsweg und mit welchen Arbeitsmitteln durch welche Beschäftigten eine Aufgabe erfüllt werden soll (BAG 22.3.2016 – 1 ABR 12/14). Der Begriff der »Fertigungsverfahren« ist identisch mit dem der Fabrikationsmethode in § 106 Abs. 3 Nr. 5. Er bezieht sich auf das technische Verfahren bei der Verfolgung des arbeitstechnischen Zwecks (BAG 22.3.2016 – 1 ABR 12/14) Die Tatbestände von § 111 Satz 3 Nr. 4 und Nr. 5 weisen deshalb deutliche Überschneidungen auf. Vielfach werden auch beide Tatbestände erfüllt sein (zu Nr. 4: BAG 26.10.1982 – 1 ABR 11/81). Innerhalb der Nr. 5 selbst werden oft auch Arbeitsmethoden und Fertigungsverfahren deutliche inhaltliche Überlagerungen aufweisen. 56

Veränderte Arbeitsmethoden bzw. Fertigungsverfahren liegen z.B. vor 57

- bei einem Übergang zur Selbstbedienung in Einzelhandelsgeschäften
- bei der systematischen Beschäftigung von Teilzeitkräften mit flexibler Arbeitszeit statt wie bisher mit fester individueller, vertraglicher Wochenarbeitszeit (LAG Rheinland-Pfalz 9.3.2012 – 6 TaBV 39/11)
- bei der Einführung einer Internetfiliale (LAG Hamm 6.9.2010 – 10 TaBV 5110)
- beim Übergang von der Eigenproduktion zu Fremdvergabe (systematischer Einsatz von Werkvertragsunternehmen)
- je nach Umfang auch bei der Einführung von Gruppenarbeit
- wenn in einem Betrieb ein System eingeführt wird, das die Strukturierung, Vereinheitlichung und Optimierung von Arbeitsprozessen sowie deren Rationalisierung zum Ziel hat (BAG 22.3.2016 – 1 ABR 12/14)

- beim Übergang von Deutsch zu Englisch als Betriebs- bzw. Arbeitssprache. Hierzu ist kein vollständiger Wechsel der Arbeitssprache erforderlich. Es genügt, wenn wesentliche unternehmensinterne Kommunikationen oder »meetings« in englischer Sprache durchgeführt werden
- je nach Umfang auch bei der Einführung agiler Arbeitsweisen.

Auch die in der Praxis häufig anzutreffenden sog. **»Effizienz«- oder »Excellence«-Programme** (beschönigend für meist massive Kosten- und Personaleinsparprogramme) können eine Betriebsänderung darstellen. Es geht dabei um standardisierte, in Phasen aufeinander aufbauende Verbesserungsverfahren, die die systematische Steigerung der Effektivität und Produktivität zum Ziel haben (LAG Schleswig-Holstein 22.1.2014 – 3 TaBV 38/13).

58 Für die Praxis bedeutsam und leider oft übersehen ist, dass das Beteiligungsrecht nach § 111 durch den **Qualifizierungsanspruch nach § 97 Abs. 2** ergänzt wird. Danach hat der BR bei der Einführung von Maßnahmen der betrieblichen Berufsbildung mitzubestimmen, wenn der AG Maßnahmen plant oder durchführt, die dazu führen, dass sich die Tätigkeit der betroffenen AN ändert und ihre beruflichen Kenntnisse und Fähigkeiten zur Erfüllung ihrer Aufgaben nicht mehr ausreichen (vgl. hierzu näher § 97 Rn. 7 ff.).

59 Eine **Arbeitsmethode oder ein Fertigungsverfahren** ist dann **»grundlegend neu«**, wenn es sich nicht nur um eine routinemäßige Verbesserung handelt (Fitting, § 111 BetrVG Rn. 97 ff.). Hierfür ist die Situation im einzelnen Betrieb oder in der betroffenen Betriebsabteilung maßgebend. Ob die Maßnahme zu einer grundlegenden Veränderung führt, kann sich aus dem Gewicht der Auswirkungen auf die Beschäftigten ergeben (BVerwG 14.3.1986 – 6 P 10.83). Führt die qualitative Betrachtung zu keinen eindeutigen Ergebnissen, kommt es darauf an, ob durch die neue Arbeitsmethode oder das neue Fertigungsverfahren eine erhebliche Zahl von AN betroffen ist (BAG 7.8.1990 – 1 AZR 445/89, vgl. hierzu Rn. 20).

9. »Auffangtatbestand«

60 § 111 enthält einen Katalog von Betriebsänderungstatbeständen (Satz 3 Nrn. 1 bis 5). Beim Vorliegen eines solchen Tatbestandes wird von vornherein die **Möglichkeit** damit verbundener **wesentlicher Nachteile** für die AN **unterstellt** (vgl. Rn. 15). Dieser **Katalog** ist aber **nicht abschließend** (vgl. DKW, § 111 BetrVG Rn. 115 ff.). D. h. eine Betriebsänderung kann auch bei Maßnahmen vorliegen, die nicht einen der im Gesetz

genannten Tatbestände erfüllen. Bei solchen Maßnahmen liegt aber nur dann eine Betriebsänderung vor, wenn daraus **nachteilige Auswirkungen auf erhebliche Teile der Belegschaft** resultieren können (BAG 23.4.1985 – 1 ABR 3/81).

§ 112 Interessenausgleich über die Betriebsänderung, Sozialplan

(1) [1]Kommt zwischen Unternehmer und Betriebsrat ein Interessenausgleich über die geplante Betriebsänderung zustande, so ist dieser schriftlich niederzulegen und vom Unternehmer und Betriebsrat zu unterschreiben; § 77 Absatz 2 Satz 3 gilt entsprechend. [2]Das Gleiche gilt für eine Einigung über den Ausgleich oder die Milderung der wirtschaftlichen Nachteile, die den Arbeitnehmern infolge der geplanten Betriebsänderung entstehen (Sozialplan). [3]Der Sozialplan hat die Wirkung einer Betriebsvereinbarung. [4]§ 77 Abs. 3 ist auf den Sozialplan nicht anzuwenden.

(2) [1]Kommt ein Interessenausgleich über die geplante Betriebsänderung oder eine Einigung über den Sozialplan nicht zustande, so können der Unternehmer oder der Betriebsrat den Vorstand der Bundesagentur für Arbeit um Vermittlung ersuchen, der Vorstand kann die Aufgabe auf andere Bedienstete der Bundesagentur für Arbeit übertragen. [2]Erfolgt kein Vermittlungsersuchen oder bleibt der Vermittlungsversuch ergebnislos, so können der Unternehmer oder der Betriebsrat die Einigungsstelle anrufen. [3]Auf Ersuchen des Vorsitzenden der Einigungsstelle nimmt ein Mitglied des Vorstands der Bundesagentur für Arbeit oder ein vom Vorstand der Bundesagentur für Arbeit benannter Bediensteter der Bundesagentur für Arbeit an der Verhandlung teil.

(3) [1]Unternehmer und Betriebsrat sollen der Einigungsstelle Vorschläge zur Beilegung der Meinungsverschiedenheiten über den Interessenausgleich und den Sozialplan machen. [2]Die Einigungsstelle hat eine Einigung der Parteien zu versuchen. [3]Kommt eine Einigung zustande, so ist sie schriftlich niederzulegen und von den Parteien und vom Vorsitzenden zu unterschreiben.

(4) [1]Kommt eine Einigung über den Sozialplan nicht zustande, so entscheidet die Einigungsstelle über die Aufstellung eines Sozialplans. [2]Der Spruch der Einigungsstelle ersetzt die Einigung zwischen Arbeitgeber und Betriebsrat.

(5) [1]Die Einigungsstelle hat bei ihrer Entscheidung nach Absatz 4 sowohl die sozialen Belange der betroffenen Arbeitnehmer zu be-

rücksichtigen als auch auf die wirtschaftliche Vertretbarkeit ihrer Entscheidung für das Unternehmen zu achten. [2]Dabei hat die Einigungsstelle sich im Rahmen billigen Ermessens insbesondere von folgenden Grundsätzen leiten zu lassen:

1. Sie soll beim Ausgleich oder bei der Milderung wirtschaftlicher Nachteile, insbesondere durch Einkommensminderung, Wegfall von Sonderleistungen oder Verlust von Anwartschaften auf betriebliche Altersversorgung, Umzugskosten oder erhöhte Fahrtkosten, Leistungen vorsehen, die in der Regel den Gegebenheiten des Einzelfalles Rechnung tragen.
2. Sie hat die Aussichten der betroffenen Arbeitnehmer auf dem Arbeitsmarkt zu berücksichtigen. Sie soll Arbeitnehmer von Leistungen ausschließen, die in einem zumutbaren Arbeitsverhältnis im selben Betrieb oder in einem anderen Betrieb des Unternehmens oder eines zum Konzern gehörenden Unternehmens weiterbeschäftigt werden können und die Weiterbeschäftigung ablehnen; die mögliche Weiterbeschäftigung an einem anderen Ort begründet für sich allein nicht die Unzumutbarkeit.

2a. Sie soll insbesondere die im Dritten Buch des Sozialgesetzbuches vorgesehenen Förderungsmöglichkeiten zur Vermeidung von Arbeitslosigkeit berücksichtigen.

3. Sie hat bei der Bemessung des Gesamtbetrages der Sozialplanleistungen darauf zu achten, dass der Fortbestand des Unternehmens oder die nach Durchführung der Betriebsänderung verbleibenden Arbeitsplätze nicht gefährdet werden.

§ 112a Erzwingbarer Sozialplan bei Personalabbau, Neugründungen

(1) [1]Besteht eine geplante Betriebsänderung im Sinne von § 111 Satz 3 Nr. 1 allein in der Entlassung von Arbeitnehmern, so findet § 112 Abs. 4 und 5 nur Anwendung, wenn

1. in Betrieben mit in der Regel weniger als 60 Arbeitnehmern 20 vom Hundert der regelmäßig beschäftigten Arbeitnehmer, aber mindestens 6 Arbeitnehmer,
2. in Betrieben mit in der Regel mindestens 60 und weniger als 250 Arbeitnehmern 20 vom Hundert der regelmäßig beschäftigten Arbeitnehmer oder mindestens 37 Arbeitnehmer,
3. in Betrieben mit in der Regel mindestens 250 und weniger als 500 Arbeitnehmern 15 vom Hundert der regelmäßig beschäftigten Arbeitnehmer oder mindestens 60 Arbeitnehmer,

4. **in Betrieben mit in der Regel mindestens 500 Arbeitnehmern 10 vom Hundert der regelmäßig beschäftigten Arbeitnehmer, aber mindestens 60 Arbeitnehmer**

aus betriebsbedingten Gründen entlassen werden sollen. [2]Als Entlassung gilt auch das vom Arbeitgeber aus Gründen der Betriebsänderung veranlasste Ausscheiden von Arbeitnehmern auf Grund von Aufhebungsverträgen.

(2) [1]§ 112 Abs. 4 und 5 findet keine Anwendung auf Betriebe eines Unternehmens in den ersten vier Jahren nach seiner Gründung. [2]Dies gilt nicht für Neugründungen im Zusammenhang mit der rechtlichen Umstrukturierung von Unternehmen und Konzernen. [3]Maßgebend für den Zeitpunkt der Gründung ist die Aufnahme einer Erwerbstätigkeit, die nach § 138 der Abgabenordnung dem Finanzamt mitzuteilen ist.

Inhaltsübersicht Rn.

I. Interessenausgleich

1. Zweck der gesetzlichen Regelung

1 Das **Mitbestimmungsrecht** des BR nach den §§ 112 zielt neben dem Abschluss eines Sozialplans auch auf den Abschluss eines Interessenausgleichs (zur Abgrenzung von Interessenausgleich und Sozialplan vgl. Rn. 5, 6). Der Interessenausgleich hat den Zweck, die unterschiedlichen und oftmals gegenläufigen Interessen von Unternehmer und BR unmittelbar bei der unternehmerischen Planung / Entscheidung einer Betriebsänderung in Einklang zu bringen und zwischen den Interessen einen Kompromiss herbeizuführen. Es geht also bei einem Interessenausgleich nicht – anders als bei einem Sozialplan – um den Ausgleich der Nachteile der AN aus der Umsetzung einer Betriebsänderung. Vielmehr **soll die unternehmerische Planung durch den Interessenausgleich so (um)gestaltet werden, dass den AN insgesamt möglichst wenig Nachteile entstehen** und deshalb – jedenfalls im Idealfall – keine Nachteile durch einen Sozialplan auszugleichen bzw. abzumildern sind. Wenngleich dies schwierig ist, gelingt es in der Praxis doch immer wieder, Nachteile jedenfalls teilweise schon bei der unternehmerischen Planung zu vermeiden (Beispiele für Regelungen in einem Interessenausgleich vgl. Rn. 5). Der **Sozialplan** ist dagegen die Einigung von AG und BR über den **Ausgleich oder die Milderung der wirtschaftlichen Nachteile**, die den AN infolge der geplanten Betriebsänderung entstehen

2. Form und Inhalt des Interessenausgleichs sowie Abgrenzung zum Sozialplan

a. Form

2 Ein Interessenausgleich nach § 112 Abs. 1 Satz 1 kommt wirksam nur zustande, wenn er **schriftlich** niedergelegt und vom Unternehmer und BR unterschrieben wurde (vgl. DKW, §§ 112, 112a BetrVG Rn. 17 ff.). Ein mündlich vereinbarter Interessenausgleich ist unwirksam (vgl. BAG 18.12.1984 – 1 AZR 176/82, AP Nr. 11 zu § 113 BetrVG 1972) und lässt Nachteilsausgleichsansprüche nach § 113 entstehen, wenn die Betriebsänderung dennoch durchgeführt wird (§ 113 Rn. 5).

3 § 112 Abs. 1 Satz 1 verlangt nicht, dass ein Interessenausgleich in einer gesonderten Urkunde niedergelegt und als solcher ausdrücklich bezeichnet wird. Es ist in der Betriebspraxis vielfach üblich, Interessenausgleich und Sozialplan in einer Urkunde niederzulegen, diese nur als Sozialplan zu bezeichnen oder andere Bezeichnungen zu wählen. Vor

diesem Hintergrund kommt es allein darauf an, ob die Einigung der Betriebspartner über das »Ob« und »Wie« einer geplanten Betriebsänderung oder eines Teils derselben schriftlich festgehalten ist und in dieser Urkunde mit ausreichender Deutlichkeit sichtbar wird. Dies bestimmt sich nach dem Inhalt der Einigung, die auszulegen ist (LAG München 12.11.2020 – 3 Sa 301/20).

4 Nach § 112 Abs. 1 Satz 1 gilt außerdem § 77 Abs. 2 Satz 3 entsprechend. Deshalb haben AG und BR abweichend von § 126a Abs. 2 BGB den Interessenausgleich elektronisch zu signieren, wenn der Interessenausgleich in elektronischer Form abgeschlossen wird (siehe § 77 Rn. 8). Außerdem sind Interessenausgleiche an geeigneter Stelle im Betrieb auszulegen (siehe § 77 Rn. 9).

b. Inhalt (Beispiele)

5 **Gegenstand eines Interessenausgleichs** im Sinne von § 112 Abs. 1 Satz 1 sind Regelungen darüber, ob, wann und in welcher Form die vom Unternehmer geplante Betriebsänderung ausgeführt werden soll (vgl. hierzu auch DKW, §§ 112, 112a BetrVG Rn. 20 ff.). Denkbar sind z. B.:

- Regelungen zum Zeitplan der Maßnahmen und zum Umfang einer Umstrukturierung
- Gegebenenfalls auch (zeitlich befristete) Kündigungsverbote und Einstellungsverbote
- Anzahl der Entlassungen oder Versetzungen
- Verpflichtung des Unternehmers, vor Ausspruch von Entlassungen zunächst Aufhebungsverträge oder Altersteilzeitverträge anzubieten
- Einführung von Kurzarbeit zur Vermeidung von Entlassungen
- Verabredungen über arbeitsplatzsichernde Investitionen in alternative Produktpaletten
- Beschäftigungs- und / oder Standortsicherungszusagen
- Umschulungs- und Weiterbildungsangebote

6 Was letztendlich Gegenstand des Interessenausgleichs wird, ist immer eine Frage des Einzelfalls. Dabei sind die **Grenzen zwischen Interessenausgleich und Sozialplan** in der Praxis **fließend**.

7 Ein **Interessenausgleich** im Sinne einer abstrakt-generellen Regelung für alle im Betrieb in nächster Zeit möglicherweise vorkommenden interessenausgleichspflichtigen Maßnahmen ist im Unterschied zu einem Rahmensozialplan (Rn. 101) unzulässig (ArbG Köln 26.9.2019 – 11 BV 123/19). Das Mitbestimmungsrecht des BR nach § 112 knüpft an die jeweilige konkrete Betriebsänderung an (BAG 26.8.1997 – 1 ABR

12/97). Der Interessenausgleich ist seiner Natur nach auf den Einzelfall bezogen, denn durch ihn soll der BR Einfluss auf die Gestaltung der konkreten Betriebsänderung nehmen können. Dies schließt vorweggenommene Regelungen für künftige, in ihren Einzelheiten noch nicht absehbare Maßnahmen aus. In der vorweggenommenen Regelung läge in Wirklichkeit ein Verzicht auf die Mitgestaltung der künftigen Betriebsänderung (BAG 26.8.1997 – 1 ABR 12/97).

Etwas anderes gilt für tiefgreifende Unternehmensumstrukturierungen, bei denen in einem abgegrenzten Zeitraum verschiedene Betriebsänderungen von derselben unternehmerischen Planung erfasst werden. Bei solchen – regelmäßig im Beraterjargon mit Future 20XX, Connect 20XX, Break Even 20XX etc. bezeichneten Restrukturierungsprozessen – zeitlich und inhaltlich abgegrenzten Maßnahmen kann eine generalisierende Interessenausgleichsvereinbarung – in der Praxis häufig als **Rahmeninteressenausgleich** bezeichnet – vorweggeschaltet werden, die Ausschnitte der in Rn. 5 genannten Regelungsgegenstände eines Interessenausgleichs für alle von der unternehmerischen Planung erfassten Betriebsänderungen enthält. Voraussetzung ist jedoch, dass die jeweilige Betriebsänderung bei entsprechender Konkretisierung im Rahmen eines so genannten **Teilinteressenausgleichs** geregelt (konkretisiert) wird. Eine solche Verknüpfung von Rahmen- und Teilinteressenausgleich kann – wegen ihrer den Veränderungsprozess strukturierenden Wirkung – insbesondere dann sinnvoll sein, wenn zum Zeitpunkt des Abschlusses des Rahmeninteressenausgleichs die unternehmerische Entscheidung noch nicht in allen Einzelheiten geplant ist, so dass die einzelnen Veränderungsschritte und -maßnahmen mit den jeweiligen Teilinteressenausgleichen »ausgefüllt« werden. 8

c. Bindungswirkung des Interessenausgleichs

Nach der Rechtsprechung des BAG ist der Interessenausgleich eine sog. »**Kollektivvereinbarung eigener Art**«, der nicht die Wirkung einer BV zukommt. Deshalb soll der BR auch nicht auf Erfüllung des gefundenen Kompromisses bestehen können und keinen gerichtlich durchsetzbaren Anspruch gegen den AG haben, die Betriebsänderung so, wie im Interessenausgleich vorgesehen, auch durchzuführen (vgl. hierzu DKW, §§ 112, 112a BetrVG Rn. 23 ff.). 9

Letztendlich wird man für die Frage der Bindungswirkung aber nicht formal auf die Bezeichnung der Vereinbarung als Interessenausgleich, sondern darauf abstellen müssen, welche konkreten (ggf. auch wechselseitigen) Verpflichtungen von den Betriebsparteien mit Unterzeichnung 10 eingegangen worden sind. Deshalb ist auch anerkannt, dass sich der AG verpflichten kann, die Betriebsänderung – wie im Interessenausgleich vorgesehen – durchzuführen und davon abweichende Maßnahmen zu unterlassen. Entscheidend ist hier die Auslegung der getroffenen Vereinbarung. Die Betriebsparteien haben es deshalb in der Hand, einen **eigenständigen Erfüllungs- bzw. Unterlassungsanspruch des BR** zu **begründen**. Dies ist auch für Teilbereiche des Interessenausgleichs denkbar (LAG München 16.7.1997 – 9 TaBV 54/97). Hat sich z.B. der AG durch eine Sicherungsvereinbarung verpflichtet, den Betrieb für eine bestimmte Zeit fortzuführen, ist er an sein Wort gebunden. Der BR muss nicht über einen Interessenausgleich verhandeln. Schließt der Betrieb dann doch vor der Zeit, drohen dem AG erhebliche Mehrkosten – denn alle Gekündigten haben Anspruch auf Nachteilsausgleich (LAG Köln 11.5.2017 – 8 TaBV 32/17). Um Streitigkeiten zu vermeiden, wird der Interessenausgleich in der Praxis häufig auch als BV abgeschlossen, z.B. mit der Formulierung »**BV über einen Interessenausgleich**«. Rechtlich erzwingbar ist eine solche Bezeichnung jedoch nicht.

d. Abgrenzung zum Sozialplan

11 Im **Sozialplan** geht es im Unterschied zum Interessenausgleich um den **Ausgleich oder die Milderung der wirtschaftlichen Nachteile**, die den AN infolge der beabsichtigten – ggf. im Interessenausgleich vereinbarten – Betriebsänderung entstehen. Nachteile können z.B. sein

- Entlassungen,
- Versetzungen
- längere Anfahrtswege
- Qualifikationsverluste etc. (BAG 27.10.1987 – 1 ABR 9/86).

Ausgleichsregelungen hierfür sind dann z.B.

- Abfindungen,
- Mobilitätsbeihilfen,
- Regelungen zum Fahrtkostenersatz und
- Zuschüsse zu Weitbildungsmaßnahmen.

3. Verfahren bis zum Abschluss des Interessenausgleichs

a. Unterrichtung des Wirtschaftsausschusses

12 In Unternehmen mit in der Regel mehr als 100 ständig beschäftigten AN ist nach § 106 ein Wirtschaftsausschuss zu bilden. Der Wirtschaftsausschuss hat die Aufgabe, wirtschaftliche Angelegenheiten – also auch

Betriebsänderungen – **mit dem Unternehmer** zu **beraten** und den BR bzw. den GBR – je nach dem, bei welchem Gremium der Wirtschaftsausschuss zu bilden ist – als dessen **Hilfsorgan** zu unterrichten. Zu diesem Zweck hat der Unternehmer den Wirtschaftsausschuss rechtzeitig und umfassend über die wirtschaftlichen Angelegenheiten des Unternehmens unter Vorlage der erforderlichen Unterlagen zu informieren, soweit dadurch nicht Betriebs- und Geschäftsgeheimnisse des Unternehmens gefährdet werden, sowie die sich daraus ergebenden Auswirkungen auf die Personalplanung darzustellen (zu den näheren Einzelheiten vgl. die Kommentierung zu den §§ 106 ff.).

b. Planung des AG und Information des BR

Nach § 111 Satz 1 hat der Unternehmer in Unternehmen mit in der Regel mehr als 20 wahlberechtigten AN (vgl. § 111 Rn. 2) den BR über **geplante Betriebsänderungen**, die wesentliche Nachteile für die Belegschaft oder erhebliche Teile der Belegschaft zur Folge haben können, rechtzeitig und umfassend zu unterrichten und die geplanten Betriebsänderungen mit dem BR zu beraten (vgl. zum Ganzen ausführlich DKW, § 111 BetrVG Rn. 158 ff.). **13**

Für die Praxis ist wichtig: Ein dem BR mitgeteilter geplanter interessenausgleichspflichtiger Personalabbau als solcher und dessen Umfang kann nicht per se zu einem **Betriebs- oder Geschäftsgeheimnis** im Sinne des § 79 deklariert werden (LAG Schleswig-Holstein 20. 5. 2015 – 3 TaBV 35/14; LAG Hessen 20. 3. 2017 – 16 TaBV 12/17, juris). Informationen über einen geplanten betriebsändernden Personalabbau (wie auch alle weiteren Betriebsänderungen) gelten also nicht generell bis zum Abschluss der Interessenausgleichsverhandlungen als Betriebs- und Geschäftsgeheimnis (vgl. hierzu auch § 79 Rn. 4). Ein derart weiter Anwendungsbereich läuft dem Normzweck und der Rechtsnatur des § 79 zuwider. Entscheidend kommt es vielmehr auf die Umstände des Einzelfalls an. **14**

Daran ändert auch das sog. **Geschäftsgeheimnisgesetz** (GeschGehG) nichts. Mit diesem Gesetz ist die europäische Geheimnisschutzrichtlinie (EU) 2016/943 vom 8. 6. 2016 umgesetzt worden. Unberührt bleiben jedoch die Rechte der Arbeitnehmervertretungen. Denn nach § 3 Abs. 1 Nr. 3 GeschGehG darf ein Geschäftsgeheimnis ausdrücklich durch »*ein Ausüben von Mitwirkungs- und Mitbestimmungsrechten einer Arbeitnehmervertretung erlangt werden*«. Dazu gehören auch die Informationsrechte des BR und des Wirtschaftsausschusses (§ 106 Rn. 8, 31 ff.). Da nach § 3 Abs. 2 GeschGehG ein Geschäftsgeheimnis auch »*erlangt, ge-* **15** *nutzt oder offengelegt werden darf, wenn dies durch Gesetz gestattet ist«*, ist auch die Weitergabe der Informationen innerhalb des zuständigen BR erlaubt.

16 Der AG ist auch nicht berechtigt, einzelne BR-Mitglieder – insbesondere den Vorsitzenden – mit einem »Maulkorb« zu belegen. Zieht der AG z. B. aus steuerlichen Gründen in Erwägung, den Betrieb aufzuspalten und hat er einen diesbezüglichen betriebswirtschaftlichen und steuerrechtlichen Beratungsvertrag mit einer Wirtschaftsprüfungsgesellschaft abgeschlossen, so ist der – hierüber informierte – **Betriebsratsvorsitzende verpflichtet, seine Kenntnisse an das Betriebsratsgremium weiterzugeben** und sie jedenfalls nicht vor seinen Betriebsratskollegen geheim zu halten. Dies gilt auch dann, wenn er diese Kenntnisse als Mitglied des Verwaltungsrats des AG gewonnen hatte und im Verwaltungsrat vereinbart worden war, die in Erwägung gezogene Betriebsaufspaltung zunächst geheim zu halten (LAG Hamm 22.7.2011 – 10 Sa 381/11).

17 Das Beteiligungsrecht des BR betrifft die jeweilige, auf eine Betriebsänderung abzielende Entscheidung des Unternehmers. Nach dem Zweck des Beteiligungsrechts muss der BR so rechtzeitig unterrichtet werden, dass er noch Einfluss auf die unternehmerische Planung nehmen kann. Maßgebender Zeitpunkt für die nach § 111 Satz 1 erforderliche Unterrichtung des BR und die Beratung der Betriebsänderung mit dem BR ist deshalb der Zeitpunkt, in dem der Unternehmer in die **Planungsphase** eintritt (vgl. Rn. 13). Steht die konkrete Maßnahme daher schon in allen grundsätzlichen, wesentlichen Einzelheiten aus Sicht der Unternehmensleitung fest, ist die Unterrichtung des BR verspätet. Denn die vom BetrVG geforderte Möglichkeit zur beratenden Einflussnahme auf die unternehmerische Entscheidung besteht dann nicht mehr.

18 Das Beteiligungsrecht des BR nach § 111 setzt ein, sobald die **Planung des Unternehmers zu einer gewissen Reife gelangt** ist, d. h. sobald der Unternehmer sich im Grundsatz entschlossen hat, eine Maßnahme – allerdings vorbehaltlich der Bemühungen um eine Einigung mit dem BR – durchzuführen. Eine solche geplante Betriebsänderung liegt dann vor, wenn der AG **aufgrund abgeschlossener Prüfungen und Strukturkonzepte** grundsätzlich **zu einer Betriebsänderung entschlossen** ist. Die unternehmerische Planung in Form der geplanten Betriebsänderung muss hinreichend bestimmt, Art und Umfang der angestrebten Maßnahme bekannt sein (BAG 18.7.2017 – 1 AZR 546/15). Von diesem Zeitpunkt an hat er den BR zu unterrichten und die Betriebsänderung mit ihm zu beraten.

Erforderlich ist also, dass sich die Planung des Unternehmers in gewissem Umfang verdichtet und konkretisiert hat. **Lediglich vorläufige Konzepte und Vorüberlegungen sind allein noch keine Planung** im Sinne des § 111 Satz 1 und lösen noch keine Beteiligungsrechte des BR aus. Die Abgrenzung zwischen der Phase bloßer Vorüberlegungen (»Planspiele«) und dem Eintritt in die unterrichtungspflichtige Planungsphase ist in der Praxis schwierig, jedenfalls aber immer eine Frage des Einzelfalls. **19**

Für die Bestimmung der »rechtzeitigen« Unterrichtung ist zugunsten des BR immer der Zweck des Beteiligungsrechts zu berücksichtigen. Die Unterrichtung muss den BR noch in die Lage versetzen, auf das **»Ob« und »Wie« der geplanten Betriebsänderung Einfluss nehmen** zu können (BAG 14.9.1976 – 1 AZR 784/75). § 111 dient auf Seiten des BR auch dazu, **Alternativmodelle zur unternehmerischen Planung zu entwickeln**. Ist dies nicht mehr möglich, so ist die Unterrichtung verspätet. **20**

Dennoch soll nach der (ausgesprochen fragwürdigen) Rechtsprechung des BAG noch kein Beginn der Betriebsstilllegung vorliegen, wenn der Stilllegungsentschluss bekanntgegeben und die Produktion eingestellt wurde – weil solche Maßnahmen auch rückgängig gemacht werden könnten (BAG 22.11.2005 – 1 AZR 407/04; BAG 14.4.2015 – 1 AZR 794/13). Gegen diese Rechtsprechung spricht jedoch, dass sie allein auf die (nicht überprüfbare) innere Haltung des Unternehmers (bzgl. der Wiederaufnahme der Produktion) und nicht auf die objektive Tatsachenlage abstellt. Dass damit das Beteiligungsrecht des BR gefährdet ist, ist offenkundig. Deshalb darf die Abgrenzung zwischen der bloßen Vorbereitungshandlung und dem Beginn der Umsetzung der Betriebsänderung nicht an den inneren Willen des Unternehmers anknüpfen. **21**

Der AG darf noch nicht abschließend über die Betriebsänderung entschieden haben (Fitting, § 111 BetrVG Rn. 108, 109). **Der AG darf den BR nicht vor vollendete Tatsachen stellen**. Sind die Würfel bereits gefallen, so erübrigt sich nach der Intention des Gesetzgebers eine Unterrichtung über eine Betriebsänderung. **22**

Vor diesem Hintergrund ist die **Unterrichtung** des BR **verspätet**, wenn sie erst erfolgt, nachdem an den **Aufsichtsrat** das Ersuchen herangetragen wurde, die nach seiner Satzung, Gesellschaftsvertrag oder Geschäftsordnung erforderliche Zustimmung zu der beabsichtigten Maßnahme zu erteilen. Der BR darf nicht erst dann unterrichtet werden, wenn sich die Unternehmensleitung einem anderen Unternehmensorgan gegenüber bereits definitiv festgelegt hat. **23**

24 Die Unterrichtung muss so frühzeitig erfolgen, dass noch über einen Interessenausgleich und einen Sozialplan verhandelt und das weitere Verfahren nach § 112 Abs. 2 und 3 (vgl. Rn. 28 ff.) abgeschlossen werden kann, bevor die Betriebsänderung durchgeführt werden soll (BAG 14.9.1976 – 1 AZR 784/75).

25 Mit der **Eröffnung des Insolvenzverfahrens** übernimmt der Insolvenzverwalter die Rechte und Pflichten, die sich aus der Arbeitgeberstellung der Gemeinschuldnerin ergeben. Der Insolvenzverwalter hat deshalb bei allen seinen Rechtshandlungen, die die AN berühren, die Mitwirkungs- und Mitbestimmungsrechte des BR zu beachten (BAG 17.9.1974 – 1 AZR 16/74 (noch zum Konkursverfahren) und ausführlich LAG Sachsen-Anhalt 29.7.2016 – 2 Sa 53/14). Die Mitwirkungs- und Mitbestimmungsrechte des BR entfallen auch dann nicht, wenn die Betriebsänderung der Gemeinschuldnerin die zwangsläufige Folge der Eröffnung des Insolvenzverfahrens ist.

Die Vorschriften des Betriebsverfassungsgesetzes über Interessenausgleich, Sozialplan und Nachteilsausgleich bei Betriebsänderungen (§§ 111 bis 113) gelten auch in der Insolvenz des Unternehmens (BAG 13.12.1978 – GS 1/77 (noch zum Konkursverfahren)) – abgesehen von den Besonderheiten in

- § 122 InsO (gerichtliche Zustimmung zur Durchführung einer Betriebsänderung),
- § 123 InsO (Begrenzung des Sozialplanumfangs) und
- § 124 InsO (Widerrufsrecht des Insolvenzverwalters für mindestens drei Monate vor Eröffnungsantrag abgeschlossene Sozialpläne).

Vor diesem Hintergrund muss der BR im Stadium der Interessenausgleichsverhandlungen auch im Insolvenzverfahren die Möglichkeit haben, gegen die vom Insolvenzverwalter geplante Betriebsänderung zu intervenieren. Zu diesem Zeitpunkt darf der Insolvenzverwalter deshalb noch keine unumkehrbaren Maßnahmen zu ihrer Durchführung getroffen haben (BAG 17.8.2023 – 6 AZR 56/23).

c. Vorlage der erforderlichen Unterlagen

26 Die Unterrichtung hat so zu erfolgen, dass sich der **BR** ein **vollständiges Bild von der geplanten Umstrukturierungsmaßnahme** machen kann. Zu diesem Zweck sind dem BR nach der allgemeinen Vorschrift des § 80 Abs. 2 die erforderlichen Unterlagen zur Verfügung zu stellen (vgl. DKW, § 111 BetrVG Rn. 164). Diese Vorlagepflicht dient der sachgerechten und wirksamen Wahrnehmung der gesetzlichen Aufgaben durch den BR. Die Unterrichtung des Wirtschaftsausschusses allein

ist nicht ausreichend. Diese ist der Unterrichtung des BR vorgelagert (vgl. § 106 Rn. 2, 14 ff.). Da die Unterrichtungspflicht nach § 111 einen Geheimnisvorbehalt nicht kennt, sind dem BR auch Betriebs- und Geschäftsgeheimnisse mitzuteilen.

27 Welche Unterlagen dem BR vorzulegen sind, hängt von den konkreten Umständen des Einzelfalls, also insbesondere vom konkreten Inhalt der Betriebsänderung ab, die der AG plant. Es liegt auf der Hand, dass **je nach Maßnahme nach § 111 Satz 3 Nr. 1–5 unterschiedliche Unterlagen vorzulegen** sind. **Solche Unterlagen können aber sein**:

- einschlägige Präsentationen,
- Gutachten von Unternehmensberatungsfirmen,
- Berichte von Wirtschaftsprüfern.

Der BR ist durch die Vorlage von Unterlagen so zu stellen, dass er die Beratung mit dem AG über die geplante Betriebsänderung sach- und zielorientiert (auf Augenhöhe) führen kann. Der BR muss daher über dieselben Unterlagen verfügen, die für die Entscheidung maßgeblich sind, wie auch der Unternehmer. Hat der Unternehmer zunächst mehrere Alternativen erwogen, so muss er dem BR den Inhalt der alternativen Maßnahmen darlegen und begründen, weshalb er sich letztendlich für die von ihm bevorzugte Variante entschieden hat. Auch für die alternativ in Aussicht genommenen Maßnahmen hat der AG die Unterlagen vorzulegen.

d. Beratung der Betriebsänderung mit dem BR

28 Der AG muss die geplante Betriebsänderung mit dem BR beraten (vgl. DKW, § 111 BetrVG Rn. 165). Der Gesetzgeber geht davon aus, dass die Beratung in einen Interessenausgleich münden soll. Deshalb hat die **Beratung mit dem Ziel des Einvernehmens** zu erfolgen. Letztendlich sind mit dem Begriff der Beratung die Verhandlungen zwischen AG und BR über einen Interessenausgleich – also der Austausch der gegenseitigen Positionen mit dem Ziel des Einvernehmens – zu der geplanten Betriebsänderung gemeint.

e. Bundesagentur für Arbeit und Einigungsstelle

29 Führen die Beratungen von AG und BR nicht zu einer schriftlichen Einigung über den Interessenausgleich, so können nach § 112 Abs. 2 Satz 1 sowohl der Unternehmer als auch der BR den Vorstand der **Bundesagentur für Arbeit** um Vermittlung ersuchen; der Vorstand kann die Aufgabe auf andere Bedienstete der Bundesagentur für Arbeit

übertragen. Dieses **Vermittlungsersuchen** ist gesetzlich nicht zwingend vorgeschrieben und **in der betrieblichen Praxis allenfalls eine Randerscheinung** (vgl. DKW, §§ 112, 112a BetrVG Rn. 5.).

30 In der Regel wird sogleich von der in § 112 Abs. 2 Satz 2 vorgesehenen Möglichkeit zur Anrufung der **Einigungsstelle** (vgl. zum Verfahren § 76 Rn. 6 ff.) Gebrauch gemacht. Auch hier können sowohl der AG wie auch der BR den Antrag auf Tätigwerden der Einigungsstelle stellen. Auf Ersuchen des Vorsitzenden der Einigungsstelle nimmt ein Mitglied des Vorstands der Bundesagentur für Arbeit oder ein vom Vorstand der Bundesagentur für Arbeit benannter Bediensteter der Bundesagentur für Arbeit an der Verhandlung teil; in der betrieblichen Praxis spielt dies jedoch so gut wie keine Rolle.

31 Die Anrufung der Einigungsstelle setzt das **Scheitern der Beratungen** (Verhandlungen) zwischen den Betriebsparteien über das Ob und das Wie der Betriebsänderung voraus. Zwar muss mit der Anrufung der Einigungsstelle nicht abgewartet werden, bis beide Seiten der Auffassung sind, alles umfassend erörtert zu haben. Die Einigungsstelle kann aber erst dann angerufen werden, wenn die Betriebsparteien ihrer Verhandlungspflicht aus § 74 Abs. 1 Satz 2 nachgekommen sind und über strittige Fragen mit dem ernsthaften Willen zur Einigung verhandelt bzw. Vorschläge für die Beilegung von Meinungsverschiedenheiten formuliert haben; andernfalls ist die Einigungsstelle unzuständig (LAG Rheinland-Pfalz 6.2.2020 – 5 TaBV30/19; BAG 18.3.2015 – 7ABR41).

32 Ob mit Verständigungswillen geführte Verhandlungen gescheitert sind, bleibt dabei aber grundsätzlich der subjektiven Einschätzung jedes Betriebspartners überlassen. Begrenzt wird dieser Beurteilungsspielraum lediglich dadurch, dass die Erklärung des Scheiterns der Verhandlungen nicht offensichtlich unbegründet (unsachlich) sein darf (LAG München 25.3.2021 – 3 TaBV 3/21). Anderenfalls würde der in § 100 ArbGG zugrundeliegende Beschleunigungszweck konterkariert werden, nach dem beim Auftreten von Meinungsverschiedenheiten in einer mitbestimmungspflichtigen Angelegenheit möglichst rasch eine formal funktionsfähige Einigungsstelle zur Verfügung gestellt werden soll. Zudem hätte es die verhandlungsunwillige Partei durch geschicktes Taktieren auch in der Hand, die Einsetzung einer Einigungsstelle längere Zeit zu blockieren (LAG München 25.3.2021 – 3 TaBV 3/21).

33 Die Einigungsstelle kann ebenfalls angerufen werden, wenn die Gegenseite die Verhandlungen ausdrücklich oder konkludent verweigert hat; auch insoweit kommt es aber grundsätzlich auf die subjektive Einschätzung des Betriebspartners an (BAG 18.3.2015 – 7 ABR 4/13, Rn. 17 m.w.N.; LAG Rheinland-Pfalz 10.10.2024 – 5 TaBV 15/24). Andernfalls fehlt für die Anrufung der Einigungsstelle das **Rechtsschutzinteresse**. Die Frage, ob die Verhandlungen tatsächlich gescheitert sind, ist im Hinblick auf das Vorhandensein des Rechtsschutzinteresses eine Rechtsfrage und damit **gerichtlich überprüfbar**.

Können sich AG und BR nicht auf die Einsetzung einer Einigungsstelle einigen, z. B. weil der AG behauptet, eine Betriebsänderung nach § 111 liege nicht vor oder weil die Betriebsparteien sich nicht auf die Anzahl der Beisitzer der Einigungsstelle oder deren Vorsitzenden einigen können, so können beide Seiten ein Beschlussverfahren vor dem ArbG mit dem Ziel einleiten, dass die **Einigungsstelle durch das ArbG eingesetzt** wird. 34

Nach § 100 ArbGG muss das ArbG die Einigungsstelle einsetzen, es sei denn, es handelt sich bei der jeweiligen unternehmerischen Maßnahme offensichtlich um keine Betriebsänderung. Offensichtlich unzuständig ist die Einigungsstelle nur, wenn bei fachkundiger Beurteilung durch das Gericht eindeutig erkennbar ist, dass es sich unter keinem tatsächlichen und rechtlichen Gesichtspunkt um eine Betriebsänderung handelt.

Das Kriterium der offensichtlichen Unzuständigkeit setzt voraus, dass an der Unzuständigkeit der Einigungsstelle weder in rechtlicher noch in tatsächlicher Hinsicht ernsthafte Zweifel möglich sind. Hiernach sind Tatsachenfeststellungen im Ergebnis auf eine Schlüssigkeitsprüfung beschränkt, da Tatsachen, die erst durch gerichtliche Beweiserhebung ermittelt werden müssten, nicht offensichtlich im Sinne von § 100 Abs. 1 Satz 2 ArbGG sind. Der eingeschränkte Prüfungsmaßstab des ArbG erklärt sich aus den Besonderheiten des Bestellungsverfahrens, welches darauf gerichtet ist, den Betriebsparteien im Bedarfsfall möglichst rasch eine formal funktionsfähige Einigungsstelle zur Verfügung zu stellen. Diese Zielsetzung erfordert ein unkompliziertes Bestellungsverfahren ohne zeitraubende Klärung streitiger Tatsachenfragen und Prüfung nicht offensichtlich zu beantwortender bzw. höchstrichterlich nicht geklärter Rechtsfragen (LAG Hessen 30. 8. 2024 – 5 TaBV 85/24). 35

Die Einigungsstelle ist immer dann unzuständig, wenn sie vom oder gegenüber dem unzuständigen BR angerufen wird. 36

Die für den Abschluss eines Sozialplans einzusetzende Einigungsstelle ist offensichtlich unzuständig, wenn im Falle der Stilllegung (§ 111 Satz 3 Nr. 1 BetrVG) kein wesentlicher Betriebsteil betroffen ist. Das richtet sich bei einem Personalabbau danach, ob hinsichtlich des Betriebsteils die Zahlenwerte des § 17 Abs. 1 KSchG erreicht werden. Eine offensichtliche Unzuständigkeit der Einigungsstelle liegt auch dann vor, wenn ein in diesem Sinne wesentlicher Betriebsteil nicht stillgelegt, sondern nur eingeschränkt wird und der Personalabbau selbst die Zahlen- 37 größen des § 17 Abs. 1 KSchG bezogen auf den Betrieb nicht erreicht (LAG Baden-Württemberg 9.3.2022 – 19 TaBV 1/22).

38 Nach § 112 Abs. 3 sollen Unternehmer und BR der Einigungsstelle Vorschläge zur Beilegung der Meinungsverschiedenheiten über den Interessenausgleich machen. Die Einigungsstelle hat eine Einigung der Parteien zu versuchen. Kommt eine Einigung zustande, so ist sie schriftlich niederzulegen und von den Parteien und vom Vorsitzenden zu unterschreiben.

38a Kommt eine Einigung über den Interessenausgleich auch vor der Einigungsstelle nicht zustande, dann sind die **Verhandlungen über den Interessenausgleich gescheitert**. Allerdings muss das Scheitern der Verhandlungen nicht durch einen förmlichen Beschluss der Einigungsstelle festgestellt werden (BAG 16.8.2011 – 1 AZR 44/10). Die Tätigkeit der Einigungsstelle im Hinblick auf den Interessenausgleich ist damit auch dann beendet, wenn der AG oder BR einseitig das Scheitern der Verhandlungen vor der Einigungsstelle erklären. Dabei setzt der Gesetzgeber auch für die Verhandlungen vor der Einigungsstelle eine **gewisse Verhandlungspflicht und Einlassungsbereitschaft** voraus; auch das ergibt sich aus § 74 Abs. 1 Satz 2.

38b Die **Einigungsstelle darf im Falle des Scheiterns der Verhandlungen über den Interessenausgleich keinen Spruch** fällen; die Einigungsstelle darf also die Angelegenheit nicht entscheiden. Dieses Recht steht ihr nur im Falle des Sozialplans zu. Der **Interessenausgleich** ist also **nicht erzwingbar**.

38c Der **Verhandlungs- bzw. Beratungsanspruch des BR endet** erst dann, wenn die Verhandlungen in der Einigungsstelle für gescheitert erklärt werden. Der AG darf nicht vor Durchführung des Einigungsstellenverfahrens die Verhandlungen über einen Interessenausgleich endgültig für gescheitert erklären. Will der Unternehmer Ansprüche auf Nachteilsausgleich (vgl. § 113) vermeiden, muss er das für den Versuch einer Einigung über den Interessenausgleich gesetzlich vorgesehene Verfahren voll ausschöpfen (BAG 20.11.2001 – 1 AZR 97/01; 26.10.2004 – 1 AZR 493/03;16.5.2007 – 8 AZR 693/06). Hierfür reicht der Abschluss eines Interessenausgleichs auch dann aus, wenn diesem kein wirksamer Betriebsratsbeschluss zu Grunde liegt (LAG Nürnberg 10.12.2014 – 2 Sa 379/14). Falls eine Einigung mit dem BR nicht möglich ist und der BR nicht selbst die Initiative ergreift, muss der Unternehmer seinerseits die Einigungsstelle anrufen, um dort einen Interessenausgleich (bis zum endgültigen Scheitern) zu versuchen (BAG 18.12.1984 – 1 AZR 176/82, AiB 1992, 348; LAG Rheinland-Pfalz 20.11.2018 – 6 Sa 115/18); LAG Niedersachsen 31.1.2025 – 14 SLa 607/24).

Die Einigungsstelle ist nach der Rechtsprechung unzuständig für Verhandlungen über einen Interessenausgleich, wenn die zugrundeliegende **Betriebsänderung bereits vollzogen** ist. Für bereits durchgeführte Betriebsänderungen kommt die Durchführung von Interessenausgleichsverhandlungen und damit auch die Errichtung einer hierauf bezogenen Einigungsstelle nicht mehr in Betracht (LAG Rheinland-Pfalz 27.4.2017 – 6 TaBV 26/16; LAG Baden-Württemberg 9.3.2022 – 19 TaBV 1/22; LAG Düsseldorf 6.1.2021 – 4 TaBVGa 2/20). Diese Rechtsprechung lässt – auch vor dem Hintergrund der Rechtsfolgen des § 113 BetrVG (Nachteilsausgleich) – unberücksichtigt, dass damit der Unternehmer »belohnt« wird, der betriebsverfassungswidrig handelt. Denkbar wäre es nämlich auch, in der Einigungsstelle Verhandlungen über die Beseitigung der Folgen der durchgeführten Betriebsänderung zu führen. 38d

Die Verpflichtung, wegen einer geplanten Betriebsänderung den Versuch eines Interessenausgleichs mit dem BR zu unternehmen, entfällt aber nicht deshalb, weil die Betriebsänderung (z. B. eine Stilllegung) die unausweichliche Folge einer wirtschaftlichen Zwangslage ist und es zu ihr keine sinnvollen Alternativen gibt (LAG Sachsen-Anhalt 12.1.2016 – 7 Sa 87/13). 38e

f. Heranziehung eines Beraters durch den BR

Gem. § 111 Satz 2 kann der BR in **Unternehmen mit mehr als 300 AN** zu seiner Unterstützung einen Berater hinzuziehen (vgl. DKW, § 111 BetrVG Rn. 166), § 80 Abs. 4 – also die Geheimhaltungspflicht der Auskunftspersonen und der Sachverständigen nach § 79 – gilt entsprechend. Die **Beschränkung** des Beraters auf Unternehmen mit mehr als 300 AN ist **Folge der Kostenrelevanz der Beratung.** Der BR kann den Berater auch ohne vorherige Vereinbarung mit dem AG einbeziehen (LAG Berlin-Brandenburg 14.3.2014 – 6 TaBV 52/14). 39

In **Gemeinschaftsbetrieben** mit mehr als 300 AN kann der BR einen Berater auch dann hinzuziehen, wenn in keinem der Trägerunternehmen mehr als 300 AN beschäftigt sind. 40

In **Unternehmen mit 300 und weniger AN** kommt die Hinzuziehung eines Beraters / Sachverständigen nach § 80 Abs. 3 in Betracht (vgl. § 80 Rn. 29 ff.). Der wesentliche Unterschied im Vergleich zur Hinzuziehung von Sachverstand nach § 111 Satz 2 liegt darin, dass nach § 80 Abs. 3 die Hinzuziehung des Beraters der Zustimmung des AG bedarf. Demgegenüber kann der BR den Berater nach der hier vertretenen Auffassung im 41

Rahmen von § 111 Satz 2 auch ohne vorherige Vereinbarung mit dem AG einbeziehen (vgl. aber Rn. 47).

42 Im Geltungsbereich von § 80 Abs. 3 ist aber zu berücksichtigen, dass die Feststellung einer Betriebsänderung und die daraus folgende Verpflichtung zum Interessenausgleich sowie das diesbezügliche Verfahren keine Standard- oder Routineangelegenheiten sind, sondern betriebsverfassungsrechtlichen Sachverstand voraussetzen (LAG Berlin-Brandenburg 14.3.2014 – 6 TaBV 52/14), so dass der AG die Zustimmung in der Regel zu erteilen hat. Außerdem kann der BR auch in Unternehmen mit 300 und weniger AN einen Berater als Beisitzer in die Einigungsstelle bestellen; die Kosten des externen Beisitzers trägt der AG (§ 76a Rn. 4). Für die Bestellung als Beisitzer der Einigungsstelle bedarf es nicht der Zustimmung des AG.

43 Die Hinzuziehung des Beraters nach § 111 Satz 2, auch eines Sachverständigen nach § 80 Abs. 3, setzt nicht voraus, dass dieser einen anerkannten Beratungsberuf (Rechtsanwalt, Steuerberater, Wirtschaftsprüfer usw.) ausübt. »**Neutralität**« ist ebenfalls **nicht erforderlich**. Vielmehr geht es allein um die Erfüllung einer bestimmten Aufgabe: Die fragliche Person soll dazu in der Lage sein, den BR bei der Ausübung seiner Rechte, die aus einer geplanten Betriebsänderung folgen, kompetent zu unterstützen. Die fehlende Sachkunde des BR soll durch den Berater/Sachverständigen ersetzt werden. Der Sachverständige/Berater berät den BR hinsichtlich konkreter Fragestellungen und soll ihn damit in die Lage versetzen, die Verhandlungen mit dem AG sachkundig zu führen (BAG 14.12.2016 – 7 ABR 8/15). Deshalb legt der BR auch den **Beratungsauftrag** fest, der in der Regel die Betriebsänderung einschließlich aller mit ihr für die AN verbundenen Folgen umfasst. Nach fragwürdiger Auffassung des LAG München kann der Berater nicht mehr nach § 111 Satz 2 bestellt werden, wenn die Einigungsstelle bereits eingesetzt ist (LAG München 24.6.2010 – 2 TaBV 121/09). Auch dann kann jedoch die Person, die vom BR als Berater in Betracht gezogen wurde, als Beisitzer der Einigungsstelle bestellt werden (vgl. Rn. 28).

44 Der **BR entscheidet selbst, wen er als Berater auswählen will.** Die verbindliche Verweisung des BR auf innerbetrieblichen Sachverstand ist nicht zulässig. Im Falle von § 111 Satz 2 **fingiert** das Gesetz nach der hier vertretenen Auffassung und entgegen dem BGH (siehe aber Rn. 47) die **Erforderlichkeit** eines Beraters. Sie ist daher nicht gesondert zu prüfen. Dies wird schon daran deutlich, dass anders als in § 80 Abs. 3 das Kriterium der Erforderlichkeit nicht ausdrücklich genannt ist. Im Anwendungsbereich von § 111 Satz 2 kommt es für die Kostentragungspflicht des AG nach § 40 Abs. 1 nicht darauf an, dass der BR die ent-

stehenden Kosten im Zeitpunkt ihrer Verursachung zur sachgerechten Aufgabenerfüllung für erforderlich halten durfte (vgl. § 40 Rn. 6). Selbst wenn man jedoch die Hinzuziehung eines Beraters nach § 111 Satz 2 dem Grundsatz der Erforderlichkeit unterstellt, so hat doch der BR bei der Bewertung der Frage der Erforderlichkeit einen sehr weiten Beurteilungsspielraum. Dies ergibt sich schon daraus, dass geplante Betriebsänderungen in der Regel weitreichende Konsequenzen für die Beschäftigten haben, so dass sich der BR nicht mit »Bordmitteln« (unternehmensinternem Sachverstand) behelfen muss, deren Unabhängigkeit mehr als fragwürdig ist. Deshalb wird die Hinzuziehung eines externen Beraters bei Interessenausgleich- und Sozialplanverhandlungen auch regelmäßig erforderlich sein (LAG Hessen 18.11.2009 – 9 TaBV 39/09).

Der BR hat auch einen Beurteilungsspielraum, ob er zur Beratung einen sachkundigen AN, einen Sachverständigen oder beide hinzuzieht. Dieser Beurteilungsspielraum ist nur eingeschränkt gerichtlich überprüfbar. Dabei ist hinsichtlich eines arbeitgeberseitigen Verlangens auf Hinzuziehung interner Sachverständiger insbesondere zu berücksichtigen, dass deren Tätigkeit angesichts des im Arbeitsverhältnis bestehenden Abhängigkeitsverhältnisses strukturell von Arbeitgeberinteressen geleitet ist. **45**

Der BR ist schließlich auch unter Zugrundelegung der Rechtsprechung des BAG **nicht verpflichtet, von der kostengünstigsten Möglichkeit Gebrauch zu machen.** Vielmehr kann er der aus seiner Sicht qualitativ höherwertigen Leistung den Vorzug einräumen. Darüber hinaus ist es von Bedeutung, ob zu dem Berater bereits ein **Vertrauensverhältnis** besteht (BAG 28.6.1995 – 7 ABR 55/94, AiB 1995, 731–733 [allerdings in Bezug auf eine gewerkschaftliche Schulungsveranstaltung]). **46**

Ein **Vertrag**, den der BR zu seiner Unterstützung gemäß § 111 Satz 2 mit einem Beratungsunternehmen schließt, ist nach der (fragwürdigen) Rechtsprechung des BGH (BGH 25.10.2012 – III ZR 266/11, AiB 2013, 385–389) gegenüber dem AG **nur insoweit wirksam, als die vereinbarte Beratung zur Erfüllung der Aufgaben des BR erforderlich und das versprochene Entgelt marktüblich** ist. Nur in diesem Umfang habe der BR daher einen Kostenerstattungs- und Freistellungsanspruch gegen den AG gemäß § 40 Abs. 1. Der Betriebsratsvorsitzende könne – soweit die Erforderlichkeit überschritten wird – gegenüber dem Beratungsunternehmen entsprechend den Grundsätzen des Vertreters ohne Vertretungsmacht (§ 179 BGB) haften, es sei denn, das Beratungsunternehmen habe die mangelnde Erforderlichkeit der Beratung gekannt oder habe sie erkennen müssen. Immerhin hat der BGH deutlich gemacht, dass die Grenzen des dem BR bei der Beurteilung der Erforderlichkeit **47** der Beratung zustehenden Spielraums im Interesse seiner Funktions- und Handlungsfähigkeit nicht zu eng gezogen werden dürfen.

48 Vor diesem Hintergrund sollte der BR sich von dem Berater zusagen lassen, dass die BR-Mitglieder nicht persönlich für einen Honorarausfall des Sachverständigen haften bzw. gegenüber dem Sachverständigen nur die Abtretung des Kostenfreistellungsanspruchs aus § 40 Abs. 1 geschuldet wird (BGH 25.10.2012 – III ZR 266/11, AiB 2013, 385–389).

49 Der BR schließt mit dem Berater in der Regel einen **Dienstvertrag,** ausnahmsweise (etwa bei der Anfertigung eines Gutachtens) einen Werkvertrag. Gegenstand der Vereinbarung ist auch das Honorar des Beraters, das in der Regel das marktübliche Honorar nicht übersteigen darf. Der AG muss den BR von den **Kosten der Beratung** nach § 40 freistellen. Der Freistellungsanspruch kann an den Berater abgetreten und von diesem selbst gegen den AG geltend gemacht werden.

50 Notwendig ist ein **Beschluss des BR,** in dem die Hinzuziehung einer bestimmten Person und das Beratungsprogramm festgelegt werden. Der **Beschluss** muss **dem AG mitgeteilt** werden. Ist zweifelhaft, ob überhaupt eine »geplante Betriebsänderung« vorliegt, so reicht für die Hinzuziehung des Beraters aus, dass der BR die Voraussetzungen für die Einschaltung des Beraters unter Abwägung aller Umstände als gegeben ansehen durfte. Den BR in dieser Situation auf ein gerichtliches Verfahren zu verweisen, hätte in der Sache eine nicht vertretbare Verzögerung der Aufgabenwahrnehmung auf Seiten des BR, aber auch eine unnötige Verzögerung des Beratungsprozesses und damit der Durchführung der geplanten Maßnahme zur Folge.

51 Der BR ist trotz des zweifelhaften Wortlauts der Bestimmung (»einen« Berater) berechtigt, auch **mehrere Berater** hinzuziehen. Eine Betriebsänderung wirft oft vielschichtige Probleme auf. Hierzu gehören insbesondere juristische, betriebswirtschaftliche, arbeitsorganisatorische, versorgungsmathematische, ggf. auch informationstechnische Fragestellungen. Der Zweck der Bestimmung spricht deshalb eindeutig für das Recht des BR zur Einschaltung mehrerer Berater.

52 Rechtsgrundlage für die **Beauftragung eines Rechtsanwalts zur Führung von Verhandlungen** über einen Interessenausgleich ist weder § 111 Satz 2, noch § 80 Abs. 3, sondern § 40 Abs. 1; der Rechtsanwalt ist dann Verfahrensbevollmächtigter des BR. Nach § 40 Abs. 1 hat der AG nur solche durch die Beauftragung eines Rechtsanwalts entstehenden Honorarkosten zu tragen, die der BR für erforderlich halten durfte (BAG 14.12.2016 – 7 ABR 8/15). Die Erteilung einer Honorarzusage durch den BR, die zu höheren als den gesetzlichen Gebühren führt, kommt nur in Ausnahmefällen in Betracht, wobei allerdings ausgesprochen fraglich

und von der Rechtsprechung auch nicht höchstrichterlich entschieden ist, wie die gesetzlichen Gebühren im Falle einer Betriebsänderung zu berechnen sind. Häufig werden deshalb in der Praxis Honorarvereinbarungen abgeschlossen, die mit dem AG abgestimmt werden. Eine Honorarvereinbarung kommt auch dann in Betracht, wenn der AG in der Vergangenheit in vergleichbaren Fällen die Erteilung einer solchen Zusage stets akzeptiert hat. Ein solcher Ausnahmefall kann auch dann vorliegen, wenn der Verhandlungsgegenstand eine spezielle Rechtsmaterie betrifft und der vom BR ausgewählte, über die entsprechenden Spezialkenntnisse verfügende Rechtsanwalt zur Übernahme des Mandats nur bei Vereinbarung eines Zeithonorars bereit ist und der BR keinen vergleichbar qualifizierten Rechtsanwalt zu günstigeren Konditionen findet (BAG 14.12.2016 – 7 ABR 8/15).

4. Zuständiger BR

Die **betriebsverfassungsrechtliche Kompetenzverteilung** geht von einer grundsätzlichen Zuständigkeit des örtlichen BR aus (vgl. DKW, § 111 BetrVG Rn. 144 ff.). Unterrichtung und Beratung nach § 111 haben deshalb mangels anderer Anhaltspunkte gegenüber dem örtlichen BR zu erfolgen. 53

Nach der betriebsverfassungsrechtlichen Kompetenzverteilung können aber auch der **GBR** oder der **KBR** zuständig sein. Nach den §§ 50, 58 ist der GBR (vgl. § 50 Rn. 23 ff.) bzw. KBR (vgl. § 58 Rn. 19 ff.) zuständig für die Behandlung von Angelegenheiten, die das Gesamtunternehmen (den Konzern) oder mehrere Betriebe (die Konzernunternehmen) betreffen und nicht durch die einzelnen BR (GBR) innerhalb ihrer Betriebe (Unternehmen) geregelt werden können. Für den betriebs- oder unternehmensübergreifenden Regelungsbedarf kommt es entscheidend auf das unternehmerische Planungskonzept (siehe die Beispiele in Rn. 56) an. Maßgeblich ist, ob der Maßnahme ein **einheitliches unternehmerisches Gesamtkonzept** zugrunde liegt, das sich über mehrere Betriebe erstreckt und deshalb einer einheitlichen Regelung bedarf (BAG 11.12.2001 – 1 AZR 193/01; BAG 19.6.2007 – 2 AZR 304/06). 54

Der BR kann bei eigener Zuständigkeit den GBR nach § 50 Abs. 2 ermächtigen, für ihn die Verhandlungen über Interessenausgleich und Sozialplan zu führen. Zieht der BR die Verhandlungsmacht wieder an sich und beendet damit die **Auftragszuständigkeit** des GBR, wozu er berechtigt ist, so bestehen erhebliche Gefahren der Verzögerung für das gesamte Verfahren. 55

56 Für die Unterrichtung und Beratung nach § 111 ist der **GBR** zuständig, wenn die unternehmerische Maßnahme mindestens zwei Betriebe eines Unternehmens betrifft und eine einheitliche Regelung zwingend geboten ist. Hiervon ist z. B. in den folgenden Situationen auszugehen:

- Im Zusammenhang mit der Spaltung eines Betriebs wird der abgespaltene Betriebsteil mit einem anderen Betrieb(steil) desselben Unternehmens zu einem neuen Betrieb zusammengelegt (BAG 3.5.2006 – 1 ABR 15/05, AiB 2007, 494–495).
- In mehreren Betrieben eines Unternehmens sollen bestimmte Geschäftseinheiten ausgegliedert werden (z. B. der Vertrieb auf eine Vertriebs GmbH, BAG 8.6.1999 – 1 AZR 831/98).
- Mehrere Betriebe eines Unternehmens werden zusammengelegt (BAG 24.1.1996 – 1 AZR 542/95).
- Alle Betriebe eines Unternehmens sollen stillgelegt werden (BAG 17.2.1981 – 1 AZR 290/78).
- Ein unternehmensweiter Personalabbau soll ohne Rücksicht auf betriebliche Besonderheiten allein auf Basis eines freiwilligen Ausscheidens der AN durchgeführt werden (BAG 20.4.1994 – 10 AZR 186/93, AiB 1994, 638–639).
- Mehrere Betriebe des Unternehmens sollen gleichzeitig aufgrund einheitlicher unternehmerischer Entscheidung im Sinne von § 111 Satz 3 Nr. 1 eingeschränkt oder im Sinne von § 111 Satz 3 Nr. 4 umstrukturiert werden (BAG 11.12.2001 – 1 AZR 193/01, AiB 2003, 500–501).

Bei alledem kommt es nicht darauf an, wie sich die geplante Betriebsänderung im Laufe der Zeit realisiert, sondern was die **ursprüngliche Planung** vorsah (BAG 11.12.2001 – 1 AZR 193/01). Denn andernfalls wäre die Zuständigkeit abhängig vom Ergebnis der mit dem BR durchzuführenden Beratung, in der ja gerade etwaige Alternativkonzepte des BR diskutiert werden sollen.

57 Eine Zuständigkeit des GBR nach § 111 bei betriebsübergreifenden Maßnahmen besteht auch für solche Betriebe, in denen die Grenze zur Betriebsänderung nicht überschritten ist, weil es sich dort ggf. nur um einfache Reorganisationsmaßnahmen handelt, wenn nur in anderen Betrieben, die von der unternehmerischen Planung betroffen sind, jeweils die Schwelle zur Betriebsänderung erreicht ist. Eine getrennte Betrachtung würde nämlich eine einheitliche Maßnahme sinnwidrig aufspalten. Wenn gerade betriebsübergreifende Zusammenhänge ein Vorhaben des AG prägen, so ist es nur konsequent, das Vorhaben auch in dieser Hinsicht einheitlich zu betrachten. Maßgeblich kann allein sein, ob die betriebsübergreifende Maßnahme insgesamt, also wenigstens in einem

Betrieb, eine Betriebsänderung darstellt (LAG Düsseldorf 15.10.2020 – 11 Sa 799/19).

Für die Beteiligung gemäß §§ 111, 112 anlässlich der Zusammenlegung von Betrieben mehrerer Unternehmen eines Konzerns besteht keine Zuständigkeit der Einzel- oder der GBR, sondern gemäß § 58 Abs. 1 Satz 1 eine des KBR (LAG Hessen 10.7.2018 – 4 TaBVGa 74/18). 58

Der KBR ist für die Verhandlung eines Interessenausgleichs und eines Sozialplans nicht offensichtlich unzuständig, wenn die geplante Betriebsänderung mehrere Unternehmen betrifft und eine konzernweite Organisationsänderung vorsieht, z. B. bei der Einführung einer Matrixstruktur, bei der Stabs- und Führungsfunktionen unternehmensübergreifend zusammengelegt werden sollen (LAG Rheinland-Pfalz 8.1.2025 – 7 TaBV 20/24). 59

Die **Zuständigkeit** für die Verhandlungen **über Interessenausgleich und Sozialplan** ist **nicht zwingend bei einem Gremium konzentriert**. Rechtlich sind Interessenausgleich und Sozialplan nicht derart »verzahnt«, dass sie notwendigerweise von demselben Gremium vereinbart werden müssten. Es reicht auch nicht aus, dass die erforderlichen finanziellen Mittel von ein und demselben AG zur Verfügung gestellt werden. Aus der Zuständigkeit des GBR für den Interessenausgleich kann also nicht zwingend auch auf dessen Zuständigkeit für den Sozialplan geschlossen werden. Grund hierfür ist, dass es sich um Regelungswerke handelt, die sich beide nach Voraussetzungen, Inhalt und Ausgestaltung wesentlich unterscheiden (BAG 3.5.2006 – 1 ABR 15/05, AiB 2007, 494–495). Gegenstand des Interessenausgleichs ist die Frage, ob, wie und wann eine Betriebsänderung durchgeführt wird. Dagegen geht es beim Sozialplan um den Ausgleich der aus der Betriebsänderung resultierenden Nachteile. 60

Ist festgestellt, dass für die Verhandlung des Interessenausgleichs der GBR zuständig ist, so muss dennoch für den **Sozialplan** gesondert geprüft werden, ob auch die Zuständigkeit hierfür beim GBR liegt, was nur dann der Fall ist, wenn es effektiv unmöglich ist, eine Regelung innerhalb der einzelnen Betriebe zu treffen. Es muss ein **zwingendes Bedürfnis für eine überörtliche Regelung** bestehen. Für den Sozialplan ist der GBR daher nicht zuständig, wenn 61

- bloße Zweckmäßigkeitserwägungen aus Sicht des AG (oder des GBR) dies wünschenswert erachten lassen.
- durch das Tätigwerden mehrerer BR ggf. ein erhöhter Gesamtaufwand zu Lasten des AG entsteht (BAG 3.5.2006 – 1 ABR 15/05, AiB 2007, 494–495).

Deshalb ist für den Sozialplan in der Regel der örtliche BR zuständig.

62 Geht es um Angelegenheiten, die den Konzern bzw. die Konzernunternehmen betreffen und nicht innerhalb der Betriebe oder innerhalb der Unternehmen geregelt werden können, ist der **KBR** zuständig. Verhandlungspartner des KBR ist dann die Konzernspitze. Soll im Einzelfall ermittelt werden, ob der KBR zuständig ist, kann nach der Rechtsprechung des BAG nicht auf die zur Kompetenzabgrenzung von BR und GBR maßgebenden Kriterien abgestellt werden (BAG 20. 2. 2018 – 1 AZR 531/15). Das BAG lässt aber offen, welche Kriterien für eine Zuständigkeit des KBR stattdessen maßgeblich sein sollen. Jedenfalls bei einer Betriebsänderung in Form einer Betriebsschließung sei – so das BAG – bereits zweifelhaft, ob eine originäre Zuständigkeit des KBR überhaupt eröffnet sein kann. Ebenso ist es denkbar, dass der KBR im Falle einer mehrere Konzernunternehmen betreffenden Standortverlegung zwar für den Interessenausgleich, nicht jedoch für den Sozialplan zuständig ist, für den die Zuständigkeit beim örtlichen BR verbleibt, weil es für die Dotierung des Sozialplans auf die wirtschaftliche Situation des Unternehmens und nicht des Konzerns ankommt (LAG Köln 20. 3. 2023 – 9 TaBV 9/23).

63 Nach der Rechtsprechung des BAG (BAG 14. 11. 2006 – 1 ABR 4/06) kann immer nur ein Betriebsratsgremium und nicht mehrere unterschiedliche Gremien nebeneinander für einen bestimmten Regelungsgegenstand (Interessenausgleich und / oder Sozialplan) zuständig sein. Ist **zweifelhaft, ob der BR, der GBR oder der KBR zuständig ist**, so muss der AG die verschiedenen in Betracht kommenden Gremien auffordern, sich über die Zuständigkeit zu verständigen. Findet eine solche Verständigung statt, reichen Verhandlungen mit dem für zuständig erklärten Gremium auch dann aus, wenn diesem in Wirklichkeit keine Zuständigkeit zukam (BAG 24. 1. 1996 – 1 AZR 542/95, AiB 1996, 670–671). Fehlt es an einer Einigung zwischen den Gremien innerhalb einer angemessenen Frist, so ist der AG berechtigt, sich für denjenigen Verhandlungspartner zu entscheiden, für dessen Zuständigkeit die überwiegenden und rechtlich plausiblen Gründe sprechen. Die Dauer der Frist hängt von der Kompliziertheit der zu klärenden Rechtsfragen sowie der Dringlichkeit der Betriebsänderung ab. Ein Zeitraum von einem Monat soll dabei als Anhaltspunkt dienen, denn es müssen in der Regel auch Sitzungstermine der Gremien koordiniert werden.

64 Gerade bei großen – unternehmens- oder konzernweiten bzw. unternehmens- oder konzernübergreifenden – Umstrukturierungsmaßnahmen ist es unabhängig von den teilweise zweifelhaften rechtlichen Zuständigkeitsfragen (auch aus Sicht des AG) notwendig und sinnvoll,

sämtliche Ebenen der Arbeitnehmervertretung in einen **permanenten Informationsprozess** einzubeziehen.

5. Interessenausgleich und Namensliste nach § 1 Abs. 5 KSchG

Nach § 1 Abs. 5 KSchG wird vermutet, dass eine Kündigung durch dringende betriebliche Erfordernisse bedingt ist, wenn bei einer Betriebsänderung nach § 111 die **AN, denen gekündigt werden soll, in einem Interessenausgleich zwischen AG und BR namentlich bezeichnet** sind – so genannte **Namensliste** (vgl. ausführlich DKW, §§ 112, 112a BetrVG Rn. 22, 24, 30 ff.). Außerdem wird dann die soziale Auswahl der AN nur noch auf grobe Fehlerhaftigkeit überprüft. Die Bestimmung hat also zur Folge, dass der AN, der sich auf einen abweichenden Sachverhalt beruft, entgegen § 1 Abs. 2 Satz 4 KSchG die volle Beweislast hierfür trägt. Die Regelung des § 1 Abs. 5 KSchG führt daher zu einer Beweislastumkehr (BAG 21.2.2002 – 2 AZR 581/00). Nach der Rechtsprechung des BAG findet die Bestimmung auch auf betriebsbedingte Änderungskündigungen, die Gegenstand einer Namensliste sind, Anwendung (BAG 19.6.2007 – 2 AZR 304/06, AiB 2008, 676). Die Vermutungswirkung erstreckt sich nach der Rechtsprechung des BAG auch auf das Nichtvorliegen einer anderweitigen Beschäftigungsmöglichkeit im Betrieb und anderen Betrieben desselben Unternehmens (BAG 19.7.2012 – 2 AZR 386/11). 65

Die Vereinbarung einer Namensliste entbindet den AG nicht von der Pflicht zur **Anhörung des BR** nach § 102. Da jedoch gerade die Sozialauswahl Gegenstand der Namensliste ist, dürfte es zulässig sein, dass der BR im Rahmen eines solchen Interessenausgleichs auf die Durchführung gesonderter Anhörungsverfahren verzichtet. Die Namensliste entbindet den AG auch nicht von der Verpflichtung, dem AN auf Verlangen die **Gründe mitzuteilen,** die zu der getroffenen sozialen Auswahl geführt haben (BAG 12.4.2002 – 2 AZR 706/00, AiB 2002, 726 und BAG 22.1.2004 – 2 AZR 111/02, AiB Newsletter 2004, 25; LAG Sachsen-Anhalt 9.3.2010 – 2 Sa 369/09). Hieraus folgt zugleich, dass auch die Namensliste sich **auf soziale, die Kündigung rechtfertigende Kriterien stützen können muss**. 66

Der Interessenausgleich nach § 111 Satz 1 **ersetzt die Stellungnahme des BR nach § 17 Abs. 3 Satz 2 KSchG**, wie sich unmittelbar aus § 1 Abs. 5 Satz 4 KSchG ergibt. 67

Die **Namensliste** ist Bestandteil des Interessenausgleichs und daher **nicht erzwingbar**, da der Interessenausgleich – auch vor der Einigungsstelle – nur freiwillig zustande kommen kann. 68

69 Die Vermutungswirkungen nach § 1 Abs. 5 KSchG treten nur ein, wenn die der Kündigung zugrunde liegende Betriebsänderung vollumfänglich Gegenstand einer Verständigung der Betriebsparteien im Sinne der § 111 Satz 1, § 112, also eines Interessensausgleichs, ist. Ein Interessenausgleich nur über Teile eines geplanten Stellenabbaus reicht hingegen nicht aus (BAG 17.3.2016 – 2 AZR 182/15). Unter dieser Voraussetzung ist es allerdings zulässig, die Namensliste lediglich auf einen **Teil des Personalabbaus** zu beschränken, der durch die Betriebsänderung verursacht ist. Die Namensliste muss sich jedoch immer auf den Kreis der betroffenen vergleichbaren AN insgesamt beziehen, also auf die gesamte Vergleichsgruppe (sog. »Teil-Namensliste«). Wie sich die dem Interessenausgleich zugrunde liegende Betriebsänderung aus Sicht der Betriebsparteien auf die konkreten Beschäftigungsmöglichkeiten der AN im Betrieb insgesamt auswirkt, wird nur aus einer Namensliste ersichtlich, die die Gruppe der betroffenen vergleichbaren AN insgesamt erfasst (BAG 26.3.2009 – 2 AZR 296/07, AiB 2010, 117). Das ergibt sich aus dem Zweck der Namensliste, der in der Reduzierung der arbeitgeberseitigen, sich aus einer fehlerhaften Sozialauswahl ergebenden Risiken besteht. Die Betriebsparteien können durchaus übereinkommen, diese Risiken nur für eine bestimmte Arbeitnehmergruppe zu beschränken. Eine Teil-Namensliste ist als integraler Bestandteil eines Interessenausgleiches gem. § 111 jedenfalls dann eine ausreichende Basis für die Rechtswirkungen des § 1 Abs. 5 KSchG, wenn der durch die Namensliste erfasste Bereich so deutlich abgrenzbar von dem nicht erfassten Bereich ist, dass die Sozialauswahl nicht beeinflusst werden kann, und er darüber hinaus wesentlich größer ist (BAG 19.7.2012 – 2 AZR 352/11; LAG Niedersachsen 22.1.2015 – 5 Sa 1013/14).

70 Die einzelnen Personen müssen so genau bezeichnet werden, dass ihre **Identifizierung** zweifelsfrei möglich ist (LAG Düsseldorf 28.5.2008 – 7 Sa 318/08).

71 In der Namensliste dürfen **nur** solche **AN** aufgeführt sein, die aus der eigenen Sicht der Betriebsparteien **aufgrund der im Interessenausgleich vereinbarten Betriebsänderung von betriebsbedingter Kündigung betroffen** sind. Dies ist nicht der Fall, wenn in die Namensliste AN nur deshalb aufgenommen werden, um bei dem von diesen Mitarbeitern gewünschten freiwilligen Ausscheiden drohende Sperrzeiten gemäß § 159 SGB III nach Möglichkeit auszuschließen (BAG 26.3.2009 – 2 AZR 296/07, AiB 2010, 117).

72 Die Namensliste muss **in unmittelbarem zeitlichem Zusammenhang** mit dem Interessenausgleich vereinbart werden. Nur dann ist die Liste »in einem Interessenausgleich« vereinbart. Außerdem muss sich die

die Betriebsänderung im Zeitpunkt des Abschlusses des Interessenausgleichs noch in der Planungsphase befinden, damit dem BR entsprechend dem Zweck des § 111 BetrVG eine Einflussnahme auf die unternehmerische Entscheidung möglich ist (BAG 17.8.2023 – 6 AZR 56/23). Andernfalls kann die Namensliste nicht die ihr gesetzlich zugewiesenen Wirkungen entfalten (siehe Rn. 65).

Die Namensliste kann sich nur auf geplante Kündigungen, **nicht** hingegen auf **schon ausgesprochene Kündigungen** beziehen **73**

Die Namensliste bedarf wie der gesamte Interessenausgleich der **Schriftform**. Im Falle eines Interessenausgleichs mit Namensliste ohne anfängliche feste körperliche Verbindung von Interessenausgleich und Namensliste ist die Schriftform z. B. dann nicht gewahrt, wenn zwar der Interessenausgleich auf eine Namensliste verweist, jedoch in der Namensliste eine Rückverweisung auf den Interessenausgleich fehlt (BAG 12.5.2010 – 2 AZR 551/08). Ohne eine solche Rückverweisung stellen Interessenausgleich und Namensliste keine einheitliche Urkunde dar. Die Schriftform ist auch dann nicht gewahrt, wenn die Namensliste als Anlage des Interessenausgleichs lediglich mit Paraphen unterzeichnet worden ist, da das gesetzliche Schriftformerfordernis in § 1 Abs. 5 KSchG der unzweideutigen Willenserklärung der Parteien dient und insbesondere normative Rechtswirkung zu Lasten Dritter (also der betroffenen AN) herbeiführt. **74**

Ist das dem Interessenausgleich zugrunde liegende **Punktesystem** für die Auswahl der von Kündigung betroffenen AN **altersdiskriminierend**, so führt das zu grober Fehlerhaftigkeit der Sozialauswahl. Dies hat jedoch nach der Rechtsprechung des BAG nicht die »Unwirksamkeit« der Namensliste und des Interessenausgleichs insgesamt und damit den Wegfall der gesetzlichen Vermutung der Betriebsbedingtheit der Kündigung zur Folge, sondern führt nur zur Unwirksamkeit der einzelnen Kündigung (BAG 5.11.2009 – 2 AZR 676/08). **75**

Eine »**Herausnahmeliste**« ist keine Namensliste im Sinne von § 1 Abs. 5 KSchG. Deshalb ist eine Liste unwirksam, nach der denjenigen AN gekündigt werden können sollen, die nicht in der Liste genannt sind. **76**

Die Namensliste ist keine »**Freigabeliste**«. Dies wäre z. B. dann der Fall, wenn die Liste für AG und BR gemeinsam nur Mittel zu dem Zweck wäre, unliebsame AN loszuwerden. **77**

Nach der Rechtsprechung des BAG richtet sich die **Zuständigkeit für die Namensliste** nach der allgemeinen betriebsverfassungsrechtlichen Kompetenzverteilung. Ist also z. B. der GBR für den Interessenausgleich zuständig, so ist er – und nicht der lokale BR – auch für die Namensliste zuständig (BAG 19.7.2012 – 2 AZR 386/11), obwohl der lokale BR **78** zweifelsohne »näher dran« ist, weil er die sozialen Umstände der betroffenen AN besser kennt. Vor diesem Hintergrund ist jedenfalls zu empfehlen, den Inhalt der Namensliste mit dem jeweiligen örtlichen BR abzustimmen.

79 Angesichts der individualrechtlichen Folgen eines Interessenausgleichs mit Namensliste für die einzelnen AN **trägt der BR große Verantwortung**, wenn er eine entsprechende Vereinbarung unterzeichnet. Die Weiterbeschäftigungsmöglichkeiten und die Sozialauswahl müssen daher vor Unterzeichnung ernsthaft geprüft worden sein. Der BR muss sich auch über die ggf. möglichen betriebspolitischen Folgen im Klaren sein.

6. Namensliste nach § 323 Abs. 2 UmwG

80 Nach § 323 Abs. 2 UmwG kann das ArbG – wenn bei einer Verschmelzung, Spaltung oder Vermögensübertragung nach dem Umwandlungsgesetz (UmwG) ein **Interessenausgleich** zustande kommt, in dem diejenigen **AN** bezeichnet werden, die nach der Umwandlung **einem bestimmten Betrieb oder Betriebsteil zugeordnet werden** – diese Zuordnung der AN nur auf grobe Fehlerhaftigkeit überprüfen. Für eine Unternehmensspaltung nach dem UmwG muss das vorhandene Vermögen nicht zwingend in Form der Übertragung bereits vorhandener Betriebe oder Betriebsteile aufgespalten werden. Unter Wahrung der Mitbestimmungsrechte des BR ist es auch zulässig, vor der eigentlichen Unternehmensaufspaltung einen zuvor einheitlichen Betrieb nach Arbeitsprozessen zu »zerschlagen« und die hierdurch entstandenen eigenständigen Betriebe oder Betriebsteile sodann im Wege der Unternehmensaufspaltung auf andere Rechtsträger zu übertragen. Werden also die Betriebe oder Betriebsteile, die im Zuge der Unternehmensaufspaltung auf die neuen Rechtsträger übertragen werden sollen, erst durch eine Betriebsspaltung geschaffen, können die Betriebsparteien in einem Interessenausgleich nach § 111 Nr. 3 die namentliche Zuordnung der AN zu den neu geschaffenen betrieblichen Einheiten vornehmen (LAG Hamburg 4.5.2016 – 6 Sa 2/16).

81 Wie sich aus dem Begriff der »**groben Fehlerhaftigkeit**« ergibt, geht das Gesetz in § 323 Abs. 2 UmwG von einem Zuordnungsspielraum aus, in dem sich die Betriebsparteien bei Zuordnungsentscheidungen im Rahmen eines Interessenausgleichs nach § 323 Abs. 2 UmwG bewegen können. Die Betriebsparteien müssen sich von sachlichen Erwägungen leiten lassen, sodass eine willkürliche Zuordnung ausgeschlossen ist. Sind sachliche Gründe für die konkrete Zuordnung erkennbar, scheidet

eine »grobe« Fehlerhaftigkeit aus. Grob fehlerhaft ist die Zuordnung, wenn sie sich unter keinem rechtlichen Gesichtspunkt sachlich rechtfertigen lässt.

Die Zuordnung muss jedoch grundsätzlich in der Weise erfolgen, wie 82
sie sich aus der aus § 613a Abs. 1 Satz 1 BGB resultierenden **objektiven Rechtslage** ergibt (BAG 7.6.2018 – 8 AZR 573/16). Denn § 324 UmwG verweist auch für Umwandlungsfälle auf die Geltung von § 613a BGB. Damit müssen auch in diesen Umwandlungsfällen die Voraussetzungen eines Betriebsübergangs vollumfänglich erfüllt sein. Der aus einem Betriebsübergang resultierenden Zuordnung des Arbeitsverhältnisses gebührt deshalb gegenüber einer Zuordnung gemäß § 323 Abs. 2 UmwG grundsätzlich der Vorrang. Es ist deshalb nicht zulässig, AN einem übergehenden Betrieb(steil) zuzuordnen, obwohl sie von Rechts wegen nicht dieser Organisationseinheit zuzurechnen sind. Ebenso wenig können die Betriebsparteien AN, deren Arbeitsverhältnis der übergehenden Organisationseinheit zugeordnet werden muss, von dem gesetzlich zwingenden Übergang ausnehmen. Eine Zuordnung ist gleichfalls ausgeschlossen, wenn ein AN dem Übergang seines Arbeitsverhältnisses widersprochen hat. Der Vorrang des § 613a BGB in Verbindung mit § 324 UmwG vor einer Zuordnung gemäß § 323 Abs. 2 UmwG gilt aber nur dann, wenn mit der Umwandlungsmaßnahme tatsächlich ein Betrieb oder Betriebsteil auf einen anderen Rechtsträger übergeht (LAG Schleswig-Holstein 5.11.2015 – 5 Sa 437/14). Werden dagegen die Betriebe, die im Zuge der Unternehmensaufspaltung auf die neuen Rechtsträger übertragen werden sollen, erst durch eine Betriebsspaltung geschaffen, fehlt es an Betrieben oder Betriebsteilen, an die für die Zuordnung der AN gemäß § 613a Abs. 1 BGB angeknüpft werden könnte. In dieser Situation können die Betriebsparteien in einem Interessenausgleich zur Betriebsspaltung die namentliche Zuordnung der AN zu den neu geschaffenen Betrieben vornehmen (LAG Schleswig-Holstein 5.11.2015 – 5 Sa 437/14).

Praktische Bedeutung erlangt die Bestimmung vor allem dann, wenn 83
die rechtliche Zuordnung eines AN aufgrund seiner bisherigen Stellung im früheren Betrieb nicht eindeutig ist: Dies kann z. B. dann der Fall sein, wenn der AN in mehreren Abteilungen gearbeitet hat (z. B. bei Springern) oder wenn es um Fälle der massenhaften Zuordnung von Arbeitsverhältnissen geht. Insoweit hat der Interessenausgleich dann auch normative Wirkung nach § 77 Abs. 4.

7. Gerichtliche Durchsetzung der Rechtspositionen des BR, Unterlassungsanspruch

84 Der BR kann zunächst im arbeitsgerichtlichen Beschlussverfahren klären lassen, ob überhaupt eine Betriebsänderung vorliegt (vgl. DKW, §§ 112, 112a BetrVG Rn. 222 ff.). Schneller zum Ziel führt die Einleitung eines Verfahrens zum Zwecke der **Einsetzung einer Einigungsstelle nach § 98 ArbGG**. Dieses Verfahren ist zum einen schneller (ca. 4–6 Wochen) als ein Beschlussverfahren (ggf. mehrere Instanzen); zum anderen wird die Einigungsstelle nur dann nicht eingesetzt, wenn die vom BR behauptete Betriebsänderung unter keinem Gesichtspunkt vorliegt.

85 Wird die Betriebsänderung (vgl. § 111 Rn. 12 ff.) umgesetzt (z. B. durch den Ausspruch von Kündigungen, den Abschluss von Aufhebungsverträgen, die Verlegung von Betriebsanlagen, die Abmietung von Betriebsgebäuden, die Kündigung von Aufträgen etc.), bevor das Interessenausgleichsverfahren (vgl. Rn. 12 ff.) vollständig abgeschlossen ist – bevor also die Einigungsstelle das Scheitern der Verhandlungen erklärt hat – so gehen die dem BR in §§ 111, 112 zuerkannten Rechtspositionen ins Leere. Eine **nachträgliche Unterrichtung des BR sowie die nachträgliche Beratung und Verhandlung der Betriebsänderung** hat **keinen Sinn**. Das BAG vertritt die Auffassung, dass die Sanktion des Nachteilsausgleichs in § 113 Abs. 3 hierfür eine ausreichende Absicherung der Beteiligungsrechte des BR darstelle. Das ist schon deshalb zweifelhaft, weil diese Sanktion nicht dem BR (er ist der Rechtsträger), sondern dem einzelnen AN zusteht.

86 Zutreffend begründet das LAG Düsseldorf (6. 1. 2021 – 4 TaBVGa 2/20) den Unterlassungsanspruch des BR auch mit **europarechtlichen Gründen**. Das entsprechende Beteiligungsrecht des BR ergebe sich aus der gebotenen richtlinienkonformen Auslegung des BetrVG nach Maßgabe der Richtlinie 2002/14/EG zur Unterrichtung und Anhörung der AN. Nach Art. 8 Abs. 1 dieser Richtlinie müssen in den Mitgliedstaaten **geeignete Verwaltungs- und Gerichtsverfahren** vorhanden sein, mit deren Hilfe die Erfüllung der sich aus dieser Richtlinie ergebenden Verpflichtungen durchgesetzt werden kann. Nachteilsausgleichsansprüche der AN sind gerade nicht geeignet, den Verhandlungsanspruch des BR durchzusetzen. Denn dadurch würde es dem AG ermöglicht, sich von seinen betriebsverfassungsrechtlichen Verpflichtungen »freizukaufen«, ohne dass der BR hierzu seine Zustimmung erteilen müsste.

87 Eine Vielzahl der Gerichte vertritt (zu Recht) die Auffassung, dass der BR zur Wahrung seiner Unterrichtungs-, Beratungs- und Verhand-

lungsansprüche im Wege des einstweiligen Rechtsschutzes nach § 938 Abs. 2 ZPO (Sicherungsverfügung) vom AG die **Unterlassung der betriebsverfassungswidrigen Durchführung der Betriebsänderung** bis zur Ausschöpfung des Verhandlungsanspruchs über einen Interessenausgleich nach §§ 111, 112 verlangen kann (zustimmend: LAG Düsseldorf 6.1.2021 – 4 TaBVGa 2/20; LAG Hamm 17.2.2015 – 7 TaBVGa 1/15; LAG Rheinland-Pfalz 5.2.2010 – 6 TaBVGa 5/09; LAG Hessen 19.1.2010 – 4 TaBVGa 3/10; LAG München 22.12.2008 – 6 TaBVGa 6/08, AiB 2009, 235–236; LAG Berlin-Brandenburg 10.12.2020 – 26 TaBVGa 1498/20; LAG Schleswig-Holstein 20.7.2007 – 3 TaBVGa 1/07, AiB 2008, 349–350; so auch ErfK-Kania, § 111 BetrVG, Rn. 24; Fitting, § 111 BetrVG Rn. 138; ablehnend: LAG Baden-Württemberg 21.10.2009 – 20 TaBVGa 1/09; LAG Köln 27.5.2009 – 2 TaBVGa 7/09; LAG Nürnberg 11.4.2024 – 4 TaBVGa 1/24). Die **einstweilige Verfügung** zielt also – zur Sicherung der Beteiligungsrechte des BR – auf eine vorübergehende (befristete) Untersagung der beabsichtigten Betriebsänderung, insbesondere auf eine Untersagung solcher Maßnahmen des AG, die den Verhandlungsanspruch des BR rechtlich oder faktisch in Frage stellen (LAG Berlin-Brandenburg 19.6.2014 – 7 TaBVGa 1219/14).

Deshalb endet der Unterlassungsanspruch des BR grundsätzlich erst, **88** wenn die Verhandlungen in der Einigungsstelle für gescheitert erklärt worden sind oder wenn die Betriebsänderung bereits durchgeführt worden ist (LAG Rheinland-Pfalz 22.3.2018 – 4 TaBV 20/17). Gegenstand der einstweiligen Verfügung kann z.B. das vorübergehende Verbot des Ausspruchs von Kündigungen oder der beabsichtigten Außerbetriebnahme und Entfernung von Betriebsanlagen sein. Die Dauer des Unterlassungsanspruchs ist nach der Rechtsprechung des LAG Hessen aber an der Zeitspanne zu orientieren, die nach dem Stand und dem bisherigen Verlauf der Verhandlungen der Betriebsparteien voraussichtlich bei zügigem Vorgehen für den Abschluss des Beteiligungsverfahrens erforderlich sein wird. Eine Unterlassungsverfügung kann also nicht mehr erlassen werden, wenn das Beteiligungsverfahren einschließlich der Verhandlungen in einer Einigungsstelle über den Abschluss eines Interessenausgleichs bereits hätte abgeschlossen sein können, wenn der BR sein Recht zur Anrufung der Einigungsstelle gemäß § 112 Abs. 2 Satz 2 unverzüglich ausgeübt hätte und erforderlichenfalls durch die Einleitung eines Bestellungsverfahrens nach § 98 ArbGG hätte durchsetzen können (LAG Hessen 18.1.2011 – 4 Ta 487/10, 13.3.2018 – 4 TaBVGa 32/18).

89 Führt der AG die **Betriebsänderung ohne den Versuch eines Interessenausgleichs** durch, so bleibt er jedenfalls dennoch zum Abschluss eines Sozialplans verpflichtet. Zwar richtet sich der Interessenausgleich (und damit auch der Sozialplan) grundsätzlich auf die »geplante« Betriebsänderung, wovon nach Durchführung der Betriebsänderung nicht mehr die Rede sein kann. Allerdings soll der AG nicht die Möglichkeit haben, durch rasche Schaffung vollendeter Tatsachen den Beteiligungsrechten des BR den Boden zu entziehen. Deshalb kann auch nach vollzogener Betriebsänderung noch ein Sozialplan aufgestellt werden (BAG 15.10.1979 – 1 ABR 49/77; LAG Köln 27.7.2020 – 9 TaBV 27/20).

II. Der Sozialplan

1. Zweck der gesetzlichen Regelung

90 Nach der gesetzlichen Definition in § 112 Abs. 1 Satz 1 dient der Sozialplan dem **Ausgleich oder der Milderung der wirtschaftlichen Nachteile, die den AN infolge der geplanten Betriebsänderung** entstehen. Im Unterschied zum Interessenausgleich (vgl. Rn. 5) regelt der Sozialplan also nicht das »Ob« und »Wie« der Betriebsänderung, sondern es werden diejenigen Nachteile materiell ausgeglichen, die den AN als Folge der Umsetzung der Betriebsänderung entstehen – z. B. durch Zahlung einer Abfindung für den Verlust des Arbeitsplatzes.

91 Der **Interessenausgleich ist nicht erzwingbar** (vgl. Rn. 38b), während der **Sozialplan von der Einigungsstelle beschlossen** (vgl. Rn. 98 ff.) werden kann. In der Regel werden die Verhandlungen zu Interessenausgleich und Sozialplan gemeinsam geführt, weil der Unternehmer den Sozialplan nicht ohne den Interessenausgleich und umgekehrt der BR den Interessenausgleich nicht ohne den Sozialplan unterzeichnen wird. Gesetzlich zwingend vorgeschrieben ist dies nicht.

2. Rechtsnatur, Zustandekommen, Auslegung

92 Der Sozialplan setzt zu seiner Wirksamkeit Schriftform voraus, § 112 Abs. 1 Satz 2. Nach § 112 Abs. 1 Satz 1 gilt außerdem § 77 Abs. 2 Satz 3 entsprechend. Deshalb haben AG und BR abweichend von § 126a Absatz 2 BGB den Sozialplan elektronisch zu signieren, wenn der Sozialplan in elektronischer Form abgeschlossen wird (siehe § 77 Rn. 8). Außerdem sind Sozialpläne an geeigneter Stelle im Betrieb auszulegen (siehe § 77 Rn. 9).

Sozialpläne sind, obwohl ihnen nach dem Wortlaut von § 112 Abs. 1 Satz 3 nur »die Wirkung einer BV zukommt«, echte **BV** im Sinne des Betriebsverfassungsgesetzes. Es handelt sich nach der Rechtsprechung des BAG um BV besonderer Art (vgl. BAG 27.8.1975 – 4 AZR 454, 74). Nach § 112 Abs. 1 Satz 4 ist § 77 Abs. 3 – also der sog. **Tarifvorbehalt** (vgl. § 77 Rn. 22 ff.) – auf den Sozialplan nicht anzuwenden. BR und AG können daher in einem Sozialplan Regelungen vereinbaren, die von einem für den Betrieb geltenden Tarifvertrag – z. B. von einem tariflichen Rationalisierungsschutzabkommen – abweichen. Wie sonstige BV sind auch Sozialpläne **nach den für die Tarifauslegung** (BAG 27.8.1975 – 4 AZR 454, 74) bzw. für **Gesetze** (BAG 11.6.1975 – 5 AZR 217/74) **geltenden Grundsätzen auszulegen.** Maßgeblich ist deshalb der in der BV selbst zum Ausdruck gelangte Wille der Vertragsparteien, der sich zunächst aus dem Wortlaut, sodann aus Zweck und Historie des Sozialplans ergibt. Raum für die Feststellung eines vom Wortlaut abweichenden Parteiwillens besteht nicht, außer der Wortlaut ist unklar oder besondere Umstände wie z. B. Protokollnotizen zum Sozialplan legen dies nahe. 93

Als BV gilt der Sozialplan nach § 77 Abs. 4 Satz 1 unmittelbar und zwingend. Er begründet damit unmittelbar Ansprüche der AN. **Individuelle Vereinbarungen** zwischen AG und AN sind zulässig, dürfen den AN jedoch nicht schlechter stellen als die Regelungen des Sozialplans. Es gilt das Günstigkeitsprinzip (BAG 27.1.2004 – 1 AZR 148/03). Ein **Verzicht auf Ansprüche aus einem Sozialplan** ist nach § 77 Abs. 4 Satz 2 nur mit Zustimmung des BR wirksam. Ein Vergleich über die Anspruchsvoraussetzungen, also die einer Sozialplanforderung zugrunde liegenden Tatsachen, ist allerdings unbeschränkt zulässig. 94

Der BR kann seine Zustimmung zu einem Interessenausgleich vom Abschluss eines Sozialplans abhängig machen. Daher sind die Verhandlungen über Interessenausgleich und Sozialplan häufig ineinander verzahnt (Fitting, § 111 Rn. 125). Dies empfiehlt sich auch deshalb, weil die Nachteile, die den AN aus einer Betriebsänderung entstehen, erst dann abschließend und rechtssicher beurteilt werden können, wenn der Interessenausgleich vereinbart ist und die Betriebsänderung damit konkret feststeht. 95

Im Unterschied zum Interessenausgleich (vgl. § 111 Rn. 3) kann der Sozialplan nach einer verbreiteten Auffassung auch noch verlangt werden, wenn das Wahlergebnis einer Betriebsratswahl erst nach Beginn der Durchführung einer Betriebsänderung bekanntgegeben wird. Der Abschluss eines Sozialplans ist auch noch nach dem Beginn der Betriebsänderung möglich, während das Verfahren zur Beratung eines 96

Interessenausgleichs zu diesem Zeitpunkt zwecklos ist (LAG Saarland 14.5.2003 – 2 TaBV 7/03; LAG Köln 5.3.2007 – 2 TaBV 10/07; LAG Hessen 15.10.2013 – 4 TaBV 138/13).

3. Zuständiger BR

97 Die Zuständigkeit für die Verhandlungen und den Abschluss des Sozialplans richtet sich nach der **betriebsverfassungsrechtlichen Kompetenzverteilung** zwischen BR, GBR und KBR (vgl. § 50 Rn. 23, § 58 Rn. 19 und zum Interessenausgleich Rn. 53 ff.). Für den Sozialplan ist **grundsätzlich der örtliche BR** zuständig. Das gilt auch dann, wenn für den Interessenausgleich der GBR oder der KBR zuständig ist (vgl. Rn. 59 ff.). Die Zuständigkeiten für den Interessenausgleich und den Sozialplan sind in der Regel nicht deckungsgleich. Folgende Einzelfälle sind zu beachten:

- Regelt ein mit dem GBR nach § 50 Abs. 1 vereinbarter Interessenausgleich eine Betriebsänderung, die einzelne Betriebe unabhängig voneinander betrifft, oder eine solche, die sich auf einen Betrieb beschränkt, ist ein unternehmensweit zu findender Ausgleich der wirtschaftlichen Nachteile im Sozialplan nicht zwingend. In diesem Fall ist also der örtliche BR zuständig.
- Auch bei betriebs- oder unternehmensübergreifenden Standortverlegungskonzepten ist für den Sozialplan grundsätzlich der lokale BR (und nicht der GBR oder KBR) zuständig (LAG Köln 20.3.2023 – 9 TaBV 9/23). Denn der Maßstab für die Einigungsstelle ist im Hinblick auf den Sozialplan grundsätzlich (nur) die wirtschaftliche Vertretbarkeit für das Unternehmen bzw. bei der Bemessung der Sozialplanleistungen der Fortbestand des Unternehmens und etwaige Gefährdungen verbleibender Arbeitsplätze.
- Erfassen die im Interessenausgleich vereinbarten Betriebsänderungen hingegen mehrere oder sogar sämtliche Betriebe des Unternehmens und ist die Durchführung des Interessenausgleichs abhängig von betriebsübergreifend einheitlichen Kompensationsregelungen in dem noch abzuschließenden Sozialplan, so ist der GBR zuständig. Dies kann der Fall sein, wenn der AG für das Gesamtunternehmen oder jedenfalls betriebsübergreifend freiwillige Leistungen zur Verfügung stellt. Ferner ist dies der Fall, wenn die Umsetzung der unternehmerischen Maßnahme betriebsübergreifende Versetzungen zur Folge hat (LAG 14.5.2012 – 16 TaBV 197/11).
- Bei der Stilllegung sämtlicher Betriebe eines Unternehmens infolge Insolvenz ist der GBR nicht nur für das Aufstellen des Interes-

senausgleichs, sondern auch für den Sozialplan zuständig (BAG 17.2.1981 – 1 AZR 290/78).

- Die Zuständigkeit eines KBR der Interessenausgleichsverhandlungen endet auch dann spätestens mit der Insolvenzeröffnung, wenn eine geplante Betriebsänderung die Betriebe verschiedener Unternehmen betrifft. Dies gilt auch bei Eigenverwaltung mit Sachverwalterbestellung (LAG Baden-Württemberg 24.6.2015 – 22 Sa 59/14).
- Wurde mit dem GBR im Rahmen des Interessenausgleichs ein **Sanierungskonzept** vereinbart, das nur auf der Grundlage eines bestimmten, für das ganze Unternehmen maßgebenden **Sozialplanvolumens** verwirklicht werden kann, so ist auch der Sozialplan mit dem GBR abzuschließen (BAG 11.12.2001 – 1 AZR 193/01, AiB 2003, 500–501; BAG 3.5.2006 – 1 ABR 15/05, AiB 2007, 494–495). Das gilt auch, wenn aus dem Inhalt des Interessenausgleichs eine Notwendigkeit für einen einheitlichen Sozialplan auf Unternehmensebene folgt (BAG 11.12.2001 – 1 AZR 193/01, AiB 2003, 500–501; BAG 3.5.2006 – 1 ABR 15/05, AiB 2007, 494–495).
- Wird in einem Betrieb ein **BR erst gewählt, nachdem** sich der AG zur Stilllegung des Betriebs entschlossen und mit der **Stilllegung begonnen** hat, kann der BR nach der zweifelhaften Rechtsprechung des BAG auch dann nicht die Vereinbarung eines Sozialplans verlangen, wenn dem AG im Zeitpunkt seines Entschlusses bekannt war, dass im Betrieb ein BR gewählt werden soll (vgl. BAG 28.10.1992 – 10 ABR 75/9, AiB 1993, 464–466; BAG 20.4.1982 – 1 ABR 3/80; vgl. aber Rn. 96).
- Wird der Sozialplan anlässlich einer **Betriebsstilllegung** aufgestellt und sieht er die Übernahme der AN des stillgelegten Betriebs in einen anderen Betrieb desselben Unternehmens vor, ist nach durchgeführter Betriebsstilllegung für eine spätere Änderung des Sozialplans der BR des neuen Beschäftigungsbetriebs der aus dem Sozialplan berechtigten AN zuständig (vgl. BAG 24.3.1981 – 1 AZR 805/78).

4. Sozialplanverfahren, Erzwingbarkeit des Sozialplans

Das Verfahren zum Abschluss des Sozialplans entspricht im Grundsatz 98
dem Verfahren zum Abschluss des Interessenausgleichs (vgl. Rn. 12 ff.). Im Unterschied zum Interessenausgleich ist der Sozialplan jedoch **erzwingbar**, wie sich aus § 112 Abs. 4 ergibt: Kommt eine Einigung über den Sozialplan nicht zustande, entscheidet die **Einigungsstelle** über die Aufstellung eines Sozialplans. Die Einigungsstelle kann erst angerufen

werden, wenn die Verhandlungen gescheitert sind (s. zum Scheitern der Verhandlungen Rn. 31).

99 Der BR kann den Sozialplan grundsätzlich **bei jeder Betriebsänderung** erzwingen, soweit Nachteile für die betroffenen AN entstehen. Auch noch nach Umsetzung der Betriebsänderung und auch ohne Interessenausgleich kann der Sozialplan über die Einigungsstelle durchgesetzt werden (LAG Rheinland-Pfalz 25.11.2021 – 5TaBV 10/21; BAG 17.9.2013 – 1 ABR 217/12). Das gilt jedoch nach der Rechtsprechung des BAG nicht, wenn der BR eines bislang betriebsratslosen Betriebs erst nach Beginn der Durchführung der Betriebsänderung gewählt wird. Die Beteiligung des BR solle grundsätzlich stattfinden, bevor die Betriebsänderung durchgeführt ist. Daher könne ein erzwingbares Mitbestimmungsrecht des BR auf Abschluss eines Sozialplans nicht mehr entstehen, wenn der BR zu dem Zeitpunkt, in dem der AG mit der Umsetzung der Betriebsänderung begonnen hat, noch nicht gebildet war (BAG 8.2.2022 – 1 ABR 2/21). Der Rechtsprechung des BAG ist nicht zuzustimmen, denn die Mitbestimmung des BR beim Abschluss eines Sozialplans dient dem Ausgleich von Nachteilen der AN und nicht der Beeinflussung der Arbeitgeberplanung. Deshalb kann diese Mitbestimmung (im Unterschied zu der Mitbestimmung bei einem Interessenausgleich, siehe § 111 Rn. 3, 4) auch noch nach finaler Planung des AG ausgeübt werden (s. z. B. LAG Köln 5.3.2007 – 2 TaBV 10/07, AuR 07, 395). Ausnahmen von der Erzwingbarkeit des Sozialplans sind im Übrigen in § 112a geregelt (vgl. Rn. 103 ff.).

100 Ist ungewiss, ob eine Betriebsänderung durchgeführt wird oder nicht, können die Betriebspartner für den Fall, dass es sich um eine Betriebsänderung handelt, einen **vorsorglichen Sozialplan** vereinbaren (vgl. BAG 1.4.1998 – 10 ABR 17/97, AiB 1999, 231–232). BR und AG können also auch für noch nicht geplante, aber in groben Umrissen schon abschätzbare Betriebsänderungen einen Sozialplan aufstellen. Der vorsorgliche Sozialplan ist aber nur in Form einer freiwilligen BV möglich (vgl. § 88 Rn. 1 ff.) und daher nicht erzwingbar. Darin liegt noch kein unzulässiger Verzicht auf künftige Mitbestimmungsrechte (vgl. BAG 26.8.1997 – 1 ABR 12/97, AiB Telegramm 1998, 7). Soweit ein **vorsorglicher Sozialplan** dann wirksame Regelungen (z. B. zu Abfindungen) enthält, ist das Mitbestimmungsrecht des BR nach § 112 verbraucht, falls eine entsprechende Betriebsänderung später tatsächlich vorgenommen wird (vgl. BAG 26.8.1997 – 1 ABR 12/97, AiB Telegramm 1998, 7). Das heißt, der BR kann dann keine andere Sozialplanregelung zu dem entsprechenden Regelungskomplex über die Einigungsstelle durchsetzen.

Manchmal werden in der Praxis auch sog. Rahmensozialpläne abgeschlossen. Im Unterschied zum vorsorglichen Sozialplan knüpft der **Rahmensozialplan** nicht an eine (in groben Umrissen erkennbare) Betriebsänderung an. Er gilt vielmehr ganz abstrakt für alle in ihm geregelten betriebsbedingten Maßnahmen (z. B. Abfindungen im Fall einer Kündigung). Im Unterschied zum vorsorglichen Sozialplan verbraucht der Rahmensozialplan das Mitbestimmungsrecht des BR für eine konkrete Betriebsänderung nicht. Der BR kann also, wenn tatsächlich eine Betriebsänderung durchgeführt werden soll, für diese Betriebsänderung einen Sozialplan auch dann verlangen, wenn schon ein Rahmensozialplan besteht. Der Rahmensozialplan ist eine freiwillige BV (vgl. § 88) und daher nicht erzwingbar. **101**

5. Tendenzbetrieb

Im Tendenzbetrieb (vgl. § 118 Rn. 2 ff.) ist der AG nicht verpflichtet einen Interessenausgleich zu beraten. Ein Sozialplan ist nach § 118 jedoch auch hier erzwingbar (BAG 18.11.2003 – 1 AZR 637/02, AiB 2004, 385). **102**

6. Betriebsänderungen ohne erzwingbaren Sozialplan

a. Reiner Personalabbau

Besteht die Betriebsänderung nach § 111 Satz 2 Nr. 1 **ausschließlich** in einem **Personalabbau**, ohne dass eine weitere Betriebsänderung hinzutritt, ist ein Sozialplan nur erzwingbar, wenn der Personalabbau die in § 112a Abs. 1 genannten Schwellenwerte erreicht. Das heißt: Ist der Personalabbau also Folge einer Änderung der Betriebsorganisation oder der Betriebsabläufe (z. B. Schaffung flacher Hierarchien) oder Schließung eines wesentlichen Betriebsteils, so sind die Ausnahmevorschrift und die darin genannten Schwellenwerte nicht anwendbar. Es bleibt dann bei den allgemeinen Regelungen (vgl. § 111 Rn. 12 ff.). Auf die Zahlen und Prozentwerte des § 17 Abs. 1 KSchG (vgl. § 111 Rn. 20) kommt es hier nicht an. **103**

Nach § 112a Abs. 1 Satz 1 ist bei reinem Personalabbau ein Sozialplan nur erzwingbar, wenn in Betrieben mit in der Regel (**Schwellenwerte**) **104**

1–59 AN **20 %** der AN,
aber mindestens **6** AN
60–249 AN **20 %** der AN

oder mindestens **37** AN
250–499 AN **15 %** der AN
oder mindestens **60** AN
500–599 AN **60** AN
ab 600 AN **10 %** der AN
aus betriebsbedingten Gründen entlassen werden sollen (BAG 9.11.2010 – 1 AZR 708/09).

105 Werden die Grenzwerte **in mehreren Wellen** erreicht (vgl. § 111 Rn. 24), ist von einer einheitlichen Betriebsänderung auszugehen, wenn die Maßnahmen auf einem einheitlichen Entschluss des Unternehmers beruhen. Die Rechtslage ist anders, wenn jeweils neue unternehmerische Entscheidungen z. B. durch unvorhergesehene Vorkommnisse getroffen werden (BAG 17.3.2016 – 2 AZR 182/15, vgl. auch § 111 Rn. 7).

106 Als **Entlassung** gelten nicht nur Beendigungs- und Änderungskündigungen, sondern nach § 112a Abs. 1 Satz 2 auch vom AG veranlasste Aufhebungsverträge und Eigenkündigungen der AN (vgl. § 111 Rn. 25). Hierzu zählt auch der betriebsbedingte Altersteilzeitvertrag, der arbeitsrechtlich als Auflösungsvertrag mit langer Auslauffrist einzuordnen ist. Entscheidend sind die nach der Planung des Unternehmers wegfallenden Arbeitsplätze. Verhaltens- und personenbedingte Kündigungen sind nicht zu berücksichtigen.

b. Unternehmensneugründungen

107 § 112 Abs. 4 und 5 finden gem. § 112a Abs. 2 keine Anwendung auf **Betriebe eines Unternehmens in den ersten vier Jahren nach seiner Gründung** (zu den Ausnahmen vgl. Rn. 109, 110). Entscheidend für den Ablauf der Vier-Jahres-Frist ist der Beginn der Betriebsänderung. Nach dem Wortlaut des Gesetzes ist in diesem Fall ein Sozialplan nicht erzwingbar. Dies gilt für Betriebsänderungen jeder Art. Mit der Bestimmung wird der Zweck verfolgt, Unternehmensgründungen zu erleichtern. Der Unternehmensgründer soll von dem wirtschaftlichen Risiko einer sozialplanpflichtigen Betriebsänderung befreit werden (Fitting, § 112 BetrVG Rn. 91). **Maßgebender Zeitpunkt** für die Gründung des Unternehmens ist die Aufnahme einer Erwerbstätigkeit, die nach § 138 AO dem Finanzamt mitzuteilen ist, § 112a Abs. 2 Satz 3. **Freiwillige Sozialpläne** sind jedoch nach wie vor möglich. Der BR kann auch die Einigungsstelle wegen des Versuchs eines (freiwilligen) Sozialplans anrufen; allerdings kann die Einigungsstelle diesbezüglich keinen Spruch fällen. Die Verpflichtungen des Unternehmers nach § 111 gelten weiter. Der Unternehmer muss also die Einigungsstelle anrufen, wenn die Ver-

handlungen mit dem BR nicht zur Unterzeichnung eines Interessenausgleichs geführt haben und den Interessenausgleich vor der Einigungsstelle versuchen (vgl. Rn. 29 ff.).

Nach der Rechtsprechung des BAG ist ein **neu gegründetes Unternehmen** in den ersten vier Jahren nach seiner Gründung auch dann von der Sozialplanpflicht befreit, wenn diese Betriebsänderung in einem Betrieb erfolgt, den das Unternehmen erworben hat und der erworbene Betrieb schon länger als vier Jahre besteht (BAG 13.6.1989 – 1 ABR 14/88). Gegen diese Rechtsprechung bestehen erhebliche Bedenken. So besteht gerade bei einem schon länger existierenden Betrieb viel eher die Möglichkeit zur Einschätzung seiner künftigen wirtschaftlichen Entwicklung. Der Erwerber weiß also, worauf er sich einlässt. Schließlich bestehen **Missbrauchsgefahren** in nicht zu unterschätzendem Umfang: Der Betrieb kann in ein neugegründetes Unternehmen abgeschoben werden, um dort nach einer »Schonfrist« eine kostengünstige Stilllegung durchzuführen. Immerhin hat das BAG für diesen Fall der Flucht aus der Sozialplanpflicht eine Ausnahme gemacht, wobei der Missbrauchssachverhalt schwer nachzuweisen sein wird (BAG 13.6.1989 – 1 ABR 14/88). 108

Von der Sozialplanpflicht nicht befreit sind Neugründungen im Zusammenhang mit der **rechtlichen Umstrukturierung von Unternehmen und Konzernen** (§ 112a Abs. 2 Satz 2). Damit tritt nach dem **Zweck der Regelung** eine Befreiung von der Sozialplanpflicht nicht ein, wenn bestehende Unternehmen in ihrer rechtlichen Struktur und ihrem Bestand unverändert bleiben (vgl. zum Zweck der Bestimmung ausführlich BAG 22.2.1995 – 10 ABR 23/94). Hierdurch soll sichergestellt werden, dass Unternehmen durch bloße gesellschaftsrechtliche Umstrukturierungen nicht in den Genuss des so genannten Sozialplanprivilegs kommen. Damit soll einer »Flucht aus der Sozialplanpflicht« vorgebeugt werden. 109

Um eine rechtliche Umstrukturierung von Unternehmen und Konzernen – und damit nicht um neu gegründete Unternehmen – handelt es sich jedenfalls in den folgenden **Fallgruppen**: 110

- Die Verschmelzung von Unternehmen auf ein neugegründetes Unternehmen;
- Die Umwandlung auf ein neugegründetes Unternehmen;
- Die Auflösung eines Unternehmens und Übertragung seines Vermögens auf ein neugegründetes Unternehmen;
- Die Aufspaltung eines Unternehmens auf mehrere neugegründete Unternehmen;
- Die Abspaltung von Unternehmensteilen auf neugegründete Tochtergesellschaften;

- Der Alleingesellschafter und Geschäftsführer der Komplementär-GmbH einer KG gründet eine neue GmbH; diese übernimmt von der KG deren Geschäftsbetrieb.
- Innerhalb desselben Konzerns wird ein neues Unternehmen gegründet.
- Zwei Unternehmen übertragen Teile ihrer unternehmerischen Aktivitäten auf ein von ihnen errichtetes Gemeinschaftsunternehmen. Dieses Unternehmen setzt die übertragenen Geschäftsaktivitäten fort. Dies gilt auch dann, wenn das Unternehmen daneben zusätzliche unternehmerische Aktivitäten entfaltet.
- Die Geschäftsaktivitäten einschließlich des Betriebs einer Tochtergesellschaft eines Konzerns werden im Wege des Betriebsübergangs auf ein neugegründetes konzernfremdes Unternehmen übertragen. Das gilt jedenfalls dann, wenn in dem aufnehmenden Konzern bereits ein Unternehmen (eine Schwestergesellschaft) besteht, das denselben oder aber vergleichbaren Geschäftsaktivitäten nachgeht.
- Zwei Unternehmen übertragen einzelne Betriebe einem neugegründeten Unternehmen, das die Betriebe mit einer auf dem Zusammenschluss beruhenden unternehmerischen Zielsetzung fortführen soll.

7. Geltungsdauer und Beendigung des Sozialplans

111 Ein für eine bestimmte Betriebsänderung vereinbarter **Sozialplan** kann **nicht ordentlich gekündigt** werden, soweit nichts Gegenteiliges vereinbart ist. Der Sozialplan ist grundsätzlich zweckbefristet, d.h. er gilt für den Ausgleich sämtlicher Nachteile, die aus einer bestimmten Betriebsänderung entstehen. Der Sozialplan gilt also für die gesamte Betriebsänderung, bis diese vollständig durchgeführt ist. Das gilt entsprechend für einen vorsorglichen Sozialplan (vgl. Rn. 100).

112 Nach der Rechtsprechung des BAG ist eine Kündigung von Dauerregelungen in einem Sozialplan möglich. **Dauerregelungen** sind nur solche Bestimmungen, nach denen ein bestimmter wirtschaftlicher Nachteil durch auf bestimmte oder unbestimmte Zeit laufende Leistungen ausgeglichen oder gemildert werden soll (vgl. BAG 10.8.1994 – 10 ABR 61/93, AiB 1995, 471–472). Deshalb kann auch ein **Rahmensozialplan** (vgl. Rn. 101) gekündigt werden, es sei denn, es ist ein Kündigungsrecht in der Vereinbarung ausgeschlossen oder eingeschränkt worden.

113 Ist in einem Sozialplan ein Kündigungsrecht vereinbart worden, so **wirken seine Regelungen** im Falle der Kündigung **nach**, bis sie durch eine neue Regelung ersetzt werden (vgl. § 77 Rn. 37 ff.). Die ersetzende Regelung kann Ansprüche der AN, die vor dem Wirksamwerden der Kün-

digung entstanden sind, nicht zu deren Ungunsten abändern. Das gilt auch dann, wenn die AN aufgrund bestimmter Umstände nicht mehr auf den unveränderten Fortbestand des Sozialplans vertrauen konnten (BAG 10.8.1994 - 10 ABR 61/93, AiB 1995, 471–472). Keine Nachwirkung entsteht im Falle der **Kündigung eines Rahmensozialplans**, da es sich bei diesem um eine freiwillige BV handelt (vgl. § 77 Rn. 37).

Ist die **Geschäftsgrundlage** eines Sozialplans **weggefallen** und ist einem Betriebspartner das Festhalten am Sozialplan mit dem bisherigen Inhalt nach Treu und Glauben nicht mehr zuzumuten, können die Betriebspartner die Regelungen des Sozialplans den veränderten tatsächlichen Umständen anpassen. Verweigert ein Betriebspartner die Anpassung, entscheidet die Einigungsstelle verbindlich sowohl über die Frage, ob die Geschäftsgrundlage tatsächlich weggefallen ist wie auch über die ggf. ersetzende Regelung (vgl. BAG 10.8.1994 - 10 ABR 61/93, AiB 1995, 471–472). Nach der Rechtsprechung des BAG kann in diesem Fall die anpassende Regelung schon entstandene Ansprüche der AN auch zu deren Ungunsten abändern. Die AN genießen daher dann nur einen eingeschränkten Vertrauensschutz (vgl. BAG 10.8.1994 - 10 ABR 61/93, AiB 1995, 471–472). 114

Das BAG (vgl. BAG 28.8.1996 - 10 AZR 886/95) steht auf dem Standpunkt, dass eine **wider Erwarten erfolgende Betriebsveräußerung** einem aus Anlass einer Betriebsstilllegung abgeschlossenen Sozialplan die Geschäftsgrundlage entzieht. Habe der AG mit der Durchführung einer geplanten Betriebsstilllegung durch Kündigung aller Arbeitsverhältnisse begonnen, entfalle die Geschäftsgrundlage des für die Betriebsstilllegung vereinbarten Sozialplans, wenn alsbald nach Ausspruch der Kündigung der Betrieb von einem Dritten übernommen werde und dieser sich bereit erkläre, alle Arbeitsverhältnisse zu den bisherigen Bedingungen fortzuführen. 115

Die Betriebspartner können einen **Sozialplan** jederzeit **einvernehmlich** für die Zukunft **abändern** (BAG 10.8.1994 - 10 ABR 61/93, AiB 1995, 471–472). Jedenfalls soweit der Sozialplan Dauerregelungen enthält und fortlaufende, zeitlich unbegrenzte Leistungsansprüche begründet, kann er nach der Rechtsprechung des BAG durch eine spätere BV in den Grenzen von Recht und Billigkeit auch zuungunsten der AN abgeändert werden (vgl. BAG 24.3.1981 - 1 AZR 805/78). Ein Eingriff in bereits entstandene Sozialplanforderungen ist jedoch unzulässig. 116

8. Richtlinien für den Inhalt des Sozialplans

a. Allgemeines

117 Nach § 112 Abs. 5 hat die **Einigungsstelle** bei ihrer Entscheidung (also dem Einigungsstellenspruch, vgl. hierzu § 76 Rn. 19)

- die sozialen Belange der AN zu berücksichtigen und
- auf die wirtschaftliche Vertretbarkeit ihrer Entscheidung für das Unternehmen zu achten.

Dabei hat sich die Einigungsstelle ausweislich des ausdrücklichen Gesetzeswortlauts **im Rahmen billigen Ermessens** von den in § 112 Abs. 5 genannten Grundsätzen leiten zu lassen.

118 Sozialpläne unterliegen darüber hinaus, wie andere BV, der gerichtlichen Rechtmäßigkeitskontrolle. Sie sind also daraufhin zu überprüfen, ob sie mit höherrangigem Recht, wie insbesondere dem betriebsverfassungsrechtlichen Gleichbehandlungsgrundsatz nach § 75 Abs. 1 (Rn. 126), vereinbar sind. § 75 Abs. 1 enthält nicht nur ein Überwachungsgebot, sondern verbietet zugleich Vereinbarungen, durch die AN aufgrund der dort aufgeführten Merkmale benachteiligt werden.

119 Die in § 112 Abs. 5 genannten Leitlinien und die aus § 75 folgenden Grundsätze sind nicht nur von der Einigungsstelle, sondern auch von den Betriebsparteien zu beachten, wenn sie sich (ohne Spruch der Einigungsstelle) auf einen Sozialplan einigen (BAG 28.7.2020 – 1 AZR 590/18).

120 Die **konkreten Regelungsgegenstände eines Sozialplans** hängen von der jeweiligen Betriebsänderung ab und den hieraus für die AN resultierenden Nachteilen.

b. Ausgleich und Milderung der wirtschaftlichen Nachteile der AN

121 Zunächst soll der Sozialplan nach § 112 Abs. 5 Satz 2 Nr. 1 Leistungen vorsehen, die die wirtschaftlichen Nachteile (**vor allem durch Einkommensminderung, Wegfall von Sonderleistungen oder Verlust von Anwartschaften auf betriebliche Altersversorgung, Umzug oder erhöhte Fahrtkosten**) ausgleichen oder mildern. Die Leistungen sollen in der Regel den Gegebenheiten des Einzelfalls Rechnung tragen.

122 Die Betriebsparteien und die Einigungsstelle verfügen bei der in ihrem Ermessen liegenden Entscheidung darüber, ob und welche Nachteile ganz oder teilweise ausgeglichen und welche lediglich gemildert werden sollen, über einen **Gestaltungsspielraum**. Allein der Umstand, dass

ein Sozialplan nicht sämtliche mit der Betriebsänderung verbundenen Nachteile der AN vollständig ausgleicht, obwohl dies dem Unternehmen wirtschaftlich möglich wäre, macht diesen nicht fehlerhaft, wobei der Normzweck des § 112 Abs. 1 Satz 2, die wirtschaftlichen Nachteile der AN zumindest zu mildern, nicht verfehlt werden darf. Bei der Bestimmung der ausgleichsbedürftigen Nachteile haben die Einigungsstelle und die Betriebsparteien jedoch einen **Beurteilungsspielraum**. So ist z. B. ein Sozialplan, der keine Regelung zur betrieblichen Altersversorgung enthält, nicht deshalb ermessensfehlerhaft. Es besteht keine Pflicht, Nachteile sämtlicher Kategorien auszugleichen (BAG 7. 5. 2019 – 1 ABR 54/17; LAG Mecklenburg-Vorpommern 8. 12. 2020 – 2 Sa 152/20).

c. Aussichten der AN auf dem Arbeitsmarkt

Der Sozialplan hat nach § 112 Abs. 5 Satz 2 Nr. 2 die Aussichten der betroffenen AN auf dem Arbeitsmarkt zu berücksichtigen. Er soll **AN, die in einem zumutbaren Arbeitsverhältnis** im selben Betrieb oder in einem anderen Betrieb des Unternehmens oder eines zum Konzern gehörenden Unternehmens **weiterbeschäftigt werden können** und die Weiterbeschäftigung ablehnen, **von Leistungen ausschließen**. Die Betriebsparteien können daher in einem Sozialplan solche AN von einem Anspruch auf eine Sozialplanabfindung ausnehmen, die nicht bereit sind, das Angebot auf Abschluss eines freien Arbeitsplatzes zu nahezu denselben Arbeitsbedingungen unter Anrechnung bisheriger Dienstzeiten in einem anderen Konzernunternehmen anzunehmen (LAG Berlin-Brandenburg 19. 2. 2015 – 26 Sa 1671/14). Auch eine mögliche Weiterbeschäftigung an einem anderen Ort begründet für sich allein nicht die Unzumutbarkeit. 123

d. Nutzung von Leistungen des Sozialgesetzbuches

Der Sozialplan soll nach § 112 Abs. 5 Satz 2 Nr. 2a die im Dritten Buch des Sozialgesetzbuches vorgesehenen **Förderungsmöglichkeiten zur Vermeidung von Arbeitslosigkeit berücksichtigen**. Damit bringt der Gesetzgeber zum Ausdruck, dass der Sozialplan nicht als reines Abfindungsinstrument, sondern auch als Mittel für die Schaffung neuer Beschäftigungsperspektiven genutzt werden soll. Hier sind vor allem an die folgenden Instrumente in Betracht zu ziehen: 124

- Transfersozialplan (vgl. Rn. 197)
- Förderung der Anschlusstätigkeit bei einem anderen AG (Outplacement)

- Existenzgründungsmaßnahmen
- Qualifizierungsmaßnahmen

e. Vertretbarkeit der wirtschaftlichen Belastung für das Unternehmen

125 Im Sozialplan ist bei der Bemessung des Gesamtbetrages der Sozialplanleistungen nach § 112 Abs. 5 Satz 2 Nr. 3 darauf zu achten, dass der Fortbestand des Unternehmens oder die nach Ausführung der Betriebsänderung verbleibenden Arbeitsplätze nicht gefährdet werden (vgl. Rn. 185 ff.).

f. Gleichbehandlungsgrundsatz, Stichtagsregelungen

126 Der Gleichbehandlungsgrundsatz ist ein **allgemeines betriebsverfassungsrechtliches Gebot** (vgl. § 75 Rn. 7 ff.), an den auch die Betriebsparteien bei der Gewährung von Ausgleichsleistungen im Rahmen eines Sozialplans gebunden sind. Ebenfalls sind die Betriebsparteien an die Regelungen des **AGG** gebunden. Sozialpläne dürfen deshalb keine Benachteiligung eines Beschäftigten wegen der Rasse, der ethnischen Herkunft, des Geschlechts, der Religion, der Weltanschauung, der Behinderung, des Alters oder der sexuellen Identität enthalten. Dies gilt sowohl **für unmittelbare wie auch für mittelbare Diskriminierungen**.

126a **Beispiele für die Bedeutung des Gleichbehandlungsgrundsatzes,** insbesondere für Abfindungen, werden bei den jeweiligen Sachgruppen dargestellt und besprochen, im Einzelnen:

- Lebensalter und »rentennahe« Jahrgänge: Rn. 130, 131
- Eigenkündigungen: Rn. 132 ff.
- Schwerbehinderte: Rn. 137 ff.
- Unterhaltspflichten: Rn. 143 ff.
- AN in Teilzeit und in befristeten Arbeitsverhältnissen: Rn. 146 ff.
- Höchstbetragsklauseln: Rn. 153 ff.

126b Ebenfalls am betriebsverfassungsrechtlichen Gleichbehandlungsgrundsatz zu messen sind so genannte **Stichtagsregelungen**, also Regelungen, aus denen sich ergibt, wer in den sachlichen Geltungsbereich eines Sozialplans fällt und wer nicht, z. B. dass der AN zu einem bestimmten Zeitpunkt in einem Arbeitsverhältnis zu dem AG gestanden haben muss. Auch an Stichtage anknüpfende Differenzierungen bei Grund und Höhe von Abfindungsansprüchen müssen nach dem Zweck eines Sozialplans sachlich gerechtfertigt sein. Solche Regelungen müssen angemessen und

sachgerecht sein, dürfen also AN nicht willkürlich aus dem Geltungsbereich des Sozialplans ausschließen.
Eine Stichtagsregelung in einem Sozialplan, die bewirkt, dass ausschließlich befristet beschäftigte AN aus dessen Geltungsbereich ausgenommen werden, ist nur dann mit dem betriebsverfassungsrechtlichen Gleichbehandlungsgrundsatz vereinbar sein, wenn die nach dem Stichtag eingestellten AN aufgrund der Umstände des Einzelfalls nicht die Erwartung haben konnten, in ein unbefristetes Arbeitsverhältnis übernommen zu werden (BAG 30. 1. 2024 – 1 AZR 62/23).
Die Betriebsparteien müssen als Stichtag (z. B. Bestand des Arbeitsverhältnisses als Voraussetzung für den Geltungsbereich eines Sozialplanes) aber nicht den exakten Tag der geplanten Betriebsstillegung nehmen. Sie können auch einen anderen Tag nehmen, solange dieser in einem engen zeitlichen Zusammenhang mit der Betriebsstillegung steht (BAG 30. 1. 2024 – 1 AZR 62/23, hier das Monatsende, obwohl Stilllegung bereits am Monatsanfang erfolgte).

Die vom BAG zum Beginn des zeitlichen Geltungsbereichs eines Sozial- **126c**
plans aufgestellten Grundsätze sind bei der Beendigung – also beim **zeitlichen Geltungsbereich eines Sozialplans** – entsprechend anzuwenden, solange dieser Zeitpunkt nicht willkürlich gewählt wurde, sondern z. B. an das absolute zeitliche Ende der vereinbarten Betriebsänderung anknüpft (LAG Düsseldorf 19. 4. 2023 – 12 Sa 439/22). Die Betriebsparteien dürften bei der Bestimmung des zeitlichen Geltungsbereichs des Sozialplans in typisierender Betrachtungsweise berücksichtigen, dass AN, deren Arbeitsverhältnisse erst nach dem festgelegten Auslaufen enden, aufgrund des längeren Bestands des Arbeitsverhältnisses geringere Nachteile erleiden.

Bei Verstößen gegen den Gleichbehandlungsgrundsatz – z. B. wenn als **126d**
Folge einer verbotenen Diskriminierung eine Abfindung zu gering ausfällt – ist der Mitarbeiter so zu stellen, wie er ohne die Diskriminierung stünde. Er kann also z. B. eine Abfindung in der Höhe verlangen, wie sie vergleichbaren nicht diskriminierten AN zusteht. Es findet also eine »**Angleichung nach oben**« statt. Das gilt auch dann, wenn dadurch die finanzielle Gesamtbelastung des AG steigt (Quelle).
Bei der Geltendmachung solcher Ansprüche sind in jedem Fall etwaige Ausschlussfristen zu beachten, die im Sozialplan enthalten sein können.

9. Einzelne Regelungsgegenstände des Sozialplans und typische Praxisfragen

a. Abfindung und deren Berechnung

127 Die Abfindung dient nach der Rechtsprechung des BAG vorwiegend als zukunftsgerichteter Ausgleich für den Verlust des Arbeitsplatzes. Es handelt sich also um eine **Überbrückungshilfe mit Überleitungs- und Vorsorgefunktion** für die von der Entlassung betroffenen AN und nicht um eine »verkappte« Betriebstreueprämie, was insbesondere bei älteren (rentennahen) AN (vgl. Rn. 130 ff.) mitunter auf Unverständnis stößt.

128 Ein Abfindungsanspruch entsteht regelmäßig nur dann, wenn die **Betriebsänderung für das Ausscheiden des AN kausal** geworden ist, also die betriebsbedingte Kündigung durch die Betriebsänderung veranlasst ist. Auch eine mehrere Jahre nach Durchführung einer Betriebsschließung ausgesprochene Kündigung beendet das Arbeitsverhältnis gemäß einem Sozialplan »in Folge« der Betriebsänderung, wenn sie weiterhin deren unmittelbare Folge ist (LAG Düsseldorf 9.10.2019 – 4 Sa 134/19).

129 Bei der Gestaltung der Abfindungsansprüche im Sozialplan sollten in der Regel die folgenden Aspekte berücksichtigt bzw. **Begriffe** definiert werden:

- Festlegung einer Formel, nach der sich die Höhe der Abfindung berechnet. Häufige Formeln sind:
  Abfindung = Betriebszugehörigkeit x Bruttomonatseinkommen x Faktor
  oder
  Abfindung = Alter x Betriebszugehörigkeit x Bruttomonatseinkommen Divisor
- Begriffsdefinitionen: Lebensalter, Dauer der Betriebszugehörigkeit, Bruttoeinkommen, Unterhaltspflichten, Eigenschaft als alleinerziehende Person, Schwerbehinderteneigenschaft
- Ggf. Differenzierung bei den Berechnungskriterien der Abfindung nach der Form des Ausscheidens: Beendigungskündigung, Änderungskündigung, Aufhebungsvertrag, Eigenkündigung, Wechsel in Transfergesellschaft (vgl. Rn. 197 ff.)
- Behandlung von Teilzeitkräften (anteilige Abfindungen) und befristet Beschäftigten
- Reduzierung oder Ausschluss der Abfindung bei Angebot eines zumutbaren anderen Arbeitsplatzes

- Erhöhung der Abfindung bei Ausscheiden vor Ablauf der individuellen arbeitgeberseitigen Kündigungsfrist

b. Das Lebensalter berücksichtigende Regelungen und besondere Bestimmungen für »rentennahe Jahrgänge«

Ausgangspunkt von Regelungen in Sozialplänen, die insbesondere bei Abfindungen das Lebensalter der von Kündigung betroffenen AN besonders berücksichtigen, ist § 10 Satz 3 Nr. 6 AGG. Danach ist es **zulässig, in Sozialplänen nach dem Lebensalter** wie folgt **zu unterscheiden**: **130**

- Differenzierungen von Leistungen, wenn die Parteien eine nach Alter oder Betriebszugehörigkeit gestaffelte Abfindungsregelung geschaffen haben, in der die wesentlich vom Alter abhängenden Chancen auf dem Arbeitsmarkt durch eine verhältnismäßig starke Betonung des Lebensalters erkennbar berücksichtigt worden sind, oder
- Beschäftigte von den Leistungen des Sozialplans *auszuschließen*, die wirtschaftlich abgesichert sind, weil sie, gegebenenfalls nach Bezug von Arbeitslosengeld, rentenberechtigt sind.

Diese Differenzierungen entsprechen nach der zutreffenden Rechtsprechung des BAG einem allgemein sozialpolitischen Interesse, wonach in Sozialplänen danach unterschieden wird, welche wirtschaftlichen Nachteile den AN drohen, die durch eine Betriebsänderung ihren Arbeitsplatz verlieren (BAG 26.5.2009 – 1 AZR 198/08). Deshalb ist es in einem Sozialplan grundsätzlich zulässig, für die Bemessung der Abfindung nach Altersstufen zu unterscheiden und damit jüngeren AN eine im Verhältnis geringere Abfindung zuzusprechen als älteren AN, weil ältere AN in der Regel auf dem Arbeitsmarkt schwieriger vermittelbar sind. Dies erfolgt meist dadurch, dass der für die Berechnung der Abfindung maßgebliche Parameter (Faktor oder Divisor, je nach Formel) mit zunehmendem Lebensalter steigt (Faktor) bzw. sinkt (Divisor). Möglich sind auch altersabhängige Sockelbeträge, die zusätzlich zu der sich nach der Formel berechnenden Abfindung geleistet werden. Die konkrete Ausgestaltung der Altersstufen unterliegt nach § 10 Satz 2 AGG einer Verhältnismäßigkeitsprüfung. Die im konkreten Fall festgelegten Altersstufen dürfen also die Interessen der durch die Berücksichtigung des Lebensalters benachteiligten Altersgruppen nicht unangemessen vernachlässigen (BAG 12.4.2011 – 1 AZR 764/09).

Obwohl das Gesetz höhere Abfindungen in Abhängigkeit von Lebensalter »oder« der Betriebszugehörigkeit zulässt, ist auch die kumulative Berücksichtigung beider Faktoren zulässig. Abfindungsformeln dürfen **130a** also im Ergebnis dazu führen, dass sowohl ein höheres Lebensalter als auch eine längere Betriebszugehörigkeit eine höhere Abfindung zur Folge haben, auch wenn dies im Ergebnis ältere AN häufig doppelt begünstigt. Denn es sind in der Regel ja gerade die älteren AN, die über eine längere Betriebszugehörigkeit verfügen als jüngere AN.

130b Es ist – insbesondere zur Berücksichtigung der Belange jüngerer Beschäftigter, der Verteilungsgerechtigkeit und der Überbrückungsfunktion der Abfindung – zulässig, mit zunehmender **Rentennähe** Sonderregelungen im Sinne einer **Abschmelzung von Abfindungsleistungen** zu vereinbaren. Insbesondere dürfen bei der Feststellung von Nachteilen auch etwaige sozialversicherungsrechtliche Leistungsansprüche älterer AN berücksichtigt werden. Auch der gänzliche Ausschluss von Sozialplanleistungen ist – so der ausdrückliche Wortlaut des Gesetzes – zulässig, wenn durch den Bezug von Arbeitslosengeld I ein Übergang in die Rente gewährleistet ist. Allerdings haben die Betriebsparteien bei den Einzelheiten einen erheblichen Beurteilungsspielraum.

131 Im Einzelnen sind in der Rspr. die folgenden altersabhängigen Differenzierungen bei »rentennahen« AN für wirksam erachtet worden:

- Ein gänzlicher Ausschluss von Leistungen eines Sozialplans ist möglich, wenn der AN in unmittelbarem Anschluss an die Beendigung des Arbeitsverhältnisses Anspruch auf eine Altersrente für langjährig Versicherte nach § 236 Abs. 1 Satz 2 SGB VI hat, auch wenn damit Abschläge bei der Altersrente verbunden sind (BAG 7.5.2019 – 1 ABR 54/17).
- Eine Altersdiskriminierung liegt nicht vor, wenn die betroffenen AN zwar nicht unmittelbar nach dem Bezug von Arbeitslosengeld I rentenberechtigt sind, aber eine Abfindung erhalten, die so bemessen wird, dass sie die wirtschaftlichen Nachteile ausgleichen bzw. mildern kann, die die AN in der Zeit nach der Erfüllung ihres Arbeitslosengeldanspruchs bis zum frühestmöglichen Bezug einer Altersrente erleiden (BAG 23.3.2010 – 1 AZR 832/08, BAG 6.3.2013 – 1 AZR 813/11; LAG Mecklenburg-Vorpommern 8.12.2020 – 2 Sa 152/20).
- Ein Verstoß gegen das Verbot der Altersdiskriminierung stellt es nicht dar, wenn aufgrund einer tarifvertraglichen Klausel ein pauschaler Ausgleich für Rentenkürzungen nicht an AN zu zahlen ist, die eine abschlagsfreie Rente in Anspruch nehmen können (BAG 12.12.2017 – 9 AZR 45/17).
- Die Vereinbarung des Faktors 0 mit Festlegung einer Mindestabfindung von zwei Bruttomonatsverdiensten für AN ab dem vollendeten 62. Lebensjahr verstößt nicht gegen das Verbot der Benachteiligung

wegen des Alters (BAG 26.3.2013 – 1 AZR 813/11). Die Betriebsparteien sind insbesondere nicht gehalten, in einem Sozialplan für rentennahe AN einen wirtschaftlichen Ausgleich vorzusehen, der mindestens die Hälfte der Abfindung rentenferner AN beträgt.

Für zulässig erachtet worden sind auch die folgenden Regelungen:

- Mitarbeiter, die älter als 59 Jahre sind, erhalten anstelle einer Abfindung gemäß Formel (Betriebszugehörigkeit x Bruttoentgelt x Faktor) für jeden Monat bis zum 63. Lebensjahr einen Betrag von EUR 1700 zuzüglich einer Pauschale von EUR 20 000 (BAG 26.5.2009 – 1 AZR 198/08).
- Die sich gemäß der Abfindungsformel errechnende Abfindung reduziert sich – bei einem Regelaltersrentenzeitpunkt von 65 Jahren – für Mitarbeiter, die nach ihrem 60. Lebensjahr ausscheiden, für jeden Monat nach Vollendung des 60. Lebensjahres um 1/60stel (BAG 23.3.2010 – 1 AZR 832/08).
- Ab dem 58. Lebensjahr erhalten Mitarbeiter bis zum frühestmöglichen Renteneintritt 85 % ihrer Nettobezüge unter Anrechnung des voraussichtlichen Arbeitslosengeldes für 24 Monate zuzüglich eines pauschalen Zuschlags (BAG 9.12.2014 – 1 AZR 102/13).
- Ältere AN können von der Zahlung einer Sprinterprämie für freiwillige Austritte ausgenommen werden (LAG Berlin-Brandenburg 2.9.2011 – 6 Sa 1225/11).
- Nach der Rechtsprechung des BAG (BAG 7.5.2019 – 1 ABR 54/17) ist es nicht ermessenfehlerhaft, wenn ein Spruch der Einigungsstelle in einem Sozialplan AN, die nach dem Ausscheiden oder einem möglichen Bezug von Arbeitslosengeld I eine gekürzte oder ungekürzte Altersrente in Anspruch nehmen können, vollständig von Abfindungsleistungen ausschließt. Hierin liege auch kein Verstoß gegen den betriebsverfassungsrechtlichen Gleichbehandlungsgrundsatz nach § 75 Abs. 1. Ein solcher Ausschluss bewirke zwar eine unmittelbare Benachteiligung der betroffenen AN wegen des Alters i. S. v. § 3 Abs. 1 AGG, diese sei jedoch nach § 10 Satz 3 Nr. 6 i. V. m. § 10 Satz 2 AGG gerechtfertigt.
- Höchstbetragsklauseln, die die Abfindung im Falle »rentennaher AN« auf den Betrag begrenzen, den der AN bis zum Erreichen des Eintrittsalters in die ungekürzte Altersgrenze noch verdient hätte, sind ebenfalls zulässig (siehe Rn. 154, 155).

Bei all diesen Regelungen ist jedoch insgesamt zu berücksichtigen, dass diese nicht zu einer **Diskriminierung von schwerbehinderten Menschen** führen dürfen (siehe hierzu Rn. 137 ff.).

c. Abfindung bei Eigenkündigung und Aufhebungsvertrag sowie für ausgeschiedene AN

132 Grundsätzlich können AN, die im Zusammenhang mit einer Betriebsänderung eine **Eigenkündigung** aussprechen, von Sozialplanleistungen ausgenommen werden. Eine derartige Beendigung von Arbeitsverhältnissen ist – im Unterschied zu einer betriebsbedingten Arbeitgeberkündigung – grundsätzlich nicht durch die konkrete Betriebsschließung verursacht (LAG Sachsen 24.3.2023 – 4 Sa 75/22). Im Rahmen ihres Beurteilungsermessens können die Betriebsparteien auch Stichtagsregelungen festlegen, nach denen Eigenkündigungen nach dem Stichtag als arbeitgeberseitig veranlasst gelten, solche vor dem Stichtag demgegenüber nicht.
Immer ist dabei der Gleichbehandlungsgrundsatz zu beachten. Es handelt sich um einen Verstoß gegen den Gleichbehandlungsgrundsatz, wenn diejenigen AN von Leistungen des Sozialplans ausgeschlossen werden, die im Rahmen einer Betriebsänderung auf Veranlassung des AG eine Eigenkündigung aussprechen (BAG 15.1.1991 – 1 AZR 80/90; BAG 29.10.2002 – 1 AZR 80/02).
Die Regelung in einem Sozialplan, die alle Beschäftigte mit besonderem Kündigungsschutz – also insb. BR-Mitglieder – bei arbeitgeberseitig veranlasster Eigenkündigung von der Einbeziehung in eine Abfindungsregelung ausschließt, verstößt gegen den betriebsverfassungsrechtlichen Gleichbehandlungsgrundsatz, wenn nicht ein sachlicher Rechtfertigungsgrund für eine solche Regelung besteht. An einer solchen Rechtfertigung fehlt es, wenn auch für Mandatsträger die Gefahr einer betriebsbedingten Kündigung wegen der Betriebsänderung besteht, weil der gesetzliche Sonderkündigungsschutz den Ausspruch einer betriebsbedingten Kündigung nach § 15 Abs. 4 und 5 KSchG gerade nicht unmöglich macht (LAG Berlin-Brandenburg 15.9.2023 – 12 Sa 1160/22).

132a Ebenfalls ist der Ausschluss von AN unzulässig, die auf Veranlassung des AG einen betriebsbedingten **Aufhebungsvertrag** abschließen (BAG 19.7.1995 – 10 AZR 885/94, AiB 1996, 51–53). Von einer arbeitgeberseitigen Veranlassung ist auszugehen, wenn der AN durch die Eigenkündigung oder den Abschluss der Aufhebungsvertrages der Kündigung durch den AG lediglich zuvorkommt. Hierzu muss der AG gegenüber dem AN die berechtigte Annahme hervorgerufen, für ihn bestehe nach Durchführung der Betriebsänderung keine Beschäftigungsmöglichkeit mehr (vgl. § 111 Rn. 25). Dies setzt eine hinreichend konkretisierte und dem AN bekannte Planung des AG voraus, aus der sich ergibt, dass der

Arbeitsplatz des AN wegfallen wird. Das ist jedenfalls dann der Fall, wenn der entsprechende Arbeitsplatz nach dem Inhalt eines Interessenausgleichs wegfallen wird. Beginnt jedoch der AG vor Abschluss des Interessenausgleichs bereits mit Umsetzungsmaßnahmen, aus der sich die konkrete Betroffenheit des AN herleiten lässt, dann kann der zur Abfindung berechtigende Zeitpunkt bereits dann erreicht sein. Die Beweislast (und das Risiko einer vorzeitigen Beendigung ohne Abfindung) hierfür trägt jedoch der AN.

An einem entsprechenden unmittelbaren Zusammenhang zwischen der Eigenkündigung und der Durchführung der Betriebsänderung fehlt es, wenn der Interessenausgleich betriebsbedingte Kündigungen gegenüber den Angehörigen einer bestimmten Berufsgruppe ausschließt und deren lückenlose Weiterbeschäftigung vorsieht. AN dieser Berufsgruppe haben keinen Anspruch auf eine Abfindung nach dem Sozialplan, wenn sie das Arbeitsverhältnis durch Eigenkündigung beenden (LAG Köln 29.11.2018 – 7 Sa 364/18). **133**

Die Betriebsparteien sind auch berechtigt, AN, die während laufender Verhandlungen über Art und Ausmaß von Umstrukturierungsmaßnahmen auf eigene Veranlassung das Arbeitsverhältnis beenden, ohne den Abschluss eines Sozialplans abzuwarten, sehr viel geringere Leistungen zuerkannt werden als den verbleibenden AN (BAG 1.2.2011 – 1 AZR 470/09). **134**

Von einem Sozialplan erfasst sein können auch solche **AN**, die zwischen dem Entschluss des AG zur Durchführung der Betriebsänderung und dem Abschluss des Sozialplans **bereits ausgeschieden** sind, da der AG seine Pflichten nicht durch Hinauszögern des Abschlusses eines Sozialplanes umgehen können soll (LAG Köln 5.6.2014 – 7 TaBV 27/14). **135**

Im einvernehmlich vereinbarten Sozialplan ist es auch zulässig, diejenigen AN in den Kreis der Anspruchsberechtigten einzubeziehen, deren Arbeitsplatz zwar nicht betriebsbedingt wegfällt, die aber ihren Arbeitsplatz im Wege des Aufhebungsvertrages für einen betroffenen AN frei machen (**Ringtausch**). Dies setzt jedoch in der Regel voraus, dass der betroffene AN über eine entsprechende Eignung zur Übernahme der Position des nicht betroffenen AN aufweist und der AG diesem sog. Ringtausch zustimmt. **136**

d. Besonderheiten bei schwerbehinderten Menschen

Schwerbehinderte AN und ihnen gleichgestellte Beschäftigte haben erfahrungsgemäß geringere Chancen auf dem Arbeitsmarkt. Durch den Arbeitsplatzverlust sind sie folglich stärker benachteiligt als andere AN. **137**

Deshalb sehen Sozialpläne regelmäßig und zulässigerweise für solche Mitarbeiter adäquate zusätzliche Ausgleichsleistungen für den Verlust des Arbeitsplatzes vor (»Schwerbehindertenzuschläge«).

138 Darüber hinaus dürfen schwerbehinderte AN durch die Regelungen eines Sozialplans nicht – auch nicht mittelbar – diskriminiert werden. Grundsätzlich sind daher **schwerbehinderte AN bei der Berechnung der Abfindung so zu stellen, als seien sie nicht schwerbehindert**. Rechtsfolge einer nicht gerechtfertigten Diskriminierung ist es, dass ein schwerbehinderter AN vom AG verlangen kann, wie ein nicht schwerbehinderter AN behandelt zu werden.

139 Wird für die Berechnung einer Abfindung oder einer sonstigen Ausgleichsleistung auf den frühestmöglichen gesetzlichen Rentenbeginn abgestellt, so ist **bei schwerbehinderten AN** für die Berechnung der Leistung auf den frühestmöglichen Rentenbeginn eines gleichaltrigen nicht schwerbehinderten AN abzustellen (EuGH 6.12.2012 – C-152/11, dem EuGH folgend auch BAG 17.11.2015 – 1 AZR 938/13). Denn die Berechnung der Höhe einer Sozialplanabfindung unter Berücksichtigung der vorzeitigen Rentenbezugsmöglichkeit für schwerbehinderte AN stellt eine mittelbare Benachteiligung wegen der Behinderung dar, die sachlich nicht gerechtfertigt ist (LAG Hamm 2.6.2016 – 11 Sa 1344/15). Die gesetzlichen Regelungen zu einem vorzeitigen Renteneintritt schwerbehinderter AN haben gerade nicht den Zweck, die arbeitgeberseitigen Kosten eines Sozialplans zu reduzieren. Eine andere Betrachtung würde dazu führen, dass die zum Schutz der schwerbehinderten Menschen bestehenden rentenrechtlichen Sonderregelungen sich in einen Nachteil bei der Berechnung der Abfindung verkehren würden.

140 Eine an das Merkmal der Behinderung knüpfende Bemessung einer Sozialplanabfindung ist unwirksam, wenn sie schwerbehinderte AN gegenüber anderen AN, die in gleicher Weise wie sie von einem sozialplanpflichtigen Arbeitsplatzverlust betroffen sind, schlechter stellt und damit diskriminiert (BAG 17.11.2015 – 1 AZR 938/13). Dies ist z.B. dann der Fall, wenn die für nicht behinderte AN bei einem bis zu einem innerhalb von längstens zwölf Monaten nach dem Ausscheiden bevorstehenden vorzeitigen Altersrentenbezug wegen Arbeitslosigkeit nach Betriebszugehörigkeit und Bruttomonatsgehalt ermittelte Abfindung auf maximal 40 000 Euro begrenzt wird, während Mitarbeiter, die aufgrund einer Schwerbehinderung sofort bei Beendigung des Arbeitsverhältnisses eine Rente beanspruchen können, von der individuellen Abfindungsberechnung ausgenommen werden und lediglich eine Abfindungspauschale in Höhe von 10 000 Euro erhalten.

Der Umstand, dass schwerbehinderte AN eine abschlagsfreie Rente früher in Anspruch nehmen können als nicht schwerbehinderte AN, ist für sich auch nicht geeignet, bei im Blockmodell geleisteter Altersteilzeit eine Ungleichbehandlung von schwerbehinderten und nicht schwerbehinderten AN zu rechtfertigen, wenn durch die Beendigung des Altersteilzeitarbeitsverhältnisses des schwerbehinderten AN die Freistellungsphase kürzer würde als die bereits zurückgelegte Arbeitsphase (BAG 12.11.2013 – 9 AZR 484/12). 141

Unzulässig ist es, wenn die Betriebsparteien in einem Sozialplan grundsätzlich die Gewährung eines zusätzlichen Abfindungsbetrags zum Ausgleich der durch eine Schwerbehinderung bedingten wirtschaftlichen Nachteile infolge des Arbeitsplatzverlusts vorsehen, dessen Zahlung aber wegen einer im Sozialplan vorgesehenen Höchstbetragsregelung bei älteren schwerbehinderten AN unterbleibt (BAG 11.10.2022 – 1 AZR 129/21). 142

Ein Verstoß gegen den Gleichheitssatz liegt nicht vor, wenn bei der Aufstellung eines Sozialplans wegen Betriebsstilllegung Sonderabfindungen nur für solche schwerbehinderten AN vorgesehen sind, deren Schwerbehinderteneigenschaft zum Zeitpunkt der Unterzeichnung des Sozialplans bereits feststeht. AN, deren Schwerbehinderteneigenschaft von der zuständigen Behörde erst später rückwirkend festgestellt wird, können deshalb hinsichtlich der Sonderabfindungen keine Gleichbehandlung mit den übrigen schwerbehinderten Betriebsangehörigen verlangen (LAG Mecklenburg-Vorpommern 25.6.2024 – 2 Sa 163/23). 142a

Das BVerfG hat klargestellt, dass der Ausschluss von Leistungen eines Sozialplans verfassungsgemäß ist, wenn Betriebsparteien Mittel aus dem Sozialplan wegen einer Betriebsstilllegung denjenigen AN nicht zukommen lassen, die **Erwerbsminderungsrente** beziehen (BVerfG 7.6.2011 – 1 AZR 34/10). 142b

e. Zuschläge im Falle von Unterhaltspflichten

Der Verlust des Arbeitsplatzes wirkt sich auf AN mit Unterhaltspflichten (insbesondere gegenüber Kindern) gravierender aus als auf AN ohne solche Pflichten. Deshalb ist es zulässig (und auch üblich), für unterhaltspflichtige AN zusätzliche Ausgleichsleistungen vorzusehen, wenn sie ihren Arbeitsplatz verlieren. In diesem Zusammenhang ist es nicht diskriminierend, einer schwangeren AN, die zur Zeit der Kündigung – dem maßgeblichen Anknüpfungspunkt – noch kein Kind geboren hat, den Zuschlag zu verwehren (LAG Berlin-Brandenburg 20.10.2017 – 2 Sa 777/17). 143

144 Nach der Rechtsprechung des BAG (BAG 12.3.1997 – 10 AZR 648/96, AiB 1997, 475–476) ist es ebenfalls zulässig, bei den Unterhaltspflichten nur solche **Kinder** zu berücksichtigen, die in die Lohnsteuerkarteeingetragen sind (gegen das BAG zutreffend LAG Düsseldorf 2.9.2015 – 12 Sa 543/15; LAG Hessen 28.10.2020 – 18 Sa 22/20). Eine solche Regelung benachteiligt mittelbar Frauen, weil bei der Lohnsteuerklasse V Kinderfreibeträge als Lohnsteuerabzugsmerkmal nicht vorgesehen sind und noch deutlich mehr Frauen als Männer die Lohnsteuerklasse V wählen. Unzulässig ist es auch, in der Lohnsteuerkarte eingetragene Kinder nur in dem Umfang bei der Gewährung von Kinderzuschlägen zu berücksichtigen, in dem sie in der Lohnsteuerkarte eingetragen sind, also z. B. nur mit einem halben Zuschlag, wenn das Kind nur mit 0,5 eingetragen ist (LAG Baden-Württemberg 21.2.2013 – 11 Sa 130/12). Stattdessen wird der AN in Sozialplänen häufig verpflichtet, den Nachweis der Unterhaltsverpflichtung in geeigneter Weise zu erbringen.

145 Zulässig ist es auch, alleinerziehenden AN einen höheren oder zusätzlichen Kinderzuschlag zu gewähren. Die Voraussetzung »alleinerziehend« ist jedoch nicht erfüllt, wenn die AN mit dem Vater des Kindes und dem Kind in einer Wohnung zusammenlebt (LAG Berlin-Brandenburg 20.10.2017 – 2 Sa 777/17).

145a Abfindungsregelungen, die einen Zuschlag für verheiratete AN vorsehen, sind zulässig. Mit solchen Bestimmungen wird den Unterhaltspflichten Rechnung getragen, die verheiratete AN gegenüber ihren Ehepartnern erfüllen müssen. Eine Diskriminierung wegen der sexuellen Identität wäre es, wenn von solchen Leistungen schwule oder lesbische Ehen oder eingetragene Lebenspartnerschaften ausgeschlossen wären.

f. AN in Teilzeit und befristete Arbeitsverhältnisse

146 Werden **AN in Teilzeit** einschließlich geringfügig Beschäftigter in einem Sozialplan schlechter gestellt, so verstößt das nicht nur gegen § 4 Abs. 1 TzBfG, sondern stellt auch eine **mittelbare Geschlechterdiskriminierung** dar, da nach wie vor überwiegend Frauen in Teilzeit beschäftigt sind. Eine Schlechterstellung liegt z. B. vor, wenn Teilzeitbeschäftigte im Verhältnis zu Vollzeitbeschäftigten eine geringere Abfindung erhalten oder von Weiterbildungsmaßnahmen ausgeschlossen werden.

146a Es ist aber zulässig, bei der Berechnung der Abfindung auf das letzte Monatsgehalt – und damit auf das Teilzeitgehalt abzustellen (BAG 22.9.2009 – 1 AR 316/08), weil die die Abfindung keine Entschädigung für die Betriebszugehörigkeit darstellt, sondern eine auf die Zukunft bezogene Überbrückungsfunktion entfalten soll. Sozialpläne können (und sollten) aber für Fälle, in denen sich die individuelle Arbeitszeit in der näheren Vergangenheit wesentlich geändert hat, »Übergangsregelungen« treffen. So könnte z. B. auf eine die gesamte Betriebszugehörigkeit einbeziehende Durchschnittsberechnung abgestellt werden (BAG 22.9.2009 – 1 AR 316/08). Zulässig ist es auch, auf den durchschnittlichen Beschäftigungsquotienten der letzten fünf Jahre vor dem Ausscheiden abzustellen, um so die Sozialplanabfindung besser an das prognostizierte, zur Verfügung stehende Einkommen anzupassen. Dabei ist auch zu berücksichtigen, dass nach der Rspr. des EuGH eine elternzeitbedingte Arbeitszeitverkürzung nicht dazu führen darf, dass die dem gekündigten AN gezahlte Entlassungsentschädigung nur auf der Grundlage des elternzeitbedingt verringerten Gehaltes berechnet wird (EuGH 22.10.2009 – C-116/08). Diese Vorgabe hat der EuGH 2014 nochmals bestätigt (EuGH 27.2.2014 – C-588/12). Vor diesem Hintergrund ist es nicht ausgeschlossen, dass auch das BAG seine Rspr. aus dem Jahr 2009 (s. o.) revidieren wird. Das BAG hat zwischenzeitlich die Frage offengelassen (BAG 15.5.2018 – 1 AZR 20/17).

Es stellt aber eine mittelbare Diskriminierung wegen des Geschlechts **147**
dar, wenn die **Elternzeit** bei der Berechnung der Betriebszugehörigkeit als Parameter der Abfindung nicht berücksichtigt wird (BAG 12.11.2002 – 1 AZR 58/02, AiB Newsletter 2003, 37; BAG 21.10.2003 – 1 AZR 407/02, AiB Newsletter 2004, 13–14). Hierbei handelt es sich um eine mittelbare Frauendiskriminierung. Männer und Frauen können zwar gleichermaßen Elternzeit in Anspruch nehmen, in der Praxis machen von diesem Recht jedoch immer noch weit überwiegend Frauen Gebrauch. Sofern das Arbeitsverhältnis von AN in Elternzeit vollständig ruht, ist für die Berechnung der Abfindung dasjenige Bruttomonatsgrundgehalt maßgebend, welches ihnen nach den bestehenden vertraglichen Vereinbarungen für die Beschäftigung ohne Elternzeit zustehen würde. Dies gilt auch, wenn der AN während der Elternzeit bei seinem AG in Teilzeit tätig ist (BAG 15.5.2018 – 1 AZR 20/17)

Der Ausschluss derjenigen AN aus dem Anwendungsbereich eines **148**
Sozialplans, die sich zum Zeitpunkt des Abschlusses des Sozialplans in einem befristeten Arbeitsverhältnis befinden, verstößt grundsätzlich ebenfalls nicht gegen den betriebsverfassungsrechtlichen Gleichbehandlungsgrundsatz (LAG Hamburg 5.3.2024 – 6 Sa 17/23). Allerdings sind solche AN dann zu berücksichtigen, wenn sie als Folge der Betriebsänderung vor Ablauf der Befristung betriebsbedingt ausscheiden. Das Diskriminierungsverbot des § 4 Abs. 2 TzBfG verbietet es auch, befristet Beschäftigte von einer Treueprämie auszunehmen, die in einem

Sozialplan dafür ausgelobt wird, dass die AN bis zum Eintritt der Betriebsänderung in ihren Arbeitsverhältnissen verbleiben und diese nicht selbst vorzeitig kündigen (LAG Baden-Württemberg 7.12.2012 – 12 Sa 119/12).

g. Erhöhung der Abfindung bei vorzeitiger Beendigung des Arbeitsverhältnisses

149 Die Abfindung kann im Sozialplan für den Fall erhöht werden, dass der AN nach Ausspruch einer betriebsbedingten Kündigung durch den AG oder nach Abschluss eines Aufhebungsvertrages das Arbeitsverhältnis selbst vorzeitig (vor Ablauf der Kündigungsfrist des AG) beendet. In diesem Fall werden regelmäßig die durch die vorzeitige Beendigung freiwerdenden Bezüge ganz oder anteilig als zusätzliche Abfindung bezahlt. Solche Regelungen sind insbesondere für AN von Interesse, die einen neuen Arbeitsplatz gefunden haben. Sie sind auch für den AG von Bedeutung, weil der beabsichtigte Personalabbau so schneller bzw. reibungsloser bewältigt werden kann. Zu unterscheiden sind solche Regelungen von der sog. Klageverzichtsprämie (vgl. Rn. 150).

h. Verzicht auf Erhebung einer Kündigungsschutzklage und Klageverzichtprämien (»Turboprämien«)

150 Rechtsmissbräuchlich ist es, wenn die im Sozialplan vorgesehenen Abfindungen davon abhängig gemacht werden, dass der AN auf die Erhebung einer **Kündigungsschutzklage verzichtet** (BAG 31.5.2005 – 1 AZR 254/04, AiB Newsletter 2005, Nr. 9, 5; BAG 3.5.2006 – 4 AZR 189/05, AiB Newsletter 2007, Nr. 4, 2).

151 In der Praxis häufig sind aber **Klageverzichtprämien**, (auch als »Turboprämien« bezeichnet) mit denen der Verzicht auf die Erhebung einer Kündigungsschutzklage oder aber der Abschluss eines Auflösungsvertrages durch eine **zusätzliche Abfindungszahlung** besonders »prämiert« wird. Da der Sozialplan weder eine Bereinigungsfunktion hat noch die Planungssicherheit des AG fördern soll, hatte das BAG solche Regelungen zunächst nur dann für zulässig erachtet, wenn dadurch nicht das Verbot umgangen wurde, Sozialplanansprüche von einem Verzicht auf die Kündigungsschutzklage abhängig zu machen (BAG 31.5.2005 – 1 AZR 254/04; BAG 3.5.2006 – 4 AZR 189/05). Nach der neueren Rspr. des BAG liegt ein solcher Verstoß erst dann vor, wenn der Sozialplan selbst keine hinreichend angemessene Abmilderung der Nachteile vorsieht (BAG 7.12.2021 – 1 AZR 562/20). Die Betriebsparteien verfügen

dabei über einen Gestaltungsspielraum bei der Entscheidung, ob, in welchem Umfang und wie sie die von ihnen prognostizierten wirtschaftlichen Nachteile der von einer Betriebsänderung betroffenen AN ausgleichen oder abmildern wollen. Hierbei haben sie einen weiten Ermessensspielraum (vgl. BAG 7.12.2021 – 1 AZR 562/20). Damit verbietet sich die Annahme, es gäbe ein »an sich« für den Sozialplan zur Verfügung stehendes finanzielles Volumen, welches »funktionswidrig« eingesetzt werden könnte). AG und BR haben daher einen weiten Gestaltungsspielraum bzgl. der Aufteilung der jeweils für den Sozialplan und die Klageverzichtprämie zur Verfügung stehenden Mittel (BAG 7.12.2021 – 1 AZR 562/20). Die (frühere) Rechtsprechung hat ein Bruttomonatsgehalt (BAG 31.5.2005 – 1 AZR 254/04) oder eine Leistung nach der Formel »Bruttomonatsentgelt x 10 % x Beschäftigungsjahre« (BAG 9.12.2014 – 1 AZR 146/13) nicht beanstandet. Nach der neueren Rechtsprechung des BAG dürfte hier eine großzügigere Verteilung zugunsten der Klageverzichtprämie zulässig sein.

Es ist zulässig, Klageverzichtprämien von der Einhaltung einer Stich- **151a**
tagsregelung abhängig zu machen, also nur solchen AN die abfindungserhöhende Leistung zu gewähren, die den Klageverzicht bis zu dem Stichtag unwiderruflich erklärt haben bzw. bis zu diesem Zeitpunkt den Aufhebungsvertrag unterzeichnet haben.

Die Klageverzichtprämie ist anders als der Sozialplan selbst nicht durch **152**
Spruch der Einigungsstelle erzwingbar. Die Bereinigungs- bzw. Steuerungsfunktion der Prämie wird nicht von der gesetzlichen Ausgleichsfunktion des Sozialplans erfasst. Bei der Prämie handelt es sich also nicht um eine Abfindung nach § 112. Sie muss daher in einer gesonderten **(freiwilligen) BV** zusätzlich zum Sozialplan vereinbart werden. Da die Klageverzichtprämie nicht dem Ausgleich von Nachteilen der AN dient, sondern insbesondere der Planungssicherheit des AG, dürfen Höchstbetragsklauseln nicht auf die Klageverzichtprämie angewendet werden. Es ist daher unzulässig, wenn durch eine Höchstbetragsklausel die Summe aus Abfindung und Klageverzichtprämie gekappt wird (BAG 7.12.2021 – 1 AZR 562/20).

i. Höchstbetragsklauseln

§ 112 Abs. 5 sieht keine **Höchstgrenzen** bei der Bemessung der Abfin- **153**
dungen einzelner AN bei Verlust ihres Arbeitsplatzes vor. § 113 Abs. 1 oder 3 mit den Höchstgrenzen des § 10 KSchG findet auf Abfindungen wegen des Verlustes des Arbeitsplatzes nach einem Sozialplan keine Anwendung.

Höchstbetragsklauseln für Abfindungen in Sozialplänen sind allerdings grundsätzlich möglich; sie sind auch durch Spruch der Einigungsstelle zulässig (BAG 23.8.1988 – 1 AZR 284/87) und in der Praxis nicht selten. Solche Klauseln – auch **Kappungsgrenze** genannt – haben den Zweck, die Abfindung auf einen bestimmten Betrag zu begrenzen. Höchstbetragsklauseln verstoßen nicht gegen das AGG, sind also nicht altersdiskriminierend, wenn die Abfindung die durch den Verlust des Arbeitsplatzes entstehenden Nachteile spürbar abmildert und nur die Begünstigung begrenzt, die diese Arbeitnehmergruppe durch eine besondere Berücksichtigung der Betriebszugehörigkeit im Rahmen der Abfindungsberechnung erfahren hat (BAG 8.2.2022 – 1 AZR 252/21; s. auch EuGH 19.9.2018, BeckRS 2018, 22074, NZA 2018, 1268). Denkbar ist es auch, den über die Kappungsgrenze hinausschießenden Betrag zu begrenzen, z.B. in dem nur 50% dieses Betrages zur Auszahlung gebracht wird. Ebenso wenig stößt eine Sozialplanregelung auf rechtliche Bedenken, nach der der Betrag, der sich rechnerisch aus den Steigerungssätzen für Betriebszugehörigkeit, Lebensalter, Unterhaltsverpflichtungen und Schwerbehinderung ergibt – soweit er die Höchstgrenze übersteigt – an alle AN gleichmäßig zu verteilen ist, wenn wegen der besonders hohen Arbeitslosenquote in der Region auch jüngere AN Gefahr laufen, langfristig arbeitslos zu werden (BAG 23.8.1988 – 1 AZR 284/87).

154 Häufig wird für ältere AN, sog. **»rentennahe Jahrgänge«** (z.B. ab dem 62. Lebensjahr) vereinbart, dass die Abfindung auf den Betrag begrenzt ist, den der AN bis zum Erreichen des Eintrittsalters in die ungekürzte Altersgrenze noch verdient hätte. Auch solche Klauseln sind zulässig. Abfindungsleistungen sind zukunftsorientiert. Sie stellen keine »verkappte Betriebstreueprämie« dar, sondern sollen in erster Linie den in Zukunft entstehenden Nachteil ausgleichen (Rn. 127). Dazu können die Betriebsparteien die übermäßige Begünstigung, die ältere Beschäftigte mit langjähriger Betriebszugehörigkeit bei einer ausschließlich am Lebensalter und an der Betriebszugehörigkeit orientierten Abfindungsberechnung erfahren, durch eine Kürzung für rentennahe Jahrgänge zurückführen, um eine aus ihrer Sicht verteilungsgerechte Abmilderung der wirtschaftlichen Folgen der Betriebsänderung zu Gunsten der jüngeren AN zu ermöglichen.

155 Die Abfindungsberechnung für rentennahe Jahrgänge muss (auch bei einem Systemwechsel) sicherstellen, dass die durch den Wegfall des Arbeitsentgelts entstehenden **wirtschaftlichen Nachteile** – z.B. durch die Zahlung von Pauschalbeträgen – **zumindest substantiell ausgeglichen** werden (LAG Rheinland-Pfalz 26.11.2013 – 3 Sa 271/13).

Werden solche AN vor Bezug der Rente arbeitslos, so liegt ein solcher substantieller Ausgleich jedenfalls dann vor, wenn die Abfindung ausreichend bemessen ist, um die wirtschaftlichen Nachteile auszugleichen, die sie in der Zeit nach der Erfüllung ihres Arbeitslosengeldanspruchs bis zum frühestmöglichen Bezug einer Altersrente erleiden. Dies ist stets der Fall, wenn die Abfindungshöhe für diesen Zeitraum (zusammen mit dem Arbeitslosengeld) den Betrag der zuletzt bezogenen Arbeitsvergütung erreicht (BAG 26.3.2013 – 1 AZR 857/11).

Nicht besetzt. **156**

Unzulässig ist es, wenn die Betriebsparteien in einem Sozialplan grundsätzlich die Gewährung eines zusätzlichen Abfindungsbetrags zum Ausgleich der durch eine **Schwerbehinderung** bedingten wirtschaftlichen Nachteile infolge des Arbeitsplatzverlusts vorsehen, dessen Zahlung aber wegen einer im Sozialplan vorgesehenen Höchstbetragsregelung bei älteren schwerbehinderten AN unterbleibt (BAG 11.10.2022 – 1 AZR 129/21). **157**

j. Zumutbarer anderer Arbeitsplatz

Der Sozialplan kann Regelungen darüber treffen, unter welchen Voraussetzungen das **Angebot eines anderen Arbeitsplatzes** für den von einer Betriebsänderung betroffenen AN **zumutbar** ist (BAG 27.10.1987 – 1 ABR 9/86). Eine **gesetzliche Definition**, welche Voraussetzungen ein Arbeitsplatz erfüllen muss, damit er zumutbar ist, **existiert nicht**. Auch die Regelungen der Zumutbarkeitsanordnung der Bundesagentur für Arbeit treffen insoweit keine verbindlichen Vorgaben. Die Betriebsparteien handeln die Kriterien der Billigkeit frei aus bzw. die Einigungsstelle entscheidet darüber. In der Regel sind hierbei die folgenden Aspekte zu berücksichtigen: **158**

- **Funktionelle Zumutbarkeit** – also Vergleichbarkeit / betriebliche Einordnung der angebotenen Tätigkeit mit der bisherigen Tätigkeit
- **Materielle Zumutbarkeit** – also insbesondere die Bezüge auf dem angebotenen Arbeitsplatz
- **Räumliche Zumutbarkeit** – also die Entfernung zum neuen Arbeitsplatz bzw. Dauer der An- und Abfahrt
- **Soziale Zumutbarkeit** – also die Berücksichtigung der besonderen sozialen Situation des AN (alleinerziehend, pflegebedürftige Angehörige, schulpflichtige Kinder etc.)

Im Sozialplan kann bei der Bemessung von Abfindungen wegen Verlustes des Arbeitsplatzes danach unterschieden werden, ob dem AN ein **zumutbarer oder nur ein unzumutbarer Arbeitsplatz** im Betrieb **159** oder in einem anderen Betrieb desselben Unternehmens angeboten wird. Eine Regelung, wonach dem AN bei Ausschlagung eines zumutbaren, insbesondere gleichwertigen und gleichbezahlten Arbeitsplatzes, keine oder nur die Hälfte der Abfindung zusteht, die er bei Ablehnung eines unzumutbaren Arbeitsplatzes erhalten würde, ist vor dem Hintergrund von § 112 Abs. 5 Satz 2 Nr. 2 Satz 2 rechtlich unbedenklich (BAG 27.10.1987 – 1 ABR 9/86; BAG 25.10.1983 – 1 AZR 260/82).

160 Es ist vom Regelungsermessen der Betriebsparteien gedeckt, wenn sie abschließend festlegen, unter welchen persönlichen Voraussetzungen AN einen nach Art der Tätigkeit entsprechenden und in der Vergütung möglichst **gleichwertigen Arbeitsplatz ablehnen** können, ohne den Anspruch auf eine Abfindung zu verlieren (BAG 28.9.1988 – 1 ABR 23/87).

161 Bei der Bestimmung der **räumlichen Zumutbarkeit** sind die Vorgaben des § 140 SGB III für die Betriebsparteien nicht verbindlich. Danach gilt eine tägliche Pendelzeit erst ab insgesamt 2 ½ Stunden bei einer Vollzeittätigkeit als nicht zumutbar. In der Regel werden jedoch in Sozialplänen für die AN günstigere Regelungen getroffen. Bei der Bemessung der Fahrtzeit sind die Bemessungsparameter genau zu definieren, also z. B. der von der Wohnung des AN bis zur Adresse des AG in Zeit nach Google Maps unter Nutzung öffentlicher Verkehrsmittel bemessene geringste Aufwand. Fehlt eine genauere Bestimmung, so ist der Sozialplan auszulegen. Dabei ergibt die Auslegung einer Bestimmung, dass – nach dem für die Berechnung einer Fahrtkostenentschädigung relevanten Ansatz – mit der »kürzesten mit dem Pkw zurückzulegenden verkehrsüblichen Fahrtstrecke« nicht die verkehrsgünstigste (schnellste) Route gemeint ist, sondern die nach Kilometern kürzeste Route (BAG 15.5.2018 – 1 AZR 37/17).

k. Ausgleich von Nachteilen bei geringer vergütetem Arbeitsplatz

162 Typischerweise enthält der Sozialplan Regelungen für den Fall, dass ein AN einen geringer vergüteten Arbeitsplatz annimmt. Denkbar sind u. a. **folgende Leistungen**:

- Besitzstandzusagen, ggf. zeitlich befristet, mit und ohne Anrechnung von Tariferhöhungen
- Teilabfindungen, bei denen der Einkommensverlust als Berechnungsgrundlage der Abfindung dient

l. Ausgleich von Nachteilen bei Standortwechsel

Der Sozialplan enthält üblicherweise Regelungen für den Fall, dass ein AN an einen anderen Standort wechselt (**Mobilitätshilfen**). Denkbar sind u. a. folgende Leistungen: 163
- Fahrtkostenersatz
- Anrechnung der längeren Wegezeiten auf die Arbeitszeit
- Hilfe bei der Wohnungssuche (z. B. Kosten der Maklertätigkeit)
- Umzugskosten
- Rückkehroption
- »Schnupperphase« am neuen Arbeitsplatz und zeitlich befristetes Abkehrrecht bei Zahlung der Abfindung

m. Umschulungs- und Qualifizierungsmaßnahmen

Umschulungsmaßnahmen sind Maßnahmen, die der Vermittlung von neuen Kenntnissen und Fähigkeiten für eine andere berufliche Tätigkeit dienen. **Qualifizierungsmaßnahmen** sind demgegenüber solche Maßnahmen, die der Vermittlung von erweiterten beruflichen Kenntnissen und Fähigkeiten dienen. Es handelt sich eigentlich um Regelungen, die Bestandteil des **Interessenausgleichs** (Rn. 5) sein sollten. In der Praxis sie jedoch häufig im Sozialplan geregelt. 164

Gegenstand der Auseinandersetzung in den Sozialplanverhandlungen ist häufig die Frage, welche dieser **Umschulungs- oder Qualifizierungsmaßnahmen erforderlich** sind. Das betrifft den Inhalt und die Dauer der Maßnahme, insbesondere aber die hierdurch entstehenden Kosten. Als grobe Richtlinie gilt, dass jedenfalls Maßnahmen, die bis zum Ablauf der jeweiligen individuellen Kündigungsfrist des AN durchlaufen werden können, nicht unangemessen sind. 165

n. Wiedereinstellungsklauseln

»**Wiedereinstellungsklauseln**« sind Regelungen, nach denen AN, die von einer betriebsbedingten Kündigung betroffen sind, bei späteren Bewerbungen bei entsprechender Eignung bevorzugt zu berücksichtigten sind. Betriebsverfassungsrechtlich handelt es sich also um einen **Auswahlgrundsatz** (vgl. § 95 Rn. 2 ff.), bei dessen Nichteinhaltung der BR nach § 99 Abs. 2 Nr. 5 die Zustimmung verweigern kann, wenn die Stelle mit einem anderen (internen oder externen) Bewerber besetzt werden soll. In der Praxis ist die Rückkehr von betriebsbedingt ausgeschiedenen AN selten. 166

o. Betriebliche Altersversorgung

167 Der Verlust einer verfallbaren Anwartschaft auf Altersversorgung kann ein aus einer Betriebsänderung resultierender Nachteil sein (BAG 27.10.1987 – 1 ABR 9/86). Auch hierfür kann (und sollte) ein Ausgleich gewährt werden.

p. Betriebsübergang und Sozialplanleistungen nach Widerspruch gegen einen Betriebsübergang

168 Geht ein Betrieb auf einen anderen, weniger finanzkräftigen AG über, so bestehen häufig Bedenken, ob – für den Fall einer späteren Betriebsänderung – der Erwerber überhaupt einen Sozialplan – jedenfalls einen angemessen dotierten Sozialplan – finanzieren kann. Dieses Risiko kann bei Sozialplanverhandlungen – z. B.im Zusammenhang mit der Abspaltung eines Betriebsteils – zwar auf freiwilliger Basis, jedoch nicht durch Spruch der Einigungsstelle ausgeglichen werden. Eine **Verringerung der Haftungsmasse bei dem Betriebserwerber** gehört nach der Rechtsprechung des BAG nicht zu den berücksichtigungsfähigen Nachteilsfolgen; das gilt jedenfalls, solange kein Rechtsmissbrauch vorliegt. Das gilt auch für die befristete Befreiung des Erwerbers von der Sozialplanpflicht nach § 112a Abs. 2 (vgl. Rn. 107 ff.; vgl. BAG 10.12.1996 – 1 ABR 32/96, AiB 1998, 170–172), wenngleich in einem solchen Fall häufig vereinbart wird, dass der Erwerber auf dieses Haftungsprivileg verzichtet.

169 Es ist dennoch vielfach **gängige Praxis, die von einem Betriebsübergang betroffenen Beschäftigten über die Regelungen des § 613a BGB hinaus abzusichern.** Hierfür kommen besonders Regelungen zur Wahrung des gesamten Besitzstandes (am besten auf Jahreseinkommensbasis) für mehrjährige Zeiträume in Betracht. Der Besitzstand erfasst die gesamte Vergütung nebst erfolgsorientierter Vergütung, betrieblicher Altersversorgung, Dienstwagen, sonstige Nebenleistungen (z. B. Jobticket) etc. Häufig werden auch Kündigungsschutzklauseln vereinbart, so z. B. dass die Kündigung durch den Veräußerer für einen bestimmten Zeitraum ausgeschlossen ist. Dieser Kündigungsausschluss ist manchmal beschränkt auf den Ausschluss von Beendigungskündigungen; Änderungskündigungen sind dann zulässig. Umso wichtiger ist es dann, räumlich beschränkte Standortgarantien zu vereinbaren, beispielsweise dadurch, dass die Änderungskündigung nicht auf eine Beschäftigung außerhalb des bisherigen Standorts gerichtet sein darf. Teilweise werden auch (zeitlich begrenzte) Rückkehrrechte zum alten AG vereinbart.

Manchmal erhalten die übergehenden Beschäftigten auch Bleibe-Prämien (»Retention Fee«) oder Willkommensprämien, vor allem, wenn der künftige AG einen Einstieg in einen für ihn neuen oder aus anderen Gründen besonders interessanten Markt plant.

Sieht ein Sozialplan Abfindungen bei betriebsbedingten Kündigungen **170**
vor, so haben – wenn nichts anderes vereinbart ist – auch solche AN einen Anspruch, die deshalb entlassen werden, weil sie dem **Übergang ihres Arbeitsverhältnisses auf den Erwerber eines Betriebsteils widersprochen** haben (BAG 15.12.1998 – 1 AZR 332/98, AiB Telegramm 1999, 26; LAG Hamburg 4.9.2019 – 7 Sa 23/19). In der Praxis sind diese Fälle jedoch selten. Denn häufig enthalten Sozialpläne Regelungen, die den Abfindungsanspruch gerade für solche Situationen ausschließen, was zulässig ist (Rn. 171).

Ein Abfindungsanspruch besteht z. B. dann nicht, wenn der Sozialplan **171**
eine Regelung enthält, wonach AN, die das Angebot eines zumutbaren Arbeitsplatzes ablehnen, keine oder nur eine reduzierte Abfindung erhalten. Nach der Rechtsprechung des BAG gilt eine solche Herausnahme aus dem Kreis der Anspruchsberechtigten auch für diejenigen AN, die dem Übergang ihres Arbeitsverhältnisses im Wege eines Betriebsüberganges nach § 613a BGB widersprechen (BAG 5.2.1997 – 10 AZR 553/96, AiB 1998, 52–54; BAG 6.11.2007 – 1 AZR 960/06). Die **Weiterarbeit beim Betriebserwerber** nach einem Betriebsübergang im Sinne von § 613a BGB ist dem AN in der Regel **zumutbar** (BAG 5.2.1997 – 10 AZR 553/96, AiB 1998, 52–54; LAG Düsseldorf 14.12.2010 – 16 Sa 513/10).

Demgegenüber soll eine Regelung in einem Sozialplan, die einen **Aus- 172**
schluss betriebsbedingter Kündigungen vorsieht, davon aber diejenigen Beschäftigten ausnimmt, die der Überleitung ihres Arbeitsverhältnisses auf einen anderen AG widersprochen haben, gegen den betriebsverfassungsrechtlichen Gleichbehandlungsgrundsatz nach § 75 mit der Folge verstoßen, dass sich auch die dem Übergang ihres Arbeitsverhältnisses widersprechenden Mitarbeiter auf den besonderen Kündigungsschutz berufen können (LAG Berlin-Brandenburg 10.2.2015 – 7 Sa 1694/14). Während es im Falle des Ausschlusses von Abfindungsleistungen (Rn. 171) um die Bemessung der durch die Betriebsänderung eintretenden Nachteile geht, sich die Differenzierung also am Zweck des Sozialplans orientiert, diene diese Regelung dazu, den Kreis der von Kündigungen betroffenen AN möglichst auf diejenigen zu begrenzen, die dem Übergang ihres Arbeitsverhältnisses auf einen anderen AG widersprochen haben. Das sei gleichheitswidrig.

q. Härtefonds

173 Vielfach sind in Sozialplänen sog. »Härtefonds« geregelt, die mit einer bestimmten Summe befüllt werden. Damit sollen **besonders gravierende Nachteile** von AN abgemildert werden. In der Praxis besteht das Problem regelmäßig darin, wie solche besonderen Nachteile geregelt werden sollen, so dass meist keine weitere Konkretisierung erfolgt und auf Antrag eines AN eine Einzelfallregelung erfolgt. Häufig wird der Härtefonds nicht ausgeschöpft. Es sollte daher darauf geachtet werden, dass entweder eine Regelung getroffen wird, nach der die Ausschöpfung des Härtefonds erfolgt, oder der nicht ausgeschöpfte Teil gleichmäßig an alle betroffenen AN zur Auszahlung gebracht wird oder einer anderweitigen Verwendung zugunsten der AN zugeführt wird.

r. Entstehung und Fälligkeit der Leistungen aus dem Sozialplan

174 Die Betriebsparteien entscheiden über den Zeitpunkt der Entstehung und der **Fälligkeit** der Sozialplanleistungen nach freiem Ermessen. Fehlt es an einer Regelung, so ist dies bei der Abfindung in der Regel der Zeitpunkt des betriebsbedingten Ausscheidens bzw. der **Zeitpunkt der Beendigung des Arbeitsverhältnisses** (BAG 15.7.2004 – 2 AZR 630/03). Bei Fehlen einer anderslautenden Vereinbarung fallen daher Entstehung und Fälligkeit von Sozialplanleistungen üblicherweise zusammen. Ansprüche, die an die Versetzung eines AN anknüpfen, entstehen in der Regel mit tatsächlicher Aufnahme der Arbeit auf dem neuen Arbeitsplatz.

175 Die Fälligkeit der Sozialplanforderung (insbesondere der Abfindung) ist meist durch die Erhebung einer **Kündigungsschutzklage** aufschiebend bedingt, d.h. die Abfindung wird erst dann ausgezahlt, wenn die Kündigungsschutzklage rechtskräftig abgewiesen oder zurückgenommen wurde.

s. Verzicht und Verjährung

176 Ein **Verzicht** des AN auf Ansprüche aus einem Sozialplan – z.B. in einem Aufhebungsvertrag durch Zahlung einer niedrigeren Abfindung – ist nach § 77 Abs. 4 Satz 2 nur mit Zustimmung des BR wirksam. Dabei muss der BR unmissverständlich zum Ausdruck bringen, dass er mit dem Verzicht einverstanden ist. Die Zustimmung setzt einen ordnungsgemäßen Beschluss des BR voraus. Fehlt die erforderliche Zustimmung

des BR, ist ein vom AN gleichwohl erklärter Verzicht wegen Verstoßes gegen ein gesetzliches Verbot nach § 134 BGB unwirksam (LAG Hamm 2.2.2012 – 11 Sa 79/11).
Ansprüche aus dem Sozialplan unterliegen der gesetzlichen **Verjährung**. Nach den §§ 195, 199 BGB beträgt die Verjährungsfrist deshalb drei Jahre ab Kenntnis oder grob fahrlässiger Unkenntnis. **Ausschlussfristen** in einem Tarifvertrag, die entsprechende Fristen für alle »Ansprüche aus dem Arbeitsverhältnis« vorsehen, erfassen nach der Rechtsprechung des BAG auch Ansprüche aus einem Sozialplan (BAG 27.1.2004 – 1 AZR 148/03, AiB 2005, 565–567). Die Frist beginnt in der Regel mit der rechtlichen Beendigung des Arbeitsverhältnisses.

t. Vererblichkeit von Sozialplanleistungen

Ist der Abfindungsanspruch zum Zeitpunkt des Todes des anspruchs- 177
berechtigten AN **bereits** entstanden, so geht dieser Anspruch auf den **Erben** über. Keine Voraussetzung für den Übergang auf den Erben ist, dass der Abfindungsanspruch zu diesem Zeitpunkt schon fällig war (BAG 27.6.2006 – 1 AZR 322/05). Der Abfindungsanspruch entsteht – wenn die Betriebsparteien im Sozialplan oder die Arbeitsvertragsparteien z.B. im Aufhebungsvertrag nichts anderes vereinbart haben – erst mit der rechtlichen Beendigung des Arbeitsverhältnisses, also in der Regel mit Ablauf der Kündigungsfrist. Stirbt der AN vor diesem Zeitpunkt, dann wird das Arbeitsverhältnis nicht aus betriebsbedingten Gründen beendet, so dass kein Abfindungsanspruch auf die Erben übergehen kann (BAG 27.6.2006 – 1 AZR 322/05). Deshalb sollte in der Praxis in der Vereinbarung darauf geachtet werden, dass der Zeitpunkt der **Entstehung des Abfindungsanspruchs auf den Zeitpunkt des Ausspruchs der Kündigung** bzw. des Abschlusses des Aufhebungsvertrages **vorverlagert** wird.

u. Steuerliche Behandlung der Abfindung

Die Sozialplanleistungen, vor allem die Abfindung, werden in der Regel 178
»brutto« ausbezahlt. Damit trägt der AN die **Steuerlast**; die Übernahme der Steuer durch den AG ist im Zweifel nicht gewollt. Die Besteuerung von Abfindungen richtet sich nach der so genannten Fünftelungsregelung (§ 34 i.V.m. § 24 Nr. 1 EStG). Der Steuersatz wird so bestimmt, als wäre die Abfindung auf fünf Steuerjahre verteilt worden. Damit wird die Steuerprogression reduziert.

179 **Beispiel:**
Ein AN hat ein zu versteuerndes Jahreseinkommen von 30000 Euro. Das Arbeitsverhältnis endet per Auflösungsvertrag zum Jahresende. Nach dem Sozialplan wird eine Abfindung in Höhe von 10000 Euro bezahlt. Ohne Fünftelregelung ergäbe sich der Steuersatz des betroffenen AN für dieses Jahr auf der Grundlage eines Einkommens von 40000 Euro. Der Steuersatz betrüge in dem Jahr 22,35 %. Aufgrund der Fünftelregelung wird zur Berechnung des Steuersatzes lediglich ein Fünftel der Abfindung herangezogen, also 2000 Euro. Insgesamt beträgt die Basis für den Steuersatz somit nur 32000 Euro. Hieraus ergäbe sich ein Steuersatz von 19,37 % in diesem Jahr. Dieser Satz ist allerdings auf die vollen Einkünfte in Höhe von 40000 Euro anzuwenden. Im Beispiel reduziert sich die Steuerlast aufgrund der Fünftelregelung um 1192 Euro.

179a Bisher musste der AG die Fünftelregelung im Lohnsteuerabzugsverfahren direkt bei der Auszahlung einer Abfindung anwenden und so den Steuersatz für den AN senken. Ab Januar 2025 sind die AG nicht mehr für die Umsetzung der Fünftelregelung zuständig; die Leistungen unterliegen daher ab dem Jahr 2025 zunächst dem regulären Lohnsteuerabzug. Dem AN entsteht durch diese gesetzliche Neuregelung jedoch »nur« ein Liquiditätsnachteil, denn die aus der Fünftelregelung resultierende Steuerermäßigung kann der AN weiterhin im Rahmen der Veranlagung zur Einkommensteuer geltend machen. Die Durchführung der Fünftelregelung muss daher von den AN über ihre Steuererklärung beantragt werden.

v. Keine Anrechnung der Abfindung auf das Arbeitslosengeld, Sperrfrist

180 **Sozialversicherungspflichtig** sind Abfindungen grundsätzlich nicht. Dies gilt aber dann nicht, wenn in der Abfindung ein bereits erworbener Entgeltanspruch oder eine Urlaubsabgeltung enthalten sind. Dann wird die Abfindung »infiziert«.

181 Eine echte Anrechnung der Abfindung auf das **Arbeitslosengeld** findet ebenfalls nicht statt. Allerdings ruht der Anspruch auf Arbeitslosengeld, wenn bei der Festlegung des Beendigungszeitpunkts für das Arbeitsverhältnis die für den AN maßgebliche Kündigungsfrist nicht beachtet wurde (§ 158 SGB III). Dann wird die Zahlung des Arbeitslosengeldes für den Ruhenszeitraum »ausgesetzt«. Der Arbeitslosengeldanspruch ruht dann grundsätzlich bis zu dem Tag, an dem das Arbeitsverhältnis bei Einhaltung der Kündigungsfrist geendet hätte. Die Arbeitsverwaltung leistet für diesen Zeitraum auch keine Sozialversicherungsbeiträge.

Damit endet der Krankenversicherungsschutz nach § 19 Abs. 2 SGB V einen Monat nach Ausscheiden aus dem Arbeitsverhältnis.

Bei **Ausschluss der ordentlichen Kündigung** – z. B. in einem Tarifvertrag oder bei BR-Mitgliedern nach dem KSchG – findet § 158 Abs. 1 Satz 3 SGB III Anwendung. Danach ist bei zeitlich unbegrenztem Ausschluss eine Kündigungsfrist von 18 Monaten und bei zeitlich begrenztem Ausschluss die Kündigungsfrist, die ohne den Ausschluss maßgeblich wäre, zu beachten. Darüber hinaus ruht der Anspruch auf Arbeitslosengeld nach § 158 Abs. 2 Satz 1 SGB III längstens ein Jahr. Außerdem ruht er gemäß § 158 Abs. 2 Satz 2 Nr. 1 SGB III längstens bis zu dem Tag, an dem der AN bei Fortführung des Arbeitsverhältnisses einen Betrag von 60 % der Abfindung verdient hätte. Der zur Anrechnung kommende Betrag von 60 % der Abfindung vermindert sich nach § 158 Abs. 2 Satz 3 GB III für je fünf Lebensjahre nach Vollendung des 35. Lebensjahr und für je fünf Jahre Betriebszugehörigkeit um jeweils um 5 %, beträgt aber mindestens 25 % der Abfindung. 182

Beispiel: 183

Ein 55 Jahre alter AN mit einem Bruttomonatseinkommen von 5000 Euro wird nach 30-jähriger Betriebszugehörigkeit entlassen. Eine ordentliche Kündigung wäre nicht mehr zulässig gewesen. Der AN erhält eine Abfindung von 50 000 Euro.

Die ordentliche Kündigung ist zeitlich unbegrenzt ausgeschlossen. Daher gilt eine fiktive Kündigungsfrist von 18 Monaten. Der Anspruch ruht jedoch längstens für 12 Monate. 60 % der Abfindung werden höchstens berücksichtigt. 20 % der Abfindung sind für das höhere Lebensalter und 30 % für die längere Betriebszugehörigkeit abzuziehen. Das ergäbe einen anrechenbaren Teil von 10 % der Abfindung. Mindestens sind aber 25 % der Abfindung anzurechnen. Das sind 12 500 Euro. Diesen Betrag hätte der AN binnen eines Zeitraums von 2,5 Monaten verdient, wenn das Arbeitsverhältnis unverändert fortgeführt worden wäre. Für diesen Zeitraum ruht der Anspruch auf Arbeitslosengeld.

Schließt ein AN im Zusammenhang mit einer Betriebsänderung einen Auflösungsvertrag, so kann (und wird es häufig) es zu einer **Sperrzeit** beim Arbeitslosengeld kommen. Der Sozialplan kann auch regeln, wer – AG oder AN – das Risiko zu tragen hat, wenn die Agentur für Arbeit nach Abschluss eines Auflösungsvertrages eine Sperrfrist verhängt. Daher ist es nicht selten, dass der Sozialplan zusätzliche Ausgleichsleistungen vorsieht, wenn tatsächliche eine Sperrzeit verhängt wird. Denn 184 solche Leistungen vermindern das sozialversicherungsrechtliche Risiko des AN beim Abschluss eines Auflösungsvertrages.

10. Dotierung des Sozialplans

185 Die Kosten, die für das Unternehmen durch einen Sozialplan ausgelöst werden, sind naturgemäß Gegenstand der Auseinandersetzung zwischen den Betriebsparteien. Das BetrVG trifft nur für den Sozialplan, der durch Spruch der Einigungsstelle zustande kommt, eine Regelung. Hier gilt nach § 112 Abs. 5, dass der Sozialplan **für das Unternehmen wirtschaftlich vertretbar** sein muss und die nach Durchführung der Betriebsänderung verbleibenden Arbeitsplätze nicht gefährden darf. Allerdings ist dort nicht ausdrücklich definiert, unter welchen Voraussetzungen diese Bedingung erfüllt ist, insbesondere enthält das BetrVG keine Obergrenze für Leistungen des Sozialplans.

186 Der Ausgleichs- und Milderungsbedarf für die von der Betriebsänderung betroffenen AN bemisst sich ausschließlich nach den den AN voraussichtlich entstehenden Nachteilen und nicht nach der Wirtschaftskraft des Unternehmens. Der wirtschaftlichen Vertretbarkeit des Sozialplans für den AG kommt – wie § 112 Abs. 5 Satz 1 zeigt – lediglich eine Korrekturfunktion zu (BAG 7.5.2019 – 1 ABR 54/17, LAG Baden-Württemberg 2.11.2022 – 4 TaBV 7/21). Das BAG hält daher auch einschneidende finanzielle Belastungen des Unternehmens durch den Sozialplan bis an den Rand der Bestandsgefährdung – aber nicht über diese hinaus – im Grundsatz für möglich (BAG 6.5.2003 – 1 ABR 11/02, AiB 2005, 124–127). Die **zumutbare Belastung für das Unternehmen ist umso größer, je härter die Betriebsänderung die AN trifft**. Der Verlust des Arbeitsplatzes ist regelmäßig als der für den AN am schwersten wiegende Nachteil anzusehen. Eine relative Belastung bis zu der in § 112 Abs. 5 Satz 2 Nr. 3 benannten Grenze, also bis an die Grenze der Bestandsgefährdung, wird deshalb am ehesten bei einer Betriebsänderung vertretbar sein, die zur Entlassung eines großen Teils der Belegschaft führt, auch wenn es sich um ein wirtschaftlich wenig leistungsfähiges Unternehmen handelt. So hat das BAG Aufwendungen für einen Sozialplan jedenfalls in Höhe des Einspareffekts eines Jahres für vertretbar gehalten (BAG 27.10.1987 – 1 ABR 9/86). Eine absolute Höchstgrenze ist damit indessen nicht festgelegt. Die Einigungsstelle kann bei Betriebsänderungen, die auf langfristige Wirkungen angelegt sind, auch eine durch die Betriebsänderung zu erwartende Kostenersparnis von zwei Jahren in Kauf nehmen, ohne dass aus diesem Grunde ihr Ermessensspielraum überschritten wäre (BAG 6.5.2003 – 1 ABR 11/02, AiB 2005,

124–127). Ein sog. »Sozialplan 0«, der zu keinerlei wirtschaftlichem Ausgleich für die betroffenen AN führt, ist demgegenüber nicht zulässig (LAG Hamm 26.10.2021 – 7 TaBV 19/21).

Im Sinne eines allgemeinen Grundsatzes lässt sich formulieren, dass ein Sozialplan so zu dotieren ist, dass er über den Ausgleich der den AN durch die Betriebsänderung **entstehenden Nachteile** nicht hinausgeht, diese aber **mindestens substanziell mildert, die AN also von den Nachteilen spürbar entlastet**. Das wirtschaftliche Volumen eines Sozialplans ist nur insoweit zu begrenzen, als die gebotene Entlastung wirtschaftlich nicht vertretbar ist, weil der Ausgleich der Nachteile den Bestand des Unternehmens gefährden würde (LAG Berlin-Brandenburg 18.10.2018 – 21 TaBV 1372/17). Die Grenze der wirtschaftlichen Vertretbarkeit eines außerhalb eines Insolvenzverfahrens durch Spruch der Einigungsstelle aufgestellten Sozialplans ist regelmäßig überschritten, wenn die Erfüllung der sich aus ihm ergebenden Verbindlichkeiten zu einer Illiquidität des Unternehmens, seiner bilanziellen Überschuldung oder einer nicht mehr hinnehmbaren Schmälerung des Eigenkapitals führt (BAG 14.2.2023 – 1 ABR 28/21). 187

Es ist (jedenfalls bei einem Spruch der Einigungsstelle) unzulässig, die Dotierung des Sozialplans von der Entscheidung eines Dritten (z.B. des Hauptgesellschafters) abhängig zu machen; vielmehr muss die Einigungsstelle selbst nach eigenem Ermessen entscheiden, ob und ggf. in welcher Weise die den AN entstehenden Nachteile ausgeglichen oder gemildert werden (ArbG Berlin 7.7.2015 – 13 BV 1848/15). 188

Wesentliche **Kriterien** für die Belastbarkeit eines Unternehmens und die **Bemessung des Sozialplanvolumens** sind z.B. 189

- das in der Bilanz ausgewiesene Eigenkapital
- das Anlagevermögen wie Sachanlagen, Grundstücke, grundstücksgleiche Rechte und Bauten einschließlich Betriebsbauten
- die Möglichkeit für kurzfristige Liquiditätsbeschaffung, gegebenenfalls indem Teile des in Sachanlagen angelegten Vermögens kurzfristig veräußert werden
- etwaige Rückstellungen, die das Unternehmen gebildet hat
- die durch die Betriebsänderung eintretende Kostenersparnis (Einsparung von Gehaltsaufwendungen)
- Ansprüche des arbeitgebenden Unternehmens gegen Dritte auf Ausgleich der Sozialplanlasten

Ein weiteres Indiz für die Höhe des Sozialplanvolumens ist die vom Unternehmer vorgenommene Selbsteinschätzung der wirtschaftlichen Vertretbarkeit eines Sozialplans. Diese findet ihren Ausdruck in einer etwaigen **Rückstellung**. Bei der Festlegung des Volumens eines Sozial- 190 plans muss man auch in Ansatz bringen, dass die finanzielle Belastung durch den Sozialplan für das Unternehmen eine **Betriebsausgabe** darstellt und deshalb **steuerlich abzugsfähig** ist. Zu diesen Fragen ist der **Wirtschaftsausschuss** zu informieren.

191 Ist der AG finanziell nicht in der Lage, die Forderungen aus einem bestehenden Sozialplan zu erfüllen, stellt sich die Frage, ob auf das Vermögen einer gegebenenfalls vorhandenen beherrschenden Gesellschaft durchgegriffen werden kann. Ein solcher so genannter »**Haftungsdurchgriff**« ist möglich, wenn die beherrschende Gesellschaft das Vermögen des AG und ihr eigenes nicht auseinanderhält (so genannte **Sphärenvermischung**) oder wenn sie der Gesellschaft nur ein so geringes Kapital zugeführt hat, dass diese offensichtlich die ihr zugedachten Aufgaben nicht erfüllen kann (so genannte **Unterkapitalisierung**). Die Beweislast hierfür trägt der BR. Ausdrücklich gesetzlich vorgesehen ist der Haftungsdurchgriff auf die im Sinne des Konzernrechts herrschende Gesellschaft bei der so genannten Eingliederung nach § 322 AktG. Besteht ein Beherrschungs- und Gewinnabführungsvertrag, ist das herrschende Unternehmen nach § 302 AktG zwar nur zur Verlustübernahme verpflichtet; dennoch ist bei der Entscheidung über die Dotierung des Sozialplans zu berücksichtigen, ob die aufgetretenen Verluste des AG bislang konzernintern ausgeglichen wurden und deshalb zu erwarten gewesen ist, dass auch angemessene Abfindungen innerhalb des Konzerns finanziert werden würden (ArbG Berlin 7.7.2015 – 13 BV 1848/15).

192 Nach der Rechtsprechung des BGH (BGH 13.12.2004 – II ZR 256/02) ist ein Haftungsdurchgriff auf die beherrschende Gesellschaft auch möglich bei einem so genannten **existenzvernichtenden Eingriff** nach § 826 BGB. Um einen solchen handelt es sich dann, wenn der sozialplanpflichtigen Gesellschaft ohne angemessene Gegenleistung Vermögenswerte entzogen werden, die sie zur Erfüllung ihrer Verbindlichkeiten benötigt. Dabei kann es sich auch um Geschäftschancen oder Ressourcen handeln, wenn diese z. B. auf eine andere Gesellschaft verlagert werden. Denkbar ist ein solcher Durchgriff auch, wenn die – auch faktisch – beherrschte GmbH ohne nennenswerte eigene Entwicklungschancen lediglich als »verlängerte Werkbank« und als »Auffangbecken für Verluste« der herrschenden Gesellschaft dient und ihr so die wesentlichen finanziellen Mittel entzogen werden. Nach der Rechtsprechung des LAG Berlin-Brandenburg (18.10.2018 – 21 TaBV 1372/17) sollen Ansprüche wegen eines existenzvernichtenden Eingriffs nur im Falle der Insolvenz bestehen.

193 Vom Haftungsdurchgriff ist der **Berechnungsdurchgriff** zu unterscheiden. Dieser betrifft die Frage, ob für die Feststellung des Sozialplanvolu-

mens auch auf das Vermögen der beherrschenden Gesellschaft abgestellt werden kann. Liegen die Voraussetzungen eines Haftungsdurchgriffs vor, dann kann in der Regel auch von einem Berechnungsdurchgriff ausgegangen werden. Ein Berechnungsdurchgriff auf die Obergesellschaft ist nach der Rechtsprechung des BAG auch dann möglich, wenn ein Gewinnabführungsvertrag abgeschlossen wurde, der die Obergesellschaft zum Ausgleich entstandener Verluste verpflichtet (BAG 15.3.2011 – 1 ABR 97/09; LAG Niedersachsen 18.10.2011 – 11 TaBV 88/10).

Ein Bemessungsdurchgriff kann sich auch aus den in der Betriebsverfassung in § 2 Abs. 1 verankerten Grundsätzen von Treu und Glauben ergeben (LAG Berlin-Brandenburg 18.10.2018 – 21 TaBV 1372/17). Das ist der Fall bei einer funktionswidrigen Vermögens- oder Geschäftsfeldverschiebung. Eine solche liegt vor, wenn das arbeitgebende Unternehmen seine Entscheidungen nicht am Eigeninteresse, sondern an den Interessen Dritter ausrichtet und sich deshalb seine wirtschaftliche Lage so verschlechtert, dass ein angemessen dotierter Sozialplan wirtschaftlich nicht vertretbar ist. Das arbeitgebende Unternehmen muss sich dann so behandeln lassen, als hätte es die seinen Interessen zuwiderlaufenden Handlungen nicht vorgenommen. 194

Eine Spezialregelung des Berechnungsdurchgriffs findet sich in § 134 UmwG. Der Gesetzgeber hat für den Fall der **Spaltung in eine Betriebs- und eine Anlagegesellschaft** letztere verpflichtet, fünf Jahre lang für alle nach den §§ 111–113 geschaffenen Verbindlichkeiten auch in der Betriebsgesellschaft einzustehen (vgl. BAG 15.3.2011 – 1 ABR 97/09). Hintergrund ist, dass die AN in der Regel in der Betriebs- und nicht in der Anlagegesellschaft beschäftigt werden. 195

Im Falle eines **Gemeinschaftsbetriebs** ist für die Berechnung des Sozialplanvolumens wegen der gemeinschaftlichen Führung des Betriebs auf das Vermögen aller am Gemeinschaftsbetrieb beteiligten Unternehmen abzustellen. 196

11. Transfersozialplan

Der Transfersozialplan ist ein **arbeitsmarktpolitisches Instrument**, dessen Voraussetzungen in den §§ 110ff. SGB III (i.V.m. § 112 Abs. 5 Nr. 2a BetrVG) geregelt sind. Er dient dazu, dass die von Entlassung betroffenen AN durch entsprechende Maßnahmen einer Transfergesellschaft möglichst schnell in eine neue Beschäftigung übergeleitet werden. Der Transfersozialplan ist ein vollwertiger Sozialplan im Sinne von § 112, der aber regelmäßig **neben und zusätzlich zu dem eigentlichen** 197

»**Abfindungssozialplan**« abgeschlossen wird, weil er ausschließlich folgendes regelt:

- Die Beendigung des bisherigen Arbeitsverhältnisses und die Überleitung der AN in die Transfergesellschaft,
- die Vertragsbedingungen der überwechselnden AN in der Transfergesellschaft und
- die Leistungen der Transfergesellschaft für die AN.

198 Der AG muss sich von der Bundesagentur für Arbeit beraten lassen. Aus diesem Grund ist es unbedingt zu empfehlen, die **Bundesagentur für Arbeit** bereits in die Verhandlungen über den Interessenausgleich und (Transfer)Sozialplan einzubinden, um die Anspruchsvoraussetzungen für die Einrichtung einer Transfergesellschaft frühzeitig zu erfüllen.

199 In der Regel werden die von Entlassung bedrohten Mitarbeiter im Wege eines so genannten dreiseitigen Vertrages in eine Transfergesellschaft übergeleitet. Dieser **dreiseitige Vertrag** enthält die Aufhebung des Arbeitsverhältnisses mit dem bisherigen AG und die Begründung eines neuen Arbeitsverhältnisses mit der Transfergesellschaft.

200 Die **Arbeitsvertragsbedingungen der Mitarbeiter in der Transfergesellschaft** werden im Transfersozialplan zwischen BR und AG ausgehandelt. Hierzu gehören insbesondere die Höhe des Entgelts der AN und deren Verpflichtung zur Teilnahme an Qualifizierungs- und Vermittlungsmaßnahmen. Der Übergang der Mitarbeiter in die Transfergesellschaft ist kein Betriebsübergang nach § 613a BGB.

201 Die finanzielle Basis für die in die Transfergesellschaft eingetretenen Beschäftigten bildet das **Transferkurzarbeitergeld**. Dieses wird nur geleistet, wenn bei der Maßnahme – bezogen auf den jeweiligen Betrieb – eine Betriebsänderung vorliegt (SG München 28.9.2021 – S 57 AL 326/20). Die Höhe des Transferkurzarbeitergeldes entspricht der Höhe des Arbeitslosengeldes. Der Bezug des Transferkurzarbeitergeldes ist auf maximal zwölf Monate begrenzt und hat keinen Einfluss auf die Bezugsdauer des sich ggf. anschließenden Arbeitslosengeldes. D.h., die betroffenen Mitarbeiter haben nach Beendigung ihres Arbeitsverhältnisses mit der Transfergesellschaft Anspruch auf Arbeitslosengeld I für die volle Bezugsdauer. Das **Arbeitslosengeld** berechnet sich nach dem Verdienst vor Eintritt in die Transfergesellschaft. Im Gegenteil: Die Verweildauer in der Transfergesellschaft wird bei der Berechnung der Dauer von Arbeitslosengeldansprüchen sogar berücksichtigt. Das Transferkurzarbeitergeld wird im Rahmen des Aufbaus einer Transfergesellschaft bei der zuständigen Agentur für Arbeit von der Transfergesellschaft beantragt.

In der Regel wird das **Transferkurzarbeitergeld** durch den früheren AG des von Entlassung betroffenen AN »**aufgestockt**«, sodass die Mitarbeiter der Transfergesellschaft bis zu 100 % ihrer vormaligen Bezüge erhalten können. Regelmäßig werden jedoch zwischen 80–90 % der früheren Bezüge zur Auszahlung gebracht. Für die Aufstockung bedarf es einer entsprechenden Vereinbarung im Transfersozialplan. Die Finanzierung der Transfergesellschaft erfolgt – von dem Transferkurzarbeitergeld abgesehen, das von der Agentur für Arbeit geleistet wird – durch das Unternehmen, das die Betriebsänderung durchführt. Das sind die so genannten **Remanenzkosten**, also Lohnnebenkosten, Kosten der Qualifizierungsmaßnahmen, Verwaltungskosten etc. **202**

Die Transfergesellschaft hat die **Aufgabe, die von Arbeitslosigkeit bedrohten Beschäftigten in neue Arbeitsverhältnisse zu vermitteln**. Hierzu stehen der Transfergesellschaft unterschiedliche Instrumente zur Verfügung. Dabei helfen Weiterbildungsmaßnahmen den Mitarbeitern in der Transfergesellschaft, sich beruflich neu zu orientieren oder so zu qualifizieren, dass eine Vermittlung in neue Beschäftigungsverhältnisse möglich ist. Ferner arbeiten die Transfergesellschaften in enger Abstimmung mit der Agentur für Arbeit und nutzen auch deren etablierte Instrumente. **203**

Für die betroffenen **Mitarbeiter** hat der Transfersozialplan **Vorteile**, die nicht vernachlässigt werden dürfen: **204**

- Vermeidung von Arbeitslosigkeit während des Bezugs von Transferkurzarbeitergeld für bis zu zwölf Monate
- Ununterbrochene Weiterversicherung in der Rentenversicherung
- Professionelle Betreuung bei der beruflichen Neuorientierung
- Finanzierung von Weiterbildungsmaßnahmen
- Teilnahme an innerbetrieblichen Qualifizierungsmaßnahmen (Probearbeit)
- Bewerbungen aus einem bestehenden Beschäftigungsverhältnis heraus

Die **Vorteile für das Unternehmen** sind **205**

- Vermeidung von Kündigungsfristen
- Vermeidung von Kündigungsschutzklagen
- Bessere Kalkulierbarkeit der Kosten des Personalabbaus
- Reduzierung des Imageschadens durch Personalanpassung

Ein Transfersozialplan zum Übertritt in eine externe Transfergesellschaft muss die Regelungen zur Milderung der wirtschaftlichen Nachteile der betroffenen Beschäftigten hinreichend konkret regeln. Regelmäßig nicht genügend ist ein vorgesehenes Gesamtbudget der Weiterbildungsmittel für den Träger, das keine konkreten Vorgaben enthält, **206** wie diese Mittel (für Leistungen wie z. B. Qualifizierung, Vermittlung und Aufstockung) auf die übergehenden Beschäftigten zu verteilen sind. Ein entsprechender Beschluss der Einigungsstelle ist unwirksam (LAG Berlin-Brandenburg 1. 2. 2016 – 9 TaBV 1519/15).

12. Sozialplan in der Insolvenz

207 Mit der Eröffnung des Insolvenzverfahrens übernimmt der **Insolvenzverwalter** die Rechte und Pflichten, die sich aus der **Arbeitgeberstellung** der Gemeinschuldnerin (des AG) ergeben. Der Insolvenzverwalter hat deshalb bei allen seinen Rechtshandlungen, die die AN berühren, die Mitwirkungs- und Mitbestimmungsrechte des BR zu beachten. Die Vorschriften des Betriebsverfassungsgesetzes über Interessenausgleich, Sozialplan und Nachteilsausgleich bei Betriebsänderungen (§§ 111 bis 113) gelten auch in der Insolvenz eines Unternehmens, allerdings mit erheblichen Einschränkungen (BAG 13. 12. 1978 – GS 1/77, noch zum Konkursverfahren).

208 Nach § 124 Abs. 1 InsO kann ein **Sozialplan**, der vor der Eröffnung des Insolvenzverfahrens, jedoch nicht früher als drei Monate vor dem Eröffnungsantrag, aufgestellt worden ist, sowohl vom Insolvenzverwalter als auch vom BR **widerrufen** werden. Leistungen, die ein AN vor der Eröffnung des Verfahrens auf seine Forderung aus dem widerrufenen Sozialplan erhalten hat, können aber nicht wegen des Widerrufs zurückgefordert werden, wie sich aus § 124 Abs. 3 InsO ergibt.

209 In einem Sozialplan, der nach der Eröffnung des Insolvenzverfahrens aufgestellt wird, kann nach § 125 Abs. 1 InsO für den Ausgleich oder die Milderung der wirtschaftlichen Nachteile ein **Gesamtbetrag von bis zu zweieinhalb Monatsverdiensten** (nach § 10 Abs. 3 KSchG) **der von einer Entlassung betroffenen AN** vorgesehen werden. Die Verbindlichkeiten aus einem solchen Sozialplan sind **Masseverbindlichkeiten**. Jedoch darf – wenn kein Insolvenzplan zustande kommt – für die Berichtigung von Sozialplanforderungen nicht mehr als ein Drittel der Masse verwendet werden. Übersteigt der Gesamtbetrag aller Sozialplanforderungen diese Grenze, so sind die einzelnen Forderungen anteilig zu kürzen.

210 Weicht der Insolvenzverwalter nach der Verfahrenseröffnung von einem Interessenausgleich über die geplante Betriebsänderung ohne zwingenden Grund ab oder führt er eine nach § 111 geplante Betriebsänderung durch, ohne über diese einen Interessenausgleich mit dem BR versucht zu haben (BAG 7. 11. 2017 – 1 AZR 186/16), stellt das ein betriebsverfassungswidriges Verhalten des Insolvenzverwalters dar. Dieses

begründet einen als Masseverbindlichkeit i. S. d. § 55 Abs. 1 Nummer 1 Alt. 1 InsO zu berichtigenden Nachteilsausgleichsanspruch nach § 113. Für die Einordnung als Masseschuld ist der Zeitpunkt der Durchführung der Betriebsänderung entscheidend, nicht derjenige ihrer Planung, die die Pflicht zum Interessenausgleichsversuch auslöst.

13. Tarifsozialplan

Das BetrVG lässt es nach der Rechtsprechung des BAG (BAG 6. 12. 2006 – 4 AZR 798/05, AiB Newsletter 2007, Nr. 1, 4–5; BAG 24. 4. 2007 – 1 AZR 252/06, AiB 2007, 732–735) auch zu, einen **Sozialplan** auch **in der Rechtsform eines Tarifvertrages (Tarifsozialplan)** abzuschließen. Durch den als Tarifvertrag abgeschlossenen Sozialplan wird umgekehrt aber auch die Regelungsbefugnis der Betriebsparteien für den Sozialplan nicht ausgeschlossen. Es besteht ein Nebeneinander von tariflicher und betrieblicher Regelungsbefugnis (BAG 15. 4. 2015 – 4 AZR 796/13). 211

Ist der Arbeitgeberverband oder der AG selbst zum Abschluss eines entsprechenden Tarifvertrages nicht bereit, darf hierfür gestreikt werden. Die Gewerkschaften können mit dem **Streik** auch sehr weitgehende Forderungen verfolgen. Der Umfang einer Streikforderung, die auf ein tariflich regelbares Ziel gerichtet ist (z. B. die Höhe einer Abfindungsforderung), unterliegt wegen der durch Art. 9 Abs. 3 GG gewährleisteten Koalitionsbetätigungsfreiheit keiner gerichtlichen Kontrolle. Soll eine Arbeitskampfmaßnahme geführt werden, um einen Sozialtarifvertrag abzuschließen, in dem Abfindungen, Verdienstsicherung und eine Transfergesellschaft gefordert werden, handelt es sich bei den Inhalten des Sozialtarifvertrags um tariflich regelbare Ziele. Unverhältnismäßig und damit **rechtswidrig** ist die **Streikforderung** erst dann, wenn sie sich als unangemessene Beeinträchtigung gegenläufiger, ebenfalls verfassungsrechtlich geschützter Rechtspositionen (des AG) darstellt (BAG 22. 9. 2009 – 1 AZR 972/08), insbesondere, wenn sie auf die wirtschaftliche **Existenzvernichtung des AG** zielt (LAG Hessen 16. 7. 2018 – 16 SaGa 933/18). Für die Bestimmung der Streikforderung sind die Tarifforderungen maßgeblich, die dem AG in Form des konkreten, von den dazu legitimierten Gremien der Gewerkschaft getroffenen Streikbeschlusses übermittelt wurden, nicht sonstige Verlautbarungen nicht vertretungsberechtigter Mitglieder (BAG 24. 4. 2007 – 1 AZR 252/06). Ein **Sozialtarifvertrag ist auch dann** tariflich regelbar und **erstreikbar, wenn keine Betriebsänderung** gem. §§ 111, 112 vorliegt (LAG Hamm 2. 7. 2017 – 12 Ta 373/17). 212

213 Der Tarifvertrag gilt **nur für die Mitglieder der Gewerkschaft, die den Tarifvertrag schließt**. Deshalb ist jedenfalls in der Regel entweder der Eintritt in die Gewerkschaft erforderlich oder der Tarifsozialplan muss zusätzlich als BV abgeschlossen werden, damit ein Ausgleich der Nachteile aus der Betriebsänderung auch für AN geschaffen wird, die nicht Mitglied der Gewerkschaft sind.

214 Nach § 2 Abs. 1 Nummer 2 AGG gelten die Diskriminierungsverbote der §§ 1 und 7 AGG auch für kollektivrechtliche Vereinbarungen und damit auch für Sozialtarifverträge. Der durch die Tarifautonomie geschützte Gestaltungsspielraum der Tarifvertragsparteien findet seine Grenzen in entgegenstehendem, zwingendem Gesetzesrecht. Dazu gehören auch die einfachrechtlichen Diskriminierungsverbote des AGG gehören (BAG 18.2.2016 – 6 AZR 700/14).

Die Tarifvertragsparteien können in einem Tarifsozialplan jedoch zwischen verschiedenen Gruppen von Gewerkschaftsmitgliedern – solchen, die vor einem Stichtag Gewerkschaftsmitglied waren und solchen, die später eingetreten sind – differenzieren, wenn der Stichtag nicht willkürlich gewählt wird, sondern für ihn ein sachlicher Grund besteht (BAG 15.4.2015 – 4 AZR 796/13; BAG 13.4.2016 – 4 AZR 8/14). So kann z. B. das Datum des Abschlusses der Tarifverhandlungen über eine Teilbetriebsstillegung eine sachlich gerechtfertigte Stichtagsregelung darstellen.

215 Aus dem »Nebeneinander« von Tarifverträgen mit sozialplanähnlichem Inhalt und betriebsverfassungsrechtlichen Sozialplänen, für die jeweils unterschiedliche Akteure verantwortlich sind, folgt nicht zugleich, dass die den Sozialplan abschließenden Betriebsparteien verpflichtet sind, alle anlässlich einer Betriebsänderung zwischen den Tarifvertragsparteien getroffenen Vereinbarungen auch in einen Sozialplan zu übernehmen. Eine Differenzierung der Inhalte von Tarifsozialplan und Sozialplan verstößt nicht gegen den betriebsverfassungsrechtlichen Gleichbehandlungsgrundsatz (BAG 13.4.2016 – 4 AZR 8/14).

14. Gerichtliche Durchsetzung der Rechtsposition des BR

216 Können sich der AG und der BR nicht auf eine Einigungsstelle einigen, so bietet es sich für den BR in der Regel an, ein **Verfahren zur Einsetzung der Einigungsstelle nach § 98 ArbGG** einzuleiten.

217 Vertritt der BR (oder der AG) die Auffassung, der Sozialplan sei insgesamt oder in einzelnen Teilen rechtswidrig, so kann dies im Wege eines Beschlussverfahrens geklärt werden.

Das gilt auch, wenn AG und BR über die Auslegung (Inhalt) einer Bestimmung des Sozialplans streiten. Der BR hat insoweit einen eigenen **betriebsverfassungsrechtlichen Durchführungsanspruch**. Macht der BR geltend, eine von ihm abgeschlossene BV – also auch ein Sozialplan – sei vom AG in einer bestimmten Art und Weise anzuwenden, so besteht dieser Feststellungsanspruch auch dann, wenn sich die vom BR verlangte Art und Weise der Durchführung auf den Inhalt normativ begründeter Ansprüche von AN bezieht. Hierbei handelt es sich nicht um eine »unzulässige Prozessstandschaft« des BR. So kann der BR z. B. feststellen lassen, ob ein in einem Sozialplan vorgesehener Abfindungshöchstbetrag die Kinder- und Behindertenzuschläge umfasst oder ob unter Berücksichtigung dieser Zuschläge auch eine Überschreitung der Höchstgrenze möglich ist (BAG 25.2.2020 – 1 ABR 38/18, Abfindungshöchstbetrag von 300 000 €). Der betriebsverfassungsrechtliche Durchsetzungsanspruch des BR sichert nicht nur dessen betriebsverfassungsrechtliche Rechtsstellung als Partei der BV ab, sondern dient im weiteren Sinne auch dem Grundsatz der Prozessökonomie, in dem hierdurch eine Vielzahl von Individualverfahren, die jedenfalls im Kern auf dieselbe Streifrage zielen, vermieden werden können. 218

§ 113 Nachteilsausgleich

(1) Weicht der Unternehmer von einem Interessenausgleich über die geplante Betriebsänderung ohne zwingenden Grund ab, so können Arbeitnehmer, die infolge dieser Abweichung entlassen werden, beim Arbeitsgericht Klage erheben mit dem Antrag, den Arbeitgeber zur Zahlung von Abfindungen zu verurteilen; § 10 des Kündigungsschutzgesetzes gilt entsprechend.
(2) Erleiden Arbeitnehmer infolge einer Abweichung nach Absatz 1 andere wirtschaftliche Nachteile, so hat der Unternehmer diese Nachteile bis zu einem Zeitraum von zwölf Monaten auszugleichen.
(3) Die Absätze 1 und 2 gelten entsprechend, wenn der Unternehmer eine geplante Betriebsänderung nach § 111 durchführt, ohne über sie einen Interessenausgleich mit dem Betriebsrat versucht zu haben, und infolge der Maßnahme Arbeitnehmer entlassen werden oder andere wirtschaftliche Nachteile erleiden.

Inhaltsübersicht Rn.

I. Zweck der Regelung

1 § 113 räumt den AN **Nachteilsausgleichsansprüche** ein (vgl. DKW, § 113 BetrVG Rn. 1 ff.). Die Bestimmung verfolgt den Zweck, den Unternehmer zu sanktionieren, wenn er ohne zwingenden Grund von einem Interessenausgleich abweicht oder einen solchen erst gar nicht versucht. § 113 räumt den AN, die von der Betriebsänderung betroffen sind, dann einen finanziellen Ausgleichsanspruch ein (Nachteilsausgleich). Die Bestimmung setzt kein **Verschulden** des Unternehmers, aber immer die Planung / Durchführung einer Betriebsänderung voraus (BAG 4.12.1979 – 1 AZR 843/76, AiB 2007, 248). Die Bestimmung gilt für alle Formen der Betriebsänderung und damit auch dann, wenn ein Sozialplan nicht erzwungen werden kann, weil im Falle von § 112a dessen Schwellenwerte nicht erfüllt sind.

II. Voraussetzungen des Anspruchs auf Nachteilsausgleich

1. Abweichung vom Interessenausgleich

2 § 113 unterscheidet zwei Alternativen für das Entstehen des Anspruchs auf Nachteilsausgleich. Ein Anspruch entsteht nach § 113 Abs. 1 zunächst dann, wenn der Unternehmer **ohne zwingenden Grund von einem Interessenausgleich über die geplante Betriebsänderung abweicht** und infolgedessen AN entlassen werden oder andere wirtschaftliche Nachteile erleiden (§ 113 Abs. 2). Das kann z. B. dann der Fall sein, wenn:

- Kündigungen ausgesprochen werden, obwohl ein Personalabbau ausschließlich über freiwillige Maßnahmen erreicht werden sollte

- Eine Anlage stillgelegt wird, obwohl vereinbart war, dass noch zwei Jahre weiter produziert wird
- Eine Ausgliederung eines Betriebsteils durchgeführt wird, obwohl vereinbart war, dass die Maßnahme unterbleibt

Der Unternehmer wird den AN gegenüber nur dann nicht ausgleichspflichtig, wenn er für die Abweichung vom Interessenausgleich einen **zwingenden Grund** hat; ein (nur) wichtiger Grund genügt daher nicht. Zwingende Gründe sind nur solche, die nachträglich – also nach Unterzeichnung des Interessenausgleichs – entstanden und erkennbar geworden sind (BAG 17.9.1974 – 1 AZR 16/74). Hinzukommen muss, dass der Unternehmer im Interesse des Unternehmens und der AN zur Abwendung einer unmittelbar drohenden Gefahr oder zur Anpassung an eine unvorhersehbare Sachlage vom Interessenausgleich abweicht. An die Notwendigkeit der Abweichung ist ein hoher Maßstab anzulegen; dem Unternehmer darf praktisch keine andere Wahl bleiben. 3

Beispiele für zwingende Gründe sind: 4

- AG und BR schließen einen Interessenausgleich wegen einer beabsichtigten Betriebsschließung. Danach findet sich ein Interessent, der den Betrieb erwerben will.
- AG und BR schließen einen Interessenausgleich wegen der Abspaltung und Verlegung der Produktion eines Betriebsteils. Danach entscheidet sich die Geschäftsführung, die Produktion doch am bisherigen Standort fortzuführen.

2. Unterbliebene oder mangelhafte Verhandlungen über den Interessenausgleich

Der AN hat nach § 113 Abs. 3 gleichfalls Anspruch auf Nachteilsausgleich, wenn der Unternehmer eine geplante **Betriebsänderung durchführt, ohne über sie einen Interessenausgleich mit dem BR versucht** (zum Verfahren vgl. §§ 112, 112a Rn. 12 ff.) zu haben. Nach der Rechtsprechung des BAG beginnt der Unternehmer mit der Durchführung einer Betriebsänderung, wenn er unumkehrbare Maßnahmen ergreift und damit vollendete Tatsachen schafft (BAG 14.4.2015 – 1 AZR 794/13; BAG 13.9.2003 – 1 AZR 576/02). Dies ist jedenfalls dann der Fall, wenn er die bestehenden Arbeitsverhältnisse zum Zwecke der Betriebsstilllegung kündigt oder wenn die Produktion eingestellt wird, die Interessenausgleichsverhandlungen aber gerade erst einmal begonnen haben. 5

Nach der Rechtsprechung des BAG (20.2.2018 – 1 AZR 531/15) stellt die tatsächliche Einstellung der operativ-betrieblichen Tätigkeiten 6 noch nicht den Beginn der Durchführung der Betriebsstilllegung dar. Die faktische Beendigung betrieblicher Arbeiten oder des operativen Geschäfts sei nicht gleichzusetzen mit der betrieblichen Stilllegung als Maßnahme im Sinne von § 111. Erst dann, wenn **unumkehrbare Maßnahmen zur Durchführung der Stilllegung** ergriffen worden seien, werde die Schwelle zur Betriebsänderung überschritten. Dabei sollen aber selbst das Verbringen von Betriebsmitteln an andere Standorte bzw. deren Freigabe zur Verschrottung nicht zwingend unumkehrbare Maßnahmen hinsichtlich der interessenausgleichspflichtigen Betriebsänderung auslösen, jedenfalls dann nicht, wenn der jeweilige Betrieb weniger durch sächliche Betriebsmittel als durch das Know-how seiner Mitarbeiter geprägt ist. Entscheidend dürfte deshalb darauf abzustellen sein, was dem Betrieb sein wesentliches Gepräge gibt. In einem Produktionsbetrieb, in dem der Betrieb mehr durch die Produktionsmittel geprägt ist, ist von einer Auflösung der betrieblichen Organisation dann auszugehen, wenn die Produktionsmittel veräußert oder verlagert werden sollen. Demgegenüber kommt es in einem betriebsmittelarmen Dienstleistungsbetrieb, der eher durch das Know-how seiner Mitarbeiter geprägt ist, auf die Entscheidung zur Kündigung der Mitarbeiter – die »Zerschlagung der betriebsprägenden Belegschaft« – an.

7 Auch das Versenden von Unterrichtungsschreiben gemäß 613a Abs. 5 BGB soll nach der Rechtsprechung – jedenfalls des LAG Baden-Württemberg (17.1.2017 – 19 TaBV 4/16) – noch nicht den Beginn einer Betriebsänderung im Sinne einer Betriebsspaltung darstellen. Mit einer Unterrichtung der Mitarbeiter werden keine unumkehrbaren Maßnahmen ergriffen. Dies ergebe sich schon daraus, dass der AG ggf. gehalten ist, seine Unterrichtung zu vervollständigen oder zu verändern. Darüber hinaus könne eine Unterrichtung hinfällig werden, z.B. weil der vorgesehene Betriebsübergang nicht stattfindet. Diese Rechtsprechung ist jedenfalls deshalb fraglich, weil die Versendung in der Regel unmittelbar vor Beginn der Widerspruchsfrist nach § 613a BGB erfolgt und Änderungen der unternehmerischen Planung innerhalb dieser Monatsfrist absolut praxisfremd sind.

8 Das Mitbestimmungsrecht des BR nach § 111 zwingt den Unternehmer dazu, **einen Interessenausgleich nötigenfalls bis zur Einigungsstelle zu versuchen** (vgl. §§ 112, 112a Rn. 38cff.). Erst dann hat der Unternehmer einen ausreichenden, die Ausgleichspflicht aus § 113 Abs. 3 ausschließenden Versuch zur Herbeiführung eines Interessenausgleichs unternommen. Ruft der Unternehmer die Einigungsstelle nach gescheiterten internen Verhandlungen mit dem BR nicht an und führt er die Betriebsänderung dennoch durch, so liegt ein pflichtwidriges

Unterlassen i. S. v. § 113 Abs. 3 vor. Die Sanktion des § 113 Abs. 3 greift also dann ein, wenn an sich zwingende Gründe für die Durchführung der Betriebsänderung gegeben sind, der Unternehmer die Maßnahme aber ohne die gesetzlich vorgesehene Beteiligung des BR vollzieht (vgl. DKW, § 113 BetrVG Rn. 9 ff.). Das gilt zum Beispiel dann, wenn eine Hierarchieebene durch Ausspruch von Kündigungen abgebaut wird, obwohl die Beratung mit dem BR noch andauert.

3. Kausalität

In beiden Fällen (§ 113 Abs. 1 und § 113 Abs. 3) haben nur diejenigen AN Anspruch auf Nachteilsausgleich, die infolge der Abweichung vom Interessenausgleich oder infolge der unter Missachtung der Beteiligungsrechte durchgeführten Betriebsänderung entlassen werden oder andere wirtschaftliche Nachteile erleiden (**Kausalität**). 9

Die **nachträgliche** – also nach der Einleitung der Betriebsänderung erfolgte – **Vereinbarung eines Interessenausgleichs oder Sozialplans** beseitigt die einmal eingetretene Kausalität nicht (BAG 13. 6. 1989 – 1 AZR 819/87; BAG 14. 9. 1976 – 1 AZR 784/75). Das gilt auch für die nachträgliche Erklärung des BR, er wolle keine rechtlichen Schritte wegen des unterbliebenen Versuchs eines Interessenausgleichs unternehmen (BAG 14. 9. 1976 – 1 AZR 784/75). § 113 begründet Individualansprüche der AN, über die der BR nicht verfügen kann. 10

4. Entlassungen

Zu den **Entlassungen** i. S. d. Gesetzes zählen neben betriebsbedingten Kündigungen und Änderungskündigungen auch betrieblich veranlasste Aufhebungsverträge und Eigenkündigungen (vgl. § 111 Rn. 25). Zu den sonstigen **wirtschaftlichen Nachteilen** neben Entlassungen zählen z. B. Versetzungen sowie der Wegfall von Ausbildungsmöglichkeiten und Aufstiegsanwartschaften (vgl. DKW, § 113 BetrVG Rn. 16 ff.). 11

5. Tendenzbetriebe

Das BAG hat die Frage, ob § 113 Abs. 1 und 2 auch im Tendenzbetrieb anwendbar sind, ausdrücklich offengelassen (BAG 27. 10. 1998 – 1 AZR 766/97, AiB Telegramm 1999, 15; vgl. a. DKW, § 113 BetrVG Rn. 11). Das LAG Rheinland-Pfalz (7. 12. 2017 – 5 TaBVGa 3/17) hat die Frage jedenfalls für den Fall des § 113 Abs. 3 verneint: Steht dem BR im Tendenzbetrieb kein Verhandlungsanspruch in Bezug auf den Interessen- 12 ausgleich zu, fehlt es an einem Unterlassungsanspruch, Betriebsänderungen ohne den Versuch eines Interessenausgleichs vorzunehmen.

III. Höhe des Nachteilsausgleichs

1. Abfindung

13 Die **Höhe des Nachteilsausgleichsanspruchs** ist in das Ermessen des Gerichts gestellt. Das Gericht ist dabei nach § 113 Abs. 1 an die Höchstgrenzen des § 10 KSchG gebunden. Häufig orientieren sich die Gerichte im Falle eines Arbeitsplatzverlustes an der »Faustformel«: Ein halbes Gehalt für jedes Jahr der Betriebszugehörigkeit. Das ist fragwürdig, denn wegen des Sanktionscharakters von § 113 spielt die wirtschaftliche Lage des Unternehmers für die Bemessung des Nachteilsausgleichs keine Rolle.

2. Ausgleich sonstiger wirtschaftlicher Nachteile

14 Treten arbeitnehmerseitig andere wirtschaftliche Nachteile ein, so ist nach § 113 Abs. 2 ein echter **Schadensersatz** im Sinne eines vollen finanziellen Ausgleichs für die Dauer von zwölf Monaten zu gewähren. Bei der Festsetzung des Nachteilsausgleichs ist das Gericht nicht an § 112 Abs. 5 Satz 2 Nr. 2 gebunden (BAG 10.12.1996 – 1 AZR 290/96, AiB 1997, 669–670).

3. Gemeinschaftsbetrieb

15 Ob sich der Anspruch der AN auf Nachteilsausgleich gem. § 113 Abs. 3 gegen den Vertragsarbeitgeber allein, oder auch alle den Betrieb gemeinschaftlich führenden Unternehmen richtet, hat das BAG bislang offengelassen (BAG 12.11.2002 – 1 AZR 632/01). Nach Auffassung des LAG Düsseldorf (9.3.2017 – 5 Sa 781/16) ist diese Frage zu verneinen, da das BAG für die Sozialplanabfindung eine gesamtschuldnerische Haftung aller am Gemeinschaftsbetrieb beteiligten Unternehmen von Gesetzes wegen abgelehnt habe (BAG 12.11.2002 – 1 AZR 632/01). Für den Anspruch auf Nachteilsausgleich, der jedenfalls teilweise denselben Zweck erfülle wie die Sozialplanabfindung, könne nichts anderes gelten.

IV. Anrechnung von Sozialplanleistungen

16 Nach der Rechtsprechung des BAG sind die **Abfindungsleistungen**, die der AN aufgrund **des Sozialplans** erhalten hat, **auf die Nachteilsausgleichsforderung** vollständig **anzurechnen** (BAG 12.2.2019 – 1 AZR 279/17). Die Zahlung eines Nachteilsausgleichs erfülle – so das BAG – auch die Sozialplanforderung, da der Zweck beider betriebsverfassungsrechtlicher Leistungen weitgehend deckungsgleich sei. Dem stehe auch die Massenentlassungsrichtlinie (Richtlinie 98/59/EG) nicht entgegen. Eine Verletzung der Konsultationspflicht des AG mit dem BR vor einer Massenentlassung habe die Unwirksamkeit der Kündigung zur Folge, löse aber keinen Abfindungsanspruch aus. Eine Sanktionierung im Sinne einer Entschädigungszahlung sei europarechtlich nicht geboten. Der Unternehmer geht daher jedenfalls im Hinblick auf die Höhe der Abfindungsleistungen keinerlei Risiko ein, wenn er den BR nicht ordnungsgemäß beteiligt (vgl. DKW, §§ 112, 112a BetrVG Rn. 221 ff.). Ihr ist deshalb nicht zuzustimmen. Das gilt umso mehr, als nicht alle LAG dem BR bei nicht ordnungsgemäßer Beteiligung einen Unterlassungsanspruch bzgl. der Durchführung der Betriebsänderung einräumen (vgl. §§ 112, 112a Rn. 84 ff.). Jedenfalls insoweit sollte die Rechtsprechung »nachbessern«.

Fünfter Teil
Besondere Vorschriften für einzelne Betriebsarten

Erster Abschnitt
Seeschifffahrt

§ 114 Grundsätze

(1) Auf Seeschifffahrtsunternehmen und ihre Betriebe ist dieses Gesetz anzuwenden, soweit sich aus den Vorschriften dieses Abschnitts nichts anderes ergibt.

(2) [1]Seeschifffahrtsunternehmen im Sinne dieses Gesetzes ist ein Unternehmen, das Handelsschifffahrt betreibt und seinen Sitz im Geltungsbereich dieses Gesetzes hat. [2]Ein Seeschifffahrtsunternehmen im Sinne dieses Abschnitts betreibt auch, wer als Korrespondenzreeder, Vertragsreeder, Ausrüster oder aufgrund eines ähnlichen Rechtsverhältnisses Schiffe zum Erwerb durch die Seeschifffahrt verwendet, wenn er Arbeitgeber des Kapitäns und der Besatzungsmitglieder ist oder überwiegend die Befugnisse des Arbeitgebers ausübt.

(3) Als Seebetrieb im Sinne dieses Gesetzes gilt die Gesamtheit der Schiffe eines Seeschifffahrtsunternehmens einschließlich der in Absatz 2 Satz 2 genannten Schiffe.

(4) [1]Schiffe im Sinne dieses Gesetzes sind Kauffahrteischiffe, die nach dem Flaggenrechtsgesetz die Bundesflagge führen. [2]Schiffe, die in der Regel binnen 24 Stunden nach dem Auslaufen an den Sitz eines Landbetriebs zurückkehren, gelten als Teil dieses Landbetriebs des Seeschifffahrtsunternehmens.

(5) Jugend- und Auszubildendenvertretungen werden nur für die Landbetriebe von Seeschifffahrtsunternehmen gebildet.

(6) [1]Besatzungsmitglieder im Sinne dieses Gesetzes sind die in einem Heuer- oder Berufsausbildungsverhältnis zu einem Seeschifffahrtsunternehmen stehenden im Seebetrieb beschäftigten Personen mit Ausnahme des Kapitäns. [2]Leitende Angestellte im Sinne des § 5 Abs. 3 dieses Gesetzes sind nur die Kapitäne.

§ 115 Bordvertretung

(1) [1]Auf Schiffen, die mit in der Regel mindestens fünf wahlberechtigten Besatzungsmitgliedern besetzt sind, von denen drei wählbar sind, wird eine Bordvertretung gewählt. [2]Auf die Bordvertretung finden, soweit sich aus diesem Gesetz oder aus anderen gesetzlichen Vorschriften nicht etwas anderes ergibt, die Vorschriften über die Rechte und Pflichten des Betriebsrats und die Rechtsstellung seiner Mitglieder Anwendung.

(2) Die Vorschriften über die Wahl und Zusammensetzung des Betriebsrats finden mit folgender Maßgabe Anwendung:

1. Wahlberechtigt sind alle Besatzungsmitglieder des Schiffes.
2. Wählbar sind die Besatzungsmitglieder des Schiffes, die am Wahltag das 18. Lebensjahr vollendet haben und ein Jahr Besatzungsmitglied eines Schiffes waren, das nach dem Flaggenrechtsgesetz die Bundesflagge führt. § 8 Abs. 1 Satz 3 bleibt unberührt.
3. Die Bordvertretung besteht auf Schiffen mit in der Regel
   5 bis 20 wahlberechtigten Besatzungsmitgliedern aus einer Person,
   21 bis 75 wahlberechtigten Besatzungsmitgliedern aus drei Mitgliedern,
   über 75 wahlberechtigten Besatzungsmitgliedern aus fünf Mitgliedern.
4. (weggefallen)
5. § 13 Abs. 1 und 3 findet keine Anwendung. Die Bordvertretung ist vor Ablauf ihrer Amtszeit unter den in § 13 Abs. 2 Nr. 2 bis 5 genannten Voraussetzungen neu zu wählen.
6. Die wahlberechtigten Besatzungsmitglieder können mit der Mehrheit aller Stimmen beschließen, die Wahl der Bordvertretung binnen 24 Stunden durchzuführen.
7. Die in § 16 Abs. 1 Satz 1 genannte Frist wird auf zwei Wochen, die in § 16 Abs. 2 Satz 1 genannte Frist wird auf eine Woche verkürzt.
8. Bestellt die im Amt befindliche Bordvertretung nicht rechtzeitig einen Wahlvorstand oder besteht keine Bordvertretung, wird der Wahlvorstand in einer Bordversammlung von der Mehrheit der anwesenden Besatzungsmitglieder gewählt; § 17 Abs. 3 gilt entsprechend. Kann aus Gründen der Aufrechterhaltung des ordnungsgemäßen Schiffsbetriebs eine Bordversammlung nicht stattfinden, so kann der Kapitän auf Antrag von drei Wahlberechtigten den Wahlvorstand bestellen. Bestellt der Kapitän

den Wahlvorstand nicht, so ist der Seebetriebsrat berechtigt, den Wahlvorstand zu bestellen. Die Vorschriften über die Bestellung des Wahlvorstands durch das Arbeitsgericht bleiben unberührt.

9. Die Frist für die Wahlanfechtung beginnt für Besatzungsmitglieder an Bord, wenn das Schiff nach Bekanntgabe des Wahlergebnisses erstmalig einen Hafen im Geltungsbereich dieses Gesetzes oder einen Hafen, in dem ein Seemannsamt seinen Sitz hat, anläuft. Die Wahlanfechtung kann auch zu Protokoll des Seemannsamtes erklärt werden. Wird die Wahl zur Bordvertretung angefochten, zieht das Seemannsamt die an Bord befindlichen Wahlunterlagen ein. Die Anfechtungserklärung und die eingezogenen Wahlunterlagen sind vom Seemannsamt unverzüglich an das für die Anfechtung zuständige Arbeitsgericht weiterzuleiten.

(3) Auf die Amtszeit der Bordvertretung finden die §§ 21, 22 bis 25 mit der Maßgabe Anwendung, dass

1. die Amtszeit ein Jahr beträgt,
2. die Mitgliedschaft in der Bordvertretung auch endet, wenn das Besatzungsmitglied den Dienst an Bord beendet, es sei denn, dass es den Dienst an Bord vor Ablauf der Amtszeit nach Nummer 1 wieder antritt.

(4) [1]Für die Geschäftsführung der Bordvertretung gelten die §§ 26 bis 36, § 37 Abs. 1 bis 3 sowie die §§ 39 bis 41 entsprechend. [2]§ 40 Abs. 2 ist mit der Maßgabe anzuwenden, dass die Bordvertretung in dem für ihre Tätigkeit erforderlichen Umfang auch die für die Verbindung des Schiffes zur Reederei eingerichteten Mittel zur beschleunigten Übermittlung von Nachrichten in Anspruch nehmen kann.

(5) [1]Die §§ 42 bis 46 über die Betriebsversammlung finden für die Versammlung der Besatzungsmitglieder eines Schiffes (Bordversammlung) entsprechende Anwendung. [2]Auf Verlangen der Bordvertretung hat der Kapitän der Bordversammlung einen Bericht über die Schiffsreise und die damit zusammenhängenden Angelegenheiten zu erstatten. [3]Er hat Fragen, die den Schiffsbetrieb, die Schiffsreise und die Schiffssicherheit betreffen, zu beantworten.

(6) Die §§ 47 bis 59 über den Gesamtbetriebsrat und den Konzernbetriebsrat finden für die Bordvertretung keine Anwendung.

(7) Die §§ 74 bis 105 über die Mitwirkung und Mitbestimmung der Arbeitnehmer finden auf die Bordvertretung mit folgender Maßgabe Anwendung:

1. Die Bordvertretung ist zuständig für die Behandlung derjenigen nach diesem Gesetz der Mitwirkung und Mitbestimmung des Be-

triebsrats unterliegenden Angelegenheiten, die den Bordbetrieb oder die Besatzungsmitglieder des Schiffes betreffen und deren Regelung dem Kapitän auf Grund gesetzlicher Vorschriften oder der ihm von der Reederei übertragenen Befugnisse obliegt.

2. Kommt es zwischen Kapitän und Bordvertretung in einer der Mitwirkung oder Mitbestimmung der Bordvertretung unterliegenden Angelegenheit nicht zu einer Einigung, so kann die Angelegenheit von der Bordvertretung an den Seebetriebsrat abgegeben werden. Der Seebetriebsrat hat die Bordvertretung über die weitere Behandlung der Angelegenheit zu unterrichten. Bordvertretung und Kapitän dürfen die Einigungsstelle oder das Arbeitsgericht nur anrufen, wenn ein Seebetriebsrat nicht gewählt ist.

3. Bordvertretung und Kapitän können im Rahmen ihrer Zuständigkeiten Bordvereinbarungen abschließen. Die Vorschriften über Betriebsvereinbarungen gelten für Bordvereinbarungen entsprechend. Bordvereinbarungen sind unzulässig, soweit eine Angelegenheit durch eine Betriebsvereinbarung zwischen Seebetriebsrat und Arbeitgeber geregelt ist.

4. In Angelegenheiten, die der Mitbestimmung der Bordvertretung unterliegen, kann der Kapitän, auch wenn eine Einigung mit der Bordvertretung noch nicht erzielt ist, vorläufige Regelungen treffen, wenn dies zur Aufrechterhaltung des ordnungsgemäßen Schiffsbetriebs dringend erforderlich ist. Den von der Anordnung betroffenen Besatzungsmitgliedern ist die Vorläufigkeit der Regelung bekannt zu geben. Soweit die vorläufige Regelung der endgültigen Regelung nicht entspricht, hat das Schifffahrtsunternehmen Nachteile auszugleichen, die den Besatzungsmitgliedern durch die vorläufige Regelung entstanden sind.

5 Die Bordvertretung hat das Recht auf regelmäßige und umfassende Unterrichtung über den Schiffsbetrieb. Die erforderlichen Unterlagen sind der Bordvertretung vorzulegen. Zum Schiffsbetrieb gehören insbesondere die Schiffssicherheit, die Reiserouten, die voraussichtlichen Ankunfts- und Abfahrtszeiten sowie die zu befördernde Ladung.

5. Auf Verlangen der Bordvertretung hat der Kapitän ihr Einsicht in die an Bord befindlichen Schiffstagebücher zu gewähren. In den Fällen, in denen der Kapitän eine Eintragung über Angelegenheiten macht, die der Mitwirkung oder Mitbestimmung der Bordvertretung unterliegen, kann diese eine Abschrift der Eintragung verlangen und Erklärungen zum Schiffstagebuch abgeben. In den Fällen, in denen über eine der Mitwirkung oder Mitbestimmung

der Bordvertretung unterliegenden Angelegenheit eine Einigung zwischen Kapitän und Bordvertretung nicht erzielt wird, kann die Bordvertretung dies zum Schiffstagebuch erklären und eine Abschrift dieser Eintragung verlangen.

6. Die Zuständigkeit der Bordvertretung im Rahmen des Arbeitsschutzes bezieht sich auch auf die Schiffssicherheit und die Zusammenarbeit mit den insoweit zuständigen Behörden und sonstigen in Betracht kommenden Stellen.

§ 116 Seebetriebsrat

(1) [1]In Seebetrieben werden Seebetriebsräte gewählt. [2]Auf die Seebetriebsräte finden, soweit sich aus diesem Gesetz oder aus anderen gesetzlichen Vorschriften nicht etwas anderes ergibt, die Vorschriften über die Rechte und Pflichten des Betriebsrats und die Rechtsstellung seiner Mitglieder Anwendung.

(2) Die Vorschriften über die Wahl, Zusammensetzung und Amtszeit des Betriebsrats finden mit folgender Maßgabe Anwendung:

1. Wahlberechtigt zum Seebetriebsrat sind alle zum Seeschifffahrtsunternehmen gehörenden Besatzungsmitglieder.
2. Für die Wählbarkeit zum Seebetriebsrat gilt § 8 mit der Maßgabe, dass
   a) in Seeschifffahrtsunternehmen, zu denen mehr als acht Schiffe gehören oder in denen in der Regel mehr als 250 Besatzungsmitglieder beschäftigt sind, nur nach § 115 Abs. 2 Nr. 2 wählbare Besatzungsmitglieder wählbar sind;
   b) in den Fällen, in denen die Voraussetzungen des Buchstabens a nicht vorliegen, nur Arbeitnehmer wählbar sind, die nach § 8 die Wählbarkeit im Landbetrieb des Seeschifffahrtsunternehmens besitzen, es sei denn, dass der Arbeitgeber mit der Wahl von Besatzungsmitgliedern einverstanden ist.
3. Der Seebetriebsrat besteht in Seebetrieben mit in der Regel
   5 bis 400 wahlberechtigten Besatzungsmitgliedern
   aus einer Person,
   401 bis 800 wahlberechtigten Besatzungsmitgliedern
   aus drei Mitgliedern,
   über 800 wahlberechtigten Besatzungsmitgliedern
   aus fünf Mitgliedern.
4. Ein Wahlvorschlag ist gültig, wenn er im Fall des § 14 Abs. 4 Satz 1 erster Halbsatz und Satz 2 mindestens von drei wahlberechtigten Besatzungsmitgliedern unterschrieben ist.

5. § 14a findet keine Anwendung.
6. Die in § 16 Abs. 1 Satz 1 genannte Frist wird auf drei Monate, die in § 16 Abs. 2 Satz 1 genannte Frist auf zwei Monate verlängert.
7. Zu Mitgliedern des Wahlvorstands können auch im Landbetrieb des Seeschifffahrtsunternehmens beschäftigte Arbeitnehmer bestellt werden. § 17 Abs. 2 bis 4 findet keine Anwendung. Besteht kein Seebetriebsrat, so bestellt der Gesamtbetriebsrat oder, falls ein solcher nicht besteht, der Konzernbetriebsrat den Wahlvorstand. Besteht weder ein Gesamtbetriebsrat noch ein Konzernbetriebsrat, wird der Wahlvorstand gemeinsam vom Arbeitgeber und den im Seebetrieb vertretenen Gewerkschaften bestellt; Gleiches gilt, wenn der Gesamtbetriebsrat oder der Konzernbetriebsrat die Bestellung des Wahlvorstands nach Satz 3 unterlässt. Einigen sich Arbeitgeber und Gewerkschaften nicht, so bestellt ihn das Arbeitsgericht auf Antrag des Arbeitgebers, einer im Seebetrieb vertretenen Gewerkschaft oder von mindestens drei wahlberechtigten Besatzungsmitgliedern. § 16 Abs. 2 Satz 2 und 3 gilt entsprechend.
8. Die Frist für die Wahlanfechtung nach § 19 Abs. 2 beginnt für Besatzungsmitglieder an Bord, wenn das Schiff nach Bekanntgabe des Wahlergebnisses erstmalig einen Hafen im Geltungsbereich dieses Gesetzes oder einen Hafen, in dem ein Seemannsamt seinen Sitz hat, anläuft. Nach Ablauf von drei Monaten seit Bekanntgabe des Wahlergebnisses ist eine Wahlanfechtung unzulässig. Die Wahlanfechtung kann auch zu Protokoll des Seemannsamtes erklärt werden. Die Anfechtungserklärung ist vom Seemannsamt unverzüglich an das für die Anfechtung zuständige Arbeitsgericht weiterzuleiten.
9. Die Mitgliedschaft im Seebetriebsrat endet, wenn der Seebetriebsrat aus Besatzungsmitgliedern besteht, auch, wenn das Mitglied des Seebetriebsrats nicht mehr Besatzungsmitglied ist. Die Eigenschaft als Besatzungsmitglied wird durch die Tätigkeit im Seebetriebsrat oder durch eine Beschäftigung gemäß Absatz 3 Nr. 2 nicht berührt.

(3) Die §§ 26 bis 41 über die Geschäftsführung des Betriebsrats finden auf den Seebetriebsrat mit folgender Maßgabe Anwendung:

1. In Angelegenheiten, in denen der Seebetriebsrat nach diesem Gesetz innerhalb einer bestimmten Frist Stellung zu nehmen hat, kann er, abweichend von § 33 Abs. 2, ohne Rücksicht auf die Zahl der zur Sitzung erschienenen Mitglieder einen Beschluss fassen, wenn die Mitglieder ordnungsgemäß geladen worden sind.

2. Soweit die Mitglieder des Seebetriebsrats nicht freizustellen sind, sind sie so zu beschäftigen, dass sie durch ihre Tätigkeit nicht gehindert sind, die Aufgaben des Seebetriebsrats wahrzunehmen. Der Arbeitsplatz soll den Fähigkeiten und Kenntnissen des Mitglieds des Seebetriebsrats und seiner bisherigen beruflichen Stellung entsprechen. Der Arbeitsplatz ist im Einvernehmen mit dem Seebetriebsrat zu bestimmen. Kommt eine Einigung über die Bestimmung des Arbeitsplatzes nicht zustande, so entscheidet die Einigungsstelle. Der Spruch der Einigungsstelle ersetzt die Einigung zwischen Arbeitgeber und Seebetriebsrat.
3. Den Mitgliedern des Seebetriebsrats, die Besatzungsmitglieder sind, ist die Heuer auch dann fortzuzahlen, wenn sie im Landbetrieb beschäftigt werden. Sachbezüge sind angemessen abzugelten. Ist der neue Arbeitsplatz höherwertig, so ist das diesem Arbeitsplatz entsprechende Arbeitsentgelt zu zahlen.
4. Unter Berücksichtigung der örtlichen Verhältnisse ist über die Unterkunft der in den Seebetriebsrat gewählten Besatzungsmitglieder eine Regelung zwischen dem Seebetriebsrat und dem Arbeitgeber zu treffen, wenn der Arbeitsplatz sich nicht am Wohnort befindet. Kommt eine Einigung nicht zustande, so entscheidet die Einigungsstelle. Der Spruch der Einigungsstelle ersetzt die Einigung zwischen Arbeitgeber und Seebetriebsrat.
5. Der Seebetriebsrat hat das Recht, jedes zum Seebetrieb gehörende Schiff zu betreten, dort im Rahmen seiner Aufgaben tätig zu werden sowie an den Sitzungen der Bordvertretung teilzunehmen. § 115 Abs. 7 Nr. 5 Satz 1 gilt entsprechend.
6. Liegt ein Schiff in einem Hafen innerhalb des Geltungsbereichs dieses Gesetzes, so kann der Seebetriebsrat nach Unterrichtung des Kapitäns Sprechstunden an Bord abhalten und Bordversammlungen der Besatzungsmitglieder durchführen.
7. Läuft ein Schiff innerhalb eines Kalenderjahres keinen Hafen im Geltungsbereich dieses Gesetzes an, so gelten die Nummern 5 und 6 für europäische Häfen. Die Schleusen des Nordostseekanals gelten nicht als Häfen.
8. Im Einvernehmen mit dem Arbeitgeber können Sprechstunden und Bordversammlungen, abweichend von den Nummern 6 und 7, auch in anderen Liegehäfen des Schiffes durchgeführt werden, wenn ein dringendes Bedürfnis hierfür besteht. Kommt eine Einigung nicht zustande, so entscheidet die Einigungsstelle. Der Spruch der Einigungsstelle ersetzt die Einigung zwischen Arbeitgeber und Seebetriebsrat.

(4) Die §§ 42 bis 46 über die Betriebsversammlung finden auf den Seebetrieb keine Anwendung.
(5) Für den Seebetrieb nimmt der Seebetriebsrat die in den §§ 47 bis 59 dem Betriebsrat übertragenen Aufgaben, Befugnisse und Pflichten wahr.
(6) Die §§ 74 bis 113 über die Mitwirkung und Mitbestimmung der Arbeitnehmer finden auf den Seebetriebsrat mit folgender Maßgabe Anwendung:

1. Der Seebetriebsrat ist zuständig für die Behandlung derjenigen nach diesem Gesetz der Mitwirkung oder Mitbestimmung des Betriebsrats unterliegenden Angelegenheiten,
   a) die alle oder mehrere Schiffe des Seebetriebs oder die Besatzungsmitglieder aller oder mehrerer Schiffe des Seebetriebs betreffen,
   b) die nach § 115 Abs. 7 Nr. 2 von der Bordvertretung abgegeben worden sind oder
   c) für die nicht die Zuständigkeit der Bordvertretung nach § 115 Abs. 7 Nr. 1 gegeben ist.
2. Der Seebetriebsrat ist regelmäßig und umfassend über den Schiffsbetrieb des Seeschifffahrtsunternehmens zu unterrichten. Die erforderlichen Unterlagen sind ihm vorzulegen.

Zweiter Abschnitt
Luftfahrt

§ 117 Geltung für die Luftfahrt

(1) [1]Auf Landbetriebe von Luftfahrtunternehmen ist dieses Gesetz anzuwenden. [2]Auf im Flugbetrieb beschäftigte Arbeitnehmer von Luftfahrtunternehmen ist dieses Gesetz anzuwenden, wenn keine Vertretung durch Tarifvertrag nach Absatz 2 Satz 1 errichtet ist.
(2) [1]Für im Flugbetrieb beschäftigte Arbeitnehmer von Luftfahrtunternehmen kann durch Tarifvertrag eine Vertretung errichtet werden. [2]Über die Zusammenarbeit dieser Vertretung mit den nach diesem Gesetz zu errichtenden Vertretungen der Arbeitnehmer der Landbetriebe des Luftfahrtunternehmens kann der Tarifvertrag von diesem Gesetz abweichende Regelungen vorsehen. [3]Auf einen Tarifvertrag nach den Sätzen 1 und 2 ist § 4 Absatz 5 des Tarifvertragsgesetzes anzuwenden.

Dritter Abschnitt
Tendenzbetriebe und Religionsgemeinschaften

§ 118 Geltung für Tendenzbetriebe und Religionsgemeinschaften

(1) [1]Auf Unternehmen und Betriebe, die unmittelbar und überwiegend

1. politischen, koalitionspolitischen, konfessionellen, karitativen, erzieherischen, wissenschaftlichen oder künstlerischen Bestimmungen oder

2. Zwecken der Berichterstattung oder Meinungsäußerung, auf die Artikel 5 Abs. 1 Satz 2 des Grundgesetzes Anwendung findet,

dienen, finden die Vorschriften dieses Gesetzes keine Anwendung, soweit die Eigenart des Unternehmens oder des Betriebs dem entgegensteht. [2]Die §§ 106 bis 110 sind nicht, die §§ 111 bis 113 nur insoweit anzuwenden, als sie den Ausgleich oder die Milderung wirtschaftlicher Nachteile für die Arbeitnehmer infolge von Betriebsänderungen regeln.

(2) Dieses Gesetz findet keine Anwendung auf Religionsgemeinschaften und ihre karitativen und erzieherischen Einrichtungen unbeschadet deren Rechtsform.

Inhaltsübersicht Rn.

I. Zweck der Regelung

Für Unternehmen und Betriebe mit einer bestimmten geistig-ideellen Zielsetzung gelten die Beteiligungsrechte des BR nur eingeschränkt. Religionsgemeinschaften und ihre karitativen und erzieherischen Einrichtungen werden komplett vom Geltungsbereich des Betriebsverfassungsgesetzes ausgenommen (siehe hierzu ausführlich: Christiane Jansen, Tendenzielle Mitbestimmung, AiB 2017, Nr. 2, 27–32). 1

II. Tendenzunternehmen und -betriebe (Abs. 1)

1. Unternehmen und Betriebe, Tendenzeigenschaft

Das Gesetz spricht von **Tendenzunternehmen** und von Tendenzbetrieben, weil im Ergebnis nur Unternehmen einen bestimmten geistig-ideellen Zweck verfolgen können. 2

Voraussetzung für eine Tendenzeigenschaft ist, dass die Unternehmen **unmittelbar und überwiegend** geistig-ideelle Zwecke im Sinne von § 118 Abs. 1 Nr. 1 oder aber Zwecke der Berichterstattung und Meinungsäußerung im Sinne von § 118 Abs. 1 Nr. 2 verfolgen. Der **Tendenzzweck** muss im Unternehmen selbst verwirklicht werden. Die AN müssen selbst erzieherisch, wissenschaftlich, künstlerisch usw. tätig werden (BAG 22.5.2012 – 1 ABR 7/11). Bei **Mischunternehmen** kommt es auf die überwiegende Zielsetzung auf der Ebene des Betriebs an. Entscheidend sind hierbei quantitative Gesichtspunkte. Überwiegt die Tendenz beim Einsatz sachlicher und personeller Mittel, liegt ein Tendenzunternehmen vor. 3

Bei einem **Konzern** kommt es ausschließlich auf das einzelne Unternehmen bzw. auf den einzelnen Betrieb an. Die Tendenzeigenschaft ist jeweils gesondert zu prüfen. Bei einem **Gemeinschaftsbetrieb** mehrerer Unternehmen, von denen nur eines ein Tendenzunternehmen ist, ist ausschlaggebend, ob in dem Gemeinschaftsbetrieb überwiegend Tendenzzwecke verfolgt werden (BAG 19.11.2019 – 7 ABR 3/18). Gesellschaftsrechtliche Verflechtungen mit anderen Unternehmen bleiben außer Betracht. Die Tendenzträgereigenschaft des herrschenden Unternehmens führt daher nicht automatisch zum Tendenzschutz für das abhängige Unternehmen (LAG Niedersachsen 04.3.2025 – 10 TaBV 56/24). 4

2. Unmittelbar und überwiegend

5 **Unmittelbar** bedeutet, dass der Betriebszweck selbst auf die Tendenz ausgerichtet sein muss. Nicht ausreichend ist es deshalb, dass wirtschaftliche Erträge auch der Finanzierung des Tendenzbetriebs dienen oder die Grundlagen einer Tendenztätigkeit wirtschaftlich absichern. Erforderlich ist ein **direkter Bezug** zwischen Tendenz- und Betriebszweck (BAG 22.5.2012 – 1 ABR 7/11). Dieser Bezug ist dann vorhanden, wenn die Hilfe des Unternehmens gegenüber körperlich, geistig oder seelisch leidenden Menschen direkt erbracht wird, nicht jedoch bei einer reinen Kapitalbeschaffung für ein Tochterunternehmen (LAG Niedersachsen 04.3.2025 – 10 TaBV 56/24).

Überwiegend meint, dass die tendenzbezogenen Tätigkeiten quantitativ überwiegen, also mehr als 50 % der betrieblichen oder unternehmerischen Tätigkeiten ausmachen.

3. Geistig-ideelle Bestimmungen (Abs. 1 Nr. 1)

6 Zu den geistig-ideellen Bestimmungen gehören Tätigkeiten mit folgenden **Zweckbestimmungen**:

- Politische Zwecke
- Koalitionspolitische Zwecke
- Konfessionelle Zwecke
- Karitative Zwecke
- Erzieherische Zwecke
- Wissenschaftliche Bestimmungen
- Künstlerische Bestimmungen

Bei den **politischen Zwecken** geht es in erster Linie um Betriebe und Stiftungen der politischen Parteien. Umfasst sind aber auch Wirtschaftsverbände.

7 Bei der **koalitionspolitischen Bestimmung** geht es um Gewerkschaften, Arbeitgeberverbände sowie Bildungs- und Schulungseinrichtungen, soweit sie zur Förderung und Stärkung der Tendenztätigkeit dienen.

8 Bei der **konfessionellen Bestimmung** geht es beispielsweise um anthroposophische Vereinigungen, Missionsvereine und sonstige Religionsgemeinschaften, die gegenüber der Kirche ein gewisses Maß von Selbstständigkeit aufweisen.

9 Nach ständiger Rechtsprechung des BAG dient ein Unternehmen **karitativen Zwecken**, wenn es die folgenden Voraussetzungen erfüllt:

- Das Unternehmen muss den sozialen Dienst an körperlich oder seelisch leidenden Menschen zum Ziel haben.

- Die Tätigkeit des Unternehmens muss auf Heilung oder Milderung innerer oder äußerer Nöte des Einzelnen oder auf deren vorbeugende Abwehr gerichtet sein.
- Die Tätigkeit muss ohne Gewinnerzielungsabsicht erfolgen.
- Der Unternehmer darf nicht ohnehin von Gesetzes wegen zu derartigen Hilfeleistungen verpflichtet sein (BAG 15.3.2006 – 7 ABR 24/05).

Das Merkmal der karitativen Tätigkeit im Sinne des § 118 Abs. 1 Satz 1 Nr. 1 ist eng auszulegen. Es ist erforderlich, dass bei einer karitativen Tätigkeit der Dienst an leidenden Menschen direkt erbracht wird (BVerfG 30.4.2015 – 1 BvR 2274/12 [Nichtannahmebeschluss]). Dies wurde verneint bei einem Blutspendedienst der Rotkreuz- und Rothalbmondbewegung.

Auf den Grad der Hilfebedürftigkeit kommt es nicht an. **Fehlende** 10
Gewinnerzielungsabsicht bedeutet nicht, dass die Hilfestellung für die hilfebedürftigen Menschen unentgeltlich geschehen muss. Kostendeckende wirtschaftliche Tätigkeit ist unschädlich. Auch Gewinn darf erzielt werden, sofern dieser Gewinn für satzungsgemäße Zwecke verwendet wird und letztlich lediglich den Charakter einer Rücklage hat (BAG 22.11.1995 – 7 ABR 12/95, AiB 2003, 35). Das Anstreben wirtschaftlicher Arbeitsergebnisse und das etwaige Ziel des AG, **Erlöse** aus seiner Betätigung steigern zu können, führen nicht zur Bejahung einer Gewinnerzielungsabsicht. Die Tendenzeigenschaft ist anhand des Unternehmens zu bestimmen; gesellschaftsrechtliche Verflechtungen mit anderen Unternehmen bleiben außer Betracht (BAG 22.7.2014 – 1 ABR 93/12).

Werkstätten für behinderte Menschen sind grundsätzlich karitative Ein- 11
richtungen und damit Tendenzunternehmen im Sinne von § 118 Abs. 1 Satz 1 Nr. 1 (LAG Rheinland-Pfalz 14.8.2013 – 8 TaBV 40/12). Dies gilt auch dann, wenn in einer **Werkstatt für behinderte Menschen** Leistungstermine bei der Auftragsbearbeitung vereinbart werden und einzuhalten sind sowie Qualitätskontrollen durchgeführt werden. Eine Mitarbeit von AN bei der Auftragsausführung schließt den Tendenzzweck nicht aus (BAG 22.7.2014 – 1 ABR 93/12). Nicht zu verwechseln mit der karitativen Tätigkeit ist die **soziale Arbeit** (etwa mit Geflüchteten oder Obdachlosen). Bei der sozialen Arbeit steht das Hinwirken auf die Beseitigung von sozialer Benachteiligung, von Not und menschenunwürdigen Situationen, sowie die Verbesserung der individuellen, familiären und sozialen Lebensbedingungen im Vordergrund. Soziale Arbeit führt nicht zu einem Tendenzschutz (LAG Niedersachsen 10.6.2024 – 4 TaBV 71/23).

12 Das Unternehmen muss den karitativen Bestimmungen **unmittelbar** dienen. Der Tendenzzweck muss in dem Unternehmen oder Betrieb selbst verwirklich werden. Das Unternehmen muss die Hilfe gegenüber körperlich, geistig oder seelisch leidenden Menschen direkt erbringen (BAG 22.5.2012 – 1 ABR 7/11). Die **Anerkennung der Gemeinnützigkeit** eines Unternehmens führt nicht zwangsläufig dazu, dass dieses auch unmittelbar karitativen Bestimmungen i. S. v. § 118 Abs. 1 S. 1 Nr. 1 dient (LAG Niedersachsen 04.3.2025 – 10 TaBV 56/24).

13 Maßgebend für die karitativen Bestimmungen sind die **Statuten** des Unternehmens. Ist an diesem Unternehmen ein Unternehmensträger beteiligt, der aufgrund gesetzlicher Normen verpflichtet ist, Hilfeleistungen karitativer Art zu erbringen oder zumindest die Kosten für solche Hilfeleistungen zu tragen, ist dies für die karitative Bestimmung des Unternehmens insgesamt unschädlich (LAG Mecklenburg-Vorpommern 23.4.2013 – 5 TaBV 8/12). Unter Tendenzunternehmen fallen vor allem Berufsförderungswerke für behinderte Menschen, Drogenberatungsstellen, Altenheime, aber auch Krankenhäuser, sofern die oben genannten Voraussetzungen erfüllt werden.

14 Zu den **erzieherischen Einrichtungen** gehören Privatschulen, Berufsbildungswerke und ähnliche Einrichtungen, die allgemein oder berufsbildende Fächer zum Gegenstand ihrer Unterweisung machen. Zur **Wissenschaft** rechnet alles, was nach Inhalt und Form als ernsthafter und planmäßiger Versuch zur Ermittlung der Wahrheit anzusehen ist (Art. 5 Abs. 3 GG). Hier geht es um Forschungseinrichtungen, Meinungs- und Wirtschaftsforschungsinstitute sowie industrielle Forschungsbetriebe. Auch Museen und Bibliotheken fallen hierunter.

15 Bei der **künstlerischen Zweckbestimmung** geht es um das Grundrecht der Kunstfreiheit. Erfasst werden in erster Linie Orchester, Theater, Filmateliers, Kunstausstellungen und Zirkusbetriebe.

4. Berichterstattung oder Meinungsäußerung (Abs. 1 Nr. 2)

16 Tendenzschutz genießen **Presseunternehmen und Verlage**, deren betrieblicher Zweck die Berichterstattung oder Meinungsäußerung ist. Die Berichterstattung umfasst die Weitergabe von Tatsachen, während sich die Meinungsäußerung auf die Abgabe von Wertungen und Stellungnahmen bezieht. Erfasst werden vor allem Zeitungs- und Zeitschriftenverlage, Rundfunk- und Fernsehsender sowie Presse- und Nachrichtenagenturen. Unternehmen, die andere Unternehmen unter Nutzung journalistischer Mittel bei der **Unternehmensdarstellung** in der Öffentlichkeit unterstützen, sind keine Tendenzunternehmen (LAG Berlin-

Brandenburg 20.12.2021 – 21 TaBV 504/21). Diese Unternehmen sind mit einem Presseunternehmen nicht gleichzusetzen.

5. Einschränkung der Beteiligungsrechte

Eine Einschränkung der Beteiligungsrechte des BR kommt nur unter folgenden **Voraussetzungen** in Betracht: 17

- Von der Maßnahme muss ein Tendenzträger betroffen sein.
- Es muss sich um eine tendenzbezogene Maßnahme handeln.
- Diese tendenzbezogene Maßnahme muss in einem Tendenzunternehmen / -betrieb vollzogen werden.
- Die Voraussetzungen müssen kumulativ – also alle gemeinsam – vorliegen.

a. Tendenzträger

Liegt eine Tendenzeigenschaft eines Betriebs vor, führt dies nicht auto- 18 matisch zu einer Eliminierung oder Einschränkung von Beteiligungsrechten. Erforderlich ist neben der Tendenzeigenschaft zugleich, dass es sich um eine tendenzbezogene Maßnahme handelt, von der ein Tendenzträger betroffen ist. Beschäftigte sind nach der Rechtsprechung des BAG **Tendenzträger**, wenn die Bestimmungen und Zwecke des jeweiligen in § 118 Abs. 1 Satz 1 genannten Unternehmens oder Betriebs für ihre Tätigkeit **inhaltlich prägend** sind (BAG 14.5.2013 – 1 ABR 10/12). Die jeweiligen Beschäftigten müssen die Möglichkeit haben, in einer bestimmenden Art und Weise auf die Tendenzverwirklichung **Einfluss** zu nehmen (BAG 12.1.2002 – 1 ABR 60/01, AiB 2005, 188–189). Eine reine Mitwirkung bei der Tendenzverfolgung ist nicht ausreichend.

Verfügen die AN nur über einen kleinen und geringen **Entscheidungs-** 19 **spielraum**, können sie also nicht im Wesentlichen frei über die Aufgabenerledigung entscheiden, liegt in der Regel ein Tendenzträger nicht vor. So sind AN in der **Kita- oder Schulassistenz** keine Tendenzträger, wenn sie zwar Entscheidungen über Hilfemaßnahmen für die betreuten Kinder treffen, diese aber nicht selbständig, sondern nur in Abstimmung mit den Lehrern umsetzen können (ArbG Bonn 5.1.2023 – 3 BV 96/22). Sind die Mitarbeiter einem umfassenden **Weisungsrecht oder Sachzwängen** ausgesetzt, liegt keine Eigenschaft als Tendenzträger vor (so das LAG Mecklenburg-Vorpommern 12.2.2020 – 3 TaBV 7/19 für Erzieherinnen einer KiTa). Auf eine alleinige Entscheidungsbefugnis beziehungsweise eine isolierte Vorgesetzteneigenschaft kommt es nicht an.

20 Nur bei AG, bei denen die unternehmerische Betätigung einem **besonderen Grundrechtsschutz** unterliegt, können auch schon nicht völlig unbedeutende Aufgaben geeignet sein, einen bestimmenden Einfluss auf die grundrechtlich geschützte Tendenzverwirklichung des AN zu nehmen. In diesem Fall kann also bereits bei dieser geringen Schwelle eine Tendenzträgereigenschaft bejaht werden (BAG 20.4.2010 – 1 ABR 78/08).

b. Absoluter Ausschluss der §§ 106 bis 110 BetrVG

21 Liegen die Voraussetzungen für eine Einschränkung der Beteiligungsrechte vor, sind die §§ 106 bis 110 grundsätzlich nicht anzuwenden.

22 Das bedeutet, dass ein **Wirtschaftsausschuss** nicht errichtet werden kann und die AN über die wirtschaftliche Lage und Entwicklung des Unternehmens nach § 110 ebenfalls nicht unterrichtet werden müssen. Die **besondere Unterrichtungspflicht** nach § 81 ist hiervon allerdings nicht betroffen und muss vom AG wahrgenommen werden. Etwas anderes gilt jedoch, wenn zwei Unternehmen einen **gemeinschaftlichen Betrieb** führen. Genießt eines der Unternehmen Tendenzschutz im Sinne des § 118 Abs. 1 Satz 1 Nr. 1, kann der BR des Gemeinschaftsbetriebs für das andere Unternehmen einen Wirtschaftsausschuss bilden, auch wenn das andere Unternehmen tendenzfrei ist (BAG 26.2.2020 – 7 ABR 20/18). Gegenüber dem Tendenzunternehmen stehen dem Wirtschaftsausschuss allerdings keine Rechte zu. Verfügt aber nur das Tendenzunternehmen über die für die Bildung eines Wirtschaftsausschusses **erforderliche Anzahl** von mehr als 100 ständig beschäftigten AN, kann ein Wirtschaftsausschuss nicht gebildet werden, auch nicht für das tendenzfreie Unternehmen (BAG 19.11.2019 – 7 ABR 3/18; siehe im Übrigen die Kommentierung zu § 106 Rn. 6).

23 Der absolute Ausschluss von diesen Beteiligungsrechten ist in der Literatur immer wieder kritisiert worden. Mit Blick auf die **Richtlinie 2002/14/EG** halten viele Vertreter der Literatur den absoluten Ausschluss von Beteiligungsrechten für europarechtswidrig. Darüber hinaus werden erhebliche verfassungsrechtliche Bedenken geäußert (siehe hierzu ausführlich DKW, § 118 BetrVG Rn. 65). Diese in der Literatur geäußerten Bedenken sind allerdings bis dato noch nicht vom BAG aufgegriffen und anerkannt worden.

c. Eingeschränkte Anwendbarkeit der §§ 111 bis 113 BetrVG

Liegt ein Tendenzunternehmen vor und sind Tendenzträger betroffen, sind die §§ 111 bis 113 nur eingeschränkt anwendbar. 24

Eine Verpflichtung des AG, über einen **Interessenausgleich** bei einer Betriebsänderung mit dem BR zu verhandeln, besteht nicht. Ein Ausgleich muss noch nicht einmal versucht werden. 25

Allerdings muss der AG im Falle einer Betriebsänderung über einen **Sozialplan** verhandeln (BAG 17.8.1982 – 1 ABR 40/80, AiB 1983, 191–192).

Die Pflicht des AG, das **Konsultationsverfahren** nach § 17 Abs. 2 Satz KSchG auszuführen und mit dem BR über die Möglichkeiten der Vermeidung von Entlassungen zu beraten, bleibt unberührt und besteht auch bei einem Tendenzunternehmen. Dies wird in der betrieblichen Praxis häufig übersehen. Hierauf sollte der BR in besonderem Maße achten. Eine Kündigung des Arbeitsverhältnisses ist unwirksam, wenn sie ausgesprochen wurde, ohne dass das Konsultationsverfahren ordnungsgemäß durchgeführt worden ist. 26

In einem Tendenzunternehmen ist der AG nicht verpflichtet, bei einer Betriebsänderung über einen Interessenausgleich mit dem BR zu verhandeln. Nach zutreffender Ansicht kann dann aber auch § 1 Abs. 5 KSchG (**Interessenausgleich mit Namensliste**) keine Anwendung finden. Die dort geregelte Vermutungswirkung – dass die Kündigung durch dringende betriebliche Erfordernisse bedingt ist, wenn bei der Kündigung aufgrund einer Betriebsänderung die AN, denen gekündigt werden soll, in einem Interessenausgleich zwischen AG und BR **namentlich bezeichnet** sind – greift dann nicht, wenn ein Interessenausgleich zwischen den Betriebsparteien gar nicht zwingend verhandelt werden muss (zutreffend Fitting, § 112, 112a BetrVG, Rn. 53; anders dagegen LAG Köln 13.2.2012 – 5 Sa 303/11). 27

d. Übrige Beteiligungsrechte

Die Beteiligungsrechte der BR außerhalb der §§ 106–113 unterliegen nur insoweit einer Einschränkung, als die Eigenart des Unternehmens oder des Betriebs dem Tendenzschutz entgegensteht (**Eigenartklausel**). Dies ist in jedem konkreten Einzelfall zu prüfen. 28

Die Mitbestimmung des BR in **sozialen Angelegenheiten** (§§ 87–89) wird in der Regel nicht ausgeschlossen. Lediglich ausnahmsweise kann eine Beschränkung der Mitbestimmung der BR in Betracht kommen. 29

Nach ständiger Rechtsprechung des BAG kann dies in folgenden Fällen in Betracht kommen:

- **Ordnung des Betriebs**: Ethikregeln für Redakteure (BAG 28.5.2002 – 1 ABR 32/01)
- Beginn und Ende der **Arbeitszeit**: allerdings nicht, soweit es sich um wertneutrale Entscheidungen in Bezug auf die Organisation des Arbeitsablaufs handelt (BAG 13.1.1987 – 1 ABR 51/85); die Festlegung von Beginn und Ende der täglichen Arbeitszeit betrifft in der Regel Angelegenheiten, die vornehmlich dem wert- und tendenzneutralen betrieblichen Arbeitsablauf zuzuordnen sind. Daher ist das Mitbestimmungsrecht des BR aus § 87 Abs. 1 Nr. 2 nicht nach § 118 Abs. 1 Satz 1 Nr. 1 ausgeschlossen (BAG 30.6.2015 – 1 ABR 71/13).
- Anordnung von **Mehrarbeit**: nur insoweit, als es um die Verwirklichung der Tendenzzwecke unmittelbar geht
- **Technische Einrichtungen**: EDV-Einsatz zu Forschungszwecken
- **Entgeltgrundsätze**: soweit die Entgeltformen die Tendenz fördern sollen (BAG 13.2.1990 – 1 ABR 13/89)

30 Bei den **personellen Angelegenheiten** im Sinne von § 99 besteht bei der Einstellung oder Versetzung eines Tendenzträgers kein Zustimmungsverweigerungsrecht. Hier bestehen aber **Informationsrechte** des BR (BAG 11.4.2006 – 9 AZR 557/05, AiB Newsletter 2007, Nr. 2, 2).

31 Bei der Beteiligung des BR im Rahmen von **§ 102** besteht bei Tendenzträgern kein Widerspruchsrecht des BR mit daraus resultierender Weiterbeschäftigungspflicht nach § 102 Abs. 5 (LAG Hamburg 17.7.1997 – 4 Sa 45/74). Bei der **Kündigung eines BR-Mitglieds**, welches als Tendenzträger beschäftigt wird, ist lediglich eine Anhörung des BR nach § 102, nicht aber eine vorherige Zustimmung des BR nach § 103 erforderlich (BAG 28.8.2003 – 2 ABR 48/02, AiB 2004, 193).

III. Religionsgemeinschaften und ihre karitativen und erzieherischen Einrichtungen (Abs. 2 BetrVG)

32 Vollständig vom Anwendungsbereich des Betriebsverfassungsgesetzes werden Religionsgemeinschaften und ihre karitativen und erzieherischen Einrichtungen ausgenommen. Art. 140 GG i. V. m. Art. 137 Abs. 3 WRV gewährt den Religionsgemeinschaften das Recht, ihre Angelegenheiten im Rahmen der Schranken geltender Gesetze selbst zu ordnen und zu verwalten. Hieraus folgert der Gesetzgeber, dass in diesem Bereich Regelungen des Betriebsverfassungsgesetzes keine Anwendung finden sollen (zur Kritik hieran siehe ausführlich DKW, § 118 BetrVG Rn. 123).

Wird in einem mit einem kirchlichen Träger abgeschlossenen Arbeitsvertrag auf kirchliches Arbeitsrecht dynamisch Bezug genommen, gilt dies auch im Falle eines Betriebsüberganges nach § 613a BGB auf einen weltlichen AG fort. Umfasst von dieser Fortgeltung ist auch das **kirchliche Mitarbeitervertretungsrecht** (BAG 11.7.2019 – 6 AZR 40/17). Wegen § 118 Abs. 2 sind die arbeitsrechtlichen Vereinbarungen deshalb nicht durch BV abänderbar.

1. Religionsgemeinschaften

Neben den anerkannten christlichen Religionsgemeinschaften gehören hierzu auch **Glaubensgemeinschaften weltanschaulicher Art**. **33**

Die Scientology-Sekte ist keine Religionsgemeinschaft in diesem Sinne, weil die weltanschaulichen Lehren letztlich nur Vorwand für eine wirtschaftliche Betätigung sind (BAG 22.3.1995 – 5 AZB 21/94). **34**

2. Karitative und erzieherische Einrichtungen

Unter § 118 Abs. 2 fallen alle der Kirche in bestimmter Weise zugeordneten Einrichtungen ohne Rücksicht auf ihre Rechtsform, wenn die Einrichtung nach kirchlichem Selbstverständnis ihrem Zweck oder ihren Aufgaben entsprechend berufen ist, ein Stück Auftrag der Kirche in dieser Welt wahrzunehmen und zu erfüllen (LAG Berlin-Brandenburg 29.4.2014 – 7 TaBV 1990/13). **35**

Karitative und erzieherische Einrichtungen unterfallen aber nur dann dem Ausschluss nach § 118 Abs. 2, wenn die Kirche laut Satzung **maßgebenden Einfluss** auf die Einrichtung ausüben kann. Die Rechtsprechung des BAG lässt es ausreichen, dass in dieser Einrichtung das Selbstverständnis der Religionsgemeinschaft maßgebend ist. Eine entsprechende satzungsgemäße Absicherung ist nach Ansicht des BAG nicht erforderlich.

Allerdings fordert auch das BAG ein **Mindestmaß** an Einflussnahmemöglichkeit. Es muss gewährleistet sein, dass die Religionsgemeinschaft auf Dauer eine Übereinstimmung der religiösen Betätigung der Einrichtung mit ihren Wertvorstellungen gewährleisten kann (BAG 5.12.2007 – 7 ABR 72/06; so auch LAG Berlin-Brandenburg 29.4.2014 – 7 TaBV 1990/13 für einen gemeinnützigen Verein, der ein Seniorenheim betreibt). **36**

IV. Streitigkeiten

37 Streitigkeiten über den Umfang der Beteiligungsrechte des BR sind im **Beschlussverfahren** beim ArbG zu klären.

38 Bei einem gerichtlichen Verfahren zur Besetzung einer Einigungsstelle nach § 100 ArbGG kann der AG sich nicht erfolgreich auf einen Tendenzschutz berufen, weil die Einigungsstelle nur dann nicht vom Gericht eingesetzt wird, wenn sie offensichtlich unzuständig ist (wie hier: LAG Niedersachsen 19.2.2013 – 1 TaBV 155/12; LAG Köln 27.5.2016 – 10 TaBV 28/16 und LAG Hessen 1.8.2006 – 4 TaBV 111/06; dagegen LAG Baden-Württemberg 7.10.2020 – 10 TaBV 2/20). Diese Prüfung muss die gebildete Einigungsstelle selbst durchführen, nicht aber das ArbG vorab.

39 Der BR kann unabhängig von einem Mitbestimmungsrecht das Bestehen der Tendenzträgereigenschaft oder das Vorliegen eines Tendenzunternehmens nicht im Wege einer **Feststellungsklage** klären. Ein auf die Feststellung des Bestehens oder Nichtbestehens der Tendenzeigenschaft eines Unternehmens gerichteter Feststellungsantrag ist nach aktueller Rechtsprechung des BAG unzulässig (BAG 14.12.2010 – 1 ABR 93/09; siehe hierzu Sabrina Staack, Urteilsanmerkung, AiB 2016, Nr. 1, 62). Der BR ist also darauf angewiesen, im konkreten **Einzelfall** bezogen auf ein bestimmtes Beteiligungsrecht die Tendenzträgereigenschaft oder die Eigenschaft eines Unternehmens als Tendenzunternehmen gerichtlich überprüfen zu lassen.

Sechster Teil
Straf- und Bußgeldvorschriften

§ 119 Straftaten gegen Betriebsverfassungsorgane und ihre Mitglieder

(1) Mit Freiheitsstrafe bis zu einem Jahr oder mit Geldstrafe wird bestraft, wer
1. eine Wahl des Betriebsrats, der Jugend- und Auszubildendenvertretung, der Bordvertretung, des Seebetriebsrats oder der in § 3 Abs. 1 Nr. 1 bis 3 oder 5 bezeichneten Vertretungen der Arbeitnehmer behindert oder durch Zufügung oder Androhung von Nachteilen oder durch Gewährung oder Versprechen von Vorteilen beeinflusst,
2. die Tätigkeit des Betriebsrats, des Gesamtbetriebsrats, des Konzernbetriebsrats, der Jugend- und Auszubildendenvertretung, der Gesamt-Jugend- und Auszubildendenvertretung, der Konzern-Jugend- und Auszubildendenvertretung, der Bordvertretung, des Seebetriebsrats, der in § 3 Abs. 1 bezeichneten Vertretungen der Arbeitnehmer, der Einigungsstelle, der in § 76 Abs. 8 bezeichneten tariflichen Schlichtungsstelle, der in § 86 bezeichneten betrieblichen Beschwerdestelle oder des Wirtschaftsausschusses behindert oder stört, oder
3. ein Mitglied oder ein Ersatzmitglied des Betriebsrats, des Gesamtbetriebsrats, des Konzernbetriebsrats, der Jugend- und Auszubildendenvertretung, der Gesamt-Jugend- und Auszubildendenvertretung, der Konzern-Jugend- und Auszubildendenvertretung, der Bordvertretung, des Seebetriebsrats, der in § 3 Abs. 1 bezeichneten Vertretungen der Arbeitnehmer, der Einigungsstelle, der in § 76 Abs. 8 bezeichneten Schlichtungsstelle, der in § 86 bezeichneten betrieblichen Beschwerdestelle oder des Wirtschaftsausschusses um seiner Tätigkeit willen oder eine Auskunftsperson nach § 80 Absatz 2 Satz 4 um ihrer Tätigkeit willen benachteiligt oder begünstigt.

(2) Die Tat wird nur auf Antrag des Betriebsrats, des Gesamtbetriebsrats, des Konzernbetriebsrats, der Bordvertretung, des Seebetriebsrats, einer der in § 3 Abs. 1 bezeichneten Vertretungen der Arbeitnehmer, des Wahlvorstands, des Unternehmers oder einer im Betrieb vertretenen Gewerkschaft verfolgt.

Inhaltsübersicht Rn.

I. Zweck der Regelung

1 Der Gesetzgeber hat in den §§ 119 bis 121 Straf- und Bußgeldvorschriften vorgesehen, um die **Tätigkeit des BR und der Arbeitnehmervertretungen abzusichern**.
Zugleich hat der Gesetzgeber die Verletzung von Betriebs- oder Geschäftsgeheimnissen unter Strafe gestellt.

2 In der betriebsrätlichen Praxis spielen die Straf- und Bußgeldvorschriften nur eine untergeordnete Rolle. Häufig ermitteln Polizei und Staatsanwaltschaft nur sehr unzulänglich und scheuen sich offenbar, Strafverfolgungsmaßnahmen auf den Weg zu bringen. Nicht selten werden Ermittlungen nur sehr schleppend geführt und Ermittlungsverfahren eingestellt. Klageerzwingungsverfahren bleiben häufig erfolglos.

3 In der Regel wird der Strafantrag das letzte Mittel eines BR sein, nachdem zuvor Unterlassungsansprüche gem. § 78 i. V. m. § 85 Abs. 1 ArbGG geltend gemacht worden sind.

II. Tatbestände

4 Die Strafvorschrift richtet sich an **jedermann**. Strafbar ist ein Verhalten, das **vorsätzlich** ist – jedenfalls zumindest bedingt vorsätzlich. Eine fahrlässige Begehung der Straftaten ist nicht möglich. Der Gesetzgeber hat den **Versuch** der Tatbegehung nicht unter Strafe gestellt (siehe hierzu ausführlich Dilcher/Schoof, Störung der Betriebsratsarbeit, AiB 2020, 31–33).

1. Schutz der Wahl (Abs. 1 Nr. 1)

5 Strafbar sind die Behinderung der Wahl und die unzulässige Wahlbeeinflussung. Das Behinderungsverbot nach § 20 Abs. 1 wird um eine strafrechtliche Sanktion ergänzt.

Eine **Behinderung der Wahl** liegt dann vor, wenn die Wahlbeteiligten unmittelbar oder mittelbar in der Ausübung ihrer betriebsverfassungsrechtlichen Rechte und Pflichten dauernd oder nur vorübergehend eingeschränkt werden (BayObLG 29.7.1980 – 4 St 173/80). 6

Eine **Beeinträchtigung einer Wahl** liegt vor, wenn auf den Wahlvorgang sachwidrig durch Zuführung oder Androhung von Nachteilen Einfluss genommen wird; gleiches gilt bei der Gewährung von Versprechen von Vorteilen, die geeignet sind, die freie Willensbildung auszuschließen oder zu erschweren (BAG 8.3.1957 – 1 ABR 5/55). 7

Eine Vielzahl von **Beispielen** zur Wahlbehinderung und zur unzulässigen Wahlbeeinflussung finden sich in DKW, § 119 BetrVG Rn. 5 bis 13. 8

2. Schutz der Amtsführung (Abs. 1 Nr. 2)

Der BR soll seine Tätigkeit ohne rechtswidrige Störung ausüben können. Strafbar ist **jede Behinderung oder Störung** der rechtmäßigen Amtstätigkeit des BR oder der in § 119 Abs. 1 Nr. 2 genannten Arbeitnehmervertretungen. Eine Strafbarkeit liegt nur dann vor, wenn die Behinderung oder die Störung tatsächlich eingetreten sind. 9

Praxisrelevant und strafbar sind vor allem folgende Handlungen: 10

- beharrliche Weigerung des AG, mit dem BR zusammen zu arbeiten
- Bekanntgabe der vom BR verursachten Kosten
- Verknüpfung von Vergünstigungen für die Belegschaft mit dem Verzicht auf Ausübung von Mitbestimmungsrechten
- beharrliche Missachtung der Mitbestimmungsrechte des BR
- Mobbing einzelner BR-Mitglieder

Wird der Vorsitzende eines BR vom AG gedrängt, ohne entsprechenden BR-Beschluss, Dienstpläne zu unterzeichnen (vorliegend: während der Arbeit als Busfahrer und in Anwesenheit der Fahrgäste), kann hierin ein unzulässiger Eingriff in die Geschäftsführung des BR und damit eine Straftat nach § 119 gesehen werden (LAG Schleswig-Holstein 27.8.2024 – 2 TaBV 6/24).

Ausführliche **Beispiele** zum strafbewerten Schutz der Amtsführung des BR finden sich bei DKW, § 119 BetrVG Rn. 14. 11

3. Tätigkeitsschutz (Abs. 1 Nr. 3)

BR und Mitglieder der betriebsverfassungsrechtlichen Organe dürfen wegen ihrer Tätigkeit nicht benachteiligt oder begünstigt werden. Das 12 ergibt sich unmittelbar aus § 78. Der Tätigkeitsschutz wird durch die Strafvorschrift des § 119 Abs. 1 Nr. 3 ergänzt.

13 Unter **Benachteiligung** ist jede tatsächliche, persönliche oder wirtschaftliche Schlechterstellung eines betriebsverfassungsrechtlichen Organs gegenüber einem anderen AN ohne sachlichen oder in der Person des Betroffenen liegenden Grundes zu verstehen. Es geht also um eine Benachteiligung wegen der Tätigkeit als BR.
Die Vor- und Nachteile müssen tatsächlich eingetreten sein.

14 Strafbar ist ebenfalls die **Begünstigung** eines Mitglieds eines betriebsverfassungsrechtlichen Organs. Die Strafbarkeit bezieht sich auf das Gewähren derartiger Begünstigungen, nicht auf das Annehmen dieser Begünstigungen.

> **Hinweis:**
> Der einzelne BR darf wegen seiner Tätigkeit als BR zwar nicht begünstigt werden (§ 78). Es stellt aber in der Regel keine strafbare Begünstigung dar, wenn der BR im Zuge eines individuell verhandelten **Aufhebungsvertrages** besonders attraktive finanzielle oder sonstige Konditionen aushandelt, die einem AN ohne Betriebsratsamt nicht zugestanden worden wären (BAG 21.3.2018 – 7 AZR 590/16). Eine gerichtliche Überprüfung der Angemessenheit der vereinbarten Leistungen erfolgt nicht; es können also auch Leistungen vereinbart werden, die über Sozialplanleistungen hinausgehen.

15 **Vergütung von freigestellten BR-Mitgliedern**
Nach der Entscheidung des BAG zur Teilhabe freigestellter BR-Mitglieder an der betriebsüblichen Entwicklung (BAG 18.1.2017 – 7 AZR 205/15) sind nach der hier vertretenen Auffassung die folgenden Grundsätze zu berücksichtigen:

- BR-Mitgliedern, die bereits bei Amtsübernahme eine Vergütung nach der höchsten tariflichen Vergütungsgruppe erhalten haben, kann ein Anspruch auf Zahlung einer außertariflichen Vergütung aus § 37 Abs. 4 zustehen, sofern ein Aufstieg der Vergleichspersonen in den AT-Bereich betriebsüblich ist. Dies ist jedenfalls dann der Fall, wenn der Mehrzahl der Mitarbeiter der höchsten Vergütungsgruppe ein AT-Vertrag angeboten wird.
- Die Vergütung eines BR-Mitglieds kann auch mit der Begründung erhöht werden, dieses wäre – wäre es nicht freigestellt – befördert worden.
- Ebenfalls kommt eine Erhöhung der Vergütung in Betracht, wenn dem BR-Mitglied – etwa aufgrund herausragender Qualifikationen und seiner Erfahrungen – ein konkretes Angebot auf eine Beför-

derungsstelle unterbreitet wird, dieses Angebot jedoch nicht angenommen wird.

Die Zahlung einer **überhöhten Betriebsratsvergütung** ist eine unzulässige Begünstigung eines BR und nach § 119 Abs. 1 Nr. 3 strafbar. Sie stellt aber nicht in jedem Fall eine strafbare **Untreue** nach § 266 StGB dar (BGHSt 55, 288 = NJW 2011, 88). Bedeutsam ist dies für eine mögliche Strafverfolgung, da die Untreue anders als die Begünstigung des BR von Amts wegen zu verfolgen wäre. Der Bundesgerichtshof hat in der Gewährung eines überhöhten Arbeitsentgeltes durch ein Vorstandsmitglied oder einen Prokuristen an einen BR die Verwirklichung des objektiven Tatbestandes der Untreue nach § 266 StGB gesehen (BGH 10.1.2023 – 6 StR 133/22). Ein gewichtiges Indiz für einen Vorsatz könne eine für AN außergewöhnliche Bonuszahlung neben einem Grundgehalt sein.

Bei der Frage, ob der AG **Rückforderungsansprüche** geltend macht oder nicht, steht der Geschäftsführung ein Ermessenspielraum zu. Die Vereinbarung einer unzulässigen Begünstigung ist nach § 134 BGB nichtig. Das BAG bejaht deshalb grundsätzlich Rückforderungsansprüche des AG (BAG 8.11.2017 – 5 AZR 11/17). Anders das LAG Düsseldorf (17.4.2019 – 7 Sa 1065/18): Nach dieser umstrittenen Rechtsansicht kann dem Rückforderungsanspruch des AG gem. § 817 Satz 2 BGB der Einwand eines **Verstoßes gegen die guten Sitten** entgegengehalten werden, wenn der AG die Zahlungen in Kenntnis der Begünstigung des BR vorgenommen hat. Ein zu Unrecht gegenüber einem BR geltend gemachter Anspruch auf Kürzung oder Rückforderung einer bereits gewährten Vergütung kann unter Umständen als strafbare Benachteiligung des betroffenen BR angesehen werden.

Zahlreiche **Beispiele** für Begünstigungstatbestände finden sich in DKW, **16**
§ 119 BetrVG Rn. 17–20; ausführlich zur Rechtslage nach der Novellierung des § 37 Abs. 4 BetrVG s. Bachner/Köhler, EXTRA zur Betriebsratsvergütung, 2. Auflage 2024.

III. Schuld und Strafe

Bei vorsätzlichen Verstößen gegen § 119 droht eine **Freiheitsstrafe** von **17**
einem Monat bis zu einem Jahr oder eine Geldstrafe.

Die Höhe der **Geldstrafe** kann zwischen fünf und 360 vollen Tages- **18**
sätzen liegen.

Die Gerichte urteilen in aller Regel zwischen 25 und 30 Tagessätzen. **19**

IV. Strafantrag (Abs. 2)

20 Eine Strafverfolgung setzt bislang noch einen **Strafantrag** voraus. Von Amts wegen werden keine Ermittlungen durch die Strafverfolgungsbehörden vorgenommen. Nach den Planungen der Bundesregierung soll die Vorschrift in ein **Offizialdelikt** umgewandelt werden mit der Folge, dass ein Strafantrag nicht mehr erforderlich wäre und die Strafverfolgungsbehörden von Amts wegen tätig werden müssen (Koalitionsvertrag zwischen SPD, BÜNDNIS 90/DIE GRÜNEN und FDP, S. 71.)

21 **Antragsberechtigt** sind die genannten Arbeitnehmervertretungsgremien oder eine im Betrieb vertretene Gewerkschaft.

22 Der Strafantrag muss binnen einer **Frist** von drei Monaten gestellt werden (§ 77b StGB). Die Frist beginnt mit Kenntniserlangung von der Straftat.

23 Wird das Ermittlungsverfahren von der Staatsanwaltschaft eingestellt, kann die Arbeitnehmervertretung hiergegen **Beschwerde** einlegen. Bleibt auch diese erfolglos, besteht die Möglichkeit eines **Klageerzwingungsverfahrens.**

24 Umstritten ist, ob die **Gewerkschaft** gegen einen Einstellungsbescheid Beschwerde einlegen und im Falle der Erfolglosigkeit auch das Klageerzwingungsverfahren vornehmen kann. Von Gesetzes wegen ist dies nicht ausgeschlossen. Es wäre sachlich nicht nachvollziehbar, würde man zwar dem Arbeitnehmerorgan eine Beschwerdemöglichkeit einräumen, diese Möglichkeit für eine Gewerkschaft jedoch nicht vorsehen, obgleich auch eine Gewerkschaft Strafantrag stellen kann (siehe hierzu ausführlich: DKW, § 119 BetrVG Rn. 3).

V. Schulungsansprüche

25 Die Strafrechtsvorschriften der §§ 119, 120 gehören als Teil des BetrVG zum Grundlagenwissen für BR. Der BR hat gegenüber dem AG deshalb Anspruch auf die Übernahme von Schulungskosten für Schulungen, die sich mit den §§ 119, 120 befassen (LAG Köln 21.1.2008 – 114 TaBV 44/07).

§ 120 Verletzung von Geheimnissen

(1) Wer unbefugt ein fremdes Betriebs- oder Geschäftsgeheimnis offenbart, das ihm in seiner Eigenschaft als

1. **Mitglied oder Ersatzmitglied des Betriebsrats oder einer der in § 79 Abs. 2 bezeichneten Stellen,**

2. Vertreter einer Gewerkschaft oder Arbeitgebervereinigung,
3. Sachverständiger, der vom Betriebsrat nach § 80 Abs. 3 hinzugezogen oder von der Einigungsstelle nach § 109 Satz 3 angehört worden ist,
3a. Berater, der vom Betriebsrat nach § 111 Satz 2 hinzugezogen worden ist,
3b. Auskunftsperson, die dem Betriebsrat nach § 80 Absatz 2 Satz 4 zur Verfügung gestellt worden ist, oder
4. Arbeitnehmer, der vom Betriebsrat nach § 107 Abs. 3 Satz 3 oder vom Wirtschaftsausschuss nach § 108 Abs. 2 Satz 2 hinzugezogen worden ist,

bekannt geworden und das vom Arbeitgeber ausdrücklich als geheimhaltungsbedürftig bezeichnet worden ist, wird mit Freiheitsstrafe bis zu einem Jahr oder mit Geldstrafe bestraft.

(2) Ebenso wird bestraft, wer unbefugt ein fremdes Geheimnis eines Arbeitnehmers, namentlich ein zu dessen persönlichen Lebensbereich gehörendes Geheimnis, offenbart, das ihm in seiner Eigenschaft als Mitglied oder Ersatzmitglied des Betriebsrats oder einer der in § 79 Abs. 2 bezeichneten Stellen bekannt geworden ist und über das nach den Vorschriften dieses Gesetzes Stillschweigen zu bewahren ist.

(3) [1]Handelt der Täter gegen Entgelt oder in der Absicht, sich oder einen anderen zu bereichern oder einen anderen zu schädigen, so ist die Strafe Freiheitsstrafe bis zu zwei Jahren oder Geldstrafe. [2]Ebenso wird bestraft, wer unbefugt ein fremdes Geheimnis, namentlich ein Betriebs- oder Geschäftsgeheimnis, zu dessen Geheimhaltung er nach den Absätzen 1 oder 2 verpflichtet ist, verwertet.

(4) Die Absätze 1 bis 3 sind auch anzuwenden, wenn der Täter das fremde Geheimnis nach dem Tode des Betroffenen unbefugt offenbart oder verwertet.

(5) [1]Die Tat wird nur auf Antrag des Verletzten verfolgt. [2]Stirbt der Verletzte, so geht das Antragsrecht nach § 77 Abs. 2 des Strafgesetzbuches auf die Angehörigen über, wenn das Geheimnis zum persönlichen Lebensbereich des Verletzten gehört; in anderen Fällen geht es auf die Erben über. [3]Offenbart der Täter das Geheimnis nach dem Tode des Betroffenen, so gilt Satz 2 sinngemäß.

Inhaltsübersicht Rn.

I. Zweck der Regelung

1 Geheimhaltungspflichten sind vor allem in § 79 geregelt. Der strafrechtliche Schutz von Betriebs- und Geschäftsgeheimnissen wird nicht nur auf BR bezogen, sondern auch auf solche Personen erstreckt, die im Zuge **beratender Unterstützung** des BR mit solchen Geheimnissen in Kontakt kommen.

2 § 120 Abs. 2 schützt die **persönlichen Geheimnisse der beschäftigten AN.**

3 Handelt der Täter in der Absicht, sich oder einen anderen zu bereichern oder einen anderen zu schädigen, tritt eine Strafverschärfung ein.

4 Auch diese Straftaten werden nur auf Antrag des Verletzten verfolgt.

II. Offenbarung von Betriebs- und Geschäftsgeheimnissen

5 Bei § 120 handelt es sich nicht um ein Jedermannsdelikt, sondern um ein **Sonderdelikt** im Sinne von § 28 StGB. **Täter** können sein:

- Mitglieder und Ersatzmitglieder des BR
- Mitglieder einer in § 79 Abs. 2 bezeichneten Stelle
- Vertreter einer Gewerkschaft oder der Arbeitgebervereinigung
- Ein hinzugezogener Sachverständiger (§ 80 Abs. 3)
- Ein Sachverständiger nach § 111
- Eine Auskunftsperson nach § 80 Abs. 2
- Mitglieder des GBR, des KBR oder einer nach § 3 errichteten Vertretung

6 Der Begriff des **Betriebs- und Geschäftsgeheimnisses** entspricht dem in § 79 verwendetem Begriff. Auf die Kommentierung zu § 79 wird deshalb verwiesen (siehe hierzu ausführlich § 79 Rn. 3–4).

7 Das geheimhaltungsbedürftige Geschäfts- oder Betriebsgeheimnis muss dem Täter aus Anlass seiner **amtlichen Tätigkeit** anvertraut worden sein. Ausreichend ist aber, dass das Organmitglied während seiner Mitgliedschaft von dem Betriebs- oder Geschäftsgeheimnis Kenntnis erlangt hat.

8 Eine **Offenbarung** im Sinne der Vorschrift liegt vor, wenn einem Dritten das Betriebs- oder Geschäftsgeheimnis bekannt gemacht wird. Die **Form** ist hierbei unerheblich. Die Offenbarung kann mündlich, schriftlich oder durch Einsichtnahme in Unterlagen erfolgen. Nutzt der

Täter die Betriebs- und Geschäftsgeheimnisse zum **Zweck der Gewinnerzielung** oder in anderer wirtschaftlicher Art und Weise, liegt eine Verwertung von Geheimnissen vor.
Eine Strafanzeige von AN eines Betriebs gegen den BR wegen angeblicher Verletzung von Geheimnissen ist kein Grund, den BR vorläufig des Amtes zu entheben. Ein laufendes Strafverfahren beeinträchtigt die Betriebsratstätigkeit nicht so gravierend, dass eine vorläufige Amtsenthebung zulässig wäre (LAG Nürnberg 25.2.2016 – 7 TaBVGa 4/15).

III. Offenbarung persönlicher Geheimnisse eines AN

Den unter Ziffer 2 dieser Kommentierung genannten Personen ist es untersagt, ein fremdes **Geheimnis eines AN** unbefugt zu offenbaren oder zu verwerten. Deshalb haben auch BR-Mitglieder Personalinformationen und persönliche Daten von Beschäftigten vertraulich zu behandeln und absolutes Stillschweigen Dritten gegenüber zu bewahren. Für die Betriebsratsarbeit dürfen derartige Daten aber im Betriebsratsgremium genutzt werden. 9

Handelt es sich um Angaben, die geheim, also nur einem beschränkten Personenkreis bekannt sind, liegt ein Geheimnis aus dem persönlichen Lebensbereich eines AN vor. Das betrifft in erster Linie die Privat- und die Intimsphäre des AN, kann sich aber auch auf betriebliche Zusammenhänge beziehen. Ein BR-Mitglied hat aber trotz der Schweigepflicht kein Zeugnisverweigerungsrecht im Strafprozess (LG Darmstadt 3.10.1978 – 3 Qs 1551/78). 10

IV. Schuld und Strafe

Als Strafe droht eine **Freiheitsstrafe** bis zu einem Jahr oder Geldstrafe. 11
Das Mindestmaß der Freiheitsstrafe beträgt einen Monat.

Eine **Geldstrafe** wird nach Tagessätzen bemessen und beträgt mindestens fünf und höchstens 360 volle Tagessätze. 12

V. Strafantrag

Bei der Strafvorschrift des § 120 handelt es sich nicht um ein Amtsdelikt. Auch diese Straftaten werden nur auf **Antrag des Verletzten** verfolgt. Das kann der AG oder aber der einzelne betroffene AN sein. 13

14 Verstirbt der Verletzte, geht das Strafantragsrecht auf seine **Angehörigen** und Erben über. Das gilt auch dann, wenn der Täter das Geheimnis erst nach dem Tod des Betroffenen offenbart.

VI. Schulungsansprüche

15 Die Strafrechtsvorschriften der §§ 119, 120 gehören als Teil des BetrVG zum Grundlagenwissen für BR. Der BR hat gegenüber dem AG deshalb Anspruch auf Übernahme von Schulungskosten für Schulungen, die sich mit den §§ 119, 120 befassen (LAG Köln 21.1.2008 – 114 TaBV 44/07).

§ 121 Bußgeldvorschriften

(1) Ordnungswidrig handelt, wer eine der in § 90 Abs. 1, 2 Satz 1, § 92 Abs. 1 Satz 1 auch in Verbindung mit Absatz 3, § 99 Abs. 1, § 106 Abs. 2, § 108 Abs. 5, § 110 oder § 111 bezeichneten Aufklärungs- oder Auskunftspflichten nicht, wahrheitswidrig, unvollständig oder verspätet erfüllt.
(2) Die Ordnungswidrigkeit kann mit einer Geldbuße bis zu zehntausend Euro geahndet werden.

Inhaltsübersicht Rn.

I. Zweck der Regelung

1 Das BetrVG sieht bestimmte Aufklärungs- und / oder Auskunftspflichten des AG vor. Eine Verletzung dieser Verpflichtungen wird vom Gesetzgeber als Ordnungswidrigkeit eingestuft.
Der Katalog der aufgeführten Aufklärungs- und Auskunftspflichten ist **abschließend**.

II. Inhalt der Vorschrift

1. Allgemeines

Die Vorschrift richtet sich an denjenigen, der eine konkret für ihn bestehende Aufklärungs- oder Auskunftspflicht verletzt. Das ist der **AG.** 2

Als Täter kommen damit die **Organe** der Arbeitgebergesellschaften in Betracht; aber auch die **leitenden Angestellten** und die vom AG **beauftragten Personen** sind Adressaten der Vorschrift. 3

2. Die geschützten Informationsansprüche

Die Verletzung der folgenden **Informationsansprüche** kann als Ordnungswidrigkeit geahndet werden: 4

- Planung von Neubauten, technischen Anlagen, Arbeitsverfahren, Arbeitsabläufen und Arbeitsplätzen
- Auskunftspflichten im Rahmen der Personalplanung
- Auskunftspflichten im Rahmen der Durchsetzung der Gleichstellung der Geschlechter im Sinne von § 92 Abs. 3
- Personelle Einzelmaßnahmen nach § 99; das Unterbleiben des Dringlichkeitsantrags nach § 100 ist allerdings nicht bußgeldbewehrt (Sächsisches LAG 18.7.2014 – 2 TaBV 11/14)
- Unterrichtung des Wirtschaftsausschusses nach § 106 Abs. 2 Erläuterung des Jahresabschlusses nach § 108
- Unterrichtung der AN über die wirtschaftliche Lage nach § 110
- Unterrichtung des BR über beabsichtigte Betriebsänderungen nach § 111

Nicht nur das Unterlassen der Informationen, sondern auch die **unvollständige oder wahrheitswidrige** Unterrichtung des BR unterfällt der Vorschrift. Das gilt vor allem auch für die verspätete Unterrichtung. 5

3. Verfahren

Anders als beim Strafantrag nach § 119 ist für das in Gang setzen des Verfahrens ein Strafantrag eines Verletzen nicht erforderlich. Die Ermittlungsbehörden sind aufgrund von **Anzeigen** verpflichtet, Ermittlungen einzuleiten. Diese Anzeige kann durch jedermann erfolgen. Der BR kann einen **Rechtsanwalt** auch mit der Erstattung einer Anzeige beauftragen, sofern er dessen Tätigwerden für erforderlich halten durfte und die Rechtsverfolgung nicht von vornherein offensichtlich aussichts- 6 los oder mutwillig ist (LAG Schleswig-Holstein 14.11.2000 – 1 TaBV 22a/00 sowie ArbG Gießen 9.6.2009 – 5 BV 6/09).

7 Erhält die zuständige Behörde über eine Anzeige Kenntnis von einer möglichen Ordnungswidrigkeit, muss sie den Sachverhalt von Amts wegen aufklären.

8 Wird das Verfahren eingestellt, kann die Einstellung nur mit einer **Aufsichtsbeschwerde** angegriffen werden. Ein Klageerzwingungsverfahren ist nicht zulässig.

4. Vorsatz

9 Strafbar ist **vorsätzliches** Handeln. Hierzu gehört auch bedingt vorsätzliches Handeln.
Allerdings ist der AG verpflichtet, durch geeignete Aufsichtsmaßnahmen sicherzustellen, dass die Aufklärungs-oder Auskunftspflichten auch tatsächlich im Betrieb eingehalten werden. Diese Verpflichtung trifft den AG als solchen. Kommt er der Verpflichtung fahrlässig nicht nach, besteht auch bei einer **fahrlässigen Begehung** die Möglichkeit einer Ahndung über § 130 OWiG. Der Versuch einer Auskunftspflichtverletzung ist nicht bußgeldbewehrt.

5. Geldbuße

10 Die Höhe der **Geldbuße** beträgt mindestens 5,00 Euro, höchstens 10000,00 Euro.

III. Schulung von BR

11 Eine Betriebsräteschulung zum Umgang mit Konflikten, insbesondere den rechtlichen Rahmenbedingungen (»Bordmittel«, Mediation, Einigungsstelle, ArbG, Einbeziehung von Rechtsbeiständen, Rechtsanwältinnen und Rechtsanwälten, Straf- und **Ordnungswidrigkeitenrecht**) ist zumindest dann erforderlich – und damit vom AG zu finanzieren –, wenn fortlaufende Konflikte zwischen AG und BR bestehen (LAG Berlin-Brandenburg 17.3.2016 – 26 TaBV 2215/15).

Siebenter Teil
Änderung von Gesetzen

§ 122 (*weggefallen*)

§ 123 (*weggefallen*)

§ 124 (*weggefallen*)

Achter Teil
Übergangs- und Schlussvorschriften

§ 125 Erstmalige Wahlen nach diesem Gesetz

(1) Die erstmaligen Betriebsratswahlen nach § 13 Abs. 1 finden im Jahre 1972 statt.

(2) [1]Die erstmaligen Wahlen der Jugend- und Auszubildendenvertretung nach § 64 Abs. 1 Satz 1 finden im Jahre 1988 statt. [2]Die Amtszeit der Jugendvertretung endet mit der Bekanntgabe des Wahlergebnisses der neu gewählten Jugend- und Auszubildendenvertretung, spätestens am 30. November 1988.

(3) Auf Wahlen des Betriebsrats, der Bordvertretung, des Seebetriebsrats und der Jugend- und Auszubildendenvertretung, die nach dem 28. Juli 2001 eingeleitet werden, finden die Erste Verordnung zur Durchführung des Betriebsverfassungsgesetzes vom 16. Januar 1972 (BGBl. I S. 49), zuletzt geändert durch die Verordnung vom 16. Januar 1995 (BGBl. I S. 43), die Zweite Verordnung zur Durchführung des Betriebsverfassungsgesetzes vom 24. Oktober 1972 (BGBl. I S. 2029), zuletzt geändert durch die Verordnung vom 28. September 1989 (BGBl. I S. 1795) und die Verordnung zur Durchführung der Betriebsratswahlen bei den Postunternehmen vom 26. Juni 1995 (BGBl. I S. 871) bis zu deren Änderung entsprechende Anwendung.

(4) Ergänzend findet für das vereinfachte Wahlverfahren nach § 14a die Erste Verordnung zur Durchführung des Betriebsverfassungsgesetzes bis zu deren Änderung mit folgenden Maßgaben entsprechende Anwendung:

1. Die Frist für die Einladung zur Wahlversammlung zur Wahl des Wahlvorstands nach § 14a Abs. 1 des Gesetzes beträgt mindestens sieben Tage. Die Einladung muss Ort, Tag und Zeit der Wahlversammlung sowie den Hinweis enthalten, dass bis zum Ende dieser Wahlversammlung Wahlvorschläge zur Wahl des Betriebsrats gemacht werden können (§ 14a Abs. 2 des Gesetzes).
2. § 3 findet wie folgt Anwendung:
   a) Im Fall des § 14a Abs. 1 des Gesetzes erlässt der Wahlvorstand auf der Wahlversammlung das Wahlausschreiben. Die Einspruchsfrist nach § 3 Abs. 2 Nr. 3 verkürzt sich auf drei Tage.

Die Angabe nach § 3 Abs. 2 Nr. 4 muss die Zahl der Mindestsitze des Geschlechts in der Minderheit (§ 15 Abs. 2 des Gesetzes) enthalten. Die Wahlvorschläge sind abweichend von § 3 Abs. 2 Nr. 7 bis zum Abschluss der Wahlversammlung zur Wahl des Wahlvorstands bei diesem einzureichen. Ergänzend zu § 3 Abs. 2 Nr. 10 gibt der Wahlvorstand den Ort, Tag und Zeit der nachträglichen Stimmabgabe an (§ 14a Abs. 4 des Gesetzes).

b) Im Fall des § 14a Abs. 3 des Gesetzes erlässt der Wahlvorstand unverzüglich das Wahlausschreiben mit den unter Buchstabe a genannten Maßgaben zu § 3 Abs. 2 Nr. 3, 4 und 10. Abweichend von § 3 Abs. 2 Nr. 7 sind die Wahlvorschläge spätestens eine Woche vor der Wahlversammlung zur Wahl des Betriebsrats (§ 14a Abs. 3 Satz 2 des Gesetzes) beim Wahlvorstand einzureichen.

3. Die Einspruchsfrist des § 4 Abs. 1 verkürzt sich auf drei Tage.
4. Die §§ 6 bis 8 und § 10 Abs. 2 finden entsprechende Anwendung mit der Maßgabe, dass die Wahl aufgrund von Wahlvorschlägen erfolgt. Im Fall des § 14a Abs. 1 des Gesetzes sind die Wahlvorschläge bis zum Abschluss der Wahlversammlung zur Wahl des Wahlvorstands bei diesem einzureichen; im Fall des § 14a Abs. 3 des Gesetzes sind die Wahlvorschläge spätestens eine Woche vor der Wahlversammlung zur Wahl des Betriebsrats (§ 14a Abs. 3 Satz 2 des Gesetzes) beim Wahlvorstand einzureichen.
5. § 9 findet keine Anwendung.
6. Auf das Wahlverfahren finden die §§ 21 ff. entsprechende Anwendung. Auf den Stimmzetteln sind die Bewerber in alphabetischer Reihenfolge unter Angabe von Familienname, Vorname und Art der Beschäftigung im Betrieb aufzuführen.
7. § 25 Abs. 5 bis 8 findet keine Anwendung.
8. § 26 Abs. 1 findet mit der Maßgabe Anwendung, dass der Wahlberechtigte sein Verlangen auf schriftliche Stimmabgabe spätestens drei Tage vor dem Tag der Wahlversammlung zur Wahl des Betriebsrats dem Wahlvorstand mitgeteilt haben muss.
9. § 31 findet entsprechende Anwendung mit der Maßgabe, dass die Wahl der Jugend- und Auszubildendenvertretung aufgrund von Wahlvorschlägen erfolgt.

§ 126 Ermächtigung zum Erlass von Wahlordnungen

Das Bundesministerium für Arbeit und Soziales wird ermächtigt, mit Zustimmung des Bundesrates Rechtsverordnungen zu erlassen zur Regelung der in den §§ 7 bis 20, 60 bis 63, 115 und 116 bezeichneten Wahlen über

1. die Vorbereitung der Wahl, insbesondere die Aufstellung der Wählerlisten und die Errechnung der Vertreterzahl;
2. die Frist für die Einsichtnahme in die Wählerlisten und die Erhebung von Einsprüchen gegen sie;
3. die Vorschlagslisten und die Frist für ihre Einreichung;
4. das Wahlausschreiben und die Fristen für seine Bekanntmachung;
5. die Stimmabgabe;

5a. die Verteilung der Sitze im Betriebsrat, in der Bordvertretung, im Seebetriebsrat sowie in der Jugend- und Auszubildendenvertretung auf die Geschlechter, auch soweit die Sitze nicht gemäß § 15 Abs. 2 und § 62 Abs. 3 besetzt werden können;

6. die Feststellung des Wahlergebnisses und die Fristen für seine Bekanntmachung;
7. die Aufbewahrung der Wahlakten.

§ 127 Verweisungen

Soweit in anderen Vorschriften auf Vorschriften verwiesen wird oder Bezeichnungen verwendet werden, die durch dieses Gesetz aufgehoben oder geändert werden, treten an ihre Stelle die entsprechenden Vorschriften oder Bezeichnungen dieses Gesetzes.

§ 128 Bestehende abweichende Tarifverträge

Die im Zeitpunkt des Inkrafttretens dieses Gesetzes nach § 20 Abs. 3 des Betriebsverfassungsgesetzes vom 11. Oktober 1952 geltenden Tarifverträge über die Errichtung einer anderen Vertretung der Arbeitnehmer für Betriebe, in denen wegen ihrer Eigenart der Errichtung von Betriebsräten besondere Schwierigkeiten entgegenstehen, werden durch dieses Gesetz nicht berührt.

§ 129 Sonderregelungen aus Anlass der COVID-19-Pandemie

(1) Versammlungen nach den §§ 42, 53 und 71 können bis zum Ablauf des 7. April 2023 auch mittels audiovisueller Einrichtungen durchgeführt werden, wenn sichergestellt ist, dass nur teilnahmeberechtigte Personen Kenntnis von dem Inhalt der Versammlung nehmen können. Eine Aufzeichnung ist unzulässig.
(2) Die Teilnahme an Sitzungen der Einigungsstelle sowie die Beschlussfassung können bis zum Ablauf des 7. April 2023 auch mittels einer Video- und Telefonkonferenz erfolgen, wenn sichergestellt ist, dass Dritte vom Inhalt der Sitzung keine Kenntnis nehmen können. Eine Aufzeichnung ist unzulässig. Die Teilnehmer, die mittels Video- und Telefonkonferenz teilnehmen, bestätigen ihre Anwesenheit gegenüber dem Vorsitzenden der Einigungsstelle in Textform.
(3) (weggefallen)

§ 130 Öffentlicher Dienst

Dieses Gesetz findet keine Anwendung auf Verwaltungen und Betriebe des Bundes, der Länder, der Gemeinden und sonstiger Körperschaften, Anstalten und Stiftungen des öffentlichen Rechts.

§ 131 Berlin-Klausel

(gegenstandslos)

§ 132 Inkrafttreten

Dieses Gesetz tritt am Tag nach seiner Verkündigung in Kraft.

Stichwortverzeichnis

Die fett gedruckten Zahlen beziehen sich auf den jeweiligen Paragrafen des Betriebsverfassungsgesetzes, die mager gedruckten Zahlen auf die jeweiligen Randnummern.

Joachim Holwe, Michael Kossens, Evelyn Räder

Teilzeit- und Befristungsgesetz

Basiskommentar zum TzBfG
9. aktualisierte Auflage
2025. 516 Seiten, kartoniert
€ 49,–
ISBN 978-3-7663-7484-4

Das Gesetz über Teilzeitarbeit und befristete Arbeitsverhältnisse (Teilzeit und Befristungsgesetz - TzBfG) hat erhebliche Auswirkungen auf das Arbeitsleben. Zu vielen Detailfragen liegt inzwischen umfangreiche Rechtsprechung vor. Der gesetzlich geregelte Teilzeitanspruch hat dadurch Konturen angenommen.

Die Autor:innen erläutern alle Vorschriften des Gesetzes umfassend und mit Blick für die Praxis. Die neueste Rechtsprechung und Gesetzgebung ist bis einschließlich Dezember 2024 berücksichtigt. Auch die für das deutsche Teilzeit- und Befristungsrecht bedeutsamen Vorgaben des EU-Rechts, einschließlich der EuGH-Rechtsprechung, werden in den Blick genommen.

Vorteile auf einen Blick:
- Kompakte Darstellung für die betriebliche Praxis
- Auf aktuellem Rechtsstand
- Schafft Klarheit in schwierigen Fällen

Bund-Verlag